Im Namen der Autorinnen und
Autoren,

Bruno

Graz, 19.2.2018

GESETZE UND KOMMENTARE
Nr 142

Gert-Peter Reissner (Hrsg)

Arbeitsverhältnis und Insolvenz

Kommentar zum Insolvenz-Entgeltsicherungsgesetz und
zu arbeitsrechtsbezogenen Vorschriften der Insolvenzordnung

5. Auflage

Bearbeitet von

Philipp Anzenberger
Maximilian Fürst
Franz Gutschlhofer †
Michael Haider
Wolfgang Holzer
Bettina Nunner-Krautgasser
Alois Obereder
Gert-Peter Reissner
Karin Ristic
Bruno Sundl

ÖGB VERLAG

Die Inhalte in diesem Buch sind von den Autoren und vom Verlag sorgfältig erwogen und geprüft, dennoch kann eine Garantie nicht übernommen werden. Eine Haftung der Autoren bzw des Verlages und seiner Beauftragten für Personen-, Sach- und Vermögensschäden ist ausgeschlossen.

Verlag des Österreichischen Gewerkschaftsbundes GmbH
Johann-Böhm-Platz 1
1020 Wien
Tel. Nr.: 01/662 32 96-0
Fax Nr.: 01/662 32 96-39793
E-Mail: office@oegbverlag.at
Web: www.oegbverlag.at

5., neu bearbeitete Auflage 2018
Rechtsstand: Jänner 2018
Umschlaggestaltung: Thomas Jarmer

Medieninhaber: Verlag des ÖGB GmbH, Wien
© 2018 by Verlag des Österreichischen Gewerkschaftsbundes GmbH Wien
Hersteller: Verlag des ÖGB GmbH, Wien
Verlags- und Herstellungsort: Wien
Printed in Austria
ISBN 978-3-7035-1042-7

Inhaltsverzeichnis

Verzeichnis abgekürzt zitierter Literatur	XXV
Abkürzungsverzeichnis	XXIX
Vorwort zur 1. Auflage (Auszug)	XXXIX
Vorwort zur 5. Auflage	XLI
Verzeichnis der Autorinnen und Autoren	XLIII

Teil I: Kommentierung des Insolvenz-Entgeltsicherungsgesetzes	1
Vorbemerkungen zum IESG	1
1. Rechtsgrundlagen und Konzeption der Insolvenz-Entgeltsicherung	1
Voraussetzungen des Anspruches (§ 1 IESG)	2
1. Geltungsbereich des IESG	13
2. Anspruchsberechtigte	15
2.1 AN	15
2.1.1 Begriff	16
2.1.2 Abgrenzungen	21
2.1.2.1 Arbeitsvertrag und freier Dienstvertrag	21
2.1.2.2 Arbeitsvertrag und Werkvertrag	22
2.1.2.3 Arbeitsvertrag und Gesellschaftsvertrag	23
2.1.2.4 Arbeitsvertrag und Mietvertrag	25
2.1.2.5 Arbeitsvertrag und Bevollmächtigung	26
2.1.2.6 Arbeitsvertrag und Vereinsmitarbeit	26
2.1.2.7 Arbeitsvertrag und Familienmitarbeit	28
2.1.2.8 Arbeitsvertrag und sonstige Arbeitsleistungen	30
2.1.3 Gliederung der Arbeitnehmerschaft	31
2.1.4 Besondere Fallgruppen	36
2.1.4.1 Arbeitnehmerähnliche Personen	37
2.1.4.2 Handelsvertreter	38
2.1.4.3 Freie Mitarbeiter, Künstler und hochqualifizierte Personen	39
2.1.4.4 Mitglieder des Organs einer juristischen Person, gewerberechtliche Geschäftsführer	40
2.1.5 Mehrpersonenverhältnisse	44
2.1.5.1 Arbeitskräfteüberlassung	45
2.1.5.2 Gruppenarbeitsverhältnis	46
2.1.6 Nichtige und anfechtbare Arbeitsverhältnisse	48

Inhaltsverzeichnis

2.2 Freie DN iSd § 4 Abs 4 ASVG 51
2.3 Heimarbeiter 55
2.4 Ehemalige AN, freie DN iSd § 4 Abs 4 ASVG bzw Heimarbeiter 57
2.5 Hinterbliebene und Rechtsnachfolger von Todes wegen 57
2.6 SV im Inland 58
3. Ausnahmen von der Anspruchsberechtigung 62
   3.1 AN von Gebietskörperschaften und Gemeindeverbänden 66
   3.2 AN, die in einem Dienstverhältnis zu einem AG stehen, der Immunität genießt 67
   3.3 Gesellschafter, die einen beherrschenden Einfluss auf die Gesellschaft haben 67
   3.4 Arbeitspflichtige Strafgefangene und Untergebrachte 73
4. Fälle der Insolvenz und gleichgestellte Tatbestände 75
   4.1 Eröffnung des Insolvenzverfahrens 76
   4.2 Anordnung der Geschäftsaufsicht 83
   4.3 Nichteröffnung des Insolvenzverfahrens mangels kostendeckenden Vermögens 85
   4.4 Ablehnung der Insolvenzverfahrenseröffnung gem § 68 IO wegen Vermögenslosigkeit 86
   4.5 Löschung gem § 40 oder § 42 FBG wegen Vermögenslosigkeit 87
   4.6 Zurückweisung des Antrags auf Insolvenzverfahrenseröffnung gem § 63 IO 88
   4.7 Beschluss gem § 153 Abs 1 bzw § 154 Abs 1 AußStrG 89
   4.8 Insolvenz-Entgeltsicherung bei Auslandsinsolvenz 91
5. Gesicherte Ansprüche 95
   5.1 Anspruch aus dem Arbeitsverhältnis 96
   5.2 Aufrechtes Bestehen des Anspruchs 99
      5.2.1 Verjährung und Verfall 102
      5.2.2 Verzicht auf arbeitsrechtliche Ansprüche 107
      5.2.3 Aufrechnung im Bereich arbeitsrechtlicher Ansprüche 109
   5.3 Die gesicherten Ansprüche im Einzelnen 112
      5.3.1 Entgeltansprüche 113
         5.3.1.1 Entgeltbegriff 114
         5.3.1.2 Entgeltarten 117
            5.3.1.2.1 Geld- und Naturalentgelt 117
            5.3.1.2.2 Zeitentgelt und erfolgsabhängiges Entgelt 118
            5.3.1.2.3 Sonderzahlungen 121
            5.3.1.2.4 Abfertigung 124
                5.3.1.2.4.1 Abfertigung alt 124
                5.3.1.2.4.2 Abfertigung neu 130

                5.3.1.2.5 Urlaubsersatzleistung............................ 135
                5.3.1.2.6 Betriebspensionen 139
            5.3.1.3 Fälligkeit von Entgelten 140
            5.3.1.4 Entgeltkategorien des IESG 142
                5.3.1.4.1 Laufendes Entgelt 142
                5.3.1.4.2 Entgelt aus der Beendigung des
                          Arbeitsverhältnisses 143
                5.3.1.4.3 Sonstiges Entgelt 144
        5.3.2 Schadenersatzansprüche 145
            5.3.2.1 Schadenersatzansprüche aus der Beendigung
                    des Arbeitsverhältnisses 145
            5.3.2.2 Sonstige Schadenersatzansprüche 151
        5.3.3 Sonstige Ansprüche gegen den AG 158
        5.3.4 Zur zweckentsprechenden Rechtsverfolgung
              notwendige Kosten 162
    6. Ausgeschlossene Ansprüche 172
        6.1 Anfechtbare Rechtshandlungen 173
        6.2 Ausschluss wegen strafrechtlicher Verurteilung des
            Anspruchsberechtigten 179
        6.3 Ausschluss einzelvertraglicher Ansprüche 180
        6.4 Anrechnung bei Kündigungsentschädigung 186
        6.5 Vermeidung von Doppelbezügen im Zuge der
            Insolvenz-Entgeltsicherung... 188
        6.6 Grenzbetragsregelung für Entgelte 190
        6.7 Grenzbetragsregelung für Abfertigungen 198
        6.8 Gesetzliche Zahlungsverpflichtung eines Dritten 204
        6.9 Betriebspensionsansprüche gegenüber Pensionskassen oder
            Versicherungsunternehmen 204
    7. Anmeldung gesicherter Ansprüche 205
        7.1 Anmeldung im Insolvenzverfahren 207
        7.2 Anmeldung bei Auslandsinsolvenz 210
    8. Insolvenz-Entgeltsicherung und Betriebsübergang 210
        8.1 Zentrale Inhalte des Betriebsübergangsrechts 211
        8.2 Die sog Konkursausnahme im Betriebsübergangsrecht 215
        8.3 Die Insolvenz-Entgeltsicherung bei Betriebsübergang im Detail .. 218
            8.3.1 Haftung des Erwerbers bei Insolvenz des Veräußerers........ 218
            8.3.2 Haftung des Veräußerers bei Insolvenz des Erwerbers........ 221
    9. Sicherungsausschluss aus allgemeinen zivilrechtlichen
       Gründen 223
        9.1 Zweck des IESG 223
        9.2 Rechtsunwirksame Vertragsgestaltungen 224
        9.3 Anspruchsausschluss wegen Stehenlassen von Entgelt 226

9.4 Anspruchsausschluss wegen Übertragung des
Finanzierungsrisikos 227
9.5 Eigenkapitalersatz 235
9.6 Die EuGH-Judikatur zur InsolvenzRL und die
österr Judikatur... 237
9.7 Ausmaß des Sicherungsverlustes 240

Insolvenz-Entgelt für Abfertigung wegen Verschlechterung der Wirtschaftslage und bei überschuldetem Nachlass (§ 1a IESG) 243
1. Hintergründe und Ziele der Regelungen 244
2. Abfertigungsreduktion und IESG-Sicherung 245
   2.1 Tatbestandsmerkmale der wirtschaftlichen Reduktionsklausel 245
      2.1.1 Unternehmensliquidierung in der Insolvenz und
      wirtschaftliche Reduktionsklausel 247
   2.2 Sicherung der entfallenden Abfertigungsansprüche 248
3. Haftungsbeschränkung nach bedingter Erbserklärung und
IESG-Sicherung 251

Insolvenz-Entgelt für Übertragungsbeträge (§ 1b IESG) 254
1. Allgemeines 255
2. Antragstellung 255
3. Sicherungsumfang 256

Sprachliche Gleichbehandlung und Verweisungen (§ 2 IESG) 258
1. Herausnahme der arbeitnehmerähnlichen Personen und der
Zwischenmeister mit Entgeltschutz aus dem Kreis der
Anspruchsberechtigten 258
2. Sprachliche Gleichbehandlung 259
3. Verweisungen 259
   3.1 Grundsatz der dynamischen Verweisung auf andere BG 260
   3.2 Sonstige Verweisungen 260

***[Aufgehoben]* (§ 2a IESG)** 261
1. Einbeziehung von freien DN iSd § 4 Abs 4 ASVG 261

Ausmaß des Insolvenz-Entgelts (§ 3 IESG) 262
1. Allgemeines 263
2. Die sog Stichtage 264
   2.2 Stichtage iZm der Geschäftsaufsicht 264
3. Höhe des gesicherten Anspruchs 265
   3.1 Gesetzliche Abzüge 265
   3.2 Betagte und bedingte Forderungen 270

3.3 Unbestimmte Ansprüche und Sachbezüge 273
4. Sicherungszeitraum für Zinsen 274
5. Außerachtlassung gewisser arbeitsrechtlicher Gestaltungen
bei der Berechnung des Insolvenz-Entgelts 276

Für Entgelt und Ansprüche aus nicht ausgeglichenen Zeitguthaben vor der Insolvenz (§ 3a IESG) 282
1. Allgemeines 284
2. Erwerb und Fälligkeit des Entgelts 285
3. Sicherungsgrenzen für die Zeit vor dem Stichtag 287
   3.1 Historische Entwicklung 287
   3.2 Aktuelle Version des § 3a Abs 1 IESG, eingefügt durch BGBl I 2000/142 und BGBl I 2017/123 288
4. Sicherungsgrenzen für die Zeit nach dem Stichtag 295
   4.1 Insolvenzverfahren 296
   4.2 Austrittsobliegenheit und Ausfallshaftung bei Eröffnung des Insolvenzverfahrens 298
   4.3 Geschäftsaufsicht 300
   4.4 Beschlüsse nach § 1 Abs 1 Z 2 – 6 IESG 301
   4.5 Insolvenzfälle im Ausland 301

Für weitere Ansprüche (§ 3b IESG) 303
1. Allgemeines 304
2. Erwerb der von § 3b IESG erfassten Ansprüche 304
3. Die Sicherungszeiträume des § 3b IESG im Einzelnen 307
   3.1 Die Grundanordnung des § 3b Z 1 IESG 307
   3.2 Die Erweiterung gem § 3b Z 2 IESG 308
   3.3 Die Erweiterung gem § 3b Z 3 IESG 313
   3.4 Die Erweiterung gem § 3b Z 4 IESG 314
   3.5 Sonderregelung für Kosten 316

Bei besonderem Kündigungs- und Entlassungsschutz (§ 3c IESG) 317
1. Allgemeines 317
2. Erfasster Personenkreis 318
3. Die Inhalte des § 3c IESG im Einzelnen 319
   3.1 Die Erweiterung gem § 3c Z 1 IESG bei Mutter- bzw Vaterschaftsaustritt 319
   3.2 Die Erweiterung gem § 3c Z 2 IESG – Lösung des Arbeitsverhältnisses bis unmittelbar nach Ablauf des besonderen Kündigungsschutzes 320
   3.3 Die Erweiterung gem § 3c Z 3 IESG iZm Betriebsstilllegungen .. 321

Inhaltsverzeichnis

Für Betriebspensionen (§ 3d IESG) 325
1. Sicherung von Pensionsansprüchen 326
   1.1 Pensionsansprüche nach § 2 Z 2 BPG 328
   1.2 Pensionsanwartschaften nach § 2 Z 2 BPG 328
   1.3 Abfindungsbetrag nach § 5 Abs 2 AVRAG 329
   1.4 Dem BPG nicht unterliegende Pensionsansprüche 332
2. Insolvenzrechtliche Stellung und Sicherung von Pensionsansprüchen gegen Pensionskassen und Ansprüchen aus Lebensversicherungen 333
3. Unionsrechtskonforme Anpassung des IESG durch § 3d Abs 3 IESG 334

Gewährung von Insolvenz-Entgelt bei Vorliegen berücksichtigungswürdiger Gründe (§ 4 IESG) 338
1. Grund der Neuregelung 338
2. Berücksichtigungswürdige Gründe 339
3. Glaubhaftmachung 340
4. Antrag und Erledigung 341

Zuständigkeit (§ 5 IESG) 343
1. Einleitung. Historie 344
2. Zuständigkeit zur Antragsentgegennahme 346
3. Zuständigkeit zur Ermittlung und Entscheidung 347
4. Verarbeitung von Daten 348

Antrag (§ 6 IESG) 349
1. Frist zur Antragstellung 352
   1.1 Beginn und Ende des Fristenlaufs 352
   1.2 Versäumung der Frist – Härteklausel 355
2. Antrag 360
   2.1 Form des Antrags 360
   2.2 Berechtigung zur Stellung des Antrags 361
   2.3 Inhaltserfordernisse des Antrags 361
3. Verfahrensablauf 363
   3.1 Erstellung eines Forderungsverzeichnisses 363
   3.2 Vorgangsweise bei eröffnetem Insolvenzverfahren (Konkursverfahren und Sanierungsverfahren) 363
   3.3 Vorgangsweise bei Ablehnung des Antrags auf Eröffnung des Insolvenzverfahrens mangels Vermögens 364
   3.4 Vorgangsweise im Geschäftsaufsichtsverfahren 365
   3.5 Vorgangsweise bei den Beschlüssen nach § 1 Abs 1 Z 3 – 6 IESG 365

Inhaltsverzeichnis

Entscheidung und Auszahlung (§ 7 IESG) 366
1. Verfahren 368
   1.1 Prüfung der Anspruchsvoraussetzungen 369
   1.2 Prüfung der Richtigkeit 370
       1.2.1 Bindung an gerichtliche Entscheidungen 370
       1.2.2 Bindung an die insolvenzrechtliche Feststellung 372
       1.2.3 Grundsätze des Ermittlungsverfahrens 373
       1.2.4 Amtswegige Verfahrensaussetzung wegen
             Sozialbetrugsverdachts 375
   1.3 Entscheidung und Auszahlung 376
       1.3.1 Zuerkennungs- und Abweisungsbescheide 376
       1.3.2 Auszahlung des Insolvenz Entgelts 377
2. Rechtslage bei Übertragung, Pfändung oder Verpfändung des
   gesicherten Anspruchs 377
3. Rechtslage bei Anfechtung von Zahlungen an den AN 379
4. Pensionskassenbeiträge bzw Prämien an eine betriebliche
   Kollektivversicherung 381

Pfändung, Verpfändung und Übertragung (§ 8 IESG) 382
1. Anwendung des Lohnpfändungsrechts 382
2. Verpfändung und Übertragung des IAG 385
3. Verfahren 385

Widerruf und Rückforderung (§ 9 IESG) 387
1. Allgemeines 387
2. Voraussetzungen 388
   2.1 Unwahre Angaben und Verschweigen von Tatsachen 388
   2.2 Unredlichkeit des Zahlungsempfängers 390
   2.3 Verurteilung gem § 1 Abs 3 Z 1a IESG 390
3. Anwendungsfälle 391

Streit über den Anspruch auf Insolvenz-Entgelt (§ 10 IESG) 394
1. Anwendung des ASGG 394
2. Klagseinbringung und Klagswirkung 395
3. Klagsvoraussetzungen 395
4. Parteistellung und Vertretung 397
5. Einzelne Verfahrensprobleme 399

Übergang der Ansprüche (§ 11 IESG) 405
1. Forderungsübergang durch Legalzession 407
   1.1 Nicht bestrittene Forderungen 408

  1.1.1 Forderungen, die im Insolvenzverfahren nicht
    anzumelden sind 408
  1.1.2 Forderungen, die im Insolvenzverfahren anzumelden
    sind 409
 1.2 Bestrittene Forderungen 411
 1.3 Gesicherte Ansprüche 411
2. Legalzession gem § 11 IESG und Insolvenzverfahren....................... 412
 2.1 Eintragung im Anmeldungsverzeichnis 412
 2.2 Stimmrecht 415
 2.3 Bedingte Forderung im Insolvenzverfahren 417
3. Legalzession und schuldbefreiende Zahlung 420
4. Umfang des Forderungsübergangs 421
5. Rückgriff auf Neuvermögen 423
 5.1 Einschränkungen des Rückgriffs 423
 5.2 Wegfall der Rückgriffseinschränkungen 425

Aufbringung der Mittel und Deckung des Aufwandes (§ 12 IESG) ... 426
1. Zuschlag zum Arbeitslosenversicherungsbeitrag 427
 1.1 Höhe des Zuschlags 429
 1.2 Einhebung und Abfuhr des Zuschlags 433
2. Weitere Mittel 433
 2.1 Mittel aus der Gebarung Arbeitsmarktpolitik 433
 2.2 Rückflüsse, Geldstrafen, Zinsen und sonstige Mittel 433

Insolvenz-Entgelt-Fonds (§ 13 IESG) 435
1. Begriff eines Fonds 436
2. IEF 437
 2.1 Finanzierung 437
 2.2 Vertreter des Fonds 438
 2.3 Geltendmachung der Forderungen 439
3. Anhörungsrechte 441

**Dienstnehmer-Beitragsanteile zur gesetzlichen Sozialversicherung
(§ 13a IESG)** 442
1. Sicherung der Dienstnehmerbeitragsanteile 443
2. Verfahren 446

**Zuschläge nach dem Bauarbeiter-Urlaubs- und
Abfertigungsgesetz (§ 13b IESG)** 448
1. Anspruchsausschluss bei gesetzlicher Zahlungspflicht eines Dritten ... 448
2. Sicherung der Zuschläge nach dem BUAG 449
3. Verfahren 449

Inhaltsverzeichnis

Ansprüche eines bevorrechteten Gläubigerschutzverbandes bei Vertretung von Anspruchsberechtigten (§ 13c IESG) 450
1. Allgemeines 451
2. Fallpauschale für die Vertretung im IESG-Verfahren 451
3. Bevorrechteter Gläubigerschutzverband 454

Beiträge nach dem Betrieblichen Mitarbeiter- und Selbstständigenvorsorgegesetz (§ 13d IESG) 457
1. Sicherung der Beiträge in die Betriebliche Vorsorgekasse 457
2. Verfahren 459

Beiträge zur Förderung der Ausbildung und Beschäftigung Jugendlicher (§ 13e IESG) 461
1. Förderung der Ausbildung und Beschäftigung Jugendlicher 462
   1.1 Lehrlingsausbildungsprämie, Beihilfen und Maßnahmen 463
2. Akontierungen 466

Rechtshilfe und Auskunftspflicht (§ 14 IESG) 468
1. Allgemeines 469
2. Erweiterung der Rechtshilfe zu Gunsten der IEF-Service GmbH und der Gerichte 470
   2.1 Inhalt und Umfang der Amtshilfe 470
   2.2 Grenzen der Hilfeleistung 470
   2.3 Sanktionen 471
3. Auskunftspflichten zu Gunsten des Insolvenzverwalters 471
4. Auskunftspflichten zu Gunsten der IEF-Service GmbH und der Gerichte 472
5. Unterstützung durch den HVSVT 473
6. Abfrage aus dem ZMR 473
7. Daten der Koordinationsstelle für die Kontrolle der illegalen Beschäftigung im BMF 474
8. Anzeigen der Insolvenzgerichte 474

Zusammenarbeit mit ausländischen Einrichtungen (§ 14a IESG) 476
1. Hintergrund der Regelung 477
2. Kommunikation mit ausländischen Einrichtungen 477
   2.1 Vereinbarungen mit ausländischen Einrichtungen 477

Stempel- und Gebührenfreiheit (§ 15 IESG) 479
1. Befreiung von Stempel- und Rechtsgebühren 479
2. Befreiung von Kosten für die Behördentätigkeit 479

Inhaltsverzeichnis

Strafbestimmungen (§ 16 IESG) 480
1. Straftatbestände 480
2. Falsche Angaben und falsche Zeugenaussagen 481
3. Delikthäufungen 482
4. Eingänge aus den Geldstrafen 482

Übergangsbestimmungen (§ 17 IESG) 483
1. Rückwirkende Anwendung 483
2. Finanzielle Vorsorge 484

Novellen; Inkrafttreten und Übergangsbestimmungen (§ 17a IESG) 485
1. Zeitpunkte des Wirksamwerdens von IESG-Fassungen zwischen 1992 und 2005 491
2. Fassung durch BGBl 1992/835 (§ 17a Abs 1 IESG) 492
3. Fassung durch BGBl 1993/799 (§ 17a Abs 2 IESG) 492
4. Fassung durch BGBl 1993/817 (§ 17a Abs 3 IESG) 493
5. Fassung durch BGBl 1994/153 (§ 17a Abs 4 IESG) 493
6. Fassung durch BGBl 1994/314 (§ 17a Abs 5 IESG) 494
7. Fassung durch BGBl 1995/297 (§ 17a Abs 6 IESG) 494
8. Fassung durch BGBl 1996/754 (§ 17a Abs 7–9 IESG) 495
9. Fassung durch BGBl I 1997/107 sowie BGBl I 2003/71 (§ 17a Abs 10–14 IESG) 495
10. Fassung durch BGBl I 1998/30 (§ 17a Abs 15 IESG) 499
11. Fassung durch BGBl I 1999/73 (§ 17a Abs 16 und 17 IESG) 499
12. Fassung durch BGBl I 2000/26 (§ 17a Abs 18 IESG) 499
13. Fassung durch BGBl I 2000/44 (§ 17a Abs 19–22 IESG) 500
14. Fassung durch BGBl I 2000/142 (§ 17a Abs 23 und 24 IESG) 500
15. Fassung durch BGBl I 2001/88 (§ 17a Abs 25–31 IESG) 501
16. Fassung durch BGBl I 2002/158 (§ 17a Abs 32 IESG) 503
17. Fassung durch BGBl I 2003/71 (§ 17a Abs 33 IESG) 503
18. Fassung durch BGBl I 2003/128 (§ 17a Abs 34 und 35 IESG) 503
19. Fassung durch BGBl I 2004/77 (§ 17a Abs 36 und 37 IESG) 504
20. Fassung durch BGBl I 2005/8 (§ 17a Abs 38 IESG) 504
21. Fassung durch BGBl I 2005/36 und I 2005/114 (§ 17a Abs 39 IESG) 504
22. Fassung durch BGBl I 2005/102 (§ 17a Abs 40–45 IESG) 505

Wirksamkeitsbeginn und Vollziehung (§ 18 IESG) 507
1. Zeitpunkte des Wirksamwerdens älterer IESG-Fassungen 508
  1.1 Stammfassung 508
  1.2 Fassung durch BGBl 1979/107 508

1.3 Fassung durch BGBl 1980/580 508
1.4 Fassung durch BGBl 1982/647 508
1.5 Fassung durch BGBl 1983/613 509
1.6 Fassung durch BGBl 1985/104 509
1.7 Fassung durch BGBl 1986/395 509
1.8 Fassung durch BGBl 1987/618 510
1.9 Fassung durch BGBl 1990/282 510
1.10 Fassung durch BGBl 1991/628 510
2. Vollzugsklausel 511

Sonderbestimmungen (§ 19 IESG) 512
1. Sanierung verfassungswidriger Mittelverwendungen bzw
   Zuschlagsfestlegungen 513
2. Gesetzliche Festschreibung der Zuschlagshöhen für die
   Jahre 2011 und 2012 514

Inkrafttreten (§ 20 IESG) 515
1. Anpassungen der §§ 1b, 13d IESG an die neue Terminologie
   des BMSVG durch BGBl I 2007/104 515
2. Einbeziehung von freien DN iSd § 4 Abs 4 ASVG ins IESG
   gem § 2a leg cit durch BGBl I 2007/104 515

**Inkrafttreten und Übergangsbestimmungen zur Novelle
BGBl. I Nr. 82/2008 (§ 21 IESG)** 516
1. Entfall des in § 6 Abs 2 IESG vorgesehenen Erfordernisses des
   gerichtlichen Eingangsvermerks auf der Forderungsanmeldung
   durch BGBl I 2008/82 517
2. Einführung des § 13e IESG über Beiträge des IEF
   zur Förderung der Ausbildung und Beschäftigung Jugendlicher
   durch BGBl I 2008/82 517
3. Änderungen in § 12 IESG über die Aufbringung der Mittel und
   Deckung des Aufwandes des IEF durch BGBl I 2008/82 517
4. Änderung von in § 13 IESG enthaltenen Bestimmungen
   über den Voranschlag des IEF und einschlägige Anhörungsrechte
   durch BGBl I 2008/82 518
5. Einfügung des § 14 Abs 6 IESG über die Datenübermittlung
   von Seiten der Koordinationsstelle für die Kontrolle der
   illegalen Beschäftigung durch BGBl I 2008/82 518
6. Änderung von Bezeichnungen durch BGBl I 2008/82 518

Inhaltsverzeichnis

Inkrafttreten der Novelle BGBl. I Nr. 90/2009 (§ 22 IESG) 519
1. Neuerungen in § 13e IESG über die Förderung der Ausbildung und Beschäftigung Jugendlicher durch BGBl I 2009/90 519
2. Einfügung eines § 6 Abs 8 IESG über Fragen der Antragsberechtigung durch BGBl I 2009/90 519
3. Änderungen von Bezeichnungen durch BGBl I 2009/90 520

Inkrafttreten und Übergangsbestimmungen zur Novelle BGBl. I Nr. 70/2009 (§ 23 IESG) 521
1. Klarstellung in § 13b Abs 1 IESG zur Zuschlagsentrichtung für Beschäftigungszeiten ohne Anspruch gegenüber der BUAK durch BGBl I 2009/70 521

Inkrafttreten und Übergangsbestimmungen zur Novelle BGBl. I Nr. 148/2009 (§ 24 IESG) 522
1. Ermöglichung der vorübergehenden Entnahme der für die Jugendlichen- und Lehrlingsförderung zweckgebundenen Mittel des IEF gem § 13e Abs 1 S 3 IESG 522

Inkrafttreten und Übergangsbestimmungen zur Novelle BGBl. I Nr. 29/2010 (§ 25 IESG) 523
1. Änderung von Bezeichnungen durch BGBl I 2010/29 524
2. Neuerungen beim anspruchsberechtigten Personenkreis und den gesicherten Ansprüchen in § 1 IESG durch BGBl I 2010/29 524
3. Einfügung eines Sicherungstatbestands für Forderungsausfälle iZm einem überschuldeten Nachlass in § 1a IESG durch BGBl I 2010/29 525
4. Einfügung eines § 4 IESG über eine besonders rasche Entscheidung bei Vorliegen berücksichtigungswürdiger Gründe durch BGBl I 2010/29 525
5. Klarstellung des Übergangs sämtlicher vertraglicher Rechte gegen Dritte mit dem Forderungsübergang in § 11 Abs 1 S 3 IESG durch BGBl I 2010/29 526
6. Pflicht zur Bekanntgabe nicht hereinbringbarer Beitragsschulden durch den Sozialversicherungsträger gem § 13a Abs 3 S 2 IESG idF BGBl I 2010/29 526
7. Pflicht der Insolvenzgerichte zur Information der IEF-Service GmbH von bestimmten Strafanzeigen gem § 14 Abs 7 IESG idF BGBl I 2010/29 527

Inhaltsverzeichnis

Inkrafttreten der Novelle BGBl. I Nr. 111/2010 (§ 26 IESG) 528
1. Modalitäten der Festlegung der Höhe des IESG-Zuschlags
   durch § 12 Abs 3 IESG idF BBG 2011 BGBl I 2010/110 528

Inkrafttreten der Novelle BGBl. I Nr. 24/2011 (§ 27 IESG) 529
1. Aufnahme des Sachwuchers in die Liste der den Wegfall der
   Rückgriffseinschränkungen bewirkenden Straftatbestände
   durch BGBl I 2011/24 529

Inkrafttreten der Novelle BGBl. I Nr. 39/2011 (§ 28 IESG) 530
1. Reihung der Inkrafttretensbestimmungen durch BGBl I 2011/39 530
2. Anpassung der Ministeriumsbezeichnung durch BGBl I 2011/39 530
3. Neufassung des § 12 IESG über „Aufbringung der Mittel und
   Deckung des Aufwandes" des IEF und Statuierung einer
   begleitenden Regelung durch BGBl I 2011/39 530

Inkrafttreten der Novelle BGBl. I Nr. 35/2012 (§ 29 IESG) 532
1. Anhebung der Altersgrenze beim IESG-Zuschlag durch
   BGBl I 2012/35 532

Inkrafttreten der Novelle BGBl. I Nr. 30/2014 (§ 30 IESG) 533
1. Modalitäten der Festlegung der Höhe des IESG-Zuschlags
   gem § 12 Abs 3 IESG idF BGBl I 2014/30 533
2. Information des BMASK durch die IEF-Service GmbH
   gem § 12 Abs 6 IESG idF BGBl I 2014/30 533
3. Pflicht des IEF zur Erstellung einer Bilanz udgl
   gem § 13 Abs 2 IESG idF BGBl I 2014/30 533
4. Anpassung der Bestimmung über die Anhörungsrechte
   der gesetzlichen Interessenvertretungen in § 13 Abs 8 IESG
   durch BGBl I 2014/30 534

Inkrafttreten der Novelle BGBl. I Nr. 34/2015 (§ 31 IESG) 535
1. Anpassung des § 1 Abs 3 Z 6 IESG über ausgeschlossene
   Ansprüche an das VAG 2016 durch BGBl I 2015/34 535

Inkrafttreten der Novelle BGBl. I Nr. 113/2015 (§ 32 IESG) 536
1. Einfügung des § 3d Abs 3 IESG über die Mindestabsicherung
   von Betriebspensionen durch BGBl I 2015/113 536
2. Neufassung des § 5 Abs 1 und 2 IESG über die Geschäftsstellen
   der IEF-Service GmbH durch BGBl I 2015/113 536
3. Einfügung des § 7 Abs 1a IESG über die Verfahrensaussetzung
   iZm Sozialbetrugsverdacht durch BGBl I 2015/113 537

Inhaltsverzeichnis

Inkrafttreten der Novelle BGBl. I Nr. 122/2017 (§ 33 IESG) 538
1. Neufassung des § 1 Abs 1 letzter S IESG über Auslandsinsolvenzen durch BGBl I 2017/122 538

Inkrafttreten der Novelle BGBl. I Nr. 123/2017 (§ 34 IESG) 539
1. Schaffung eines gesonderten Grenzbetrags für Zeitausgleichsabgeltungen in § 1 Abs 4 Z 3 IESG durch BGBl I 2017/123 539
2. Klarstellung zu den von § 3a (bzw § 3b) IESG über den Sicherungszeitraum erfassten Ansprüche durch BGBl I 2017/123 539
3. Präzisierung der Regelungen über Rechtshilfe bzw Abfrage von Daten des HVSVT in § 14 Abs 1 und 4 IESG durch BGBl I 2017/123 540

Inkrafttreten der Novelle BGBl. I Nr. 154/2017 (§ 35 IESG) 541
1. Regelung der Finanzierung der Beihilfen zur Tragung der Internatskosten von Lehrlingen durch BGBl I 2017/154 541

Teil II: Kommentierung von arbeitsrechtsbezogenen Bestimmungen der Insolvenzordnung 543

Vorbemerkungen zur IO 543
1. Gesetzliche Grundlagen 544
2. Überblick über Funktionen, Zielsetzungen und Mittel des Insolvenzverfahrens 545
3. Überblick über den Verfahrensgang 546
    3.1 Allgemeines 546
    3.2 Insolvenzeröffnungsverfahren 547
    3.3 Konkursverfahren 547
    3.4 Sanierungsverfahren 549
        3.4.1 Allgemeines 549
        3.4.2 Sanierungsverfahren ohne Eigenverwaltung 550
        3.4.3 Sanierungsverfahren mit Eigenverwaltung 550
4. Das Arbeitsverhältnis in der Insolvenz 552
    4.1 Grundsätzliche Unberührtheit der Vertragsverhältnisse 552
    4.2 Rolle und Befugnisse des Insolvenzverwalters und Rechtsstellung des Insolvenzschuldners 552

Rechtshandlungen des Schuldners (§ 3 IO) 555
1. Wirkungen der Eröffnung des Insolvenzverfahrens auf das exekutionsunterworfene Schuldnervermögen 556

2. Rechtshandlungen des Schuldners 557
   2.1 Rechtshandlungen 557
   2.2 Wirkungsweise der Unwirksamkeit 558
   2.3 Zahlung an den Insolvenzschuldner 560
3. Arbeitsrechtliche Besonderheiten 560
   3.1 Insolvenz des AG 560
   3.2 Insolvenz des AN 562

Wirkung der Eröffnung des Insolvenzverfahrens auf Absonderungs- und Aussonderungsrechte (§ 11 IO) 565
1. Allgemeines 566
2. Aussonderungsrechte des AN in der Insolvenz des AG 568
3. Absonderungsrechte des AN in der Insolvenz des AG 568

Einkünfte aus einem Arbeitsverhältnis (§ 12a IO) 571
1. Ziele der Regelung 572
2. Erfasste Aus- und Absonderungsrechte 573
3. Das Erlöschen der Rechte Dritter am Arbeitseinkommen
   des Schuldners 574
   3.1 Vertragliche Aus- und Absonderungsrechte (Abs 1) 574
   3.2 Aufrechnungsbefugnisse (Abs 2) 575
   3.3 Exekutive Absonderungsrechte (Abs 3) 577
4. Wiederaufleben der erloschenen Aus- und Absonderungsrechte 578
5. Information des Drittschuldners 580

Erfüllung von zweiseitigen Rechtsgeschäften. (§ 21 IO) 581
1. Rücktrittsrecht des Insolvenzverwalters (Schuldners) 583
   1.1 Allgemeines 583
   1.2 Anwendung des § 21 IO auf den Arbeitsvertrag 584
       1.2.1 Ausübung 585
       1.2.2 Rechtsfolgen 586
2. Rücktrittsrechte der AN 588
   2.1 Rücktrittsrecht gem § 30 Abs 4 AngG 588
   2.2 Rücktrittsrechte anderer AN 589
3. Rücktrittsrechte arbeitnehmerähnlicher Personen, freier DN udgl 590
4. Leistungsverweigerungsrecht gem § 21 Abs 3 IO 592
5. Unabdingbarkeit 592

d) Arbeitsverträge (§ 25 IO) 593
1. Allgemeines 598
2. Arbeitgeberpflichten 599
3. Begünstigtes Kündigungsrecht des Insolvenzverwalters 601

Inhaltsverzeichnis

3.1 Zeitfenster zur begünstigten Beendigung 601
   3.1.1 Beendigungsfrist im Schuldenregulierungsverfahren 602
   3.1.2 Beendigungsfrist in der Unternehmerinsolvenz 602
      3.1.2.1 Nicht fortführungswürdige Unternehmen(sbereiche) 602
      3.1.2.2 Fortführungswürdige Unternehmen(sbereiche) 603
         3.1.2.2.1 Exkurs: Arbeitsverhältnisse mit Auslandseinschlag 605
         3.1.2.2.2 Schließung nach Fortführung 606
         3.1.2.2.3 Lösungsmöglichkeit bei einzuschränkenden Bereichen 606
3.2 Lösungsvorgang 609
3.3 Begünstigungen 611
3.4 Bedachtnahme auf gesetzliche Kündigungsbeschränkungen 613
   3.4.1 Allgemeiner Kündigungsschutz 613
   3.4.2 Besonderer Kündigungsschutz 617
      3.4.2.1 Belegschaftsvertreter 618
      3.4.2.2 Mütter bzw Karenz oder Teilzeit in Anspruch nehmende Väter 620
      3.4.2.3 Präsenz, Ausbildungs bzw Zivildiener 621
      3.4.2.4 Begünstigte Behinderte 622
      3.4.2.5 Lehrlinge 623
      3.4.2.6 Familienhospizkarenz, Begleitung schwersterkrankter Kinder 626
   3.4.3 Individueller Kündigungsschutz 626
   3.4.4 Gesetzliche Kündigungsgründe 627
   3.4.5 Kündigungsfrühwarnsystem 627
   3.4.6 Kollv Kündigungsbeschränkungen 628
3.5 Rechtsfolgen 629
   3.5.1 Allgemeine Rechtsfolgen 629
   3.5.2 Schadenersatz 630
4. Austrittsrecht des AN 632
4.1 Lösungsvorgang 632
   4.1.1 „Nachschießendes" Austrittsrecht 633
4.2 Zeitfenster zum Austritt nach § 25 IO 633
4.3 Rechtsfolgen 634
   4.3.1 Allgemeine Rechtsfolgen 634
   4.3.2 Schadenersatz 634
5. Austritt nach Arbeitsvertragsrecht 640
6. Besonderheiten im Sanierungsverfahren mit Eigenverwaltung 644
6.1 Lösungsrecht des Schuldners 644
   6.1.1 Lösungsvorgang 645

        6.1.2 Begünstigungen 646
        6.1.3 Bedachtnahme auf gesetzliche
              Kündigungsbeschränkungen 647
        6.1.4 Rechtsfolgen 647
                6.1.4.1 Allgemeine Rechtsfolgen 647
                6.1.4.2 Schadenersatz 647
      6.2 Lösungsrecht des AN 648
   7. Sonderbestimmungen 648
      7.1 Die Sonderbestimmung des § 78 Abs 2 AktG 648
      7.2 Die Sonderbestimmung des § 28 TAG 649
   8. Einfluss der Aufhebung des Insolvenzeröffnungsbeschlusses oder
      anderer für das Lösungsrecht nach § 25 IO relevanter Beschlusse
      auf bereits vollzogene begünstigte Lösungsvorgänge 649
   9. Neue Arbeitsverhältnisse 650

**Auflösung von Verträgen durch Vertragspartner des Schuldners
(§ 25a IO)** 651
Unwirksame Vereinbarungen (§ 25b IO) 651
   1. Allgemeines 651
   2. Unabdingbarkeit des § 21 IO 652
   3. Unabdingbarkeit des § 25 IO 652

Masseforderungen (§ 46 IO) 653
   1. Allgemeines 655
   2. Persönlicher Geltungsbereich des § 46 Z 3 und 3a IO 655
      2.1 AN 655
      2.2 Arbeitnehmerähnliche Personen 656
   3. Qualität der Forderungen 657
   4. Masseforderungen von AN (arbeitnehmerähnlichen Personen)
      im Einzelnen 658
      4.1 Laufendes Entgelt 658
            4.1.1 Sonderzahlungen 660
            4.1.2 Betriebspensionen 663
                4.1.2.1 Betriebspensionen außerhalb des
                        Geltungsbereichs des BPG 664
                4.1.2.2 Betriebspensionen im Geltungsbereich des BPG ... 665
      4.2 Forderungen aus der Beendigung 667
            4.2.1 Zeitpunkt des Vertragsabschlusses 669
                4.2.1.1 Alte Beschäftigungsverhältnisse 669
                4.2.1.2 Neue Beschäftigungsverhältnisse 672

XXI

Inhaltsverzeichnis

§ 47 IO 673
1. Unabhängigkeit der Masseforderungen vom Insolvenzverfahren 673
   1.1 Befriedigung bei zureichender Masse 674
   1.2 Befriedigung bei unzureichender Masse 674
2. Rechtsdurchsetzung bei Masseforderungen 675
   2.1 Prozessuale Durchsetzung 676
   2.2 Abhilfe durch das Insolvenzgericht 676

Insolvenzforderungen (§ 51 IO) 677
1. Bedeutung des § 51 IO 677
2. Insolvenzforderungen der AN (arbeitnehmerähnlichen Personen) 678
3. Rechtsdurchsetzung 679

§ 75 IO 682
Anhörung der gesetzlichen Interessenvertretungen und des Landesarbeitsamts (§ 76 IO) 682
1. Vorbemerkung 683
2. Mitwirkung der betrieblichen Interessenvertretung 683
   2.1 Informationsrechte 686
      2.1.1 Zustellung des Edikts 686
      2.1.2 Aufhebung des Insolvenzverfahrens sowie Beendigung und Einstellung der Treuhand 687
   2.2 Anhörungsrechte 687
      2.2.1 Insolvenzantrag 687
      2.2.2 Fortführung, Schließung oder Wiedereröffnung des Unternehmens 688
      2.2.3 Bestellung des Mitglieds des Gläubigerausschusses für die Belange der AN 688
3. Mitwirkung der überbetrieblichen Interessenvertretungen 688
   3.1 Informationsrechte 689
      3.1.1 Zustellung des Edikts 689
      3.1.2 Zustellung des Vermögensverzeichnisses und der Bilanz 689
      3.1.3 Schließung oder Wiedereröffnung des Unternehmens 689
      3.1.4 Aufhebung des Insolvenzverfahrens, Abweisung des Insolvenzantrags sowie Beendigung und Einstellung der Treuhand 690
   3.2 Anhörungsrechte 690
      3.2.1 Wirtschaftliche Lage des Unternehmens 690
      3.2.2 Bestellung des Mitglieds des Gläubigerausschusses für die Belange der AN 691

Inhaltsverzeichnis

Verständigung der Arbeitnehmer (§ 78a IO) 692
1. Verständigungspflicht des Insolvenzverwalters 692
   1.1 Hintergrund und Zweck der Norm 692
   1.2 Zeitpunkt und Form der Verständigung 694
2. Entfall der Verständigungspflicht 695
   2.1 Verständigung durch das Insolvenzgericht 695
   2.2 Allgemein bekannte Eröffnung des Insolvenzverfahrens 697

Zuständigkeit für Klagen wegen bestrittener Forderungen (§ 111 IO) 698
1. Allgemeine Zuständigkeit für Prüfungsprozesse 698
2. Zuständigkeit für Prüfungsprozesse betreffend Arbeitsrechtssachen 699

Geltendmachung von Aus- oder Absonderungsrechten an Einkünften aus einem Arbeitsverhältnis (§ 113a IO) 700
1. Zweck der Bestimmung 701
2. Anwendungsbereich 702
3. Geltendmachung 705
   3.1 Rechtsnatur 705
   3.2 Form und Inhalt der Geltendmachung 706
4. Rechtsfolgen nicht ordnungsgemäßer Geltendmachung 707
   4.1 Allgemeines 707
   4.2 Verspätete und nicht ordnungsgemäße Geltendmachung 707
       4.2.1 Geltendmachung nach Ablauf der Anmeldungsfrist 707
       4.2.2 Keine ordnungsgemäße Geltendmachung bis zur Abstimmung über den Zahlungsplan 707
   4.3 Nachrangige Ansprüche 709
   4.4 Wiederaufleben 710

Anhang: InsolvenzRL 2008/94/EG 711

Stichwortverzeichnis 723

Verzeichnis abgekürzt zitierter Literatur

Adamovich/Funk, Allgemeines Verwaltungsrecht, 3. Aufl (1987) – *Adamovich/ Funk*, Verwaltungsrecht³

Angst/Oberhammer (Hrsg), Kommentar zur Exekutionsordnung, 3. Aufl (2015) – *Bearbeiter/in* in *Angst/Oberhammer*, EO³

Antoniolli/Koja, Allgemeines Verwaltungsrecht, 3. Aufl (1996) – *Antoniolli/ Koja*, Verwaltungsrecht³

Aust/Gittenberger/Knallnig-Prainsack/Strohmayer, Berufsausbildungsgesetz, 2. Aufl (2017) – *Bearbeiter/in* in *Aust/Gittenberger/Knallnig-Prainsack/ Strohmayer*, BAG²

Bartsch/Heil, Grundriß des Insolvenzrechts, 4. Aufl (1983) – *Bartsch/Heil*, Insolvenzrecht⁴

Bartsch/Pollak/Buchegger (Hrsg), Österreichisches Insolvenzrecht, 4. Aufl, Band I (2000), Band II/2 (2004), Band III (2002), Band IV (2006), 1. Zusatzband (2009) – *Bearbeiter/in* in *Bartsch/Pollak/Buchegger* I⁴, II/2⁴, III⁴, IV⁴

Binder/Burger/Mair, Arbeitsvertragsrechts-Anpassungsgesetz, 3. Aufl (2016) – *Bearbeiter/in* in *Binder/Burger/Mair*, AVRAG³

Brodil/Windisch-Graetz, Sozialrecht in Grundzügen, 8. Aufl (2017) – *Brodil/ Windisch-Graetz*, Sozialrecht⁸

F. Bydlinski, Juristische Methodenlehre und Rechtsbegriff, 2. Aufl (1991) – *F. Bydlinski*, Methodenlehre²

Canaris, Die Feststellung von Lücken im Gesetz: eine methodologische Studie über Voraussetzungen und Grenzen der richterlichen Rechtsfortbildung praeter legem, 2. Aufl (1983) – *Canaris*, Feststellung von Lücken²

Dellinger/Oberhammer/Koller, Insolvenzrecht, 3. Aufl (2014) – *Dellinger/Oberhammer/Koller*, Insolvenzrecht³

Duursma-Kepplinger/Duursma/Chalupsky (Hrsg), Europäische Insolvenzverordnung (2002) – *Bearbeiter/in* in *Duursma-Kepplinger/Duursma/ Chalupsky*, EuInsVO

Ehrenreich, Insolvenz-Entgeltsicherungsgesetz (Loseblatt ab 1997) – *Ehrenreich*, IESG

Verzeichnis abgekürzt zitierter Literatur

Fasching/Konecny (Hrsg), Kommentar zu den Zivilprozessgesetzen, 3. Aufl, Band I (2013), Band II/1 (2015), Band II/2 (2016), Band II/3 (2015), Band III/1 (2017), Band IV/2 (2016), 2. Aufl, Band III (2004), Band IV/1 (2005), Band V/1 (2008), Band V/2 (2010), Ergänzungsband zum Zustellrecht (2008) – *Bearbeiter/in* in *Fasching/Konecny* I^3, II/1^3, II/2^3, II/3^3, III/1^3, IV/2^3, III^2, IV/1^2, V/1^2, V/2^2, ErgBd^2

Feil, Insolvenzordnung – Praxiskommentar, 7. Aufl (2008) – *Feil*, IO^7

Floretta/Spielbüchler/Strasser, Arbeitsrecht, Band I, 4. Aufl (1998), Band II, 4. Aufl (2001) – *Bearbeiter/in*, Arbeitsrecht I^4, Arbeitsrecht II^4

Geppert, Arbeitskräfteüberlassungsgesetz (1989) – *Geppert*, AÜG

Häsemeyer, Insolvenzrecht, 4. Aufl (2007) – *Häsemeyer*, Insolvenzrecht^4

Hämmerle, Grundriss des Arbeitsrechts: Arbeitsvertrag (1949) – *Hämmerle*, Arbeitsvertrag

Hengstschläger/Leeb, Allgemeines Verwaltungsverfahrensgesetz (ab 2004) – *Hengstschläger/Leeb*, AVG

Holzer/Reissner, Arbeitsvertragsrechts-Anpassungsgesetz, 2. Aufl (2006) – *Holzer/Reissner*, AVRAG^2

Holzer/Reissner/W. Schwarz, Die Rechte des Arbeitnehmers bei Insolvenz, 4. Aufl (1999) – *Holzer/Reissner/W. Schwarz*, Insolvenz^4

Holzhammer, Österreichisches Insolvenzrecht, 5. Aufl (1996) – *Holzhammer*, Insolvenzrecht^5

Holzhammer, Österreichisches Zivilprozessrecht, 2. Aufl (1976) – *Holzhammer*, Zivilprozessrecht^2

Kalss/Nowotny/Schauer (Hrsg), Österreichisches Gesellschaftsrecht (2008) – *Bearbeiter/in* in *Kalss/Nowotny/Schauer*, Gesellschaftsrecht

Kerschner, Dienstnehmerhaftpflichtgesetz, 2. Aufl (2004) – *Kerschner*, DHG^2

Kirchhof/Eidenmüller/Stürner (Hrsg), Münchener Kommentar zur Insolvenzordnung, 3. Aufl, Band I (2013), Band II (2013), Band III (2014), Band IV (2016) – *Bearbeiter/in* in MünchKomm zur InsO^3

Klang/Gschnitzer (Hrsg), Kommentar zum Allgemeinen bürgerlichen Gesetzbuch, 2. Aufl, Band I/1 (1964), Band I/2 (1962), Band II (1950), Band III (1952), Band IV/1 (1968), Band IV/2 (1978), Band V (1954), Band VI (1951) – *Bearbeiter/in* in *Klang*^{2}

Kodek, Handbuch Privatkonkurs, 2. Aufl (2015) – *Kodek*, Privatkonkurs^2

Konecny/Schubert (Hrsg), Kommentar zu den Insolvenzgesetzen (Loseblatt-Slg ab 1997; ab 2010 hrsg von *Konecny*) – *Bearbeiter/in* in *Konecny/Schubert* oder *Bearbeiter/in* in *Konecny*

Kozak/Balla/Zankel, Theaterarbeitsgesetz, 2. Aufl (2011) – *Kozak/Balla/Zankel*, TAG^2

Verzeichnis abgekürzt zitierter Literatur

Koziol/P. Bydlinski/Bollenberger (Hrsg), Kurzkommentar zum ABGB, 5. Aufl (2017) – *Bearbeiter/in* in KBB⁵

Koziol/Welser/Kletečka, Grundriss des bürgerlichen Rechts, Band I, 14. Aufl (2014) – *Koziol/Welser/Kletečka,* Bürgerliches Recht I¹⁴

Kuderna, Arbeits- und Sozialgerichtsgesetz, 2. Aufl (1996) – *Kuderna,* ASGG²

Kuderna, Urlaubsrecht, 2. Aufl (1995) – *Kuderna,* UrlR²

Lederer, Grundriß des österreichischen Sozialrechts (1929) – *Lederer,* Sozialrecht

Liebeg, Insolvenz-Entgeltsicherungsgesetz. Praxiskommentar, 3. Aufl (2007) – *Liebeg,* IESG³

Löschnigg (Hrsg), Angestelltengesetz, 10. Aufl (2016) – *Bearbeiter/in* in *Löschnigg,* AngG¹⁰

Löschnigg, Arbeitsrecht, 12. Aufl (2015) – *Löschnigg,* Arbeitsrecht¹²

Mannlicher/Quell, Das Verwaltungsverfahren, 8. Aufl (1990) – *Mannlicher/Quell,* Verwaltungsverfahren⁸

Marhold/G. Burgstaller/Preyer (Hrsg), Kommentar zum Angestelltengesetz (Loseblatt-Slg ab 2005) – *Bearbeiter/in* in *Marhold/G. Burgstaller/Preyer*

Marhold/Friedrich, Österreichisches Arbeitsrecht, 3. Aufl (2016) – *Marhold/Friedrich,* Arbeitsrecht³

Martinek/M. Schwarz/W. Schwarz, Angestelltengesetz, 7. Aufl (1991) *Martinek/M. Schwarz/W. Schwarz*⁷

Martinek/W. Schwarz, Abfertigung. Auflösung des Arbeitsverhältnisses (1980) – *Martinek/W. Schwarz,* Abfertigung

K. Mayr, Kautionsschutzgesetz, 2. Aufl (2009) – *K. Mayr,* KautSchG²

K. Mayr/Resch, Abfertigung neu, 2. Aufl (2009) – *Bearbeiter* in *K. Mayr/Resch,* Abfertigung neu²

Migsch, Abfertigung für Arbeiter und Angestellte (1982) – *Migsch,* Abfertigung

Mohr, Privatkonkurs, 2. Aufl (2007) – *Mohr,* Privatkonkurs²

Mohr, Die Insolvenzordnung, 11. Aufl (2012) – *Mohr,* IO¹¹

Mosler/Müller/Pfeil (Hrsg), Der SV-Komm (ab 2013) – *Bearbeiter/in* in SV-Komm

Neumayr/Reissner (Hrsg), Zeller Kommentar zum Arbeitsrecht, 3. Aufl (2018) – *Bearbeiter/in* in ZellKomm³

Obermaier, Das Kostenhandbuch, 2. Aufl (2010) – *Obermaier,* Kostenhandbuch²

Petschek/Reimer/Schiemer, Das österreichische Insolvenzrecht: eine systematische Darstellung (1973) – *Petschek/Reimer/Schiemer,* Insolvenzrecht

Verzeichnis abgekürzt zitierter Literatur

Rechberger/Simotta, Grundriss des österreichischen Zivilprozessrechts: Erkenntnisverfahren, 8. Aufl (2010) – *Rechberger/Simotta*, Zivilprozessrecht[8]
Reissner (Hrsg), Angestelltengesetz. Kommentar, 2. Aufl (2015) – *Bearbeiter/in* in *Reissner*, AngG[2]
Reissner, Lern- und Übungsbuch Arbeitsrecht, 5. Aufl (2015) – *Reissner*, Arbeitsrecht[5]
Reissner/Neumayr (Hrsg), Zeller Handbuch Arbeitsvertrags-Klauseln (2010) – *Bearbeiter/in* in ZellHB AV-Klauseln
Rummel (Hrsg), Kommentar zum Allgemeinen bürgerlichen Gesetzbuch, Band I, 3. Aufl (2000), Band II, Teile 1, 2a, 2b, 3, 4, 5 und 6, 3. Aufl (2002–2007); 1. Ergänzungsband KindRÄG 2001 (2003) – *Bearbeiter/in* in *Rummel*[3]
Rummel/Lukas (Hrsg), Kommentar zum Allgemeinen bürgerlichen Gesetzbuch, 4. Aufl, Teilband §§ 1–43 (2015), Teilband §§ 231–284h (2015), Teilband §§ 285–446 (2016), Teilband §§ 531–824 (2014), Teilband §§ 825–858 (2015), Teilband §§ 859–916 (2014), Teilband §§ 1035–1150 (2017) – *Bearbeiter/in* in *Rummel/Lukas*[4]

Sacherer/B. Schwarz, Arbeitskräfteüberlassungsgesetz, 2. Aufl (2006) – *Bearbeiter/in* in *Sacherer/B. Schwarz*, AÜG[2]
Schnorr, Ausländerbeschäftigungsgesetz mit EWR- und EU-Recht, 4. Aufl (1998) – *Schnorr*, AuslBG[4]
Schrammel, Betriebspensionsgesetz (1992) – *Schrammel*, BPG
W. Schwarz/Holzer/Holler, Das Arbeitsverhältnis bei Konkurs und Ausgleich (1978) – *W. Schwarz/Holzer/Holler*, Konkurs und Ausgleich
W. Schwarz/Holzer/Holler, Die Rechte des Arbeitnehmers bei Insolvenz, 2. Aufl (1986) – *W. Schwarz/Holzer/Holler*, Insolvenz[2]
W. Schwarz/Holzer/Holler/Reissner, Die Rechte des Arbeitnehmers bei Insolvenz, 3. Aufl (1993) – *W. Schwarz/Holzer/Holler/Reissner*, Insolvenz[3]
Sonntag (Hrsg), Allgemeines Sozialversicherungsgesetz, 7. Aufl (2016) – *Bearbeiter/in* in *Sonntag*, ASVG[7]

Tomandl (Hrsg), Arbeitsverfassungsgesetz (Loseblatt-Slg ab 2005) – *Bearbeiter/in* in *Tomandl*, ArbVG
Tomandl, Grundriss des österreichischen Sozialrechts, 6. Aufl (2009) – *Tomandl*, Sozialrecht[6]

Wegan/Reiterer, Österreichisches Insolvenzrecht: Konkurs- und Ausgleichsrecht (1973) – *Wegan/Reiterer*, Insolvenzrecht
Welser/Zöchling-Jud, Grundriss des bürgerlichen Rechts, Band II, 14. Aufl (2015) – *Welser/Zöchling-Jud*, Bürgerliches Recht II[14]

Abkürzungsverzeichnis

aA	anderer Ansicht
AB	Ausschussbericht
AbgÄG	Abgabenänderungsgesetz
ABGB	Allgemeines bürgerliches Gesetzbuch
abl	ablehnend
ABl	Amtsblatt der EU (Ausgabe C: Mitteilungen und Bekanntmachungen, Ausgabe L: Rechtsvorschriften)
Abs	Absatz
Abschn	Abschnitt
AEUV	Vertrag über die Arbeitsweise der EU
aF	alte Fassung
AG	– Arbeitgeber(in) – Aktiengesellschaft
AK	Arbeiterkammer
AKG	Arbeiterkammergesetz
AktG	Aktiengesetz
AKV	Alpenländischer Kreditorenverband
allg	allgemein
AlV	Arbeitslosenversicherung
AlVG	Arbeitslosenversicherungsgesetz
aM	anderer Meinung
AMFG	Arbeitsmarktförderungsgesetz
AMPFG	Arbeitsmarktpolitik-Finanzierungsgesetz
AMS	Arbeitsmarktservice
AMSG	Arbeitsmarktservicegesetz
AN	Arbeitnehmer(in)
AnfO	Anfechtungsordnung
AngG	Angestelltengesetz
Anm	Anmerkung
AnwBl	Österreichisches Anwaltsblatt
AO	(ehem) Ausgleichsordnung
APSG	Arbeitsplatz-Sicherungsgesetz
ARÄG	Arbeitsrechtsänderungsgesetz
Arb	Sammlung arbeitsrechtlicher Entscheidungen
ArbAbfG	Arbeiter-Abfertigungsgesetz
ArbG	(ehem) Arbeitsgericht
ArbVG	Arbeitsverfassungsgesetz
ArbVR	Arbeitsverfassungsrecht
ARD	ARD-Betriebsdienst

Abkürzungsverzeichnis

ARG	Arbeitsruhegesetz
arg	argumento
Art	Artikel
ASchG	ArbeitnehmerInnenschutzgesetz
ASG	Arbeits- und Sozialgericht
ASGG	Arbeits- und Sozialgerichtsgesetz
ASoK	Arbeits- und Sozialrechts-Kartei
ASVG	Allgemeines Sozialversicherungsgesetz
ATS	(österr) Schilling
Aufl	Auflage
AÜG	Arbeitskräfteüberlassungsgesetz
AuslBG	Ausländerbeschäftigungsgesetz
AußStrG	Außerstreitgesetz
AVG	Allgemeines Verwaltungsverfahrensgesetz
AVRAG	Arbeitsvertragsrechts-Anpassungsgesetz
AZG	Arbeitszeitgesetz
BAG	Berufsausbildungsgesetz
BAK	Bundesarbeitskammer
BAO	Bundesabgabenordnung
bbl	Baurechtliche Blätter
BBG	Budgetbegleitgesetz
bbl	Baurechtliche Blätter
Bd	Band
BEinstG	Behinderteneinstellungsgesetz
Bekl	Beklagte(...)
bekl	beklagte(...)
betr	betreffend
BFG	Bundesfinanzgesetz
BG	– Bundesgesetz
	– Bezirksgericht
BGBl	Bundesgesetzblatt
BHG	Bundeshaushaltsgesetz
BI	Betriebsinhaber(in)
BIC	Business Identifier Code
BK	Bundeskanzler(in)
BKA	Bundeskanzleramt
BKA-VD	Bundeskanzleramt-Verfassungsdienst
BlgNR	Beilage(n) zu den stenographischen Protokollen des NR
BM	Bundesminister(ium)
BMAGS	(ehem) Bundesminister(ium) für Arbeit, Gesundheit und Soziales

Abkürzungsverzeichnis

BMASK	Bundesminister(ium) für Arbeit, Soziales und Konsumentenschutz
BMF	Bundesminister(ium) für Finanzen
BMG	Bundesministeriengesetz
BMJ	Bundesminister(ium) für Justiz
BMSVG	Betriebliches Mitarbeiter- und Selbständigenvorsorgegesetz
BMVG	(ehem) Betriebliches Mitarbeitervorsorgegesetz
BMWFJ	(ehem) Bundesminister(ium) für Wirtschaft, Familie und Jugend
BMWFW	Bundesminister(ium) für Wissenschaft, Forschung und Wirtschaft
BPG	Betriebspensionsgesetz
BR	Betriebsrat
BRZ	Bundesrechenzentrum
BSÄG	(ehem) Bundessozialämtergesetz
BSchEG	Bauarbeiter-Schlechtwetterentschädigungsgesetz
bspw	beispielsweise
BSVG	Bauern-Sozialversicherungsgesetz
BUAG	Bauarbeiter-Urlaubs- und Abfertigungsgesetz
BUAK	Bauarbeiter-Urlaubs- und Abfertigungskasse
BV	– Betriebsvereinbarung – Betriebliche Vorsorge
B-VG	Bundes-Verfassungsgesetz
BWG	Bankwesengesetz
bzgl	bezüglich
bzw	beziehungsweise
CEEP	Centre européen des entreprises publiques (Europäischer Zentralverband der öffentlichen Wirtschaft)
d	deutsch(...)
dens	denselben
ders	derselbe
dh	das heißt
DG	Dienstgeber(in)
DHG	Dienstnehmerhaftpflichtgesetz
dies	dieselbe(n)
DN	Dienstnehmer(in)
DRdA	Das Recht der Arbeit
dRGBl	deutsches Reichsgesetzblatt
DS	Denkschrift zur Einführung einer KO, einer AO und einer AnfO, 1914

Abkürzungsverzeichnis

DSG	Datenschutzgesetz
DSK	Datenschutzkommission
E	Entscheidung
EAnm	Entscheidungsanmerkung
EB	Erläuternde Bemerkungen (zur Regierungsvorlage)
EDV	elektronische Datenverarbeitung
EFZG	Entgeltfortzahlungsgesetz
EG	Europäische Gemeinschaft
EGB	Europäischer Gewerkschaftsbund
EGVG	Einführungsgesetz zu den Verwaltungsverfahrensgesetzen
ehem	ehemalig(…), ehemals
EKEG	Eigenkapitalersatzgesetz
EKUG	(ehem) Eltern-Karenzurlaubsgesetz
ELR	European Law Reporter
EO	Exekutionsordnung
ErgBd	Ergänzungsband
Erl	Erläuterung(en)
ErläutRV	Erläuterungen zur Regierungsvorlage
ESt	Einkommensteuer
EStG	Einkommensteuergesetz
etc	et cetera (und die übrigen)
EU	Europäische Union
EuGH	Europäischer Gerichtshof
EuInsVO	Verordnung (EU) 848/2015 vom 20. 5. 2015 über Insolvenzverfahren, ABl L 2015/141, 19
EUR	Euro
EuroAS	Informationsdienst Europäisches Arbeits- und Sozialrecht
EvBl	Evidenzblatt der Rechtsmittelentscheidungen in der ÖJZ
EVÜ	Übereinkommen über das auf vertragliche Schuldverhältnisse anzuwendende Recht
EWG	Europäische Wirtschaftsgemeinschaft
EWR	Europäischer Wirtschaftsraum
f	und der, die folgende
FBG	Firmenbuchgesetz
ff	und der, die folgenden
FMA	Finanzmarktaufsicht
FN	Fußnote
FS	Festschrift
FSVG	Sozialversicherungsgesetz freiberuflich selbständig Erwerbstätiger

Abkürzungsverzeichnis

G	Gesetz
GAFB	G für die Ausbildung von Frauen im Bundesheer
GAngG	Gutsangestelltengesetz
GebG	Gebührengesetz
GehKG	Gehaltskassengesetz
gem	gemäß
GenG	Genossenschaftsgesetz
GenIG	Genossenschaftsinsolvenzgesetz
Geo	Geschäftsordnung für die Gerichte I. und II. Instanz
GesRZ	Der Gesellschafter. Zeitschrift für Gesellschaftsrecht
GewO 1859	Gewerbeordnung 1859
GewO	Gewerbeordnung 1994
GGG	Gerichtsgebührengesetz
GKK	Gebietskrankenkasse
GlBG	Gleichbehandlungsgesetz
GmbH	Gesellschaft mit beschränkter Haftung
GmbHG	Gesetz über Gesellschaften mit beschränkter Haftung
GOG	Gerichtsorganisationsgesetz
GP	Gesetzgebungsperiode
GSVG	Gewerbliches Sozialversicherungsgesetz
H	Heft
hA	herrschende Ansicht
HB	Handbuch
HBeG	Hausbetreuungsgesetz
HbG	Hausbesorgergesetz
HeimAG	Heimarbeitsgesetz
HG	Handelsgericht
HGHAngG	Hausgehilfen- und Hausangestelltengesetz
hL	herrschende Lehre
hM	herrschende Meinung
Hrsg	Herausgeber(in)
hrsg	herausgegeben
HS	Halbsatz
HVertrG	Handelsvertretergesetz
HVSVT	Hauptverband der österr Sozialversicherungsträger
IA	Initiativantrag
IAF	(ehem) Insolvenz-Ausfallgeld-Fonds
IAFG	(ehem) IAF-Service GmbH-Gesetz
IAG	(ehem) Insolvenz-Ausfallgeld
IBAN	International Bank Account Number

Abkürzungsverzeichnis

idF	in der Fassung
idR	in der Regel
idS	in diesem Sinn
IEF	Insolvenz-Entgelt-Fonds
IEFG	IEF-Service GmbH-Gesetz
IEG	Insolvenzrechtseinführungsgesetz
ieS	im engeren Sinn
IESG	Insolvenz-Entgeltsicherungsgesetz
ILO	International Labour Organisation
infas	Informationen aus dem Arbeits- und Sozialrecht
insb	insbesondere
InsO	Insolvenzordnung (deutsch)
IO	Insolvenzordnung
IPRG	BG über das internationale Privatrecht
IRÄG	Insolvenzrechtsänderungsgesetz
iS	im Sinn
ISA	Insolvenzschutzverband für AN
iSd	im Sinn des/der
IT	Informationstechnologie
IVEG	Insolvenzverwalter-Entlohnungsgesetz
iVm	in Verbindung mit
iwS	im weiteren Sinn
iZm	in Zusammenhang mit
JAP	Juristische Ausbildung und Praxisvorbereitung
JBl	Juristische Blätter
JournG	Journalistengesetz
KautSchG	Kautionsschutzgesetz
KBB	*Koziol/P. Bydlinski/Bollenberger* (Hrsg), Kurzkommentar zum ABGB
KBGG	Kinderbetreuungsgeldgesetz
Kfz	Kraftfahrzeug
KG	– Kommanditgesellschaft – (ehem) Kreisgericht
KindRÄG	Kindschaftsrechts-Änderungsgesetz
KJBG	BG über die Beschäftigung von Kindern und Jugendlichen
KJBG-V	V über Beschäftigungsverbote und -beschränkungen für Jugendliche
Kl	Kläger(in)
kl	klagende(...), klägerische(...)
km	Kilometer

Abkürzungsverzeichnis

KO	(ehem) Konkursordnung
KollV	Kollektivvertrag
kollv	kollektivvertraglich(...)
Komm	Kommentar
krit	kritisch
KSV	Kreditschutzverband von 1870
K-SVFG	Künstler-Sozialversicherungsfondsgesetz
KV	Krankenversicherung
LAG	Landarbeitsgesetz
leg cit	legis citatae (der zitierten Vorschrift)
LG	– Landesgesetz
	– Landesgericht
LGZ	Landesgericht für Zivilrechtssachen
lit	litera (Buchstabe)
LSt	Lohnsteuer
LStR	Lohnsteuerrichtlinien
ME	Ministerialentwurf
mE	meines Erachtens
MedG	Mediengesetz
Mio	Million(en)
MRG	Mietrechtsgesetz
MSchG	Mutterschutzgesetz
MünchKomm	Münchener Kommentar
MV	(ehem) Mitarbeitervorsorge
mwN	mit weiterem(n) Nachweis(en)
NF	Neue Folge
nF	neue Fassung
NR	Nationalrat
Nr	Nummer
Ob	Aktenzeichen des OGH für Zivilsachen
ObA	Aktenzeichen des OGH für Arbeitsrechtssachen
ObS	Aktenzeichen des OGH für Sozialrechtssachen
ÖBA	Österreichisches Bankarchiv
ÖGB	Österreichischer Gewerkschaftsbund
ÖJZ	Österreichische Juristenzeitung
österr	österreichisch(e)
ÖStZB	Österreichische Steuerzeitung – Beilage (Finanzrechtliche Erkenntnisse)

Abkürzungsverzeichnis

ÖVC	Österreichischer Verband der Vereine Creditreform
OG	Offene Gesellschaft
OGH	Oberster Gerichtshof
OLG	Oberlandesgericht
ORF	Österreichischer Rundfunk
ORF-G	ORF-Gesetz
pa	per annum
PAG	Pensionsanpassungsgesetz
PatG	Patentgesetz
PKG	Pensionskassengesetz
Pkw	Personenkraftwagen
PSG	Privatstiftungsgesetz
PV	Pensionsversicherung
PVA	Pensionsversicherungsanstalt
PVInfo	Personalverrechnungs-Information. Die Fachzeitschrift für Personalverrechnung
RA	Rechtsanwalt(anwältin)
RATG	Rechtsanwaltstarifgesetz
RdW	Recht der Wirtschaft
RGBl	Reichsgesetzblatt
RH	Rechnungshof
RIS	Rechtsinformationssystem
RL	Richtlinie
Rom I-VO	Verordnung (EG) 593/2008 des Europäischen Parlaments und des Rates vom 17. 6. 2008 über das auf vertragliche Schuldverhältnisse anzuwendende Recht (Rom I), ABl L 2008/177, 6
RS	Rechtssatzdokument in RIS-Justiz
Rs	Rechtssache
Rsp	Rechtsprechung
RV	Regierungsvorlage
Rz	Randzahl, -ziffer
S	– Satz
	– (österr) Schilling
	– Seite
s	siehe
SBBG	Sozialbetrugsbekämpfungsgesetz
Slg	Sammlung
sog	so genannt(e)

SozM	Sozialrechtliche Mitteilungen der AK Wien
SozSi	Soziale Sicherheit
SpG	Sparkassengesetz
SSV-NF	Entscheidungen des OGH in Sozialrechtssachen. Neue Folge
StGB	Strafgesetzbuch
StGBl	Staatsgesetzblatt für die Republik Österreich
StPO	Strafprozessordnung
stRsp	ständige Rechtsprechung
SV	Sozialversicherung
SVA	Sozialversicherungsanstalt (der gewerblichen Wirtschaft)
SVSlg	Sammlung sozialversicherungsrechtlicher Entscheidungen
SZ	– Entscheidung des OGH in Zivilrechtssachen – Sonderzahlung(en)
TAG	Theaterarbeitsgesetz
ua	– und andere – unter anderem
uÄ	und Ähnliche(...)
UAbs	Unterabsatz
udgl	und dergleichen
uE	unseres Erachtens
UGB	Unternehmensgesetzbuch
UNICE	Union des industries de la Communauté Européenne (Union der Industrie- und Arbeitgeberverbände Europas)
URG	Unternehmensreorganisationsgesetz
UrlG	Urlaubsgesetz
UrlR	Urlaubsrecht
USt	Umsatzsteuer
usw	und so weiter
uU	unter Umständen
UV	Unfallversicherung
V	Verordnung
VAG	Versicherungsaufsichtsgesetz
VB	Vertragsbedienstete
VBG	Vertragsbedienstetengesetz
VerG	Vereinsgesetz 2002
VfGH	Verfassungsgerichtshof
VfSlg	Sammlung der Erkenntnisse und wichtigsten Beschlüsse des VfGH
vgl	vergleiche

Abkürzungsverzeichnis

vH	vom Hundert
VKG	Väter-Karenzgesetz
VO	Verordnung (aus dem Bereich der EU)
Vorbem	Vorbemerkung(en)
VStG	Verwaltungsstrafgesetz
VwGG	Verwaltungsgerichtshofgesetz
VwGH	Verwaltungsgerichtshof
VwGVG	Verwaltungsgerichtsverfahrensgesetz
VwSlg	Sammlung der Erkenntnisse und Beschlüsse des VwGH
VwSlgNF	Sammlung der Erkenntnisse und Beschlüsse des VwGH, Neue Folge
wbl	Wirtschaftsrechtliche Blätter
WEG	Wohnungseigentumsgesetz
WG	Wehrgesetz
WK	Wirtschaftskammer
wN	weitere Nachweise
Wr	Wiener
WRG	Wasserrechtsgesetz
WRN	Wohnrechtsnovelle
Z	– Zahl – Ziffer
Zak	Zivilrecht aktuell
ZAS	Zeitschrift für Arbeitsrecht und Sozialrecht
ZASB	Judikaturbeilage zur ZAS
zB	zum Beispiel
ZBR	Zentralbetriebsrat
ZellKomm	Zeller Kommentar zum Arbeitsrecht, hrsg von *Neumayr/Reissner*
ZfV	Zeitschrift für Verwaltung
ZfVB	Beilage zur ZfV
ZIK	Zeitschrift für Insolvenzrecht und Kreditschutz
ZinsRÄG	Zinsrechts-Änderungsgesetz
ZInsO	Zeitschrift für das gesamte Insolvenzrecht (deutsch)
ZIP	Zeitschrift für Wirtschaftsrecht (deutsch)
ZMR	Zentrales Melderegister
ZPO	Zivilprozessordnung
zT	zum Teil
zust	zustimmend

Vorwort zur 1. Auflage (Auszug)

In unserer schnelllebigen Zeit werden zuweilen selbst bemerkenswerte Ereignisse kaum registriert, wenn die Öffentlichkeit nicht durch entsprechende Inszenierungen der Medien wachgerüttelt wird. Auch wichtige Maßnahmen der Sozialpolitik machen hier keine Ausnahme. Ein Musterbeispiel hierfür ist das BG vom 2. 6. 1977 über die Sicherung von Arbeitnehmeransprüchen im Falle der Insolvenz des AG (Insolvenz-Entgeltsicherungsgesetz – IESG), welches am 1. 1. 1978 ohne entsprechende Würdigung in der Öffentlichkeit in Kraft getreten ist. Es handelt sich um einen der bemerkenswertesten und mutigsten Schritte, der im Zuge der sozialpolitischen Entwicklung in Österreich getan wurde.

Im Mittelpunkt der sozialpolitischen Überlegungen stand die Erkenntnis, dass die Forderungen des AN aus dem Arbeitsverhältnis, insb der Anspruch auf das Arbeitsentgelt, den Forderungen des Kapitalgüterverkehrs nicht gleichgehalten werden können. Der abhängige AN kann mit seiner Arbeitskraft nicht in dem Maße marktmäßig operieren, wie dies bei anderen Gläubigern der Fall ist. Dies wiegt umso schwerer, als die arbeitsrechtlichen Ansprüche idR die Existenzgrundlage des AN und seiner Familie bilden. Die Konsequenz dieser zutreffenden Erkenntnis führte zunächst zu einer nicht unerheblichen Privilegierung der Arbeitnehmeransprüche im Insolvenzverfahren. Gleichwohl lösen Schritte in dieser Richtung, so wichtig sie auch sein mögen, das Problem nicht an der Wurzel: Wo keine Substanz ist, nützt die schönste Privilegierung nicht viel. Eine grundlegende Verbesserung der Rechtslage kann für den AN nur so bewerkstelligt werden, dass sich die öffentliche Hand mit einer entsprechenden Dotierung in die rechtlichen Beziehungen zwischen AN und AG einschaltet, die Forderungen des AN befriedigt und in der Folge an Stelle des AN am Insolvenzverfahren teilnimmt und damit auch das Risiko dieses Verfahrens trägt.

Dieser Konstruktion folgt das IESG: Die Mittel zur Deckung des Aufwands werden einem besonderen Rechtsträger, dem Insolvenz-Ausfallgeld-Fonds, zugeführt, der die Auszahlung der Forderungen aufgrund eines Prüfungsverfahrens übernimmt und die kraft G auf ihn übergegangenen Forderungen im Insolvenzverfahren geltend macht. Damit gewinnt dieses G für die Rechtslage des AN im Fall der Insolvenz seines AG die maßgebliche Bedeutung. Gleichwohl ist die Kenntnis der einschlägigen insolvenzrechtlichen Vorschriften, insb der KO und AO, nach wie vor sehr wichtig, weil das rechtliche

Vorwort zur 1. Auflage (Auszug)

Schicksal der Arbeitsverhältnisse und damit auch der Umfang bestimmter Ansprüche nach diesen Normen beurteilt werden müssen.

. . .

Graz, Februar 1978 *Walter Schwarz*
Wolfgang Holzer
Ingrid Holler

Vorwort zur 5. Auflage

Zum 40. Geburtstag des IESG, einem wichtigen Baustein des österreichischen Sozialstaates, erscheint der traditionsreiche Kommentar zum Thema Arbeitsverhältnis und Insolvenz mit umfangreichen und aktuellen Bearbeitungen von IESG sowie von Auszügen der IO neu. Begründet wurde das Werk im Jahre 1978 von *Walter Schwarz, Wolfgang Holzer* und *Ingrid Holler* am Grazer Institut für Arbeitsrecht und Sozialrecht, in den Jahren 1986 und 1993 (mit Nachtrag 1995) erschienen weitere Auflagen. Spätestens bei der Erarbeitung der 4. Auflage im Jahre 1999 war den beiden erstgenannten Verfassern und dem ins Autorenteam hinzugekommenen Unterzeichnenden klar, dass angesichts der Komplexität und Vielschichtigkeit der Materie einerseits bzw der großen praktischen Bedeutung und der damit verbundenen Fülle des Materials andererseits eine Weiterführung des Buches allein von einem Universitätsinstitut aus zu aufwändig und letztlich nicht sinnvoll ist. Für die 5. Auflage wurde daher zum einen auf eine Herausgeberschaft umgestellt, zum anderen wurden hochqualifizierte Autorinnen und Autoren aus der Zivilverfahrens- bzw Insolvenzrechtswissenschaft, aus der Arbeitnehmervertretung im Rahmen des ISA und der Anwaltschaft sowie aus der mit der Vollziehung des IESG befassten IEF-Service GmbH für eine Mitarbeit am Kommentar gewonnen. Der Herausgeber ist guten Mutes, dass die damit verfolgten Ziele, nämlich das juristische Niveau des Kommentars zu heben und nah an den praktischen Problemen des Themas zu sein, erreicht wurden. Zu betonen ist, dass dennoch Augenmerk darauf gelegt wurde, den aufklärerischen Anliegen der Begründer des Kommentars wie auch des Verlags – das Buch soll ja beispielsweise Arbeitnehmervertretern, aber auch Insolvenzverwaltern mit wenig Nähe zum Arbeitsrecht einen Einstieg in die Materie ermöglichen – soweit wie möglich weiterhin zu entsprechen. Autorinnen und Autoren sowie Herausgeber würden sich jedenfalls wünschen, dass das vorliegende Werk Anklang finden und einen guten Beitrag zur Rechtskultur liefern möge.

Der Herausgeber hat vielen an der Entstehung des Buches beteiligten Personen sowie Institutionen zu danken. Noch an der Universität Graz waren Frau Dr. *Kathrin Marko-Herzeg* (damals Univ.-Ass.), Herr Mag. *Christoph Herzeg*, MBA (damals Vertr.-Ass.), Frau Dr. *Barbara Winkler* (damals Vertr.-Ass.) und einer der Autoren, Herr Dr. *Michael Haider* (damals Stud.-Ass.), mit Vor- und Aufbereitungsarbeiten befasst. An dieser Stelle ist auch den Verantwortlichen des ISA und der BAK, namentlich unserer Autorin Frau Mag. *Karin Ristic* als Geschäftsführerin des ISA, unserem Autor Mag. *Bruno Sundl* für den ISA Steiermark sowie Frau Mag. *Alice Kundtner* als stellvertretender Direktorin der AK Wien, für die Unterstützung im Rahmen eines

Vorwort zur 5. Auflage

Drittmittelprojekts zu danken. Zu erwähnen ist weiters Frau Dr. *Sandra Wolligger* (ehemals Universität Salzburg), die Dokumente aufbereitet und überarbeitet hat. Am Institut für Arbeitsrecht, Sozialrecht und Rechtsinformatik der Universität Innsbruck haben sich schließlich Frau Univ.-Ass. Dr. *Verena Vinzenz*, Herr Univ.-Ass. Mag. *Mario Niederfriniger*, zwei ehemalige Univ.-Ass., nämlich Frau Dr. *Miriam Obristhofer* und Herr MMag. *Markus Schiechtl*, Frau Stud.-Ass. *Sarah Obwaller* sowie Herr Mag. *Jakob Egger* (vormals Stud.-Ass.) um die Erstellung der Verzeichnisse sowie die umfangreichen Fahnenkorrekturen verdient gemacht. Auch ihnen allen gebührt großer Dank!

Das Buch ist dem Andenken an unseren hoch geschätzten, leider viel zu früh verstorbenen Kollegen und Mitautor Dr. *Franz Gutschlhofer* gewidmet.

Innsbruck, Jänner 2018 *Gert-Peter Reissner*

Verzeichnis der Autorinnen und Autoren

Ass.-Prof. MMMag. Dr. *Philipp Anzenberger*, Institut für Zivilverfahrensrecht und Insolvenzrecht der Universität Graz

Mag. *Maximilian Fürst*, Bereichsleiter Fondsmanagement der IEF-Service GmbH, Wien

Dr. *Franz Gutschlhofer*, ehemaliger Leiter des Insolvenzreferates der AK Niederösterreich und Leiter der ISA-Landesgeschäftsstelle Niederösterreich, Wien (verstorben)

RA Mag. Dr. *Michael Haider*, FREIMÜLLER/OBEREDER/PILZ Rechtsanwält_innen GmbH, Wien

Univ.-Prof. i. R. Dr. *Wolfgang Holzer*, Institut für Arbeitsrecht und Sozialrecht der Universität Graz

Univ.-Prof. Mag. Dr. *Bettina Nunner-Krautgasser*, Leiterin des Instituts für Zivilverfahrensrecht und Insolvenzrecht der Universität Graz

RA Dr. *Alois Obereder*, FREIMÜLLER/OBEREDER/PILZ Rechtsanwält_innen GmbH, Wien

Univ.-Prof. Mag. Dr. *Gert-Peter Reissner*, Leiter des Instituts für Arbeitsrecht, Sozialrecht und Rechtsinformatik der Universität Innsbruck

Mag. *Karin Ristic*, Leiterin der Abteilung Insolvenz der AK Wien, Geschäftsführerin des ISA und Leiterin der ISA-Landesgeschäftsstelle Wien

Mag. *Bruno Sundl*, Leiter der Abteilung Insolvenz der AK Steiermark und Leiter der ISA-Landesgeschäftsstelle Steiermark, Graz

Zitiervorschlag (Beispiele):

Lang: *Sundl* in *Reissner* (Hrsg), Arbeitsverhältnis und Insolvenz[5] (2018) § 3 IESG Rz 5

Kurz: *Nunner-Krautgasser/Ph. Anzenberger* in *Reissner*, Insolvenz[5] Vorbem IO Rz 10

Teil I:
Kommentierung des Insolvenz-Entgeltsicherungsgesetzes

BG vom 2. 6. 1977 BGBl 324 über die Sicherung von Arbeitnehmeransprüchen im Falle der Insolvenz des AG (Insolvenz-Entgeltsicherungsgesetz – IESG), idF der BGBl 1979/107, 1980/580, 1981/209, 1982/647, 1983/613, 1985/104, 1986/69, 1986/325, 1986/395, 1987/618, 1990/282, 1991/628, 1992/835, 1993/532, 1993/799, 1993/817, 1994/153, 1994/314, 1995/297, 1996/742, 1996/754, I 1997/107, I 1998/30, I 1999/73, I 2000/ 26, I 2000/44, I 2000/142, I 2001/88, I 2002/100, I 2002/158, I 2003/71, I 2004/77, I 2005/8, I 2005/36, I 2005/102, I 2005/114, I 2005/139, I 2006/86, I 2007/104, I 2008/82, I 2009/70, I 2009/90, I 2009/148, I 2010/29, I 2010/111, I 2011/24, I 2011/39, I 2012/35, I 2014/30, I 2015/34, I 2015/113, I 2017/122, I 2017/123 und I 2017/154.

Vorbemerkungen zum IESG

1. Rechtsgrundlagen und Konzeption der Insolvenz-Entgeltsicherung

Die Insolvenz-Entgeltsicherung ist im **IESG** geregelt. Das IESG ist ein Sozialversicherungsgesetz, welches durch die Festlegung von Leistungspflichten eines in erster Linie durch einen Arbeitgeberzuschlag zum Arbeitslosenversicherungsbeitrag gespeisten IEF die Befriedigung von offen gebliebenen Ansprüchen von AN (und sonstigen Anspruchsberechtigten) bei Insolvenz des AG (und sonstigen Anknüpfungstatbeständen) bezweckt. Der IEF hat eigene Rechtspersönlichkeit und wird von der IEF-Service GmbH – diese ist vom Bund mit den entsprechenden Aufgaben beliehen – vertreten. **1**

Die auf Grund des G beglichenen Ansprüche gehen gem § 11 IESG per **Legalzession** auf den IEF über. Dieser hat die übergegangenen Ansprüche zB im entsprechenden Insolvenzverfahren gegen den Schuldner (dh idR den AG) zu verfolgen. **2**

Eine einschlägige Garantieeinrichtung und entsprechende Anspruchsgarantien zu Gunsten der AN sind nach den Vorgaben der **InsolvenzRL 2008/94/EG** (zum Normtext s Anhang) unionsrechtlich verpflichtend. **3**

Voraussetzungen des Anspruches

§ 1. (1) Anspruch auf Insolvenz-Entgelt haben Arbeitnehmer, freie Dienstnehmer im Sinne des § 4 Abs. 4 des Allgemeinen Sozialversicherungsgesetzes (ASVG), BGBl. Nr. 189/1955, Heimarbeiter und ihre Hinterbliebenen sowie ihre Rechtsnachfolger von Todes wegen (Anspruchsberechtigte) für die nach Abs. 2 gesicherten Ansprüche, wenn sie in einem Arbeitsverhältnis (freien Dienstverhältnis, Auftragsverhältnis) stehen oder gestanden sind und gemäß § 3 Abs. 1 oder Abs. 2 lit. a bis d ASVG als im Inland beschäftigt gelten (galten) und über das Vermögen des Arbeitgebers (Auftraggebers) im Inland ein Verfahren nach der Insolvenzordnung (IO), RGBl. Nr. 337/1914 eröffnet wird. Den Verfahren nach der IO (im folgenden „Insolvenzverfahren") stehen gleich:
1. die Anordnung der Geschäftsaufsicht,
2. die Nichteröffnung des Insolvenzverfahrens mangels kostendeckenden Vermögens,
3. die Ablehnung der Eröffnung des Insolvenzverfahrens gemäß § 68 IO wegen Vermögenslosigkeit,
4. die Löschung gemäß § 40 oder § 42 des Firmenbuchgesetzes (FBG), BGBl. Nr. 10/1991, wegen Vermögenslosigkeit,
5. die Zurückweisung des Antrages auf Eröffnung des Insolvenzverfahrens gemäß § 63 IO,
6. der Beschluss gemäß § 153 Abs. 1 oder § 154 Abs. 1 des Außerstreitgesetzes (AußStrG), BGBl. I Nr. 111/2003.

Hat ein ausländisches Gericht eine Entscheidung getroffen, die
– nach der Verordnung (EU) Nr. 848/2015 vom 20. Mai 2015 über Insolvenzverfahren (Neufassung), ABl. Nr. L 141 vom 5.6.2015 S. 19, oder
– gemäß § 240 IO oder
– nach den §§ 243 bis 251 IO (betreffend Kreditinstitute und Versicherungsunternehmen)

im Inland anerkannt wird, besteht nach Maßgabe dieses Bundesgesetzes gleichfalls Anspruch auf Insolvenz-Entgelt, wenn die Voraussetzungen
– des ersten Satzes mit Ausnahme der Eröffnung des Insolvenzverfahrens im Inland und
– des Art. 2 Abs. 1 der Richtlinie 2008/94/EG vom 22. Oktober 2008 über den Schutz der Arbeitnehmer bei Zahlungsunfähigkeit des Arbeitgebers, ABl. Nr. L 283 vom 28.10.2008 S. 36, erfüllt sind.

(2) Gesichert sind aufrechte, nicht verjährte und nicht ausgeschlossene Ansprüche (Abs. 3) aus dem Arbeitsverhältnis, auch wenn sie gepfändet, verpfändet oder übertragen worden sind, und zwar:

1. Entgeltansprüche, insbesondere auf laufendes Entgelt und aus der Beendigung des Arbeitsverhältnisses,
2. Schadenersatzansprüche,
3. sonstige Ansprüche gegen den Arbeitgeber und
4. die zur zweckentsprechenden Rechtsverfolgung notwendigen Kosten. Dies sind insbesondere:
   a) Prozesskosten, die dem Arbeitnehmer zur Durchsetzung der Ansprüche nach Z 1 bis 3 rechtskräftig zugesprochen oder im Fall eines Insolvenzverfahrens gemäß § 109 IO festgestellt wurden;
   b) rechtskräftig zugesprochene Kosten der gemäß § 110 KO geführten Prüfungsprozesse;
   c) rechtskräftig zugesprochene Exekutionskosten zur Hereinbringung der Ansprüche des Arbeitnehmers gegen den Arbeitgeber;
   d) tarifmäßige Prozesskosten, die dem Arbeitnehmer in einem Verfahren zur Durchsetzung seiner Ansprüche nach Abs. 2 Z 1 bis 3 entstanden sind und deren Ersatz ihm auf Grund eines rechtswirksamen gerichtlichen oder außergerichtlichen Vergleiches oder Anerkenntnisses zusteht, sowie Prozesskosten, die dem Arbeitnehmer in einem derartigen Gerichtsverfahren entstanden sind, das gemäß § 7 Abs. 1 IO unterbrochen worden ist;
   e) Barauslagen und Kosten für den Rechtsvertreter, die dem Arbeitnehmer anläßlich eines außergerichtlichen Vergleiches oder Anerkenntnisses über Ansprüche nach Abs. 2 Z 1 bis 3 entstanden sind, Kosten für den Rechtsvertreter jedoch nur bis zu der in der Tarifpost 2 des Rechtsanwaltstarifgesetzes, BGBl. Nr. 189/1969, festgesetzten Höhe;
   f) tarifmäßige Verfahrenskosten und Barauslagen, die dem Arbeitnehmer im Zuge der Beantragung und der Teilnahme an einem Verfahren nach Abs. 1 erwachsen sind;
   g) tarifmäßige Verfahrenskosten und Barauslagen für eine nachträgliche Prüfungstagsatzung hinsichtlich von Forderungen, die nach der allgemeinen Prüfungstagsatzung entstanden oder fällig geworden sind;
   h) die dem Arbeitnehmer zugesprochenen Kosten, wenn dieser vom Arbeitgeber die Ausstellung eines Dienstzeugnisses begehrt hat;
   i) Prozesskosten, die der Arbeitgeber als Kläger dem Arbeitnehmer als Beklagten in einem Verfahren über Forderungen, die im Zusammenhang mit dem Arbeitsverhältnis stehen, zu ersetzen hat, soweit der Arbeitgeber diese wegen der Eröffnung eines Insolvenzverfahrens oder Vorliegens eines anderen Insolvenztatbestandes nach Abs. 1 nicht mehr zahlen kann. Dies gilt nicht für Kosten in einem Verfahren nach § 7 Abs. 7.

(3) Insolvenz-Entgelt gebührt nicht (ausgeschlossener Anspruch):
1. für Ansprüche nach Abs. 2, die durch eine im Sinne der Anfechtungsordnung, RGBl. Nr. 337/1914, bzw. der Insolvenzordnung anfechtbare Rechtshandlung erworben wurden;
1a. für Ansprüche nach Abs. 2, wenn der Anspruchsberechtigte im Zusammenhang mit der Insolvenz nach Abs. 1 wegen einer im § 11 Abs. 3 angeführten Straftat verurteilt wird;
2. Für Ansprüche, die auf einer Einzelvereinbarung beruhen, die
   a) nach dem Antrag auf Eröffnung des Insolvenzverfahrens oder auf Anordnung der Geschäftsaufsicht oder
   b) in den letzten sechs Monaten vor der Eröffnung des Insolvenzverfahrens oder der Anordnung der Geschäftsaufsicht bzw. vor der Kenntnis vom Beschluss nach Abs. 1 Z 2 bis 6

abgeschlossen wurde, soweit die Ansprüche über den durch Gesetz, Kollektivvertrag oder Betriebsvereinbarung (§ 97 Abs. 1 des Arbeitsverfassungsgesetzes (ArbVG), BGBl. Nr. 22/1974) zustehenden Anspruch oder die betriebsübliche Entlohnung hinausgehen oder auf sonstigen Besserstellungen beruhen, wenn die höhere Entlohnung sachlich nicht gerechtfertigt ist;

3. für Ansprüche auf Kündigungsentschädigung, sofern dieser Anspruch das Entgelt für den Zeitraum von drei Monaten übersteigt, hinsichtlich jenes Betrages, den der Arbeitnehmer infolge des Unterbleibens der Arbeitsleistung erspart oder durch anderweitige Verwendung erworben oder zu erwerben absichtlich versäumt hat;
3a. für Ansprüche auf laufendes Entgelt, wenn für denselben Zeitraum Anspruch auf Kündigungsentschädigung nach Z 3 besteht, es sei denn, dass im Insolvenzverfahren die Insolvenzmasse, ansonsten der Arbeitgeber nicht in der Lage ist, das laufende Entgelt zum Teil oder zur Gänze dem Anspruchsberechtigten zu zahlen, höchstens jedoch bis zum Zeitpunkt des arbeitsrechtlich frühestmöglichen Austritts wegen Vorenthaltung des gebührenden Entgeltes;
4. für Entgeltansprüche – ausgenommen solche nach Abs. 4a –, wenn der als Insolvenz-Entgelt begehrte Bruttobetrag im Zeitpunkt der bedungenen Zahlung den Grenzbetrag nach Maßgabe des Abs. 4 übersteigt.
5. für Ansprüche nach Abs. 2, sofern auf Grund gesetzlicher Anordnung ein anderer als der Arbeitgeber (ehemaliger Arbeitgeber) zur Zahlung verpflichtet ist;
6. für Ansprüche nach dem Betriebspensionsgesetz (BPG), BGBl. Nr. 282/1990, gegenüber einer Pensionskasse im Sinne des Pensionskassengesetzes (PKG), BGBl. Nr. 281/1990 oder einem Unternehmen im Sinne des Versicherungsaufsichtsgesetzes 2016, BGBl Nr. 34/2015.

(4) Als Grenzbetrag gemäß Abs. 3 Z 4 gilt der zweifache Betrag der Höchstbeitragsgrundlage gemäß § 45 Abs. 1 des Allgemeinen Sozialversicherungsgesetzes (ASVG), der

1. bei Entgeltansprüchen, die nach Zeiträumen bemessen werden, mit der Anzahl der Tage des jeweiligen Entlohnungszeitraumes zu vervielfachen ist;
2. bei Entgeltansprüchen, die nicht nach Zeiträumen bemessen werden, mit der Anzahl der Tage des jeweiligen Kalendervierteljahres zu vervielfachen ist, in welchem der Anspruch abzurechnen gewesen wäre.
3. abweichend von Z 1 und Z 2 gilt für Ansprüche auf Auszahlung von fällig gewordenem Entgelt aus Überstunden- oder Mehrarbeit, für die Zeitausgleich vereinbart war, aus Zeitguthaben oder Zeitzuschlägen als Grenzbetrag für jede abzugeltende Stunde ein Viertel der täglichen Höchstbeitragsgrundlage gemäß § 45 Abs. 1 ASVG zum Zeitpunkt der Fälligkeit. Diese Ansprüche gelten abweichend von § 44 Abs. 7 ASVG für jenen Kalendermonat als erworben, in dem sie fällig geworden sind; als monatliche Höchstbeitragsgrundlage gilt für diese Ansprüche der 30-fache Betrag der täglichen Höchstbeitragsgrundlage gemäß § 45 Abs. 1 ASVG zum Zeitpunkt der Fälligkeit.

Der jeweilige Grenzbetrag ist um die, vom Arbeitgeber bzw. der Masse auf den Einzelanspruch geleisteten Zahlungen zu vermindern.

(4a) Besteht Anspruch auf Abfertigung nach den §§ 23 und 23a AngG oder einer anderen gleichartigen österreichischen Rechtsvorschrift, gebührt Insolvenz-Entgelt hiefür

a) bis zum Ausmaß der einfachen Höchstbeitragsgrundlage nach Abs. 4 pro Monatsbetrag Abfertigung in voller Höhe
b) und, soweit ein höherer Anspruch zusteht, bis zum Ausmaß der zweifachen Höchstbeitragsgrundlage nach Abs. 4 pro Monatsbetrag Abfertigung in halber Höhe.

(5) Sofern der gesicherte Anspruch auf Grund der insolvenzrechtlichen Vorschriften angemeldet werden kann, besteht Anspruch auf Insolvenz-Entgelt nur dann, wenn der gesicherte Anspruch als Forderung in einem solchen Insolvenzverfahren angemeldet worden ist, es sei denn, daß dem Anspruchsberechtigten die Anmeldung nicht möglich war. Wird Insolvenz-Entgelt auf Grund einer ausländischen Entscheidung beantragt, hat der Antragsteller eine nach dem jeweiligen ausländischen Recht erforderliche Forderungsanmeldung der zuständigen Geschäftsstelle der Insolvenz-Entgelt-Fonds-Service GmbH (IEF-Service GmbH) zur Kenntnis zu bringen.

(6) Keinen Anspruch auf Insolvenz-Entgelt haben:
1. Arbeitnehmer, die in einem Dienstverhältnis zum Bund, zu einem Bundesland, zu einer Gemeinde, zu einem Gemeindeverband oder zu einem Arbeitgeber stehen, der entweder nach den allgemein anerkannten Regeln des Völkerrechtes oder gemäß völkerrechtlichen Verträgen oder auf Grund des Bundesgesetzes über die Einräumung von Privilegien und Immunitäten an internationale Organisationen, BGBl. Nr. 677/1977, Immunität genießt, aus diesem Dienstverhältnis;
2. Gesellschafter, denen ein beherrschender Einfluss auf die Gesellschaft zusteht, auch wenn dieser Einfluss ausschließlich oder teilweise auf der treuhändigen Verfügung von Gesellschaftsanteilen Dritter beruht oder durch treuhändige Weitergabe von Gesellschaftsanteilen ausgeübt wird;
3. Personen, die nach § 66a des Arbeitslosenversicherungsgesetzes 1977, BGBl. Nr. 609, der Arbeitslosenversicherungspflicht unterliegen.

(§ 1 IESG idF BGBl I 2017/123)

Schrifttum zu § 1 IESG

Adamovic, Kein Insolvenz-Ausfallgeld für Kosten der Nettoberechnung einer Nachzahlung, ARD 5666/6/2006;

W. Anzenberger, § 3a IESG: Sicherungsgrenzen und Sittenwidrigkeitskorrektiv, RdW 2000/140, 161;

W. Anzenberger, Überwälzung des Finanzierungsrisikos auf den IAG-Fonds, DRdA 2001/37, 366 (EAnm);

Balla, Überstundenentgelt und seine Mitberücksichtigung bei der Berechnung der Abfertigung, DRdA 2002, 169;

Bartos, Insolvenzrechtsänderungsgesetz 1994, SozSi 1994, 161;

Binder, Die Gemeinschaftsmaßnahmen zur Wahrung von Arbeitnehmerinteressen bei Betriebsübergang, Massenentlassung und Insolvenz und ihre Bedeutung für das österreichische Arbeitsrecht, in *Koppensteiner* (Hrsg), Österreichisches und europäisches Wirtschaftsprivatrecht, Teil 5: Arbeitsrecht (1997) 83;

Binder, Zur Subsidiarität des Insolvenz-Ausfallgeldfonds bei Erwerberinsolvenz, DRdA 2005/1, 37 (EAnm);

F. Bydlinski, Lohn- und Kondiktionsansprüche aus zweckverfehlenden Arbeitsleistungen, FS Wilburg (1965) 45;

F. Bydlinski, Arbeitsrechtskodifikation und allgemeines Zivilrecht (1969);

F. Bydlinski, Willens- und Wissenserklärungen im Arbeitsrecht, ZAS 1976, 83, 126;

Deriu, Insolvenz-Entgeltsicherung zwischen EU-Recht und nationalem Recht (2013);

Dirschmied, Probleme aus dem Insolvenz-Entgeltsicherungsrecht, DRdA 1980, 380;

Eypeltauer, Verzicht und Unabdingbarkeit im Arbeitsrecht (1984);

Eypeltauer, Neue Auslegungsfragen im IESG, wbl 1994, 255;

Eypeltauer, Die Insolvenzentgeltsicherung, DRdA 1998, 143;
Fink, Ist die Zahlung der Kreditzinsen eine Zug-um-Zug-Leistung?, ÖJZ 1985, 433;
Fink, Kürzung des Insolvenz-Ausfallgeldes für Organmitglieder, RdW 1989, 337;
Floretta, Die familieneigenen Arbeitskräfte im österreichischen Recht, insbesondere im Arbeitsrecht, DRdA 1979, 257;
Frauenberger, Insolvenz und Arbeitsverhältnis – Neuerungen durch das IRÄG 1994, ecolex 1994, 334;
Fritscher, Das Insolvenz-Entgeltsicherungsgesetz (IESG) – Behandelt an Hand von Zweifelsfragen, DRdA 1978, 114;
Gahleitner, OGH: Anrechnung von Naturalurlaubsanspruch aus neuem Arbeitsverhältnis auf Insolvenz-Ausfallgeld eines BR-Mitgliedes, DRdA 1991, 394;
Gahleitner/Leitsmüller, Umstrukturierung und AVRAG (1996);
Geppert, Der „Anstellungs"vertrag des Vorstandsmitgliedes einer AG, DRdA 1980, 1;
Geppert, Sozialversicherungspflicht von Vorstandsmitgliedern, DRdA 1982, 407 (EAnm);
Gerhartl, Einbeziehung von Zeitguthaben in die Urlaubsersatzleistung, ASoK 2008, 267;
Ghezel Ahmadi, Fortbestand von Arbeitsverhältnissen bei Betriebsübergang im Falle einer Insolvenz des Arbeitgebers (2014);
Graf, Die Änderung der RL 80/987/EWG zum Schutz der Arbeitnehmer bei Zahlungsunfähigkeit des Arbeitgebers, ZIK 2003, 50;
Grießer, Beendigung des Arbeitsverhältnisses bei Insolvenz sowie Entgeltanspruch und dessen Sicherung nach dem IRÄG 1994 im Lichte der neueren Judikatur, ZAS 1994, 188;
Grießer, Löschung gem § 2 AmtslöschungsG und Anspruchsvoraussetzung auf Insolvenzausfallgeld nach § 1 Abs 1 IESG, ZIK 1997, 37;
Grießer, Insolvenzsicherung und Haftung des Unternehmenserwerbers gem § 6 AVRAG, RdW 1998, 617;
Grießer, Das wechselhafte Schicksal der Bauarbeiter-Schlechtwetterentschädigung in der Insolvenz, ZIK 1999, 11;
Grillberger, Der Übergang zur Abfertigung Neu, DRdA 2003, 211;
Holler, Abfertigungsanspruch bei Beendigung des Arbeitsverhältnisses durch den Tod des Arbeitnehmers, ÖJZ 1980, 372;
Holler, Smogalarm, DRdA 1985, 225;
Holler, Neuerungen im Bereich der Entgeltsicherung bei Insolvenz, ZAS 1987, 147;
Holzer, Das Dienstrecht der Lizenzfußballer im österreichischen Fußballbund, DRdA 1972, 63;
Holzer, Irrtumsanfechtung bei zeitwidriger Kündigung im Arbeitsverhältnis, JBl 1985, 82;
Holzer, Zivilrechtliche Konsequenzen der Angehörigenmitarbeit, in *Ruppe* (Hrsg), Handbuch der Familienverträge. Zivilrechtliche, steuerrechtliche und sozialrechtliche Folgen von Vereinbarungen zwischen Angehörigen² (1985) 159;
Holzer, Sozialrechtliche Konsequenzen der Angehörigenmitarbeit, in *Ruppe* (Hrsg), Handbuch der Familienverträge. Zivilrechtliche, steuerrechtliche und sozialrechtliche Folgen von Vereinbarungen zwischen Angehörigen² (1985) 265;
Holzer, Arbeits- und sozialversicherungsrechtliche Konsequenzen der Mitarbeit von Vereinsmitgliedern im Rahmen wirtschaftlicher Vereinstätigkeit, in *Korinek/Krejci* (Hrsg), Der Verein als Unternehmer (1988) 347;

Holzer, Die Richtlinie zur Angleichung der Rechtsvorschriften der Mitgliedstaaten über den Schutz der Arbeitnehmer bei Zahlungsunfähigkeit des Arbeitgebers und das österreichische Recht, in *Runggaldier* (Hrsg), Österreichisches Arbeitsrecht und Recht der EG (1990) 259;

Holzer, Die Rechtsstellung von Trainern aus arbeitsrechtlicher Sicht nach österreichischer und deutscher Rechtslage, in *Dury* (Hrsg), Der Trainer und das Recht (1996) 37;

Holzer/Reissner, Neuerungen im Insolvenzrecht aus arbeitsrechtlicher Sicht, DRdA 1994, 461;

Holzner, Zur Bedeutung der Frist gem § 1162d ABGB, DRdA 2000/8, 55 (EAnm);

Jabornegg, Handelsvertreterrecht und Maklerrecht (1987);

Kirschbaum, Fragen des Betriebsüberganges, DRdA 1997/12, 120 (EAnm);

Köck, Zum Ausschluss leitender Angestellter aus dem IESG, ecolex 1995, 429;

Konecny, Unternehmenserwerb im Insolvenzverfahren und Arbeitsverhältnisse, ecolex 1993, 836;

König, Ist die Zahlung der Kreditzinsen eine Zug-um-Zug-Leistung?, ÖBA 1989, 18;

Kuderna, Die durch das Sozialrechts-Änderungsgesetz vorgenommenen Ergänzungen der §§ 2, 9, 10 und 19 des Urlaubsgesetzes, DRdA 1996, 465;

Lechner, Leitende Angestellte und Insolvenz-Ausfallgeld, ZIK 1995, 103;

Liebeg, Die Änderung der Rechtsstellung der Arbeitnehmer in Insolvenzverfahren und des IESG durch das IRÄG 1994, wbl 1994, 141;

Liebeg, Neue gemeinschaftsrechtliche Vorgaben für den Schutz der Arbeitnehmer bei Zahlungsunfähigkeit des Arbeitgebers?, wbl 2003, 157;

Löschnigg, Zur Beendigung und Nichtigkeit von Arbeitsverhältnissen mit Ausländern, FS W. Schwarz (1991) 107;

Löschnigg, Die Vereinbarung erfolgsabhängiger Entgelte, DRdA 2000, 467;

Löschnigg/Reissner, Arbeitgeberhaftung für Sachschäden auf der Dienstreise, ecolex 1991, 110;

Mader, Betriebsübergang und Insolvenz: Forderungsanmeldung als Akzeptanz der Kündigung? FS 20 Jahre ISA (2017) 39;

K. Mayr, Einordnung von Zahlungen des Arbeitgebers an den Arbeitnehmer (A.G.R. Regeling/Bestuur van de Bedrijfsvereniging voor de Metaalnijverheid, EuGH vom 14. Juli 1998, C-125/97), ELR 1998, 477;

K. Mayr, Zuständige Garantieeinrichtung für Arbeitnehmer von Zweigniederlassungen in anderen Mitgliedstaaten, ELR 2000, 39;

K. Mayr, Kautionen von Arbeitnehmern und Insolvenz des Arbeitgebers, ecolex 2000, 219;

Manuel Mayr, Der Zweck einer Erwerbstätigkeit und die Sicherung durch das IESG. Anmerkung zu OGH 8 ObS 13/11m, wbl 2012, 127;

Martin Mayr, Der Gesellschafter-Geschäftsführer einer Gesellschaft mit beschränkter Haftung im Arbeitsrecht und im Sozialversicherungsrecht, FS Floretta (1983) 763;

Mazal, Arbeitskräfteüberlassung (1988);

Neumayr, Zur Höhe des Abgeltungsanspruches nach § 98 ABGB, in *Harrer/Zitta* (Hrsg), Familie und Recht (1992) 479;

Nunner, Rechtsfragen der Beendigung von Arbeitsverhältnissen im Konkurs, ÖJZ 1997, 241;

Nunner-Krautgasser, Allgemeines zum Insolvenzrecht: Grundlagen, Verfahrensarten, Schicksal des Schuldnerunternehmens und Rechtsdurchsetzung, in *Nunner-Krautgasser/Reissner* (Hrsg), Praxishandbuch Insolvenz und Arbeitsrecht (2012) 21;

Nunner-Krautgasser, Insolvenzverfahren für Staaten – mögliche Wege aus der Krise (2013);

Nunner-Krautgasser, Unwirksamkeit von Rechtshandlungen insolventer AG iSd § 3 Abs 1 IO, DRdA 2017, 3;

Petrovic, Zur Einzelauflösung bei Gruppenarbeitsverträgen, ZAS 1985, 171;

Rauch, Verjährung und Verfall im Arbeitsrecht, ASoK 2000, 26;

Reissner, Möglichkeiten und Grenzen der Parteiendisposition im Bereich von Konkurrenzklauseln, DRdA 1991, 432;

Reissner, Kündigungsentschädigung – Entgelt iSd IESG, DRdA 1997/36, 313 (EAnm);

Reissner, Kein Insolvenz-Ausfallgeld bei Konkurs des Zwischenerwerbers, DRdA 2001/22, 261 (EAnm);

Reissner, Hobbysportler, Arbeitnehmer oder freier Dienstnehmer – Rechtsbeziehungen von Sportlern aus arbeitsrechtlicher Sicht, in *Reissner* (Hrsg), Sport als Arbeit (2008) 1;

Reissner, Betriebsübergang und Insolvenz, in *Reissner/Burger* (Hrsg), Aktuelle Entwicklungen im Betriebsübergangsrecht (2016) 56;

Reissner/Sundl, Insolvenz-Entgeltsicherung und Eigenkapitalersatz im Lichte der Insolvenz-RL, DRdA 2004, 487;

Reissner/Sundl, Insolvenz-Entgeltsicherung, in *Nunner-Krautgasser/Reissner* (Hrsg), Praxishandbuch Insolvenz und Arbeitsrecht (2012) 101;

Resch, Arbeitsrechtliches zur Parkraumbewirtschaftung, RdW 2004, 37;

Ristic, Zur Sittenwidrigkeit des Stehenlassens von Entgelt über längere Zeiträume, ASoK 2000, 118;

Ristic, Überlegungen zur ArbeitnehmerInnenvertretung bei grenzüberschreitenden Insolvenzen in der EU, FS 20 Jahre ISA (2017) 75;

Schima, Gibt es einen „freien" Handelsvertreter?, RdW 1987, 16;

Schima, Zur Insolvenzentgeltsicherung von Organmitgliederansprüchen, ZAS 1989, 37;

Schrammel, Entgelt von Dritten, ZAS 2003, 57;

W. Schwarz, Zur Rechtsnatur des „mittelbaren Arbeitsverhältnisses", DRdA 1953, H 7, 21;

W. Schwarz, Zeitwidrige Kündigung und Wissenserklärung im Arbeitsrecht, ÖJZ 1984, 617;

W. Schwarz, Verzichtslehre und Wissenserklärung, DRdA 1984, 1;

W. Schwarz/Holzer, Die Treuepflicht des Arbeitnehmers und ihre künftige Gestaltung (1975);

Strasser, Rechtsdogmatik, Rechtstheorie und juristische Methodologie – Zu einem neuen wichtigen Buch von Franz Bydlinski, DRdA 1983, 240;

Strasser, Abhängiger Arbeitsvertrag oder freier Dienstvertrag – Eine Analyse des Kriteriums der persönlichen Abhängigkeit, DRdA 1992, 93;

Sundl, Ist der Masseverwalter neuer Arbeitgeber?, ASoK 1997, 105;

Sundl, Der leitende Angestellte in der Insolvenz-Entgeltsicherung. Ausnahme verstößt gegen die EG-Richtlinie 80/987/EWG, ASoK 1997, 218;
Sundl, OGH: Zur Frage der Reichweite der österreichischen Insolvenz-Entgeltsicherung bei Sachverhalten mit Auslandsberührung, DRdA 2000, 431;
Sundl, Erweiterter Ausschluss der Insolvenz-Entgeltsicherung durch richterliche Rechtsfortbildung, ASoK 2002, 88;
Sundl, Abfertigung und Arbeitgeberinsolvenz, ASoK 2003, 186;
Sundl, Insolvenz-Entgelt für Rücktrittsschaden und vorvertraglichen Schadenersatz? Anmerkungen zu OGH 9 ObS 22/91 und 8 ObS 141/01w, FS 20 Jahre ISA (2017) 25;
Taucher, Insolvenz-Ausfallgeld, Lohnsteuer und lohnabhängige Abgaben, FS Jelinek (2002) 325;
Thunhart, Missbrauchsfälle im IESG, DRdA 2000, 479;
Tomandl, Wesensmerkmale des Arbeitsvertrages in rechtsvergleichender und rechtspolitischer Sicht (1971);
Tomandl/Schrammel, Die Rechtsstellung von Vertrags- und Lizenzfußballern, JBl 1972, 234, 289;
Trenker, Versagung von Insolvenzentgelt an einen GmbH-Gesellschafter, der seinen Anteil an eine Privatstiftung übertragen hatte, GesRZ 2013, 296 (EAnm);
Wachter, Wesensmerkmale der arbeitnehmerähnlichen Person (1980);
Wachter, Konkursabweisung – AVRAG, DRdA 1998/24, 245 (EAnm);
Wachter, Betriebsübergang – Kündigungsverbot, DRdA 2001/10, 154 (EAnm);
Weber, Wer ist im Konkurs Vertragspartner des Arbeitnehmers, ZIK 1997, 40;
Weber, Arbeitsverhältnisse in Insolvenzverfahren (1998);
Weber, EuGH zur Insolvenz-Entgeltsicherung – Anpassungsbedarf in Österreich, ZIK 1998, 118;
Weber, Kein Insolvenz-Ausfallgeld bei Solidarhaftung des Betriebserwerbers, DRdA 1998, 148;
Weber, Neue Tendenzen im IESG: Sittenwidrigkeit und Austrittsobliegenheit, ZIK 2000, 183
Wolligger, Arbeitnehmeransprüche bei Arbeitgeberinsolvenz nach EG- und österreichischem Recht (2001);
Wolligger, Insolvenz-Ausfallgeld für Sondergebühren?, DRdA 2002/12, 149 (EAnm);
Wolligger, Insolvenz-Entgelt für Mehrverkaufsprämie, DRdA 2012/12, 215 (EAnm);
Wolligger, Kein Insolvenz-Entgelt für Vorstandsmitglieder einer Aktiengesellschaft, DRdA 2015/7, 44 (EAnm);
Zehetner/Wolf, Arbeitsrechtliche Probleme bei Stock Option Modellen, ecolex 2001, 12.

Übersicht zu § 1 IESG

1. Geltungsbereich des IESG	Rz 1–5
2. Anspruchsberechtigte	Rz 6
2.1 AN	Rz 7
2.1.1 Begriff	Rz 8–15
2.1.2 Abgrenzungen	Rz 16

2.1.2.1 Arbeitsvertrag und freier Dienstvertrag	Rz 17–19
2.1.2.2 Arbeitsvertrag und Werkvertrag	Rz 20–22
2.1.2.3 Arbeitsvertrag und Gesellschaftsvertrag	Rz 23–27
2.1.2.4 Arbeitsvertrag und Mietvertrag	Rz 28–29
2.1.2.5 Arbeitsvertrag und Bevollmächtigung	Rz 30–31
2.1.2.6 Arbeitsvertrag und Vereinsmitarbeit	Rz 32–34
2.1.2.7 Arbeitsvertrag und Familienmitarbeit	Rz 35–38
2.1.2.8 Arbeitsvertrag und sonstige Arbeitsleistungen	Rz 39–40
2.1.3 Gliederung der Arbeitnehmerschaft	Rz 41–53
2.1.4 Besondere Fallgruppen	Rz 54
2.1.4.1 Arbeitnehmerähnliche Personen	Rz 55–57
2.1.4.2 Handelsvertreter	Rz 58–60
2.1.4.3 Freie Mitarbeiter, Künstler und hochqualifizierte Personen	Rz 61–64
2.1.4.4 Mitglieder des Organs einer juristischen Person, gewerberechtliche Geschäftsführer	Rz 65–70
2.1.5 Mehrpersonenverhältnisse	Rz 71
2.1.5.1 Arbeitskräfteüberlassung	Rz 72–73
2.1.5.2 Gruppenarbeitsverhältnis	Rz 74–75
2.1.6 Nichtige und anfechtbare Arbeitsverhältnisse	Rz 76–82
2.2 Freie DN iSd § 4 Abs 4 ASVG	Rz 83–90
2.3 Heimarbeiter	Rz 91–93
2.4 Ehemalige AN, freie DN iSd § 4 Abs 4 ASVG bzw Heimarbeiter	Rz 94
2.5 Hinterbliebene und Rechtsnachfolger von Todes wegen	Rz 95–97
2.6 SV im Inland	Rz 98–104
3. Ausnahmen von der Anspruchsberechtigung	Rz 105–109
3.1 AN von Gebietskörperschaften und Gemeindeverbänden	Rz 110–112
3.2 AN, die in einem Dienstverhältnis zu einem AG stehen, der Immunität genießt	Rz 113
3.3 Gesellschafter, die einen beherrschenden Einfluss auf die Gesellschaft haben	Rz 114–123
3.4 Arbeitspflichtige Strafgefangene und Untergebrachte	Rz 124–126
4. Fälle der Insolvenz und gleichgestellte Tatbestände	Rz 127–129
4.1 Eröffnung des Insolvenzverfahrens	Rz 130–139
4.2 Anordnung der Geschäftsaufsicht	Rz 140–145
4.3 Nichteröffnung des Insolvenzverfahrens mangels kostendeckenden Vermögens	Rz 146–148
4.4 Ablehnung der Insolvenzverfahrenseröffnung gem § 68 IO wegen Vermögenslosigkeit	Rz 149–152
4.5 Löschung gem § 40 oder § 42 FBG wegen Vermögenslosigkeit	Rz 153–156
4.6 Zurückweisung des Antrags auf Insolvenzverfahrens- eröffnung gem § 63 IO	Rz 157–158
4.7 Beschluss gem § 153 Abs 1 bzw § 154 Abs 1 AußStrG	Rz 159–163
4.8 Insolvenz-Entgeltsicherung bei Auslandsinsolvenz	Rz 164–170

§ 1 IESG

5. Gesicherte Ansprüche .... Rz 171–172
   5.1 Anspruch aus dem Arbeitsverhältnis .... Rz 173–177
   5.2 Aufrechtes Bestehen des Anspruchs .... Rz 178–182
       5.2.1 Verjährung und Verfall .... Rz 183–191
       5.2.2 Verzicht auf arbeitsrechtliche Ansprüche .... Rz 192–195
       5.2.3 Aufrechnung im Bereich arbeitsrechtlicher Ansprüche ..... Rz 196–202
   5.3 Die gesicherten Ansprüche im Einzelnen .... Rz 203–204
       5.3.1 Entgeltansprüche .... Rz 205–208
             5.3.1.1 Entgeltbegriff .... Rz 209–213
             5.3.1.2 Entgeltarten .... Rz 214
                     5.3.1.2.1 Geld- und Naturalentgelt .... Rz 215–218
                     5.3.1.2.2 Zeitentgelt und erfolgsabhängiges
                               Entgelt .... Rz 219–224
                     5.3.1.2.3 Sonderzahlungen .... Rz 225–230
                     5.3.1.2.4 Abfertigung .... Rz 231–232
                               5.3.1.2.4.1 Abfertigung alt .... Rz 233–242
                               5.3.1.2.4.2 Abfertigung neu .... Rz 243–247
                     5.3.1.2.5 Urlaubsersatzleistung .... Rz 248–254
                     5.3.1.2.6 Betriebspensionen .... Rz 255–259
             5.3.1.3 Fälligkeit von Entgelten .... Rz 260–267
             5.3.1.4 Entgeltkategorien des IESG .... Rz 268
                     5.3.1.4.1 Laufendes Entgelt .... Rz 269–271
                     5.3.1.4.2 Entgelt aus der Beendigung des
                               Arbeitsverhältnisses .... Rz 272–276
                     5.3.1.4.3 Sonstiges Entgelt .... Rz 277
       5.3.2 Schadenersatzansprüche .... Rz 278
             5.3.2.1 Schadenersatzansprüche aus der Beendigung
                     des Arbeitsverhältnisses .... Rz 279–290
             5.3.2.2 Sonstige Schadenersatzansprüche .... Rz 291–305
       5.3.3 Sonstige Ansprüche gegen den AG .... Rz 306–314
       5.3.4 Zur zweckentsprechenden Rechtsverfolgung
             notwendige Kosten .... Rz 315–331
6. Ausgeschlossene Ansprüche .... Rz 332–333
   6.1 Anfechtbare Rechtshandlungen .... Rz 334–344
   6.2 Ausschluss wegen strafrechtlicher Verurteilung des
       Anspruchsberechtigten .... Rz 345–347
   6.3 Ausschluss einzelvertraglicher Ansprüche .... Rz 348–356
   6.4 Anrechnung bei Kündigungsentschädigung .... Rz 357–362
   6.5 Vermeidung von Doppelbezügen im Zuge der
       Insolvenz-Entgeltsicherung .... Rz 363–365
   6.6 Grenzbetragsregelung für Entgelte .... Rz 366–379
   6.7 Grenzbetragsregelung für Abfertigungen .... Rz 380–390
   6.8 Gesetzliche Zahlungsverpflichtung eines Dritten .... Rz 391–395
   6.9 Betriebspensionsansprüche gegenüber Pensionskassen
       oder Versicherungsunternehmen .... Rz 396–398

7. Anmeldung gesicherter Ansprüche	Rz 399–404
7.1 Anmeldung im Insolvenzverfahren	Rz 405–413
7.2 Anmeldung bei Auslandsinsolvenz	Rz 414–415
8. Insolvenz-Entgeltsicherung und Betriebsübergang	Rz 416
8.1 Zentrale Inhalte des Betriebsübergangsrechts	Rz 417–418
8.2 Die sog Konkursausnahme im Betriebsübergangsrecht	Rz 419–425
8.3 Die Insolvenz-Entgeltsicherung bei Betriebsübergang im Detail	Rz 426
8.3.1 Haftung des Erwerbers bei Insolvenz des Veräußerers	Rz 427–428
8.3.2 Haftung des Veräußerers bei Insolvenz des Erwerbers	Rz 429–431
9. Sicherungsausschluss aus allgemeinen zivilrechtlichen Gründen *(Ristic)*	Rz 432
9.1 Zweck des IESG	Rz 433–434
9.2 Rechtsunwirksame Vertragsgestaltungen	Rz 435–437
9.3 Anspruchsausschluss wegen Stehenlassen von Entgelt	Rz 438–440
9.4 Anspruchsausschluss wegen Übertragung des Finanzierungsrisikos	Rz 441–451
9.5 Eigenkapitalersatz	Rz 452–456
9.6 Die EuGH-Judikatur zur InsolvenzRL und die österr Judikatur	Rz 457–461
9.7 Ausmaß des Sicherungsverlustes	Rz 462–466

1. Geltungsbereich des IESG

Der Geltungsbereich des IESG wird in § 1 IESG, insb Abs 1 leg cit, vor allem in **subjektiver** und **objektiver** Hinsicht bestimmt. Auch Aspekte des **räumlichen** Geltungsbereichs des G werden – dies eher indirekt – angesprochen: **1**

Der **subjektive Geltungsbereich** des G ergibt sich aus dem in § 1 Abs 1 IESG umschriebenen Kreis der anspruchsberechtigten Personen. Als **Anspruchsberechtigte** genannt werden primär **AN** (dazu im Detail Rz 7 ff). Daneben sind auch **freie DN iSd § 4 Abs 4 ASVG** (s Rz 83 ff) und **Heimarbeiter** (Rz 91 ff) erfasst, obzwar freie DN definitionsgemäß und Heimarbeiter in aller Regel keine AN sind (zur Qualifikation von Heimarbeitsverhältnissen Rz 91). Von den genannten Begriffen ist auch die Anspruchsberechtigung der **Hinterbliebenen** und der **Rechtsnachfolger von Todes wegen** dieser Personen abgeleitet (dazu allg Rz 95 ff), zudem reicht auch der Status als **ehemaliger** AN, freier DN iSd § 4 Abs 4 ASVG bzw Heimarbeiter (dazu Rz 94). **2**

Die unter Rz 16 ff dargelegten Abgrenzungen des Arbeitnehmerbegriffs sind somit gleichzeitig Abgrenzungen des personellen Geltungsbereichs des G. Im Hinblick darauf, dass AN in einem durch Arbeitsvertrag begründeten Arbeitsverhältnis stehen, fallen **Beamte**, deren Dienstverhältnis auf einem Hoheitsakt basiert, **nicht** unter den Geltungsbereich. Anders ist die Rechtslage bzgl jener Bediensteten von Gebietskörperschaften, deren Arbeitsverhältnisse auf einem privatrechtlichen Vertrag beruhen (VB). Sie unterliegen zwar dem G, haben aber gem § 1 Abs 6 Z 1 IESG keinen Anspruch auf Insolvenz-Entgelt. Von der Anspruchsberechtigung ausgenommen sind weiters AN exterritorialer AG, Gesellschafter, denen ein beherrschender Einfluss auf die Gesellschaft zusteht, sowie Personen, die nach § 66a AlVG der Arbeitslosenversicherungspflicht unterliegen (§ 1 Abs 6 Z 1 – 3 IESG; zum **ausgeschlossenen Personenkreis** im Einzelnen Rz 105 ff).

3 In **personeller Hinsicht** ist allgemein zu sagen, dass das IESG für **AN** (und Gleichgestellte) **aller Art** gilt, und zwar auch dann, wenn die Kompetenzregelung des B-VG eine arbeitsrechtliche Bundeskompetenz nicht vorsieht. Bei dem vorliegenden G handelt es sich nämlich um Regelungen, die ihrem Inhalt nach sozialversicherungsrechtlicher Natur sind. ISd Art 10 Abs 1 Z 11 B-VG ist für das **„Sozialversicherungswesen"** die Bundeskompetenz für Gesetzgebung und Vollziehung schlechthin gegeben. Soweit das IESG in das Insolvenzrecht oder in das Zivilrecht eingreift, beruht es auf Art 10 Abs 1 Z 6 B-VG (Näheres vgl ErläutRV 464 BlgNR 15. GP 7). Wenn also bspw Art 12 Abs 1 Z 6 B-VG weite Bereiche des Arbeitsrechts der land- und forstwirtschaftlichen AN der Ausführungsgesetzgebung und Vollziehung der Länder anheimstellt und lediglich die Grundsatzgesetzgebung dem Bund vorbehält (dazu Rz 44), so ist dieser Umstand bzgl des IESG ohne Bedeutung.

4 Die Begriffe AN, freier DN iSd § 4 Abs 4 ASVG bzw Heimarbeiter prägen als Korrelat jenen des AG, freien DG bzw Auftraggebers, dessen Insolvenz primäre Anspruchsvoraussetzung ist (vgl Rz 127 ff). Durch diese **Anspruchsvoraussetzungen** (Insolvenz, nach § 1 Abs 1 S 2 Z 1 – 6 IESG gleichgestelltes Verfahren; zu diesen weiteren Ansatzpunkten s Rz 140 ff) wird gleichzeitig auch ein **objektiver Geltungsbereich** des IESG umschrieben.

5 Zum **räumlichen Geltungsbereich** des IESG finden sich in § 1 Abs 1 leg cit mehrere Anhaltpunkte: Zum einen wird vorausgesetzt, dass die Anspruchsberechtigten „gem § 3 Abs 1 oder Abs 2 lit a – d ASVG als im Inland beschäftigt gelten (galten)", zum anderen wird auf die Eröffnung eines „Verfahrens nach der IO", also eines Insolvenzverfahrens, über das Vermögen des AG, freien DG bzw Auftraggebers oder eines gleichgestellten Verfahrens im Inland abgestellt.

Mit dem Verweis auf eine Inlandsbeschäftigung iSd § 3 Abs 1 und 2 lit a – d ASVG knüpft das IESG an eine **SV** des AN, freien DN iSd § 4 Abs 4 ASVG bzw Heimarbeiters **nach ASVG** an. Dieses BG regelt ja gem § 1 leg cit die allgemeine SV **im Inland beschäftigter Personen** (genauer dazu Rz 98 ff). Die Frage, ob der Anspruchsberechtigte die österr Staatsbürgerschaft besitzt, ist ohne Belang. Dies gilt auch in Bezug auf die Möglichkeit, an einem Insolvenzverfahren teilzunehmen, was ja uU – nach Maßgabe des § 1 Abs 5 IESG – Anspruchsvoraussetzung ist (vgl ErläutRV 3 BlgNR 15. GP 36; zu § 1 Abs 5 IESG allg Rz 399 ff).

Weiters erfasst das IESG zunächst die Fälle einer **Insolvenzverfahrenseröffnung** (§ 1 Abs 1 S 1 leg cit) oder eines **gleichgestellten Verfahrens** (§ 1 Abs 1 S 2 Z 1 – 6 leg cit) **im Inland.** Einschlägige Entscheidungen von Gerichten **im Ausland,** die nach der EuInsVO, gem § 240 IO oder nach den §§ 243 – 251 IO **im Inland anerkannt** werden, lösen allerdings unter den allgemeinen Voraussetzungen des § 1 Abs 1 IESG (zB Arbeitnehmereigenschaft, SV im Inland) ebenfalls einen Anspruch auf Insolvenz-Entgelt aus (genauer dazu Rz 164 ff).

2. Anspruchsberechtigte

§ 1 Abs 1 IESG umschreibt **taxativ** den Kreis jener Personen, die Anspruch auf Insolvenz-Entgelt haben (VwGH 84/11/0246, RdW 1987, 299 = ZfVB 1987/1290). Es sind dies 6
- AN (s Rz 7 ff),
- freie DN iSd § 4 Abs 4 ASVG (Rz 83 ff),
- Heimarbeiter (Rz 91 ff),
- ehemalige AN, freie DN iSd § 4 Abs 4 ASVG bzw Heimarbeiter (Rz 94),
- ihre Hinterbliebenen (Rz 97),
- ihre Rechtsnachfolger von Todes wegen (Rz 96).

Die Anspruchsberechtigung besteht unabhängig von einer Anmeldung und Beitragsentrichtung bei der SV, insb auch unabhängig von der Entrichtung des Zuschlags iSd § 12 Abs 1 Z 4 IESG (OGH 8 ObS 273/01g, JBl 2003, 258 = Arb 12.248; 9 ObA 161/16s, ARD 6539/7/2017; vgl § 12 Rz 4). Die Anspruchsberechtigten müssen von G wegen eine SV im Inland aufweisen (s Rz 98 ff).

Im Falle von dienstzeitabhängigen Ansprüchen ist bei Zeiten mit und Zeiten ohne Anspruchsberechtigung in Bezug auf die IESG-Sicherung eine Zeitraumbetrachtung vorzunehmen (s Rz 109).

Überweisungsgläubiger sind keine Anspruchsberechtigten (zu deren Rechtsstellung im Verfahren s § 6 Rz 18, § 7 Rz 17 ff).

2.1 AN

Anspruch auf Insolvenz-Entgelt haben AN eines iSd IESG insolventen AG. Der Terminus „AN" ist hierbei gem der europarechtlichen Vorgabe des Art 2 Abs 2 InsolvenzRL nach innerstaatlichem Recht zu bestimmen (EuGH C-334/92, *Wagner Miret*, Slg 1993, 6911 = ARD 4547/8/94; vgl zB auch Rz 15, 108). 7

2.1.1 Begriff

8 Der Begriff des AN wird in Österreich von den einzelnen Gebieten des Arbeitsrechts und des Sozialrechts unterschiedlich gesehen. Das Arbeitsvertragsrecht erblickt den maßgeblichen Bezugspunkt im Arbeitsvertrag (oder synonym: Dienstvertrag), wogegen das Betriebsverfassungsrecht darüber hinaus auf die Beschäftigung im Betrieb abstellt und bestimmte Personengruppen nicht als AN anerkennt (§ 36 ArbVG; Näheres bei *Löschnigg*, Arbeitsrecht[12] 184 ff; *Reissner*, Arbeitsrecht[5] 20 f). Ähnlich wird in der SV das Merkmal der Beschäftigung gegen Entgelt vorausgesetzt (§ 4 Abs 2 ASVG).

9 Obzwar das IESG kompetenzrechtlich dem Sozialversicherungsrecht angehört (Rz 3), hat es in § 1 Abs 1 den **Arbeitnehmerbegriff des Arbeitsvertragsrechts** im Auge, zumal der Arbeitsvertrag die gesicherten Ansprüche wesentlich gestaltet bzw dessen Verletzung sie zur Entstehung bringt. Auch der rechtliche Zusammenhang des IESG mit dem Insolvenzrecht, das seinerseits an den Arbeitnehmerbegriff des Arbeitsvertragsrechts anknüpft, führt zum nämlichen Ergebnis (vgl ErläutRV 464 BlgNR 14. GP 8). Dieser Ansicht hat sich die Judikatur angeschlossen und festgehalten, dass der Ausdruck „AN" im § 1 Abs 1 IESG iSd Arbeitnehmerbegriffs des Arbeitsvertragsrechts zu verstehen ist (s ua OGH 9 ObS 18/89; 8 ObS 15/94, wbl 1995, 36 = infas 1995 A 37; 8 ObS 44/95, DRdA 1996, 427 = infas 1996 A 139; 8 ObS 8/05t, infas 2005 A 72; 8 ObS 1/07s, DRdA 2007, 403 = ARD 5793/2/2007; 8 ObS 3/07k, ARD 5793/3/2007; VwGH 2920/78, ZAS 1981/5, 31 *[Rechberger]* = Arb 9846; 2397/79, Arb 9876 = VwSlgNF A 10.140; 2977/79, Arb 9879; 2812/79, Arb 9885 = ZfVB 1981/888).

Damit sind bspw **geringfügig beschäftigte** AN – wie auch geringfügig beschäftigte freie DN iSd § 4 Abs 4 ASVG (s Rz 83) – unbeschadet fehlender Zuschlagspflicht (vgl § 12 Rz 2) ins IESG einbezogen.

Nicht in Betracht kommt laut VwGH (83/11/0205, ZfVB 1986/195) eine Anwendung des sozialversicherungsrechtlichen Dienstnehmerbegriffs des § 4 Abs 2 ASVG (s dazu aber auch Rz 15). Ebenso wenig entspricht der Arbeitnehmerbegriff des IESG den von den Abgabenbehörden in wirtschaftlicher Betrachtungsweise festgestellten betriebsbedingt entgoltenen Erbringern von Arbeitsleistungen an den Steuerpflichtigen. Es besteht demnach in diesem Zusammenhang Bindung weder an die Entscheidungen der Sozialversicherungsträger noch an jene der Abgabenbehörden (VwGH 85/11/0267, ZfVB 1987/642).

10 Dementsprechend bestimmt sich auch der **Arbeitgeberbegriff** nach **Arbeitsvertragsrecht.** Die sozialversicherungsrechtliche Dienstgeberdefinition ist im Bereich des IESG nicht maßgeblich (OGH 8 ObS 2049/96, DRdA 1997, 50 = ZASB 1997, 6; 8 ObS 2327/96, DRdA 1997, 228 = infas

1997 A 60; VwGH 83/11/0184, VwSlgNF A 11.559 = ÖJZ 1985, 570; 85/11/0080, ZfVB 1987/1694; zur Anknüpfung an die Beschäftigung im Inland vgl aber Rz 98 ff).

Als **AN** iS dieses G ist derjenige zu qualifizieren, der auf Grund eines Arbeitsverhältnisses einem anderen zur Dienstleistung verpflichtet ist (vgl § 1151 Abs 1 ABGB; *Martinek/M. Schwarz/W. Schwarz*, AngG[7] 42; *Löschnigg*, Arbeitsrecht[12] 167 ff; *Reissner*, Arbeitsrecht[5] 1 ff). Aus dieser Begriffsbestimmung ergibt sich, dass das Arbeitsverhältnis als Rechtsverhältnis zu werten ist und damit der Arbeitsvertrag den Arbeitnehmerbegriff bestimmt. Im Einzelnen werden üblicherweise nachstehende Merkmale eines Arbeitsverhältnisses genannt: **11**

Erstens ist das Arbeitsverhältnis ein **Dauerschuldverhältnis,** das die Erbringung von Arbeitsleistungen zum Gegenstand hat. Dauerschuldverhältnisse erlöschen – anders als Zielschuldverhältnisse (vgl auch Rz 20) – nicht automatisch durch die (einmalige) Erfüllung, es bedarf vielmehr eines eigenen Beendigungsaktes (zB Kündigung, Befristung).

Kennzeichnend für ein Arbeitsverhältnis ist zweitens die **persönliche Abhängigkeit** des AN. Dieser Aspekt ist vielschichtig und anhand mehrerer Elemente zu prüfen:

– Der AN ist **in fremde unternehmerische Strukturen eingegliedert** (zB OGH 4 Ob 80/51, Arb 5300; 14 Ob 79/86, Arb 10.529 = infas 1987 A 33; 9 ObA 108/88, infas 1989 A 3): Er ist an **Arbeitszeiten,** den **Arbeitsort** und die **Arbeitsabfolge** gebunden, die Bestimmungsfreiheit ist diesbezüglich weitgehend nicht gegeben (zB OGH 4 Ob 104/80, DRdA 1982/9, 191 *[Strasser]* = ZAS 1982/1, 10 *[Tomandl]*; 4 Ob 8/81, DRdA 1985/20, 395 *[Wachter]* = Arb 10.096; 9 ObA 129/97d, ARD 4949/21/98). Die unter Rz 17 ff und 20 ff beschriebenen Unternehmerverhältnisse ermöglichen es hingegen dem Arbeitenden, diese Umstände relativ frei zu bestimmen.

– Der AN unterliegt dem **Weisungsrecht** des AG. Er ist insoweit der Kontrolle des AG unterworfen und diesem in gewisser Weise disziplinär verantwortlich. Im Gegensatz zu den abzugrenzenden Unternehmerverhältnissen beziehen sich Weisungen im Arbeitsverhältnis nicht bloß auf die Sache, sondern primär auf die Person des AN. Der Werkvertragsnehmer etwa erhält Weisungen betreffend die Wünsche des Auftraggebers über die **Gestaltung des Werks,** der AN hingegen wird angewiesen, Arbeit nach den Vorgaben des AG zu erbringen, sein **persönliches Verhalten** also in einer bestimmten Art und Weise auszurichten.

– Der AN ist im Allgemeinen zur **persönlichen Arbeitsleistung** verpflichtet; er kann sich daher nicht vertreten lassen (zB OGH 4 Ob 19/65, Arb 8030). Der persönlichen Arbeitspflicht steht die Unübertragbarkeit des Anspruchs auf die Arbeitsleistung gegenüber. Beide Kriterien gelten im Zweifel, dh dann, wenn sich aus dem Arbeitsvertrag oder den Umständen nichts anderes ergibt (§ 1153 ABGB).

– Der **AN schuldet** seine **Arbeitskraft,** nicht einen bestimmten Arbeitserfolg. Dieser Aspekt darf nicht zu wörtlich genommen werden. Gemeint ist, dass der Arbeitsvertrag eine sog **Bemühensverbindlichkeit** ist. Es geht hier in erster Linie um die Abgrenzung zum Werkvertrag, der nur bei erfolgreicher Erstellung des Werks erfüllt wird und daher eine Erfolgsverbindlichkeit darstellt.

– Der AN ist auch insofern fremdbestimmt, als das **Ergebnis der Arbeit** dem **AG** zukommt und dieser idR die **Arbeitsmittel** zur Verfügung stellt (zB OGH 4 Ob 108/56, SozM I A/e 174; 4 Ob 102/83, ZAS 1985/2, 18 *[Eypeltauer]*). Dieses Element der persönlichen Abhängigkeit macht augenfällig, dass der AN insofern auch **wirtschaftlich abhängig** ist, als er sich in fremde unternehmerische Strukturen begeben muss, um seine Arbeitsleistung erbringen zu können. Er wird dies idR deshalb machen, weil er das Arbeitsentgelt zum Unterhalt für sich und allfällige Unterhaltsberechtigte benötigt. Trotzdem darf der Aspekt der wirtschaftlichen Abhängigkeit nur im obigen Sinn, nicht aber als Lohnabhängigkeit verstanden werden (dazu auch Rz 15).

– Den **AN** treffen **Treuepflichten** (zB Konkurrenzverbot, Geheimnisschutzpflicht), der **AG** ist an die **Fürsorgepflicht** gebunden und hat daher wichtige Rechtsgüter des AN zu schützen.

12 Nicht alle diese Merkmale müssen unbedingt gegeben sein, es reicht ein (qualitatives) Überwiegen der für das Arbeitsverhältnis typischen Elemente gegenüber dagegen sprechenden Aspekten. Im Grunde geht es bei der Qualifikation des AN um das Phänomen der Arbeitsabhängigkeit, das im konkreten Fall anhand der in Betracht kommenden Faktoren zu prüfen ist, wobei der **einzelne Faktor** ein **Element eines beweglichen Systems** ist, das einmal stärker und einmal schwächer in Erscheinung tritt (zum IESG zB OGH 8 ObS 8/05t, infas 2005 A 72; 8 ObS 1/07s, DRdA 2007, 403 = ARD 5793/2/2007; 8 ObS 3/07k, ARD 5793/3/2007; VwGH 83/11/0113, ZfVB 1986/194). Wichtige Kriterien sind dabei die Eingliederung in ein fremdes unternehmerisches Konzept und die diesbezügliche Weisungsgebundenheit des AN. AN leisten fremdbestimmte Arbeit; diese erfolgt also für einen anderen, den AG, dem der Erfolg der Arbeit zufällt (vgl hingegen §§ 414, 415 ABGB), der aber auch die Verantwortung und das Risiko in Bezug auf den Erfolg trägt (Unternehmerwagnis; Näheres bei *Löschnigg*, Arbeitsrecht^{12} 167 ff; *Martinek/M. Schwarz/W. Schwarz*, AngG^7 44 f). Wird vereinbart, dass sich der AN durch andere Personen vertreten lassen kann, so bedeutet dies eine tendenzielle Abschwächung der Fremdbestimmtheit. Im Einzelfall ist aber zu prüfen, ob tatsächlich ohne Rücksprache mit dem Vertragspartner Delegierungen stattfinden bzw ob nicht andere Aspekte der persönlichen Abhängigkeit die Vertretungsmöglichkeit kompensieren und wiederum zur Annahme des Arbeitnehmerstatus führen (s oben sowie zB OGH 8 ObA 2158/96b, infas 1997 A 118 = ASoK 1997, 365; 8 ObA 46/98t, ARD 4931/9/98; OLG Wien 8 Ra 130/97i, ARD 4893/13/97). Für die Qualifikation als AN ist es zudem irrelevant, dass ein AG seine an sich aus dem Vertrag zustehenden Weisungs- und Kontrollbefugnisse nicht oder nur beschränkt ausübt, weil er dazu zB aus organisatorischen oder fachlichen Gründen nicht in der Lage ist (zur „stillen Autorität" des AG s auch Rz 63).

Die Veranlagung zur ESt ist zwar ein gewisses Indiz gegen die Arbeitnehmereigenschaft, eine **steuerrechtliche Beurteilung** schließt diese aber nicht unbedingt aus (vgl VwGH 81/11/0059, ZfVB 1983/376). IdS ist ebenso weder die Abmeldung von der **SV** noch die Gewährung von Leistungen aus der AlV ein zwingendes Argument für die Lösung der arbeitsvertragsrechtlichen Frage, ob im entsprechenden Zeitraum das Arbeitsverhältnis aufrecht war (OGH 14 Ob 79/86, Arb 10.529 = infas 1987 A 33; 8 ObS 2/97w, ARD 4862/17/97; VwGH 86/11/0064, ZfVB 1987/2393). **13**

Kein entscheidendes Merkmal des Arbeitsverhältnisses ist die **Entgeltlichkeit** der Arbeitsleistung, zumal gem § 1152 ABGB auch Unentgeltlichkeit vereinbart werden kann, sofern dem keine zwingenden Rechtsvorschriften (insb KollV) entgegenstehen (zB gewisse Praktikantenverhältnisse). Es ist in keiner Weise angebracht, unentgeltlich tätige AN unter Berufung auf § 4 Abs 2 ASVG aus dem IESG auszugrenzen und ihre Forderungen aus dem Arbeitsverhältnis, wie etwa Vergütungsansprüche nach DHG oder Aufwandsentschädigungen (dazu Rz 296, 307), ungesichert zu lassen (*Reissner/Sundl,* DRdA 2013/2, 27 f; in diesem Punkt missverständlich OGH 8 ObS 69/97y, DRdA 1997, 409 = infas 1997 A 107; unzutreffend *Liebeg,* IESG[3] § 1 Rz 25, 26). **14**

Mitunter wird die **wirtschaftliche Abhängigkeit** als Kriterium des Arbeitnehmerbegriffs angeführt (s schon Rz 11). Darunter versteht man die wirtschaftliche Schwäche, die darin liegt, dass ein Arbeitsverhältnis häufig die Existenzgrundlage für den AN und seine Familie darstellt. Sie ist das beherrschende Motiv für die sozialpolitische Gesetzgebung, aber kein Kriterium des Arbeitnehmerbegriffs. Dieser ist somit formell zu verstehen, sodass die materielle Situation des AN in concreto nicht geprüft werden muss, damit die arbeitsvertragsrechtlichen Schutzbestimmungen Anwendung finden können. Zu beachten ist, dass die – davon zu unterscheidende – „wirtschaftliche Unselbständigkeit" ein Hilfsmittel zur Erfassung der sog arbeitnehmerähnlichen Person darstellt, auf deren Rechtsverhältnis ausnahmsweise bestimmte arbeitsrechtliche Vorschriften – nicht aber das IESG – Anwendung finden (genauer dazu Rz 55 ff).

15 **Problematisch** ist in diesem Zusammenhang allerdings die Judikatur zum sog **atypischen Arbeitsverhältnis.** Laut OGH (8 ObS 271/01g, Arb 12.248 = JBl 2003, 258) stelle das IESG zwar auf den Arbeitnehmerbegriff des Arbeitsvertragsrechts ab, womit das Vertragsverhältnis etwa eines Berufsfußballers idS ein Arbeitsverhältnis sei. Dies gelte grundsätzlich auch für einen Fußballspieler, der einem (anderen) Beruf nachgehe und auf Grund eines Spielervertrags einen Pauschalbetrag von ATS 1000,– pro Trainingswoche, eine Punkteprämie von ATS 1200,– pro Punkt und eine Fahrtkostenvergütung von ATS 2,– pro km erhalte. Für den Arbeitnehmerbegriff iSd § 4 Abs 2 ASVG und auch des IESG – plötzlich wird hier ein anderer Arbeitnehmerbegriff ins Spiel gebracht (krit auch *Manuel Mayr,* wbl 2012, 129) – sei allerdings auch die Absicht, ein über den bloßen Aufwandersatz hinausgehendes Entgelt zu erzielen, maßgeblich. Atypisch gestaltete Arbeitsverhältnisse, die nicht auf Erzielung von Entgelt für die Bestreitung des Lebensunterhalts gerichtet seien, seien daher vom Schutzbereich des IESG nicht umfasst (s ua auch OGH 8 ObS 2/11v, DRdA 2012/34, 413 *[Brodil]* = EvBl 2011/94, 665 *[Ristic]*). Diese Sichtweise, welche offensichtlich unionsrechtswidrig ist (dazu gleich unten), wurde vom Höchstgericht leider in jüngerer Zeit in den Fällen des Jugendtrainers einer Fußballerakademie (OGH 8 ObS 13/11m, DRdA 2013/2, 26 [krit *Reissner/Sundl*] = wbl 2012/58, 162) und des Trainers eines Amateurfußballvereins (OGH 8 ObS 2/16a, DRdA-infas 2016/170, 278 = ARD 6519/12/2016) bekräftigt.

Die InsolvenzRL verweist in Art 2 Abs 2 hinsichtlich der Bestimmung des Begriffs „AN" zwar auf das mitgliedstaatliche Recht, der EuGH (C-334/92, *Wagner Miret,* Slg 1993, I-6911 = ARD 4547/8/94) hat allerdings festgehalten, dass die Entgeltsicherung für **alle Gruppen von AN** zu gelten hat, die innerstaatlich als solche definiert sind. Das innerstaatliche Recht kann daher gewisse Personen aus diesem Kreis nicht einfach als „Sonderfälle" ausschließen. Werden also AN iSd innerstaatlichen Rechts von der Sicherung von Ansprüchen iSd RL ausgenommen, so ist dies offenkundig unionsrechtswidrig. Denkbar sind im gegebenen Zusammenhang Fälle von **Missbrauch und/oder Kollusion** (Art 12 lit a InsolvenzRL); diesfalls können Ansprüche abgelehnt werden und es gebührt auch keine Mindestsicherung. Derartiges darf aber nicht pauschal von vornherein angenommen bzw „vermutet" werden (so in ähnlichem Zusammenhang EuGH C-201/01, *Walcher,* Slg 2003, I-8827 = ZESAR 2004, 375 *[Reissner]*), sondern ist im Einzelfall herauszuarbeiten (genauer dazu Rz 461 sowie allg insb Rz 438 ff).

2.1.2 Abgrenzungen

16 Im Folgenden ist der Arbeitsvertrag von anderen Vertragstypen abzugrenzen. Wird Arbeit außerhalb eines Arbeitsverhältnisses verrichtet, so ist das IESG im Allgemeinen nicht anzuwenden (vgl aber Rz 83 ff, 91 ff).

2.1.2.1 Arbeitsvertrag und freier Dienstvertrag

17 Beim freien Dienstvertrag handelt es sich um ein **Dauerschuldverhältnis ohne** (nennenswerte) **persönliche Abhängigkeit** des Auftragnehmers. Der Auftragnehmer ist also einerseits in einer juristisch auf Dauer angelegten Beziehung zum Auftraggeber, bleibt dabei jedoch – anders als der AN (Rz 11 ff) – weitgehend frei von Beschränkungen des persönlichen Verhaltens. Es besteht daher keine Bindung an Arbeitszeit, Arbeitsort etc. Die persönliche Abhängigkeit im freien Dienstvertrag ist gar nicht oder nur in Spuren vorhanden (OGH 4 Ob 45/81, DRdA 1984/5, 134 *[Grillberger]* = ZAS 1983/3, 29 *[Wachter]*; 4 Ob 38/83, Arb 10.248; 4 Ob 106/85, JBl 1987, 332; 9 ObA 48/88, DRdA 1990/38, 353 *[Runggaldier]*; 8 ObA 2158/96b, wbl 1997, 481 = infas 1997 A 118; 8 ObA 46/98t, ARD 4931/9/98; VwGH 87/11/0222, ZfVB 1989/900; aus der Lehre zB *Strasser*, DRdA 1992, 93). Allfällige Weisungen sind nicht personen-, sondern sachbezogen (vgl auch Rz 20). Wie der Arbeitsvertrag ist der freie Dienstvertrag eine Bemühensverbindlichkeit (vgl Rz 11).

Typische Beispiele für freie Dienstverträge sind die Rechtsverhältnisse von Steuerberatern oder Rechtsanwälten, die die ständige Vertretung und Beratung (Konsulententätigkeit) eines Unternehmens übernehmen. Auch Betriebsärzte können nicht nur AN des Unternehmens, in dem sie ärztliche Untersuchungen durchführen, sein, sondern zu diesem auch in einem freien Dienstverhältnis stehen (vgl § 79 Abs 1 ASchG, insb Z 2 leg cit). Ebenso sind selbständige Vertreter auf Grund eines freien Dienstvertrags tätig (vgl OGH 4 Ob 19/65, Arb 8030; 7 Ob 529/81, Arb 9945; 4 Ob 518/81, Arb 10.025; vgl Rz 58 ff). Ist ein Journalist in der Annahme und Ablehnung der Arbeit und hinsichtlich der Arbeitszeit völlig frei, kann auch das Zeitungsunternehmen nicht von vornherein mit seiner Arbeitskraft rechnen, und wird er überdies nach der erbrachten Leistung (Zeilenhonorar) bezahlt, so liegt kein Arbeitsvertrag, sondern ein freier Dienstvertrag vor (OGH 4 Ob 73/78, Arb 9714; 8 ObA 210/97h, ARD 4893/14/97).

18 Das Arbeitsrecht ist prinzipiell auf die abhängige Arbeit abgestellt, sodass schon die allgemeinen Bestimmungen nur die abhängigen Dienstverträge (Arbeitsverträge) im Auge haben; dasselbe gilt erst recht für die arbeitsvertragsrechtlichen SonderG. Insoweit das IESG vom Arbeitnehmerbegriff des Arbeitsvertragsrechts ausgeht (s dazu Rz 9 ff), ist es auf Personen, die einen freien

Dienstvertrag abgeschlossen haben und daher nicht AN sind, auch nicht anzuwenden. Im Allgemeinen sind zwar gewisse arbeitsrechtliche Bestimmungen auf den freien Dienstvertrag analog übertragbar, allerdings nur solche, die nicht vom persönlichen Abhängigkeitsverhältnis des AN ausgehen und den sozial Schwächeren schützen sollen (OGH 4 Ob 93/83, DRdA 1984/18, 442 *[Wachter]*; 9 ObA 54/97z, DRdA 1998/3, 36 *[Mazal]* = infas 1997 A 89; 8 ObA 217/97p, ARD 4915/4/98; VwGH 84/11/0264, VwSlgNF A 12.016 = ZfVB 1986/2162); das IESG ist aber eindeutig ein arbeits- bzw sozialrechtliches SchutzG in diesem Sinne.

19 Eine Anspruchsberechtigung nach IESG ist daher im Allgemeinen bei Vorliegen eines freien Dienstvertrags nicht gegeben (vgl zB OGH 8 ObS 2/07p). Zu beachten ist, dass ausnahmsweise eine gewisse **Gruppe von freien DN,** nämlich **jene isd § 4 Abs 4 ASVG,** ausdrücklich **ins IESG einbezogen** werden (allg dazu Rz 83 ff).

2.1.2.2 Arbeitsvertrag und Werkvertrag

20 Gem § 1151 Abs 1 ABGB entsteht ein Werkvertrag, wenn jemand die Herstellung eines Werks gegen Entgelt übernimmt. Für einen Werkvertrag ist kennzeichnend, dass der Auftragnehmer das **Werk** und damit einen bestimmten Arbeitserfolg schuldet (OGH 4 Ob 112/63, Arb 7848; 4 Ob 20, 21/64, Arb 7864; 4 Ob 62/70, Arb 8802; vgl auch Rz 61 ff). Es kommt also auf das Ergebnis der Leistung an (**Erfolgsverbindlichkeit;** vgl hingegen Rz 11, 17). Auch die Honorierung erfolgt dementsprechend weniger – wie typischerweise im Arbeitsvertrag – durch ein Fixum als vielmehr durch eine leistungsorientierte Abgeltung, den Werklohn. Vor ordnungsgemäßer Fertigstellung des Werks gilt der Werkvertrag trotz Aufwendung von Arbeit als nicht erfüllt, unabhängig davon, ob ein Verschulden seitens des Verpflichteten vorhanden ist oder nicht. Der Auftragnehmer trägt also das Unternehmerrisiko und leistet auch Gewähr für Mängel. Es handelt sich um eine selbständige Tätigkeit, die unter eigener Verantwortung durchzuführen ist (vgl LGZ Wien 44 Cg 69/78, Arb 9736); allfällige Weisungen sind nicht personen-, sondern sachbezogen (vgl auch Rz 17).

Arbeit für gewisse Zeit einerseits und Arbeit im Hinblick auf ein bestimmtes Werk oder einen bestimmten Erfolg andererseits ist eine vom Zeitmoment abhängige Unterscheidung. Man rechnet den Arbeitsvertrag zu den Dauerschuldverhältnissen; diese erlöschen mit der Erfüllung nicht, die Leistungspflicht entsteht vielmehr für die Vertragsdauer immer neu, und zwar so lange, bis das Rechtsverhältnis als solches beendet wird. **Zielschuldverhältnisse** hingegen – und der Werkvertrag zählt als Prototyp zu diesen – sind mit der Erfüllung erloschen. Damit ist aber auch gesagt, dass das Zeitmoment nicht absolut zu verstehen ist, weil es sich nicht aus den faktischen Gegebenheiten, sondern aus der juristischen Konstruktion ergibt. Wer sich ein Haus bauen lässt, schließt einen Werkvertrag ab, mag die Erfüllung auch Jahre dauern. Wer sich nur für wenige Tage zu Dienstleistungen verpflichtet, steht in einem Arbeitsvertrag.

Problematisch wird die Abgrenzung des Werkvertrags vom Arbeitsvertrag mitunter bei **befristeten Arbeitsverhältnissen,** weil in gewissen Fällen die Befristung vom Erfolg bestimmt ist. Nach der Rsp kann ein Arbeitsverhältnis auf bestimmte Zeit nicht nur durch einen kalendermäßig fixierten Termin, sondern auch durch einen objektiv feststellbaren, wenn auch vorerst kalendermäßig noch nicht ermittelbaren Zeitpunkt begrenzt werden (objektiv bestimmbare Befristung; vgl allg *Reissner* in ZellKomm³ § 19 AngG Rz 11 f mwN). Der eintretende Erfolg bringt in diesen Fällen auch ein Arbeitsverhältnis zum Erlöschen, sodass dieses Abgrenzungskriterium unbrauchbar wird. Zur Unterscheidung des Arbeitsvertrags vom Werkvertrag muss daher auf die übrigen, das Arbeitsverhältnis charakterisierenden Merkmale zurückgegriffen werden. Überwiegen sie, dann ist Selbständigkeit iSd Werkvertrags nicht gegeben und es liegt ein befristetes Arbeitsverhältnis vor. 21

Auf einen (echten) Werkvertrag ist das **IESG weitgehend unanwendbar.** Ausnahmen sind allenfalls bei den Vertragsverhältnissen von **Heimarbeitern** denkbar (dazu allg Rz 91 ff). 22

2.1.2.3 Arbeitsvertrag und Gesellschaftsvertrag

Abgrenzungsprobleme zwischen diesen Vertragstypen ergeben sich in mehreren Zusammenhängen: So kann sich zB die Verpflichtung aus einem Gesellschaftsvertrag bei der Gesellschaft bürgerlichen Rechts und bei Personengesellschaften (OG, KG) auf die Erbringung von Arbeitsleistungen beziehen (sog **Arbeitsgesellschafter**). Andererseits ist vor allem bei AN in leitenden Positionen die **Gewinnbeteiligung** als Entlohnungsform geläufig. In diesen Fällen sind weder das Faktum der Erbringung von Arbeitsleistungen noch jenes der Gewinnbeteiligung sichere Unterscheidungskriterien hinsichtlich der Frage, ob ein Arbeits- oder ein Gesellschaftsvertrag vorliegt (LGZ Wien 44 R 416/55, Arb 6219). 23

Die Judikatur verwendet folgende Formel: Während im Arbeitsverhältnis zwischen AG und AN ein Verhältnis der Über- bzw Unterordnung besteht (**Subordinationsprinzip**), beruht der Gesellschaftsvertrag auf dem Prinzip der Gleichordnung (**kooperatives Prinzip;** OGH 2 Ob 135/50, SZ 23/48; 7 Ob 72/75, Arb 9346; 14 Ob 79/86, Arb 10.529 = infas 1987 A 33); eine Unterordnung der Gesellschafter erfolgt nur hinsichtlich der Interessen der Gesellschaft als solchen (vgl *Nowotny* in *Kalss/Nowotny/Schauer,* Gesellschaftsrecht 67 ff, insb 69). Der AN setzt seine Arbeitskraft ein, um dafür Entgelt zu 24 bekommen; ein Arbeitsgesellschafter hingegen bringt sozusagen seine Arbeit in die Gesellschaft ein, leistet dadurch seinen Beitrag zur Erreichung des gemeinsamen Zwecks. Indiz für das Vorliegen eines Gesellschaftsverhältnisses ist insb der Umstand, dass einem Mitarbeiter neben einer Gewinnbeteiligung echte Dispositions- und Kontrollrechte gewährt werden (vgl OGH 8 ObS 15/94, wbl 1995, 36 = infas 1995 A 37; 8 ObS 44/95, DRdA 1996, 427 = infas 1996 A 139; OLG Wien 9 Ra 97/97v, ARD 4861/19/97). Eine Verlustbeteiligung lässt sich mit einem Arbeitsverhältnis kaum vereinbaren. Damit ist jedoch noch nicht gesagt, dass jeder Vertrag, der eine Verlustregelung vorsieht, als Gesellschaftsvertrag zu qualifizieren ist, da es sich ebenso gut um ein Arbeitsverhältnis mit unzulässiger Vereinbarung einer derartigen Risikobelastung handeln könnte.

25 Werden **Arbeitsleistungen auf Basis eines Gesellschaftsvertrags** erbracht, ist eine **Anspruchsberechtigung nach IESG nicht** gegeben.

26 Neben der Abgrenzung von Arbeitsvertrag und Gesellschaftsvertrag iS eines Entweder-oder treten im gegebenen Zusammenhang weitere Problemlagen auf: So ist es denkbar, dass ein **Gesellschafter** einen **Arbeitsvertrag mit seiner Gesellschaft** abschließt (zum Gesellschafter-Geschäftsführer bei der GmbH vgl Rz 65 ff). In derartigen Fällen ist genau **zu prüfen,** ob nicht die **konkrete Gesellschafterstellung** die **persönliche Abhängigkeit ausschließt;** Abhängigkeit von sich selbst ist im juristischen Sinn undenkbar.

Daraus folgt für die Personengesellschaften, dass ein geschäftsführungsberechtigter persönlich haftender Gesellschafter nicht gleichzeitig AN der betreffenden Gesellschaft sein kann. Andererseits können jene Gesellschafter, die kraft G (wie zB Kommanditisten) keine Geschäftsführungsbefugnisse haben, ebenso in einem Arbeitsverhältnis stehen wie ein zwar persönlich haftender, aber durch den Gesellschaftsvertrag von der Geschäftsführung ausgeschlossener Gesellschafter. Bei Kapitalgesellschaften lässt insb eine maßgebliche Kapitalbeteiligung durch den damit verbundenen Einfluss auf die Geschäftsführung die Arbeitnehmereigenschaft entfallen (vgl *Holzer,* Zivilrechtliche Konsequenzen der Angehörigenmitarbeit 196 f mwN).

So gesehen ist die Bestimmung des § 1 Abs 6 Z 2 IESG, wonach Gesellschafter, die einen beherrschenden Einfluss auf die Gesellschaft haben, vom Bezug des Insolvenz-Entgelts ausgeschlossen werden, größtenteils überflüssig, weil bei derartigen Gesellschaftern die Arbeitnehmereigenschaft von vornherein äußerst fraglich ist (zur genannten Ausschlussbestimmung allg Rz 114 ff; zur Frage, ob Organe von Gesellschafts- und Genossenschaftsunternehmen AN iSd Arbeitsvertragsrechts sein können bzw nach IESG anspruchsberechtigt sind, s Rz 65 ff und 115).

27 Ist ein im Unternehmen einer GmbH Beschäftigter auf Grund einer (wenn auch „unwiderruflichen") Vollmacht berechtigt, die Gesellschafterechte eines

(im konkreten Fall: des alleinigen) Gesellschafters und damit für ihn auch das Stimmrecht auszuüben, so ist dadurch die Möglichkeit der Fremdbestimmung und daher die persönliche Abhängigkeit trotzdem nicht ausgeschlossen, weil der Beschäftigte an die Weisungen seines Machtgebers gebunden ist (VwGH 2972/80, VwSlgNF A 10.405). Auch der Liquidator einer GmbH kann AN sein (VwGH 36/80, ZfVB 1981/891). Die organisatorisch ungebundene und ohne Entgeltzahlung durchgeführte Tätigkeit eines die wesentlichen Unternehmerfunktionen ausübenden Gesellschafters in der von ihm gegründeten und in seinem Interesse fortgeführten GmbH, die den Anordnungen oder der Kontrolle des Geschäftsführers nicht unterworfen ist, kann nicht als Arbeitsverhältnis qualifiziert werden (OGH 8 ObS 111/98a, ARD 4953/3/98).

2.1.2.4 Arbeitsvertrag und Mietvertrag

Wird iZm der Verrichtung von Arbeitsleistungen eine Wohnung beigestellt, so können sich Abgrenzungsschwierigkeiten zwischen Arbeitsvertrag und Mietvertrag ergeben: Eine **Wohnung** kann einen Naturalbezug aus dem Arbeitsverhältnis darstellen (OGH 4 Ob 129/77, Arb 9609), ist diesfalls also Bestandteil des **arbeitsvertraglichen Entgelts** des AN. Umgekehrt besteht aber auch die Möglichkeit, dass in einem **Mietvertrag** als Gegenleistung für die Überlassung der Wohnung gewisse **Dienstleistungen** vereinbart werden (vgl § 28 MRG). **28**

Ausschlaggebend für die Frage, ob ein Arbeitsvertrag oder ein Mietvertrag Grundlage des Rechtsverhältnisses ist, sind in diesen Fällen die **Absicht der Parteien** und der **wirtschaftliche Zweck des Vertrags** (OGH 4 Ob 72/57, Arb 6682; 4 Ob 84/61, Arb 7425; 4 Ob 7/79, Arb 9803). Zu prüfen ist, ob die Überlassung der Wohnung oder die Verpflichtung zur Arbeitsleistung Hauptursache für das Zustandekommen des Vertrags war. Diese Entscheidung nach dem Überwiegen mietrechtlicher oder arbeitsrechtlicher Komponenten beinhaltet ein gewisses quantitatives Element, das in der Inanspruchnahme der Arbeitszeit zum Ausdruck kommt: Wird diese verhältnismäßig geringfügig in Anspruch genommen, so handelt es sich eher um ein Mietverhältnis (vgl OGH 4 Ob 106/56, Arb 6541; 4 Ob 58/70, Arb 8777; 4 Ob 7/79, Arb 9803). Auch ein relativ hoch veranschlagter Benützungswert der Wohnung bildet ein Indiz für die Eigenständigkeit des Mietvertrags. Letztlich ist wiederum auf die persönliche Abhängigkeit als Wesensmerkmal des Arbeitsvertrags zurückzugreifen; fehlt diese und sind unter Wahrung der wirtschaftlichen Selbständigkeit nur einzelne Arbeitsleistungen als (Teil der) Gegenleistung für die Vermietung vereinbart, liegt ein Mietvertrag vor (allg zB *Löschnigg*, Arbeitsrecht[12] 175 f mwN).

Werden **Arbeitsleistungen auf Basis eines Mietvertrags** erbracht, ist eine **Anspruchsberechtigung nach IESG nicht** gegeben. **29**

2.1.2.5 Arbeitsvertrag und Bevollmächtigung

30 Insoweit mit dem Dienstvertrag eine Geschäftsbesorgung (§ 1002 ABGB) verbunden ist, müssen auch die „Vorschriften über den Bevollmächtigungsvertrag", also das Auftragsrecht, beachtet werden (§ 1151 Abs 2 ABGB). Den Gegenstand einer Bevollmächtigung bilden nur Verrichtungen rechtlicher Art, während im Arbeitsverhältnis idR Verrichtungen tatsächlicher Art erfolgen oder doch überwiegen. Aus dem Vorliegen oder Nichtvorliegen einer Bevollmächtigung kann jedenfalls nicht zwingend auf das Bestehen eines Arbeitsverhältnisses geschlossen werden.

31 Auf eine bloße Bevollmächtigung kann eine **Anspruchsberechtigung nach IESG** jedenfalls **nicht** gestützt werden.

2.1.2.6 Arbeitsvertrag und Vereinsmitarbeit

32 Ähnlich wie beim Gesellschaftsvertrag (vgl Rz 23 ff) stellt das **kooperative Prinzip** das zentrale Kriterium zur Abgrenzung des Arbeitsvertrags von der Vereinsmitarbeit dar. Das Fehlen von Fremdbestimmung satzungsmäßiger Mitarbeit ist anhand der Mitwirkungsrechte des Vereinsmitglieds zu prüfen. Es kommt also darauf an, ob gegenüber dem Verein Dienste in persönlicher Abhängigkeit zu leisten sind oder ob die Erbringung bestimmter Tätigkeiten unmittelbar aus der Kooperation im Rahmen der Vereinsmitgliedschaft resultiert (vgl *Holzer*, Mitarbeit von Vereinsmitgliedern 347). Die Kriterien für das Vorliegen eines Arbeitsvertrags bei Vereinsmitarbeit sind auch dann dieselben, wenn die Mitarbeit im Verein nicht primär wirtschaftliche, sondern zB karitative, soziale oder religiöse Ziele verfolgt. Im Zweifel werden derartige Motive allerdings gegen das Vorliegen eines Arbeitsvertrags sprechen.

Im Detail kann sich ergeben, dass eine Person rein auf Grund der Vereinsmitgliedschaft – diese basiert auf einem Beitrittsvertrag zwischen Verein und Beitrittswerber – tätig wird. Es ist dann auch möglich, dass neben die Vereinsmitgliedschaft ein zweiter Vertrag über Dienstleistungen tritt, insb ein Arbeitsvertrag, aber etwa auch ein freier Dienstvertrag. Natürlich kann jemand auch ohne Vereinsmitgliedschaft einen Arbeitsvertrag, einen freien Dienstvertrag, einen Werkvertrag udgl mit einem Verein schließen oder ohne vertragliche Bindung für den Verein „ehrenamtlich", dh aus spezieller Motivationslage, tätig werden (vgl auch *Reissner*, Rechtsbeziehungen von Sportlern 1 f).

33 Analoge Erwägungen sind bei **sportlichen Betätigungen im Rahmen eines Vereins** anzustellen. Für viele ist Sport Hobby und Spiel, für den „Profi" hingegen wird er zur Arbeit. Ausgangspunkt der rechtlichen Beurteilung ist wiederum die Frage nach der persönlichen Abhängigkeit des Sportlers (allg Rz 11 f): Besteht eine Einordnung in den Sportbetrieb (insb Trainingspflicht), verbunden zB mit Repräsentationsaufgaben zu Gunsten des Vereins oder seines Sponsors, so wird idR Arbeitnehmereigenschaft vorliegen. Die verbandsinterne Qualifikation als „Amateur", „Lizenzspieler", „Kadermitglied" ist irrelevant, die Anmeldung zur SV ist bloßes Indiz.

Der Fußballspieler eines Vereins der Kärntner Landesliga, dem neben einer Prämie von ATS 800,– pro in der Meisterschaft erzielten Punkt nur eine (nicht überhöhte) Aufwandsentschädigung zusteht, ist Freizeitsportler und nicht AN des Vereins (OGH 8 ObS 69/97y, DRdA 1997, 409 = infas 1997 A 107). Ein Fußballtrainer, der zwecks Täuschung von Finanzamt bzw Sozialversicherungsträger einen „Werkvertrag" mit dem Verein abschließt und aus diesem ein höheres Monatseinkommen als aus seinem Beruf als Hauptschullehrer erzielt, ist hingegen als AN anzusehen (OGH 8 ObA 42/98d, ARD 4945/9/98; allg zum Thema *Holzer*, Rechtsstellung von Trainern 37 ff mwN). In diesen E schließt der OGH offenbar von der Höhe des Entgelts auf die – im Grunde maßgebliche – Fremdbestimmtheit. Auf den ersten Blick erstaunt diese Vorgangsweise, sind doch im Allgemeinen die Höhe des Entgelts bzw die Lohnabhängigkeit keine Kriterien der persönlichen Abhängigkeit (dazu allg Rz 14 f). **Richtigerweise** muss insb die Frage der Eingliederung in fremde Strukturen in Bezug auf Arbeitszeit, -ort und -abfolge im Mittelpunkt der Beurteilung stehen. Der Ansatz des OGH ermöglicht aber eine pragmatische Vorgangsweise für die Beurteilung von Einzelfällen: Relativ hohe Geldleistungen an einen Sportler sind ein Indiz dafür, dass sein Rechtsverhältnis starke personenbezogene Bindungen iS einer persönlichen Abhängigkeit aufweisen wird.

Fußball- oder Eishockeyspieler der höchsten Spielklasse sind in aller Regel als AN zu qualifizieren. Zu beachten ist aber, dass auch Sportler in unteren Ligen in persönlicher Abhängigkeit tätig werden können (allg *Holzer*, DRdA 1972, 64 ff; *Tomandl/Schrammel*, JBl 1972, 235 ff). Berufssportler werden von der Rsp als Arbeiter qualifiziert (zum IESG zB OGH 8 ObS 20/03d), Trainer sind nach hA Angestellte (zu dieser Unterscheidung allg Rz 42 f).

Ist ein Sportler nur auf Grund seiner **Vereinsmitgliedschaft** bzw gemeinsam oder losgelöst von dieser zwar auf Grund eines **(sonstigen) Vertrags**, nicht aber auf Grund eines Arbeitsvertrags oder eines freien Dienstvertrags iSd § 4 Abs 4 ASVG tätig, so besteht **keine Anspruchsberechtigung** nach IESG. **34**

Eine Anspruchsberechtigung scheitert nicht mehr daran, dass die betreffende Person als Vorstandsmitglied des Vereins berechtigt ist, diesen nach außen zu vertreten (so noch zur alten Rechtslage zutreffend OGH 9 ObS 29/89, infas 1990 A 76 ua; allg zum Thema Rz 108). Auch hier ist nunmehr vor allem zu prüfen, ob die Person dem Kreis der Anspruchsberechtigten nach § 1 Abs 1 IESG angehört, also insb AN des Vereins iSd Arbeitsvertragsrechts ist.

§ 1 IESG

2.1.2.7 Arbeitsvertrag und Familienmitarbeit

35 Dienstleistungen von Familienangehörigen und Lebensgefährten sind häufig durch spezielle Bindungen gekennzeichnet und daher der arbeitsrechtlichen Beurteilung entzogen. Das soll nicht bedeuten, dass Familienangehörige oder Lebensgefährten nicht in einem Arbeitsvertrag stehen und daher gesicherte Ansprüche nach IESG haben können. Der typische Geschehensablauf (zB familiäre Bindungen) spricht jedoch dagegen.

Im Zuge der rechtlichen Prüfung derartiger Fälle ist folgendermaßen vorzugehen: Werden im Familienverband oder in einer Lebensgemeinschaft Arbeiten geleistet, sind für die Beantwortung der Frage, ob ein Arbeitsverhältnis vorliegt, die allgemeinen Kriterien der **persönlichen Abhängigkeit** heranzuziehen (s Rz 11 f). **Im Zweifel** ist allerdings **nicht** von **Arbeitnehmereigenschaft** auszugehen, sodass derjenige, der sich auf eine solche berufen will, dies entsprechend erhärten muss (OGH 8 ObS 1/95, ZIK 1995, 162 = ARD 4676/16/95; 8 ObS 2/97w, ARD 4862/17/97; VwGH 84/11/0122, ZfVB 1986/1314; 85/11/0126, ZfVB 1987/1301; zum Problem der zweckverfehlenden Arbeitsleistungen s Rz 40). Die Rechtslage ist somit ähnlich wie im Fall einer Rechtsvermutung, die widerlegt werden soll. Besteht ein ausdrücklicher Arbeitsvertrag, so ist insb dessen Ernstlichkeit zu prüfen (Näheres bei *Holzer*, Zivilrechtliche Konsequenzen der Angehörigenmitarbeit 170 ff).

36 Nach der Rsp indiziert ein bestehendes „Unterordnungs- und Weisungsverhältnis" in Belangen der familiären Mitarbeit nicht notwendig ein Arbeitsverhältnis (VwGH 85/11/0126, ZfVB 1987/1301). Es spielt diesbezüglich auch keine entscheidende Rolle, dass während der gesamten Dauer der Beschäftigung eine Anmeldung zur SV besteht und Sozialversicherungsbeiträge entrichtet werden (VwGH 84/11/0126, ZfVB 1987/2113; vgl auch OGH 8 ObS 2/97w, ARD 4862/17/97; 9 ObA 351/97a, ARD 4937/3/98). Zeigt das Gesamtbild einer Beschäftigung eine intensive Zusammenarbeit mit dem BI unter weitgehender Hintanstellung eigener Interessen zur Erhaltung des Familienbetriebs, schließt dies trotz der Anmeldung zur SV und dem Abführen der LSt die zweifelsfreie Annahme eines (schlüssig zustande gekommen) Arbeitsvertrags aus, auch wenn dies bei isolierter Betrachtung einzelner Elemente, die gegen das Bestehen eines Arbeitsverhältnisses sprechen (jahrelanger „Verzicht auf Lohn", Bestreitung des Lebensunterhaltes durch Entnahmen aus der Kassa, kein Urlaub, keine geregelte Arbeitszeit, keine Überstundenaufzeichnung und -entlohnung, Mitwirkung bei den unternehmerischen Entscheidungen), nicht der Fall wäre. Auch aus der Tatsache, dass gegenüber den Gläubigern keine Haftung für Unternehmensverbindlichkeiten übernommen wird, ist für die Frage nach dem Vorliegen eines Arbeitsverhältnisses nichts zu gewinnen, weil weder bei familienhafter Tätigkeit noch bei Beteiligung als Gesellschafter an einer reinen Innengesellschaft die Haftungsübernahme nach außen der Regelfall ist (VwGH 87/11/0133, ÖJZ 1989, 471 = ZfVB 1989/147).

Die Mitarbeit der Mutter eines Unternehmers in dessen Unternehmen zur Erhaltung des Familienbetriebes unter weitgehender Hintanstellung eigener Interessen – wobei die Mutter dem Unternehmen nicht nur jahrelang ihr Entgelt zur Verfügung gestellt, sondern darüber hinaus noch Haftungen für Kredite übernommen hat –, ist nicht als Arbeitsverhältnis zu qualifizieren, aus dem gegebenenfalls Insolvenz-Entgelt gebührt (OGH 8 ObS 1/95, ZIK 1995, 162 = ARD 4676/16/95; weiters zB OGH 8 ObS 277/99i, infas 2000 A 71 = ARD 5107/19/2000).

Bei der vorzunehmenden Abgrenzung ist – ebenso wie im Steuerrecht zu den §§ 4 Abs 4, 47 EStG – ein sog **Fremdvergleich** anzustellen (OGH 8 ObS 19/95, ZIK 1995, 196 = ARD 4686/5/95). Es ist daher nur dann von einem Arbeitsvertrag auszugehen, wenn dies nach außen ausreichend zum Ausdruck kommt, eindeutige und klare Inhalte ermittelbar sind und auch zwischen Familienfremden eine Vereinbarung unter den gleichen Bedingungen abgeschlossen worden wäre. Insb ist zu prüfen, ob eine Entlohnung stattfindet, wie sie bei anderen AN üblich ist, was etwa dann zu bezweifeln wäre, wenn fälliges Entgelt während eines ungewöhnlich langen Zeitraums „stehengelassen" wird (vgl OGH 8 ObS 275/97t, ZIK 1998, 71 = infas 1998 A 40; zu diesem Thema allg Rz 438 ff). Hat ein Angehöriger seine Arbeitsleistung in Ein- und Unterordnung unter betriebliche Gegebenheiten zu verrichten und sich in Bezug auf Normalarbeitszeit, Überstunden und Urlaub im Wesentlichen wie die anderen AN zu verhalten, können vereinzelte Mehrarbeitsleistungen, die er im Rahmen von Überstunden oder während des Präsenzdienstes ohne gesonderte Entlohnung erbringt, nichts daran ändern, dass das Rechtsverhältnis als Arbeitsvertrag und nicht bloß als familienhafte Mitarbeit zu qualifizieren ist. Die Übernahme der Bürgschaft für die Aufstockung des Unternehmenskredits ist zwischen Angehörigen vielfach üblich und daher für sich allein kein zwingendes Indiz dafür, dass die geleisteten Dienste lediglich der Erfüllung familiärer Pflichten gewidmet sind (OGH 8 ObS 156/97t, SZ 70/214 = ARD 4924/13/98; vgl auch *Liebeg*, IESG³ § 1 Rz 156 mwN).

37 Bei der Arbeitsleistung eines **Ehegatten** im Betrieb des anderen Ehegatten ist zu unterscheiden, ob diese im Rahmen der persönlichen Rechtswirkungen der Ehe, insb der Beistandspflicht, oder im Rahmen eines Vertrags (Arbeitsvertrag, freier Dienstvertrag, Werkvertrag, Gesellschaftsvertrag) erfolgt (zu den genannten Vertragstypen vgl Rz 11 ff, 17 ff, 20 ff und 23 ff). Gem § 90 Abs 2 ABGB hat der Ehegatte im Erwerb des anderen mitzuwirken, soweit ihm dies zumutbar, es nach den Lebensverhältnissen der Ehegatten üblich und nicht anderes vereinbart ist (sog **Beistandspflicht**). § 98 ABGB räumt dem mitarbeitenden Ehegatten einen Anspruch auf angemessene, nach Art und

Dauer der Leistungen sowie den Lebensumständen zu bestimmende Abgeltung dieser Mitwirkung ein, gleichgültig, ob sich diese im Rahmen des § 90 Abs 2 ABGB hält – der Ehegatte also dazu verpflichtet ist (was zumeist eine Frage der Quantität der Arbeitsleistungen ist) – oder über den Rahmen der Beistandspflicht hinausgeht (vgl allg *Neumayr*, Abgeltungsanspruch 479 ff). Durch diese Art der Mitwirkung entsteht zwischen den Ehegatten kein Arbeitsverhältnis (vgl OGH 4 Ob 44/81, Arb 9974; 1 Ob 636/83, SZ 56/95; allg *Floretta*, DRdA 1979, 257, insb 266 ff). Haben jedoch die Ehegatten die Mitwirkung im Erwerb des anderen auf eine vertragliche Grundlage (s oben) gestellt, so gelten gem § 100 ABGB die vertraglichen Bestimmungen. Im Allgemeinen schließt eine derartige vertragliche Regelung die Anwendung des § 98 ABGB aus. Bei Arbeitsverhältnissen, also bei auf Dauer angelegter Tätigkeit in persönlicher Abhängigkeit (vgl Rz 11 f), spielt die Bestimmung mittelbar allerdings insofern eine Rolle, als sich die Ansprüche zwar grundsätzlich nach dem Arbeitsvertrag richten, dem mitarbeitenden Ehegatten jedoch mindestens das zukommen muss, worauf er gem § 98 ABGB Anspruch hätte.

Eine **Erhöhung des vereinbarten Entgelts zufolge § 98 ABGB** ist daher ebenfalls von der **Sicherung nach IESG** erfasst, zumal die Grundvoraussetzung, nämlich das Vorliegen eines Arbeitsverhältnisses, erfüllt ist.

38 Zu beachten ist, dass bei nahen Angehörigen der Umstand, dass Ansprüche, die durch anfechtbare Rechtshandlungen erworben wurden, gem § 1 Abs 3 Z 1 IESG von der Sicherstellung ausgeschlossen sind (vgl Rz 334 ff), Bedeutung erlangen könnte (*Holzer*, Sozialrechtliche Konsequenzen der Angehörigenmitarbeit 274 f). Ebenso ist in derartigen Fällen genau zu prüfen, ob ein Sicherungsausschluss aus allgemeinen zivilrechtlichen Gründen gegeben ist (dazu allg Rz 432 ff, insb Rz 446).

2.1.2.8 Arbeitsvertrag und sonstige Arbeitsleistungen

39 Der Arbeitsvertrag ist das prägende Element des Arbeitsverhältnisses. Daher scheiden Arbeitsverrichtungen, die auf Grund anderer Rechtsgrundlagen oder faktischer Gegebenheiten erbracht werden, von vornherein aus der arbeitsrechtlichen Betrachtung aus (zur Problematik von Arbeitsleistungen bei nichtigen Arbeitsverträgen s Rz 76 ff). In keinem Arbeitsverhältnis stehen somit Beamte (vgl auch Rz 2, 110), Ordensmitglieder oder Strafgefangene (vgl auch Rz 124 ff). Dienstleistungen von Nachbarn im Rahmen der Nachbarschaftshilfe sowie sonstige aus bloßer Gefälligkeit oder besonderer (altruistischer) Motivationslage erbrachte Tätigkeiten sind häufig durch spezielle Bindungen gekennzeichnet und daher der arbeitsrechtlichen Beurteilung entzogen. Auch Tätigkeiten von Menschen mit Behinderung in geschützten Werkstätten erfolgen uU nicht auf Basis von Dienstverträgen iSd

§ 1151 ABGB (vgl OGH 9 ObA 105/09w, ASoK 2010, 236 = infas 2010 A 49; 8 ObA 48/09f, Arb 12.868).

Liegt **kein Arbeitsverhältnis** (und auch kein freier Dienstvertrag iSd § 4 Abs 4 ASVG) vor, so ziehen die entsprechenden Tätigkeiten auch **keine Anspruchsberechtigung iSd IESG** nach sich.

Werden Arbeitsleistungen ausschließlich in erkennbarer Erwartung einer Gegenleistung erbracht (Hof- oder Betriebsübergabe, Übertragung eines Miteigentumsanteils, letztwillige Zuwendung oder Eheschließung, besonders bei Lebensgefährten), so wird bei Nichterfüllung dieser Erwartung rückwirkend ein angemessenes Entgelt gewährt (Näheres bei *Martinek/M. Schwarz/ W. Schwarz*, AngG[7] 54, 199 ff; *Löschnigg*, Arbeitsrecht[12] 330, *Reissner*, Arbeitsrecht[5] 243 f). Der Anspruch auf Barentlohnung aus derartigen **zweckverfehlenden Arbeitsleistungen** wird in einem Zeitpunkt existent, in welchem feststeht, dass die Zusage nicht eingehalten wird (OGH 4 Ob 125/61, Arb 7453; 4 Ob 16/84, JBl 1985, 692; 4 Ob 6/84, DRdA 1986/16, 307 *[Apathy];* 14 ObA 76/87, DRdA 1990/16, 210 *[Apathy]*). Er basiert auf der analogen Anwendung des im § 1152 ABGB verankerten Grundsatzes, wonach im Zweifel ein **angemessenes Entgelt** als bedungen gilt, über den engeren Bereich des Arbeitsrechts hinaus (*F. Bydlinski*, FS Wilburg 72). Was die Verjährung des Anspruchs anlangt, so wird, obwohl genau genommen ein Bereicherungsanspruch vorliegt, nicht die dafür bestehende 30-jährige Verjährungsfrist, sondern die entsprechende Bestimmung für arbeitsrechtliche Entgelte (§ 1486 Z 5 ABGB) analog herangezogen (OGH 4 Ob 6/84, DRdA 1986/16, 307 *[Apathy]*).

In den Fällen zweckverfehlender Arbeitsleistungen werden dem Arbeitenden Ansprüche gewährt, die nach arbeitsrechtlichen Vorschriften bemessen und nach solchen Vorschriften zeitlich begrenzt werden. Für den Bereich des **IESG** kann daher von einem „**AN**" **iSd G** ausgegangen werden, zumindest dann, wenn die geleistete Tätigkeit typologisch jener in einem Arbeitsverhältnis entspricht, also **in persönlicher Abhängigkeit** erfolgte (allg dazu Rz 11 f). Die Sicherungsgrenzen nach Zivilrecht (allg Rz 432 ff) wie auch nach IESG, insb die allgemeine Sicherungsgrenze in die Vergangenheit iSd § 3a Abs 1 IESG (allg § 3a Rz 6 ff), sind auch in derartigen Konstellationen heranzuziehen.

2.1.3 Gliederung der Arbeitnehmerschaft

Die Aufgliederung der AN erfolgt nach verschiedenen Gesichtspunkten: Einmal ist die historisch gewachsene Differenzierung zwischen Arbeitern und Angestellten zu beachten. Weiters existieren SonderG, die auf spezielle Berufszweige oder Berufsgruppen bezogen sind. Eine dritte Unterscheidung kann

§ 1 IESG

schließlich hinsichtlich jener Personengruppen getroffen werden, die besonders schutzbedürftig sind (zB Mütter bzw Elternkarenz oder -teilzeit in Anspruch nehmende Väter, begünstigte Behinderte, Personen im Präsenz-, Zivil- oder Ausbildungsdienst).

Die grundlegenden rechtlichen Vorschriften für AN finden sich im 26. Hauptstück des ABGB (§§ 1151 ff). Diese gelangen allerdings nur insoweit zur Anwendung, als SonderG nicht anderes bestimmen. Nach Maßgabe dieser arbeitsvertragsrechtlichen **SonderG** sind vor allem nachstehende Arbeitnehmergruppen zu unterscheiden:

42 **Angestellte** unterliegen dem AngG 1921. Es handelt sich um AN, die im Geschäftsbetrieb eines Kaufmanns vorwiegend zur Leistung kaufmännischer oder höherer nicht kaufmännischer Dienste oder zu Kanzleiarbeiten angestellt sind (§ 1 Abs 1 AngG). Ein AN ist auch dann Angestellter, wenn er unter sonst gleichen Voraussetzungen zwar nicht im Betrieb eines Kaufmanns, wohl aber bei AG, die in § 2 AngG genannt sind, tätig ist (diese Bestimmung erfasst bspw Gewerbebetriebe, Rechtsanwalts- und Notariatskanzleien oder Tabaktrafiken). Dasselbe gilt gem Art II AngG auch für AN, die Angestelltentätigkeiten bei Wirtschaftstreuhändern oder bei einem durch BG errichteten Fonds mit Rechtspersönlichkeit ausüben (zu den einzelnen Voraussetzungen zusammenfassend *Löschnigg*, Arbeitsrecht[12] 188 ff; zu den Heimangestellten vgl Rz 93). Eine Sondergruppe unter den Angestellten bilden die **Gutsangestellten;** sie unterliegen dem GAngG 1923. Es handelt sich um AN in land- und forstwirtschaftlichen Betrieben oder deren Nebengewerben, Fischerei, Jagd oder im nicht gewerblichen Gartenbau, die vorwiegend zur Leistung höherer oder kaufmännischer Dienste oder zu Kanzleiarbeiten angestellt sind (vgl § 1 Abs 1 GAngG).

Angestellte iSd AngG erfüllen zweifellos den **Arbeitnehmerbegriff des IESG** (allg dazu Rz 7 ff) und gehören daher zum **anspruchsberechtigten Personenkreis.** Auch eine Leitungsposition (dazu auch Rz 108) oder die Einräumung von Prokura oder Handlungsvollmacht ändern daran nichts.

43 **Gewerbliche Arbeiter** unterliegen der GewO, und zwar sind gem § 376 Z 47 Abs 1 GewO 1994 nach wie vor die arbeitsrechtlichen Bestimmungen der alten GewO 1859 (§§ 72 ff) anwendbar. Für **„sonstige",** nicht gewerbliche **Arbeiter** (zB Bergarbeiter, Arbeiter in Vereinen) gelten, was das Arbeitsvertragsrecht anlangt, vor allem die §§ 1151 ff ABGB (s *Löschnigg*, Arbeitsrecht[12] 186 ff).

Arbeiter sind zweifellos **AN iSd IESG** (allg dazu Rz 7 ff) und gehören daher zu den **Anspruchsberechtigten.**

44 **Land- und Forstarbeiter** unterliegen aus kompetenzrechtlichen Gründen (Art 12 B-VG) den Landarbeitsordnungen der Bundesländer (vgl auch Rz 3).

§ 1 IESG

Das LAG 1984 ist das entsprechende GrundsatzG des Bundes. Die Länderregelungen weichen nur in Details ab, zumal das GrundsatzG alle wesentlichen arbeitsrechtlichen Materien enthält.

Das **IESG** als Sozialversicherungsgesetz iSd Art 10 Abs 1 Z 11 B-VG (s Rz 2) **gilt** jedenfalls auch **für Land- und Forstarbeiter** iSd LAG bzw der AusführungsG der Bundesländer.

Medienmitarbeiter sind im § 1 Abs 1 Z 11 MedG definiert. Medienmitarbeiter sind in aller Regel entweder als AN oder als freie DN zu qualifizieren (allg dazu Rz 7 ff, 17 ff): 45

– Für **angestellte Medienmitarbeiter** ist in erster Linie das **JournG** zu beachten. Dieses G gilt gem § 1 Abs 1 für alle Mitarbeiter einer Zeitungsunternehmung, die mit der Verfassung des Textes oder der Zeichnung von Bildern betraut sind; sie müssen mit festen Bezügen angestellt sein und dürfen diese Tätigkeit vor allem nicht bloß als Nebenbeschäftigung ausüben (Redakteure, Schriftleiter). Gem § 1 Abs 2 JournG erfasst werden weiters die Mitarbeiter einer Nachrichtenagentur, Runkfunkunternehmung (Ton- oder Bildfunk) oder Filmunternehmung, die mit der Gestaltung des Textes oder der Herstellung von Bildern (Laufbildern) über aktuelles Tagesgeschehen betraut und mit festen Bezügen angestellt sind; auch sie dürfen diese Tätigkeit nicht bloß als Nebenbeschäftigung ausüben. Subsidiär kommt auf das Arbeitsverhältnis von Journalisten das **AngG** zur Anwendung (Art VII Abs 1 AngG); Voraussetzung hierfür ist, dass das Arbeitsverhältnis die Erwerbstätigkeit hauptsächlich in Anspruch nimmt (Art III BGBl 1975/418, § 13 JournG). Ist dies nicht der Fall, ist für die entsprechenden Arbeitsverhältnisse in erster Linie das **ABGB** maßgeblich.

– **Medienmitarbeiter** können auch **freie Mitarbeiter** sein. Hervorzuheben ist die Kategorie der **„ständigen freien Mitarbeiter"** nach den §§ 16 ff **JournG**. Diesen Begriff erfüllt, wer – ohne in einem Arbeitsverhältnis zu stehen – in einem Medienunternehmen oder Mediendienst an der inhaltlichen Gestaltung eines Mediums oder der Mitteilungen eines Mediendienstes journalistisch mitwirkt, diese journalistische Tätigkeit ständig und nicht bloß als Nebenbeschäftigung ausübt, sie im Wesentlichen persönlich erbringt und über keine unternehmerische Struktur verfügt.

Im Angestellten- oder sonstigen Arbeitsverhältnis stehende Medienmitarbeiter sind ohne Zweifel – egal ob die Tätigkeit als Haupt- oder bloß als Nebenbeschäftigung ausgeübt wird – als **AN** iSd § 1151 ABGB und damit als **anspruchsberechtigt nach IESG** zu qualifizieren. Bei den **freien Medienmitarbeitern** ist zunächst zu prüfen, ob sie nach allgemeinen arbeitsvertragsrechtlichen Kategorien nicht ohnehin auch als **AN** zu qualifizieren sind (zum

§ 1 IESG

Beispiel der „freien Mitarbeiter" des ORF nach ORF-G s OGH 4 Ob 51/81, ZAS 1983/13, 134 *[Gitter]* = Arb 10.060; 4 Ob 8, 9/81, DRdA 1985/20, 395 *[Wachter]* = Arb 10.096). Ist dies nicht der Fall, so ist zu schauen, ob **freie DN iSd § 4 Abs 4 ASVG** vorliegen. Der Begriff des „ständigen freien Mitarbeiters" iSd §§ 16 ff JournG bspw weist Definitionsmerkmale auf, die sich auch in § 4 Abs 4 ASVG finden (dazu allg Rz 83 ff).

46 **Apotheker** und **Aspiranten (Dispensanten)**, die in öffentlichen Apotheken oder Anstaltsapotheken angestellt sind, unterliegen dem GehKG, auf Grund dessen eine „Pharmazeutische Gehaltskasse" eingerichtet ist, welche vor allem die Auszahlung der Bezüge an die angestellten Pharmazeuten durchzuführen hat (vgl insb § 1 Abs 2 Z 1 GehKG). Subsidiär gilt für diese Personengruppe das AngG gem Art VII Z 2 leg cit (der veraltete Verweis in dieser Gesetzesstelle ist auf das aktuelle GehKG zu beziehen; *Löschnigg*, Arbeitsrecht[12] 200).

Das **IESG** wird für die genannte Personengruppe nur am Rande, nämlich dort, wo **arbeitsrechtliche Ansprüche nicht von Seiten der Gehaltskasse** zu bestreiten sind (zB Schadenersatzansprüche, einzelvertraglich vereinbarte Überzahlungen), in Frage kommen. Insoweit die Gehaltskasse zuständig ist, liegen ausgeschlossene Ansprüche iSd § 1 Abs 3 Z 5 IESG vor (allg dazu Rz 391 ff). Zu beachten ist, dass in einer Apotheke auch **AN** beschäftigt sein können, die **nicht dem GehKG unterliegen** (etwa Arbeiter wie insb Reinigungskräfte), weiters sind **freie DN iSd § 4 Abs 4 ASVG** denkbar. Für diese Personengruppen sind keine Besonderheiten zu konstatieren.

47 **Theaterarbeitnehmer** iSd § 1 Abs 1 TAG sind zunächst sog „Mitglieder", das sind Personen, die sich einem Theaterunternehmer zur Leistung künstlerischer Arbeiten in einem oder mehreren Kunstfächern zur Aufführung von Bühnenwerken verpflichten. Grundlage dieses Arbeitsverhältnisses ist der Bühnenarbeitsvertrag. Daneben kennt das TAG in seinem Abschn 3 (§§ 43 f leg cit) die Kategorie der „anderen Theaterarbeitnehmer". Das AngG gilt für Mitglieder nicht (vgl § 40 S 2 TAG); bei anderen Theaterarbeitnehmern kommt das AngG zur Anwendung, sofern sie Angestelltentätigkeiten ausüben und nicht eine Ausnahme nach den §§ 3 f AngG schlagend wird, ansonsten steht das ABGB im Hintergrund (vgl § 43 TAG).

Theaterarbeitnehmer iSd TAG erfüllen zweifellos den unter Rz 7 ff dargestellten **Arbeitnehmerbegriff des IESG.** Daneben werden insb auch freie Dienstverträge zu einem Theaterunternehmer praktische Relevanz aufweisen. Hier kommt eine Sicherung nach IESG in Betracht, sofern der **freie DN** ein solcher **iSd § 4 Abs 4 ASVG** ist. Bei freien Gastspielverträgen (vgl *Kozak/Balla/Zankel*, TAG[2] § 1 Rz 33) ist dabei die Abgrenzungsbestimmung gegenüber dem K-SVFG in § 4 Abs 4 lit d ASVG zu beachten (zu § 4 Abs 4 ASVG allg Rz 84 ff).

Hausgehilfen und **Hausangestellte** leisten Dienste für die Hauswirtschaft ihres AG oder für Mitglieder seines Hausstandes und unterliegen dem HGHAngG. Daneben gibt es das HBeG, welches die **Betreuung von pflegebedürftigen Personen in deren Privathaushalten** betrifft; diese Tätigkeit kann im Rahmen einer unselbständigen oder selbständigen Erwerbstätigkeit erfolgen (vgl § 1 HBeG). Ein Arbeitsverhältnis iS dieses G kann zu einem „Privathaushalt" (dh zur pflegebedürftigen Person oder zu Angehörigen derselben) bestehen; diesfalls gelten auch Bestimmungen des HGHAngG (vgl § 3 HBeG). Weiters kommt als AG eine „Trägerorganisation" in Frage (vgl § 4 leg cit). Einer selbständigen Hausbetreuungstätigkeit wird in aller Regel ein freier Dienstvertrag zu Grunde liegen. 48

Bei Vorliegen von **AN** iSd HGHAngG bzw iSd HBeG ist das **IESG** zweifellos **heranzuziehen**. Im Falle von **freien DN** iSd HBeG scheitert eine IESG-Sicherung dann, wenn der Vertragspartner ein „Privathaushalt" ist, weil derartige Personen die von § 4 Abs 4 Z 1 und 2 ASVG geforderte Dienstgebereigenschaft nicht erfüllen (allg dazu Rz 84, 89). Anders wird dies bei sog **Trägerorganisationen** sein.

Hausbesorger sind im Auftrag des Hauseigentümers mit der Reinhaltung, Wartung und Beaufsichtigung eines Hauses gegen Entgelt betraut. Ihr Arbeitsverhältnis unterliegt, sofern es vor dem 1. 7. 2000 begründet wurde, dem HbG. Für Hausbesorger mit Arbeitsverträgen nach dem 30. 6. 2000 kommen nur mehr die allgemeinen arbeitsrechtlichen Regelungen zur Anwendung (vgl § 31 Abs 5 HbG). 49

Hausbesorger erfüllen zweifellos den **Arbeitnehmerbegriff des IESG** (allg dazu Rz 7 ff) und gehören daher zum **anspruchsberechtigten Personenkreis**.

VB sind Bedienstete des Bundes, deren Arbeitsverhältnisse auf einem privatrechtlichen Vertrag beruhen; sie unterliegen dem VBG 1948. Entsprechende Vorschriften gibt es auch in den Ländern bzgl der Bediensteten der anderen Gebietskörperschaften (zur rechtlichen Situation dieser Beschäftigtengruppe im Hinblick auf die Insolvenz-Entgeltsicherung vgl insb Rz 110 ff). 50

Lehrlinge sind Personen, die auf Grund eines Lehrvertrags zur Erlernung eines in der Lehrberufsliste angeführten Lehrberufs bei einem Lehrberechtigten fachlich ausgebildet und im Rahmen dieser Ausbildung verwendet werden; Rechtsgrundlage ist das BAG. Obwohl das Lehrverhältnis durch den Ausbildungszweck gekennzeichnet ist, weist es die typischen Merkmale eines Arbeitsverhältnisses auf, wie die Einordnung in den Betrieb in Bezug auf Arbeitszeit, Arbeitsort und Arbeitsabfolge, die Weisungsgebundenheit sowie die persönliche Arbeitspflicht, sodass es generell als Arbeitsverhältnis anerkannt wird (*Martinek/M. Schwarz/W. Schwarz*, AngG[7] 58; *Spielbüchler*, Arbeitsrecht I[4] 57; *Marhold/Friedrich*, Arbeitsrecht[3] 55 ff; *Strohmayer* in *Aust/Gittenberger/Knallnig-Prainsack/Strohmayer*, BAG[2] § 1 Rz 3; OGH 4 Ob 97/72, 51

§ 1 IESG

Arb 9083; 9 ObA 72/87, infas 1988 A 23; 9 ObA 193/98t, DRDA 1999/32, 269 *[Wachter]*).

Da Lehrlinge demnach als **AN** zu qualifizieren sind, haben sie **Anspruch auf Insolvenz-Entgelt.**

52 Der Begriff des **Anlernlings** entstammt der kollv Terminologie. Zu verstehen sind darunter AN, die während eines gewissen Zeitraums „angelernt" werden, um die berufliche Qualifikation für die angestrebte Verwendung zu erhalten.

Es handelt sich somit um **echte Arbeitsverhältnisse, die dem IESG unterliegen.**

53 Ebenfalls in einem Ausbildungsverhältnis (iwS) stehen Volontäre und Praktikanten. Das **Volontärverhältnis,** in dem jemand in einem Betrieb mit Erlaubnis des BI maschinelle oder sonstige Einrichtungen kennenlernen und sich gewisse praktische Kenntnisse und Fertigkeiten durch entsprechende Betätigung aneignen darf, wird im Allgemeinen nicht als Arbeitsverhältnis qualifiziert. **Praktikanten,** das sind Personen, die die praktische Tätigkeit in Ergänzung einer theoretischen, meist schulischen Ausbildung kennenlernen wollen, wird hingegen idR Arbeitnehmereigenschaft zukommen.

Als echter Volontär kann aber nur derjenige bezeichnet werden, der nicht in die unternehmerischen Strukturen eingegliedert ist und keine Arbeitspflicht hat. Ist Derartiges jedoch der Fall, erfolgt die Tätigkeit also in persönlicher Abhängigkeit, so liegt in Wahrheit kein Volontariat, sondern ein (uU verdecktes) Arbeitsverhältnis vor. Typischerweise umgekehrt ist die Ausgangslage beim Praktikanten: Hier sind regelmäßig Eingliederung und Arbeitspflicht gegeben, womit die Arbeitnehmereigenschaft zu bejahen ist. Ausnahmsweise kann es aber natürlich vorkommen, dass sich Praktikanten in einer Situation ohne persönliche Abhängigkeit befinden (vgl allg *Martinek/M. Schwarz/ W. Schwarz*, AngG[7] 58 ff mwN; *Löschnigg*, Arbeitsrecht[12] 202 f; *Spielbüchler*, Arbeitsrecht I[4] 93).

Sind (unechte) „Volontäre" oder Praktikanten als **AN** iSd Arbeitsvertragsrechts zu qualifizieren, so sind sie **nach IESG anspruchsberechtigt.** Ist ihre Tätigkeit nicht als solche in einem Arbeitsverhältnis anzusehen, so sind sie vom IESG nicht erfasst, es sei denn, es liegt – was insb bei Praktikanten nicht ausgeschlossen sein wird – ein Fall des **§ 4 Abs 4 ASVG** vor.

2.1.4 Besondere Fallgruppen

54 Im Folgenden werden Personengruppen in Randbereichen des Arbeitsrechts skizziert, deren rechtliche Einordnung im Allgemeinen und in Bezug auf das IESG differenziert vorzunehmen ist (s Rz 54 ff).

Bei einer derartigen Randgruppe, den **Heimarbeitern,** ist das Problem ihrer rechtlichen Zuordnung dadurch abgeschwächt, dass diese Personengruppe ausdrücklich in das IESG einbezogen wird und damit Anspruch auf Insolvenz-Entgelt hat (vgl Rz 91 ff).

2.1.4.1 Arbeitnehmerähnliche Personen

Gem § 51 Abs 3 Z 2 ASGG werden für den Bereich dieses G jene Personen den AN gleichgestellt, die, ohne in einem Arbeitsverhältnis zu stehen, im Auftrag und für Rechnung bestimmter Personen Arbeit leisten und wegen wirtschaftlicher Unselbständigkeit als arbeitnehmerähnlich anzusehen sind. Die Bedeutung der Arbeitnehmerähnlichkeit ist jedoch nicht auf das Prozessrecht beschränkt, sondern reicht ins materielle Arbeitsrecht hinein: So erstrecken sich die Geltungsbereiche von DHG (vgl § 1 Abs 1) bzw von AÜG (vgl §§ 1 Abs 1, 3 Abs 4) auch auf die arbeitnehmerähnlichen Personen, das KautSchG sowie das Judikat 33 neu (OGH 1025/28, Arb 3893) betreffend den gutgläubigen Verbrauch von Überbezügen werden von der Rsp (vgl zB OGH 14 ObA 10/87, JBl 1988, 128 = ARD 3929/13/87 sowie OGH 4 Ob 36/78, DRdA 1979/11, 197 *[Mayer-Maly]*) auf diese grundsätzlich außerhalb der Schutzbestimmungen des Arbeitsrechts stehende Gruppe erweitert. 55

Arbeitnehmerähnlichkeit ist dadurch gekennzeichnet, dass an sich ein Arbeits(vertrags)verhältnis nicht vorliegt, jedoch die Kriterien fremdbestimmter Arbeit in einem gewissen Umfang gegeben sind. Es handelt sich um Personen, die eine Art Mittelstellung zwischen dem rechtlich und wirtschaftlich unselbständigen AN und dem rechtlich und wirtschaftlich selbständigen Unternehmer einnehmen. Sie sind trotz vorhandener rechtlicher Selbständigkeit wirtschaftlich unselbständig und stehen deshalb dem AN näher als dem Unternehmer. Sie haben **kein Arbeitsverhältnis,** häufig aber eine andere vertragliche Beziehung, etwa eine solche auf Grund eines freien Dienstvertrags. „**Wirtschaftliche Unselbständigkeit**" bedeutet, dass der Verpflichtete bzgl der ausgeübten Beschäftigung in seiner Entschlussfähigkeit auf ein Minimum beschränkt ist und dass die Unternehmensstruktur – falls überhaupt vorhanden – völlig von den wirtschaftlichen Beziehungen zum Auftraggeber geprägt ist (vgl allg *Löschnigg*, Arbeitsrecht¹² 210 ff mwN; *Wachter*, Arbeitnehmerähnliche Person, insb 92 ff). Die arbeitsrechtliche Beurteilung des Rechtsverhältnisses ist dabei unabhängig von allfälligen sozialversicherungsrechtlichen oder steuerrechtlichen Einordnungen vorzunehmen (so zB OGH 9 ObA 367/97d, ARD 4924/10/98). 56

Typische Beispiele für arbeitnehmerähnliche Personen sind (selbständige) Vertreter, die nur für einen oder für sehr wenige Auftraggeber arbeiten, Franchisenehmer, die wirtschaftlich betrachtet nicht von Filialleitern zu unterscheiden sind, Pächter von (sehr kleinen) Tankstellen, EDV-Betreuer sowie Heimarbeiter.

57 Die Forderungen arbeitnehmerähnlicher Personen aus ihrem Rechtsverhältnis zum Auftraggeber waren bis BGBl I 1997/107 gesicherte Ansprüche nach IESG (s *W. Schwarz/Holzer/Holler/Reissner*, Insolvenz³ 146 ff, insb 154 ff zur einschlägigen Judikatur; aus dieser bspw OGH 8 ObS 25/94, RdW 1995, 398 = ARD 4655/26/95; 8 ObS 1/96, ZASB 1996, 19 = infas 1996 A 114). Durch die genannte Novelle wurde § 2 IESG völlig neu gefasst, womit bewirkt wurde, dass ua die arbeitnehmerähnlichen Personen aus dem Schutzbereich des G eliminiert wurden (dazu § 2 Rz 1 f sowie zu den Übergangsbestimmungen § 17a Rz 13).

Nach aktueller Rechtslage sind aus dem Kreis der arbeitnehmerähnlichen Personen jedenfalls die **Heimarbeiter** – diese werden regelmäßig als arbeitnehmerähnlich qualifiziert – vom IESG erfasst (allg dazu Rz 91 ff). Denkbar ist es auch, dass eine arbeitnehmerähnliche Person als **freier DN iSd § 4 Abs 4 ASVG** anzusehen und damit anspruchsberechtigt nach IESG ist (allg dazu Rz 83 ff).

2.1.4.2 Handelsvertreter

58 Selbständige Handelsvertreter unterliegen dem HVertrG. Gem § 1 leg cit sind Handelsvertreter von einem Unternehmer mit dem Abschluss und der Vermittlung von Geschäften, ausgenommen über unbewegliche Sachen, im Namen und auf Rechnung des Unternehmers ständig betraut und üben diese Tätigkeiten selbständig und gewerbsmäßig aus.

59 Nämliche Tätigkeiten können aber auch im Rahmen eines Arbeitsverhältnisses verrichtet werden, das nach dem AngG zu beurteilen ist. Die Abgrenzung zwischen dem Handelsvertreter und dem Vertreter nach dem AngG ist nicht zuletzt deswegen schwierig, weil auch Angestellte auf reiner Provisionsbasis arbeiten und bei den einschlägigen Tätigkeiten relativ selbständig sein können (zB keine Bindung an Arbeitszeiten). Für ein **Arbeitsverhältnis** sprechen Berichtspflicht, Weisungsgebundenheit, Konkurrenzverbot, Zuweisung eines Rayons, Spesenersatz, kein eigener Gewerbeschein, die Anmeldung zur SV der Unselbständigen und Lohnsteuerabzug (vgl zB OGH 4 Ob 19/65, Arb 8030; 3 Ob 599/80, Arb 9944; 9 ObA 187/99m, ARD 5121/7/2000; OLG Graz 8 Ra 1014/87, Arb 10.617; Näheres und weitere Judikatur bei *Löschnigg* in *Löschnigg*, AngG[10] § 1 Rz 80). Für den Status eines **selbständigen Handelsvertreters** typisch sind das Tragen von Reisespesen, das Fehlen der Weisungsgebundenheit sowie die Arbeit auf reiner Provisionsbasis ohne Fixum und Spesenersatz. Es muss betont werden, dass es sich hiebei um Indizien handelt, die nicht schematisch geprüft werden können, sondern dazu dienen, den

Grad der die Arbeitnehmereigenschaft kennzeichnenden Arbeitsabhängigkeit zu ermitteln.

Wegen der Relativität dieser Kriterien, aber auch der mit dem AngG nicht ausreichend abgestimmten Geltungsbereichsbestimmung des HVertrG wurden gerade bei Provisionsvertretern von der Rsp Fälle anerkannt, in denen der Vertreter weder der Gruppe der Handelsvertreter noch der Gruppe der Angestellten zugeordnet wurde. Die Judikatur spricht einerseits von „Auftrags- oder sonstigen Rechtsverhältnissen" (LGZ Wien 44 Cg 169/55, SozM I A/e 152), andererseits wird ein „freies Vertreterverhältnis" auch als „freies Dienstverhältnis" bezeichnet (OGH 4 Ob 172/57, SozM I A/e 264). In weiteren E des OGH wurde der Typus des **„freien Handelsvertreters"** geprägt (OGH 7 Ob 529/81, Arb 9945; 4 Ob 518/81, Arb 10.025; krit dazu *Schima*, RdW 1987, 16; differenzierend *Jabornegg*, Handelsvertreterrecht 56 ff mwN).

Hinsichtlich der **Anspruchsberechtigung nach dem IESG** ist zunächst die **Arbeitnehmereigenschaft** zu prüfen; liegt diese vor, hat der Vertreter als AN die Ansprüche nach diesem G. Die Forderungen selbständiger bzw „freier" Handelsvertreter hingegen sind nicht gesichert, es sei denn, die Person ist **freier DN iSd § 4 Abs 4 ASVG** (vgl Rz 83 ff). **60**

2.1.4.3 Freie Mitarbeiter, Künstler und hochqualifizierte Personen

Auch bei diesen Personengruppen geht es in erster Linie um die Abgrenzung des Arbeitsverhältnisses von Werkvertrag bzw freiem Dienstvertrag (vgl Rz 20 ff bzw 17 ff). Nach allgemeinen Grundsätzen ist die Bezeichnung „freier Mitarbeiter" – welche auf einen freien Dienstvertrag hindeutet – nicht maßgebend, wenn die objektiven Kriterien eines Arbeitsverhältnisses vorliegen („die falsche Bezeichnung schadet nicht"; OGH 4 Ob 51/81, ZAS 1983/13, 134 *[Gitter]* = Arb 10.060; vgl zu dieser E schon Rz 45). **61**

Hinsichtlich der Abgrenzung von Arbeitsvertrag und Werkvertrag spielt etwa bei Künstlern die Art und Intensität der Teilnahme am „Werk" (Erfolg) eine erhebliche Rolle; als „Werk" qualifiziert die Judikatur eine „in sich geschlossene Einheit". Der Filmregievertrag ist zufolge der Einordnung des Regisseurs in die durch den Filmhersteller bestimmte Einheit auch dann ein Arbeitsvertrag, wenn der Regisseur in dieser Organisation eine führende Stellung einnimmt (OGH 4 Ob 1/49, Arb 5039; 4 Ob 6/58, Arb 6854). Ähnlich ist die Situation beim Filmproduktionsleiter und den beim Film mitwirkenden Schauspielern: Die Verträge dieser Personen wurden vom OGH (4 Ob 112/63, Arb 7848) als Arbeitsverträge qualifiziert, da die Bereitschaft zur Erbringung von Dienstleistungen überwiege, während es beim Werkvertrag auf das Ergebnis der Leistung ankomme, „das ein Werk darstellen muss **62** oder eine in sich geschlossene Einheit, die, auch wenn sie im Verein mit anderen geleistet werden muss, sich doch auf ein selbständiges Werk bezieht". IdS wurde auch die Mitwirkung als Schauspieler bei einer Rundfunksendung, sei es als Hilfsregisseur, sei es als „Sprecher" von Reportagen, sei es als Vorleser von Manuskripten, als Arbeitsleistung qualifiziert (OGH 4 Ob 114/63, Arb 7885).

63 Eine gewisse Weisungsfreiheit ist jeder qualifizierten Tätigkeit eigen. Diese steigert sich mit der Qualifikation und bewirkt eine bloß **„stille Autorität"** des AG, wenn besondere Fachkenntnisse zu weitgehender Selbstbestimmung des AN führen, wie dies bei Wissenschaftern regelmäßig der Fall ist (*Tomandl*, Wesensmerkmale 68; vgl auch VwGH 86/11/0138, ZfVB 1988/984).

Die Gerichte haben in bestimmten Fällen auch nicht auf die tatsächliche Ausübung des Weisungsrechts abgestellt, sondern darauf, ob der AG aus dem Vertrag zu persönlichen Weisungen berechtigt wäre (OGH 4 Ob 110/52, Arb 5496).

64 Eine **Anspruchsberechtigung nach IESG** besteht auch bei diesen Personengruppen dann, wenn **AN** (Rz 7 ff) oder **freie DN iSd § 4 Abs 4 ASVG** (Rz 83 ff) vorliegen.

2.1.4.4 Mitglieder des Organs einer juristischen Person, gewerberechtliche Geschäftsführer

65 Mitglieder des Organs einer juristischen Person, das zur gesetzlichen Vertretung derselben berufen ist, haben qualifizierte Führungsaufgaben wahrzunehmen, sodass sich die Frage stellt, ob neben dem im Außenverhältnis erfolgten, nach Gesellschaft udgl notwendigen Bestellungsakt im **Innenverhältnis** ein **Arbeitsvertrag** oder ein **anderes Vertragsverhältnis** (zB freier Dienstvertrag, Werkvertrag; dazu allg Rz 17 ff, 20 ff) vorliegt.

Im erstgenannten Fall eines **AN** iSd Arbeitsvertragsrechts ist das **IESG anzuwenden** (allg dazu Rz 7 ff). Bei Vorliegen eines anderen Vertragsverhältnisses könnte uU ein **freier DN iSd § 4 Abs 4 ASVG** (allg dazu Rz 83 ff) gegeben sein (dazu genauer Rz 66, 67 sowie auch Rz 70). In anderen Konstellationen liegt keine Anspruchsberechtigung nach IESG vor.

Weist eine Person neben Zeiten einer die Arbeitnehmereigenschaft ausschließenden Organmitgliedschaft auch sonstige Dienstzeiten auf, so ist bei der Frage, in welchem Umfang Insolvenz-Entgelt für nach der Dauer des Arbeitsverhältnisses bemessene Ansprüche besteht, grundsätzlich eine Zeitraumbetrachtung anzustellen und nur auf jene Zeiten Bedacht zu nehmen, in denen keine Organmitgliedschaft bestanden hat (zum Ausschlusstatbestand des § 1 Abs 6 Z 2 aF IESG in diese Richtung zB OGH 9 ObS 16/91, DRdA 1992/23, 220 *[Geist]* = infas 1992 A 30; s allg Rz 109).

Reissner **§ 1 IESG**

Zu beachten ist, dass die **Ausschlussbestimmung** des § 1 Abs 6 Z 2 aF IESG, welche die „Mitglieder des Organs einer juristischen Person, das zur gesetzlichen Vertretung berufen ist", betraf, durch BGBl I 2005/102 nicht zuletzt aus unionsrechtlichen Gründen **aus dem G entfernt** wurde (dazu Rz 108). Eine andere Ausschlussbestimmung, nämlich § 1 Abs 6 Z 2 nF IESG betreffend „Gesellschafter, denen ein beherrschender Einfluss auf die Gesellschaft zusteht", könnte im Falle von Organmitglieder, welche gleichzeitig Gesellschafter sind, schlagend werden (s Rz 67 sowie allg Rz 114 ff).

Was die Vertragsgestaltung im sog Innenverhältnis derartiger Organmitglieder anlangt, ist eine differenzierte Beurteilung vonnöten:

Vorstandsmitglieder von AG (vgl §§ 70 ff AktG) bzw **Sparkassen** (vgl §§ 14 ff SpG) sind nach hM im sog Innenverhältnis **niemals** als **AN** iSd Arbeitsvertragsrechts zu qualifizieren, weil ihnen nach Aktien- bzw Sparkassenrecht im Verhältnis zu den anderen Organen (Hauptversammlung, Aufsichtsrat, Sparkassenrat) völlige Weisungsfreiheit zukommt. Der Personenkreis der Vorstandsmitglieder einer AG könne nicht persönlich abhängig sein, da es ein Wesenszug des österr Aktienrechts sei, dass der Vorstand einer AG in Ausübung seiner Geschäftsführungstätigkeit von den anderen Organen der Gesellschaft (Hauptversammlung, Aufsichtsrat) unabhängig sei. Analoges gelte für die Vorstandsmitglieder von Sparkassen (OGH 2 Ob 356/74, Arb 9371 = EvBl 1976/66; 4 Ob 5/85, Arb 10.406; 9 ObA 117/88, DRdA 1990/34, 333 *[Floretta]* = infas 1990 A 9; aus dem Schrifttum übereinstimmend *Geppert*, DRdA 1980, 1; *ders*, DRdA 1982, 411; aA die ältere Rsp, zB OGH 1 Ob 57/49, SZ 22/96 = SozM I A 11; *Marhold*, ZAS 1981, 36). 66

Eine **Anspruchsberechtigung nach IESG** kommt für das Vorstandsmitglied einer AG **nicht in Betracht** (zu den Auswirkungen auf die Zuschlagspflicht s § 12 Rz 6): Zum einen kann es mangels persönlicher Abhängigkeit nicht AN iSd Arbeitsvertragsrechts und damit iSd § 1 Abs 1 IESG sein (OGH 8 ObS 16/08y, Arb 12.777 = SSV-NF 22/76; 8 ObS 3/14w, DRdA 2015/7, 44 *[Wolligger]* = RdW 2014/735, 664; 8 ObS 6/14m, DRdA-infas 2015/110, 137 = ARD 6444/12/2015). Zum anderen ist auch – obzwar im Innenverhältnis häufig ein freier Dienstvertrag vorliegt – eine Anspruchsberechtigung als freier DN nach § 4 Abs 4 ASVG ausgeschlossen, weil Vorstandsmitglieder schon nach § 4 Abs 1 Z 1 iVm Abs 2 letzter S (lohnsteuerpflichtige Vorstandsmitglieder) oder nach § 4 Abs 1 Z 6 ASVG pflichtversichert sind (so treffend *Wolligger,* DRdA 2015/7, 48; in der Begründung diesbezüglich floskelhaft und nicht überzeugend OGH 8 ObS 3/14w, DRdA 2015/7, 44 *[Wolligger]* = RdW 2014/735, 664).

Bei **Geschäftsführern von GmbH** (vgl §§ 15 ff GmbHG) wie auch bei **Vorstandsmitgliedern von Genossenschaften** (vgl §§ 15 ff GenG) ist die Frage der Arbeitnehmereigenschaft anhand der Situation **im Einzelfall** zu 67

§ 1 IESG

beurteilen, aus gesellschafts- bzw genossenschaftsrechtlichen Gründen ist die persönliche Abhängigkeit nicht ausgeschlossen. Zur arbeitsvertragsrechtlichen Arbeitnehmereigenschaft des erstgenannten Personenkreises wird dementsprechend judiziert, dass diese von der Gesamtbeurteilung der durch das GmbHG, den Gesellschaftsvertrag und den Anstellungsvertrag vorgezeichneten Rechtsbeziehungen des Geschäftsführers zur Gesellschaft im Einzelfall abhängt (VwGH 2397/79, Arb 9876 = VwSlgNF A 10.140; 2977/79, Arb 9879; 2812/79, Arb 9885 = ZfVB 1981/888). Gesellschaftsrechtliche Gründe wie im Fall der AG schließen die Arbeitnehmereigenschaft nicht aus. Entsprechendes gilt im Genossenschaftsrecht (vgl §§ 24 Abs 4, 34 GenG).

Im Arbeitsvertragsrecht steht es der Arbeitnehmereigenschaft prinzipiell nicht entgegen, wenn der **Geschäftsführer gleichzeitig Gesellschafter der GmbH** ist. Die Frage der persönlichen Abhängigkeit wird jedoch vom Ausmaß der Beteiligung mitbestimmt. Zu prüfen ist, inwieweit die Anteile des Gesellschafter-Geschäftsführers einen wesentlichen Einfluss auf die Geschäftsführung ermöglichen (vgl *Tomandl*, Wesensmerkmale 138; *Martinek/ M. Schwarz/W. Schwarz*, AngG[7] 51 f; *Martin Mayr*, FS Floretta 763). Ein derartiger Einfluss ist jedenfalls dann gegeben, wenn der Gesellschafter-Geschäftsführer über die Mehrheit der Gesellschaftsanteile verfügt (VwGH 2977/79, Arb 9879). Dasselbe gilt, wenn die Beteiligung zwar geringer als 50 % ist, dem Geschäftsführer jedoch auf Grund des Gesellschaftsvertrags eine Sperrminorität zusteht, die ihn befähigt, Beschlüsse der Generalversammlung in den für seine persönliche Abhängigkeit wesentlichen Angelegenheiten zu verhindern (OGH 9 ObS 21/91, RdW 1992, 249 = infas 1993 A 16; VwGH 1706/77, ARD 3193/2/80; 2920/78, ZAS 1981/5, 31 *[Rechberger]* = Arb 9846; 2397/79, Arb 9876; 2977/79, Arb 9879; 85/08/0019, ARD 3729/1/85). Häufig als AN anzusehen ist hingegen der sog Fremdgeschäftsführer.

Eine Anspruchsberechtigung eines Gesellschafter-Geschäftsführers nach IESG kann somit nach § 1 Abs 6 Z 2 IESG unter den dort genannten Voraussetzungen ausgeschlossen sein (allg dazu Rz 114 ff). Davon unabhängig könnte schon die Arbeitnehmereigenschaft iSd Arbeitsvertragsrechts und die Eigenschaft als freier DN iSd § 4 Abs 4 ASVG zu verneinen sein (allg Rz 7 ff, 83 ff). Im Wesentlichen korrespondieren letztere Umstände mit dem Ausschlusstatbestand des § 1 Abs 6 Z 2 IESG (s Rz 120).

Dass der EuGH Fremdgeschäftsführer von GmbH weitgehend (vgl EuGH C-232/09, *Danosa*, Slg 2010, I-11405; C-229/14, *Balkaya*) und auch Gesellschafter-Geschäftsführer relativ schnell (vgl EuGH C-47/14, *Holtermann*) dem Arbeitnehmerbegriff des Unionsrechts unterstellt, ist im gegebenen Zusammenhang nicht relevant (so auch *Rebhahn* in ZellKomm[3] § 1151 ABGB

Rz 144/1, 161/1), zumal die InsolvenzRL vom Arbeitnehmerbegriff des innerstaatlichen Rechts ausgeht (Rz 7).

Ebenfalls **in concreto** zu qualifizieren sind die Rechtsverhältnisse der **Vorstandsmitglieder von Vereinen** (vgl § 5 Abs 3 VerG) sowie **Privatstiftungen** (vgl §§ 15 ff PSG). **68**

Nicht übersehen werden darf, dass bei Personen in führender Position, die **nicht Organmitglieder** im obigen Sinn sind, die Anspruchsberechtigung **aus anderen Gründen** – insb weil sie nicht AN iSd Arbeitsvertragsrechts sind (vgl Rz 7 ff) bzw unter § 1 Abs 6 Z 2 IESG zu subsumieren sind (vgl Rz 114 ff) – entfallen kann. **69**

Dies wird häufig etwa auch für **Aufsichtsratsmitglieder** (Anteilseignervertreter) einer Muttergesellschaft oder -genossenschaft, die in einer Tochtergesellschaft „angestellt" werden – bei der Mutterorganisation können sie aus gesellschaftsrechtlichen Gründen nicht AN sein –, gelten (zur Ausschlussbestimmung des § 1 Abs 6 Z 2 aF IESG *Holzer/Reissner/W. Schwarz,* Insolvenz[4] 79 f mwN). Es wird genau zu erheben sein, ob die von § 1 Abs 1 IESG geforderte Eigenschaft als AN oder als freier DN iSd § 4 Abs 4 IESG vorliegt (dazu Rz 11 ff bzw 83 ff). Gegebenenfalls ist zu prüfen, ob ein Sicherungsausschluss aus allgemein-zivilrechtlichen Gründen stattfindet (vgl Rz 441 ff, insb Rz 447).

Beim **gewerberechtlichen Geschäftsführer,** der gem § 39 Abs 2 Z 2 GewO auf Grund eines Arbeitsvertrags tätig zu werden hat, sind die konkreten Umstände näher zu prüfen: Liegt ein bloßes **Scheindienstverhältnis** vor, in dem sich die Leistung auf die Zurverfügungstellung der Gewerbeberechtigung beschränkt, ist die Vereinbarung nach § 879 Abs 1 ABGB nichtig (OGH 9 ObA 156/14b, RdW 2015/560, 654 = ARD 6449/8/2015; vgl auch OGH 8 ObS 8/12b, infas 2013 A 18 = RdW 2013/164, 157); eine **Sicherung** nach IESG kommt **nicht** in Frage (allg zu nichtigen Arbeitsverträgen Rz 76 ff). Erbringt hingegen ein AN Arbeitsleistungen im Rahmen eines arbeitszeit- und weisungsgebundenen **Arbeitsverhältnisses** und ist nur „auch" gewerberechtlicher Geschäftsführer, ist eine **Sicherung** im Allgemeinen **gegeben,** sie kann allenfalls an besonderen Umständen, die auf die Überwälzung des Finanzierungsrisikos schließen lassen, scheitern (dazu Rz 447). **70**

Besteht die Tätigkeit des gewerberechtlichen Geschäftsführers überwiegend bloß in der Sicherstellung der Einhaltung gewerberechtlicher Vorschriften, ist er als weisungsfrei und persönlich unabhängig zu qualifizieren. Die ältere Judikatur schloss die Sicherung aus, da ein Arbeitsverhältnis iSd § 1 Abs 1 IESG nicht gegeben sei (OGH 8 ObS 8/05t, infas 2005 A 72; 8 ObS 1/07s, DRdA 2007, 403 = ARD 5793/2/2007; 8 ObS 3/07k, ARD 5793/3/2007). Die neuere Rsp berücksichtigt, dass nun auch **freie DN iSd § 4 Abs 4 ASVG** dem IESG unterliegen (dazu allg Rz 83 ff) und Qualitätssicherungs- und Überwachungstätigkeiten im Rahmen eines freien Dienstverhältnisses erbracht werden können. Ist demnach eine ausreichende Tätigkeit iSd § 39 GewO (dh mindestens eine Halbtagsbeschäftigung als AN gem Abs 2 Z 2 leg cit) nicht feststellbar, wurden aber **dauerhaft und regelmäßig wiederkehrend in nicht unerheblichem Ausmaß** (freie) **Dienstleistungen** erbracht, ist eine **Sicherung** der Ansprüche eines derartigen freien DN iSd § 4 Abs 4 ASVG nach IESG möglich (OGH 8 ObS 8/12b, infas 2013 A 18 = RdW 2013/164, 157; 8 ObS 13/12p, ZIK 2013/228, 154), und zwar unbeschadet des Umstands, dass gewerberechtlich eine rechtswidrige, mit Verwaltungsstrafsanktion bewehrte Situation vorliegt.

2.1.5 Mehrpersonenverhältnisse

71 Das Arbeitsleben zeigt Fälle, die von den normalen Verhältnissen, die durch die unmittelbare Rechtsbeziehung zwischen AG und AN charakterisiert sind, erheblich abweichen. Vielfach schiebt sich zwischen die Arbeitsvertragspartner eine Mittelsperson, die teilweise Arbeitgeberfunktionen übernimmt und je nach ihrer Stellung das ursprüngliche Arbeitsverhältnis mehr oder weniger an sich zieht. Für den Anspruch auf Insolvenz-Entgelt ist entscheidend, **zu welcher Person** die **Rechtsbeziehung als AN** (bzw als freier DN iSd § 4 Abs 4 ASVG oder Heimarbeiter) besteht; nur bei **Insolvenz des AG** (freien DG, Auftraggebers) idS (bzw einem gleichgestellten Tatbestand in Bezug auf diese Person) greift das **IESG** ein (dazu in concreto Rz 71, 75 sowie in anderem Zusammenhang Rz 129).

Hinsichtlich der Position der Mittelsperson können ua folgende Unterscheidungen getroffen werden (*W. Schwarz*, DRdA 1953, H 7, 21 ff):

– Ein AN ist bevollmächtigt, im Namen des AG Gehilfen einzustellen. In diesem Fall entsteht zweifellos ein unmittelbares Arbeitsverhältnis des Gehilfen zum gemeinsamen AG; der vermittelnde AN wird davon nicht berührt.

– Einem AN steht es frei, im eigenen Namen Arbeitskräfte aufzunehmen, um seine Arbeitsleistung nach seinem Ermessen zu verstärken. Auch hier müsste man ein unmittelbares Arbeitsverhältnis zum Hauptarbeitgeber annehmen können, weil dieser wissen musste, dass die Arbeitskraft ausschließlich ihm zugute kommt und der ermächtigte AN nur formell den Arbeitsvertrag abschließt, nicht aber die Arbeitgeberfunktion übernehmen kann. Dass der wirtschaftliche Erfolg dem Hauptarbeitgeber zugute kommt und dass dieser vom zusätzlichen Einsatz von Arbeitskräften weiß, reicht nach der Judikatur des OGH jedoch nicht aus, um zwischen den neu aufgenommenen Arbeitskräften und dem Hauptarbeitgeber ein Arbeitsverhältnis entstehen zu lassen (vgl OGH 4 Ob 19/53, SozM I A/e 30): AG bleibt die Mittelsperson als unmit-

telbarer Kontrahent. Folgt man dieser älteren, sozialpolitisch unbefriedigenden Rsp, hätte dies arbeitsvertragsrechtlich zur Konsequenz, dass die AN Forderungen nur gegen die Mittelsperson, nicht aber gegen den im Hintergrund verbleibenden und idR wirtschaftlich potenteren faktischen AG geltend machen können. Im Falle einer Insolvenz des faktischen AG müssten sich die AN weiterhin an die Mittelsperson halten, deren Wirtschaftskraft sicherlich stark in Mitleidenschaft gezogen sein wird.
– Ein AG verpflichtet eine nicht selbst im Unternehmen tätige Person, ihm Arbeitskräfte zur Verfügung zu stellen. Eine solche Vereinbarung wird auch als **Dienstverschaffungsvertrag** bezeichnet (vgl OGH 4 Ob 4/60, Arb 7210). Ein Arbeitsverhältnis wird dabei nur zum Dienstverschaffenden, nicht aber zum Arbeitsempfänger begründet (OGH 4 Ob 100/55, Arb 6329; 14 Ob 103/86, JBl 1987, 198). Nach Meinung der Rsp gilt dies auch dann, wenn das Entgelt und die Sozialversicherungsbeiträge vom Arbeitsempfänger bezahlt werden (OGH 4 Ob 71/60, Arb 7252). Der Kapellmeister, der nicht im Namen der Kapelle als Gruppe, sondern im eigenen Namen kontrahiert, „verschafft" damit gleichzeitig dem Hauptunternehmer die Dienstleistung der Mitglieder der Kapelle (zu den möglichen Konstellationen im Bereich dieser sog Gruppenarbeitsverhältnisse s Rz 75).

2.1.5.1 Arbeitskräfteüberlassung

Den wichtigsten Fall eines derartigen mittelbaren Arbeitsverhältnisses stellt die Arbeitnehmerüberlassung (sog Leiharbeitsverhältnis) dar. Ein Großteil der einschlägigen Phänomene wird von einem eigenen SonderG, dem AÜG, erfasst. Gem § 3 Abs 1 AÜG ist unter Überlassung von Arbeitskräften jede Zurverfügungstellung von Arbeitskräften zur Arbeitsleistung an Dritte zu verstehen. Das AÜG spricht von Arbeitskräfteüberlassung, da es nicht nur AN, sondern auch arbeitnehmerähnliche Personen (zu diesen Rz 55 ff) miteinbezieht. **Überlasser** ist, wer Arbeitskräfte zur Arbeitsleistung an Dritte vertraglich verpflichtet; **Beschäftiger** ist, wer Arbeitskräfte eines Überlassers zur Arbeitsleistung für betriebseigene Aufgaben einsetzt (§ 3 Abs 2 und 3 AÜG).

Aus arbeitsvertragsrechtlicher Sicht bleibt der **Überlasser**, der mit dem AN den Arbeitsvertrag abgeschlossen hat, AG. Das AÜG erweitert aber gewisse Pflichten – auch im Bereich des Arbeitsvertragsrechts (zB Fürsorgepflicht) – auf den Beschäftiger (allg *Löschnigg*, Arbeitsrecht[12] 782 ff).

Der Anspruch auf Insolvenz-Entgelt hängt in all diesen Fällen (s schon Rz 71) davon ab, zu wem die Rechtsbeziehung als AN besteht. So wird im Bereich der Arbeitskräfteüberlassung regelmäßig nur bei Insolvenz des **Überlassers** Insolvenz-Entgelt gebühren. Dass das Weisungsrecht des AG im Falle eines Leiharbeitsverhältnisses spezifisch ausgestaltet ist, kann keinesfalls als Argument dafür verwendet werden, dass das Leiharbeitsverhältnis kein Arbeitsverhältnis iSd § 1 Abs 1 IESG sei (VwGH 84/11/0264, VwSlgNF A 12.016 = ÖJZ 1986, 664).

73 Festzuhalten ist, dass bei Arbeitskräfteüberlassung gem § 14 Abs 1 AÜG der Beschäftiger für die gesamten der überlassenen Arbeitskraft für die Beschäftigung in seinem Betrieb zustehenden Entgeltansprüche und die entsprechenden Dienstgeber- und Dienstnehmerbeiträge zur SV sowie die Lohnzuschläge nach BUAG als **Bürge** iSd § 1355 ABGB haftet. Die Arbeitskraft kann daher nach erfolgloser Einmahnung beim Überlasser auf den Beschäftiger greifen. Hat der Beschäftiger seine Verpflichtungen aus der Überlassung bereits dem Überlasser nachweislich erfüllt, ist er gem § 14 Abs 2 AÜG nur **Ausfallsbürge** iSd § 1356 ABGB, der erst im Falle der Uneinbringlichkeit beim Hauptschuldner in Anspruch genommen werden kann. Eine entsprechende Exekutionsführung bzw auch Einmahnung wird jedoch bei unbekanntem Aufenthalt des Überlassers sowie bei Insolvenzverfahrenseröffnung über sein Vermögen nicht verlangt. Vereinbarungen zwischen den Unternehmern, welche die skizzierten Mithaftungsregeln ausschließen sollen, sind gem § 8 Abs 2 AÜG rechtsunwirksam (*B. Schwarz* in *Sacherer/B. Schwarz*, AÜG² 246; *Geppert*, AÜG 179 ff; *Mazal*, Arbeitskräfteüberlassung 71 ff).

Gem § 14 Abs 3 AÜG **entfällt** allerdings **bei Insolvenz des Überlassers** die **Bürgenhaftung des Beschäftigers insoweit, als** die überlassene Arbeitskraft **Anspruch auf Insolvenz-Entgelt** hat, soweit dadurch die Befriedigung der in § 14 Abs 1 AÜG genannten Ansprüche tatsächlich gewährleistet ist. Unter „Insolvenz" iS dieser Bestimmung sind sämtliche Sicherungstatbestände des IESG (vgl Rz 127 ff) zu verstehen (*Mazal*, Arbeitskräfteüberlassung 73). Der leistungspflichtige Fonds kann sich laut OGH (6 Ob 607/95, ZIK 1996, 219) nicht am Beschäftiger regressieren. Aus dem Wortlaut des § 11 Abs 1 IESG folge, dass eine Legalzession zu Gunsten des Fonds nur für arbeitsrechtliche Ansprüche der Beschäftigten gegen den AG (in concreto: Überlasser), nicht aber für Ansprüche, die einem AN auf Grund sondergesetzlicher Normen gegen Dritte (Beschäftiger) zustehen, vorgesehen sei (vgl § 11 Rz 43). Nur bzgl nicht gesicherter Ansprüche bleibt es bei der skizzierten Mithaftung des Beschäftigers nach § 14 Abs 1 und 2 AÜG.

2.1.5.2 Gruppenarbeitsverhältnis

74 Ein spezielles Mehrpersonenverhältnis stellt das Gruppenarbeitsverhältnis dar. Ein solches liegt vor, wenn mehrere AN einem AG gegenüber zur gemeinsamen Erbringung der Arbeitsleistung verpflichtet sind. Derartige Konstruktionen spielen im musikalischen und künstlerischen Milieu (zB Musikkapellen; vgl OGH 4 Ob 80/62, Arb 7589; 4 Ob 121/63, Arb 7852), aber auch in der Bauwirtschaft (zB Maurerpartie) eine Rolle.

Charakteristisch ist, dass die Arbeitsverhältnisse zueinander in einem Abhängigkeitsverhältnis stehen (vgl zB OGH 4 Ob 120/54, Arb 6143). Dieses äußert sich häufig in der Vereinbarung eines **Gesamtentgelts** (*Martinek/ M. Schwarz/W. Schwarz*, AngG[7] 148 ff), was bedeutet, dass dieser Gesamtanspruch als solcher, je nach Vertragsgestaltung vom Leiter der Gruppe oder einem Mitglied, geltend gemacht werden muss und die weitere Auseinandersetzung nach dem Innenverhältnis der Gruppe (zB Gesellschaft bürgerlichen Rechts) vorzunehmen ist (vgl OGH 4 Ob 52/80, ZAS 1983/18, 172 *[Selb]*; 9 ObA 95/89, DRdA 1991/9, 129 *[Schnorr]*; 8 ObA 130/02d, DRdA 2003/35, 360 *[K. Mayr]*).

Hinsichtlich der juristischen Konstruktion der Gruppenarbeitsverhältnisse ist anhand der **Stellung des Gruppenleiters** Folgendes zu unterscheiden: Ist dieser selbst AG der Gruppe, so liegt gegenüber dem Hauptunternehmer ein mittelbares Arbeitsverhältnis, basierend auf einem **Dienstverschaffungsvertrag,** vor (vgl Rz 71). Handelt der Gruppenleiter hingegen als Bevollmächtigter der Gruppe, so ist ein **(„echtes") Gruppenarbeitsverhältnis ieS** gegeben (zur Typologie von Gruppenarbeitsverträgen allg *Petrovic*, ZAS 1985, 171).

– Im ersteren Fall eines Dienstverschaffungsvertrags ist vorerst die Frage zu stellen, auf Grund welchen Vertragstyps der Gruppenleiter gegenüber dem Hauptunternehmer tätig wird. Hat der Gruppenleiter allein die Arbeiten übernommen und lässt er diese durch von ihm aufgenommene Arbeiter ausführen, so wurde in der älteren Rsp teils ein Werkvertrag (LGZ Graz 2 Cg 59-63/56, Arb 6605), teils ein Arbeitsvertrag angenommen (OGH 4 Ob 51/53, Arb 5723). Im Allgemeinen werden die Elemente des Arbeitsvertrags überwiegen (OGH 4 Ob 87/57, Arb 6786). Tritt eine Insolvenz des Hauptunternehmers iSd IESG ein, so ist der allein **kontrahierende Gruppenleiter** (zB Kapellmeister, Partieführer) **anspruchsberechtigt,** wenn er **AN** ist. Liegt ein anderer Vertrag – etwa ein Werkvertrag – vor, so wird idR zwar Arbeitnehmerähnlichkeit anzunehmen sein (vgl zB OGH 4 Ob 62/75, Arb 9405), eine solche begründet allerdings keine Sicherung iSd G (s Rz 57). Auch ein freier Dienstvertrag iSd § 4 Abs 4 ASVG ist angesichts des Umstands, dass dafür die Dienstleistungen im Wesentlichen persönlich erbracht werden müssen (s Rz 84, 87), ausgeschlossen.

– Beim Gruppenarbeitsverhältnis ieS sind die Gruppenmitglieder Mitkontrahenten gegenüber dem Hauptunternehmer, sei es, dass mit jedem einzelnen Gruppenmitglied ein Arbeitsvertrag abgeschlossen wird, sei es, dass die Gruppe im eigenen Namen und im Namen der Mitglieder einen Arbeitsvertrag eingeht, sei es, dass ein Bevollmächtigter der

Gruppe den Arbeitsvertrag für sich und die Gruppenmitglieder abschließt. Wer den Entgeltanspruch gegen den Hauptunternehmer geltend machen kann, hängt von der jeweiligen **Vertragsgestaltung** ab. Zumeist wird die **Gruppe als ganze** das Entgelt verlangen müssen, wobei sie durch den Gruppenleiter als Bevollmächtigten vertreten sein könnte. Es wäre aber auch denkbar, dass auf Grund der Vertragsverhältnisse **jedes einzelne Gruppenmitglied** einen gesonderten Entgeltanspruch erwirbt. Die Anspruchsberechtigung nach IESG richtet sich nach diesen Vertragsgestaltungen (zur Anwendung der Grenzbetragsvorschrift des § 1 Abs 3 Z 4 iVm Abs 4 IESG in diesen Fällen s Rz 378).

2.1.6 Nichtige und anfechtbare Arbeitsverhältnisse

76 Ein Arbeitsvertrag, der gegen ein gesetzliches Verbot oder gegen die guten Sitten verstößt, ist – wie alle derart mangelhaften Rechtsgeschäfte – **nichtig** (§ 879 Abs 1 ABGB). Diese Anordnung ist eher programmatisch und kann wörtlich genommen nur im Ausnahmefall eine sachgerechte Rechtsfolgenbestimmung gewährleisten. Soweit Unklarheiten auftreten, ist die Wirkung jeder Ungültigkeit gesondert festzustellen, wobei jene niemals weiter reichen soll, als sie durch den Zweck der Verbotsnorm gerechtfertigt erscheint (allg *Gschnitzer* in *Klang*² IV/1 167). Die nach dem Verbotszweck getroffenen Einschränkungen sind in mehrere Richtungen ausgeprägt: Einerseits sollen nicht sämtliche Inhalte (sog **Totalnichtigkeit**), sondern nur Teile einer Vereinbarung von der Nichtigkeit erfasst werden (sog **Teilnichtigkeit**), andererseits kann die Möglichkeit, sich auf die Nichtigkeit zu berufen, nicht jedem zustehen (sog **absolute Nichtigkeit**), vielmehr auf einen bestimmten Personenkreis beschränkt sein (sog **relative Nichtigkeit**). Eine weitere Differenzierung kann zwischen anfänglicher, also schon im Moment des Vertragsabschlusses eintretender, und nachträglicher, zB erst im Zeitpunkt der Berufung auf die Unerlaubtheit anzunehmender Ungültigkeit (**Nichtigkeit „ex tunc"** bzw **„ex nunc"**), getroffen werden (allg *Krejci* in *Rummel*³ § 879 Rz 251).

Die Anwendung dieser Regeln des Bürgerlichen Rechts führt in arbeitsrechtlichen Zusammenhängen typischerweise dazu, dass dem Schutzzweck der Norm entsprechend bspw im Zweifel Teilnichtigkeit und nicht Totalnichtigkeit angenommen oder auch geprüft wird, ob die Nichtigkeitsfolgen nicht rückwirkend, sondern bloß für die Zukunft, also ab dem Zeitpunkt der Berufung auf die Nichtigkeit, eintreten können. Insb die im Falle einer Nichtigkeit ex tunc vorzunehmende Rückabwicklung nach Bereicherungsgrundsätzen führt im aus sozialpolitischen Gründen geschützten Dauerschuldverhältnis Arbeitsverhältnis zu unerfreulichen Konsequenzen, zumal Bereicherungsansprüche die Lohnansprüche als Erfüllungsansprüche nicht zu ersetzen vermögen (aus der arbeitsrechtliche Lehre zum Thema zB *Martinek/M. Schwarz/*

W. Schwarz, AngG⁷ 133 ff; *Spielbüchler*, Arbeitsrecht I⁴ 137 ff; *F. Bydlinski*, Arbeitsrechtskodifikation 101).

IZm der Frage, ob ein **AN iSd IESG** vorliegt, wirft ein **teilnichtiges** Arbeitsverhältnis unmittelbar keine spezifischen Probleme auf: Der **Arbeitnehmerbegriff** ist dem Grunde nach **erfüllt.** Mit den nichtigen Vertragsteilen ist sodann dem Zweck der Nichtigkeit entsprechend zu verfahren: Wird ein AN bspw unterkollektivvertraglich entlohnt, so tritt das kollv Entgelt an die Stelle der (teil-)nichtigen Entgeltvereinbarung (allg Rz 208); dieses ist dann Ansatzpunkt für die Sicherung nach IESG. Entsprechendes gilt bei einem nach dem GlBG in diskriminierender Weise zu niedrig festgesetztem Entgelt. Ist gesetzwidrig ein zu hohes Entgelt vereinbart, zB mit einem Betriebsratsmitglied entgegen § 115 Abs 3 ArbVG – dem nicht nur ein Diskriminierungs-, sondern auch ein Privilegierungsverbot innewohnt –, so ist für das IESG das gesetzeskonforme Entgelt maßgeblich, zumal das höhere Entgelt schon zivil- bzw arbeitsrechtlich nicht zusteht. **77**

Ebenso wird die **Arbeitnehmereigenschaft** durch den Umstand, dass der Aufgriff der Nichtigkeit beiden am Vertrag Beteiligten **(absolute Nichtigkeit)** oder nur einem der Vertragspartner, im Arbeitsrecht in aller Regel dem AN, offensteht **(relative Nichtigkeit),** nicht in Frage gestellt (dazu auch Rz 79). Auch hier kommt es im konkreten Fall auf den hinter der Nichtigkeitssanktion stehenden Zweck an: Ein vom Insolvenzschuldner entgegen § 3 IO eingestellter AN steht in einem relativ unwirksamen, und zwar gegenüber den Insolvenzgläubigern nichtigen Arbeitsvertrag. Er ist sog Neugläubiger, dh Ansprüche bestehen nur gegenüber dem insolvenzfreien Vermögen des Insolvenzschuldners. Wird der relativ unwirksame Arbeitsvertrag allerdings vom Insolvenzverwalter rückwirkend genehmigt, so ist die Gesetzwidrigkeit behoben und eine Sicherung gem IESG ist nach Maßgabe des § 1 Abs 3 Z 3a IESG (Rz 363 ff) gegeben (s auch *Nunner-Krautgasser,* DRdA 2017, 8 sowie allg § 3 IO Rz 7 ff, insb Rz 8).

Genauer zu betrachten ist eine allfällige **Totalnichtigkeit** des Arbeitsverhältnisses. Hier wird entscheidend sein, ob diese Nichtigkeit **ex tunc** oder bloß **ex nunc** eintritt. Im ersteren Fall liegt **kein AN** iSd Arbeitsvertragsrechts und damit iSd IESG vor, sodass keine Insolvenz-Entgeltsicherung gebührt (s auch Rz 78), im letzteren Fall ist die **Arbeitnehmereigenschaft bis zur Berufung auf die Nichtigkeit** gegeben (dazu auch Rz 79 ff).

Total nichtig ex tunc ist ein Arbeitsvertrag etwa dann, wenn er **seinem gesamten Zweck nach sittenwidrig** ist (zB Beschäftigung zwecks Schmuggel von Waren, als Schlepper oder als Geldfälscher). Angesichts dieser rückwirkenden Nichtigkeit lag und liegt **kein AN** vor, sodass eine Sicherung nach **IESG nicht in Betracht** kommt. **78**

Dasselbe gilt für ein **Scheindienstverhältnis,** wie es zB bei gewerberechtlichen Geschäftsführern vorkommt (dazu Rz 70).

79 Anders ist dies in Fällen einer **Totalnichtigkeit ex nunc.** Eine grundlegende Sonderregelung zum Thema enthält § 29 AuslBG für den Bereich der **Ausländerbeschäftigung.** Diese Bestimmung rüttelt zwar nicht an der (Total-)Nichtigkeit, bestimmt aber, dass für die Dauer der Beschäftigung die gleichen Ansprüche **wie auf Grund eines gültigen Vertrags** zustehen (Näheres bei *Schnorr,* AuslBG[4] 191 ff; *Löschnigg,* FS W. Schwarz 107). Trotz Nichtigkeit des Arbeitsvertrags hat demnach der ausländische AN gem Abs 1 leg cit bis zum Zeitpunkt der Beendigung der Beschäftigung alle Ansprüche, die sich ergeben würden, wenn der Arbeitsvertrag nicht gegen das Beschäftigungsverbot verstoßen würde (vgl OGH 4 Ob 137/79, Arb 9866; 4 Ob 45/82, Arb 10.111); die unerlaubte Beschäftigung gilt als zumindest drei Monate ausgeübt, sofern der AG oder der Ausländer nicht anderes nachweisen. Auch bzgl der Ansprüche aus der Beendigung des Arbeitsverhältnisses, wie Kündigungsentschädigung etc, ist der Ausländer gem § 29 Abs 2 AuslBG so zu stellen, als ob er auf Grund eines gültigen Arbeitsvertrags beschäftigt gewesen wäre, wenn das **Fehlen der Beschäftigungsbewilligung** auf ein **Verschulden** des BI zurückzuführen ist; auf die Bestimmungen des besonderen Kündigungs- und Entlassungsschutzes ist jedoch nicht Bedacht zu nehmen. § 29 Abs 3 AuslBG schließlich gewährt dem Ausländer Schadenersatz wie auf Grund eines berechtigten vorzeitigen Austritts unter Außerachtlassung allfälliger besonderer Bestandschutzregelungen, wenn das Arbeitsverhältnis wegen eines vom AG verschuldeten Wegfalls der Beschäftigungsbewilligung endet.

§ 29 AuslBG macht den nach diesem G rechtswidrig beschäftigten Ausländer für die Dauer der Beschäftigung zu einem **AN iSd IESG.** Die auf Grund des § 29 AuslBG bestehenden Ansprüche des Ausländers sind folglich **nach IESG gesichert** (vgl auch Rz 40). Diese Sichtweise entspricht mE auch dem unionsrechtlichen Hintergrund (in diese Richtung EuGH C-111/13, *Tümer*). Dass die unerlaubte Beschäftigung weniger als drei Monate dauerte (s oben), wird in Bezug auf Ansprüche nach dem IESG die IEF-Service GmbH zu beweisen haben.

80 Was für die Ausländerbeschäftigung gilt, muss auch für **andere SchutzG** gelten, die unmittelbar den Schutz arbeitender Personen bezwecken, zB durch Arbeitsverbote. Als Beispiel für diese Konstellation sei die Beschäftigung eines Jugendlichen in einem Wettbüro genannt, was gem § 2 Z 3 KJBG-V – ebenfalls ein G im materiellen Sinn (vgl allg Rz 76) – verboten ist. Die genannte Vorschrift verfolgt zwar den Zweck, den rechtswidrigen Zustand frühestmöglich abzustellen, will dabei aber eher den AG als den AN, zu dessen Schutz die Norm geschaffen wurde, treffen. Daraus ergibt sich die Konsequenz, dass das Arbeitsverhältnis so lange als wirksam anzusehen ist, bis sich einer der Vertragspartner auf die Nichtigkeit beruft. Letzteres bewirkt die Beendigung des Arbeitsverhältnisses für die Zukunft.

Die Ansprüche der Arbeitskraft für die Zeit der gesetz- bzw verordnungswidrigen Tätigkeit sind **nach IESG gesichert.**

Hinsichtlich der **Lehrlinge** hat der OGH (4 Ob 67/83, ZAS 1985/18, 151 **81** *[P. Bydlinski];* 4 Ob 92/84, RdW 1985, 190; 4 Ob 69/85, infas 1987 A 11) festgehalten, dass die von der Lehrlingsstelle gem § 20 Abs 3 lit a BAG ausgesprochene **Verweigerung der Eintragung des Lehrvertrags** die Nichtigkeit desselben gem § 879 Abs 1 ABGB bewirkt und dieser gem § 14 Abs 2 lit c BAG rückwirkend beendet wird. Der Lehrling hat für die während des nichtigen Lehrverhältnisses tatsächlich geleistete Arbeit einen bereicherungsrechtlichen Anspruch. Dieser richtet sich nach § 1152 ABGB und gewährt unabhängig vom Eintritt eines vermögensrechtlich erfassten Nutzens ein angemessenes Entgelt. Der VwGH (87/11/0021, ZfVB 1989/146) hat analoge Überlegungen auch für den Fall angestellt, dass nach Ende eines Lehrverhältnisses ohne Arbeitsvertrag de facto weitere Arbeitsleistungen erbracht werden.

Auch die skizzierten Forderungen des Lehrlings gem § 1152 ABGB sind **auf Grund des IESG gesichert** (vgl auch Rz 40).

Was die **Anfechtung** von Arbeitsverträgen wegen Willensmängel anbelangt, so hat die Rsp eine rückwirkende Anfechtung im Hinblick auf die Regelung bestimmter Entlassungstatbestände (zB § 82 lit a GewO 1859) ausgeschlossen und bspw einen Irrtum über eine Schwangerschaft bzw unrichtige diesbezügliche Angaben seitens einer Stellenbewerberin auch nicht als Entlassungstatbestand des MSchG gewertet (OGH 4 Ob 138/62, Arb 7665; 4 Ob 57/68, Arb 8574; 4 Ob 44/83, Arb 10.264). Es kommt also ggf zu einer **Auflösung des Arbeitsverhältnisses ex nunc,** sodass bis dahin ein **AN iSd IESG** anzunehmen ist. **82**

In besonders kolorierten Fällen wird es aber auch hier bei der rückwirkenden Nichtigkeit bleiben müssen. Ein unproblematisches Beispiel hierfür wäre die Ausübung von Zwang iSd § 870 ABGB durch den Arbeitenden.

2.2 Freie DN iSd § 4 Abs 4 ASVG

Anspruch auf Insolvenz-Entgelt haben freie DN gem § 4 Abs 4 ASVG **83** eines (freien) DG, über dessen Vermögen ein Verfahren nach der IO eröffnet wurde oder den ein gem § 1 Abs 1 Z 1 – 6 IESG gleichgestelltes Verfahren betrifft.

§ 1 Abs 1 IESG stellt formell auf den Begriff des freien DN iSd § 4 Abs 4 ASVG ab. Es ist dies ein Verweis auf die entsprechende Legaldefinition im ASVG, welche in Bezug auf die Anspruchsberechtigung nach IESG zu prüfen ist. Es ist dabei irrelevant, ob die betreffende Person tatsächlich zur SV nach

§ 1 IESG

§ 4 Abs 4 ASVG angemeldet bzw ob für diese Person korrekt Beiträge nach diesem G oder auch nach AlVG entrichtet wurden. Dass also **sozialversicherungsrechtlich** uU derartige **Rechtswidrigkeiten** vorliegen, ist **für die Anspruchsberechtigung** nach IESG **nicht von Belang.**

Die Erfassung im IESG ist – ähnlich wie im Fall der Heimarbeiter (Rz 91 ff) – deswegen sozialpolitisch gerechtfertigt, weil sich diese „arbeitnehmerähnlichen" freien DN wirtschaftlich und sozial in einer Situation befinden, wie sie für AN typisch ist. Sie sind auch – außer bei bloß geringfügiger Beschäftigung – gem § 1 Abs 8 AlVG arbeitslosenversichert, sodass der Zuschlag iSd § 12 Abs 1 Z 4 IESG geleistet wird.

84 Freie **DN** iSd § 4 Abs 4 ASVG sind Personen, die sich auf Grund freier Dienstverträge auf bestimmte oder unbestimmte Zeit zur Erbringung von Dienstleistungen verpflichten, und zwar für

– einen DG im Rahmen seines Geschäftsbetriebs, seiner Gewerbeberechtigung, seiner berufsrechtlichen Befugnis (Unternehmen, Betrieb usw) oder seines statutenmäßigen Wirkungsbereichs (Vereinsziel usw), mit Ausnahme der bäuerlichen Nachbarschaftshilfe (Z 1 leg cit),
– eine Gebietskörperschaft oder eine sonstige juristische Person des öffentlichen Rechts bzw die von ihnen verwalteten Betriebe, Anstalten, Stiftungen oder Fonds (im Rahmen einer Teilrechtsfähigkeit; Z 2),

wenn sie aus dieser Tätigkeit ein Entgelt beziehen, die Dienstleistungen im Wesentlichen persönlich erbringen und über keine wesentlichen eigenen Betriebsmittel verfügen; es sei denn,

– dass sie auf Grund dieser Tätigkeit bereits nach § 2 Abs 1 Z 1 – 3 GSVG oder § 2 Abs 1 BSVG oder nach § 2 Abs 1 und 2 FSVG versichert sind (lit a leg cit) oder
– dass es sich bei dieser Tätigkeit um eine (Neben-)Tätigkeit nach § 19 Abs 1 Z 1 lit f B-KUVG handelt (lit b) oder
– dass eine selbständige Tätigkeit, die die Zugehörigkeit zu einer der Kammern der freien Berufe begründet, ausgeübt wird (lit c) oder
– dass es sich um eine Tätigkeit als Kunstschaffender, insb als Künstler iSd § 2 Abs 1 K-SVFG, handelt.

Tatbestandsvoraussetzungen des § 4 Abs 4 ASVG sind also erstens das Vorliegen eines freien Dienstvertrags (s Rz 85), aus dem zweitens ein Entgelt bezogen wird (Rz 86), drittens muss die Leistungserbringung im Wesentlichen persönlich erfolgen (Rz 87), viertens darf über keine wesentlichen eigenen Betriebsmittel verfügt werden (Rz 88), weiters muss eine gewisse Art von (freiem) DG vorliegen, für den in einer bestimmten Beziehung geleistet werden muss (Rz 89), und schließlich darf keine andere SV in Bezug auf die Tätigkeit gegeben sein (Rz 90). Das Vorliegen dieser Elemente muss in **wirtschaftlicher Betrachtungsweise** iSd § 539a ASVG ermittelt werden.

Als erstes Tatbestandsmerkmal verlangt § 4 Abs 4 ASVG eine Verpflich- 85
tung des Arbeitenden „auf Grund **freier Dienstverträge**". Dies ist eine Bezugnahme auf den Vertragstyp des freien Dienstvertrags, wie er im Zivilbzw Arbeitsvertragsrecht umschrieben wird (*Mosler* in SV-Komm § 4 ASVG Rz 179 ff mwN). Es handelt sich demnach um einen Vertrag, in dem in einem Dauerschuldverhältnis – welches befristet oder unbefristet sein kann („auf bestimmte oder unbestimmte Zeit") – ohne bzw ohne nennenswerte persönliche Abhängigkeit Dienste geleistet werden (allg dazu Rz 17 ff). Andere Verträge, etwa Werkverträge (allg dazu Rz 20 ff), fallen daher nicht unter § 4 Abs 4 ASVG (*Mosler* in SV-Komm § 4 ASVG Rz 181 ff mwN; vgl auch *Zehetner* in *Sonntag*, ASVG[7] § 4 Rz 85 ff mwN).

Nächste Voraussetzung in § 4 Abs 4 ASVG ist, dass der freie DN aus sei- 86
ner Tätigkeit ein „**Entgelt** beziehen" muss. Unentgeltliche freie Dienstverträge sind nicht ausgeschlossen – der freie Dienstvertrag ist nicht essentiell entgeltlich –, wenngleich sie eher selten sein werden. Abzustellen ist auf den sozialversicherungsrechtlichen Entgeltbegriff des § 49 ASVG, der nach seinem Abs 1 im Allgemeinen – nach Maßgabe spezieller weiterer Anordnungen in den Abs 2 ff leg cit – Geld- und Sachbezüge umfasst, auf die der pflichtversicherte freie DN aus dem freien Dienstverhältnis Anspruch hat oder die er darüber hinaus auf Grund des freien Dienstverhältnisses vom freien DG oder einem Dritten erhält. Dieser Entgeltbegriff ist – wie jener des Arbeitsrechts (dazu allg Rz 209 ff) – sehr weit: Als Entgelt sind alle vermögenswertem Vorteile zu verstehen, die zivilrechtlich, also insb kraft des freien Dienstvertrags, als Gegenleistung für die Dienste gewährt werden.

Ein freier DN iSd § 4 Abs 4 ASVG liegt weiters nur dann vor, wenn dieser 87
die „**Dienstleistungen im Wesentlichen persönlich erbringt**". Im Allgemeinen ist beim freien Dienstvertrag – anders als beim Arbeitsvertrag (vgl § 1153 ABGB; allg Rz 11) – kein Prinzip der höchstpersönlichen Dienstleistung gegeben, sodass sich der freie DN umfassend vertreten lassen kann. Beim „arbeitnehmerähnlichen" freien DN iSd § 4 Abs 4 ASVG muss dies nun anders sein: Er darf sich zwar auch hin und wieder vertreten lassen (arg: „im Wesentlichen persönlich"), im Großen und Ganzen muss er die Dienste allerdings persönlich leisten. Es wird hier quantitativ auf ein deutliches Überwiegen ankommen. Wie immer zählt dabei das tatsächlich Gelebte (§ 539a ASVG) und nicht eine davon abweichende Vertragslage, in der zB eine beliebige Vertretungsmöglichkeit niedergelegt ist (*Mosler* in SV-Komm § 4 ASVG Rz 189 f mwN).

Darüber hinaus darf der freie DN iSd § 4 Abs 4 ASVG „**über keine** 88
wesentlichen eigenen Betriebsmittel verfügen". „Unwesentliche" eigene Betriebsmittel sind demgegenüber nicht schädlich. Laut VwGH (2007/08/0223, DRdA 2009/25/325 *[Mosler]*; 2012/08/0163, ZAS 2014/29, 185 *[Burger]*)

ist bei der Beurteilung dieses Tatbestandsmerkmals zu untersuchen, ob sich der freie DN mit Betriebsmitteln eine eigene betriebliche Infrastruktur geschaffen hat. Ein Betriebsmittel ist grundsätzlich dann für eine Tätigkeit wesentlich, wenn es sich nicht bloß um ein geringwertiges Wirtschaftsgut handelt und wenn es der freie DN entweder durch Aufnahme in das Betriebsvermögen (und die damit einhergehende steuerliche Verwertung als Betriebsmittel) der Schaffung einer unternehmerischen Struktur gewidmet hat oder wenn es seiner Art nach von vornherein in erster Linie der betrieblichen Tätigkeit zu dienen bestimmt ist. Wurden die Mittel in das Betriebsvermögen aufgenommen, kommt es nicht darauf an, ob es sich um Mittel des allgemeinen täglichen Gebrauchs handelt. Hat also bspw ein Botendienstfahrer für seine Tätigkeit ein Fahrzeug angeschafft oder ein privates Fahrzeug in das Betriebsvermögen aufgenommen und damit einer unternehmerischen Verwendung zugeführt, so handelt es sich hier um ein wesentliches Betriebsmittel; in diesem Fall käme der Zurverfügungstellung von Rucksäcken oder Mobiltelefonen durch den Auftraggeber keine entscheidende Bedeutung mehr zu. § 4 Abs 4 ASVG ist zu verneinen (so *Mosler* in SV-Komm § 4 ASVG Rz 191 ff, insb Rz 195 mwN).

89 § 4 Abs 4 ASVG setzt auch **gewisse Arten von** (freien) **DG** voraus, für die in einer **bestimmten Beziehung geleistet** werden muss. Tauglich sind zum einen freie DG im Rahmen ihres Geschäftsbetriebs, ihrer Gewerbeberechtigung bzw berufsrechtlichen Befugnis oder ihres statutenmäßigen Wirkungsbereichs. Das bedeutet, dass insb **Beschäftigungen im privaten Bereich** von § 4 Abs 4 ASVG **ausgenommen** sind (vgl *Mosler* in SV-Komm § 4 ASVG Rz 196 ff mwN). Zum anderen kommen als freie DG iSd § 4 Abs 4 ASVG eine Gebietskörperschaft oder eine sonstige juristische Person des öffentlichen Rechts bzw die von ihnen verwalteten Betriebe, Anstalten, Stiftungen oder Fonds in Betracht.

90 Schließlich ist § 4 Abs 4 ASVG in mehrerlei Hinsicht eine **subsidiäre** Pflichtversicherung, was sich auf die Zugehörigkeit zum anspruchsberechtigten Personenkreis nach IESG auswirkt: Es darf **keine andere SV** in Bezug auf die Tätigkeit vorliegen, und zwar zunächst keine nach § 4 Abs 1 ASVG, insb keine als DN oder Lohnsteuerpflichtiger nach § 4 Abs 2 letzter S ASVG (wobei diesfalls idR die Anspruchsberechtigung als AN greifen wird). In § 4 Abs 4 lit a – d ASVG sind dann weitere vorgehende Fälle genannt, nämlich die Versicherungen gem § 2 Abs 1 Z 1 – 3 GSVG, § 2 Abs 1 BSVG und § 2 Abs 1 und 2 FSVG, auch darf es sich um keine Nebentätigkeit eines Beamten nach § 19 Abs 1 Z 1 lit f B-KUVG bzw um keine selbständige Tätigkeit, welche die Zugehörigkeit zu einer Freiberuflerkammer begründet, handeln. Schließlich sind Kunstschaffende, insb Künstler iSd § 2 Abs 1 K-SVFG, ausgenommen (genauer dazu *Mosler* in SV-Komm § 4 ASVG Rz 174 ff mwN).

2.3 Heimarbeiter

Anspruch auf Insolvenz-Entgelt haben Heimarbeiter eines Auftraggebers, über dessen Vermögen ein Verfahren nach der IO eröffnet wurde oder den ein gem § 1 Abs 1 Z 1 – 6 IESG gleichgestelltes Verfahren betrifft. 91

§ 1 Abs 1 IESG stellt formell auf den Begriff „Heimarbeiter" ab. Es ist dies ein Verweis auf die entsprechende Legaldefinition im HeimAG und die dort bezeichneten Beschäftigungsarten (dazu Rz 92). Es ist damit irrelevant, welches Rechtsverhältnis im Einzelfall der Beschäftigung zu Grunde liegt.

Der „typische" (echte) Heimarbeiter ist nicht als AN zu qualifizieren (dazu allg *Löschnigg*, Arbeitsrecht[12] 213 f mwN; vgl zB auch OGH 8 ObA 92/01i), in aller Regel erfüllt er den Begriff der „arbeitnehmerähnlichen Person". Durch die Einbeziehung in das IESG muss im Geltungsbereich des HeimAG nicht geprüft werden, ob ein Heimarbeiter (auch) AN iSd Arbeitsvertragsrechts ist (zur Thematik der „Heimangestellten" s Rz 93).

Die Erfassung im IESG ist – ähnlich wie im Fall der freien DN iSd § 4 Abs 4 ASVG (Rz 83) – deswegen sozialpolitisch gerechtfertigt, weil sich Heimarbeiter wirtschaftlich und sozial in einer Situation befinden, wie sie für AN typisch ist. Sie sind auch gem § 1 Abs 1 lit c AlVG arbeitslosenversichert, sodass der Zuschlag iSd § 12 Abs 1 Z 4 IESG geleistet wird.

Heimarbeiter ist, wer, ohne Gewerbetreibender nach den Bestimmungen der GewO zu sein, in eigener Wohnung oder selbst gewählter Arbeitsstätte im Auftrag und für Rechnung von Personen, die Heimarbeit vergeben, mit der Herstellung, Bearbeitung, Verarbeitung oder Verpackung von Waren beschäftigt ist (§ 2 Z 1 HeimAG). 92

Für den Status als Heimarbeiter ist wesentlich, dass an einer selbstgewählten Arbeitsstätte in freier Arbeitszeiteinteilung und ohne Zwischenkontrolle gearbeitet wird. Erforderlich ist außerdem eine gewisse Dauer und Regelmäßigkeit, wobei Letztere auch dann gegeben ist, wenn der Heimarbeiter zwar zeitlich unregelmäßig, aber doch hauptsächlich für einen Auftraggeber tätig wird. Weiters ist ein gewisses Maß an Verpflichtung zur Übernahme von Arbeitsaufträgen vorauszusetzen (VwGH 95/11/0029, DRdA 1996/17, 220 *[A. Ritzberger-Moser]* = ZASB 1996, 1). Die im HeimAG angeführten Tätigkeiten müssen in keiner Weise kumulativ gegeben sein; die Herstellung von Waren allein kann jedenfalls den Gegenstand der Heimarbeit bilden (VwGH 606/66, Arb 8256). Der Begriff „Waren" gem § 2 Z 1 HeimAG ist nicht im (seinerzeitigen) handelsrechtlichen Sinn zu verstehen. Die Rsp hat demgemäß das Adressieren von Briefumschlägen (VwGH 598/72, ZAS 1974/16, 106 *[Holzer]*), die Zusammenfassung von Adressen in Listen (VwGH 606/66, Arb 8256) und das Kuvertieren von Werbematerial (VwGH 95/11/0029, DRdA 1996/17, 220 *[A. Ritzberger-Moser]* = ZASB 1996, 1) als Gegenstand der

§ 1 IESG

Heimarbeit iSd G anerkannt. Obzwar die Judikatur den Begriff „Waren" weit auslegt, werden nur minderqualifizierte Schreibarbeiten unter den Geltungsbereich des HeimAG fallen, wogegen qualifizierte Tätigkeiten nicht erfasst sind (dazu auch Rz 93). So bilden etwa Übersetzungsarbeiten für ein Übersetzungsbüro keine Heimarbeit (VwGH 836/72, VwSlgNF A 8307).

Die früher im HeimAG geregelte Kategorie der Zwischenmeister (Stückmeister) wurde durch die HeimAG-Novelle 2009 BGBl I 2009/74 aus dem G entfernt. Eine Sicherung der Ansprüche derartiger Personen war seit der IESG-Novelle BGBl I 1997/107 nicht mehr vorgesehen (dazu *Holzer/Reissner/ W. Schwarz,* Insolvenz^4 71 f, 216 mwN).

93 Kommt das HeimAG wegen des Vorliegens qualifizierter Tätigkeiten nicht zur Anwendung (s Rz 92), ist das Problem der sog **Heimangestellten** angeschnitten. In jüngerer Zeit ist diesbezüglich bspw von „Telearbeitern" oder „Home-Office-Mitarbeitern" die Rede, die uU auch eigene Arbeitsmittel einsetzen („bring your own device"). Schon in seiner E vom 23. 4. 1964 (4 Ob 12/64, Arb 7935) qualifizierte der OGH zutreffend Vereinbarungen, nach denen die Arbeit in der Privatwohnung verrichtet wird, als Arbeitsverhältnisse, wenn bestimmte Arbeitsstunden einzuhalten sind und eine Kontrolle durch den AG die Betriebszugehörigkeit entsprechend ausweist. Ähnliche Überlegungen stellte der VwGH anlässlich der Prüfung der Versicherungspflicht nach dem ASVG an (VwGH 82/08/0154, infas 1985 S 25). Bei der Prüfung, ob Heimangestellte **AN iSd Arbeitsvertragsrechts** sind, ist daher stets von den allgemeinen Kriterien des Arbeitnehmerbegriffs (s Rz 11 f) auszugehen. Einzig und allein die Tatsache, dass die Arbeitsleistung in eigener Wohnung oder selbstgewählter Arbeitsstätte erfolgt, schließt die Arbeitnehmereigenschaft und die damit verbundene zwingende Anwendung des AngG nicht aus, sofern tatsächlich Tätigkeiten iS dieses G erbracht werden. Gegebenenfalls ist dann auch das **IESG** anzuwenden.

Kann ein Home-Office-Mitarbeiter etc nicht als AN qualifiziert werden, so sind die Ansprüche nach IESG dann gesichert, wenn ein **freier DN iSd § 4 Abs 4 ASVG** gegeben ist. Hier ist ua vorausgesetzt, dass die Dienste ohne „wesentliche eigene Betriebsmittel" verrichtet werden (allg dazu Rz 84, 88). Der Umstand, dass in der eigenen Wohnung gearbeitet wird, wird diesbezüglich noch nicht endgültig entscheidend sein. Tritt aber dazu bspw auch eine in das Betriebsvermögen aufgenommene eigene Ausstattung mit elektronischen Geräten und spezieller Software, so wird § 4 Abs 4 ASVG nicht mehr erfüllt sein. Eine allfällige Arbeitnehmerähnlichkeit ist nach aktueller Rechtslage irrelevant (allg Rz 55 ff).

2.4 Ehemalige AN, freie DN iSd § 4 Abs 4 ASVG bzw Heimarbeiter

94 Anspruch auf Insolvenz-Entgelt haben gem § 1 Abs 1 IESG auch AN, freie DN iSd § 4 Abs 4 ASVG bzw Heimarbeiter, deren **Arbeitsverhältnis, freies Dienstverhältnis iSd § 4 Abs 4 ASVG** bzw **Auftragsverhältnis bereits beendet** ist. § 1 Abs 1 IESG spricht ja davon, dass die genannten Gruppen in einem Arbeitsverhältnis, freien Dienstverhältnis oder Auftragsverhältnis „gestanden sind". Gemeint sind Personen, die **Forderungen gem § 1 Abs 2 IESG** aus einem nicht mehr bestehenden Rechtsverhältnis besitzen (zB eine Betriebspension aus direkter Leistungszusage beziehen; zu derartigen Ansprüchen Rz 255 ff sowie § 3d Rz 1 ff), wenn über das Vermögen des ehemaligen Vertragspartners ein Verfahren nach der IO eröffnet wurde oder diesen ein gem § 1 Abs 1 Z 1 – 6 IESG gleichgestelltes Verfahren betrifft. Ob der ehemalige AN, freie DN iSd § 4 Abs 4 ASVG bzw Heimarbeiter gegenwärtig irgendeiner Berufstätigkeit nachgeht oder nicht, ist irrelevant.

2.5 Hinterbliebene und Rechtsnachfolger von Todes wegen

95 Anspruch auf Insolvenz-Entgelt haben nicht nur im aufrechten Rechtsverhältnis stehende und ehemalige AN, freie DN iSd § 4 Abs 4 ASVG bzw Heimarbeiter, sondern auch deren Hinterbliebene und Rechtsnachfolger von Todes wegen. Die gesetzliche Formulierung stellt klar, dass zwischen Rechtsnachfolgern von Todes wegen und Hinterbliebenen differenziert werden muss (vgl *Fritscher*, DRdA 1978, 114; zu den Fällen eines Ausschlusses dieser Personen von der Anspruchsberechtigung s Rz 106 sowie auch Rz 446).

96 Der Fachausdruck **„Rechtsnachfolger von Todes wegen"** weist ins Erbrecht: Für jene gesicherten Forderungen eines verstorbenen AN, freien DN iSd § 4 Abs 4 ASVG oder Heimarbeiters, die in den Nachlass fallen, können die **Erben** als Rechtsnachfolger von Todes wegen nach Maßgabe ihrer Erbquote ohne spezielle Einschränkung Insolvenz-Entgelt geltend machen; vor der Einantwortung kann die **Verlassenschaft** tätig werden (ErläutRV 464 BlgNR 15. GP 4). Entscheidend ist, welche Personen im konkreten Fall zur Erbfolge berufen sind, unabhängig davon, auf welche Erbrechtsinstitute (Testament, Erbvertrag, G) sie sich stützen. Pflichtteilsberechtigte scheiden aus, da diese nicht als Rechtsnachfolger des Verstorbenen zu klassifizieren sind, sondern nur einen obligatorischen Anspruch gegen die eingesetzten Erben auf einen Anteil vom Wert der Erbschaft erhalten. Hinterlässt demnach bspw ein Erblasser sein Vermögen, in dem sich gesicherte Forderungen befinden, zur Gänze seinem Neffen und setzt seinen Sohn auf den Pflichtteil, so kann nur der Neffe Insolvenz-Entgelt begehren.

97 Neben den Erben haben auch die **Hinterbliebenen** Anspruch auf Insolvenz-Entgelt. Darunter sind jene Personen zu verstehen, die einen Anspruch eigenen Rechts erheben können, der sich aus dem Arbeitsverhältnis, freien Dienstverhältnis iSd § 4 Abs 4 ASVG bzw Auftragsverhältnis des Verstorbenen herleitet. Es handelt sich also um Ansprüche, die nicht in den Nachlass fallen, sondern die auf Grund arbeitsrechtlicher Normen (iwS) einem bestimmten Personenkreis frühestens mit dem Tod des AN (freien DN iSd § 4 Abs 4 ASVG, Heimarbeiters) zustehen (VwGH 86/11/0055, ZfVB 1987/2154).

Im Besonderen zählen dazu gesetzliche **Abfertigungsansprüche** gem § 23 Abs 6 AngG (§ 2 ArbAbfG, § 22 Abs 6 GAngG, § 17 Abs 4 HGHAngG, § 31 Abs 8 LAG, § 27b Abs 1 HeimAG) sowie allenfalls die nach einzelnen KollV zustehenden Ansprüche auf **Entgeltfortzahlung im Todesfall.** Zu erwähnen sind auch Betriebspensionen, nämlich die **Hinterbliebenenpensionen,** die bei Tod eines AN nahen Angehörigen, primär Witwen (Witwern) bzw Waisen, gebühren. Diese Ansprüche sind idR als Zusatzpensionen zur Sozialversicherungspension konstruiert und basieren auf einseitiger Erklärung, Individualvertrag, KollV oder BV (vgl §§ 2 f BPG, §§ 2 Abs 2 Z 2, 97 Abs 1 Z 18 ArbVG).

Die Urlaubsersatzleistung iSd § 10 UrlG hingegen steht nicht originär den Hinterbliebenen zu, sondern geht den (gewöhnlichen) Nachlassweg (zur seinerzeitigen Urlaubsentschädigung nach § 9 aF UrlG unzutreffend OGH 9 ObA 2012/96i, DRdA 1997/17, 186 [krit *Binder*] = infas 1996 A 127).

2.6 SV im Inland

98 § 1 Abs 1 IESG setzt voraus, dass die Anspruchsberechtigten „gem § 3 Abs 1 oder Abs 2 lit a – d ASVG als im Inland beschäftigt gelten (galten)". Mit diesem Verweis auf eine Inlandsbeschäftigung iSd § 3 Abs 1 und 2 lit a – d ASVG knüpft das IESG an eine **Sozialversicherungspflicht** des (ehemaligen) AN, freien DN iSd § 4 Abs 4 ASVG bzw Heimarbeiters **nach ASVG** an. Dieses BG regelt ja gem § 1 leg cit die allgemeine SV **im Inland beschäftigter Personen.**

Die Bezugnahmen auf den räumlichen Geltungsbereich des ASVG wurden durch die IESG-Novelle BGBl I 2005/102 in den § 1 Abs 1 IESG eingefügt. Laut Materialien (ErläutRV 946 BlgNR 22. GP 2) sollte damit eine Anpassung des G an die ÄnderungsRL 2002/74/EG zur InsolvenzRL erfolgen und an das „Vorliegen eines Arbeitsverhältnisses im Inland" bzw an eine „Betriebsentsendung ins Ausland", bei der der Anspruchsberechtigte „weiterhin den inländischen sozialversicherungsrechtlichen Vorschriften" unterliegt, angeknüpft werden. Damit seien sowohl Beiträge an die österr SV und die AlV als auch Zuschläge an den Fonds zu entrichten (dazu im Detail § 12 Rz 2 ff).

Die Rechtslage in Sicherungsfällen mit internationalem Einschlag wurde auch stark durch die Rsp des EuGH geprägt. In der Rs *Everson* (EuGH C-198/98, Slg 1999, I-8903 = EuroAS 2000, 52; dazu *K. Mayr*, ELR 2000, 39 ff) sprach der Gerichtshof aus, dass, obwohl das Insolvenzverfahren über den AG in einem anderen Mitgliedstaat eröffnet wurde (Irland), für die Befriedigung der Ansprüche des AN im Falle der Zahlungsunfähigkeit des AG die Garantieeinrichtung jenes Staates (Großbritannien) zuständig ist, in dem sich eine Niederlassung des zahlungsunfähigen AG befand, an welcher der AN auch wohnte und tätig war. Davor hatte der EuGH in der Rs *Mosbaek* (EuGH C-117/96, Slg 1997, I-5017 = wbl 1997, 474) noch auf die Garantieeinrichtung jenes Staates abgestellt, in dem entweder die Eröffnung des Verfahrens zur gemeinschaftlichen Gläubigerbefriedigung beschlossen oder die Stilllegung des Unternehmens oder Betriebs des AG festgestellt worden ist, was in der Folge zu großen praktischen Problemen führte. Art 9 Abs 1 InsolvenzRL (idF RL 2008/94/EG) sieht nunmehr iSd „*Everson*"-Linie bei grenzüberschreitenden Sachverhalten allgemein vor, dass für die Befriedigung der nicht erfüllten Arbeitnehmeransprüche die Einrichtung desjenigen Mitgliedstaates zuständig ist, in dessen Hoheitsgebiet die betreffenden AN ihre Arbeit gewöhnlich verrichten oder verrichtet haben. Der österr Gesetzgeber hat dem auch in § 1 Abs 1 IESG mit der Anforderung der SV im Inland entsprochen.

Bereits vor der gesetzlichen Klarstellung durch BGBl I 2005/102 hatte die Rsp versucht, die Zuständigkeit der Garantieeinrichtung mit der entsprechenden (sozialversicherungsrechtlichen) Beitragsleistung abzustimmen, etwa bei Entsendung iSd § 3 Abs 2 lit d ASVG (vgl OGH 8 ObS 243/00v, DRdA 2001/46, 542 *[Spitzl]* = ecolex 2001, 393 *[Mazal];* 8 ObS 261/00s, ARD 5255/6/2001; 8 ObS 15/06y, ARD 5745/7/2007; dazu *Wolligger*, Arbeitnehmeransprüche 180 ff mwN). Der OGH (8 ObS 18/04m, DRdA 2006/46, 486 *[Bachner]* = ARD 5658/3/2006) sprach aus, dass sich aus den EuGH-E in den Rs *Mosbaek* und *Everson* (s oben) die Geltung des Versicherungsprinzips ergebe, wonach aus unionsrechtlicher Sicht die Garantieeinrichtung jenes Mitgliedstaats zur Zahlung zuständig sei, in dem die Beiträge gem Art 5 InsolvenzRL entrichtet wurden. Im Übrigen reiche für das Vorliegen einer Zweigniederlassung einer ausländischen juristischen Person nach der EuInsVO ein Tätigkeitsort, an dem der Schuldner einer wirtschaftlichen Aktivität von nicht vorübergehender Art nachgeht, die den Einsatz von Personal und Vermögenswerten voraussetzt. Die Aktivität müsse nach außen hin wahrnehmbar sein, was etwa bei einem Büro samt Bürokraft der Fall ist. Die Eintragung in das inländische Firmenbuch sei irrelevant.

Die AN, freien DN iSd § 4 Abs 4 ASVG und Heimarbeiter müssen also laut § 1 Abs 1 IESG „gem § 3 Abs 1 oder Abs 2 lit a – d ASVG als im Inland beschäftigt gelten" bzw gegolten haben (zu Modifizierungen s Rz 103).

§ 1 IESG

Gem § 1 ASVG regelt dieses BG die allgemeine SV „im Inland beschäftigter Personen". § 3 ASVG greift sodann unter der Überschrift „Beschäftigung im Inland" diesen räumlichen Aspekt auf und führt in drei Abs aus, welche Personen als im Inland beschäftigt bzw als nicht im Inland beschäftigt gelten. Für die Zwecke des IESG sind dabei nur der Abs 1 sowie Teile des Abs 2, nämlich dessen lit a – d, relevant. Abs 1 enthält die Grundanordnung (Rz 100), in Abs 2 werden spezielle Fälle, in denen ein Auslandsbezug zu Unklarheiten führen könnte, geklärt (Rz 101).

Das IESG – welches als SozialversicherungsG zu qualifizieren ist (s Rz 3) – folgt damit dem für das Sozialversicherungsrecht typischen **Territorialitätsprinzip,** ergänzt durch das Ein- bzw Ausstrahlungsprinzip (zu diesen Prinzipien s Rz 101 f; allg zB *Tomandl,* Sozialrecht[6] 36; *Brodil/Windisch-Graetz,* Sozialrecht[8] 21 f).

100 Gem § 3 Abs 1 ASVG gelten als im Inland beschäftigt **unselbständig Erwerbstätige,** deren **Beschäftigungsort im Inland** gelegen ist, **selbständig Erwerbstätige,** wenn der **Sitz ihres Betriebs im Inland** gelegen ist. Hinsichtlich des Begriffs „Beschäftigungsort" wird auf § 30 Abs 2 ASVG verwiesen. Nach dieser Bestimmung ist dies der Ort, an dem die Beschäftigung ausgeübt wird. Wird eine Beschäftigung abwechselnd an verschiedenen Orten ausgeübt, aber von einer festen Arbeitsstätte aus, so gilt diese als Beschäftigungsort. Wird eine Beschäftigung ohne feste Arbeitsstätte ausgeübt, so gilt der Wohnsitz des Versicherten als Beschäftigungsort. Der Beschäftigungsort von Hausgehilfen, die beim DG wohnen, ist der Wohnsitz des DG. Hat der DG mehrere Wohnsitze, so ist der Wohnsitz maßgebend, an dem der DG den überwiegenden Teil des Jahres verbringt.

101 Gem § 3 Abs 2 lit a – d ASVG **gelten als im Inland beschäftigt auch**
– DN, die dem fahrenden Personal einer dem internationalen Verkehr auf Flüssen oder Seen dienenden Schifffahrtsunternehmung angehören, wenn sie ihren Wohnsitz im Inland haben oder – ohne im Ausland einen Wohnsitz zu haben – auf dem Schiff, auf dem sie beschäftigt sind, wohnen und die Schifffahrtsunternehmung im Inland ihren Sitz oder eine Zweigniederlassung hat, ferner DN österr Staatsangehörigkeit, die der Besatzung eines die österr Flagge führenden Seeschiffes angehören (lit a leg cit);
– DN einer dem öffentlichen Verkehr dienenden Eisenbahn, ihrer Eigenbetriebe und ihrer Hilfsanstalten, die auf im Ausland liegenden Anschlussstrecken oder Grenzbahnhöfen tätig sind (lit b);
– DN, die dem fliegenden Personal einer dem internationalen Verkehr dienenden Luftschifffahrtsunternehmung angehören, wenn sie ihren Wohnsitz im Inland haben und die Luftschifffahrtsunternehmung im Inland ihren Sitz hat (lit c);

– DN, deren DG den Sitz in Österreich haben und die ins Ausland entsendet werden, sofern ihre Beschäftigung im Ausland die Dauer von fünf Jahren nicht übersteigt; das BMASK kann, wenn die Art der Beschäftigung es begründet, diese Frist entsprechend verlängern (lit d). Bei einer **Entsendung mit einer Dauer von** (grundsätzlich) **nicht mehr als fünf Jahren** bleibt es also bei der **österr Sozialversicherung** (s aber Rz 103).

Diese von § 3 Abs 2 lit a – d ASVG genannten Fälle sind Ausformungen des **Ausstrahlungsprinzips**. Von Ausstrahlung spricht man, wenn österr Sozialversicherungsrecht bei einer Tätigkeit außerhalb Österreichs angewendet wird (*Tomandl*, Sozialrecht[6] 36).

Das **Einstrahlungsprinzip** hingegen bedeutet, dass trotz Beschäftigung in Österreich österr Sozialversicherungsrecht nicht anwendbar ist (*Tomandl*, Sozialrecht[6] 37). Derartige Personen werden in aller Regel ausländischen sozialversicherungsrechtlichen Vorschriften unterliegen. Beispiele hierfür sind DN, die ihren DG, der keinen inländischen Wohnsitz hat, vorübergehend nach Österreich begleiten, oder DN, die von einem ausländischen DG, der in Österreich keine Betriebsstätte besitzt, zum Dienst im Inland bestellt wurden, sofern sie ihrer Tätigkeit von einem ausländischen Wohnsitz nachgehen (vgl § 3 Abs 3 ASVG). Ein besonders wichtiger Fall in diesem Zusammenhang ist wiederum – vice versa zu § 3 Abs 2 lit d ASVG (Rz 101) – die Entsendung vom Ausland nach Österreich (dazu auch Rz 103).

Zu beachten ist, dass die von § 1 Abs 1 IESG in Bezug genommenen Vorschriften des ASVG über Fälle mit Auslandsbezug **durch weitere Regelungen** des Internationalen Sozialversicherungsrechts, insb jene der **Sozialrechts-Koordinierung im Rahmen der EU, überlagert** werden. Nach der Sozialrechts-KoordinierungsVO (EG) 883/2004 soll in einem grenzüberschreitenden Sachverhalt nur eine einzige Rechtsordnung für das anzuwendende Sozialversicherungsrecht maßgeblich sein (*Brodil/Windisch-Graetz,* Sozialrecht[8] 22 ff; *Spiegel* in SV-Komm § 3 ASVG Rz 52 ff). Diese maßgebliche Rechtsordnung wird nach den Art 11 ff VO (EG) 883/2004 ermittelt.

Dabei gilt grundsätzlich das **Prinzip des Beschäftigungsstaates** (Art 11 Abs 3 lit a VO [EG] 883/2004): Für die SV ist jener Staat zuständig, in dem die unselbständige oder selbständige Erwerbstätigkeit ausgeübt wird. Diese Rechtsordnung bleibt auch für die Dauer einer **vorübergehenden Entsendung** anwendbar, wenn diese **24 Monate nicht übersteigt** (vgl Art 12 VO [EG] 883/2004).

Ist eine Person **in zwei oder mehreren Mitgliedstaaten gleichzeitig** tätig, unterliegt sie der Rechtsordnung jenes Staates, in dem sie **auch** ihren **Wohnsitz** hat. Dasselbe gilt, wenn sie **bei mehreren AG in verschiedenen Mitgliedstaaten** tätig ist. Ist sie **nicht** auch **in ihrem Wohnsitzmitgliedstaat** tätig, sondern nur bei einem AG in einem anderen Mitgliedstaat, unterliegt sie der Rechtsordnung des **Sitzstaates des AG.** Ein Selbständiger unterliegt der Rechtsordnung seines Wohnsitzstaates, wenn er dort einen wesentlichen Teil seiner Tätigkeit ausübt, ansonsten der Rechtsordnung jenes Staates, in dem sich der Mittelpunkt seiner Tätigkeit befindet (vgl Art 13 VO [EG] 883/2004).

Ist die Sozialversicherungspflicht bei Auslandsbezug nach den skizzierten Prinzipien der VO (EG) 883/2004 zu ermitteln, so ist dies **auch für die Anspruchsberechtigung nach IESG maßgeblich.** Der (zu enge) Wortlaut des § 1 Abs 1 IESG, wo (nur) auf § 3 Abs 1 und 2 lit a – d ASVG abgestellt wird, hat dann zurückzutreten.

104 § 1 Abs 1 IESG stellt formell auf das Bestehen einer **Pflichtversicherung im Inland** iSd zitierten Ansatzpunkte im ASVG (und jenseits derselben) ab. Dies ist in Bezug auf die Anspruchsberechtigung nach IESG zu prüfen. Es ist dabei irrelevant, ob die betreffende Person tatsächlich zur SV nach ASVG angemeldet bzw ob für diese Person korrekt Beiträge nach diesem G oder auch nach AlVG entrichtet wurden. Dass also **sozialversicherungsrechtlich** uU **Melde- und Beitragspflichtverletzungen** vorliegen, ist **für die Anspruchsberechtigung** nach IESG **nicht von Belang.**

Genauso ist umgekehrt die Anmeldung und Beitragsleistung zur österr SV irrelevant, wenn die Tätigkeit des AN für den (dann insolventen) österr AG **ausschließlich in Deutschland** stattfindet und keine Entsendung iSd Art 12 Abs 1 VO (EG) 883/2004 vorliegt. Eine **Pflichtversicherung** ist diesfalls **in Österreich nicht gegeben.** Für die Sicherung der Ansprüche des AN im Falle der Insolvenz des AG ist gem Art 9 InsolvenzRL die **deutsche Garantieeinrichtung** zuständig (OGH 8 ObS 13/14s, wbl 2015/91, 284 = ARD 6452/11/2015).

3. Ausnahmen von der Anspruchsberechtigung

105 Gem § 1 Abs 6 IESG haben bestimmte Personen keinen Anspruch auf Insolvenz-Entgelt (sog **ausgeschlossener Personenkreis**). Diese Einschränkung kann nur für **an sich nach § 1 Abs 1 IESG anspruchsberechtigte Gruppen** von Bedeutung sein; für ohnehin außerhalb dieser Bestimmung stehende Personen ist § 1 Abs 6 IESG als rein deklarativ anzusehen (vgl zB VwGH 83/11/0150, VwSlgNF A 11.1333 = infas 1984 A 44). Ist somit zB jemand nicht AN iSd Arbeitsvertragsrechts (vgl Rz 7 ff), freier DN iSd § 4 Abs 4 ASVG (Rz 83 ff) oder Heimarbeiter (Rz 91 ff), so scheitert eine IESG-Sicherung schon an § 1 Abs 1 IESG und nicht erst an § 1 Abs 6 IESG.

106 Hinsichtlich der Anspruchsberechtigung von **Hinterbliebenen** bzw **Rechtsnachfolgern von Todes wegen** (vgl Rz 95 ff) ist vorausgesetzt, dass der

Verstorbene anspruchsberechtigt und nicht von der Zuerkennung von Insolvenz-Entgelt nach § 1 Abs 6 IESG **ausgeschlossen wäre** (*Ehrenreich*, IESG 60 mwN).

Für ausgeschlossene Personen sind **keine Beiträge** zur Finanzierung der Aufwendungen des IEF zu entrichten (§ 12 Abs 2 IESG; s § 12 Rz 3). **107**

§ 1 Abs 6 IESG sieht im Einzelnen folgende Ausnahmen vor: AN von Gebietskörperschaften und Gemeindeverbänden (s Rz 110 ff), AN, die in einem Dienstverhältnis zu einem AG stehen, der Immunität genießt (Rz 113), Gesellschafter, die einen beherrschenden Einfluss auf die Gesellschaft haben (Rz 114 ff), sowie arbeitspflichtige Strafgefangene und Untergebrachte (Rz 124 ff). **108**

Der Kreis der ausgeschlossenen Personen wurde vom Gesetzgeber immer wieder verändert. Zwei wichtige Beispiele seien hierbei hervorgehoben:

– Die „Mitglieder des Organs einer juristischen Person, das zur gesetzlichen Vertretung der juristischen Person berufen ist", wurden zunächst im Zuge der Einfügung des Abs über den ausgeschlossenen Personenkreis durch BGBl 1980/580 (vgl auch § 18 Rz 4) aus der Anspruchsberechtigung herausgenommen (zum Stand von Lehre und Rsp bei der Interpretation dieser Bestimmung s *Holzer/Reissner/W. Schwarz,* Insolvenz[4] 75 ff, 193; *Liebeg,* IESG[3] § 1 Rz 549 ff, jeweils mwN). Dies hatte gute Gründe: Derartige Personen haben nach den Erfahrungen des täglichen Lebens Einfluss auf die wirtschaftliche Lage des Unternehmens, sie können diesbezügliche Entwicklungen voraussehen und müssen in gewisser Weise die Verantwortung für einen Niedergang tragen, während sonstige AN einem erhöhten, von ihnen nicht beeinflussbaren Risiko ausgesetzt sind (vgl OGH 9 Ob 902/92, wbl 1993, 88; 8 ObS 42/95, DRdA 1997, 509 = wbl 1997, 350). Nach dem EU-Beitritt Österreichs war diese Ausschlussbestimmung durch eine Nennung im damaligen Anhang der InsolvenzRL unionsrechtlich abgesichert. Nachdem dieser Anhang im Rahmen der ÄnderungsRL 2002/74/EG zur InsolvenzRL zum Auslaufen gebracht wurde, war die Ausnahmebestimmung, welche in Bezug auf Organmitglieder mit Arbeitnehmerstatus eine unionsrechtswidrige Rechtslage bedeutet hätte, aus dem G zu entfernen. Der Gesetzgeber hat dies mit der Novelle BGBl I 2005/102 durchgeführt (zu den Inkrafttretens- und Übergangsbestimmungen s § 1/a Rz 48).

– Ebenfalls ausgeschlossen waren „leitende Angestellte, soweit sie nicht zum Personenkreis nach Z 2 [aF; dort waren die Organmitglieder genannt] gehören, denen dauernd maßgebender Einfluss auf die Führung des Unternehmens zusteht" (zur Interpretation dieser Bestimmung s *Holzer/Reissner/W. Schwarz,* Insolvenz[4] 83 ff mwN). Diese durch BGBl

1995/297 vorgenommene Neuregelung (zum Inkrafttreten § 17a Rz 8) war von Anfang an unionsrechtswidrig (so auch *Köck*, ecolex 1995, 429; *Lechner*, ZIK 1995, 105 f; *Sundl*, ASoK 1997, 219; *Holzer/Reissner/ W. Schwarz*, Insolvenz[4] 85). Angehörige des Führungspersonals konnten nämlich nicht vom Geltungsbereich der InsolvenzRL ausgeschlossen werden, wenn das nationale Recht sie als AN qualifiziert und sie nicht im (ehem) Abschn I des Anhangs der RL aufgeführt waren (vgl EuGH C-334/92, *Wagner Miret,* Slg 1993, I-6911 = ARD 4547/8/94. Nach aktueller Rechtslage kommt es nur mehr auf den Arbeitnehmerstatus an). Das bedeutet, dass einem vom IESG ausgeschlossenen leitenden Angestellten in Anlehnung an die einschlägige europarechtliche Judikatur (vgl insb EuGH Rs 6, 9/90, *Francovich,* Slg1991, 5357; C-334/92, *Wagner Miret,* Slg 1993, I-6911 = ARD 4547/8/94; C-46, 48/93, *Brasserie du pêcheur,* Slg 1996, I-1030 = infas 1996 E 16) die Möglichkeit offengestanden wäre, die Republik Österreich auf Schadenersatz zu klagen (vgl *Sundl*, ASoK 1997, 220 f), zumal eine unmittelbare Anwendung der InsolvenzRL nicht in Frage kommt (aA nur *Liebeg*, IESG[3] § 1 Rz 570). Die gegenständliche Bestimmung wurde in der Praxis soweit ersichtlich niemals angewendet (vgl zB auch OGH 8 ObS 13/03z, ZAS 2005/15, 87 *[Graf]* = infas 2004 A 6) und jedenfalls durch BGBl I 2005/102 rückwirkend mit dem Tag ihres seinerzeitigen Inkrafttretens aus dem IESG eliminiert (dazu und zu begleitenden Übergangsbestimmungen § 17a Rz 48).

109 Es gibt nun Fälle, in denen Personen im Zeitablauf teilweise zu den Anspruchsberechtigten und dann wieder zum ausgeschlossenen Personenkreis gem § 1 Abs 6 IESG zählen. Die höchstgerichtliche Judikatur lehnt hier eine Zeitpunktbetrachtung ab und entwickelte eine Sichtweise, die zwischen **Zeiträumen mit und solchen ohne Anspruchsberechtigung** unterscheidet (die Judikatur über ein „Fortwirken" der Zugehörigkeit zum ausgeschlossenen Personenkreis, zB OGH 8 ObS 9/04p, infas 2005 A 62 = ARD 5594/9/2005; 8 ObS 21/05d, ist nicht zuletzt aus unionsrechtlichen Gründen obsolet; so OGH 8 ObS 27/07i, DRdA 2009/43, 418 *[Stadler]* = infas 2008 A 57; *Wolligger*, DRdA 2015/7, 48; vgl auch OGH 8 ObS 29/07h, infas 2008 A 58). Die im Folgenden zu diesem Thema zitierte Judikatur bezieht sich zwar größtenteils auf das zeitweise Vorliegen des ehemaligen Ausschlusstatbestands „Organmitgliedschaft" (vgl Rz 108), ist aber mE sowohl allgemein auf den Wechsel zwischen Anspruchsberechtigung und ausgeschlossenem Personenkreis als auch – noch allgemeiner – auf den Wechsel zwischen einer Position als Anspruchsberechtigter und einer solchen ohne Anspruchsberechtigung, zB bei vorübergehender Tätigkeit im Werkvertrag oder familienhafter Mitarbeit (allg Rz 20 ff, 35 ff) oder bei vorübergehender Tätigkeit als Organmitglied ohne Arbeitnehmereigenschaft (allg Rz 65 ff), sinngemäß übertragbar.

Es kommt idS nicht darauf an, ob die betreffende Person im Zeitpunkt der Insolvenzverfahrenseröffnung noch anspruchsberechtigt war oder nicht bzw ob zu diesem Zeitpunkt ein Arbeitsverhältnis bereits beendet war (vgl OGH 9 ObS 12/90, ARD 4235/26/91). Entscheidend ist vielmehr, dass dem Antragsteller während der Vertragsbeziehung nur zeitweilig die Eigenschaft eines Anspruchsberechtigten fehlte, dass also auch **Zeiten eines „gesicherten" Arbeitsverhältnisses** vorliegen und **Ansprüche geltend gemacht** werden, **die aus ebendiesen Zeiten erwachsen** sind (OGH 8 ObS 6/07a, ARD 5793/4/2007; vgl schon OGH 9 ObS 16/91, DRdA 1992/23, 220 *[Geist]* = infas 1992 A 30; 9 ObS 22/92, DRdA 1993, 390; ausführlich auch *Holzer/Reissner/W. Schwarz,* Insolvenz[4] 80 ff mwN).

Die gegenständlichen Überlegungen sind insb in Bezug auf die Sicherung der **Abfertigung alt** nach den §§ 23 f AngG etc von Bedeutung (allg zu dieser Rz 233 ff). Insolvenz-Entgelt gebührt dabei insoweit, als ein Abfertigungsanspruch allein **auf der Basis der Dienstzeit als AN,** dh ohne Angehörigkeit zum ausgeschlossenen Personenkreis, besteht (OGH 8 ObS 6/07a, ARD 5793/4/2007; vgl schon OGH 9 ObS 6/89, ZAS 1989/28, 205 *[Schima]* = DRdA 1990, 74; 9 ObS 5/89, wbl 1989, 377 = GesRZ 1989, 221; 9 ObS 11/89, DRdA 1990, 231 = RdW 1990, 54; 9 ObS 1/91, SVSlg 39.190; 9 ObS 16/91, DRdA 1992/23, 220 *[Geist]* = infas 1992 A 30; 9 ObS 22/92, DRdA 1993, 390). Als **Bemessungsgrundlage** für den nach dem IESG gesicherten Teil der Abfertigung sind nicht die Entgelte während der Zeit ohne Anspruchsberechtigung, sondern das **letzte Entgelt als AN** heranzuziehen (OGH 8 ObS 6/07a, ARD 5793/4/2007; vgl schon OGH 9 ObS 6/89, ZAS 1989/28, 205 *[Schima]* = DRdA 1990, 74; 9 ObS 5/89, wbl 1989, 377 = GesRZ 1989, 221; 9 ObS 11/89, DRdA 1990, 231 = RdW 1990, 54; 9 ObS 22/89, ecolex 1990, 242; 8 ObS 17/95, RdW 1996, 26 = infas 1995 A 139). Einer Aufwertung dieser uU auf weit zurückliegende Entgeltzahlungen abstellenden Berechnungsbasis, etwa anhand von Indexzahlen oder der im Unternehmen üblichen Gehaltssteigerungen (vgl *Schima,* ZAS 1989, 41), ist das Höchstgericht nicht nahegetreten (ausdrücklich OGH 8 ObS 2/94, DRdA 1994, 425 = infas 1994 A 128).

Die skizzierten Aussagen können nicht nur für Abfertigungen, sondern sinngemäß für alle übrigen gesicherten Ansprüche, die sich auf einen längeren Zeitraum beziehen, in welchem der Antragsteller teilweise Anspruchsberechtigter iSd IESG war, nutzbar gemacht werden. In Frage kamen hier etwa **Betriebspensionsansprüche** bzw die entsprechende Abschlagszahlung nach § 3d IESG (dazu § 3d Rz 1 ff). Auf den Anspruch auf **Urlaubsersatzleistung** kann die Zeitraumbetrachtung laut OGH (8 ObS 6/96, wbl 1996, 326 = infas 1996 A 113) hingegen nicht angewendet werden. Da hier nicht von einem während der Dauer des Arbeitsverhältnisses anteiligen Anwachsen von

Anwartschaften ausgegangen werden könne, sei hinsichtlich der IESG-Sicherung nur die Frage, ob im Zeitpunkt der Beendigung ein Arbeitsverhältnis aufrecht gewesen sei, entscheidend.

3.1 AN von Gebietskörperschaften und Gemeindeverbänden

110 AN von Gebietskörperschaften (Bund, Bundesländer, Gemeinden) und von Gemeindeverbänden haben gem § 1 Abs 6 Z 1 Fall 1 IESG keinen Anspruch auf Insolvenz-Entgelt. Es macht keinen Unterschied, ob ihr Dienstverhältnis auf einem privatrechtlichen Vertrag (idR Vertragsbediensteterverhältnis) oder auf Hoheitsakt beruht (öffentlich-rechtliches Dienstverhältnis, Beamtenverhältnis).

Der Ausschluss wird sich über den Wortlaut des G hinaus auch auf sonstige Anspruchsberechtigte, insb freie DN iSd § 4 Abs 4 ASVG (dazu Rz 83 ff, insb Rz 85), erstrecken.

111 Unter einem **Gemeindeverband** iSd § 1 Abs 6 Z 1 IESG ist nach dem Regelungszusammenhang mit Dienstverhältnissen zum Bund, zu einem Land oder zu einer Gemeinde ein Gemeindeverband iSd Art 116a B-VG zu verstehen. Ein nach den §§ 87 ff WRG gebildeter **Wasserverband,** dem neben Gemeinden auch andere Rechtssubjekte als Mitglieder angehören können, ist nicht einmal dann als Gemeindeverband zu qualifizieren, wenn ihm tatsächlich nur Gemeinden beigetreten sind (VwGH 86/11/0018, VwSlgNF A 12.181 = ÖJZ 1987, 184).

112 An sich sind die **Gebietskörperschaften** als juristische Personen des öffentlichen Rechts vermögensfähig und damit auch insolvenzfähig, dh eine Gemeinde kann zB in Konkurs gehen. Da zur Insolvenzmasse jedoch nur das der Exekution unterworfene Vermögen gehört, sind die Exekutionsbeschränkungen des § 15 EO zu beachten. Die Insolvenzfähigkeit des Bundes oder der Länder sowie eines ausländischen Fiskus ist wohl eher von theoretischer Bedeutung (*Petschek/Reimer/Schiemer*, Insolvenzrecht 21). Darin dürfte ursprünglich auch der Grund für die Ausnehmung der AN der Gebietskörperschaften gelegen sein. Eine Insolvenz von Gemeinden ist aber nicht nur möglich, sondern tatsächlich auch schon häufig eingetreten (vgl *Nunner-Krautgasser,* Insolvenzverfahren für Staaten 22 ff mwN).

§ 1 Abs 6 Z 1 Fall 1 IESG enthält wohl **Verstöße gegen unionsrechtliche Vorgaben.** Die InsolvenzRL gilt gem ihrem Art 1 Abs 1 für Ansprüche von AN aus Arbeitsverträgen oder Arbeitsverhältnissen gegen AG, die zahlungsunfähig sind (zur Definition der Zahlungsunfähigkeit des AG vgl Art 2 Abs 1 InsolvenzRL). Die Begriffe „AN" und „AG" sind hierbei nach innerstaatlichem Recht zu bestimmen (vgl Art 2 Abs 2 InsolvenzRL). AN iSd innerstaatlichen Rechts sind **zweifellos** die **VB** und **sonstige AN** der Gebietskörperschaft, also jene Personen, die in einem privatrechtlichen Arbeitsvertrag zur Gebietskörperschaft stehen. Im Gegensatz dazu stehen die **Beamten,** deren Rechtsverhältnis auf dem hoheitlichen Bestellungsakt beruht und die daher nach der herkömmlichen Vertragstheorie – und somit schon gem § 1 Abs 1 IESG (s Rz 2) – **keine AN** sind. Diese sind daher auch unionsrechtlich mE keine AN iSd innerstaatlichen Rechts, was der EuGH auch in ähnlichen Zusammenhängen schon so gesehen hat (zur BetriebsübergangsRL zB EuGH C-343/98, *Collino,* Slg 2000, I-6659). Was die VB und sonstiger AN der Gebietskörperschaften anlangt, so ist die Unionsrechtswidrigkeit offensichtlich gegeben (so auch *Liebeg,* IESG³ § 1 Rz 547). Eine Herausnahme decken könnte Art 1 Abs 2 InsolvenzRL, wonach die Mitgliedstaaten die Ansprüche bestimmter Gruppen von AN wegen des Bestehens anderer Garantieformen ausnahmsweise vom Anwendungsbereich dieser RL ausschließen können, wenn diese den Betroffenen nachweislich einen Schutz gewährleisten, der dem sich aus dieser RL ergebenden Schutz gleichwertig ist. Ein derart gleichwertiger Schutz ist im österr Recht jedoch nicht ersichtlich.

3.2 AN, die in einem Dienstverhältnis zu einem AG stehen, der Immunität genießt

113 Gem § 1 Abs 6 Z 1 Fall 2 IESG haben AN, die in einem Arbeitsverhältnis zu einem AG mit Immunität stehen, keinen Anspruch auf Insolvenz-Entgelt. Die **Immunität** beruht entweder auf allgemein anerkannten Regeln des Völkerrechts, auf völkerrechtlichen Verträgen oder auf einer innerstaatlichen Norm, nämlich dem BG über die Einräumung von Privilegien und Immunitäten an internationale Organisationen BGBl 1977/677. Demgemäß sind insb Beschäftigte von Vertretungskörpern ausländischer Staaten (zB Botschaften) von der Anspruchsberechtigung ausgenommen.

Die Herausnahme aus dem Geltungsbereich des IESG liegt offenbar darin begründet, dass die hier in Frage kommenden AG einem Insolvenzverfahren in Österreich nicht unterworfen werden können (ErläutRV 446 BlgNR 15. GP 5; vgl auch OGH 8 ObS 40/95, ZIK 1996, 140 = ARD 4745/27/96).

3.3 Gesellschafter, die einen beherrschenden Einfluss auf die Gesellschaft haben

114 Gem § 1 Abs 6 Z 2 IESG von der Anspruchsberechtigung ausgenommen sind Gesellschafter, denen ein beherrschender Einfluss auf die Gesellschaft zusteht, auch wenn dieser Einfluss ausschließlich oder teilweise auf der treuhändigen Verfügung von Gesellschaftsanteilen Dritter beruht oder durch treuhändige Weitergabe von Gesellschaftsanteilen ausgeübt wird.

§ 1 IESG

Die unionsrechtliche Deckung der gegenständlichen Ausnahme bietet Art 12 lit c InsolvenzRL. Demnach steht die RL nicht der Möglichkeit der Mitgliedstaaten entgegen, „die in Art 3 vorgesehene Zahlungspflicht oder die in Art 7 vorgesehene Garantiepflicht in den Fällen abzulehnen oder einzuschränken, in denen ein AN allein oder zusammen mit engen Verwandten Inhaber eines wesentlichen Teils des Unternehmens oder Betriebs des AG war und beträchtlichen Einfluss auf dessen Tätigkeiten hatte". Probleme mit der Richtlinienkonformität können mE höchstens in sehr speziellen Fällen eintreten, so etwa bei AN, die zwar nur Kleingesellschafter sind, aber dennoch beherrschenden Einfluss auf die Gesellschaft haben (dazu auch Rz 116). Hier fehle es an der Inhaberschaft bzgl eines „wesentlichen Teils des Unternehmens" (so *Trenker,* GesRZ 2013, 298, der diesbezüglich für eine richtlinienkonforme Interpretation des § 1 Abs 6 Z 2 IESG plädiert).

Besteht in einer Rechtsbeziehung nur vorübergehend ein derartiger beherrschender Einfluss iSd § 1 Abs 6 Z 2 IESG und liegt ansonsten kein Hindernis für eine Anspruchsberechtigung als AN oder freier DN iSd § 4 Abs 4 ASVG vor, so kann es iS einer Zeitraumbetrachtung Ansprüche iSd IESG, insb in Bezug auf die Abfertigung alt, geben (allg dazu Rz 109).

115 § 1 Abs 6 Z 2 IESG ist nur auf Personen zu beziehen, die in den **unter § 1 Abs 1 IESG** umschriebenen subjektiven Geltungsbereich des G **fallen,** insb weil sie als AN iSd Arbeitsvertragsrechts, allenfalls als freie DN iSd § 4 Abs 4 ASVG zu qualifizieren sind (dazu insb Rz 67 sowie allg auch Rz 11 f, 83 ff). Ist keiner dieser Fälle des § 1 Abs 1 IESG gegeben, so scheitert die Anspruchsberechtigung schon daran, § 1 Abs 6 Z 2 IESG ist insoweit rein deklarativ und braucht nicht mehr geprüft zu werden (s schon Rz 105; zu Vorstandsmitgliedern einer AG Rz 66).

Betrachtet man § 1 Abs 6 Z 2 IESG, insb den Umstand, dass ein **beherrschender Einfluss** auf die Gesellschaft vorliegen muss, so kann gesagt werden, dass wegen dieses Erfordernisses **häufig** bereits die nach § 1 Abs 1 IESG geforderte **Arbeitnehmereigenschaft zu verneinen** sein wird: Ein „beherrschender Einfluss" wird die Annahme einer persönlichen Abhängigkeit des Gesellschafters in den meisten Fällen ausschließen, die ausdrückliche Herausnahme dieses Personenkreises ist insoweit überflüssig (so auch *Liebeg,* wbl 2003, 159). Beim Alleingesellschafter einer GmbH etwa, der das Unternehmen eigenverantwortlich zu führen hatte, wird auch dann, wenn durch einen Treuhandvertrag beträchtliche Einschränkungen seiner Verfügungsmacht statuiert werden, mangels persönlicher Abhängigkeit kein Arbeitsverhältnis iSd § 1 Abs 1 IESG vorliegen (vgl OGH 8 ObS 4/09k, SSV-NF 23/10). § 1 Abs 6 Z 2 IESG kann also nur in **speziellen Konstellationen von AN** oder etwa auch **bei freien DN iSd § 4 Abs 4 ASVG** greifen.

Übt ein Gesellschafter auf Grund einer entsprechenden Prüfung **keinen beherrschenden Einfluss** auf die Gesellschaft aus, so ist **entscheidend, ob** unbeschadet der gesellschaftsrechtlichen Stellung zur insolventen Gesellschaft ein **Arbeitsverhältnis** mit der damit verbundenen persönlichen Abhängigkeit (bzw ein **freies Dienstverhältnis iSd § 4 Abs 4 ASVG**) anzunehmen ist. Nur dann ist ein entsprechender Rechtsanspruch gegeben. Die Formulierung des § 1 Abs 6 Z 2 IESG ist irreführend und darf nicht zum Umkehrschluss verleiten, also zur Auffassung, dass Gesellschafter, die keinen beherrschenden Einfluss haben, schlechthin anspruchsberechtigt sind. Kann bspw die betroffene Gesellschafterin in allen Geschäftsbereichen selbständig entscheiden, wird sie damit auch in unmittelbar unternehmerischen Belangen wie der Übernahme von Aufträgen, der Einstellung von AN, der Bestimmung des Betriebsurlaubs, der Entscheidung über die Entgelthöhe von AN usw tätig und übernimmt sie zudem Haftungen für dem Unternehmen eingeräumte Kredite, so scheitert der Anspruch auf Insolzenz-Entgelt zwar nicht an der gegenständlichen Ausschlussbestimmung, wohl aber an der Arbeitnehmereigenschaft und somit an § 1 Abs 1 IESG (OGH 8 ObS 44/95, DRdA 1996, 427 = infas 1996 A 139; s auch Rz 119 sowie allg Rz 23 ff).

Die ausgeschlossenen Personen müssen nach dem Wortlaut des § 1 Abs 6 Z 2 IESG **Gesellschafter** einer Gesellschaft sein, diese **Gesellschaft** – in Frage kommen GmbH, OG bzw KG sowie die Gesellschaft bürgerlichen Rechts (zur AG s Rz 117) – muss aus systematischen Überlegungen (s schon Rz 115) der **AG** sein. **116**

Zu beachten ist, dass natürlich auch Nicht-Gesellschafter faktisch eine Position gegenüber einer Gesellschaft haben können, die einer Gesellschafterstellung gleicht. Dies kann wiederum dazu führen, dass aus diesem Grund der Status als AN iSd Arbeitsvertragsrechts oder ein sonstiger Status iSd § 1 Abs 1 IESG nicht gegeben ist, sodass eine Anspruchsberechtigung aus diesem Grund ausscheidet (s aber auch Rz 118).

Gem § 1 Abs 6 Z 2 IESG sind Gesellschafter von der Anspruchsberechtigung ausgenommen, wenn ihnen ein **beherrschender Einfluss auf die Gesellschaft zusteht.** Dies wird vor allem auf jene Gesellschafter einer GmbH zutreffen, die zugleich als deren Geschäftsführer fungieren (sog **Gesellschafter-Geschäftsführer**), wobei der beherrschende Einfluss in aller Regel stark mit dem Ausmaß der Beteiligung an der Gesellschaft zusammenhängen wird (dazu im Detail Rz 120). Das Vorstandsmitglied der AG, welches zugleich Aktionär ist, steht hier nicht zur Debatte, weil dieses nach hA schon gem § 1 Abs 1 IESG nicht anspruchsberechtigt sein kann (dazu Rz 66). **117**

Nach § 1 Abs 6 Z 2 IESG ist entscheidend, dass der beherrschende Einfluss **„zusteht".** Es kommt nicht darauf an, ob der Einfluss tatsächlich ausgeübt wird, die **Möglichkeit, diesen auszuüben, reicht aus** (vgl OGH 8 ObS

315/97z, DRdA 1998, 364 = ZIK 1998, 134; 8 ObS 200/99s, RdW 2000, 242 = ZIK 2000, 71; 8 ObS 21/03a, wbl 2004, 438; 8 ObS 13/05b, ASoK 2006, 238 = ZIK 2006, 35; *Liebeg*, IESG³ § 1 Rz 580 sowie Rz 574 f zur Richtlinienkonformität dieser Sichtweise). Dass etwa in einem Syndikatsvertrag der beherrschende Einfluss im Innenverhältnis eingeschränkt ist, ist für den Anspruchsausschluss nach IESG irrelevant (OGH 8 ObS 1/13z, wbl 2013/166, 461 = infas 2013 A 66).

Nach dem Wortlaut unklar ist, ob zB Gesellschafter einer GmbH, die nicht als Geschäftsführer, sondern in einer anderen Funktion für die Gesellschaft tätig sind, von der Anspruchsberechtigung ausgenommen sind, weil ihnen ein beherrschender Einfluss auf die Gesellschaft zwar nicht (rechtlich) „zusteht", sie aber dennoch einen solchen **faktisch** ausüben. Man wird dies für die Erfüllung des Ausschlusstatbestands des § 1 Abs 6 Z 2 IESG angesichts insb des Zwecks der Bestimmung genügen lassen können (vgl auch Rz 123). In derartigen Fällen wird es allerdings wiederum häufig schon an der Arbeitnehmereigenschaft iSd § 1 Abs 1 IESG scheitern. Auch ein diesfalls allfällig gegebener Status als freier DN iSd § 4 Abs 4 ASVG gegenüber der Gesellschaft würde wegen § 1 Abs 6 Z 2 IESG zum Ausschluss der Anspruchsberechtigung führen.

118 Ein beherrschender Einfluss eines Gesellschafters kann nach § 1 Abs 6 Z 2 IESG auch dadurch gegeben sein, dass er **ausschließlich oder teilweise auf der treuhändigen Verfügung von Gesellschaftsanteilen Dritter** beruht (OGH 8 ObS 6/09d, ARD 6022/3/2010). Hätte also ein Gesellschafter auf Grund seiner eigenen Anteile keinen beherrschenden Einfluss, verfügt er aber durch eine Vereinbarung als Treuhänder über weitere Gesellschaftsanteile Dritter, so kann dies insgesamt einen beherrschenden Einfluss ergeben. Auch diese Facette des § 1 Abs 6 Z 2 IESG ist mE unionsrechtskonform (so auch OGH 8 ObS 6/09d, ARD 6022/3/2010; *Trenker*, GesRZ 2013, 298; aA *Deriu*, Insolvenz-Entgeltsicherung 109).

Zu widersprüchlichen Schlüssen leitet allerdings der vom G verwendete Passus „ausschließlich oder teilweise": Ein für die Gesellschaft tätiger **Nicht-Gesellschafter,** der „ausschließlich" durch die treuhändige Verwaltung von Gesellschaftsanteilen zu einem beherrschenden Einfluss auf die Gesellschaft gelangt, ist nach dem Wortlaut des § 1 Abs 6 Z 2 IESG von der Anspruchsberechtigung nicht ausgenommen (aA *Liebeg*, IESG³ § 1 Rz 577). Wie immer ist vorweg zu prüfen, ob derartige Personen überhaupt AN iSd Arbeitsvertragsrechts bzw freie DN iSd § 4 Abs 4 ASVG sind und daher unter § 1 Abs 1 IESG fallen (dazu schon Rz 115).

119 Der beherrschende Einfluss geht gem § 1 Abs 6 Z 2 IESG dann nicht verloren, wenn der **Gesellschafter seine Anteile an Dritte zu treuen Handen weitergegeben** hat. Auch diese Weitergabe kann „ausschließlich oder teilweise" erfolgen. Besteht im Treuhandvertrag ein Weisungsrecht gegenüber dem Treuhänder, ist das Weiterbestehen des beherrschenden Einflusses selbstverständlich. Wird allerdings im Treuhandvertrag ein Zugriff auf den Treuhänder ausgeschlossen, so wird zwar der beherrschende Einfluss iSd § 1 Abs 6 Z 2 IESG entfallen, die Anspruchsberechtigung kann aber dennoch an der faktischen Stellung der Person, welche eine persönliche Abhängigkeit ausschließt, scheitern (vgl OGH 8 ObS 4/09k, SSV-NF 23/10; zu prüfen ist in derartigen Konstellationen auch das Vorliegen einer rechtswidrigen Gestaltung zu Lasten des IEF; vgl Rz 441 ff, insb Rz 447).

Die Frage, **wann** ein Gesellschafter kraft seiner Beteiligung (bzw Treuhänderstellung) und der daraus erfließenden Rechte einen **beherrschenden Einfluss** auf die Gesellschaft ausüben kann, wurde nicht immer einheitlich beantwortet. Jedenfalls anerkannt wird ein beherrschender Einfluss, wenn jemand **Mehrheitsgesellschafter** ist und damit die Beschlussfassung entscheidend mitgestalten kann. Die vertraglich vorgenommene rückwirkende Beseitigung dieser Position ist für das IESG irrelevant (OGH 8 ObS 315/97z, DRdA 1998, 364 = ZIK 1998, 134).

120

Ein beherrschender Einfluss ist idR wohl auch dann gegeben, wenn eine Person über einen solchen Geschäftsanteil verfügt, der sie in die Lage versetzt, Beschlüsse der Gesellschafterversammlung zumindest zu verhindern (sog Sperrminorität; s dazu unten). Der ursprünglich im Bereich des IESG entscheidungszuständige VwGH hat einen derartigen Grundsatz jedoch abgelehnt: Nur die Mehrheitsbeteiligung eines Gesellschafters, der nicht gleichzeitig Geschäftsführer ist, verhelfe diesem jedenfalls zu einem „beherrschenden Einfluss". Eine Minderheitsbeteiligung hingegen, kraft der er nur eine Beschlussfassung der Gesellschafter verhindern kann (Sperrminorität), räume ihm eine die Anspruchsberechtigung ausschließende rechtliche Einflussmöglichkeit auf die Gesellschaft nicht ein (vgl zB VwGH 83/11/0054, RdW 1986, 280; s auch *Martin Mayr*, FS Floretta 763). Auch im Falle einer GmbH & Co KG hat der VwGH (86/11/0143, ZfVB 1987/2156) entschieden, dass der für die KG tätige, nicht geschäftsführende Gesellschafter jener GmbH, die alleinige Komplementärgesellschaft der GmbH & Co KG ist, nur dann beherrschenden Einfluss auf die zur gesetzlichen Vertretung und Geschäftsführung der GmbH & Co KG berufene KG iSd (nunmehrigen) § 1 Abs 6 Z 2 IESG hat, wenn er über eine solche Beteiligung an der KG verfügt, kraft derer er die Beschlussfassung der Gesellschafter der KG **bestimmen** kann.

Durch diese Rsp würde sich die Rechtsstellung eines Gesellschafters, der nicht als Geschäftsführer, sondern in anderer Funktion für die Gesellschaft tätig ist, von jener eines geschäftsführenden Gesellschafters unterscheiden, da bei Letzterem bereits bei Vorliegen einer Sperrminorität die Arbeitnehmereigenschaft verneint wird (vgl Rz 67). Dieser Auffassung kann allerdings nicht grundsätzlich, sondern nur in jenen in der Praxis eher seltenen Fällen zugestimmt werden, in denen die Geschäftsführung zumindest auf längere Zeit nicht auf Beschlüsse der Gesellschafterversammlung angewiesen ist. In allen übrigen Fällen wird der Gesellschafter sehr wohl auf Grund seiner Sperrminorität indirekt das Weisungsrecht des Geschäftsführers verhindern und damit nicht als anspruchsberechtigt qualifiziert werden können. Der OGH ist dieser Argumentation, die im Übrigen wertungsmäßig auch durch die Bezugnahme auf jenen Gesellschafter, der sich durch die treuhändige Überlassung seiner Anteile an Dritte einer unmittelbaren Einflussnahme auf die Geschäftsführung begibt, gestützt wird, gefolgt und hat festgehalten, dass ein beherrschender Einfluss im Allgemeinen auch dann gegeben ist, wenn der Gesellschafter über einen solchen Anteil verfügt, der ihn in die Lage versetzt, eine Beschlussfassung in der Generalversammlung zu **verhindern** (stRsp; zB OGH 9 ObS 19/89, ZAS 1991/14, 165 *[Rechberger]* = DRdA 1990, 470; 9 ObS 21/91, RdW 1992, 249 = infas 1993 A 16; 8 ObS 6/09d, ARD 6022/3/2010; 8 ObS 9/09w, SSV-NF 23/60).

Die **Sperrminorität** muss allerdings für im Rahmen der Unternehmensführung **wesentliche Angelegenheiten** bestehen. Ein Gesellschafter mit einer Minderheitsbeteiligung von 37,5 % und einer Sperrminorität nur bzgl der Abtretung und Verpfändung von Geschäftsanteilen sowie der Auflösung der GmbH gehört nicht zum ausgeschlossenen Personenkreis iSd nunmehrigen § 1 Abs 6 Z 2 IESG (vgl OGH 9 ObS 21/91, RdW 1992, 249 = infas 1993 A 16). Ein Einstimmigkeitserfordernis in wesentlichen Angelegenheiten vermittelt hingegen einen beherrschenden Einfluss (OGH 8 ObS 1/13z, wbl 2013/166, 461 = infas 2013 A 66).

121 **Irrelevant** ist eine allfällige **Vermittlung des „beherrschenden Einflusses" durch gesellschaftsrechtliche Konstruktionen:** Ist etwa alleiniger Gesellschafter einer Kapitalgesellschaft eine andere Kapitalgesellschaft, so ist ein „beherrschender Einfluss" analog § 1 Abs 6 Z 2 IESG dann gegeben, wenn diese Voraussetzung für die Gesellschafter dieser Gesellschaft besteht (OGH 9 ObS 19/89, ZAS 1991/14, 165 *[Rechberger]* = DRdA 1990, 470). Kommt im Rahmen einer GmbH & Co KG einem bei der insolventen KG beschäftigten Gesellschafter der Komplementärgesellschaft beherrschender Einfluss auf letztere zu, hat er im Allgemeinen keinen Anspruch auf Insolvenz-Entgelt, selbst wenn er nach ASVG sozialversichert ist (OGH 8 ObS 418/97x, ARD 4986/14/98 = ecolex 1998, 653; vgl weiters OGH 8 ObS 200/99s, RdW 2000, 242 = ZIK 2000, 71). Anderes gilt dann, wenn die Komplementär-GmbH als einzige Komplementärin atypischerweise nicht die beherrschende Gesellschafterin der KG ist. Hier liegt kein beherrschender Einfluss der AN auf die KG vor, obwohl ein solcher als Mehrheitsgesellschafterin in der Komplementär-GmbH besteht (OGH 8 ObS 10/11w, SSV-NF 25/62 = RdW 2012/50, 38).

122 Die in Rz 120 für den Minderheitsgesellschafter gemachte Einschränkung ist sinngemäß auch für den **Mehrheitsgesellschafter** zu wiederholen: **Unter speziellen Umständen** ist es ausnahmsweise möglich, dass dieser **keinen beherrschenden Einfluss** auf die Gesellschaft hat; dies etwa dann, wenn er infolge eines **Verzichts auf Stimmrechte** nicht wirksam den Inhalt seiner Arbeitsbedingungen beeinflussen kann, wodurch die Möglichkeit einer Fremdbestimmung durch den Geschäftsführer gegeben ist (VwGH 83/11/0054, RdW 1986, 280; vgl *Holler*, ZAS 1987, 150 mwN). Während der Verzicht auf Stimmrechte somit relativ leicht zum Verlust eines beherrschenden Einflusses auf die Gesellschaft führen kann, ist dies bei treuhändiger Weitergabe von Gesellschaftsanteilen gem § 1 Abs 6 Z 2 IESG in aller Regel nicht der Fall, weil die „Durchgriffsmöglichkeit" des Treugebers erhalten bleibt (s Rz 119).

123 **Überträgt** ein **Gesellschafter** seinen **Geschäftsanteil an eine Privatstiftung,** deren **einziger Zweck** in **seiner Versorgung** liegt, und behält er sich das Recht vor, Beiratsmitglieder zu bestellen und abzuberufen, so **verliert** er dadurch den **beherrschenden Einfluss** auf die Gesellschaft iSd § 1 Abs 6 Z 2 IESG **nicht.** Mag er sich auch im Außenverhältnis seiner Gesellschafterstellung begeben haben, so besteht im Innenverhältnis auf Grund der Versorgungsberechtigung aus dem Geschäftsanteil und dessen Erträgnissen eine aufrechte Bindung, die noch dadurch verstärkt wird, dass der (ehemalige) Gesellschafter – etwa durch den von ihm abhängigen Beirat – mittelbar auf die Geschäftsführung der Stiftung Einfluss nehmen kann (OGH 8 ObS 2/13x, GesRZ 2013, 296 *[Trenker]* = infas 2013 A 65; 8 ObS 3/13v, RdW 2014/121, 87). Zwar ist die Privatstiftung nach ihrem Entstehen als Rechtsträger vom Stifter vollständig getrennt, er wird weder „Mitglied" der Stiftung noch bleibt er Eigentümer des Stiftungsvermögens (RIS-Justiz RS0115134), allerdings wird der Zweck und die innere Ordnung der Privatstiftung im Wege der Privatautonomie weitgehend vom Stifter bestimmt (vgl auch OGH 8 ObS 8/13d, GesRZ 2014, 202 *[Korenjak]* = infas 2014 A 54; hier war schon die Anspruchsberechtigung gem § 1 Abs 1 IESG nicht gegeben). Auch in diesem Zusammenhang lässt die Rsp somit den **faktischen** Einfluss auf die insolvente Gesellschaft ausreichen (vgl auch Rz 117), der freilich entsprechend nachzuweisen sein wird (krit *Trenker*, GesRZ 2013, 298 f).

3.4 Arbeitspflichtige Strafgefangene und Untergebrachte

124 Durch den auf Grund des Art VIII BGBl 1993/799 eingefügten, nunmehrigen § 1 Abs 6 Z 3 IESG wird festgelegt, dass Personen, die nach § 66a AlVG der Arbeitslosenversicherungspflicht unterliegen, keinen Anspruch auf Insolvenz-Entgelt haben. Nach den Materialien (ErläutRV 946 BlgNR 18. GP 42) soll durch diese Bestimmung klargestellt werden, dass für arbeitslosenversicherte Strafgefangene kein Zuschlag nach § 12 Abs 1 Z 4 IESG anfallen kann; sonstige Ansprüche gegen private AG sollen aber unberührt bleiben.

125 Vorweg zu klären ist, wer die **nach § 66a AlVG der Arbeitslosenversicherungspflicht unterliegenden Personen** sind. Es handelt sich gem § 66a Abs 1 AlVG um **Menschen, die sich auf Grund eines gerichtlichen Urteils in Strafhaft oder in einer mit Freiheitsentzug verbundenen vorbeugenden Maßnahme** nach den §§ 21 Abs 2, 22 und 23 StGB (sog Maßnahmenvollzug) befinden und ihrer **Arbeitspflicht** gem § 44 StVG nachkommen. Die zitierte Sonderregelung bezieht diese Personengruppe aus sozialen Gründen zum Zwecke einer möglichst vollständigen Reintegration in die Arbeitslosenversicherung ein, damit der Zeitraum der Arbeitspflicht nach der Haftentlassung auf die Anwartschaft für den Bezug von Arbeitslosengeld angerechnet werden kann (vgl ErläutRV 946 BlgNR 18. GP 41 f; AB 1253 BlgNR 18. GP 12 f). Die Versicherungspflicht beginnt bzw endet mit Beginn bzw Ende der Arbeitspflicht und besteht insb auch dann, wenn der Strafgefangene bzw Untergebrachte wegen des Besuchs eines Lehrganges zur Berufsausbildung oder -fortbildung oder wegen Krankheit nicht gearbeitet hat (vgl § 66a Abs 2 AlVG). Für Bemessungsgrundlage, Beitragsgrundlage, Beitragsentrichtung udgl werden ebenfalls besondere Vorschriften getroffen (vgl § 66a Abs 3–8 AlVG).

126 Vor diesem Hintergrund erscheint die darauf aufbauende Novellierung des IESG in ihrer systematischen Stellung problematisch. Da Strafgefangene und Untergebrachte **keinesfalls** als **AN** (oder freie DN iSd § 4 Abs 4 ASVG bzw Heimarbeiter) iSd § 1 Abs 1 IESG angesehen werden können (vgl allg *Spielbüchler*, Arbeitsrecht I[4] 49; *Löschnigg*, Arbeitsrecht[12] 171), ist die Herausnahme dieses Personenkreises jedenfalls – wie zB jene der Beamten gem § 1 Abs 6 Z 1 IESG – als rein deklarativ anzusehen. Aus der Formulierung und aus den ErläutRV (946 BlgNR 18. GP 42) geht auch klar hervor, dass eine Anspruchsberechtigung nur hinsichtlich der im Rahmen des Straf- oder Maßnahmenvollzugs zu erbringenden Tätigkeiten ausgeschlossen sein soll. Allein der Status als Strafgefangener hindert Ansprüche auf Insolvenz-Entgelt – etwa auf Grund eines früheren Arbeitsverhältnisses zu einem nunmehr insolventen privaten AG – nicht.

Die eigentliche Bedeutung der vorliegenden Regelung liegt vielmehr in der **Frage der Beitragsleistung zur Finanzierung des IEF** und somit im Bereich des § 12 Abs 1 Z 4 IESG (vgl § 12 Rz 1 ff). Aus § 12 IESG ergibt sich, wie die für die Durchführung dieses G notwendigen Mittel aufzubringen sind. Hauptfinanzierungsinstrument ist der mit V des BMASK festzusetzende Zuschlag zu dem vom AG zu leistenden Anteil des Arbeitslosenversicherungsbeitrags iSd § 2 AMPFG. Dieser Zuschlag wurde zB für die Beitragsperiode 2018 mit 0,35 % der nach ASVG geltenden allgemeinen Beitragsgrundlage (nach

Maßgabe des § 45 ASVG) festgesetzt (vgl § 12 Rz 7). Von der Leistung dieses Zuschlags sind AG von Personen iSd § 1 Abs 6 IESG ausdrücklich ausgenommen (§ 12 Abs 2 IESG). Schon damit wäre klargestellt, dass der gem § 66a Abs 6 AlVG einem DG iSd G gleichzuhaltende Bund – dessen Insolvenzfähigkeit letztlich theoretischer Natur ist – für die hier interessierenden Strafgefangenen und Untergebrachten trotz Vorliegens einer Arbeitslosenversicherung von der Zuschlagsleistung befreit ist.

4. Fälle der Insolvenz und gleichgestellte Tatbestände

Primärer Insolvenzfall gem § 1 Abs 1 IESG ist die **Eröffnung eines Verfahrens nach der IO** über das Vermögen des aktuellen oder ehemaligen AG (Auftraggebers) im Inland (s Rz 130 ff; zur Maßgeblichkeit von Auslandsinsolvenzen s Rz 164 ff). 127

Der Insolvenzverfahrenseröffnung **stehen gleich** die Anordnung der Geschäftsaufsicht (§ 1 Abs 1 Z 1 IESG; Rz 140 ff), die Nichteröffnung des Insolvenzverfahrens mangels kostendeckenden Vermögens (Z 2 leg cit; Rz 146 ff), die Ablehnung der Eröffnung des Insolvenzverfahrens gem § 68 IO wegen Vermögenslosigkeit (Z 3; Rz 149 ff), die Löschung gem § 40 oder § 42 FBG wegen Vermögenslosigkeit (Z 4; Rz 153 ff), die Zurückweisung des Antrags auf Insolvenzverfahrenseröffnung gem § 63 IO (Z 5; Rz 157 f) sowie der Beschluss gem § 153 Abs 1 oder § 154 Abs 1 AußStrG (Z 6 leg cit; Rz 159 ff).

All diese Phänomene stellen sog **Stichtage** iSd § 3 Abs 1 IESG dar (dazu § 3 Rz 3 ff). Es kann sein, dass nicht bloß ein einziger, sondern mehrere Stichtage nacheinander eintreten, was entsprechende Auswirkungen zB auf Sicherungszeiträume (vgl § 3a Rz 6 ff) oder Antragsfristen (vgl § 6 Rz 2 ff) hat.

Weitere Tatbestände finden sich in § 1a IESG und betreffen die Sicherung der infolge der Anwendung der wirtschaftlichen Reduktionsklausel (§ 23 Abs 2 AngG ua) entfallenden Abfertigung sowie der auf Grund der erbrechtlichen Haftungsbeschränkung nach bedingter Erbserklärung nicht zustehenden arbeitsrechtlichen Ansprüche (s § 1a insb Rz 13 ff bzw 23 ff).

Diese sog **Sicherungstatbestände** sind **im IESG erschöpfend aufgezählt;** 128 eine (analoge) Ausweitung auf ähnlich gelagerte Fälle ist im Allgemeinen nicht möglich. Damit soll verhindert werden, dass AN durch bloßes Setzen von insolvenzrechtlichen „Formalakten" eine IESG-Sicherung herbeiführen können. So wurde bspw die Abweisung eines Konkursantrags mangels Bescheinigung eines verwertbaren Vermögens durch den Antragsteller trotz gerichtlicher Aufforderung den Sicherungstatbeständen des IESG nicht gleichgestellt (OLG Innsbruck 5 Rs 30/88, EvBl 1989/7; s Rz 148). Selbstverständlich kann auch die bloße Zahlungsunfähigkeit oder Zahlungsunwilligkeit des AG keinen Anspruch auf Insolvenz-Entgelt begründen (OGH 8 ObS 40/95, ZIK 1996, 140 = ARD 4745/27/96).

129 Hinsichtlich des Anspruchs auf Insolvenz-Entgelt ist es wichtig, dass die Eröffnung eines Insolvenzverfahrens bzw ein gleichgestellter Beschluss tatsächlich das **Vermögen des AG iSd Arbeitsvertragsrechts** (oder des sonstigen Vertragspartners) betrifft. Schuldet bspw ein AN die Arbeitsleistung der Personengesellschaft und ist diese daher als AG anzusehen, so reicht die Insolvenz des persönlich haftenden Komplementärs auch dann, wenn dieser de facto die Arbeitgeberfunktion wahrgenommen hat, nicht aus, um Ansprüche nach IESG zu begründen (OGH 8 ObS 2049/96, DRdA 1997, 50 = ZASB 1997, 6; zur ähnlichen Situation bei einer Wohnungseigentümergemeinschaft OGH 8 ObS 114/01z; zu den Personengesellschaften s auch Rz 131). Bei einer Vorgründungsgesellschaft für eine später nicht existent werdende GmbH als Partner des Arbeitsvertrags kann der AN bereits dann Insolvenz-Entgelt beanspruchen, wenn bei dem für die Gesellschaft Handelnden ein Tatbestand nach § 1 Abs 1 IESG vorliegt, es sei denn, die Bekl beweist, dass dem AN die Inanspruchnahme der übrigen Gesellschafter zumutbar wäre (OGH 8 ObS 49/00i, JBl 2001, 674).

Der Abschluss eines Arbeitsvertrags mit einem bestimmten AG kann – wie auch eine entsprechende Arbeitsvertragsübernahme – konkludent erfolgen, allenfalls auch nachträglich etwa durch klagsweise Inanspruchnahme oder Anmeldung offener Forderungen im Insolvenzverfahren dieses AG (OGH 8 ObS 14/16s, RdW 2017/419, 574).

4.1 Eröffnung des Insolvenzverfahrens

130 Ein Sicherungstatbestand nach § 1 Abs 1 IESG liegt vor, wenn über das Vermögen des AG (Auftraggebers) im Inland ein Verfahren nach der IO eröffnet wird (zur Insolvenz im Ausland s Rz 164 ff). Unter **„Verfahren nach der IO"** ist das nach der IO vorgesehene flexible **Einheitsverfahren namens Insolvenzverfahren** zu verstehen, welches als Konkursverfahren oder als Sanierungsverfahren mit oder ohne Eigenverwaltung beginnen kann (*Nunner-Krautgasser*, Grundlagen 27; allg dazu Vorbem IO Rz 4):
- Als **Konkursverfahren** zu bezeichnen und abzuwickeln ist ein Insolvenzverfahren dann, wenn der Eröffnung kein Antrag des Schuldners samt zulässigem Sanierungsplan zu Grunde liegt (§ 180 Abs 1 iVm § 167 Abs 1 IO). Im Konkursverfahren ist grundsätzlich die Konkursmasse zur gemeinschaftlichen Befriedigung der Konkursgläubiger zu verwenden (vgl § 180 Abs 2 IO; „Verwertungskonkurs"). Im Mittelpunkt des Verfahrens steht der Insolvenzverwalter (Masseverwalter), der Schuldner verliert seine Dispositionsfähigkeit hinsichtlich der Insolvenzmasse. Auch im Konkursverfahren kann sich aber der Gläubiger mit einem

Sanierungsplan, welcher von der Konkurseröffnung bis zur Aufhebung angeboten werden kann (vgl § 140 Abs 1 IO), entschulden.
– Das **Sanierungsverfahren** – sowohl jenes mit als auch jenes ohne Eigenverwaltung – folgt grundsätzlich den Regelungen für das Konkursverfahren. Das Sanierungsverfahren **ohne Eigenverwaltung** nach den §§ 166 ff IO ist im Grunde ein Konkursverfahren mit einzelnen, einer raschen Sanierung dienenden Sonderbestimmungen. Im Kern ist ein dem G entsprechender Sanierungsplan, welcher einen Sanierungsversuch vorzeichnet, vonnöten. Im Mittelpunkt des Verfahrens steht – wie beim Konkursverfahren – der Insolvenzverwalter (Masseverwalter), der Schuldner verliert seine Dispositionsfähigkeit hinsichtlich der Insolvenzmasse. Liegen alle Voraussetzungen des § 152a IO vor, erlässt das Gericht den **Beschluss auf Bestätigung des Sanierungsplans.** Wird der Bestätigungsbeschluss nicht bekämpft, so ist das Sanierungsverfahren bereits 14 Tage danach beendet. Mit der Rechtskraft des Bestätigungsbeschlusses ist das Sanierungsverfahren aufgehoben, der Schuldner erhält wieder die volle Verfügung über die Insolvenzmasse. **Scheitert** hingegen der **Sanierungsversuch,** ist gem § 167 Abs 3 IO die Bezeichnung auf „Konkursverfahren" abzuändern und dies öffentlich bekannt zu machen, das einheitliche Insolvenzverfahren geht unter Einbeziehung aller verwendbaren bisherigen Rechtshandlungen weiter.
– Das Sanierungsverfahren **mit Eigenverwaltung** nach den §§ 169 ff IO ist im Grunde ebenfalls ein **Konkursverfahren mit Sonderregelungen,** in welchem der Schuldner jedoch grundsätzlich weiterhin handlungs- und verfügungsfähig bleibt; es wird ihm allerdings ein Sanierungsverwalter zur Seite gestellt. Es bedarf wiederum eines entsprechenden Sanierungsplans, die Eigenverwaltung ist dabei nur unter strengen Voraussetzungen und zeitlich begrenzt vorgesehen. Das Verfahren läuft grundsätzlich so wie das Konkursverfahren bzw das Sanierungsverfahren ohne Eigenverwaltung. Das Verfahren wird mit Rechtskraft des **Bestätigungsbeschlusses** aufgehoben. Wird hingegen zB der **Sanierungsplan abgelehnt** oder die **Bestätigung versagt,** so ist die Eigenverwaltung zu entziehen, das Sanierungsverfahren ist wiederum in „Konkursverfahren" umzubenennen und entsprechend weiterzuführen (zu alledem genauer *Nunner-Krautgasser,* Grundlagen 44 ff mwN).

Eine Insolvenzverfahrenseröffnung liegt auch im Falle der Eröffnung eines Schuldenregulierungsverfahrens iSd §§ 181 ff IO (sog Privatkonkurs; vgl *Ehrenreich,* IESG 64) sowie einer Nachlassinsolvenz vor.

Die **Insolvenzfähigkeit,** also die Fähigkeit, Schuldner eines Insolvenzverfahrens zu sein, deckt sich nahezu mit der Parteifähigkeit und kommt natürlichen und juristischen Personen wie zB Kapitalgesellschaften (AG, GmbH),

131

Vereinen, Erwerbs- und Wirtschaftsgenossenschaften oder Gebietskörperschaften (s Rz 112), weiters Personengesellschaften (OG, KG, auch GmbH & Co KG), Verlassenschaften sowie gewissen Sondervermögen zu. Nicht insolvenzfähig sind hingegen zB die Gesellschaft bürgerlichen Rechts und die stille Gesellschaft (*Nunner-Krautgasser*, Grundlagen 33). Der AG wird demgemäß in seiner Eigenschaft als physische oder juristische Person bzw Personengesellschaft vom Insolvenzverfahren betroffen.

Bei **Personengesellschaften** kommen als Schuldner der arbeitsrechtlichen Ansprüche und somit als AG sowohl die persönlich haftenden Gesellschafter als auch die Gesellschaft in Frage. Die Gesellschafter der OG und die Komplementäre der KG haften zwar unbeschränkt und unmittelbar für die Schulden der Gesellschaft; die Eröffnung eines Insolvenzverfahrens über das Vermögen der Gesellschaft bedingt jedoch nicht, dass auch über das Vermögen der einzelnen Gesellschafter Insolvenzverfahren eröffnet werden. Durch die rechtskräftige Eröffnung eines Konkursverfahrens über das Vermögen der Gesellschaft oder über das Vermögen eines persönlich haftenden Gesellschafters, durch die Abänderung der Bezeichnung Sanierungsverfahren in Konkursverfahren oder durch die rechtskräftige Nichteröffnung oder Aufhebung des Insolvenzverfahrens mangels kostendeckenden Vermögens in diesen Fällen werden die Personengesellschaften aufgelöst (§§ 131 Z 3 und 5, 161 Abs 2 UGB; zur für die Sicherung nach IESG nötigen Arbeitgebereigenschaft in derartigen Konstellationen Rz 129).

132 Als **Insolvenzgerichte** fungieren im Allgemeinen die Gerichtshöfe erster Instanz (vgl § 63 IO). Für den Bereich des LGZ Wien ist das HG Wien Insolvenzgericht (§ 64 IO). Ist der Schuldner eine natürliche Peson und betreibt er kein Unternehmen, so ist Insolvenzgericht im Schuldenregulierungsverfahren das zum Zeitpunkt der Antragstellung örtlich zuständige BG (in Wien das für Exekutionssachen zuständige BG; vgl § 182 IO).

Für die **örtliche Zuständigkeit** ist der Sitz des Unternehmens des Schuldners, mangels eines solchen der gewöhnliche Aufenthalt desselben maßgebend (vgl § 63 Abs 1 IO); liegt im Inland weder ein Unternehmen noch ein gewöhnlicher Aufenthalt vor, so ist der Ort der Niederlassung, in Ermangelung eines solchen jener des Vermögens des Schuldners relevant (§ 63 Abs 2 IO). Sind mehrere Gerichte zuständig, so entscheidet das Zuvorkommen mit der Eröffnung des Insolvenzverfahrens (§ 63 Abs 3 IO).

Zu beachten ist, dass das für ein Gesellschaftsinsolvenzverfahren zuständige Gericht auch für eine etwaige Insolvenz des persönlich haftenden Gesellschafters zuständig ist (vgl § 65 IO).

Die Gerichtsbarkeit wird ausschließlich von einem Einzelrichter ausgeübt (§ 253 Abs 1 IO). Vereinbarungen über die Zuständigkeit sind unwirksam (§ 253 Abs 2 IO).

§ 1 IESG

Im **Insolvenzeröffnungsverfahren** (s auch Vorbem IO Rz 5) wird über den **Antrag des Schuldners** oder **eines Gläubigers** entschieden; Gläubiger können nur die Konkurseröffnung beantragen, Schuldner sowohl die Eröffnung eines Konkurs- als auch eines Sanierungsverfahrens (allg *Nunner-Krautgasser,* Grundlagen 38 f). **133**

Im Insolvenzeröffnungsverfahren ist das Vorliegen der Insolvenzvoraussetzungen zu prüfen. Diese sind in formeller Hinsicht die Insolvenzfähigkeit des Schuldners (s Rz 131) sowie das Vorliegen eines Eröffnungsantrags (s oben sowie zur Antragspflicht des Schuldners Rz 134). In materieller Hinsicht bedarf es eines Insolvenzgrunds (Rz 135 f) sowie kostendeckenden Vermögens (Rz 137).

Um die Bereitschaft zu frühestmöglicher Antragstellung zu stärken und damit den Anteil der mangels kostendeckenden Vermögens nicht eröffneten Insolvenzverfahren zu verringern, wird eine **Antragspflicht für den Schuldner** normiert. Gem § 69 Abs 2 IO muss der Schuldner bei Vorliegen der Voraussetzungen für die Insolvenzverfahrenseröffnung (allg Rz 133) ohne schuldhaftes Zögern, spätestens aber 60 Tage (bei Naturkatastrophen udgl: 120 Tage; vgl Abs 2a leg cit) nach Eintritt der Zahlungsunfähigkeit (bzw Überschuldung; s Rz 136) einen entsprechenden Antrag stellen; schuldhaft verzögert ist der Antrag nicht, wenn die Eröffnung eines Sanierungsverfahrens mit Eigenverwaltung (bzw eines Geschäftsaufsichtsverfahrens; dazu Rz 140 ff) sorgfältig betrieben wird. Als Antrag auf Insolvenzverfahrenseröffnung gilt auch die an das Gericht erstattete Anzeige des Schuldners von der Einstellung seiner Zahlungen (§ 69 Abs 1 S 2 IO). Die Verpflichtung zur Antragstellung trifft natürliche Personen, bei eingetragenen Personengesellschaften (OG, KG) alle persönlich haftenden Gesellschafter und Liquidatoren, bei juristischen Personen wie AG, GmbH, Erwerbs- und Wirtschaftsgenossenschaft oder Verein haben die Vertretungsorgane zu agieren. Ist der zur Vertretung Berufene wiederum eine Personengesellschaft oder juristische Person (zB bei einer GmbH & Co KG) oder setzt sich die Verbindung in dieser Art fort, so erstreckt sich die Antragspflicht solange auf die Gesellschafter, Liquidatoren oder Vertretungsorgane, bis eine physische Person in einer dieser Rollen aufscheint. Bei mangelnder Handlungsfähigkeit der natürlichen Person hat der gesetzliche Vertreter tätig zu werden (§ 69 Abs 3 S 2 IO). Geht der Antrag nicht von allen natürlichen Personen aus, die dazu verpflichtet wären, so sind die übrigen vom Gericht über den Antrag zu vernehmen. Ist eine rechtzeitige Vernehmung nicht möglich oder wird kein Einverständnis erzielt, so kommt es trotzdem zur Insolvenzverfahrenseröffnung, wenn die Zahlungsunfähigkeit (oder Überschuldung) vom Antragsteller glaubhaft gemacht wird. Dies gilt auch dann, wenn die Eröffnung des Insolvenzverfahrens über eine Verlassenschaft nicht von allen Erben beantragt wird (§ 69 Abs 4 IO). **134**

135 Jedenfalls ein Insolvenzgrund ist die **Zahlungsunfähigkeit** (§ 66 IO; zur Überschuldung s Rz 136). Nach der herkömmlichen Definition in Lehre und Rsp versteht man unter Zahlungsunfähigkeit das andauernde, also nicht bloß vorübergehende Unvermögen des Schuldners, seine fälligen Verbindlichkeiten im Wesentlichen zu erfüllen (*Nunner-Krautgasser*, Grundlagen 34 f mwN; *Wegan/Reiterer*, Insolvenzrecht 84; *Petschek/Reimer/Schiemer*, Insolvenzrecht 30; OGH 5 Ob 338/68, EvBl 1969/225; 4 Ob 547, 548/81, EvBl 1982/164). Zahlungsunfähigkeit ist insb anzunehmen, wenn der Schuldner seine Zahlungen einstellt (§ 66 Abs 2 IO); dies kann durch ausdrückliche Erklärungen oder durch konkludente Handlungen (zB Schließung des Unternehmens) erfolgen. Ein Andrängen der Gläubiger ist nicht vorausgesetzt; der Umstand, dass der Schuldner einzelne Zahlungen geleistet hat oder noch leisten kann, ist kein Indiz für seine Zahlungsfähigkeit (§ 66 Abs 3 IO). Die Zahlungsunfähigkeit darf nicht mit der Zahlungsstockung verwechselt werden. Darunter ist das Vorliegen eines bloß vorübergehenden, kurzzeitigen Mangels an Zahlungsmitteln zu verstehen, der durch eine baldige Mittelbeschaffung behebbar ist und keinen Insolvenzgrund darstellt (OGH 1 Ob 39/69, EvBl 1969/329; 5 Ob 214/69, JBl 1970, 382). Zahlungsunfähigkeit ist indiziert, wenn der Schuldner mehr als 5 % seiner fälligen Forderungen nicht bezahlen kann (OGH 3 Ob 99/10w; RIS-Justiz RS0126561).

Ein Sanierungsverfahren kann gem § 167 Abs 2 IO auf Antrag des Schuldners bereits bei **drohender Zahlungsunfähigkeit** eröffnet werden.

136 Bei juristischen Personen, bei Verlassenschaften und bei eingetragenen Personengesellschaften (OG, KG), bei denen kein persönlich haftender Gesellschafter eine natürliche Person ist (zB GmbH & Co KG), ist nicht erst die Zahlungsunfähigkeit, sondern bereits die **Überschuldung** Grund für die Insolvenzverfahrenseröffnung (§ 67 Abs 1 IO). Diese differenzierte Behandlung ist deswegen vorgesehen, weil die persönliche Leistungsfähigkeit der natürlichen Personen bei der Beurteilung der Befriedigungsaussichten der Gläubiger eine wesentliche Rolle spielen kann, während die Zahlungsfähigkeit von juristischen Personen, Verlassenschaften und Personengesellschaften, deren persönlich haftende Gesellschafter keine natürlichen Personen sind, ausschließlich auf ihrem Aktivvermögen beruht (OGH 5 Ob 306/76, EvBl 1978/4; *Bartsch/Heil*, Insolvenzrecht[4] 29). Überschuldung setzt zum einen voraus, dass das Aktivvermögen die Summe aus Verbindlichkeiten und Rückstellungen nicht mehr deckt („rechnerische Überschuldung"). Dazu muss eine negative Fortbestehensprognose treten (OGH 1 Ob 655/86, wbl 1987, 74 *[Wilhelm]* = ÖBA 1987, 332 *[Hoyer]*; 3 Ob 520/86, RdW 1988, 44 = ÖBA 1988, 397; 8 Ob 608/87, JBl 1989, 53 *[Schumacher]* = ÖBA 1989, 195; genauer dazu *Nunner-Krautgasser*, Grundlagen 35 f mwN).

Weitere Voraussetzung für die Eröffnung des Insolvenzverfahrens ist das Vorhandensein kostendeckenden Vermögens (§ 71 Abs 1 IO). **Kostendeckendes Vermögen** ist vorhanden, wenn das Vermögen des Schuldners zumindest ausreicht, um die Anlaufkosten des Insolvenzverfahrens zu decken; das Vermögen muss weder sofort noch ohne Aufwand verwertbar sein (§ 71 Abs 2 IO). Fehlt es an einem zur Deckung der Kosten voraussichtlich hinreichenden Vermögen, so ist das Insolvenzverfahren dennoch zu eröffnen, wenn der Antragsteller auf Anordnung des Gerichts innerhalb einer bestimmten Frist einen von diesem festzulegenden Betrag zur Deckung der Kosten vorschussweise erlegt (vgl § 71a IO; zur Situation bei juristischen Personen vgl §§ 72 ff KO, zu den Möglichkeiten im Insolvenzverfahren natürlicher Personen vgl § 183 IO). **137**

Die **Rechtswirkungen der Insolvenzverfahrenseröffnung** treten **mit dem Beginn des Tages** ein, **der der öffentlichen Bekanntmachung** des Inhalts des **Insolvenzedikts folgt** (§ 2 Abs 1 IO). Ausfertigungen des Edikts sind ua auch den Organen der Belegschaft sowie den gesetzlichen Interessenvertretungen der AN und AG zuzustellen (§ 75 Abs 1 Z 2 und Abs 2 IO; dazu §§ 75, 76 IO Rz 7, 13). **138**

Von den Insolvenzwirkungen erfasst wird das gesamte der Vollstreckung unterworfene Vermögen des Schuldners, das ihm zur Zeit der Verfahrenseröffnung gehört oder das er während des Insolvenzverfahrens erwirbt. Der Schuldner darf über das zur Insolvenzmasse gehörige Vermögen nicht mehr frei verfügen (vgl § 2 Abs 2 IO; zum Sanierungsverfahren mit Eigenverwaltung s Rz 130). Er bleibt zwar materieller Träger seiner Vermögensrechte, die Verwaltungs- und Verfügungsbefugnis geht jedoch auf den Insolvenzverwalter über. Was der Schuldner aus eigener Tätigkeit oder aus unentgeltlicher Zuwendung während des Insolvenzverfahrens erwirbt, ist ihm soweit zu überlassen, als es zum Unterhalt für ihn und die gesetzlich Unterhaltsberechtigten erforderlich ist (§ 5 Abs 1 IO). In Ermangelung derartiger Einkommensquellen hat er einen Anspruch auf Unterhalt aus der Masse, sofern er außer Stande ist, einem Erwerb nachzugehen (vgl § 5 Abs 2 IO). Wohnt er in einem zur Konkursmasse gehörenden Haus, so ist ihm und seiner Familie der unentbehrliche Wohnraum zu überlassen (vgl § 5 Abs 3 IO; zu sonstigen Wohnrechten § 5 Abs 4 IO). Der **Verlust der Dispositionsfähigkeit des Schuldners** hinsichtlich des zur Insolvenzmasse gehörenden Vermögens bewirkt, dass alle Rechtshandlungen, die dieser nach Verfahrenseröffnung vornimmt, den Gläubigern gegenüber (relativ) unwirksam sind (§ 3 Abs 1 IO; ausführlich dazu § 3 IO Rz 2 ff). Nach Aufhebung des Insolvenzverfahrens sind alle vorher vom Schuldner vorgenommenen Rechtshandlungen, die nach § 3 IO unwirksam waren, voll wirksam (OGH 6 Ob 145/61, SZ 34/72; 4 Ob 142/62, Arb 7672;

2 Ob 160/10h; RIS-Justiz RS0063803; zu den weiteren Wirkungen der Insolvenzverfahrenseröffnung vgl §§ 6 ff IO).

139 Sowohl gegen stattgebende als auch gegen ablehnende **Entscheidungen des Insolvenzgerichts im Eröffnungsverfahren** besteht das **Rechtsmittel des Rekurses,** das innerhalb von 14 Tagen (§ 260 Abs 1 IO) an das Gericht zweiter Instanz zu richten ist (§ 71c Abs 1 IO). Wird dem **Insolvenzantrag stattgegeben,** das Insolvenzverfahren also eröffnet, so hat der **Rekurs keine aufschiebende Wirkung** (§ 71c Abs 2 IO). Damit knüpft der Gesetzgeber die Insolvenzfolgen an die noch nicht rechtskräftige Insolvenzverfahrenseröffnung, dh das Insolvenzverfahren ist trotz eingelegtem Rechtsmittel weiterzuführen. Wird dem **Rekurs** gegen einen Eröffnungsbeschluss **stattgegeben,** so ist das **Insolvenzverfahren aufzuheben.** Die **Aufhebung** darf erst **nach Rechtskraft dieser Rekursentscheidung** verfügt werden und ist in derselben Weise kundzumachen wie die Insolvenzverfahrenseröffnung (§ 79 Abs 1 IO). Wird ein die Insolvenzverfahrenseröffnung **ablehnender Beschluss erfolgreich angefochten,** so hat das Insolvenzgericht sofort nach Einlangen des Beschlusses der zweiten Instanz alle für die Eröffnung des Verfahrens notwendigen Verfügungen zu treffen. In diesem Fall wird der **Beschluss bereits vor Rechtskraft vollzogen,** da Rechtsmittel gegen Beschlüsse auf Insolvenzverfahrenseröffnung gem § 71c Abs 2 IO keine aufschiebende Wirkung haben (*Wegan/Reiterer,* Insolvenzrecht 90).

Aus dem Fehlen der aufschiebenden Wirkung von Rechtsmitteln gegen Eröffnungsbeschlüsse kann gefolgert werden, dass der Anspruch auf Insolvenz-Entgelt im Zeitpunkt der rechtswirksamen, wenn auch noch nicht rechtskräftigen Insolvenzverfahrenseröffnung entsteht. Für die IEF-Service GmbH entfaltet der jeweilige Beschluss Tatbestandswirkung, dh sie hat bei Vorliegen des Beschlusses von einer Insolvenzverfahrenseröffnung auszugehen und darf nicht aus eigenem prüfen, ob die Voraussetzungen hierfür gegeben sind (OGH 8 ObS 45/95, DRdA 1996, 247 = infas 1996 A 89). Der Beschluss auf Eröffnung des Insolvenzverfahrens wird allerdings rückwirkend beseitigt, wenn dem diesbezüglichen Rekurs stattgegeben wird (VwGH 1950/79, DRdA 1981/6, 131 *[Dirschmied]* = Arb 9949; 1136/80, ZfVB 1981/1656).

Aus der Sicht des IESG ist dies nicht weiter von Belang, wenn der Antrag auf Eröffnung des Insolvenzverfahrens aus anderen in § 1 Abs 1 leg cit genannten Gründen abgewiesen und das Insolvenzverfahren aufgehoben wird; in diesen Fällen tritt an die Stelle des Sicherungstatbestands Insolvenzverfahrenseröffnung ein iSd IESG gleichgestellter Tatbestand. Erfolgt etwa die Stattgebung des Rekurses gegen einen Eröffnungsbeschluss wegen Fehlen eines hinreichenden Vermögens oder wegen Vorliegen der Voraussetzungen des § 68 IO, so sind die Sicherungstatbestände gem § 1 Abs 1 Z 2 bzw 3 IESG gegeben (dazu Rz 146 ff, Rz 149 ff).

Darüber hinaus ist die **nachfolgende** Aufhebung des Insolvenzverfahrens gem § 123a IO nicht dem Vorliegen eines Insolvenzhindernisses gleichzuhalten, sodass der Sicherungstatbestand „Insolvenzverfahrenseröffnung" weiterbesteht (vgl OGH 8 ObS 45/95, DRdA 1996, 247 = infas 1996 A 89; zur allfälligen Rückforderung des Insolvenz-Entgelts s unten, zum Aufrechtbleiben der begünstigten Insolvenzverwalterkündigung s § 25 IO Rz 124).

Wird ein Insolvenzverfahren zwar eröffnet, aber in der Folge der Insolvenzantrag aus anderen als den genannten Gründen vom Rekursgericht rechtskräftig abgewiesen und demzufolge das Insolvenzverfahren gem § 79 Abs 1 IO aufgehoben, so ist der Fall gleich zu werten wie jener, in dem das Insolvenzgericht den Antrag von vornherein aus anderen, nicht in § 1 Abs 1 IESG angeführten Gründen rechtskräftig abweist. Es **mangelt an** einem **insolvenzrechtlichen Tatbestand nach § 1 Abs 1 IESG** und der **Antrag auf Insolvenz-Entgelt** ist **abzuweisen.** Tritt aber die Rechtskraft des Aufhebungsbeschlusses erst **nach der Bescheiderlassung** ein, so ergeben sich bzgl des **Widerrufs** und der **Rückforderung** bereits zuerkannter Leistungen gem § 9 IESG Probleme: Nach alter Rechtslage bestand nach völlig zutreffender Meinung des VwGH die Möglichkeit der amtswegigen Korrektur, weil sich die Zuerkennung nachträglich als gesetzlich nicht begründet herausgestellt hat (VwGH 1950/79, DRdA 1981/6, 131 *[Dirschmied]* = Arb 9949). Seit der IESG-Novelle 1983 BGBl 1983/613 besteht aber die Korrekturmöglichkeit gem § 9 Abs 1 IESG nur im Fall des Verschuldens bei Erwirkung der (zeitgerecht) bezogenen Leistung; objektive Gesetzwidrigkeit genügt nicht mehr. Damit wird im Einzelfall zu prüfen sein, ob der AN vom Rekurs und dessen potenziellen Wirkungen zumindest Kenntnis und damit Zweifel, ob ihm die Leistung zustehen kann, haben musste (dazu § 9 Rz 13). In der Praxis wird die IEF-Service GmbH sinnvollerweise mit der Bescheiderlassung entsprechend zuwarten, auch die Arbeitnehmerseite wird die Antragstellung nach IESG am rechtskräftigen Vorliegen des Sicherungstatbestands orientieren.

4.2 Anordnung der Geschäftsaufsicht

Ein weiterer Sicherungstatbestand des IESG ist die Anordnung der Geschäftsaufsicht (§ 1 Abs 1 Z 1 leg cit).

Gem § 83 Abs 1 BWG können Kreditinstitute, die überschuldet oder zahlungsunfähig sind, dann, wenn die **Überschuldung oder Zahlungsunfähigkeit voraussichtlich wieder behoben werden kann,** bei dem für die Konkurseröffnung zuständigen Gericht die **Anordnung der Geschäftsaufsicht beantragen.** Diesen Antrag kann auch die FMA stellen. Die Geschäftsaufsicht tritt im Bankwesen an die Stelle des Sanierungsverfahrens (vgl § 82 Abs 1 BWG). Sie soll den Gläubigern zur vollen Befriedigung ihrer Forderungen verhelfen.

§ 1 IESG

Gem § 1 Abs 1 BWG ist ein **Kreditinstitut,** wer auf Grund der §§ 4 (Konzession) oder 103 Z 5 leg cit (Befugnis vor Inkrafttreten des G) oder besonderer bundesgesetzlicher Vorschriften berechtigt ist, Bankgeschäfte zu betreiben. Bankgeschäfte sind die vom G aufgezählten Tätigkeiten, soweit sie gewerblich durchgeführt werden; dazu gehören das Einlagengeschäft, das Girogeschäft, das Kreditgeschäft, das Diskontgeschäft, das Depotgeschäft usw.

141 Wird die Aufsicht angeordnet, so hat das Gericht eine physische oder juristische Person als **Aufsichtsperson** zu bestellen, der es obliegt, die Geschäftsführung des Kreditinstituts zu überwachen. Die Aufsichtsperson ist ua berechtigt, die Durchführung von Beschlüssen der Organe des Kreditinstituts zu untersagen. Geschäfte, die nicht zum gewöhnlichen Geschäftsbetrieb gehören, bedürfen ihrer Zustimmung (vgl §§ 84, 87 BWG).

142 Die Anordnung der Geschäftsaufsicht und die Aufsichtsperson sind **öffentlich bekanntzumachen,** dabei gelten die Vorschriften der IO (vgl § 91 BWG). Das Gericht hat zu veranlassen, dass die Anordnung der Geschäftsaufsicht und die Aufsichtsperson im Firmenbuch eingetragen werden (§ 84 Abs 5 BWG).

143 Die **Wirkungen der Aufsicht** treten **mit Beginn des Tages** ein, **der** der **öffentlichen Bekanntmachung des Edikts** über die Anordnung der Geschäftsaufsicht **folgt** (§ 85 BWG). Sie bestehen darin, dass alle vorher entstandenen Forderungen gegen das Kreditinstitut sowie deren Zinsen und Nebengebühren, selbst wenn sie erst während der Dauer der Geschäftsaufsicht fällig geworden oder aufgetreten sind, gestundet sind (vgl § 86 Abs 1 BWG). Darüber hinaus dürfen alte Forderungen weder sichergestellt noch befriedigt werden (vgl § 86 Abs 3 BWG), wegen dieser Forderungen kann während der Geschäftsaufsicht weder der Konkurs eröffnet noch ein richterliches Pfand- oder Befriedigungsrecht erworben werden (vgl § 86 Abs 4 BWG). Die Verjährungszeit und die gesetzlichen Fristen zur Klagserhebung werden um die Zeit der Stundung verlängert (vgl § 86 Abs 5 BWG).

144 Gegen die Anordnung der Geschäftsaufsicht gibt es kein Rechtsmittel. Gegen die Abweisung oder gegen die Aufhebung kann das Kreditinstitut und die FMA **Rekurs** an das OLG erheben, welches endgültig entscheidet (vgl § 90 Abs 5 BWG).

145 Das Gericht hat die Geschäftsaufsicht **aufzuheben,** wenn die für die Anordnung maßgebenden Voraussetzungen weggefallen sind oder seit der Anordnung ein Jahr verstrichen ist (vgl § 90 Abs 2 BWG). Die Geschäftsaufsicht **erlischt** automatisch durch die rechtskräftige Konkurseröffnung wegen neuer Forderungen. In diesem Fall und weiters bei Eröffnung eines solchen Insolvenzverfahrens auf Grund eines binnen 14 Tagen nach Aufhebung des Aufsichtsverfahrens gestellten Konkursantrags laufen die Fristen, die nach der IO

4.3 Nichteröffnung des Insolvenzverfahrens mangels kostendeckenden Vermögens

Gem § 1 Abs 1 Z 2 IESG begründet die Ablehnung eines Antrags auf Eröffnung des Insolvenzverfahrens mangels hinreichenden Vermögens einen Sicherungstatbestand iSd G. **146**

Wird das Insolvenzverfahren mangels kostendeckenden Vermögens nicht eröffnet, so hat gem § 71b Abs 1 IO der Spruch des Beschlusses einen Hinweis darauf und auf die Zahlungsunfähigkeit des Schuldners zu enthalten. Der Beschluss und der Eintritt der Rechtskraft dieses Beschlusses sind **öffentlich bekanntzumachen,** und zwar in derselben Weise wie die Insolvenzverfahrenseröffnung (vgl § 79 Abs 1 IO).

Ein derartiger Beschlusses auf Nichteröffnung des Insolvenzverfahrens setzt – wie auch die Beschlüsse gem § 1 Abs 1 Z 3 und 4 IESG (Rz 149 ff, 153ff) – **Vermögenslosigkeit** des Schuldners voraus (vgl OGH 8 ObS 28/05h, ARD 5658/4/2006 = ZIK 2006, 70). Ergeht ein Nichteröffnungsbeschluss, so kann jeder Gläubiger die Vorlage eines vor Gericht vom Schuldner zu unterfertigenden Vermögensverzeichnisses beantragen. Stellt sich dabei heraus, dass der Schuldner doch über Vermögen verfügt, so kann neuerlich die Verfahrenseröffnung beantragt werden, ungeachtet der Bestimmungen der §§ 70 Abs 3, 71b Abs 1 S 3 IO, die grundsätzlich eine sechsmonatige Wartefrist bzgl der Antragstellung wegen derselben Forderung vorschreiben (§ 71b Abs 2 IO).

Der **Anspruch auf Insolvenz-Entgelt** entsteht bereits **mit Beschlussfassung,** der Eintritt der Rechtskraft muss nicht abgewartet werden (VwGH 82/11/0060, VwSlgNF A 11.064; vgl auch Rz 139 sowie § 3 Rz 3). **147**

Weil in § 1 Abs 1 Z 2 IESG – anders etwa als in den Z 3 – 6 leg cit – nicht auf eine konkrete Regelung der IO (bzw des FBG oder des AußStrG) Bezug genommen wird, kann diese Bestimmung im gegebenen Zusammenhang auch als Auffangtatbestand nutzbar gemacht werden (vgl auch Rz 156). Eine **weite Interpretation** des gegenständlichen Anknüpfungstatbestands ist nicht zuletzt auch deswegen angezeigt, weil nach Art 2 lit b InsolvenzRL der AG auch dann als zahlungsunfähig gilt – und damit die RL greift –, wenn die zuständige Behörde (in Österreich: das Insolvenzgericht) „festgestellt hat, dass das Unternehmen oder der Betrieb des AG endgültig stillgelegt worden ist und die Vermögensmasse nicht ausreicht, um die Eröffnung des Verfahrens zu rechtfertigen". Es ist also unionsrechtskonform zu interpretieren (vgl zB schon *Grießer,* ZIK 1997, 37 mwN). **148**

§ 1 IESG

IdS ist die Abweisung des Antrags auf Insolvenzverfahrenseröffnung wegen des Nichterlags des dem Antragsteller auferlegten Kostenvorschusses – diese setzt das Fehlen eines zur Deckung der Kosten des Konkursverfahrens voraussichtlich hinreichenden Vermögens voraus –, als Ablehnung mangels hinreichenden Vermögens iSd § 1 Abs 1 Z 2 IESG anzusehen (VwGH 84/11/0165, ZfVB 1987/629; vgl auch § 71a Abs 2 IO).

Wird ein Eröffnungsantrag „mangels Nachweises eines kostendeckenden Vermögens" abgewiesen, obgleich aus der Begründung des Spruchs hervorgeht, dass die amtswegigen Erhebungen den Mangel jeglichen verwertbaren Vermögens ergeben haben, so ergeht ein derartiger Beschluss nicht nur aus formellen Gründen (dazu gleich) und erfüllt im Ergebnis den Tatbestand des § 1 Abs 1 Z 2 IESG (vgl OGH 8 ObS 2257/96m, wbl 1997, 170 = infas 1997 S 28).

Der Fall hingegen, dass ein Antrag auf Eröffnung des Insolvenzverfahrens abgewiesen wird, weil der Antragsteller der gerichtlichen Aufforderung, ein verwertbares Vermögen zu bescheinigen, nicht nachkommt, ist der Ablehnung der Verfahrenseröffnung mangels hinreichenden Vermögens nicht gleichzuhalten (OLG Innsbruck 5 Rs 30/88, EvBl 1989/7). Der gegenständliche Beschluss stützt sich auf den rein formalen Umstand, dass der Aufforderung des Gerichts nicht entsprochen wurde; ob relevantes Vermögen vorhanden ist, stand inhaltlich noch gar nicht zur Debatte.

Ebenso ist auch dann, wenn ein Antrag auf Eröffnung des Insolvenzverfahrens zurückgewiesen wird, weil es an einem insolvenzfähigen Antragsgegner fehlt – eine Vermögenslosigkeit also gar nicht geprüft werden kann –, kein Fall des § 1 Abs 1 Z 2 IESG gegeben (OGH 8 ObS 28/05h, ARD 5658/4/2006 = ZIK 2006, 70).

4.4 Ablehnung der Insolvenzverfahrenseröffnung gem § 68 IO wegen Vermögenslosigkeit

149 Der Insolvenzverfahrenseröffnung als Sicherungstatbestand gleichgestellt ist gem § 1 Abs 1 Z 3 IESG die „Ablehnung der Eröffnung des Insolvenzverfahrens gem § 68 IO wegen Vermögenslosigkeit" (zur Löschung wegen Vermögenslosigkeit nach den §§ 40, 42 FBG s Rz 153 ff).

§ 68 IO stellt klar, dass die Eröffnung eines Insolvenzverfahrens nicht mehr zulässig ist, wenn eine **juristische Person** oder eine **eingetragene Personengesellschaft** bereits **aufgelöst** und ihr **Vermögen** überdies **verteilt** ist. Ist dies allerdings nicht der Fall, ist also die „Vollbeendigung" noch nicht eingetreten, ist eine Insolvenzverfahrenseröffnung möglich. „Voll beendet" ist eine juristische Person oder Personengesellschaft nicht schon dann, wenn sie aufgelöst und – was nur deklarative Wirkung hat – aus dem Firmenbuch gelöscht ist; Insolvenzfähigkeit besteht vielmehr so lange, als das Vermögen nicht zur Gänze verteilt ist (*Schumacher* in *Bartsch/Pollak/Buchegger* II/2⁴ § 68 KO Rz 1 ff mwN). Diese Regeln gelten auch für die juristische Person Verein iSd VerG (vgl OGH 8 ObS 28/05h, ARD 5658/4/2006 = ZIK 2006, 70; *Liebeg*, IESG³ § 1 Rz 200).

§ 1 Abs 1 Z 3 IESG soll es den AN ermöglichen, noch offene Ansprüche aus dem Arbeitsverhältnis insb bei einer sog „stillen Liquidation", also einer **Betriebsauflösung ohne Insolvenzverfahren,** geltend zu machen (ErläutRV 993 BlgNR 16. GP 6). Die weite Formulierung **„Ablehnung"** wurde laut Materialien gewählt, weil der Antrag auf Eröffnung des Insolvenzverfahrens von einigen Gerichten nach § 68 IO zurückgewiesen, von anderen hingegen abgewiesen wird und weil es überdies möglich wäre, dass von Amts wegen über die Insolvenzverfahrenseröffnung zu entscheiden ist und daher kein diesbezüglicher Antrag vorliegt. 150

Die Existenz einer GmbH ist mit der Eintragung ihrer Löschung im Firmenbuch beendet, nachdem der Liquidator die Verteilung des Vermögens durchgeführt und kein neues Vermögen hervorgekommen ist. Es liegen die Voraussetzungen für einen Beschluss gem § 68 IO vor (vgl OGH 8 Ob 348/99f; *Liebeg*, IESG³ § 1 Rz 202). 151

Der Beschluss hat Tatbestandswirkung (*Schumacher* in *Bartsch/Pollak/Buchegger* II/2⁴ § 68 KO Rz 13). Erfolgt die Zurückweisung eines Antrags auf Insolvenzverfahrenseröffnung **mangels Parteifähigkeit** der „vollbeendeten" juristischen Person oder Personengesellschaft, so ist dies einem Beschluss gem § 68 IO **gleichzuhalten** (OLG Wien 28 R 78/96; *Schumacher* in *Bartsch/Pollak/Buchegger* II/2⁴ § 68 KO Rz 13 mwN; aA *Grießer*, ZIK 1997, 38 f). 152

4.5 Löschung gem § 40 oder § 42 FBG wegen Vermögenslosigkeit

Gem § 1 Abs 1 Z 4 IESG steht der Eröffnung eines Insolvenzverfahrens auch die „Löschung gem § 40 oder § 42 FBG wegen Vermögenslosigkeit" gleich. 153

Laut Materialien (ErläutRV 946 BlgNR 22. GP 4 f) soll die Einbeziehung der Löschung insb einer Kapitalgesellschaft im Firmenbuch wegen Vermögenslosigkeit verhindern, dass trotz der schon bekannten Löschung das Insolvenzgericht angerufen werden muss, um einen Beschluss gem § 68 IO (s Rz 149 ff) oder § 63 IO (Rz 157 f) zu „provozieren". Hierdurch entstehen unnötige Kosten, die dem Antragsteller aus Mitteln des IEF bei der Zuerkennung von Insolvenz-Entgelt zu ersetzen sind. Reicht in Zukunft die nachgewiesene Löschung mangels Vermögenslosigkeit im Firmenbuch aus, fallen nur die Kosten für die elektronische Abfrage im Firmenbuch an.

154 Gem § 40 Abs 1 FBG kann eine **Kapitalgesellschaft,** die kein Vermögen besitzt, auf Antrag der nach dem Sitz der Gesellschaft zuständigen gesetzlichen Interessenvertretung oder der Steuerbehörde oder von Amts wegen **gelöscht** werden; mit der Löschung gilt die Gesellschaft als aufgelöst. Eine Abwicklung findet nicht statt, es sei denn, es stellt sich nach der Löschung das Vorhandensein von Vermögen heraus, das der Verteilung unterliegt (§ 40 Abs 4 FBG).

155 Gem § 42 Abs 1 FBG findet ua § 40 leg cit auf **Erwerbs- und Wirtschaftsgenossenschaften** und auf **Privatstiftungen** Anwendung. Bei Genossenschaften, die einem Revisionsverband angeschlossen sind, tritt hinsichtlich der Antragsberechtigung nach § 40 FBG der Revisionsverband an die Stelle der gesetzlichen Interessenvertretung (vgl § 42 Abs 2 FBG).

156 Nach nunmehriger Rechtslage ist es also nicht mehr vonnöten, trotz erfolgter Löschung aus dem Firmenbuch einen Antrag auf Eröffnung des Insolvenzverfahrens zu stellen, der dann vom Insolvenzgericht mangels passiver Antragslegitimation zurückgewiesen werden würde. Ein derartiger Beschluss wurde nach alter Rechtslage von OGH 8 ObS 60/00g (Arb 11.999 = infas 2000 A 68; vgl auch OGH 9 ObA 17/98k; aA KG Wiener Neustadt 4 Cgs 594/88, ZASB 1989, 24 = SVSlg 33.747) einer Ablehnung mangels hinreichenden Vermögens gleichgehalten (zu dieser Rz 146 ff). Mit einer derartigen Vorgangsweise würde man vielmehr nicht zur zweckentsprechenden Rechtsverfolgung notwendige und damit nicht gesicherte Kosten (s Rz 153 sowie allg Rz 315 ff) verursachen (s *Liebeg*, IESG³ § 1 Rz 204, 206 und 184 mwN).

4.6 Zurückweisung des Antrags auf Insolvenzverfahrenseröffnung gem § 63 IO

157 § 1 Abs 1 Z 5 IESG bestimmt, dass ein Sicherungstatbestand nach dem IESG auch dann vorliegt, wenn ein Antrag auf Eröffnung des Insolvenzverfahrens gem § 63 IO zurückgewiesen wird.

Die Bestimmung des § 63 IO betrifft die Gerichtszuständigkeit im Insolvenzverfahren (s auch Rz 132). Durch § 1 Abs 1 Z 5 IESG wird laut Materialien (ErläutRV 993 BglNR 16. GP 6) auf jene Fälle Bedacht genommen, in denen **mangels einer Gerichtszuständigkeit** die Eröffnung eines Insolvenzverfahrens nicht möglich ist und daher ein Zurückweisungsbeschluss nach § 63 IO ergeht. Dies sei bspw dann denkbar, wenn der AG nicht mehr auffindbar und kein Vermögen vorhanden ist.

158 § 63 IO regelt nicht nur die sachliche und örtliche Zuständigkeit der österr Gerichte, sondern – außerhalb der EuInsVO und von völkerrechtlichen Verträgen – insb die **internationale Zuständigkeit** österr Gerichte zur Durchführung eines Insolvenzverfahrens (*Schumacher* in *Bartsch/Pollak/Buchegger* II/2⁴ § 63 KO Rz 1). Zur Zurückweisung eines Insolvenzantrags kommt es in der Praxis vor allem bei Fehlen der internationalen Zuständigkeit, zumal bei grundsätzlicher Zuständigkeit eines österr Gerichts das angerufene Gericht im Falle seiner sachlichen oder örtlichen Zuständigkeit keinen Zurückweisungsbeschluss gem § 63 IO fasst, sondern eine Überweisung an das zuständige Gericht vornimmt (*Liebeg*, IESG[3] § 1 Rz 209 mit Verweis auf *Schumacher* in *Bartsch/Pollak/Buchegger* II/2[4] § 63 KO Rz 41 ff).

§ 1 Abs 1 Z 5 IESG ist diesbezüglich einschränkend auszulegen: Insolvenz-Entgelt nach dieser Bestimmung gebührt nur dann, wenn eine **Inlandsbeziehung des AN** (oder sonstigen anspruchsberechtigten Vertragspartners) des insolvent gewordenen Schuldners ohne Betriebsstätte (Niederlassung) und Vermögen im Inland iSd § 63 IO, dh eine SV im Inland (allg Rz 98 ff), bestanden hat. Nicht ausreichend kann es sein, wenn hinsichtlich eines derartigen ausländischen AG, dessen AN, wenngleich österr Staatsbürger und in Österreich wohnhaft, im Ausland sozialversichert ist, ein Insolvenzantrag gestellt und dieser gem § 63 IO zurückgewiesen wird (vgl OGH 9 ObS 9/90, EvBl 1991/17 = infas 1991 A 61).

§ 63 IO wird durch die Regeln über die internationale Zuständigkeit in der EuInsVO oder in völkerrechtlichen Verträgen verdrängt. Ist deren Anwendungsbereich angesprochen, so erfolgt die Zuständigkeitsprüfung nicht nach § 63 IO und es kann daher auch keinen Zurückweisungsbeschluss nach dieser Bestimmung geben.

Hat ein ausländisches Gericht eine einschlägige Entscheidung getroffen, die nach der EuInsVO, gem § 240 oder nach den §§ 243 – 251 IO im Inland anzuerkennen ist, so besteht nach § 1 Abs 1 letzter S IESG Anspruch auf Insolvenz-Entgelt, sofern die sonstigen Voraussetzungen des § 1 Abs 1 IESG, insb die SV im Inland (Rz 98 ff), gegeben ist (dazu Rz 164 ff).

4.7 Beschluss gem § 153 Abs 1 bzw § 154 Abs 1 AußStrG

Auch die Beschlüsse gem § 153 Abs 1 bzw § 154 Abs 1 AußStrG stellen Sicherungstatbestände iSd IESG dar (§ 1 Abs 1 Z 6 leg cit). Die zitierten Bestimmungen des AußStrG stehen unter den Überschriften „Unterbleiben der Abhandlung" (s Rz 160) sowie „Überlassung an Zahlungs statt" (Rz 161). **159**

Sind Aktiven der Verlassenschaft nicht vorhanden, übersteigen sie nicht den Wert von EUR 5.000,– oder tritt die Rechtsnachfolge nach dem maßgebenden Recht von G wegen ein und sind keine Eintragungen in die öffentlichen Bücher erforderlich, so **unterbleibt** gem § 153 Abs 1 AußStrG die **Abhandlung,** wenn kein Antrag auf Fortsetzung des Verlassenschaftsverfahrens gestellt wird. Einer Verständigung bedarf es nicht. Nach früherem Außerstreitrecht wurde der entsprechende Beschluss „Abtuung armutshalber" genannt. **160**

161 Ist auf die Rechtsnachfolge von Todes wegen österr Recht anzuwenden, so hat das BG gem § 154 Abs 1 AußStrG die **Aktiven einer überschuldeten Verlassenschaft** auf Antrag **den Gläubigern** zu **überlassen,** wenn nicht schon eine unbedingte Erbantrittserklärung oder ein Antrag der Republik Österreich auf Überlassung als erblos vorliegt und kein Verlassenschaftsinsolvenzverfahren eröffnet wurde. In den Vorgängerregelungen im Außerstreitrecht wurden die in dieser Bestimmung angesprochenen Beschlüsse als „iure-crediti-Einantwortung" bzw „kridamäßige Verteilung" bezeichnet (ErläutRV 224 BlgNR 22. GP 99); letztere Vorgangsweise wurde bereits nach früherem Recht in den § 1 Abs 1 Z 6 IESG einbezogen (vgl OGH 6 Ob 34/01w, ZIK 2001, 213; *Ehrenreich,* IESG 63 f mwN; *Liebeg,* IESG³ § 1 Rz 216).

162 Die Bestimmung des § 1 Abs 1 Z 6 IESG soll es den AN ermöglichen, noch offene Ansprüche geltend zu machen, wenn bzgl des (überschuldeten) Vermögens eines verstorbenen AG anstelle der Eröffnung eines Insolvenzverfahrens die Beschlüsse nach den §§ 153 Abs 1, 154 Abs 1 AußStrG erfolgen. Es gibt grundsätzlich drei Möglichkeiten, eine Verlassenschaft ohne Einantwortung zu beenden (ErläutRV 224 BlgNR 22. GP 99 f):

– Für Verlassenschaften geringeren Werts ein **Unterbleiben der Abhandlung,** soweit deren Durchführung (und damit die Fortsetzung des Verlassenschaftsverfahrens) von keiner Partei beantragt wird (§ 153 Abs 1 AußStrG; Rz 160); im Rahmen dieses Unterbleibens der Abhandlung ist aber immerhin die Überlassung einzelner Gegenstände oder Rechte vorzusehen.

– Für alle Fälle, in denen es nicht zur Verlassenschaftsinsolvenz kommt, die Verlassenschaft aber überschuldet ist, die **Überlassung an Zahlungs statt** (§ 154 Abs 1 AußStrG; Rz 161): Die Vermögensverteilung hat in sinngemäßer Anwendung der §§ 46 f IO in einer Rangordnung zu erfolgen (vgl § 154 Abs 2 Z 1 AußStrG). Wann die Verpflichtung besteht, ein Verlassenschaftsinsolvenzverfahren zu beantragen, ergibt sich nicht aus dem Verlassenschaftsverfahren, sondern aus der IO. Freilich soll, so die Materialien, nicht übersehen werden, dass die Eröffnung eines Insolvenzverfahrens idR zu einer höheren Wertvernichtung führe, weil dessen Kosten in aller Regel deutlich höher seien als die Kosten der Abwicklung innerhalb des Verlassenschaftsverfahrens. Meist werde es daher auch im wohlverstandenen Interesse der Gläubiger liegen, dass es gerade zu keiner Insolvenz, sondern zu einer Überlassung an Zahlungs statt komme. Ein Gläubiger, der dies nicht so sieht, habe immer noch die Möglichkeit, seinerseits einen Antrag auf Eröffnung des Insolvenzverfahrens gegen die Verlassenschaft zu stellen.

– In allen anderen Fällen wird es zu einem **Verlassenschaftsinsolvenzverfahren** kommen, welches nach der IO geht und im AußStrG nicht zu regeln ist.

Für die IESG-Sicherung iZm Verlassenschaftsverfahren ist somit auf die **163** Beschlüsse des BG nach den §§ 153 Abs 1 bzw 154 Abs 1 AußStrG abzustellen, falls bei einem überschuldetem Nachlass **überhaupt kein oder nur ein unbedeutendes Vermögen** vorhanden ist; diese Beschlüsse stellen Sicherungstatbestände dar. Ist der überschuldete **Nachlass** hingegen **bedeutend** (es ist zB eine Liegenschaft vorhanden), so ist vor dem Insolvenzgericht ein **Nachlassinsolvenzverfahren** durchzuführen, womit der Sicherungstatbestand der Insolvenzverfahrenseröffnung (s Rz 130 ff) gegeben ist. Wird die Verfahrenseröffnung vom Insolvenzgericht **mangels kostendeckenden Vermögens** in der Verlassenschaft **abgelehnt,** so ist der Sicherungstatbestand gem § 1 Abs 1 Z 2 IESG gegeben. Endet ein Verlassenschaftsverfahren zwar mit Einantwortung, kommt es aber nach **bedingter Erbserklärung** wegen nicht ausreichender Nachlassaktiva zu keiner (vollständigen) Befriedigung der Ansprüche des nach IESG Anspruchsberechtigten, so kann dieser Insolvenz-Entgelt gem § 1a Abs 3 IESG beantragen (s § 1a Rz 23 ff).

4.8 Insolvenz-Entgeltsicherung bei Auslandsinsolvenz

In § 1 Abs 1 letzter S IESG wird klargestellt, dass ein Anspruch auf Insol- **164** venz-Entgelt auch dann besteht, wenn ein **ausländisches Gericht** eine Entscheidung (zB Eröffnung eines Insolvenzverfahrens) getroffen hat, die
– nach der EuInsVO 848/2015 oder
– gem § 240 IO oder
– nach den §§ 243 – 251 IO (betreffend Kreditinstitute und Versicherungsunternehmen)
im Inland anerkannt wird, sofern die Voraussetzungen
– des § 1 Abs 1 S 1 IESG mit Ausnahme der Eröffnung des Insolvenzverfahrens im Inland und
– des Art 2 Abs 1 InsolvenzRL erfüllt sind.

Die in § 1 Abs 1 letzter S IESG angesprochene **EuInsVO** – die nicht für **165** Dänemark gilt – befasst sich in ihrem Art 3 mit der „**internationalen Zuständigkeit**" bei Insolvenzverfahren. Laut Abs 1 leg cit sind für die Eröffnung des Insolvenzverfahrens die Gerichte jenes Mitgliedstaats zuständig, in dessen Hoheitsgebiet der **Schuldner** den **Mittelpunkt seiner hauptsächlichen Interessen** hat („**Hauptinsolvenzverfahren**"). Mittelpunkt der hauptsächlichen Interessen ist der Ort, an dem der Schuldner gewöhnlich der Verwaltung seiner Interessen nachgeht und der für Dritte feststellbar ist. Bei Gesellschaften oder juristischen Personen wird bis zum Beweis des Gegenteils vermutet, dass der Mittelpunkt ihrer hauptsächlichen Interessen der Ort ihres Sitzes ist. Diese Annahme gilt nur, wenn der Sitz nicht in einem Zeitraum von drei Monaten vor dem Antrag auf Eröffnung des Insolvenzverfahrens in einen anderen Mitgliedstaat verlegt wurde. Bei einer natürlichen Person, die eine selbständige gewerbliche oder freiberufliche Tätigkeit ausübt, wird bis zum Beweis des Gegenteils vermutet, dass der Mittelpunkt ihrer hauptsächlichen Interessen ihre Hauptniederlassung ist. Diese Annahme gilt nur, wenn die Hauptniederlassung der natürlichen Person nicht in einem Zeitraum von drei Monaten vor dem Antrag auf Eröffnung des Insolvenzverfahrens in einen anderen Mitgliedstaat verlegt wurde. Bei allen anderen natürlichen Personen wird bis zum Beweis des Gegenteils vermutet, dass der Mittelpunkt ihrer hauptsächlichen Interessen der Ort ihres gewöhnlichen Aufenthalts ist. Diese Annahme gilt nur, wenn der gewöhnliche Aufenthalt nicht in einem Zeitraum von sechs Monaten vor dem Antrag auf Eröffnung des Insolvenzverfahrens in einen anderen Mitgliedstaat verlegt wurde.

Hat der Schuldner den Mittelpunkt seiner hauptsächlichen Interessen im Hoheitsgebiet eines Mitgliedstaats, so sind die Gerichte eines **anderen Mitgliedstaats** nach Art 3 Abs 2 EuInsVO nur dann zur Eröffnung eines Insolvenzverfahrens befugt, wenn der **Schuldner** eine **Niederlassung** im Hoheitsgebiet dieses anderen Mitgliedstaats hat. Für das Vorliegen einer derartigen Zweigniederlassung reicht laut OGH (8 ObS 18/04m, DRdA 2006/46, 486 *[Bachner]* = ARD 5658/3/2006) ein Tätigkeitsort, an dem der Schuldner einer wirtschaftlichen Aktivität von nicht vorübergehender Art nachgeht, die den Einsatz von Personal und Vermögenswerten voraussetzt. Die Aktivität müsse nach außen hin wahrnehmbar sein, was etwa bei einem Büro samt Bürokraft der Fall sei, die Eintragung in das inländische Firmenbuch sei irrelevant. Die Wirkungen des Verfahrens nach Art 3 Abs 2 EuInsVO sind auf das im Hoheitsgebiet dieses letzteren Mitgliedstaats befindliche Vermögen des Schuldners beschränkt. Wird ein Insolvenzverfahren nach Art 3 Abs 1 EuInsVO eröffnet, so ist jedes zu einem späteren Zeitpunkt nach Art 3 Abs 2 leg cit eröffnete Insolvenzverfahren ein **Sekundärinsolvenzverfahren.** Unter bestimmten Voraussetzungen kann ein derartiges Partikularinsolvenzverfahren auch vor dem Hauptinsolvenzverfahren eröffnet werden (vgl Art 3 Abs 4 EuInsVO). Mit Eröffnung des Letzteren wird das Partikularinsolvenzverfahren zum Sekundärinsolvenzverfahren.

Die EuInsVO geht somit vom Grundsatz der eingeschränkten Universalität aus: Das in einem Mitgliedstaat am Sitz des insolventen Schuldners eröffnete Insolvenzverfahren (sog Hauptinsolvenzverfahren) entfaltet seine Wirkungen in allen anderen Mitgliedstaaten. Daneben lässt die EuInsVO die Eröffnung von räumlich auf das Gebiet eines einzelnen Mitgliedstaats beschränkten gesonderten Insolvenzverfahren bzgl desselben Schuldners zu, die dem Zweck dienen, besondere Interessen von Gläubigern in diesem Staat zu berücksichtigen (sog Sekundärinsolvenzverfahren bzw – wenn noch kein Hauptinsolvenzverfahren eröffnet wurde – sog Partikularinsolvenzverfahren). Die zuletzt genannten, in ihren Wirkungen nur das in diesem Land befindliche Vermögen betreffenden Verfahren schränken die universelle Wirkung des Hauptinsolvenzverfahrens ein (ErläutRV 946 BlgNR 22. GP 5).

Die Art 19 ff EuInsVO beschäftigen sich sodann mit der **Anerkennung der Insolvenzverfahren.** Die Eröffnung eines Insolvenzverfahrens durch ein nach Art 3 EuInsVO zuständiges Gericht eines Mitgliedstaats wird **in allen übrigen Mitgliedstaaten** anerkannt, sobald die Entscheidung im Staat der Verfahrenseröffnung wirksam ist. Dies gilt auch dann, wenn in den übrigen Mitgliedstaaten über das Vermögen des Schuldners wegen seiner Eigenschaft (zB wegen mangelnder Insolvenzfähigkeit) ein Insolvenzverfahren nicht eröffnet werden könnte (Art 19 Abs 1 EuInsVO).

Welche Verfahren der Mitgliedstaaten **„Insolvenzverfahren"** sind, ergibt sich aus Art 2 Nr 4 iVm Anhang A der EuInsVO. Wurde über den AG ein Insolvenzverfahren im Ausland eröffnet, hat die zuständige Geschäftsstelle der IEF-Service GmbH zu prüfen, ob dieses Verfahren im Anhang A der EuInsVO angeführt ist; weiters ist zu erheben, ob allenfalls ein im Inland eröffnetes Insolvenzverfahren bzgl desselben AG vorliegt (ErläutRV 946 BlgNR 22. GP 5; dazu auch Rz 169).

166 Als zweiten Bezugspunkt für eine Anerkennung von Auslandsinsolvenzverfahren nennt § 1 Abs 1 letzter S IESG den **§ 240 IO,** der Konstellationen jenseits der EuInsVO (Rz 165), also die Eröffnung von Insolvenzverfahren in einem Nicht-EU- bzw Nicht-EWR-Staat bzw in Dänemark (s Rz 165) betrifft. Gem § 240 Abs 1 IO werden die Wirkungen eines in einem anderen Staat eröffneten Insolvenzverfahrens und die in einem solchen Verfahren ergangenen Entscheidungen in Österreich **anerkannt,** wenn
- der Mittelpunkt der hauptsächlichen Interessen des Schuldners im anderen Staat liegt und
- das **Insolvenzverfahren in den Grundzügen einem österr vergleichbar** ist, insb österr Gläubiger wie Gläubiger aus dem Staat der Verfahrenseröffnung behandelt werden.

Die Anerkennung unterbleibt, soweit in Österreich ein Insolvenzverfahren eröffnet wurde oder einstweilige Vorkehrungen angeordnet wurden oder die Anerkennung zu einem Ergebnis führt, das den Grundwertungen der österr Rechtsordnung offensichtlich widerspricht (§ 240 Abs 2 IO).

Auf Grund dieser Regelung ist es nicht mehr erforderlich, mit nicht dem Unionsrecht unterliegenden Staaten wie früher bilaterale Verträge über die gegenseitige Anerkennung von Insolvenzentscheidungen abzuschließen (ErläutRV 946 BlgNR 22. GP 5).

167 Als dritte Rechtsgrundlage einer Anerkennung von Auslandsinsolvenzen spricht § 1 Abs 1 letzter S IESG die Sonderbestimmungen in den **§§ 243 – 251 IO** betreffend **Kreditinstitute** bzw **Versicherungsunternehmen,** die in

§ 1 IESG

einem Vertragsstaat des EWR gem Art 4 – 11 RL 2002/12/EG bzw Art 14 RL 2009/138/EG zugelassen wurden, an. Unter den Begriff des Kreditinstitutes fallen im gegebenen Zusammenhang auch Wertpapierfirmen (vgl § 243 Abs 1 S 2 IO). Für diese Unternehmen gilt die EuInsVO (Rz 165) nicht (vgl Art 1 Abs 2 leg cit).

Gem § 244 Abs 1 IO sind die österr Gerichte zur Eröffnung des Insolvenzverfahrens über das Vermögen von im EWR zugelassenen Kreditinstituten oder im EWR zugelassenen Versicherungsunternehmen nur dann zuständig, wenn die Kreditinstitute gem § 1 Abs 1 BWG bzw die Versicherungsunternehmen gem § 6 Abs 1 VAG in Österreich zugelassen sind. Zur Eröffnung des Insolvenzverfahrens über das Vermögen von Kreditinstituten und Versicherungsunternehmen mit Sitz außerhalb des EWR sind die österr Gerichte nur dann zuständig, wenn eine Zweigstelle oder eine Zweigniederlassung in Österreich besteht (§ 244 Abs 2 IO).

Die **Entscheidung eines EWR-Staats** zur Eröffnung eines Verfahrens zur Liquidation eines Kreditinstituts oder eines Versicherungsunternehmens wird in Österreich ohne Rücksicht auf die Voraussetzungen des § 240 IO (Rz 166) **anerkannt.** Sie ist in Österreich wirksam, sobald die Entscheidung in dem Staat der Verfahrenseröffnung wirksam wird (§ 250 IO).

168 Als weitere Anforderungen für einen Anspruch auf Insolvenz-Entgelt neben der Anerkennung des Auslandsinsolvenzverfahrens im Inland legt § 1 Abs 1 letzter S IESG fest, dass die **Voraussetzungen des § 1 Abs 1 S 1 IESG** mit Ausnahme der Eröffnung des Insolvenzverfahrens im Inland (dh anspruchsberechtigte Person wie AN oder freier DN iSd § 4 Abs 4 ASVG, gesicherte Ansprüche, SV im Inland; dazu Rz 6 ff, 98 ff, 171 ff) und **jene des Art 2 Abs 1 InsolvenzRL erfüllt** sind.

Der Verweis auf die InsolvenzRL bedeutet, dass der im Ausland insolvente AG bzw sonstige Vertragspartner **zahlungsunfähig iSd InsolvenzRL** sein muss. Dies ist gem Art 2 Abs 1 InsolvenzRL nur dann der Fall, wenn die Eröffnung eines Gesamtverfahrens beantragt worden ist, das die Insolvenz des AG voraussetzt und den teilweisen oder vollständigen Vermögensbeschlag gegen diesen AG sowie die Bestellung eines Verwalters oder einer ähnlichen Person zur Folge hat, und die zuständige Behörde die Eröffnung des Verfahrens beschlossen (lit a leg cit) oder festgestellt hat, dass das Unternehmen oder der Betrieb des AG endgültig stillgelegt worden ist und die Vermögensmasse nicht ausreicht, um die Eröffnung des Verfahrens zu rechtfertigen (lit b). Dieser Begriff der Zahlungsunfähigkeit erfasst somit **Verfahren ähnlich dem österr Insolvenzverfahren** sowie behördliche **Entscheidungen ähnlich der österr Nichteröffnung des Insolvenzverfahrens mangels kostendeckenden Vermögens,** aber zB nicht Sanierungsverfahren, die ohne Vermögensbeschlag und ohne Verwalter im Wesentlichen in der Hand des Schuldners liegen, oder

„Vorverfahren" (ErläutRV 1588 BlgNR 25. GP 20; zum „vorläufigen Verfahren" nach deutschem Recht *Ristic*, FS 20 Jahre ISA 77 f).

169 Nach der Judikatur (OGH 8 ObS 37/95, wbl 1996, 34 = SSV-NF 9/25; 8 ObS 148/99v; zu letzterer E auch *Sundl*, DRdA 2000, 431 ff) ist die Ablehnung der Konkurseröffnung mangels kostendeckender Masse durch ein Gericht in Deutschland in den Wirkungen hinsichtlich der Voraussetzungen des Anspruchs auf Insolvenz-Entgelt gem § 1 Abs 1 Z 3 IESG einem Beschluss durch ein inländisches Gericht gleichzuhalten. Dasselbe gilt für den Beschluss des Fürstlichen LG in Liechtenstein, mit welchem mangels eines voraussichtlich hinreichenden Vermögens der Konkursantrag abgewiesen wird. Der OGH (8 ObS 19/11v, wbl 2012/57, 159 = ARD 6207/1/2012 in Bestätigung von OLG Wien 10 Rs 75/11i) sieht hier insb Art 2 Abs 1 lit b InsolvenzRL (Rz 168) als weiteren Anknüpfungstatbestand, weil dort neben der Verfahrenseröffnung ein Anspruch auch für den Fall vorgesehen ist, dass eine Eröffnung deshalb unterbleibt, weil die Vermögensmasse nicht ausreicht, um die Eröffnung zu rechtfertigen. Ein ausdrücklicher Stilllegungsbeschluss bzgl des Unternehmens oder Betriebs wird nicht verlangt, da im Zuge der Umsetzung der RL auf nationalstaatliche Besonderheiten Rücksicht zu nehmen ist. Österreich sieht einen solchen Beschluss iZm der Abweisung eines Konkursantrags mangels kostendeckenden Vermögens nämlich nicht vor. Eine „dissolution" (Löschung) einer britischen „Limited" aus dem Handelsregister im Vereinigten Königreich ist hingegen keine nach der EuInsVO anerkannte ausländische E (Rz 166) und auch sonst – mangels Prüfung der Vermögenslosigkeit (vgl insb Rz 153 ff) – nicht einem Anknüpfungstatbestand nach IESG gleichzuhalten, sodass eine Anspruchsberechtigung nach IESG nicht besteht (OGH 8 ObS 8/14f, DRdA-infas 2015/150, 197 = ARD 6452/10/2015).

170 Nach Art 9 Abs 2 InsolvenzRL richtet sich der Umfang der Rechte der AN nach dem für die zuständige Garantieeinrichtung geltenden Recht (dazu allg *Liebeg*, wbl 2003, 160 f; *Graf*, ZIK 2003, 52 f). Dieser unionsrechtlichen Vorgabe ist im IESG entsprochen.

5. Gesicherte Ansprüche

171 Die gesicherten Ansprüche sind jene Ansprüche, die nach Maßgabe des IESG zu vergüten sind. Sie sind in § 1 Abs 2 IESG aufgezählt (vgl weiters auch § 1a IESG; dazu insb § 1a Rz 13 ff, 23 ff). An **allgemeinen Voraussetzungen** legt diese Bestimmung fest, dass eine Sicherung der entsprechenden Ansprüche nur dann gegeben ist, wenn diese aus dem Arbeitsverhältnis zustehen (s Rz 173 ff), aufrecht bestehen bzw nicht verjährt sind (Rz 178 ff bzw Rz 183 ff) sowie keinem Ausschlusstatbestand iSd § 1 Abs 3 IESG unterliegen (Rz 332 ff).

Derartige Ansprüche sind auch dann gesichert, wenn sie **gepfändet, verpfändet** oder **übertragen** worden sind. Gem § 7 Abs 6 IESG ist im Falle der Pfändung, Verpfändung oder Übertragung des gesicherten Anspruchs das Insolvenz-Entgelt grundsätzlich dem jeweils Berechtigten auszuzahlen (dazu § 7 Rz 17 ff). Dem Berechtigten steht jedoch kein selbständiger Anspruch nach § 1 Abs 1 IESG und damit kein Antragsrecht nach § 6 Abs 1 IESG zu (s § 6 Rz 18).

Im Einzelnen erwähnt das G sodann Entgeltansprüche (§ 1 Abs 2 Z 1 IESG), Schadenersatzansprüche (Z 2 leg cit), sonstige Ansprüche gegen den AG (Z 3) sowie zur zweckentsprechenden Rechtsverfolgung notwendige Kosten (Z 4; dazu im Detail Rz 205 ff, 278 ff, 306 ff und 315 ff).

172 Im Verfahren nach dem IESG ist **von Amts wegen zu prüfen, ob** der geltend gemachte **Anspruch** gem § 1 Abs 2 IESG **gesichert** ist (OGH 8 ObS 14/95, DRdA 1996, 65 = infas 1996 A 20; 8 ObS 133/99p, SSV-NF 13/57; 8 ObS 9/03m, infas 2004 A 49 = ARD 5505/7/2004; LGZ Wien 5 Cgs 44/99, SVSlg 46.971 ua; vgl zB auch Rz 187).

5.1 Anspruch aus dem Arbeitsverhältnis

173 Allgemeine Voraussetzung für die Qualifikation als gesicherte Forderung iSd § 1 Abs 2 IESG ist, dass es sich um einen Anspruch „aus dem Arbeitsverhältnis" handelt (OGH 9 ObS 22/91, SZ 65/15; 8 ObS 77/01h, infas 2001 A 75 = SSV-NF 15/44; 8 ObS 141/01w, DRdA 2002/14, 223 *[Liebeg];* 8 ObS 24/05w, infas 2006 A 41 = ARD 5658/8/2006; VwGH 2938/78, Arb 9922).

Im Falle von freien DN iSd § 4 Abs 4 ASVG (s Rz 83 ff) bzw Heimarbeitern (Rz 91 ff) muss der Anspruch dementsprechend „aus dem freien Dienstverhältnis" bzw sonstigen „Rechtsverhältnis" zustehen.

174 Unter einem **„Arbeitsverhältnis"** ist das durch den Arbeitsvertrag begründete und durch ihn sowie die übrigen ihn begrenzenden vorrangigen (zwingendes G, KollV, BV) und ihn ergänzenden nachrangigen (dispositives Recht) Bestimmungsgründe inhaltlich determinierte Dauerschuldverhältnis zwischen AN und AG zu verstehen, aus dem verschiedenartige, durch Entstehungsgrund und Zweck zusammengehaltene wechselseitige Verbindlichkeiten und mit ihnen korrespondierende Einzelansprüche erwachsen. Auf Grund und im Rahmen der Vertragsfreiheit können die Parteien des Arbeitsverhältnisses allerdings auch davon zu unterscheidende, selbständige Rechtsgeschäfte miteinander abschließen. Aus diesen resultieren nicht schon deshalb „Ansprüche aus dem Arbeitsverhältnis", weil der Verpflichtungsakt während der Dauer der arbeitsrechtlichen Beziehung gesetzt wird oder der Bestand derselben den Anlass oder Beweggrund für ihn darstellt. Ein **Anspruch** ist vielmehr erst dann ein solcher **aus dem Arbeitsverhältnis,** wenn der ihn begründende Verpflichtungsakt nicht nur in einem äußeren zufälligen, sondern in einem **inneren sachlichen Zusammenhang** mit den dieses Rechtsverhältnis kennzeichnenden wechselseitigen Haupt- und Nebenverbindlichkeiten steht, der Anspruch somit letztlich seine Wurzel im Arbeitsverhältnis selbst hat (OGH 8 ObS 4/03a, ZIK 2004/37, 33; 8 ObS 17/05s, ARD 5658/7/2006; 8 ObS 24/05w, infas 2006 A 41 = ARD 5658/8/2006; VwGH 2938/78, Arb 9922; 2917/80, Arb 10.090; *Liebeg*, IESG³ § 1 Rz 277); der „Entstehungsgrund" muss im Arbeitsverhältnis liegen (zB OGH 8 ObS 24/05w, infas 2006 A 41 = wbl 2006, 31; 8 ObS 1/15b, ARD 6452/9/2015 = ASoK 2015, 220).

An sich ist der Passus „Anspruch aus dem Arbeitsverhältnis" **extensiv zu interpretieren.** So sind jedenfalls Ansprüche aus dem **ehemaligen Arbeitsverhältnis** gesichert (vgl dazu auch Rz 94). Ein weites Verständnis ist nicht zuletzt auch deswegen angebracht, weil das IESG auch auf Ansprüche aus freien Dienstverträgen gem § 4 Abs 4 ASVG sowie aus Heimarbeitsverhältnissen Anwendung findet (vgl Rz 83 ff, 91 ff), außerdem ist zB ins Treffen zu führen, dass sich der Gesetzgeber bei der detaillierteren Umschreibung der Ansprüche weiter Begriffe, so etwa des arbeitsrechtlichen Entgeltbegriffs, bedient (s Rz 209 ff). Zudem sind Ansprüche aus mit dem Arbeitsverhältnis eng verbundenen Rechtsverhältnissen, wie zB solche aus einer **Konkurrenzklausel** (sog Karenzabgeltung), nach dem IESG gesichert (s Rz 303, 312). Schließlich hat die Rsp festgehalten, dass privatrechtlichen Ansprüchen nicht deshalb, weil sie sich auf konstitutive **Anerkenntnisse** oder **Novationen** gründen, die Qualifikation als Ansprüche „aus dem Arbeitsverhältnis" versagt werden darf (VwGH 82/11/0057, ZfVB 1985/176 ua; s Rz 181). **175**

Behält der AG im Auftrag des AN **Gewerkschaftsbeiträge** ein und führt er diese nicht widmungsgemäß ab, so hat er dem AN Entgeltteile vorenthalten, die selbstverständlich Ansprüche aus dem Arbeitsverhältnis darstellen und daher nach Maßgabe allgemeiner Sicherungsgrenzen (vgl insb Rz 366 ff) einen Anspruch auf Insolvenz-Entgelt nach sich ziehen (aA *Liebeg*, IESG³ § 1 Rz 280). Dasselbe gilt auch für die **Betriebsratsumlage** (so auch *Ehrenreich*, IESG 82; vgl auch infas 1986, H 6, 8 f), zumal diese keinen gesetzlichen Abzug iSd § 3 Abs 1 IESG darstellt (s § 3 Rz 8; aA *Wolligger*, Arbeitnehmeransprüche 55 f; *Liebeg*, IESG³ § 1 Rz 280).

Ansprüche, die **vor dem vorgesehenen Arbeitsbeginn entstehen,** so etwa jener des § 31 AngG auf Schadenersatz wegen Rücktritts vom Arbeitsvertrag vor Antritt der Arbeit, sind nach der Rsp nicht als solche „aus dem Arbeitsverhältnis" zu qualifizieren (OGH 8 ObS 141/01w, DRdA 2002/14, 223 [zust *Liebeg*]; 8 ObS 5/03y, ARD 5489/15/2004 = SSV-NF 17/76; OLG Wien 11 Rs 376/01, SVSlg 49748; 7 Rs 376/02, SVSlg 49.725). Begründet wird dieses eingeschränkte Begriffsverständnis damit, dass wesentlicher Anknüpfungspunkt für den Beginn des Versicherungsverhältnisses nach dem ASVG – und **176**

§ 1 IESG

damit auch auf Grund der kompetenzrechtlichen Zuordnung des IESG zum Sozialversicherungsrecht – die faktische Aufnahme der Tätigkeit sei und daher der abgeschlossene Arbeitsvertrag typischerweise erst mit dem Vollzug für das Sozialversicherungsrecht erfassbar werde. Diese Sichtweise ist zu kritisieren, betreffen diese Ansprüche doch die rechtswidrige bzw vorzeitige, eine Eingriffshaftung auslösende Beendigung eines vollwertigen, noch nicht in Vollzug gesetzten Arbeitsverhältnisses. Es handelt sich demnach dogmatisch betrachtet um Kündigungsentschädigungen, welche ohne jeden Zweifel Ansprüche aus dem Arbeitsverhältnis sind. Was „aus dem Arbeitsverhältnis" zusteht, ist arbeitsrechtlich zu beurteilen; der Schwenk auf das ASVG mit Verweis auf die Kompetenzgrundlage des IESG ist abzulehnen. Die enge Betrachtungsweise des OGH steht im Übrigen auch in Konflikt mit Art 2 Abs 3 InsolvenzRL (idF RL 2008/94/EG), wonach die Mitgliedstaaten den Anspruch des AN auf Schutz nach dieser RL nicht von einer Mindestdauer des Arbeitsverhältnisses abhängig machen dürfen (*Reissner/Sundl,* Insolvenz-Entgeltsicherung 110 f; vgl auch *Sundl,* FS 20 Jahre ISA 29 ff).

177 **Nicht seinen Entstehungsgrund im Arbeitsverhältnis** hat jedoch der Anspruch eines AN auf Rückzahlung eines während des Arbeitsverhältnisses dem AG zB in Form der Bezahlung offener Rechnungen gewährten **Darlehens** (OGH 9 ObS 4/91, SZ 64/54 = wbl 1991, 328; VwGH 83/11/0249, infas 1986 A 140 = RdW 1987, 62; 2938/78, Arb 9922 ua; mit Differenzierungen genauer dazu Rz 313). Dasselbe gilt für Forderungen aus der **Vermietung eines Kfz** oder **eines Büros** an den AG (OGH 8 ObS 77/01h, infas 2001 A 75 = SSV-NF 15/44; VwGH 87/11/0129, ZfVB 1989/1242); anders ist dies, wenn derartige Sachen des AN als Betriebsmittel eingebracht werden (s Rz 308). Für einen **Vertrauensschaden** des AN infolge irreführender Erklärungen von Arbeitgeberseite **im Zuge der Begründung des Arbeitsverhältnisses,** durch die dieser zur Aufgabe seines bisherigen Arbeitsverhältnisses verleitet wurde, gebührt kein Insolvenz-Entgelt (OGH 9 ObS 22/91, infas 1992 A 103 = SZ 65/15; s auch Rz 304). Gleiches gilt dann, wenn ein AN mit einem fälschlich vertretenen oder nicht existenten AG einen Arbeitsvertrag abzuschließen vermeint und in diesem Zusammenhang gegen einen Scheinvertreter Ansprüche aus der **Verletzung vorvertraglicher Sorgfaltspflichten** geltend machen kann (OGH 8 ObS 7/94, ecolex 1994, 561 = ARD 4580/38/94). Auch iZm mit der Anbahnung des Arbeitsverhältnisses vereinbarte Beträge, die der AN für seine Bereitschaft zur Auflösung des alten und Abschluss des neuen Arbeitsverhältnisses erhalten sollte **(„Abwerbeentschädigungen"),** sind nicht durch das IESG gesichert (OGH 8 ObS 14/09f, DRdA 2010, 424 = infas 2010 A 36). Auch die im Zuge eines offene Ansprüche des AN bereinigenden Vergleichs **nach Beendigung des Arbeitsverhältnisses** statuierte **Konventionalstrafe** für den Fall nachteiliger Äußerungen des AG über den (ehemaligen) AN basiert auf einem Verpflichtungsgrund außerhalb des

Arbeitsverhältnisses und ist daher nach IESG nicht gesichert (OGH 8 ObS 1/15b, ARD 6452/9/2015 = ASoK 2015, 220).

Ein Anspruch auf Auszahlung eines **Lohnsteuerguthabens** ist laut VwGH (85/11/0188, ZfVB 1986/1328; 87/11/0283, ZfVB 1989/1634) kein solcher aus dem Arbeitsverhältnis, zumal der AN beim zuständigen Finanzamt einen Antrag auf Rückzahlung der LSt gem § 240 Abs 3 BAO stellen kann. Ebenso wenig gesichert sind **„Steuerschäden",** die AN infolge des Vorenthaltens des Entgelts durch den AG und der späteren Befriedigung ihrer Lohnansprüche durch den IEF wegen einer in der Zwischenzeit erfolgten Neuregelung der Besteuerung von nachträglichen Zahlungen gem § 67 Abs 8 EStG erleiden (OGH 8 ObS 4/03a, wbl 2003/332, 592; vgl auch *Adamovic*, ARD 5666/6/2006). Die **Familienbeihilfe** ist ein Versorgungsanspruch gegen die öffentliche Hand und somit nach IESG nicht gesichert (*Liebeg*, IESG[3] § 1 Rz 279).

5.2 Aufrechtes Bestehen des Anspruchs

Ein Anspruch besteht ua dann aufrecht, wenn der ihm **zu Grunde liegende Entstehungsakt mangelfrei** ist (vlg auch Rz 334 ff oder Rz 435 ff), wenn er **nicht durch Befriedigung** (Bezahlung, Erfüllung) **getilgt** wurde – dies kann auch von dritter Seite für den AG erfolgen (vgl zB OGH 8 ObS 2037/96h; 8 ObS 3/04f, ARD 5527/4/2004) –, wenn er **nicht verfallen** ist (Rz 183 ff), wenn **nicht** rechtsgültig auf ihn **verzichtet** wurde (Rz 192 ff) oder wenn er **nicht durch Aufrechnung erloschen** ist (Rz 196 ff; allg *Welser/Zöchling-Jud*, Bürgerliches Recht II[14] 112 ff). 178

Bemerkenswert ist, dass das G neben der Voraussetzung des Aufrechtbestehens des Anspruchs den Umstand, dass dieser **nicht verjährt** sein darf, getrennt ausweist. Dies liegt offenbar daran, dass im Falle der Verjährung – anders als etwa beim Verfall – nur der Verlust des Klagerechts eintritt, der Anspruch als solcher jedoch nicht untergeht, streng genommen also „aufrecht besteht" (s dazu Rz 183 ff).

Leistet der Schuldner zweier Gläubiger an eine Person, die für beide Gläubiger empfangsberechtigt ist, kommt die Regelung über die Reihenfolge der Tilgung von Forderungen in § 1416 ABGB (dazu auch Rz 182) nicht zum Tragen. Die **Bestimmung des Gläubigers,** der die Leistung erhalten soll, ist in diesem Fall allein **Sache des Schuldners** (vgl OGH 8 ObS 1/04m, ARD 5506/5/2004). Die zB einem anspruchsberechtigten AN zugedachte Zahlung bringt dessen Forderung insoweit zum Erlöschen. 179

Begleicht der **Insolvenzverwalter** offene Forderungen ausgetretener AN **aus der Masse,** so sind diese Ansprüche damit **erloschen.** Dies gilt auch dann, wenn die Zahlungen als Vorschüsse bezeichnet werden. Ob der Insolvenzverwalter im Hinblick auf den Grundsatz der Verhältnismäßigkeit der Befriedigung im Konkurs berechtigt war, Insolvenzforderungen einzelner Gläubiger voll zu erfüllen, ist nicht zu prüfen (OGH 9 ObS 1/93, infas 1993 A 94). Werden offene Entgeltansprüche des AN in Höhe einer 40-%-igen **Quote befriedigt,** vermindert die Quotenzahlung des Insolvenzverwalters die Höhe des gesicherten Anspruchs (vgl OGH 8 ObS 3/04f, ARD 5527/4/2004 zum seinerzeitigen Ausgleichsrecht).

Tritt eine AN nach dem Tod des AG dessen Nachfolge als Unternehmerin an, so ist dies für allfällige weitere AN in aller Regel ein Betriebsübergang (dazu allg Rz 416 ff). Hinsichtlich der nunmehrigen Unternehmerin kommt es zur **Vereinigung von Schuldner- und Gläubigerstellung** (§ 1445 ABGB: „Konfusion"). Ihre **Ansprüche als AN** sind damit **erloschen.** Tritt in Bezug auf die Verlassenschaft ein Sicherungstatbestand ein (zB Nichteröffnung des Insolvenzverfahrens mangels kostendeckenden Vermögens; allg dazu Rz 127 ff, insb Rz 146 ff), so gibt es keine nach IESG zu sichernden Ansprüche (OGH 8 ObS 187/00h, ARD 5239/14/2001; in diese Richtung hätte man auch den OGH 8 ObS 273/00, DRdA 2002/26, 315 *[Reissner]* = ZAS 2002/17, 146 *[Wagnest]* zu Grund liegenden Fall lösen können).

180 In Fällen, in denen die Arbeit trotz Leistungsbereitschaft des AN durch Umstände auf Seiten des AG nicht erbracht wird, gebührt dem AN das Entgelt gem § 1155 ABGB. Er muss sich jedoch anrechnen lassen, was er infolge Unterbleibens der Arbeitsleistung erspart oder durch anderweitige Verwendung erworben oder zu erwerben absichtlich versäumt hat. Kommt diese sog **Anrechnungsregel des § 1155 ABGB** zur Anwendung, so besteht der **Anspruch auf Entgelt** insoweit **nicht aufrecht,** womit auch eine IESG-Sicherung nicht in Frage kommt (OGH 9 ObS 34/93, infas 1994 A 117; LG Salzburg 19 Cgs 26/92, SVSlg 41.351).

Auch im Falle einer vereinbarten **Karenzierung,** bei welcher die Arbeits- und die Entgeltpflicht ruhend gestellt werden, gibt es **keinen aufrechten Entgeltanspruch** (vgl OGH 9 ObA 12/05p, ARD 5594/17/2005).

181 Die **Umänderung** der Verbindlichkeit (zB Änderung des Rechtsgrunds; allg *Welser/Zöchling-Jud,* Bürgerliches Recht II[14] 128 ff) lässt diese iSd § 1 Abs 2 IESG dem Grunde nach aufrecht bestehen. So hat die Rsp festgehalten, dass ein privatrechtlicher Anspruch auch dann, wenn er aus einem **konstitutiven Anerkenntnis** resultiert, nach dem IESG gesichert sein kann; ebenso ist es bei einer **Novation,** insb bei einem (gerichtlichen oder außergerichtlichen) **Vergleich** (VwGH 82/11/0057, ZfVB 1985/176; 84/11/0276, ZfVB 1987/1291; 87/11/0098, ZfVB 1989/514; vgl auch *Liebeg,* IESG[3] § 1 Rz 257 f). Der Umstand, dass in einem Vergleich von einer „freiwilligen Abgangsentschädigung" die Rede ist, schadet daher im Allgemeinen nicht (vgl VwGH 86/11/0063, ZfVB 1987/2392; s aber Rz 387). Ebenso steht es einem Anspruch auf Insolvenz-Entgelt nicht entgegen, wenn nach einer ungerechtfertigten vorzeitigen Auflösung des Lehrverhältnisses durch den AG in einem gerichtlichen Vergleich die „einvernehmliche Auflösung" einschließlich der Bezahlung von Kündigungsentschädigung und Urlaubsersatzleistung vereinbart wird, zumal kein ausschließlich neuer Rechtsgrund geschaffen und ein Zurückgreifen auf das ursprüngliche Rechtsverhältnis nicht ausgeschlossen wird (OGH 8 ObS 2264/96, ZASB 1997, 5 = ARD 4800/39/96). Wird allerdings durch ein konstitutives Anerkenntnis oder einen Vergleich ein Anspruch zugestanden, der nicht als aus dem Arbeitsverhältnis erwachsen angesehen werden kann, so besteht auch keine IESG-Sicherung (VwGH 84/11/0276, ZfVB 1987/1291; 86/11/0063, ZfVB 1987/2392; zur Amtswegigkeit des entsprechenden Prüfungsverfahrens s Rz 172, zum Passus „Anspruch aus dem Arbeitsverhältnis" Rz 173 ff).

182 Die Frage, ob ein Anspruch aufrecht besteht, kann sich auch dann stellen, wenn einem AN gegen den AG sowohl gesicherte als auch ungesicherte Forderungen zustehen und der AG **Teilzahlungen** geleistet hat. Nach Bürgerlichem Recht ist die Frage, auf welche Forderungen derartige Zahlungen anzurechnen sind, anhand der §§ 1415 f ABGB zu prüfen (VwGH 1232/79, ZfVB 1980/1218; 85/11/0187, ZfVB 1986/1327). In erster Linie ist demnach auf Widmungsvereinbarungen der Parteien abzustellen. Sind solche nicht zu ermitteln, ist die unwidersprochene Bestimmung durch den Schuldner maßgeblich. Mangels einer solchen sind die Zinsen vor dem Kapital zu tilgen, bei mehreren Kapitalien kommt es der Reihe nach auf die Einforderung, die Fälligkeit sowie die Beschwerlichkeit für den Schuldner an (vgl allg *Reischauer* in *Rummel*³ § 1416 Rz 11 ff mwN).

Hat der insolvente AG dem AN **zur teilweisen Begleichung** einen **ungewidmeten Nettobetrag** überwiesen, haben die Parteien aber keine Nettolohnvereinbarung (zu dieser Rz 208) getroffen, hat eine Hochrechnung des netto ausgezahlten Teilbetrags (= Nachzahlung gem § 67 Abs 8 lit c EStG) auf einen Bruttobetrag zu erfolgen, um aus der Gegenüberstellung mit offenen Bruttoforderungen das netto gebührende Insolvenz-Entgelt (gem § 67 Abs 8 lit g EStG; dazu auch § 3 Rz 10) zu errechnen (OGH 8 ObS 22/03y, SSV-NF 18/12 = ARD 5505/11/2004).

Teilzahlungen des AG vor Insolvenzverfahrenseröffnung können **nur innerhalb der jeweiligen vom IESG gebildeten Kategorie der** im Verfahren nach diesem G geltend gemachten **Ansprüche angerechnet** werden. Eine kategorieübergreifende Anrechnung bzw Umwidmung hat demgegenüber nicht stattzufinden. Zahlt der AG etwa irrtümlich den Bruttobetrag für verglichene Entgeltansprüche an den AN, so ist die allfällige Überzahlung nicht auf geltend gemachte Kostenersatzansprüche anzurechnen (OGH 8 ObS 13/16v, DRdA-infas 2017/16, 17 = Arb 13.346).

§ 1 IESG

Ein spezielles Problem im Bereich des IESG stellen **Widmungserklärungen** bei Teilzahlungen im Falle **höhenmäßiger Anspruchsbegrenzungen** dar (dazu auch Rz 373, 390). Nach der Judikatur sind **Teilzahlungen des AG** hier **zunächst auf den gesicherten Anspruchsteil** anzurechnen (OGH 8 ObS 235/01v, Arb 12.176 = RdW 2002, 619); dies betrifft insb das Verhältnis von Zahlungen auf freiwillige und gesetzliche Abfertigungen (OGH 8 ObS 293/01y, ZIK 2003/99, 71 = SSV-NF 16/50). Widmungserklärungen sind daher im Verhältnis zum IESG dann nicht zu berücksichtigen, wenn durch deren Beachtung ein höhenmäßiges Limit überschritten wird.

Ein Grundsatz, dass Teilzahlungen soweit wie möglich auf den gesicherten Anspruchsteil anzurechnen sind, kann jedoch **nicht** auf die **zeitliche Beschränkung des Insolvenz-Entgelts** angewendet werden, zumal unionsrechtliche Überlegungen eine zeitliche Mindestgarantie verlangen (*Wolligger*, Arbeitnehmeransprüche 207 f; *Weber*, ZIK 1998, 120 f; *K. Mayr*, ELR 1998, 479 f). Der EuGH (C-125/97, *Regeling*, Slg 1998, I-4493 = ARD 4960/26/98; dementsprechend OGH 8 ObS 237/01p) interpretiert Art 4 Abs 2 InsolvenzRL im Falle eines AN, der gegenüber dem AG Ansprüche für Beschäftigungszeiten hat, die sowohl vor als auch im Sicherungszeitraum liegen, so, dass die vom AG während des Bezugszeitraums geleisteten Arbeitsentgeltzahlungen vorrangig den vorher entstandenen Ansprüchen des AN zuzurechnen sind. **Teilzahlungen** sind also **auf die** nicht gesicherten **älteren Ansprüche anzurechnen.**

Nicht ausgeschlossen ist, dass eine deutlich vom dispositiven bürgerlichen Recht abweichende Gestaltung durch die Arbeitsvertragsparteien missbräuchlich zu Lasten des IEF und daher rechtsunwirksam sein kann (allg dazu Rz 441 ff, insb Rz 444).

5.2.1 Verjährung und Verfall

183 Ein Anspruch ist nach dem IESG nur dann gesichert, wenn er weder verjährt noch verfallen ist. Obwohl das IESG somit für Verjährung und Verfall dieselbe Rechtsfolge vorsieht, ist es notwendig, die beiden Phänomene zu unterscheiden. Es finden nämlich zwar einige, keinesfalls aber alle einschlägigen Gesetzesbestimmungen auf beide Rechtsinstitute Anwendung. Das bedeutet, dass etwa bei der konkreten Beurteilung der Zulässigkeit einer im KollV bzw Arbeitsvertrag enthaltenen Klausel als Vorfrage zu prüfen ist, ob die Regeln über Verjährung oder jene über Verfall anzuwenden sind.

184 Eine **verjährte** Schuld ist nicht klagbar, sehr wohl aber zahlbar (sog Naturalobligation; vgl § 1432 ABGB). Demgegenüber bedeutet **Verfall** den gänzlichen Untergang eines Rechts (Verfallsfristen werden auch als Ausschluss-, Präklusiv- bzw Fallfristen bezeichnet). Wird eine verfallene Schuld dennoch beglichen, liegt Zahlung einer Nichtschuld vor und das Geleistete kann gem § 1431 ABGB zurückgefordert werden. Ein weiterer Unterschied zwischen Verfall und Verjährung bestand früher darin, dass die Regeln über **Hemmung** (diese schiebt den Beginn und regelmäßig auch die Fortsetzung der begonnenen Verjährung hinaus) und **Unterbrechung** (eine unterbrochene Verjährung beginnt nach Wegfall des Unterbrechungsgrundes völlig neu) auf Fallfristen nicht zur Anwendung gebracht wurden (*Klang* in Klang VI^2 567; vgl allg *Koziol/Welser/Kletečka*, Bürgerliches Recht I^{14} 258 f). Nach heute hA sind jedoch diese Regeln auch für den Verfall maßgeblich (OGH 4 Ob 14/78, Arb 9702; 4 Ob 78/85, infas 1986 A 10; 9 ObS 8/92, infas 1992 A 143; 9 ObA 308/98d, DRdA 2000/8, 55 *[Holzner]*; RIS-Justiz RS0029716). Schließlich wurde seinerzeit die Meinung vertreten, dass das Gericht den Verfall **von Amts wegen** zu beachten habe, während die Verjährung **einredeweise** geltend gemacht werden müsse (vgl § 1501 ABGB). Nach der neueren Judikatur ist in jedem Einzelfall nach dem Zweck der Fristsetzung zu prüfen, ob die amtswegige Beachtung des Verfalls dem Sinn der Norm entspricht (vgl OGH 4 Ob 14/78, Arb 9702; 4 Ob 2/82, Arb 10.097; 9 ObA 178/89, ARD 4141/23/90; *Martinek/M. Schwarz/W. Schwarz*, AngG^7 753 f).

185 Der Ablauf der Verjährungsfrist (Verfallsfrist) wird durch Anerkennung oder klagsweise Geltendmachung der Forderung **unterbrochen.**

Im Fall der **klagsweisen Geltendmachung** muss das Verfahren gehörig fortgesetzt werden. Unschädlich ist hierbei, wenn nach einer Ruhensvereinbarung außergerichtliche Vergleichsgespräche geführt werden und nach Ablauf der Ruhensfrist oder, sofern die Vergleichsverhandlungen darüber hinaus andauern, unverzüglich nach deren Scheitern ein Fortsetzungsantrag gestellt wird (OGH 1 Ob 606/85, JBl 1986, 651). Wird die Klage durch einen rechtskräftigen Spruch für unstatthaft erklärt, ist die Verjährung als ununterbrochen anzusehen (§ 1497 ABGB).

Hinsichtlich des Vorliegens einer **Anerkennung** der Forderung wird im Allgemeinen kein strenger Maßstab angelegt: Für die Unterbrechung der Verjährung genügt jedes dem Gläubiger gegenüber gesetzte Verhalten des Schuldners, das in irgendeiner Weise sein Bewusstsein, aus dem betreffenden Schuldverhältnis verpflichtet zu sein, zum Ausdruck bringt, wobei es auf den objektiven Erklärungswert ankommt; ein Anerkenntnis dem Grunde nach genügt (VwGH 86/11/0165, ZfVB 1988/986).

186 Zu beachten ist, dass durch die ordnungsgemäße **Anmeldung** einer Forderung **im Insolvenzverfahren** die **Verjährung** derselben **unterbrochen** wird und erst nach rechtskräftiger Aufhebung des Insolvenzverfahrens wieder zu laufen beginnt (§ 9 Abs 1 IO). Wird ein Anspruch bei der Prüfungstagsatzung vom Insolvenzverwalter oder einem Insolvenzgläubiger **bestritten,** so gilt die Verjährung vom Tag der Anmeldung bis zum Ablauf der für die Geltendmachung des Anspruchs bestimmten Frist als **gehemmt** (§ 9 Abs 2 IO); in diesem Fall hat erst die Prüfungsklage Unterbrechungswirkung (vgl OGH 9 ObA 178/97k, Arb 11.683).

Ist die Verjährung (der Verfall) nicht schon auf Grund insolvenzrechtlicher Vorschriften unterbrochen, so bewirkt jedenfalls die **Antragstellung auf Zuerkennung von Insolvenz-Entgelt** die **Unterbrechung** von Verjährungs- bzw Verfallsfristen (§ 7 Abs 1 letzter S IESG; OGH 9 ObA 63/05p, ZIK 2005/241, 201; s § 7 Rz 4). Wird zB ein Antrag auf Insolvenzverfahrenseröffnung mangels hinreichenden Vermögens abgelehnt, ist der AN daher nicht gezwungen, zur Wahrung seines Anspruchs auf Insolvenz-Entgelt für die im Zeitpunkt der Antragstellung nicht verjährten bzw verfallenen Forderungen gegen seinen ehemaligen, idR vermögenslosen AG eine Klage einzubringen oder eine bereits erhobene Klage gehörig fortzusetzen, nur damit auch im Weiteren die Verjährung bzw der Verfall vermieden wird (ErläutRV 738 BlgNR 18. GP 6; vgl auch OGH 8 ObA 149/01x, infas 2002 A 89; VwGH 87/11/0120, ZfVB 1989/516).

187 Im Bereich des **Verfahrens nach dem IESG** ist auf die **Verjährung** oder den **Verfall** eines Anspruchs iSd § 1 Abs 2 IESG **von Amts wegen** Bedacht zu nehmen (OGH 9 ObS 19/93, infas 1993 A 162; 8 ObS 234/97p, infas 1998 A 122 = SSV-NF 12/36; 8 ObS 133/99p, SSV-NF 13/57; 8 ObS 9/03m, infas 2004 A 49 = ARD 5505/7/2004; 8 ObS 2/17b, DRdA-infas 2017/96, 154 *[Mader]* = wbl 2017/127, 408). Diesbezügliche **Gestaltungen der Arbeitsvertragsparteien** sind nach Zivilrecht oder zumindest im Bereich des IESG bedenklich: Eine vor Eintritt der Verjährung abgegebene Erklärung des AG, auf den Einwand der Verjährung zu verzichten, ist gem § 1502 ABGB rechtsunwirksam (OGH 8 ObS 9/03m, infas 2004 A 49 = ARD 5505/7/2004; LG Feldkirch 35 Cgs 209/97, SVSlg 47.468 ua) Unbeachtlich ist auch eine (Stundungs-)Vereinbarung, mit der die Parteien den Verjährungseintritt hinausschieben wollen (OGH 8 ObS 14/07b, DRdA 2009/8, 111 *[Runggaldier]* = ARD 5856/4/2008; 8 ObS 5/14i, DRdA-infas 2015/68, 77 = ARD 6413/13/2014). Die im Zivilrecht mögliche Replik der Arglist kann im IESG-Verfahren nicht erhoben werden (OGH 8 ObS 14/95, DRdA 1996, 65 = infas 1996 A 20).

188 Nach **Zivilrecht** verjähren **Entgeltansprüche** sowie Ansprüche auf **Auslagenersatz** und auf **Vorschussrückzahlung** nach drei Jahren (§ 1486 Z 5 ABGB). **Schadenersatzansprüche** verjähren grundsätzlich in drei Jahren ab dem Zeitpunkt, in dem der Schaden und der Schädiger dem Geschädigten bekannt wurden. Ist dem Geschädigten der Schaden oder die Person des Schädigers nicht bekannt geworden oder ist der Schaden aus einer oder mehreren strafbaren Handlungen, die nur vorsätzlich begangen werden können und mit mehr als einjähriger Freiheitsstrafe bedroht sind, entstanden, so erlischt das Klagerecht erst nach 30 Jahren (§ 1489 ABGB).

Diese allgemeinen Verjährungsbestimmungen werden im Bereich des **Arbeitsrechts** häufig durch **spezielle Verjährungs- oder Verfallsbestimmungen** modifiziert (allg *Rauch*, ASoK 2000, 26 ff). Diese finden sich zum einen in SonderG (Rz 190), zum anderen sind sie aber auch in KollV und Arbeitsverträgen zulässig, sofern sie nicht gegen übergeordnete Bestimmungen verstoßen (Rz 191). Die Verkürzung von Verjährungsfristen ist nach allgemeinem Bürgerlichen Recht grundsätzlich zulässig, wogegen deren Verlängerung gem § 1502 ABGB unzulässig ist. **189**

Eine lex specialis besteht zB im **DHG:** Auf einem minderen Grad des Versehens beruhende Schadenersatz- und Rückgriffsansprüche des AG sowie Vergütungsansprüche des AN (§§ 2 Abs 1, 3 Abs 4, 4 Abs 2 und 4 DHG; s Rz 296) verfallen, wenn sie nicht binnen sechs Monaten nach Ablauf des Tages, an dem sie erhoben werden können, gerichtlich geltend gemacht werden (§ 6 DHG). **190**

Weiters unterliegen **Ersatzansprüche des AN wegen Austritts oder Entlassung** (s Rz 279 ff) grundsätzlich einer Verfallsfrist von sechs Monaten (§ 1162d ABGB, § 34 AngG, § 34 GAngG, § 38 TAG, § 38 LAG). Diese Verfallsfrist gilt nicht für die „Abfertigung alt" (iSd AngG, ArbAbfG, GAngG etc; allg zur „Abfertigung alt" Rz 233 ff), da diese kein Ersatzanspruch, sondern ein Entgeltanspruch ist (OGH 4 Ob 61/71, Arb 8900; 4 Ob 137/81, Arb 10.072; 4 Ob 13/85, DRdA 1987/16, 305 *[Migsch]* = Arb 10.407; 4 Ob 78/85, infas 1986 A 10; 8 ObA 273/95, Arb 11.456; 8 ObA 172/00b, infas 2001 A 59 ua). Dasselbe gilt auch für Urlaubsersatzleistungen (vgl zB OGH 14 Ob 167/86, Arb 10.578; 4 Ob 60/81, Arb 10.141; OLG Wien 9 Ra 148/03f, ARD 5493/7/2004; zur Verjährung des Urlaubs selbst s Rz 252) und Ansprüche aus Sozialplänen (OGH 8 ObA 172/00b, infas 2001 A 59).

Die **KollV** haben auch von der Möglichkeit, vom G abweichende **kürzere Verjährungs- bzw Verfallsfristen** festzulegen, Gebrauch gemacht. Enthält ein KollV bereits eine Verkürzung der Verjährung, so ist eine weitere Herabsetzung durch Arbeitsvertrag rechtsunwirksam (OGH 9 ObA 87/94, Arb 11.202; 9 ObA 95/99g, ARD 5091/44/99). **191**

In KollV enthaltene Verfallsfristen unterscheiden sich von den in Rz 190 genannten idR dadurch, dass der Anspruch auch durch **außergerichtliche Geltendmachung** gewahrt bleibt. Die Geltendmachung kann konkludent erfolgen; nach der Rsp ist dies etwa der Fall, wenn nach Auflösung des Arbeitsverhältnisses über bestimmte Ansprüche weiterverhandelt wird (OGH 4 Ob 17/68, Arb 8515; 4 Ob 136/81, DRdA 1982, 422). Verfallsklauseln sind nicht schon deswegen ausgeschlossen, weil sie unverzichtbare Ansprüche, zB nach der Judikatur auch Urlaubsansprüche, betreffen (vgl OGH 9 ObA 323/99m,

ARD 5178/10/2000; 8 ObA 156/01a, Arb 12.119). Sie sind jedoch **sittenwidrig und** daher **nichtig,** wenn sie die **Geltendmachung von Ansprüchen ohne sachlichen Grund übermäßig erschweren** (OGH 4 Ob 97/54, Arb 6062; 4 Ob 17/68, Arb 8515; 14 Ob 167/86, DRdA 1989/12, 196 *[Pfeil]*). Verfallsklauseln mit einer Frist von sechs Monaten (LG Feldkirch Cga 9/81, Arb 10.003), vier Monaten (OGH 4 Ob 94/82, Arb 10.219; 9 ObA 210/92, ARD 4438/19/93), drei Monaten (OGH 4 Ob 78/85, infas 1986 A 10; 9 ObA 9/94, ARD 4549/24/94; 9 ObA 163/97d, DRdA 1998/28, 264 *[Resch];* OLG Wien 8 Ra 41/00h, ARD 5278/48/2002) oder zwei Monaten (OGH 9 ObA 166/00b, infas 2001 A 9; 9 ObA 119/00s, ARD 5230/14/2001; anders jedoch iZm einem Überstundenpauschale OGH 9 ObA 42/90, infas 1991 A 151) erachtete die Rsp nicht als sittenwidrig, wohl aber eine Ausschlussfrist von sechs Wochen (OGH 4 Ob 110/84, Arb 10.475). Die Unzulässigkeit einer Verfallsklausel hängt jedoch nicht nur von der absoluten Dauer der Frist für die Geltendmachung des Anspruchs, sondern auch von der Art des Anspruchs selbst ab (so OGH 9 ObA 159/02a, infas 2003 A 38 zur Zulässigkeit einer sechswöchigen Verfallsfrist für die Ausstellung eines Dienstzeugnisses). Wenn in KollV oder Arbeitsverträgen enthaltene Fallfristen zum Nachteil der AN gegen **zwingende gesetzliche Bestimmungen** über die Frist zur Geltendmachung von Ansprüchen verstoßen, wie etwa gegen § 1162d ABGB oder § 34 AngG, sind sie ohnedies nichtig (vgl zB OGH 4 Ob 94/82, Arb 10.219). Dabei ist die Gestaltung jedoch auf Günstigkeit im Verhältnis zum zwingenden Recht zu prüfen. Dabei vertritt der OGH (9 ObA 141/05h, DRdA 2007/16, 143 = ARD 5695/6/2006) in Abkehr von seiner früheren Rsp in Anlehnung an *Holzner* (DRdA 2000, 59) die Auffassung, dass auch kürzere Verfallsfristen zur Geltendmachung von Ansprüchen wegen vorzeitigem Austritt oder vorzeitiger Entlassung gem § 1162d ABGB bzw § 34 AngG als die gesetzliche sechsmonatige Frist zulässig sind, insb wenn im KollV vorgesehen ist, dass innerhalb einer viermonatigen Frist nur eine außergerichtliche Geltendmachung zur Wahrung der Ansprüche erforderlich ist und bei rechtzeitiger Geltendmachung auch die gesetzliche dreijährige Verjährungsfrist gewahrt bleibt (genauer dazu *Haider* in *Reissner,* AngG[2] § 34 Rz 30 f mwN).

Die Existenz kollv Verfallsfristen verstößt entgegen den Andeutungen von *K. Mayr* (ELR 1998, 480) nicht gegen Art 4 Abs 2 InsolvenzRL betreffend den Mindestsicherungszeitraum, zumal sich die RL in diesem Punkt mit den Möglichkeiten einer Beschränkung von Zahlungspflichten der Sicherungseinrichtung und weniger mit dem arbeitsrechtlichen Vorfeld beschäftigt: Wenn ein Anspruch nach dem Arbeitsrecht nicht gegeben ist, dann steht seine Begrenzung durch das IESG nicht zur Debatte (s dazu *Wolligger,* Arbeitnehmeransprüche 193 f).

5.2.2 Verzicht auf arbeitsrechtliche Ansprüche

Bei Beurteilung der Frage, ob Ansprüche des AN noch aufrecht sind, ist auch zu prüfen, ob der AN nicht rechtswirksam auf diese verzichtet und insoweit ein teilweises oder gänzliches Erlöschen herbeigeführt hat. Zu beachten ist dabei, dass ein **Verzicht** des AN **auf unabdingbare** (zwingende) **Ansprüche nur in beschränktem Maß zulässig** ist (genauer dazu Rz 194). Ist der jeweilige Verzichtsvertrag demgemäß unzulässig (s Rz 194) oder liegt gar keine vertragliche Verfügung vor (Rz 195), so bleibt der Anspruch iSd § 1 Abs 2 IESG aufrecht. 192

Eine erhebliche Zahl der arbeitsrechtlichen Ansprüche ist **zwingender** Natur, und zwar regelmäßig relativ zwingend, sodass nur zu Gunsten des AN abbedungen werden kann (vgl § 1164 ABGB, § 40 AngG). Arbeitsrechtliche G können auch als Ganzes (relativ) zwingend wirken (vgl etwa § 12 UrlG, § 5 DHG, § 6 EFZG, § 14 JournG, § 4 GAngG, § 20 HGHAngG, § 238 LAG). Die Mittel unzulässiger Abdingung ergeben sich aus dem Stufenbau der Arbeitsrechtsordnung, dh die jeweils nachgeordnete Rechtsquelle ist iSd Unabdingbarkeit gebunden, sofern eine Norm nicht zu Gunsten bestimmter Rechtsquellen Ausnahmen macht (insb „Kollektivvertragsdispositivität"; vgl zB § 1164 Abs 6 ABGB, § 5 DHG). Die im G typische Wortwendung, wonach die Rechte des AN „durch Dienstvertrag weder aufgehoben noch beschränkt werden" können, bezieht sich demgemäß nicht nur auf den Dienstvertrag bzw auf Einzelvereinbarungen, sondern auch auf KollV und BV. Die normativen (einwirkungsfähigen) Bestimmungen von KollV und BV können zwar dispositiver Natur sein (vgl zB OGH 9 ObA 291/89, DRdA 1991/50, 446 *[Jabornegg]* = ZAS 1991/10, 63 *[Resch]*; 8 ObA 309/95, DRdA 1996/49, 500 *[Firlei]*), in aller Regel sind sie jedoch einseitig zwingend. Für KollV – nicht aber für BV – besteht sogar die Möglichkeit, Sondervereinbarungen überhaupt auszuschließen (absolut zwingende Wirkung; vgl § 3 Abs 1 S 2 bzw § 31 Abs 3 S 2 ArbVG), die KollV haben von dieser Befugnis allerdings so gut wie keinen Gebrauch gemacht. Der zwingende Charakter einer Vorschrift kann sich schließlich auch aus ihrem Inhalt, ihrer Formulierung oder ihrem Zweck ergeben (*Adler/Höller* in Klang V^2 365; *Martinek/M. Schwarz/ W. Schwarz*, AngG^7 743 f). 193

Aus der zwingenden Wirkung ergibt sich, dass auch ein **Verzicht** auf die entsprechenden unabdingbaren arbeitsrechtlichen Ansprüche (zB auf das kollv Mindestentgelt) Beschränkungen unterworfen sein muss. „Verzicht" ist idR ein **Erlassvertrag** (§ 1444 ABGB), der im Gegensatz zur Abdingung nicht den Anspruch an sich aufheben oder beschränken will, sondern über die konkrete Leistung verfügen soll (Verfügungsgeschäft). Diesbezüglich sind verschiedenste Gestaltungen denkbar; auch die Vereinbarung ewigen Ruhens des gerichtlichen Verfahrens kann ein Verzicht sein (vgl *Liebeg*, IESG^3 § 1 194

Rz 257). Würde man den Verzicht auf unabdingbare Ansprüche unbeschränkt zulassen, so wären zwingende Bestimmungen der Gefahr ausgesetzt, permanent unterlaufen zu werden, was gezielt eingesetzt letztlich den Effekt einer Abdingung haben würde.

Um einer Aushöhlung der Unabdingbarkeit vorzubeugen, war das Arbeitsrecht seit jeher bestrebt, Unabdingbarkeit und Verzicht zueinander in Beziehung zu setzen und letzteren weitgehend zu beschränken. Es wird hier formuliert, dass **Unabdingbarkeit grundsätzlich** auch **Unverzichtbarkeit** bedeutet (vgl *Reissner,* Arbeitsrecht[5] 366 f). Hinsichtlich der **Grenzen der Verzichtbarkeit** unabdingbarer Ansprüche wird die sog **Drucktheorie** vertreten, die auf eine Leitentscheidung des OGH, das sog Judikat 26 neu (OGH Präs 600/26, Arb 3725 = SZ 9/80), zurückzuführen ist: Ein Verzicht während der Dauer des Arbeitsverhältnisses wird als unwirksam betrachtet, da angenommen werden muss, dass der AN diesen nicht frei, sondern unter wirtschaftlichem Druck, etwa weil er sonst den Verlust seines Arbeitsplatzes befürchten muss, abgibt. Die Frage, ob wirtschaftlicher **Druck auf dem AN** lastet, ist mE nicht am konkreten Fall, sondern **objektiv-abstrakt zu prüfen.** Das bedeutet, dass das Vorliegen des typischen Drucks der Arbeitsabhängigkeit während des aufrechten Arbeitsverhältnisses unwiderleglich zu vermuten ist (unzutreffend von einer bloß widerleglichen Vermutung ausgehend OGH 4 Ob 94/73, ZAS 1975/11, 100 [krit *W. Schwarz*]; *Marhold/Friedrich,* Arbeitsrecht[3] 200 f). Auch in der Phase der Auflösung des Arbeitsverhältnisses ist von einer entsprechenden Drucksituation auszugehen (vgl zB OGH 8 ObA 11/16z, ecolex 2016/279, 617 = ARD 6502/5/2016). Diese wird einige Tage bis Wochen nach Beendigung des Arbeitsverhältnisses weiterwirken. Einen verallgemeinerungsfähigen Anhaltspunkt zum Thema enthält das HGHAngG. Gem § 20 leg cit ist jede Erklärung über Entgeltansprüche rechtsunwirksam, wenn sie während der Dauer des Arbeitsverhältnisses oder innerhalb einer Woche nach Auflösung desselben abgegeben wurde. Diese im HGHAngG genannte **Einwochenfrist** wird die **Untergrenze des Nachschutzes** vor Verzichtserklärungen abgeben können. Eine weiter in die Zeit nach Beendigung des Arbeitsverhältnisses hineinreichende Unverzichtbarkeit besteht dann, wenn **aushaftende Beträge** noch **nicht fällig** sind. Dies betrifft zB die in Monatsraten nach Beendigung des Arbeitsverhältnisses fällig werdende Abfertigung alt oder die Kündigungsentschädigung ab dem vierten Monat dieser Zahlung. Hier wird die Verzichtbarkeit erst gegeben sein, wenn nur mehr verhältnismäßig geringfügige Beträge offen sind und der AN auch sonst nicht rechtlich an den AG gebunden ist. Eine darüber hinausgehende Unverzichtbarkeit unabdingbarer Ansprüche ist demgemäß dann anzunehmen, wenn der AN dem AG gegenüber **besonderen nachvertraglichen Verpflichtungen** (insb einer Konkurrenzklausel) unterliegt (Näheres, insb auch zur teilweise schwankenden älteren Rsp, *Martinek/M. Schwarz/W. Schwarz*, AngG[7] 744 ff; weiters *W. Schwarz*, DRdA 1984, 1 ff; *Eypeltauer*, Verzicht 50).

Im gegebenen Zusammenhang ist noch eine zweite Konstruktion geläufig: Häufig werden **einschlägige Erklärungen des AN,** insb sog **Lohnbefriedigungserklärungen,** von der Rsp gar nicht als Willenserklärungen, sondern als bloße **Wissenserklärungen** ausgedeutet. So hielt der OGH (4 Ob 15/82, Arb 10.095; ebenso zB OGH 9 ObA 15/02z, infas 2002 A 84) fest, dass die gegenständliche Lohnbefriedigungserklärung als reine Wissenserklärung zu qualifizieren sei, da nicht angenommen werden könne, dass der AN einen Verzicht abgeben wollte. Nach allgemeiner Rechtsgeschäftslehre kann eine Wissenserklärung im Gegensatz zu einer Willenserklärung keine Rechtswirkungen auslösen, weil der Erklärende mit einer solchen Äußerung nur eine Meinung über Tatsachen kundtut, währenddessen bei einer Willenserklärung Rechtswirkungen angestrebt werden (allg *F. Bydlinski*, ZAS 1976, 83 ff und 126 ff; zu skeptisch bei der Qualifikation einschlägiger Erklärungen im Arbeitsleben *W. Schwarz*, DRdA 1984, 1 ff). 195

5.2.3 Aufrechnung im Bereich arbeitsrechtlicher Ansprüche

Auch eine Forderung, die durch eine Gegenforderung im Wege der Aufrechnung (Kompensation) getilgt wurde, ist nicht mehr aufrecht und daher nach dem IESG nicht gesichert (VwGH 81/11/0029, ZfVB 1983/1260). 196

Allgemeine Voraussetzungen für die Aufrechenbarkeit von Forderungen sind nach Bürgerlichem Recht ihre Gegenseitigkeit, Klagbarkeit („Richtigkeit", „Gültigkeit"), Fälligkeit und Gleichartigkeit (vgl *Welser/Zöchling-Jud*, Bürgerliches Recht II[14] 120 ff). **Gegenseitigkeit** der Forderungen bedeutet im arbeitsrechtlichen Zusammenhang, dass der Forderung des AN gegen den AG eine Forderung des AG gegen den AN gegenüberstehen muss. **Klagbar** ist eine Forderung, wenn sie wirksam entstanden (dh gültig) und nicht (bereits) bloße Naturalobligation ist, was insb auf verjährte Forderungen zutrifft. Zu beachten ist einerseits, dass zwar **gegen** eine Naturalobligation, nicht aber **mit** einer Naturalobligation aufgerechnet werden kann. Andererseits bleibt die Kompensation nach herrschender Rsp und einem Teil der Lehre auch bei verjährten Forderungen möglich, wenn sich Forderung und Gegenforderung in der Vergangenheit zu einem Zeitpunkt fällig gegenüberstanden, in dem keine von beiden verjährt war (aA *Dullinger* in *Rummel*[3] § 1438 Rz 14 f mwN). **Gleichartig** sind vor allem Geldschulden, aber auch sonstige Genusschulden gleicher Gattung und Güte (zur **Fälligkeit** von Entgelten s Rz 260 ff). 197

Die Aufrechnung erfolgt nicht schon automatisch durch das Bestehen der Aufrechnungslage, es bedarf vielmehr einer **Aufrechnungserklärung** (vgl *Gschnitzer* in Klang VI[2] 494).

Die Geltendmachung durch den Aufrechnenden kann außergerichtlich oder gerichtlich, im letzteren Fall idR durch eine Kompensationseinrede, erfolgen. Es kann mit einer kleineren Gegenforderung aufgerechnet werden, die bis zu ihrem Betrag die Hauptforderung tilgt, oder umgekehrt mit einer höheren Gegenforderung, die nur bis zur Höhe der Hauptforderung die Aufrechnung bewirkt; der übersteigende Teil der Gegenforderung bleibt in dieser Konstellation aufrecht. Während die Zahlung einer Schuld deren Tilgung von dem Zeitpunkt an herbeiführt, in welchem sie geleistet wird, wirkt die Aufrechnung auf jenen Zeitpunkt zurück, in welchem die Forderungen einander erstmals aufrechenbar gegenüberstanden.

198 Die Möglichkeit der **Aufrechnung gegen Arbeitnehmerforderungen** ist im **Arbeitsrecht** im Verhältnis zum Zivilrecht beschränkt:

– Gegen jene Lohnbestandteile, die auf Grund gesetzlicher Bestimmungen (vgl insb §§ 290 ff EO) zur Gänze oder zum Teil pfändungsfrei bleiben (sog **Existenzminimum**), ist gem § 293 Abs 3 EO die Aufrechnung nur **ausnahmsweise** zur Hereinbringung eines **Gehaltsvorschusses,** einer **im rechtlichen Zusammenhang** mit der Entgeltforderung **stehenden Gegenforderung** oder eines **Schadenersatzanspruchs bei vorsätzlicher Schadenszufügung** zulässig.

– Gem § 7 DHG ist die Aufrechnung von **Schadenersatzansprüchen des AG gegen den AN nach dem DHG** mit den Entgeltansprüchen des AN generell während des aufrechten Bestands des Arbeitsverhältnisses unzulässig, wenn der AN binnen 14 Tagen nach Zugehen der Aufrechnungserklärung der Aufrechnung widersprochen hat.

199 Im **Insolvenzverfahren** bestehen wiederum besondere gesetzliche Bestimmungen, die die Aufrechnung einerseits erleichtern, in anderer Hinsicht aber weiter einschränken:

– **Erleichterungen** beziehen sich auf die Kompensationsvoraussetzungen der Gleichartigkeit und der Fälligkeit (s Rz 197). So werden alle Forderungen in Geldforderungen umgewandelt, womit der Gläubiger gegen eine Geldforderung des Insolvenzschuldners auch mit einer nicht auf Geld gerichteten Gegenforderung aufrechnen kann. Betagte Forderungen gelten als fällig, sodass sowohl solche der Gläubiger als auch solche des Schuldners aufgerechnet werden können. Auch das Vorliegen einer bedingten Forderung schließt die Zulässigkeit der Aufrechnung nicht aus, das Gericht kann jedoch im Falle einer bedingten Forderung des Gläubigers eine Sicherheitsleistung verlangen. Hat hingegen der Schuldner eine bedingte Forderung, steht dem dagegen aufrechnenden Gläubiger kein Anspruch auf Sicherstellung zu (vgl § 19 Abs 2 IO).

– Den Zeitpunkt der Aufrechenbarkeit betreffende **Einschränkungen** ergeben sich aus § 20 IO. Voraussetzung für die Aufrechnung ist demnach, dass die Forderungen einander bereits bei Eröffnung des Insolvenzverfahrens aufrechenbar gegenüberstanden (vgl zB OGH 2 Ob 136/03v, ZIK 2003/281, 204; 10 Ob 23/03k, ZIK 2004/214, 169). Sie ist also unzulässig, wenn ein Gläubiger erst nach oder gleichzeitig mit Eröffnung des Insolvenzverfahrens Schuldner der Insolvenzmasse geworden ist (vgl OGH 6 Ob 16/02z, ARD 5365/42/2002) oder wenn die Forderung gegen den Schuldner erst nach der Eröffnung des Insolvenzverfahrens erworben worden ist. Das Gleiche gilt, wenn der Schuldner die Gegenforderung zwar vor der Insolvenzverfahrenseröffnung erworben hat, jedoch zur Zeit des Erwerbs von der Zahlungsunfähigkeit des Schuldners Kenntnis hatte bzw haben musste (§ 20 Abs 1 IO). Ausnahmsweise ist die Aufrechnung jedoch zulässig, wenn der Schuldner die Gegenforderung früher als sechs Monate vor Verfahrenseröffnung erworben hat oder wenn er zur Forderungsübernahme verpflichtet war und bei Eingehung dieser Verpflichtung von der Zahlungsunfähigkeit weder Kenntnis hatte noch Kenntnis haben musste (§ 20 Abs 2 IO). Eine Aufrechnung ist auch zulässig für Ansprüche, die auf Grund der §§ 21 – 25 IO entstehen oder nach § 41 Abs 2 IO wieder aufleben (§ 20 Abs 3 IO).

200 Sind die Voraussetzungen der Aufrechenbarkeit gegeben, so ist der Schuldner der Masse Insolvenzgläubiger. Theoretisch hat er nun die Wahl: Er kann sich am Verfahren hinsichtlich seiner Forderung beteiligen und die Forderung gegen ihn erfüllen oder er kann sein Aufrechnungsrecht geltend machen. Im ersteren Fall wird er nur in Höhe der Quote befriedigt, muss jedoch seine Verpflichtung gegenüber der Masse voll erfüllen. Macht er von der Möglichkeit der Kompensation Gebrauch, wird er von seiner Verbindlichkeit um den vollen Betrag seiner Gegenforderung befreit. Die Aufrechnung kann zu jedem beliebigen Zeitpunkt während des Verfahrens in gerichtlicher oder außergerichtlicher Form erklärt werden. Der Insolvenzverwalter hat allerdings die Anerkennung von EUR 100.000,– übersteigenden, strittigen Aufrechnungsansprüchen dem Insolvenzgericht mindestens acht Tage im Vorhinein zusammen mit der Äußerung des Gläubigerausschusses mitzuteilen (§ 116 Abs 1 Z 2 iVm Abs 2 IO).

201 Kommt es **trotz Aufrechnungslage** zwischen AN und AG **von keiner Seite zu einer Aufrechnungserklärung,** ist daher die Entgeltforderung des AN aufrecht, so hat der AN **Anspruch auf Insolvenz-Entgelt** (vgl VwGH 84/11/0019, ZfVB 1986/695). Die wirksame Aufrechnungshandlung eines Beteiligten ist Voraussetzung der selbständigen Prüfung der IEF-Service GmbH, ob der behauptete gesicherte Anspruch trotz erfolgter Aufrechnungserklärung noch „aufrecht" ist. Die bloße Erklärung des Insolvenzverwalters gegenüber der IEF-Service GmbH, die vom AN geltend gemachtenАнсprüche zu bestreiten, stellt keine solche taugliche Aufrechnungserklärung dar (vgl VwGH 82/11/0012, ZfVB 1984/163).

202 Da die Arbeitnehmerforderung mit der Antragstellung bzw mit der Anmeldung und, soweit sie bestritten ist, mit der Zahlung des Insolvenz-Entgelts auf den Fonds übergeht (§ 11 Abs 1 IESG), endet in diesem Moment die für die Aufrechnung erforderliche Gegenseitigkeit. Das bedeutet, dass der Fonds die Aufrechnung nicht geltend machen kann. Dem AG bleibt aber trotz Legalzession auf Grund ausdrücklicher gesetzlicher Bestimmung die Möglichkeit, auch Aufrechnung gegen die übergegangene Forderung einzuwenden, es sei denn, er hat die Richtigkeit der Forderung gegenüber dem Fonds anerkannt (§ 1396 ABGB). Kommt es nach dem Übergang der gesicherten Ansprüche gem § 11 Abs 1 IESG zum Erlöschen des gesicherten Anspruchs durch Aufrechnung, so wird die IEF-Service GmbH die Frage des Widerrufs- und Rückforderungsrechts zu prüfen haben (allg dazu § 9 Rz 1 ff).

5.3 Die gesicherten Ansprüche im Einzelnen

203 Die gesicherten Ansprüche des AN aus dem Arbeitsverhältnis lassen sich ausgehend von der Formulierung des § 1 Abs 2 IESG und allgemeinen arbeitsrechtlichen Systematisierungen nach folgendem Schema einteilen:
– Entgeltansprüche (s Rz 205 ff), und zwar
  – laufendes Entgelt (Rz 269 ff),
  – Entgelt aus der Beendigung des Arbeitsverhältnisses (Rz 272 ff) sowie
  – sonstiges Entgelt (Rz 277),
– Schadenersatzansprüche (Rz 278), und zwar
  – Schadenersatz aus der Beendigung des Arbeitsverhältnisses (Rz 279 ff) sowie
  – sonstiger Schadenersatz (Rz 291 ff),
– sonstige Ansprüche gegen den AG (Rz 306 ff) und
– notwendige Kosten (Rz 315 ff).

Zu beachten ist, dass zu den gesicherten Ansprüchen auch wegen Verschlechterung der Wirtschaftslage entfallende Abfertigungen bzw wegen bedingter Erbserklärung bei überschuldetem Nachlass nicht gebührende Ansprüche iSd § 1a IESG (s allg § 1a Rz 13 ff, 23 ff) sowie die entsprechenden Forderungen der freien DN iSd § 4 Abs 4 ASVG aus dem freien Dienstvertrag bzw Heimarbeiter aus dem Heimarbeitsverhältnis (s Rz 83 ff, 91 ff) zählen.

204 Aus dem IEF werden Nettoansprüche erstattet; die gesetzlichen Abzüge sind bei der Bemessung des Insolvenz-Entgelts wegzurechnen (vgl § 3 Abs 1 IESG; dazu § 3 Rz 7 ff).

5.3.1 Entgeltansprüche

Die Umschreibung des von § 1 Abs 2 Z 1 IESG verwendeten Terminus „Entgeltansprüche" hat nach den hierfür im Arbeitsrecht bestehenden Kriterien zu erfolgen (OGH 9 ObS 12/88, DRdA 1989, 426 = infas 1989 A 128; 8 ObS 16/94, SZ 67/218 = wbl 1995, 162). **205**

Im Gegensatz zu den anderen gesicherten Ansprüchen unterliegen Entgelte einer allgemeinen Betragsbeschränkung (§ 1 Abs 3 Z 4 iVm Abs 4 IESG; s Rz 366 ff); für „Abfertigungen alt" (nach AngG oder einer anderen gleichartigen österr Rechtsvorschrift; s Rz 233 ff) besteht darüber hinaus in § 1 Abs 4a IESG eine spezielle Grenzbetragsregelung (Rz 380 ff). **206**

Der **Anspruch auf Entgelt** ist der wichtigste Anspruch des AN aus dem Arbeitsverhältnis, und zwar unbeschadet der nicht essentiell entgeltlichen Grundstruktur dieses Rechtsverhältnisses. Gem § 1152 ABGB kann nämlich die Unentgeltlichkeit von Arbeitsleistungen vereinbart werden. Das Vorliegen einer derartigen Vereinbarung wird allerdings nicht vermutet (OGH 4 Ob 27, 28/64, Arb 7914; 4 Ob 139/77, Arb 9665; 8 ObA 95/01f, Arb 12.168; OLG Wien 9 Ra 333/99b, ARD 5128/24/2000; ASG Wien 13 Cga 1264/87, Arb 10.715), vielmehr gilt dann, wenn eine Entgeltvereinbarung nicht besteht bzw nicht erwiesen werden kann, ein angemessenes Entgelt als bedungen. Diese Fälle sind jedenfalls von geringer Bedeutung, zumal eine die Unentgeltlichkeit betreffende Abrede das kollv Mindestentgelt nicht auszuschließen vermag, wenn nur die Annahme eines Arbeitsverhältnisses gerechtfertigt und ein KollV auf dieses anzuwenden ist. Daraus, dass jemand eine Einschulungszeit mitzumachen hat, kann nicht auf vereinbarte Unentgeltlichkeit geschlossen werden; Einschulungszeiten sind vielmehr nach KollV bzw angemessen zu entlohnen (OGH 4 Ob 84/67, Arb 8457). Zur Ermittlung der Angemessenheit iSd § 1152 ABGB wird man idR auf verwandte KollV greifen können. **207**

Die **Höhe des Entgelts** richtet sich demnach einerseits nach dem Mindestanspruch, der sich aus den Rechtsquellen des kollektiven Arbeitsrechts (KollV, vgl §§ 2 ff ArbVG; Satzung, vgl §§ 18 ff ArbVG; Mindestlohntarif, vgl §§ 22 ff ArbVG; [ermächtigte] BV, vgl §§ 29 ff, 96 ff ArbVG) ergibt, andererseits nach Einzelabreden – die aber im Verhältnis zu den genannten Rechtsquellen für den AN günstiger sein müssen – bzw nach der Angemessenheit iSd § 1152 ABGB. Es gibt aber auch Entgeltformen, die unmittelbar vom G statuiert und darüber hinaus höhenmäßig fixiert werden; hierzu zählen insb das Feiertagsentgelt (§ 9 ARG), die gesetzliche Überstundenvergütung (§ 10 AZG), gesetzliche Sonderzulagen (vgl zB § 9 Abs 2 HGHAngG, § 16 LAG) sowie die „Abfertigung alt" (s Rz 233 ff). **208**

Normalerweise wird ein **Bruttoentgelt** festgelegt. Es sind aber auch sog **Nettolohnvereinbarungen** möglich, bei denen die Parteien die vom AG zu leistende Vergütung netto zum Ausdruck bringen und die steuer- und beitragsrechtliche Seite nicht betont wird bzw Angelegenheit des AG ist. Zu unterscheiden ist zwischen der abgeleiteten (unechten) Nettolohnvereinbarung, bei der zunächst der Bruttobetrag ermittelt wird, und der originären (echten) Nettolohnvereinbarung, bei welcher sich die Parteien überhaupt nicht im Klaren sind, welcher Bruttobetrag dem Nettolohn zuzuordnen ist (zu Nettolohnvereinbarungen vgl auch Rz 182, 238, 250). Im Bereich der Sicherung nach IESG wird jedenfalls vom Nettoentgelt ausgegangen (allg dazu § 3 Rz 6 ff).

Kollv Lohn- bzw Gehaltsschemen pflegen nach Verwendung, Dienstzeit sowie Berufsausbildung zu differenzieren. Die **Einstufung** in das Lohn- bzw Gehaltsschema eines anzuwendenden KollV ist zu vereinbaren. Wird nichts vereinbart oder widerspricht die Vereinbarung zu Lasten des AN der tatsächlich geleisteten Arbeit, so ist der AN nach der tatsächlich erbrachten Arbeit zu behandeln. Retrospektiv wird also zunächst zu schauen sein, ob eine derartige **Vereinbarung getroffen** wurde. Ist dies **nicht** der Fall, so ist die **tatsächlich geleistete Tätigkeit unter** den entsprechenden Ansatz im **Entgeltschema des KollV** zu **subsumieren.** Der KollV ist ja G im materiellen Sinn und wie ein solches zur Anwendung zu bringen. Liegt eine einschlägige **Vereinbarung** vor, so ist zu prüfen, ob sie den **Vorgaben des KollV entspricht.** Ist dies der Fall, so ist rechtlich alles in Ordnung, es ist gemäß der Vereinbarung **nach dem KollV vorzugehen. Weicht** die **Vereinbarung zu Lasten des AN** vom für die tatsächlich geleistete Arbeit vorgesehenen Ansatz des KollV **ab,** so ist dies gesetzwidrig (kollektivvertragswidrig) und es gilt wiederum der **der Tätigkeit entsprechende Ansatz im KollV** (dieser ist Ansatzpunkt für die Sicherung nach IESG; vgl dazu sowie zu sonstigen gesetzwidrigen Entgeltvereinbarungen auch Rz 77). Weicht die Vereinbarung **zu Gunsten des AN** vom KollV ab, so ist dies – wie ein direkt vereinbartes höheres Entgelt – eine Günstigerstellung im Verhältnis zum einseitig zwingenden KollV; es ist die **Vereinbarung** maßgeblich.

Zu beachten ist, dass **BV** an sich kein Instrument der Lohnpolitik sind, sondern der betrieblichen Mitbestimmung dienen (vgl die Angelegenheiten der §§ 96 ff ArbVG); als normativ wirkende Anspruchsbasis für das Entgelt wird die BV aber dann in Frage kommen, wenn die einschlägige Regelung ausnahmsweise durch G oder KollV der BV vorbehalten wurde (vgl § 29 ArbVG).

5.3.1.1 Entgeltbegriff

209   Der Begriff des Entgelts ist weit und umfasst **jede Art der Leistung, die der AN für die Zurverfügungstellung seiner Arbeitskraft erhält.** Es kommt auf die Funktion der jeweiligen Leistung als Abgeltung der Arbeitsleistung an; die Bezeichnung ist irrelevant. Zum Entgelt gehören neben dem laufenden **Grundentgelt** („Fixum") auch die **übrigen** regelmäßigen oder sonstigen ordentlichen und außerordentlichen **Leistungen,** wie etwa Akkordlöhne, Provisionen, Prämien, Gewinnbeteiligungen und Jubiläumsgelder (hA; zB OGH 14 Ob 114/86, Arb 10.543; 8 Ob 31/95, ecolex 1996, 523 = ARD 4815/20/97; 8 ObA 2046/96g, infas 1997 A 71; *Löschnigg*, Arbeitsrecht[12] 330 ff mwN). Diese können auf die tatsächliche Mehrleistung des einzelnen AN abgestellt und daher – wie insb Akkord und Provision – variabel sein (s Rz 221, 223). Auch die idR in KollV enthaltenen Sonderzahlungen (insb 13. Monatsbezug: Weihnachtsremuneration, 14. Monatsbezug: Urlaubsremuneration) sind dem Entgeltbegriff zuzuordnen (Rz 225 ff). Neben Geldlohn gibt es auch Naturalentgelte (Rz 216 ff). Weiters hier einzuordnen sind „Abfertigung alt" (Rz 233 ff) und Urlaubsersatzleistung (Rz 248 ff) als Entgelte aus der Beendigung (s auch Rz 272 ff) sowie Betriebspensionen (Rz 255 ff). Als **Gehalt** bezeichnet man üblicherweise das Entgelt der Angestellten, als **Lohn** das der Arbeiter. Eine Kontrastierung von Lohn (Gehalt) gegenüber dem Entgeltbegriff ist nur dann einsichtig, wenn ein engerer Sinn zum Ausdruck gebracht werden soll, zB wenn der laufende Lohn Zulagen oder besonderen Entgeltarten (Provisionen) gegenübergestellt wird.

Leistungen Dritter sind dem Arbeitsentgelt nur dann zuzurechnen, wenn 210 zwischen AN und AG entsprechende vertragliche Vereinbarungen getroffen werden oder wenn sich eine Zuordnung der Leistungen aus den sonstigen Umständen ergibt, die Leistungen etwa für arbeitsvertraglich geschuldete Tätigkeiten gewährt werden. Im Kontrast dazu stehen Zahlungen, die dem AN bloß gelegentlich des Arbeitsverhältnisses von Dritten zufließen, ohne Bestandteil des geschuldeten Entgelts zu sein (OGH 9 ObA 204/90, Arb 10.891; allg *Schrammel*, ZAS 2003, 57). So gesehen sind **Trinkgelder** zwar sozialversicherungsrechtlich (vgl § 49 Abs 1 ASVG), im Allgemeinen aber nicht arbeitsrechtlich als Entgelt anzusehen (OGH 9 ObA 249/94, ZAS 1996/6, 29 *[Spitzl]*) und daher nach IESG nicht gesichert (*Wolligger*, Arbeitnehmeransprüche 57 f). Erhält allerdings eine Operationsschwester neben ihrem laufenden Bezug vom Spital auch sog **Assistenz- und Sondergebühren von Dritten** (Ärzten) und wurden diese Zusatzeinkünfte bei der Einstellung ins Treffen geführt, dann stellen die Gebühren einen arbeitsvertraglichen Entgeltanspruch dar (OGH 8 ObS 52/97y, infas 1997 A 30 = ZASB 1997, 46). Ebenso wurde vom OGH (8 ObS 301/00y, DRdA 2002/12, 149 *[Wolligger]*) die IESG-Sicherung von **Sondergebühren eines Arztes,** die ihm für die Behandlung der Sonderklassepatienten im Rahmen seiner dienstvertraglichen Verpflichtung anteilig zugesichert wurden, bejaht.

Im Gegensatz zum Entgelt sind **Aufwandsentschädigungen** (Aufwand- 211 ersätze) dafür gedacht, bestimmte unmittelbar mit der Arbeitsleistung zusammenhängende Aufwendungen des AN zu ersetzen (dazu auch Rz 307). Die Abgrenzung der beiden Begriffe ist nach der Funktion der jeweiligen Zahlung vorzunehmen, auf die Bezeichnung kommt es nicht an; auch Leistungen, die etwa aus steuerlichen Gründen als „Aufwandsentschädigungen" deklariert werden, können Entgelt sein (OGH 9 ObA 101/03y, Arb 12.421; 8 ObA 87/05k). Typische Aufwandersätze sind zB Kilometergelder, Diäten, Nächtigungsgelder oder Zahlungen zur Abdeckung von Reinigungskosten („Schmutzzulagen"). Ist eine Aufwandsentschädigung überhöht, treffen also den AN tatsächlich nur geringere Mehraufwendungen, dann handelt es sich im Ausmaß der Überhöhung um Entgelt (hA; zB OGH 8 ObA 2312/96z, ASoK 1997, 228; RIS-Justiz RS0058475 [T3]).

212 Die sog **Lohnzuschläge** (Zulagen) stellen eine Begriffsvermischung dar. Zu unterscheiden sind Leistungszulagen, Aufwandszulagen (zB Werkzeugzulagen, Wegzulagen, Schmutzzulagen), Erschwerniszulagen (Staubzulagen, Hitzezulagen, Nachtzulagen) und Sozialzulagen (zB Kinderzulagen). Man wird wiederum jeweils aus der Funktion der Zulage auf den Entgeltcharakter oder auf die Aufwandsentschädigung zu schließen haben.

213 Entgelt iS einer schuldrechtlichen Austauschbeziehung (Synallagma) zeigt sich als Äquivalent der Arbeitsleistung. Dieses Äquivalent gebührt aber nicht nur, wenn tatsächlich gearbeitet wird, vielmehr sieht das Dienstverhinderungsrecht unter bestimmten Voraussetzungen **Entgeltfortzahlungsansprüche** vor. Arbeitsverhinderungen auf Seiten des AG hat dieser, sofern der AN leistungsbereit ist, grundsätzlich zu vertreten, sodass in diesen Fällen der Entgeltanspruch nach Maßgabe des G weiterläuft (§ 1155 ABGB; zur einschlägigen Anrechnungsbestimmung s Rz 180). Ein Fortzahlungsanspruch nach § 1155 ABGB (Nachzahlungsanspruch) nach Obsiegen in einem Kündigungsanfechtungsverfahren nach den §§ 105, 107 ArbVG ist demgemäß ein gesicherter Anspruch nach IESG (OGH 8 ObS 10/15a, DRdA 2016/28, 254 *[Mader]* = EvBl 2016/50, 360 *[Weber-Wilfert]*). Verhinderungsgründe in der Sphäre des AN werden sozialpolitisch bewertet und vom G mit einem (befristeten) Entgeltanspruch bedacht; entgeltbegründend sind hier insb Krankheit, Unglücksfall udgl sowie andere wichtige, in der Person des AN gelegene Gründe (allg *Löschnigg*, Arbeitsrecht[12] 457 ff; *Reissner*, Arbeitsrecht[5] 245 ff). Auch derartige Entgeltfortzahlungsansprüche sind nach IESG gesichert. Verhinderungsgründe, die den Risikobereich des AG überschreiten, weil sie allgemeiner Natur sind (zB die Sperre des Gebiets wegen Seuchengefahr), fallen aus der Entgeltpflicht heraus (sog neutrale Sphäre; vgl *Holler*, DRdA 1985, 225). Eine Ausnahme ist allerdings für Bauarbeiter im BSchEG bei Lohnausfall im Falle eines Schlechtwetters vorgesehen. Ihnen gebührt gem § 4 BSchEG eine **Schlechtwetterentschädigung,** die kraft G (§ 6 Abs 2 BSchEG) als Entgelt gilt und daher einer Sicherung nach dem IESG teilhaftig wird (*Grießer*, ZIK 1999, 11; vgl VwGH 98/11/0037, ZIK 1999, 31).

5.3.1.2 Entgeltarten

Entgelte werden nach den verschiedensten Kriterien, wie der Zeit, der Intensität der Leistung, dem besonderen Zweck oder dem unmittelbaren Konsum, eingeteilt: **214**

5.3.1.2.1 Geld- und Naturalentgelt

Geldentgelt ist jede in Geld ausgedrückte Leistung; es liegt also auch im Fall der bargeldlosen Überweisung vor. **Naturalentgelt** ist begrifflich alles, was nicht Geldentgelt ist. **215**

Als **Naturalentgelte** in Frage kommen Waren aller Art, wie Nahrungsmittel, Kleidung, Heizung bzw Heizmaterial (zB Kohledeputate, Abfallholz), Energie bzw Beleuchtung, allenfalls auch diesbezügliche Warengutscheine (zu Fleischbezugsgutscheinen bspw OGH 4 Ob 23–61/77, Arb 9579). Weiters geläufig ist die Beistellung von Kost oder Wohnung und die Überlassung von Nutzland sowie – heute weit verbreitet – eines Dienstwagens bzw Mobiltelefons zur privaten Verwendung (zur Privatnutzung des Dienstwagens zB OGH 9 ObA 220/93, DRdA 1994, 268; 9 ObA 25/16s) oder eines dem AG gehörenden Parkplatzes (dazu *Resch*, RdW 2004, 37 ff). In der Tourismusbranche gibt es Freiflüge (s dazu OGH 4 Ob 17/79, Arb 9812; 9 ObA 2019/96v, Arb 11.522) oder Gratisreisen, in der traditionellen Produktionswirtschaft findet man die Beistellung, Reinigung und Instandhaltung von Arbeitskleidung (s zB OGH 4 Ob 119/56, Arb 6676). **216**

Bzgl der Voraussetzungen und Beschaffenheit von Naturalien wird man zuweilen Vorschriften des Landarbeiterrechts oder des GAngG – dort spielen derartige Entgelte eine größere Rolle – entsprechend anwenden können. Insb lässt sich aus § 12 Abs 1 GAngG der allgemeine Rechtssatz ableiten, dass **manche Naturalbezüge im Vorhinein fällig** werden (Verpflegung, Wohnung, Landnutzung; zur Fälligkeit allg Rz 260 ff).

Ein im gegebenen Zusammenhang wichtiger arbeitsrechtlicher Grundsatz ist das **Barzahlungsgebot** und damit das **Verbot des sog Trucksystems,** welches den AN zwingt, Waren beim AG zu beziehen, die anstelle des Geldentgelts geliefert bzw auf das künftige Entgelt kreditiert werden (vgl § 78 GewO 1859, insb Abs 1 und 4 leg cit). Das Truckverbot wird idR auf den vereinbarten Geldlohn bezogen, sodass die Vereinbarung von Naturalien neben dem Geldlohn nicht beschränkt wird. Dies ist nicht unbedenklich (vgl *Spielbüchler*, Arbeitsrecht I[4] 266 f), doch sind Missbräuche im Hinblick auf den Umstand, dass die lohngestaltenden Vorschriften primär den Geldlohn zwingend festlegen, kaum zu verzeichnen. Enthält ein KollV keine Hinweise zum Verhältnis von Mindestentgelt und Naturalleistungen, insb auch keine ausdrückliche Anordnung, dass Naturalentgelte bzw Sachbezüge auf die vorgesehenen Min- **217** destentgelte anzurechnen sind, so sind die in EUR festgelegten kollv Mindestentgelte als Geldzahlungsgebot zu verstehen (OGH 9 ObA 92/15t, ARD 6470/5/2015). Es gebührt also das in EUR ausgedrückte Geldentgelt, die einzelvertraglich vereinbarten Naturalien gebühren ebenfalls, dürfen aber nicht auf das Geldentgelt zur Anrechnung gebracht werden.

218   Die **Sicherung von Naturalentgelten** erfolgt nach Maßgabe des § 3 Abs 1 S 2 IESG: Liegt demnach ein Anspruch vor, der nicht auf eine Geldleistung gerichtet ist, so ist der **Schätzwert** zum Zeitpunkt der Eröffnung des Insolvenzverfahrens bzw der Anordnung der Geschäftsaufsicht bzw zur Zeit eines Beschlusses nach § 1 Abs 1 Z 2 – 6 IESG maßgebend. Für die Ermittlung des Schätzwertes ist vom sog gemeinen Wert auszugehen, die SachbezugswerteV kann als Orientierungshilfe dienen (genauer dazu § 3 Rz 22 f).

5.3.1.2.2 Zeitentgelt und erfolgsabhängiges Entgelt

219   Unter **Zeitentgelt** ist jenes Entgelt zu verstehen, das nach der Dauer der Arbeit ohne Rücksicht auf den erzielten Arbeitserfolg festgelegt wird. Es wird entweder nach Stunden bemessen oder richtet sich nach der Kalenderzeit (Jahr, Monat, Woche). **Stundenlohn** ist jenes Entgelt, das der AN während der Normalarbeitszeit in einer Stunde erarbeitet. Darunter fällt nicht nur jener Betrag, der ihm nach der Lohntabelle für die Stunde gebührt; er enthält auch alle sonstigen im KollV oder in Einzelverträgen vorgesehenen Bestandteile des regelmäßigen Entgelts, somit auch eine generell zum Stundenlohn gewährte Zulage (OGH 4 Ob 45/70, Arb 8787; 4 Ob 6/72, Arb 8980). Im Falle von **Jahres-, Monats- oder Wochenentgelten** spielen Stunden keine Rolle; beim Monatsgehalt bspw ist es gleichgültig, ob der Monat 30, 31 oder 28 Tage zählt. Gleichwohl sind wechselseitige Annäherungen zu verzeichnen: Überstunden werden auch an AN mit Monats- oder Wochenlohn gezahlt. Andererseits erhalten Stundenlöhner an Feiertagen oder im Krankheitsfall das „regelmäßige Entgelt" (vgl § 3 EFZG).

220   Für **Überstunden** gebührt ein **Zuschlag von 50 % zum** auf die Arbeitsstunde entfallenden **Normallohn** oder eine Abgeltung durch **Zeitausgleich,** bei dessen Bemessung der Überstundenzuschlag zu berücksichtigen oder gesondert auszuzahlen ist (vgl § 10 Abs 1 und 3 AZG). Welche Variante zur Anwendung kommt, überlässt § 10 Abs 2 AZG vorbehaltlich einer Regelung durch KollV oder – mangels einer solchen – durch BV einer Vereinbarung zwischen AN und AG; besteht keine Regelung, gebührt Geldabgeltung. Bei **Mehrarbeit** kann ebenfalls ein **Zuschlag von 25 % zum Normallohn** für die Arbeitsstunde schlagend werden (vgl § 19d Abs 3a ff AZG).

Für die Arbeit an (an sich arbeitsfreien) Feiertagen gebührt dem AN neben dem Feiertagsentgelt (§ 9 Abs 1 ARG) ein **Feiertagsarbeitsentgelt** (§ 9 Abs 5 ARG).

Kann der (durch KollV oder BV festgelegte bzw vereinbarte) **Zeitausgleich** für die zusätzliche Arbeitsleistung **nicht konsumiert** werden, so gebührt **Geldersatz;** auch dieser ist als Entgelt zu qualifizieren (OGH 8 ObS 19/98x, ZASB 1998, 29 = ASoK 1998, 318; zu den zeitlichen Sicherungsgrenzen von nicht ausgeglichenen Zeitguthaben vor Insolvenz s § 3a Rz 17 ff).

Eine Vergütung der geleisteten Mehr- und Überstunden ist auch durch Vereinbarung einer **Überstundenpauschale** bzw eines All-In-Entgelts möglich. Diese Pauschalierungen dürfen nicht unter jene Geldsumme sinken, die sich aus einer gemittelten Berechnung der tatsächlich erbrachten Mehr- bzw Überstunden zuzüglich der Zuschläge ergeben würde (OGH 9 ObA 98/95, Arb 11.408; 8 ObA 79/01b, ZAS 2003/7, 43 *[Spitzl];* 9 ObA 161/01v, ASoK 2002, 58 = ARD 5263/9/2001 ua; allg *Löschnigg,* Arbeitsrecht[12] 435 ff mwN).

221 Eine wichtige Form des (individuellen) **Leistungslohnes** ist der **Akkord.** Beim modernen Akkord begnügt man sich nicht mit der Festsetzung eines Akkordsatzes pro Leistungseinheit **(Geldakkord),** sondern es werden im Rahmen des sog **Zeitakkords** zwei Elemente getrennt ausgeworfen, nämlich der Zeitfaktor und der Geldfaktor. Der **Geldfaktor** errechnet sich folgendermaßen: Der kollv (Zeit-)Lohn pro Stunde wird um einen gewissen Prozentsatz, den sog Akkordzuschlag, erhöht. Dies ergibt den Akkordrichtsatz. Teilt man den Akkordrichtsatz durch 60, erhält man den Geldfaktor (Minutenfaktor = Lohn pro Minute). Der **Zeitfaktor,** das ist die pro Leistungseinheit erforderliche und vorgegebene Zeit in Minuten, wird nach arbeitswissenschaftlichen Kriterien ermittelt, wobei für die angenommene Normalleistung eine gewisse Zeitspanne „vorgegeben" wird (Vorgabezeit). Der Akkordverdienst (Zeitakkord) errechnet sich nach der Formel: Zeitfaktor mal Geldfaktor mal Zahl der erbrachten Leistungseinheiten (*Löschnigg*, Arbeitsrecht[12] 335 mit Beispiel).

222 **Prämien** sind zusätzliche Vergütungen für einen besonderen Erfolg der Arbeitsleistung, wobei die Quantität, die Qualität, aber auch andere Kriterien wie Güte und Genauigkeit der Arbeit, besondere Ausnutzung der Roh- und Werkstoffe oder sonstige Einsparungen anspruchsbegründend wirken können (vgl OGH 4 Ob 135/80, DRdA 1982/17, 403 *[Holzer]*).

Eine besondere Art von Prämie ist die **Diensterfindungsvergütung** (dazu auch Rz 277). Gem § 8 Abs 1 PatG gebührt dem AN in jedem Fall für die Überlassung einer von ihm gemachten Erfindung an den AG sowie für die Einräumung eines Benützungsrechts eine angemessene Vergütung. Wenn der AN ausdrücklich zur Erfindertätigkeit angestellt wird, so gebührt die Vergütung nur insoweit, als sie nicht bereits in einem entsprechend höheren Entgelt enthalten ist (§ 8 Abs 2 PatG). Die Bemessung der Vergütung ist nach den Maßstäben der §§ 9 f PatG vorzunehmen (allg *Reissner,* Arbeitsrecht[5] 195 ff mwN). Weiters hierher gehören auch dem AN gebührende Vergütungen für sonstige Verbesserungen (OGH 8 ObS 16/94, SZ 67/218 = wbl 1995, 162).

223 Die **Provision** ist eine meist in Prozenten ausgedrückte Beteiligung am Wert jener Geschäfte des AG, die durch die Tätigkeit des AN zustande gekommen sind. Sie ist einerseits ein von der Leistung des AN, andererseits aber auch von der Markt- und Geschäftslage abhängiges Entgelt in Form einer Erfolgsvergütung (OGH 4 Ob 167/80, Arb 9931; 9 ObA 603/93, DRdA 1995/12, 148 *[Geist]*). Als Provision kann aber auch ein fixer, vom Wert des Geschäfts unabhängiger Betrag vereinbart werden (OGH 4 Ob 15/79, Arb 9797).

Das AngG hebt aus dem Kreis der Provisionsempfänger die Unterscheidung zwischen **Vermittlungs-** und **Abschlussvertretern** hervor. Erstere leiten das Geschäft ein, das der AG genehmigen oder ablehnen kann; das Geschäft gilt als genehmigt, wenn der AG nicht ohne Verzug widerspricht (§ 10 Abs 2 AngG). Letztere schließen selbst ab, sind also Handlungsbevollmächtigte. Im Zweifel besteht auch Anspruch aus sog **Direktgeschäften;** dies sind Geschäfte, die ohne die unmittelbare Mitwirkung des Angestellten zwischen der ihm zugewiesenen oder von ihm zugeführten Kundschaft und dem AG zustande gekommen sind (§ 11 Abs 1 AngG). Wenn der Angestellte zum alleinigen Vertreter für einen bestimmten Bezirk bestellt wurde **(Gebietsschutz),** dann gebührt ihm die Provision für alle Geschäfte, die mit einem Kunden dieses Bezirks abgeschlossen wurden (§ 11 Abs 2 AngG). Ist die Ausführung des Geschäfts infolge Verhaltens des AG unterblieben, ohne dass hierfür wichtige Gründe in der Person des Dritten vorlagen, so kann der Angestellte die volle Provision verlangen (§ 11 Abs 3 AngG).

Der Anspruch auf Provision gilt **mangels Vereinbarung** als **erworben,** wenn bei **Verkaufsgeschäften** eine Zahlung eingeht, und zwar **nach Maßgabe dieser Zahlung;** bei **anderen Geschäften** mit **Abschluss** derselben (§ 10 Abs 3 AngG; zu den entsprechenden Konsequenzen für die Forderungsqualifikation s § 46 IO Rz 10). Die **Fälligkeit** tritt **(dispositiv) vierteljährlich bzw mit Lösung des Arbeitsverhältnisses** ein (§ 10 Abs 4 AngG; s auch Rz 266).

224 Erfolgsabhängige Entgelte sind schließlich auch **Beteiligungen am wirtschaftlichen Ergebnis.** Zu erwähnen ist hier insb die **Gewinnbeteiligung.** Diese ist eine besondere Entgeltform, die in der Beteiligung am gesamten oder an einem Teil des Geschäftsgewinns eines Unternehmens besteht. Mangels Vereinbarung findet die Abrechnung für das abgelaufene Geschäftsjahr auf Grund der Bilanz statt (§ 14 Abs 1 AngG). Soweit es zur Prüfung der Richtigkeit der Abrechnung erforderlich ist, kann der AN die Einsicht in die Geschäftsbücher verlangen, unabhängig davon, ob er Zweifel an den in der Abrechnung enthaltenen Angaben hegt (Näheres zB bei *Martinek/M. Schwarz/ W. Schwarz,* AngG[7] 290 ff; *Mair* in *Reissner,* AngG[2] § 14 Rz 13 ff mwN).

Neben der Gewinnbeteiligung kommen auch Entlohnungssysteme in Betracht, die sich am Umsatz (**Umsatzbeteiligung**) oder allgemein an einer Kennzahl des wirtschaftlichen Unternehmenserfolgs orientieren (allg *Löschnigg*, DRdA 2000, 467). Als besondere Form der Beteiligung am Unternehmenserfolg besteht auch die Möglichkeit, **gesellschaftsrechtliche Beteiligungssysteme** (wie Ausgabe von Aktien an Mitarbeiter oder die Gewährung von Stock Options) einzurichten (dazu zB *Zehetner/Wolf*, ecolex 2001, 12 ff; vgl auch § 2a AVRAG).

5.3.1.2.3 Sonderzahlungen

Unter Sonderzahlungen (Remunerationen) versteht man Leistungen, die aus besonderem Anlass geleistet werden. Neben Jubiläumszuwendungen für langdauernde Betriebszugehörigkeit sind vor allem Weihnachts- (häufig 13. Monatsgehalt genannt), Urlaubs- (14. Monatsgehalt) und Bilanzzuschüsse (15. Monatsgehalt) geläufig. Ob ein Anspruch auf Sonderzahlungen besteht, unter welchen Voraussetzungen bzw in welchem Umfang er gewährt wird und wann er fällig ist, bleibt grundsätzlich der **jeweiligen Rechtsgrundlage** (idR KollV, zT auch Arbeitsvertrag bzw bei Jubiläumsgeldern BV; vgl aber § 9 Abs 2 HGHAngG), allenfalls dem Ortsgebrauch überlassen (VwGH 85/11/0266, ZfVB 1987/186; zur Fälligkeit s auch Rz 264). Meistens werden Sonderzahlungen in regelmäßigen, insb jährlichen Abständen gewährt und dem „laufenden Entgelt" gegenübergestellt. Juristisch betrachtet sind sie aber Teil des laufenden Entgelts mit besonderem Fälligkeits- und uU auch Entstehungszeitpunkt (zum dafür relevanten Stichtags- bzw Anwartschaftsprinzip s gleich Rz 226). **225**

Sonderzahlungen können insb nach dem Anwartschafts- oder nach dem Stichtagsprinzip konstruiert sein. Beim **Anwartschaftsprinzip** wird der Anspruch mit Zeitablauf aliquot erworben, mag auch die Fälligkeit zB nur an zwei Terminen im Jahr eintreten. Im Falle des **Stichtagsprinzips** ist das Aufrechtbestehen des Arbeitsverhältnisses am Stichtag Bedingung für den Erwerb des Anspruchs, der dann zur Gänze oder überhaupt nicht erworben und fällig wird. Während somit bei Zugrundelegung des Anwartschaftsprinzips der Anspruch sukzessive anwächst, stimmt beim Stichtagsprinzip der Entstehungszeitpunkt mit dem Fälligkeitstermin überein. Bei der Interpretation der jeweiligen Rechtsgrundlage wird man die üblichen Urlaubs- und Weihnachtsremunerationen regelmäßig dem Anwartschaftsprinzip zuordnen können, während für Jubiläumsgelder auch das Stichtagsprinzip in Betracht kommt. Ein Anhaltspunkt für die Ermittlung einer Anwartschaftskonstruktion kann darin liegen, dass bezüglich der im laufenden Jahr begründeten bzw gelösten Arbeitsverhältnisse der Anspruch auf jährliche Remunerationen **schon auf Grund des KollV** aliquotiert wird (s gleich Rz 227). **226**

227 Bzgl der **im laufenden Jahr begründeten bzw gelösten Arbeitsverhältnisse** wird der Anspruch auf jährliche Remunerationen auf Grund des KollV häufig **aliquotiert** (zB OGH 4 Ob 113/80, Arb 9898); im Falle einer Anwartschaftskonstruktion liegt dies in der Natur der Sache. Für **Angestellte** ist eine derartige Aliquotierung gem § 16 Abs 1 AngG **zwingend** vorgesehen, wenn das Arbeitsverhältnis vor Fälligkeit der Sonderzahlung gelöst wird. Diese Vorschrift legt keinen Anspruch auf eine periodische Remuneration fest, sondern setzt einen solchen voraus (OGH 4 Ob 82/70, ZAS 1971/20, 142 *[Winkler]*; 4 Ob 57/71, Arb 8898; 8 ObA 30/13i, wbl 2014/138, 402 *[Grillberger]*; zum IESG VwGH 11/3090/80, Arb 10.088). Sie hat zur Folge, dass auch dann, wenn die Sonderzahlungen nicht nach dem Anwartschaftsprinzip, sondern nach dem Stichtagsprinzip konstruiert sind, anlässlich der Lösung **zumindest** der aliquote Teil der Remunerationen auszuzahlen ist (die Rechtsgrundlage könnte auch die überaliquote Leistung vorsehen). § 16 Abs 1 AngG wird auch auf Neueintritte im Beobachtungszeitraum angewendet, sodass auch diesbezüglich im Allgemeinen – sofern wiederum der KollV nicht anderes vorsieht – aliquotiert werden wird; es sind aber auch Regelungen über eine Wartezeit zulässig (*Rabl* in *Reissner*, AngG² § 16 Rz 5 bzw 23, jeweils mwN).

Man wird § 16 Abs 1 AngG auf AN, die nicht Angestellte iSd G sind, insb **Arbeiter,** analog anwenden können (so auch *Grillberger*, DRdA 1993, 121; *Preiss* in ZellKomm³ § 16 AngG Rz 9 mwN). Der OGH allerdings qualifiziert Regelungen in (Arbeiter-)KollV, die den Entfall von Remunerationen bei Arbeitnehmerkündigung vorsehen, als **unzulässige Beschränkungen der Kündigungsfreiheit des AN** (OGH 9 ObA 142/92, DRdA 1993/12, 117 *[Grillberger]* = ZAS 1994/5, 60 *[Micheler]*; 9 ObA 154/92, DRdA 1993/19, 206 *[Runggaldier]* = ZAS 1993/18, 218 *[B. Gruber]*; 8 ObA 2252/96g, ecolex 1997, 283). Bei anderen in der Rechtsgrundlage angesprochenen Arten der Beendigung (zB verschuldete Entlassung, unbegründeter Austritt) ist demnach offenbar ein weitergehender Verlust von Sonderzahlungen denkmöglich.

Damit oder mit einer Aliquotierung in Zusammenhang stehende **Rückzahlungsverpflichtungen** des AN sind nach der Judikatur zulässig (zB OGH 4 Ob 43/81, DRdA 1982/6, 112 *[Wachter]* = ZAS 1982/2, 23 *[Runggaldier]*; 9 ObA 34/94, infas 1994 A 91; 8 ObA 221/96d, ARD 5059/7/99; 8 ObA 221/99d, ZAS 2000/18, 176 *[Spitzl]*; zum IESG zB OGH 8 ObS 2/04h).

Wurde eine Altersteilzeitvereinbarung iSd § 27 AlVG nach dem Blockmodell getroffen, wonach die durchschnittliche Wochenarbeitszeit reduziert und eine Vollzeitphase mit weiterhin 40 Stunden und danach eine Freizeitphase vereinbart wurde, so hat der AN bei vorzeitiger Beendigung des Dienstverhältnisses auch Anspruch auf jenen Anteil an Sonderzahlungen, der erst in der Freizeitphase fällig werden sollte. Die Sonderzahlungen für die Freizeitphase gebühren nur auf der Grundlage des reduzierten Lohns ohne Lohnausgleich (OGH 8 ObS 20/05g, ARD 5993/7/2006).

Sonderregelungen bzgl der Aliquotierung von Remunerationen bestehen in bestimmten Fällen, in denen es während des laufenden Kalenderjahrs zum **Unterbleiben der Arbeitsleistung** kommt. AN, die eine Teilzeitbeschäftigung nach MSchG bzw VKG beanspruchen, gebühren Sonderzahlungen in dem den Zeiten der Vollzeit- und Teilzeitbeschäftigung entsprechenden Ausmaß (§ 15j Abs 7 MSchG, § 8b Abs 7 VKG). Eine Aliquotierung ist auch bei Unterbrechung der Arbeitsleistung durch Elternkarenz (§ 15f Abs 1 MSchG, § 7c VKG) oder Präsenz-, Ausbildungs- bzw Zivildienst (§ 10 APSG) vorgesehen. Der OGH (9 ObA 38/94, DRdA 1995/31, 336 *[Trost]*; 8 ObA 279/94, DRdA 1995/32, 339 *[Trost]*; 8 ObA 2019/96m, DRdA 1997/18, 190 *[Schindler]*; 9 ObA 151/09k, infas 2010 A 55) steht darüber hinaus auf dem Standpunkt, dass die Sonderzahlungen für Zeiten, in denen kein Entgeltanspruch besteht (etwa nach Ausschöpfung der Entgeltfortzahlung im Krankheitsfall gem § 8 Abs 1 und 2 AngG, § 2 Abs 1 EFZG), nicht gebühren, sofern nicht die Rechtsgrundlage Gegenteiliges anordnet (dazu allg *Löschnigg*, Arbeitsrecht[12] 343 f; *Rabl* in *Reissner*, AngG[2] § 16 Rz 46 ff, jeweils mwN). **228**

Sieht der KollV keine ausdrückliche Regelung für die Berechnung der Sonderzahlungen bei **Änderung des Arbeitszeitausmaßes während des Jahres** vor, enthält aber Aliquotierungsregeln für den Wechsel vom Lehr- zum Arbeitsverhältnis oder für unterjähriges Ausscheiden von AN, liegt eine echte planwidrige Lücke vor, die durch Analogie zu schließen ist. Die Sonderzahlungen sind in Form einer **Mischberechnung,** die auf das jeweilige Ausmaß der Voll- bzw Teilzeitarbeit abstellt, zu berechnen (grundlegend OGH 8 ObS 12/16x, DRdA 2017/23, 219 *[Mader]* in einer E zum IESG).

Zu beachten ist, dass die Sonderzahlungen auch **in die Berechnungsbasis** für die Ermittlung der Abfertigung nach AngG, ArbAbfG udgl (s Rz 231 ff), der Urlaubsersatzleistung (Rz 248 ff) und der Kündigungsentschädigung (Rz 279 ff) einzubeziehen sind (zur „Abfertigung alt" allg zB *Wachter* in *Reissner*, AngG[2] § 23 Rz 50 ff, insb Rz 55; zur Urlaubsersatzleistung *Reissner* in ZellKomm[3] § 10 UrlG Rz 12; zur Kündigungsentschädigung *Haider* in *Reissner*, AngG[2] § 29 Rz 51, jeweils mwN). **229**

Im Falle der Abfertigung nach dem BMSVG („Abfertigung neu") sind die Sonderzahlungen insofern mitberücksichtigt, als sie zur Gänze in die Beitragsgrundlage für die Berechnung der Arbeitgeberbeiträge einfließen (zur Sicherung dieser Beiträge allg § 13d Rz 1 ff). Es ist auch denkbar, dass Teile von Sonderzahlungen als Beiträge in Pensionskassen bzw Lebensversicherungen zu entrichten sind (zur Sicherung allg § 7 Rz 26 f). **230**

5.3.1.2.4 Abfertigung

231 Das traditionelle Abfertigungssystem war seit Langem sozial- und wirtschaftspolitisch umstritten. Vor diesem Hintergrund kam es im Jahre 2002 zu einer Reform des Rechtsgebiets. Es wurde das (mittlerweile so bezeichnete) **BMSVG** beschlossen, welches im Allgemeinen auf **Arbeitsverhältnisse** anzuwenden ist, deren vertraglich vereinbarter **Beginn nach dem 31. 12. 2002** liegt (vgl § 46 BMSVG). Durch das BMSVG wurde das bisherige leistungsorientierte Abfertigungssystem nach den §§ 23 f AngG etc (**"Abfertigung alt"**) zur Gänze durch die beitragsorientierte Betriebliche Mitarbeitervorsorge (**"Abfertigung neu"**) ersetzt, die durch BV-Kassen administriert wird. Zwar ist weiterhin die Beendigung des Arbeitsverhältnisses das auslösende Element für den Anspruch, doch steht dem AN die Leistung nicht mehr gegenüber dem AG zu, sondern gegenüber der Vorsorgekasse; mit der Zahlung des monatlichen Abfertigungsbeitrags (1,53 % der Bruttolohnsumme) hat der AG seine Abfertigungsverpflichtung erfüllt. Der ursprünglich ausschließlich arbeitsrechtliche Anspruch wird auf Grund dieses Strukturwandels somit zu einer Art sozialrechtlicher Leistung, die nur noch arbeitsrechtliche Tatbestände als Anknüpfungspunkte heranzieht. Infolge der insolvenzresistenteren Auslagerung von Abfertigungsbeiträgen und deren Veranlagung durch die BV-Kassen wird gleichzeitig der IEF entlastet (ErläutRV 1131 BlgNR 21. GP 45). Die Ansprüche gegenüber der BV-Kasse sind nämlich gem § 1 Abs 3 Z 5 IESG von der Sicherung ausgeschlossen, da für sie die gesetzliche Zahlungsverpflichtung eines Dritten besteht (dazu Rz 391 ff, insb Rz 393).

232 Im Folgenden wird zuerst die für das IESG unmittelbar relevante „Abfertigung alt" dargestellt (s Rz 233 ff), die angesichts der auf den Stichtag 31. 12. 2002 bezogenen Übergangsbestimmungen (s Rz 231 sowie allg Rz 245 f) nach wie vor einige Bedeutung aufweist. Danach wird auf hier relevante Aspekte aus dem Recht der „Abfertigung neu", insb auch auf die Abgrenzung der persönlichen Anwendungsbereiche der beiden Abfertigungssysteme, eingegangen (Rz 243 ff).

5.3.1.2.4.1 Abfertigung alt

233 Die „Abfertigung alt" ist ein besonderes, durch die Auflösung des Arbeitsverhältnisses bedingtes Entgelt, also ein **Entgelt aus der Beendigung** des Arbeitsverhältnisses. Sie ist gem Art 3 Abs 1 InsolvenzRL als „Abfindung bei Beendigung des Dienstverhältnisses" sicherzustellen, sofern die Leistung nach innerstaatlichem Recht vorgesehen ist, dh sofern der AN auch dem System „Abfertigung alt" unterliegt (zur „Abfertigung neu" Rz 231, 243 ff). Bzgl der Sicherung der „Abfertigung alt" nach IESG ist zu beachten, dass diese durch die spezielle Grenzbetragsvorschrift des § 1 Abs 4a IESG beschränkt wird (dazu Rz 380 ff).

Lange Zeit existierten gesetzliche Abfertigungsansprüche nur für bestimmte **Arbeitnehmergruppen** (§§ 23 f AngG, §§ 22 f GAngG, § 17 HGHAngG, § 35 VBG, § 31 LAG). Durch das ArbAbfG 1979 wurde das Abfertigungsrecht der §§ 23 f AngG novelliert und festgelegt, dass die Bestimmungen des AngG auch auf Arbeiter Anwendung finden (§ 2 ArbAbfG). Seit BGBl 1992/836 gebührt auch **Heimarbeitern** eine Abfertigung gem § 27b HeimAG.

(Günstigere) Regelungen im KollV und/oder Individualvertrag sind möglich. Derartige weitergehende Abfertigungen werden in der Praxis „freiwillige" Abfertigungen genannt, obzwar sich selbstverständlich auch aus KollV oder Arbeitsvertrag **Ansprüche** ergeben (zu diesbezüglichen Ausschlüssen von der Sicherung nach IESG s Rz 380 ff sowie § 3 Rz 31).

Der Anspruch auf „Abfertigung alt" wird **mit dem rechtlichen Ende des Arbeitsverhältnisses erworben,** mag auch die Fälligkeit in diesem Zeitpunkt nur teilweise eintreten und der Restbetrag in monatlichen Teilbeträgen abgestattet werden können (vgl §§ 23 Abs 4, 23a Abs 2 AngG; s auch Rz 267). **234**

Voraussetzung für die „Abfertigung alt" ist eine bestimmte **Dauer des Arbeitsverhältnisses,** wobei jedenfalls eine Mindestdienstzeit von drei Jahren erforderlich ist (vgl § 23 Abs 1 S 1 und 2 AngG). Nach Absolvierung dieser drei Dienstjahre steht dem AN das Zweifache des zuletzt zukommenden Entgelts zu (zur Berechnungsbasis s Rz 238). Mit der Dienstzeit steigt der Abfertigungsanspruch in Stufen an und beträgt nach fünf Jahren das Dreifache, nach zehn Jahren das Vierfache, nach 15 Jahren das Sechsfache und nach 20 Jahren das Neunfache des dem AN gebührenden Monatsentgelts. Das Höchstausmaß schließlich beträgt nach dem G das Zwölffache des letzten Entgelts nach einer Dienstzeit von mehr als 25 Jahren (vgl § 23 Abs 1 S 1 und 2 AngG). Dadurch, dass grundsätzlich nur mehr Dienstverhältnisse, die bereits am 31. 12. 2002 bestanden haben, vom alten Abfertigungsrecht erfasst sind (dazu im Detail Rz 245 f), werden die gegenständlichen Bestimmungen für weniger Dienstjahre nach und nach praktisch bedeutungslos. **235**

Bei der **Beurteilung der vorhandenen Dienstzeiten** ist davon auszugehen, dass die ununterbrochene Dauer des Arbeitsverhältnisses iSd § 23 Abs 1 AngG durch den **rechtlichen Bestand** desselben, nicht aber durch die Tatsache der Beschäftigung oder den Entgeltanspruch gekennzeichnet ist, sodass bspw Zeiten einer Krankheit ohne Entgeltfortzahlungsanspruch zur Dienstzeit zählen (grundlegend OGH 9 ObA 30/97w, DRdA 1998/7, 54 *[Drs]*; zum IESG OGH ObS 191/00x, SSV-NF 14/108). Ob demgemäß eine Vereinbarung als Festlegung der bloßen „Aussetzung" (besser: „Karenzierung") des Arbeitsverhältnisses bei Weiterbestand desselben oder als Statuieren einer echten Unterbrechung zu werten ist, ist durch Vertragsinterpretation gem § 914 ABGB zu ermitteln (OGH 8 ObS 257/01d, SSV-NF 15/133; 8 ObS 3/06h;

RIS-Justiz RS0017802). Zu beachten ist, dass in **Sonderregelungen** vorgesehen ist, dass gewisse Zeiten einer **Karenz nicht** als **Dienstzeiten** für die „Abfertigung alt" zählen, sofern nicht durch KollV oder Arbeitsvertrag eine Berücksichtigung derartiger Zeiten vorgesehen ist (vgl zB § 15f Abs 1 S 3 MSchG, § 7c VKG, §§ 11 Abs 2, 12, 14c Abs 5 AVRAG); auch die geringfügige Beschäftigung während der Elternkarenz (§ 15e MSchG, § 7b VKG) zählt im karenzierten Arbeitsverhältnis nicht als Dienstzeit (iZm dem IESG OGH 8 ObS 11/07m, infas 2007 A 71).

236 Gem § 23 Abs 1 S 3 und 4 AngG sind „alle Zeiten, die der Angestellte in unmittelbar vorausgegangenen Dienstverhältnissen als Arbeiter oder Lehrling zum selben DG zurückgelegt hat", für die Abfertigung zu berücksichtigen, Lehrzeiten jedoch nur dann, wenn das Arbeitsverhältnis einschließlich dieser Zeiten mindestens sieben Jahre ununterbrochen gedauert hat; Zeiten eines Lehrverhältnisses allein begründen keinen Abfertigungsanspruch (dazu OGH 8 ObS 22/01w, SSV-NF 15/25). Über den engeren Wortsinn dieser sog **Zusammenrechnungsbestimmung** hinaus sind alle in Arbeitsverhältnissen zu demselben AG erworbenen Anwartschaftszeiten – also zB auch solche als Angestellter – zu berücksichtigen (OGH 4 Ob 123/83, ZAS 1985/15, 143 *[Robert Müller]* = Arb 10.383; *Martinek/W. Schwarz*, Abfertigung 320 ff; *Holzer* in *Marhold/G. Burgstaller/Preyer* § 23 Rz 14 ff).

Der OGH (9 ObA 2095/96w, DRdA 1997, 138 = RdW 1997, 468) hat allerdings für die Konstellation, dass ein AN nach (dem nunmehrigen) § 25 IO austritt und unmittelbar anschließend mit dem Insolvenzverwalter ein Arbeitsverhältnis eingeht, welches im Weiteren von diesem gekündigt wird, eine Zusammenrechnung im skizzierten Sinn abgelehnt, weil der Insolvenzverwalter als ein vom Schuldner verschiedener AG anzusehen sei. Diese Meinung ist zu kritisieren, ist doch auf Grund der insolvenztypischen Stellung sowohl des Insolvenzverwalters als auch des Schuldners davon auszugehen, dass die Rechtsträgereigenschaft des Schuldners unberührt bleibt und dem Insolvenzverwalter nur die Ausübung von dessen Rechten und Pflichten für die Zeit des Insolvenzverfahrens obliegt (*Sundl*, ASoK 1997, 105 mwN; weiters krit zB *Weber*, ZIK 1997, 40; *Nunner*, ÖJZ 1997, 253; zum Thema auch Vorbem IO Rz 20; § 25 IO Rz 4).

Bereits abgefertigte Dienstzeiten beim selben AG sind nicht zu berücksichtigen, allerdings nach der Rsp nur die für die bereits gezahlte Abfertigung nötigen Mindestdienstzeiten, sodass für die darüber hinausgehenden Zeiten die Zusammenrechnungsregelung des § 23 Abs 1 S 2 AngG gilt (OGH 9 ObS 8/91, DRdA 1992/15, 145 *[Grießer]* = JBl 1991, 809 *[Liebeg]* = RdW 1991, 294 *[Runggaldier]* in Anlehnung an *Migsch*, Abfertigung 89 f; s auch *Holzer* in *Marhold/G. Burgstaller/Preyer* § 23 Rz 17). Das Höchstausmaß beträgt dann also insgesamt zwölf Monatsbeträge. Hat allerdings ein Abfertigungsanspruch bereits zwölf Monatsentgelte erreicht und wird dieser nach einer Arbeitgeberkündigung ausbezahlt, so entsteht in einem unmittelbar daran anschließenden **neuen Dienstverhältnis** zum selben AG ein **weiterer gesicherter Abfertigungsanspruch** (OGH 8 ObS 24/04v, DRdA 2006/12, 133 [zust *Reissner/Sundl*]). Gleich zu behandeln wäre der Fall der Vereinbarung einer Zwischenabfertigung bei aufrecht bestehendem Arbeitsverhältnis. In diesen Fällen kommt es auch nicht zum Wechsel in das System „Abfertigung neu", sofern nicht auch eine Übertrittsvereinbarung iSd § 47 BMSVG geschlossen wird.

Im Falle einer **begünstigten Kündigung des Insolvenzverwalters** (bzw AG) oder eines **Austritts des AN nach § 25 Abs 1 IO** ist der für die Errechnung der Abfertigung maßgeblichen Dienstzeit – wie im allgemeinen Arbeitsrecht (s OGH 4 Ob 13/85, DRdA 1987/16, 305 *[Migsch]* = Arb 10.407) – **jener Zeitraum hinzuzufügen, der bei einer ordnungsgemäßen Arbeitgeberkündigung** im Erklärungszeitpunkt **hätte verstreichen müssen** (s dazu § 25 IO Rz 76; vgl auch Rz 283).

Liegt **nur während eines Teiles der Tätigkeit Arbeitnehmereigenschaft** 237 vor und wird während der restlichen Zeit Arbeit auf Grund anderer Rechtsverhältnisse (zB freier Dienstvertrag, Gesellschaftsvertrag, familienrechtliche Pflichten; allg Rz 17 ff, 23 ff, 35 ff) geleistet oder zeitweilig eine Tätigkeit als Gesellschafter mit maßgeblichem Einfluss entfaltet (allg Rz 114 ff), so ist für einen allfälligen nach IESG zu sichernden Abfertigungsanspruch nur auf Zeiträume als AN Bedacht zu nehmen (OGH 9 ObS 26/93, ARD 4543/27/94; 8 ObS 15/94, infas 1995 A 37; dazu allg Rz 109).

Die **Bemessung** der „Abfertigung alt" erfolgt nach einem **Vielfachen des** 238 **Monatsentgelts.** Nach dem Wortlaut des G ist als Berechnungsgrundlage „das für den letzten Monat gebührende Entgelt" heranzuziehen (vgl § 23 Abs 1 S 2 AngG). Zu verstehen ist darunter der (typische) **Durchschnittsverdienst,** der sich aus den mit einer gewissen Regelmäßigkeit wiederkehrenden Bezügen ergibt.

Abzustellen ist hierbei nicht bloß auf den Monatszeitraum, vielmehr sind auch nur **einmal im Jahr erfolgende Zahlungen** zu berücksichtigen (s zB OGH 9 ObA 27/98f, DRdA 1999/22, 199 *[Löschnigg]*; 9 ObA 125/01z, Arb 12.120). **Schwankende Bezüge** wie etwa Provisionen udgl sind für das letzte Jahr durchzurechnen (OGH 9 ObA 79/04i, DRdA 2005/35, 432 *[K. Mayr]*; allg zB *Wachter* in *Reissner*, AngG^2 § 23 Rz 50 ff mwN). In die Berechnungsbasis sind demgemäß zB auch Entgelte für regelmäßig angefallene Überstunden (OGH 9 ObA 97/87, ZAS 1988/13, 121 *[Andexlinger/Spitzl]*; 9 ObA 20/99b, Arb 11.859; allg *Balla,* DRdA 2002, 169 ff; zum IESG zB OGH 8 ObS 3/94, infas 1994 A 147 = RdW 1994, 358), eine Überstundenpauschale (OGH 4 Ob 59/71, ARD 2416/6/72), von dritter Seite zugeflossene Arbeitsentgelte (zum IESG OGH 8 ObS 52/97y, infas 1997 A 30 = ZASB 1997, 46),

Naturalien (diese sind mit ihrem tatsächlichen Wert zu berücksichtigen; dazu allg Rz 215 ff, insb Rz 218) oder die aliquoten Anteile der Sonderzahlungen einzubeziehen (OGH 8 ObA 2356/96w, Arb 11.666; 9 ObA 224/00g, Arb 12.101; zum IESG VwGH 87/11/0198, ZfVB 1989/148; zu den Sonderzahlungen allg Rz 225 ff). **Überstunden** sind dann als **regelmäßig** geleistet anzusehen, wenn sie sich innerhalb des maßgeblichen Zeitraums stetig, wenn auch nicht gleichmäßig wiederholen.

Wird für die Überstunden **Zeitausgleich** – also eine andere Verteilung der Arbeitszeit – vereinbart und auch tatsächlich **konsumiert,** so kommt es infolge der Überstundenleistung zu keiner dauernden Erhöhung des Normalentgelts. Auch wenn der Zeitausgleich schließlich wegen Beendigung des Arbeitsverhältnisses unmöglich wird und daher ein – nach IESG gesicherter (s Rz 220) – Geldersatz zusteht, ist diese Zahlung, weil sie keineswegs regelmäßig, sondern einmal erfolgt, nicht für die Berechnung der Abfertigung maßgeblich (OGH 8 ObS 3/94, infas 1994 A 147 = RdW 1994, 358). Dies gilt auch dann, wenn der AG – gewissermaßen als Vorgriff auf die Einmalzahlung am Ende des Arbeitsverhältnisses – in der letzten Phase desselben Teilleistungen auf diese Zahlung erbringt (OGH 9 ObA 124/12v, Arb 13.091 = infas 2013 A 44). Gehen die Parteien allerdings schlüssig von einer getroffenen Zeitausgleichsvereinbarung ab und werden bestehende Gutstunden regelmäßig als Überstunden entlohnt, so sind diese Zahlungen in die Berechnungsbasis für die Abfertigung einzubeziehen (OGH 8 ObA 64/15t, DRdA-infas 2016/158, 263).

Auch im Falle eines **Wechsels von Vollzeit- auf Teilzeitbeschäftigung** ist idR vom zuletzt bezogenen Entgelt (also jenem auf Basis der Teilzeitbeschäftigung) auszugehen (*Holzer* in *Marhold/G. Burgstaller/Preyer* § 23 Rz 27). Vereinbaren allerdings AG und AN anlässlich des Überganges von Voll- auf Teilzeitbeschäftigung, dass die bisher erbrachten Dienstzeiten bei einer späteren Beendigung auf Basis der Vollzeitbeschäftigung ausgezahlt werden sollen (OGH 8 ObS 15/03v, Arb 12.377 = infas 2004 A 34) oder sieht ein KollV eine derartige Regelung vor (OGH 8 ObS 14/03x, wbl 2004/59, 137), so ist diese Abfertigung im Falle einer Insolvenz des AG nach IESG gesichert (dazu Rz 387 sowie § 3 Rz 31).

Grundsätzlich ist für die Berechnung der Abfertigung das Bruttoentgelt heranzuziehen. Im Falle einer „echten" **Nettolohnvereinbarung** (s Rz 208) jedoch ist die Abfertigung vom Nettoentgelt ausgehend zu ermitteln (OGH 8 ObA 214/96, DRdA 1997/24, 217 *[K. Mayr]*).

239 Ein **Anspruch auf „Abfertigung alt"** besteht **nicht,** wenn der **AN** selbst **kündigt,** wenn er **ohne wichtigen Grund** vorzeitig **austritt** oder wenn ihn ein **Verschulden an der Entlassung** trifft (§ 23 Abs 7 AngG).

Es gibt einige **Ausnahmen** vom grundsätzlichen Verlust der Abfertigung infolge Selbstkündigung:
- So gebührt die Abfertigung bspw auch dann, wenn das Arbeitsverhältnis mindestens **zehn Jahre** ununterbrochen gedauert hat und der AN wegen **Erreichung des Pensionsalters** (sog **Altersabfertigung**), wegen **Inanspruchnahme der Korridorpension** oder wegen **Inanspruchnahme der Schwerarbeitspension** kündigt (vgl § 23a Abs 1 Z 1 lit a, d und e AngG; die anderen in Z 1 leg cit genannten Fälle sind mittlerweile obsolet).
- Dasselbe gilt bei Kündigung iZm der **Inanspruchnahme einer Pension wegen geminderter Arbeitsfähigkeit,** wobei hier die allgemeine Mindestdienstzeit von **drei Jahren** genügt (sog Pensionsabfertigung gem § 23a Abs 1 Z 2 lit a AngG; der andere in Z 2 genannte Fall ist mittlerweile obsolet).
- Weiters bleibt der Anspruch auf die halbe Abfertigung, höchstens jedoch das Dreifache des monatlichen Entgelts, dann bestehen, wenn das Arbeitsverhältnis von der AN **aus Anlass der Mutterschaft** durch vorzeitigen Austritt (vgl § 23a Abs 3 AngG) oder – im speziellen Fall einer Teilzeitbeschäftigung gem §§ 15h ff MSchG – durch Kündigung (vgl § 23a Abs 4a AngG) gelöst wird. Dasselbe gilt, wenn die entsprechenden Lösungserklärungen von Seiten eines **männlichen AN,** der **Karenz** bzw **Teilzeitbeschäftigung iSd VKG** in Anspruch nimmt, erfolgen (vgl § 23a Abs 4, 4a und 5 AngG; dazu allg *Löschnigg*, Arbeitsrecht[12] 759 ff mwN).

Im Falle des **Todes des AN** gebührt den gesetzlichen Erben, zu deren Unterhalt der AN verpflichtet war, als Abfertigung die Hälfte des gesetzlichen Ausmaßes (§ 23 Abs 6 AngG). Es handelt sich um einen eigenen Anspruch der **gesetzlichen Erben** mit familienrechtlicher Unterhaltsberechtigung und nicht um Rechtsnachfolge im Erbgang (allg *Holler*, ÖJZ 1980, 372; zur Anspruchsberechtigung dieser Personen nach IESG s Rz 95 ff, insb Rz 97). **240**

Bei **Auflösung eines Unternehmens** entfällt gem § 23 Abs 2 AngG (vgl daneben auch § 22 Abs 2 GAngG) die Verpflichtung zur Gewährung einer Abfertigung ganz oder teilweise dann, wenn sich die persönliche Wirtschaftslage des AG derart verschlechtert hat, dass ihm die Erfüllung dieser Verpflichtung zT oder zur Gänze billigerweise nicht zugemutet werden kann (sog **wirtschaftliche Reduktionsklausel**; allg dazu § 1a Rz 1 ff). Zu beachten ist, dass jener Teil der Abfertigung, der infolge der Anwendbarkeit der wirtschaftlichen Reduktionsklausel arbeitsrechtlich nicht zusteht, unter bestimmten Voraussetzungen auf Grund von § 1a IESG gesichert ist (dazu § 1a Rz 3 ff, insb Rz 13 ff). **241**

242 Ein **Abfertigungsanspruch besonderer Art** ist die sog **Entschädigung des Journalisten,** die im Falle der **Veräußerung eines Zeitungsunternehmens** gebührt, wenn der Erwerber innerhalb eines Monats nach der Veräußerung erklärt, nicht in den Vertrag einzutreten. Diese Abfertigung beträgt bei weniger als fünfjähriger Dauer des Vertragsverhältnisses ein volles Jahresentgelt, bei fünf- bis zehnjähriger Dauer das Eineinhalbfache des Jahresentgelts und erhöht sich mit je fünf weiteren Jahren der Vertragsdauer um ein halbes Jahresentgelt, wobei ein angefangenes Jahrfünft als voll gerechnet wird (vgl § 8 Abs 1 und 2 JournG). Für die Zahlung der genannten Beträge haften der Erwerber und der Veräußerer zur ungeteilten Hand (§ 9 JournG). Eine Umgehung des § 8 JournG durch Kündigung des Journalisten durch den Veräußerer vor der Veräußerung der Zeitungsunternehmung kann über den Weg eines Schadenersatzanspruchs (§ 1295 Abs 2 ABGB) zum selben Ergebnis führen (vgl OGH 9 ObA 901/91, DRdA 1991/43, 356 *[Schrammel]*).

Diese Abfertigungsregelung ist mit dem unionsrechtlich vorgezeichneten Betriebsübergangsrecht der §§ 3 ff AVRAG, insb mit dem dort vorgesehenen Ex-lege-Übergang des Arbeitsverhältnisses und dem damit verbundenen Kündigungsverbot, abzustimmen. § 17 Z 1 AVRAG ordnet diesbezüglich an, dass das JournG unberührt bleibt, sofern es für die Redakteure (Schriftleiter) günstiger ist als das AVRAG. Eine Harmonisierung ist folgendermaßen vorzunehmen: Kündigt der neue Inhaber innerhalb der nach JournG vorgesehenen Monatsfrist, so ist darauf zu schauen, ob dies nach § 879 Abs 1 ABGB iVm den Vorgaben des Art 4 Abs 1 UAbs 1 BetriebsübergangsRL gerechtfertigt ist. Ist dies nicht der Fall, so hat der AN das Wahlrecht, sich entweder mit der Kündigung abzufinden und die speziellen Abgeltungen zu kassieren oder aber auf Weiterführung des Arbeitsverhältnisses zu bestehen. Ist die Kündigung nach allgemeinem Betriebsübergangsrecht nicht verpönt, so kann der AN nur die Ansprüche nach JournG, insb die Sonderabfertigung, geltend machen (*Holzer/Reissner*, AVRAG[2] § 17 Rz 7 sowie § 3 Rz 126 ff mwN; zur Insolvenz-Entgeltsicherung bei Betriebsübergang allg Rz 416 ff).

5.3.1.2.4.2 Abfertigung neu

243 Das Recht der „Abfertigung neu" ist im **BMSVG** enthalten. Kern des G ist die durch laufende Arbeitgeberbeiträge finanzierte Ausgliederung der Abfertigung aus den Betrieben in privatrechtliche BV-Kassen.

Es gibt also ein genau geregeltes **Beitragssystem** (s auch Rz 247). Weiters werden **BV-Kassen** mit eigener Rechtspersönlichkeit geschaffen. BV-Kassen müssen gesetzlichen Vorgaben entsprechen, die der Sicherung der Zahlungsfähigkeit dienen. Die Leistungsverpflichtungen gegenüber dem AN werden vom AG weg hin zu diesen Kassen verlagert und damit vom wirtschaftlichen Schicksal des AG unabhängig. Für die Auszahlung der Abfertigung, die sich aus den laufenden Beitragszahlungen (mit Kapitalgarantie) samt den jeweils erzielten Veranlagungserfolgen unter Abzug der Verwaltungskosten errechnet, ist ausschließlich die BV-Kasse zuständig. Ein Abfertigungsanspruch besteht auch bei kurzer Dauer des Arbeitsverhältnisses und unabhängig von der Art der Beendigung desselben.

244 Gem § 1 Abs 1 BMSVG gelten die im gegebenen Zusammenhang wesentlichen Bestimmungen des G für „Arbeitsverhältnisse, die auf einem privatrechtlichen Vertrag beruhen" (zur Abgrenzung des persönlichen Geltungsbereichs in zeitlicher Hinsicht s Rz 246). Diese Formulierung entspricht dem Arbeitnehmerbegriff iSd Arbeitsvertragsrechts (allg dazu Rz 7 ff). Zu den **AN** nach diesem Begriff gehören sämtliche Arbeiter und Angestellten bzw sonstige AN, auch wenn diese nur geringfügig beschäftigt iSd ASVG oder fallweise tätig sind. Für Arbeitsverhältnisse, die dem BUAG unterliegen, gilt der 1. Teil des BMSVG nach Maßgabe der Bestimmungen des BUAG (§ 2 BMSVG). Das bedeutet, dass sich die Neuregelung für den Baubereich auch aus dem BUAG ergibt, dh die BUAK bestehen bleibt und für die Abwicklung der betrieblichen Mitarbeitervorsorge zuständig wird.

Gem § 1 Abs 1a BMSVG gelten die wesentlichen Bestimmungen des G auch für **freie DN iSd § 4 Abs 4 ASVG** (allg dazu Rz 83 ff; zum zeitlichen Geltungsbereich des BMSVG s wiederum Rz 246).

Aus kompetenzrechtlichen Gründen werden Arbeitsverhältnisse und freie Dienstverhältnisse zu Ländern, Gemeinden und Gemeindeverbänden nicht in den persönlichen Geltungsbereich des BMSVG einbezogen (§ 1 Abs 2 Z 1 BMSVG). Dasselbe gilt in Bezug auf Land- und Forstarbeiter (Z 2 leg cit), für die sich analoge Regelungen jedoch im LAG (und in den Landarbeitsgesetzen der Bundesländer) finden (allg zu diesem Personenkreis Rz 44). Auch beim Bund bzw im Nahbereich desselben beschäftigte VB sind formell vom BMSVG ausgenommen (vgl § 1 Abs 1 Z 3 und 4 BMSVG), dieses wird aber gem § 35 VBG für diese Gruppen mit einigen Abweichungen wieder für anwendbar erklärt. Nicht erfasst sind schließlich dem alten Dienstrecht der Bundesforste unterliegende DN (vgl § 1 Abs 2 Z 5 BMSVG; dazu *K. Mayr* in *K. Mayr/Resch,* Abfertigung neu[2] § 1 Rz 48).

Nicht vom BMSVG erfasst sind schließlich **Heimarbeiter** (zu dieser Gruppe allg Rz 91 ff). Für diese bleibt es also jedenfalls bei ihrem Recht der „Abfertigung alt" (s Rz 233).

245 Das BMSVG trat zwar mit 1. 7. 2002 in Kraft, sieht aber im Hinblick auf die von ihm erfassten Arbeitsverhältnisse ein ausdifferenziertes **Übergangsrecht** vor:
- Als **„Neuarbeitsverhältnisse"** konstituieren die §§ 46 f BMSVG „Arbeitsverhältnisse, deren vertraglich vereinbarter Beginn nach dem 31. 12. 2002 liegt". Für AN mit **Eintrittsdatum ab 1. 1. 2003** gilt so-

mit **ausschließlich** das neue **Recht der betrieblichen Mitarbeitervorsorge**. Die §§ 23 f AngG kommen als gesetzliche Grundlage im Allgemeinen nicht mehr in Frage. Entscheidend ist der **"vertraglich vereinbarte Beginn"** (vgl § 46 Abs 1 – 3 BMSVG; zur Übertrittsvereinbarung iSd § 47 BMSVG s Rz 246).

– Für Arbeitsverhältnisse, deren vertraglich vereinbarter **Beginn vor dem 31. 12. 2002** liegt (**"Altarbeitsverhältnisse"**), ist das Abfertigungsrecht nach dem **AngG** udgl grundsätzlich **weiter anzuwenden** (vgl insb den durch Art 3 BMSVG eingefügten § 42 Abs 3 AngG).

Wegen Karenz, Präsenz- und Zivildienst, langer Krankheit udgl ruhende Arbeitsverhältnisse gehören zu den Altarbeitsverhältnissen; die Wiederaufnahme der Arbeit nach dem 31. 12. 2002 ist kein Neueintritt, auch die sozialversicherungsrechtliche Wiederanmeldung gilt nicht als Neubeginn. Nach dem Betriebsübergangsrecht des AVRAG gelten kraft G auf einen neuen Inhaber übergehende Arbeitsverhältnisse als durchlaufend, sodass auch abfertigungsrechtlich nicht von neuen Arbeitsverhältnissen auszugehen ist. Dasselbe muss auch dann gelten, wenn zwei Arbeitsverhältnisse zum selben AG unmittelbar aneinander anschließen (zB nach einem Befristungsablauf) und daher die Zusammenrechnungsbestimmung des § 23 Abs 1 S 3 AngG greift.

Weiters gelten laut § 46 Abs 3 BMSVG die alten Abfertigungsregelungen dann weiter, wenn auf Grund von Wiedereinstellungszusagen oder -vereinbarungen unterbrochene Arbeitsverhältnisse unter Anrechnung von Vordienstzeiten beim selben AG fortgesetzt werden (Z 1 leg cit), wenn AN innerhalb eines Konzerns in ein neues Arbeitsverhältnis wechseln (vgl Z 2 leg cit) oder wenn unterbrochene Arbeitsverhältnisse unter Anrechnung von Vordienstzeiten beim selben AG fortgesetzt werden und durch eine am 1. 7. 2002 anwendbare Bestimmung in einem KollV die Anrechnung von Vordienstzeiten für die Abfertigung festgesetzt wird (Z 3 leg cit).

Das alte Abfertigungsrecht gilt in diesen Fällen nur dann nicht, wenn eine Übertrittsvereinbarung iSd § 47 BMSVG geschlossen wurde (s Rz 246).

246 Gem § 47 BMSVG kann im Falle eines Altarbeitsverhältnisses in einer schriftlichen Vereinbarung zwischen AG und AN ab einem zu vereinbarenden Stichtag für die weitere Dauer des Arbeitsverhältnisses die Geltung des BMSVG an Stelle des alten Abfertigungsrechts vereinbart werden (sog **Übertrittsvereinbarung**). Notwendig ist also eine Individualvereinbarung, durch KollV oder BV kann ein Systemwechsel nicht angeordnet werden. Die Vereinbarung muss bei sonstiger Nichtigkeit schriftlich erfolgen.

§ 47 BMSVG sieht **zwei Varianten** einer Übertrittsvereinbarung vor: den Teilübertritt und den Vollübertritt:

– Vereinbaren die Arbeitsvertragsparteien den Übertritt ins neue System nur für die Zukunft, lassen sie also die bis dahin bestehenden Altanwartschaften iS eines **Teilübertritts** stehen („Einfrieren"; § 47 Abs 2 BMSVG), so steht dem AN bei späterer Beendigung des Arbeitsverhältnisses jene Zahl an Monatsentgelten gegen den AG zu, die zum Stichtag des Übertritts bereits erworben wurde. Für Neuanwartschaften ab dem Stichtag besteht der Anspruch gegen die BV-Kasse.

Für die „eingefrorenen" Altanwartschaften bleibt somit weiterhin das alte Abfertigungsrecht maßgebend. Das bedeutet auch, dass bei abfertigungsschädlichen Beendigungsformen (allg dazu Rz 239) dieser Teil der Abfertigung verlorengeht. Endet das Arbeitsverhältnis später auf eine anwartschaftswahrende Art und Weise, so sind die Abfertigunganwartschaften vor dem Stichtag nicht unter Heranziehung des Entgeltanspruchs zum Übertrittszeitpunkt, sondern unter Heranziehung des für den letzten Monat des Arbeitsverhältnisses gebührenden Entgelts zu bemessen. Das BMSVG sieht jedoch keine aliquote Berücksichtigung der Zeiten vor, die zwischen zwei Abfertigungssprüngen liegen. Diese Zeiten können durch entsprechende vertragliche Einigung abgegolten werden (s *K. Mayr* in *K. Mayr/Resch*, Abfertigung neu² § 47 Rz 9).

Die nach dem Modell des BMSVG **eingefrorene Altanwartschaft** führt bei einer abfertigungswahrenden Beendigung des Arbeitsverhältnisses zu einer gesetzlichen Abfertigung, die ein nach Maßgabe der speziellen Grenzbetragsvorschrift des § 1 Abs 4a IESG (Rz 380 ff) iSd IESG **gesicherter Anspruch** ist. Auch allfällige vertraglich zuerkannte Teile dieser Abfertigung für die Zeiten zwischen den Abfertigungssprüngen sind, zumal sie für tatsächlich verbrachte Dienstzeiten gewährt werden, einer Sicherung nach IESG zugänglich (dazu allg Rz 387).

– Beim **„Vollübertritt"** wird in der Übertrittsvereinbarung festgelegt, dass die von den Parteien bewerteten Altabfertigungsanwartschaften durch Leistung eines Überweisungsbetrages auf eine BV-Kasse übertragen werden (vgl § 47 Abs 3 BMSVG). Auf die übertragenen Anwartschaften findet gem § 47 Abs 4 leg cit in der Folge das Leistungsrecht des BMSVG Anwendung.

Der zu vereinbarende einmalige **Überweisungsbetrag** für die Altanwartschaften kann höhenmäßig – auch zu Ungunsten des AN – von der fiktiven „Abfertigung alt" zum Übertrittsstichtag abweichen (vgl § 47 Abs 3 Z 1 BMSVG). Im Hinblick darauf, dass dem AN durch die Übertragung von Abfertigungsanwartschaften das Risiko des Anwartschaftsverlusts im Falle einer späteren Selbstkündigung, eines unberechtigten Austritts oder einer verschuldeten Entlassung genommen wird, ist es gerechtfertigt, bei der Vereinbarung eines Überweisungsbetrages einen gewissen Abschlag zuzulassen („Fluktuationsabschlag"). Allerdings müssen dabei die allgemeinen Wertungen des Zivilrechts, insb die Grenze der Sittenwidrigkeit, beachtet werden (s *Grillberger*, DRdA 2003, 216 ff). Der vereinbarte Überweisungsbetrag muss nicht sofort in voller Höhe, sondern kann ab dem Übertrittsstichtag **auf fünf Jahre verteilt** jährlich im Ausmaß eines Fünftels zuzüglich der Rechnungszinsen von 6 % des jährlichen Überweisungsbetrages direkt an die BV-Kasse überwiesen werden; vorzeitige Überweisungen sind zulässig. Im Falle der Beendigung des Arbeitsverhältnisses hat der AG den aushaftenden Teil des vereinbarten Überweisungsbetrages vorzeitig an die BV-Kasse zu überweisen, es sei denn, es handelt sich um eine Beendigung des Arbeitsverhältnisses, bei der die Auszahlung der Abfertigung nicht verlangt werden kann (vgl § 47 Abs 3 Z 2 – 4 BMSVG).

Sind bei Insolvenz des AG oder bei Vorliegen eines sonstigen Sicherungstatbestands iSd § 1 Abs 1 IESG (dazu allg Rz 140 ff) noch **Überweisungsbeträge ausständig,** gebührt hierfür gem § 1b IESG **Insolvenz-Entgelt,** soweit diese die zum Stichtag fiktiv bei Anwendung des § 47 Abs 1 BMSVG gebührenden Monatsentgelte an „Abfertigung alt" unter Beachtung der höhenmäßigen Begrenzung des § 1 Abs 4a IESG nicht übersteigen. Das dem AN zuerkannte Insolvenz-Entgelt ist an die BV-Kasse zu zahlen (ausführlich zu alldem § 1b Rz 1 ff).

247 Gem § 6 Abs 1 BMSVG hat der AG (freie DG) für jeden AN bzw freien DN iSd § 4 Abs 4 ASVG (sog „Anwartschaftsberechtigte") **ab dem zweiten Monat eines Arbeitsverhältnisses (freien Dienstverhältnisses)** einen laufenden **Beitrag** in Höhe von 1,53 % des monatlichen (Brutto-)Entgelts einschließlich der Sonderzahlungen an den zuständigen Krankenversicherungsträger zu überweisen. Der Krankenversicherungsträger leitet diese Beiträge an die jeweilige BV-Kasse weiter. Bei Abschluss eines neuerlichen Arbeitsverhältnisses zum selben AG binnen zwölf Monaten nach dem Ende des vorherigen Arbeitsverhältnisses beginnt die Beitragspflicht bereits mit dem ersten Tag dieses Arbeitsverhältnisses; Entsprechendes gilt für freie DN iSd § 4 Abs 4 ASVG.

Beitragsgrundlage bildet das **Entgelt iSd § 49 ASVG.** Maßgeblich ist somit der sozialversicherungsrechtliche Entgeltbegriff, wobei allerdings die sozialversicherungsrechtlichen **Beschränkungen nach oben oder unten** (Geringfügigkeitsgrenze, Höchstbeitragsgrundlage) **irrelevant** sind. Demnach sind alle beitragspflichtigen Bezüge (auch von Dritten), Sachbezüge und Sonderzahlungen in die Beitragsgrundlage einzubeziehen. Die Regelmäßigkeit eines Bezugteils spielt – anders als bei der „Abfertigung alt" (s Rz 238) – keine Rolle.

Die **Beitragspflicht endet** grundsätzlich **mit dem sozialversicherungsrechtlichen Entgeltanspruch.** Somit sind auch Entgeltansprüche, die über das arbeitsrechtliche Ende des Dienstverhältnisses reichen (zB Urlaubsersatzleistung, Kündigungsentschädigung oder Entgeltfortzahlung bei Krankheit nach Ende des Arbeitsverhältnisses) beitragspflichtig. In drei gesetzlichen **Ausnahmefällen** hat der AG **auch für entgeltlose Zeiträume BMSVG-Beiträge** zu leisten, dies allerdings immer nur dann, wenn und solange das Arbeitsverhältnis aufrecht ist: Anspruch auf Beitragsleistung gegenüber dem AG besteht im Falle eines Präsenz-, Ausbildungs- oder Zivildienstes, bei Wochengeldbezug und bei Krankengeldbezug. Für diese Zeiten sieht das BMSVG fiktive Bemessungsgrundlagen vor: Bei Präsenz-, Zivil- und Ausbildungsdienst bildet das Kinderbetreuungsgeld gem § 3 Abs 1 KBGG, bei Wochengeldbezug das Entgelt des Monats vor Beginn des Wochengeldbezugs und bei Krankengeldbezug die Hälfte des Entgelts des Monats vor dem Krankengeldbezug die Bemessungsgrundlage (vgl § 7 Abs 1 – 4 BMSVG).

Im Falle der Insolvenz oder eines iSd § 1 Abs 1 IESG gleichgestellten Tatbestands (s Rz 140 ff) hat der IEF nicht entrichtete Beiträge nach § 6 Abs 1 BMSVG oder gleichartigen österr Rechtsvorschriften an den Krankenversicherungsträger zu überweisen, soweit diese bis längstens zwei Jahre rückständig sind (vgl § 13d IESG; allg § 13d Rz 1 ff, insb Rz 3).

5.3.1.2.5 Urlaubsersatzleistung

Der Anspruch auf Erholungsurlaub ist höchstpersönlicher Natur und als solcher nicht vererblich und nicht übertragbar. Eine Ablöse in Geld ist kein Urlaub im Rechtssinn; diesbezügliche Vereinbarungen sind rechtsunwirksam (§ 7 UrlG). Kommt es jedoch vor Verbrauch des Urlaubs zur **Beendigung des Arbeitsverhältnisses,** so ist der offengebliebene Anspruch **in Geld abzufinden.** An die Stelle des Naturalurlaubs tritt gem § 10 UrlG ein entsprechendes Surrogat (so OGH 4 Ob 54/80, Arb 9871), die sog Urlaubsersatzleistung (diese trat auf Grund des ARÄG 2000 BGBl I 2000/44 an die Stelle der früher vorgesehenen Surrogate Urlaubsentschädigung und Urlaubsabfindung). Die Urlaubsersatzleistung ist ein rein vermögensrechtlicher, vererblicher Anspruch (zu einer Fehlentscheidung zum Thema s Rz 97), welcher der normalen Verjährungsfrist für Entgelt (§ 1486 Z 5 ABGB; dazu Rz 183 ff, insb Rz 188) unterliegt. **248**

An die Urlaubsersatzleistung anknüpfende Beiträge an eine Pensionskasse bzw Prämien an Lebensversicherungen oder in eine betriebliche Kollektivversicherung sind vom IEF gem § 7 Abs 8 IESG an die jeweilige Institution zu entrichten (s § 7 Rz 26 f). Entsprechendes gilt auch für die Dienstnehmerbeitragsanteile zur gesetzlichen SV (dazu § 13a Rz 1 ff) und für die BMSVG-Beiträge (dazu § 13d Rz 1 ff).

249 Mit der Urlaubsersatzleistung wird der nicht verbrauchte Urlaub aliquot abgegolten (§ 10 Abs 1 S 1 und 2 UrlG). Die **Aliquotierung** erfolgt nach der „Dauer der Dienstzeit in diesem Urlaubsjahr im Verhältnis zum gesamten Urlaubsjahr", also mangels anderer Anordnung **nach Tagen** (Kalendertagen). Nur im Falle des unberechtigten Austritts gebührt für das laufende Urlaubsjahr überhaupt keine Zahlung (§ 10 Abs 2 UrlG).

Für die Ermittlung der Urlaubsersatzleistung ist zunächst der zum Zeitpunkt der Beendigung des Arbeitsverhältnisses gebührende Urlaub im laufenden Urlaubsjahr zu ermitteln. Dieser ist entsprechend der Dauer der Dienstzeit im laufenden Urlaubsjahr zu aliquotieren. Der aliquote Urlaubsanspruch ist dann mit dem Urlaubsentgelt pro Tag (= regelmäßiges Monatsentgelt : 26 [bei Berechnung des Urlaubs nach Werktagen] bzw : 22 [bei Berechnung des Urlaubs nach Arbeitstagen]) zu vervielfachen. Hat der AN Teile des Urlaubs bereits verbraucht, dann sind diese Urlaubsteile auf das aliquote Urlaubsausmaß anzurechnen, die verbrauchten Urlaubstage sind also vom aliquoten Urlaubsausmaß abzuziehen (ebenso zur früheren Urlaubsabfindung OGH 9 ObA 233/99a, infas 2000 A 26). Der verbleibende Urlaubsrest ist wiederum mit dem Urlaubsentgelt pro Tag zu vervielfachen und bildet die Urlaubsersatzleistung. Wurde hingegen bis zum Zeitpunkt der Beendigung des Arbeitsverhältnisses mehr Urlaub verbraucht, als sich auf Grund der Aliquotierung ergibt, steht keine Urlaubsersatzleistung mehr zu. Dem AN dürfen aber weder die zuviel verbrauchten Urlaubstage noch das bereits bezogene Urlaubsentgelt „rückverrechnet" werden (ausführlich *Löschnigg*, Arbeitsrecht[12] 507 ff). Bei **überaliquotem Naturalurlaubsverbrauch** besteht nur in gewissen Fällen eine **Rückerstattungspflicht** des AN: Für über das aliquote Ausmaß verbrauchten Urlaub erhaltenes Entgelt ist vom AN im Falle des **unberechtigten Austritts** und der **verschuldeten Entlassung** verhältnismäßig zurückzuerstatten. Der Erstattungsbetrag hat dem für den zu viel verbrauchten Urlaub erhaltenen Urlaubsentgelt zu entsprechen (§ 10 Abs 1 S 3 und 4 UrlG). Bei unberechtigtem Austritt, bei dem es gem § 10 Abs 2 UrlG überhaupt keine Ersatzleistung für das laufende Urlaubsjahr gibt (s Rz 251), geht die Rückzahlungspflicht offensichtlich nur bis zum aliquoten Ausmaß.

250 **Berechnungsbasis** für die Höhe der Urlaubsersatzleistung ist das **Urlaubsentgelt,** das ist jenes Entgelt, das der AN während des Urlaubs behält (vgl § 6 Abs 1 UrlG). Der Judikatur zufolge sind hierbei nach dem Ausfallsprinzip alle Bezüge einschließlich der Anteile an allfälligen Sonderzahlungen zu Grunde zu legen (OGH 4 Ob 104/78, DRdA 1981/12, 238 *[Jabornegg]*; zum IESG OGH 8 ObS 11/11t, SSV-NF 25/61; VwGH 87/11/0198, ZfVB 1989/148). Eine regelmäßig anfallende Prämie ist zu berücksichtigen (OGH 9 ObA 2/05t, DRdA 2005/36, 436 *[Balla]*; OLG Wien 7 Ra 253/02f, ARD 5346/47/2002; dazu auch Rz 238). Im Falle einer Nettolohnvereinbarung

(Rz 208) ist das jeweilige Nettoentgelt Ausgangsbasis (OGH 9 ObA 48/90, ZAS 1991/2, 19 *[Zeiler]*). Bei schwankenden Entgelten ist – wie bei der „Abfertigung alt" (Rz 238) – eine Durchschnittsberechnung unter Berücksichtigung der Situation im letzten Jahr vor Beendigung des Arbeitsverhältnisses durchzuführen.

Grundlage für die Berechnung der (gesamten) Urlaubsersatzleistung ist das zum Zeitpunkt der Beendigung des Arbeitsverhältnisses bezogene Entgelt, und zwar zB auch dann, wenn dies auf Grund einer Altersteilzeitvereinbarung nur 75 % des ursprünglichen Gehalts entspricht (zum IESG OGH 8 ObS 4/04d, wbl 2005/207, 381; 8 ObS 4/07g, infas 2007 A 40 = ARD 5795/1/2007; krit dazu *Gerhartl*, ASoK 2008, 268 ff).

Ist der AN bei Beendigung des Arbeitsverhältnisses an der Arbeitsleistung verhindert, ohne dass der Entgeltanspruch zur Gänze fortbesteht (zB bei langdauerndem Krankenstand nach Ende des Entgeltfortzahlungszeitraums), dann ist bei Berechnung der Urlaubsersatzleistung das ungeschmälerte Entgelt zu Grunde zu legen, welches zum Beendigungszeitpunkt bei Fortfall der Dienstverhinderung zugestanden wäre (*Kuderna*, DRdA 1996, 466; *Reissner* in ZellKomm³ § 10 UrlG Rz 12 mwN).

Keine Urlaubsersatzleistung für das laufende Urlaubsjahr steht dem AN zu, wenn er ohne wichtigen Grund vorzeitig austritt (§ 10 Abs 2 UrlG). Dem **unberechtigten Austritt** ist nach der Rsp auch die **zeitwidrige Kündigung durch den AN** gleichzuhalten (so zur früheren Urlaubsabfindung OGH 4 Ob 31/79, Arb 9777). Die Sanktion des Verlusts der Ersatzleistung bei unbegründetem Austritt bzw zeitwidriger Kündigung gilt nur für das laufende Urlaubsjahr (s Rz 249). 251

Nicht verbrauchter Urlaub aus vorangegangenen Urlaubsjahren ist jedenfalls in Form der Urlaubsersatzleistung abzugelten, und zwar unabhängig davon, auf welche Art und Weise das Arbeitsverhältnis gelöst wurde. 252

Zu beachten ist, dass der Urlaub gem § 4 Abs 5 UrlG nach Ablauf von zwei Jahren ab dem Ende des Urlaubsjahres, in dem er entstanden ist, **verjährt**. Diese Frist verlängert sich bei Inanspruchnahme einer Karenz nach MSchG oder VKG um den Zeitraum der Karenz. Ob der Urlaub verjährt ist, hat die **IEF-Service GmbH von Amts wegen** zu prüfen (allg Rz 187). Ein im neuen Urlaubsjahr konsumierter Urlaub ist zuerst vom ältesten nicht verjährten Urlaubsrest abzuziehen (OGH 9 ObA 44/97d, infas 1997 A 128; 9 ObA 77/01s, DRdA 2003/3, 40 *[Reissner];* zum IESG VwGH 85/11/0170, ZfVB 1987/1696).

Selbst wenn es dem AN aus betrieblichen Gründen über Jahre hinweg kaum möglich war, auf Urlaub zu gehen, ist nur jener Teil der Urlaubsersatzleistung nach dem IESG gesichert, der den noch nicht verjährten Urlaubsanspruch abdeckt (OGH 8 ObS 5/05a, RdW 2005/485, 441).

§ 1 IESG

253 Kommt es zu einer Beendigung des Arbeitsverhältnisses durch berechtigten, vom AG verschuldeten Austritt des AN bzw ungerechtfertigte Entlassung oder zeitwidrige Kündigung von Seiten des AG, so entsteht ein Schaden des AN insofern, als durch die Verkürzung des Arbeitsverhältnisses im Verhältnis zu einer regulären Beendigung, etwa durch korrekte Arbeitgeberkündigung, der der Berechnung der Urlaubsersatzleistung zu Grunde gelegte nicht verbrauchte Urlaub stärker aliquotiert wird. In diesen Fällen kann die entgangene Urlaubsersatzleistung, auch iZm einer Erhöhung der Berechnungsbasis (OGH 8 ObS 5/13p, DRdA 2014, 144), als **weitergehender Schadenersatz** (§ 1162b ABGB, § 29 AngG) geltend gemacht werden (vgl OGH 8 ObS 11/11t, SSV 25/61; noch zur Urlaubsentschädigung allg OGH 4 Ob 70/82, Arb 10.177; 9 ObA 1032/93, infas 1994 A 68 und zum IESG OGH 9 ObS 15/88, infas 1989 A 51 = RdW 1989, 310; 8 ObS 2215/96k, DRdA 1997/27, 269 *[Rudolf Müller]*; 8 ObS 2261/96z, infas 1997 A 74; VwGH 84/11/0258, ZfVB 1987/1693; 85/11/0080, ZfVB 1987/1694; s allg Rz 279 ff). Nach einer äußerst problematischen E des OGH (9 ObS 3/91, DRdA 1992/6, 46 *[Pfeil]* = wbl 1991, 297; krit auch *Gahleitner*, DRdA 1991, 394) muss sich der AN auf diesen Anspruch einen für dieselbe Zeit gegen einen neuen AG zustehenden Naturalurlaub anrechnen lassen (genauer dazu Rz 283).

Auch im Falle einer Lösung nach § 25 Abs 1 IO kommt es zur weitergehenden Urlaubsersatzleistungszahlung während des Zeitraums des Kündigungsentschädigungsbezugs nach § 25 Abs 2 IO (s Rz 283).

254 Während des Zeitraumes, für den Urlaubsersatzleistung gebührt, **ruht** der Anspruch auf **Arbeitslosengeld** (vgl § 16 Abs 1 lit l AlVG; ASG Wien 30 Cga 72/01d, ARD 5308/15/2002). Der Ruhenszeitraum beginnt grundsätzlich mit dem Ende des anspruchsbegründenden Beschäftigungsverhältnisses. Besteht jedoch auch Anspruch auf Kündigungsentschädigung (s Rz 279 ff), so schließt das gegenständliche Ruhen an das Ende des Zeitraumes, für den letztere Zahlungen gebühren, an. Wenn die Urlaubsersatzleistung strittig ist oder aus sonstigen Gründen (zB Insolvenz des AG) nicht bezahlt wird, wird das **Arbeitslosengeld** (die **Notstandshilfe**) für diesen Zeitraum als **Vorschuss** gewährt. Wird der AG hiervon verständigt, so geht der Anspruch des Arbeitslosen auf Urlaubsersatzleistung für denselben Zeitraum auf den Bund zu Gunsten der Arbeitslosenversicherung in der Höhe des gewährten Vorschusses über und ist vom AG unbeschadet von Übertragungen, Verpfändungen oder Pfändungen vorrangig zu befriedigen. Das Recht auf gerichtliche Durchsetzung des Anspruchs verbleibt jedoch beim AN. Wird Insolvenz-Entgelt für Urlaubsersatzleistung beantragt, so gilt das Gleiche bzgl dieses Anspruchs auf Insolvenz-Entgelt, der IEF tritt an die Stelle des AG. Findet der Übergang statt, ist der Anspruch auf Arbeitslosengeld neu zu bemessen (vgl § 16 Abs 4 iVm Abs 2 AlVG). Das bedeutet, dass dem Anspruchsberechtigten Insolvenz-

Entgelt für die gegenständlichen Zahlungen in vollem Ausmaß zuerkannt wird, die Auszahlung in Höhe des Vorschusses allerdings an den Bund erfolgt.

5.3.1.2.6 Betriebspensionen

Betriebliche Ruhegelder bilden neben der gesetzlichen PV und der Eigenvorsorge den dritten Faktor des sog Dreisäulenmodells der Alterssicherung. In Österreich besitzen Betriebspensionen nur in einigen Bereichen des Arbeitslebens eine gewisse Bedeutung. **255**

Als **Anspruchsgrundlagen** für eine Betriebspension kommen einseitige Erklärungen des AG, Einzelvereinbarungen und Normen der kollektiven Rechtsgestaltung in Frage (vgl § 2 BPG). Dementsprechend bestehen sowohl für den KollV (§ 2 Abs 2 Z 2 und 3 ArbVG) als auch für die BV (§ 97 Abs 1 Z 18, 18a und 18b ArbVG, § 3 BPG) besondere Regelungsermächtigungen; als Norm der kollektiven Rechtsgestaltung ist allenfalls auch die Satzung zu verstehen. **256**

Der Anspruch auf das betriebliche Ruhegeld kann verschieden **konstruiert** sein: **257**
– Der AG kann unmittelbar verpflichtet werden, mit Erreichung eines bestimmten Alters oder bei Eintritt der Arbeitsunfähigkeit an den AN (bzw dessen Hinterbliebene) eine Betriebspension zu zahlen (**direkte Leistungszusage;** § 2 Z 2 BPG). Eine derartige Pension ist trotz des Versorgungscharakters als Entgelt zu qualifizieren (*W. Schwarz/Holzer*, Treuepflicht 114 f).
– Der AG kann aber auch Beiträge an eine **Pensionskasse** mit eigener Rechtspersönlichkeit oder Prämien für eine **betriebliche Kollektivversicherung,** das ist eine Gruppenrentenversicherung, an ein Versicherungsunternehmen entrichten, wobei diese Institutionen bei Vorliegen der vereinbarten Voraussetzungen Pensionszahlungen an die AN leisten (vgl § 2 Z 1 BPG, PKG, § 93 VAG).
– Schließlich besteht die Möglichkeit, dass der AG für die AN **Lebensversicherungen** abschließt (vgl § 2 Z 3 BPG).

In den beiden letzteren Konstellationen richtet sich der Rechtsanspruch auf die konkrete, bereits angefallene Pensionsleistung in erster Linie gegen den verpflichteten Rechtsträger und ist daher vom wirtschaftlichen Schicksal des AG unabhängig.

Arbeitsrechtliche Schutzmechanismen für Betriebspensionen finden sich im BPG, welches insb die Möglichkeiten des einseitigen Abgehens von Pensionszusagen beschränkt und die Voraussetzungen festlegt, unter denen Anwartschaften unverfallbar werden (allg zB *Löschnigg*, Arbeitsrecht[12] 350 ff). **258**

§ 1 IESG

259 Die **IESG-Sicherung** von Forderungen aus direkten Leistungszusagen iSd § 2 Z 2 BPG (s Rz 257) sowie von Betriebspensionen, die nicht dem BPG unterliegen, ergibt sich aus § 3d IESG (s § 3d Rz 1 ff; zur Zeitraumbetrachtung bei teilweiser Stellung bspw als Gesellschafter mit maßgeblichem Einfluss s Rz 109). Eine Sicherung von Betriebspensionsansprüchen gegenüber einer Pensionskasse, einer betrieblichen Kollektivversicherung bzw einer Lebensversicherung (s Rz 257) ist gem § 1 Abs 3 Z 6 IESG ausgeschlossen (dazu Rz 396 ff). Beiträge an diese Institutionen sind vom IEF nach Maßgabe des § 7 Abs 8 IESG einzuzahlen (s § 7 Rz 26 f). Im Falle einer Nachschussverpflichtung des AG hat der IEF jenen Betrag zu leisten, der die Pensionskasse in die Lage versetzt, die zugesagte Pension in voller Höhe zu leisten, aber – analog § 3d IESG – zeitlich beschränkt auf 24 Monate (diese Beschränkung wird nach dem nunmehrigen § 3d IESG zu adaptieren sein; s Rz 310 mwN).

Betriebspensionsansprüche werden dem **laufenden Entgelt** zugeordnet (s Rz 270 sowie § 3d Rz 1). Dies ist vor allem für die **insolvenzrechtliche Forderungsqualifikation** von zentraler Bedeutung (dazu § 46 IO Rz 15 ff). Diesbezüglich kommt Betriebspensionisten unter gewissen Voraussetzungen gem § 11 BPG auch die Stellung von **Absonderungsberechtigten** zu (s § 46 IO Rz 22).

5.3.1.3 Fälligkeit von Entgelten

260 Die Regeln über die Fälligkeit von Entgelten sind zum Teil zwingender, zum Teil dispositiver Natur; für gewisse Entgelte gibt es Sonderregelungen in G (zB § 12 TAG, § 3 HGHAngG; zum Urlaubsentgelt etwa vgl § 6 Abs 6 UrlG) oder sonstiger Rechtsgrundlage (für Sonderzahlungen zB im KollV).

261 Die für **Angestellte** vorhandenen Bestimmungen sind **zwingend** (vgl § 40 AngG): Gem § 15 AngG hat die Zahlung des **fortlaufenden Gehalts** spätestens am **Fünfzehnten** und **Letzten** des Monats in zwei annähernd gleichen Beträgen zu erfolgen. Nur die **Vereinbarung** einer **Zahlung am Monatsende** wird zugelassen. Von dieser Vereinbarungsmöglichkeit wird in der Praxis häufig Gebrauch gemacht.

262 Zu beachten ist, dass der **Erwerb** von laufenden Entgelten – dieser ist für die insolvenzrechtliche Forderungsqualifikation (s § 46 Rz 6 ff), aber teilweise auch für die IESG-Sicherung (s § 3a Rz 3 ff), daneben etwa für die Haftung bei Betriebsübergang (s Rz 418) von Bedeutung – mit der **Erbringung der Arbeit** erfolgt.

263 Für **gewerbliche Arbeiter** legt § 77 GewO 1859 **dispositiv** die **wöchentliche Lohnzahlung** fest. Ebenfalls nur bei Fehlen einer Vereinbarung gilt § 1154 Abs 1 ABGB, wonach generell die Zahlung nach Leistung der Dienste vorgesehen ist.

Auch die meisten anderen Bestimmungen des mangels anderweitiger einschlägiger Regelung heranzuziehenden ABGB sind abdingbar: § 1154 Abs 2 ABGB verknüpft den Entgeltbestimmungszeitraum mit dem Fälligkeitstermin, und zwar so, dass bis zur monatlichen Bemessung das Entgelt am Ende jedes entsprechenden Zeitraumes, bei längeren Zeitabschnitten am Ende jedes Kalendermonats und bei Stunden- und Stückentgelt am Schluss jeder Kalenderwoche zu leisten ist. Bei Diensten höherer Art bleibt es beim Kalendermonat. Soweit zwingende Fälligkeitstermine im G nicht vorgesehen sind, kommt den kollv und einzelvertraglichen Regelungen besondere Bedeutung zu.

Zwingend ist allerdings § 1154 Abs 3 ABGB, wonach **spätestens mit Beendigung des Arbeitsverhältnisses** die Fälligkeit des bereits verdienten Entgelts eintritt.

Die Fälligkeit von **Sonderzahlungen** richtet sich nach der jeweiligen Rechtsgrundlage, also idR dem KollV oder ausnahmsweise dem Individualvertrag (zum IESG s VwGH 85/11/0266, ZfVB 1987/186; s auch Rz 225). **264**

Naturalentgelte (s Rz 215 ff) sind idR **im Vorhinein**, im Zweifel monatlich, zu gewähren, sofern Vereinbarung, Art und Gebrauch nicht eine andere Ausfolgung nötig machen. In diesem Zusammenhang werden Bestimmungen aus dem Bereich der Land- und Forstwirtschaft verallgemeinert (vgl § 12 Abs 1 GAngG, § 17 Abs 1 LAG). **265**

Dass der Erwerb eines Anspruchs mit der Fälligkeit nicht zusammenfallen muss, zeigt sich deutlich bei **Provisionen** (s Rz 223): Diese werden im Fall von Verkaufsgeschäften mit der eingegangenen Zahlung, bei anderen Geschäften mit Abschluss derselben erworben (§ 10 Abs 3 AngG). Sie werden aber mangels Vereinbarung am **Ende jedes Kalendervierteljahres** fällig (§ 10 Abs 4 AngG). **266**

Ein Auseinanderfallen von Anspruchserwerb und Fälligkeit ist auch bei der „**Abfertigung alt**" iSd §§ 23 f AngG (s Rz 233 ff) zu konstatieren: Der Anspruch ist nicht nur durch die Auflösung des Arbeitsverhältnisses bedingt, sondern wird auch in diesem Zeitpunkt erworben, sofern die Art der Lösung den Erwerb nicht ausschließt (§ 23 Abs 1 und 7 AngG). Die Fälligkeit tritt zunächst bzgl des **dreifachen Monatsentgelts** ein; der **Rest** kann vom vierten Monat **in vorauszahlbaren Teilbeträgen** abgestattet werden (§ 23 Abs 4 AngG; vgl aber auch § 22 Abs 4 GAngG, der sofortige Fälligkeit nur bzgl des zweifachen Monatsentgelts vorsieht). **267**

Die gem § 23a Abs 1 AngG gebührende Abfertigung bei Arbeitnehmerkündigung wegen Erreichung des **Pensionsalters** bzw **Inanspruchnahme von Pension** (Rz 239) kann in gleichen monatlichen Teilbeträgen, beginnend mit dem auf das Ende des Arbeitsverhältnisses folgenden Monatsersten, gezahlt werden; eine Rate darf die Hälfte des Bemessung der Abfertigung zu Grunde liegenden Monatsentgelts nicht unterschreiten (vgl § 23a Abs 2 AngG).

Demgegenüber sind die gem § 23a Abs 3 – 5 AngG iZm **Mutter- bzw Vaterschaft** gebührenden Abfertigungen jedenfalls mit Auflösung des Arbeitsverhältnisses fällig, da diese mit drei Monatsbezügen limitiert sind. Im Falle der gleichlautenden Bestimmungen des § 22a Abs 3 – 5 GAngG kann sich jedoch anderes ergeben, da die allgemeine Regelung des § 22 Abs 4 GAngG nur Abfertigungen bis zur Maximalhöhe von zwei Monatsbezügen sofort fällig stellt.

Weitere besondere Fälligkeitsregeln für Abfertigungen finden sich in § 17 HGHAngG (diese Abfertigung ist zur Gänze mit Auflösung des Arbeitsverhältnisses fällig) sowie in § 31 Abs 4 LAG.

5.3.1.4 Entgeltkategorien des IESG

268 In § 1 Abs 2 Z 1 IESG, der die „Entgeltansprüche" als gesicherte Ansprüche ausweist, werden demonstrativ zwei Entgeltkategorien, nämlich „laufendes Entgelt" (s Rz 269 ff) und „Entgelt aus der Beendigung des Arbeitsverhältnisses" (Rz 272 ff) hervorgehoben. Im Folgenden sollen diese beiden Begriffe noch einmal ausgedeutet und als vervollständigende dritte Kategorie eine solche der „sonstigen Entgelte" (Rz 277) gebildet werden.

5.3.1.4.1 Laufendes Entgelt

269 Es besteht kein Anlass, den in § 1 Abs 2 Z 1 IESG verwendeten Begriff des „laufenden Entgelts" eng auszulegen (s bereits VwGH 873/79, DRdA 1980, 54 = Arb 9807; 924/79, ZfVB 1980/1216 = ARD 3198/1/80). Für ein enges Verständnis sprechen eher die im Arbeitsrecht geläufigen Termini „laufendes Gehalt" (vgl § 15 AngG) und „laufender Lohn", die im Gegensatz zum weiteren Entgeltbegriff gebraucht werden. Vor allem wäre es unangebracht, wenn man etwa nur wöchentliche oder monatliche Entgeltleistungen, nicht aber zB die jährlichen Sonderzahlungen als „laufend" iSd IESG bezeichnen würde.

„Laufendes Entgelt" ist demnach **weit zu verstehen** und umfasst **alle Entgeltarten** (s Rz 214 ff), **die im Zuge des Arbeitsverhältnisses normalerweise zu leisten sind.** Es werden sowohl Monats-, Wochen- und Stundenlöhne bzw -gehälter als auch nach größeren Zeitabschnitten bemessene oder aus in größeren Zeitabschnitten eintretenden Anlässen gebührende Leistungen wie Sonderzahlungen (s Rz 225 ff) angesprochen. Auch die Jubiläumsgelder sind zu den laufenden Entgelten zu zählen (s Rz 277). Ebenso gehören hierher Zulagen, soweit sie Entgelt sind (s Rz 212), Sonn- und Feiertagsentgelt sowie Mehr- bzw Überstundenvergütungen (Rz 220) oder Abgeltungen für Zeitguthaben. Ferner umfasst der Begriff „laufendes Entgelt" erfolgsorientierte Entlohnungen wie Akkordverdienste, Provisionen und Prämien (s Rz 221 ff), letztere allerdings nur dann, wenn sie mit einiger Regelmäßigkeit anfallen. Naturalentgelte (Rz 215 ff) werden im Allgemeinen kontinuierlich geleistet und gehören ebenfalls zum laufenden Entgelt.

Betriebspensionsleistungen (s Rz 255 ff) wurden von der älteren Rsp als Ansprüche aus der Beendigung qualifiziert (vgl OGH 4 Ob 90/62, Arb 7655 = JBl 1964, 48; 4 Ob 96/70, Arb 8827 = SZ 43/206). Seit geraumer Zeit zählt sie der OGH (4 Ob 39/80, ZAS 1981/20, 138 *[Fischer]* = DRdA 1981, 147; 4 Ob 133/80, DRdA 1983/9, 169 *[Kramer]*) jedoch im Hinblick darauf, dass es sich um regelmäßig wiederkehrende Leistungen handelt, zum laufenden Entgelt (s auch § 46 IO Rz 18). **270**

Die IESG-Sicherung für Betriebspensionen, die auf direkten Leistungszusagen des AG beruhen, wird gem § 3d IESG zunächst durch einmalige Abschlagszahlungen von 24 bzw zwölf Monatsbeträgen bewerkstelligt, darauf aufbauend werden nötigenfalls Erweiterungen der Sicherung in Entsprechung unionsrechtlicher Vorgaben vorgenommen (s § 3d Rz 1 ff). **Beitragsleistungen** an eine Pensionskasse, eine betrieblichen Kollektivversicherung bzw eine Lebensversicherung sind als Teil des laufenden Entgelts gem § 7 Abs 8 IESG vom IEF unmittelbar gegenüber der Institution zu entrichten (s § 7 Rz 26 f).

Ebenso als laufendes Entgelt sind die **Beiträge des AG in die BV-Kasse** gem BMSVG anzusehen, die nicht erst mit Beendigung des Arbeitsverhältnisses, sondern laufend fällig werden (s *Sundl*, ASoK 2003, 190). Die Sicherung dieser Beiträge wird durch § 13d IESG sichergestellt. Diese Beiträge sind bei Insolvenz des AG oder nach § 1 Abs 1 IESG gleichgestelltem Tatbestand ersatzweise vom IEF zu leisten (s § 13d Rz 1 ff). Analog wird man die Sicherung der **Dienstnehmerbeitragsanteile zur gesetzlichen SV** (s § 13a Rz 1 ff) sowie der **Zuschläge nach dem BUAG** (s § 13b Rz 1 ff) einordnen können. **271**

5.3.1.4.2 Entgelt aus der Beendigung des Arbeitsverhältnisses

Der von § 1 Abs 2 Z 1 IESG verwendete Passus „Entgelt aus der Beendigung des Arbeitsverhältnisses" meint selbstverständlich nicht jenen Betrag, den der AG gerade bei Auflösung des Arbeitsverhältnisses schuldet. Es handelt sich vielmehr um (Entgelt-)Ansprüche, die **auf Grund der Beendigung des Arbeitsverhältnisses entstehen.** Das Entstehen des Anspruchs kann dabei noch an weitere Bedingungen (zB bestimmte Art der Lösung des Arbeitsverhältnisses) geknüpft sein. **272**

Zu beachten ist, dass die InsolvenzRL nach ihrem Art 3 auch beendigungskausale Ansprüche der AN, sofern solche nach innerstaatlichen Recht vorgesehen sind, in ihren Schutzbereich einbezieht (s EuGH C-177/05, *Pecino*; *Graf*, ZIK 2003, 53; *Liebeg*, wbl 2003, 163 f).

273 Unter die Entgeltansprüche aus der Beendigung iSd § 1 Abs 2 Z 1 IESG ist vor allem die **„Abfertigung alt"** iSd §§ 23 f AngG etc (dazu allg Rz 233 ff) zu subsumieren. Schließt die Art der Lösung einen Erwerb nicht aus und sind auch die allgemeinen Voraussetzungen (zB bestimmte Dauer des Arbeitsverhältnisses) erfüllt, entsteht der Anspruch mit dem rechtlichen Ende des Arbeitsverhältnisses (OGH 4 Ob 91/77, Arb 9604; 4 Ob 13/85, DRdA 1987/16, 305 *[Migsch]* = Arb 10.407; LGZ Wien 44 Cg 112/63, Arb 7768; *Martinek/W. Schwarz*, Abfertigung 351; *Holzer* in *Marhold/G. Burgstaller/ Preyer* § 23 Rz 8; zum IESG VwGH 11/3090/80, Arb 10.088).

274 Auch für die **Urlaubsersatzleistung** gem § 10 UrlG, die als Abgeltung für nicht verbrauchten Urlaub gebührt (allg Rz 248 ff), ist die Lösung des Arbeitsverhältnisses die rechtliche Bedingung für das Entstehen (OGH 4 Ob 54/80, Arb 9871; *Reissner* in ZellKomm³ § 10 UrlG Rz 10; zum IESG VwGH 11/3090/90, Arb 10.088), sodass diese als Entgelt aus der Beendigung zu qualifizieren ist.

275 Zu den Entgelten aus der Beendigung des Arbeitsverhältnisses gehört weiters der **Unverfallbarkeitsbetrag** nach Betriebspensionsrecht (dazu § 3d Rz 7 ff).

276 Demgegenüber ist die Kündigungsentschädigung ein Schadenersatz aus der Beendigung des Arbeitsverhältnisses (s Rz 279 ff). Die Rsp jedoch zählt diesen Anspruch im Hinblick auf die Grenzbetragsregelung des § 1 Abs 3 Z 4 iVm Abs 4 IESG zum Entgelt (s Rz 369).

5.3.1.4.3 Sonstiges Entgelt

277 Für sonstiges Entgelt verbleibt, wenn man – wie dies unter Rz 269 ff geschah – den Begriff des laufenden Entgelts eher extensiv auslegt, nur ein kleiner Sektor von Entgeltansprüchen. Das „sonstige Entgelt" soll auch eine allgemein umschriebene Auffangkategorie sein und als solche nur eine Restgröße darstellen. Hierher gehören werden insb **Entgelte einmaliger oder sporadischer Art.**

IdS sind **(sporadische) Prämien**, die auf außergewöhnliche, nur fallweise erbrachte Leistungen abstellen, nicht als laufendes, sondern als sonstiges Entgelt zu bezeichnen. Im Hinblick darauf, dass die sog Diensterfindungen vielfach ihrem Gegenstand nach in den Tätigkeitsbereich des AN fallen (§ 7 Abs 3 PatG), wird die **für die Überlassung der Diensterfindung gebührende Vergütung** (§§ 8 – 11 PatG) wohl auch als sonstiges Entgelt zu qualifizieren sein. Dies jedenfalls dann, wenn die Tätigkeit, die zur Erfindung geführt hat, zu den dienstlichen Obliegenheiten des AN gehört (§ 7 Abs 3 lit a PatG). Andernfalls sind Leistungen dieser Art unter die „sonstigen Ansprüche" einzureihen (s Rz 309). Vergütungen, die der AN für Verbesserungsvorschläge im Betrieb erhält, haben idR Prämiencharakter und sind insoweit Entgelt (s OGH 8 ObS 16/94, SZ 67/218 = wbl 1995, 162).

An sich würden mE auch **Jubiläumsgelder** oder ähnliche Leistungen, die naturgemäß nur sehr selten entstehen, in diese Kategorie der sonstigen Entgelte fallen. Der OGH (8 ObS 1/10w, DRdA 2010, 425 = wbl 2010/304, 118; 8 ObS 6/10f, infas 2011 A 5) hat diese allerdings in Bezug auf § 3a Abs 1 aF IESG (erst recht unterliegen sie der Neufassung des § 3a Abs 1 IESG; dazu § 3a Rz 15) sowie auch auf § 46 Abs 1 Z 3 IO (s § 46 IO Rz 14) den laufenden Entgelten zugeordnet.

Laut OGH (8 ObS 7/06x, Arb 12.624 = SSV-NF 20/44) sind **Rückforderungsansprüche iZm** einer in einer unechten BV niedergelegten „**Steuertopfregelung**" für Auslandseinsätze, bei denen arbeitsvertraglich auf eine Nettolohnvereinbarung (s Rz 208) umgestellt und im Falle eines Überhangs im Steuertopf nach Begleichung der ausländischen Steuern udgl eine Verteilung auf die AN erfolgt, als gesicherte Entgelte iSd § 1 Abs 2 Z 1 IESG zu qualifizieren. Man wird hier von sonstigen Entgelten sprechen können (zur Anwendung der Grenzbetragsregelung des § 1 Abs 4 Z 2 IESG s Rz 371).

5.3.2 Schadenersatzansprüche

§ 1 Abs 2 Z 2 IESG zählt die „Schadenersatzansprüche" zu den nach Maßgabe des G gesicherten Ansprüchen. Im Folgenden werden diese in die – praktisch sehr bedeutsamen – „Schadenersatzansprüche aus der Beendigung des Arbeitsverhältnisses" (Rz 279 ff) und in die „sonstigen Schadenersatzansprüche" (Rz 291 ff) unterteilt. **278**

5.3.2.1 Schadenersatzansprüche aus der Beendigung des Arbeitsverhältnisses

Schadenersatzansprüche des AN aus der Beendigung des Arbeitsverhältnisses entstehen, wenn der AG den AN **ohne wichtigen Grund vorzeitig entlässt** oder wenn er ihm **durch sein Verschulden einen wichtigen Grund zum vorzeitigen Austritt** gibt. Der unbegründeten Entlassung wird in diesem Zusammenhang die vom AG getätigte **zeitwidrige,** also mit zu kurzer Frist, zu einem früheren Termin oder unter Außerachtlassen einer Befristung ausgesprochene **Kündigung** gleichgehalten (Näheres bei *Grillberger*, Arbeitsrecht I[4] 372; *W. Schwarz*, ÖJZ 1984, 617; *Holzer*, JBl 1985, 82). **279**

Die in Rz 279 genannten vorzeitigen Lösungsakte (unberechtigte Entlassung, vom AG verschuldeter Austritt) **beenden das Arbeitsverhältnis** bei Zugang mit sofortiger Wirkung; die zeitwidrige Kündigung löst zum angegebenen falschen Zeitpunkt (OGH 4 Ob 63/69, Arb 8669; 4 Ob 137/79, Arb 9866). Dem AN gebührt in diesen Fällen gem § 29 AngG, § 1162b ABGB **280** unbeschadet weitergehenden Schadenersatzes eine **Entschädigungszahlung,** die sich nach dem Entgelt für jenen Zeitraum bemisst, der bis zur Beendigung des Arbeitsverhältnisses durch Ablauf der bestimmten Vertragszeit (bei Bestehen einer Befristung) oder durch ordnungsgemäße Kündigung durch den AG hätte verstreichen müssen (vgl auch § 29 GAngG, § 84 GewO 1859 oder § 35 LAG; zu § 18 Abs 2 TAG s Rz 298).

Diese Ansprüche des AN werden im Arbeitsrecht generell – so auch im IESG (s Rz 357 ff, 369) – als **„Kündigungsentschädigung"** bezeichnet, wobei allfälliger „weitergehender Schadenersatz" hinzutritt (dazu Rz 283). Die Kündigungsentschädigung spielt auch bei den insolvenzspezifischen Lösungsformen nach § 25 Abs 1 IO eine zentrale Rolle (dazu Rz 286 sowie genauer § 25 IO Rz 77 f, 88 ff).

Zu beachten ist, dass die Rsp die Kündigungsentschädigung im Hinblick auf die Grenzbetragsregelung des § 1 Abs 3 Z 4 iVm Abs 4 IESG als „Entgelt" iS dieser Bestimmung qualifiziert (s Rz 369).

281 In das als **Berechnungsbasis** für die Entschädigungszahlung heranzuziehende (fiktive) „Entgelt" sind die aliquoten Teile der Sonderzahlungen (allg dazu Rz 225 ff), die Entgelte für regelmäßig geleistete Überstunden, eine Überstundenpauschale, welche im Zeitpunkt der Auflösung des Arbeitsverhältnisses gebührt, von dritter Seite zufließende Arbeitsentgelte sowie im Fall des Anspruchs auf Provision in wechselnder Höhe ein auf den Monat bezogener Provisionsdurchschnitt – im Zweifel aus jenen Provisionen, die der AN im letzten Jahr vor der Auflösung des Arbeitsverhältnisses erwirbt – einzubeziehen (allg *Haider* in *Reissner,* AngG^2 § 29 Rz 50 ff mwN; aus der Rsp zum IESG OGH 9 ObS 3/94, infas 1994 A 147; 8 ObS 52/97y, infas 1997 A 30 = ZAS 1997, 46; 8 ObS 301/00y, DRdA 2002/12, 149 *[Wolligger];* VwGH 83/11/0293, ZfVB 1986/682).

Dem sich in **Altersteilzeit** befindlichen AN, der wegen seines berechtigten vorzeitigen Austritts gem § 25 IO das in der Vollarbeitsphase erworbene **Zeitguthaben nicht** mehr **in der Freizeitphase verbrauchen kann,** gebührt dessen **Abgeltung** auch für die Zeit der „fiktiven Kündigungsfrist" **durch Einbeziehung in die Kündigungsentschädigung,** hätte er doch in der Kündigungsfrist ebenfalls voll gearbeitet und damit (weiteres) Zeitguthaben erworben. Bei der Berechnung der Kündigungsentschädigung ist der Zuschlag nach § 19e AZG zu berücksichtigen, hier aber nicht auch der Lohnausgleich, weil jedenfalls dann, wenn die Arbeitsvertragsparteien den Lohnausgleich vereinbarungsgemäß an die Bedingung der Gewährung von Altersteilzeitgeld knüpften, die Berechnung der Abgeltung ohne Lohnausgleich zu erfolgen hat (OGH 8 ObS 18/07s, DRdA 2008, 60 = infas 2008 A 8).

282 In Bezug auf eine Kündigungsentschädigung ist eine schadenersatzrechtliche **Vorteilsausgleichung** nur beschränkt vorzunehmen (§ 29 Abs 2 AngG,

§ 1162b ABGB, insb S 2 leg cit): Bei einer Verkürzung der Kündigungszeit von **bis zu drei Monaten** erfolgt **keine Anrechnung,** auf die darüber hinaus zustehende Kündigungsentschädigung muss sich der AN anrechnen lassen, was er sich durch das Unterbleiben der Arbeitsleistung erspart, anderweitig tatsächlich verdient oder absichtlich zu verdienen versäumt hat. Für die **Ersparnisanrechnung** kommen vor allem nicht aufgewendete Fahrtkosten in Betracht. Praktisch am wichtigsten ist die Anrechnung **eines aus** einer **anderen,** durch das Unterbleiben der Arbeitsleistung möglich gewordenen **Beschäftigung erlösten Entgelts.** Nicht als anderweitiger Verdienst gelten Arbeitslosengeld, Krankengeld und Leistungen aus der PV (dazu auch Rz 362). Im vom G letztgenannten Fall sind nur **absichtlich unterlassene konkrete** und **zumutbare Verdienstmöglichkeiten** anrechenbar. Die Beweislast in Bezug auf die Anrechnungstatbestände trifft den ehemaligen AG (Näheres zu alldem bei *Grillberger*, Arbeitsrecht I⁴ 416 ff; *Haider* in *Reissner*, AngG² § 29 Rz 83 ff mwN; *Martinek/M. Schwarz/W. Schwarz*, AngG⁷ 653 ff; zur Anrechnungsregel s auch Rz 357 ff).

Als **„weitergehender Schadenersatz"** iSd § 29 AngG, § 1162b ABGB etc **283** kommen ua jene Ansprüche auf „Abfertigung alt" und Urlaubsersatzleistung in Frage, die entstanden wären, wenn das Arbeitsverhältnis nicht durch berechtigten Austritt, ungerechtfertigte Entlassung oder zeitwidrige Kündigung vorzeitig beendet worden wäre (vgl noch zur Urlaubsentschädigung OGH 9 ObS 15/88, infas 1989 A 51 = RdW 1989, 310; zur „Abfertigung alt" auch OGH 4 Ob 13/85, DRdA 1987/16, 305 *[Migsch]* = Arb 10.407; s Rz 236, 253). Bei der „Abfertigung alt" ist die Voraussetzung dafür, dass der neue Anspruch vor dem Ende der fiktiven, vom AG einzuhaltenden Kündigungsfrist entstanden wäre (s bereits VwGH 84/11/0258, ZfVB 1987/1693). Kommt es in dieser fiktiven Kündigungszeit zB zu einer kollv Gehaltserhöhung, so ist diese sowohl bei der Berechnung der „Abfertigung alt" als auch bei jener der Urlaubsersatzleistung zu berücksichtigen (OGH 8 ObS 5/13p, DRdA 2014, 144).

In einer älteren E zum IESG wurden iZm einem weitergehenden Schadenersatz die in Rz 282 dargestellten Regeln über Vorteilsausgleichung in sehr extensiver Weise zur Anwendung gebracht (noch zur Urlaubsentschädigung OGH 9 ObS 3/91, DRdA 1992/6, 46 *[Pfeil]* = wbl 1991, 297; vgl auch *Gahleitner*, DRdA 1991, 394): Macht demnach ein AN Urlaubsabgeltung als weitergehenden Schadenersatz geltend, müsse er sich einen für dieselbe Zeit gegen einen neuen AG gebührenden Naturalurlaub anrechnen lassen. Bei dieser Anrechnung seien die Naturalurlaubsansprüche retrospektiv für jeweils deckungsgleiche Zeiträume gegenüberzustellen, und zwar auch dann, wenn der AN beim früheren AG ein höheres Gehalt bezogen hat als im späteren Arbeitsverhältnis. Ein daraus allenfalls resultierender Differenzanspruch bestehe nur dann, wenn auch das neue Arbeitsverhältnis aufgelöst wurde und die dann gebührenden Urlaubsabgeltungsansprüche betraglich hinter jenen aus dem früheren Arbeitsverhältnis zurückbleiben. Hier liegt eine Fehlentscheidung vor: Der Umstand, dass ein AN aus dem Titel des **Schadenersatzes** Urlaubsabgeltung verlangen kann, steht mit einem gegenüber dem neuen AG erworbenen **Naturalurlaub in keinem rechtlichen Zusammenhang.** Dies soll nicht zur Negierung der Anrechnungsbestimmungen des § 29 Abs 2 AngG (bzw der sonstigen Rechtsgrundlagen) führen: Wird das beim nächsten AG ins Verdienen gebrachte **Entgelt** in Anrechnung gebracht, ist dem G Genüge getan. Freistellungen vom Dienst (Urlaub, Dienstverhinderungen) fallen nicht in den „Erwerb" iSd Anrechnungsbestimmungen, mag auch ein Surrogat in Geld gesetzlich vorgesehen sein oder als Schadenersatz geltend gemacht werden. Bezahlte Freizeit ist demnach kein Faktor der einschlägigen Kompensation. Die Rsp hat immerhin zum Ausdruck gebracht, dass eine Anrechnung auf den für die Urlaubsersatzleistung gebührenden Schadenersatz dann nicht in Frage kommt, wenn der Urlaubsanspruch in den ersten drei Monaten nach Beendigung des Arbeitsverhältnisses, also im anrechnungsfreien Zeitraum, entstanden wäre (so ebenfalls noch zur Urlaubsentschädigung OGH 9 ObS 8/89, infas 1990 A 78).

284 Die Kündigungsentschädigung wird bis zum Ausmaß von drei Monatsentgelten sofort und ohne Anrechnung **fällig.** Nur insoweit der fragliche Zeitraum drei Monate übersteigt, bleibt es bei den festgelegten Fälligkeitszeitpunkten für das als Berechnungsbasis dienende Entgelt (dazu allg Rz 260 ff).

285 Der Anspruch auf Kündigungsentschädigung (bzw weitergehenden Schadenersatz) ist bei sonstigem Ausschluss **binnen sechs Monaten gerichtlich geltend zu machen** (vgl zB § 34 AngG, § 1162d ABGB; zur Zulässigkeit von kürzeren Verfallsfristen für die Kündigungsentschädigung im Rahmen einer Günstigkeitsbewertung OGH 9 ObA 141/05h, DRdA 2007/16, 143 = ASoK 2006, 313 *[Marhold-Weinmeier]*; allg dazu *Haider* in *Reissner,* AngG² § 34 Rz 31 mwN), wobei der Zeitpunkt der Fälligkeit der einzelnen Teilbeträge (Rz 284) maßgebend ist (OGH 4 Ob 41/66, Arb 8255; 9 ObA 63/05p, Arb 12.540 = infas 2005 A 76). Die Frist beginnt mit dem Ablauf des Tages, an dem die Entlassung bzw der Austritt erfolgte oder die zeitwidrige Kündigung Lösungswirkung entfaltete. Sie wird aber durch die Anfechtung der Entlassung (oder Kündigung) unterbrochen (s OGH 9 ObA 102/94, infas 1995 A 7).

286 Auch bei den **insolvenzspezifischen Lösungsrechten nach § 25 Abs 1 IO** kommt es zu **Kündigungsentschädigungen** (allg § 25 IO Rz 77 f und 88 ff). Einen eigenen „insolvenzrechtlichen Schadenersatz", dem eine Zeitlang das Wort geredet wurde, gibt es diesbezüglich nicht (dazu § 25 IO Rz 78).

Was den **Kündigungsentschädigungszeitraum im Bereich des § 25 IO** anlangt, sind aus dieser Bestimmung resultierende Besonderheiten zu beachten: Zum einen ist im Falle eines Austritts des AN nach § 25 IO nicht nur jener Zeitraum zu berücksichtigen, der bei fiktiver oder bereits ausgesprochener Insolvenzverwalterkündigung bis zur rechtlichen Beendigung des Arbeitsverhältnisses hätte verstreichen müssen, vielmehr ist darauf Bedacht zu nehmen, dass auf Grund der Begünstigungen des Insolvenzverwalters in weiterer Folge Schadenersatz nach § 25 Abs 2 IO (ebenfalls in Form der Kündigungsentschädigung; dazu gleich) gebührt hätte (genauer § 25 IO Rz 89). Letzterer Zeitraum ist auch bei der Frage des Schadenersatzes nach begünstigter Kündigung durch den Insolvenzverwalter miteinzubeziehen (genauer § 25 IO Rz 77 f).

287 War eine **Kündigung** oder **Entlassung** wegen Verletzung der Bestimmungen über den **besonderen Kündigungs- und Entlassungsschutz** oder wegen **Nichteinhaltung des betriebsverfassungsrechtlichen Vorverfahrens** im Rahmen des allgemeinen Kündigungsschutzes **rechtsunwirksam** (vgl §§ 121, 122 ArbVG, §§ 10, 12 MSchG, § 7 VKG, §§ 12 ff APSG, § 8 BEinstG sowie § 105 ArbVG; zum Kündigungsschutz ausführlich § 25 IO Rz 39 ff), so bleibt das Arbeitsverhältnis aufrecht und dem arbeitsbereiten AN stehen Entgeltansprüche zu. Es handelt sich hier nicht um eine Kündigungsentschädigung, sondern um einen **Erfüllungsanspruch** (laufendes Entgelt), der für die Zeit einer allfälligen Dienstverhinderung nach Maßgabe des § 1155 ABGB weiterzuzahlen ist und der dreijährigen Verjährungsfrist unterliegt (allg Rz 213, 188).

Ähnlich ist die Rechtslage dann, wenn die freie **Kündbarkeit** aus anderen Gründen beschränkt, insb **nach KollV** (dazu auch § 25 IO Rz 73) oder **Arbeitsvertrag ausgeschlossen** ist.

Zu beachten ist, dass die stRsp dem AN in all diesen Fällen ein sog **Wahlrecht** zugesteht (vgl zB OGH 4 Ob 129/79, DRdA 1982/5, 105 *[Jabornegg]* = ZAS 1982/7, 57 *[Marhold];* 8 ObA 297/99f, DRdA 2001/24, 303 *[Jabornegg]* = Arb 12.014; 9 ObA 55/07i, DRdA 2009/5, 36 *[Weiß]* = Arb 12.699; 9 ObA 111/09b, ARD 6110/2/2011; 9 ObA 146/13 f, RdW 2014, 353; ausführlich dazu *Haider* in *Reissner,* AngG[2] § 29 Rz 16 ff mwN). Das bedeutet, dass er sich nicht unbedingt auf die Rechtsunwirksamkeit der vom AG getätigten Lösungserklärung berufen muss, sondern vielmehr die rechtswidrige Handlung gegen sich gelten lassen kann. Das macht vor allem dann Sinn, wenn der AG eine ungerechtfertigte Entlassung oder eine zeitwidrige Kündigung ausgesprochen hat, weil in diesen Fällen Anspruch auf **Kündigungsentschädigung** (samt allfälligem weitergehendem Schadenersatz) besteht (dazu auch *Reissner,* Arbeitsrecht[5] 104). Bei der Bemessung der Ersatzansprüche wird dabei teilweise die Dauer des Bestandschutzes einbezogen (s Rz 288).

288 Bei der **Bemessung der Kündigungsentschädigung** nimmt die Judikatur **bei besonders bestandgeschützten Arbeitsverhältnissen,** die durch vom

§ 1 IESG

AG verschuldeten Austritt oder durch die Ausübung des Wahlrechts nach (an sich rechtsunwirksamer) Entlassung oder zeitwidriger Kündigung enden (s Rz 279), auf die **Dauer des Bestandschutzes** Bedacht. Es kommt zu einer sog **„langen"** im Verhältnis zur normalen, „kurzen" **Kündigungsentschädigung.** Dies spielt in der Praxis vor allem beim Austritt des AN gem § 25 IO eine große Rolle (ausführlich dazu daher § 25 IO Rz 90 ff mwN). Grob gesagt wird die „lange Kündigungsentschädigung" dann gewährt, wenn das geschützte Rechtsgut (zB Mutterschaft, Behinderteneigenschaft) trotz Lösung des Arbeitsverhältnisses weiterbesteht (was beim Austritt des Betriebsratsmitglieds – das dadurch sein Mandat, welches Grund für den besonderen Schutz ist, aufgibt – nicht der Fall ist).

289 Während des Zeitraumes, für die Kündigungsentschädigung gebührt, **ruht** gem § 16 Abs 1 lit k AlVG der Anspruch auf **Arbeitslosengeld** (die Erwähnung des „insolvenzrechtlichen Schadenersatzes" in lit d leg cit ist nunmehr überflüssig; s Rz 286). Wenn die Kündigungsentschädigung strittig ist oder aus sonstigen Gründen nicht geleistet wird, wird das **Arbeitslosengeld** (die **Notstandshilfe**) als **Vorschuss** auf diese Zahlungen gewährt. Wird der AG hiervon verständigt, so geht der Anspruch des Arbeitslosen auf die fällige Entschädigung für denselben Zeitraum auf den Bund zu Gunsten der Arbeitslosenversicherung in der Höhe des gewährten Vorschusses über und ist vom AG unbeschadet von Übertragungen, Verpfändungen oder Pfändungen vorrangig zu befriedigen. Das Recht auf gerichtliche Durchsetzung des Anspruchs verbleibt jedoch beim AN. Wird Insolvenz-Entgelt für Kündigungsentschädigung beantragt, so gilt das Gleiche hinsichtlich dieses Anspruchs auf Insolvenz-Entgelt, der IEF tritt an die Stelle des AG. Findet der Übergang statt, ist der Anspruch auf Arbeitslosengeld neu zu bemessen (vgl § 16 Abs 2 AlVG). Das bedeutet, dass dem Anspruchsberechtigten Insolvenz-Entgelt für die gegenständlichen Zahlungen im vollen Ausmaß zuerkannt wird, die Auszahlung in Höhe des Vorschusses allerdings an den Bund erfolgt (zum Verhältnis zwischen Insolvenz-Entgelt und Arbeitslosengeld auch OGH 8 ObS 4/94, DRdA 1995/13, 158 *[Reissner];* 8 ObS 244/00s, SSV-NF 15/43; weiters Rz 362).

290 Abschließend zu erwähnen ist, dass der OGH (8 ObS 141/01w, DRdA 2002/14, 223 *[Liebeg];* 8 ObS 5/03y, ARD 5489/15/2004 = SSV-NF 17/76) bei einem Schadenersatzanspruch aus der Beendigung des Arbeitsverhältnisses, nämlich bei jenem infolge des unberechtigten Rücktritts vom Arbeitsvertrag (vgl insb § 31 AngG), zu Unrecht die Sicherung nach IESG verweigert. Es handelt sich auch hier um eine spezielle Kündigungsentschädigung, also eine Ersatzleistung wegen rechtswidriger oder eine Eingriffshaftung nach sich ziehender vorzeitiger Beendigung eines vollwertigen Arbeitsverhältnisses (genauer zur Kritik an dieser Rsp Rz 176).

5.3.2.2 Sonstige Schadenersatzansprüche

Unter diese Kategorie sind diverse Schadenersatzansprüche (iwS; dazu zB Rz 296) einzuordnen, die dem AN (freien DN iSd § 4 Abs 4 ASVG, Heimarbeiter; dazu Rz 83 ff, 91 ff) oder dessen Hinterbliebenen (dazu gleich Rz 292 sowie allg Rz 95 ff) aus dem Arbeitsverhältnis (freien Dienstverhältnis, Heimarbeitsverhältnis) zustehen. 291

Mit der älteren Rsp zum IESG (VwGH 11/2917/80, Arb 10.090; 82/11/0204, infas 1985 A 64) wird man allgemein sagen können, dass Schadenersatzansprüche eines AN gegen den AG dann gesichert sind, wenn sie aus der Verletzung der Haupt- und/oder Nebenpflichten des Arbeitsverhältnisses durch den AG erwachsen, also Sekundärforderungen aus der Verletzung dieser Pflichten darstellen. Die Schadenersatzansprüche müssen also ihren Entstehungsgrund im Arbeitsverhältnis haben (stRsp; zB OGH 8 ObS 4/03a, SVSlg 52.082 = wbl 2003/332, 592; 8 ObS 17/05s, DRdA 2006/47, 491 *Sundl* = infas 2006 A 22; s auch Rz 173 ff).

Denkbar sind Ansprüche auf Ersatz von Vermögensschäden wie ideellen Schäden, erfasst ist sowohl die Haftung für Verletzung der Person (dazu gleich Rz 292) als auch jene für Sachschäden, die Haftung kann aus Vertrag wie auch aus Delikt resultieren.

In Bezug auf **Personenschäden des AN** besteht eine besondere, durch das Sozialversicherungsrecht geprägte Rechtslage: Kommt es nämlich zu einem Arbeitsunfall (§§ 175 f ASVG), der eine Körperverletzung des AN zur Folge hat, oder leidet der AN an einer Berufskrankheit (§ 177 ASVG), schließt das **Dienstgeberhaftungsprivileg** nach § 333 Abs 1 ASVG eine Haftung des AG oder ihm gleichgestellter Personen (vgl § 333 Abs 4 ASVG) prinzipiell aus. Das Haftungsprivileg gilt auch im Verhältnis zu den Hinterbliebenen, wenn Arbeitsunfall oder Berufskrankheit für den Tod des AN kausal waren. An die Stelle dieser ausgeschlossenen Haftung treten die Leistungen der sozialen UV, deren Beiträge der AG allein zu tragen hat. 292

Das Dienstgeberhaftungsprivileg gilt **für alle** durch einen Arbeitsunfall begründeten **Schadenersatzansprüche,** somit auch für Ersatzansprüche gegen den AG, für die die Sozialversicherung keine entsprechenden Leistungen kennt. Dies betrifft insb Schmerzengeld (§ 1325 ABGB) und Verunstaltungsentschädigung (§ 1326 ABGB).

Eine Haftung besteht **nur bei Vorsatz** des AG (oder der diesem gleichgestellten Personen). Wenn der AN den AG oder ihm gleichgestellte Personen diesfalls direkt in Anspruch nehmen kann, verringert sich sein Ersatzanspruch um die Leistungen aus der gesetzlichen UV (§ 333 Abs 2 ASVG). Hier kommt eine IESG-Sicherung von Schadenersatzansprüchen gegen den AG in Betracht, wenngleich eine solche naturgemäß sehr selten sein wird.

§ 1 IESG

Das **Dienstgeberhaftungsprivileg gilt** weiters **nicht** für **Arbeitsunfälle**, die durch ein **Verkehrsmittel** eingetreten sind, für dessen Betrieb **gesetzlich eine erhöhte Haftpflicht** besteht (insb Kfz, Eisenbahn). Die Haftung des AG ist aber der Höhe nach **mit der Versicherungssumme aus der Haftpflichtversicherung begrenzt,** es sei denn, dass der Versicherungsfall durch den AG vorsätzlich verursacht wurde (§ 333 Abs 3 ASVG). Hintergrund dieser Regelung ist ua, dass die an sich leistungspflichtige Haftpflichtversicherung nicht auf Kosten der SV entlastet werden soll. Eine IESG-Sicherung kommt auch hier wiederum nur für aus Vorsatz resultierende Schadenersatzansprüche in Frage.

293 (Sonstige) Schadenersatzansprüche des AN iSd § 1 Abs 2 Z 2 IESG können weiters gegeben sein, wenn iZm dem Arbeitsverhältnis **Schäden an Sachen** entstehen, die **im Eigentum des AN stehen** oder diesem wirtschaftlich zuzuordnen sind (zu letzterer Konstellation vor dem Hintergrund des § 1014 ABGB s zB OGH 4 Ob 180/85, DRdA 1988/6, 132 *[Jabornegg]* = ZAS 1987/10, 85 *[Kerschner]*).

Wird im Rahmen des Arbeitsverhältnisses Eigentum des AN beschädigt, zerstört oder gerät es in Verlust, so richtet sich der Anspruch auf Schadenersatz grundsätzlich nach den **allgemeinen zivilrechtlichen Schadenersatzregelungen** (§§ 1293 ff ABGB). Sondergesetzliche Regelungen, wie sie etwa das DHG für den umgekehrten Fall – nämlich die Schadenszufügung durch den AN – vorsieht, existieren nicht. Demnach haftet der AG für **schuldhafte** Schädigung des AN an dessen Privatvermögen. Sorgt der AG bspw in Verletzung seiner Fürsorgepflicht schuldhaft nicht für die sorgfältige Verwahrung des vom AN eingebrachten Werkzeugs, so wird er dem AN schadenersatzpflichtig (so zum IESG OGH 8 ObS 17/05s, DRdA 2006/47, 491 *[Sundl]* = infas 2006 A 22; zu dieser E s auch unten). Wird ein **SchutzG** übertreten (zB § 27 Abs 4 AschG über den Kleiderspind), dann genügt für den Eintritt der Haftung, dass die Verletzung der Schutznorm an sich schuldhaft war; ob der AG den Schaden vorhersehen konnte, ist unmaßgeblich.

Die Beschränkung der Arbeitgeberhaftung auf Fälle, in denen die Voraussetzungen des § 1295 ABGB erfüllt sind, insb also auch Rechtswidrigkeit und Verschulden auf Seiten des AG vorliegen, wurde dort als unbillig empfunden, wo der AG auf Grund der Arbeitsabhängigkeit des AN zu Sachen desselben kommt und diese für seine unternehmerischen Zwecke einsetzt. Er erspart sich dabei ja wirtschaftlich gesehen die Heranziehung eigener Betriebsmittel und das damit verbundene Schadensrisiko. Die Rsp hat diesbezüglich eine Regelungslücke konstatiert und vertritt zur Erreichung einer **verschuldensunabhängigen Haftung des AG** die Ansicht, dass die aus dem Recht der Bevollmächtigung stammende Bestimmung des **§ 1014 ABGB** auch auf Arbeitsverhältnisse, mit denen keine Geschäftsbesorgung verbunden ist (vgl

§ 1151 Abs 2 ABGB), **analog anzuwenden** ist (stRsp; erstmals OGH 4 Ob 35/82, DRdA 1984/1, 32 *[Jabornegg]* = ZAS 1985/1, 14 *[Schrank]*; weiters zB OGH 9 ObA 2136/96z, DRdA 1997/28, 273 *[Kerschner];* 9 ObA 48/04f, infas 2004 A 74).

§ 1014 ABGB behandelt die Haftung im Rahmen des Bevollmächtigungsvertrages und besagt, dass der „Gewaltgeber" dem „Gewalthaber" gegenüber ua zum **Ersatz des** aus seinem Verschulden entstandenen oder mit der **Erfüllung des Auftrags verbundenen Schadens** verpflichtet ist. Es geht also um eine verschuldensunabhängige Haftung, welche die typischen Gefahren des aufgetragenen Geschäfts – also eine Art „Betriebsgefahr" – betrifft. Auf das Arbeitsverhältnis umgelegt muss eine **„Risikoerhöhung"** dadurch entstehen, dass der AG die zur Sphäre des AN gehörenden wirtschaftlichen Werte in Anspruch nimmt. Der Schaden muss „ex causa mandati", also unmittelbar durch den Auftrag, nicht bloß „ex occasione mandati", dh gelegentlich des Auftrags, eintreten.

Im der zitierten Leitentscheidung (OGH 4 Ob 35/82, DRdA 1984/1, 32 *[Jabornegg]* = ZAS 1985/1, 14 *[Schrank]*) zu Grunde liegenden Sachverhalt hatte der AN auf einer Dienstfahrt mit seinem privaten Pkw einen Schaden erlitten. Das Risiko des AG ist nach Meinung des OGH vor allem dann berührt, wenn dieser ohne den Einsatz des Kfz des AN ein eigenes Fahrzeug bereitstellen und so das damit verbundene Unfallrisiko selbst hätte tragen müssen. Keine Haftung des AG besteht allerdings dann, wenn der AN das Fahrzeug nur zu seiner Bequemlichkeit benützt, sodass der Vorteil dem persönlichen Lebensbereich des AN zuzuordnen ist (dazu zB *Löschnigg/Reissner*, ecolex 1991, 110 ff).

Ein **(Eigen-)Verschulden des AN** am Schaden befreit den AG nicht von seiner Haftung. Die Regelungen des **§ 2 DHG über die Mäßigung** sind für solche Fälle **analog** heranzuziehen (OGH 9 ObA 139/89, DRdA 1991/12, 137 *[Kerschner]* = ZAS 1991/8, 57 *[Oberhofer]*), sodass die Haftung des AG nur bei Vorsatz des AN von Vornherein nicht in Frage kommt. **§ 1014 ABGB** ist prinzipiell **abdingbar.** Ein **gänzlicher Haftungsausschluss,** der zu einer Übertragung des typischen Unternehmerrisikos auf den AN führt, wäre aber mE **unzulässig.** Ansprüche des AN auf Grund des § 1014 ABGB **verjähren** analog § 1486 Z 5 ABGB **in drei Jahren** (OGH 9 ObA 184/95, DRdA 1996/40, 402 *[Kerschner]*; weiterführend zur Haftung gem § 1014 ABGB zB *Löschnigg*, Arbeitsrecht[12] 534 ff mwN).

Bei Verlust des vom AN vereinbarungsgemäß eingebrachten Werkzeuges hat der AN einen Ersatzanspruch in Geld, wenn der AG in Verletzung seiner Fürsorgepflicht keine Vorkehrungen für eine sorgfältige Verwahrung desselben getroffen hat. Dieser Schadenersatzanspruch aus allgemeiner Verschuldenshaftung ist gem § 1 Abs 2 Z 2 IESG gesichert (OGH 8 ObS 17/05s, DRdA

2006/47, 491 *[Sundl]* = infas 2006 A 22). Wäre das auftragsgemäß verwendete Werkzeug sonst, dh ohne Verschulden des AG, zu Schaden gekommen, hätte dies einen gesicherten Ersatzanspruch gem § 1014 ABGB nach sich gezogen.

294 Zu den sonstigen Schadenersatzansprüchen iSd § 1 Abs 2 Z 2 IESG wird man **Konventionalstrafen** (§ 1336 ABGB) zu zählen haben, die zu Gunsten des AN für den Fall eines Vertragsbruchs des AG vereinbart werden. Diese haben ja den Zweck, den Schadenersatz zu pauschalieren. Dass ein in einem KollV vorgesehener Schadenersatzanspruch wegen Nichtzahlung bzw verspäteter Auszahlung des fälligen Entgelts durch den AG – eine derartige Leistung hat Konventionalstrafencharakter – kein (sonstiger) Schadenersatzanspruch iSd § 1 Abs 2 Z 2 IESG sein soll (so OGH 8 ObS 6/11g, SSV-NF 25/48 = DRdA 2012, 59), ist mE nicht nachvollziehbar.

295 Ebenfalls als pauschalierter Schadenersatz aufgefasst werden **Verzugszinsen** (s § 3 Rz 24; zur Zinsensicherung im Bereich des § 1a IESG s § 1a Rz 22, 30). Gem § 3 Abs 2 IESG gebührt Insolvenz-Entgelt für Verzugszinsen für die gem § 1 Abs 2 Z 1 – 3 IESG gesicherten Ansprüche ab der Fälligkeit dieser Ansprüche bis zum Stichtag iSd § 3 Abs 1 IESG. Seit BGBl I 2000/142 sind Verzugszinsen nicht mehr bis zur Anweisung des Insolvenz-Entgelts, sondern nur mehr bis zum Stichtag gesichert. Damit wird eine Übereinstimmung mit den Vorschriften des Insolvenzrechts erzielt, wonach Zinsen nur bis zur Verfahrenseröffnung angemeldet werden können (ErläutRV 311 BlgNR 21. GP 212).

Anspruch auf Insolvenz-Entgelt besteht demnach nur im Hinblick auf **Zinsen für die gem § 1 Abs 2 Z 1 – 3** (und § 1a) **IESG gesicherten Ansprüche.** Die Regelung des § 3 Abs 2 IESG ist abschließend (OGH 8 ObS 24/05w, infas 2006 A 41 = wbl 2006, 31). **Kosten** iSd § 1 Abs 2 Z 4 IESG sind daher **nicht zu verzinsen** (OGH 9 ObS 8/88; 9 ObS 18/92, DRdA 1993, 247 = infas 1993 A 67; 9 ObS 25/93, ARD 4607/38/94). Auch **Zinseszinsen** sind nach IESG **nicht gesichert.** Voraussetzung für die Zinsensicherung ist eine **gesicherte Hauptforderung** (s auch § 3 Rz 25).

Von der Sicherung sind im Allgemeinen nur die **gesetzlichen Verzugszinsen** erfasst (vgl LGZ Graz 17 Cgs 227/00, SVSlg 49.761). Ein darüber hinausgehender Anspruch auf höhere Zinsen wird nur gewährt, wenn aus einer Gerichtsentscheidung ein anderer Zinssatz ersichtlich ist, ein höherer Zinssatz vereinbart wurde oder der AN zufolge Ausbleibens des Arbeitsentgelts ein Darlehen bzw einen Bankkredit aufnehmen musste. Die **gesetzliche Höhe** der Verzugszinsen für **Forderungen iZm einem Arbeitsverhältnis** (vgl § 50 Abs 1 ASGG) beträgt gem § 49a S 1 ASGG 9,2 % pro Jahr über dem am Tag nach dem Eintritt der Fälligkeit geltenden Basiszinssatz (derzeit [1. 12. 2017] beträgt der Basiszinssatz –0,62 %, sodass sich der Verzugszinssatz auf

8,58 % beläuft). Beruht die Verzögerung der Zahlung auf einer vertretbaren Rechtsansicht des Schuldners, bleibt es gem § 49a S 2 ASGG bei den **allgemeinen gesetzlichen Verzugszinsen,** welche gem § 1333 ABGB mit 4 % pro Jahr zu bemessen sind. Liegt den nach IESG begehrten Zinsen kein originärer Anspruch gegen den AG zu Grunde, wie dies bei der Sicherung der entfallenden Abfertigung gem § 1a IESG der Fall ist, kommt eine Anwendung des höheren arbeitsrechtlichen Verzugszinssatzes des § 49a ASGG nicht in Frage; die Zinsen sind vielmehr nach § 1333 ABGB festzulegen (OGH 8 ObS 11/99x, DRdA 1999, 398 = Arb 11.832; 8 ObS 77/99p, Arb 11.862). Für die Sicherung gem § 1a Abs 3 IESG gilt § 49a ASGG (s § 3 Rz 26).

Da das Insolvenz-Entgelt für jenen Anspruch, hinsichtlich dessen Verzugszinsen begehrt werden, gem § 3 Abs 1 IESG nur in Höhe des sog **Nettobetrags** gebührt (allg § 3 Rz 6 ff), kann schon aus diesem Grund für die **Berechnung des Verzugszinsenanspruchs** nur dieser Betrag und nicht etwa das Bruttoentgelt herangezogen werden (VwGH 1174/80, ZfVB 1982/1756), und zwar unbeschadet des Umstands, dass der AN im Allgemeinen Forderungen gegenüber dem AG brutto oder netto geltend machen kann (s zB OGH 8 ObA 283/94, Arb 11.235; 8 ObA 63/03b, ARD 5489/13/2004; *Wolligger,* Arbeitnehmeransprüche 142; s auch § 3 Rz 27).

Auch der Anspruch des AN auf **Vergütung gem § 3 Abs 2 und 3 DHG,** welche vom AG verlangt werden kann, wenn der AN einem Dritten iSd DHG schadenersatzpflichtig wird und die Bedingungen des G vorliegen, wird hierher gehören. Sollte diese Vergütung nicht als Schadenersatzanspruch anzusehen sein (zum Problem s *Kerschner*, DHG² § 3 Rz 20), kann sie ohne Weiteres den „sonstigen Ansprüchen" gegen den AG (s Rz 306 ff) zugeordnet werden. **296**

Weiters zu nennen ist der **Anspruch des Provisionsangestellten auf angemessene Entschädigung,** wenn dieser vertragswidrig verhindert wird, Provisionen oder Taggelder (Diäten) im vereinbarten Ausmaß oder in dem nach den getroffenen Vereinbarungen zu erwartenden Umfang zu verdienen (vgl § 12 AngG). **297**

Erwähnenswert sind ferner die **Entschädigungsansprüche des Schauspielers** gem § 18 Abs 2 TAG, die dann zum Tragen kommen, wenn es der Unternehmer trotz wiederholter Aufforderung ohne wichtigen Grund unterlässt, den AN angemessen zu beschäftigen und dieser daraufhin das Arbeitsverhältnis vorzeitig löst. Genau genommen ist dieser Anspruch ein spezieller Fall einer Kündigungsentschädigung, also ein Schadenersatz aus der Beendigung des Arbeitsverhältnisses (dazu allg Rz 279 ff). **298**

Als sonstiger Schadenersatzanspruch gesichert ist laut OGH (9 ObS 19/91, DRdA 1992, 227 = infas 1992 A 81) auch ein von einem AN dadurch erlittener Schaden, dass er, um zu der ihm laut KollV zustehenden **Lohnabrechnung** zu kommen, einen **Aufwand** vornehmen muss, indem er einen Steuer- **299** berater die Abrechnung durchführen lässt. Für den Anspruch auf Ersatz dieses Schadens ist es unerheblich, ob der AN die vom Steuerberater erstellte Abrechnung zur Feststellung seiner Ansprüche auf Insolvenz-Entgelt benötigt, weil der **Schaden aus der Verletzung einer dem AG kollv obliegenden Verpflichtung** erwachsen ist. Allein das **Schikaneverbot** des § 1295 Abs 2 ABGB könnte dem Anspruch **entgegenstehen.** Voraussetzung für die Annahme von Schikane wäre jedoch, dass die Ausübung eines Rechts ohne eigenes Interesse des Berechtigten mit dem ausschließlichen Zweck erfolgt, einen anderen zu schädigen. Im konkreten Fall bestand jedoch zweifelsfrei ein Interesse des AN an der Prüfung, ob die mit ihm getroffene Nettolohnvereinbarung (allg Rz 208) dem KollV entspricht (zur Einbeziehung von Steuerberatern udgl s auch § 13c Rz 2).

300 Weiters sind **Schäden, die infolge nicht ordnungsgemäßer Entrichtung von Pflichtbeiträgen durch den AG** entstehen, als sonstige Schadenersatzansprüche iSd § 1 Abs 2 Z 2 IESG anzusehen. Dies gilt zB für sog **Pensionsschäden:** Fällt zB eine Invaliditätspension wegen seinerzeit zu geringer Abführung von Sozialversicherungsbeiträgen durch den AG niedriger aus als im Falle korrekter Beitragsentrichtung, so ist ein daraus resultierender Schadenersatzanspruch des AN nach IESG zu sichern. Der Anspruch ist insolvenzrechtlich (§ 15 Abs 2 IO) sowie nach § 3 Abs 1 IESG als wiederkehrende Leistung zu betrachten, die kapitalisiert und unter Abzug der Zwischenzinsen für betagte unverzinsliche Forderungen geltend zu machen ist (OGH 8 ObS 10/95, DRdA 1996/19, 227 *[Reissner]* = infas 1995 A 114; s auch § 3 Rz 19). Auch **Schäden** des Anspruchsberechtigten **durch nicht entrichtete** und auch nicht gem § 13d IESG gesicherte **Beiträge nach BMSVG** fallen in diese Kategorie (s auch § 13d Rz 4).

Die Sonderregelungen zum Thema in Bezug auf die Dienstnehmerbeitragsanteile zur gesetzlichen SV, die Zuschläge nach dem BUAG sowie die Beiträge nach dem BMSVG sind vor dem allgemeinen § 1 Abs 2 Z 2 IESG zur Anwendung zu bringen (s dazu § 13a Rz 1 ff, § 13b Rz 1 ff und § 13d Rz 1 ff), schließen aber insoweit, als mit ihnen nicht (vollständig) Abhilfe geschaffen werden kann, einen Schadenersatzanspruch iSd § 1 Abs 2 Z 2 IESG nicht aus.

301 Erleidet ein AN infolge des Vorenthaltens des Entgelts durch den AG und der späteren Befriedigung seiner Lohnansprüche durch den IEF wegen einer in der Zwischenzeit erfolgten Neuregelung der Besteuerung von nachträglichen Zahlungen einen **Lohnsteuerschaden,** fällt der dem AN gegen seinen (ehemaligen) AG zustehende Schadenersatzanspruch nach Ansicht des OGH (8 ObS 4/03a, SVSlg 52.082 = wbl 2003/332, 592) nicht in den Schutzbereich des IESG (dazu auch *Taucher,* FS Jelinek 325 ff; die Problematik ist mittlerweile steuerrechtlich durch die Umstellung auf das Anspruchsprinzip bereinigt). Allgemein-methodisch betrachtet ist die vom OGH vorgenommene teleologische Reduktion des § 1 Abs 2 Z 2 IESG mit allgemeinen Verweisen auf den Zweck des IESG und die Anspruchsbegrenzung für Entgelte nach § 1 Abs 3 Z 4 iVm Abs 4 IESG mE nicht nachvollziehbar. Ursache des Schadens des AN ist ja ein eklatant rechtswidriges Verhalten (Arbeitsvertragsbruch) des nunmehr insolventen AG.

Da ein AG, der als Drittschuldner **gepfändetes Arbeitsentgelt einbehält, aber nicht dem Gläubiger auszahlt,** arbeitsvertragliche Verpflichtungen gegenüber dem AN verletzt, ist der durch dieses Verhalten des AG entstandene Schadenersatzanspruch des AN hinsichtlich **kausal verursachter weiterer Exekutionskosten** und **zusätzlich erwachsener Verzugszinsen** eine gesicherte Forderung gem § 1 Abs 2 Z 2 IESG (OGH 8 ObS 211/98g, infas 1999 A 12). Die arbeitsrechtliche Pflichtenverletzung des AG allein hat aber nicht zur Folge, dass sich deshalb die Rechtsnatur des Entgeltanspruchs ändert, stellt doch jedes Vorenthalten des Entgelts eine derartige Pflichtverletzung dar. Das bedeutet, dass die nicht weitergeleiteten Gehaltsteile als Entgelt zwar einer Sicherung zugänglich sind, allerdings beschränkt nach Maßgabe des § 3a IESG (OGH 8 ObS 212/01m, SSV-NF 16/25; vgl auch *Wolligger*, DRdA 2002/12, 152 f). **302**

Ein sonstiger Schadenersatzanspruch liegt schließlich dann vor, wenn einem (ehemaligen) AN als Gegenleistung für die Einhaltung einer Konkurrenzklausel ein **Karenzabgeltungsanspruch** zusteht, der Insolvenzverwalter (Schuldner) allerdings von seinem Rücktrittsrecht gem § 21 IO Gebrauch macht. Ist Letzteres nicht der Fall, so ist die Karenzabgeltung als „sonstiger Anspruch" gegen den AG iSd § 1 Abs 2 Z 3 IESG gesichert (s Rz 312). **303**

Ein **Vertrauensschaden** eines AN, der durch irreführende Erklärungen von Arbeitgeberseite anlässlich der Begründung des Arbeitsverhältnisses zur Aufgabe seines alten Arbeitsverhältnisses verleitet wird, resultiert nicht aus einer Verletzung von Pflichten des AG aus dem Arbeitsverhältnis und führt daher **nicht** zu einem **gesicherten Schadenersatzanspruch** (OGH 9 ObS 22/91, infas 1992 A 103; vgl – auch zu ähnlichen Fällen vor oder nach dem Arbeitsverhältnis – Rz 177). **304**

Wird ein AN iZm einer Kreditaufnahme (zum Einrichten einer Wohnung) infolge **Ausbleibens des Arbeitsentgelts** und somit **nicht zeitgerechten Überweisung der Kreditraten** mit **Mahnkosten und Spesen** belastet, gebührt für diesen „Verzugsschaden" mangels entsprechenden Sachzusammenhangs mit dem Arbeitsverhältnis **kein Insolvenz-Entgelt** (OGH 8 ObS 24/05w, infas 2006 A 41 = ARD 5658/8/2006). **305**

5.3.3 Sonstige Ansprüche gegen den AG

306 Zu den von § 1 Abs 2 Z 3 IESG genannten „sonstigen Ansprüchen gegen den AG" gehören schließlich alle Ansprüche aus dem Arbeitsverhältnis, die nicht unter die in Rz 205 ff und 278 ff umschriebenen Entgelt- oder Schadenersatzansprüche subsumiert werden können. Eine erschöpfende Aufzählung dieser Ansprüche ist – ebenso wie eine solche der „sonstigen Schadenersatzansprüche" (Rz 291 ff) – im Hinblick auf die Vielfalt des Arbeitslebens nicht möglich.

„Sonstige Ansprüche" können grundsätzlich nur solche Ansprüche sein, die **unmittelbar aus dem durch den Arbeitsvertrag begründeten Rechtsverhältnis erwachsen** (aus der älteren Rsp zum IESG VwGH 2938/78, Arb 9922; 11/2917/80, Arb 10.090). Zudem sind nach § 1 Abs 2 Z 3 IESG jene Ansprüche gesichert, die ihren Rechtsgrund in **selbständigen Rechtsgeschäften** haben, aber mit den ein Arbeitsverhältnis kennzeichnenden typischen wechselseitigen Haupt- und Nebenverbindlichkeiten **in einem solchen Sachzusammenhang** stehen, dass gesagt werden kann, der Anspruch habe **seinen Entstehungsgrund bzw seine Wurzel letztlich im Arbeitsverhältnis.** Der Umstand, dass derartige Rechtsverhältnisse zeitgleich mit dem Arbeitsverhältnis begründet wurden oder dass dieses Anlass oder Beweggrund war, reicht nicht aus (OGH 8 ObS 77/01h, infas 2001 A 75 = SSV-NF 15/44; VwGH 2938/78, Arb 9922; 11/1249/80, Arb 10.089; 11/2917/80, Arb 10.090; 83/11/0249, ZfVB 1986/1714).

Man wird also – wie schon bei den sonstigen Schadenersatzansprüchen (Rz 291 ff) – besonders darauf zu achten haben, dass „Ansprüche aus dem Arbeitsverhältnis" vorliegen (allg dazu Rz 173 ff), die Ansprüche sohin ihren Entstehungsgrund bzw ihre Wurzel im Arbeitsverhältnis haben.

307 Zu den „sonstigen Ansprüchen gegen den AG" iSd § 1 Abs 2 Z 3 IESG zählen zweifellos Ansprüche auf **Aufwandsentschädigung** oder **Auslagenersatz,** die dem AN aus der Erbringung der ihm obliegenden Arbeitsleistung erwachsen (s schon Rz 211), wie zB Diäten, Nächtigungsgelder und Kilometergeld (OGH 8 ObS 10/04k, ARD 5527/3/2004 = SSV-NF 18/62; VwGH 87/11/0129, ZfVB 1989/1242). Dabei kann es keinen Unterschied machen, ob der AN Nächtigungskosten vorerst aus Eigenem bestreitet und sodann vom AG Auslagenersatz fordert oder ob er auftragsgemäß mit einer auf ihn ausgestellten Kreditkarte zahlt, deren Konto vom AG zu begleichen ist, und – weil er wegen Nichtabdeckung dieses Kontos durch den AG vom Kreditkartenunternehmen als Ausfallsbürge in Anspruch genommen worden ist – Ersatz begehrt. Gleiches gilt auch für die Nächtigungskosten seines Kollegen, die der AN auf Geheiß des AG ebenfalls mit der Kreditkarte beglichen hat (OGH 8 ObS 26/95, ARD 4700/16/95).

§ 1 IESG

Bei im Auftrag des AG gegen Zusicherung des Rücksatzes besorgten Opernkarten für dessen Geschäftspartner ist von einem im Arbeitsverhältnis wurzelnden Anspruch auf Auslagenersatz und damit einer nach IESG zu sichernden Forderung auszugehen (OGH 8 ObS 10/04k, ARD 5527/3/2004 = SSV-NF 18/62).

Die **Erstattung von Verwaltungsstrafen** zählt **nicht** zu diesen gesicherten Ansprüchen (OGH 8 ObS 17/98b, ASoK 1999, 34 = ARD 5000/16/99; LG Salzburg 19 Cgs 12/00, SVSlg 49.757).

Im Hinblick auf den zeitlichen Sicherungsrahmen vertritt der OGH (8 ObS 293/00x, DRdA 2001, 453 = ASoK 2001, 336) die Auffassung, dass laufend entstehender Aufwandersatz als laufendes Entgelt iSd § 3a IESG zu verstehen ist, sodass die in § 3a Abs 2 Z 5 und Abs 4 IESG normierte Ausfallshaftung bei Fortführung des Betriebes nach der Berichtstagsatzung auch für derartige Arbeitnehmeransprüche besteht. In Fortführung dieser E führte das Höchstgericht aus, dass dann, wenn wegen der Interessenlage eine Differenzierung zwischen Entgelt und Reisekosten im Hinblick auf die Ausfallshaftung nicht zulässig ist, eine Differenzierung auch hinsichtlich deren zeitlicher Begrenzung nicht gerechtfertigt sei und somit auch die Sicherungsgrenzen des § 3a IESG, insb jene vor Insolvenzverfahrenseröffnung, maßgeblich seien (OGH 8 ObS 208/02z, DRdA 2003, 286 = infas 2003 A 46). Diese generelle Anwendung zentraler Inhalte des § 3a IESG (Sicherungsgrenzen, Ausfallshaftung) ist angesichts der strengen terminologischen Unterscheidung zwischen „laufendem Entgelt" und „sonstigen Ansprüchen gegen den AG" in § 1 Abs 2 sowie auch § 3a IESG abzulehnen (s auch § 3a Rz 15, 21).

308 Nicht gesichert sind laut OGH (8 ObS 77/01h, infas 2001 A 75 = SSV-NF 15/44) Ansprüche, die dem AN gegen den AG aus einer Vereinbarung über die Zurverfügungstellung seiner Wohnung für Bürozwecke (Übernahme der Miete, der Strom- und Telefonkosten durch den AG) entstehen, da diese in keinem inneren sachlichen Zusammenhang mit den das Arbeitsverhältnis kennzeichnenden typischen wechselseitigen Haupt- und Nebenverbindlichkeiten stehen. Hier ist zu differenzieren: Zutreffend ist die Sichtweise des Höchstgerichts in jenen Fällen, in denen der AN dem AG Sachen vermietet, die Letzterer jenseits der Arbeitsleistung dieses AN für seine unternehmerischen oder auch privaten Zwecke verwendet. Hat aber der **AN eigene Sachen** wie Auto, Büro, elektronische Geräte („bring your own device") udgl **zur Ermöglichung der Verrichtung seiner Arbeitsleistung einzubringen,** so ist eine dafür bezogene **Abgeltung** ein Ersatz für unmittelbar mit der Arbeitsleistung zusammenhängenden Aufwand oder einem solchen sehr ähnlich (s Rz 307 sowie zum Thema allg *Knallnig* in ZellHB AV-Klauseln Rz 31.12 ff) und ein nach § 1 Abs 2 Z 3 IESG **gesicherter Anspruch.**

Ebenso differenziert zu sehen ist die Konstellation, dass AG und AN eine **Ausbildung mit Kostenübernahme durch den AG** vereinbaren und dieser den geschuldeten Kostenersatz nicht leistet (zum Thema OGH 8 ObS 2/15z, DRdA-infas 2015/213, 310 = ARD 6467/14/2015). Erfolgt diese Ausbildung in Konkretisierung der Arbeitspflicht, so ist ein gesicherter sonstiger Anspruch iSd § 1 Abs 2 Z 3 IESG gegeben. Daran ändert sich grundsätzlich auch nichts, wenn das Arbeitsverhältnis während der Ausbildung etwa nach § 25 IO beendet und die Ausbildung erst danach abgeschlossen wird. Allenfalls kann hier eine aufschiebende Bedingung vorliegen, wenn die Kostenübernahme nur bei erfolgreichem Abschluss der Ausbildung erfolgen soll (zur Behandlung aufschiebend bedingter Forderungen nach IESG allg § 3 Rz 20). Die Kosten des nach Beendigung des Arbeitsverhältnisses stattfindenden Ausbildungsteiles aus den gesicherten Ansprüchen auszugrenzen, wie dies das Höchstgericht macht, ist im Grunde nicht einmal dann überzeugend, wenn die Ausbildung so teilbar ist, dass das bereits Absolvierte für sich einen Wert hat und der weitere Besuch der Ausbildung aus Eigeninitiative des AN erfolgt; es ist mE noch immer ein Anspruch aus dem Arbeitsverhältnis (allg Rz 173 ff) gegeben. Auf den ersten Blick anders gesehen werden könnte die Übernahme der Kosten einer Ausbildung, die nichts mit der Arbeitspflicht des AN zu tun hat. Auch hier ist aber Vorsicht geboten, zumal eine derartige Finanzierung ein „Incentive", also ein zusätzliches Entgelt sein kann (vgl dazu OGH 9 ObA 53/09y, infas 2010 A 32 = ASoK 2010, 220 zu § 2d AVRAG, wo ein Privatpilotenschein als Incentive finanziert wurde), woraus eine Sicherung gem § 1 Abs 2 Z 1 IESG resultiert.

309 Zu den sonstigen Ansprüchen gehören auch **Vergütungen** für **Erfindungen** oder **Verbesserungsvorschläge** im dienstlichen Bereich, sofern diesen nicht Entgeltcharakter zuzubilligen ist (s Rz 277).

310 Als „sonstiger Anspruch" aus dem Arbeitsverhältnis ist auch der Anspruch des AN auf Leistung eines **Nachschusses an die Pensionskasse** gegen seinen ehemaligen AG zu werten, zu dem sich der AG in einem Zusatzvertrag bei Übertragung der einzelvertraglichen Pensionszusagen auf eine Pensionskasse verpflichtet hat. Allerdings ist nach der Rsp Insolvenz-Entgelt nicht in Höhe des fehlenden Deckungsbetrags an die Pensionskasse zu leisten (vgl § 7 Abs 8 IESG), sondern lediglich jener Betrag, der die Pensionskasse in die Lage versetzt, die ursprünglich vom AG einzelvertraglich zugesagte Pension in voller Höhe zu leisten, aber – analog § 3d IESG – zeitlich beschränkt auf 24 Monate (OGH 8 ObS 14/05z, DRdA 2006, 150 = RdW 2006/485, 524; s, insb auch zur Erweiterung der diesbezüglichen Sicherung, § 3d Rz 5 ff sowie Rz 20 ff).

311 Weiters sind ganz allgemein einschlägige **Bereicherungsansprüche** des AN als „sonstige Ansprüche" anzusehen. Verzugszinsen werden jedoch entgegen der älteren hA (aus der Rsp zum IESG vgl zB VwGH 873/79, DRdA 1980,

54 = Arb 9807; 924/79, ZfVB 1980/1216 = ARD 3198/1/80; 81/11/0047, Arb 10.205) nicht mehr zu den Bereicherungs- und damit zu den sonstigen Ansprüchen gem § 1 Abs 2 Z 3 IESG, sondern zu den (sonstigen) Schadenersatzansprüchen iSd § 1 Abs 2 Z 2 IESG gezählt (s Rz 295).

Ein sonstiger Anspruch iSd § 1 Abs 2 Z 3 IESG liegt zB dann vor, wenn der AN dem AG auf dessen Aufforderung ohne (schadenersatz-)rechtliche Verpflichtung einen Fehlbetrag in der Handkassa ersetzt und in der Folge diesen irrtümlich rechtsgrundlos geleisteten Betrag zurückfordert (aA zu Unrecht OGH 8 ObS 8/11a, RdW 2012/123, 103 = SSV-NF 25/60).

312 Ein selbständiges Rechtsgeschäft, das aber mit dem Arbeitsverhältnis in einem untrennbaren Zusammenhang steht (s Rz 175), ist das **Konkurrenzklauselverhältnis** und der daraus resultierende **Anspruch des AN auf Karenzabgeltung** (allg dazu *Reissner* in *Marhold/G. Burgstaller/Preyer* § 37 Rz 42 ff): Hat sich ein AG in der Konkurrenzklausel oder bei Auflösung des Arbeitsverhältnisses gem § 37 Abs 2 AngG bzw § 2c Abs 4 AVRAG bereit erklärt, als Äquivalent für die Einhaltung der Konkurrenzklausel dem AN für die Dauer der Beschränkung ein Entgelt zu leisten, so liegt bei Eintritt eines Insolvenztatbestands iSd § 1 Abs 1 IESG und Aufrechterhaltung der Verpflichtung durch den Insolvenzverwalter oder Schuldner ein „sonstiger Anspruch" gegen den AG vor (*Reissner*, DRdA 1991, 438; s auch Rz 303).

313 Mangels ausreichendem innerem Zusammenhang mit dem Arbeitsverhältnis **nicht** als sonstige Ansprüche iSd § 1 Abs 2 Z 3 IESG **gesichert** sind nach der Rsp **Rückzahlungsansprüche aus Darlehensgewährungen des AN an den AG** (OGH 9 ObS 4/91, SZ 64/54 = wbl 1991, 328; 9 ObS 4/92, infas 1992 A 128; VwGH 2938/78, Arb 9922; 11/2917/80, Arb 10.090; 83/11/0249, infas 1986 A 140 = RdW 1987, 62; 85/11/0235, ZfVB 1987/183; 87/11/0129, ZfVB 1989/1242; s auch Rz 177). Eine Sicherung kommt selbst dann nicht in Betracht, wenn die Darlehensbedingungen in einem Sachzusammenhang mit der konkreten Entfaltung der für das Arbeitsverhältnis typischen wechselseitigen Verpflichtungen, wie zB mit der Entgeltzahlung nach Höhe und Fälligkeit oder mit Beginn und Ende des Arbeitsverhältnisses, stehen (VwGH 83/11/0249, infas 1986 A 140 = RdW 1987, 62). Es spielt keine Rolle, ob der AN zur Gewährung der Finanzhilfe selbst einen Kredit aufnimmt oder ob die Rückzahlung als zusätzlicher „Abfertigungsanspruch eigener Art" im Wege „besonderer Rechtsgestaltung" sichergestellt werden soll (OGH 9 ObS 4/92, infas 1992 A 128). Auch eine vom AN dem in Zahlungsschwierigkeiten geratenen AG gewährte „Anleihe" sowie Barzahlungen, die vom AN interimistisch für eine vom AG zu dotierende Baukasse getätigt werden, sind keine „sonstigen Ansprüche" iSd § 1 Abs 2 Z 3 IESG (VwGH 11/1249/80, Arb 10.089).

§ 1 IESG

Die Verpflichtungserklärung eines AN, Lohnbeträge, die ein anderer AN dem AG vorgestreckt hat, dem Arbeitskollegen zurückzuzahlen, falls ihm diese nicht anderweitig erstattet werden, ist als **Bürgschaft** anzusehen. Wird der AN aus dieser in Anspruch genommen, lebt seine seinerzeit bezahlte Entgeltforderung nicht wieder auf, vielmehr ist die übergegangene Kreditforderung zB im Konkurs des AG geltend zu machen, zumal derartige Konstruktionen dem Fonds gegenüber unwirksam sind (OGH 8 ObA 2011/96, ZAS 1997/7, 78 *[Grießer]*; vgl auch VwGH 87/11/0283, ZfVB 1989/1634).

ME ist bei derartigen Finanzierungsaktivitäten des AN **zu differenzieren:** Wenn die Prüfung im Einzelfall tatsächlich einen inneren sachlichen Zusammenhang zwischen der Darlehensgewährung und dem Arbeitsverhältnis ergibt, ist wohl vom Vorliegen eines gesicherten Anspruchs auszugehen (*Wolligger*, Arbeitnehmeransprüche 143; aA *K. Mayr*, ecolex 2000, 221 f; *ders*, KautSchG^2 166 f). Zu beachten ist weiters, dass gewisse Darlehensgewährungen oder ähnliche Geld- bzw Vermögensleistungen an den AG gegen das **KautSchG** verstoßen und daher nichtig sind. So verbietet etwa § 3 KautSchG, den Abschluss des Arbeitsvertrags oder dessen Aufrechterhaltung von der Gewährung eines Darlehens an den AG oder einem Dritten oder von einer Beteiligung am Unternehmen abhängig zu machen. Der dem AN erwachsende **Rückforderungsanspruch** gem § 4 KautSchG ist ein Bereicherungsanspruch und fällt unter die „sonstigen Ansprüche" gegen den AG (aA OGH 9 ObS 4/91, SZ 64/54 = wbl 1991, 328; *K. Mayr*, KautSchG^2 166 f).

Festzuhalten ist, dass hier nicht Fälle einer Vertragsgestaltung zu Lasten des IEF oder eigenkapitalersetzender Gesellschafterdarlehen (dazu allg Rz 435 ff, 452 ff) gemeint sind. Hier bleibt es aus diesen Gründen beim Sicherungsverlust.

314 Eine Umsatzsteuerpflicht von freien DN iSd § 4 Abs 4 ASVG oder Heimarbeitern (s Rz 83 ff, 91 ff) kommt in Bezug auf Insolvenz-Entgelt nicht mehr in Betracht, sodass die Rsp, welche die dem Auftraggeber in Rechnung gestellte USt als „sonstigen Anspruch" qualifiziert und für diesen Insolvenz-Entgelt zuerkannt hat (vgl OGH 8 ObS 6/94, SZ 67/142 = wbl 1994, 410; dazu *Wolligger*, Arbeitnehmeransprüche 53), obsolet ist (s § 3 Rz 16).

5.3.4 Zur zweckentsprechenden Rechtsverfolgung notwendige Kosten

315 Nach § 1 Abs 2 Z 4 IESG gesichert sind auch die für den AN „zur zweckentsprechenden Rechtsverfolgung notwendigen Kosten". Nach dieser **allgemeinen Umschreibung** werden in einer **demonstrativen Aufzählung** in lit a – i leg cit (Rz 316 ff) einzelne derartige Kosten hervorgehoben (zur Erweiterung allg Rz 328).

316 Als erste Kategorie gesicherter Kosten nennt § 1 Abs 2 Z 4 lit a Fall 1 IESG „**Prozesskosten, die dem AN zur Durchsetzung der Ansprüche nach § 1 Abs 2 Z 1 – 3 IESG** rechtskräftig **zugesprochen**" wurden. Zu den „Prozesskosten" gehören Gerichtsgebühren, Sachverständigen- und Rechtsanwaltskosten udgl. Die gesicherten Ansprüche entstehen mit der Rechtskraft des gerichtlichen Zuspruchs (VwGH 84/11/0150, ZfVB 1987/627; 85/11/0014, ZfVB 1986/1323). Erfasst sind nur Kosten von gegen den AG gerichteten Durchsetzungsschritten (zur Situation bei vom AN geführten Drittschuldnerprozessen s Rz 319). Dabei kann festgehalten werden, dass es einem AN, der die Voraussetzungen für die Eröffnung eines Insolvenzverfahrens über den AG erkennen kann, nicht verwehrt ist, seine Ansprüche im Klagsweg durchzusetzen, insb deshalb, weil er im Regelfall keinen Einfluss darauf nehmen kann, ob und wann das Insolvenzverfahren tatsächlich eröffnet wird (VwGH 87/11/0098, ZfVB 1989/514). Auch Kosten, die in einem (erfolgreichen) Verfahren auf Feststellung des aufrechten Bestandes des Lehrverhältnisses erwachsen, sind zur zweckentsprechenden Rechtsverfolgung notwendig, auch wenn die Klage in einem Zeitpunkt erhoben worden ist, in dem bereits eine Leistungsklage möglich gewesen wäre. Da bei Klagseinbringung erst geringe Zahlungsrückstände bestanden, konnte der AN davon ausgehen, dass im Falle seines Obsiegens auch die rückständigen Ansprüche befriedigt werden (OGH 9 ObS 24, 25/89, ARD 4150/16/90).

317 Gem § 1 Abs 2 Z 4 lit a Fall 2 IESG gesichert sind „**Prozesskosten, die im Fall eines Insolvenzverfahrens** nach § 109 IO **festgestellt**", also zB laut gerichtlich bestätigtem Anmeldungsverzeichnis im Insolvenzverfahren anerkannt wurden.

318 Gem § 1 Abs 2 Z 4 lit b IESG gesichert sind „**rechtskräftig zugesprochene Kosten der** gem § 110 IO geführten **Prüfungsprozesse**". Laut VwGH (87/11/0039, ÖJZ 1989, 314 = ZfVB 1988/2210) soll für derartige Kosten Insolvenz-Entgelt nur insofern zustehen, als diese sich auf gesicherte Ansprüche iSd § 1 Abs 2 Z 1 – 3 IESG beziehen, die in den maßgeblichen Sicherungszeiträumen entstanden sind oder für sie gebühren. Damit wird der im gegebenen Zusammenhang allgemein gültige Grundsatz der Akzessorietät der gesicherten Kosten (s Rz 327) zum Ausdruck gebracht.

319 § 1 Abs 2 Z 4 lit c IESG nennt die „**rechtskräftig zugesprochenen Exekutionskosten zur Hereinbringung der Ansprüche des AN gegen den AG**". Hierzu gehören auch Kosten, die dadurch entstanden sind, dass der AN auf Forderungen des AG gegen Dritte (erfolglos) Exekution geführt hat (Forderungsexekution). Für Kosten eines Drittschuldnerprozesses – nach Pfändung und Überweisung der Forderung des AG gegen den Dritten – gebührt hingegen dem AN, gleichgültig, ob er in diesem Prozess obsiegt und die Kosten beim Drittschuldner uneinbringlich sind oder ob er unterliegt, kein Insolvenz-Entgelt (OGH 8 ObS 2/96, infas 1996 A 112 = wbl 1996, 284). Ungeachtet der Rechtsschutzgewährungspflicht der AK gem § 7 AKG steht es dem AN frei, sich ua im Exekutionsverfahren durch einen Rechtsanwalt vertreten zu lassen, weshalb auch diesfalls Kostensicherung gegeben ist; unberührt bleibt auch das Recht der AK, einzelne Vertretungsaufgaben an Rechtsanwälte zu übertragen (OGH 8 ObS 14/94, ARD 4593/17/94 = ecolex 1994, 706).

320 Gem § 1 Abs 2 Z 4 lit d IESG gesichert sind **tarifmäßige Prozesskosten, die dem AN in einem Verfahren zur Durchsetzung seiner Ansprüche nach § 1 Abs 2 Z 1 – 3 IESG entstanden** sind und **deren Ersatz ihm auf Grund** eines rechtswirksamen gerichtlichen oder außergerichtlichen **Vergleichs** bzw **Anerkenntnisses zusteht.** Diese Bestimmung wurde ins G eingefügt, um zu verhindern, dass Prozesskosten übertariflich verglichen werden (AB 1061 BlgNR 16. GP 1). Ansonsten ist die **Sicherung der Rechtsvertreterkosten nicht** speziell **beschränkt, vorausgesetzt, dass** dem Vergleich bzw Anerkenntnis ein **Gerichtsverfahren vorangegangen** ist; eine Einschränkung auf Tarifpost 2 des RATG erfolgt in Zusammenschau mit § 1 Abs 2 Z 4 lit e IESG nur hinsichtlich der Kosten eines allfälligen außergerichtlichen Vergleichs als solchen (vgl OGH 9 ObS 15/91, infas 1992 A 80 = RdW 1992, 218; s auch Rz 322). Aus § 1 Abs 2 Z 4 lit d (und e) IESG ist zu entnehmen, dass es für die Rechtsnatur des Kostenersatzanspruchs unerheblich ist, ob die Kosten, die dem AN zur Durchsetzung der Ansprüche nach § 1 Abs 2 Z 1 – 3 IESG notwendigerweise entstanden sind, rechtskräftig zugesprochen oder verglichen wurden; mag es auch in der Hauptsache zu einem Neuerungsvertrag gekommen sein, die verglichenen Verfahrenskosten bleiben gesichert (OGH 9 ObS 8/88, wbl 1989, 132). Eine Sicherung der Kosten erfolgt jedoch nur nach Maßgabe des für den AN positiven Vergleichsergebnisses im Verhältnis zum ursprünglich eingeklagten Betrag (OGH 9 ObS 15/89, ecolex 1990, 104 *[Mazal]*; 9 ObS 16/89, infas 1990 A 79; 9 ObS 1/92, ARD 4428/21/93; s auch Rz 327).

321 § 1 Abs 2 Z 4 lit d Fall 2 IESG zählt **Prozesskosten, die dem AN in einem Gerichtsverfahren zur Durchsetzung seiner Ansprüche nach § 1 Abs 2 Z 1 – 3 IESG entstanden** sind, das jedoch **gem § 7 Abs 1 IO unterbrochen** worden ist, zu den gesicherten Kosten. Auch die Kosten des nach der Unterbrechung fortgesetzten Verfahrens werden ersetzt (VwGH 85/11/0014, ZfVB 1986/1323).

322 Gem § 1 Abs 2 Z 4 lit e IESG gesichert sind **Barauslagen und Kosten für den Rechtsvertreter, die dem AN anlässlich eines außergerichtlichen Vergleichs oder Anerkenntnisses über Ansprüche nach § 1 Abs 2 Z 1 – 3 IESG entstanden** sind, Kosten für den Rechtsvertreter jedoch nur bis zu der in der Tarifpost 2 des RATG festgesetzten Höhe. Im Falle von außergerichtlichen Vergleichen bzw Anerkenntnissen, denen **kein Gerichtsverfahren**

vorangegangen ist, sind dem AN zwar die notwendigen Barauslagen in voller Höhe zu ersetzen, die **Rechtsanwaltskosten** jedoch **höchstens bis zur Tarifpost 2 des RATG**. Alle weiteren (außergerichtlichen) Leistungen sind durch den Einheitssatz (§ 23 RATG) abgegolten (OGH 9 ObS 15/91, infas 1992 A 80; 8 ObS 28–36/95, ecolex 1995, 917 = ARD 4745/28/96). Nach der Rsp vor Einfügung dieser Einschränkung wurden hingegen Rechtsanwaltskosten, die nicht gerichtlich festgesetzt wurden, als notwendig anerkannt, sofern sie nur dem RATG entsprachen (vgl VwGH 3211/79, Arb 9892). Die Berücksichtigung der Kosten außergerichtlicher Aktivitäten ist an sich sinnvoll, weil dadurch die Fortführung von Prozessen lediglich wegen der Kosten hintangehalten wird; die Honorierung nach Tarifpost 2 ist hierbei sachgerecht, zumal diese Bestimmung auch für bloß zum Zwecke des Vergleichsabschlusses anberaumte gerichtliche Tagsatzungen gilt (ErläutRV 993 BlgNR 16. GP 6 f).

§ 1 Abs 2 Z 4 lit f IESG nennt als gesicherte Kosten „**tarifmäßige Verfahrenskosten und Barauslagen, die dem AN im Zuge der Beantragung und der Teilnahme an einem Verfahren nach § 1 Abs 1 IESG erwachsen** sind". Hier sind ua die tarifmäßigen Ansprüche des Rechtsvertreters – unabhängig vom Bestehen eines Anwaltszwanges – erfasst, die für die Antragstellung auf Insolvenzverfahrenseröffnung, für die Forderungsanmeldung und für die Teilnahme am Insolvenzverfahren zustehen. Dies gilt auch für die Kosten auf Grund eines Beschlusses nach § 1 Abs 1 Z 3 – 6 IESG. **323**

Eine Sicherung der gegenständlichen Kosten und Barauslagen erfolgt nur in tarifmäßiger Höhe zuzüglich Einheitssatz, ohne dass auf den Umfang der außergerichtlichen Tätigkeit Rücksicht genommen werden kann (OGH 8 ObS 28–36/95, ecolex 1995, 917 = ARD 4745/28/96; s auch Rz 322).

Insolvenz-Entgelt gebührt auch für einen vom Gericht begehrten und vom Antragsteller bzw auf dessen Rechnung erlegten Kostenvorschuss zur Eröffnung des Insolvenzverfahrens (vgl VwGH 11/2916/80, Arb 9980 = VwSlgNF A 10.470), selbst wenn mit einer Ablehnung der Insolvenzverfahrenseröffnung mangels kostendeckenden Vermögens das gleiche Ziel, nämlich ein Sicherungstatbestand, erreicht worden wäre (OLG Graz 7 Rs 61/93). Ist jedoch ein Insolvenzverfahrenseröffnungsantrag eines anderen Gläubigers bereits aus diesem Grund abgewiesen worden und begründet dies für den AN Ansprüche auf Insolvenz-Entgelt, so sind die durch Einbringung eines weiteren Eröffnungsantrags verursachten Kosten zur zweckentsprechenden Rechtsverfolgung nicht notwendig (OGH 8 ObS 13/94, infas 1995 A 15). Unterbleibt allerdings rechtswidrigerweise eine öffentliche Bekanntmachung eines einschlägigen Ablehnungsbeschlusses und erhält der Vertreter des AN auf Anfrage vom Insolvenzgericht irrtümlich eine negative Auskunft, dann sind die Kosten eines neuerlichen Insolvenzverfahrenseröffnungsantrags nach der Rsp ausnahmsweise gesichert (OGH 8 ObS 2247/96s, DRdA 1997, 228 =

SSV-NF 10/117; 8 ObS 2257/96, infas 1997 S 28 = wbl 1997, 170; 8 ObS 63/97s, infas 1997 A 106 = RdW 1997, 618; aA *Wolligger*, Arbeitnehmeransprüche 161, sofern eine Haftung des Bundes nach § 1 AHG besteht).

Ist die materielle Insolvenz des AG bereits zu vermuten (zB wenn der AN erfolglos Exekution geführt und Kenntnis davon hat, dass auch Ansprüche anderer AN nicht befriedigt wurden), sind die Kosten eines Antrages auf Insolvenzverfahrenseröffnung nicht notwendig, wenn bereits von anderen AN Eröffnungsanträge gestellt wurden, über diese aber noch nicht entschieden worden ist. Den AN trifft in diesem Fall vor Einbringung eines Antrags auf Eröffnung des Insolvenzverfahrens die Verpflichtung, zu erheben, ob allenfalls bereits entsprechende Anträge gestellt wurden. In diesem Fall wäre ihm auch das Zuwarten bis zur Erledigung der bereits eingebrachten Anträge zumutbar (OGH 8 ObS 3/01a, SSV-NF 15/11; RIS-Justiz RS0076599).

324 Gem § 1 Abs 2 Z 4 lit g IESG gesichert sind „**tarifmäßige Verfahrenskosten und Barauslagen für eine nachträgliche Prüfungstagsatzung hinsichtlich von Forderungen, die nach der allgemeinen Prüfungstagsatzung entstanden oder fällig geworden** sind". Laut Materialien (ErläutRV 1384 BlgNR 18. GP 11) soll diese Ergänzung „sicherstellen, dass auch solche Ansprüche angemeldet werden und damit dem Fonds in der Folge ermöglichen, sein Rückgriffsrecht in das Arbeitgebervermögen auszuüben". Gem § 1 Abs 5 IESG sind gesicherte Ansprüche, sofern sie angemeldet werden können, bei sonstigem Ausschluss allenfalls auch nachträglich anzumelden. Diese Verpflichtung entfällt nur für jene Ansprüche, deren Anmeldung dem AN nicht möglich war (dazu Rz 399 ff, insb Rz 402 sowie zB OGH 9 ObS 24/92, DRdA 1993, 390 = infas 1993 A 92; *Liebeg*, wbl 1994, 145).

Die auf den ersten Blick eher deklarative Anordnung des § 1 Abs 2 Z 4 lit g IESG richtet sich somit in erster Linie motivierend an die AN, zumal der Fonds die in den Materialien angesprochenen Rückgriffsrechte ja nur ausüben muss, wenn er überhaupt leistungspflichtig wird. Ein Interesse an dieser Regelung haben uU auch die Sozialversicherungsträger: Differenzen, die sich aus Meldeverstößen des AG ergeben, sind oft erst bei genauen Beitragsprüfungen erkennbar, die aber eine gewisse Zeit in Anspruch nehmen. Wegen der relativ kurzen Anmeldungsfristen ist es daher in der Praxis häufig nicht möglich, entsprechende Forderungen rechtzeitig anzumelden, womit die Sozialversicherungsträger die Kosten nachträglicher Prüfungstagsatzungen übernehmen müssen. Ein im Begutachtungsverfahren gemachter Vorschlag, diese Kosten bei Verschulden des AG (Schuldners) überhaupt entfallen zu lassen, wurde nicht G (s *Bartos*, SozSi 1994, 162). Der in § 1 Abs 2 Z 4 lit g IESG eingeflossene Kompromiss könnte das Problem indirekt entschärfen, weil er zur Teilnahme zusätzlicher Gläubiger führen könnte. Zu beachten ist auch § 107 Abs 2 IO, der bei bescheinigter Unmöglichkeit der rechtzeitigen Anmeldung vom Kostenersatz dispensiert.

325 § 1 Abs 2 Z 4 lit h IESG nennt als gesicherte Kosten „die dem AN zugesprochenen Kosten, wenn dieser vom AG die **Ausstellung eines Dienstzeugnisses** begehrt hat". Mit dieser Bestimmung ist die davor ergangene gegenteilige Judikatur zum Thema in Bezug auf die Kostensicherung (vgl OGH 9 ObS 24/93, DRdA 1994, 272 = infas 1994 A 77; 8 ObS 12/05f, ARD 5622/7/2005) obsolet (zur Behandlung des Anspruchs auf ein Dienstzeugnis in der Insolvenz allg Vorbem IO Rz 18, § 25 IO Rz 4 f, § 51 Rz 7 mit Darstellung des nach wie vor problematischen Stands der Rsp zum Thema).

326 In § 1 Abs 2 Z 4 lit i IESG genannt werden schließlich „**Prozesskosten, die der AG als Kl dem AN als Bekl in einem Verfahren über Forderungen, die iZm dem Arbeitsverhältnis stehen, zu ersetzen hat,** soweit der AG diese wegen der Eröffnung eines Insolvenzverfahrens oder Vorliegens eines anderen Insolvenztatbestandes nach § 1 Abs 1 IESG nicht mehr zahlen kann" (S 1 leg cit). Der OGH (8 ObS 152/01p, SSV-NF 15/79) hatte derartige mittelbar akzessorische Kosten bereits als nach dem IESG gesichert anerkannt (s auch Rz 327).

Laut § 1 Abs 2 Z 4 lit i S 2 IESG soll das in S 1 leg cit Niedergelegte „nicht für Kosten in einem Verfahren nach § 7 Abs 7" IESG gelten. Laut Materialien (ErläutRV 612 BlgNR 24. GP 39) sollen dadurch keine Anreize für Anfechtungsprozesse gegeben werden. Die zitierte Passage bezieht sich auf Konstellationen, in denen der AN im Anfechtungsprozess unterliegt und hat somit bloß klarstellende Bedeutung (zum Obsiegen des AN s Rz 328).

327 Die Rsp stellt **allgemeine Grundsätze zur Kostensicherung** auf, die zT aus § 1 Abs 2 Z 4 IESG abgeleitet oder unter Bedachtnahme auf die §§ 41 f ZPO entwickelt werden:
– Als „notwendig" können demnach Kosten – unabhängig von ihrer rechtskräftigen Bestimmung durch das Gericht – aus der Sicht des IESG und damit der IEF-Service GmbH nur dann qualifiziert werden, wenn diese **bei Ex-ante-Betrachtung unter Anlegung eines objektiven Maßstabs so geartet** sind, **dass eine durchschnittliche, sorgfältige und informierte Verfahrenspartei bei der gegebenen Sachlage den die Kosten verursachenden Schritt gesetzt hätte** (OGH 8 ObS 412/97i, infas 1998 A 123 = wbl 1998, 361; 8 ObS 107/98p, infas 1999 A 13 = SSV-NF 12/128; 8 ObS 190/99w, SSV-NF 14/11; 8 ObS 2/06m ua). Damit wird der Sache nach auf den Standard einer sorgfältigen Verfahrenspartei abgestellt, die sich bei Vorliegen deutlicher Indizien einer materiellen Insolvenz des AG bei Gericht vor der Durchführung weiterer kostenverursachender Verfahrenshandlungen erkundigt hätte, ob ein Tatbestand iSd § 1 Abs 1 IESG vorliegt. Zur Ermittlung des Standards an Erkundigungspflichten ist ein Vergleich zwischen einem Kl, der das Risiko hinsichtlich Verfahrenskosten trägt und da-

her sorgfältig vorgeht, mit einem solchen vorzunehmen, der mit einem verminderten Risiko infolge Ersatzes gem § 1 Abs 2 Z 4 IESG rechnet (OGH 8 ObS 161/99f, ARD 5076/36/99; 8 ObS 175/99i, infas 2000 A 9; 8 ObS 166/99s, SSV-NF 13/134; 8 ObS 36/01d, SSV-NF 15/104).

Die Kosten müssen also dem Grund und der Höhe nach unter Beachtung der objektiven rechtlichen Gegebenheiten und des möglichen Sacherfolgs zur Geltendmachung der in § 1 Abs 2 Z 1 – 3 IESG genannten Ansprüche in dem Sinn erforderlich gewesen sein, dass kostensparende Handlungen, die zum gleichen sachlichen und formellen Ergebnis führen konnten, nicht möglich erschienen (VwGH 3211/70, Arb 9892; 11/2960/80, Arb 9980 = VwSlgNF A 10.470; vgl aber auch OGH 9 ObS 3/92, infas 1992 A 104). Weiters ist vorausgesetzt, dass im Falle von in einem Arbeitsgerichtsprozess erwachsenen Kosten dem AN gegen den AG ein entsprechender Ersatzanspruch zusteht (VwGH 83/11/0183, Arb 10.470; 84/11/0314, ZfVB 1986/1318; 84/11/0153, ZfVB 1987/628).

– „Zweckentsprechende Rechtsverfolgung" kann nur vorliegen, wenn der **AN im arbeitsgerichtlichen Prozess zumindest teilweise obsiegt;** die im Falle eines verlorenen Prozesses auferlegten Kosten sind grundsätzlich nicht gesichert (OGH 9 ObS 16/90, ecolex 1991, 267 *[Mazal]* = infas 1991 A 141; s jedoch § 1a Rz 19, 28). Analoges gilt im Falle eines Vergleichs (s Rz 320). Eine Kostensicherung kann es nur geben, wenn die Ansprüche, bei deren Geltendmachung die Kosten entstanden sind, im Verfahren nach dem IESG als berechtigt anerkannt werden (vgl OGH 9 ObS 19/90, DRdA 1991, 476 = infas 1990 A 141; VwGH 3211/70, Arb 9892; 11/2960/80, Arb 9980 = VwSlgNF A 10.470). Es wird damit eine auch aus dem Katalog zu entnehmende (vgl § 1 Abs 2 Z 4 lit a, d und e IESG) „Akzessorietät" der gesicherten Kosten im Verhältnis zu den geltend gemachten gesicherten Ansprüchen betont: Sind demnach „Hauptansprüche" nicht gesichert, müssen die auf sie bezogenen Kosten vom IESG unberücksichtigt bleiben (OGH 8 ObS 2283/96, ecolex 1997, 283 = ARD 4828/24/97). Sind Kosten in gemeinsamer Durchsetzung gesicherter und ungesicherter Hauptansprüche entstanden, so sind sie selbst nur insoweit gesichert, als sie der Durchsetzung der gesicherten Anspruchsteile gedient haben (OGH 9 ObS 14/89, ARD 4149/23/90; 9 ObS 16/89, DRdA 1990, 230 = infas 1990 A 79; 9 ObS 15/89, RdW 1990, 162; 9 ObS 24/93, DRdA 1994, 272 = infas 1994 A 77; 8 ObS 18/05p, infas 2006 A 40 = ARD 5658/6/2006).

Allerdings wurde bereits judiziert, dass Kosten auch dann geltend gemacht werden können, wenn zwar kein zulässiger Antrag auf Insolvenz-

Entgelt vorliegt, Insolvenz-Entgelt für gewisse Ansprüche an sich aber zuerkannt werden könnte, wenn ein zulässiger Antrag vorläge (VwGH 84/11/0321, ZfVB 1986/1319). Ebenso gebührt für Kosten zur Hereinbringung von grundsätzlich nach dem IESG gesicherten Forderungen selbst dann Insolvenz-Entgelt, wenn die gesicherte Forderung gegenüber dem IEF nicht mehr geltend gemacht wird, weil sie inzwischen befriedigt wurde (OGH 8 ObS 383/97z, Arb 11.877 = SSV-NF 13/56; *Wolliger,* Arbeitnehmeransprüche 155; *Liebeg,* IESG[3] § 1 Rz 443 f); hier liegt bloß „mittelbare Akzessorietät" vor (dazu *Reissner/Sundl,* Insolvenz-Entgeltsicherung 114; s auch Rz 326).

– Existiert eine **Kostenentscheidung des Prozessgerichts,** so kann diese im Verfahren nach dem IESG eine **Orientierungshilfe** abgeben, zumal die Notwendigkeit und Zweckmäßigkeit von Amts wegen geprüft und darüber entschieden wird (OGH 9 ObS 18/93, ARD 4492/15/93).

Der in § 1 Abs 2 Z 4 IESG enthaltene **Katalog** stellt eine bloß **beispielhafte Aufzählung** von zur zweckentsprechenden Rechtsverfolgung notwendigen Kosten dar. Bei der Prüfung, ob diesbezüglich **Erweiterungen** vorzunehmen sind, ist die Gleichwertigkeit mit den gesetzlich ausdrücklich ausgewiesenen Tatbeständen zu untersuchen. Diesen kommt demnach für die nicht aufgezählten Kosten insofern Bedeutung zu, als sie den Maßstab und die Grenze für die Auslegung der vom Gesetzgeber am Anfang von § 1 Abs 2 Z 4 IESG verwendeten allgemeinen Formulierung angeben (VwGH 83/11/0183, Arb 10.470; 85/11/0014, ZfVB 1986/1323; 87/11/0098, ZfVB 1989/514).

328

Demnach sind die von § 1 Abs 2 Z 4 lit f IESG nicht ausdrücklich genannten **„sonstigen" Barauslagen,** die dem AN **aus der Stellung des Antrags auf Eröffnung des Insolvenzverfahrens** über das Vermögen des AG sowie aus der **Teilnahme am Insolvenzverfahren** erwachsen, in der **nach den gebührenrechtlichen Vorschriften** zustehenden Höhe gleichzustellen. Zu diesen gehören auch folgende Barauslagen von Bevollmächtigten, die nicht Rechtsanwälte sind:

– Gerichtsgebühren;
– andere öffentliche Gebühren, soweit sie durch die Prozessführung verursacht werden;
– Zeugen-, Sachverständigen- und Zustellgebühren;
– Porti;
– Fahrt- und Aufenthaltskosten (Kosten eines Massenverkehrsmittels bzw Höhe des Kilometergeldes und Diäten nach der jeweiligen Dienstordnung der AK).

Weiters sind nach der Generalklausel des § 1 Abs 2 Z 4 IESG Kosten gesichert, die dem AN bei der (erfolgreichen) **Abwehr von Anfechtungsansprüchen** im Zuge eines Anfechtungsprozesses entstehen (OGH 9 ObS 19/90,

DRdA 1991, 476 = infas 1991 A 141; 8 ObS 23/95, infas 1995 A 141; s auch Rz 326). Schließlich gebührt dem Anspruchsberechtigten auch Insolvenz-Entgelt für die **dem Zessionar der Arbeitnehmerforderung im Drittschuldnerprozess gegen den AG rechtskräftig zugesprochenen, zur zweckentsprechenden Rechtsverfolgung notwendigen Kosten,** da die Übertragung bzw Verpfändung der Ansprüche nichts an ihrer Sicherung ändert (OGH 9 ObS 13/93, DRdA 1993, 389 = wbl 1993, 295).

329   **Keine notwendigen Kosten** sind hingegen solche, die bei der **Führung des Verwaltungsverfahrens nach dem IESG** vor der IEF-Service GmbH auftreten (vgl OGH 9 ObS 17/90, infas 1991 A 142 = wbl 1991, 134; 8 ObS 77/01h, infas 2001 A 75 = SSV-NF 15/44; LG Wr Neustadt 5 Cgs 222/00, SVSlg 49.760; VwGH 3211/78, Arb 9892). Weiters nicht notwendig sind Kosten, die aus der **Umrechnung von** im Verfahren nach dem IESG geltend gemachten **Bruttobeträgen in Nettobeträge** resultieren (OGH 8 ObS 11/05h, ARD 5666/5/2006; VwGH 87/11/0157, ZfVB 1988/1954; aA *Adamovic*, ARD 5666/6/2006), oder Kosten des **Dolmetschers** iZm Rechtsberatung von Anspruchsberechtigten bei der AK (OGH 8 ObS 9/15d, RdW 2017/50, 44).

Dasselbe gilt für Prozesskosten, die einem AN in einem **vom AG** gegen ihn **angestrengten Schadenersatzprozess** zugesprochen werden (OGH 8 ObS 19/07p, ARD 5891/9/2008). Wenn allerdings der AG eine Schadenersatzforderung compensando in einem vom AN bzgl gesicherter Ansprüche geführten Aktivprozess einwendet, sind bei gemeinsamer Verhandlung und Entscheidung auch die Kosten der Abwehr dieser Gegenforderung gesichert (OGH 9 ObS 17/90, infas 1991 A 142 = wbl 1991, 134).

Nicht gesichert sind Kosten eines Prozesses, in dem **der AG** gem § 2d AVRAG **auf Erstattung der** von ihm übernommenen **Ausbildungskosten** durch den AN **klagte.** Kosten eines derartigen Passivprozesses fallen nicht unter das IESG, zumal § 1 Abs 2 Z 4 lit d leg cit nur (akzessorische) Kosten eines Aktivprozesses zur Durchsetzung von Ansprüchen des AN iSd § 1 Abs 2 Z 1 – 3 IESG erfasst (OGH 8 ObS 8/08x, DRdA 2009, 49 = SSV-NF 22/47; OLG Wien 9 Rs 135/07, SVSlg 56.603). Dasselbe gilt für Kosten des AN, die ihm als Bekl bei der **Abwehr der Widerklage des** früheren **AG auf Zahlung einer Konventionalstrafe** entstanden sind (OGH 8 ObS 12/09m, SSV-NF 23/85 = ARD 6069/5/2010).

Die zusätzliche **Verfolgung der Ansprüche des AN einer KG** auch **gegen deren Komplementär-GmbH** ist **nicht zweckentsprechend** iSd § 1 Abs 2 Z 4 IESG, weshalb kein Anspruch auf Insolvenz-Entgelt für diesbezügliche Kosten zusteht (OGH 8 ObS 2327/96, DRdA 1997, 228 = infas 1997 A 60).

Kein Insolvenz-Entgelt gebührt für Prozesskosten, die **zehn Tage nach der Verständigung des Klagsvertreters von der Abweisung des Antrags auf**

Insolvenzverfahrenseröffnung mangels Masse – und damit vom Vorliegen eines Sicherungstatbestands – für die **Erwirkung eines Zahlungsbefehls** gegen den Arbeitgebervertreter aufgewendet werden (OGH 8 ObS 2/96, infas 1996 A 112 = wbl 1996, 284; *Liebeg*, IESG[3] § 1 Rz 461). Nicht „notwendig" sind in ähnlicher Weise die Kosten einer **(Mahn-)Klage,** wenn bereits die **formellen Voraussetzungen für die Beantragung von Insolvenz-Entgelt** gegeben sind (OGH 8 ObS 412/97i, infas 1998 A 123 = wbl 1998, 361; 8 ObS 107/98p, infas 1999 A 13 = SSV-NF 12/128).

Ebenso wenig einer Sicherung zugänglich sind die der Vorbereitung eines Arbeitsgerichtsprozesses dienenden „**Generalunkosten" für Fahrt- und Telefonspesen des AN** (OGH 8 ObS 6/06z, infas 2006 A 70 = ARD 5694/2/2006).

Ein Kostenersatzanspruch nach dem IESG ist im Falle einer **Entlassungsanfechtung** ausgeschlossen, da gem der ausdrücklichen Anordnung des § 58 Abs 1 ASGG bei **betriebsverfassungsrechtlichen Rechtsstreitigkeiten** ein **Kostenersatzanspruch** in erster und zweiter Instanz **ausgeschlossen** ist. Das gilt auch dann, wenn sich die Parteien – aus welchen Gründen auch immer – über einen derartigen Kostenersatz außergerichtlich vergleichsweise geeinigt haben (OGH 8 ObS 273/99a, SSV-NF 14/13). Anders ist das im Falle einer Klage auf **Feststellung des aufrechten Bestandes eines Dienstverhältnisses;** dies ist kein Fall des § 58 Abs 1 ASGG, womit Kostensicherung iSd IESG gegeben ist (OGH 8 ObS 8/07w, SSV-NF 21/54 = ASoK 2008, 73).

Da nur die zur zweckentsprechenden Rechtsverfolgung notwendigen Kosten des AN, nicht aber jene dritter Personen gesichert sind, gebührt für den **pauschalierten Aufwandersatz,** der der **gesetzlichen Interessenvertretung oder freiwilligen Berufsvereinigung** zusteht (§ 58a ASGG), **kein Insolvenz-Entgelt** (OGH 8 ObS 107/01w, Arb 12.174).

Der **Kostenberechnung** ist der dem AN gebührende **Bruttobetrag** seiner Ansprüche zu Grunde zu legen, wobei vorauszusetzen ist, dass der entsprechende Nettobetrag im Verfahren nach dem IESG als berechtigt erkannt wurde (VwGH 83/11/0183, Arb 10.470; 84/11/0314, ZfVB 1986/1318; 84/11/0153, ZfVB 1987/628). Bereits geleistete Nettoteilzahlungen sind davon abzuziehen (OGH 8 ObS 10/12x, DRdA 2013, 432 = ARD 6310/4/2013; 8 ObS 11/12v, infas 2013 A 64).

Zu beachten ist, dass im Falle der Eröffnung eines Insolvenzverfahrens jene Kosten, die angemeldet werden können, auch tatsächlich **angemeldet werden müssen** und dabei **näher zu konkretisieren** sind (OGH 9 ObS 2/89, SZ 62/50 = ARD 4085/1/89; VwGH 3211/79, Arb 9892; s auch Rz 324 sowie allg Rz 399 ff).

6. Ausgeschlossene Ansprüche

332 Die gesicherten Ansprüche des AN müssen aufrecht bestehen und dürfen nicht verjährt sein (s Rz 178 ff, 183 ff). Ebenso dürfen sie nicht gem § 1 Abs 3 iVm Abs 4 und 4a IESG ausgeschlossen sein. Der Ausschluss iSd G ist in folgenden Fällen gegeben:
- wenn der Anspruch durch eine iSd AnfO bzw IO anfechtbare Rechtshandlung erworben wurde (§ 1 Abs 3 Z 1 IESG; dazu Rz 334 ff);
- wenn der Anspruchsberechtigte iZm der Insolvenz nach § 1 Abs 1 IESG wegen einer im § 11 Abs 3 IESG angeführten Straftat verurteilt wird (Z 1a leg cit; s Rz 345 ff);
- wenn der Anspruch auf einer Einzelvereinbarung beruht, die nach dem Antrag auf Eröffnung des Insolvenzverfahrens oder auf Anordnung der Geschäftsaufsicht oder in den letzten sechs Monaten vor der Eröffnung des Insolvenzverfahrens oder der Anordnung der Geschäftsaufsicht bzw der Kenntnis vom Beschluss nach § 1 Abs 1 Z 2 – 6 IESG abgeschlossen wurde, soweit die Ansprüche über den durch G, KollV oder BV zustehenden Anspruch oder die betriebsübliche Entlohnung hinausgehen oder auf sonstigen Besserstellungen beruhen, wenn die höhere Entlohnung sachlich nicht gerechtfertigt ist (Z 2 leg cit; s Rz 348 ff);
- für den Anspruch auf Kündigungsentschädigung, sofern dieser Anspruch das Entgelt für den Zeitraum von drei Monaten übersteigt, hinsichtlich jenes Betrags, den der AN infolge des Unterbleibens der Arbeitsleistung erspart oder durch anderweitige Verwendung erworben oder zu erwerben absichtlich versäumt hat (Z 3; s Rz 357 ff);
- für Ansprüche auf laufendes Entgelt, wenn für denselben Zeitraum Anspruch auf Kündigungsentschädigung nach § 1 Abs 3 Z 3 IESG (s oben) besteht, es sei denn, dass im Insolvenzverfahren die Insolvenzmasse, ansonsten der AG nicht in der Lage ist, das laufende Entgelt zT oder zur Gänze dem Anspruchsberechtigten zu zahlen, höchstens jedoch bis zum Zeitpunkt des arbeitsrechtlich frühestmöglichen Austritts wegen Vorenthaltung des gebührenden Entgelts (Z 3a leg cit; s Rz 363 ff);
- für Entgeltansprüche – ausgenommen die in § 1 Abs 4a IESG genannten Abfertigungen (s gleich unten) –, wenn der als Insolvenz-Entgelt begehrte Bruttobetrag im Zeitpunkt der bedungenen Zahlung den Grenzbetrag iSd § 1 Abs 4 IESG übersteigt (Z 4 leg cit; s Rz 366 ff);
- für Ansprüche nach § 1 Abs 2 IESG, sofern auf Grund gesetzlicher Anordnung ein anderer als der AG zur Zahlung verpflichtet ist (Z 5 leg cit; s Rz 391 ff);

- für Ansprüche nach dem BPG gegenüber einer Pensionskasse iSd PKG oder einem Unternehmen gem § 1 Abs 1 Z 1, 2, 4 oder 5 VAG (Z 6 leg cit; s Rz 396 ff);
- für Ansprüche auf Abfertigung nach den §§ 23 f AngG oder gleichartigen österr Rechtsvorschriften, sofern diese den Grenzbetrag iSd § 1 Abs 4a IESG übersteigen (s Rz 380 ff).

Hinzuweisen ist darauf, dass eine Sicherung auch aus allgemeinen zivilrechtlichen Erwägungen, insb vor dem Hintergrund des § 879 ABGB, „ausgeschlossen" sein kann (ausführlich dazu Rz 432 ff). **333**

6.1 Anfechtbare Rechtshandlungen

§ 1 Abs 3 Z 1 IESG versagt jenen an sich gesicherten Ansprüchen den Schutz des G, die durch eine anfechtbare Rechtshandlung iSd **IO** (s Rz 335 ff) oder iSd **AnfO** (Rz 344) erworben wurden. **334**

Die **Anfechtung iSd IO** verfolgt den Zweck, gewisse Rechtshandlungen, die bereits vor Eröffnung des Insolvenzverfahrens vorgenommen worden sind und das Vermögen des Schuldners betreffen, den Insolvenzgläubigern gegenüber für unwirksam zu erklären (vgl § 27 IO). Der Masse sollen dadurch Vermögensbestandteile wieder zugeführt werden, um die Gläubiger vor Rechtsnachteilen zu schützen. Die Verkehrssicherheit muss vor allem dann gegenüber dem Gläubigerschutz zurücktreten, wenn der von der Anfechtung Betroffene vorwerfbar gehandelt hat. Während jedoch der Insolvenzmasse ein Rückgewährungsanspruch zusteht, bleibt die angefochtene Rechtshandlung zwischen dem Schuldner und dem Anfechtungsgegner aufrecht, dh die Anfechtung begründet nur relative Unwirksamkeit den Insolvenzgläubigern gegenüber (*Bartsch/Heil*, Insolvenzrecht[4] 167). **335**

Die Insolvenzanfechtung setzt grundsätzlich eine **vor Verfahrenseröffnung getätigte Rechtshandlung**, die nicht nur Rechtsgeschäfte, sondern auch prozessuale Akte und Willensbetätigungen anderer Art (zB Unterlassungen) umfassen kann, voraus, sofern dadurch das zur Befriedigung der Gläubiger verfügbare Vermögen des Schuldners beeinträchtigt wurde (vgl § 27 IO). Es liegt jedoch auf der Hand, dass aus Gründen der Rechtssicherheit nicht jede die Masse benachteiligende Rechtshandlung für anfechtbar erklärt werden kann. Daher muss die Schmälerung des Schuldnervermögens unter solchen Umständen erfolgt sein, dass einer der in den §§ 28 – 31 IO umschriebenen **Anfechtungstatbestände** erfüllt wird (s Rz 339 ff). Schließlich muss die Anfechtung „**befriedigungstauglich**" sein, sie muss also geeignet sein, eine Leistung an die Insolvenzmasse herbeizuführen, die ihrerseits die Befriedigungsaussichten der Gläubiger verbessert (OGH 7 Ob 513/80, SZ 53/31; 1 Ob 555/86, SZ 59/114 = JBl 1987, 46; 6 Ob 581/87, RdW 1988, 354; 4 Ob 548/88, wbl 1988, 404). **336**

§ 1 IESG

337 Zur **Ausübung** der Anfechtungsansprüche nach der IO ist ausschließlich der **Insolvenzverwalter** berechtigt (§ 37 Abs 1 IO). Insolvenzgläubiger können weder bereits anhängige Anfechtungsverfahren, die vor Verfahrenseröffnung nach der AnfO eingeleitet wurden (dazu Rz 344), fortsetzen noch auf Grund bereits ergangener Entscheidungen über ihre Anfechtungsansprüche Exekution führen (§ 37 Abs 2 IO); auch die Einleitung eines neuen Anfechtungsverfahrens ist ihnen nicht möglich. Hinsichtlich anhängiger Streitigkeiten, die durch die Insolvenzverfahrenseröffnung unterbrochen werden, steht dem Insolvenzverwalter das Wahlrecht zwischen Ablehnung und Eintritt zu (§ 37 Abs 3 IO). Er kann jedoch trotz Ablehnung wegen desselben Anspruchs eine Anfechtungsklage nach der IO erheben (§ 37 Abs 4 IO). Die klagsweise Geltendmachung durch den Insolvenzverwalter ist auf den Zeitraum eines Jahres nach der Insolvenzverfahrenseröffnung beschränkt (§ 43 Abs 2 IO); nach Ablauf dieser Frist kann der Anfechtungsanspruch nur noch mittels Einrede geltend gemacht werden.

Diese Einschränkungen der Geltendmachung spielen allerdings im Bereich des IESG keine Rolle: Für den Wegfall der Sicherung genügt nämlich **Anfechtbarkeit** der Rechtshandlung, die zum Anspruchserwerb geführt hat; eine tatsächliche Anfechtung muss nicht erfolgen. Somit hat das Verstreichen der Anfechtungsfrist keinen Einfluss auf den Verlust der Sicherung, da es genügt, dass die Forderung seinerzeit in anfechtbarer Weise erworben wurde. Der IEF-Service GmbH bzw im Rahmen der sukzessiven Kompetenz dem Gericht ist es daher möglich, die Frage des anfechtbaren Erwerbs selbst bei titulierten Forderungen selbständig zu prüfen, wenn die Anfechtbarkeit im Titelprozess mangels einer entsprechenden Einwendung unbehandelt blieb (OGH 9 ObS 19/89, ZAS 1991/14, 165 *[Rechberger]* = DRdA 1990, 470).

338 Ein Verlust der Sicherung tritt nur ein, wenn die **anspruchsbegründende Rechtshandlung** an sich **anfechtbar** ist. Sind nur Erfüllungshandlungen des Schuldners anfechtbar, muss etwa der AN empfangenes Entgelt an die Masse herausgeben, bleibt er dennoch mit seiner dem Grunde nach unanfechtbaren Forderung gesichert (OGH 9 ObA 314/88, ZAS 1989/23, 177 *[Fink]* = wbl 1989, 192).

339 Die **IO** kennt **vier Anfechtungstatbestände:** die Absichtsanfechtung (§ 28 IO; s Rz 340), die Anfechtung wegen Unentgeltlichkeit (§ 29 IO; Rz 341), die Begünstigungsanfechtung (§ 30 IO; Rz 342) sowie die Anfechtung wegen Kenntnis der Zahlungsunfähigkeit (§ 31 IO; Rz 343).

Grundsätzlich hat der **Anfechtende** das **Vorliegen sämtlicher Tatbestandsmerkmale zu beweisen.** Handelt es sich beim Anfechtungsgegner jedoch um einen **nahen Angehörigen** iSd § 32 IO, so gilt **Beweislastumkehr:** Der Insolvenzverwalter hat nur das Vorliegen des objektiven Tatbestands zu beweisen, während die Kenntnis oder verschuldete Unkenntnis des Anfechtungsgegners vermutet wird. Es ist dann dessen Sache, die Anfechtung durch Erbringung des Gegenbeweises abzuwenden.

Bei der **Absichtsanfechtung** kann eine **Rechtshandlung,** die in der **Absicht, die Gläubiger zu benachteiligen,** getätigt wurde, angefochten werden,
- wenn sie **innerhalb von zehn Jahren vor Insolvenzverfahrenseröffnung** gesetzt wurde und die **Benachteiligungsabsicht** dem anderen Teil zum Zeitpunkt des Vertragsabschlusses **bekannt** war (§ 28 Z 1 IO),
- wenn sie innerhalb von **zwei Jahren** vor Insolvenzverfahrenseröffnung gesetzt wurde und dem anderen Teil die Benachteiligungsabsicht bloß **bekannt sein musste** (§ 28 Z 2 IO), oder
- wenn sie innerhalb von **zwei Jahren** vor Insolvenzverfahrenseröffnung gegenüber dem **Ehegatten** – vor oder während der Ehe – oder gegenüber anderen **nahen Angehörigen** oder zu Gunsten der genannten Personen gesetzt wurde, es sei denn, dem anderen Teil war die **Benachteiligungsabsicht weder bekannt noch musste sie** ihm **bekannt sein** (§ 28 Z 3 IO).

340

Zur Absichtsanfechtung zählt auch die **Verschleuderungsanfechtung,** nach der die im letzten Jahr vor Insolvenzverfahrenseröffnung vom Schuldner eingegangenen Kauf-, Tausch- oder Lieferverträge anfechtbar sind, sofern der andere Teil in dem Geschäft eine die Gläubiger benachteiligende Vermögensverschleuderung erkannte oder erkennen musste (§ 28 Z 4 IO).

Im gegebenen Zusammenhang wären Fälle der Absichtsanfechtung dann denkbar, wenn der AG im Wege besonders lukrativer Arbeitsverhältnisse versucht, sein Vermögen auf nahe Angehörige zu verschieben. Deren auf diese Weise entstandenen Entgeltansprüche wären bei Kenntnis (§ 28 Z 1 IO) oder Kennenmüssen (§ 28 Z 3 IO) von der Benachteiligungsabsicht auf Seiten der Angehörigen anfechtbar und daher nicht gesichert.

Die **Anfechtung wegen Unentgeltlichkeit** betrifft unentgeltliche Verfügungen des Schuldners mit Ausnahme von Pflicht- und Anstandsschenkungen (§ 29 Z 1 IO) sowie den Erwerb von Sachen des Schuldners im Wege der Exekution, wenn das Entgelt aus Mitteln des Schuldners geleistet worden ist (§ 29 Z 2 IO).

341

Unentgeltlich ist eine Verfügung dann, wenn der Handelnde dafür kein Entgelt oder nur ein Scheinentgelt erhält, wenn also einer Zuwendung nach dem Inhalt des Rechtsgeschäfts keine wirkliche Gegenleistung gegenübersteht. Entgeltlich sind Rechtsgeschäfte daher dann, wenn nach ihrem Inhalt der Verpflichtung des einen Teils die Verpflichtung des anderen zu einer Gegenleistung gegenübersteht, die nach der Einschätzung der Parteien ein Gegenwert iS eines Äquivalents ist.

§ 1 IESG

Wenn ein Vater mit seinem 22-jährigen Sohn einen Arbeitsvertrag abschließt, demzufolge der Sohn mit einem deutlich überhöhten Monatsgehalt angestellt wird und zugleich zehn Jahre an Vordienstzeiten für die Abfertigung angerechnet werden, ist der Anspruch auf Insolvenz-Entgelt für die Abfertigung schon gem § 1 Abs 3 Z 1 IESG ausgeschlossen, da der Anfechtungstatbestand des § 29 Z 1 IO erfüllt ist (vgl OGH 9 ObS 19/89, ZAS 1991/14, 165 *[Rechberger]* = DRdA 1990, 470; s aber auch Rz 387).

342 Im Rahmen der **Begünstigungsanfechtung** geht es primär um Erfüllungshandlungen, mit denen der Schuldner seine Pflicht zur Gleichbehandlung aller Gläubiger verletzt. Anfechtbar ist demnach eine nach Eintritt der Zahlungsunfähigkeit, nach dem Antrag auf Insolvenzverfahrenseröffnung oder in den letzten 60 Tagen davor vorgenommene Sicherstellung oder Befriedigung eines Gläubigers, die er nicht bzw nicht in der Art oder der Zeit zu beanspruchen hatte (sog **inkongruente Deckung**), wodurch er vor anderen Gläubigern objektiv begünstigt wird (§ 30 Abs 1 Z 1 IO), oder die ihm zwar das gewährt, was ihm geschuldet wird **(kongruente Deckung)**, allerdings in der Absicht des Schuldners geschieht, ihn gegenüber anderen Gläubigern besserzustellen. Die angesprochene Begünstigungsabsicht des Schuldners muss dem Begünstigten bekannt gewesen sein oder hätte ihm bekannt sein müssen; bzgl naher Angehöriger gilt wiederum Beweislastumkehr (vgl § 30 Abs 1 Z 2 und 3 IO). Die gegenständliche Anfechtung ist ausgeschlossen, wenn die Begünstigung früher als ein Jahr vor Insolvenzverfahrenseröffnung stattgefunden hat (§ 30 Abs 2 IO).

Hat zB ein AN das Entgelt zum vereinbarten oder zu einem Zeitpunkt erhalten, der nach der Verkehrsauffassung im zeitlichen Zusammenhang mit der erbrachten Arbeitsleistung steht, scheidet eine Anfechtung nach § 30 Abs 1 Z 1 IO aus. Hat ein AN das Entgelt bereits früher als vereinbart bekommen, wäre zwar die Inkongruenz dieser Zahlungen begründet, nicht aber deren Anfechtbarkeit. Zug-um-Zug-Leistungen sind nämlich grundsätzlich auch dann anfechtungsimmun, wenn Inkongruenz vorliegt (s *König*, ÖBA 1989, 18; *Fink*, ÖJZ 1985, 441). Erst wenn die **Zahlung des Arbeitsentgelts** für einen bestimmten Verrechnungsabschnitt **so spät** nach dem Eintritt der Fälligkeit erfolgt, dass der **notwendige zeitliche Zusammenhang mit den** bereits **erbrachten Arbeitsleistungen** nach der Verkehrsauffassung **nicht mehr als gegeben** angesehen werden kann – was der Fall ist, wenn das auf einen bestimmten Verrechnungszeitraum entfallende Arbeitsentgelt erst nach Ablauf der nächstfolgenden Verrechnungsperiode gezahlt wird – ist diese **Zahlung anfechtbar** (OGH 4 Ob 514/88, DRdA 1989, 54 = infas 1989 A 34; 9 ObA 314/88, ZAS 1989/23, 177 *[Fink]* = wbl 1989, 192). Dieser Umstand bleibt jedoch **ohne Einfluss auf die Sicherung,** weil der **Anspruch selbst** ja **in unanfechtbarer Weise erworben** wurde. Der Fonds ist allerdings zur Rückzahlung an die Masse verpflichtet (§ 7 Abs 7 IESG; s § 7 Rz 22 ff). Auch wird vorgesehen, dass diesfalls die Frist zur Beantragung von Insolvenz-Entgelt erst ab Zustellung der Klage an den AN zu laufen beginnt (§ 6 Abs 1 Z 3 IESG; s § 6 Rz 6).

Die **Anfechtung wegen Kenntnis der Zahlungsunfähigkeit** betrifft fol- 343
gende nach Eintritt der Zahlungsunfähigkeit oder nach dem Antrag auf Eröffnung des Insolvenzverfahrens vorgenommene Rechtshandlungen:
– Rechtshandlungen, durch die ein naher Angehöriger des Schuldners für seine Insolvenzforderung Sicherstellung oder Befriedigung erlangt, und alle vom Schuldner mit diesen Personen eingegangenen, für die Gläubiger nachteiligen Rechtsgeschäfte, es sei denn, dass dem nahen Angehörigen bei der Sicherstellung oder Befriedigung oder bei einem unmittelbar nachteiligen Rechtsgeschäft die Zahlungsunfähigkeit oder der Eröffnungsantrag weder bekannt war noch bekannt sein musste und dass bei einem sonst nachteiligen Rechtsgeschäft zudem der Eintritt eines Nachteils objektiv nicht vorhersehbar war (§ 31 Abs 1 Z 1 IO; Beweislastumkehr bei nahen Angehörigen);
– Rechtshandlungen, durch die ein anderer Insolvenzgläubiger Sicherstellung oder Befriedigung erlangt, sowie alle vom Schuldner mit anderen Personen eingegangenen, für die Gläubiger unmittelbar nachteiligen Rechtsgeschäfte, wenn dem anderen Teil die Zahlungsunfähigkeit oder der Eröffnungsantrag bekannt war oder bekannt sein musste (Z 2 leg cit);
– alle vom Schuldner mit anderen Personen eingegangenen, für die Gläubiger nachteiligen Rechtsgeschäfte, wenn dem anderen Teil die Zahlungsunfähigkeit oder der Eröffnungsantrag bekannt war oder bekannt sein musste und der Eintritt eines Nachteils für die Insolvenzmasse objektiv vorhersehbar war. Eine solche objektive Vorhersehbarkeit liegt insb dann vor, wenn ein Sanierungskonzept offensichtlich untauglich war (§ 31 Abs 1 Z 3 IO).

Die Anfechtbarkeit besteht nur dann, wenn die genannten Rechtshandlungen innerhalb der letzten sechs Monate vor Insolvenzverfahrenseröffnung vorgenommen worden sind (§ 31 Abs 2 IO).

IdS kann vor allem der **Arbeitsvertrag selbst** anfechtbar sein, wenn dem AN bei Abschluss die Zahlungsunfähigkeit bekannt war oder zumindest bekannt sein musste (VwGH 82/11/0387, VwSlgNF A 11.808 = RdW 1986, 120; 85/11/0203, ZfVB 1988/958). Ist dies der Fall, so sind Forderungen aus diesem Arbeitsvertrag nicht gesichert.

Die Judikatur hat aber auch die Anfechtbarkeit des eine BV darstellenden **Sozialplans** (§ 97 Abs 1 Z 4 iVm § 109 Abs 3 ArbVG) anerkannt. Kommen nämlich die Betriebspartner angesichts einer sich bereits abzeichnenden Insolvenz des BI noch vor Eröffnung des Insolvenzverfahrens überein, zu Gunsten der AN einen großzügigen Sozialplan zu installieren, um den AN so im zu erwartenden Insolvenzverfahren eine möglichst gute Position zu verschaffen, könnte der Insolvenzverwalter in diesem Vorgehen eine gezielte Benachteiligung der Interessen aller Gläubiger sehen und den Sozialplan nach § 31 Abs 1 Z 2 IO anfechten. Bei der Beurteilung der Frage, ob dem Vertragspartner des Schuldners die Zahlungsunfähigkeit bekannt war oder bekannt sein musste, kommt es in diesem Fall nur auf die Kenntnis (das Kennenmüssen) der Mitglieder des BR als Vertragspartner des BI an. Ansprüche aus einem solchen Sozialplan beruhen somit auf einer anfechtbaren Rechtshandlung und sind nicht gesichert (OGH 9 ObS 6, 7/90, ZAS 1991/15, 169 *[Klicka]* = DRdA 1990, 470). Hinzu kommt, dass der OGH Sozialpläne unter bestimmten Voraussetzungen deshalb als nichtig betrachtet, weil sie angesichts der sich abzeichnenden Zahlungsunfähigkeit des AG Zusatzleistungen für ausscheidende AN vorsehen, die zu Lasten des Fonds zu befriedigen sein werden (s dazu Rz 436).

344   Die **Anfechtung außerhalb des Insolvenzverfahrens** ist in der **AnfO** geregelt. Wird zB kein Insolvenzverfahren eröffnet, sondern lediglich ein Eröffnungsantrag mangels kostendeckenden Vermögens abgewiesen, so ist für die (anfechtungsrechtliche) Beurteilung der Frage, ob eine „anfechtbare Rechtshandlung" vorliegt, ausschließlich die AnfO und nicht die IO heranzuziehen (vgl VwGH 82/11/0387, VwSlgNF A 11.808 = RdW 1986, 120). Nach der AnfO können Rechtshandlungen, die das Vermögen des Schuldners verringern, angefochten werden, wenn eine Exekution in das Vermögen des Schuldners nicht zur vollständigen Befriedigung des Gläubigers geführt hat oder anzunehmen ist, dass sie zu einer solchen nicht führen wird (vgl § 8 AnfO). Eine Unwirksamerklärung von Rechtshandlungen ist nur möglich, wenn kein Insolvenzverfahren anhängig ist oder zwar ein solches vorliegt, der Gegenstand der Anfechtung jedoch nicht in die Insolvenzmasse zu leisten ist. Absonderungsberechtigte können daher auch während des Insolvenzverfahrens ihre Anfechtungsansprüche nach der AnfO geltend machen (§ 37 Abs 5 KO). Während im Insolvenzverfahren die Berechtigung zur Anfechtung ausschließlich dem Insolvenzverwalter zusteht, wird die Anfechtung nach der AnfO vom Gläubiger selbst ausgeübt.

Die Bestimmungen der AnfO, insb auch die dort angesprochenen Anfechtungstatbestände, decken sich im Wesentlichen mit den entsprechenden Bestimmungen der IO. Insoweit Gleichartigkeit der Anfechtungstatbestände besteht, kommt es auf eine allenfalls unrichtige Zitierung von Bestimmungen der AnfO anstelle jener der IO nicht an (VwGH 88/11/0059, ZfVB 1989/907). Die Tatbestände der Begünstigungsanfechtung (§ 30 IO) und der Anfechtung wegen Kenntnis der Zahlungsunfähigkeit (§ 31 IO) kennt die

AnfO allerdings nicht. Da es aber gerade diese beiden Anfechtungstatbestände sind, die iZm der Sicherung nach dem gegenständlichen G die größte Rolle spielen, wird die Anfechtbarkeit nach der AnfO als Sicherungsausschluss keine besondere Bedeutung erlangen. Dazu kommt weiters, dass Voraussetzung der Anfechtbarkeit der Umstand ist, dass eine Exekution eines Gläubigers in das Vermögen des Schuldners zu keiner vollständigen Befriedigung geführt hat oder anzunehmen ist, dass sie zu einer solchen nicht führen wird. All dies sind Umstände, die sich der Kenntnis der IEF-Service GmbH idR entziehen werden, sofern nicht die Sicherungstatbestände nach § 1 Abs 1 Z 2, 3 oder 6 IESG vorliegen.

Die IEF-Service GmbH hat die Prüfung, ob ein Anspruch wegen Vorliegens eines Anfechtungstatbestands ausgeschlossen ist, nach folgenden Grundsätzen vorzunehmen: Wurde über die Anfechtung gerichtlich entschieden, so ist die für die Auszahlung des Insolvenz-Entgelts zuständige IEF-Service GmbH idR an die gerichtliche Entscheidung gebunden (vgl § 7 Abs 1 IESG). Im Übrigen hat die IEF-Service GmbH die Rechtslage nach eigener Anschauung zu beurteilen und diese ihrer Entscheidung zu Grunde zu legen (vgl OGH 9 ObS 19/89, ZAS 1991/14, 165 *[Rechberger]* = DRdA 1990, 470). Sie kann aber auch das Verfahren bis zur rechtskräftigen Entscheidung der Vorfrage durch das Gericht aussetzen, wenn die Frage der Anfechtung schon den Gegenstand eines anhängigen Verfahrens bildet oder ein solches Verfahren gleichzeitig anhängig gemacht wird (§ 38 AVG). Wird in der Folge der Anfechtungstatbestand vom Gericht rechtskräftig verneint und hat die IEF-Service GmbH durch ihren Bescheid die Auszahlung des Insolvenz-Entgelts verweigert, so kann der betroffene Anspruchsberechtigte als Partei die Wiederaufnahme des Verfahrens gem § 68 Abs 1 lit c AVG beantragen (zur Kostensicherung bei Anfechtungsprozessen s Rz 326).

6.2 Ausschluss wegen strafrechtlicher Verurteilung des Anspruchsberechtigten

345 Durch BGBl I 2005/102 wurde der Ausschlusstatbestand des § 1 Abs 3 Z 1a IESG ins G eingefügt (zum Inkrafttreten § 17a Rz 47). Der Ausschluss an sich gem § 1 Abs 2 IESG gesicherter Ansprüche ist demnach dann gegeben, wenn der Anspruchsberechtigte iZm der Insolvenz iSd § 1 Abs 1 IESG wegen einer im § 11 Abs 3 IESG angeführten Straftat verurteilt wird. Laut Materialien (ErläutRV 946 BlgNR 22. GP 3) soll der mögliche Zugriff in anderes Vermögen als das des AG zur Hereinbringung der vom IEF bezahlten Gelder wegen diverser Verurteilungen (diverse Krida- und Betrugstatbestände) um die neuen Sozialbetrugstatbestände im StGB erweitert werden; liegen derartige Verurteilungen vor, soll kein Anspruch auf Insolvenz-Entgelt mehr bestehen, erfolgt die Verurteilung nach der Zuerkennung des Insolvenz-

Entgelts, kann dieses rückgefordert werden. Der Ausschluss erfolgt offensichtlich deshalb, weil der Anspruchsberechtigte durch sein strafbares Verhalten idR (wesentlich) zur Insolvenz beigetragen haben wird. Damit soll auch dem Art 10 InsolvenzRL über Missbrauchsvermeidung Rechnung getragen werden (ErläutRV 946 BlgNR 22. GP 6; vor dem Hintergrund der unionsrechtlichen Vorgaben skeptisch zu überschießenden Passagen der Regelung *Liebeg,* IESG³ § 1 Rz 487).

346 Der Ausschlusstatbestand des § 1 Abs 3 Z 1a IESG setzt also zunächst voraus, dass eine strafrechtliche Verurteilung des (an sich) Anspruchsberechtigten **„iZm einer Insolvenz" iSd § 1 Abs 1 IESG** vorliegt. Eine unmittelbare Schädigung des IEF durch die Straftat ist nicht erforderlich (vgl auch OGH 4 Ob 151/15g). Nicht damit im Zusammenhang stehende, wenn auch einschlägige und zeitgleich stattfindende strafrechtliche Verurteilungen sind irrelevant.

Die Verurteilung muss **wegen einer in § 11 Abs 3 IESG angeführten Straftat** erfolgt sein. Es geht also um schweren Betrug (§ 147 StGB), gewerbsmäßigen Betrug (§ 148 StGB), Vorenthalten von Dienstnehmerbeiträgen zur SV (§ 153c StGB), betrügerisches Vorenthalten von Sozialversicherungsbeiträgen und Zuschlägen nach dem BUAG (§ 153d StGB), organisierte Schwarzarbeit (§ 153e StGB), Sachwucher (§ 155 StGB), betrügerische Krida (§ 156 StGB), Schädigung fremder Gläubiger (§ 157 StGB) und Begünstigung eines Gläubigers (§ 158 StGB). Der Anspruchsberechtigte (AN, freier DN iSd § 4 Abs 4 ASVG, Heimarbeiter etc) wird hier idR Beitragstäter sein.

Liegen diese Tatbestandsvoraussetzungen vor, so kommt es zum **Ausschluss sämtlicher** an sich nach IESG **gesicherten Ansprüche.**

347 In Bezug genommen wird § 1 Abs 3 Z 1a IESG auch in § 9 Abs 1 S 2 IESG, wo es in Ergänzung der gegenständlichen Bestimmung um die Erlassung eines entsprechenden **Rückforderungsbescheides** binnen fünf Jahren ab Kenntnis des maßgeblichen Sachverhalts durch die IEF-Service GmbH geht (dazu § 9 Rz 10 und 1).

6.3 Ausschluss einzelvertraglicher Ansprüche

348 Gem § 1 Abs 3 Z 2 IESG gebührt für gesicherte Ansprüche, die auf einer innerhalb bestimmter Zeiträume abgeschlossenen Individualvereinbarung beruhen, kein Insolvenz-Entgelt, sofern nicht die arbeitsvertragliche Regelung gewisse Anforderungen erfüllt. Durch diese Bestimmung soll vermieden werden, dass in engem Zusammenhang mit einem Sicherungstatbestand Arbeitnehmeransprüche gleichsam zu Lasten des IEF vereinbart werden (s ErläutRV 464 BlgNR 14. GP 8).

349 **Im verpönten Zeitraum zustande gekommen** ist eine Individualvereinbarung dann, wenn sie

– nach dem Antrag auf Eröffnung des Insolvenzverfahrens oder auf Anordnung der Geschäftsaufsicht (§ 1 Abs 3 Z 2 lit a IESG) oder
– in den letzten sechs Monaten vor der Eröffnung des Insolvenzverfahrens oder der Anordnung der Geschäftsaufsicht bzw vor der Kenntnis vom nach § 1 Abs 1 Z 2 – 6 IESG gleichgestellten Beschluss (§ 1 Abs 3 Z 2 lit b IESG)

abgeschlossen wurde.

§ 1 Abs 3 Z 2 lit a IESG stellt auf jenen **Insolvenztatbestand, auf den sich** der **Antrag auf Insolvenz-Entgelt bezieht,** und nicht auf frühere Insolvenztatbestände ab (VwGH 85/11/0124, VwSlgNF A 12.306 = ÖJZ 1987, 598; Analoges wird auch für § 1 Abs 3 Z 2 lit b IESG gelten). Für die Erfüllung jener Ausschlussfälle des § 1 Abs 3 Z 2 lit a und b IESG, die an den Antrag auf Verfahrenseröffnung bzw an die Eröffnung selbst anknüpfen, kommt es nur auf die **objektive Tatsache des Abschlusses der Einzelvereinbarung** im davon ausgehend ermittelten Zeitraum, nicht jedoch auf das Kennen oder Kennenmüssen dieser Umstände durch den AN an (s VwGH 82/11/0387, VwSlgNF A 11.808 = RdW 1986, 120). Hinsichtlich der Beschlüsse nach § 1 Abs 1 Z 2 – 6 IESG (zB Ablehnung eines Antrags auf Eröffnung des Insolvenzverfahrens mangels hinreichenden Vermögens) hingegen sieht § 1 Abs 3 Z 2 lit b IESG vor, dass die maßgebliche Frist sechs Monate von der **Kenntnis des AN vom jeweiligen Beschluss** zurückzurechnen ist.

§ 1 Abs 3 Z 2 IESG beschränkt gewisse auf **Einzelvereinbarung** beruhende Ansprüche. Rechtsgrundlage muss demnach die individuelle, zwischen AN und AG geschlossene arbeitsvertragliche Regelung sein. **350**

Wird für das Arbeitsverhältnis eines Arbeiters innerhalb der vom IESG genannten Zeiträume die **Anwendung des AngG vereinbart** (sog „Ehrenangestellter" oder „Angestellter ex contractu"), so basiert diese Gestaltung auf Individualvereinbarung. Ein Anspruch auf Insolvenz-Entgelt kann daher nicht auf das AngG gegründet werden. Wurde auch die Anwendung des betreffenden Angestelltenkollektivvertrags vereinbart, so ist für das Insolvenz-Entgelt ebenfalls nicht dieser KollV die maßgebliche Rechtsgrundlage. Es muss nach allgemeinen Grundsätzen auf die für Arbeiter geltenden zwingenden Rechtsquellen (G, Arbeiterkollektivvertrag, BV) abgestellt werden, es sei denn, die von § 1 Abs 3 Z 2 IESG aufgestellten Voraussetzungen für eine darüber hinausgehende Sicherung (s Rz 354 f) sind erfüllt.

Entsprechendes gilt für Ansprüche, die ihren Ursprung in einer vom ArbVG oder einem SonderG nicht gedeckten und damit an sich nichtigen BV haben, die aber ausgehend von dieser als „Richtlinie" anzusehenden sog **freien BV** ausdrücklich oder konkludent zum Inhalt der Einzelarbeitsverträge wurden (s OGH 9 ObS 5/91, ARD 4307/10/91; allg *Reissner* in ZellKomm[3] § 29 ArbVG Rz 17 ff mwN).

§ 1 IESG

§ 1 Abs 3 Z 2 IESG betrifft grundsätzlich auch innerhalb des maßgeblichen Zeitraumes vorgenommene **vertragliche Vordienstzeitenanrechnungen:** Sofern nicht einschlägige Anrechnungsbestimmungen im G (insb § 23 Abs 1 S 3 AngG; s Rz 236), im KollV oder in der BV vorhanden sind, die Anforderungen des § 3 Abs 3 S 2 IESG erfüllt sind (dazu § 3 Rz 31) oder die ausnahmsweise Anerkennung aus § 1 Abs 3 Z 2 IESG selbst resultiert, sind der IESG-Sicherung nur die Dienstzeiten im letzten, zum nunmehr iSd IESG insolventen AG bestehenden Arbeitsverhältnis zu Grunde zu legen.

Anders ist die Rechtslage im Falle eines **Betriebsübergangs:** Geht ein Unternehmen, Betrieb oder Betriebsteil auf einen anderen Inhaber über, so tritt dieser als AG mit allen Rechten und Pflichten in die im Zeitpunkt des Übergangs bestehenden Arbeitsverhältnisse ein (§ 3 Abs 1 AVRAG; allg dazu *Holzer/Reissner*, AVRAG^2 § 3 Rz 1, 97 ff). Hier liegt eine gesetzlich angeordnete Vertragsübernahme vor, sodass zB für einen in der Folge gegenüber dem Erwerber bestehenden, dem Grunde nach iSd IESG gesicherten Abfertigungsanspruch von vornherein auch die beim Veräußerer verbrachte Dienstzeit zu berücksichtigen ist. Selbst dann, wenn die dargestellte Eintrittsautomatik nicht zum Tragen kommt (vgl zB § 3 Abs 2 AVRAG), ist im Falle einer zwischen dem AN und dem später iSd IESG insolvent werdenden AG vereinbarten Übernahme des Arbeitsverhältnisses mit allen Rechten und Pflichten – nicht zuletzt vor dem Hintergrund des § 23 Abs 3 AngG – die Ausschlussbestimmung des § 1 Abs 3 Z 2 IESG nicht anzuwenden, zumal der entsprechende Abfertigungsanspruch letztlich nicht auf einer verpönten Einzelvereinbarung, sondern auf dem seinerzeit begründeten Arbeitsverhältnis beruht (zur Rechtslage vor dem AVRAG VwGH 87/11/0101, ZfVB 1989/515; 87/11/0253, ZfVB 1989/903).

351 Liegt eine im maßgeblichen Zeitraum (Rz 349) abgeschlossene Einzelvereinbarung (Rz 350) vor, so ist der darin vorgesehene Anspruch des AN in mehreren Schritten am Ausschlusstatbestand des § 1 Abs 3 Z 2 IESG zu messen:

– Erste Voraussetzung für eine Kürzung ist, dass der **Anspruch kraft G, kraft KollV oder auf Grund einer BV überhaupt nicht oder zumindest nicht in dieser Höhe zustehen würde;** im letzteren Fall kommt eine entsprechende Herabsetzung bis zum in den genannten Rechtsquellen enthaltenen Niveau in Frage (s Rz 352).

– Auch bei Erfüllung der skizzierten Bedingung besteht der Sicherungsausschluss insoweit nicht, als der gewährte Anspruch einer „**betriebsüblichen Entlohnung**" entspricht (Rz 353 f).

– Wird sogar der betriebsübliche Rahmen überschritten, so ist der Anspruch nur mehr dann von der Insolvenz-Entgeltsicherung erfasst, wenn er auf **sachlich gerechtfertigten sonstigen Besserstellungen** beruht (Rz 355).

352 Um einen Anspruch nach § 1 Abs 3 Z 2 IESG unangreifbar zu machen, reicht es nicht aus, dass dieser „auch" auf ein **G,** einen **KollV** oder eine **BV** gestützt werden kann; es ist vielmehr erforderlich, dass sich die ziffernmäßige Höhe des Anspruchs aus den genannten Rechtsquellen selbst ergibt (in ähnlichem Zusammenhang OGH 9 ObS 1/89, ARD 4079/2/89; 9 ObS 10/90; 9 ObS 11/92, SVSlg 39.198 = infas 1993 A 15). Dies ist nicht der Fall, wenn der Berechnung des ziffernmäßigen Betrags eine zusätzliche Rechtsgrundlage, zB eine einzelvertragliche Vereinbarung eines monatlichen Überstundenpauschales, zu Grunde liegt. Eine derartige Überstundenentlohnung kann nicht als nach KollV gebührend angesehen werden, auch wenn der anzuwendende KollV die Aufzahlung für Überstundenleistung regelt.

§ 23 Abs 1 AngG bzw die §§ 6, 10 Abs 1 UrlG nehmen hinsichtlich der Höhe der Basisgröße auf andere für sie maßgebende Rechtsgrundlagen Bezug, stellen aber nicht deren unmittelbare Rechtsgrundlage dar (vgl VwGH 89/11/0200, ARD 4193/5/90).

Problematisch ist, dass § 1 Abs 3 Z 2 IESG im Hinblick auf die BV lediglich auf § 97 Abs 1 ArbVG verweist und – offensichtlich irrtümlich – die anderen Ermächtigungstatbestände ignoriert. Hier ist das G korrigierend zu interpretieren: In Frage kommen ebenso die im § 96 Abs 1 Z 4 ArbVG umschriebenen BV sowie jene, deren Regelungsbefugnis aus einer Delegation durch den KollV resultiert (§ 29 ArbVG). BV, die im G nicht gedeckt sind („freie BV"), sind an sich nichtig, können aber ausdrücklich oder konkludent in die Einzelarbeitsverträge transformiert werden. Soweit Rechtsansprüche entstehen, basieren diese ausschließlich auf Individualvereinbarung (s schon Rz 350) und führen demnach nur dann nicht zu einem Ausschluss bis zur Höhe des allenfalls gesetzlich oder kollv geregelten Anspruchs, wenn sie betriebsüblich oder sonst sachlich gerechtfertigt sind (dazu Rz 354 f). Die Regelungsmacht des KollV im Hinblick auf nach dem IESG gesicherte Ansprüche ist demgegenüber gem § 2 Abs 2 ArbVG umfassend.

353 Der vom Gesetzgeber ua iZm der Betriebsüblichkeit verwendete Terminus **„Entlohnung"** ist aus systematischen, dem Aufbau des § 1 Abs 3 Z 2 IESG entspringenden Erwägungen nicht eng iS von „Entgelt" (s Rz 209 ff) auszulegen, sondern auch auf davon zu unterscheidende Ansprüche (Aufwandsentschädigungen, Schadenersatzansprüche etc) zu beziehen. Daher ist zB eine im Betrieb übliche, über dem G, dem KollV bzw der BV liegende Kilometergeldzahlung nach IESG gesichert. Zu beachten ist allerdings, dass eine als Aufwandsentschädigung deklarierte Leistung, die über den für die Deckung des Aufwands erforderlichen Betrag hinausgeht, im Ausmaß der Überhöhung als Entgelt aufzufassen und nach den für diese Anspruchsart vorgesehenen Regeln zu behandeln ist (allg *Löschnigg,* Arbeitsrecht[12] 328 mwN; zur Situation bei den sachlich gerechtfertigten Besserstellungen s Rz 355).

354 **"Betriebsüblich"** sind jene Leistungen, die der AG der gesamten Belegschaft oder bestimmten Arbeitnehmergruppen regelmäßig und freiwillig gewährt. „Freiwillig" bedeutet in diesem Zusammenhang, dass sie über das Niveau genereller Normen (G, KollV, BV) hinausgehen, dass also eine Erhöhung der Mindestansätze vorliegt. Weiters sind auch jene Leistungen als freiwillig zu qualifizieren, die kraft genereller Normen überhaupt nicht zustehen würden.

Nach Ansicht des OGH (9 ObS 2/92, DRdA 1992, 383 = infas 1992 A 129) kann die Gewährung von freiwilligen Abfertigungen **lediglich an Betriebsratsmitglieder,** die in einem Verfahren nach § 121 ArbVG keine Einwände erheben, **nicht** als **betriebsüblich** iSd § 1 Abs 3 Z 2 IESG angesehen werden, sodass ausgeschlossene Ansprüche vorliegen. Der Zweck dieser Bestimmung liege zwar darin, auch höhere als die kollv Mindestansprüche zu sichern, der Hinweis auf die betriebsübliche Entlohnung soll aber vermeiden, dass im engen zeitlichen Zusammenhang mit der Insolvenz und damit idR im Hinblick auf die IESG-Sicherung einzelnen AN über das betriebliche Niveau hinausgehende Ansprüche oder der Gesamtheit der AN bisher nicht gewährte Leistungen zugesichert werden. Von „betrieblicher" Übung könne nur bei regelmäßiger vorbehaltloser Gewährung von Leistungen an alle AN oder bestimmte Arbeitnehmergruppen gesprochen werden. Eine Privilegierung allein von Betriebsratsmitgliedern sei schon aus betriebsverfassungsrechtlicher Sicht verpönt (zur „freiwilligen Abfertigung" vgl auch Rz 387). Wird den AN **anlässlich der jährlichen saisonalen Unterbrechung** des Arbeitsverhältnisses zugesichert, dass über den KollV hinaus für alle dienstzeitabhängigen Ansprüche (Abfertigung alt, Urlaubsanspruch, Kündigungsfrist, Entgeltfortzahlung) die **Dienstzeiten zusammengerechnet** werden, so ist dies **betriebsüblich** und daher auch in der Sechsmonatsfrist keine verpönte Einzelvereinbarung iSd § 1 Abs 3 Z 2 IESG (OGH 8 ObS 16/05v, ARD 5658/9/2006).

355 Ein nicht betriebsüblicher, über das G, den KollV oder die BV hinausgehender, auf einer im verpönten Zeitraum zustandegekommenen Einzelvereinbarung beruhender Anspruch ist ausnahmsweise dann gesichert, wenn er auf einer „sonstigen Besserstellung" beruht und die „höhere Entlohnung sachlich gerechtfertigt" ist.

Die ErläutRV (1384 BlgNR 18. GP 11) bezeichnen etwa die Verpflichtung eines Spezialisten zur Unternehmenssanierung als **sachlich gerechtfertigt.** Nicht gerechtfertigt wäre hingegen eine Vordienstzeitenanrechnung für andere AN oder die Übernahme eines Arbeiters ins Angestelltenverhältnis. Wie *Eypeltauer* (wbl 1994, 259) zu diesen Materialien zutreffend ausführt, kann es nicht um die sachliche Rechtfertigung der Verpflichtung eines Spezialisten als solche gehen, vielmehr hat die IEF-Service GmbH nur die Frage zu prüfen, ob dessen höhere Entlohnung sachlich gerechtfertigt ist, was idR bei

Einstellung derartiger „trouble-shooter" zur Abwendung des völligen Niedergangs des Unternehmens der Fall sein wird. Laut OGH (8 ObS 2346/96z, DRdA 1997, 409 = infas 1997 A 77) ist für die sachliche Rechtfertigung vor allem die Bedeutung der Arbeit des jeweiligen AN und der damit verbundene Arbeitseinsatz in qualitativer und quantitativer Hinsicht zu prüfen. Dabei kommen auch jene Fälle in Frage, in denen an bereits beschäftigte AN Gehaltserhöhungen gewährt werden, um ansonsten unvermeidbaren, größeren Schaden vom Unternehmen abzuwenden. IdS ist eine Gehaltserhöhung um ca ATS 5.000,– gerechtfertigt, wenn dadurch ein für die Fortführung eines Projekts wichtiger, qualifizierter und nicht leicht ersetzbarer AN davon abgebracht wird, das bessere Angebot eines anderen AG anzunehmen (s dazu auch *Eypeltauer*, DRdA 1998, 144). Nicht sachlich gerechtfertigt ist die Vereinbarung einer höheren als der gesetzlich zustehenden Kündigungsentschädigung iZm dem Austritt eines erst zwei Monate in Altersteilzeit befindlichen AN nach § 25 IO (OGH 8 ObS 26/05i, ARD 5693/8/2006).

Als Nächstes ist zu fragen, was mit dem Begriff **„sonstige Besserstellung"** gemeint ist. Da es im Bereich des IESG immer nur um Geldsummen gehen kann, kommen ausschließlich (Rechts-)Akte der Arbeitsvertragspartner in Frage, die zu höheren finanziellen Forderungen des AN führen (so auch *Eypeltauer*, wbl 1994, 259). Der Sammelbegriff will daher klarstellen, dass nicht nur direkt auf gesicherte Ansprüche wirksame Zugeständnisse relevant sind, sondern auch indirekte Erhöhungen, zB Vordienstzeitenanrechnungen, Ernennungen von Ehrenangestellten oder Verlängerungen von Kündigungszeiten, das Tatbestandsmerkmal erfüllen (s auch ErläutRV 1384 BlgNR 18. GP 11). Ob die Überschreitung eines kollv etc oder betriebsüblichen Niveaus auf unmittelbarem oder mittelbarem Wege erreicht wird, ist letztlich egal, sodass die Nennung diesbezüglich ausschließlich deklarative Bedeutung hat. Damit ist auch das nach dem Wortlaut auftretende Problem, ob eine sachliche Rechtfertigung nur bei sonstigen Besserstellungen oder auch bei einem über die genannten Rechtsquellen oder die betriebsübliche Entlohnung hinausgehenden, „direkt" höheren Anspruch möglich ist, geklärt: Alle diese Varianten sind am gegenständlichen Kriterium zu messen (*Eypeltauer*, wbl 1994, 259; undeutlich, aber wohl idS auch *Frauenberger*, ecolex 1994, 337). Zu fragen ist noch, ob im Bereich der sonstigen Besserstellung als Vergleichsmaß immer das kollektive Entlohnungsniveau heranzuziehen ist oder ob diese als solche sachlich zu rechtfertigen ist, so zB dann, wenn einem Verwandten ein Kollektivvertragslohn zugesagt oder durch Vordienstzeitenanrechnung eine höhere Anzahl von Abfertigungsraten auf gesetzlichem Niveau erreicht wird. In solchen Fällen ist die neue Klausel trotz möglicherweise zu engem Wortlaut auf die sonstige Besserstellung als solche anzuwenden (so auch *Eypeltauer*, wbl 1994, 259), allenfalls als ergänzendes Instrument zu anderen Ausschlusstatbeständen, wie zB § 1 Abs 3 Z 1 IESG. Dass diese Regelung als „Freibrief für die

Schaffung von Arbeitnehmerforderungen" angesehen werden könnte (*Frauenberger*, ecolex 1994, 337), ist bei diesem Verständnis und richtiger Auslegung des unbestimmten Rechtsbegriffs der „sachlichen Rechtfertigung" nicht zu befürchten. Auch hier darf der im letzten Halbsatz enthaltene Terminus „Entlohnung" nicht zu eng iS von „Entgelt" verstanden werden, sodass im maßgeblichen Zeitraum zugestandene sonstige Ansprüche ebenfalls auf ihre sachliche Rechtfertigung zu prüfen sein werden (s auch Rz 353).

356 Zu beachten ist, dass § 1 Abs 3 Z 2 IESG **keine eigene Anspruchsgrundlage** beinhaltet, sondern das Bestehen eines an sich als gesichert anzusehenden Anspruchs voraussetzt (OGH 9 ObS 4/92, infas 1992 A 128). Weiters sind die als Entgelt oder „Abfertigung alt" zu qualifizierenden, innerhalb der in § 1 Abs 3 Z 2 lit a und b IESG genannten Zeiträume durch Individualvereinbarung begründeten Ansprüche den Bestimmungen über Sicherungshöchstgrenzen unterworfen, sodass immer auch auf die Grenzbeträge nach § 1 Abs 3 Z 4 iVm Abs 4 und § 1 Abs 4a IESG Bedacht zu nehmen ist (s dazu Rz 366 ff, 380 ff).

6.4 Anrechnung bei Kündigungsentschädigung

357 Kein Insolvenz-Entgelt gebührt gem § 1 Abs 3 Z 3 IESG „für Ansprüche auf Kündigungsentschädigung, sofern dieser Anspruch das Entgelt für den Zeitraum von drei Monaten übersteigt, hinsichtlich jenes Betrags, den der AN infolge des Unterbleibens der Arbeitsleistung erspart oder durch anderweitige Verwendung erworben oder zu erwerben absichtlich versäumt hat".

358 Bei der **„Kündigungsentschädigung"** handelt es sich um einen Schadenersatzanspruch, der aus einer vom AG verschuldeten vorzeitigen Beendigung des Arbeitsverhältnisses resultiert (s Rz 279 ff). Die den Anspruch begründenden Bedingungen liegen bei unberechtigter Entlassung sowie bei berechtigtem, vom AG verschuldetem Austritt vor (zum [nicht notwendigen] Verschulden beim Austritt gem § 25 Abs 1 IO s § 25 Rz 88). Es ist ein Charakteristikum des österreichischen Arbeitsrechts, dass auch die unbegründete Entlassung das Arbeitsverhältnis auflöst und dem AN ein pauschalierter Schadenersatzanspruch erwächst. Weiters gebührt eine Kündigungsentschädigung auch bei zeitwidriger Kündigung, da diese analog der unberechtigten Entlassung behandelt wird (s Rz 279).

359 Die Kündigungsentschädigung **bemisst sich** gem § 29 AngG und § 1162b ABGB nach dem Entgelt für jenen Zeitraum, der bis zur Beendigung des Arbeitsverhältnisses durch Ablauf der bestimmten Vertragszeit (beim befristeten Arbeitsvertrag) oder durch ordnungsgemäße Kündigung durch den AG hätte verstreichen müssen (vgl auch § 29 GAngG, § 84 GewO 1859 oder § 35 LAG; zur Berechnungsbasis genauer Rz 281). Ersatzansprüche des AN wegen

vorzeitiger Beendigung des Arbeitsverhältnisses werden bis zum Ausmaß von drei Monaten sofort und ohne Anrechnung erworben und fällig. Insofern der fragliche Zeitraum drei Monate übersteigt, bleibt es arbeitsrechtlich bei den festgelegten Fälligkeitsterminen und es kommt zur **Anrechnung** dessen, was sich der AN infolge Unterbleibens der Dienstleistung erspart (zB Fahrtkosten) oder durch anderweitige Verwendung (etwa in einem anderen Arbeitsverhältnis) erworben oder absichtlich zu erwerben versäumt hat (s auch 382).

Mit der Bestimmung des § 1 Abs 3 Z 3 IESG hat der Gesetzgeber klargestellt, dass **im Ausmaß des Ersparten, des Verdienten oder des absichtlich versäumten Erwerbs kein Insolvenz-Entgelt** gebührt. Damit ist die früher strittige Frage, ob die Anwendung der Einrechnungsbestimmungen im Verfahren nach dem IESG von Amts wegen zu prüfen oder die Anrechnung nur über Einrede des AG bzw Insolvenzverwalters vorzunehmen ist, entschieden (vgl *Dirschmied*, DRdA 1980, 383; OGH 4 Ob 97/60, Arb 7278; 9 ObS 15/88, infas 1989 A 51 = RdW 1989, 310; VwGH 81/11/0035, Arb 10.098). Die **Frage nach der Anrechnungsmöglichkeit und dem Anrechnungsumfang** ist ein Kriterium der materiellen Anspruchsvoraussetzungen bzw -begrenzungen und damit ein wesentliches Element des Ermittlungsverfahrens, das **von Amts wegen** abzuwickeln ist. Bei der Prüfung der genannten Aspekte ist die IEF-Service GmbH somit frei (vgl OGH 9 ObS 3/89, ARD 4091/21/89; 9 ObS 19/89, ZAS 1991/14, 165 *[Rechberger]* = DRdA 1990, 470; 8 ObS 4/04b, infas 2004 A 67 = ecolex 2004, 556 ua; zur Bindung an gerichtliche Entscheidungen s § 7 Rz 6). Sie kann zB Bedacht darauf nehmen, dass ein zwecks Vermeidung der Erwerbsanrechnung abgegebener Verzicht des AN auf ein nach dem KollV gegenüber dem neuen AG zustehendes Entgelt im Hinblick auf den zwingenden Charakter des KollV nicht gültig ist (vgl OGH 9 ObS 7/91, SVSlg 39.191 = ARD 4310/4/91).

Die skizzierte Position der IEF-Service GmbH bedeutet keinen Eingriff in die arbeitsrechtlichen Konsequenzen: Die „Kündigungsentschädigung" etwa wird an sich zur Gänze mit dem begründenden Rechtsakt erworben, jedoch nur im anrechnungsfreien Ausmaß (also in der Höhe von drei Monatsentgelten) fällig; der Rest wird nicht zuletzt deswegen zur vereinbarten oder gesetzlichen Zeit fällig, weil keine Summenanrechnung, sondern eine Anrechnung iS zeitlicher Kongruenz erfolgen soll (zu diesem Grundsatz *Martinek/ M. Schwarz/W. Schwarz*, AngG[7] 481). Im Insolvenzverfahren gelten betagte Forderungen ohnehin als fällig (§ 14 Abs 2 IO, § 3 Abs 1 IESG; s im Übrigen § 3 Rz 18 ff, insb Rz 21). Ist das Insolvenz-Entgelt für Ansprüche auf Kündigungsentschädigung jedoch sofort fällig, in seinem Bestand aber für das einen Zeitraum von drei Monaten übersteigende Entgelt von künftigen Ereignissen abhängig, bleibt nur die Möglichkeit, vorerst die ungekürzt gebührende Kündigungsentschädigung zuzusprechen und es der IEF-Service GmbH auf

Grund des in das Urteil aufgenommenen Vorbehalts zu überlassen, den Eintritt auflösender Bedingungen im Exekutionsverfahren geltend zu machen (OGH 9 ObS 15/88, infas 1989 A 51 = RdW 1989, 310). Unwahre Angaben oder die Verschweigung diesbezüglich relevanter Tatsachen bzw Fahrlässigkeitsverschulden des Empfängers berechtigen zum **Widerruf** und zur **Rückforderung** isd § 9 Abs 1 IESG (s § 9 Rz 1 ff).

361 § 1 Abs 3 Z 3 IESG berücksichtigt die im Bereich der gegenständlichen Schadenersatzansprüche **arbeitsrechtlich mögliche Vorteilsausgleichung.** Es wäre gesetzwidrig, etwa eine Kündigungsentschädigung zuerst anhand des Grenzbetrages des § 1 Abs 3 Z 4 iVm Abs 4 IESG zu kürzen (dazu Rz 366 ff) und danach die Anrechnungsregel zur Anwendung zu bringen.

362 Zu beachten ist, dass die **Anrechnungsbestimmungen keine Anwendung** finden auf
– den Bezug des Arbeitslosengeldes, weil bei einem Anspruch auf Kündigungsentschädigung die Leistung aus der Arbeitslosenversicherung gem § 16 Abs 1 lit d, e und k AlVG ruht (dazu OGH 4 Ob 40/83, Arb 10.311; zum Vorschuss auf Arbeitslosengeld bzw Notstandshilfe s Rz 289);
– eine Pension aus der gesetzlichen PV (OGH 4 Ob 40/83, Arb 10.311; ArbG Wien 7 Cr 30/84, infas 1986 A 30), weil diese Pensionen weder unter den Begriff des Ersparten fallen noch durch andere Verwendung erworben werden;
– den Anspruch auf Krankengeld nach dem ASVG (zu Unrecht bezogenes und daher zurückzuzahlendes Krankengeld befreit den AG nicht von der Verpflichtung zur Leistung des gegenständlichen Schadenersatzes);
– Abfertigungsansprüche (OGH 4 Ob 13/85, DRdA 1987/16, 305 *[Migsch]* = Arb 10.407; 8 ObS 250/98t, wbl 1999/301, 469 = ARD 5056/15/99; ausführlicher zum Thema *Haider* in *Reissner,* AngG^2 § 29 Rz 92 mwN).

6.5 Vermeidung von Doppelbezügen im Zuge der Insolvenz-Entgeltsicherung

363 Nach § 1 Abs 3 Z 3a IESG gebührt kein Insolvenz-Entgelt „für Ansprüche auf laufendes Entgelt, wenn für denselben Zeitraum Anspruch auf Kündigungsentschädigung nach § 1 Abs 3 Z 3 IESG besteht, es sei denn, dass im Insolvenzverfahren die Insolvenzmasse, ansonsten der AG nicht in der Lage ist, das laufende Entgelt zT oder zur Gänze dem Anspruchsberechtigten zu zahlen, höchstens jedoch bis zum Zeitpunkt des arbeitsrechtlich frühestmöglichen Austritts wegen Vorenthaltung des gebührenden Entgelts".

Mit dieser Bestimmung hat der Gesetzgeber den Fall vor Augen, dass ein zB nach § 25 IO ausgetretener **AN,** der in der Folge einen nach IESG gesicherten Anspruch auf Kündigungsentschädigung erwirbt, vom Insolvenzverwalter (Schuldner) **sofort wieder eingestellt wird,** und aus diesem „neuen" Arbeitsverhältnis Anspruch auf laufendes Entgelt hat. Zur Vermeidung von Doppelbezügen soll ein derartiges, „für denselben Zeitraum" gebührendes laufendes Entgelt nicht gesichert sein, es sei denn, der Insolvenzverwalter (AG) ist zur Zahlung „nachweislich" nicht in der Lage. Im letzteren Fall besteht Anspruch auf Insolvenz-Entgelt im Ausmaß der nicht erhaltenen Zahlung „höchstens bis zum arbeitsrechtlich frühestmöglichen Austritt" (ErläutRV 1384 BlgNR 18. GP 11 f).

364 Bemerkenswert ist, dass § 1 Abs 3 Z 3a IESG offenbar implizit davon ausgeht, dass Ansprüche aus einem **Arbeitsverhältnis,** das erst **nach Eintritt des Sicherungstatbestands begründet** wird, vom IESG grundsätzlich auch dann erfasst sind, wenn es zu keinem weiteren derartigen Tatbestand kommt. Dies ist weder nach dem Wortlaut des § 1 Abs 1 IESG („Anspruch auf Insolvenz-Entgelt haben AN ..., wenn ... über das Vermögen des AG ... ein Verfahren nach der IO eröffnet wird" usw) noch nach dem Zweck des G selbstverständlich, zumal jedenfalls einem AN, der von einem Insolvenzverwalter eingestellt wird, die Insolvenzsituation bewusst sein muss (vgl auch *Grießer*, ZAS 1994, 194, der § 1 Abs 3 Z 3a IESG nur auf vor dem Anknüpfungstatbestand iSd § 1 Abs 1 IESG gelöste Arbeitsverhältnisse anwendet).

Dies vorausgeschickt betrifft die Bestimmung nur **laufende Entgelte,** die **neben** einem **gesicherten** (und nicht nach § 1 Abs 3 Z 3 IESG ausgeschlossenen), auf Zeiträume umgelegten **Anspruch auf Kündigungsentschädigung** gebühren; sonstige Entgelte bzw Ansprüche aus dem neuen Arbeitsverhältnis bzw aus dessen Beendigung werden davon nicht berührt (s auch *Liebeg,* wbl 1994, 146). Auch für die Zeit nach Ablauf der anrechnungsfreien drei Monate (vgl § 1 Abs 3 Z 3 IESG iVm § 29 AngG, § 1162b ABGB udgl), in der eine Kündigungsentschädigung nach Maßgabe der Anrechnungsregel als „Differenzanspruch" zu einem laufenden Entgelt gebühren kann, sollte offenbar – dies legt eine subjektiv-historische und teleologische Interpretation nahe – kein Sicherungsausschluss in Bezug auf das laufende Entgelt erfolgen.

Dass der OGH (8 ObS 289/98b) im Falle eines Zusammentreffens von **Ansprüchen auf Kündigungsentschädigung aus zwei aufeinander folgenden Arbeitsverhältnissen** § 1 Abs 3 Z 3a IESG analog anwenden will und dem damaligen Kl nur eine – nämlich die höhere – Kündigungsentschädigung zugestanden hat, ist mE nicht nachvollziehbar (zweifelnd auch *Liebeg,* IESG[3] § 1 Rz 502 mit Hinweis auf Art 3 Abs 1 InsolvenzRL, wonach Abfindungen bei Beendigung des Arbeitsverhältnisses zu sichern sind).

365 Eine **Ausnahme** von diesem Anspruchsausschluss sichert offengebliebene (Teil-)Ansprüche auf **laufendes Entgelt,** allerdings nur **bis zu jenem Zeitpunkt, in dem der AN wegen Vorenthaltens des Entgelts austritt oder austreten könnte;** ein „Doppelbezug" von Insolvenz-Entgelt ist also insofern nicht ausgeschlossen (OGH 8 ObS 20/07k, SSV-NF 21/77 = infas 2008 A 41). Die Ermittlung des zwischen Eintritt des Schuldnerverzugs und frühestmöglichem Austritt liegenden Zeitraums ist nicht einfach, zumal die Frage der Berechtigung zum Austritt arbeitsrechtlich sehr von den Umständen des Einzelfalles abhängt (vgl die Zusammenstellung bei *Martinek/M. Schwarz/ W. Schwarz*, AngG[7] 568 ff). Eine Nachfristsetzung ist zwar juristisch gesehen nicht immer notwendig, in der Praxis allerdings durchaus sinnvoll (vgl *Liebeg*, wbl 1994, 146; *ders*, IESG[3] § 1 Rz 501). An die frühestmögliche Wahrnehmung des Austrittsrechts wird daher mit *Grießer* (ZAS 1994, 193) kein zu strenger Maßstab anzulegen sein. Da die IEF-Service GmbH zudem noch gezwungen sein kann, einen **fiktiven** frühesten Austrittszeitpunkt zu ermitteln, erscheint die abstrahierende Heranziehung eines Zeitraums von einer Woche für den „Durchschnittsfall" durchaus als angebracht (so *Liebeg*, wbl 1994, 146; *ders*, IESG[3] § 1 Rz 501).

Ob diese Normen besonders praxisrelevant sein werden, ist allerdings nicht zuletzt deswegen zu bezweifeln, weil der Insolvenz bei sonstiger Haftung gem § 81 Abs 3 IO nur jene AN einstellen darf, die aus der Masse ordnungsgemäß entlohnt werden können (*Liebeg*, wbl 1994, 146; *ders*, IESG[3] § 1 Rz 501 mwN).

6.6 Grenzbetragsregelung für Entgelte

366 Gem § 1 Abs 3 Z 4 IESG iVm § 1 Abs 4 IESG ist das Insolvenz-Entgelt für Entgeltansprüche höhenmäßig limitiert. Kein Insolvenz-Entgelt gebührt für Entgeltansprüche – mit Ausnahme solcher nach § 1 Abs 4a IESG (dazu Rz 380 ff) –, wenn der als Insolvenz-Entgelt begehrte Bruttobetrag im Zeitpunkt der bedungenen Zahlung den Grenzbetrag nach Maßgabe des § 1 Abs 4 IESG übersteigt (§ 1 Abs 3 Z 4 IESG). Als Grenzbetrag nach der genannten Bestimmung gilt der zweifache Betrag der Höchstbeitragsgrundlage gem § 45 Abs 1 ASVG, der
- bei Entgeltansprüchen, die nach Zeiträumen bemessen werden, mit der Anzahl der Tage des jeweiligen Entlohnungszeitraumes zu vervielfachen ist (§ 1 Abs 4 Z 1 IESG),
- bei Entgeltansprüchen, die nicht nach Zeiträumen bemessen werden, mit der Anzahl der Tage des jeweiligen Kalendervierteljahres zu vervielfachen ist, in welchem der Anspruch abzurechnen gewesen wäre (Z 2 leg cit).

– Abweichend von § 1 Abs 4 Z 1 und Z 2 IESG gilt für Ansprüche auf Auszahlung von fällig gewordenem Entgelt aus Überstunden- oder Mehrarbeit, für die Zeitausgleich vereinbart war, aus Zeitguthaben oder Zeitzuschlägen als Grenzbetrag für jede abzugeltende Stunde ein Viertel der täglichen Höchstbeitragsgrundlage gem § 45 Abs 1 ASVG zum Zeitpunkt der Fälligkeit. Diese Ansprüche gelten abweichend von § 44 Abs 7 ASVG für jenen Kalendermonat als erworben, in dem sie fällig geworden sind; als monatliche Höchstbeitragsgrundlage gilt für diese Ansprüche der 30-fache Betrag der täglichen Höchstbeitragsgrundlage gem § 45 Abs 1 ASVG zum Zeitpunkt der Fälligkeit (§ 1 Abs 4 Z 3 IESG; dazu Rz 377, zum Inkrafttreten der Bestimmung § 34 Rz 1).

Der jeweilige Grenzbetrag ist um die vom AG bzw der Masse auf den Einzelanspruch geleisteten Zahlungen zu vermindern (§ 1 Abs 4 S 2 IESG).

Derartige Grenzbetragsregelungen stehen in Einklang mit den unionsrechtlichen Vorgaben, zumal gem Art 4 Abs 3 InsolvenzRL Höchstgrenzen der Garantie festgesetzt werden können, um Zahlungen zu vermeiden, die über die soziale Zweckbestimmung der RL hinausgehen (dazu zB EuGH C-373/95, *Maso*, ZASB 1997, 48 = ZIK 1998, 135; s auch Rz 380).

367 Die Grenzbetragsregelung ist **nach** der Bestimmung des **§ 1 Abs 3 Z 2 IESG anzuwenden,** sodass zuerst zu prüfen ist, ob eine innerhalb verpönter Zeiträume geschlossene Individualvereinbarung über G, KollV, BV oder die betriebsübliche Entlohnung hinausgeht und nicht auf sachlich gerechtfertigten sonstigen Besserstellungen beruht (s Rz 348 ff). Der so ermittelte Anspruch ist an § 1 Abs 3 Z 4 iVm Abs 4 IESG zu messen.

368 Entgegen einer früheren Rechtslage greift die Betragsbeschränkung seit BGBl 1993/817 nicht nur bei höhenmäßig auf **Einzelvereinbarung** beruhenden Entgelten, sondern ist auch anzuwenden, wenn der über dem Grenzbetrag liegende Anspruch nach **G, KollV** oder (regelungszuständiger) **BV** gebührt.

369 Der gegenständliche Grenzbetrag besteht für **Entgeltansprüche,** also für laufendes Entgelt (s Rz 269 ff) einschließlich Betriebspensionen (dazu § 3d Rz 1), für die als Entgelt aus der Beendigung des Arbeitsverhältnisses (allg Rz 272 ff) zu qualifizierende Urlaubsersatzleistung (zu den Vorgängerleistungen vgl OGH 9 ObS 12/88, DRdA 1989, 426 = infas 1989 A 128; 9 ObS 3/90, ARD 4236/8/91; VwGH 87/11/0198, ZfVB 1989/148; 89/11/0200, ARD 4193/5/90) – nicht aber für die „Abfertigung alt" (zur einschlägigen Regelung für diese s Rz 380 ff) –, sowie für sonstiges Entgelt (s Rz 277).

Bei der Beschränkung der Ansprüche nach § 1 Abs 4 IESG sind **Sonderzahlungen** gesondert zu berücksichtigen (OGH 8 ObS 121/00b, SSV-NF 14/49; s auch Rz 377). Die Sicherung der Sonderzahlungen bis zum Grenzbetrag der doppelten Höchstbeitragsgrundlage nach § 54 Abs 1 ASVG – das ist zwei Mal das 60-fache des gem § 45 Abs 1 ASVG auf den Kalendertag entfallenden Betrags – umfasst nach dem Wortlaut der Regelung sämtliche während des Jahres gewährten Sonderzahlungen, ohne nach deren Anzahl oder Bezeichnung zu differenzieren. Eine dritte oder vierte Sonderzahlung im Jahr muss somit jeweils mit den übrigen Sonderzahlungen innerhalb der zweifachen Höchstbeitragsgrundlage Deckung finden, da ansonsten keine Sicherung besteht (OGH 8 ObS 7/11d, SSV-NF 25/49 = DRdA 2012, 59).

Angesichts des vom G verwendeten Begriffs „Entgeltansprüche" ist es **nicht einsichtig,** dass der OGH (8 ObS 2001/96i, DRdA 1997/36, 313 *[Reissner]* = RdW 1997, 31; 8 ObS 2291/96m, ZIK 1998, 32 = ASoK 1997, 95) die Regelung anders als die frühere, richtige Judikatur (OGH 9 ObS 3/90, ARD 4236/8/91; VwGH 87/11/0107, ZfVB 1988/1496) auch auf die **Kündigungsentschädigung** – welche einen Schadenersatz aus der Beendigung iSd § 1 Abs 2 Z 2 IESG darstellt (s Rz 279 ff) – bezieht (zum Verhältnis zu § 1 Abs 3 Z 3 IESG s Rz 361). Begründet wird dies vom Höchstgericht zum einen mit dem – etwas eigenartigen – subjektiv-historischen Argument, dass der Gesetzgeber anlässlich der Novellierung der Grenzbetragsregelung durch BGBl 1986/395 zwar das Wort „Ansprüche" durch den Passus „Entgeltansprüche (Abs 2 Z 1)" ersetzt habe, dass dies aber nicht daran hindere, die Kündigungsentschädigung weiterhin dem § 1 Abs 3 Z 4 IESG zu unterwerfen, zumal sich aus den ErläutRV (993 BlgNR 16. GP 7) nichts Gegenteiliges ergebe. Zum anderen sei das IESG ein spezielles SozialversicherungsG, und da die Kündigungsentschädigung vom ASVG als Entgelt aufgefasst werde, sei diese iS systematischer Interpretation auch im Bereich des IESG ein solches. Schließlich wird gesagt, dass die Nichteinbeziehung der Kündigungsentschädigung in den Entgeltbegriff einen Wertungswiderspruch bewirken würde, weil der nach § 25 Abs 1 IO austretende AN mit seinen Ansprüchen besser gesichert wäre als der weiter arbeitende, allenfalls in der Kündigungsfrist nach Insolvenzverwalterlösung befindliche AN. Den skizzierten Ausführungen ist Folgendes entgegenzuhalten: Die subjektiv-historische Interpretation ist nur eine von mehreren Maximen im von § 6 ABGB vorgezeichneten Auslegungskanon. Widerspricht ein durch sie erzieltes Ergebnis der auf Grund eines anderen einschlägigen Kriteriums ermittelten Lösung, so ist das Gewicht der einzelnen Argumente zu berücksichtigen; sind diese gleich gewichtig, so hat die einfachere und verlässlichere Methode Vorrang (*F. Bydlinski*, Methodenlehre[2] 44 ff; *Strasser*, DRdA 1983, 243 f). Bei Verwendung der Wortinterpretation kommt man deutlich zu einer Einschränkung der gegenständlichen Grenzbetragsregelung auf Entgeltansprüche, und zwar nicht nur, weil der Gesetzgeber dieses Wort ausdrücklich gebraucht, sondern auch deswegen, weil er es offensichtlich als terminus technicus einsetzt. Auch systematische Überlegungen stützen dieses Ergebnis: Der Katalog der ausgeschlossenen Ansprüche beschäftigt sich intensiv mit der Kündigungsentschädigung, wobei diese auch dem Entgeltbegriff gegenübergestellt wird (vgl Rz 357 ff und insb Rz 363 ff). Weiters ist die vom OGH aus den Materialien abgeleitete Kontinuität der Grenzbetragsregelung nicht zwingend, zumal es dort heißt, dass die Gesetzesstelle „zum besseren Verständnis ... zur Gänze neu erlassen" wird bzw die Änderungen „diversen Anregungen" der mit IESG-Angelegenheiten befassten Praktiker Rechnung tragen, und sich die Beispiele ausschließlich auf Entgeltfragen (im technischen Sinn) beziehen („Lohn, Gehalt"; „Provisionen" udgl). Nicht stichhaltig ist mE auch der Verweis des Höchstgerichts auf das Sozialversicherungsrecht: Dass das IESG kompetenzrechtlich dem Sozialversicherungswesen gem Art 10 Abs 1 Z 11 B-VG zugeordnet wird, ändert nichts daran, dass es mit seiner **Sicherungstechnik** grundsätzlich **am arbeitsrechtlichen status quo anknüpft;** von diesem Prinzip gibt es soweit ersichtlich nur eine Ausnahme, nämlich § 1a IESG, der arbeitsrechtlich nicht zustehende Ansprüche erfasst (dazu § 1a Rz 1 f). Die Beitragspflicht nach ASVG kann und soll in einem derartigen System der Sicherung arbeitsrechtlicher Ansprüche keine Rolle spielen. Hinsichtlich des vom Höchstgericht konstatierten „Wertungswiderspruchs" sei abschließend betont, dass für die Beseitigung eines solchen dann, wenn – wie im vorliegenden Fall – die von § 6 ABGB gegebenen Möglichkeiten versagen, nicht die rechtsprechende, sondern die **gesetzgebende Gewalt zuständig** ist (*Reissner*, DRdA 1997/36, 314 ff mwN).

Fallen **innerhalb eines monatlichen Entlohnungszeitraumes** Ansprüche auf **laufendes Entgelt** und – nach Beendigung des Arbeitsverhältnisses – auf **Kündigungsentschädigung** zusammen, dann ist das Insolvenz-Entgelt für beide Ansprüche in diesem Monat mit dem Grenzbetrag nach § 1 Abs 3 Z 4 iVm Abs 4 Z 1 IESG beschränkt (OGH 8 ObS 7/14h, EvBl 2015/103, 744 *[Weber-Wilfert]* = DRdA-infas 2015/111, 137 *[Tinhof]*).

Bzgl der **Ermittlung des Grenzbetrags** ist § 1 Abs 4 IESG anzuwenden, der sich an der sozialversicherungsrechtlichen **Höchstbeitragsgrundlage** gem § 45 Abs 1 ASVG orientiert (s ErläutRV 1384 BlgNR 18. GP 12; OGH 9 ObS 26/89, DRdA 1990, 371 = RdW 1990, 91; 8 ObS 2/03g, SSV-NF 17/85). Diese wird jährlich angepasst und beträgt zB für das Jahr 2018 monatlich EUR 5.130,–. Im gegebenen Zusammenhang maßgeblich ist der **zweifache Betrag** dieser Höchstbeitragsgrundlage.

Zur Festlegung des Grenzbetrags zB für das Jahr 2018 ist von der sozialversicherungsrechtlichen Höchstbeitragsgrundlage in diesem Jahr auszugehen. Im Falle eines täglich abzurechnenden Zeitlohns ist somit der zweifache Betrag der täglichen Höchstbeitragsgrundlage von EUR 171,–, also EUR 342,–, als Grenzbetrag heranzuziehen. Bei wöchentlicher Abrechnung ist letztere Zahl mit sieben zu multiplizieren, was EUR 2.394,– ergibt, bei monatlicher Abrechnung ist das Dreißigfache, also EUR 10.260,–, maßgeblich. Bei nicht

370

nach Zeiträumen bemessenen Entgeltansprüchen iSd § 1 Abs 4 Z 2 IESG (Rz 371) errechnet sich der Grenzbetrag aus einer Multiplikation von EUR 342,– mit der Zahl 90, beträgt also EUR 30.780,–.

371 § 1 Abs 4 IESG differenziert in Z 1 und 2 zwischen „Entgeltansprüchen, die nach Zeiträumen bemessen werden", und „Entgeltansprüchen, die nicht nach Zeiträumen bemessen werden". Diese Unterscheidung ist verfassungsrechtlich unbedenklich (OGH 9 ObS 6/89, ZAS 1989/28, 205 *[Schima]* = DRdA 1990, 74; 8 ObS 5/89, wbl 1989, 337 = GesRZ 1989, 221; 9 ObS 11/92, SVSlg 39.198 = infas 1993 A 15; zur Aufhebung einer früheren Fassung vgl VfGH G 102/85, VfSlg 10.623 = infas 1986 A 43).

Die **„nach Zeiträumen bemessenen Ansprüche"** (§ 1 Abs 4 Z 1 IESG) müssen sich höhenmäßig irgendwie nach der Zeitdauer richten (VwGH 85/11/0243, ZfVB 1987/184; 86/11/0078, ZfVB 1988/191). Im Falle der **Urlaubsersatzleistung** (allg Rz 248 ff) ist entscheidend, dass sich deren „Bemessungsgrundlage" (dh das noch ausstehende Urlaubsentgelt) nur aus nach Zeiträumen bemessenen Entgeltteilen zusammensetzt (zur Vorgängerleistung vgl OGH 9 ObS 12/88, DRdA 1989, 426 = infas 1989 A 128; 9 ObS 3/90, ARD 4236/8/91). Bei derartigen Ansprüchen bildet der zweifache Betrag der Höchstbeitragsgrundlage, multipliziert mit der Anzahl der **Tage des jeweiligen Entlohnungszeitraums,** das maßgebliche Produkt.

Werden Ansprüche nur in bestimmten Zeitabständen abgerechnet, aber nach ganz anderen Maßstäben bemessen – wie etwa nach dem Wert zustande gebrachter Geschäfte oder der Höhe des erzielten Gewinns (Erfolgsbeteiligung) –, so kann nicht von „nach Zeiträumen bemessenen Ansprüchen" die Rede sein (OGH 9 ObS 7/91, SVSlg 39.191 = ARD 4310/4/91; 9 ObS 22/93, ARD 4549/32/94; VwGH 85/11/0243, ZfVB 1987/184). Es handelt sich also um **„Entgeltansprüche, die nicht nach Zeiträumen bemessen werden"** (§ 1 Abs 4 Z 2 IESG). Im Falle derartiger Ansprüche ist der zweifache Betrag der Höchstbeitragsgrundlage mit der Anzahl der **Tage des jeweiligen Kalendervierteljahres,** in welchem der Anspruch abzurechnen gewesen wäre, zu vervielfachen. Jenes Kalendervierteljahr, in das Beginn oder Ende des Arbeitsverhältnisses fällt, ist für die Bemessung des Grenzbetrags nicht mit seiner vollen Dauer, sondern nur mit jenem Zeitraum zu berücksichtigen, in dem das Arbeitsverhältnis besteht (OGH 9 ObS 1/90, RdW 1990, 454; vgl auch OGH 8 ObS 7/09a, DRdA 2010, 153 = infas 2010 A 25). **Rückforderungsansprüche** in Bezug auf zuviel einbehaltene Gelder bei einer **„Steuertopfregelung" für Auslandseinsätze** (s Rz 277) unterliegen dieser Grenzbetragsregelung des § 1 Abs 4 Z 2 IESG (OGH 8 ObS 7/06x, Arb 12.624 = SSV-NF 20/44).

Aus der gesetzlichen Formulierung, die im einen Fall vom „jeweiligen" Entlohnungszeitraum und im anderen Fall vom „jeweiligen" Kalendervierteljahr spricht, könnte man entnehmen, dass der Grenzbetrag an die unterschiedlich langen Monate anzupassen ist. Zur Vereinheitlichung bzw Vermeidung von zufallsbedingten Differenzierungen bei der Abrechnung ist jedoch von einem **Zeitraum von 30 bzw 90 Tagen** auszugehen (*Holler*, ZAS 1987, 150; OGH 9 ObS 26/89, DRdA 1990, 371 = RdW 1990, 91; 8 ObS 2/03g, SSV-NF 17/85; aA *Fink*, RdW 1989, 339).

Im Falle anderer Abrechnungsfälligkeiten passt die Rsp den zu verwendenden Grenzbetrag entsprechend an. So ist bei jeweils am Jahresende festzulegenden Provisionen, Prämien udgl der maßgebliche Grenzbetrag in verfassungskonformer Interpretation von § 1 Abs 4 Z 2 IESG durch Heranziehung der Anzahl der Tage im jeweiligen Kalenderjahr zu ermitteln (**„Jahresgrenzbetrag"**), um eine unterschiedliche Kürzung von zeitabhängigen und nicht zeitabhängigen Entgelten zu vermeiden (OGH 8 ObS 8/94, DRdA 1994, 425 = infas 1994 A 129; 8 ObS 5/10h, DRdA 2012/12, 215 *[Wolligger]* = ZIK 2011/217, 158). IdS wurde auch eine einmalig zugestandene Diensterfindungsvergütung (OGH 8 ObS 16/94, SZ 67/218 = wbl 1995, 162) oder eine jährlich abzurechnende „Mehrverkaufsprämie", die vom Überschreiten einer bestimmten vom AN verkauften Stückzahl abhängt (OGH 8 ObS 5/10h, DRdA 2012/12, 215 *[Wolligger]* = ZIK 2011/217, 158; zu Provisionen allg Rz 223), an einem Grenzbetrag auf der Grundlage eines Kalenderjahres gemessen. Besteht das Arbeitsverhältnis nur während eines Teiles des Kalenderjahres, so ist auch der Jahresgrenzbetrag für die Diensterfindungsvergütung nur an diesem Teil auszurichten und zu aliquotieren (OGH 8 ObS 7/09a, DRdA 2010, 153 = infas 2010 A 25; s schon oben).

372 Nicht eindeutig ist die Regelung auch dann, wenn einem AN **gleichzeitig nach Zeiträumen und nicht nach Zeiträumen bemessene Entgeltansprüche** zustehen. Es wäre jedenfalls unbillig, in diesem Fall der Berechnung den doppelten Grenzbetrag, dh letztlich das Vierfache der Höchstbeitragsgrundlage, zu Grunde zu legen (*Holler*, ZAS 1987, 150; OGH 9 ObS 1/90, RdW 1990, 454; 9 ObS 2/90; 2 Ob 82/95, ZIK 1996, 140; VwGH 87/11/0198, ZfVB 1989/148). Man wird zunächst die nach Zeiträumen bemessenen Ansprüche am Grenzbetrag nach § 1 Abs 4 Z 1 IESG zu messen und allenfalls zu kürzen haben. Sind dann auch nicht nach Zeiträumen bemessene Ansprüche vorhanden, so wird der Grenzbetrag nach § 1 Abs 4 Z 2 IESG bzw der „Jahresgrenzbetrag" (Rz 371) herangezogen und vor der Messung an diesen Grenzen die im maßgeblichen Zeitraum nach Anwendung der Grenzbetragsregelung nach Z 1 leg cit gesicherten Ansprüche zu den nicht nach Zeiträumen bemessenen Ansprüchen dazugezählt (vgl OGH 8 ObS 7/09a, DRdA 2010, 153 = infas 2010 A 25; 8 ObS 5/10h, DRdA 2012/12, 215 *[Wolligger]* = ZIK

2011/217, 158; RIS-Justiz RS0065401; *Wolligger,* DRdA 2012/12, 217 f; zur davon unabhängig zu sehenden Grenzbetragsregelung nach § 1 Abs 4 Z 3 IESG s Rz 377).

373 Gem § 1 Abs 4 letzter S IESG ist der jeweilige Grenzbetrag um die vom AG bzw der Masse auf den Einzelanspruch geleisteten Zahlungen zu vermindern. **Teilzahlungen** werden also zuerst auf den zu sichernden Anspruch angerechnet und entlasten damit den IEF (s zB OGH 8 ObS 17/98b, ASoK 1999, 34 = ARD 5000/16/99; 8 ObS 235/01v, Arb 12.176 = RdW 2002, 619; 8 ObS 2/03g, SSV-NF 17/85; zum Wechsel von Entgelt auf Kündigungsentschädigung im relevanten Monat OGH 8 ObS 7/14h, EvBl 2015/103, 744 *[Weber-Wilfert]* = DRdA-infas 2015/111, 137 *[Tinhof]*; allg zu Teilzahlungen Rz 182).

Wenn zB zum Abrechnungszeitpunkt 31. 3. 2018 im Laufe des ersten Quartals EUR 2.500,– vom AG beglichen werden, so ist diese Zahlung vom Grenzbetrag abzuziehen. Mit den in Rz 370 angesprochenen Zahlen ergibt sich:

EUR 30.780,– minus EUR 2.500,– = EUR 28.280,–

Die vorliegende Teilzahlungsregelung wird auch im Bereich der Grenzbetragsvorschrift des § 1 Abs 4a IESG angewendet (s Rz 390). Eine darüber hinausgehende Verallgemeinerung ist vor dem Hintergrund der einschlägigen unionsrechtlichen Judikatur nicht statthaft (vgl EuGH C-125/97, *Regeling,* Slg 1998, I-4493 = ARD 4960/26/98; s Rz 182). Die Kombination von Grenzbeträgen, wie sie in § 1 Abs 3 Z 4, Abs 4 und Abs 4a IESG enthalten sind, mit der gegenständlichen Anrechnung von Teilzahlungen entspricht mE den inhaltlichen Vorgaben von Art 4 Abs 3 InsolvenzRL, zumal nach dieser Bestimmung sogar bloß existenzsichernde Höchstgrenzenregelungen zulässig wären (*Holzer,* Richtlinie 276; *Binder,* Gemeinschaftsmaßnahmen 204 f; aA *Weber,* ZIK 1998, 121; *Wolligger,* Arbeitnehmeransprüche 209 f unter Berufung auf EuGH C-19/01, 50/01 und 94/01, *Barsotti ua,* Slg 2004, I-2005).

374 Der **für den Vergleich maßgebliche Termin** ist der **Zeitpunkt der bedungenen Zahlung,** sodass jener Grenzbetrag, der in diesem Zeitpunkt gilt, zur Anwendung gelangt (vgl OGH 9 Ob S 10/90).

375 Der ermittelte **Grenzbetrag** ist **mit dem Bruttobetrag zu vergleichen.** Zur seit BGBl 1993/817 gegebenen Relevanz des Bruttobetrags bemerken die Materialien (AB 1332 BlgNR 18. GP 2), dass das jeweilige Insolvenz-Entgelt unter Abzug der Sozialversicherungsbeiträge, LSt usw als Nettobetrag zuzuerkennen ist (vgl § 3 Abs 1 IESG). Während nach früherer Rechtslage Nettowerte sowohl für den Vergleich mit dem Grenzbetrag als auch für die Höhe der Auszahlung relevant waren, ist nunmehr für Ersteres der Bruttobetrag maßgeblich. Man wird daher zB das Bruttomonatsentgelt am jeweiligen

Grenzbetrag zu messen und gegebenenfalls auf diesen herabzukürzen haben; vom Grenzbetrag sind dann (fiktiv) die Lohnnebenkosten abzuziehen, um auf den auszuzahlenden Anspruch zu kommen. Der von § 1 Abs 4 IESG angesprochene Grenzbetrag wird also als solcher höhenmäßig nie mehr erreicht; ein Verständnis der Neuregelung in dem Sinn, dass der nach § 3 Abs 1 IESG auszuzahlende Betrag wiederum vom Bruttoanspruch zu berechnen ist – was die Kürzung bis zum Grenzbetrag hin aufsaugen könnte –, ist sowohl vom Wortlaut des § 1 Abs 3 Z 4 IESG her als auch nach subjektiv-historischer Interpretation nicht vertretbar (so auch *Eypeltauer*, wbl 1994, 255).

Für die Messung am Grenzbetrag ist das **Bruttoentgelt für den maßgeblichen Entlohnungszeitraum** als **„Basisgröße"** heranzuziehen. Das bedeutet, dass nicht der gesamte fällige Anspruch dem Grenzbetrag unterliegt, sondern zB der **auf die Zeiteinheit „Monat" entfallende Entgeltbetrag** zu ermitteln ist. **376**

So dürfen die Ansprüche auf „fortlaufendes Gehalt" und auf (anteilige) Sonderzahlungen (zu den Sonderzahlungen s Rz 369) nicht zusammengerechnet und nicht gemeinsam dem Grenzbetrag gegenübergestellt werden. In § 1 Abs 3 Z 4 IESG ist nämlich von „Entgeltansprüchen" und nicht von „Entgelt" die Rede, woraus zu schließen ist, dass offenbar einzelne Entgeltansprüche maßgeblich sind und nicht aus diesen eine Gesamtsumme errechnet werden soll (OGH 8 ObS 121/00b, SSV-NF 14/49; VwGH 88/11/0201, ARD 4242/6/91).

Davon abgesehen sind für die Ermittlung der Basisgröße **alle Bestandteile des „laufenden Entgelts",** etwa Zulagen, Naturalentgelte oder Überstundenvergütungen (OGH 9 ObS 11/92, SVSlg 39.198 = infas 1993 A 15), **einzubeziehen.** Auch hinsichtlich der Urlaubsersatzleistung sind alle genannten Zusatzentgelte und überdies – ähnlich wie bei der „Abfertigung alt" (s Rz 380 ff) – die aliquoten Sonderzahlungen für die Zeit des nicht verbrauchten Urlaubs zu berücksichtigen (zu den Vorgängeransprüchen vgl OGH 9 ObS 1/89, ARD 4079/2/89; s allg Rz 250). Zu beachten ist, dass sowohl die auf einen Werktag entfallende Urlaubsersatzleistung als auch der von der zweifachen monatlichen Höchstbeitragsgrundlage abgeleitete tägliche Grenzbetrag für diese Leistung auf Grund einer Division durch die Zahl 26 – und nicht etwa durch die Zahl 30 – zu ermitteln ist (vgl zum alten Recht OGH 8 ObS 21/94, DRdA 1995, 275 = infas 1995 A 63; s auch Rz 249).

Unabhängig von § 1 Abs 4 Z 1 und 2 IESG ist die Grenzbetragsregelung nach § 1 Abs 4 Z 3 IESG zu sehen (IA 2234/A 25. GP 3). Diese gilt nur für Ansprüche auf Auszahlung von **fällig gewordenem Entgelt** zum einen **aus Überstunden- oder Mehrarbeit,** für die **Zeitausgleich vereinbart** war, sowie zum anderen **aus Zeitguthaben** oder **aus Zeitzuschlägen.** Die Regelung gilt nicht für Mehr- und Überstundenarbeit, die von Anfang an gegen Bezahlung **377** geleistet, aber nicht mehr abgegolten wurde (IA 2234/A 25. GP 3); hier bleibt es bei den allgemeinen Grenzbetragsregelungen (Rz 369 ff).

Diese Ansprüche **gelten** abweichend von § 44 Abs 7 ASVG **für jenen Kalendermonat als erworben, in dem sie fällig geworden sind** (die davor ergangene Rsp, zB OGH 8 ObS 19/98x, ZASB 1998, 29 = ASoK 1998, 318, ist damit obsolet). Als monatliche Höchstbeitragsgrundlage gilt für diese Ansprüche der 30-fache Betrag der täglichen Höchstbeitragsgrundlage gem § 45 Abs 1 ASVG zum Zeitpunkt der Fälligkeit.

Als **Grenzbetrag** gilt – in Übereinstimmung mit den allgemeinen Grenzbetragsregelungen (IA 2234/A 25. GP 3) – **für jede abzugeltende Stunde ein Viertel der täglichen Höchstbeitragsgrundlage** gem § 45 Abs 1 ASVG zum Zeitpunkt der Fälligkeit.

378 Im Falle einer **Gesamthandforderung,** etwa bei Zusammenschluss von Heimarbeitern zu einer Gesellschaft bürgerlichen Rechts, steht **jedem einzelnen Beteiligten** Entgeltsicherung bis zum Grenzbetrag zu. Dabei ist die Höhe der jeweiligen Forderung im Innenverhältnis zu prüfen, insb nach dem vereinbarten Aufteilungsschlüssel (OGH 8 ObS 2073/96b, ZIK 1997, 68; *Liebeg*, IESG[3] § 1 Rz 521). Entsprechendes wird auch bei Gruppenarbeitsverhältnissen zu gelten haben (dazu allg Rz 74 f).

379 Insoweit **Ansprüche** auf Entgelt die gesetzliche **Höchstgrenze überschreiten,** müssen sie vom AN **im Insolvenzverfahren verfolgt** werden. Somit tritt eine Aufspaltung der Forderungen ein, da sie bis zum Grenzbetrag nach dem IESG befriedigt werden und darüber hinaus ausschließlich insolvenzrechtlich geltend gemacht werden müssen. Eine Erleichterung für die AN besteht hierbei darin, dass jedenfalls die laufenden Entgelte nach Verfahrenseröffnung Masseforderungen sind (s § 46 IO Rz 6 ff).

6.7 Grenzbetragsregelung für Abfertigungen

380 Für Ansprüche auf „Abfertigung alt" wird durch § 1 Abs 4a IESG eine eigene, gemessen an der allgemeinen Regelung des § 1 Abs 3 Z 4 iVm Abs 4 IESG (s Rz 366 ff) stärker beschränkende Grenzbetragsvorschrift statuiert. Auch diese Grenzbetragsregelung steht in Einklang mit den unionsrechtlichen Vorgaben (s schon Rz 366).

Gem § 1 Abs 4a IESG gebührt, wenn Anspruch auf Abfertigung nach den §§ 23 f AngG oder einer gleichartigen österr Rechtsvorschrift besteht, Insolvenz-Entgelt hierfür
– bis zum Ausmaß der einfachen Höchstbeitragsgrundlage nach § 1 Abs 4 IESG pro Monatsbetrag Abfertigung in voller Höhe (lit a leg cit)
– und, soweit ein höherer Anspruch zusteht, bis zum Ausmaß der zweifachen Höchstbeitragsgrundlage nach § 1 Abs 4 IESG pro Monatsbe-

trag Abfertigung in halber Höhe (lit b; zur Ermittlung der Höchstbeitragsgrundlage s Rz 370).

Laut Materialien (AB 1332 BlgNR 18. GP 2) soll 100 % Insolvenz-Entgelt bis zur Erreichung der einfachen Höchstbeitragsgrundlage nach § 45 Abs 1 ASVG und für den Teil zwischen der einfachen und doppelten Höchstbeitragsgrundlage 50 % gewährt werden. § 1 Abs 4a IESG sowie die im AB getätigten Aussagen werfen mehrere Interpretationsprobleme auf (Rz 381 ff).

Unzweifelhaft ist, dass die **Vorschrift der lit a und jene der lit b „additiv"** zur Anwendung zu bringen sind (arg „soweit"), zumal bei alternativem Verständnis eine knapp über der Höchstbeitragsgrundlage liegende Abfertigung in viel geringerem Ausmaß gesichert wäre als eine knapp darunter liegende (idS auch *Eypeltauer*, wbl 1994, 256). **381**

Fraglich ist, ob auch im Bereich des § 1 Abs 4a IESG der jeweilige Bruttobetrag an Abfertigung am Grenzbetrag zu messen sein soll oder ob es hier beim Nettobetrag bleibt. *Eypeltauer* (wbl 1994, 256) zieht aus dem sicherlich missglückten Wortlaut der einschlägigen Bestimmungen – nur in § 1 Abs 3 Z 4 IESG, der auf Abfertigungen nicht anwendbar ist, wird ausdrücklich vom Bruttobetrag gesprochen – den Gegenschluss, behauptet die Maßgeblichkeit des Nettobetrags für Abfertigungen und stützt diese These mit der Bestimmung des § 3 Abs 1 IESG, wonach das Insolvenz-Entgelt netto auszuzahlen ist. Gegen dieses Ergebnis ist Folgendes einzuwenden: Zum ersten ist iS systematischer Interpretation nicht § 3 IESG, sondern der vom Bruttobetrag ausgehende § 1 Abs 3 Z 4 IESG als allgemeine Vorschrift zum Problem anzusehen. Es geht daher nicht – wie *Eypeltauer* (wbl 1994, 256) aus seiner Sicht konsequent meint – um die Frage, ob § 3 Abs 1 IESG hinsichtlich des Abstellens auf eine Nettozahlung für den speziellen Fall des § 1 Abs 4a IESG teleologisch zu reduzieren ist. Zu prüfen ist vielmehr, ob die diesbezügliche Normlücke in § 1 Abs 4a IESG vor dem Hintergrund des Rechtsverweigerungsverbots durch die in § 1 Abs 3 Z 4 IESG angegebene Lösung zu schließen ist (zum methodologischen Hintergrund s allg *Canaris*, Feststellung von Lücken[2] 59 f, 137 f, 139 ff, 144 ff). Die analoge Heranziehung der Vorgabe in § 1 Abs 3 Z 4 IESG erscheint etwa auf Grund subjektiv-historischer Argumentation sachgerecht, zumal im AB (1332 BlgNR 18. GP 2) zuerst vom Bruttobetrag und dann von der Differenzierung zwischen Abfertigung und sonstigen Entgelten die Rede ist. Weiters wäre es aus teleologischen Überlegungen nicht einzusehen, dass gerade hohe Abfertigungen, die den Fonds seit Langem in unerwünschter Weise belasten, diesbezüglich wieder privilegiert werden sollen. Auch bei der Anwendung des § 1 Abs 4a IESG ist somit vom **Bruttobetrag** an Abfertigung auszugehen (so auch OGH 8 ObS 38/95, DRdA 1996, 164 = ZASB 1996, 11; 8 ObS 8/96, DRdA 1996, 428 = ZIK 1996, 218; 8 ObS 7/96, ZIK 1997, 32 = ARD 4808/29/97; die damit übereinstimmende For- **382** mulierung von *Eypeltauer*, wbl 1994, 256 im letzten Absatz seiner einschlägigen Argumentation beruht auf einem Redaktionsfehler).

383 Zu fragen ist nun, wie der von § 1 Abs Abs 4a IESG, insb dessen lit b, angeordnete **Grenzbetrag**, an dem der monatliche Bruttobetrag an Abfertigung zu messen ist, bestimmt werden muss. Der Wortlaut, wonach bei einem die einfache Höchstbeitragsgrundlage übersteigenden Anspruch „bis zum Ausmaß der zweifachen Höchstbeitragsgrundlage pro Monatsbetrag Abfertigung in halber Höhe" gebührt, ist nur in jenen Fällen klar, in denen der Anspruch unter der doppelten Höchstbeitragsgrundlage liegt. Hier ist zB bei einem Bruttobetrag von EUR 8.000,– der Anspruch bis zur einfachen monatlichen Höchstbeitragsgrundlage (dh für 2018: EUR 5.130,–) voll heranzuziehen, der Rest ist zur Hälfte (EUR 2.870,– : 2 = EUR 1.435,–) maßgeblich. Der gekürzte Bruttobetrag für die Ermittlung eines fiktiven Nettobetrags beträgt somit EUR 6.565,–.

Bei Konstellationen, in denen der Anspruch über der doppelten Höchstbeitragsgrundlage liegt, sind zwei Auslegungsvarianten denkbar (*Eypeltauer*, wbl 1994, 256 f): Nach der ersten erfolgt für jenen Teil, der über die einfache Höchstbeitragsgrundlage hinausgeht, bis zu jenem Betrag, der der zweifachen Höchstbeitragsgrundlage entspricht, eine Kürzung auf die Hälfte. Nach der zweiten Variante wird der übersteigende Teil zuerst halbiert und dann am zweiten Grenzbetrag gemessen.

Beispiel: Einfache Höchstbeitragsgrundlage für 2018, aufs Monat gerechnet: EUR 5.130,–. Das Doppelte davon ist EUR 10.260,–. Abfertigung gebührt in Höhe von EUR 16.000,– brutto.

In beiden Varianten ist vorweg die Summe von EUR 5.130,– abzuziehen, die nach § 1 Abs 4a IESG voll zu berücksichtigen ist. Es verbleiben EUR 10.870,–.

- **Variante 1:** Der Betrag wird auf die Differenz zwischen einfacher und zweifacher Höchstbeitragsgrundlage, also auf EUR 5.130,–, gekürzt und sodann auf EUR 2.565,– halbiert. Maßgeblicher Bruttobetrag: EUR 7.695,–.
- **Variante 2:** Der Betrag wird halbiert (EUR 10.870,– : 2 = EUR 5.435,–) und sodann an der angesprochenen Differenz gemessen und allenfalls gekürzt. Maßgeblicher Bruttobetrag: EUR 5.130,– + EUR 5.130,– = EUR 10.260,–.

In Übereinstimmung mit den diesbezüglich allerdings nicht allzu klar formulierten Passagen im AB (1332 BlgNR 18. GP 2) hat sich die Rsp auf die erstgenannte Auslegung festgelegt, sodass **Abfertigungsansprüche** insgesamt **mit der 1,5-fachen Höchstbeitragsgrundlage brutto begrenzt** sind (OGH 8 ObS 38/95, DRdA 1996, 164 = ZASB 1996, 11; 8 ObS 46/95, RdW 1997,

32 = ZIK 1996, 218; die zweite Variante bevorzugt nicht ganz zu Unrecht *Eypeltauer,* wbl 1994, 257).

Für den vorzunehmenden Vergleich ist jener **Grenzbetrag** heranzuziehen, der **bei Entstehen des Abfertigungsanspruchs,** also im Zeitpunkt der Beendigung des Arbeitsverhältnisses, maßgeblich ist. Durch die Möglichkeit, die Abfertigung, soweit sie das Dreifache des Monatsentgelts übersteigt, in weiteren Monatsraten abzustatten (§ 23 Abs 4 AngG), wird die gegenständliche Bemessungsgrundlage nicht verändert, sodass es etwa auch bei Fälligkeit in einem neuen Jahr beim alten, idR niedrigeren Grenzbetrag bleibt (OGH 8 ObS 2104/96m, RdW 1997, 469 = infas 1996 A 145). Dies korrespondiert in gewisser Weise mit dem Umstand, dass gem § 3 Abs 1 IESG betagte Forderungen als fällig gelten (s § 3 Rz 18). 384

Als **„Basisgröße"** (s allg Rz 377) der Abfertigung ist das dem AN für den letzten Monat des Arbeitsverhältnisses gebührende Entgelt (§ 23 Abs 1 AngG) zum Grenzbetrag in Beziehung zu setzen (VwGH 86/11/0179, ZfVB 1988/987; 87/11/0236, ZfVB 1988/2213). Es ist hierbei ein monatlicher Durchschnittsverdienst heranzuziehen, in den ua die aliquoten Anteile der Sonderzahlungen einzurechnen sind (allg dazu Rz 238). 385

Zu prüfen bleibt noch der genaue sachliche Anwendungsbereich des § 1 Abs 4a IESG, also die Frage, was unter einer **„Abfertigung nach den §§ 23 und 23a AngG oder einer anderen gleichartigen österr Rechtsvorschrift"** zu verstehen ist. Unzweifelhaft ist, dass § 1 Abs 4a IESG aus dem Katalog der nach IESG gesicherten Entgeltansprüche aus der Beendigung des Arbeitsverhältnisses (allg Rz 272 ff) nur die Abfertigung herausnimmt; andere derartige Ansprüche (zB Urlaubsersatzleistung) sind ausschließlich nach § 1 Abs 4 IESG zu begrenzen (s Rz 369). Unter „gleichartigen Rechtsvorschriften" werden üblicherweise zB die §§ 22 f GAngG, § 17 HGHAngG, § 31 LAG oder auch § 27b HeimAG verstanden (s Rz 233). 386

Aus der Bezugnahme auf diese gesetzlichen Vorschriften könnte man ableiten, dass gewissermaßen **„freiwillig" gewährte Abfertigungen** (zum Begriff Rz 233) nicht dem Grenzbetrag nach § 1 Abs 4a IESG, sondern nur jenem des § 1 Abs 4 IESG gegenüberzustellen sind (*Holzer/Reissner*, DRdA 1994, 464). Die Rsp zieht allerdings aus § 1 Abs 4a IESG den in Anbetracht insb der systematischen Stellung der Bestimmung bei den ausgeschlossenen und nicht bei den gesicherten Ansprüchen (s Rz 203 ff) gewagten Schluss, dass „freiwillige" Abfertigungen, die nach ihrer Höhe oder nach der Anzahl der Raten über einen gesetzlichen Mindeststandard hinausgehen, nach IESG **überhaupt nicht gesichert** sind (OGH 8 ObS 21/94, DRdA 1995, 275 = infas 1995 A 63; 8 ObS 2054/96, ZIK 1996, 218; 8 ObS 2112/96, RdW 1997, 32 = infas 1996 A 144; 8 ObS 73/97m, ARD 4881/28/97; 8 ObS 354/97k). 387

Den Arbeitsvertragsparteien steht es aber in gewissem Umfang frei, die Grundlagen für die Entstehung des gesetzlichen Abfertigungsanspruchs zu bestimmen, wenn sie nur von den tatsächlich geleisteten Zeiten und Entgelten ausgehen und sich insgesamt im Rahmen der gesetzlichen Regelungen bewegen. So sind bei der Berechnung der gesetzlichen Abfertigungsansprüche iSd § 3 Abs 3 S 2 Vereinbarungen über die **Anrechnung von tatsächlich zurückgelegten Vordienstzeiten,** wenn solche Zeiten nicht bereits bei früheren Beendigungsansprüchen berücksichtigt wurden und die Zeiten aus grundsätzlich gesicherten Arbeitsverhältnissen iSd § 1 IESG resultieren, **zu berücksichtigen** (vgl OGH 8 ObS 21/94, DRdA 1995, 275 = infas 1995 A 63; 8 ObS 73/97m, ARD 4881/28/97; s ausführlich § 3 Rz 31). Auch die Anrechnung von Arbeiterzeiten bei Angestellten ist beachtlich (OGH 8 ObS 12/08k, ARD 5932/5/2009). Auf die Abfertigung angerechnete Vordienstzeiten sind allerdings nur dann gesichert, wenn der Anspruchsberechtigte im zuletzt relevanten Arbeitsverhältnis zumindest dem alten Abfertigungsregime unterliegt und einen gesetzlichen Abfertigungsanspruch hat (zur Anrechnung von G wegen nicht relevanter Lehrzeiten OGH 8 ObS 22/01w, SSV-NF 15/25), was bei einem Wechsel vom alten in das neue Abfertigungssystem nicht der Fall ist (OGH 8 ObS 2/10t, ZIK 2010/297, 15 = infas 2010 A 60).

Im Falle zusammenhängender Arbeitsverhältnisse sind **Dienstzeiten, für die** bereits eine **Abfertigung gezahlt** wurde, nach dem G **im** für die seinerzeitige Abfertigung **notwendigen Ausmaß abgegolten** und damit für die Bemessung einer weiteren Abfertigung nicht mehr heranzuziehen (OGH 8 ObS 2054/96, ZIK 1996, 218; 8 ObS 24/04v, DRdA 2006/12, 133 *[Reissner/ Sundl]*; 8 ObS 12/08k, ARD 5932/5/2009; vgl auch OGH 9 ObS 8/91, DRdA 1992/15, 145 *[Grießer]* = JBl 1991, 809 *[Liebeg]* = RdW 1991, 294 *[Runggaldier]*; 9 ObS 9/91, ZASB 1992, 1 = RdW 1992, 120).

Ist eine AN vor ihrem Austritt in der Insolvenz des AG ca sieben Jahre vollzeit- und danach ca vier Jahre teilzeitbeschäftigt, wobei im Zuge der Herabsetzung der Arbeitszeit vereinbart wird, dass zeitmäßig bereits erworbene Abfertigungsansprüche **auf Basis des Vollzeitbeschäftigtenentgelts** berechnet werden sollen, so ist die daraus entstehende zusätzliche Abfertigung nach IESG gesichert (OGH 8 ObS 15/03v, Arb 12.377 = infas 2004 A 34; vgl auch OGH 8 ObS 13/01x, Arb 12.087 = infas 2001 A 64; 8 ObS 14/03x, wbl 2004/59, 137).

Kündigt ein AN unter Hinweis auf einen bestehenden Austrittsgrund, so besteht Anspruch auf eine gesetzliche Abfertigung. Ein solcher Anspruch liegt allerdings nicht vor, wenn der AN einer angedrohten Entlassung mit **Selbstkündigung** begegnet (OGH 8 ObS 2112/96, RdW 1997, 32 = infas 1996 A 144). Dasselbe gilt für eine **„freiwillige Abgangsentschädigung",** und zwar auch dann, wenn der AN im Falle der vom AG angestrebten Kündigung eine Kündigungsentschädigung bzw das Entgelt für die Kündigungszeit bekommen hätte (OGH 8 ObS 113/98w, ZASB 1998, 46 = infas 1998 A 147 = ARD 4965/21/98; zu einer „außerordentlichen Abschlagszahlung" OGH 8 ObS 7/08z, ARD 5932/6/2009). Auch eine sog **Zwischenabfertigung** im aufrechten Arbeitsverhältnis ist als „freiwillige" Abfertigung nach IESG nicht gesichert (OGH 8 ObS 6/15p, ARD 6467/13/2015).

Eine über § 23 Abs 1 AngG hinausgehende, **auf KollV basierende Zusatzabfertigung** ist **keine „gesetzliche" Leistung** und daher nicht durch das IESG gedeckt (OGH 8 ObS 240/97w, DRdA 1998, 60 = infas 1998 A 16). Die Anrechnung der ersten zehn Monate Elternkarenz auf Grund des KollV wird jedoch berücksichtigt (OGH 8 ObS 88/97t, DRdA 1997, 410), wie allgemein auf **kollv** Zusammenrechnungen von Dienstzeiten oder Vordienstzeitenanrechnungen Bedacht genommen wird (s § 3 Rz 31 mwN).

388 Klarzustellen ist auch das **Verhältnis der Grenzbetragsregelungen gem § 1 Abs 4a iVm Abs 4 IESG zur Spezialvorschrift des § 1a IESG.** Durch letztere Bestimmung werden Abfertigungen oder Teile davon gesichert, die arbeitsrechtlich infolge Anwendung der sog wirtschaftlichen Reduktionsklausel (zB § 23 Abs 2 AngG) nicht zustehen würden (s § 1a Rz 1 ff, insb 13 ff). Obzwar von § 1a IESG nicht ausdrücklich angeordnet, ist aus teleologischen und systematischen Erwägungen davon auszugehen, dass ebenfalls eine Grenzbetragsregelung zur Anwendung kommen soll. Man wird, um zu einer gleichförmigen und damit sachgerechten Kürzung zu kommen, den Wortlaut des § 1 Abs 4a IESG etwas strapazieren und § 1a IESG den „gleichartigen Vorschriften" zuordnen müssen.

389 Die Grenzbetragsregelung des § 1 Abs 4a IESG ist auch dann heranzuziehen, wenn Arbeitsvertragsparteien nach § 47 Abs 2 BMSVG einen **Teilübertritt ins System „Abfertigung neu"** vereinbaren, dies also nur für die Zukunft machen und die bis dahin bestehenden **Altanwartschaften „einfrieren"** (dazu allg Rz 246). Auf einen derartigen später nach IESG zu sichernden Abfertigungsteil ist § 1 Abs 4a IESG anzuwenden, die ab dem Stichtag des Übertritts erworbenen Neuanwartschaften gegenüber der BV-Kasse sind dabei nicht einzubeziehen.

390 Zu beachten ist, dass der OGH (8 ObS 2327/96, DRdA 1997, 228 = infas 1997 A 60; 8 ObS 62/97v, RdW 1997, 618 = ARD 4881/26/97; 8 ObS 293/01y, ZIK 2003/99, 71 = SSV-NF 16/50) die in § 1 Abs 4 letzter S IESG enthaltene Vorschrift über die Anrechnung von **Teilzahlungen** entsprechend auf die Grenzbetragsregelung des § 1 Abs 4a IESG anwendet (vgl auch OGH 9 ObS 16/91, DRdA 1992/23, 220 *[Geist]* = infas 1992 A 30; allg, auch zur unionsrechtlichen Problematik, Rz 373).

§ 1 IESG

6.8 Gesetzliche Zahlungsverpflichtung eines Dritten

391 Gem § 1 Abs 3 Z 5 IESG gebührt für Ansprüche iSd § 1 Abs 2 IESG kein Insolvenz-Entgelt, „sofern auf Grund gesetzlicher Anordnung ein anderer als der AG (ehemalige AG) zur Zahlung verpflichtet ist" (vgl auch Rz 396 ff).

392 Durch diese mit BGBl 1987/618 eingefügte Bestimmung sollte das IESG **mit dem BUAG abgestimmt** werden (s dazu auch § 18 Rz 9). Letzteres G sieht im Wesentlichen vor, dass Bauarbeiter das Urlaubsentgelt (vgl § 8 BUAG), die Urlaubsersatzleistung (vgl § 9 BUAG) bzw die sog (Urlaubs-)Abfindung (vgl § 10 BUAG) sowie die „Abfertigung alt" (vgl §§ 13a ff BUAG; zur „Abfertigung neu" allg Rz 231 ff, 243 ff bzw im Geltungsbereich des BUAG § 13b Rz 1) nicht beim (letzten) AG, sondern bei einer eigenen Kasse (BUAK) geltend zu machen haben. Das hat für den Bereich des IESG die Konsequenz, dass solche Zahlungen zwar keinen Anspruch auf Insolvenz-Entgelt begründen, jedoch von der Kasse zu begleichen sind (vgl OGH 9 ObS 11/91, SVSlg 39.193 = wbl 1991, 328; 9 ObS 12/91, SVSlg 39.194 = ecolex 1992, 189 = infas 1992 A 53; 8 ObS 82/01v, SSV-NF 15/100 = RdW 2002, 622; *Liebeg*, IESG[3] § 1 Rz 525).

Mit dieser Rechtslage in Zusammenhang zu sehen ist § 13b IESG, wonach der **IEF** innerhalb gewisser Grenzen der **BUAK** vom AG nach dem BUAG zu entrichtende **Zuschläge zu ersetzen** hat (s § 13b Rz 2 ff).

393 Ein Musterbeispiel für die gesetzliche Zahlungspflicht eines Dritten ist die **„Abfertigung neu" iSd BMSVG** (dazu allg Rz 231 ff, 243 ff).

394 Insoweit für angestellte Apotheker die **„Pharmazeutische Gehaltskasse"** zuständig ist (dazu allg Rz 46), liegen ebenfalls ausgeschlossene Ansprüche iSd § 1 Abs 3 Z 5 IESG vor.

395 Die Ausschlussbestimmung des § 1 Abs 3 Z 5 IESG wird auch in Fällen, in denen es iZm einem Insolvenzverfahren iSd § 1 Abs 1 IESG zu einem **Betriebsübergang** und damit uU zur **(Mit-)Haftung des anderen beteiligten AG** gem § 6 AVRAG kommt, angeführt (dazu allg Rz 426 ff mwN).

Als ein solcher Mithaftender kommt im Bereich des § 1a Abs 3 IESG auch ein nicht bedingt erbserklärter weiterer Erbe in Betracht (s § 1a Rz 27).

6.9 Betriebspensionsansprüche gegenüber Pensionskassen oder Versicherungsunternehmen

396 § 1 Abs 3 Z 6 IESG schließt Insolvenz-Entgelt für Ansprüche nach dem BPG gegenüber einer Pensionskasse iSd PKG oder einem Unternehmen gem § 1 Abs 1 Z 1, 2, 4 oder 5 VAG aus.

Diese an sich selbstverständliche Einschränkung hätte wohl schon auf § 1 Abs 3 Z 5 IESG gestützt werden können, da auch hier ein anderer als der AG bzw der ehemalige AG, nämlich die Pensionskasse oder das Versicherungsunternehmen, zur Zahlung verpflichtet ist, und man diese Zahlungspflicht als vom G „angeordnet" (iwS) begreifen kann (zur Sicherung von direkt gegenüber dem AG bestehenden Pensionsansprüchen allg § 3d Rz 1 ff).

Ausgeschlossen sind zum einen **Ansprüche** nach dem BPG **„gegenüber einer Pensionskasse"** iSd PKG. Eine mögliche Konstruktion einer Betriebspension nach BPG ist, dass der AG – allenfalls mit zusätzlichen Beiträgen auch des AN – Beiträge an eine Pensionskasse zahlt, welche dann nach Eintritt des Leistungsfalles Pensionszahlungen an den AN leistet (s Rz 257). Leistungsverpflichtet ist also die Pensionskasse. Dies ist vom wirtschaftlichen Schicksal des AG weitgehend unabhängig, sodass eine Insolvenz desselben grundsätzlich keinen Einfluss auf die Leistungsverpflichtung der Pensionskasse hat. Eine IESG-Sicherung für die Pensionsleistungen als solche ist daher ausgeschlossen. Eine Sicherung kommt nur hinsichtlich unterbliebener Beitragszahlungen, also für vor dem Leistungsstadium, in Betracht (dazu § 7 Abs 8 IESG; allg dazu § 7 Rz 26 f). Im Falle einer Nachschussverpflichtung des AG in die Pensionskasse hat der IEF jenen Betrag zu leisten, der die Kasse in die Lage versetzt, die zugesagte Pension in voller Höhe zu leisten, aber – analog § 3d IESG – zeitlich beschränkt auf 24 Monate (s Rz 310 mwN).

397

Aus denselben Gründen sind Ansprüche nach dem BPG gegenüber einem Unternehmen gem § 1 Abs 1 Z 1, 2, 4 oder 5 VAG nach IESG ausgeschlossen. Mit einem Unternehmen nach den genannten Bestimmungen des VAG sind insb **Versicherungsunternehmen** mit Sitz im Inland und kleine Versicherungsunternehmen sowie Versicherungsunternehmen mit Sitz in einem Drittland oder im EWR bei Erfüllung gewisser Voraussetzungen gemeint. Betriebspensionsrechtlich besteht die Möglichkeit, über eine **betriebliche Kollektivversicherung** oder auf Grund von **Lebensversicherungen,** die der AG für die AN abgeschlossen hat, Prämien an ein Versicherungsunternehmen zu entrichten, wobei dieses bei Vorliegen der vereinbarten Voraussetzungen Leistungen an den AN erbringt (s Rz 257). Auch diesbezüglich spielt eine allfällige Insolvenz des AG in der Leistungsphase keine Rolle mehr. Eine Sicherung unterbliebener Beitragszahlungen erfolgt wiederum nach § 7 Abs 8 IESG, auch im Falle von Nachschussverpflichtungen wird man wie bei Pensionskassenzusagen vorzugehen haben (s schon Rz 397).

398

7. Anmeldung gesicherter Ansprüche

Gem § 1 Abs 5 IESG müssen gesicherte Ansprüche, die auf Grund der insolvenzrechtlichen Vorschriften im eröffneten Insolvenzverfahren angemeldet werden können, in diesen Verfahren angemeldet werden, widrigenfalls der Anspruch auf Insolvenz-Entgelt nicht besteht (s Rz 400). Eine Nachsicht von der skizzierten Sicherungsvoraussetzung wird dann gewährt, wenn dem An-

399

spruchsberechtigten die Anmeldung nicht möglich war (dazu Rz 402). Wird Insolvenz-Entgelt auf Grund einer ausländischen Entscheidung beantragt, hat der Antragsteller eine nach dem jeweiligen ausländischen Recht erforderliche Forderungsanmeldung der zuständigen Geschäftsstelle der IEF-Service GmbH zur Kenntnis zu bringen (s Rz 414 f).

400 Die gegenständliche Bestimmung ist **keine bloße Formvorschrift,** zumal sie den Regressanspruch des IEF sicherstellt und die Gleichbehandlung der Arbeitnehmerforderungen aus arbeits- und sozialversicherungsrechtlicher Sicht durch Insolvenzgericht und Fonds gewährleistet (vgl ErläutRV 464 BlgNR 14. GP 8; OGH 8 ObS 394/97t, ARD 4986/13/98). Wird also nicht angemeldet, besteht insoweit kein Anspruch auf Insolvenz-Entgelt.

401 § 1 Abs 5 IESG spielt bei jenen Sicherungstatbeständen eine Rolle, in denen eine **Forderungsanmeldung vorgesehen** ist. Dies ist im Insolvenzverfahren und allenfalls auch in einem einschlägigen Verfahren nach ausländischem Recht der Fall (s Rz 405 ff, Rz 414 f). Im Zuge der Anordnung der Geschäftsaufsicht (§ 1 Abs 1 Z 1 IESG; s Rz 140 ff) gibt es kein Anmeldungsverfahren, in den Konstellationen des § 1 Abs 1 Z 2 – 6 IESG (zB Ablehnung eines Antrags auf Insolvenzverfahrenseröffnung mangels hinreichenden Vermögens; s Rz 146 ff) ist eine Anmeldung zT von vornherein wegen Fehlens eines entsprechenden Verfahrens nicht möglich, sodass § 1 Abs 5 IESG nicht anwendbar ist.

402 Das G sieht vom gegenständlichen Erfordernis dann ab, wenn dem Anspruchsberechtigten die **Anmeldung nicht möglich** war. Nach den Materialien (ErläutRV 737 BlgNR 20. GP 8) kann die Forderungsanmeldung entfallen und der Anspruch auf Insolvenz-Entgelt dennoch gewahrt bleiben, wenn zB Ansprüche wie solche auf „Abfertigung alt" bis zum Ablauf der jeweiligen gerichtlichen Forderungsanmeldungsfrist laut Insolvenzedikt betraglich noch nicht bekannt sind (vgl auch OGH 9 ObS 24/92, DRdA 1993, 390 = infas 1993 A 92).

Voraussetzung für eine Nachsicht ist, dass die **Anmeldung nicht mehr nachgeholt werden kann** (OGH 8 ObS 394/97t, ARD 4986/13/98).

403 Bemerkenswert ist, dass der OGH (8 ObS 3/96, wbl 1996, 496 = infas 1997 A 16; 8 ObS 394/97t, ARD 4986/13/98) im gegebenen Zusammenhang auch die Härteklausel des § 6 Abs 1 IESG (allg dazu § 6 Rz 8 ff, insb Rz 12) zur Anwendung bringt: Kann demnach die Anmeldung einer Forderung nicht nachgeholt werden, liegen aber **berücksichtigungswürdige Gründe** iSd § 6 Abs 1 IESG vor, so sind nicht nur die Rechtsfolgen der Fristversäumnis zur Antragstellung auf Insolvenz-Entgelt, sondern auch jene der Versäumnis der Forderungsanmeldung im Insolvenzverfahren nachzusehen. Berücksichtigungswürdige Gründe sind etwa dann gegeben, wenn der AN seine Forderungen gegen den AG verfolgt und dabei wegen rechtswidriger

Nichtbeachtung der Postsperre bzw der sonstigen Insolvenzwirkungen durch das Titel- und Exekutionsgericht ca ein Jahr lang nichts von der Insolvenzverfahrenseröffnung erfährt.

Die **Anmeldung** im Insolvenzverfahren ist gem § 1 Abs 5 IESG eine **Voraussetzung für die Geltendmachung** von gesicherten Ansprüchen nach dem IESG, sie stellt aber **nicht die Geltendmachung selbst** dar (OGH 9 ObS 5/90, RdW 1990, 413 = infas 1991 A 62; zu Letzterer allg § 6 Rz 1 ff, 14 ff). 404

7.1 Anmeldung im Insolvenzverfahren

Die Anmeldung der Forderungen ist Voraussetzung für die Beteiligung am Insolvenzverfahren. Gläubiger, die ihre Forderungen nicht anmelden, verlieren zwar nicht ihren Anspruch, verzichten aber auf die Teilnahme am Insolvenzverfahren und somit auf den Anteil des Erlöses aus der Insolvenzmasse. 405

Gem § 104 Abs 1 S 1 IO sind die Forderungen **beim Insolvenzgericht schriftlich oder mündlich zu Protokoll anzumelden.** Dies ist auch dann, wenn über Forderungen ein Rechtsstreit anhängig ist. Wenn mehrere Schuldner einer Forderung insolvent sind, muss der Gläubiger diese in allen Insolvenzverfahren anmelden, außer es handelt sich um eine eingetragene Personengesellschaft, über deren Vermögen gleichzeitig mit der Insolvenz über das Vermögen ihrer Gesellschafter ein Insolvenzverfahren eingeleitet ist. In diesem Fall kann die Anmeldung derselben Forderung in der Gesellschaftsinsolvenz mit jener in den Insolvenzverfahren der Gesellschafter verbunden werden (vgl § 104 Abs 2 IO). 406

Gem § 104 Abs 1 S 2 und 3 IO kann der **schriftlichen** – nicht aber der mündlichen – **Anmeldung** auch der **Antrag auf Insolvenz-Entgelt beigelegt** werden. Letzteren hat das Gericht ohne weitere Prüfung der zur Entscheidung zuständigen Geschäftsstelle der IEF-Service GmbH zu übersenden; das zur Vorlage bei der Geschäftsstelle bestimmte Stück der Forderungsanmeldung ist anzuschließen (s auch § 5 Rz 4).

Es ist nicht notwendig, dass die Anmeldung durch den Gläubiger persönlich erfolgt. Er kann sich **durch einen Bevollmächtigten vertreten lassen,** der auch bei einer sonst im Zivilprozessrecht Anwaltszwang begründenden Forderungshöhe kein Rechtsanwalt sein muss (vgl § 254 Abs 1 Z 6 IO). Forderungsanmeldungen sowie alle anderen Angelegenheiten des Insolvenzverfahrens können auch **bevorrechteten Gläubigerschutzverbänden** übertragen werden (vgl § 253 Abs 3 IO; zu derartigen Verbänden, insb zum ISA, § 13c Rz 8 ff). Durch einen Bevollmächtigten seiner **gesetzlichen Interessenvertretung** (insb AK) oder **freiwilligen kollektivvertragsfähigen Berufsvereinigung** (insb ÖGB) kann sich ein Gläubiger im gleichen Umfang wie durch einen bevorrechteten Gläubigerschutzverband vertreten lassen, wenn 407 ein Rechtsstreit über die Forderung eine Arbeitsrechtssache nach § 50 ASGG wäre (§ 253 Abs 4 IO). Die Vertretung der AN des Schuldners durch Bevollmächtigte ihrer gesetzlichen Interessenvertretung oder freiwilligen Berufsvereinigung erfordert sohin eine zweifache Bevollmächtigung dieser Personen, und zwar einerseits durch die Interessenvertretung bzw Berufsvereinigung und andererseits durch den Gläubiger (OGH 5 Ob 333/86, Arb 10.582 = RdW 1987, 96).

408 Das Insolvenzgericht setzt bereits bei Insolvenzverfahrenseröffnung im Insolvenzedikt nach seinem Ermessen eine **Anmeldungsfrist** fest, die idR auf 14 Tage vor der allgemeinen Prüfungstagsatzung anzuordnen ist (§ 74 Abs 2 Z 5 iVm Abs 3 IO). Die Anmeldungsfrist ist **keine Ausschlussfrist,** auch Anmeldungen nach Ablauf derselben sind zulässig und nach Möglichkeit in die allgemeine Prüfungstagsatzung einzubeziehen (vgl § 106 Abs 3 IO). Ist jedoch eine besondere Prüfungstagsatzung notwendig, so werden die dadurch entstehenden Kosten unter Berücksichtigung der Höhe der angemeldeten Forderung dem Nachzügler auferlegt, es sei denn, eine frühere Anmeldung war ihm nicht möglich; weiters kann er bereits geprüfte Konkursforderungen nicht mehr bestreiten (vgl § 107 IO).

409 Der **Inhalt der Anmeldung** muss den Betrag der Forderung und die Tatsachen, auf die sie sich gründet, die in Anspruch genommene Rangordnung sowie die Bezeichnung der entsprechenden Beweismittel umfassen (§ 103 Abs 1 IO). Bei streitanhängigen Forderungen ist überdies Prozessgericht und Aktenzeichen anzugeben (§ 103 Abs 2 IO). Absonderungsgläubiger, die ihre Forderungen auch als Insolvenzgläubiger geltend machen (s Rz 412), haben den Sachverhalt unter genauer Angabe des Gegenstands der Absonderung darzulegen und die voraussichtliche Ausfallshöhe zu benennen (§ 103 Abs 3 IO).

An die Beurteilung, ob eine Forderungsanmeldung im Insolvenzverfahren die gesetzlichen Inhaltserfordernisse erfüllt, ist ein strenger Maßstab anzulegen. Die **Anmeldung** muss soweit **bestimmt** sein, dass sie dem Insolvenzverwalter, dem Schuldner und den Gläubigern die Möglichkeit gibt, sich über den Bestand der angemeldeten Forderung zu informieren, um sie in die Lage zu versetzen, sich im Prüfungsverfahren zur Forderung richtig zu erklären. Überdies muss gewährleistet sein, dass die Identität zwischen der angemeldeten und der in einem allfälligen Prüfungsprozess geltend gemachten Forderung feststellbar ist. Der in der Forderungsanmeldung des AN verwendete Ausdruck „Lohn" kann laut OGH (8 Ob 31/95, ecolex 1996, 523 = ARD 4815/20/97) allerdings nur gleichbedeutend mit dem für die Arbeitsleistung gebührenden „Entgelt" verstanden werden. Diesbezüglich ist wiederum der im Arbeitsrecht verwendete weite Begriff (s Rz 209 ff) maßgeblich, sodass Überstundenentgelte für einen bestimmten Zeitraum inkludiert sind, auch wenn der AN in der Anmeldung keine Beweismittel für Überstunden verzeichnet hat. Hingegen ist einer Forderungsanmeldung, in der als Rechtsgrund für die geltend gemachte Forderung lediglich eine Darlehensgewährung an den AN angeführt wird, nicht zu entnehmen, dass damit gesicherte Entgeltansprüche von AN geltend gemacht werden sollen. Mitteilungen, die lediglich dem Insolvenzverwalter gegenüber gemacht werden, können das in der Anmeldung und bei der Prüfungstagsatzung zu erstattende Vorbringen nicht ersetzen (OGH 9 ObS 12/92, ARD 4451/17/93).

Der Insolvenzverwalter hat die angemeldeten Forderungen in ein **Anmeldungsverzeichnis** einzutragen und dieses dem Insolvenzgericht vorzulegen (§ 104 Abs 6 IO; zu den Auswirkungen der ordnungsgemäßen Anmeldung auf die Verjährung der Forderung s Rz 186). 410

Eine **Zurücknahme der Anmeldung** ist jederzeit möglich und führt nicht zum Verlust des Anspruchs (OGH 1 Ob 70/58, SZ 31/30 = EvBl 1958/187; 1 Ob 657/79, EvBl 1980/146). Eine spätere Wiederanmeldung wird dadurch nicht gehindert. 411

Die **Bestimmungen über die Forderungsanmeldung** im Insolvenzverfahren (§§ 102 ff IO) **gelten nur für Inhaber von Insolvenzforderungen,** das sind jene Gläubiger, die zur Zeit der Insolvenzverfahrenseröffnung vermögensrechtliche Ansprüche gegen den Schuldner besitzen und an der gemeinschaftlichen Befriedigung aus der Insolvenzmasse teilnehmen. 412

Neben den Insolvenzgläubigern spielen im Insolvenzverfahren noch die Aussonderungberechtigten, die Absonderungsberechtigten und die Massegläubiger eine Rolle:

– Unter **Aussonderungsanspruch** versteht man hierbei das einer dritten Person zustehende dingliche oder obligatorische Recht auf Herausnahme eines nicht zum Vermögen des Schuldners gehörigen Objekts (§ 44 Abs 1 IO). Gemeint sind zB Eigentumsrechte, Miteigentumsrechte, sonstige dingliche Rechte an fremden Sachen sowie obligatorische Rückforderungsansprüche, die dem Verleiher, Vermieter oder Verpächter zukommen (s auch § 11 IO Rz 1 ff, insb Rz 1).

– **Absonderungsansprüche** sind Berechtigungen Dritter, aus bestimmten Vermögensteilen des Schuldners primär befriedigt zu werden (vgl § 48 Abs 1 IO). Dazu gehören bspw Pfandrechte (s auch § 11 IO Rz 2 ff, insb Rz 2).

– Als **Masseforderungen** werden die idR erst nach Insolvenzverfahrenseröffnung entstandenen Ansprüche gegen die Insolvenzmasse bezeichnet, die nach den Aussonderungs- bzw Absonderungsrechten zu befriedigen sind (vgl §§ 46 f, 124 ff IO; s auch § 47 IO Rz 1, 7).

Die genannten Ansprüche werden im Gegensatz zu den Insolvenzforderungen von den Insolvenzwirkungen nicht berührt und können auch während des Insolvenzverfahrens zwangsweise durchgesetzt werden. Absonderungsberechtigte, denen ein persönlicher Anspruch gegen den Schuldner zusteht, können ihre Forderungen als Insolvenzforderungen anmelden (vgl §§ 93 Abs 2, 103 Abs 3, 132 Abs 1 und 4 IO). Ihnen steht aus der Masse aber nur der Differenzbetrag zu, der nach Verwertung des Absonderungsrechts offen bleibt.

413   Es ist also festzuhalten, dass eine Anmeldung nur bei Insolvenzforderungen in Frage kommt und zur Wahrung des Anspruchs auf Insolvenz-Entgelt erforderlich ist. Bei Masseforderungen, Aussonderungsansprüchen und Absonderungsansprüchen ist eine Anmeldung nicht vorgesehen, es sei denn, den Letzteren liegt eine Insolvenzforderung zu Grunde.

7.2 Anmeldung bei Auslandsinsolvenz

414   § 1 Abs 5 S 2 IESG beschäftigt sich mit der Sicherungsvoraussetzung der Anmeldung im Falle einer Auslandsinsolvenz. Wird demnach Insolvenz-Entgelt auf Grund einer ausländischen Entscheidung beantragt, hat der Antragsteller eine nach dem jeweiligen ausländischen Recht erforderliche Forderungsanmeldung der zuständigen Geschäftsstelle der IEF-Service GmbH zur Kenntnis zu bringen. Auch bei dieser durch BGBl I 2005/102 eingefügten Ergänzung (zum Inkrafttreten § 17a Rz 46) geht es wiederum vor allem um die Gewährleistung des Rückgriffs des IEF in das Vermögen des (ausländischen) AG (ErläutRV 946 BlgNR 22. GP 7; s schon Rz 400).

415   Grundvoraussetzung für eine Verpflichtung des Antragstellers nach § 1 Abs 5 S 2 IESG ist, dass es **im ausländischen Insolvenzrecht** im gegenständlichen Verfahren das **Rechtsinstitut der Forderungsanmeldung** (oder ein sehr ähnliches Rechtsinstitut) gibt und dass die Forderungsanmeldung „**erforderlich**" ist, und zwar für die Teilnahme am Insolvenzverfahren. Ist all dies der Fall, so muss der Antragsteller wiederum **bei sonstigem Sicherungsverlust** die **Anmeldung vornehmen** (lassen). Überdies muss er, offensichtlich eine weitere Sicherungsvoraussetzung, die Forderungsanmeldung **der IEF-Service GmbH zur Kenntnis bringen.**

8. Insolvenz-Entgeltsicherung und Betriebsübergang

416   Häufig kommt es im zeitlichen Zusammenhang mit einem Sicherungstatbestand (Eröffnung des Insolvenzverfahrens, aber auch Ablehnung der Verfahrenseröffnung mangels Vermögens), insb im Anschluss an einen solchen, zu Verwertungsvorgängen, die den Tatbestand eines Betriebsübergangs verwirklichen. Bevor auf das Zusammenspiel von IESG und Betriebsübergangsrecht eingegangen wird (s Rz 426 ff), sollen kurz hier relevante Kernanordnungen des Betriebsübergangsrechts skizziert (Rz 417 f) und die sog Konkursausnahme im Betriebsübergangsrecht angesprochen werden (Rz 419 ff).

8.1 Zentrale Inhalte des Betriebsübergangsrechts

§ 3 Abs 1 AVRAG bestimmt für den Fall, dass ein Unternehmen, Betrieb oder Betriebsteil auf einen anderen Inhaber übergeht (Betriebsübergang), dass der AG mit allen Rechten und Pflichten in die im Zeitpunkt des Übergangs bestehenden Arbeitsverhältnisse eintritt. Diese Regelung statuiert einen Arbeitgeberwechsel kraft G; der neue Inhaber übernimmt automatisch die Position als AG (sog **Eintrittsautomatik**). **417**

Ein **Betriebsübergang** liegt dann vor, wenn eine „wirtschaftliche Einheit" im Zuge eines Überleitungsvorgangs von einem Inhaber auf einen anderen „ihre Identität bewahrt". In Bezug auf die **Wahrung der Identität der wirtschaftlichen Einheit** ist auf die Art der organisatorischen Zusammenfassung des zu übertragenden Elements, den Übergang oder Nichtübergang von materiellen und immateriellen Aktiven, die Übernahme von Belegschaft(steilen), die Fortführung einer ähnlichen Tätigkeit wie vor der Veräußerung und die Dauer einer eventuellen Unterbrechung dieser Tätigkeit abzustellen. Derartige Umstände sind „global zu bewerten" (stRsp; erstmals EuGH Rs 24/85, *Spijkers*, Slg 1986, 1119; für Österreich OGH 9 ObA 192/99x, DRdA 2000/43, 389 *[Binder]*; ausführlich dazu *Binder/Mair* in *Binder/Burger/Mair*, AVRAG³ § 3 Rz 5 ff und *Holzer/Reissner*, AVRAG² § 3 Rz 15 ff, jeweils mwN; zum IESG zB OGH 8 ObS 2/12w).

Zum **Inhaberwechsel** kommt es in jenem Zeitpunkt, in dem die **Dispositionsbefugnisse** in Bezug auf die wirtschaftliche Einheit **tatsächlich beim neuen Inhaber** liegen (s auch Rz 421). Der bloße Abschluss eines Unternehmenskaufvertrags bewirkt noch keinen Betriebsübergang. Wird in der Folge das Käuferunternehmen insolvent, so haben die AN keinen Anspruch auf Insolvenz-Entgelt auf Grund dieses Umstands, zumal sie nach wie vor im Arbeitsverhältnis mit dem Verkäufer stehen (OGH 8 ObS 5/08f, infas 2009 A 16 = ARD 5929/5/2009). In derartigen Konstellationen wird wenn nötig zu prüfen sein, ob sittenwidrige Gestaltungen zu Lasten des IEF vorliegen (allg dazu Rz 435 ff).

Mit der Eintrittsautomatik unmittelbar verbunden ist das sog **Kündigungsverbot** bei Betriebsübergang. Eine Arbeitgeberkündigung wegen des Betriebsübergangs ist rechtlich bedenklich, weil sie den Ex-lege-Übergang des Arbeitsverhältnisses vereitelt. Für eine Kündigung „**wegen des Betriebsübergangs**" ist ein **innerer Zusammenhang** zwischen Betriebsübergang und Kündigung, welcher insb **bei großer zeitlicher Nähe zu vermuten** ist, erforderlich. Was die Beweislast betrifft, hat daher vorerst der AN das zeitliche Naheverhältnis von Kündigung und Betriebsübergang darzutun, danach liegt es am AG, diesen Prima-facie-Beweis zu entkräften, indem er bspw plausibel macht, dass die Kündigung im Verhalten des Gekündigten begründet ist. Mangels ausdrücklicher Umsetzung ins österr Recht ist hinsichtlich der rechtlichen Beurteilung derartiger Kündigungen das Verbot von Umgehungsgeschäften (§ 879 ABGB) mittels Art 4 Abs 1 S 1 BetriebsübergangsRL zu konkretisieren. Diese Bestimmung besagt, dass der **Betriebsübergang für den Veräußerer oder den Erwerber keinen Grund zur Kündigung** darstellt. Unbeschadet des prinzipiell gegebenen Verbots der Kündigung wegen des Betriebsübergangs sind jedoch **Kündigungen aus wirtschaftlichen, technischen oder organisatorischen Gründen,** die **Änderungen im Bereich der Beschäftigung** mit sich bringen, **möglich** (genauer dazu zB *Reissner,* Arbeitsrecht[5] 474 ff mwN).

Wird der AN idS rechtsunwirksam gekündigt, so hat er nach allgemeinen Grundsätzen das sog **Wahlrecht** (dazu Rz 287): Er kann sich auf die Rechtsunwirksamkeit der vom AG getätigten Lösungserklärung berufen und das Arbeitsverhältnis fortsetzen oder die rechtswidrige Handlung gegen sich gelten lassen und Ansprüche aus der Beendigung verlangen. Beim Zusammenfall von Insolvenz und Betriebsübergang ergibt sich dabei für die Arbeitnehmerseite häufig eine „Zwickmühle": Ein Unternehmen ist offensichtlich im wirtschaftlichen Niedergang begriffen, der AG bleibt dem AN Entgelte schuldig, er kündigt den AN, in weiterer Folge wird ein Insolvenzverfahren über das Vermögen des AG eröffnet. Irgendwann tritt doch jemand auf den Plan, der das Unternehmen weiterzuführen scheint und den AN weiterbeschäftigt. Die Vertretung des AN wird angesichts dieser Unsicherheiten zweierlei zu machen haben: einerseits die offenen Forderungen gegenüber dem bisherigen AG im Insolvenzverfahren anmelden und einen diesbezüglichen Antrag auf Insolvenz-Entgelt stellen, andererseits sich auf den Betriebsübergang berufen und den neuen Inhaber als uU nach § 6 AVRAG Haftenden (s allg Rz 418) in Anspruch nehmen. Der OGH (8 ObA 10/16b, DRdA 2017/49, 481 [krit *Reissner*] = ARD 6530/8/2017) hat nun in einem derartigen Szenario eine bedauerliche Fehlentscheidung getroffen (krit auch *Mader,* FS 20 Jahre ISA 52 ff): Wie im Nachhinein klar geworden war, lag ein Betriebsübergang vor Insolvenzverfahrenseröffnung vor, sodass die Konkursausnahme nicht anzuwenden war (s Rz 419 ff, insb Rz 422 f), vielmehr das Arbeitsverhältnis gem § 3 Abs 1 AVRAG mit allen Folgen (s oben sowie Rz 418) auf den neuen Inhaber übergegangen ist. Eine Insolvenz-Entgeltsicherung kam folglich nicht in Frage (allg Rz 427). Laut Höchstgericht habe allerdings die AN durch die Forderungsanmeldung konkludent das Wahlrecht ausgeübt und auf die Eintrittsautomatik verzichtet sowie durch die Weiterarbeit ein neues Arbeitsverhältnis mit dem Betriebsnachfolger begründet, aus dem die begehrte (Pensions-)„Abfertigung alt" iSd § 23a Abs 1 AngG (s Rz 239) nicht gebühre. Es ist dies ein eindeutig verfehltes Verständnis von konkludentem Handeln. Konkludente Willenserklärungen sind anzunehmen, wenn die in § 863 Abs 1 ABGB zum Ausdruck gebrachten Prinzipien erfüllt sind, wenn also der Erklärungsempfänger keinen vernünftigen Grund daran zu zweifeln hat, dass die Gegenseite eine Willenserklärung abgibt. Selbstverständlich muss der Übernehmer in der geschilderten Konstellation entsprechende Zweifel haben, abgesehen davon, dass eine Prozesshandlung (iwS), mit der aus „anwaltlicher Vorsicht" ein potenzieller Rechtsanspruch gewahrt werden soll, weniger eine Willenserklärung als vielmehr eine Wissenserklärung darstellen wird (vgl *F. Bydlinski,* ZAS 1976, 94). Es wäre also das Betriebsübergangsrecht anzuwenden und die Abfertigung auf Basis der Gesamtdienstzeit zuzusprechen gewesen.

Festzuhalten ist, dass das Wahlrecht des AN bei (nichtiger) Kündigung wegen des Betriebsübergangs vor Insolvenzverfahrenseröffnung als solches nicht angetastet wird und vom AN ausgeübt werden kann. Diesfalls besteht auch Anspruch auf Insolvenz-Entgelt, sofern die Kündigungsfrist, die der AN nun gelten lässt, das Arbeitsverhältnis vor Betriebsübergang zur Auflösung bringt. Endet diese Kündigungsfrist allerdings erst nach Betriebsübergang, so kommt es zum Ex-lege-Eintritt gem § 3 Abs 1 AVRAG; damit besteht volle Haftung des neuen Inhabers für die Forderungen des AN, der Anspruch auf Insolvenz-Entgelt ist nicht gegeben (dazu allg Rz 427 f). Aber selbst dann, wenn die Kündigungsfrist vor Betriebsübergang geendet hat, kann Insolvenz-Entgelt ausgeschlossen sein, wenn eine verpönte Übertragung des Finanzierungsrisikos auf den IEF zu ermitteln ist (dazu allg Rz 441 ff). Dies wird vor allem den Fall betreffen, dass der AN in der Folge doch wieder beim neuen Inhaber in ein Arbeitsverhältnis eintritt und damit die Ausübung des Wahlrechts in Frage stellt.

Was die **Haftung der AG** für arbeitsrechtliche Ansprüche **bei Betriebsübergang** anlangt, ist zwischen Veräußerer- und Erwerberhaftung sowie Altschulden und Neuschulden zu unterscheiden (allg *Holzer/Reissner,* AVRAG[2] § 6 Rz 1 ff, insb Rz 16 ff). „Altschulden" sind Verpflichtungen aus dem Arbeitsverhältnis zum Veräußerer, die vor dem Zeitpunkt des Übergangs begründet wurden, „Neuschulden" hingegen sind Forderungen, die nach dem Übergangszeitpunkt entstehen. Auf eine spätere Fälligkeit der Forderung ist nicht Bedacht zu nehmen. Nur bei Betriebspensionen ist nicht das Entstehen, sondern der Leistungsanfall maßgeblich (vgl § 6 Abs 2 AVRAG). Im Einzelnen ergibt sich Folgendes: 418
– Die mit dem Betriebsübergang verbundene Arbeitsvertragsübernahme durch den Erwerber brächte es mit sich, dass der Veräußerer, der ja aus dem Vertragsverhältnis ausscheidet, für Altschulden nicht haften würde. § 6 Abs 1 iVm § 3 Abs 1 AVRAG legt allerdings eine **höhenmäßig und zeitlich unbegrenzte Haftung des Veräußerers für Altschulden** fest. Damit wird der Schutz der AN vor dem Verlust bereits verdienter Ansprüche infolge eines Vertragspartnerwechsels auf einen AG mit geringerer Bonität betont.

Das AVRAG kennt auch eine **Haftung des Erwerbers für Altschulden**. Die gesetzliche Vorschrift wirft allerdings Interpretationsprobleme auf: § 6 Abs 1 AVRAG bestimmt nämlich, dass der Veräußerer und der Erwerber für Altschulden zur ungeteilten Hand haften, „wobei hinsichtlich der Haftung des Erwerbers § 1409 ABGB anzuwenden ist". ME muss diese Regelung nicht zuletzt aus unionsrechtlichen Gründen folgendermaßen verstanden werden: Der Erwerber haftet **auf Grund des Eintritts in das Arbeitsverhältnis** gem § 6 Abs 1 iVm § 3 Abs 1 AVRAG **umfassend** für Altschulden. § 6 Abs 1 AVRAG mit seiner **Beschränkung des Haftungsumfangs auf § 1409 ABGB** ist nur auf jene Schulden anzuwenden, die **nicht gem § 3 Abs 1 AVRAG übergegangen** sind, also zB auf solche, die aus zum Zeitpunkt des Übergangs nicht mehr bestehenden Arbeitsverhältnissen stammen (so OGH 9 ObA 213/99k, DRdA 2000/59, 528 *[Wagnest]* = ZAS 2001/3, 19 *[Grießer];* in diese Richtung auch *Gahleitner/Leitsmüller,* Umstrukturierung 186; *Weber,* Arbeitsverhältnisse 204; *Holzer/Reissner,* AVRAG² § 6 Rz 17 mwN; aA zB *Konecny,* ecolex 1993, 839). Das G selbst bietet für diese Kategorie von nicht übergegangenen Altschulden ein Beispiel, indem es die Leistungen aus betrieblichen Pensionszusagen des Veräußerers, die im Zeitpunkt des Betriebsübergangs bereits erbracht werden, erwähnt.

– Der Übergang des Arbeitsverhältnisses gem § 3 Abs 1 AVRAG bedingt, dass der **Erwerber für Neuschulden uneingeschränkt** als Vertragspartner des AN haftet.

– Die mit dem Betriebsübergang einhergehende Arbeitsvertragsübernahme durch den Erwerber führt zu einem Ausscheiden des Veräußerers aus diesem Schuldverhältnis. Für **Neuschulden** muss somit der **Veräußerer** grundsätzlich **nicht einstehen.** § 6 Abs 2 AVRAG normiert diesbezüglich **Ausnahmen in zwei Richtungen:** Der Veräußerer haftet einerseits für Abfertigungs- und andererseits für Betriebspensionsansprüche:

  – Entsteht nämlich für einen übergegangenen AN **innerhalb von fünf Jahren nach dem Betriebsübergang** ein **Abfertigungsanspruch** (allg dazu Rz 233 ff), so haftet der Veräußerer für diesen mit jenem Betrag, der dem **fiktiven Abfertigungsanspruch im Zeitpunkt des Betriebsübergangs** entspricht (§ 6 Abs 2 S 1 AVRAG; zu den Abweichungen bei Vorhandensein von Rückstellungen s S 2 ff leg cit).

  – Fällt beim Erwerber **nach dem Betriebsübergang** eine **Betriebspension** (allg dazu Rz 255 ff) zur Zahlung an, so haftet der Veräußerer für diese fünf Jahre nach dem Betriebsübergang mit jenem Betrag, welcher der **Anwartschaft im Zeitpunkt des Betriebsübergangs** entspricht (§ 6 Abs 2 S 2 AVRAG; zu den Rückstellungen s schon oben).

Eine Ausweitung der gegenständlichen Spezialregelung wird von der Rsp (OGH 9 ObA 17/04 x, infas 2004 A 72 = ARD 5537/1/2004) bei **Urlaubsabgeltungen** (allg Rz 248 ff) anerkannt. An eine Gleichbehandlung mit Abfertigungsansprüchen zu denken ist weiters im Falle von **Jubiläumsgeldern.**

8.2 Die sog Konkursausnahme im Betriebsübergangsrecht

419 Der von der BetriebsübergangsRL 2001/23/EG und in Umsetzung derselben vom AVRAG durch den Ex-lege-Übergang der Arbeitsverhältnisse und die begleitenden Anordnungen statuierte hohe Schutzstandard für den einzelnen AN wird von der Rechtsordnung nicht immer als wünschenswert angesehen. So könnten die Ex-lege-Übertragungen in einem Insolvenzverfahren zu kontraproduktiven Auswirkungen führen, wenn Fortführungen und Weiterbeschäftigungsschritte so kostspielig bzw aufwändig gemacht werden, dass als Ausweg nur mehr die Liquidierung bzw Zerstörung sanierbarer wirtschaftlicher Substanz möglich erscheint. Damit wird dem Schutzbedürfnis der Arbeitnehmerseite aber erst recht nicht entsprochen (dazu *Konecny*, ecolex 1993, 836 f; *Gahleitner/Leitsmüller*, Umstrukturierung 195).

420 In der Rs *Abels* (EuGH Rs 135/83, Slg 1985, 469; weiters insb EuGH C-319/94, *Dethier Équipement*, Slg 1998, I-1061 = RdW 1998, 214) hat der Gerichtshof demgemäß festgehalten, dass das Betriebsübergangsrecht die AN bei Betriebsübergang schützen und ihre Ansprüche gewährleisten soll, während das „Konkursrecht" das Ziel verfolge, mittels besonderer Verfahren einen Ausgleich verschiedener Gruppeninteressen, insb Gläubigerinteressen, herbeizuführen. Diese Besonderheiten kämen sowohl im Gemeinschaftsrecht als auch in den Rechten aller Mitgliedstaaten zum Ausdruck. Aus dem Aufbau der BetriebsübergangsRL und ihrer Stellung im Gemeinschaftsrecht im Verhältnis zu den Regelungen für den Konkursfall sei daher zu schließen, dass in die RL eine ausdrückliche Vorschrift aufgenommen worden wäre, hätte sie auch für den Betriebsübergang im Rahmen eines Konkursverfahrens Anwendung finden sollen (nunmehr gibt es zwar in Art 5 RL 2001/23/EG eine ausdrückliche Vorschrift, diese ändert aber an der vom EuGH konstatierten Grundkonzeption einer Nichtgeltung der RL für den Betriebsübergang im Konkurs nichts). Das Unionsrecht ermöglicht es daher den Mitgliedstaaten, die **Vorschriften der BetriebsübergangsRL** bei Betriebsübergang **im „Konkurs"** überhaupt **nicht** oder aber – ohne unionsrechtliche Verpflichtung – auch **zur Gänze oder teilweise anzuwenden** (vgl zB EuGH C-688/13, *Gimnasio Deportivo San Andrés*). **Sehr wohl** aber soll die RL **für vom Konkurs zu unterschei-**

dende, diesem also nicht vergleichbare einschlägige **Verfahren** gelten (ausführlich dazu *Reissner,* Betriebsübergang und Insolvenz 56 ff mwN). Das in den Niederlanden praktizierte „Pre-pack"-Verfahren, das darauf abzielt, die Fortführung des wirtschaftlich gesunden Teils eines insolventen Unternehmens durch einen neuen Inhaber schon vor Insolvenzverfahrenseröffnung durch einen vorläufigen Insolvenzverwalter vorzubereiten, um durch einen raschen Verkauf nach Verfahrenseröffnung einen Neustart der wirtschaftlich rentablen Unternehmenseinheiten durch den neuen Betreiber zu ermöglichen, erfüllt laut EuGH (C-126/16, *Federatie Nederlandse Vakvereniging*) bspw nicht die Voraussetzungen für die sog Konkursausnahme (vgl auch EuGH C-319/94, *Dethier Équipement,* Slg 1998, I-1061 = RdW 1998, 214).

421 In Österreich wurde den in Rz 420 skizzierten unionsrechtlichen Grundsätzen durch § 3 Abs 2 AVRAG entsprochen, wonach § 3 Abs 1 AVRAG nicht „im Fall eines Sanierungsverfahrens ohne Eigenverwaltung oder eines Konkursverfahrens des Veräußerers" gilt (zur Anwendung von § 3 Abs 2 AVRAG auf ausländische Verfahren *Ristic,* FS 20 Jahre ISA 83). Im Einzelnen bedeutet das:

– Die Insolvenzausnahme erfasst einerseits das **Konkursverfahren ieS,** andererseits können Betriebsübergänge auch im **Sanierungsverfahren ohne Eigenverwaltung** ohne die hohen Hürden des arbeitsrechtlichen Betriebsübergangsrechts stattfinden (zu diesen Verfahrensvarianten allg Vorbem IO Rz 4 ff). Diese Sichtweise ist strittig: Zum Teil wird mE zu Unrecht eine Einschränkung der Insolvenzaufnahme auf Zerschlagungen des Unternehmens postuliert (so zB *Ghezel Ahmadi,* Fortbestand von Arbeitsverhältnissen 44 ff mwN).

– Für das **Sanierungsverfahren mit Eigenverwaltung** ist – wie auch für die **Geschäftsaufsicht** iSd §§ 82 ff BWG – **keine Ausnahme** vorgesehen, sodass es bei allfälligen Übertragungsvorgängen im Zuge eines solchen Verfahrens zur Eintrittsautomatik nach § 3 Abs 1 AVRAG kommt und die weiteren Bestimmungen des Betriebsübergangsrechts anzuwenden sind (dazu Rz 417 f).

– Wird die **Insolvenzverfahrenseröffnung mangels kostendeckenden Vermögens abgelehnt,** so liegt kein einschlägiges „Verfahren" vor, sodass ein in der Folge stattfindender Betriebsübergang **von der Eintrittsautomatik** des § 3 Abs 1 AVRAG **erfasst** ist. Der OGH (8 ObS 2164/96k, DRdA 1998/24, 245 *[Wachter]* = ZIK 1997, 231) teilt zu Recht diese Sichtweise und erklärt konsequenterweise die Haftungsbestimmungen des § 6 AVRAG für anwendbar, womit die Sicherung der Ansprüche der AN nach IESG zurücktritt (s Rz 427). Die Übernahme einer derart darnieder liegenden wirtschaftlichen Einheit ist im Regelfall ohnehin suspekt.

422 Was die **zeitlichen Dimensionen** der Insolvenzausnahme des § 3 Abs 2 AVRAG anlangt, so greifen die zentralen Rechtsfolgen des arbeitsrechtlichen Betriebsübergangsrechts dann nicht, wenn ein Inhaberwechsel **nach Eröffnung der** in Rz 421 genannten **Insolvenzverfahren über das Vermögen des alten Inhabers** stattfindet.

423 Zunächst ist kurz zu umreißen, zu welchem Zeitpunkt ein Betriebsübergang eintritt. Als **Zeitpunkt des Betriebsübergangs** ist jener Termin anzusehen, zu dem der **faktische Übergang der unternehmerischen Dispositionsbefugnisse,** insb der Weisungsbefugnisse gegenüber den AN, stattfindet (stRsp; zB EuGH C-478/03, *Celtec,* DRdA 2005, 442 = ARD 5630/4/2005; zum österr Recht bspw *Gahleitner/Leitsmüller,* Umstrukturierung 100).

424 Bei einem **Betriebsübergang nach Eröffnung des Sanierungsverfahrens ohne Eigenverwaltung oder Konkursverfahrens** kommt § 3 Abs 1 AVRAG nicht zur Anwendung. Das bedeutet, dass die **Arbeitsverhältnisse nicht** infolge des Betriebsübergangs (zB der Insolvenzverwalter versilbert das Unternehmen als Ganzes oder in Teilen, etwa einzelne Standorte, Filialen) **auf den neuen Inhaber übertragen** werden, sondern die AN vielmehr im Arbeitsverhältnis mit dem bisherigen AG verbleiben, sofern dieses nicht gelöst wird. Die Ausnahme des § 3 Abs 2 AVRAG differenziert dabei nicht danach, ob ein besonderer Kündigungsschutz nach dem MSchG, BEinstG etc besteht und betrifft daher grundsätzlich alle Arbeitsverhältnisse. Anders beurteilt wird diese Frage von der Rsp bei **Betriebsratsmitgliedern,** sofern nach Betriebsübergang **Identität des Betriebs** besteht (RIS-Justiz RS0120564; zB OGH 8 ObA 7/05w, DRdA 2007/43, 388 *[Reissner];* 9 ObA 106/06p, ZAS 2008/41, 278 *[Graf];* 9 ObA 161/07b, DRdA 2009/27, 334 *[Reissner]* = infas 2008 A 51; krit zur differenzierenden Behandlung besonders bestandgeschützter AN zB *Ghezel Ahmadi,* Fortbestand von Arbeitsverhältnissen 75 ff). Auch das **Haftungsrecht** (Rz 418) kommt **nicht** zum Tragen. So ist insb der neue Inhaber in Bezug auf Altschulden nicht an § 6 Abs 1 iVm § 3 Abs 1 AVRAG gebunden und daher von G wegen völlig frei (genauer *Reissner,* Betriebsübergang und Insolvenz 61 ff).

425 Laut zutreffender Ansicht des OGH (9 ObA 41/03z, infas 2004 A 2) ist § 3 Abs 2 AVRAG nicht erweiternd dahingehend auszulegen, dass auch jene Fälle von dieser Ausnahmebestimmung erfasst sein sollen, in denen eine Übernahme zwar vor, aber im Hinblick auf eine bevorstehende Insolvenz stattfindet.

Werden wirtschaftliche Werte sowohl vor als auch nach Insolvenzverfahrenseröffnung von einem Inhaber auf den anderen übergeleitet, so muss darauf geschaut werden, ob der **neue Inhaber bereits vor Verfahrenseröffnung** die **Dispositionsbefugnisse** (Rz 423) hatte. Diese Dispositionsbefugnisse müssen sich **auf eine „wirtschaftliche Einheit"** iSd Betriebsübergangsrechts

bezogen haben. Ist dies der Fall, so ist das gesamte Betriebsübergangsrecht anzuwenden (vgl zB OGH 8 ObS 126/00p, infas 2001 A 51 = ecolex 2001/219, 621; 8 ObS 6/05y, ARD 5619/4/2005). IdS hat der OGH (9 ObA 49/14t, ARD 6416/15/2014) ausgesprochen, dass dann, wenn noch vor Eröffnung des Insolvenzverfahrens über ein Arbeitskräfteüberlassungsunternehmen eine einsatzbereite Gesamtheit in Form von Kunden, Leiharbeitnehmern und auch einer geeigneten Verwaltungsstruktur (hier: in Form eines der beiden ehemaligen Geschäftsführers des Überlassers, der beim Erwerber Kundenaquisition betreibt) auf ein anderes Unternehmen übergeht, ein Betriebsübergang iSd § 3 Abs 1 AVRAG vorliegt.

8.3 Die Insolvenz-Entgeltsicherung bei Betriebsübergang im Detail

426 Im Hinblick auf die Insolvenz-Entgeltsicherung ist die in Rz 418 dargestellte Haftungslage von zentraler Bedeutung. Gibt es nämlich einen (Mit-)Haftenden, so stellt sich die Frage, ob sich der von einer Insolvenz eines ehemaligen oder aktuellen AG betroffene AN nicht an diesen halten muss und die Sicherung nach IESG deshalb zurücktreten kann. Verwiesen werden kann diesbezüglich auch auf § 1 Abs 3 Z 5 IESG, wonach ein Anspruch auf Insolvenz-Entgelt ausgeschlossen ist, sofern auf Grund gesetzlicher Anordnung ein anderer als der AG (ehemalige AG) zur Zahlung verpflichtet ist (so *Gahleitner/Leitsmüller*, Umstrukturierung 195 f; zweifelnd *Binder*, DRdA 2005/1, 41 f; allg zu § 1 Abs 3 Z 5 IESG Rz 391 ff).

8.3.1 Haftung des Erwerbers bei Insolvenz des Veräußerers

427 Auf Grund der Haftung des Erwerbers des Betriebs bei Betriebsübergang nach den unter Rz 418 angeführten Bestimmungen ist nach stRsp (RIS-Justiz RS0108284; zB OGH 8 ObS 2164/96k, DRdA 1998/24, 245 *[Wachter]* = ZIK 1997, 231; 8 ObS 219/99k, DRdA 2001/10, 154 *[Wachter]* = ASoK 2000, 296; 8 ObS 94/00z, DRdA 2001/22, 261 *[Reissner];* 8 ObS 9/10x, ZAS 2012/40, 223 *[Reissner/Sundl]* = wbl 2011/124, 325; 8 ObS 2/12w; OLG Linz 11 Rs 43/96i) davon auszugehen, dass dem AN **im Falle der Insolvenz des Veräußerers kein Anspruch auf Insolvenz-Entgelt** zusteht. Hierzu führt der OGH aus, dass es dem Sicherungszweck des IESG widersprechen würde, derartige Ansprüche zu sichern, wenn sich der AN Zahlungen auch bei einem solidarisch haftenden Dritten, dem Übernehmer, verschaffen kann. Vielmehr muss der Zweck des IESG in einer umfangmäßig tragbaren Sicherung der arbeitsrechtlichen (Entgelt-)Ansprüche der AN bzw ehemaligen AN im Falle der Insolvenz des (ehemaligen) AG gesehen werden. Es kann also nicht davon ausgegangen werden, dass die Mittel des IEF dafür verwendet werden sollen, einen Unternehmer de facto von seiner gesetzlichen Haftung nach § 6 Abs 1 iVm § 3 Abs 1 AVRAG zu entbinden (krit hierzu ua *Weber*, DRdA 1998, 149).

Erfasst sind hier bspw Fälle, in denen der Betriebsübergang vor Eröffnung des Insolvenzverfahrens über das Vermögen des alten Inhabers stattfindet (s Rz 425), weiters sind Konstellationen betroffen, in denen die sog Konkursausnahme des § 3 Abs 2 AVRAG nicht greift, etwa bei einem Betriebsübergang im Sanierungsverfahren mit Eigenverwaltung oder nach Ablehnung der Insolvenzverfahrenseröffnung mangels kostendeckenden Vermögens (dazu zB OGH 8 ObS 2164/96k, DRdA 1998/24, 245 *[Wachter]* = ZIK 1997, 231).

Dass die Arbeitnehmereigenschaft zB durch den Status als Alleingesellschafter der übernehmenden Gesellschaft unmittelbar nach Betriebsübergang erlischt, ändert nichts an der Eintrittsautomatik und der damit verbundenen Erwerberhaftung gem § 6 Abs 1 iVm § 3 Abs 1 AVRAG, sodass keine Anspruchsberechtigung nach IESG in der Insolvenz des Übergebers besteht (OGH 8 ObS 17/06t, infas 2007 A 21 = ARD 5745/6/2007; zum Erlöschen von Ansprüchen durch eine mit Betriebsübergang eintretende Vereinigung von Gläubiger- und Schuldnerposition s Rz 179).

Kommt es jedoch bei Vorliegen eines Konkurses oder eines Sanierungsverfahrens ohne Eigenverwaltung in Bezug auf den alten Inhaber zu einer **(freiwilligen) Übernahme von AN durch einen Erwerber,** ist die **Sicherung nach dem IESG** grundsätzlich **nicht in Frage gestellt,** zumal infolge des § 3 Abs 2 AVRAG auch eine Haftung dieses Erwerbers gem § 6 AVRAG ausgeschlossen ist.

428

Zu fragen ist, ob in diesem Zusammenhang Missbrauch des Betriebsübergangsrechts bzw der Konkursausnahme nach § 3 Abs 2 AVRAG vorliegen kann (zu missbräuchlichen Gestaltungen im Bereich der Insolvenz-Entgeltsicherung allg Rz 435 ff). In den Leitentscheidungen zur Insolvenzausnahme, insb in der E 9 ObA 161/07b (DRdA 2009/27, 334 *[Reissner]* = infas 2008 A 51) hat das Höchstgericht festgehalten, dass im Falle eines **Missbrauchs des Konkursverfahrens** durch die Unternehmerseite **§ 3 Abs 2 AVRAG nicht anzuwenden** ist (zu den Konsequenzen für die IESG-Sicherung s Rz 427). Ob und unter welchen konkreten Voraussetzungen ein derartiger Missbrauch vorliegt, ist im Einzelfall zu prüfen. Zu beachten ist, dass (Schutz-)Vorschriften der IO einer missbräuchlichen Inanspruchnahme des Insolvenzverfahrens vorbeugen. Überdies ist nach allgemeinen Grundsätzen der Missbrauch von demjenigen zu beweisen, der ihn behauptet.

Eine missbräuchliche Verwendung von Insolvenzverfahren und Betriebsübergängen wurde vom OGH (9 ObA 121/09y, ZAS-Judikatur 2011/5, 26) im Fall einer F-Gruppe anerkannt, welche **mehrere Unternehmen** der Fliesen-Branche umfasste und **unter einheitlicher Leitung** einer Person stand. Es handelte sich um vier an derselben Adresse angesiedelte Unternehmen (hier: A-, B-, C- und D-GmbH), deren Firmennamen im Kern übereinstimmten, um einheitlich wahrgenommen zu werden. Die kl AN arbeiteten zunächst bei der B-GmbH, deren Geschäftsgegenstand die Verlegung von Fliesen war. Die Fliesen kaufte sie bei der C-GmbH. 2006 wurden der B-GmbH wegen schlechten Geschäftsgangs die Kredite fällig gestellt. Der Eigentümer wollte die Fliesenverlegung aber fortführen und erfüllte die Aufträge der B-GmbH vorübergehend mit der A-GmbH, die AN der B-GmbH auslieh. Kurz vor Konkursantrag der B-GmbH wurde noch der Firmenwortlaut geändert, um diesen nicht durch den Konkurs negativ zu belasten. In diesem Zusammenhang wurde die D-GmbH gegründet, die im Eigentum der A- und der C-GmbH steht. Im Konkursverfahren wurde die B-GmbH geschlossen. Der Wert des Anlagevermögens der B-GmbH wurde zu diesem Zeitpunkt bloß auf etwa EUR 1.000,– geschätzt. Alle AN machten von ihrem Austrittsrecht nach § 25 IO Gebrauch. Danach wurden sie gefragt, ob sie bei der D-GmbH arbeiten wollen, was die meisten AN bejahten. Die D-GmbH übernahm nahezu alle Kunden der B-GmbH und stellte noch bestehende Aufträge der B-GmbH fertig. Der Geschäftsgegenstand der D-GmbH entsprach jenem der B-GmbH, also Fliesenverlegung. Ihr Material bezog die D-GmbH – wie die B-GmbH – bei der C-GmbH. Laut OGH liege ein Betriebsübergang im Insolvenzverfahren vor, sodass sich die Frage nach der Anwendbarkeit von § 3 Abs 2 AVRAG stelle. Der Zweck des § 3 Abs 2 AVRAG liege vor allem darin, potenzielle Erwerber eines insolventen Unternehmens nicht durch den Ex-lege-Übergang aller Beschäftigten von der Weiterführung des Geschäfts abzuhalten (vgl Rz 419 f). Der Sachverhalt sei hier aber anders: Die D-GmbH sei nicht bloß (mehr oder weniger zufällig) auf eine von der Schuldnerin hinterlassene „Marktlücke" gestoßen, vielmehr habe ihre Aufgabe im Konzern nach dem wirtschaftlichen Scheitern der B-GmbH darin bestanden, die Fliesenverlegung unter dem alten Namen weiterzuführen. In einem derartigen Fall würde die Anwendung der Konkursausnahme ihren Zweck verfehlen. Bei der hier gegebenen Herausnahme der wirtschaftlichen Substanz vor Insolvenzverfahrenseröffnung und Einfügung in die zum Zweck der Nachfolge gegründete D-GmbH liefe die Anwendung des § 3 Abs 2 AVRAG auf eine Gesetzesumgehung hinaus.

Schon vor längerer Zeit hatte sich der OGH (8 Ob 15/95, DRdA 1997/12, 115 *[Kirschbaum]* = JBl 1996, 262) mit der unternehmerischen Konstruktion zu befassen, in der ein Geschäft durch zwei Gesellschaften betrieben wurde, von denen die eine (**„Anlagengesellschaft"**) Eigentümerin des Anlagevermögens ist, während die andere (**„Betriebsgesellschaft"**) im Wirtschaftsverkehr als die eigentliche Betreiberin des Geschäftszwecks auftrat. Die Betriebsgesellschaft war auf Grund entsprechender Nutzungsverträge mit der Anlagengesellschaft in der Lage, ohne wesentliche eigene Vermögenswerte die unternehmerischen Ziele zu verfolgen, und sie war AG der beschäftigten AN. Im Fall der Insolvenz der Betriebsgesellschaft bestand somit kein nennenswertes Risiko für das nicht in ihrem Eigentum stehende Anlagevermögen, sodass die Anlagengesellschaft ohne große Verzögerung die Geschäfte weiter betreiben, an eine neue Betriebsgesellschaft übertragen oder überhaupt veräußern konnte (vgl *Kirschbaum,* DRdA 1997/12, 120). Das Höchstgericht hat diesbezüglich – wiederum insb zum Schutz des IEF – ausgesprochen, dass bei einem derart einheitlichen, von zwei Unternehmen geführten Betrieb „zumindest dann beide Unternehmen als Veräußerer iSd § 3 Abs 2 AVRAG anzusehen" seien, „wenn gerade das Unternehmen, welches die materiellen Betriebsmittel zur Verfügung stellt, nicht in Konkurs verfallen ist". Das bedeutet, dass die in § 3 Abs 2 AVRAG vorgesehene Ausnahme vom Ex-lege-Übergang nicht zur Anwendung kommt, weil es am „Konkurs des Veräußerers", dh am **Erfordernis, dass (auch) die Anlagengesellschaft in Konkurs** ist, mangelt (im Ergebnis übereinstimmend *Kirschbaum,* DRdA 1997/12, 120 ff; *Binder/Mair* in *Binder/Burger/Mair,* AVRAG³ § 3 Rz 74/2).

8.3.2 Haftung des Veräußerers bei Insolvenz des Erwerbers

Fraglich ist, ob man die in Rz 427 wiedergegebenen Überlegungen insofern ausweiten kann, als man dem AN einen Anspruch auf Insolvenz-Entgelt auch dann verweigert, wenn der Erwerber insolvent ist und ein solidarisch haftender Veräußerer vorhanden ist. In einer älteren E ging der OGH (8 ObS 119/02m, wbl 2003/16, 38 = infas 2003 A 17) von einer äußerst weitgehenden Subsidiarität der Leistungspflicht des IEF aus, sofern eine Haftung einer dritten Person besteht, und wandte die in Rz 427 dargestellten Grundsätze zur Insolvenz des Veräußerers auch auf den Fall des insolventen Erwerbers an (krit hierzu *Wachter,* DRdA 1998, 247 f; *Binder,* DRdA 2005, 41 f).

429

Davon ist der OGH allerdings in einer E aus dem Jahr 2011 (OGH 8 ObS 9/10x, ZAS 2012/40, 223 *[Reissner/Sundl]* = wbl 2011/124, 325) abgegangen. Zunächst bekräftigte das Höchstgericht seine stRsp zum gegengleichen Fall und führte aus, dass wegen der Haftung des Erwerbers des Betriebs bei Insolvenz des Veräußerers nach einem Betriebsübergang keine Ansprüche auf Insolvenz-Entgelt bestünden. Hingegen seien die Ansprüche auf Insolvenz-Entgelt bei Insolvenz des Erwerbers und nunmehrigen AG gegeben, ohne dass darauf abzustellen wäre, ob auch der Veräußerer insolvent sei.

Das Höchstgericht geht nunmehr mE richtigerweise ua im Hinblick auf den Zweck der Bestimmung (s Rz 427) davon aus, dass dem AN im Falle der **Insolvenz des Erwerbers** (und nunmehrigen AG) **Ansprüche auf Insolvenz-Entgelt** sehr wohl zustehen, ohne dass darauf abzustellen wäre, ob auch der Veräußerer insolvent sei. Eine **Haftung des Veräußerers schadet** daher **nicht**. Die Heranziehung des Ausschlusstatbestands nach § 1 Abs 3 Z 5 IESG hinsichtlich des Erwerbers sei bedenklich, es sprächen erhebliche Argumente dafür, im Rahmen des IESG bei Ansprüchen von AN überhaupt nur auf die Insolvenz des Erwerbers und AG abzustellen. So wurde auch festgehalten, dass – unter Hinweis auf die Systematik der BetriebsübergangsRL – das Gemeinschaftsrecht darauf abstelle, dass der Erwerber nach dem Betriebsübergang der „AG" sei und daher dessen Insolvenz den maßgeblichen Anknüpfungspunkt für die Ansprüche nach dem IESG darstelle (in diese Richtung schon OGH 8 ObS 204/02m, DRdA 2005/1, 37 *[Binder]* = ARD 5491/2/2004, wo allerdings gesagt wird, dass bei Betriebspensionen, die nicht unter die Vorgaben der Art 1 – 5 BetriebsübergangsRL fallen, der AN die Haftung des Veräußerers bei Insolvenz des Erwerbers vorab beanspruchen müsse).

Zu bedenken ist überdies, dass ein Verstoß gegen die InsolvenzRL vorliegen würde, wenn der AN auf ein Verfahren gegen einen früheren AG, wie es die Durchsetzung der Veräußererhaftung uU erforderlich macht, verwiesen wird. Nach der InsolvenzRL ist eine (gewisse) Mindestentgeltgarantie für von einer Insolvenz ihres AG betroffene AN ohne derartige Voraussetzungen vorgeschrieben (vgl zum Thema EuGH C-442/00, *Caballero*, Slg 2002, I-11930 = ZAS-Judikatur 2003/74, 74; C-498/06, *Nunez*, Slg 2008, I-921).

430 **Zusammengefasst** besteht daher ein **Anspruch auf Insolvenz-Entgelt** im Falle eines Betriebsübergangs mit damit verbundenem Arbeitgeberwechsel kraft G **nur bei Insolvenz des Übernehmers (Erwerbers),** das IESG bezieht sich nicht auf den Veräußerer als „ehemaligen AG", als AG iSd IESG tritt nur der in die Arbeitsverhältnisse eingetretene Erwerber auf.

431 An sich wäre der Veräußerer in der in Rz 429 skizzierten Konstellation durch die IESG-Sicherung deswegen wirtschaftlich gesehen nicht entlastet, weil der **Fonds die per Legalzession auf ihn übergegangenen Ansprüche nunmehr gegen diesen geltend machen** können müsste (zur Legalzession allg § 11 Rz 1 ff). Der OGH teilt diese Ansicht wohl nicht. Bzgl der Mithaftung des Beschäftigers gem § 14 AÜG leitet er noch zutreffend aus dem Wortlaut des § 11 Abs 1 IESG ab, dass eine Legalzession zu Gunsten des Fonds nur für arbeitsrechtliche Ansprüche der Beschäftigten gegen den AG (in concreto: Überlasser), nicht aber für Ansprüche, die einem AN auf Grund sondergesetzlicher Normen gegen Dritte (Beschäftiger) zustehen, vorgesehen sei (OGH 6 Ob 607/95, ZIK 1996, 219). Das Höchstgericht erweitert diesen in einer Sonderregelung ausgedrückten Gedanken aber mE unzulässiger- und unnötigerweise auch auf den Fall der Haftung nach § 6 AVRAG (zum „gegengleichen Fall" OGH 8 ObS 219/99k, DRdA 2001/10, 154 *[Wachter]* = ASoK 2000, 296; 8 ObS 94/00z, DRdA 2001/22, 261 *[Reissner];* dazu allg Rz 427). In der überwiegenden Lehre wird demgegenüber zu Recht für den Rückgriff auf Basis der Legalzession des § 11 IESG argumentiert (vgl *Weber*, DRdA 1998, 150; *Wachter*, DRdA 1998, 248; *ders*, DRdA 2001, 159; *Grießer*, RdW

1998, 618; *Reissner*, DRdA 2001, 264 ff), und zwar dezidiert auch für den Fall der Insolvenz-Entgeltsicherung bei bestehender Veräußererhaftung nach § 6 AVRAG (so zB *Binder,* DRdA 2005, 41 f; in diese Richtung auch *Liebeg,* IESG³ § 11 Rz 17), womit dem Fonds neben den Rückflüssen aus der Masse ein weiteres Haftungssubjekt zur Verfügung stünde (s auch § 11 Rz 43 f). Es ist nicht einzusehen, warum eine Mithaftung wie die hier vorliegende nicht Gegenstand der Legalzession sein sollte. Es liegt ja im Wesen jeder Zession, dass der Zessionar nicht nur die Forderung selbst, sondern auch alle anderen Rechte erwirbt, die der Sicherung oder Durchsetzung dieser Forderung dienen. Im Rahmen von Legalzessionen gehen sogar dingliche Sicherungsrechte ipso iure über (s *Welser/Zöchling-Jud*, Bürgerliches Recht II¹⁴ 138 bzw 144 mwN).

9. Sicherungsausschluss aus allgemeinen zivilrechtlichen Gründen *(Ristic)*

9.1 Zweck des IESG

Aus dem Text des IESG und den Materialien zur Stammfassung des G (ErläutRV 464 BlgNR 14. GP 6) ist erkennbar, dass der Gesetzgeber den Schutz und die Absicherung des AN vor Augen hatte. Das IESG sollte eine umfassende Sicherung der aus dem Arbeitsverhältnis zustehenden, jedoch nicht erfüllten Forderungen bieten – Missbrauchsmöglichkeiten wurden kaum bedacht. In der Stammfassung BGBl 1977/324 war die Sicherung in zeitlicher Hinsicht nur durch die Verjährung begrenzt. Als sich die Fälle von behaupteten mehrjährigen Entgeltrückständen häuften, sah der Gesetzgeber die Notwendigkeit, zur Vermeidung möglicher Missbräuche Schranken festzulegen. Mit der Novelle BGBl I 1997/107 wurden zeitliche Sicherungsgrenzen eingeführt, die durch die Novellen BGBl I 2000/142 und BGBl I 2017/123 die heutige Fassung erhielten (vgl § 3a Rz 6 ff). Auch andere Grenzen (ausgeschlossene Ansprüche gem § 1 Abs 3 IESG, ausgeschlossener Personenkreis iSd § 1 Abs 6 IESG) wurden erweitert und konkretisiert, um allfälligen Missbrauch zu erschweren. **432**

Auch die InsolvenzRL 2008/94/EG ermöglicht in Art 12 den Anspruchsausschluss bei Missbrauch und Kollusion.

Zweck des IESG ist eine sozialversicherungsrechtliche Absicherung von Entgeltansprüchen und sonstigen aus dem Arbeitsverhältnis entstandenen Ansprüchen von AN im Falle der Insolvenz des AG. Versichertes Risiko ist im Kernbereich die von den AN typischerweise nicht selbst abwendbare und absicherbare Gefahr des gänzlichen oder teilweisen Verlustes ihrer Entgeltansprüche, auf die sie typischerweise zur Bestreitung des eigenen Lebensunterhaltes sowie des Lebensunterhaltes ihrer unterhaltsberechtigten Angehörigen ange- **433**

§ 1 IESG

wiesen sind. Dieser Rechtssatz (OGH RIS-Justiz RS0076409) findet sich in zahlreichen Judikaten (OGH 8 ObS 12/12s, DRdA 2013/36, 346 *[Wolligger]* = RdW 2013/233, 226; 8 ObS 3/08m, Arb 12.760 = ZIK 2009/335, 214; 8 ObS 9/06s, DRdA 2007, 62; 8 ObS 24/05, DRdA 2006, 150 ua). Der Zweck des IESG umschreibt einen grundsätzlichen Rahmen der Sicherung, aus dessen Überschreitung Hinweise auf **rechtsmissbräuchliche Inanspruchnahme** der IESG-Sicherung abgeleitet werden. In den Schutzbereich des IESG fallen nur Arbeitsverhältnisse, bei denen die Absicht des AN besteht, ein über bloßen Aufwandersatz hinausgehendes Entgelt zu erzielen (OGH 8 ObS 13/11m, DRdA 2013/2, 26 *[Reissner/Sundl]* = wbl 2012/58, 162). Völlig **„atypisch" gestaltete Arbeitsverhältnisse,** die nicht auf die Erzielung von Entgelt für die Bestreitung des Lebensunterhaltes gerichtet sind, sind nicht nach den Bestimmungen des IESG gesichert (ua OGH 8 ObS 2/11v, DRdA 2012/34, 413 *[Brodil]* = EvBl 2011/94, 665 *[Ristic]*). Der Zweck des IESG setzt auch den Typus des AN, dem der Einblick in die wirtschaftliche Gestion fehlt, voraus (OGH 8 ObS 42/95, wbl 1997, 350), typische unternehmerische Tätigkeiten fallen aus dem Schutzbereich heraus (OGH 8 ObS 3/14w, DRdA 2014, 443). Festzuhalten ist aber auch, dass ein „im Lichte des IESG atypisches Arbeitsverhältnis" aus rein zivilrechtlicher (arbeitsrechtlicher) Sicht korrekt sein kann (zur Unionsrechtswidrigkeit dieser Rsp s Rz 15, 461).

434 Es liegt nicht unbedingt immer Missbrauch vor, wenn die Sicherung (auch) einem anderen als diesem typischen Zweck des IESG dient. Einige Bestimmungen zeigen, dass der Gesetzgeber das IESG durchaus auch zur **Unterstützung der Sanierung** einsetzt. So können nach § 1 Abs 3 Z 3a IESG Arbeitsverhältnisse insolvenzrechtlich beendet und im Zeitraum der Kündigungsentschädigung ein Arbeitsverhältnis zur Masse begründet werden, wobei unter den dort genannten Voraussetzungen auch ein „Doppelbezug" möglich ist (vgl dazu Rz 363 ff). Nach Insolvenzverfahrenseröffnung bis zur Berichtstagsatzung kann eine Überwälzung der laufenden Entgelte (Masseforderungen) auf den IEF stattfinden (§ 3a Abs 2 Z 1 IESG). Erst nach der Berichtstagsatzung besteht eine Austrittsobliegenheit (vgl §§ 3a Abs 2 Z 5, 1 Abs 3 Z 3a IESG), die eingeführt wurde, um die „Zwangskreditfunktion" des IEF zu beschränken. Der Beitrag des IESG zur Unternehmenssanierung ist erkennbar begrenzt und keinesfalls vorrangiger Zweck des G.

9.2 Rechtsunwirksame Vertragsgestaltungen

435 Abgesehen von den ausdrücklich im IESG genannten Sicherungsausschlüssen (s Rz 332 ff) hat die Judikatur auf Basis des § 879 Abs 1 ABGB weitere Grundsätze entwickelt, nach denen eine Sicherung gem IESG nicht gegeben ist. Jede Vorgangsweise, durch die das **Risiko** im Insolvenzfall missbräuchlich auf den IEF **überwälzt** werden soll, ist als **Gestaltung zu Lasten des**

IEF, jedenfalls **diesem gegenüber,** gem § 879 Abs 1 ABGB **rechtsunwirksam.** Der Vorwurf des Rechtsmissbrauchs kann sich aus einem Verhalten (zB Stehenlassen von Entgelt) oder aus einer gewählten Vertragskonstruktion ergeben, wenn diese dem Fremdvergleich (Rz 440 ff) nicht standhalten. Vereinbarungen, durch die **eine sonst nicht bestehende Verpflichtung des IEF begründet wird,** sind rechtsmissbräuchlich und damit iSd § 879 Abs 1 ABGB nichtig (OGH 8 ObS 15/04w, ZIK 2005, 110 = ZAS-Judikatur 2005/96, 132). Eine durch sittenwidrige Belastung des am Verfahren nicht beteiligten IEF begründete Nichtigkeit ist **von Amts wegen** wahrzunehmen (OGH 9 Ob 902/88, Arb 10.759 = infas 1989 A 74; 8 Ob 254/97d, ZIK 1998, 26).

436 IdS wurde judiziert, dass ein **Sozialplan,** der angesichts einer sich abzeichnenden Zahlungsunfähigkeit des AG Zusatzleistungen für ausscheidende AN vorsieht, die aller Wahrscheinlichkeit nach letztlich vom IEF zu befriedigen sein werden, ein Vertrag zu Lasten Dritter und daher nach § 879 Abs 1 ABGB nichtig ist (OGH 9 Ob 902/88, Arb 10.759 = infas 1989 A 74). Ist ein Sozialplan ein nach den Bestimmungen der IO anfechtbares Rechtsgeschäft, gebührt für die daraus resultierenden Ansprüche nach § 1 Abs 3 Z 1 IESG kein Insolvenz-Entgelt (dazu Rz 343).

Nach neuerer Judikatur sind die Ansprüche aus einem **Sozialplan nicht mehr generell und jedenfalls ungesichert.** Die Umstände des konkreten Einzelfalles sind zu prüfen. Ist kein Anfechtungstatbestand der IO verwirklicht und lassen die konkreten Umstände nicht auf eine Überwälzung des Finanzierungsrisikos schließen, liegt keine „bloße" freiwillige Abfertigung vor, sondern steht der Fürsorgecharakter im Vordergrund, können die Leistungen aus einem Sozialplan gesichert sein (OGH 8 ObS 12/12s, DRdA 2013/36, 346 *[Wolligger]* = RdW 2013/233, 226). Damit berücksichtigt der OGH zu Recht, dass der in Form der erzwingbaren BV gem § 97 Abs 1 Z 4 ArbVG abgeschlossene Sozialplan ein Instrument ist, welches das G den Betriebspartnern zur Verhinderung, Beseitigung oder Milderung der Folgen von Betriebsänderungen iSd § 109 Abs 1 Z 1 – 6 ArbVG, die den AN wesentliche Nachteile bringen, bewusst und gezielt in die Hand gibt. Sozialplänen kann daher nicht generell Missbrauch unterstellt werden (so schon *Holzer/Reissner/ W. Schwarz*, Insolvenz[4] 197).

437 Bei **Darlehensvereinbarungen,** durch die ein AN vom AG, vom Gesellschafter (Rz 456) oder auch einem Dritten Sicherheiten erhält, ist einerseits zu prüfen, ob derartige Zahlungen als lohnbefriedigend zu werten sind. Andererseits sind diese Vereinbarungen auch an der sittenwidrigen Verlagerung des Finanzierungsrisikos auf den IEF, als unbeteiligtem Dritten, zu messen. Ist der AN unabhängig von der Leistungspflicht des IEF zur Rückzahlung verpflichtet, sind diese Zwischenfinanzierungen grundsätzlich nicht von der Sicherung ausgeschlossen. Wird eine Vorfinanzierung von Entgelt durch einen Dritten

(Bank) nach Insolvenzverfahrenseröffnung vereinbart, liegt eine sittenwidrige Verlagerung des Finanzierungsrisikos nicht vor, da die zeitlich begrenzte Leistungspflicht des IEF bereits feststeht (OGH 8 ObS 19/06m, ZIK 2007/343, 212). Anders beurteilte der OGH die Bevorschussung von Insolvenzforderungen durch den Masseverwalter (OGH 8 ObS 3/09p; RIS-Justiz RS0064231), wobei es irrelevant war, ob diese Zahlungen entgegen einem Zahlungsverbot erfolgten.

9.3 Anspruchsausschluss wegen Stehenlassen von Entgelt

438 Stehenlassen von Entgelt, ohne es ernsthaft einbringlich zu machen, erschien der Praxis und auch dem Gesetzgeber verdächtig; Sicherungsgrenzen wurden durch die IESG-Novelle BGBl I 1997/107 geschaffen (s § 3a Rz 6 ff). Doch der Judikatur erschien die sechsmonatige Sicherungsgrenze in die Vergangenheit kein ausreichendes Missbrauchsregulativ zu sein. „**Sittenwidrigkeitsjudikatur**" fasst eine Judikaturlinie zusammen, die sich wesentlich ab 1998 (vgl insb OGH 8 ObS 192/98p, DRdA 1999, 149 = ZAS 1999, 174; 8 ObS 32/99k, ZIK 1999, 216; 8 ObS 48/99p, ZIK 1999, 216) entwickelt hat, um eine ausufernde Inanspruchnahme des IEF im Hinblick auf den Zweck des IESG einzudämmen. Schon vor 1998 gab es einige E, die sich mit der Überwälzung des Finanzierungsrisikos auf den IEF beschäftigten. Meist ging es dabei um Stehenlassen von Entgelt durch Gesellschafter oder Darlehensgewährungen eines Gesellschafters (vgl OGH 9 ObS 15/92, DRdA 1993/57, 490 *[Geist]* = Arb 11.088; 8 ObS 2107/96b, DRdA 1997/31, 289 *[Geist]* = ASoK 1997, 122), wobei die Ablehnung im Wesentlichen auf Argumenten aus dem Eigenkapitalersatz (Rz 386 ff) basierte. Entgeltrückstände allein führten (noch) nicht zum Vorwurf einer rechtsmissbräuchlichen Vorgehensweise zu Lasten des IEF (OGH 8 Ob 1020/95, ZIK 1996, 172). Allerdings hatte der OGH in Fällen, in denen von Beginn des Dienstverhältnisses an keine Zahlungen erfolgten, so massive Bedenken, dass er die Prüfung der Bindungswirkung in § 7 IESG durch den VfGH veranlasste (OGH 8 ObS 13/95, DRdA 1995, 424).

439 Ab 1998 nahm der OGH die Gefahr der Ausplünderung des Fonds intensiv wahr und verneinte Ansprüche auf Insolvenz-Entgelt, wenn AN – auch wenn sie nicht Gesellschafter waren – Entgeltansprüche über einen längeren Zeitraum stehen ließen. In den ersten E stand noch der Gedanke der **Kollusion** im Vordergrund. Es ging um Fälle, in denen besondere Umstände vorlagen oder in denen die betroffenen AN stärkeren Einblick in die wirtschaftliche Gestion und Finanzlage hatten: der Schwager des BI, der die kaufmännischen Angelegenheiten führte und Kenntnis von der finanziellen Lage des Unternehmens hatte (OGH 8 ObS 192/98p, DRdA 1999, 149 = ZAS 1999, 174; dazu *Sundl*, ASoK 2002, 88), ein AN, der im ersten Dienstverhältnis längere Zeit kein Entgelt erhalten hatte und unmittelbar anschließend ein neues zum gleichen AG begründete, wobei Einvernehmen bestand, dass das Gehalt zur Betriebssanierung nicht ausbezahlt würde (OGH 8 ObS 183/98i, RdW 1999, 613 = ZIK 1999, 142). In anderen Fällen handelte es sich um Familienangehörige mit wirtschaftlichem Einblick (vgl zB OGH 8 ObS 306/98b, DRdA 1999, 494; 8 ObS 295/96k, Arb 11.880).

Fokus dieser (älteren) Judikaturlinie war der sog **Fremdvergleich,** aus dem abgeleitet wurde, dass normalerweise ein „typischer AN" bei längeren Entgeltrückständen das Arbeitsverhältnis nicht aufrechterhalten hätte, sondern vorzeitig ausgetreten wäre. Bleibt der AN trotz Nichtzahlung des Entgelts im Unternehmen tätig, ohne die Beträge einbringlich zu machen, so indiziere das idR, dass er beabsichtige, die offenen Ansprüche gegen den IEF geltend zu machen. Derartige Vereinbarungen oder Verhaltensweisen, die auf eine Verlagerung des Finanzierungsrisikos zu Lasten des IEF hinausliefen, seien nichtig. Bedingter Vorsatz reiche aus. Ein atypisches Arbeitsverhältnis, das nicht auf die Erzielung von Entgelt zur Bestreitung des Lebensunterhaltes gerichtet sei, falle insgesamt nicht unter den Schutzbereich des IESG, sodass aus diesem Arbeitsverhältnis keinerlei Ansprüche (weder stehengelassenes Entgelt noch Beendigungsansprüche) nach dem IESG gesichert sein könnten (vgl zB OGH 8 ObS 306/98b, DRdA 1999, 494; 8 ObS 295/98k, Arb 11.880; insb zum Entfall auch der Beendigungsansprüche OGH 8 ObS 56/00v, Arb 12.015; 8 ObS 57/00s, Arb 12.034 = infas 2000 A 114; 8 ObS 150/00t, Arb 12.029; 8 ObS 153/00k, DRdA 2000, 536 = Arb 12.027). Diese Argumentationslinie wurde vielfach kritisiert (vgl zB *W. Anzenberger,* RdW 2000/140, 161; *Ristic,* ASoK 2000, 118; *Weber,* ZIK 2000, 183), zumal der OGH die Argumente wie Textbausteine verwendete, teilweise ohne konkrete Sachverhalte auch nur für erwähnenswert zu erachten. 440

9.4 Anspruchsausschluss wegen Übertragung des Finanzierungsrisikos

Der OGH setzte sich in der Folge auch mit der Kritik auseinander und schuf Grundlagen für eine differenziertere Rsp, die den **Fokus auf die Übertragung des Finanzierungsrisikos** verlagerte. Noch vor Inkrafttreten der Novelle BGBl I 2000/142 bemühte sich der OGH (8 ObS 206/00b, DRdA 2001/37, 366 *[W. Anzenberger]* = ZIK 2001/117, 66) um eine rechtsdogmatische Grundlage für die Judikatur. Diese E leitet keine radikale Änderung ein, sie bietet aber Erklärungen für die Argumentation und in weiterer Folge, insb im Zusammenspiel mit der Novelle BGBl I 2000/142, Ansatzpunkte für eine differenziertere Betrachtung der konkreten Sachverhalte. 441

Der **Fremdvergleich** wird nun **als „verfahrenstechnisches Mittel"** definiert, das herangezogen wird, um zu beurteilen, ob ein bestimmtes Verhalten (wie das Stehenlassen von Entgelt) den zumindest **bedingten Vorsatz der Verlagerung des Finanzierungsrisikos** indiziert. Der OGH vergleicht das konkrete Verhalten iSd Fremdvergleichs mit dem eines typischen AN, bei dem der Interessengegensatz voll ausgeprägt ist. Nicht das Stehenlassen von Entgelt oder der Fremdvergleich bildet den Ausschlussgrund, sondern die Übertragung des Finanzierungsrisikos. Die Beurteilung als **„atypisches" Arbeitsverhältnis,** bei dem es dem AN nicht auf die Erzielung von Entgelt zur Bestreitung des Lebensunterhaltes ankommt (dazu und zum Zweck des IESG s Rz 433, zur EuGH-Judikatur Rz 391 ff), ist Ausdruck für das Ergebnis des Fremdvergleichs. Der Fremdvergleich hat dabei **sämtliche objektiven Anhaltspunkte** heranzuziehen.

442 Im Hinblick auf die Novellierung des § 3a IESG durch BGBl I 2000/142 wird nunmehr regelmäßig, im Rahmen des Fremdvergleichs, allein aus der zeitlichen Komponente ein bedingter Vorsatz zum Missbrauch der Sicherungseinrichtung kaum mehr zu erschließen sein (OGH 8 ObS 195/02p, ZIK 2003/199, 143). Beim durchschnittlichen AN kann sich der bedingte Vorsatz regelmäßig nur aus deutlich über der Sechsmonatsgrenze des § 3a IESG liegenden Entgeltrückständen ableiten lassen. Ergibt sich daraus der bedingte Vorsatz, so kann dieser allerdings nicht durch den Beweis über die konkreten Absichten des AN widerlegt werden. Der Umkehrschluss, dass Lohnrückstände von sechs Monaten jedenfalls gesichert sind, ist unzulässig; bei Hinzutreten besonderer Umstände kann es auch dann zum Sicherungsverlust für sämtliche Ansprüche kommen (OGH 8 ObS 56/00v, Arb 12.015; 8 ObS 153/00h, DRdA 2000, 536 = Arb 12.027; vgl auch Rz 446). Durch die zeitliche Begrenzung auf sechs Monate wird eine übermäßige, sachlich nicht gerechtfertigte Verlagerung des Risikos auf den Fonds verhindert; eine Sanktion für die Unterlassung der unverzüglichen **klagsweisen Geltendmachung** derartiger Forderungen ist weder angeordnet noch erforderlich (OGH 8 ObS 75/02s, DRdA 2002, 519). § 3a Abs 1 S 2 IESG verlangt die **gehörige Fortsetzung** eines Verfahrens, nicht aber die (unverzügliche) Einbringung eines Antrags auf Eröffnung des Insolvenzverfahrens (OGH 8 ObS 11/10s, JBl 2012, 129 = infas 2012 A 31); in diesem Fall war auch nicht schädlich, dass zwischen der (erfolgreichen) gerichtlichen Geltendmachung und dem Insolvenzantrag Jahre vergangen waren und Ratenvereinbarungen geschlossen wurden.

443 In nachfolgenden E tritt der **Einzelfall in seiner konkreten zeitlichen Lagerung** ins Zentrum der Überlegungen. Im Rahmen des Fremdvergleichs werden nun auch jene **Umstände bedacht, die (objektiv) gegen die Missbrauchsabsicht sprechen.** Beim „Fremdvergleich" geht es für den OGH nicht um subjektive Erwartungen des konkreten AN, sondern um objektive Anhaltspunkte (vgl zB OGH 8 ObS 305/01p, infas 2002 A 65 = ZASB

2002, 28). Ob Umstände vorliegen, die konkret auf den (zumindest bedingten) Vorsatz des AN schließen lassen, das Finanzierungsrisiko auf den Fonds zu überwälzen, ist eine Frage des Einzelfalles (OGH 8 ObS 5/15s, ARD 6467/15/2015). Der Vorwurf des **"völlig atypisch gestalteten" Arbeitsverhältnisses** liegt also nicht darin, dass es "ungewöhnlich" ist, sondern darin, dass es "nicht auf die Erzielung von Entgelt zur Bestreitung des Lebensunterhalts gerichtet ist" und – mE kumulativ zu erfüllen – dass in dieser Gestaltung eine "unzulässige Verlagerung des Finanzierungsrisikos" liegt (vgl OGH 8 ObS 15/05x, infas 2006 A23 = ARD 5666/3/2006).

Die Judikatur formuliert Grundsätze und schafft einen Rahmen, mit Hilfe dessen man die Konstellationen des Einzelfalles beurteilen muss. Immer wieder kommt es auf das Verhältnis und die recht konkrete Ausgestaltung der dafür und dagegen sprechenden Umstände an. Da die Umstände oft sehr speziell sind, ist eine Verallgemeinerung meist schwierig. Diese Bezugnahme auf den konkreten Einzelfall erschwert zwar die Vorhersehbarkeit für den Einzelnen, ist aber wohl der einzige Weg, mit den Erscheinungsformen der Praxis differenziert umzugehen. Im Folgenden soll ein Überblick über diese an den Umständen konkreter Einzelfälle ausgerichtete Judikatur eine gewisse Orientierung für die Praxis bieten. Dieser Überblick zeigt auch, dass die Gewichtung der Pro- und Contra-Argumente gewissen Schwankungen unterworfen ist. Gerade die neuere Judikatur zur "Mindestsicherung nach der RL" (vgl Rz 461, 465 f) könnte wieder zu einem Anstieg der Fälle führen, die dem OGH vorgelegt werden.

Werden laufend, auch verspätet, Zahlungen geleistet, muss beobachtet werden, wie sich die Rückstände und die **Zahlungen auf Rückstände** im Verhältnis zueinander entwickelt haben (OGH 8 ObS 254/01p, DRdA 2002, 409). Wenn gerade in den letzten Jahren regelmäßige Entgeltzahlungen erfolgen, durch die nicht nur die wesentlichen Lebensbedürfnisse abgesichert, sondern auch Rückstände teilweise abgebaut werden, ist nicht auf den Vorsatz der Verlagerung des Finanzierungsrisikos zu schließen. Es kommt für das Höchstgericht nicht darauf an, ob damit zu rechnen war, dass die Rückstände aus der Vergangenheit abgebaut werden, sondern darauf, ob angenommen werden konnte, dass der AN in Zukunft regelmäßige Zahlungen erhalten werde (OGH 8 ObS 109/02s, DRdA 2003/34, 354 *[Grießer]* = ZASB 2002, 45). Entscheidend ist, ob der AN gerade in der letzten Zeit regelmäßig faktisch Entgeltzahlungen erhalten hat. Dabei kommt es nicht darauf an, ob diese Zahlungen für frühere Lohnperioden erfolgten (OGH 8 ObS 203/02i, RdW 2003/282, 342). Es fällt auch nicht ins Gewicht, wenn aus dem vergangenen Jahr noch ein erheblicher Entgeltrückstand offen war, wenn der AN dafür kein Insolvenz-Entgelt begehrt, was wohl gegen den Überwälzungsvorsatz spricht (OGH 8 ObS 207/02b, ZIK 2004/90, 71). Wenn also sämtliche

444

objektiven Anhaltspunkte berücksichtigt werden, kann eine AN, die Lebensgefährtin des Alleingesellschafters ist, 17 Monate Rückstände aufweist, allerdings keinen Einblick in die finanzielle Lage hat und regelmäßige Teilzahlungen bezieht, die gerade in den letzten Monaten den tatsächlich geschuldeten Gehältern entsprochen haben, Insolvenz-Entgelt erhalten (OGH 8 ObS 12/07h, ARD 5793/8/2007= ZIK 2008/116, 71).

445 **Langjährig beschäftigte AN,** die im Wesentlichen regelmäßig Entgelt erhalten haben, dürfen – in vertretbarem Ausmaß – **Betriebstreue** zeigen. Je länger ein AN bereits im Betrieb tätig war und im Wesentlichen regelmäßig sein Entgelt erhalten hat, desto weniger schnell verliert er die Sicherung (OGH 8 ObS 254/01p, DRdA 2002, 409; 8 ObS 207/02b, ZIK 2004/90, 71). Je kürzer ein AN hingegen im Betrieb tätig war, desto eher verliert er die Sicherung, insb wenn er von Anfang an kein Geld erhielt (OGH 8 ObS 153/01k, infas 2002 A 54 = SSV-NF 15/145).

Selbst wenn familiäre Nahebeziehung, Einblick in die wirtschaftliche Lage und lange Entgeltrückstände als Indizien für die Missbrauchsabsicht vorliegen, schließt der OGH nicht mehr automatisch auf eine vorsätzliche Risikoüberwälzung. Das Höchstgericht stellt den Umständen, die für den Vorsatz der Überwälzung sprechen, auch die dagegen stehenden Umstände gegenüber: die außergewöhnlich lange Beschäftigungsdauer, verbunden mit Sanierungskonzepten oder einer sonst (objektiv) nachvollziehbaren Hoffnung auf wirtschaftliche Besserung, den nahen Pensionsantritt sowie auch eine lange Kündigungsfrist, durch die auch bei einem Austritt weitere Ansprüche als Kündigungsentschädigung entstanden wären (OGH 8 ObS 20/04f, ARD 5594/14/2005 = infas 2005 A 31; 8 ObS 22/04z, ZAS-Judikatur 2005/118 = infas 2005 A 50; wenige Jahre früher verneinte der OGH 8 ObS 205/01g, DRdA 2002/5, 416 *[Kallab]* bei einem ähnlichen Sachverhalt sämtliche Ansprüche).

Auch die Tatsache, dass ein AN von Beginn an kein Entgelt erhielt, ist nur ein Indiz, das etwa dann nicht ausschlaggebend ist, wenn keinerlei Nahebeziehung bzw kein Einblick in die wirtschaftliche Lage erkennbar sind und der AN zur Entwicklung eines neuen Projekts eingestellt war. Bei der Erschließung neuer Tätigkeitsfelder können zunächst Liquiditätsengpässe auftreten (OGH 8 ObS 14/06a, DRdA 2007, 62 = infas 2007 A 15).

Andererseits wieder steht eine AN „außerhalb der Gemeinschaft der Versicherten", die als Prokuristin die finanzielle Lage kennt, 40 Monatsgehälter offen hat und zusätzlich einen erheblichen Betrag der Gesellschaft zuschießt (OGH 8 ObS 4/13s, ZIK 2013/229, 154); die lange Beschäftigungsdauer reicht nicht als Gegenargument.

446 Bei **Personen mit besonderer Nahebeziehung** zum AG ist regelmäßig das Wissen um die finanzielle Situation des Betriebes größer, daher kann auch

bei kürzeren Entgeltrückständen der bedingte Vorsatz, das Entgelt nicht vom AG, sondern vom IEF zu erhalten, vorliegen (OGH 8 ObS 206/00b, DRdA 2001/37, 366 *[W. Anzenberger]* = ZIK 2001/117, 66; 8 ObS 153/01k, infas 2002 A 54 = SSV-NF 15/145; 8 ObS 182/01z, ARD 5420/14/2003).

Ein **familiäres Naheverhältnis,** ein Arbeitsverhältnis, in dem – im ersten Jahr vereinbarungsgemäß – nie Entgelt gezahlt wurde, der AN von den Liquiditätsproblemen Kenntnis hatte und nach Beendigung des Dienstverhältnisses den Insolvenztatbestand abwartete, sprechen dafür, dass das Finanzierungsrisiko überwälzt werden sollte, daher eine „atypische" Vertragsgestaltung vorliegt und keinerlei Ansprüche gesichert sind (OGH 8 ObS 3/05g, ARD 5594/16/2005). Wenn die konkreten Umstände auf den bedingten Vorsatz zur Überwälzung des Finanzierungsrisikos hinweisen, verhindern weder die Besonderheiten eines Lehrverhältnisses (OGH 8 ObS 195/02p, ZIK 2003/199, 143) noch ein Beweis über die konkreten Absichten und Erwartungen des AN (OGH 8 ObS 2/14y, ARD 6397/11/2014) den Anspruchsausschluss.

Bei einer Familienangehörigen, die über die finanzielle Situation informiert war, aber Arbeitsausmaß und Entgeltansprüche an die wirtschaftliche Lage anpasste und auch Nachzahlungen erhielt, wertete der OGH dies als Argumente, die gegen den Vorsatz der Risikoüberwälzung auf den IEF sprechen (OGH 8 ObS 305/01p, infas 2002 A 65 = ZASB 2002, 28). Anderseits liegt beim Sohn, der über die finanziellen Verhältnisse Bescheid weiß, das Unternehmen übernimmt und (etwa) sechs Monate Entgelt offen hat, ein atypisches Arbeitsverhältnis vor (OGH 8 ObS 20/11s, ZIK 2012/106, 75).

Besonderen Einblick haben grundsätzlich auch Gesellschafter oder handelsrechtliche Geschäftsführer. Während Gesellschafter mit beherrschendem Einfluss nach § 1 Abs 6 Z 2 IESG von der Sicherung ausgeschlossen sind, ist ein **Minderheitsgesellschafter ohne substantielle Sperrminorität** als AN grundsätzlich von der Sicherung erfasst (s Rz 67, 120). Wenn allerdings die konkreten Umstände auf eine Überwälzung des Finanzierungsrisikos schließen lassen, wird ein atypisches und somit nicht vom Schutz des IESG erfasstes Arbeitsverhältnis angenommen (OGH 8 ObS 16/06w, ARD 5745/5/2007; 8 ObS 22/07d, ZIK 2008/118, 71). Die Sicherung von Gesellschaftern kann auch auf Grund gesellschaftsrechtlicher Erwägungen zum Eigenkapitalersatz verneint werden (zum Eigenkapitalersatz s Rz 452 ff).

447

Die arbeitsrechtlichen Ansprüche von **handelsrechtlichen Geschäftsführern,** die im Rahmen eines Arbeitsvertrags tätig sind, sind seit der Novelle BGBl I 2005/102 grundsätzlich gesichert (allg dazu insb Rz 108). Die Versagung von Insolvenz-Entgelt kann nicht mehr auf die Organstellung, wohl aber auf das Fehlen der Arbeitnehmereigenschaft (OGH 8 ObS 27/07i, DRdA 2009/43, 418 *[Stadler]* = infas 2008 A 57) oder eben auf die sittenwidrige Geltendmachung gestützt werden. Auch bei dieser Arbeitnehmergruppe ist zu prüfen, ob eine atypische Vertragsgestaltung, verbunden mit dem (jedenfalls formal gegebenen) Einblick in die wirtschaftliche Lage, die Geltendmachung von Insolvenz-Entgelt sittenwidrig macht. Dieser Maßstab gilt auch für den sog De-facto-Geschäftsführer, der diese Stellung „formal" gar nicht (mehr) innehat und nur als AN angemeldet ist (OGH 8 ObS 6/12h, ZIK 2012/342, 237).

Das **Vorstandsmitglied einer AG** fällt auf Grund seiner unbeschränkten Leitungsfunktion generell aus dem Sicherungsbereich des IESG (auch wenn es allenfalls freier DN ist; dazu allg Rz 66), sodass es auf eine allfällige Sittenwidrigkeit der Geltendmachung nicht ankommt (OGH 8 ObS 3/14w, DRdA 2015/7, 44 *[Wolligger]* = RdW 2014/735, 664). Dies gilt auch für einen **handelsrechtlichen Geschäftsführer** (s schon oben), wenn dessen Handeln nicht primär als „Verwaltung fremden Gesellschaftsvermögens im Interesse der Gesellschafter" zu sehen ist, sondern als unternehmerische Tätigkeit in Verfolgung eigener Interessen und Übernahme des unternehmerischen Risikos (OGH 8 ObS 8/13d, DRdA 2014, 443).

Beim **gewerberechtlichen Geschäftsführer,** der auf Grund eines Arbeitsvertrags tätig ist (iSd § 39 Abs 2 Z 2 GewO), sind die konkreten Umstände näher zu prüfen: Erbringt der AN Arbeitsleistungen im Rahmen eines arbeitszeit- und weisungsgebundenen Arbeitsverhältnisses (und ist nur „auch" gewerberechtlicher Geschäftsführer), kann die Sicherung nur an besonderen Umständen, die auf die Überwälzung des Finanzierungsrisikos schließen lassen, scheitern (zum gewerberechtlichen Geschäftsführer genauer Rz 70).

448 Wenn ein AN in zeitlicher Abfolge **mehrere Arbeitsverhältnisse zum selben AG** hat, kombiniert der OGH die Sicherungsgrenze des § 3a Abs 1 IESG mit der sittenwidrigen Überwälzung des Finanzierungsrisikos. Die zeitliche Begrenzung auf sechs Monate bezieht sich nur auf das letzte Arbeitsverhältnis zum selben AG; bei einer Aneinanderreihung mehrerer Arbeitsverhältnisse zum selben AG kommt es nicht zu einer mehrfachen Sicherung (OGH 8 ObS 154/01g, DRdA 2002, 245). Die Ansprüche aus dem ersten Dienstverhältnis scheitern nicht am Vorwurf sittenwidriger Überwälzung, sondern am Sicherungszeitraum (OGH 8 ObS 16/07x, ZIK 2008/60, 35). Das zweite Dienstverhältnis kann allerdings atypisch und daher nicht vom Schutzbereich des IESG umfasst sein. Atypisch ist das Arbeitsverhältnis zB dann, wenn ein AN trotz erheblicher Entgeltrückstände neuerlich ein Dienstverhältnis zum gleichen AG eingeht (OGH 8 ObS 9/06s, DRdA 2007, 62; 8 ObS 201/02w, DRdA 2003, 179). Wird im neuen Dienstverhältnis zwar die Arbeitszeit verringert, erfolgen aber keine Zahlungen auf Rückstände und wird auch das laufende geringe Entgelt nicht gezahlt, ist von einem atypischen Dienstverhältnis auszugehen (OGH 8 ObS 17/08w, ARD 5932/7/2009). Dasselbe gilt, wenn

Teilzahlungen nicht annähernd die Rückstände aus dem letzten Arbeitsverhältnis abdecken und Hoffnungen auf zu erwartende Aufträge nicht nachvollziehbar erscheinen (OGH 8 ObS 12/11i, ZIK 2012/56, 39). Eine Reduktion der Arbeitszeit, verbunden mit erheblichen Nachzahlungen auf Rückstände, sind hingegen Umstände, die gegen den Vorsatz der Überwälzung sprechen (OGH 8 ObS 305/01p, infas 2002 A 65 = ZASB 2002, 28). Ob das Arbeitsverhältnis atypisch iS dieser Rsp ist, ist wieder anhand der jeweiligen Umstände des besonderen Einzelfalles in seiner konkreten zeitlichen Lagerung zu beurteilen (Rz 441 ff).

Zeitlich hintereinander liegende Dienstverhältnisse mögen unter dem Aspekt der Sittenwidrigkeit als Einheit zu sehen sein. Nichtsdestotrotz handelt es sich arbeitsrechtlich um zwei Dienstverhältnisse: Beendigungsansprüche aus dem ersten Dienstverhältnis können nicht außerhalb des Sicherungszeitraums für laufendes Entgelt iSd § 3a Abs 1 IESG liegen; wenn aus dem ersten Dienstverhältnis ausschließlich Abfertigung oder Urlaubsersatzleistung offen sind, müssen für eine Sittenwidrigkeit des zweiten Dienstverhältnisses mE wohl weitere bedenkliche Umstände hinzutreten. Ist aus dem ersten Arbeitsverhältnis eine Kündigungsentschädigung offen, deren Zeitraum mit Ansprüchen aus dem zweiten zusammenfällt, ist zusätzlich der Sicherungsausschluss des § 1 Abs 3 Z 3a IESG zu berücksichtigen (s Rz 434 sowie allg Rz 363 ff, wonach ein „Doppelbezug" von Insolvenz-Entgelt nicht absolut ausgeschlossen ist).

Eine Abwägung im Einzelfall sollte mE auch dann stattfinden, wenn zwischen den beiden Arbeitsverhältnissen eine Unterbrechung liegt. Insb dann, wenn die Ansprüche aus dem ersten Dienstverhältnis nicht mehr geltend gemacht werden und im neuen Dienstverhältnis, zumindest anfangs, regelmäßige Teilzahlungen geleistet wurden, wäre dies mit der Situation bei durchgehendem Dienstverhältnis mit regelmäßigen Teilzahlungen (Rz 444) vergleichbar.

Auch die **individuelle Erfahrung mit Insolvenzen in vorausgegangenen anderen Arbeitsverhältnissen** kann einen Anhaltspunkt dafür darstellen, dass der bedingte Vorsatz der Überwälzung des Finanzierungsrisikos bejaht wird (OGH 8 ObS 223/01d, ARD 5339/7/2002; 8 ObS 201/02w, DRdA 2003, 179; 8 ObS 105/02b, Arb 12.222; 8 ObS 7/04v, ARD 5499/8/2004), da der AN „auf das erfolgreich erprobte Netz der Insolvenz-Entgeltsicherung vertraute". 449

Das Risiko des AN, bei Insolvenz des AG Entgeltansprüche zu verlieren, wird nach Art einer Versicherung vom IEF übernommen. Das IESG ist zwar keine gesetzliche Versicherung des AN, aber die Konstruktion bietet Ansatzpunkte für versicherungsrechtliche Überlegungen (*Thunhart*, DRdA 2000, 479; *W. Anzenberger*, DRdA 2001/37, 370). 450

§ 1 IESG

In einigen E zu § 3a Abs 2 Z 5 IESG befürwortete der OGH die sinngemäße Heranziehung des **Kausalitätsgegenbeweises** aus dem Privatversicherungsrecht: Wenn der AN nachweist, dass die Verletzung der Austrittsobliegenheit auf den Umfang der Leistungspflicht des IEF keinen Einfluss hatte, kann die Verletzung der Austrittsobliegenheit nicht anspruchsvernichtend wirken (vgl zB OGH 8 ObS 14/04y, ASoK 2005, 178 = infas 2005 A 32; 8 ObS 1/10w, DRdA 2010, 425; dazu allg § 3a Rz 27 mwN).

Bei der Beurteilung der missbräuchlichen Überwälzung des Finanzierungsrisikos greift der OGH (8 ObS 75/02s, DRdA 2002, 519; 8 ObS 20/04f, ARD 5594/14/2005 = infas 2005 A 31; 8 ObS 22/04z, ZAS-Judikatur 2005/118 = infas 2005 A 50) diesen Gedanken insofern auf, als auch untersucht wird, ob das konkrete Verhalten, über einen bestimmten Zeitpunkt hinaus im Unternehmen zu bleiben, auch zu einer höheren Zahlungspflicht des IEF geführt hat. Dieser Aspekt erscheint als eines der Kriterien, die bei der Gesamtbeurteilung des Sachverhalts zu berücksichtigen sind. Wenn die Gesamtbetrachtung stark auf Missbrauchsabsicht weist, wird die Einschätzung, dass die Zahlungspflicht des IEF nicht erhöht wurde, vermutlich nicht zur Auszahlung von Insolvenz-Entgelt führen. Allerdings kann dies selbst bei Nahebeziehung und Einblick in die wirtschaftliche Situation ein Gewicht zu Gunsten des Anspruchs darstellen, wenn auf Grund der langen Beschäftigungsdauer auch eine lange Kündigungsfrist einzuhalten bzw eine entsprechende Kündigungsentschädigung zu zahlen gewesen wäre. Selbst bei Gesellschaftern kann der Umstand, dass die Belastung des IEF im konkreten Fall nicht erhöht wurde, Berücksichtigung finden (OGH 8 ObS 5/06b, ARD 5719/7/2006).

451 **Ungewöhnliche Vertragsgestaltungen** werden vom OGH regelmäßig als Rechtsmissbrauch beurteilt, wenn dadurch die Situation einer Ausbeutung des IEF geschaffen wird und der AN in einer dem Fremdvergleich nicht standhaltenden Weise die Konstruktion bewusst zu seinem Vorteil beeinflusst oder die Ausbeutungssituation bewusst in Kauf genommen hat, ohne geeignete und zumutbare Gegenmaßnahmen zu ergreifen. Eine atypische Vertragskonstruktion liegt bspw dann vor, wenn die Prokuristin (neben Entgeltrückständen) der Gesellschaft hohe Geldbeträge zur Verfügung stellt (OGH 8 ObS 4/13s, ZIK 2013/229, 154) oder in einer wirtschaftlich schwierigen Situation des Unternehmens anstelle einer Vertragsänderung ein Arbeitsverhältnis einvernehmlich gelöst und dann sofort neu begründet wird, wodurch Beendigungsansprüche auf den IEF überwälzt wurden (OGH 8 ObS 3/16y, DRdA-infas 2016/120, 196 *[Mader]*).

In einigen E (OGH 8 ObS 204/00h, ZASB 2001, 20 = infas 2001 A 40; 8 ObS 2/11v, DRdA 2012/34, 413 *[Brodil]* = EvBl 2011/94, 665 *[Ristic]*; 8 ObS 14/11h, DRdA 2012, 241) hatte der OGH **Scheinwerkverträge** zu prüfen, also Fälle, in denen die Tätigkeit nach arbeits- und sozialversicherungsrechtlichen Maßstäben als Arbeitsverhältnis zu qualifizieren war, die Antragsteller aber tatsächlich als selbständige Gewerbetreibende auf Honorarbasis tätig und nach GSVG versichert waren. Auch in diesen E betont der OGH ausdrücklich, dass die IESG-Leistung nicht von der richtigen Bezeichnung, der korrekten ASVG-Meldung oder der Entrichtung der IESG-Beiträge abhängt. Allerdings kann die Geltendmachung von Insolvenz-Entgelt wegen der beschriebenen atypischen Vertragskonstruktion sittenwidrig sein. Der OGH zieht das „Rechtsgefühl aller billig und gerecht denkenden Menschen" als Maßstab für die zumutbaren Gegenmaßnahmen, durch die eine Schädigung des IEF zu verhindern ist, heran.

Diese Judikatur erscheint im Ergebnis verständlich und nachvollziehbar. Es bleibt allerdings abzuwarten, wo der OGH in Zweifelsfällen die Grenze ziehen wird. Arbeits- und Sozialrecht sollen den AN, der idR in der schwächeren Verhandlungsposition ist, schützen; daher kommt es auf den wahren wirtschaftlichen Gehalt und nicht auf die Bezeichnung oder Versicherungsmeldung an. Unter welchen Umständen verlagert sich der Schutz vor Ausbeutung zu Gunsten des IEF? Ist es dem AN immer (auch nach den objektiven Kriterien des Fremdvergleichs) zumutbar, die Rechtswidrigkeit der Vertragskonstruktion zu erkennen bzw das Vertragsverhältnis – aus dem er seinen Lebensunterhalt bestreitet – zu beenden? Es bleibt zu hoffen, dass der OGH diese Argumentation auf Konstellationen beschränkt, in denen der AN in einer „atypischen" Verhandlungsposition ist und er tatsächlich die Vertragsgestaltung bewusst zu seinem Vorteil beeinflussen kann, sich an der Verschleierung sonst aktiv beteiligt oder auch eine besondere Nahebeziehung vorliegt. Zu hoffen ist weiters, dass der OGH „unübliche Konstruktionen" nicht generell zu „atypischen Arbeitsverhältnissen" macht (dazu auch Rz 443, 461, 466). Bei entsprechender Fallkonstellation könnte eine Lösung auch über die Sicherung von Ansprüchen aus einem freien Dienstverhältnis denkbar sein (vgl dazu zB auch Rz 70 zum gewerberechtlichen Geschäftsführer).

9.5 Eigenkapitalersatz

452 In den 1990er-Jahren erarbeitete der OGH (8 Ob 9/91, wbl 1991, 399 *[Ostheim]*) ausgehend von der deutschen Rechtsentwicklung **„Grundsätze über eigenkapitalersetzende Gesellschafterleistungen".** Der Gesellschafter soll sich nicht der Verantwortung entziehen können, indem er auf die Finanzierungsform des Darlehens ausweicht und das Finanzierungsrisiko auf die Gläubiger abwälzt (OGH 9 ObA 124/03f, infas 2004 A 84; 8 ObS 12/04d, ZIK 2005/29, 40). Nur für Kleinstgesellschafter wurden Ausnahmen zugelassen (OGH 9 ObA 9/05x, ARD 5641/6/2006 = RdW 2006/34, 37). Gesellschafter, die als AN Entgelt nicht ernsthaft geltend machen oder nicht den Austritt erklären, obwohl sie die Kreditunwürdigkeit erkennen konnten, befreien dadurch die Gesellschaft von der Notwendigkeit der sofortigen Lohnzahlung. War eine GmbH bereits einige Zeit vor der Konkurseröffnung kreditunwürdig und konnte dies ein an der Gesellschaft beteiligter AN erkennen, dann ist das Stehenlassen von Entgelt über eine angemessene Überlegungsfrist (60 Tage) hinaus als **eigenkapitalersetzende Leistung** anzusehen und kann weder gegen die Masse noch gegen den IEF geltend gemacht werden (OGH 8 Ob 254/97d, ZIK 1998, 26). Stehengelassene Arbeitnehmerforderungen, die als eigenkapitalersetzende Leistungen zu qualifizieren sind, sind keine typischen Arbeitnehmeransprüche iSd Schutzzwecks des IESG (OGH 8 ObS 69/00f, DRdA 2000, 535). Nach dieser älteren Judikatur wurde dem AN-Gesellschafter jedenfalls eine Finanzierungsentscheidung unterstellt; arbeitsrechtliche Erwägungen waren nachrangig (*Reissner/Sundl*, DRdA 2004, 487; zur jüngeren Judikatur vgl Rz 457 ff).

453 Mit dem **EKEG** BGBl I 2003/92, das mit 1. 1. 2004 in Kraft trat, wurde eine rechtliche Grundlage für das österr Eigenkapitalersatzrecht geschaffen. Das EKEG regelt, wann Kredite, die ein Gesellschafter seiner Kapitalgesellschaft in der Krise gewährt, als eigenkapitalersetzend zu qualifizieren sind. Einen eigenkapitalersetzenden Kredit kann der Gesellschafter nicht zurückfordern, solange die Gesellschaft nicht saniert ist (§ 14 EKEG). Eigenkapitalersetzende Leistungen sind in der Insolvenz nachrangig zu befriedigen (§ 57 IO).

454 Das EKEG erfasst gem § 5 Abs 1 leg cit Gesellschafter, die **kontrollierend oder mit einem Anteil von wenigstens 25 %** an der Gesellschaft beteiligt sind. Erfasst sind auch Personen, die gleich einem Gesellschafter, dem die Mehrheit der Stimmrechte zusteht, **beherrschenden Einfluss** ausüben, **auch wenn sie nicht Gesellschafter** sind (§ 5 Abs 1 Z 3 EKEG). § 5 Abs 2 EKEG beschreibt, wann eine Beteiligung kontrollierend ist: wenn der Gesellschafter die Mehrheit der Stimmrechte hat, wenn ihm im Gesellschaftsvertrag bestimmte Sonderrechte eingeräumt sind oder wenn er die Willensbildung bei Bestellung oder Abberufung des Leitungsorgans beeinflussen kann. Eine Beteiligung ist überdies kontrollierend, wenn sie dem Gesellschafter ermöglicht, beherrschenden Einfluss auszuüben. Bei einer Beteiligung von zumindest 25 % ist dies zu vermuten, wenn kein anderer Gesellschafter ein zumindest gleichwertiges Stimmrecht hat (§ 5 Abs 2 Z 5 EKEG).

Da Stehenlassen von Entgelt ein sonstiger Kredit iSd § 3 Abs 1 Z 2 EKEG ist, erfüllt erst ein Stehenlassen von mehr als sechs Monaten die Kriterien. Das EKEG erfasst ua nicht das Stehenlassen eines vor der Krise gewährten Kredits (§ 3 Abs 1 Z 3 EKEG).

455 AN, die auch **Gesellschafter** ihres AG sind, sind von der IESG-Sicherung ausgeschlossen, wenn ihnen (direkt oder indirekt) ein **beherrschender Einfluss** auf die Gesellschaft zusteht (§1 Abs 6 Z 2 IESG; s Rz 114 ff). Bei **Mehr-**

heitsgesellschaftern ist der beherrschende Einfluss zu vermuten. Bei **Minderheitsgesellschaftern** sind die konkreten Umstände nach verschiedenen Aspekten zu prüfen: Beherrschender Einfluss kann auch ohne Mehrheitsbeteiligung vorliegen (OGH 8 ObS 1/13z, DRdA 2013, 535; 8 ObS 9/09w, ZIK 2010/104, 74).

IESG-Ausschluss und EKEG sind nicht vollständig deckungsgleich: Das EKEG erfasst auch Gesellschafter mit mindestens 25 % (Vermutung des § 5 Abs 2 Z 5 EKEG) grundsätzlich unabhängig davon, ob sie kontrollierenden Einfluss haben. In anderen Worten: Minderheitsgesellschafter können die Sicherung nach IESG nicht allein darum verlieren, weil sie vom EKEG erfasst sind (vgl auch Rz 391 ff).

Bei einem AN-Gesellschafter, der nicht schon nach § 1 Abs 6 Z 2 IESG ausgeschlossen ist (vgl Rz 114 ff), kann die Sicherung aber abzulehnen sein, wenn eine sittenwidrige Verlagerung des Finanzierungsrisikos vorliegt (Rz 447). Wenn ausschließlich Forderungen geltend gemacht werden, die erst mit Ende des Dienstverhältnisses entstehen, kann von einem bewussten Zuführen von Kapital durch Stehenlassen nicht die Rede sein (zur Rechtslage vor dem EKEG OGH 8 ObS 12/06g, ARD 5745/2/2007; 8 ObS 11/06k, Arb 12.638). Selbst wenn ein Gesellschafter Kapital zuführt und mit Entgeltreduktionen einverstanden ist, kann das gerade darauf schließen lassen, dass er den Bestand des Unternehmens und damit die Zahlung durch den AG sichern wollte (OGH 8 ObS 18/06i, ARD 5745/4/2007 = ecolex 2007/93, 203). Wenn die AN-Gesellschafterin auf die Zahlung aus der Masse (also nach Insolvenzverfahrenseröffnung) vertrauen durfte, kann von Stehenlassen iS eines eigenkapitalersetzenden Gesellschafterdarlehens nicht gesprochen werden (OGH 8 ObS 5/06b, ARD 5719/7/2006).

Auch Vereinbarungen, nach denen zB ein Gesellschafter in der Unternehmenskrise **aus Privatmitteln** das **Entgelt bevorschusst** oder hierfür einen Kredit gewährt, sind unter Berücksichtigung der Regeln über eigenkapitalersetzende Gesellschafterdarlehen gem § 879 Abs 1 ABGB nichtig, und zwar jedenfalls soweit, als daraus Ansprüche gegen den IEF abgeleitet werden (OGH 9 ObS 15/92, DRdA 1993/57, 490 *[Geist]* = Arb 11.088; 8 ObS 2107/96b, DRdA 1997/31, 289 *[Geist]* = ASoK 1997, 122). AN, die auf Grund eines solchen Darlehens Entgeltzahlungen erhalten, gelten als lohnbefriedigt.

456

9.6 Die EuGH-Judikatur zur InsolvenzRL und die österr Judikatur

In der **Rs *Maria Walcher*** (EuGH C-201/01, *Walcher*, Slg 2003, I-8827 = ZESAR 2004, 375 *[Reissner]*) hatte der Gerichtshof Vorlagefragen des OGH

457

§ 1 IESG

(das Vorabentscheidungsersuchen findet sich in OGH 8 ObS 249/00a) zur Sicherung von Ansprüchen einer AN, die am Unternehmen mit 25 % beteiligt war, zu beantworten. Der EuGH kam zum Ergebnis, dass die österr Judikatur, wonach auch **Gesellschafter ohne beherrschenden Einfluss** aus gesellschaftsrechtlichen Erwägungen über den Eigenkapitalersatz die Sicherung verlieren, **richtlinienwidrig** ist: Auch gestundete arbeitsvertragliche Ansprüche von Gesellschafter-AN sind nicht erfüllte Ansprüche von AN iSd InsolvenzRL. Die Mitgliedstaaten können allerdings den Schutz für AN, die zugleich Gesellschafter sind, auf die **Untergrenze der RL** herabsetzen und auch die erforderlichen Maßnahmen zur **Missbrauchsvermeidung** treffen. Die entsprechende Richtlinienbestimmung (heute: Art 12 RL 2008/94/EG) ist eng und entsprechend dem sozialen Zweck der RL auszulegen. Ein Gesellschafter-AN (ohne beherrschenden Einfluss), der sein Entgelt nicht fristgerecht einfordert, handelt so wie ein gewöhnlicher AN, der mangels Aussicht auf Erfolg von der Einforderung beim zahlungsunfähigen AG absieht. Aus Art 4 Abs 2 InsolvenzRL leitet der EuGH ab, dass **auch ein gewöhnlicher AN nicht austreten muss, wenn der Entgeltrückstand weniger als drei Monate** beträgt (sofern missbräuchliches Verhalten nicht vorliegt).

458 Im Endurteil zum Fall *Walcher* (OGH 8 ObS 16/03s, ZAS 2004/20, 113 *[Graf]* = DRdA 2004, 174) wie auch in anderen nachfolgenden E (OGH 8 ObS 17/03p, ecolex 2004/258, 554; 8 ObS 18/03k, Arb 12.393) stellte der OGH fest, dass er die bisherige Rsp zum Ausschluss der IESG-Sicherung wegen Eigenkapitalersatz nicht aufrechterhalten könne. Aus der EuGH-E schloss der OGH auf eine **Mindestsicherung, die sich direkt aus dem Europarecht,** aus der InsolvenzRL, ergibt, während ein **Anspruch nach nationalem Recht nicht besteht.** Die Mindestsicherung umfasst zumindest drei Monate nach dem Zeitpunkt der letzten Entgeltgewährung, wobei dieser Zeitraum innerhalb von sechs Monaten rückgerechnet vom Stichtag (§ 1 Abs 1 IESG) liegen muss. Im Endurteil im Fall *Walcher* sprach der OGH die ersten drei Monate des vorenthaltenen Entgelts sowie Teile der Urlaubsersatzleistung zu (zum Ausmaß der Sicherung Rz 462 ff). Die Ansprüche sind wegen Eigenkapitalersatz im Insolvenzverfahren nicht durchsetzbar; auch der Rückgriff des IEF gegen die Masse gem § 11 IESG ist nicht gegeben.

459 Auf den Sachverhalt der *Walcher*-E war das EKEG (vgl Rz 453 ff) sowie die geänderte RL 2002/74/EG (bzw die nunmehrige Fassung 2008/94/EG) noch nicht anzuwenden. Mit der RL 2002/74/EG wurden „Abfindungen bei Beendigung des Arbeitsverhältnisses" (vgl Rz 465) in die Garantie einbezogen und die Möglichkeit, bestimmte Arbeitnehmergruppen von der Anwendung der RL auszunehmen, beseitigt (Österreich hatte von dieser Ermächtigung im Hinblick auf die in § 1 Abs 6 IESG genannten Personen, also ua Gesellschafter mit beherrschendem Einfluss, Gebrauch gemacht). Art 12 lit c RL

2008/94/EG ermöglicht es, die Sicherung abzulehnen oder einzuschränken, wenn ein AN allein oder mit engen Verwandten Inhaber eines wesentlichen Teiles des Unternehmens ist und beträchtlichen Einfluss auf dessen Tätigkeit hatte.

Auf die Konstruktion der „Mindestsicherung auf Grund der RL" nahm der OGH auch in weiteren E, auch solchen, die „gewöhnliche" AN ohne Gesellschafterstellung betrafen, Bezug: Wird die Überwälzung des Finanzierungsrisikos durch den Minderheitsgesellschafter bejaht, dann liegt auch kein Anlass für die Mindestsicherung vor, da eine Leistung im Falle von Missbrauch auch nach der InsolvenzRL verneint wird (OGH 8 ObS 16/06w, ARD 5745/5/2007; 8 ObS 3/05g, ARD 5594/16/2005 betreffend Nicht-Gesellschafter). Die RL bietet nur AN iSd Arbeitsvertragsrechts Schutz. Wenn auf Grund besonderer Umstände (zB Sperrminorität) die Arbeitnehmereigenschaft nicht besteht, steht der Anspruchsausschluss nicht in Widerspruch zur RL (OGH 8 ObS 9/09w, ZIK 2010/104, 74). Einem AN, der im nur 14 Monate dauernden Arbeitsverhältnis von Beginn an keine Zahlungen erhalten hat, sprach der OGH (8 ObS 11/03f, ZIK 2004/91, 72 = ARD 5505/8/2004) die Mindestsicherung auf Grund der RL zu, da eine Kollusion im konkreten Fall nicht feststellbar war (diese E erscheint aber im Hinblick auf die unter Rz 461 dargestellte neue Judikatur überholt). **460**

Die jüngste Judikatur (OGH 8 ObS 6/16i, DRdA-infas 2016/4, 132 *[Mader]*) lässt das Verhältnis zwischen RL und IESG in etwas verändertem Licht erscheinen: Es steht im Einklang mit der InsolvenzRL (Art 12 lit a leg cit), Missbrauchsfälle von der Sicherung auszunehmen. Dem Unionsrecht ist nicht zu entnehmen, dass trotz eines Missbrauchsfalls dem AN die Mindestsicherung nach der RL zusteht. Die RL unterscheidet nicht zwischen einem atypischen Arbeitsverhältnis mit Kollusion und einem atypischen Arbeitsverhältnis ohne Kollusion. Nur wenn das IESG einen Anspruch nicht gewährt, der nach der InsolvenzRL als Mindestanspruch zu qualifizieren ist, kann sich der AN auf die unmittelbare Wirkung der InsolvenzRL berufen. Der Mindestschutz der RL kann nicht so interpretiert werden, dass ein höherer Schutz im nationalen Recht ausgeschlossen bzw auf den Mindestschutz reduziert wird. **461**

Nach der InsolvenzRL gibt es kein „an sich atypisches" Arbeitsverhältnis; Ansprüche aus einem Arbeitsvertrag sind grundsätzlich zu gewährleisten. Bei Missbrauch und/oder Kollusion (Art 12 lit a RL) können die Ansprüche abgelehnt werden und es gebührt auch keine Mindestsicherung. Kann Missbrauch bzw Kollusion nicht nachgewiesen werden, gebührt die (volle) Sicherung wie im IESG vorgesehen. Ob Missbrauch (iS eines atypischen Arbeitsverhältnisses, das einem Fremdvergleich nicht standhält) vorliegt, ist wohl weiterhin anhand der bisherigen differenzierenden Judikatur (wie in den Rz 441 ff dargestellt) zu beurteilen (vgl auch Rz 466).

9.7 Ausmaß des Sicherungsverlustes

462 Wenn eine sittenwidrige Überwälzung des Finanzierungsrisikos bejaht wird, **fällt das Arbeitsverhältnis zur Gänze aus dem Schutzbereich** des IESG und sämtliche Ansprüche, sowohl laufendes Entgelt als auch beendigungsabhängige Ansprüche, sind nicht gesichert (vgl zB OGH 8 ObS 57/00s, Arb 12.034 = infas 2000 A 114; 8 ObS 153/00h, DRdA 2000, 536 = Arb 12.027; 8 ObS 153/01k, infas 2002 A 54 = SSV-NF 15/145; 8 ObS 223/01d, ARD 5339/7/2002). Der Auffassung, dass mit den rechtsdogmatischen Erkenntnissen des Judikats 8 ObS 206/00b (DRdA 2001/37, 366 *[W. Anzenberger]* = ZIK 2001/117, 66) die Argumentationsgrundlage für den vollständigen Anspruchsausschluss weggefallen sei (*W. Anzenberger*, DRdA 2001/37, 370), hat sich der OGH (bisher) nicht angeschlossen. Nach der Rsp des OGH sind die Rückstände weder der Grund für den Anspruchsausschluss noch eine Frage der Risikobegrenzung, sondern nur ein **Kriterium zur Beurteilung des Vorsatzes** zur Risikoüberwälzung. Daher ist es nicht möglich, nur die Entgeltrückstände ab einer gewissen Dauer auszuscheiden. Eine Abwägung unter dem Gesichtspunkt der Verhältnismäßigkeit kommt nicht in Betracht (OGH 8 ObS 109/02s, DRdA 2003/34, 354 *[Grießer]* = ZASB 2002, 45; 8 ObS 195/02p, ZIK 2003/199, 143). Der OGH schließt die Bedachtnahme auf ein hypothetisches Verhalten des AN, nämlich auf einen tatsächlich nicht oder nicht binnen angemessener Frist erklärten Austritt – was zur Folge hätte, dass gerade die ältesten, am wenigsten mit der Sicherung des laufenden Lebensunterhaltes zusammenhängenden Rückstände gesichert wären – aus (OGH 8 ObS 20/11s, ZIK 2012/106, 75; zuletzt bestätigt durch OGH 8 ObS 5/17v).

463 Auch die seit der EuGH-E in der Rs *Walcher* (EuGH C-201/01, *Walcher*, Slg 2003, I-8827 = ZESAR 2004, 375 *[Reissner]*) angesprochene Mindestsicherung auf Grund der RL hat keine Judikaturänderung bewirkt. Eine **Trennung von Ansprüchen** aus einem einheitlichen Beschäftigungsverhältnis in einen Anteil eigenkapitalersetzendes Gesellschafterdarlehen und einen anderen Anteil, in dem der AN in einem dem Fremdvergleich standhaltenden Verhalten den fingierten Austritt erklärt hätte, ist **unzulässig** (OGH 8 ObS 69/00f, DRdA 2000, 535; 8 ObS 18/03k, Arb 12.393). Der „faktische Teilzuspruch" im Endurteil zur Rs *Walcher* und nachfolgenden E ergab sich infolge der Interpretation als „Mindestsicherung auf Grund der RL" (vgl Rz 458, 460). Auch aus der E 8 ObS 6/16i (DRdA-infas 2016/4, 132 *[Mader]*) ergibt sich, dass der OGH keine Grundlage sieht, den Missbrauchsvorwurf nur auf einen Teil der Ansprüche zu beziehen.

464 In Fällen, in denen es nicht um die Fiktion einer rechtzeitigen Beendigung geht, verneint der OGH (8 ObS 202/02t, ARD 5420/3/2003; 8 ObS 200/02y, DRdA 2003, 179; 8 ObS 18/06i, ARD 5745/4/2007 = ecolex

2007/93, 203) die **Teilbarkeit von Entgeltbestandteilen** bzw deren unterschiedliche Beurteilung nicht grundsätzlich, wenn eine klare Trennung der Gehaltsbestandteile möglich ist: So ist zB eine Trennung in laufend bezahltes Entgelt und kreditierte Mehrleistungen, die der AN zur Sicherung des Lebensunterhalts nicht benötigt (und auch nicht gem IESG beantragt hatte), möglich. Auch Ansprüche aus einer Teilzeitbeschäftigung können objektiv von Ansprüchen aus Mehrleistungen zum Aufbau der Gesellschaft (gesellschaftsrechtlicher Ursprung) getrennt werden (OGH 8 ObS 112/01f, DRdA 2002, 63 = infas 2002 A 12). Wenn es gegen den Überwälzungsvorsatz sprechen kann, dass ein AN für einen Teil der offenen Forderungen kein Insolvenz-Entgelt begehrt (OGH 8 ObS 207/02b, ZIK 2004/90, 71), kann auch darin ein Ansatz für eine mögliche Teilbarkeit liegen.

Die **InsolvenzRL** garantiert „**laufendes Entgelt**" – welches sämtliche vermögensrechtliche Ansprüche aus dem aufrechten Arbeitsverhältnis umfasst – und seit der Änderung der InsolvenzRL 2002 auch „**Abfindungen bei Beendigung des Arbeitsverhältnisses**", die nach innerstaatlichem Recht vorgesehen sind (vgl Art 3 leg cit). Von dieser Umschreibung ist sicherlich die gesetzliche Abfertigung umfasst. Fraglich ist, ob die RL tatsächlich nur einmalige Zahlungen, die aus der Beendigung des Arbeitsverhältnisses entstehen, erfasst, oder auch die Urlaubsersatzleistung bzw Schadenersatzansprüche wie die Kündigungsentschädigung. *Liebeg* (IESG³ § 3a Rz 55) meint, dass die Urlaubsersatzleistung als Abfindung für bei Beendigung nicht verbrauchten Urlaub erfasst sei. *Deriu* (Insolvenz-Entgeltsicherung 83) meint, dass es den Mitgliedstaaten zwar überlassen sei, ob sie eine Kündigungsentschädigung sichern, wenn diese aber auf Grund des IESG grundsätzlich gesichert ist, dann müsse der Schutz auch bestehen, wenn sich die Sicherung aus der RL ergibt. Der OGH (8 ObS 6/16i, DRdA-infas 2016/120, 196 *[Mader]*) setzte sich mit dieser im Prozess vorgebrachten Frage ausdrücklich nicht auseinander, da er im zu Grunde liegenden Fall (Rz 461) nicht auf den Mindestschutz der RL zurückgreifen und diese daher auch nicht interpretieren musste. ME spricht einiges dafür, dass Abfertigung (alt) und Urlaubsersatzleistung erfasst sind, nicht aber die Kündigungsentschädigung als bloßer Schadenersatz. Allerdings wird sich (im Hinblick auf die unter Rz 461 genannte Judikatur) die Frage nur dann stellen, wenn der Missbrauchsbegriff des IESG nicht mit dem Missbrauchsbegriff der RL übereinstimmt.

Der OGH spricht immer wieder vom „atypischen Arbeitsverhältnis, das einem Fremdvergleich nicht standhält". Tatsächlich wird aber geprüft, ob Vertragsgestaltungen oder Verhaltensweisen vorliegen, die auf eine missbräuchliche Verlagerung des Finanzierungsrisikos auf den IEF hinweisen. Ist dies der Fall, wird das Arbeitsverhältnis zur Gänze missbräuchlich („atypisch"), sodass keinerlei Ansprüche gesichert sein können. Das Alles-oder-nichts-Prinzip des OGH lässt keinen Spielraum für eine differenzierte Betrachtung der Vielfalt der arbeitsrechtlichen Realität. Die Grenzen zwischen Arbeitsverträgen, freien Dienstverträgen und Werkverträgen verschwimmen zunehmend; eine rechtlich korrekte Einordnung ist oft nur für Experten bzw nach arbeitsgerichtlichen Verfahren möglich. Wo sind also die Grenzen der zumutbaren Gegenmaßnahmen (zu diesen Rz 451)? Mobilität der Arbeitsplätze (zB Home-Office) und neue Vertragsformen (zB Crowd-Working) oder Modelle der Mitarbeiterbeteiligung erschweren zusätzlich die Definition des typischen Arbeitsverhältnisses. Nicht jede ungewöhnliche („atypische") Gestaltung ist eine missbräuchliche Verlagerung des Finanzierungsrisikos. Die Konstruktion einer Mindestsicherung auf Grund der RL schuf die praktische Möglichkeit, in schwierig zu beurteilenden Einzelfällen mit „ungewöhnlichen" Gestaltungen einen Teil der Ansprüche zuzusprechen. Wenn die RL eng auszulegen ist (Rz 457), ergibt sich aus der RL nicht zwingend, den Missbrauchsvorwurf so weit auszulegen, dass das gesamte Arbeitsverhältnis erfasst ist. Dem Zweck der RL würde mE eher eine Differenzierung entsprechen: So kann sich die Überwälzung des Finanzierungsrisikos vielleicht nur auf laufende Entgeltansprüche beziehen, aber nicht zB auf eine Abfertigung, die zum Großteil in Zeiten entstanden ist, in denen die Entgelte gezahlt wurden. Auch der versicherungsrechtliche Ansatz der Kausalität der Obliegenheitsverletzung (*W. Anzenberger*, DRdA 2001/37, 371) wäre eine Grundlage für eine differenzierte Betrachtung. Die Prämisse des OGH wird wohl auch in Zukunft nicht unwidersprochen bleiben.

§ 1a IESG

Insolvenz-Entgelt für Abfertigung wegen Verschlechterung der Wirtschaftslage und bei überschuldetem Nachlass

§ 1a. (1) Insolvenz-Entgelt gebührt auch für eine Abfertigung, wenn der Arbeitgeber auf Grund eines Urteiles, in dem die Prüfung ergab, daß sich seine persönliche Wirtschaftslage derart verschlechtert hat, daß ihm die Erfüllung der Zahlung der Abfertigung zum Teil oder zur Gänze billigerweise nicht zugemutet werden kann, gemäß § 23 Abs. 2 des Angestelltengesetzes (AngG), BGBl. Nr. 292/1921, oder des § 22 Abs. 2 des Gutsangestelltengesetzes, BGBl. Nr. 538/1923, oder einer anderen gleichartigen österreichischen Rechtsvorschrift von der Zahlung einer Abfertigung zum Teil oder zur Gänze befreit wurde.

(2) Der Anspruch auf Insolvenz-Entgelt umfaßt den Teil der Abfertigung, den der Arbeitgeber im Sinne des Abs. 1 dem Anspruchsberechtigten nicht ausbezahlen muß, und die dem Arbeitnehmer diesbezüglich erwachsenen tarifmäßigen Verfahrenskosten und Barauslagen sowie die von ihm zu ersetzenden Prozeßkosten.

(3) Insolvenz-Entgelt gebührt für gesicherte Ansprüche nach § 1 Abs. 2 hinsichtlich jenes Teils, für den der Anspruchsberechtigte vom bedingt erbserklärten Erben wegen der auf Grund eines Urteils feststehenden nicht ausreichenden Nachlassaktiva keine Zahlung erhalten kann. In diesem Fall gebührt dem Arbeitnehmer Insolvenz-Entgelt auch für die ihm erwachsenen tarifmäßigen Verfahrenskosten und Barauslagen sowie die von ihm an diesen Erben zu ersetzenden Prozesskosten.

(4) Im übrigen gelten die Bestimmungen dieses Bundesgesetzes mit der Maßgabe, daß
1. das Vorliegen eines Insolvenztatbestandes im Sinne des § 1 Abs. 1 nicht erforderlich ist,
2. für das Verfahren die Geschäftsstelle der IEF-Service GmbH (im folgenden „Geschäftsstelle") zuständig ist, in deren Sprengel sich gemäß § 5 Abs. 1 das Gericht befindet, das die Entscheidung erster Instanz erlassen hat,
3. die Antragsfrist gemäß § 6 Abs. 1 mit der Zustellung des dem Anspruchsberechtigten gegenüber rechtskräftig gewordenen Urteiles zu laufen beginnt und
4. ein Übergang des Anspruches (§ 11) nicht stattfindet.

(§ 1a IESG eingefügt durch BGBl 1992/835, idF BGBl I 2010/29)

Schrifttum zu § 1a IESG

Holzer, Abfertigung und Unternehmensauflösung, in *Runggaldier* (Hrsg), Abfertigungsrecht (1991) 179;

§ 1a IESG

Zankel, Abfertigungsverpflichtung bei Unternehmensauflösung. Voraussetzungen für einen Abfertigungsentfall nach § 23 Abs. 2 AngG, ASoK 2009, 214.

Übersicht zu § 1a IESG

1. Hintergründe und Ziele der Regelungen .... Rz 1–2
2. Abfertigungsreduktion und IESG-Sicherung
   2.1 Tatbestandsmerkmale der wirtschaftlichen Reduktionsklausel ...... Rz 3–7
      2.1.1 Unternehmensliquidierung in der Insolvenz und
            wirtschaftliche Reduktionsklausel .... Rz 8–12
   2.2 Sicherung der entfallenden Abfertigungsansprüche .... Rz 13–22
3. Haftungsbeschränkung nach bedingter Erbserklärung und
   IESG-Sicherung .... Rz 23–30

1. Hintergründe und Ziele der Regelungen

1 § 1a IESG soll zum einen jene Unbilligkeiten im Bereich der Sicherung von Abfertigungsansprüchen (s allg § 1 Rz 233 ff) beheben, die sich in der Praxis aus den Regelungen der sog **wirtschaftlichen Reduktionsklausel** ergeben haben (vgl ErläutRV 738 BlgNR 18. GP 5; AB 845 BlgNR 18. GP 1).

Die einschlägigen Normierungen finden sich in § 23 Abs 2 AngG und – im Wesentlichen gleichlautend – in § 22 Abs 2 GAngG (vgl allg *Holzer*, Unternehmensauflösung 179; die in § 1a Abs 1 IESG vorgenommene Bezugnahme auf „andere gleichartige österr Rechtsvorschriften" dürfte überflüssig sein, zumal etwa § 17 HGHAngG und § 31 LAG keine entsprechenden Bestimmungen enthalten). § 23 Abs 2 AngG und § 22 Abs 2 GAngG besagen, dass im Falle der Auflösung eines Unternehmens (bzw eines land- oder forstwirtschaftlichen Betriebs) die **Verpflichtung zur Gewährung einer Abfertigung** (alt) **ganz oder teilweise** dann **entfällt,** wenn sich die persönliche Wirtschaftslage des AG derart verschlechtert hat, dass ihm die Erfüllung dieser Verpflichtung zT oder zur Gänze billigerweise nicht zugemutet werden kann.

Es kann hier demnach **arbeitsrechtlich** zu einem **Abfertigungsverlust des AN** kommen, womit nach dem Grundkonzept des IESG eine Sicherung nicht möglich wäre. Dies wurde nicht zuletzt deswegen als unbefriedigend empfunden, weil es zu einer punktuellen und nicht nach Vorwerfbarkeitskriterien differenzierten Abwälzung des Verlustrisikos auf den AN kam, die in keiner Weise den Intentionen des IESG entsprach (vgl Rz 13). Abhilfe brachten die Bestimmungen des § 1a IESG, insb die Abs 1 und 2 (s Rz 3 ff).

2 Eine ähnliche Situation zeigte sich auch dann, wenn es nach dem Tod des AG in einem Verlassenschaftsverfahren zu einer **bedingten Erbserklärung** kommt und sich der Erbe in der Folge gegenüber dem AN auf die **Haftungsbeschränkung** des § 802 ABGB berufen kann (ErläutRV 612 BlgNR 24.

GP 39). Hier ziehen im **Erbrecht** gelegene Gegebenheiten einen **Verlust arbeitsrechtlicher Ansprüche** nach sich, womit nach dem Grundkonzept des IESG wiederum keine Sicherung eintreten würde. Dem AN kommt jedoch der spezielle Sicherungstatbestand des § 1a Abs 3 IESG zugute (s Rz 23 ff).

2. Abfertigungsreduktion und IESG-Sicherung

2.1 Tatbestandsmerkmale der wirtschaftlichen Reduktionsklausel

Gem § 23 Abs 2 AngG entfällt im Falle der Auflösung eines Unternehmens die Verpflichtung zur Gewährung einer Abfertigung ganz oder teilweise dann, wenn sich die persönliche Wirtschaftslage des AG derart verschlechtert hat, dass ihm die Erfüllung dieser Verpflichtung zT oder zur Gänze billigerweise nicht zugemutet werden kann (§ 22 Abs 2 GAngG weist im Großen und Ganzen dieselben Tatbestandsmerkmale auf; zu einer Abweichung s Rz 4). Die Behauptungs- und Beweislast für das Vorbringen der Voraussetzungen des § 23 Abs 2 AngG trifft den AG (OGH 8 ObA 8/11a). **3**

Unter **„Auflösung des Unternehmens"** ist die Beendigung seiner wirtschaftlichen und rechtlichen Existenz zu verstehen (OLG Wien 1 R 931/51, SozM I A/e 10). Die Unternehmensübertragung durch Singularsukzession ist keinesfalls als Unternehmensauflösung zu werten (*Holzer*, Unternehmensauflösung 180 ff). Bloße **Betriebsauflösung** bei gleichzeitigem **Fortbestand des Unternehmens** erfüllt diesen Tatbestand ebenfalls nicht (OGH 4 Ob 41/54, Arb 5962; *Zankel*, ASoK 2014, 216). **4**

§ 22 Abs 2 GAngG allerdings macht ausdrücklich die **Auflösung des land- oder forstwirtschaftlichen Betriebs** zum maßgeblichen Sachverhalt. Fraglich wird in diesem Zusammenhang sein, ob bei bloßer Betriebsauflösung und Fortführung des restlichen Unternehmens die übrigen Voraussetzungen für die Anwendung der wirtschaftlichen Reduktionsklausel (dazu Rz 5 ff) gegeben sein werden.

Da auf die **persönliche** Wirtschaftslage des AG abzustellen ist, sind juristische Personen (AG, GmbH, Genossenschaften usw) von vornherein auszuscheiden (OGH 4 Ob 64/83, Arb 10.297; 9 ObA 95-98/88, infas 1989 A 14; *Martinek/M. Schwarz/W. Schwarz*[7] 469 f; *Holzer* in *Marhold/G. Burgstaller/ Preyer* § 23 Rz 60 mwN). Die Begründung für diese Einschränkung ist darin zu sehen, dass die Haftung der juristischen Person im Gegensatz zu jener der natürlichen Person zwangsläufig auf ihr Vermögen beschränkt ist, wobei aber vor allem dem möglichen Unterschied im Falle einer Insolvenz, nämlich Weiterbestehen natürlicher und Untergang juristischer Personen, zentrale Bedeutung zukommt. **5**

Diese Erwägungen treffen in ähnlicher Form auf Verlassenschaften zu (vgl ArbG Linz 1 Cr 208/85, Arb 10.508): Diese haben transitorische Rechtsfähigkeit, die Erben können ihre Haftung durch bedingte Erbserklärung beschränken (dazu auch Rz 24, 26) oder die Verlassenschaft ganz ausschlagen und sich vom Verlassenschaftskonkurs freihalten, weshalb sie nicht besonders geschützt werden müssen.

Kommanditisten haften nur beschränkt und sind daher ebenso wenig schutzwürdig wie Erben (*Migsch*, Abfertigung 168). Bei persönlich haftenden Gesellschaftern einer Personengesellschaft kann es nicht bloß auf die wirtschaftliche Lage jedes einzelnen ankommen (vgl OGH 8 ObA 8/11a). Zum einen treten die Personengesellschaften im Rechtsverkehr wie juristische Personen auf, zum anderen haften die Gesellschafter von Personengesellschaften für Forderungen aus der Geschäftstätigkeit der Gesellschaft idR solidarisch. So gesehen muss bei der Anwendung der wirtschaftlichen Reduktionsklausel die Leistungsfähigkeit des gesamten solidarisch haftenden Gebildes (Gesellschaft und Gesellschafter) den Ausschlag geben. Allenfalls ergibt sich eine Reflexwirkung der wirtschaftlichen Reduktionsklausel im Innenverhältnis der solidarisch Haftenden.

6 Ein weiteres Tatbestandsmerkmal von § 23 Abs 2 AngG (bzw § 22 Abs 2 GAngG) ist der Umstand, dass eine **Verschlechterung der Wirtschaftslage des AG** eingetreten sein muss. Hier ist ein strenger Maßstab anzulegen: Eine Berufung auf diese Bestimmung ist nur möglich, wenn der AG im Falle des Zuspruchs der Abfertigung in seiner Existenz bedroht wäre (KG Wiener Neustadt 4 Cg 13/82, Arb 10.163). Auch bei Vorliegen dieser Voraussetzung muss in die einschlägige **Interessenabwägung** (vgl *Zankel,* ASoK 2014, 216) die persönliche Wirtschaftslage des **AN** (bzw seine Position am Arbeitsmarkt) einbezogen werden (OGH 4 Ob 9/76, ZAS 1977/25, 180 *[Heinrich]* = Arb 9461). Nach einem konstitutiven Anerkenntnis des Abfertigungsanspruchs kann sich der AG keinesfalls mehr auf § 23 Abs 2 AngG stützen (OGH 4 Ob 160/80, DRdA 1982/12, 298 *[Apathy]*).

7 Weiters ist zu beachten, dass die Auflösung des Arbeitsverhältnisses **in unmittelbarem Zusammenhang mit der Auflösung des Unternehmens** stehen muss (vgl OGH 9 ObA 346/98t, DRdA 2000/25, 247 *[K. Mayr]*; KG Wiener Neustadt 4 Cg 13/82, Arb 10.163). Die Anwendbarkeit von § 23 Abs 2 AngG (bzw § 22 Abs 2 GAngG) ist somit ausgeschlossen, wenn ein Anspruch auf Abfertigung bereits besteht und die Auflösung des Unternehmens später eintritt (OGH 4 Ob 87/83, Arb 10.293 = infas 1985 A 10; 14 ObA 2/87, Arb 10.607 = infas 1987 A 97; 9 ObA 2175/96k, DRdA 1997, 138 = infas 1997 A 27; *Martinek/M. Schwarz/W. Schwarz*[7] 468 f). Die beiden Ereignisse müssen zwar nicht am selben Tag eintreten, ein zeitlicher Abstand von einem Monat kann aber bereits zu lang sein (KG Wiener Neustadt 4 Cg 13/82, Arb

10.163). An dieser Rechtslage hat sich infolge der Einfügung des § 1a IESG durch BGBl 1992/835 nichts geändert (OGH 9 ObA 2175/96k, DRdA 1997, 138 = infas 1997 A 27).

2.1.1 Unternehmensliquidierung in der Insolvenz und wirtschaftliche Reduktionsklausel

8 Vorauszuschicken ist, dass die wirtschaftliche Reduktionsklausel bei sämtlichen Insolvenztatbeständen nur dann zum Tragen kommen kann, wenn im jeweiligen Szenario eine **Auflösung des Unternehmens** eintritt. Aus diesem Grund kommt die Bestimmung bspw auch im Fall einer **Zwangsverpachtung** des Unternehmens – einem Phänomen des Zivilvollstreckungsrechts – nicht in Betracht (LGZ Wien 44 Cg 11/36, Arb 4608).

Weiters ist zu bedenken, dass es in vielen Insolvenzfällen zur **Beendigung des Arbeitsverhältnisses,** insb durch Austritt des AN nach § 25 IO, in einer Phase kommen wird, die der Auflösung des Unternehmens **zu weit vorgelagert** ist. Dies löst den vollen Abfertigungsanspruch aus, die Regelung des § 23 Abs 2 AngG (bzw des § 22 Abs 2 GAngG) muss außer Betracht bleiben (vgl OGH 4 Ob 87/83, Arb 10.293 = infas 1985 A 10).

9 Nach stRsp ist die wirtschaftliche Reduktionsklausel mangels Schutzbedürftigkeit des im Konkurs jedenfalls hoffnungslos überschuldeten Schuldners auf den Fall der **Unternehmensliquidierung im Konkurs nicht anwendbar** (OGH 1 Ob 351/28, SZ 10/110; 4 Ob 119/60, Arb 7279 = EvBl 1960/371; 4 Ob 56/61, Arb 7375; 4 Ob 24/67, ZAS 1969/7, 55 *[Korp]* = Arb 8388; 4 Ob 91/77, Arb 9604; 4 Ob 87/83, Arb 10.293 = infas 1985 A 10; LG Innsbruck 1 Cg 253/60, Arb 7240).

10 Dies gilt auch dann, wenn die **Eröffnung eines Insolvenzverfahrens mangels Masse abgelehnt** und das Unternehmen daher ohne derartiges Verfahren aufgelöst wird (*Migsch*, Abfertigung 212; ihm folgend *Holzer* in *Marhold/G. Burgstaller/Preyer* § 23 Rz 58).

11 Anerkennung hat die **Anwendbarkeit von § 23 Abs 2 AngG** (bzw § 22 Abs 2 GAngG) iZm einem **Liquidationsausgleich** (iSd alten Insolvenzrechts) erfahren: Hier wurde die Möglichkeit der Befreiung von der Gewährung der Abfertigung anerkannt, zumal der Liquidationsausgleich bei Erfüllung die endgültige Befreiung von den über die Ausgleichsquote hinausreichenden Schulden nach sich zog und das künftige wirtschaftliche Fortkommen des Schuldners nicht zunichte gemacht wurde (vgl OGH 4 Ob 24/67, ZAS 1969/7, 55 *[Korp]* = Arb 8388; 4 Ob 9/76, ZAS 1977/25, 180 *[Heinrich]*; 4 Ob 87/83, Arb 10.293 = infas 1985 A 10). Man wird diese Überlegungen jedenfalls auf die nach nunmehrigem Insolvenzrecht vorgesehene **Durchführung eines Liquidationssanierungsplanes** im Rahmen eines **Sanierungsverfahren mit Eigenverwaltung** übertragen können (so auch *Holzer* in *Marhold/G. Burgstaller/Preyer* § 23 Rz 58). Dem AG ist jedoch iSd älteren Rsp (vgl OGH 4 Ob 24/67, ZAS 1969/7, 55 *[Korp]* = Arb 8388) zuzumuten, dass er jenen Prozentsatz an Abfertigung leistet, den er den Insolvenzgläubigern allgemein anbietet.

12 Zum Insolvenzrecht vor dem IRÄG 2010 BGBl I 2010/29 wurde bereits auch angeregt, die in Rz 11 angesprochene Judikatur auf gewisse Unternehmensliquidierungen im Konkurs (dazu allg Rz 9), namentlich auf den sog **Liquidationszwangsausgleich,** zu übertragen (vgl *Holzer,* Unternehmensauflösung 189 f). Die Rsp übte diesbezüglich jedoch deutliche Zurückhaltung und ließ beim Liquidationszwangsausgleich die wirtschaftliche Reduktionsklausel nur dann zu, wenn der Entfall der Abfertigung diesen zum Zeitpunkt der Beendigung der Arbeitsverhältnisse konkret ermöglicht (OGH 4 Ob 87/83, Arb 10.293 = infas 1985 A 10; 5 Ob 307-310/84, ARD 3714/9/85). Nach neuer Rechtslage ist die Durchführung eines **Liquidationssanierungsplanes** im Rahmen eines **Sanierungsverfahrens ohne Eigenverwaltung** gleich gestaltet wie im Verfahren mit Eigenverwaltung. Einer entsprechenden Heranziehung der wirtschaftlichen Reduktionsklausel steht daher mE nichts im Weg.

2.2 Sicherung der entfallenden Abfertigungsansprüche

13 Eine Sicherung des Abfertigungsanspruchs nach dem IESG ist im Allgemeinen nur dann gegeben, wenn ein solcher nach arbeitsrechtlichen Grundsätzen überhaupt zusteht. Kommt es im Rahmen eines Insolvenzverfahrens oder gar außerhalb eines solchen zur Verwirklichung des Tatbestands des § 23 Abs 2 AngG (bzw des § 22 Abs 2 GAngG) und damit zur Reduktion oder zum Wegfall von Abfertigungsansprüchen, so vermag es das IESG von seiner Grundkonstruktion her nicht, diesen Ausfall hintanzuhalten (*Migsch*, Abfertigung 212 f).

Diese vor der Schaffung des §1a IESG bestehende Rechtslage wurde in der Lehre kritisiert: Bei Zutreffen der Voraussetzungen des § 23 Abs 2 AngG führe die begrenzte Zahlungsfähigkeit des AG zur endgültigen Belastung des AN mit dem Abfertigungsentfall. Dies sei solange vertretbar gewesen, als bei völliger Zahlungsunfähigkeit des AG auch ohne die Voraussetzung des § 23 Abs 2 AngG mit Einbußen bei der Abfertigung des AN faktisch zu rechnen war. Seit dem IESG erhalte aber in diesen Fällen der AN seine Abfertigung idR in voller Höhe vom IEF, wobei zusätzlich eine Entlastung des AG eintrete, weil der Fonds als Legalzessionar gem § 11 Abs 3 IESG grundsätzlich nicht auf zukünftiges Vermögen des AG greifen könne (vgl § 11 Rz 45 ff). Während also die Entlastung des AG in den Fällen des § 23 Abs 2 AngG ausschließlich zum Nachteil des ansonsten voll abfertigungsberechtigten AN erfolge, komme es in

Insolvenzfällen, bei denen § 23 Abs 2 AngG nicht greift, zur vollen Befriedigung des AN bei einem Entlastungseffekt zu Gunsten des AG auf Kosten des IEF. Während letztere Entlastung des AG durch seine Beitragspflicht im Rahmen des IESG durchaus gerechtfertigt werden könne, erscheine jene im Wege des § 23 Abs 2 AngG vor allem vor dem Hintergrund der ansonsten gegebenen IESG-Sicherung als gleichheitswidrige Belastung des AN. Es wurde daher empfohlen, entweder § 23 Abs 2 AngG zu streichen oder den Abfertigungsverlust nach dieser Bestimmung als Sicherungstatbestand in das IESG einzufügen (vgl *Holzer*, Unternehmensauflösung 192).

Der Gesetzgeber hat sich für die zweitgenannte Variante entschieden: Laut § 1a Abs 1 IESG gebührt Insolvenz-Entgelt auch für eine Abfertigung, wenn der AG aufgrund eines Urteils, in dem die Prüfung ergab, dass sich seine persönliche Wirtschaftslage derart verschlechtert hat, dass ihm die Erfüllung seiner Abfertigungsverpflichtungen zT oder zur Gänze billigerweise nicht zugemutet werden kann, gem § 23 Abs 2 AngG, gem § 22 Abs 2 GAngG oder einer anderen gleichartigen österr Rechtsvorschrift von der Zahlung der Abfertigung zT oder zur Gänze befreit wurde. **14**

Zu beachten ist, dass zur Vermeidung von Missbräuchen in diesen Fällen die Gewährung von Insolvenz-Entgelt an das Vorhandensein eines **Urteils, dessen Grundlage** die **Prüfung der Wirtschaftslage des AG** ist, gebunden wird. Somit schließt sowohl ein Versäumungsurteil als auch ein sog Streiturteil, in dem von Seiten des ASG keine einschlägige Prüfung erfolgt ist, die Zuerkennung von Insolvenz-Entgelt aus (ErläutRV 738 BlgNR 18. GP 5). In der Klägerrolle wird sich idR der AN finden, der gegenüber dem AG die Abfertigung geltend macht. Es kommt allerdings auch eine Klage des AG auf Feststellung, dass der Abfertigungsanspruch nicht oder nur zT aufrecht besteht, in Betracht (*Liebeg*, IESG[3] § 1a Rz 3, 5). **15**

§ 1a Abs 2 IESG stellt klar, dass der Anspruch auf Insolvenz-Entgelt jenen **Teil der Abfertigung** umfasst, **den der AG** iSd § 1a Abs 1 IESG **nicht auszahlen muss.** Dazu kommen ua die dem AN diesbezüglich erwachsenen tarifmäßigen Verfahrenskosten und Barauslagen sowie die von ihm zu ersetzenden Prozesskosten (s Rz 19). **16**

Bei der Ausleuchtung des § 1a Abs 2 IESG kann man zwei Konstellationen unterscheiden: Zum einen kann der Fall eintreten, dass der **AG** von der Bezahlung der Abfertigung **zur Gänze befreit** wird; hier sind die Ansprüche des AN ausschließlich aus § 1a IESG abzuleiten. Zum anderen ist es denkbar, dass dem AG die Verpflichtung zur Zahlung der Abfertigung nur **teilweise** erlassen wird. Der AN erhält seine Abfertigung zum einen Teil vom AG und zum anderen Teil in Form von Insolvenz-Entgelt.

Im letzteren Fall wird sichtbar, dass der Gesetzgeber offenbar nur jene Konstellation im Auge hatte, in der **sich das Unternehmen ohne Verfahren iSd** **17**

§ 1a IESG

§ 1 Abs 1 IESG **auflöst** (vgl ErläutRV 738 BlgNR 18. GP 5; ebenso die Durchführungsweisung, abgedruckt in ARD 4462/10/93). Es kommt hier zu einer Erweiterung des bislang in § 1 Abs 1 IESG taxativ erfassten Katalogs der Sicherungstatbestände (s § 1 Rz 127 ff), was sich auch in den begleitenden Bestimmungen des § 1a Abs 4 Z 1 und 2 IESG zeigt, wonach im Übrigen das IESG mit der Maßgabe gilt, dass ein Insolvenztatbestand iSd § 1 Abs 1 IESG nicht erforderlich ist bzw für das Verfahren jene Geschäftsstelle der IEF-Service GmbH zuständig ist, in deren Sprengel sich das Gericht befindet, welches das Urteil erster Instanz erlassen hat (zur Zuständigkeit allg § 5 Rz 2 ff).

18   Es kann allerdings auch Fälle geben, in denen eine **Anwendung der wirtschaftlichen Reduktionsklausel mit dem Vorliegen eines Sicherungstatbestands iSd § 1 Abs 1 IESG zusammenfällt.** Man denke diesbezüglich etwa an die Judikatur zum (seinerzeitigen) Liquidationsausgleich bzw Liquidationszwangsausgleich (vgl Rz 11 f). In diesen Konstellationen kann der AN den Anspruch auf Insolvenz-Entgelt für die arbeitsrechtlich zustehende Abfertigung auf § 1 IESG stützen und die dem AG vom Gericht erlassene Differenz nach § 1a IESG verlangen. § 1a Abs 4 Z 1 IESG steht mit diesem Ergebnis in Einklang. Problematisch könnte allenfalls die Bestimmung des § 1a Abs 4 Z 2 IESG werden, da aus ihr eine nicht mit § 5 Abs 1 und 2 IESG korrespondierende Zuständigkeit zur Verfahrensführung zu entnehmen sein könnte, so zB dann, wenn der arbeitsgerichtliche Prozess und das Insolvenzverfahren an verschiedenen Gerichtshöfen erster Instanz stattfinden. In derartigen Fällen wird man nicht umhinkommen, zwei Geschäftsstellen der IEF-Service GmbH die Entscheidungszuständigkeit hinsichtlich der Ansprüche ein und desselben AN zuzuerkennen. Zur Entgegennahme des Antrags ist nach der allgemeinen Anordnung des § 5 Abs 4 IESG jede dieser Geschäftsstellen zuständig (vgl § 5 Rz 3 ff), das genannte Urteil ist anzuschließen (so die Durchführungsweisung; vgl ARD 4462/10/93).

19   Bemerkenswert ist die in § 1a Abs 2 IESG enthaltene Regelung über die Kostensicherung (allg zu diesem Thema § 1 Rz 315 ff). Dem AN gebührt Insolvenz-Entgelt für **tarifmäßige Verfahrenskosten, Barauslagen** und **Prozesskosten,** die durch das mit Urteil beendete, aufgrund von § 23 Abs 2 AngG geführte Verfahren entstanden sind. Gesichert sind hier ausnahmsweise **auch Prozesskosten, die dem AN** wegen des (zumindest teilweisen) Obsiegens des AG **auferlegt werden** (vgl auch ErläutRV 738 BlgNR 18. GP 5); auch die diesbezüglichen Kosten des Rechtsvertreters sind gesichert (so die Durchführungsweisung; vgl ARD 4462/10/93).

20   § 1a Abs 4 Z 3 IESG ordnet an, dass die **Antragsfrist** gem § 6 Abs 1 IESG im Verfahren nach § 1a IESG mit der Zustellung des dem Anspruchsberechtigten gegenüber rechtskräftig gewordenen Urteils zu laufen beginnt (vgl auch § 6 Rz 3).

§ 1a Abs 4 Z 4 IESG enthält die an sich selbstverständliche Aussage, dass **21** im gegenständlichen Fall die übliche **Legalzessionslösung nicht möglich** ist, weil hier ein gesetzlich reduzierter Anspruch in voller Höhe gesichert und befriedigt wird. Der Fonds hätte diesbezüglich von vornherein keine Chance, sich zu regressieren. Dies ist im Bereich des IESG kein Einzelfall; eine ähnliche Situation ist etwa iZm der Ablehnung von Insolvenzeröffnungsanträgen mangels Masse im Hinblick auf § 11 Abs 3 IESG gegeben (*Holzer*, Unternehmensauflösung 192; vgl § 11 Rz 47 sowie zum Fall des § 1a Abs 3 IESG Rz 29).

Von der **Zinsensicherung** ist in § 1a IESG nicht die Rede. Aus der Einleitung des § 1a Abs 4 IESG, wonach „im Übrigen die Bestimmungen dieses BG gelten", ist abzuleiten, dass diesbezüglich sinngemäß auf die §§ 1 Abs 2 Z 3, 3 Abs 2 IESG zurückzugreifen und Verzugszinsen (allg § 1 Rz 295), allerdings nur unter Zugrundelegung des gesetzlichen Zinssatzes von 4 % (vgl § 3 Rz 26), zuzusprechen sind (OGH 8 ObS 11/99x, DRdA 1999, 398 = Arb 11.832; 8 ObS 77/99p, Arb 11.862; aA OLG Graz 7 Rs 201/98b). Dass in der konkreten Konstellation ein entsprechender zivilrechtlicher Anspruch nicht vorliegen kann, ist irrelevant, zumal dies im Bereich des § 1a IESG generell der Fall ist und schon bei der allgemeinen Zinsensicherung nicht vorausgesetzt wird. **22**

3. Haftungsbeschränkung nach bedingter Erbserklärung und IESG-Sicherung

Gem § 1a Abs 3 S 1 IESG gebührt Insolvenz-Entgelt für gesicherte Ansprüche iSd § 1 Abs 2 leg cit hinsichtlich jenes Teils, für den der Anspruchsberechtigte vom bedingt erbserklärten Erben wegen der auf Grund eines Urteils feststehenden nicht ausreichenden Nachlassaktiva keine Zahlung erhalten kann. **23**

Verstirbt der AG, so gehen die von ihm geschlossenen Arbeitsverhältnisse per Universalsukzession auf den (ruhenden) Nachlass über (dieser hat Rechtspersönlichkeit). Mit der Einantwortung des Erben kommt es zu einer weiteren Universalsukzession: Die Arbeitsverhältnisse gehen kraft G auf den Erben über (vgl zum Thema aus arbeitsrechtlicher Perspektive *Holzer/Reissner*, AVRAG[2] § 3 Rz 21 f mwN). Hat nun der Erbe im Verlassenschaftsverfahren eine **bedingte Erbserklärung** abgegeben, so wirkt sich das nach Erbrecht auf noch offene Ansprüche des AN, die ursprünglich gegenüber dem verstorbenen ehemaligen AG erworben wurden, aus: Der Erbe haftet gem § 802 ABGB höhenmäßig für derartige „Altschulden" nur bis zum Wert der Nachlassaktiva im Zeitpunkt der Einantwortung (allg *Welser* in *Rummel*[3] § 802 Rz 2; vgl auch ErläutRV 612 BlgNR 24. GP 39; OGH 8 ObA 65/08d, RdW 2009/645, 622; 8 ObS 1/09v, Arb 12.788 = infas 2009 A 44). **24**

Das bedeutet, dass es dann, wenn ein AN nach Einantwortung noch offene Forderungen hat, die aus der Zeit seiner Rechtsbeziehung mit dem verstorbenen ehemaligen AG herrühren, auf Grund der dargestellten Haftungsbeschränkung zum teilweisen Verlust der – an sich unstrittigen – arbeitsrechtlichen Ansprüche kommt. Der OGH (8 ObA 65/08d, RdW 2009/645, 622; 8 ObS 1/09v, Arb 12.788 = infas 2009 A 44) hat in dieser Situation eine angesichts der Zielsetzungen des IESG planwidrige Unvollständigkeit dieses G gesehen und die Regelungslücke mittels **analoger Anwendung des § 1a aF IESG** über die Sicherung von gem § 23 Abs 2 AngG entfallender Abfertigungen (dazu Rz 3 ff) geschlossen. Dabei wurde auch darauf abgestellt, dass der AN Voraussetzungen, die in ähnlicher Weise aus dem Recht der Sicherung entfallender Abfertigungen bekannt sind, erfüllt und verlangt, dass der Erbe in einem Streitverfahren eine (idR teilweise) Abweisung der Forderung des AN unter Bezugnahme auf die Haftungsbeschränkung des § 802 ABGB erreicht.

25 In der Folge hat der Gesetzgeber die skizzierte Konstellation **ausdrücklich** als **Sicherungstatbestand** in § 1a Abs 3 nF IESG niedergelegt (und den Abs 3 aF als Abs 4 nach hinten verlegt sowie eine – in Bezug auf den hier vorliegenden Fall nicht ganz passende – Überschrift für den gesamten Paragraphen eingefügt; zum Inkrafttreten § 25 Rz 4). Es sei hier – analog zu den bisherigen Inhalten des § 1a IESG – ein weiterer Fall zu regeln, in dem Insolvenz-Entgelt gebühren soll, obgleich der AG nicht insolvent sei. Klagt der AN den Erben, der im Verlassenschaftsverfahren eine bedingte Erbserklärung abgegeben hat, auf Begleichung offener arbeitsrechtlicher Ansprüche aus der Zeit des verstorbenen ehemaligen AG, deren Bezahlung der Erbe unter Hinweis auf seine Haftungsbeschränkung zT verweigert, so sei im Prozess zu klären, welchen Teilbetrag der Erbe an den AN zu zahlen habe. Für die Differenz auf den vollen Betrag zuzüglich der anfallenden Kosten soll dann der AN unter Hinweis auf dieses Urteil Insolvenz-Entgelt erhalten (ErläutRV 612 BlgNR 24. GP 39 f).

26 Erste Tatbestandsvoraussetzung des § 1a Abs 3 IESG ist eine **bedingte Erbserklärung** des oder der Erben und nunmehrigen AG. Gem § 802 ABGB können Erben die Erbschaft mit dem Vorbehalt des Inventars antreten, wodurch sie den Gläubigern nur soweit verpflichtet sind, als die Verlassenschaft für deren und auch für die eigenen Forderungen, das Erbrecht ausgenommen, hinreicht. Sodann muss der AN „wegen der auf Grund eines Urteils feststehenden nicht ausreichenden Nachlassaktiva keine Zahlung erhalten" können. Es bedarf also eines **Urteils,** in dem nach einer Klage des AN das **Ausmaß der Haftungsbeschränkung herausgearbeitet** wird. Wie im ähnlichen Fall der wirtschaftlichen Reduktionsklausel (vgl Rz 15) wird also zB ein Vergleich oder auch ein Urteil, in dem keine gerichtliche Prüfung des Ausmaßes der Haftungsbeschränkung vorgenommen wurde, nicht ausreichen.

27 Wie im ähnlichen Fall des Abfertigungsentfalls (vgl Rz 18) kann es auch im gegebenen Zusammenhang zu einem **Zusammentreffen des gegenständlichen Sicherungstatbestands mit einem solchen iSd § 1 Abs 1 IESG** kommen, so etwa dann, wenn über das Vermögen des bedingt erbserklärten Erben in der Folge ein Insolvenzverfahren eröffnet wird. Die Ansprüche des AN werden dann im Wesentlichen nach § 1 IESG abzuhandeln sein, nur die wegen der Haftungsbeschränkung nicht zugesprochenen Ansprüche, die vom verstorbenen ehemaligen AG herrühren, richten sich nach § 1a Abs 3 (und 4) IESG.

Hinzuweisen ist weiters darauf, dass § 1a Abs 3 IESG naturgemäß nur dann relevant wird, wenn nicht bereits davor ein (allgemeiner) Sicherungstatbestand eingetreten ist, zB durch Eröffnung eines Nachlassinsolvenzverfahrens.

Überdies ist die Sicherung nach § 1a Abs 3 IESG wie immer dadurch bedingt, dass nicht ein Mithaftender vorhanden ist (allg zum Thema § 1 Rz 395). Dies könnte bspw auch ein weiterer Erbe sein, der keine bedingte Erbserklärung abgegeben hat.

28 Gem § 1a Abs 3 S 2 IESG gebührt dem AN im gegenständlichen Fall Insolvenz-Entgelt auch für die ihm erwachsenen **tarifmäßigen Verfahrenskosten** und **Barauslagen** sowie die von ihm an diesen Erben **zu ersetzenden Prozesskosten** (zur ähnlichen Konstellation bei der Sicherung der entfallenden Abfertigung vgl schon Rz 19).

29 Auch die sonstigen in § 1a Abs 4 IESG vorgesehenen begleitenden Regelungen gelten auch für den Fall des § 1a Abs 3 IESG. Dies betrifft etwa die **Zuständigkeitsbestimmung** des § 1a Abs 4 Z 2 IESG (vgl dazu schon Rz 17), die Regelung über die Antragsfrist in Z 3 leg cit (vgl auch Rz 20) sowie den Umstand, dass kein Forderungsübergang iSd § 11 IESG stattfinden kann (vgl Rz 21).

30 Was die **Zinsensicherung** anlangt (vgl schon Rz 22), so ist im vorliegenden Fall vom erhöhten arbeitsrechtlichen Zinssatz gem § 49a ASGG auszugehen (vgl § 3 Rz 26).

§ 1b IESG

Insolvenz-Entgelt für Übertragungsbeträge

§ 1b. (1) Insolvenz-Entgelt gebührt auch für Übertragungsbeträge nach § 47 Abs. 3 des Betrieblichen Mitarbeiter- und Selbständigenvorsorgegesetzes (BMSVG), BGBl. I Nr. 100/2002, bei Vorliegen eines Insolvenztatbestandes nach § 1 Abs. 1.

(2) Der Anspruch auf Insolvenz-Entgelt umfasst die zum Stichtag (§ 3 Abs. 1) noch aushaftenden Übertragungsbeträge, soweit diese die zum Stichtag fiktiv bei Anwendung der im § 47 Abs. 1 BMSVG angeführten Rechtsvorschriften oder Vertragsbedingungen gebührenden Monatsentgelte an Abfertigung unter Beachtung der Grenzbeträge gemäß § 1 Abs. 4a nicht übersteigen.

(3) Die BV-Kasse hat dem Arbeitnehmer auf sein Verlangen eine schriftliche Bestätigung über die vom Arbeitgeber bis zum Stichtag (§ 3 Abs. 1) einbezahlten Übertragungsbeträge auszufolgen. Wird die BV-Kasse innerhalb von sechs Monaten nach dem Stichtag um die Ausfolgung einer solchen schriftlichen Bestätigung ersucht, beginnt die Frist zur Beantragung von Insolvenz-Entgelt für aushaftende Übertragungsbeträge mit der Zustellung dieser Bestätigung zu laufen. Der Arbeitnehmer hat diese Bestätigung und die Vereinbarung gemäß § 47 Abs. 1 BMSVG der zuständigen Geschäftsstelle vorzulegen.

(4) Das für Übertragungsbeträge zuerkannte Insolvenz-Entgelt ist an die BV-Kasse zu zahlen; der BV-Kasse ist auch eine Abschrift des Zuerkennungsbescheides zu übermitteln.

(§ 1b IESG eingefügt durch BGBl I 2005/36, idF BGBl I 2008/82)

Schrifttum zu § 1b IESG

Sundl, Abfertigung und Arbeitgeberinsolvenz. Ein Vergleich der Insolvenzentgeltsicherung vor und nach In-Kraft-Treten des betrieblichen Mitarbeitervorsorgegesetzes, ASoK 2003, 186.

Übersicht zu § 1b IESG

1. Allgemeines	Rz 1–2
2. Antragstellung	Rz 3–5
3. Sicherungsumfang	Rz 6–9

1. Allgemeines

§ 47 Abs 3 BMSVG ermöglicht es den Arbeitsvertragsparteien, unter Einhaltung bestimmter Formvorschriften vom alten Abfertigungsrecht in das System „Abfertigung neu" zu wechseln. In der schriftlichen Übertragungsvereinbarung ist ua zu regeln, mit welchem Betrag die Altabfertigungsanwartschaften in das neue System zu übertragen sind (*K. Mayr* in *K. Mayr/Resch*, Abfertigung neu[2] § 47 Rz 26; *ders* in ZellKomm[3] § 47 BMSVG Rz 13, 14). Im Insolvenzfall des AG stellt sich die Frage der Sicherung der **nicht bezahlten Übertragungsbeträge.** Ursprünglich sah der Gesetzgeber (BGBl I 2002/100 idF BGBl I 2002/158) für die vom AG zu leistenden Übertragungsbeträge eine Direktverrechnung zwischen dem IEF und der BV-Kasse vor, soweit die BV-Kasse die Beiträge im Insolvenzverfahren nicht einbringlich machen konnte. Dieses Procedere funktionierte in der Praxis nicht, weil die BV-Kassen in ihrer Struktur nicht auf das Inkasso spezialisiert waren (*Liebeg*, IESG[3] § 1b Rz 3). **1**

Als Folge der mangelnden Umsetzung durch die BV-Kassen wurde die Vorgangsweise durch Schaffung des § 1b IESG geändert. Die Neuregelung gilt gem § 17a Abs 39 IESG für Anknüpfungstatbestände des § 1 Abs 1 Z 1–6 IESG, die nach dem 30. 6. 2005 verwirklicht wurden (vgl § 17a Rz 45). Die Geltendmachung der ausstehenden Übertragungsbeträge durch die BV-Kassen nach der alten Rechtslage wurde mit frühestens 30. 4. 2006 terminisiert. Eine Geltendmachung nach diesem Zeitpunkt ist jedenfalls noch möglich, wenn die Insolvenzverfahren später enden. Die Ausfallshaftung des IEF für die Beträge setzt jedenfalls ein beendetes Insolvenzverfahren voraus, um den Saldo zu ermitteln (*Liebeg*, IESG[3] § 1b Rz 6). **2**

Mit der Einfügung von § 1b IESG ging das **Antragsrecht** auf den **AN** über, sofern ein Anknüpfungstatbestand iSd § 1 Abs 1 IESG vorliegt. Trotz Arbeitnehmerantrages erfolgt die **Auszahlung** des Insolvenz-Entgelts gem § 1b Abs 4 IESG **direkt an die BV-Kasse.**

2. Antragstellung

§ 1b Abs 1 IESG stellt klar, dass das **Antragsrecht** für aushaftende Übertragungsbeträge dem **AN** zukommt. Der Antrag hat die Zusammensetzung der Übertragungsbeträge zu spezifizieren. Zu diesem Zweck ist auszuweisen, in welchem Umfang und Ausmaß Altanwartschaften übertragen wurden. Die Notwendigkeit der Substantiierung folgt daraus, dass allfällige Grenzbeträge gem § 1 Abs 4a IESG überprüfbar sein müssen (*Gahleitner* in ZellKomm[3] § 1b IESG Rz 1). Zudem ist eine Differenzierung bei Übertragung von gesetzlichen Anwartschaften, allfälligen kollv und freiwilligen (vertraglichen) Anwartschaften vorzunehmen. Aus § 48 BMSVG ist abzuleiten, dass sowohl auf **3**

KollV als auch Einzelvertrag beruhende höhere Altansprüche oder -anwartschaften übertragbar sind (*K. Mayr* in ZellKomm³ § 48 BMSVG Rz 9). Die Unterscheidung ist für den Sicherungsumfang erforderlich.

4   Der Antrag des AN auf Zahlung aushaftender Übertragungsbeträge kann **binnen sechs Monaten** ab **Ausstellung einer Bestätigung durch die BV-Kasse** über die vom AG bezahlten Übertragungsbeträge eingebracht werden. Vorausgesetzt ist, dass der AN eine solche Bestätigung innerhalb von sechs Monaten ab dem Stichtag (§ 3 Abs 1 IESG) angefordert hat. Für beide Fristen kommt die Nachsichtsregelung des § 6 Abs 1 IESG zur Anwendung (vgl § 6 Rz 8 ff). Die BV-Kasse ist verpflichtet, eine solche Bestätigung auszustellen, die sechsmonatige Antragsfrist läuft mit Zustellung der Bestätigung an den AN neu. Wird keine Bestätigung von der BV-Kasse angefordert, bleibt es bei der Grundfrist von sechs Monaten ab Stichtag (§ 3 Abs 1 IESG).

5   Der AN hat mit dem Antrag die Übertragungsvereinbarung und die Bestätigung der BV-Kasse der zuständigen Geschäftsstelle der IEF-Service GmbH vorzulegen. Die Auszahlung des gebührenden Insolvenz-Entgelts erfolgt an die BV-Kasse unter Vorlage einer Abschrift des Zuerkennungsbescheides. Dadurch wird die BV-Kasse in die Lage versetzt, die Grundlagen der Zahlung nachzuvollziehen. Soweit der IEF Übertragungsbeträge übernommen hat, geht eine dahinter stehende Insolvenzforderung auf ihn über (vgl allg § 11 Rz 1 ff). Allenfalls nicht gesicherte Übertragungsbeträge sind aus der Insolvenzmasse oder vom AG an die BV-Kasse quotal auszuschütten, sofern die Beträge als Insolvenzforderungen zu qualifizieren sind, was der Regelfall sein wird, da der Abschluss der Übertragungsvereinbarung für die Forderungsqualifikation maßgeblich ist (vgl dazu § 51 IO Rz 3). Es wird die Ausnahme sein, dass Übertragungsvereinbarungen nach der Insolvenzverfahrenseröffnung geschlossen werden.

3. Sicherungsumfang

6   Die Neuregelung stellt klar, dass die Übertragungsbeträge mit den **Grenzbeträgen** des § 1 Abs 4a IESG limitiert sind. Wesentlich sind die zum Stichtag (§ 3 Abs 1 IESG) aushaftenden Übertragungsbeträge und die zum Stichtag geltende Limitierung. Eine weitere Beschränkung resultiert daraus, dass nur jene Abfertigungsmonatsentgelte gesichert sind, die offenbar bei angenommenem Nichtübertritt am Stichtag fiktiv gesichert wären (*Liebeg*, IESG³ § 1b Rz 4).

7   Eine **höhere Sicherung als nach hypothetischem altem Recht** unter Beachtung der Grenzbeträge soll daher **ausgeschlossen** sein (ErläutRV 853 BlgNR 22. GP 6 f). Für die fiktive Vergleichsrechnung ist § 3 Abs 3 S 2 IESG (vgl § 3 Rz 31) relevant, sodass Übertragungsbeträge – selbst innerhalb der

Sundl

Grenzbeträge gem § 1 Abs 4a IESG –, die den gesetzlichen Abfertigungsanspruch iSd § 3 Abs 3 S 3 IESG nach altem Recht überschreiten, nicht gesichert sind.

Bewegen sich Übertragungsvereinbarungen jedoch im Rahmen des § 3 Abs 3 S 2 IESG (vgl § 3 Rz 31), sind Abfertigungsanwartschaften oder -ansprüche, die über den gesetzlichen Abfertigungsanspruch hinausgehen, gesichert. So ist es nicht schädlich, wenn in einer Übertragungsvereinbarung Vordienstzeiten, die nicht abgefertigt wurden, aber auf tatsächliche Beschäftigungszeiten zurückgehen, berücksichtigt werden (vgl § 3 Rz 31). Es wäre unsachlich, bei einer Übertragungsvereinbarung das Sicherungsausmaß nach § 3 Abs 3 S 2 IESG zu beschränken. Dies gilt gleichfalls für kollv Besserstellungen, die von § 3 Abs 3 S 2 IESG erfasst sind (vgl § 3 Rz 31). Dass auf allfällige Vertragsbedingungen unter der Lupe des § 3 Abs 3 S 2 IESG Rücksicht zu nehmen ist, ergibt sich schon aus dem Gesetzestext des § 1b Abs 2 IESG („soweit die Übertragungsbeträge die zum Stichtag fiktiv bei Anwendung der im § 47 Abs 1 BMSVG angeführten Rechtsvorschriften oder Vertragsbedingungen gebührenden Monatsentgelte an Abfertigung unter Beachtung der Grenzbeträge gem § 1 Abs 4a IESG nicht übersteigen"). **8**

Da § 1b Abs 2 IESG eine bloße betragsmäßige Beschränkung bedeutet, ist auf sonstige Besonderheiten des alten Abfertigungsrechts nicht zu achten. Insb ist es für die Sicherung von Übertragungsbeträgen unbeachtlich, ob der AN das Dienstverhältnis gekündigt hat (OGH 8 ObS 24/07y, DRdA 2008, 172 = ZAS-Judikatur 2008/23, 27). Die Übertragung von Altansprüchen auf die BV-Kasse bedingt den gänzlichen Ausstieg aus dem alten Abfertigungsrecht und den korrespondierenden Einstieg in ein neues Abfertigungssystem. Nach der Übertragung gilt somit das Leistungsrecht des BMSVG, sodass der Anspruch unabhängig von der Beendigungsart gebührt (OGH 8 ObS 24/07y, DRdA 2008, 172 = ZAS-Judikatur 2008/23, 27; vgl *K. Mayr* in *K. Mayr/Resch*, Abfertigung neu² § 47 Rz 23). **9**

§ 2 IESG

Sprachliche Gleichbehandlung und Verweisungen

§ 2. (1) Soweit in diesem Bundesgesetz personenbezogene Bezeichnungen nur in männlicher Form angeführt sind, beziehen sie sich auf Frauen und Männer in gleicher Weise, es sei denn, daß ausdrücklich anderes angeordnet ist.

(2) Soweit in diesem Bundesgesetz auf andere Bundesgesetze verwiesen wird, sind diese in ihrer jeweils geltenden Fassung anzuwenden.

(§ 2 IESG neugefasst durch BGBl I 1997/107)

Schrifttum zu § 2 IESG

Löschnigg/Reissner, Zur rechtlichen Relevanz der ÖNORM über Bildschirmarbeitsplätze, ecolex 1991, 480.

Übersicht zu § 2 IESG

1. Herausnahme der arbeitnehmerähnlichen Personen und der Zwischenmeister mit Entgeltschutz aus dem Kreis der Anspruchsberechtigten .... Rz 1–2
2. Sprachliche Gleichbehandlung .... Rz 3
3. Verweisungen .... Rz 4
   3.1 Grundsatz der dynamischen Verweisung auf andere BG .... Rz 5–7
   3.2 Sonstige Verweisungen .... Rz 8

1. Herausnahme der arbeitnehmerähnlichen Personen und der Zwischenmeister mit Entgeltschutz aus dem Kreis der Anspruchsberechtigten

1 Bis zur Novelle BGBl I 1997/107 wurden ua die arbeitnehmerähnlichen Personen (allg § 1 Rz 55 ff) sowie die (seinerzeitigen) Zwischenmeister mit Entgeltschutz iSd (damaligen) § 3 HeimAG von § 2 aF IESG dem Kreis der anspruchsberechtigten Personen zugeordnet. Laut ErläutRV (737 BlgNR 20. GP 8) sollen diese Gruppen in Zukunft deswegen nicht mehr in das IESG einbezogen sein, weil ihre Auftraggeber keine Beiträge zur Finanzierung der Aufwendungen des IEF zu leisten haben (s allg § 12 Rz 2 ff). Die Herausnahme der arbeitnehmerähnlichen Personen und der Zwischenmeister mit Entgeltschutz steht in Einklang mit Art 2 Abs 2 InsolvenzRL 2008/94/EG, weil die Betroffenen keine Arbeitnehmereigenschaft nach innerstaatlichem Recht aufweisen. In legistischer Hinsicht weisen die zitierten Materialien daraufhin, dass nunmehr alle Anspruchsberechtigten in § 1 Abs 1 (iVm Abs 6) IESG zusammengefasst sind (s allg § 1 Rz 6 ff, 109 ff), der § 2 nF IESG ist anderen Inhalten gewidmet (s Rz 3 ff).

Die seinerzeitigen Übergangsbestimmungen des § 17a Abs 10 und 12 **2**
IESG (vgl auch § 17a Rz 13), wonach § 2 nF IESG mit 1. 10. 1997 in Kraft
tritt und anzuwenden ist, wenn der Beschluss über die Eröffnung eines Insolvenzverfahrens nach § 1 Abs 1 IESG oder der sonst nach dieser Bestimmung maßgebende Beschluss nach dem 30. 9. 1997 gefasst wurde, werden mittlerweile gegenstandslos sein.

2. Sprachliche Gleichbehandlung

Im Begutachtungsverfahren zur Novelle BGBl I 1997/107 wurde angeregt, **3**
in das IESG eine Bestimmung aufzunehmen, welche festhält, dass die im G verwendeten personenbezogenen Bezeichnungen in männlicher Form selbstverständlich auch für Frauen in gleicher Weise gelten, es sei denn, dass im IESG ausdrücklich anderes angeordnet wäre. Letzteres wäre nur dann denkbar, wenn zwingend eine Regelung nur Frauen oder Männer betreffen kann (ErläutRV 737 BlgNR 20. GP 8). Dieser Anregung wurde durch den nunmehrigen § 2 Abs 1 IESG entsprochen.

3. Verweisungen

§ 2 Abs 2 IESG ordnet an, dass dann, wenn im IESG auf andere BG ver- **4**
wiesen wird, diese in ihrer jeweils geltenden Fassung anzuwenden sind. Es geht demnach um die Frage, wie bestimmte im G befindliche Verweisungen aufzufassen sind. Unter einer „**Verweisung**" ist jede Regelungstechnik zu verstehen, durch die eine inhaltlich unbestimmte Rechtsvorschrift durch Bezugnahme auf anderweitige geistige Inhalte diese als normativen Maßstab bindend vorschreibt. Im Rahmen der verfassungsrechtlichen Beurteilung wird vorerst zwischen **statischen** und **dynamischen** Verweisungen unterschieden; im ersteren Fall bestimmt die Verweisungsvorschrift einen vorhandenen Norminhalt als Verweisungsobjekt, im letzteren Fall bezieht sie sich auf Anordnungen „in ihrer jeweils geltenden Fassung", sodass zukünftige Änderungen des Verweisungsobjekts auf die Verweisungsnorm durchschlagen (vgl *Löschnigg/Reissner*, ecolex 1991, 482 mwN). Dynamische Verweisungen sind nach herkömmlichem Verständnis nur zwischen Rechtsakten ein und derselben Rechtssetzungsautorität zulässig und ansonsten verfassungswidrig (VfGH B 77/56, VfSlg 3149; G 27, 34/73, VfSlg 7241; G 17/92, VfSlg 13.274; zum KollV zB OGH 9 ObA 168/88, SZ 61/181 = RdW 1989, 71; 9 ObA 215/89, ARD 4149/14/90); dem Schöpfer des Verweisungsobjekts würde andernfalls ohne Ermächtigung die Kompetenz zur Schaffung der verweisenden Rechtsquelle übertragen. Liegt eine verpönte dynamische Verweisung vor oder ist der Charakter der Verweisung aus ihrem Wortlaut nicht zu entnehmen, so ist der jeweilige Passus iS verfassungskonformer Interpretation als statische Ver-

weisung zu deuten, sofern eine solche nicht auch verfassungswidrig wäre. Die statische Verweisung auf Anordnungen anderer Normsetzungsautoritäten ist jedenfalls zulässig, wenn diese ausreichend „inhaltlich determiniert" (dh nach Datum und Titel der Erlassung bzw Name, Nummer und Jahr des Publikationsorgans näher bestimmt) sind (vgl VfGH G 30/56, VfSlg 3130: „geradezu archivarischer Fleiß" darf zur Auffindung nicht verlangt werden) und ihre Zugänglichkeit – durch Publikation im selben oder einem gleich zu wertenden Organ wie für die Verweisungsnorm vorgesehen – gesichert ist (vgl VfGH G 12/54, VfSlg 2750; G 20/67, VfSlg 5633).

3.1 Grundsatz der dynamischen Verweisung auf andere BG

5   Durch § 2 Abs 2 IESG wird klargestellt, dass im **IESG getätigte Verweisungen auf andere BG dynamischer Natur** sind. In den diversen Regelungen des G sind zahlreiche einschlägige Verweisungen enthalten. So finden sich **ausdrückliche** Verweisungen zB auf die IO, das AußStrG, das ASVG, das BPG, das AlVG, das AngG usw.

6   Zu beachten ist, dass im IESG auch **„stillschweigende"** Verweisungen enthalten sind, denen ebenfalls dynamischer Charakter zukommt. Wird etwa – wie in § 1 Abs 3 Z 2 IESG – das Wort „Einzelvereinbarung" verwendet, so ergibt sich der genaue Inhalt dieses unbestimmten Rechtsbegriffs aus dem Allgemeinen Teil und dem Vertragsrecht des ABGB. Wenn in § 1 Abs 1 IESG von Insolvenzverfahrenseröffnung oder in § 1 Abs 3 Z 2 IESG vom KollV die Rede ist, so sind dies stillschweigende Verweisungen auf die IO bzw das ArbVG, wo die verwendeten Begriffe definiert sind.

7   Beim Prinzip der dynamischen Verweisung auf andere BG wird es auch dann bleiben, wenn aufgrund von Übergangsbestimmungen (vgl §§ 17 ff IESG) in einem bestimmten Verfahren alte Fassungen von Normen des IESG anzuwenden sind.

3.2 Sonstige Verweisungen

8   In § 2 Abs 2 IESG ist eine Regelung der gegenständlichen Problematik ausschließlich für Verweisungen auf andere BG vorgenommen. Bei allfälligem Auftreten sonstiger Verweisungen ist auf die in Rz 4 skizzierten allgemeinen Grundsätze zurückzugreifen. Verweisungen auf Regelwerke anderer Normsetzungsautoritäten sind demnach – sofern die verwiesenen Bestimmungen inhaltlich determiniert und zugänglich sind – als statisch aufzufassen (vgl auch § 3c Rz 5).

§ 2a IESG

§ 2a. *[Aufgehoben]*

(§ 2a IESG eingefügt durch BGBl I 2007/104, aufgehoben durch BGBl I 2010/29)

1. Einbeziehung von freien DN iSd § 4 Abs 4 ASVG

Durch BGBl I 2007/104 wurden freie DN iSd § 4 Abs 4 ASVG (dazu § 1 Rz 83 ff) auf Grund eines ins G eingefügten § 2a leg cit in den Schutzbereich des IESG einbezogen. Diese sollten „AN gleichgestellt" sein. Im Zuge der Neufassung des persönlichen Geltungsbereichs des IESG durch BGBl I 2010/29 wurde die Regelung in den § 1 IESG verlagert und § 2a IESG aufgehoben (zum zeitlichen Geltungsbereich vgl § 20 Rz 2, § 25 Rz 2).

Ausmaß des Insolvenz-Entgelts

§ 3. (1) Das Insolvenz-Entgelt gebührt, vorbehaltlich § 3d, in inländischer Währung in der Höhe des gesicherten Anspruches, vermindert um die Dienstnehmerbeitragsanteile zur gesetzlichen Sozialversicherung, unbeschadet § 13a Abs. 1, und vermindert um jene gesetzlichen Abzüge, die von anderen öffentlich-rechtlichen Körperschaften im Insolvenzverfahren geltend zu machen sind. Ist dieser Anspruch nicht auf eine Geldleistung gerichtet oder ist sein Geldbetrag unbestimmt oder nicht in inländischer Währung festgesetzt, so ist der Schätzwert zum Zeitpunkt der Eröffnung des Insolvenzverfahrens oder der Anordnung der Geschäftsaufsicht bzw. zum Zeitpunkt eines Beschlusses nach § 1 Abs. 1 Z 2 bis 6 (Stichtag) maßgebend. Betagte Forderungen gelten als fällig. Betagte unverzinsliche Forderungen können nur in dem Betrag geltend gemacht werden, der mit Hinzurechnung der gesetzlichen Zinsen von dem im zweiten Satz genannten Zeitpunkt bis zur Fälligkeit dem vollen Betrag der Forderung gleichkommt.

(2) Insolvenz-Entgelt für Zinsen gebührt für die gemäß § 1 Abs. 2 Z 1 bis 3 gesicherten Ansprüche ab der Fälligkeit dieser Ansprüche bis zum Stichtag (§ 3 Abs. 1).

(3) Der Berechnung des Insolvenz-Entgelts für gesicherte Ansprüche sind unbeschadet des zweiten Satzes nur die gesetzlichen oder kollektivvertraglichen Kündigungsfristen unter Bedachtnahme auf die Kündigungstermine und die gesetzlichen Kündigungsbeschränkungen zugrunde zu legen. Eine einzelvertragliche Anrechnung von Vordienstzeiten ist unter Bedachtnahme auf § 1 Abs. 3 Z 2 der Berechnung des Insolvenz-Entgelts nur insoweit zugrunde zu legen, als es sich um die Anrechnung von tatsächlich geleisteten Beschäftigungszeiten handelt oder solche Zeiten nicht bereits bei früheren Beendigungsansprüchen berücksichtigt wurden. Der erste und zweite Satz finden auch auf befristete Arbeitsverhältnisse Anwendung; der erste Satz jedoch nur dann, wenn das Arbeitsverhältnis nicht vorher durch Fristablauf endet.

(§ 3 IESG neugefasst durch BGBl I 1997/107, idF BGBl I 2010/29)

Schrifttum zu § 3 IESG

Gutschlhofer/Korn/Marek/Ortner/Ullmann, Personalverrechnung im Konkurs und Ausgleich (1997);
Holler, Entstehen des Anspruchs auf Kündigungsentschädigung, DRdA 1984/16, 344 (EAnm);
Kanduth-Kristen, Steuerliche Neuerungen für das Insolvenzverfahren, ZIK 2006, 47;
Liebeg, Ein Überblick über die IESG-Novelle 1997, wbl 1997, 401;
Radler, Fälligkeit von Schadenersatzansprüchen, JBl 2015, 557;

§ 3 IESG

Spielbüchler, Insolvenz und Arbeitsrecht, DRdA 1982, 273;
Sundl, Abfertigung und Arbeitgeberinsolvenz. Ein Vergleich der Insolvenzentgeltsicherung vor und nach In-Kraft-Treten des betrieblichen Mitarbeitervorsorgegesetzes, ASoK 2003, 186;
Röhlich, Auch eine brutto angemeldete, titulierte Dienstnehmerkonkursforderung nimmt am Konkurs nur mit dem Nettobetrag teil, ZIK 2004/43, 41;
Wolligger, Arbeitnehmeransprüche bei Arbeitgeberinsolvenz nach EG- und österreichischem Recht (2001).

Übersicht zu § 3 IESG

1. Allgemeines .... Rz 1–2
2. Die sog Stichtage .... Rz 3
   2.1 Stichtage iZm der Geschäftsaufsicht .... Rz 4–5
3. Höhe des gesicherten Anspruchs .... Rz 6
   3.1 Gesetzliche Abzüge .... Rz 7–17
   3.2 Betagte und bedingte Forderungen .... Rz 18–21
   3.3 Unbestimmte Ansprüche und Sachbezüge .... Rz 22–23
4. Sicherungszeitraum für Zinsen .... Rz 24–27
5. Außerachtlassung gewisser arbeitsrechtlicher Gestaltungen
   bei der Berechnung des Insolvenz-Entgelts .... Rz 28–33

1. Allgemeines

§ 3 IESG mit seiner Überschrift „Ausmaß des Insolvenz-Entgelts" leitet **1** einen bis § 3d IESG reichenden, durch BGBl I 1997/107 neu gefassten Regelungskomplex ein, der sich mit diversen „Begrenzungen" des Insolvenz-Entgelts, etwa in zeitlicher Hinsicht oder iS eines Prinzips der Nettosicherung (vgl Rz 7), auseinandersetzt (vgl ErläutRV 737 BlgNR 20. GP 9). § 3 IESG behandelt die Festlegung der sog Stichtage (vgl Rz 3), die Regelung über die „Höhe" des gesicherten Anspruchs (vgl Rz 6), den Sicherungszeitraum für Zinsen (vgl Rz 24) sowie die Berechnung des Insolvenz-Entgelts anhand der gesetzlich vorgesehenen arbeitsrechtlichen Standards unter Außerachtlassung gewisser einzelvertraglicher Abmachungen.

Eine grundlegende Neufassung des § 3 IESG erfolgte wie erwähnt durch BGBl I 1997/107 (zum Inkrafttreten vgl § 17a Rz 14). Die Abs 2 und 3 des § 3 IESG wurden danach durch BGBl I 2008/82, der Abs 1 leg cit durch BGBl I 2010/29 novelliert; dabei erfolgten nur terminologische Anpassungen (zum Inkrafttreten dieser Fassungen sowie zu den Übergangsbestimmungen vgl § 21 Rz 6 sowie § 25 Rz 1).

Die §§ 3 ff IESG regeln die zeitliche Limitierung des öffentlich-rechtlichen **2** Anspruchs auf Insolvenz-Entgelt für privatrechtlich gesicherte Ansprüche des Antragstellers gegen seinen (ehemaligen) AG, nicht aber die Voraussetzun-

§ 3 IESG *Sundl*

gen von Schadenersatzansprüchen des Antragstellers im Fall eines rechtswidrig schuldhaften Verhaltens bei der Entscheidung über Anträge auf Zuerkennung der öffentlich-rechtlichen Leistung des Insolvenz-Entgelts (VwGH 82/11/0280, ZfVB 1984/166).

2. Die sog Stichtage

3   In § 3 Abs 1 IESG ist von „Stichtag" die Rede. Dieser Begriff ist nicht nur für die Ermittlung des Schätzwertes (vgl Rz 22), sondern auch in anderen Zusammenhängen von Bedeutung, so etwa bei der Sicherung in die Vergangenheit nach § 3a Abs 1 IESG, bei der Sicherung von Betriebspensionen gem § 3d IESG oder bei der Berechnung der Antragsfrist nach § 6 Abs 1 IESG (dazu § 6 Rz 2).

Stichtag ist grundsätzlich jener Zeitpunkt, in dem die insolvenzrechtlichen Tatbestände, die den Anspruch auf Vergütung der gesicherten Ansprüche begründen, eingetreten sind. Diese Tatbestände sind die Eröffnung des Insolvenzverfahrens über das Vermögen des (ehemaligen) AG, die Anordnung der Geschäftsaufsicht, die Nichteröffnung des Insolvenzverfahrens mangels kostendeckenden Vermögens, die Ablehnung der Eröffnung des Insolvenzverfahrens gem § 68 IO wegen Vermögenslosigkeit, die Löschung gem § 40 oder § 42 des FBG wegen Vermögenslosigkeit, die Zurückweisung des Antrags auf Eröffnung des Insolvenzverfahrens gem § 63 IO sowie die Beschlüsse gem § 153 Abs 1 bzw § 154 Abs 1 AußStrG oder ein gleich zu haltender ausländischer Insolvenztatbestand (ausführlich § 1 Rz 127 ff; zu Sonderproblemen s Rz 4). Als Stichtag ist der Tag der Beschlussfassung durch das Gericht und nicht etwa der Tag der Zustellung oder der Rechtskraft des Beschlusses anzusehen (VwGH 0925/79, ZfVB 1981/1647; 82/11/0060, VwSlgNF A 11.064; 85/11/0266, ZfVB 1987/186). Auf die tatsächliche Kenntnis des Antragstellers vom Vorliegen eines Stichtages und den damit verbundenen Konsequenzen kommt es – im Unterschied zu gewissen Konstellationen im Bereich des § 6 Abs 1 IESG (vgl § 6 Rz 2) – nicht an (OGH 9 ObS 6/92, wbl 1992, 259 = ARD 4394/18/92). Zu beachten ist, dass – analog zum nunmehrigen Insolvenzrecht – die Zeit vor dem Stichtag um 24 Uhr des maßgeblichen Tages endet und die Zeit nach dem Stichtag um null Uhr des auf diesen folgenden Tages beginnt.

2.1 Stichtage iZm der Geschäftsaufsicht

4   Ist die Geschäftsaufsicht über ein Kreditinstitut gem § 90 Abs 4 BWG infolge Eröffnung eines Insolvenzverfahrens erloschen oder wird ein Insolvenzverfahren auf Grund eines binnen 14 Tagen nach Erlöschen der Aufsicht eingebrachten Antrags eröffnet, so laufen gem § 90 Abs 4 BWG die nach der IO

Sundl

mit dem Insolvenzantrag oder der Eröffnung des Insolvenzverfahrens beginnenden Fristen schon ab Wirksamkeit der Geschäftsaufsicht (s § 1 Rz 145). Diese Fristenregelung bezieht sich in erster Linie auf das Insolvenzrecht, nicht notwendigerweise auf das IESG.

Im Hinblick darauf, dass die Anordnung der Geschäftsaufsicht einen anspruchsbegründenden Tatbestand gem § 1 Abs 1 Z 1 IESG bildet, der zu einem nachfolgenden Insolvenzverfahren bzgl des Fristenlaufs in einem ähnlichen Verhältnis steht wie ehemals vor Inkrafttreten des IRÄG 2010 BGBl I 2010/29 das Ausgleichsverfahren zum Anschlusskonkurs, ist auch eine auf die Geschäftsaufsicht folgende Eröffnung des Insolvenzverfahrens als **eigener** Stichtag iSd IESG anzusehen und zur Geschäftsaufsicht nicht in Beziehung zu setzen. Als eigener Stichtag löst die anschließende Eröffnung des Insolvenzverfahrens die nach dem IESG maßgeblichen Fristen neuerlich aus. 5

3. Höhe des gesicherten Anspruchs

Bzgl der Höhe des gesicherten Anspruchs ordnet § 3 Abs 1 IESG die Verminderung des Insolvenz-Entgelts um die gesetzlichen Abzüge an (vgl Rz 7). Weiters beschäftigt sich diese Bestimmung mit der Behandlung „betagter" (vgl Rz 18 f) sowie unbestimmter oder nicht in Geld ausgedrückter Forderungen (vgl Rz 22). 6

3.1 Gesetzliche Abzüge

Gem § 3 Abs 1 S 1 IESG werden die gesetzlichen Abzüge mit dem Insolvenz-Entgelt nicht erstattet. Das bedeutet, dass der AN auf Grund des IESG den **Nettolohn** aus dem IEF ersetzt erhält. Sozialabgaben und LSt werden dem AN nicht bezahlt (vgl ErläutRV 737 BlgNR 20. GP 9; OGH 8 ObS 6/94, SZ 67/142 = wbl 1994, 410; 8 ObA 63/03b, DRdA 2003, 580 = RdW 2004, 116). 7

Ist zB bei einem Grenzgänger ein anderer Mitgliedstaat für den Lohnsteuerabzug zuständig als der Mitgliedstaat der Garantieeinrichtung, so kann die zuständige Garantieeinrichtung laut EuGH (C-496/15, *Eschenbrenner*, ARD 6573/20/2017) dennoch den Abzug nach dem in ihrem Mitgliedstaat geltenden Lohnsteuerrecht vornehmen.

AN können ihre Forderung im Insolvenzverfahren als Bruttoforderung anmelden, nehmen jedoch nach allgemeiner Verkehrsauffassung nur mit dem Nettoanspruch am Verfahren teil. Zumindest ist eine Bruttoanmeldung so zu verstehen, dass der um die gesetzlichen Abzüge verminderte Nettobetrag beansprucht wird. Im Anmeldeverzeichnis ist entsprechend die Nettoforderung einzutragen (vgl OGH 9 ObA 27/03s, ZIK 2003/279, 203; 8 ObA 63/03b,

DRdA 2003, 580 = RdW 2004, 116; 9 ObA 100/03a, Arb 12.357; 8 ObA 100/03f, ZIK 2004/79, 62; s *Röhlich,* ZIK 2004/43, 41). Die Gläubiger der Abzugsposten (Krankenversicherungsträger, Finanzamt etc) können daher berechtigterweise selbst anmelden, ohne dass eine Doppelanmeldung vorläge.

8 Zu den **Sozialabgaben,** die auf den AN entfallen, gehören die Arbeitnehmerbeiträge zur SV (KV, PV und AlV einschließlich etwaiger Zusatz- und Ergänzungsbeiträge zur KV; zu Letzteren vgl §§ 51b, 51d und 51e ASVG), die Arbeiterkammer- bzw Landarbeiterkammerumlage (vgl insb §§ 17, 61 AKG), der Schlechtwetterentschädigungsbeitrag in der Bauwirtschaft nach § 12 BSchEG sowie der Wohnbauförderungsbeitrag (vgl BG vom 17. 12. 1951 BGBl 1952/13).

Nur die **Dienstnehmerbeitragsanteile zur gesetzlichen SV** sind gem **§ 13a IESG** vom Insolvenz-Entgelt erfasst, werden jedoch direkt zwischen IEF und zuständigem Sozialversicherungsträger verrechnet. Keine derartige Erfassung und somit keine Direktverrechnung gibt es daher bspw in Bezug auf die Arbeiterkammerumlage, den Wohnbauförderungsbeitrag, den Arbeitslosenversicherungsbeitrag etc (vgl § 13a Rz 2 ff).

Keine „gesetzlichen Abzüge" sind Gewerkschaftsbeiträge oder Betriebsratsumlagen, da diese auf privatrechtlichen Verpflichtungsakten und nicht unmittelbar auf G beruhen (s dazu auch § 1 Rz 175).

9 Zu beachten ist, dass in dem im ASVG ausnahmsweise vorgesehenen Fall der Selbstabfuhr des Arbeitnehmeranteils am Sozialversicherungsbeitrag durch den AN (§ 61 ASVG) sich das Insolvenz-Entgelt um diesen Sozialversicherungsbeitrag erhöht. In dieser Konstellation kann nämlich der Arbeitnehmeranteil gegen den AG nicht geltend gemacht werden.

10 Im **Lohnsteuerrecht** (vgl §§ 47 ff EStG) ist zwar der AN Steuerschuldner (§ 83 Abs 1 EStG), er kann jedoch von der Finanzverwaltung nur in den taxativ aufgezählten Ausnahmefällen des § 83 Abs 2 EStG in Anspruch genommen werden. § 3 Abs 1 IESG darf nun allgemein so verstanden werden, dass Insolvenz-Entgelt für den Arbeitslohn vermindert um die fiktive LSt gebührt, wobei gem § 67 Abs 8 lit g EStG (idF BGBl I 2000/142) Nachzahlungen in einem Insolvenzverfahren mit Ausnahmen (und zwar Bezüge gem § 67 Abs 3, 6 und 8 lit e oder f EStG wie Abfertigungen, Pensionsabfindungen, bestimmte steuerfreie Bezüge gem § 3 Abs 1 EStG oder Kostensätze gem § 26 EStG; vgl VwGH 90/13/0121; LStR 2002 Rz 1107) seit 1. 1. 2001 mit einem vorläufigen Steuersatz von 15 % zu besteuern sind. Insolvenz-Entgelt gebührt abzüglich der vorläufigen Steuer oder der festen Steuer für die Bezüge gem § 67 Abs 3, 6 und 8 lit e oder f EStG. Eine Differenzierung zwischen Anknüpfungstatbeständen nach § 1 Abs 1 IESG oder gesicherten und ungesicherten Ansprüchen findet nicht statt (vgl *Liebeg,* IESG[3] § 3 Rz 7–12). Nachträgliche Quotenausschüttungen für nicht gesicherte Ansprüche an den

AN sind ebenfalls mit dem vorläufigen Steuersatz zu behandeln. Dasselbe gilt für Insolvenztatbestände, die nicht in ein Verfahren münden, zB die Nichteröffnung des Insolvenzverfahrens mangels kostendeckenden Vermögens, sofern der IEF Zahlungen leistet. Eine Besteuerung nach Lohnsteuertarif (vgl § 66 iVm § 33 EStG) findet nur dann statt, wenn die Arbeitnehmerforderungen laufend an den AN ausbezahlt werden, zB das nach der Eröffnung des Insolvenzverfahrens gebührende laufende Entgelt (Masseforderung).

Der bis 31. 12. 2000 anzuwendende Belastungsprozentsatz ist nicht mehr maßgeblich (vgl *Liebeg*, IESG[3] § 3 Rz 6). Dieser relativ schwierig zu ermittelnde Belastungsprozentsatz ergab sich nach der Formel „Jahrestariflohnsteuer : ([Lohnsteuerbemessungsgrundlage – 3.438] : 100)", die vom OGH sowohl im seinerzeitigen Konkurs- als auch Ausgleichsverfahren angewandt wurde (*Gutschlhofer/Korn/Marek/Ortner/Ullmann*, Personalverrechnung 156 f; vgl OGH 8 ObS 120/97y, DRdA 1997, 509 = wbl 1997, 349). Der Belastungsprozentsatz kommt nach Aufhebung der Wortfolge „sowie die Tariflohnsteuer des Abs 8" in § 67 Abs 9 letzter S EStG wegen Widerspruchs zum Gleichheitssatz durch den VfGH (G 106/99) seit 1. 1. 2001 nicht mehr zur Anwendung. Der VfGH warf dem Gesetzgeber vor, dass sich Nachteile der Endbesteuerung durch den Belastungsprozentsatz, welche nicht notwendige Folge des § 67 Abs 8 EStG sind, ohne sachliche Rechtfertigung endgültig manifestierten. Da die nachträglichen Zahlungen von der Arbeitnehmerveranlagung generell ausgenommen waren, wirkte die Regelung in Bezug auf Werbungskosten, Sonderausgaben etc rein zufällig und traf jene AN unverhältnismäßig, die im Jahr der Nachzahlung kein oder ein geringes Einkommen hatten oder Arbeitslosengeld bezogen.

Der nunmehr geltende vorläufige Steuersatz ist im Vergleich dazu einfach zu berechnen. Zunächst ist die Steuerbemessungsgrundlage anhand des nachstehenden Beispiels zu ermitteln: **11**

Lohn (Arbeiter):	EUR	1.800,00
Beiträge zur SV DN (2018: 18,12 %):	EUR	326,16
Lohnsteuerbemessung:	EUR	1.473,84
steuerbar 4/5 von EUR 1.473,84:	EUR	1.179,07
davon 15 %:	EUR	176,86
Netto-Insolvenz-Entgelt:	EUR	1.296,98

Ein Fünftel der Bezüge bleibt als Progressionsmilderung und zur Berücksichtigung steuerfreier Bezüge, zB gem § 68 EStG (Schmutz-, Erschwernis- und Gefahrenzulagen sowie Zuschläge für Sonntags-, Feiertags- und Nachtarbeit), steuerfrei.

§ 3 IESG *Sundl*

12 Die vorläufige Besteuerung führt zwangsläufig zu einer amtswegigen Arbeitnehmerveranlagung gem § 41 Abs 1 Z 3 EStG, die sowohl für Zahlungen durch den IEF als auch Quotenzahlungen durch den Insolvenzverwalter für nicht nach dem IESG gesicherte Ansprüche durchzuführen ist. Zu diesem Zweck haben die auszahlenden Stellen (IEF, Insolvenzverwalter, AG) dem Finanzamt einen Lohnzettel zu übermitteln. Bei quotalen Zahlungen für die Dienstnehmerforderungen aus der Masse kann die Ausstellung eines Lohnzettels durch den Insolvenzverwalter gem § 69 Abs 6 Z 2 EStG unterbleiben, wenn diese den Betrag von EUR 100,– nicht übersteigen.

Im Lohnzettel ist die vorläufige LSt gem § 69 Abs 6 EStG als anrechenbare LSt auszuweisen. Die bezahlten Bezüge fließen in die Arbeitnehmerveranlagung zur ESt ein, wobei steuerfreie echte Auslagenersätze oder mit fester Steuer behandelte Bezüge gem § 67 Abs 3, 6 oder 8 lit e oder f EStG herausfallen. Bis 31. 12. 2005 galt für die Zahlungen des IEF oder des Insolvenzverwalter das im Steuerrecht im Kern verankerte Zuflussprinzip des § 19 Abs 1 EStG. Dies konnte aber für Niedrigverdiener im Jahr der Insolvenz zu Progressionsnachteilen führen, wenn sich ihr Einkommen im Jahr des Zufließens erhöhte (zB Teilzeitbeschäftigter findet im Folgejahr eine Vollzeitbeschäftigung, Lehrling avanciert zum Facharbeiter). Ein ursprünglich nicht steuerbares Einkommen wird durch die nachträgliche Auszahlung besteuert. Aus diesen Gründen wurde durch das AbgÄG 2005 BGBl I 2005/161 für nach dem 31. 12. 2004 anhängige Verfahren zur Hintanhaltung unerwünschter Progressionswirkungen im Jahr der Nachzahlung eine gesetzliche Zuflussfiktion gem § 19 Abs 1 EStG normiert (s *Kanduth-Kristen*, ZIK 2006, 47). Nachzahlungen bzw nachträgliche Zahlungen im Insolvenzverfahren gelten demnach in dem Kalenderjahr als zugeflossen, in dem der Anspruch, für welchen gezahlt wird, entstanden ist (vgl *Liebeg*, IESG[3] § 3 Rz 16). Aus der Beendigung eines Dienstverhältnisses gebührende Kündigungsentschädigungen bis zu drei Monaten entstehen im Zeitpunkt der Beendigung (unbedingte Kündigungsentschädigung), darüber hinausgehende Kündigungsentschädigungen entstehen wegen der gesetzlichen Anrechnungsbestimmungen (zB § 29 AngG, § 1162b ABGB) sukzessive im jeweils betroffenen Monat (bedingte Kündigungsentschädigung; vgl VwGH 2011/15/0185).

13 Nicht mit dem vorläufigen Steuersatz, sondern mit festen Steuersätzen sind nachstehende Bezüge zu versteuern, auch wenn es sich dabei um Nachzahlungen in einem Insolvenzverfahren handelt:
 – Abfertigungszahlungen gem § 67 Abs 3 EStG (LStR 2002 Rz 1109);
 – freiwillige Abfertigungen und Abfindungen gem § 67 Abs 6 EStG (LStR 2002 Rz 1084, 1085), sofern sie mit Auflösung des Dienstverhältnisses in einem ursächlichen Zusammenhang stehen (dazu gehören

auch Sterbegelder oder Todesfallbeiträge, wenn sie aus Anlass der Beendigung des Dienstverhältnisses anfallen);
– Bezüge gem § 67 Abs 8 lit e EStG, die bei oder nach Beendigung des Dienstverhältnisses im Rahmen von Sozialplänen anfallen, soweit sie nicht nach § 67 Abs 6 EStG zu versteuern sind („Sozialplanzahlungen"; LStR 2002 Rz 1114a–1114e).

Steuerfrei bleiben in den Vergütungen enthaltene Kostenersätze gem § 26 EStG (echte Auslagenersätze, Kilometergelder, Tages- und Nächtigungsgelder etc) sowie Bezüge gem § 3 Abs 1 EStG, wenn sie ohne Rücksicht auf die Höhe anderer Bezugsteile und ohne Rücksicht auf die Modalitäten der Auszahlung bzw Gewährung steuerfrei sind (zB begünstigte Auslandstätigkeiten; LStR 2002 Rz 1101a). Gelangen hingegen steuerfreie Bezugsteile (Gefahrenzulagen, Erschwerniszulagen etc) gem § 68 EStG zur Nachzahlung, sind diese im Falle der Nachzahlung in einem Insolvenzverfahren mit 15 % zu versteuern (LStR 2002 Rz 1107). Diese Bezüge sind insofern berücksichtigt, als bei der vorläufigen Besteuerung ein Fünftel der Bezüge steuerfrei bleibt (vgl Rz 11).

Es ist Sache der öffentlich-rechtlichen Gläubiger, die den „gesetzlichen Abzügen" entsprechenden Forderungen im Rahmen des Insolvenzverfahrens geltend zu machen. Eine die Sozialversicherungsträger begünstigende Sonderregelung besteht jedoch im Hinblick auf die nicht hereinbringbaren **Dienstnehmerbeiträge zur gesetzlichen SV.** Für diese wird gem § 13a IESG Insolvenz-Entgelt zuerkannt und an den beitragseinhebenden Sozialversicherungsträger überwiesen (vgl § 13a Rz 1 ff, 6 ff). Der Anspruch des AN bleibt auf das ihm auszuzahlende Nettoentgelt gerichtet. Die Dienstgeberbeitragsanteile sind weiterhin durch den zuständigen Sozialversicherungsträger im Insolvenzverfahren zu verfolgen. **14**

Mit der Novelle zum IESG BGBl I 2007/104 wurde durch Hinzufügung des § 2a IESG der **freie DN iSd § 4 Abs 4 ASVG** dem AN gleichgestellt (nunmehr § 1 Abs 1 IESG; dazu § 1 Rz 83 ff). Die Gleichstellung gilt gem § 20 Abs 1 IESG für Insolvenztatbestände des § 1 Abs 1 IESG, die auf einem Beschluss beruhen, der nach dem 31. 12. 2007 ergeht (s § 20 Rz 2, § 25 Rz 2). **15**

Mit der genannten Novelle wurde auch § 25 Abs 1 Z 2 EStG um eine lit e ergänzt und festgeschrieben, dass allgemein der Erhalt von Insolvenz-Entgelt als Einkunft aus nicht selbständiger Arbeit (Arbeitslohn) zu bewerten ist. Dadurch ist klargestellt, dass die Insolvenzbesteuerung gem § 67 Abs 8 lit g EStG auch für an freie DN bezahltes Insolvenz-Entgelt zum Tragen kommt und der IEF auch für freie DN einen Jahreslohnzettel gem § 69 Abs 6 Z 1 EStG auszustellen hat. Insgesamt wird hiermit die Verwaltung für die Finanzbehörden bzw den IEF und die Antragstellung für die freien DN vereinfacht (ErläutRV 298 BlgNR 23. GP 16 f).

16 Dadurch, dass bezahltes Insolvenz-Entgelt jedenfalls Arbeitslohn darstellt, wird implizit festgelegt, dass **keine Umsatzsteuerpflicht** besteht. Somit gebührt für eine in Rechnung gestellte USt kein Insolvenz-Entgelt, sodass der Auftragnehmer uU die Umsatzsteuermeldung gegenüber dem Finanzamt zu korrigieren hat. Eine allfällig ausbezahlte Quote im Insolvenzverfahren auf die USt, die in einem Insolvenzverfahren angemeldet werden kann, ist bei der Korrektur zu berücksichtigen. Die bisherige Judikatur (vgl *Liebeg*, IESG[3] § 3 Rz 21) ist somit obsolet. Diese hatte den freien DN so gestellt, als wäre keine Insolvenz des Auftraggebers eingetreten, und für die USt Insolvenz-Entgelt zuerkannt (vgl OGH 8 ObS 6/94, SZ 67/142 = wbl 1994, 410).

17 Für den Fall, dass ein **AN** – mangels Fehlens einer Betriebsstätte des AG im Inland – mit gewöhnlichem Arbeitsort im Inland **zur LSt** (s §§ 47 Abs 1, 39, 41 Abs 2 EStG) **veranlagt** wird und die Sozialabgaben aus Eigenem abzuführen hat (s § 53 Abs 3 ASVG), kann die bisherige Judikatur in Bezug auf die Sozialabgaben nutzbar gemacht werden (vgl Rz 16). Danach ist der AN so zu stellen, als wäre die Insolvenz des AG nicht eingetreten, sodass ihm die gem § 53 Abs 3 lit b ASVG entrichteten Beiträge als Insolvenz-Entgelt gebühren. Das gilt jedoch nicht für die LSt, zumal die spezielle Regelung des § 67 Abs 8 lit g EStG (s Rz 10) zur Anwendung kommt (s auch § 25 Abs 1 Z 2 lit e EStG; vgl Rz 11, 12). Kommt das ASVG in Vollziehung der VO (EWG) 1408/71 zur Anwendung der Systeme der sozialen Sicherheit auf AN und Selbständige sowie deren Familienangehörige, die innerhalb der Gemeinschaft zu- und abwandern, oder in Vollziehung der VO (EG) 883/2004 zur Koordinierung der Systeme der sozialen Sicherheit zur Anwendung, ist seit 1. 1. 2006 im EU- bzw EWR-Bereich und der Schweiz eine Gleichstellung mit Inländern vorgesehen. In diesem Fall haben auch AG ohne Betriebsstätte in Österreich, sofern der AN gewöhnlich in Österreich arbeitet, die Meldepflichtungen zu erfüllen und die Sozialabgaben in Österreich abzuführen (vgl *Liebeg*, IESG[3] § 3 Rz 23).

3.2 Betagte und bedingte Forderungen

18 § 3 Abs 1 S 3 IESG hat aus dem Insolvenzrecht (vgl § 14 Abs 2 IO) die Regelung übernommen, dass **betagte Forderungen,** das sind jene Forderungen, die erst zu einem späteren Zeitpunkt fällig werden, mit der Eröffnung des Insolvenzverfahrens oder dem nach IESG gleichgestellten Tatbestand (Stichtag; vgl Rz 3) **als fällig gelten.** Während § 14 Abs 2 IO die Vorverlegung der Fälligkeit zum Zwecke der Realisierung der Teilnahmerechte der Gläubiger von betagten Forderungen im Insolvenzverfahren sicherstellt (vgl *Apathy* in *Bartsch/Pollak/Buchegger* I[4] § 14 Rz 13), erweitert § 3 Abs 1 IESG diese Rechtsfolgenanordnung auch auf nicht eröffnete Verfahren. Dies hat die Konsequenz, dass § 3 Abs 1 IESG im Gegensatz zu § 14 Abs 2 IO, der die Fälligkeit nur im Rahmen des Verfahrens und nicht außerhalb verändert, die Fälligkeit auch materiellrechtlich beeinflusst. Das kann Auswirkungen auf die (eingeschränkten) Regressmöglichkeiten des IEF gegen den Schuldner außerhalb eines Insolvenzverfahrens haben (vgl allg § 11 Rz 1 ff). Damit wird zum Ausdruck gebracht, dass ein später eintretender Fälligkeitstermin vorzudatieren ist. Die im IESG idR bestehende Relevanz des Erwerbs einer Forderung wird durch diese Bestimmung in § 3 Abs 1 IESG zusätzlich untermauert.

Bei **verzinslichen betagten Forderungen** endet der Zinsenlauf mit dem Stichtag (vgl Rz 3). Wie im Insolvenzverfahren (vgl § 14 Abs 3 IO) sind gem § 3 Abs 1 S 4 IESG **bei betagten unverzinslichen Ansprüchen Zwischenzinsen** im gesetzlichen Zinsenausmaß **in Abzug zu bringen,** und zwar für die Tage von der Eröffnung des Insolvenzverfahrens bzw vom Zeitpunkt eines Beschlusses nach § 1 Abs 1 Z 1–6 IESG (Stichtag; vgl Rz 3) bis zur Fälligkeit. Die einzelnen Rechenschritte sind hierbei nach der *Hoffmann*'schen Methode – dh ohne Berücksichtigung von Zinseszinsen – vorzunehmen. Der im Zeitpunkt der Verfahrenseröffnung bestehende Wertbetrag einer Forderung bzw eines Teiles davon („x") ergibt sich demnach, wenn „n" der volle Nennbetrag ist und „t" für die Zahl der Tage zwischen Verfahrenseröffnung und Fälligkeit steht, für den gesetzlichen Zinsfuß „z" aus folgender Gleichung (vgl OGH 8 ObS 10/95, DRdA 1996/19, 227 *[Reissner]* = infas 1995 A 114; *Apathy* in *Bartsch/Pollak/Buchegger* I⁴ § 14 Rz 16): 19

$$x + \frac{ztx}{100 \cdot 365} = n$$

Für die verfolgten Zwecke umgeformt ergibt sich also:

$$x = \frac{36.500n}{36.500 + zt}$$

Ist der Fälligkeitstag unbestimmt, so ist der Schätzwert zum Stichtag maßgeblich (vgl Rz 3).

Zu beachten ist, dass das **IESG** die **insolvenzrechtlichen Bestimmungen hinsichtlich aufschiebend bedingter Forderungen nicht übernommen** hat. Gem § 16 IO kann derjenige, der eine solche Forderung hat, im Insolvenzverfahren Sicherstellung der Zahlung in Höhe der gebührenden Quote für den Fall des Bedingungseintrittes begehren. Der Insolvenzverwalter hat die sichergestellte Quote bei Gericht zu hinterlegen. Tritt die Bedingung nicht ein, wird der Betrag frei und fließt in die Insolvenzmasse. Ist der Eintritt einer Bedingung so unwahrscheinlich, dass sie keinen Vermögenswert vergegenwärtigt, so ist die Sicherstellung gem § 137 Abs 2 IO abzulehnen. So hat die Veräußererhaftung gem § 6 Abs 2 AVRAG im Umfang der fiktiven Abfertigung im Zeitpunkt des Betriebsüberganges, wenn das Arbeitsverhältnis zum Erwerber weiter besteht, dann keinen Vermögenswert, wenn die Auflösung des Arbeitsverhält- 20 nisses (Bedingungseintritt) in Zukunft in keiner Weise absehbar ist (vgl OGH 8 ObA 43/04p, wbl 2005/176, 328 = ZIK 2005/58, 65). Entfällt die Bedingung nach Aufhebung des Insolvenzverfahrens, so kommt es zu einer Nachtragsverteilung gem § 138 Abs 1 IO.

Insolvenz-Entgelt gebührt daher gem § 1 Abs 2 IESG iVm §§ 3 Abs 1, 3a Abs 2 Z 1–4, Abs 3, 5 und 6 IESG nur für aufrechte, wenn auch betagte, aber nicht auch für aufschiebend bedingte Ansprüche gegen den AG (vgl VwGH 80/11/2551). Dies ist bspw bei nicht dem BPG unterliegenden Betriebspensionen (Pensionszusage und Anwartschaften vor dem 1. 7. 1990) relevant, deren Entstehen sehr oft – neben der Beendigung des Arbeitsverhältnisses – auch von anderen Voraussetzungen abhängig gemacht wird. Bis zum Eintritt derartiger Bedingungen steht dem AN nur ein Anwartschaftsrecht zu, das keinen Anspruch auf Insolvenz-Entgelt begründet (vgl § 3d Rz 16 f). Tritt die Bedingung innerhalb der maßgeblichen zeitlichen Fristen gem § 3a Abs 2 Z 1–4, Abs 3, 5 und 6 IESG nach dem Stichtag ein, gebührt aber Insolvenz-Entgelt (*Liebeg*, IESG[3] § 3 Rz 27; vgl § 3a Rz 6 f).

Dieselbe Fragestellung kann sich bei Folgeprovisionen ergeben, die – je nach Vereinbarung – nach Beendigung des Arbeitsverhältnisses gebühren, wenn bestimmte Bedingungen eintreten oder nicht eintreten. Die aufschiebenden Bedingungen können ua darin bestehen, dass der Versicherungsnehmer die Prämien zahlt, der Versicherungsvertrag aufrecht ist bzw nicht gekündigt wird etc. Sofern diese Bedingungen nicht in den gesicherten Zeiträumen gem § 3a Abs 2 Z 1 – 4, 3, 5 und 6 IESG eintreten, besteht kein Anspruch auf Insolvenz-Entgelt (zu eng OLG Graz 6 Rs 31/17a, welches Folgeprovisionen nach Beendigung des Arbeitsverhältnisses vor dem Stichtag wegen der angeblich abschließenden Regelung des § 3a Abs 1 IESG grundsätzlich als nicht gesichert ansieht).

21 **Auflösend bedingte Forderungen** sind jedoch **gesichert,** da sie bis zum Eintritt der Bedingung aufrecht sind und erst im Nachhinein erlöschen. Dies ist insb iZm der **Kündigungsentschädigung** gem § 29 AngG, § 1162b ABGB etc bzw gem § 25 Abs 2 IO (s § 1 Rz 279 ff, § 3b Rz 7 sowie § 25 IO Rz 78, 88 ff) von Bedeutung. Bei der Kündigungsentschädigung etwa ändert die Tatsache, dass gewisse Teilbeträge erst zu einem späteren Zeitpunkt gefordert werden können, nichts daran, dass der Anspruch auf diese Beträge als Teil des Gesamtanspruchs gleichfalls wie der drei Monatsentgelte umfassende Betrag zum Lösungszeitpunkt dem Grunde nach entsteht. Was die **Anrechnungsvorschriften** betrifft, so lässt das G (§ 29 AngG, § 1162b ABGB) die über drei Monatsentgelte hinausgehenden Forderungen auf Schadenersatz bloß auflösend bedingt entstehen, sodass sie mit Eintritt der Bedingung im Ausmaß des Ersparten, Verdienten oder des absichtlich versäumten Erwerbs erlöschen (OGH 9 ObS 15/88, infas 1989 A 51 = RdW 1989, 310; *Holler*,

DRdA 1984/16, 350; *Spielbüchler*, DRdA 1982, 278; vgl jedoch VwGH 11/0056/82, DRdA 1984, 344 = Arb 10.468, der die nicht zu billigende Auffassung vertritt, dass die Kündigungsentschädigungsraten frühestens am Beginn des Monats entstehen, in dem sie fällig werden). Aus diesem Grund lässt es die Judikatur (insb OGH 9 ObS 15/88, infas 1989 A 51 = RdW 1989, 310) zu, dass Insolvenz-Entgelt für eine den Zeitraum von drei Monaten übersteigende Kündigungsentschädigung, da diese bereits entstanden ist, ungekürzt mit Urteil zugesprochen wird und es der IEF-Service GmbH bei gerichtlichem Zuspruch überlassen ist, den Eintritt der auflösenden Bedingung im Exekutionsverfahren geltend zu machen. Die über die Dreimonatsfrist hinausgehenden Ansprüche können – unbeschadet des Erwerbs der Kündigungsentschädigung an sich – auch unter Vorbehalt zugesprochen werden, wobei jeweils mit der wiederkehrenden Fälligkeit das Vorliegen von Einrechnungstatbeständen und damit ausgeschlossenen Ansprüchen (§ 1 Abs 3 Z 3 IESG) zu prüfen ist (s § 1 Rz 357 ff). In der Praxis wartet die IEF-Service GmbH die maßgeblichen Zeiträume ab und entscheidet nach Ablauf der im Einzelfall maßgeblichen Fristen (vgl § 3b Rz 7). Diese Prüfung kann ua durch Einvernahme des Anspruchsberechtigten erfolgen, wobei unwahre Angaben oder die Verschweigung maßgebender Tatsachen, aber auch andere Umstände, die die Unredlichkeit des Empfängers zu begründen vermögen, einen Grund zum Widerruf und zur Rückforderung des Insolvenz-Entgelts darstellen (vgl § 9 Rz 3 ff, 8 f). Im Verwaltungsverfahren hat die IEF-Service GmbH Anspruchsausschlüsse, insb auch die Anrechnung von Einkommen auf die Kündigungsentschädigung gem § 1 Abs 3 Z 3 IESG (s § 1 Rz 360), von Amts wegen zu prüfen.

3.3 Unbestimmte Ansprüche und Sachbezüge

Das Insolvenz-Entgelt gebührt in der Höhe des gesicherten Anspruchs **22** in inländischer Währung. Richtet sich der Anspruch nicht auf Geld oder ist der Geldbetrag unbestimmt oder nicht in inländischer Währung festgesetzt, so ist gem § 3 Abs 1 S 2 IESG den Vorschriften des Insolvenzrechts entsprechend der **Schätzwert** zum Zeitpunkt des Stichtags (vgl Rz 3) maßgeblich. Bei Fremdwährungsforderungen erfolgt keine Schätzung, sondern eine Umwandlung im Zeitpunkt des Stichtages (vgl Rz 3); Kursverluste oder -gewinne nach dem Stichtag sind irrelevant (vgl *Apathy* in *Bartsch/Pollak/Buchegger* I[4] § 14 Rz 5).

Handelt es sich um **Naturalleistungen** des AG, die dem AN im Rah- **23** men des Entgelts gewährt werden (allg § 1 Rz 215 ff), so ist grundsätzlich der gemeine Wert gem § 305 ABGB maßgeblich. Die Sachbezugswerte laut V über die bundeseinheitliche Bewertung bestimmter Sachbezüge ab 2002 (BGBl II 2001/416 idF BGBl II 2015/395) können bloß als Orientierungshilfe dienen. Bei einem erheblichen Auseinanderfallen der fiskalischen Bewertung und des wahren Wertes ist auf den wahren Wert des Naturalbezugs abzustellen. Alles andere führt zu einer ungebührlichen Entgeltschmälerung des AN. Es ist darauf abzustellen, was sich der AN durch den Naturalbezug erspart hat (vgl OGH 9 ObA 68/07a, DRdA 2008, 443 = infas 2008 A 54). Diese Vorgangsweise ist auch dadurch berechtigt, dass dem AN das tatsächlich ausgefallene Entgelt im Rahmen des IESG beschränkt durch allfällige Limitierungen ersetzt werden soll (s § 1 Rz 218). Im Zweifel ist auf den ordentlichen (gemeinen) Wert, und zwar objektiv-abstrakt (allgemeiner und gewöhnlicher Nutzen im Zeitpunkt der Schätzung und der üblichen Lage der Sache), abzustellen (vgl *Eccher/Riss* in KBB[5] § 305 Rz 1).

4. Sicherungszeitraum für Zinsen

24 Gem § 3 Abs 2 IESG gebührt Insolvenz-Entgelt für Zinsen für die gem § 1 Abs 2 Z 1–3 IESG gesicherten Ansprüche ab deren Fälligkeit bis zum Stichtag. Für darüber hinausgehende Zeiträume bis zur Zuerkennung von Insolvenz-Entgelt sind Zinsen nicht gesichert. Die Sicherung der Zinsen wurde insofern ans Insolvenzrecht systemkonform angepasst, als auch für Insolvenzforderungen lediglich eine Verzinsung bis zur Eröffnung des Verfahrens vorgesehen ist. Die Neuregelung erfolgte durch das Budgetbegleitgesetz 2001 BGBl I 2000/142. Zuvor bestand eine IESG-Sicherung für Zinsen bis zur Anweisung des Insolvenz-Entgelts, längstens jedoch im Ausmaß von sechs Monaten ab dem Stichtag. Eine exakte Berechnung der Zinsen bis zur Anweisung war an die Erlassung einer V des damals zuständigen BMAGS gem § 17a Abs 13 IESG geknüpft, die tatsächlich mangels Herstellung der notwendigen technischen Voraussetzungen niemals erlassen wurde (vgl § 17a Rz 14). Dies führte dazu, dass – im Einzelfall durchaus günstiger für den Antragsteller – pauschal Insolvenz-Entgelt für die Zinsen bis zum Ablauf von sechs Monaten gewährt wurde, auch wenn die Zahlung des Insolvenz-Entgelts früher erfolgte (vgl auch § 13 Rz 9).

Seit dem ZinsRÄG 2002 BGBl I 2002/118 ist davon auszugehen, dass Zinsen nicht mehr als bereicherungsrechtlicher Anspruch, sondern als pauschaler Schadenersatzanspruch zu qualifizieren sind. Dem Gläubiger soll der Schaden durch die Zahlungsverzögerung ohne konkreten Zahlungsnachweis pauschal abgedeckt werden (vgl *Radler*, JBl 2015, 560; *Danzl* in KBB[5] § 1333 ABGB Rz 4). Maßgeblich ist der Zinssatz gem § 49a ASGG, wobei eine Sicherung nach dem IESG als (sonstiger) Schadenersatzanspruch gem § 1 Abs 2 Z 2 IESG vorgesehen ist (s § 1 Rz 295).

25 Eine **Sicherung für Zinsen** ist nach § 3 Abs 2 IESG **nur für Entgelt-, Schadenersatz- oder sonstige Ansprüche** gegeben. Eine Sicherung für Zinsen aus Kosten oder eine Sicherung von Zinseszinsen ist nicht vorgesehen. Aus dem Zweck des IESG ist ableitbar, dass ein Verzugsschaden nur im Rahmen der Regelungen des IESG über die Verzinsung gesicherter Ansprüche geltend gemacht werden kann. Der OGH sieht § 3 Abs 2 IESG als abschließende Regelung für gesicherte Zinsen (vgl OGH 8 ObS 24/05w, infas 2006 A 41 = wbl 2006, 231). Insofern ist es konsequent, dass die Judikatur selbst dann keine weitergehenden Zinsen, nämlich über den Stichtag hinaus, gewährt, wenn die Geschäftsstelle der IEF-Service GmbH mit der Zuerkennung von Insolvenz-Entgelt in Verzug ist (OGH 9 ObS 18/92, DRdA 1993, 247 = infas 1993 A 67; 8 ObS 3/96, wbl 1996, 496). Bei der IESG-Sicherung ist die Akzessiorität der Zinsen von der Hauptforderung, wie sich bereits aus dem Wortlaut des § 3 Abs 2 IESG ergibt, zu beachten. Besteht keine Sicherung der Hauptforderung, fällt insoweit die Sicherung für Zinsen weg (vgl *Wolligger*, Arbeitnehmeransprüche 142).

Zinsen gebühren ungeachtet eines fehlenden arbeitsvertraglichen bzw gesetzlichen **Anspruchs nach § 1a Abs 1 IESG** (vgl § 1a Rz 22) ab Fälligkeit bis zum Stichtag (Rz 3), wobei jedoch nicht der übliche Zinssatz nach § 49a ASGG, sondern der Zinssatz nach § 1333 ABGB zur Anwendung kommt (vgl OGH 8 ObS 11/99x, DRdA 1999, 398 = Arb 11.832; aA *Liebeg*, IESG³ § 3 Rz 30). Der Anspruch nach § 1a Abs 1 IESG erweitert die gesicherten Hauptforderungen iSd § 1 Abs 2 Z 1–3 IESG um jene Abfertigung, die dem AG nach § 23 Abs 2 AngG, § 22 Abs 2 GAngG oder anderen gleichartigen Rechtsvorschriften auf Grund der Verschlechterung der persönlichen Wirtschaftslage erlassen wurde. Die Sicherung einer vom Gericht erlassenen Abfertigung gem § 1a IESG, die der AG nicht schuldet, ist eine Sicherung für einen nicht originären Anspruch des AN gegenüber dem AG, was jedoch nichts daran ändert, dass dieser Anspruch den gesicherten Hauptansprüchen gem § 1 Abs 2 Z 1–3 IESG gleichgestellt und somit in § 3 Abs 2 IESG hineinzulesen ist. Da es sich jedoch um keinen originären Anspruch gegenüber dem AG handelt, kann § 49a ASGG, der eine andere Zielsetzung hat, nämlich einen Anreiz an den AG zur rechtzeitigen Zahlung zu schaffen, nicht zur Anwendung kommen (vgl OGH 8 ObS 11/99x, DRdA 1999, 398 = Arb 11.832). Aus diesen Gründen bleibt es beim gesetzlichen Zinssatz von 4 % gem § 1333 Abs 1 iVm § 1000 Abs 1 ABGB. 26

Anderes gilt für den durch das IRÄG 2010 BGBl I 2010/29 neu geschaffenen Anknüpfungstatbestand des **§ 1a Abs 3 IESG,** welchem originäre Arbeitnehmeransprüche zu Grunde liegen, die dem gesetzlichen Erbrechtsweg folgen (dazu § 1a Rz 23 ff). In diesen Fällen bleibt der erhöhte Zinssatz des § 49a ASGG maßgeblich.

Da Insolvenz-Entgelt netto gebührt (vgl Rz 7), ist für die Berechnung des Verzugszinsenanspruchs nicht der Brutto-, sondern der **Nettobetrag** zu 27

Grunde zu legen (vgl *Wolliger*, Arbeitnehmeransprüche 142). Für allfällige vom Insolvenzverwalter nicht bezahlte Masseforderungen, für die eine insolvenzentgeltsicherungsrechtliche Ausfallshaftung besteht (vgl § 3a Rz 20), gebühren keine IESG-Zinsen, da der Zinsenlauf nach dem Stichtag beginnt (vgl *Gahleitner* in ZellKomm³ § 3 Rz 6) und die Regelung des § 3 Abs 2 IESG abschließend ist (s Rz 25).

5. Außerachtlassung gewisser arbeitsrechtlicher Gestaltungen bei der Berechnung des Insolvenz-Entgelts

28 § 3 Abs 3 S 1 IESG stellt den Grundsatz auf, dass der Berechnung des Insolvenz-Entgelts für gesicherte Ansprüche nur die gesetzlichen oder kollv Kündigungsfristen unter Bedachtnahme auf die Kündigungstermine und die gesetzlichen Kündigungsbeschränkungen zu Grunde zu legen sind. Die **Begrenzung auf gesetzliche bzw kollv Kündigungsfristen und -termine** verfolgt das Ziel, das Ausmaß der Sicherung gegen einzelvertragliche Dispositionen resistent zu gestalten. Im Wesentlichen ist die Sicherung auf das einzuschränken, was bereits gesetzlich und kollv vorgezeichnet ist (*Liebeg*, IESG³ § 3 Rz 32; OGH 8 ObS 219/01s, DRdA 2002, 245 = RdW 2002, 620; 8 ObS 12/10p, infas 2011 A 64; zu einem freien DN iSd § 4 Abs 4 ASVG, OGH 8 ObS 15/16p, DRdA 2017/32, 303 *[Glowacka]* = ARD 6534/9/2017). Im Einzelfall legt die Rsp eine Gesamtbetrachtung an und beurteilt, ob sich die vertragliche Regelung im Hinblick auf Fristen und Termine noch innerhalb der gesetzlichen Bandbreite von Fristen und Terminen bewegt (OGH 8 ObS 1/05p, DRdA 2006/7, 46 [krit *Wolliger*] = Arb 12.512; vgl auch OGH 8 ObS 13/10k, ZIK 2011/162, 117). Es sind daher Fristen und Termine nicht isoliert zu betrachten, sondern der gesamte Regelungskomplex inklusive Fristen und Terminen der gesetzlichen Situation gegenüberzustellen.

Der Bezug auf gesetzliche oder kollv Kündigungsfristen bedeutet weiters, dass auch in **BV** festgelegte (günstigere) Kündigungsfristen (vgl § 97 Abs 1 Z 22 ArbVG) im gegenständlichen Zusammenhang **nicht zu berücksichtigen** sind.

Bei **Angestellten ex contractu** behandelt die Rsp die infolge dieser Vereinbarung anzuwendenden Kündigungsbestimmungen des AngG als gesetzliche Kündigungsfristen und -termine iSd § 3 Abs 1 IESG, obwohl die Anwendung des AngG letztlich auf eine vertragliche Vereinbarung zurückgeht (vgl OGH 8 ObS 4/04b, ASoK 2004, 420 [krit *Liebeg*] = infas 2004 A 67).

29 Jedenfalls zu berücksichtigen sind **gesetzliche Kündigungsbeschränkungen** (näher dazu § 25 IO Rz 38 ff, 114 f), nicht jedoch kollv oder einzelvertragliche Kündigungsbeschränkungen (vgl OGH 8 ObS 10/05m, RdW 2005, 772 = ARD 5619/6/2005). Durch die Reduzierung der gesicherten Ansprüche auf gesetzliche oder kollv Fristen und Termine ist es durchaus denkbar, dass Differenzansprüche, für die kein Anspruch auf Insolvenz-Entgelt besteht, im Insolvenzverfahren nur mit einer Quote bedient werden (*Liebeg*, wbl 1997, 402). Sofern kein Insolvenzverfahren eröffnet wurde, weil ein Tatbestand gem § 1 Abs 1 Z 2–6 IESG vorliegt, wird es in aller Regel in Bezug auf diese Differenzansprüche zu einem völligen Forderungsausfall mangels Einbringlichkeit kommen.

§ 3 Abs 3 S 1 IESG knüpft an § 3 Abs 3 aF IESG an, welcher jedoch die gegenständliche Berechnungsmodalität nur bei Arbeitgeber- bzw Insolvenzverwalterkündigung vor Eröffnung des Insolvenzverfahrens oder danach gem § 25 KO (alt), §§ 20b, 20c AO (alt) vorgesehen hat (zu Interpretationsproblemen im Bereich der alten Rechtslage vgl OGH 8 ObS 4/94, DRdA 1995/13, 158 *[Reissner]* = SZ 67/85; 8 ObS 294/97m, ZIK 1998, 134 = ARD 4982/56/98; 8 ObS 3/98v, ASoK 1998, 388 = ARD 4982/45/98; zum zeitlichen Geltungsbereich der jeweiligen Fassungen s § 17a Rz 14). Der Regelung des § 3 Abs 3 S 1 IESG kommt nur dann Bedeutung zu, wenn bei Ermittlung des Ausmaßes des Insolvenz-Entgelts auf die Kündigungsfristen überhaupt Bezug genommen wird (vgl OGH 8 ObS 121/02f, DRdA 2002, 519 = infas 2002 A 112; 8 ObS 12/10p, infas 2011 A 64). Dies trifft auf Fälle, die unter § 3a Abs 1 IESG zu subsumieren sind (vgl § 3a Rz 8), nicht zu. Insb wird die Sicherung des laufenden Entgelts – bei Ausspruch einer Kündigung auf Grundlage einer vertraglich verlängerten Kündigungsfrist – nicht auf die gesetzlichen Fristen eingeschränkt, wenn das Dienstverhältnis noch aufrecht ist bzw war. Die Sicherung wird ohnehin durch § 3a Abs 1 IESG zeitlich limitiert (vgl *Liebeg*, IESG[3] § 3 Rz 33). Dies, obwohl sich § 3 Abs 3 S 1 IESG auf alle Arten von gesicherten Ansprüchen (vgl § 1 Rz 203 ff) bezieht. Wenn daher während der Zeit der Kündigungsfrist die Entgeltleistung eingestellt wird, so hat der AN jedenfalls einen gesicherten Anspruch bis zur Beendigung des Dienstverhältnisses, sofern die Sechsmonatsfrist des § 3a Abs 1 IESG nicht überschritten wird (vgl § 3a Rz 8).

Für den Fall, dass das Arbeitsverhältnis während des Laufs der Kündigungsfrist vom AG durch unbegründete Entlassung beendet wird, ist zunächst für die Frage des Sicherungsumfangs die tatsächliche Beendigung des Arbeitsverhältnisses maßgeblich. Die vor der unbegründeten Entlassung vom AG weder frist- noch terminwidrig ausgesprochene Kündigung – mit einem hypothetischen Ende nach dem Entlassungszeitpunkt – erfasst bis zum Zeitpunkt der ausgesprochenen Entlassung keine Ansprüche auf Kündigungsentschädigung, die nach § 3 Abs 3 IESG zu beurteilen wären. Die Ansprüche auf laufendes Entgelt sind vielmehr nach § 3a IESG zu beurteilen und fallen nicht unter die Einschränkung des § 3 Abs 3 IESG (vgl OGH 8 ObS 9/14b, DRdA-infas 2015/112, 139 = ZIK 2015/80, 78). Das maximale Ausmaß der materiellrechtlich zustehenden Kündigungsentschädigung ab dem Entlassungszeitpunkt bis zum hypothetischen Ende des ursprünglich gekündigten Arbeitsverhältnisses unterliegt in der Folge der Prüfung nach § 3 Abs 3 IESG.

31 Gem § 3 Abs 3 S 2 IESG ist der Berechnung des Insolvenz-Entgelts eine einzelvertragliche **Anrechnung von Vordienstzeiten** „unter Bedachtnahme auf § 1 Abs 3 Z 2 IESG nur insoweit zugrunde zu legen, als es sich um tatsächlich geleistete Beschäftigungszeiten handelt und solche Zeiten nicht bereits bei früheren Beendigungsansprüchen berücksichtigt wurden". Diese Bestimmung betrifft Vordienstzeitenanrechnungen **im Arbeitsvertrag**, nicht aber solche kraft G, KollV oder BV (vgl zB § 97 Abs 1 Z 21 und 22 ArbVG; Genaueres s unten). Eine einzelvertragliche Anrechnung ist **„unter Bedachtnahme auf § 1 Abs 3 Z 2 IESG"** zu beurteilen, sodass einschlägige Vereinbarungen, die innerhalb der nach dieser Regelung verpönten Zeiträume geschlossen wurden, nur dann für die Sicherung maßgeblich sind, wenn sie einer gesetzlichen, kollv oder betriebsvereinbarungsmäßigen Vorgabe entsprechen, betriebsüblich sind oder eine sachlich gerechtfertigte sonstige Besserstellung darstellen (dazu § 1 Rz 348 ff; s OGH 8 ObS 16/05v, DRdA 2006, 150 = RdW 2006/235, 243).

§ 3 Abs 3 S 2 IESG verlangt weiters, dass es sich um die Anrechnung **tatsächlich geleisteter Beschäftigungszeiten** handelt. Die Wendung „tatsächlich geleistete Beschäftigungszeiten" ist nicht so zu verstehen, dass im Einzelnen ein kontinuierlicher Leistungsaustausch erforderlich ist. Vielmehr sind auch Nichtleistungszeiten wie Urlaube bzw Krankenstände oder Nichtentgeltzeiten bei aufrechtem Dienstverhältnis wie (vertragliche) Karenzierungen oder die Schutzfrist nach MSchG (vgl OGH 8 ObS 11/16z, DRdA-infas 2017/21, 22) inkludiert. IdR sind – je nach zu beurteilendem Anspruch, insb bei Anrechnung von Vordienstzeiten auf Abfertigung, Urlaube, Kündigungsfristen – Dienstzeiten angesprochen (vgl OGH 8 ObS 236/99k, Arb 11.960 = infas 2000 A 49; 8 ObS 257/01d, DRdA 2002, 245 = infas 2002 A 53; s *Sundl*, ASoK 2003, 188). Echte Unterbrechungszeiten sind daher keinesfalls gesichert, auch wenn sie einzelvertraglich angerechnet werden. Die Anrechnung „fiktiver" Vordienstzeiten ist ebenfalls unerheblich. Nicht gesichert sind außerdem Vordienstzeiten, die ihrerseits von einer Sicherung – bei Anwendung des IESG – ausgenommen wären. Die Judikatur verlangt, um die vertraglich angerechneten Vordienstzeiten berücksichtigen zu können, grundsätzlich einen originären Anspruch des Antragstellers auf Insolvenz-Entgelt nach den einschlägigen Bestimmungen des IESG. Dies sei aber dann zu verneinen, wenn dem Antragsteller kein Anspruch auf Insolvenz-Entgelt zukomme, weil er zum ausgeschlossenen Personenkreis gehöre. Wenn daher der Antragsteller – zB auf Grund seiner Funktion als Geschäftsführer einer GmbH (bis 30. 9. 2005 waren die Organmitglieder gem § 1 Abs 6 Z 2 aF IESG von der Sicherung ausgenommen; § 1 Rz 108) – originär von der Sicherung ausgenommen ist, bekommt er auch kein Insolvenz-Entgelt für allfällig angerechnete Vordienstzeiten als Angestellter zu einem vorherigen AG (OGH 8 ObS 206/98x, ZAS 1999/21, 178 *[Grießer]* = wbl 1999, 173 *[Liebeg]*).

Diese Rsp ist mE wohl nicht bei einem Arbeitgeberwechsel mit Vordienstzeitenanrechnung auf die gesetzliche Abfertigung gem §§ 23, 23a AngG oder vergleichbarer Rechtsvorschriften relevant, wenn es gleichzeitig zu einem Wechsel im Abfertigungssystem (Abfertigung neu) kommt, weil als Folge des Arbeitgeberwechsels das BMSVG zur Anwendung gelangt. Die Nichtberücksichtigung von angerechneten Vordienstzeiten auf die gesetzliche Abfertigung als Folge des Arbeitgeberwechsels (§§ 23, 23a AngG, ArbAbfG und vergleichbare Rechtsvorschriften) ist nach der Zielsetzung des § 3 Abs 3 IESG nur dann vertretbar, wenn der Antragsteller unabhängig vom Wechsel des Abfertigungssystems von einem originären Sicherungsanspruch ausgenommen ist, weil er zB zum ausgeschlossenen Personenkreis nach § 1 Abs 6 IESG gehört (dazu allg § 1 Rz 105 ff). Die oberstgerichtliche Judikatur (OGH 8 ObS 14/09f, infas 2010 A 36) fordert in diesem Zusammenhang jedenfalls, dass in Kombination mit der Anrechnung von Vordienstzeiten auf die Beendigung des neu abgeschlossenen Arbeitsverhältnisses abgestellt wird, wobei zusätzlich auf die verschiedenen Arten der Beendigung, wie dies für die „Abfertigung alt" der Fall war, und das im neuen Arbeitsverhältnis ins Verdienen gebrachte Entgelt Bedacht zu nehmen ist. Keinesfalls sind sog „Abwerbeentschädigungen" im Zuge der Anbahnung des neuen Arbeitsverhältnisses gesichert (so bereits OGH 9 ObS 22/91, SZ 65/15). In einer jüngeren E zu dieser Frage verneint der OGH (8 ObS 2/10t, ZIK 2010/297, 15 = infas 2010 A 60) grundsätzlich die Sicherung von angerechneten Abfertigungsanwartschaften infolge eines Arbeitgeberwechsels mit gleichzeitigem Wechsel in das neue Abfertigungssystem mit dem formalen Argument, dass ein gesetzlicher Anspruch auf die „Abfertigung alt" nicht mehr möglich ist und generell von einem vertraglichen Anspruch – losgelöst von den Abfertigungsbestimmungen nach den §§ 23 f AngG, § 2 ArbAbfG etc – auszugehen ist. Die Sicherungserweiterung des § 3 Abs 3 S 1 IESG wurde durch die Judikatur in dieser spezifischen Konstellation (Wechsel in die betriebliche Vorsorgekasse/Abfertigung neu) – mE jedoch ohne begründeten Anlass – im Bereich der Anrechnung von Abfertigungsanwartschaften nach altem Recht praktisch zur Gänze ausgehöhlt. Unter diesen Prämissen sind die vor- und nachstehenden Äußerungen im Rahmen der Anrechnung von Abfertigungsanwartschaften zu sehen.

Nicht erforderlich ist, dass die tatsächlich absolvierten Zeiten **beim selben AG** verbracht wurden (OGH 8 ObS 191/00x, infas 2001 A 24 = RdW 2001, 432).

Schließlich sind **Zeiten, die** bereits **bei früheren Beendigungsansprüchen berücksichtigt wurden,** der Berechnung des Insolvenz-Entgelts **nicht zu Grunde zu legen.** Diese Einschränkung kann nur dort greifen, wo eine Bedachtnahme auf derartige Dienstzeiten überhaupt einzelvertraglich vorgesehen ist. Abzuziehen sind etwa im Falle der Abfertigung nur jene Zeiten, die für die jeweilige Zahlung mindestens notwendig waren (s § 1 Rz 236; OGH 8 ObS 24/04v, DRdA 2006/12, 133 *[Reissner/Sundl]*; so auch zur Anrechnung der Kündigungsfrist OGH 8 ObS 15/11g, infas 2012 A 45 = RdW 2012/238, 232). Die Anrechnung von Arbeitervordienstzeiten auf ein Angestelltendienstverhältnis erachtet die Rsp ebenfalls nach § 3 Abs 3 S 2 IESG als gesichert (vgl OGH 8 ObS 12/08k, ARD 5932/5/2009).

Die Einschränkung des § 3 Abs 3 S 2 IESG bezieht sich nur auf die **einzelvertragliche Anrechnung von Vordienstzeiten.** Die kollv Zusammenrechnung von Dienstzeiten beim selben AG (vgl OGH 8 ObS 10/07i, DRdA 2007, 404 = infas 2007 A 61) oder die kollv Anrechnung von Vordienstzeiten ist daher jedenfalls zu beachten (vgl OGH 8 ObS 25/05t, ZIK 2006/284, 214). Die Rsp bejaht – völlig korrekt – auch die kollv Anrechnung von Karenzen (vgl OGH 8 ObS 88/97t, DRdA 1997, 410). Bei der Anrechnung von Vordienstzeiten auf die Abfertigung ist § 1 Abs 4a IESG insofern mitzulesen, als umfänglich nur die gesetzliche Abfertigung (§§ 23, 23a AngG und andere gleichartige Vorschriften) gesichert ist (s § 1 Rz 387), wobei die Rsp einen vertraglichen **Gestaltungsspielraum** zulässt. Auf Grund von § 3 Abs 3 S 2 IESG wird den Arbeitsvertragsparteien eine Gestaltungsmöglichkeit bei der Entstehung des Abfertigungsanspruchs dem Grunde und der Höhe nach eingeräumt, wenn sie von den **tatsächlich geleisteten Zeiten und Entgelten** ausgehen und sich insgesamt im Rahmen der gesetzlichen Regelungen bewegen (vgl OGH 8 ObS 24/04v, DRdA 2006/12, 133 *[Reissner/Sundl]*). Dieselben Grundsätze sind auf eine etwaige kollv Zusammenrechnung oder Anrechnung von Vordienstzeiten auf die Abfertigung (s § 1 Rz 387) anzuwenden. Überschritten wurde der Gestaltungsspielraum nach Ansicht der Rsp bei der Anrechnung von Lehrzeiten, wenn das Dienstverhältnis insgesamt nicht länger als sieben Jahre gedauert hat (vgl OGH 8 ObS 22/01w, infas 2001 A 76 = ASoK 2001, 336).

32 Kommt es anlässlich eines **Betriebsübergangs** zu einem Ex-lege-Übergang des Dienstverhältnisses auf den Erwerber, handelt es sich um ein und dasselbe Dienstverhältnis, sodass die Dienstzeiten vor und nach dem Übergang zu berücksichtigen sind. Es handelt sich inhaltlich um eine gesetzliche Zusammenrechnung, es geht keinesfalls um eine einzelvertragliche Anrechnung (vgl *Liebeg*, IESG[3] § 3 Rz 36). Diese kann aber bei einem Teilbetriebsübergang relevant werden, wenn DN vom nicht übergegangenen Betriebsteil vertraglich übernommen werden. Diesbezüglich ist – wie bei der gesetzlichen Übernahme – von einem einzigen durchgehenden Dienstverhältnis auszugehen. Denkbar ist aber auch die Neubegründung eines Dienstverhältnisses mit Vordienstzeitenanrechnung, die nach § 3 Abs 3 S 2 IESG ebenfalls Berücksichtigung zu finden hat (s aber OGH 8 ObS 2/10t, ZIK 2010/297, 195 = infas 2010 A 60).

Auf den ersten Blick unklar ist die Anordnung des § 3 Abs 3 S 3 IESG, wonach § 3 Abs 3 S 1 und 2 IESG auch auf **befristete Arbeitsverhältnisse** Anwendung findet, S 1 leg cit jedoch nur dann, wenn das Arbeitsverhältnis nicht vorher durch Fristablauf endet. Festzuhalten ist, dass dann, wenn ein befristetes Arbeitsverhältnis durch Ablauf der Zeit erlischt, etwaige Ansprüche auf Insolvenz-Entgelt aus diesem Arbeitsverhältnis nach allgemeinen Regeln bestehen; ein Verweis auf Kündigungsmodalitäten geht diesbezüglich ins Leere (*Liebeg*, IESG³ § 3 Rz 47). Bedeutung hat die gegenständliche Bestimmung dann, wenn befristete Arbeitsverhältnisse vor Zeitablauf beendet werden, insb durch Aufgreifen der in Insolvenzverfahren zur Verfügung stehenden besonderen Lösungsrechte. Die Sicherung von Kündigungsentschädigungen nach § 25 Abs 2 IO hat sich dann nämlich nicht am (arbeitsrechtlich maßgeblichen) Befristungsende, sondern an den gesetzlichen oder kollv Kündigungsfristen und -terminen, wie sie für ein unbefristetes Arbeitsverhältnis zur Anwendung kämen, zu orientieren (OGH 8 ObS 4/17x, wbl 2017/146, 468).

33

§ 3a IESG

für Entgelt und Ansprüche aus nicht ausgeglichenen Zeitguthaben vor der Insolvenz

§ 3a. (1) Insolvenz-Entgelt gebührt für das dem Arbeitnehmer gebührende Entgelt einschließlich der gebührenden Sonderzahlungen, das in den letzten sechs Monaten vor dem Stichtag (§ 3 Abs. 1) oder, wenn das Arbeitsverhältnis vor dem Stichtag geendet hat, in den letzten sechs Monaten vor dessen arbeitsrechtlichem Ende fällig geworden ist. Die Frist von sechs Monaten gilt nicht, soweit Ansprüche auf Entgelt binnen sechs Monaten nach ihrer Fälligkeit gerichtlich oder im Rahmen eines gesetzlich oder in Normen der kollektiven Rechtsgestaltung vorgesehenen Schlichtungsverfahrens oder eines Verfahrens vor der Gleichbehandlungskommission zulässigerweise geltend gemacht wurden und das diesbezügliche Verfahren gehörig fortgesetzt wird oder soweit eine Differenz zwischen unterkollektivvertraglicher und kollektivvertraglicher Entlohnung beantragt wird.

bei Eröffnung des Insolvenzverfahrens im Inland

(2) Insolvenz-Entgelt gebührt im Fall der Eröffnung des Insolvenzverfahrens für Ansprüche auf Entgelt einschließlich der gebührenden Sonderzahlungen

1. bis zur jeweiligen Berichtstagsatzung;
2. bis zum rechtlichen Ende des Arbeitsverhältnisses, wenn dieses vor der Berichtstagsatzung gelöst wird;
3. bis zum Ende des Zeitraumes nach Abs. 5, wenn keine Berichtstagsatzung stattfindet;
4. bis zum rechtlichen Ende des Arbeitsverhältnisses, wenn es innerhalb eines Monates nach der Berichtstagsatzung, auf der kein Beschluss über die Fortführung des Unternehmens gefasst wurde, nach § 25 IO gelöst wird;
5. bis zum rechtlichen Ende des Arbeitsverhältnisses als Ausfallshaftung (Abs. 4), wenn nach der Berichtstagsatzung oder findet keine solche statt nach Ablauf des Zeitraums nach Abs. 5 oder Abs. 6 bis zur Aufhebung des Insolvenzverfahrens der Arbeitnehmer infolge der ersten nicht vollständigen Zahlung des ihm zukommenden Entgelts wegen der ungebührlichen Schmälerung oder Vorenthaltung des gebührenden Entgelts seinen berechtigten vorzeitigen Austritt erklärt oder das Arbeitsverhältnis aus anderen Gründen gelöst wird. Diese Austrittsobliegenheit gilt nicht für Sonderzahlungen und bestrittene Ansprüche. Abs. 4 findet jedoch keine Anwendung für jenes Entgelt, wegen dessen ungebührlicher Schmälerung oder Vorenthaltung der Austritt erklärt wurde.

bei Anordnung der Geschäftsaufsicht

(3) Insolvenz-Entgelt gebührt im Fall der Anordnung der Geschäftsaufsicht für Ansprüche auf Entgelt einschließlich der gebührenden Sonderzahlungen, die bis zum Ende des Monats, in dem die Anordnung der Geschäftsaufsicht erfolgt, entstehen. Ab diesem Zeitpunkt besteht Anspruch auf Insolvenz-Entgelt für Entgelt einschließlich der anteiligen Sonderzahlungen gemäß § 3 Abs. 1 nur dann, wenn der Arbeitnehmer infolge der ersten nicht vollständigen Zahlung des ihm zukommenden Entgelts wegen ungebührlicher Schmälerung oder Vorenthaltung des gebührenden Entgelts seinen berechtigten vorzeitigen Austritt erklärt. Auf Abs. 2 Z 5 vorletzter Satz ist hierbei Bedacht zu nehmen. Insolvenz-Entgelt gebührt längstens bis zum Ablauf der Frist nach Abs. 5.

als Ausfallshaftung bei Eröffnung des Insolvenzverfahrens

(4) Anspruch auf Insolvenz-Entgelt in den Fällen des Abs. 2 Z 5 und des Abs. 3 gebührt nur dann und insoweit, als der zuständige Verwalter entweder schriftlich erklärt, dass die Insolvenzmasse bzw. der Arbeitgeber zur Zahlung nicht oder nicht vollständig in der Lage ist oder die Masseunzulänglichkeit nach § 124a IO dem Insolvenzgericht angezeigt hat.

in den übrigen Fällen und bei Insolvenzfällen im Ausland

(5) Insolvenz-Entgelt gebührt im Fall eines Beschlusses nach § 1 Abs. 1 Z 2 bis 6, soweit nicht anderes bestimmt ist, für Entgelt einschließlich der gebührenden Sonderzahlungen, die bis zum Ende des dritten Monats entstanden sind, der auf den Stichtag (§ 3 Abs. 1) folgt.

(6) Abs. 5 gilt auch bei Vorliegen eines ausländischen Insolvenztitels nach § 1 Abs. 1 letzter Satz, sofern nicht hinsichtlich desselben Arbeitgebers (Auftraggebers) im Inland ein Sekundärinsolvenzverfahren nach Art. 3 Abs. 3 der EU-Insolvenzverordnung oder ein Partikularverfahren nach Art. 3 Abs. 2 und 4 der EU-Insolvenzverordnung anhängig ist; dies mit der Maßgabe, dass für die in Abs. 5 erster Satz genannten Ansprüche Insolvenz-Entgelt bis zum Ende des vierten Monats, der auf den Stichtag folgt, gebührt. Wird auf Antrag des ausländischen Insolvenzverwalters die Fortführung des Unternehmens in der Insolvenzdatei schon vor Ablauf dieser Frist bekannt gemacht, gebührt Insolvenz-Entgelt einschließlich der gebührenden Sonderzahlungen nur bis zum Ende des Monats, in dem die Bekanntmachung in der Insolvenzdatei erfolgt ist.

(§ 3a IESG eingefügt durch BGBl I 1997/107, idF BGBl I 2017/123)

§ 3a IESG

Schrifttum zu § 3a IESG

W. Anzenberger, Altersteilzeit und Insolvenz, ZIK 2002, 5;

Gahleitner, § 3a IESG: Sicherung des laufenden Entgelts – „Austrittspflicht" und Ausfallshaftung, ZIK 1997, 201;

Ganglberger, Der Übergang vom IPRG zum EVÜ bei Arbeitsverhältnissen mit Auslandsbezug (2001);

Holzer, Die Richtlinie zur Angleichung der Rechtsvorschriften der Mitgliedstaaten über den Schutz der Arbeitnehmer bei Zahlungsunfähigkeit des Arbeitgebers und das österreichische Recht, in *Runggaldier* (Hrsg), Österreichisches Arbeitsrecht und das Recht der EG (1990) 259;

Kallab, Sittenwidrigkeitskorrektiv: Geänderte Rechtslage nach der IESG-Novelle 2000?, DRdA 2002, 416;

Liebeg, Ein Überblick über die IESG-Novelle 1997, wbl 1997, 401;

Riegler, Insolvenz-Entgeltsicherungsgesetz(IESG)-Novelle 1997, ASoK 1997, 279;

Weber, Arbeitsverhältnisse im Insolvenzverfahren (1998);

Weber, EuGH zur Insolvenz-Entgeltsicherung – Anpassungsbedarf in Österreich?, ZIK 1998, 118;

Winkler, Aliquotierungsgebot und Jubiläumsgelder, RdW 1996, 367.

Übersicht zu § 3a IESG

1. **Allgemeines** .... Rz 1–2
2. **Erwerb und Fälligkeit des Entgelts** .... Rz 3–5
3. **Sicherungsgrenzen für die Zeit vor dem Stichtag**
   3.1 Historische Entwicklung .... Rz 6–8
   3.2 Aktuelle Version des § 3a Abs 1 IESG, eingefügt durch
   BGBl I 2000/142 und BGBl I 2017/123 .... Rz 9–20
4. **Sicherungsgrenzen für die Zeit nach dem Stichtag** .... Rz 21
   4.1 Insolvenzverfahren .... Rz 22–26
   4.2 Austrittsobliegenheit und Ausfallshaftung
   bei Eröffnung des Insolvenzverfahrens .... Rz 27–28
   4.3 Geschäftsaufsicht .... Rz 29
   4.4 Beschlüsse nach § 1 Abs 1 Z 2 – 6 IESG .... Rz 30
   4.5 Insolvenzfälle im Ausland .... Rz 31–35

1. Allgemeines

1 § 3a IESG beschäftigt sich mit Sicherungsgrenzen in zeitlicher Hinsicht in Bezug auf **Entgelt iwS** (zu diesem Begriff vgl Rz 15 sowie § 1 Rz 209 ff; zum Inkrafttreten des § 3a IESG und zu den Übergangsbestimmungen s § 17a Rz 14, § 25 Rz 1). Einschlägige Bestimmungen für die anderen gesicherten Ansprüche – etwa auch für Betriebspensionen – finden sich in den §§ 3b ff IESG.

Mit der Novelle BGBl I 2017/123 wurde der Normtext dahingehend geändert, dass der Begriff des laufenden Entgelts durch den Begriff des Entgelts ersetzt wurde. Mit der Änderung (vgl IA 2234/A 25. GP 3) wird die irreführende Beschränkung auf laufende Entgelte aufgehoben. Judikatur (OGH 8 ObS 293/00x, DRdA 2001, 453 = ASoK 2001, 336; 8 ObS 208/02z, DRdA 2003, 286 = infas 2003 A 46; 8 ObS 8/04s, DRdA 2004, 562 = infas 2004 A 82; 8 ObS 1/10w, DRdA 2010, 425 = wbl 2010/304, 318; 8 ObS 21/11p) und Lehre (*Liebeg*, IESG³ § 3a Rz 93) vertraten schon bisher, dass das Merkmal des laufenden Entgelts den weiten Entgeltbegriff des Arbeitsrechts erfüllt. Jedenfalls wird nunmehr im Gesetzestext klargestellt, dass auch ausnahmsweise und einmalig anfallende Entgeltleistungen (Jubiläumsgelder, Diensterfindungsvergütungen, Entgelt für Zeitguthaben, fallweise gewährte Prämien und Provisionen etc) erfasst sind.

In § 3a IESG wird zwischen Beschränkungen für die Zeit vor dem Stichtag (vgl Rz 6 f) und solchen für die Zeit nach dem Stichtag (vgl Rz 14 f) differenziert (zum Begriff **„Stichtag"** vgl § 3 Rz 3), bei den Grenzen nach dem Stichtag wird anhand der einzelnen Sicherungstatbestände unterschieden (vgl Rz 21 ff). Zur Lösung der Frage, ob Entgelt vor oder nach dem Stichtag anzusiedeln ist, ist entscheidend, wann der jeweilige Anspruch entstanden ist. Zuweilen ist in § 3a IESG allerdings auch von der Fälligkeit des Entgelts die Rede (vgl Rz 4).

Mit der Novelle BGBl I 2017/123 wurde in § 3a Abs 1 IESG die unsystematische Trennung von Entstehung und Fälligkeit des Entgeltanspruchs zum klareren Verständnis für den Rechtsanwender entflochten (vgl IA 2234/A 25. GP 4). Unabhängig von der Art des Entgeltanspruchs und der Geltendmachung (Geltendmachung bei Gericht, in einem Schlichtungsverfahren etc) wird in § 3a Abs 1 IESG auf die Fälligkeit des Entgeltanspruchs abgestellt. Dies gilt auch für alle Formen des in Geld fällig werdenden Zeitguthabens (s Rz 17).

2. Erwerb und Fälligkeit des Entgelts

In § 3a (und in den §§ 3b ff) IESG wird idR auf das **„Entstehen"**, dh den Erwerb eines Anspruchs abgestellt. Bei § 3a Abs 1 IESG ist jedoch die **Fälligkeit** des Entgelts relevant. Die Unterscheidung zwischen diesen beiden Fachausdrücken kommt in zahlreichen arbeitsrechtlichen Zusammenhängen vor. So gilt zB mangels Vereinbarung der Anspruch des Angestellten auf Provision als erworben, wenn bei Verkaufsgeschäften eine Zahlung eingeht; bei anderen Geschäften kommt es mit dem Abschluss des Geschäfts zum Provisionserwerb (§ 10 Abs 3 AngG). Die mit der Fälligkeit identische Abrechnung hingegen findet im Zweifel mit dem Ende eines jeden Kalendervierteljahres statt (§ 10 Abs 4 AngG).

4 Der Anspruch des AN auf das Entgelt **entsteht mit der Leistungserbringung selbst**. Bis zum Fälligkeitstermin (s § 1 Rz 262) kreditiert der AN dem AG das Entgelt (OGH 9 ObA 6/94, RdW 1994, 357; VwGH 873/79, Arb 9843 = ZfVB 1980/1214; 3090/80, Arb 10.088; 82/11/0242, Arb 10.318; zuletzt OGH 8 ObS 3/15x, ARD 6501/6/2016). Bei **Provisionen** sind wie erwähnt Geschäftsabschluss bzw Zahlung maßgeblich (s § 1 Rz 223, 266). Ähnlich ist die Situation auch bei anderen erfolgsorientierten Entgeltarten, wie zB beim **Akkord** (allg § 1 Rz 221); ausschlaggebend ist der Fertigungszeitpunkt der jeweiligen Leistungseinheit. Strittig ist die Rechtslage bei Zahlungen, die in größeren, regelmäßigen Abständen aus bestimmtem Anlass gewährt werden, wie dies bei den idR in KollV enthaltenen **Remunerationen** (insb dem 13. und 14. Monatsgehalt) der Fall ist (allg § 1 Rz 225 ff). Kann man sagen, dass diese Ende November oder Anfang Dezember bzw bei Urlaubsantritt fälligen Leistungen in diesen Zeitpunkten auch entstanden sind (**Stichtagsprinzip**)? Dann würden sie nach der Lage des Fälligkeitstermins einzuordnen sein. Demgegenüber würde die **Anwartschaftskonstruktion** bedeuten, dass der Anspruch sukzessive anwächst und damit aliquot erworben wird. Ob das Stichtags- oder Anwartschaftsprinzip anzuwenden ist, ist Gegenstand der Vertragsfreiheit und liegt damit im Belieben der Kollektivvertragspartner. Die Auslegung ist im Einzelfall oftmals schwierig. Ein Anhaltspunkt kann darin erblickt werden, dass KollV den Anspruch auf die Sonderzahlungen der im laufenden Jahr ein- und austretenden AN häufig aliquotieren. Im Angestelltenrecht ist die Aliquotierung für den Fall der Lösung des Arbeitsverhältnisses sogar zwingend vorgeschrieben (§ 16 AngG). Nun bedeutet die auf Begründung oder Lösung des Arbeitsverhältnisses abgestellte Aliquotierung noch nicht eine konsequente Anwartschaftskonstruktion, doch könnte dies immerhin eine allgemeine Interpretationsmaxime dahingehend sein, dass die Anwartschaftskonstruktion im Zweifel sachnäher ist (vgl dazu auch OLG Wien 10 Ra 120/97h, ARD 4863/17/97).

5 Auf dieser Grundlage qualifiziert die Judikatur (OGH 8 ObS 1/10w, DRdA 2010, 425 = wbl 2010/304, 118) Jubiläumsgeld in Entsprechung des weiten arbeitsrechtlichen Synallagmas von Arbeits- und Entgeltpflicht als laufendes Entgelt und behandelt es nach dem Anwartschaftsprinzip, was in der Konsequenz Folgen auf die Forderungsklassifizierung nach der IO hat (*Engelhart* in *Konecny/Schubert* § 46 IO Rz 253; *Liebeg*, IESG[3] § 3a Rz 93; *Winkler*, RdW 1996, 367; *Weber*, Arbeitsverhältnisse 91 f; vgl auch § 46 IO Rz 14). IdS sind Jubiläumsgelder zeitraumbezogene Ansprüche, die dem AN für die erbrachte Arbeitsleistung gebühren, sodass der Anspruch anwachsend Tag für Tag, Monat für Monat, Jahr für Jahr entsteht. Jene Passage in den Materialien zu § 46 Abs 1 Z 3 IO idF des IRÄG 1997 (ErläutRV 734 BlgNR 20. GP 38), wo das Jubiläumsgeld nach dem Stichtagsprinzip behandelt wird, ist demgegenüber als Redaktionsfehler zu werten (s auch *Weber*, Arbeitsverhältnisse 91; vgl auch Rz 8).

3. Sicherungsgrenzen für die Zeit vor dem Stichtag

3.1 Historische Entwicklung

Bis zur Novelle BGBl I 1997/107 war das Insolvenz-Entgelt für die Zeit vor dem Stichtag nur nach den allgemeinen Sicherungsschranken gem § 1 Abs 2 S 1 IESG limitiert. So musste etwa nur – was nach wie vor der Fall ist – gewährleistet sein, dass der gesicherte Anspruch aufrecht, nicht verjährt und weder nach dem IESG noch nach Zivilrecht ausgeschlossen war (§ 1 Abs 2 und 3 IESG, § 879 ABGB; s § 1 Rz 178 ff, 332 ff, 432 ff). Anmeldefähige Ansprüche waren (und sind) im Insolvenzverfahren anzumelden (§ 1 Abs 5 IESG; s § 1 Rz 399 ff). Zusätzliche zeitliche Sicherungsschranken in die Vergangenheit erwiesen sich in der Folge als notwendig, weil deren Fehlen zu Rechtsmissbrauch (vgl § 1 Rz 438 ff) einlud. Laut Materialien zur Novelle BGBl I 1997/107 (ErläutRV 737 BlgNR 20. GP 9) zeigten die Erfahrungen der Verwaltungspraxis, dass immer häufiger Fälle vorkamen, in denen behauptet wurde, dass arbeitsrechtliche Ansprüche womöglich über mehrere Jahre aushafteten, ohne dass Bemühungen des betroffenen AN erkennbar waren, die Ansprüche auch tatsächlich dem AG gegenüber im Klagswege geltend zu machen. Zur Verhinderung diesbezüglicher Missbräuche, die die notwendige Einleitung eines Insolvenzverfahrens letztlich auf Kosten des IEF verzögern, wurde daher mit § 3a Abs 1 IESG eine spezifische Sicherungsgrenze in die Vergangenheit, dh in die Zeit vor dem Stichtag, eingezogen (zum zeitlichen Geltungsbereich der Neuerung vgl § 17a Rz 14). 6

Die Änderung durch BGBl I 1997/107 stellte klar, dass Insolvenz-Entgelt für das dem AN für die regelmäßige Arbeitsleistung in der Normalarbeitszeit zustehende Entgelt einschließlich der Sonderzahlungen grundsätzlich nur dann gebührte, wenn es **innerhalb von sechs Monaten vor dem Stichtag** (vgl § 3 Rz 3) fällig geworden war.

Eine Sicherung über diesen Zeitraum hinaus bestand jedoch dann, wenn das **Normalarbeitsentgelt** bis zum Stichtag zulässigerweise **in einem Verfahren** in einer Arbeitsrechtssache nach dem ASGG **geltend gemacht** und dieses Verfahren gehörig fortgesetzt wurde. Ein bestimmter Ausgang des Verfahrens war für die Sicherung nach § 3a Abs 1 IESG nicht maßgeblich, diese Frage konnte lediglich im Rahmen der Bindungswirkung gem § 7 Abs 1 IESG Relevanz bekommen (vgl § 7 Rz 6). Die gehörige Fortsetzung bezog sich auf das Arbeitsrechtsverfahren, nicht auf eine allfällige exekutive Betreibung der Judikatforderung (aA *Gahleitner*, ZIK 1997, 202; vgl auch OGH 8 ObS 11/10s, JBl 2012, 129 = infas 2012 A 31, der einerseits zur gehörigen Fortsetzung des 7 arbeitsgerichtlichen Verfahrens bei Vorliegen eines Exekutionstitels auch die exekutive Betreibung zählt, andererseits die Einbringung eines Antrags auf Insolvenzverfahrenseröffnung nicht als Teil des gehörig fortgesetzten Verfahrens verlangt), da mit einem erwirkten Exekutionstitel der Sicherungsrahmen klar abgesteckt und eine weitere Überwälzung des Finanzierungsrisikos durch eine säumige exekutive Betreibung ausgeschlossen ist.

Der arbeitsgerichtlichen Geltendmachung gleichgestellt wurde die Einleitung eines in Normen der kollektiven Rechtsgestaltung (insb KollV) vorgesehenen Schlichtungsverfahrens (vgl allg *Löschnigg*, Arbeitsrecht[12] 127) bzw eines Verfahrens vor der Gleichbehandlungskommission.

8 Durch die **rechtzeitige Geltendmachung** wurde also die **Sicherungsgrenze aufgehoben,** insb genügte es bereits, wenn bspw die Klage einen Tag vor der Insolvenzverfahrenseröffnung eingebracht wurde. Personen, die in die Situation eingeweiht waren, war es ein Leichtes, eine gerichtliche Verlängerung der Sicherungsfrist herbeizuführen. Wenn auch diese Fälle nach den Regeln einer sittenwidrigen bzw rechtsmissbräuchlichen Gestaltung zu Lasten des IEF (s § 1 Rz 438 ff) zu beurteilen waren, wurde die Möglichkeit der **manipulativen Ausdehnung des Sicherungsvolumens** durch diese Konstruktion wesentlich erleichtert (s auch *Gahleitner*, ZIK 1997, 202). Die mögliche Einflussnahme durch die Arbeitsvertragsparteien war so gar nicht iSd Gesetzgebers, zumal der ursprüngliche Entwurf des Gesetzestextes, der gegenüber der RV geändert wurde (vgl ErläutRV 737 BlgNR 20. GP 2, 9), noch die Erweiterung enthielt, dass ein schriftliches Anerkenntnis des AG, sofern gegen dessen Rechtmäßigkeit keine Bedenken bestehen, gleichfalls den Sicherungszeitrahmen verlängerte. Diese Möglichkeit fehlte in der Endfassung, sodass der Gesetzgeber unmissverständlich zum Ausdruck brachte, dass vertragliche Dispositionen, die eine Verlängerung des Sicherungszeitrahmens bewirkten, wenn möglich hintangehalten werden sollten. Die bloße gerichtliche oder gleichgestellte Geltendmachung vor dem Stichtag (vgl § 3 Rz 3) konnte dieses Ziel augenscheinlich boykottieren. Damit war die nächste Änderung des § 3a Abs 1 IESG vorprogrammiert, die mit der Novelle BGBl I 2000/142 kurz darauf folgte und die Geltendmachung mit einer Frist von sechs Monaten verknüpfte (zum zeitlichen Geltungsbereich vgl § 17a Rz 28).

3.2 Aktuelle Version des § 3a Abs 1 IESG, eingefügt durch BGBl I 2000/142 und BGBl I 2017/123

9 Im Gegensatz zu § 3a Abs 1 IESG idF BGBl I 1997/107 (vgl Rz 7 f) ist nunmehr eine Ausweitung der zeitlichen Schranke nur dann möglich, wenn Ansprüche auf Entgelt binnen sechs Monaten **nach ihrem Fälligwerden** (vgl Rz 4) gerichtlich geltend gemacht werden. Der AN ist also gezwungen, inner-

halb des Sechsmonatszeitraums tätig zu werden, wenn er eine Ausdehnung des Sicherheitszeitraums bewirken will.

Mit BGBl I 2017/123 hat der Gesetzgeber die Differenzierung zwischen Fälligkeit und Entstehen des Entgeltanspruchs beseitigt. Es ist in allen Fällen nur mehr die **Fälligkeit** des Anspruchs maßgeblich, womit ua auch der gebotene Gleichklang der Sicherung von Entgelt für nicht ausgeglichene Zeitguthaben mit der Sicherung von (laufendem) Entgelt einschließlich der Sonderzahlungen hergestellt wird (vgl Rz 1; IA 2234/A 25. GP 4). Durch diese Änderung entfallen jene problematischen Fälle, in denen Entstehen und Fälligkeit des Anspruchs einen längeren Zeitraum auseinanderliegen. Je größer die zeitliche Entfernung der beiden Bezugspunkte ist, desto schwieriger wird die Wahrung der Sicherung, insb in jenen Konstellationen, in denen die Fälligkeit außerhalb von sechs Monaten nach Entstehen des Anspruchs eintritt. Die Problematik beschränkte sich nicht nur auf spezielle Einzelfälle, sondern betraf auch Sonderzahlungen, einmalige Jahresprämien oder Provisionen. Derartige Ansprüche werden bereits mit der Gegenleistung des AN erworben, aber zu einem wesentlich späteren Zeitpunkt fällig (vgl Rz 4). Zur Vermeidung eines verfassungswidrigen Ergebnisses – dem AN kann nicht zugemutet werden, eine Klage in Bezug auf Ansprüche zu erheben, die mangels Fälligkeit (noch) nicht einklagbar sind – war in solchen Fällen bereits bisher die Frist ab Fälligkeit zu rechnen. Jede andere Auslegung wäre unsachlich bzw gleichheitswidrig gewesen (vgl *Liebeg*, IESG[3] § 3a Rz 9; idS OGH 8 ObS 9/12z, ZIK 2013/172, 116 für Ansprüche auf Sonderzahlungen).

Die spezifische Sicherungsschranke des § 3a Abs 1 S 1 IESG bezieht sich auf das Entgelt einschließlich der geleisteten Sonderzahlungen, das in den letzten sechs Monaten vor dem Stichtag (vgl § 3 Rz 3) oder, wenn das Arbeitsverhältnis vor dem Stichtag geendet hat, in den letzten sechs Monaten vor dessen arbeitsrechtlichem Ende fällig geworden ist. Die Ausweitung der Sicherungsschranke auf die **letzten sechs Monate vor Beendigung des Arbeitsverhältnisses, wenn diese vor dem Stichtag erfolgte,** wurde mit der Novelle BGBl I 1999/73 (zum zeitlichen Geltungsbereich s § 17a Rz 14) eingefügt, da unnötige Härtefälle in jenen Fällen provoziert wurden, in denen nach Beendigung des Arbeitsverhältnisses Ratenzahlungen für aushaftende Entgelte vereinbart, letztlich aber vom AG nicht eingehalten wurden. Es kam sohin zu einer Limitierung, obwohl eine Überwälzung des Finanzierungsrisikos wegen des bereits beendeten Arbeitsverhältnisses nicht mehr drohte (vgl ErläutRV 1589 BlgNR 20. GP 21).

Entgegen *Liebeg* (IESG[3] § 3a Rz 9) bestehen keine Bedenken gegen die Differenzierung hinsichtlich des Klagserfordernisses, die sowohl bzgl der Anspruchsarten als auch der kollv Unterbezahlung (s dazu Rz 16) sachlich zu rechtfertigen ist. Es macht bspw aus der Perspektive der Finanzierungsverlagerung für den IEF einen Unterschied, ob Beendigungsansprüche oder laufende Lohnansprüche stehengelassen werden. Der Wegfall der Klagsnotwendigkeit bei der kollv Unterbezahlung war dem Gesetzgeber aus sozialpolitischen Gründen ein besonderes Anliegen (vgl auch ErläutRV 737 BlgNR 20. GP 689; so auch OGH 8 ObS 212/01m, DRdA 2002, 409 = ZIK 2003/251, 178). Der gerichtlichen Geltendmachung wird, wie vor der Novelle BGBl I 2000/142, die Einleitung eines Schlichtungsverfahrens oder eines Verfahrens vor der Gleichbehandlungskommission gleichgehalten. Auch die gehörige Fortsetzung eines eingeleiteten Verfahrens ist weiterhin Anspruchsvoraussetzung (s Rz 7).

12 Da die Formulierung bzgl der Geltendmachung in der Novelle BGBl I 2000/142 weiter gefasst ist, ist nicht nur die Geltendmachung vor dem LG als ASG, sondern **jede zweckmäßige gerichtliche Verfolgung der Ansprüche auf das Entgelt** erfasst. Dies gilt insb für die Forderungsanmeldung in einem Insolvenzverfahren, ausnahmsweise aber auch für die Anmeldung einer Forderung im Verlassenschaftsverfahren (so OGH 8 ObS 245/00p, Arb 12.035 = infas 2001 A 25) oder die Bestellung eines Abwesenheitskurators mit dem Zweck, diesem gegenüber den Austritt aus dem Arbeitsverhältnis zu erklären und in der Folge die arbeitsrechtlichen Ansprüche geltend zu machen (vgl OGH 8 ObS 11/09i, infas 2010 A 14).

Einen Sonderfall stellt die erfolgreiche und rechtskräftig gewordene Kündigungsanfechtung dar, die das Arbeitsverhältnis rückwirkend zum Aufleben bringt und eine Nachzahlungspflicht des AG gem § 1155 ABGB begründet. Die nachzuzahlenden Entgeltansprüche werden – ungeachtet der Regelung des § 61 ASGG – mit Rechtskraft des stattgebenden Anfechtungsurteils fällig (vgl OGH 8 ObS 10/15a, DRdA 2016/28, 254 *[Mader]* = EvBl 2016/50, 360 *[Weber-Wilfert]*). Je nach Dauer des Kündigungsanfechtungsverfahrens sind daher Entgelte gem § 3a Abs 1 IESG länger als sechs Monate gesichert, da die Kündigungsanfechtungsklage implizit auch als gerichtliche Geltendmachung des Entgelts gilt, sofern der Klage rechtskräftig Folge gegeben wurde und das Arbeitsverhältnis durch richterliche Rechtsgestaltung – nach Beseitigung der Kündigungserklärung des AG – weiterbesteht.

Eine aus teleologischen Erwägungen vorzunehmende Erweiterung auf sonstige, der zweckentsprechenden Verfolgung von Ansprüchen dienende Verfahren, wie zB auf die kollektiven Klagen des § 54 ASGG, ist jedenfalls vertretbar (s *Neumayr* in ZellKomm[3] § 54 ASGG Rz 1 ff), zumal § 54 Abs 5 ASGG während der Dauer des kollektiven Feststellungsverfahrens für davon betroffene Individualansprüche eine Fristenhemmung zur Vermeidung akkumulierter Einzelklagen vorsieht (vgl *Neumayr* in ZellKomm[3] § 54 ASGG Rz 12).

Die **Fristenhemmung des § 6 Abs 1 Z 1 APSG** ist im IESG-Verfahren 13 auch ohne gerichtliche Geltendmachung zu beachten (OGH 8 ObS 7/10b, infas 2011 A 65 = RdW 2011/521, 491). Erfasst ist von der Hemmung nicht nur der Anspruch gegen den AG, sondern auch gegenüber Dritten, ua der IEF-Service GmbH, wenn ein ursächlicher Zusammenhang mit dem Arbeitsverhältnis besteht (vgl *Spitzl/B. Gruber* in ZellKomm³ § 6 APSG Rz 2; vgl auch OGH 8 ObS 4/14t, DRdA 2015/20, 174 *[Höbart]* = ARD 6413/12/2014, wo eine analoge Anwendung einer Fortlaufhemmung für Zeiten einer Karenz nach dem MSchG bzw VKG verneint wird).

Die Judikatur räumt die Sechsmonatsfrist bei **mehreren unterbrochenen** 14 **Dienstverhältnissen zu ein und demselben AG** nur einmal ein, und zwar ab dem letzten Arbeitsverhältnis (vgl OGH 8 ObS 154/01g, infas 2002 A 55 = wbl 2002, 130). Sollten daher Ansprüche auf Entgelt innerhalb von sechs Monaten ab Ende des vorletzten Arbeitsverhältnisses unbeglichen sein, gebührt kein Insolvenz-Entgelt, wenn diese Ansprüche außerhalb der Sechsmonatsfrist vor dem letzten Arbeitsverhältnis gelegen sind.

Von der spezifischen Sicherungsschranke ist das dem AN **gebührende Ent-** 15 **gelt einschließlich der Sonderzahlungen** erfasst (idF vor der Novelle BGBl I 2000/142 war lediglich das für die regelmäßige Arbeitsleistung in der Normalarbeitszeit gebührende Entgelt angesprochen).

Infolge der Adaptierung des Gesetzestextes sind nunmehr **Entgelte für Überstundenarbeit** in der Sicherungsschranke inkludiert. Im Übrigen sind alle dem Begriff des Entgelts zu unterstellenden Entlohnungsarten einbezogen; neben den ausdrücklich erwähnten **Sonderzahlungen** sind dies vor allem **Zeitlöhne** für die Normalarbeitszeit, **Naturalentgelte,** aber auch **Leistungslöhne** und nach betriebswirtschaftlichen Kennzahlen ermittelte Entgeltbestandteile.

Da bloß Entgeltansprüche angesprochen sind, ist der oberstgerichtlichen Ansicht (OGH 8 ObS 208/02z, DRdA 2003, 286 = infas 2003 A 46), dass angesichts der Zweck-Mittel-Relation des § 3a IESG auch **Aufwandersätze** inkludiert seien, **nicht** zu folgen (s auch § 1 Rz 211).

Entgeltformen einmaliger oder sporadischer Art, wie zB **Jubiläumsgelder** und **Diensterfindungsvergütungen** (s § 1 Rz 277), gehören ebenso hierher (OGH 8 ObS 1/10w, DRdA 2010, 425 = wbl 2010/304, 118; vgl Rz 5), wie **sonstige Ansprüche gegen den AG** (*Gahleitner*, ZIK 1997, 202; aA zum Jubiläumsgeld im Hinblick auf die ähnliche Formulierung des § 4 Abs 2 AVRAG OLG Wien 8 Ra 279/97a, ARD 4887/13/97; idS mit anderer Begründung auch OGH 8 ObS 6/10f, infas 2011 A 5).

Die oberstgerichtliche Judikatur ging schon vor der Novelle BGBl I 2017/ 123 auch im Rahmen des § 3a Abs 1 IESG vom weiten Entgeltbegriff aus und bezog auch Entgeltteile, die in sehr langen Abständen fällig werden, ein. Entgelt idS sind alle zeitbezogenen Ansprüche des AN, die dem AN für die zur Verfügung gestellte Arbeitskraft in Erfüllung des zweiseitigen Arbeitsvertrages zustehen (OGH 8 ObS 6/10f, infas 2011 A 5).

16 Vor und nach der Novelle BGBl I 2000/142 war und ist – unabhängig von einer gerichtlichen oder gleichgestellten Geltendmachung – die Sechsmonatsschranke nicht anzuwenden, wenn eine **Differenz zwischen kollv und (tatsächlicher) unterkollektivvertraglicher Entlohnung** beantragt wird. Die Judikatur (OGH 8 ObS 1/11x, SSV-NF 25/1; 8 ObS 1/12y, infas 2012 A 79 = ecolex 2012/418, 1008; 8 ObS 5/12m, ZIK 2013/287, 196) erfasst jedoch nur Fälle der unterkollektivvertraglichen Entlohnung, die der **AN nicht erkennen konnte.** Für evidente unterkollektivvertragliche Entlohnungen kommt die Sechsmonatsfrist trotzdem zur Anwendung.

Die Rsp hat der kollv Unterentlohnung den Fall gleichgestellt, dass der **AG verpfändetes Arbeitsentgelt einbehält, aber pflichtwidrig nicht an den Pfandgläubiger weiterleitet.** Die nicht abgeführten, gepfändeten Beträge sind daher über die Sicherungsschranke von sechs Monaten hinaus ohne Klage gesichert (vgl OGH 8 ObS 212/01m, DRdA 2002, 409 = ZIK 2003/251, 178). Die Gleichbehandlung wird im Wesentlichen damit begründet, dass der AN die „Unterbezahlung" nicht erkennen konnte.

Die Erkundungspflichten bei einer unterkollektivvertraglichen Entlohnung dürfen nicht überspannt werden. IdR kann der AN diese nicht erkennen, sodass eine adäquate Reaktion erst **ab Kenntnis** der unterkollektivvertraglichen Entlohnung (oder Nichtabfuhr der einbehaltenen, gepfändeten Beträge) zu verlangen ist. Bei Offenkundigkeit oder Bekanntwerden des Verstoßes ist der AN hingegen nicht anders zu behandeln als bei sonstigem Vorenthalten von Entgelt.

17 Mit BGBl I 2017/123 erfolgte eine weitestgehende Gleichstellung von Zeitguthaben und Entgelt; Es wird in beiden Fällen nur mehr auf die Fälligkeit abgestellt. **Zeitausgleichsguthaben** waren zuvor vom Grundsatz her (mit Ausnahmen) nur dann gesichert, wenn die zu Grunde liegenden Arbeitsleistungen innerhalb von sechs Monaten vor dem Stichtag bzw vor der Beendigung des Dienstverhältnisses erbracht wurden, sofern die Beendigung vor dem Stichtag erfolgte und das Zeitausgleichsguthaben im Sicherungszeitraum in eine Geldforderung umgewandelt wird (vgl OGH 8 ObS 4/14t, DRdA 2015/20, 174 *[Höbart]* = ZIK 2014/329, 235; zuletzt OGH 8 ObS 4/16w; ARD 6501/9/2016; 8 ObS 5/16t, DRdA-infas 2016/203, 334 *[Mader]*). Der Sicherungszeitraum für Geldforderungen kann sowohl vor (§ 3a Abs 1 S 1 IESG) als auch nach dem Stichtag (§§ 3a Abs 2–6, 3b und 3c IESG) gelegen sein.

Die gegenständliche Ergänzung erwies sich als notwendig, weil die bisherige Regelung wegen des verstärkten Trends zur Arbeitsflexibilisierung nicht mehr zeitgemäß war (IA 2234/A 25. GP 4). Da nunmehr bei Zeitguthaben auf die Fälligkeit der sich in Geld gewandelten Forderung abgestellt wird, sind verschiedene Arten von nicht ausgeglichenen Zeitguthaben erfasst (Zeitguthaben bei durchgerechneter Arbeitszeit, bei gleitender Arbeitszeit, Altersteilzeit, Zeitzuschläge für bestimmte – erschwerende – Tätigkeiten, Gutstunden ohne Mehrarbeit durch Freizeitoptionen, Zeitausgleich für Mehr- und Überstundenarbeit, übertragene Zeitguthaben in Durchrechnungsmodellen etc). Die ursprüngliche Lage der erbrachten Arbeitsstunden ist nicht mehr maßgeblich, diese ist ja im Einzelfall bei längeren Durchrechnungen auch nur mit hohem Aufwand feststellbar. In diesem Zusammenhang besteht ein beidseitiges und legitimes Interesse der Arbeitsvertragsparteien am mehrjährigen Aufbau von Zeitguthaben für längere Freizeitphasen (zB Sabbaticals, Freizeit für Weiterbildung, Freizeit iZm einem bevorstehenden Pensionsantritt etc; vgl IA 2234/A 25. GP 4). Weiterhin ist jedoch für eine Sicherung Voraussetzung, dass das nicht ausgeglichene Zeitguthaben in den Sicherungszeiträumen des § 3a IESG in Geld fällig wird, wobei die Geldfälligkeit vor oder nach dem Stichtag eintreten kann (OGH 8 ObS 7/07y, DRdA 2008, 172 = infas 2008, 23).

Sofern Zeitausgleichsguthaben aus Altersteilzeitvereinbarungen oder Durchrechnungsmodellen vor dem Stichtag **in Geld** fällig werden, gelten die Sicherungsschranken gem § 3a Abs 1 S 1 IESG (vgl Rz 10). Die Fristverlängerung durch Klage und vergleichbare Geltendmachung binnen sechs Monaten gilt auch für in Geld fällige Zeitguthaben (vgl Rz 9). Die Fälligkeit tritt gem § 19e Abs 1 AZG idR spätestens mit der Beendigung des Arbeitsverhältnisses ein (*Mosler* in ZellKomm[3] § 19e AZG Rz 1 mwN), da ein Naturalverbrauch nicht mehr möglich ist. Eine Verlängerungsmöglichkeit der Kündigungsfrist durch KollV im Ausmaß des nicht ausgeglichenen Zeitausgleichsguthabens ist gem § 19e AZG denkbar. Durchrechnungsmodelle können etwa auch vorsehen, dass ein nicht konsumiertes Zeitausgleichsguthaben mit Ende des Durchrechnungszeitraumes nur zum Teil in die nächste Durchrechnungsperiode mitgenommen und darüber hinaus in Geld fällig wird. In diesem Fall muss die Geldfälligkeit innerhalb der Sicherungsgrenzen vor oder nach dem Stichtag (vgl § 3 Rz 3) eintreten. Eine frühere Fälligkeit von Zeitausgleichsguthaben in Geld kann auch in den Fällen des § 19f AZG eintreten, wenn es entgegen der gesetzgeberischen Intention nicht zum regelmäßigen Abbau von Zeitausgleichsguthaben kommt. Unter bestimmten Parametern kann der AN bei nicht erfolgtem Zeitausgleichabbau sein Guthaben in Geld fällig stellen (vgl *Mosler* in ZellKomm[3] § 19f AZG Rz 1 ff, 12). Die Judikatur hat sich mit einer vergleichbaren Konstellation des § 19f Abs 2 AZG idF BGBl I 1997/64 **18** auseinandergesetzt, welche sich von der aktuellen Fassung dadurch unterschied, dass die Fälligkeit des Zeitausgleichs mangels einseitigen Antritts des Zeitausgleichs durch den AN zwingend eintrat. Der in einen Geldanspruch umgewandelte Zeitausgleich wird als laufendes Entgelt behandelt und unterliegt der Sicherungsschranke des § 3a Abs 1 S 1 IESG oder jener des § 3a Abs 2–5 IESG, wenn der Geldanspruch wegen Nichtverbrauchs des Zeitausgleichs nach dem Stichtag fällig wird (OGH 8 ObS 7/07y, DRdA 2008, 172 = infas 2008 A 23).

19 Zeitausgleichsguthaben in allen Variationen (aus Altersteilzeit, Durchrechnungsvereinbarungen, Überstundenabgeltung etc) werden mit der Eröffnung des Insolvenzverfahrens nach § 14 Abs 2 IO nicht fällig, da es sich nicht um betagte Geldforderungen handelt (IA 2234/A 25. GP 4; OGH 8 ObA 86/05p, DRdA 2006, 495 = ZIK 2007/33, 22; vgl auch OGH 8 ObA 24/05w, DRdA 2006, 151 = ZIK 2006/69, 61; aA *W. Anzenberger*, ZIK 2002, 5). Diese Judikatur ist richtig, da die IO in § 25 Sonderregelungen für Arbeitsverhältnisse enthält, aus denen ableitbar ist, dass das Arbeitsverhältnis samt Nebenabreden bzw Zusatzvereinbarungen im Bestand unberührt bleibt, sodass allfällige Vereinbarungen über Altersteilzeit bzw solche zur Abgeltung von Arbeitsstunden in Zeitausgleich oder sonstige Durchrechnungsmodelle durch die Eröffnung des Insolvenzverfahrens inhaltlich zur Gänze aufrecht bleiben und keinesfalls wegfallen. Bestehen im Zeitpunkt der Eröffnung des Insolvenzverfahrens Naturalansprüche auf Verbrauch von Zeitausgleich, hat eine Umwandlung in Geldansprüche nicht zu erfolgen.

Erst wenn sich der Naturalanspruch während des Insolvenzverfahrens – zB durch Beendigung des Dienstverhältnisses – in einen Geldanspruch wandelt, stellt sich die Frage der Forderungsqualifikation, die sich daran orientiert, auf welche Arbeitsstunden (bzw Arbeitsleistungen) der nunmehr in Geld fällige Zeitausgleich zurückgeht. Soweit der Zeitausgleich durch Arbeitsstunden nach der Eröffnung des Insolvenzverfahrens erworben wurde, ist der umgewandelte Geldanspruch als Masseforderung gem § 46 Z 3 IO zu qualifizieren, soweit er durch Arbeitsstunden vor der Eröffnung des Insolvenzverfahrens erworben wurde, ist der Anspruch als Insolvenzforderung gem § 51 Abs 1 IO zu qualifizieren (vgl § 46 IO Rz 8 f; OGH 8 ObA 24/05w, DRdA 2006, 151 = ZIK 2006/69, 61; 8 ObA 86/05p, DRdA 2006, 495 = ZIK 2007/33, 22; aA *W. Anzenberger*, ZIK 2002, 5). Die Tilgungsregel des § 1416 ABGB ist dabei zu beachten, sodass ein allfälliger Zeitausgleichsverbrauch zunächst die ältesten geleisteten Arbeitsstunden ausgleicht (vgl *Koziol* in KBB[5] § 1416 ABGB Rz 1 ff; s auch OGH 8 ObS 305/01p, infas 2002 A 65 = ZIK 2003/98, 71; insb aber EuGH Rs C-125/95, *Regeling*, Slg 1998, I-4493 = ZIK 1998, 136; *Weber*, ZIK 1998, 120; weiters IA 2234/A 25. GP 4; Genaueres § 1 Rz 182).

Zu fragen ist schließlich, ob die gegenständlichen Sicherungsgrenzen in die 20
Vergangenheit den unionsrechtlichen Vorgaben der InsolvenzRL 2008/94/EG
entsprechen.

Eine allfällige Überschneidung mit der InsolvenzRL könnte sich daraus ergeben, dass Art 3 Abs 2 der RL auf Zeiträume abstellt, die ihrem Wesen nach zu nicht erfüllten Ansprüchen auf Arbeitsentgelt führen können (vgl *Liebeg*, IESG[3] § 3a Rz 8). Karenzzeiten, insb die gesetzliche Karenz, in denen die wechselseitigen Pflichten aus dem Arbeitsverhältnis ruhen, verlängern laut EuGH in der Rs *Mau* (EuGH Rs C-160/01, Slg 2003, I-4791) die Sechsmonatsfrist entsprechend. Allerdings ist die Rs *Mau* nicht undifferenziert auf die österr Rechtslage übertragbar, da durch die rechtzeitige Klage der Sicherungszeitraum gem § 3a Abs 1 S 2 IESG verlängert wird und keine Anhaltspunkte zu finden sind, warum ein AN während einer Karenzzeit oder eines absoluten Beschäftigungsverbotes gegenüber einem anderen AN unterschiedlich behandelt werden sollte (vgl OGH 8 ObS 13/06d, ZIK 2007/204, 142; s auch OGH 8 ObS 4/14t, DRdA 2015/20, 174 *[Höbart]* = ZIK 2014/329, 235 in Bezug auf Zeitausgleichsguthaben, deren Sicherungszeitraum als Folge einer Karenz ebenfalls nicht verlängert wird). Im Gegensatz zur österr Rechtslage konnte die Sicherungszeit in der Rs *Mau*, die innerhalb von drei Monaten ab dem Stichtag angesiedelt war, durch Klage nicht verlängert werden. Die Schranke war daher absolut festgelegt, sodass wegen der völligen Überlagerung mit der entgeltfreien Zeit bei aufrechtem Dienstverhältnis eine Sicherung schlichtweg nicht gegeben war.

4. Sicherungsgrenzen für die Zeit nach dem Stichtag

Das traditionelle System der Sicherung des Entgelts nach dem Stichtag 21
wurde auch im Gefolge des IRÄG 2010 BGBl I 2010/29 im Wesentlichen aufrechterhalten. Bei der Festlegung des Sicherungszeitraumes für Entgelt nach dem Stichtag unterscheidet § 3a Abs 2 – 6 IESG zwischen den verschiedenen, Stichtage darstellenden Sicherungstatbeständen (vgl § 3 Rz 3). Für die Zuordnung des Entgelts im Zeitraum vor oder nach dem Stichtag ist grundsätzlich auf das **Entstehen** desselben abzustellen. Dies ergibt sich aus einer systematischen Zusammenschau der §§ 3a und 3b IESG, wenn auch § 3a Abs 1 IESG singulär die Fälligkeit anspricht (Rz 3). Diesbezüglich ist jedoch nur von einer weiteren Sicherungsschranke auszugehen, ohne dass das zu Grunde liegende Gesamtkonzept aufgelöst wäre (vgl Rz 9).

In gewissen in § 3a Abs 4 IESG umschriebenen Konstellationen ist überdies eine sog **Ausfallshaftung** gegeben (vgl Rz 27 f). Damit ist gemeint, dass der IEF trotz Entstehens des Entgelts im gesicherten Zeitraum (vgl Rz 22 ff) nur dann und insoweit zahlungspflichtig ist, als der Insolvenzverwalter schriftlich erklärt, dass die Masse bzw der AG zur Zahlung nicht oder nicht vollständig in der Lage ist, oder die Masseunzulänglichkeit nach § 124a IO dem Insolvenzgericht angezeigt wurde. Im letzteren Fall erübrigt sich die Erklärung des Insolvenzverwalters, da die Masseunzulänglichkeit für jedermann einsehbar in der Insolvenzdatei (vgl § 257 IO) veröffentlicht wird. Dadurch soll die „Zwangskreditfunktion" des IEF, die darin besteht, dass unabhängig von der Frage, ob der Schuldner (die Insolvenzmasse) die laufenden Entgelte, die Masseforderungen darstellen (vgl § 46 IO Rz 6 f), dem AN tatsächlich ausbezahlen kann oder nicht, jedenfalls Insolvenz-Entgelt gebührt, eingeschränkt werden (ErläutRV 737 BlgNR 20. GP 10). Zu beachten ist, dass für die Zeit nach dem Stichtag – wie allgemein üblich – auch Überstundenentgelte dem hier maßgeblichen Begriff des Entgelts (iwS) zuzuordnen sind (so auch *Liebeg*, IESG[3] § 3a Rz 93; vgl Rz 15). Die Judikatur (OGH 8 ObS 293/00x, DRdA 2001, 453 = ASoK 2001, 336) zählt ebenfalls in diesem Zusammenhang systemwidrig den Aufwandersatz zum Entgelt (vgl Rz 15).

4.1 Insolvenzverfahren

22 Die Bestimmungen des § 3a Abs 2 IESG über die Sicherung des Entgelts einschließlich allfälliger Sonderzahlungen für die Zeit nach Eröffnung des Insolvenzverfahrens korrespondieren eng mit den verschiedenen Möglichkeiten, die eine Verfahrenseröffnung nach der IO mit sich bringen kann. Die Bezeichnung „Insolvenzverfahren" stellt seit dem IRÄG 2010 BGBl I 2010/29 einen Oberbegriff dar und umfasst sowohl das Konkursverfahren (vgl Vorbem IO Rz 6 ff) als auch das Sanierungsverfahren mit oder ohne Eigenverwaltung (vgl Vorbem IO Rz 10 ff). Eine Anpassung der Bestimmungen des IESG erfolgte schon nach dem IRÄG 1997 BGBl I 1997/114. Eine zentrale Rolle nahm und nimmt dabei die Berichtstagsatzung ein (vgl §§ 91a, 114b IO):

23 Findet **keine Berichtstagsatzung** statt, weil zB das Unternehmen schon zuvor mangels Fortführungswürdigkeit geschlossen ist, so gebührt gem § 3a Abs 2 Z 3 IESG Insolvenz-Entgelt für Entgelt „bis zum Ende des Zeitraumes nach § 3a Abs 5 IESG", also – wie seit jeher – höchstens **bis zum Ende des dritten Monats, der auf den Stichtag** „Insolvenzverfahrenseröffnung" **folgt.** Ist bspw der 15. eines Monats Stichtag, so erstreckt sich die Entgeltsicherung auf den Rest des laufenden Monats und auf die nächsten vollen drei Monate; später entstandene Entgelte sind im Allgemeinen nicht mehr unbedingt, sondern nur bedingt gesichert (s Rz 28).

Bei Vorliegen eines **ausländischen Insolvenztitels** gebührt grundsätzlich Insolvenz-Entgelt für das Entgelt bis zum Ende des 4. Monats ab dem Stichtag. Zeigt der ausländische Insolvenzverwalter die Fortführung des Unternehmens an, verkürzt sich die Frist auf das Ende des Monats, in dem die Bekanntmachung in der Insolvenzdatei erfolgt. Wird im Inland ein Sekundär- oder

Partikularverfahren nach den Bestimmungen der EuInsVO eröffnet, ist von einem inländischen Verfahren mit den entsprechenden Fristen auszugehen (vgl Rz 34 f).

Kommt es zu einer **Berichtstagsatzung,** so besteht Anspruch auf Insol- 24 venz-Entgelt für Entgelt ab der Insolvenzverfahrenseröffnung **bis zu dieser Tagsatzung** bzw einem vorher eintretenden (rechtlichen) Ende des Arbeitsverhältnisses (§ 3a Abs 2 Z 1 iVm Z 2 IESG). Wird das Arbeitsverhältnis vor der Berichtstagsatzung gelöst, so gebührt das entsprechende Insolvenz-Entgelt gegebenenfalls auch über die Lösungserklärung hinaus **bis zum Ende des Arbeitsverhältnisses** (vgl § 3a Abs 2 Z 2 IESG; *Liebeg*, IESG[3] § 3a Rz 99). In diesen Konstellationen – wie auch im Fall des § 3a Abs 2 Z 4 IESG (s Rz 25) – ist es im Hinblick auf die Sicherung irrelevant, ob die Masse zur Entgeltzahlung nicht in der Lage ist und der Insolvenzverwalter eine diesbezügliche Erklärung abgibt.

Die Sicherung der Entgelte für die Zeit **nach der Berichtstagsatzung** 25 hängt von den unternehmensbezogenen Entscheidungen in dieser Tagsatzung ab: Wird bei der Berichtstagsatzung **kein Beschluss über die Fortführung des Unternehmens** gefasst, sondern zB die Schließung angeordnet oder bewilligt, und wird das Arbeitsverhältnis **nach § 25 IO** gelöst, so gebührt jedenfalls Insolvenz-Entgelt für das Entgelt **bis zum** (rechtlichen) **Ende des Arbeitsverhältnisses** (§ 3a Abs 2 Z 4 IESG; vgl dazu auch § 25 IO Rz 17). Erfolgt trotz fehlender Fortführungswürdigkeit des Unternehmens keine Beendigung iSd § 25 IO, so ist eine bedingte Sicherung nach den Grundsätzen des § 3a Abs 2 Z 5 IESG vorgesehen (s Rz 26).

Ergeht in der Berichtstagsatzung ein **Beschluss auf Fortführung** des 26 Unternehmens (vgl auch § 25 IO Rz 16) oder erfolgt trotz Nichtvorliegens eines derartigen Beschlusses keine Lösung nach § 25 IO (arg § 3a Abs 2 Z 4 IESG), so richtet sich die Sicherung des Entgelts im Anschluss an die Berichtstagsatzung nach § 3a Abs 2 Z 5 iVm Abs 4 IESG. Das bedeutet, dass für diesen Zeitraum **grundsätzlich kein Insolvenz-Entgelt** für das Entgelt besteht, zumal dieses gegenüber dem AN idR voll aus der Masse zu bestreiten ist (vgl ErläutRV 737 BlgNR 20. GP 10; *Riegler*, ASoK 1997, 281; s auch § 46 IO Rz 7 f).

Ausnahmsweise gebührt in dieser Fallkonstellation Insolvenz-Entgelt im Rahmen einer Ausfallshaftung des IEF (s dazu gleich) bis zum rechtlichen Ende des Arbeitsverhältnisses, wenn nach der Berichtstagsatzung oder bei Ausfall der Berichtstagsatzung nach dem Ende des dritten Monats, der auf die Eröffnung des Insolvenzverfahrens folgt, **bis zur Aufhebung des Insolvenzverfahrens** der AN **wegen der ersten nicht vollständigen Entgeltzahlung** berechtigt vorzeitig **austritt** (vgl insb § 26 Z 2 AngG, § 82a lit d GewO 1859) oder das Arbeitsverhältnis aus anderen Gründen gelöst wird. Die Austrittsobliegenheit wurde mit dem IRÄG 2010 BGBl I 2010/29 bzgl der Sonderzahlungen und bestrittenen Ansprüche eingeschränkt (s Rz 27). Die bisherige maximale Sicherung über die Verfahrensaufhebung hinaus bis zum Erfüllungszeitraum eines von den Gläubigern angenommenen Sanierungsplanes („Zwangsausgleich alt") wurde mangels Sicherungsbedarfs ersatzlos gestrichen. Nach Aufhebung des Insolvenzverfahrens ist es ohne Weiteres möglich, dass bei Nichtzahlung des Entgelts ein neuer Anknüpfungstatbestand herbeigeführt werden kann. Eine Austrittsobliegenheit für Zeiträume nach der Aufhebung des Insolvenzverfahrens könnte sich nur nachteilig für den AN auswirken.

„**Ausfallshaftung**" bedeutet, dass Insolvenz-Entgelt nur dann und insoweit gebührt, als der Insolvenzverwalter schriftlich erklärt, dass die Masse zur Zahlung nicht oder nicht vollständig in der Lage ist, oder die Massenunzulänglichkeit dem Insolvenzgericht angezeigt hat (§ 3a Abs 4 IESG; s Rz 21). **Nicht bloß** als **Ausfallshaftung** steht jedoch die Sicherung jenes Entgelts zu, wegen dessen ungebührlicher Schmälerung oder Vorenthaltung der AN den Austritt erklärt hat (§ 3a Abs 2 Z 5 letzter S IESG).

4.2 Austrittsobliegenheit und Ausfallshaftung bei Eröffnung des Insolvenzverfahrens

27   Hinter der Austrittsobliegenheit und der damit zusammenhängenden Ausfallshaftung des IEF steht der **gesetzgeberische Zweck**, den IEF nicht in eine Zwangskreditierungsfunktion zu drängen (ErläutRV 737 Blg Nr 20. GP 10) und dadurch Hoffnungssanierungen zu begünstigen. Auf den AN soll Druck ausgeübt werden, das Arbeitsverhältnis zu beenden, wenn der Insolvenzverwalter bzw der AG (bei Eigenverwaltung) nach der Berichtstagsatzung im Falle einer Unternehmensfortführung das Entgelt nicht zur Auszahlung bringt (*Liebeg*, IESG[3] § 3a Rz 109). Der weitere Anwendungsfall, dass keine Berichtstagsatzung (vgl Rz 23) stattfindet, löst ebenfalls eine Austrittsobliegenheit entweder nach Ablauf von drei Monaten (§ 3a Abs 5 IESG) oder bei Auslandsinsolvenzen uU nach Ablauf von vier Monaten nach dem Stichtag (§ 3a Abs 6 IESG) aus (s Rz 34). Die Viermonatsfrist gilt nur dann, wenn der ausländische Insolvenzverwalter nicht die Unternehmensfortführung in der österr Insolvenzdatei anzeigt. Zeigt er eine Unternehmensfortführung vor Ablauf der Viermonatsfrist an, besteht eine Austrittsobliegenheit ab dem Ende des Monats der Bekanntmachung der Unternehmensfortführung in der Insolvenzdatei (vgl Rz 23, 34).

Wegen der nachteiligen Folgen der Verletzung der **Austrittsobliegenheit** für den AN ist eine inhaltliche Konkretisierung erforderlich. Wegen der Austrittsobliegenheit hat der Insolvenzverwalter grundsätzlich mit einem Austritt zu rechnen, wenn er nicht bei Fälligkeit zahlt. Eine **Nachfristsetzung** zur

Wahrnehmung der Zahlung ist **nicht erforderlich** (vgl *Gahleitner*, ZIK 1997, 204; *Liebeg*, wbl 1997, 404). Dessen ungeachtet ist es jedoch **unschädlich,** wenn der AN eine angemessene Nachfrist setzt, da ein solch schwerwiegender Schritt eine gewisse Überlegungsfrist zulässt (*Gahleitner*, ZIK 1997, 204; OGH 8 ObS 8/04s, DRdA 2004, 562 = infas 2004 A 82). Die Setzung einer angemessenen Nachfrist erscheint auch vor dem Hintergrund sinnvoll, dass ein administrativer Fehler, der nicht auf einer Zahlungsunfähigkeit basiert, zu einem objektiven Zahlungsverzug führen kann, der zum Austritt berechtigt, zumal es irrelevant ist, aus welchen Gründen die Zahlung des Entgelts ausbleibt (*Pfeil* in ZellKomm³ § 26 AngG Rz 24).

Dem Zweck der Regelung entsprechend hat die Judikatur ein durchaus zielgerechtes Beurteilungskriterium entwickelt, indem sie einen **Kausalitätsgegenbeweis** zulässt (OGH 8 ObS 316/01f, DRdA 2002, 409 = ZIK 2002/203, 143; 8 ObS 14/04y, ASoK 2005, 178 = infas 2005 A 32; 8 ObS 7/05w, wbl 2005/206, 380). Die **Verletzung der Austrittsobliegenheit** wirkt dann nicht anspruchsvernichtend, wenn diese nachweislich **keinen Einfluss auf den Umfang der Leistungspflicht des IEF** hat, zB weil der Insolvenzverwalter bereits das Arbeitsverhältnis gem § 25 IO oder aus anderen Gründen zur Auflösung gebracht hat. In diesen Fällen wird man die Verletzung der Austrittsobliegenheit verneinen müssen, da das Arbeitsverhältnis bereits in das Beendigungsstadium versetzt wurde. Eine Verletzung der Austrittsobliegenheit ist darüber hinaus nur für solche Ansprüche zu bejahen, die der (bedingten) Sicherung nach § 3a Abs 2 Z 5 IESG unterliegen. Für Ansprüche, die ohnehin unbedingt nach § 3a Abs 2 Z 1–4 IESG gesichert sind, besteht trotz Nichtzahlung keine Austrittsobliegenheit (OGH 8 ObS 19/01d, ZIK 2001/233, 142 = wbl 2001/261, 439; 8 ObS 12/14v, DRdA-infas 2015/69, 77 = ZIK 2015/47, 41). So muss der AN nicht wegen der Vorenthaltung von Ansprüchen austreten, die vor der Berichtstagsatzung entstanden sind, wenn das Unternehmen unbefristet fortgeführt wird und die nach der Berichtstagsatzung fälligen Entgelte pünktlich beglichen werden.

Dem Zweck der Ausfallshaftung entsprechend kann eine Austrittsobliegenheit **nicht für strittige Ansprüche** verlangt werden. Es ist nicht zumutbar und der Ratio der Austrittsobliegenheit (s oben) nicht dienlich, dass der AN einen unberechtigten Austritt riskieren soll. Mit dem IRÄG 2010 BGBl I 2010/29 wurde dies in § 3a Abs 2 Z 5 IESG klargestellt, wie auch eine Austrittsobliegenheit für unbegliche Ansprüche auf Sonderzahlungen gestrichen wurde, da die Fälligkeitsregelungen in verschiedenen KollV iZm der insolvenzrechtlichen Forderungsqualifikation Streitfragen auslösen können. So sind Konstellationen denkbar, in denen Sonderzahlungen (zB der Urlaubszuschuss) bereits im Juli für das gesamte Jahr fällig werden, obwohl noch nicht feststeht, ob das Unternehmen in der Insolvenz fortgeführt werden kann.

28 Die **Ausfallshaftung** als subsidiäres Sicherungsinstrument setzt voraus, dass der **zuständige Verwalter** (Insolvenzverwalter, Masseverwalter oder Sanierungsverwalter) bzw AG eine schriftliche **Erklärung** abgibt, dass die Insolvenzmasse bzw der AG zur Zahlung nicht oder nicht vollständig in der Lage ist. Eine solche Erklärung erübrigt sich für den Fall, dass eine Masseunzulänglichkeit nach § 124a IO angezeigt wurde. Obwohl diese Erklärung bei Eintritt der Voraussetzungen idR wohl auch im Interesse der Masse abgegeben wird, stellt sich die Frage nach der Durchsetzbarkeit, wenn die **Erklärung unbegründet verweigert** wird. *Gahleitner* (ZIK 1997, 206) zieht § 84 IO heran, übersieht aber dabei, dass es sich nicht um eine genuin insolvenzrechtliche Pflicht des Insolvenzverwalters iSd § 81 IO handelt. Ein Abhilfeersuchen nach § 84 IO erscheint nicht zielführend, insb auch deshalb, weil der Insolvenzverwalter angehalten ist, im IESG-Verfahren, einem Verwaltungsverfahren, mitzuwirken.

Die **IEF-Service GmbH** ist aus diesem Grund auf die verwaltungsrechtlichen Bestimmungen im AVG oder Sonderbestimmungen im IESG verwiesen. Ua bestehen Sanktionsmöglichkeiten für AG gem § 16 IESG, die wissentlich unwahre Angaben machen, vorsätzlich die Erklärung gem § 6 Abs 4 IESG (vgl § 6 Rz 25) grundlos verweigern oder ihrer Auskunftspflicht nach § 14 Abs 3 IESG nicht nachkommen (vgl § 14 Rz 9). Wenn auch die Ausfallshaftung in den zitierten Bestimmungen nicht konkret angesprochen ist, ist aus diesen Vorschriften das **allgemeine Prinzip verwaltungsrechtlicher Sanktionen bei fehlender Mitwirkung** ableitbar. Die fehlende Mitwirkung des Insolvenzverwalters oder AG ist daher im Verwaltungsverfahren zu beurteilen. Wenn im Einzelfall eine Sanktionsmöglichkeit verneint wird, bietet es sich an, den Grund der fehlenden Erklärung von Amts wegen zu bewerten bzw in freier Beweiswürdigung zu beurteilen.

Aus der Sicht des **AN** wäre als Ultimo Ratio eine **Klagsführung** gegen den Insolvenzverwalter möglich, wenn dieser kommentarlos nicht bezahlt. Sollte trotz Erwirkens eines Exekutionstitels eine Exekution erfolglos verlaufen, ist nach freier Beweiswürdigung die Zahlungsunfähigkeit der Masse anzunehmen (vgl auch *Gahleitner*, ZIK 1997, 206). Eine Regressmöglichkeit der IEF-Service GmbH besteht ohnehin in voller Höhe (vgl § 11 Rz 1 ff).

4.3 Geschäftsaufsicht

29 Gem § 3a Abs 3 IESG gilt im Fall der Anordnung des Geschäftsaufsicht eine unbedingte Sicherung für Entgelt einschließlich des Sonderzahlungsanteils nur bis zum Ende des Monats, in dem die Anordnung erfolgte. Das bedeutet, dass die Entgelte nur **für den restlichen Monat nach der Anordnung** jedenfalls gesichert sind. **Danach** gebührt Insolvenz-Entgelt nur unter den Voraussetzungen und in den Grenzen der **Ausfallshaftung** sowie des rechtzeitigen Austritts des AN (siehe Rz 27 f). Die Sicherung für das Entgelt einschließlich des Sonderzahlungsanteils ist jedenfalls begrenzt mit dem Ende des dritten Monats nach dem Stichtag (s § 3 Rz 3).

4.4 Beschlüsse nach § 1 Abs 1 Z 2–6 IESG

Im Fall eines Beschlusses nach § 1 Abs 1 Z 2–6 IESG, also bei Ablehnung des Insolvenzeröffnungsantrags mangels hinreichenden Vermögens, Ablehnung der Insolvenzeröffnung gem § 68 IO, Löschung gem § 40 oder § 42 FBG wegen Vermögenslosigkeit, Zurückweisung des Insolvenzeröffnungsantrags gem § 63 IO sowie Abtuung armutshalber oder Iure-crediti-Einantwortung gem § 153 Abs 1 bzw § 154 Abs 1 AußStrG (s § 1 Rz 159 ff), gebührt Insolvenz-Entgelt für das Entgelt vom Stichtag (vgl § 3 Rz 3) **bis zum Ende des dritten auf den Stichtag folgenden Monats** (vgl Rz 23). 30

4.5 Insolvenzfälle im Ausland

In Abweichung von der allgemeinen Kollisionsnorm des Art 7 EuInsVO, der den Grundsatz der lex concursus fori normiert, erklärt Art 13 EuInsVO für die Wirkungen des Insolvenzverfahrens auf den Arbeitsvertrag und das Arbeitsverhältnis **jenes Recht** für **anwendbar**, das **auf den Arbeitsvertrag anzuwenden** ist (lex causae; vgl *Duursma-Kepplinger* in *Duursma-Kepplinger/Duursma/Chalupsky*, EuInsVO Art 10 Rz 1). Es gilt sohin das allgemeine Kollisionsrecht für Arbeitsverträge, das ist insb die Rom I-VO. Diese VO folgte auf das EVÜ und kommt auf Verträge zur Anwendung, die seit 17. 12. 2009 abgeschlossen wurden. Das EVÜ kommt seinerseits auf Verträge zur Anwendung, die seit 1. 12. 1998 abgeschlossen wurden, zuvor galt das österr IPRG. 31

Gem Art 8 Rom I-VO gilt für Arbeitsverträge und Arbeitsverhältnisse mangels Rechtswahl grundsätzlich das Recht des Staates, in dem der AN in Erfüllung des Vertrages gewöhnlich seine Arbeit verrichtet, selbst wenn er vorübergehend in einen anderen Staat entsandt ist (Abs 2 leg cit); wenn das Recht nach lit a nicht bestimmt werden kann, gilt das Recht des Staates, in dem sich die Niederlassung befindet, die den AN eingestellt hat (Abs 3). Nur wenn sich aus der Gesamtheit der Umstände ergibt, dass der Arbeitsvertrag oder das Arbeitsverhältnis engere Verbindungen zu einem anderen Staat aufweist, ist das Recht dieses anderen Staates anzuwenden (sog Ausweichklausel; Art 8 Abs 4 Rom I-VO). 32

Diese Prinzipien des Art 8 Rom I-VO entsprechen mehr oder weniger – abgesehen von der Ausweichklausel – den Vorgängerbestimmungen in Art 6 EVÜ bzw § 44 IPRG (vgl *Ganglberger*, Auslandsbezug 14).

33 Bei gewöhnlichem Arbeitsort in Österreich und Vorliegen eines Insolvenztatbestands gem § 1 Abs 1 IESG im Ausland ergibt sich vielfach das Problem, dass für das außerordentliche Auflösungsrecht im österreichischen Insolvenzarbeitsrecht gewisse Anknüpfungen, wie zB die Berichtstagsatzung, ein insolvenzgerichtlicher Schließungsbeschluss etc erforderlich sind (vgl § 25 IO Rz 10 ff), die im ausländischen Insolvenzrecht des Eröffnungsstaates unbekannt sind. Um trotzdem dem AN ein außerordentliches Auflösungsrecht zu sichern, sieht § 25 Abs 1 Z 3 IO vor, dass der AN jedenfalls im vierten Monat nach Eröffnung des Insolvenzverfahrens berechtigt austreten kann, wenn bis dahin keine Berichtstagsatzung stattgefunden hat und die Fortführung des Unternehmens nicht in der Insolvenzdatei bekannt gemacht wurde. Ein außerordentliches Kündigungsrecht des ausländischen Insolvenzverwalters ist in § 25 Abs 1 Z 3 IO ebenfalls festgelegt (vgl § 25 IO Rz 19).

34 Diesem weiteren Auflösungsrecht bei einem ausländischen Insolvenztitel wird § 3a Abs 6 IESG gerecht, wo die unbedingte Sicherung für das laufende Entgelt bis zum Ende des vierten Monats nach dem Stichtag gem § 3 Abs 1 IESG verlängert wird, wenn nicht der ausländische Insolvenzverwalter in der österreichischen Insolvenzdatei (vgl § 242 Abs 2 IO) die Fortführung des Unternehmens anzeigt; im letzteren Fall dauert die unbedingte Sicherung für das Entgelt bis zum Ende des Monats, in dem die Bekanntmachung in der Insolvenzdatei erfolgt ist.

Der erweiterten Sicherung bedarf es nur im Falle eines ausländischen Insolvenzverfahrens, sodass eine ergänzende Sicherung bei Eröffnung eines Sekundärinsolvenzverfahrens nach Art 3 Abs 2 – 4 EuInsVO oder eines Partikularverfahrens nach Art 3 Abs 2 und 4 EuInsVO im Inland nicht notwendig ist, zumal im Anwendungsbereich dieses Verfahrens österr Insolvenzrecht heranzuziehen, insb aber ein inländischer Anknüpfungstatbestand iSd § 1 Abs 1 IESG verwirklicht ist (s § 1 Rz 164 ff). Insofern haben diese Ausnahmen im Gesetzestext klarstellenden Charakter.

35 Eine über das vierte Monat hinausgehende bedingte Sicherung im Rahmen der Ausfallshaftung besteht auch für Auslandsinsolvenzen, sofern die Austrittsobliegenheit nicht verletzt wurde (vgl Rz 27).

§ 3b IESG

Für weitere Ansprüche

§ 3b. Insolvenz-Entgelt gebührt mit Ausnahme der Ansprüche gemäß § 3a für folgende gesicherte Ansprüche:
1. für Ansprüche, sofern diese spätestens bis zum Ablauf der jeweiligen Frist nach § 3a Abs. 2 Z 1 bis 4, Abs. 3, 5 oder 6 entstanden sind;
2. für Ansprüche, sofern spätestens bis zum Ablauf der jeweiligen Frist nach § 3a Abs. 2 Z 1 bis 4, Abs. 3, 5 oder 6
   a) die Kündigung des Arbeitsverhältnisses ausgesprochen,
   b) die einvernehmliche Lösung des Arbeitsverhältnisses vereinbart,
   c) die vorzeitige Auflösung des Arbeitsverhältnisses ausgesprochen oder
   d) bei einem, einen besonderen Kündigungs- und Entlassungsschutz genießenden Arbeitnehmer die Klage auf Zustimmung zur Kündigung oder vorzeitigen Auflösung beim zuständigen Gericht erhoben bzw. die Zustimmung zur Kündigung oder vorzeitigen Auflösung des Arbeitsverhältnisses bei der zuständigen Behörde beantragt wurde;
3. für Ansprüche aus der Beendigung des Arbeitsverhältnisses bei Fortführung des Unternehmens nach der Berichtstagsatzung bis zur Aufhebung des Insolvenzverfahrens, wenn der Arbeitnehmer wegen der ungebührlichen Schmälerung oder Vorenthaltung des ihm zukommenden Entgelts seinen berechtigten vorzeitigen Austritt erklärt, sofern die Voraussetzungen für die Ausfallshaftung nach § 3a Abs. 4 vorliegen;
4. für Ansprüche aus der Beendigung des Arbeitsverhältnisses, die bis zur Aufhebung des Insolvenzverfahrens entstehen, sofern das Arbeitsverhältnis aus anderen Gründen als gemäß Z 3 gelöst wird und die Voraussetzungen für die Ausfallshaftung nach § 3a Abs. 4 vorliegen;
5. für Kosten gemäß § 1 Abs. 2 Z 4.

(§ 3b IESG eingefügt durch BGBl I 1997/107, idF BGBl I 2017/123)

Schrifttum zu § 3b IESG

Holler, Entstehen des Anspruchs auf Kündigungsentschädigung, DRdA 1984/16, 344 (EAnm);
W. Schwarz, Zeitwidrige Kündigung und Wissenserklärung im Arbeitsrecht, ÖJZ 1984, 617;
Spielbüchler, Insolvenz und Arbeitsrecht, DRdA 1982, 273;
Sundl, Abfertigung und Arbeitgeberinsolvenz. Ein Vergleich der Insolvenzentgeltsicherung vor und nach In-Kraft-Treten des betrieblichen Mitarbeitervorsorgegesetzes, ASoK 2003, 186;
Wolligger, Arbeitnehmeransprüche bei Arbeitgeberinsolvenz nach EG- und österreichischem Recht (2001).

§ 3b IESG *Sundl*

Übersicht zu § 3b IESG

1. Allgemeines.. Rz 1–2
2. Erwerb der von § 3b IESG erfassten Ansprüche .... Rz 3–9
3. Die Sicherungszeiträume des § 3b IESG im Einzelnen............ Rz 10
   3.1 Die Grundanordnung des § 3b Z 1 IESG .... Rz 11
   3.2 Die Erweiterung gem § 3b Z 2 IESG........................... Rz 12–17
   3.3 Die Erweiterung gem § 3b Z 3 IESG........................... Rz 18–19
   3.4 Die Erweiterung gem § 3b Z 4 IESG........................... Rz 20–23
   3.5 Sonderregelung für Kosten .... Rz 24

1. Allgemeines

1 § 3b IESG beschäftigt sich mit Sicherungsgrenzen in zeitlicher Hinsicht in Bezug auf jene gesicherten Ansprüche iSd § 1 Abs 2 IESG, die nicht gem § 3a IESG als Entgelte – zu diesen gehören auch die Sonderzahlungen – zu qualifizieren sind (zum Inkrafttreten des § 3b IESG vgl § 17a Rz 14). Die gewählte Formulierung in der Überschrift zu § 3b IESG lässt eine extensive Auslegung zu, die **alle Ansprüche** erfasst, die **nicht zum Entgelt iSd § 3a IESG** zählen (vgl *Gahleitner* in ZellKomm³ § 3b IESG Rz 1). Erfasst sind demnach Entgelte aus der Beendigung des Arbeitsverhältnisses (s § 1 Rz 272 ff), Schadenersatzansprüche (§ 1 Rz 278 ff), sonstige Ansprüche gegen den AG (§ 1 Rz 306 ff) sowie zur zweckentsprechenden Rechtsverfolgung notwendige Kosten (§ 1 Rz 315 ff).

2 § 3b IESG enthält im Gegensatz zu § 3a Abs 1 IESG keine spezifische Sicherungsschranke in die Vergangenheit (vgl § 3a Rz 6 ff), sodass diesbezüglich nur die allgemeinen, in § 1 Abs 2 und 3 IESG niedergelegten Voraussetzungen (Aufrechtbestehen des Anspruchs, keine Verjährung, kein Ausschluss; s § 1 Rz 178 ff, 332 ff) gegeben sein müssen. Bei der Berechnung des Insolvenz-Entgelts für die gegenständlichen Ansprüche sind gem § 3 Abs 3 IESG gewisse arbeitsrechtliche Gestaltungen außer Acht zu lassen (vgl § 3 Rz 28 ff). Letztlich nimmt § 3b IESG prioritär auf die Zeit nach dem Stichtag (vgl § 3 Rz 3) Bezug, sodass inhaltlich die Voraussetzungen für eine Sicherung nach dem Stichtag festgelegt werden.

Da in § 3b IESG der Zeitpunkt des Entstehens von Ansprüchen eine gewichtige Rolle spielt, wird im Folgenden zuerst allgemein auf diese Problematik eingegangen (vgl Rz 3 ff). Danach werden die einzelnen von § 3b IESG gebildeten Sicherungszeiträume ausgeleuchtet (vgl Rz 10 ff).

2. Erwerb der von § 3b IESG erfassten Ansprüche

3 In § 3b IESG wird mehrmals auf das **„Entstehen"**, dh den Erwerb eines Anspruchs abgestellt. Das Entstehen einer Forderung ist von deren Fälligkeit zu unterscheiden (vgl § 3a Rz 3). Durch die Heranziehung des Tatbestandsmerkmals „Entstehen" soll gewährleistet sein, dass ein Anspruch auch dann gesichert ist, wenn die Fälligkeit desselben erst viel später eintritt und außerhalb des gesicherten Zeitraums liegt. Relevant für den Erwerb ist jenes Ereignis, das die rechtlich maßgebliche Grundlage für den Anspruch bildet, auch wenn dieser erst zu einem anderen Zeitpunkt gefordert werden kann.

Für die **Ansprüche aus der Beendigung des Arbeitsverhältnisses** ist der **Zeitpunkt der rechtlichen Lösung** des Arbeitsverhältnisses Bedingung für das Entstehen. Als Ansprüche aus der Beendigung des Arbeitsverhältnisses werden demnach solche Ansprüche qualifiziert, die ihren Rechtsgrund in der Tatsache der Beendigung des Arbeitsverhältnisses haben und deren Leistung durch die Liquidierung des Arbeitsverhältnisses bedingt ist (OGH 4 Ob 39/80, ZAS 1981/20, 138 *[Fischer]* = DRdA 1981, 147; 4 Ob 133/80, DRdA 1983/9, 169 *[Kramer]*; *Wolligger*, Arbeitnehmeransprüche 137). **4**

Unter die **Entgeltansprüche aus der Beendigung** (s § 1 Rz 272 ff) ist vor allem die **Abfertigung** (alt) zu subsumieren (s § 1 Rz 233 ff), die jedoch seit dem Inkrafttreten des BMSVG BGBl I 2002/100 sukzessive an Bedeutung verliert (vgl *Sundl*, ASoK 2003, 186). Schließt die Art der Auflösung des Arbeitsverhältnisses einen Erwerb nicht aus, so sind mit dem rechtlichen Ende des Arbeitsverhältnisses alle Bedingungen für diesen Anspruch gegeben, sodass er auch zu diesem Zeitpunkt unbedingt entsteht (vgl *Martinek/W. Schwarz*, Abfertigung 351; *Migsch*, Abfertigung 87; OGH 4 Ob 91/77, Arb 9604; 4 Ob 13/85, DRdA 1987/16, 305 *[Migsch]* = Arb 10.407; VwGH 3090/80, Arb 10.088; LGZ Wien 44 Cg 112/63, Arb 7768). Die für die Zuerkennung von Insolvenz-Entgelt irrelevante Fälligkeit tritt hingegen zunächst nur bzgl des dreifachen Monatsentgelts ein, während die restlichen Beträge vom vierten Monat an in Raten abgestattet werden können (§ 23 Abs 4 AngG). **5**

Auch für den als Entgelt aus der Beendigung zu qualifizierenden Anspruch auf **Urlaubsersatzleistung** gem § 10 UrlG (s § 1 Rz 248 ff) ist die Lösung des Arbeitsverhältnisses die rechtliche Bedingung für das Entstehen (vgl *Reissner* in ZellKomm³ § 10 UrlG Rz 6; zur alten Rechtslage vor dem ARÄG 2000 BGBl I 2000/44 *Kuderna*, UrlR² § 9 UrlG Rz 6 ff, § 10 UrlG Rz 4; OGH 4 Ob 54/80, Arb 9871). **6**

Für die **Kündigungsentschädigung** nach § 29 AngG, § 1162b ABGB etc bzw gem § 25 Abs 2 IO (s § 1 Rz 279 ff) gilt dasselbe. Das relevante Ereignis, auf Grund dessen der Schadenersatz des AN im Fall vorzeitiger Lösung des Arbeitsverhältnisses gebührt, ist die unbegründete Entlassung oder der begründete vom AG verschuldete Austritt (zum Verschulden beim Austritt gem § 25 IO vgl § 25 IO Rz 88). Auch bei zeitwidriger Kündigung gebührt für die Dauer der Verkürzung der Kündigungszeit eine Kündigungsentschädigung. Die Tatsache, dass gewisse Teilbeträge erst zu einem späteren Zeitpunkt gefor- **7** dert werden können, ändert zB bei der Kündigungsentschädigung nichts daran, dass der Anspruch auf diese Beträge als Teil des Gesamtanspruchs gleichfalls wie der drei Monatsentgelte umfassende Betrag zum Lösungszeitpunkt dem Grunde nach entsteht. Was die **Anrechnungsvorschriften** betrifft, so lässt das G (§ 29 AngG, § 1162b ABGB) die über drei Monatsentgelte hinausgehenden Forderungen auf Schadenersatz bloß auflösend bedingt entstehen (vgl § 3 Rz 20), sodass sie mit Eintritt der Bedingung im Ausmaß des Ersparten, Verdienten oder des absichtlich versäumten Erwerbs erlöschen (OGH 9 ObS 15/88, DRdA 1989, 214 = RdW 1989, 310; *Holler*, DRdA 1984/16, 350; *Spielbüchler*, DRdA 1982, 278; vgl jedoch VwGH 82/11/0056, DRdA 1984, 344 = Arb 10.468, der die nicht zu billigende Auffassung vertritt, dass die Kündigungsentschädigungsraten frühestens am Beginn des Monats entstehen, in dem sie fällig werden). Hinsichtlich der Vorgangsweise bei der Zuerkennung von Insolvenz-Entgelt ist festzuhalten, dass vorerst die drei Monate nicht überschreitende Kündigungsentschädigung von der IEF-Service GmbH zugesprochen wird. Die über die Dreimonatsfrist hinausgehenden Ansprüche werden – unbeschadet des Erwerbs der Kündigungsentschädigung an sich – nach Ablauf des maßgeblichen Zeitraumes nach Prüfung der Einrechnungstatbestände gewährt (§ 1 Rz 282, 360). Diese Prüfung kann durch Einvernahme des Anspruchsberechtigten erfolgen, wobei unwahre Angaben oder die Verschweigung maßgebender Tatsachen, aber auch andere Umstände, die die Unredlichkeit des Empfängers bedingen, einen Grund zum Widerruf und zur Rückforderung des Insolvenz-Entgelts darstellen (vgl § 9 Rz 3 ff, 8 f). IdR werden Lohn- bzw Gehaltsbestätigungen des neuen AG angefordert, sofern der Antragsteller unselbständig beschäftigt ist. Bei selbständiger Beschäftigung ist es üblich, die Vorlage des Einkommensteuerbescheides zu verlangen.

8 **Sonstige Schadenersatzansprüche** des AN (s § 1 Rz 291 ff) entstehen grundsätzlich mit **Eintritt des Schadens**. Bei Vergütungsansprüchen nach § 3 DHG ist jedoch zu beachten, dass diese erst mit der tatsächlichen Ersatzleistung des AN an den Dritten erworben werden.

9 Bei **sonstigen Ansprüchen gegen den AG** (s § 1 Rz 306 ff) ist im Hinblick auf deren Vielfalt eine Einzelfallbetrachtung vonnöten. So werden etwa **Aufwandsentschädigungen** oder **Auslagenersätze**, die dem AN aus der Erbringung der ihm obliegenden Arbeitsleistung erwachsen (zB Diäten, Nächtigungsgelder, Kilometergeld), in jenem Zeitpunkt erworben, in dem der entsprechende **Aufwand getätigt** wird. Bei **Vergütungen für Erfindungen** oder Verbesserungsvorschläge wird, sofern diesen nicht der Charakter eines (laufenden) Entgelts zuzubilligen ist, für das Entstehen der Forderung jener Termin maßgeblich sein, zu dem der **AG** die **Innovation in Anspruch nimmt.** Bei der **Karenzabgeltung** im Bereich von Konkurrenzklauseln liegt zwar ein sonstiger Anspruch gegen den AG vor, dieser entsteht als Gegenleistung für die

Konkurrenzenthaltung allerdings **sukzessive** und ähnelt diesbezüglich dem laufenden Entgelt.

3. Die Sicherungszeiträume des § 3b IESG im Einzelnen

Aus der Konzeption des § 3b IESG können eine „Grundanordnung" in § 3b Z 1 IESG (vgl Rz 11) sowie Erweiterungen bzw Modifikationen derselben (Rz 12 ff) entnommen werden. **10**

3.1 Die Grundanordnung des § 3b Z 1 IESG

Gem § 3b Z 1 IESG gebührt Insolvenz-Entgelt für gesicherte Ansprüche – mit Ausnahme der Ansprüche auf Entgelt gem § 3a IESG einschließlich der gebührenden Sonderzahlungen –, „sofern diese bis zum Ablauf der jeweiligen Frist nach § 3a Abs 2 Z 1–4, Abs 3, 5 oder 6 IESG entstanden sind". **11**

§ 3b Z 1 IESG betrifft grundsätzlich **alle gesicherten Ansprüche** mit Ausnahme jener auf Entgelt iSd § 3a IESG. Die Bestimmung stellt auf das **Entstehen** dieser Ansprüche (vgl Rz 3) innerhalb bestimmter Fristen ab. Die Fristen korrelieren mit jenen gem § 3a IESG, wobei die jeweiligen Unterscheidungsmerkmale nach Anknüpfungstatbeständen, Stattfinden oder Nichtstattfinden einer Berichtstagsatzung und Beendigung des Arbeitsverhältnisses sinngemäß gelten.

Hinsichtlich der maßgeblichen **Fristen** erfolgen somit Verweisungen auf § 3a IESG. Die Bezugnahme auf § 3a Abs 2 Z 1–4, Abs 3, 5 oder 6 IESG bedeutet, dass im Falle der **Eröffnung eines Insolvenzverfahrens** der in Frage stehende Anspruch bis zur jeweiligen Berichtstagsatzung, bis zum rechtlichen Ende des Arbeitsverhältnisses, wenn dieses vor der Berichtstagsatzung gelöst wird, bis zum Ablauf des dritten auf die Verfahrenseröffnung folgenden Monats, wenn keine Berichtstagsatzung stattfindet, sowie bis zum rechtlichen Ende des Arbeitsverhältnisses, wenn dieses innerhalb eines Monats nach der ohne Beschluss auf Unternehmensfortführung zu Ende gegangenen Berichtstagsatzung nach § 25 IO gelöst wird, entstanden sein muss (vgl § 3a Rz 22–26).

Die Zitierung des § 3a Abs 3 IESG betreffend die Situation bei **Anordnung der Geschäftsaufsicht** ist undeutlich, weil in dieser Bestimmung zwei Fristen, nämlich in S 1 die Zeit bis zum Ende des Monats der Verfahrenseröffnung und in S 4 die herkömmliche Dreimonatsfrist, vorkommen. Man wird die Verweisung mit *Liebeg* (IESG[3] § 3b Rz 4) auf § 3a Abs 3 S 4 IESG beziehen können, sodass die von § 3b Z 1 IESG geregelten Ansprüche bis zum Ende des dritten Monats, der auf die Anordnung der Geschäftsaufsicht folgt, entstanden sein müssen. Dies schon deshalb, weil eine in § 3a Abs 3 S 2 IESG bestehende Austrittsobliegenheit in § 3b IESG nicht umgesetzt wurde, sodass eine nach diesem Kriterium anknüpfende Fristsetzung in keiner Weise indiziert ist. Der Gesetzgeber schuf die Austrittsobliegenheit bewusst nur in Bezug auf die Entgelte gem § 3a IESG, um die sog „Hoffnungsausgleiche" – nunmehr „Hoffnungs-Sanierungspläne" – zu erschweren (vgl § 3a Rz 27). Die Sicherung weiterer Ansprüche gem § 3b IESG wurde daher ohne Austrittsobliegenheit verankert.

Aus der Anführung des § 3a Abs 5 IESG ist schließlich zu entnehmen, dass bei Verwirklichung eines **Tatbestands des § 1 Abs 1 Z 2–6 IESG** ein Entstehen der gegenständlichen Ansprüche bis zum Ende des dritten Monats, der auf den Eintritt des jeweiligen Tatbestands folgt, stattgefunden haben muss.

Der Verweis auf § 3a Abs 6 IESG bedeutet bei Vorliegen ausländischer Insolvenztitel nach § 1 Abs 1 letzter S IESG im Rahmen des § 3b Z 1 IESG, dass eine Sicherung bis zum vierten Monat gegeben ist bzw bei Bekanntmachung der Fortführung des Unternehmens durch den ausländischen Insolvenzverwalter in der Insolvenzdatei bis zum Ende des Monats, in dem die Bekanntmachung erfolgte. Darüber hinaus kann eine Sicherung nur nach den Erweiterungstatbeständen gem § 3b Z 2, 3 oder 4 IESG möglich sein. Es gibt keinen Hinweis darauf, dass die Erweiterungstatbestände nur auf inländische Anknüpfungstatbestände zu beziehen wären. Nach dem Grundkonzept des IESG sind sämtliche Anknüpfungstatbestände gleichwertig.

3.2 Die Erweiterung gem § 3b Z 2 IESG

12 § 3b Z 2 IESG lässt trotz Entstehens der in § 3b IESG geregelten Ansprüche (vgl Rz 1 ff) außerhalb der Zeiträume des § 3b Z 1 IESG die Sicherung bestehen, sofern „spätestens bis zum Ablauf der jeweiligen Frist nach § 3a Abs 2 Z 1–4, Abs 3, 5 oder 6 IESG" bestimmte Beendigungsaktivitäten gesetzt wurden (vgl auch OGH 9 ObS 10/90).

Die von § 3b Z 2 IESG angesprochenen **Fristen** sind jene, die auch im Bereich des § 3b Z 1 IESG Relevanz haben (vgl Rz 11). § 3b Z 2 IESG nennt mehrere Arten von **Beendigungsschritten,** die, wenn sie innerhalb der maßgeblichen Fristen gesetzt werden, den Sicherungszeitraum für die dem § 3b IESG unterliegenden Ansprüche über diese Fristen hinaus erweitern. Aus der Formulierung des G geht hervor, dass eine derartige Erweiterung nur dann in Frage kommt, wenn das Arbeitsverhältnis durch Kündigung, durch einvernehmliche Lösung oder durch vorzeitige Auflösung aus wichtigem Grund beendet wird. Dem gleichgestellt ist die Situation, dass bei einem AN, der einen besonderen Kündigungs- und Entlassungsschutz genießt, die Zustimmung zur Kündigung oder vorzeitigen Auflösung beim ASG eingeklagt oder bei der zuständigen Behörde beantragt wird.

Sundl **§ 3b IESG**

Der Passus „spätestens bis zum Ablauf der jeweiligen Frist" kann nur so verstanden werden, dass der Ausspruch der Kündigung bzw der vorzeitigen Lösung, die Lösungsvereinbarung oder die Klage bzw der Antrag auf Zustimmung **innerhalb des Zeitraumes, für den grundsätzlich Insolvenz-Entgelt gebührt,** erfolgen muss, während die dadurch eingeleitete Beendigung des Arbeitsverhältnisses – eine zeitliche Grenze ist nicht normiert – erst nach Ablauf dieser Frist eintreten kann. Der Zeitraum, für den Insolvenz-Entgelt zusteht, ist jedoch keinesfalls auf die Zeit nach dem Stichtag beschränkt, sondern es ist auch die Zeit vor dem Stichtag gesichert, es sei denn, der Anspruch ist zB verjährt (s auch Rz 2 sowie § 1 Rz 183 ff). Somit ergibt sich, dass der für die Erweiterung des gesicherten Zeitraumes maßgebliche Ausspruch der Kündigung bzw vorzeitigen Auflösung, die Lösungsvereinbarung oder die Klage bzw der Antrag auf Zustimmung **vor dem Stichtag** oder bis zum Ende der jeweils maßgeblichen Frist **nach dem Stichtag** erfolgt sein muss (so auch *Liebeg*, IESG[3] § 3b Rz 8). Zu diesem Ergebnis führt auch eine grammatikalische Auslegung, nachdem die entsprechende Erklärung oder Rechtshandlung bzw das entsprechende Rechtsgeschäft spätestens bis zum jeweiligen Ende der Frist vorzuliegen haben. Von einem bestimmten Beginn ist aber nicht die Rede, insb fehlt die Beschränkung auf den Zeitraum nach dem Stichtag.

Hinsichtlich der **Kündigung** soll § 3b Z 2 lit a IESG offenbar klarstellen, dass es diesbezüglich keinesfalls auf den Beendigungszeitpunkt innerhalb des allgemeinen Sicherungszeitraumes ankommt, sondern vielmehr auf deren wirksamen Ausspruch. Entgegen dem Wortlaut des G kann allerdings nicht der Zeitpunkt des Ausspruchs der Kündigung maßgeblich sein, sondern es ist auf Grund des Charakters der Kündigung, die – ebenso wie die vorzeitige Lösung – eine empfangsbedürftige Willenserklärung ist, auf den Zeitpunkt des **Zugangs** der Kündigung abzustellen. Eine Kündigung gilt als zugegangen, wenn sie derart in den Machtbereich des Kündigungsgegners gelangt ist, dass der Kündigende nach redlicher Verkehrsauffassung mit der Kenntnisnahme rechnen durfte. Sie ist eine empfangsbedürftige, nicht jedoch eine annahmebedürftige Willenserklärung (dazu eingehend *Martinek/M. Schwarz/ W. Schwarz*[7] 376 ff; *Reissner* in ZellKomm[3] § 20 AngG Rz 23). Die Kündigung muss nicht vom AG ausgehen. Auch die Arbeitnehmerkündigung zeitigt die nämlichen Wirkungen. Allerdings geht, sofern das (alte) Abfertigungsrecht zur Anwendung kommt, gem § 23 Abs 7 AngG der Anspruch auf Abfertigung verloren, wenn der AN selbst kündigt. Dies gilt jedoch nicht, wenn ein AN, obwohl ein wichtiger Grund vorliegt, der ihn zum vorzeitigen Austritt berechtigt hätte, kündigt und dem AG auch bekannt war, dass die Kündigung aus diesem Grund erfolgt. Weiters bleibt der Anspruch auf Abfertigung bei Selbstkündigung des AN insb in den diversen Fällen des § 23a AngG zur Gänze oder zT erhalten (vgl allg *Martinek/M. Schwarz/W. Schwarz*[7] 503 ff;

Martinek/W. Schwarz, Abfertigung 377; *Holzer* in *Marhold/G. Burgstaller/ Preyer* § 23 Rz 69).

14 Was die **einvernehmliche Lösung** (§ 3b Z 2 lit b IESG) anbelangt, so kommt es darauf an, dass innerhalb des allgemeinen Sicherungszeitraums der Konsens der Vertragspartner zustande kommt, das Arbeitsverhältnis aufzulösen. Kommen die Vertragspartner demnach vor dem Stichtag oder nach diesem, jedoch vor Ablauf der maßgeblichen Frist überein, das Arbeitsverhältnis aufzulösen und wird einvernehmlich ein außerhalb dieses Zeitraums liegender Endzeitpunkt bestimmt, so ist die Rechtslage ähnlich wie bei einer innerhalb des Sicherungszeitraumes ausgesprochenen Kündigung: Da laufendes Entgelt nach Maßgabe des § 3a Abs 2–6 IESG gesichert ist, kann die Sicherung unterschiedlich ausgestaltet sein, uU ist es auch denkbar, dass die Sicherung für das laufende Entgelt bereits beendet ist (insb nach § 3a Abs 5 IESG) oder nur mehr eine bedingte Sicherung mit Austrittsobliegenheit besteht. Um missbräuchliche Dispositionen der Arbeitsvertragsparteien hintanzuhalten, wird die zeitlich deutlich nach Ablauf der hypothetischen Kündigungsfrist fixierte Beendigung des Arbeitsverhältnisses keine längere Sicherung nach dieser Bestimmung begründen können. Eine Sicherungslücke ist nach einem Größenschluss nur für die Zeit der hypothetischen Kündigungsfrist bis zu einem allfälligen Termin zu bejahen. Nach der Ratio der Bestimmung sollen jene Fälle aufgefangen werden, in denen die Kündigung in eine einvernehmliche Lösung umgewandelt wird.

15 Die Einbeziehung der **vorzeitigen Auflösung** – bei der ebenfalls nicht der Ausspruch, sondern der Zugang der maßgebliche Zeitpunkt sein muss (vgl Rz 13) – in § 3b Z 2 lit c IESG ist im Allgemeinen als Fleißaufgabe des Gesetzgebers anzusehen. Es wurde bereits ausgeführt (vgl Rz 7), dass die Kündigungsentschädigung im Zeitpunkt der Beendigung des Arbeitsverhältnisses zur Gänze erworben wird, mag auch im Einzelfall die Fälligkeit von Teilansprüchen zu einem späteren Zeitpunkt eintreten (vgl zB § 29 Abs 2 AngG, § 1162b ABGB). Der Gesetzgeber kann zunächst nur den einrechnungsfreien Teil der Kündigungsentschädigung fällig stellen, der Restanspruch wird dem normalen Verlauf des Arbeitsverhältnisses entsprechend behandelt, um die Anrechnung des Ersparten bzw anderweitig Verdienten oder zu verdienen absichtlich Versäumten nach dem Zeitverlauf (Prinzip der Kongruenz) zu garantieren und eine Summenanrechnung auszuschließen (dazu *Martinek/M. Schwarz/W. Schwarz*[7], 214 f, 668; *Kuras* in *Marhold/G. Burgstaller/Preyer*, § 29 Rz 74). Wird demnach der AN innerhalb des gesicherten Zeitraums unberechtigt fristlos entlassen bzw trifft den AG ein Verschulden am Austritt des AN, so wird das Arbeitsverhältnis jedenfalls gelöst, sodass die gesamten Ersatzansprüche bereits gem § 3b Z 1 IESG gesichert sind, sofern die Anrechnungsbestimmungen den Anspruch nicht schmälern (§ 1 Abs 3 Z 3 IESG; s § 1

Rz 357 ff). Dieselbe Rechtslage besteht für die Abfertigung (alt), da auch hier mit dem Ende des Arbeitsverhältnisses – soweit die übrigen Voraussetzungen vorliegen – alle Bedingungen für diesen Anspruch gegeben sind, sodass er zu diesem Zeitpunkt entsteht (vgl Rz 6). Nicht vergessen werden darf, dass auch bei begründeten Entlassungen gesicherte Ansprüche aus der Beendigung, insb in Bezug auf die Urlaubsersatzleistung, entstehen können; im Hinblick auf die gegenständliche Frist gilt das soeben Gesagte sinngemäß.

Bedeutsam kann die Anordnung des § 3b Z 2 lit c IESG in jenen seltenen Fällen werden, in denen die Erklärung einer vorzeitigen Lösung aus wichtigem Grund nicht schon mit ihrem Zugang, sondern erst zu einem späteren Zeitpunkt wirksam wird. Zu nennen ist hier das Phänomen der befristeten Entlassung, bei der der Wirksamkeitsbeginn der Lösungserklärung vom AG hinausgeschoben wird. Dass diese Vorgangsweise arbeitsrechtlich zu einer Verwirkung des Entlassungsgrundes führt, wenn die Befristung nicht im Interesse des AN geschieht (vgl zB OGH 4 Ob 81/82, DRdA 1985/10, 200 [*Csebrenyak*] = Arb 10.178; *Friedrich* in *Marhold/G. Burgstaller/Preyer* § 25 Rz 51), ist für die gegenständliche Problemstellung irrelevant, da auch eine unbegründete Entlassung das Arbeitsverhältnis zum angegebenen Zeitpunkt löst. Andererseits sind auch Fälle eines begründeten Austritts unter Fristsetzung denkbar, so insb iZm dem Austrittsgrund der Gesundheitsgefährdung des AN (zB § 26 Z 1 AngG, § 82a lit a GewO 1859).

Wurde ein Arbeitsverhältnis vor dem Stichtag oder nach diesem, jedoch vor Ablauf der maßgeblichen Frist **zeitwidrig gekündigt** (Verkürzung der Kündigungsfrist, falscher Kündigungstermin), so gilt das „Schadenersatzprinzip": Die Kündigung beendet das Arbeitsverhältnis zu dem im Kündigungsausspruch enthaltenen Zeitpunkt, für den Restzeitraum gebührt Kündigungsentschädigung (*Reissner*, Arbeitsrecht[5] 40 ff; *W. Schwarz*, ÖJZ 1984, 617). Diese ist analog zur Situation bei vorzeitiger Lösung des Arbeitsverhältnisses gesichert. Liegt der Ablauf der rechtswidrigen Kündigungszeit außerhalb der von § 3b Z 2 IESG übernommenen Fristen, so könnte das Entgelt gem § 3a IESG im Einzelfall nicht oder nur bedingt gesichert sein (Austrittsobliegenheit und Ausfallshaftung). Für die Ersatzansprüche des AN aus der rechtswidrigen Beendigung hingegen gebührt Insolvenz-Entgelt.

16

In § 3b Z 2 lit d IESG wird der Fall berücksichtigt, dass bei einem besonders kündigungs- und entlassungsgeschützten AN die **Klage bzw der Antrag auf Zustimmung** zur Kündigung oder vorzeitigen Auflösung beim ASG bzw der sonst zuständigen Behörde **eingebracht** wurde. Ob der einleitende Schritt vor oder nach dem Stichtag innerhalb der vorgegebenen Frist stattgefunden hat, ist irrelevant. Durch das Abstellen auf den Zeitpunkt der Klage bzw der Antragstellung können mit der Verfahrensdauer zusammenhängende Zufälligkeiten ausgeschlossen werden (vgl ErläutRV 738 BlgNR 18. GP 6). Zum **be-**

17

§ 3b IESG

sonders geschützten Personenkreis gehören insb Betriebsratsmitglieder und diesen gleichgestellte Personen, nach MSchG bzw VKG geschützte Mütter bzw Väter, Präsenz-, Ausbildungs- und Zivildiener sowie begünstigte Behinderte (vgl auch § 25 IO Rz 51 ff).

Der Gesetzgeber hat mit § 3b Z 2 lit d IESG vor allem den Fall im Auge, dass eine vom G her notwendige **vorherige Zustimmung** des Gerichts oder der Behörde zur Lösung (so zB §§ 121, 122 Z 1, 3 und 4 ArbVG, §§ 10 Abs 3 und 4, 12 Abs 2 Z 1–3 MSchG, § 12 Abs 3 APSG, § 8 Abs 2 BEinstG) tatsächlich rechtskräftig erteilt wird. Bei Verweigerung der Zustimmung bleibt das Arbeitsverhältnis aufrecht, womit insb keine zu sichernden Ansprüche aus der Beendigung entstehen. Nach dem Wortlaut des § 3b Z 2 lit d IESG sind allerdings alle außerhalb der allgemeinen Sicherungsfrist entstehenden sonstigen Entgelte, sonstige Schadenersatzansprüche sowie sonstige Ansprüche gegen den AG (s § 1 Rz 277, 291 ff, 306 ff) gesichert, da es für die Erweiterung des Sicherungszeitraumes nur auf die Antragstellung ankommt. Die Verlagerung der Sicherung resultiert nach der Intention des Gesetzgebers wohl aus dem besonderen Kündigungs- und Entlassungsschutz, der wiederum durch ein besonderes Schutzbedürfnis des Adressatenkreises bestimmt ist. Der AN soll nicht um die Sicherung fürchten, obwohl er aus nicht freien Stücken in einen Prozess um den besonderen Kündigungs- und Entlassungsschutz involviert wird.

Dieses Ergebnis findet Unterstützung darin, dass in einigen Fällen der Kündigung bzw Entlassung besonders geschützter AN die **nachträgliche Zustimmung** beantragt werden kann (so zB § 122 Z 2 und 5 ArbVG, § 12 Abs 2 Z 4 und 5 MSchG, § 8 Abs 2 BEinstG). Die Lösungserklärung wirkt in diesen Fällen sofort und wird bei Verweigerung der Zustimmung (**rückwirkend**) rechtsunwirksam.

Wird die Auflösung des Arbeitsverhältnisses von Gericht oder Behörde abgesegnet, so kann hinsichtlich der Sicherung auf § 3b Z 2 lit a und c IESG und die vorstehenden Ausführungen verwiesen werden (s Rz 13, 15). Wird die Zustimmung nicht erteilt, ist das Arbeitsverhältnis aufrecht, womit sich hier die Frage stellt, ob das Faktum bloßer Antragstellung zu einer Ausweitung der Sicherung außerhalb der von § 3b Z 1 IESG vorgegebenen Frist bzgl der von § 3b IESG erfassten Ansprüche führen soll. Allerdings dürfte in diesen Fällen bei Verweigerung der Zustimmung angesichts des weiter aufrecht bestehenden Arbeitsverhältnisses die – wenn auch bedingte – Sicherung gem § 3a Abs 2–6 IESG bzgl der Entgelte meistens ausreichend sein. Andererseits ist es jedoch fraglich, ob einem besonders kündigungsgeschützten AN tatsächlich in gewissen Fällen eine vorzeitige Auflösung zumutbar ist, um je nach Anknüpfungstatbestand iSd § 1 Abs 1 IESG eine Sicherung seiner Ansprüche nach § 3b IESG zu erreichen. Es spricht daher einiges dafür, die Antragstellung auf

3.3 Die Erweiterung gem § 3b Z 3 IESG

Gem § 3b Z 3 IESG gebührt Insolvenz-Entgelt für Ansprüche aus der Beendigung des Arbeitsverhältnisses bei Fortführung des Unternehmens nach der Berichtstagsatzung bis zur Aufhebung des Insolvenzverfahrens, wenn der AN wegen der ungebührlichen Schmälerung oder Vorenthaltung des ihm zukommenden Entgelts den berechtigten Austritt erklärt und die Voraussetzungen für die Ausfallshaftung nach § 3a Abs 4 IESG vorliegen. 18

Im Gegensatz zu den Z 1 und 2 des § 3b IESG betrifft § 3b Z 3 IESG nur **Ansprüche aus der Beendigung des Arbeitsverhältnisses,** also einerseits Entgelte aus der Beendigung (zB „Abfertigung alt"; s § 1 Rz 233 ff) und andererseits Schadenersatzansprüche aus der Beendigung (zB Kündigungsentschädigung; s § 1 Rz 279 ff). Die genannten Ansprüche müssen durch einen **berechtigten Austritt** des AN **wegen des Schmälerns oder Vorenthaltens des Entgelts** (vgl zB § 26 Z 2 AngG, § 82a lit d GewO 1859) entstanden sein. Im Unterschied zu den Konstellationen des § 3a Abs 2 Z 5 und Abs 3 IESG muss der AN diesen Austritt allerdings nicht schon bei der ersten nicht vollständigen Zahlung des ihm zukommenden Entgelts erklären, er kann vielmehr zuwarten und das Insolvenz-Entgelt für die Beendigungsansprüche bleibt im Falle einer späteren Austrittserklärung dennoch gesichert (*Liebeg*, IESG[3] § 3b Rz 11). Die gegenständliche Sicherung ist grundsätzlich nur dann gegeben, wenn die **Voraussetzungen für die Ausfallshaftung** gem § 3a Abs 4 IESG vorliegen, wenn also der Insolvenzverwalter schriftlich erklärt, dass die Masse bzw der AG zur Zahlung nicht oder nicht vollständig in der Lage ist oder die Masseunzulänglichkeit dem Insolvenzgericht angezeigt wurde (vgl § 3a Rz 27 f). Der Nachweis der Ausfallshaftung ist insofern konsequent, als die Beendigungsansprüche wegen Vorenthaltung von Masseforderungen ihrerseits als Masseforderungen zu qualifizieren sind (vgl § 46 IO Rz 32 sowie *Reissner* in ZellKomm[3] § 46 IO Rz 19).

Von zentraler Bedeutung für die Anwendbarkeit des § 3b Z 3 IESG ist, dass die skizzierten Beendigungsschritte und das damit verbundene Entstehen der Beendigungsansprüche **innerhalb eines bestimmten Zeitraumes** stattfinden. Solange das Unternehmen nach der Berichtstagsatzung fortgeführt wird, bleibt **bis zur Aufhebung des Insolvenzverfahrens** Zeit für den Austritt. Maßgeblich ist der Zugang der Auflösungserklärung (vgl Rz 13). Die Formulierung in § 3b Z 3 IESG ist insofern eindeutig, als verlangt wird, dass der AN seinen vorzeitigen Austritt erklärt. 19

3.4 Die Erweiterung gem § 3b Z 4 IESG

20 Gem § 3b Z 4 IESG gebührt Insolvenz-Entgelt für gesicherte Ansprüche aus der Beendigung des Arbeitsverhältnisses, die bis zur Aufhebung des Insolvenzverfahrens entstehen, sofern das Arbeitsverhältnis aus anderen Gründen als gem § 3b Z 3 IESG gelöst wird und die Voraussetzungen für die Ausfallshaftung nach § 3a Abs 4 IESG vorliegen.

In § 3b Z 4 IESG geht es ausschließlich um **Ansprüche aus der Beendigung des Arbeitsverhältnisses.** Diesbezüglich und auch hinsichtlich des Vorhandenseins der Voraussetzungen für die Ausfallshaftung kann auf die entsprechenden Ausführungen zu § 3b Z 3 IESG verwiesen werden (vgl Rz 18; s auch § 3a Rz 27 f). Dasselbe gilt für die Zeiträume, innerhalb derer der Beendigungsanspruch entstanden sein muss, um eine Sicherung zu begründen. Dass im Wortlaut der Bestimmung anders als in § 3b Z 3 IESG letztlich nur von einem Endtermin die Rede ist und anders als in § 3b Z 3 IESG etwa die Wendung „bei Fortführung des Unternehmens nach der Berichtstagsatzung" fehlt, bedeutet lediglich, dass der Beendigungsanspruch völlig unabhängig vom Verlauf des Insolvenzverfahrens gesichert ist.

21 Fraglich ist, was mit den **„anderen Gründen"** als jenen gem § 3b Z 3 IESG, die als Rechtfertigung für die Lösung des Arbeitsverhältnisses herangezogen werden, gemeint ist. In Betracht kommt sicher einmal jede Art von Austrittsgrund, der vom „ungebührlichen Schmälern oder Vorenthalten des Entgelts" zu unterscheiden ist. Nach dem Wortlaut führt aber auch das Vorhandensein von Gründen, die nicht die Schwere eines Austrittsgrunds haben und den AN zur Lösung veranlassen, zur Sicherung allfälliger Beendigungsansprüche. Zu beachten ist schließlich, dass § 3b Z 4 IESG anders als Z 3 leg cit nicht auf die Lösung von Seiten des AN abstellt, sodass auch jegliche andere im skizzierten Sinn begründete Lösung als Basis einer Sicherung herangezogen werden kann. Letztlich ist § 3b Z 4 IESG ein weiter Auffangtatbestand, der alle möglichen Beendigungsarten inkludiert (vgl *Liebeg*, IESG³ § 3b Rz 12). Das Aufrechterhalten des Arbeitsverhältnisses im Insolvenzverfahren soll dem AN in Bezug auf die Beendigungsansprüche nicht zum Nachteil gereichen, sodass in § 3b Z 4 IESG bewusst auf einen Anfangstermin verzichtet wurde. Die extensive Sicherung der Beendigungsansprüche war nach der Absicht des Gesetzgebers Kompensation für die Einschränkung des Austrittsrechts des AN durch das IRÄG 1997 BGBl I 1997/114 (vgl auch ErläutRV 737 BlgNR 20. GP 8, 10; demnach ist der Schutz der Beendigungsansprüche, insb der Abfertigung, nach dem ILO-Übereinkommen 173 vom 23. 6. 1992 nach dem Eintritt der Insolvenz zu verbessern).

22 § 3b Z 4 IESG lässt das Problem ungeregelt, dass **Beendigungsansprüche nach Aufhebung des Insolvenzverfahrens entstehen** und diese auf Grund der Lösungsart als **Insolvenzforderungen** zu qualifizieren sind. Der skizzierte Tatbestand ist durchaus denkbar, weil zB vor Aufhebung des Insolvenzverfahrens der Insolvenzverwalter noch eine begünstigte Kündigung nach § 25 IO ausspricht und das Arbeitsverhältnis nach Aufhebung endet. Nach dem Wortlaut des § 3b Z 4 IESG wäre die Sicherung trotz Vorliegens von Insolvenzforderungen zu verneinen. Mit der Änderung des § 3b Z 4 IESG durch das IRÄG 2010 BGBl I 2010/29 sollte lediglich die Ausfallshaftung mit dem Ende des Insolvenzverfahrens begrenzt werden, weil die Erforderlichkeit einer Austrittsobliegenheit nach Aufhebung des Insolvenzverfahrens während des Erfüllungszeitraumes eines Sanierungsplanes nicht mehr gesehen wurde. Da sich die Änderung der Bestimmung idS in erster Linie auf die Ausfallshaftung bezieht (s ErläutRV 612 BlgNR 24. GP 41), war eine Beschränkung der Sicherung für Insolvenzforderungen nicht angedacht. Die Sicherung für Insolvenzforderungen sollte daher im bisherigen Umfang aufrechterhalten werden. Sofern sich dadurch eine Sicherungslücke auftut, ist sie planwidrig, sodass für die Sicherung ausreichend ist, dass die Beendigungserklärung vor der Aufhebung ausgesprochen wurde, wenn auch die Beendigungsansprüche nach der Aufhebung entstanden sind. Die Lösung korreliert auch mit § 3b Z 2 lit a–d IESG, welche Bestimmungen sich auch mit dem Ausspruch bzw Zugang der Beendigungserklärung vor Aufhebung des Insolvenzverfahrens begnügen (vgl Rz 13). Systematisch wird damit ein Gleichklang mit § 3b Z 2 IESG hergestellt.

Auch die Materialien (ErläutRV 612 BlgNR 24. GP 41) betonen ausdrücklich, dass „unverändert gilt, dass bei Vorliegen solcher Umstände Insolvenz-Entgelt auch für die Ansprüche aus der Beendigung des Arbeitsverhältnisses gebührt", wie beispielsweise für die Abfertigung (alt) oder für die Kündigungsentschädigung. Der Grund für die Änderung bestand vornehmlich darin, dass der AN nicht gezwungen sein soll, wegen der Vorenthaltung von Entgelt in der Erfüllungsphase des Sanierungsplanes austreten zu müssen, um die Sicherung als Ausfallshaftung infolge des bereits aufgehobenen Insolvenzverfahrens zu erlangen. Wenn der AG nach Aufhebung des Insolvenzverfahrens nicht bezahlt, besteht ohnehin die Möglichkeit, einen neuerlichen Anknüpfungstatbestand nach § 1 Abs 1 IESG zu erwirken.

Ist die Privilegierung einer vom Insolvenzverwalter unter Bezugnahme auf **23** § 25 IO ausgesprochenen Kündigung zunächst strittig, weil diese irrtümlicherweise zeitwidrig erfolgte, so ist eine Erklärung des Insolvenzverwalters zum Thema Ausfallshaftung dann nicht mehr erforderlich, wenn sich im Nachhinein nach Rechtskraft eines Gerichtsverfahrens herausstellt, dass dessen ungeachtet von einer Kündigung nach § 25 IO auszugehen ist (vgl OGH 8 ObS 291/00b, DRdA 2001, 453 = ZIK 2001/210, 128). Dies ist insofern konsequent, als bei einer als Kündigung iSd § 25 IO anerkannten Lösung die

Beendigungsansprüche als Insolvenzforderungen und nicht als Masseforderungen zu qualifizieren sind (dazu allg § 46 IO Rz 31).

3.5 Sonderregelung für Kosten

24 In § 3b Z 5 IESG ist lapidar festgehalten, dass Insolvenz-Entgelt für Kosten gem § 1 Abs 2 Z 4 IESG gebührt. Diese Anordnung bedeutet, dass zur zweckentsprechenden Rechtsverfolgung notwendige Kosten (allg § 1 Rz 315 ff) **ohne Bedachtnahme auf irgendeine zeitliche Grenze** gesichert sind. Zu erfüllen sind demnach nur die in § 1 Abs 2 Z 4 IESG festgelegten allgemeinen Voraussetzungen der Kostensicherung. Wann die Kosten aufgewendet wurden bzw ein Kostenersatzanspruch entstanden ist, ist irrelevant (*Liebeg*, IESG[3] § 3b Rz 14).

Laut einer Äußerung des VwGH (86/11/0152, ZfVB 1988/985) zu einer älteren, ähnlichen Rechtslage bestehen keine verfassungsrechtlichen Bedenken dagegen, dass das Insolvenz-Entgelt für die gesicherten Ansprüche nach § 1 Abs 2 Z 1–3 IESG weitergehend beschränkt wird als für Kosten iSd § 1 Abs 2 Z 4 IESG.

Bei besonderem Kündigungs- und Entlassungsschutz

§ 3c. Arbeitnehmern mit besonderem Kündigungs- und Entlassungsschutz nach dem Mutterschutzgesetz, BGBl. Nr. 221/1979, dem Eltern-Karenzurlaubsgesetz, BGBl. Nr. 651/1989, oder dem Arbeitsplatzsicherungsgesetz, BGBl. Nr. 683/1991, oder gleichartigen österreichischen Rechtsvorschriften, gebührt Insolvenz-Entgelt für gesicherte Ansprüche (§ 1 Abs. 2), wenn

1. der Arbeitnehmer den berechtigten vorzeitigen Austritt nach § 23a Abs. 3 und 4 AngG oder nach § 22a Abs. 3 und 4 des Gutsangestelltengesetzes oder gleichartigen österreichischen Rechtsvorschriften erklärt hat oder
2. das Arbeitsverhältnis bis unmittelbar nach Ablauf des jeweiligen besonderen Kündigungsschutzes gelöst wurde oder
3. infolge Betriebsstillegung der Arbeitnehmer zum Zeitpunkt des Wiederantritts nach Beendigung des Karenzurlaubs oder Präsenz- oder Ausbildungs- oder Zivildienstes nicht beschäftigt wird,

auch nach dem Stichtag (§ 3 Abs. 1). Insolvenz-Entgelt gebührt im Fall des aufrechten Insolvenzverfahrens nur unter den Voraussetzungen für die Ausfallshaftung nach § 3a Abs. 4.

(§ 3c IESG eingefügt durch BGBl I 1997/107, idF BGBl I 2010/29)

Übersicht zu § 3c IESG

1. Allgemeines .... Rz 1
2. **Erfasster Personenkreis** .... Rz 2–5
3. **Die Inhalte des § 3c IESG im Einzelnen** .... Rz 6
   3.1 Die Erweiterung gem § 3c Z 1 IESG bei Mutter- bzw Vaterschaftsaustritt .... Rz 7–9
   3.2 Die Erweiterung gem § 3c Z 2 IESG – Lösung des Arbeitsverhältnisses bis unmittelbar nach Ablauf des besonderen Kündigungsschutzes .... Rz 10
   3.3 Die Erweiterung gem § 3c Z 3 IESG iZm Betriebsstilllegungen... Rz 11–14

1. Allgemeines

§ 3c IESG schafft eine Begünstigung für bestimmte Arbeitnehmergruppen, 1 die aus verschiedenen Gründen für längere Zeit von der Arbeitsleistung entbunden sind und daher im Bereich der stark an Fristen und Zeiträumen orientierten IESG-Sicherung Nachteile erleiden können. Es sollen jene sozialen Härten vermieden werden, die daraus resultieren, dass diesen Personen wegen ihrer Abwesenheit der Eintritt eines Sicherungstatbestands nicht bekannt ist oder zB der Insolvenzverwalter überhaupt nichts vom jeweiligen Arbeitsverhältnis weiß (vgl ErläutRV 738 BlgNR 18. GP 6; AB 945 BlgNR 18. GP 1; *Liebeg*, IESG³ § 3c Rz 1 f).

Im Folgenden soll zuerst der von § 3c IESG angesprochene Personenkreis umschrieben werden (Rz 2 ff). Danach wird auf die Voraussetzungen und Grenzen der durch § 3c IESG festgelegten Sicherungserweiterungen eingegangen (Rz 6 ff).

2. Erfasster Personenkreis

2   § 3c IESG spricht von AN mit besonderem Kündigungs- und Entlassungsschutz nach dem MSchG, dem VKG (der Gesetzeswortlaut enthält noch immer das durch das VKG ersetzte EKUG), dem APSG oder gleichartigen österr Rechtsvorschriften.

3   Der **besondere Kündigungs- und Entlassungsschutz nach dem MSchG** kommt sowohl AN als auch Heimarbeiterinnen zugute (vgl §§ 1 f MSchG). Der geschützte Zeitraum der leiblichen Mutter beginnt mit Eintritt der Schwangerschaft und endet frühestens vier Monate nach der Entbindung. Bei Inanspruchnahme von Karenz oder Teilzeitbeschäftigung wird der Schutz entsprechend verlängert, so etwa bei alleinigem Konsum einer Karenz durch die Mutter bis zum Ablauf von vier Wochen nach dem Ende der Karenz.

Kündigungs- und Entlassungsschutz nach dem (mit dem MSchG verknüpften) **VKG** genießt der Vater ab der rechtzeitigen Bekanntgabe einer Karenz oder mit der rechtzeitigen Erklärung, Teilzeitbeschäftigung in Anspruch nehmen zu wollen, frühestens jedoch mit der Geburt eines Kindes. Der besondere Schutz dauert idR bis vier Wochen nach dem Ende von Karenz oder Teilzeitbeschäftigung (vgl allg, auch zur Situation von Adoptiv- und Pflegeeltern, § 25 IO Rz 55 ff).

4   **Nach dem APSG** sind **AN und Heimarbeiter vor Kündigungen und Entlassungen geschützt,** die zum Präsenzdienst einberufen bzw zum Ausbildungs- oder Zivildienst zugewiesen sind. Von dem Zeitpunkt an, in dem die Mitteilung über die Zustellung des Einberufungsbefehls erfolgt, in dem die allgemeine Einberufung bekannt gemacht oder der Zuweisungsbescheid zugestellt wird, darf grundsätzlich nicht mehr gekündigt oder entlassen werden (vgl § 12 Abs 1 APSG). Der besondere Bestandschutz endet im Allgemeinen einen Monat nach Beendigung des Präsenz-, Ausbildungs- oder Zivildienstes (vgl § 13 Abs 1 APSG; Näheres s § 25 IO Rz 58 f).

5   In § 3c IESG ist weiters von Schutzbestimmungen in „**gleichartigen österr Rechtsvorschriften**" die Rede. Dieser Passus ist vor allem auf das LAG und die in Ausführung dieses GrundsatzG iSd Art 12 B-VG ergangenen LG zu beziehen (*Liebeg*, IESG³ § 3c Rz 5) und insoweit verfassungsrechtlich be-

§ 3c IESG

denklich, weil er auf Akte einer anderen Normsetzungsautorität verweist (vgl allg § 2 Rz 4 ff, insb Rz 8).

3. Die Inhalte des § 3c IESG im Einzelnen

§ 3c IESG betrifft bei Vorliegen der spezifischen Voraussetzungen der Z 1–3 **alle gesicherten Ansprüche** iSd § 1 Abs 2 IESG des von der Bestimmung erfassten Personenkreises, und zwar nach dem Wortlaut des G „auch nach dem Stichtag" gem § 3 Abs 1 IESG (dazu allg § 3 Rz 3 ff). Aus diesen Formulierungen ist einmal abzuleiten, dass eine Sicherung nicht nur – wie es primär bedeutsam erscheint – hinsichtlich einschlägiger Beendigungsansprüche gegeben ist (vgl auch OGH 8 ObS 15/95, DRdA 1995, 522 = RdW 1996, 127), sondern dass auch alle anderen Arten von gesicherten Ansprüchen, vor allem laufende Entgelte der besonders geschützten Person, einzubeziehen sind (vgl *Liebeg*, IESG³ § 3c Rz 2). Aus der Konzeption des § 3c IESG ist abzuleiten, dass das Insolvenz-Entgelt des erfassten Personenkreises bei Erfüllung der Z 1–3 leg cit ausschließlich nach der Sonderbestimmung zu beurteilen ist; auf die allgemeinen Sicherungsgrenzen vor und nach dem Stichtag ist nur Bedacht zu nehmen, wenn die Anforderungen des § 3c Z 1–3 IESG nicht erfüllt sind. Jedenfalls zu beachten ist § 3c letzter S IESG, wonach Insolvenz-Entgelt im Falle des **aufrechten Insolvenzverfahrens** nur unter den Voraussetzungen für die **Ausfallshaftung** nach § 3a Abs 4 IESG gebührt. Es bedarf daher gegebenenfalls der schriftlichen Erklärung des zuständigen Verwalters, dass die Insolvenzmasse bzw der AG zur Zahlung nicht oder nicht vollständig in der Lage ist (vgl allg § 3a Rz 27 f). Es besteht aber auch dann Anspruch auf Insolvenz-Entgelt, wenn die Ansprüche nach Aufhebung des Insolvenzverfahrens entstanden sind (OGH 8 ObS 1/03k, DRdA 2003, 580 = Arb 12.325).

3.1 Die Erweiterung gem § 3c Z 1 IESG bei Mutter- bzw Vaterschaftsaustritt

Gem § 3c Z 1 IESG gebührt Insolvenz-Entgelt, wenn der AN den berechtigten Austritt nach § 23a Abs 3 und 4 AngG, § 22a Abs 3 und 4 GAngG oder gleichartigen österr Rechtsvorschriften erklärt hat.

Die vorliegende Bestimmung regelt den Fall, dass ein nach MSchG, VKG etc geschützter AN den **Mutter- bzw Vaterschaftsaustritt** erklärt. Laut § 23a Abs 3 AngG gebührt weiblichen AN – sofern das Arbeitsverhältnis ununterbrochen fünf Jahre gedauert hat – die Hälfte der nach § 23 Abs 1 AngG zustehenden Abfertigung, höchstens jedoch das Dreifache des monatlichen Entgelts, wenn sie nach der Geburt eines lebenden Kindes innerhalb der Schutzfrist (§ 5 Abs 1 MSchG) oder nach der Annahme eines Kindes, welches das

§ 3c IESG

zweite Lebensjahr noch nicht vollendet hat, an Kindes Statt (§ 15 Abs 6 Z 1 MSchG) bzw nach Übernahme eines solchen Kindes in unentgeltliche Pflege (§ 15 Abs 6 Z 2 MSchG) innerhalb von acht Wochen ihren Austritt aus dem Arbeitsverhältnis erklären. Bei Inanspruchnahme einer Karenz nach dem MSchG ist der Austritt spätestens drei Monate vor Ende der Karenz zu erklären. Gem § 23a Abs 4 AngG gilt der dargestellte Abs 3 auch für männliche AN, sofern diese eine Karenz wegen Vaterschaft in Anspruch nehmen und ihren Austritt aus dem Arbeitsverhältnis spätestens drei Monate vor Ende der Karenz erklären. Wird eine Karenz von weniger als drei Monaten in Anspruch genommen, ist der Austritt spätestens zwei Monate vor dem Karenzende zu erklären.

8 Der von § 3c Z 1 IESG genannte § 22a Abs 3 und 4 GAngG enthält im Wesentlichen mit jenen der Angestelltenregelung übereinstimmende Inhalte. Als weitere **„gleichartige österr Rechtsvorschriften"** sind § 27b Abs 1 HeimAG sowie – verfassungsrechtlich bedenklich (vgl Rz 5) – das LAG und die auf diesem basierenden AusführungsG der Bundesländer zu erwähnen.

Fraglich ist, ob eine Gleichartigkeit bzgl § 23a Abs 4a AngG (bzw § 22a Abs 4a GAngG usw) besteht, wonach eine Abfertigung nach § 23a Abs 3 und 4 AngG (etc) auch dann gebührt, wenn das Arbeitsverhältnis **während einer Teilzeitbeschäftigung** (vgl § 15h MSchG, § 8 VKG) **durch Kündigung** seitens des AN endet. Diese Konstellation ist aus teleologischen Erwägungen ebenfalls dem § 3c Z 1 IESG zu unterstellen.

9 Festzuhalten ist, dass sich § 3c Z 1 IESG nicht nur auf die Sicherung der Mutter- bzw Vaterschaftsabfertigung bezieht, sondern auch allfällige andere gesicherte Ansprüche, insb laufende Entgelte, erfasst (vgl Rz 6).

3.2 Die Erweiterung gem § 3c Z 2 IESG – Lösung des Arbeitsverhältnisses bis unmittelbar nach Ablauf des besonderen Kündigungsschutzes

10 Die Privilegierung nach § 3c Z 2 IESG besteht insb darin, dass auch außerhalb der Fristen des § 3b Z 2 IESG (vgl § 3b Rz 12) entstandene Ansprüche der Sicherung des G unterliegen (*Liebeg*, IESG[3] § 3c Rz 9). Von § 3c Z 2 IESG vorausgesetzt wird, dass das **Arbeitsverhältnis vor oder spätestens unmittelbar nach Ablauf des besonderen Bestandschutzes gelöst** wurde. Der Kündigungs- und Entlassungsschutz bei Mutterschaft endet frühestens vier Monate nach der Entbindung, bei Inanspruchnahme von Karenz oder Teilzeit durch die Mutter bzw den Vater verlängert sich der Schutz idR bis vier Wochen nach Ende der jeweiligen Freistellung (Näheres vgl Rz 3 sowie insb § 25 IO Rz 55). Der Bestandschutz nach APSG dauert im Allgemeinen bis zum

Ablauf eines Monats nach Beendigung des Präsenz-, Ausbildungs- oder Zivildienstes (vgl Rz 4 sowie insb § 25 IO Rz 58).

Die **Art der** vorgenommenen **Lösung** ist **irrelevant;** in Frage kommen somit zB Kündigungen, vorzeitige Lösungen aus wichtigem Grund oder einvernehmliche Auflösungen. Vor allem im Falle von Kündigungen ist zu beachten, dass die „Lösung", dh der **Zugang der jeweiligen Beendigungserklärung,** zeitgerecht iSd § 3c Z 2 IESG zu erfolgen hat; wann die auflösende Wirkung – etwa durch Ablauf der Kündigungszeit – eintritt, ist nicht entscheidend.

„Unmittelbar nach Ablauf" des besonderen Bestandschutzes bedeutet, dass zwischen dem Ende desselben und der Lösungserklärung kein den Umständen nach erheblicher Zeitraum liegen darf; im Bereich des APSG kann diesbezüglich die Sechstagefrist für den Wiederantritt der Arbeit (vgl § 7 Abs 1 leg cit) als Maßstab herangezogen werden.

Bei Müttern bzw Vätern ist der zeitliche Zusammenhang mit dem Ablauf des besonderen Kündigungsschutzes noch gewahrt, wenn die Lösungserklärung innerhalb eines Monats nach Fälligkeit des ersten Entgelts nach Rückkehr aus der Karenz erfolgt. Nur dann ist gewährleistet, dass die Mütter bzw Väter ihre vollen arbeitsrechtlichen Ansprüche (insb „Abfertigung alt", Kündigungsentschädigung) wahren können.

Wird das gegenständliche Unmittelbarkeitserfordernis nicht erfüllt, so richtet sich die Sicherung nach anderen Vorschriften. Unter den dort statuierten Voraussetzungen können sich die Betroffenen auf § 3c Z 3 IESG stützen (vgl Rz 11). Gelingt dies nicht, so können sie des Anspruchs auf Insolvenz-Entgelt verlustig gehen.

3.3 Die Erweiterung gem § 3c Z 3 IESG iZm Betriebsstilllegungen

Gem § 3c Z 3 IESG gebührt Insolvenz-Entgelt nach Maßgabe der gegenständlichen Sonderbestimmung (vgl auch Rz 6), wenn „infolge Betriebsstilllegung der AN zum Zeitpunkt des Wiederantritts nach Beendigung des Karenzurlaubes oder Präsenz- oder Ausbildungs- oder Zivildienstes nicht beschäftigt wird". Laut Materialien (ErläutRV 737 BlgNR 20. GP 10) betrifft die vorliegende Bestimmung jene Konstellation, in der das Arbeitsverhältnis „wegen der schon erfolgten Betriebsstilllegung nicht aufgenommen werden kann"; in diesem Fall „endet damit nach der Lehre das Arbeitsverhältnis".

Die Bedeutung der vorliegenden Regelung ist dunkel, die Ausführungen in den oben zitierten Materialien sind – jedenfalls in dieser Allgemeinheit – unzutreffend (so auch OGH 8 ObS 1/03k, DRdA 2003, 580 = Arb 12.325). Zweifellos setzt § 3c Z 3 IESG voraus, dass es während der Abwesenheit des

AN (oder unmittelbar danach) zu einer **Betriebsstilllegung** kommt. Diesen Begriff wird man so zu interpretieren haben, wie er im Umfeld der von § 3c Z 3 IESG angesprochenen besonderen Bestandschutzregelungen, also iZm § 10 Abs 3 und 5 MSchG, §§ 12 Abs 3, 14 Abs 1 APSG verstanden wird. Von einer Betriebsstilllegung kann demnach nur gesprochen werden, wenn es zu einer endgültigen Einstellung der betreffenden unternehmerischen Tätigkeit kommt, dh die jeweilige Organisation zur Gänze zerschlagen wird, sodass – trotz Vorhandenseins einzelner Betriebsmittel – die ursprüngliche Tätigkeit nicht mehr wiederbelebt werden kann (vgl auch Rz 14). Maßnahmen, die die Betriebsstilllegung indizieren, sind idR die Auflösung der Arbeitsverhältnisse, die Zurücklegung der Gewerbeberechtigung, die Veräußerung der sachlichen Betriebsmittel, der Abverkauf der Produkte und der Verkauf der Rohstoffe sowie der Abbruch der Beziehungen zu Kunden und Lieferanten, also die Liquidierung der Betriebsmittel. Regelmäßig müssen mehrere dieser Maßnahmen mit der Einstellungsabsicht zusammentreffen, um den Tatbestand der dauernden faktischen Betriebsstilllegung zu erfüllen (OGH 8 Ob 2092/96x, ZIK 1997, 61). Vorübergehende Betriebsunterbrechungen sind keine Betriebsstilllegungen; in diesen Fällen wird die frühere Tätigkeit in einer Art und Weise wiederaufgenommen, die es gerechtfertigt erscheinen lässt, trotz des zeitweiligen Stillstands von Identität der wirtschaftlichen Einheit zu sprechen. Liegt keine Betriebsstilllegung idS vor, so richtet sich die IESG-Sicherung nicht nach § 3c Z 3 IESG, sondern insb nach § 3c Z 2 IESG (vgl Rz 10).

12 Des Weiteren geht die vorliegende Bestimmung davon aus, dass der **AN** nach Beendigung der jeweiligen Arbeitsfreistellung einen **Wiederantritt zur Arbeitsleistung vornehmen will.** Nach MSchG bzw VKG ist die Arbeit am auf das Ende der Karenz bzw Teilzeit folgenden nächsten Arbeitstag anzutreten. Nimmt die AN keine Karenz bzw Teilzeit in Anspruch – diese Möglichkeit ist den von § 3c Z 3 IESG genannten Konstellationen hinzuzufügen –, so ist der Dienst unmittelbar nach Ablauf des Beschäftigungsverbots nach der Entbindung (vgl § 5 MSchG) aufzunehmen. Auch im Bereich des APSG ist die Arbeit grundsätzlich unmittelbar nach der Entlassung aus dem Präsenz-, Ausbildungs- oder Zivildienst wieder anzutreten, doch sieht § 7 Abs 1 APSG vor, dass bei einer verschuldeten Verspätung des AN kein Entlassungszustimmungsgrund gem § 15 Z 2 APSG vorliegt, wenn diese nicht mehr als sechs Werktage beträgt.

§ 3c Z 3 IESG regelt den Fall, dass der leistungsbereite **AN** infolge Betriebsstilllegung zum Zeitpunkt des Wiederantritts **nicht beschäftigt wird.** Es ist dies ein Anwendungsfall des § 1155 ABGB, der die Entgeltfortzahlung nach Maßgabe einer Anrechnungsregel vorschreibt (allg *Löschnigg*, Arbeitsrecht[12] 459 ff). Es ist nicht erforderlich, dass eine Dienstfreistellung ausgesprochen wird. Es genügt, dass wegen der Betriebsstilllegung faktisch keine

Beschäftigung erfolgt, wobei zu beachten ist, dass der AN allfälligen Weisungen, eine andere Tätigkeit in einem nicht stillgelegten Bereich aufzunehmen, nur insoweit Folge leisten muss, als er dazu arbeitsvertragsrechtlich verpflichtet ist.

Bei der Prüfung, ob und inwieweit § 3c Z 3 IESG praktische Bedeutung erlangen kann, können mehrere Situationen unterschieden werden: Nicht unter die gegenständliche Bestimmung zu subsumieren ist die Konstellation, dass das Arbeitsverhältnis bereits vor Wiederantritt ins Lösungsstadium getreten ist, was häufig der Fall sein wird, fällt doch mit der Betriebsstilllegung idR der besondere Kündigungs- und Entlassungsschutz weg (vgl § 10 Abs 3 letzter S MSchG, § 7 Abs 3 VKG, § 12 Abs 3 APSG; s § 25 IO Rz 56, 59). Diesbezüglich ist ebenso auf § 3c Z 2 IESG abzustellen wie dann, wenn die Lösung zwar erst nach dem versuchten Wiederantritt zur Arbeitsleistung, aber spätestens bis unmittelbar nach Ablauf des besonderen Bestandschutzes in die Wege geleitet wird. Ist der „unmittelbare Zusammenhang" iSd § 3c Z 2 IESG (vgl Rz 10) nicht mehr gegeben, so greift § 3c Z 3 IESG ein, sofern die statuierten speziellen Tatbestandsmerkmale (Betriebsstilllegung, keine Beschäftigung trotz Wiederantritt) erfüllt sind (vgl auch *Liebeg*, IESG[3] § 3c Rz 13). Festzuhalten ist, dass der AN von § 3c Z 3 IESG her nicht von vornherein gezwungen ist, das Arbeitsverhältnis von sich aus zu lösen, zumal eine Selbstkündigung den Verlust der Abfertigung mit sich brächte und ein Austrittsgrund idR erst bei Schmälerung oder Vorenthalten des Entgelts gegeben sein wird, weil das bloße Nichtzustandekommen der Arbeit nur ganz ausnahmsweise bei Bestehen eines Rechts auf Beschäftigung (allg *Löschnigg*, Arbeitsrecht[12] 290 ff) zum Austritt berechtigt (vgl auch *Liebeg*, IESG[3] § 3c Rz 13). Werden von beiden Seiten keine Lösungsaktivitäten gesetzt, so gebührt nach § 3c Z 3 IESG Insolvenz-Entgelt, sofern arbeitsrechtliche Ansprüche (vgl § 1155 ABGB) bestehen, es sei denn, den Arbeitsvertragsparteien kann ein sittenwidriges Zusammenwirken zu Lasten des IEF vorgehalten werden (dazu allg § 1 Rz 435 ff). Die Gefahr, dass dadurch zeitlich unbegrenzte Entgeltfortzahlungsansprüche entstehen, besteht nicht, weil AN ihre Leistungsbereitschaft und den Fortsetzungsanspruch nicht zeitlich unbegrenzt geltend machen können. Wenn der Verwalter nicht mit einer Kündigung reagiert, muss der AN nach Erkennen der Sachlage (endgültige Betriebsstilllegung und dadurch bedingte Unmöglichkeit der Weiterbeschäftigung) in angemessener Frist mit einer von ihm ausgesprochenen Lösung des Arbeitsverhältnisses reagieren (OGH 8 ObS 1/03k, DRdA 2003, 580 = Arb 12.325). **13**

Ausnahmsweise (vgl hingegen ErläutRV 737 BlgNR 20. GP 10) kann es bei **Arbeitern** (nicht jedoch bei Angestellten; so zutreffend auch OGH 8 ObS 1/03k, DRdA 2003, 580 = Arb 12.325) durch eine Betriebsstilllegung zu einer **Beendigung des Arbeitsverhältnisses ex lege** kommen. Gem der **14**

– nicht verallgemeinerungsfähigen – Bestimmung des § 83 Abs 1 GewO 1859 erlischt das Arbeitsverhältnis eines Arbeiters „durch das Aufhören des Gewerbebetriebs" von selbst. Dem AN steht in diesem Fall „für den Entgang der Kündigungsfrist" gem § 83 Abs 2 GewO 1859 ein Schadenersatzanspruch zu (vgl auch *Liebeg*, IESG³ § 3c Rz 10). Unter **„Aufhören des Gewerbebetriebs"** ist eine (endgültige) Betriebsstilllegung im unter Rz 11 skizzierten Sinn zu verstehen; der bloße Wechsel des Betriebsinhabers oder der Rechtsform ist ebensowenig ein „Aufhören" wie der Tod des Gewerbeinhabers (OGH 9 ObA 56/97v, Arb 11.587). Nach dem Wortlaut trifft § 3c Z 3 IESG vor allem den Fall, dass die Betriebsstilllegung bereits vor dem Zeitpunkt des versuchten Wiederantritts stattgefunden und die automatische Beendigung ausgelöst hat (arg „infolge Betriebsstilllegung"). Man wird aber auch ein Aufhören des Gewerbebetriebs, welches unmittelbar nach der Erklärung der Leistungsbereitschaft eintritt, in die gegenständliche Bestimmung einzubeziehen haben. Der Maßstab für die „Unmittelbarkeit" darf hierbei nicht zu streng sein; es wird – dies folgt auch aus einer Zusammenschau mit § 3c Z 2 IESG – ausreichend sein, wenn die Betriebsstilllegung bis kurz nach Ablauf des weiterwirkenden besonderen Bestandschutzes vorgenommen wird.

§ 3d IESG

Für Betriebspensionen

§ 3d. (1) Besteht zum Stichtag
1. bereits ein Anspruch auf Zahlung einer Pension aus einer Leistungszusage gemäß § 2 Z 2 BPG in Verbindung mit Art. V Abs. 3 des Bundesgesetzes BGBl. Nr. 282/1990, so gebührt als Insolvenz-Entgelt für die nach dem Stichtag gebührenden Leistungen ausschließlich eine Zahlung in der Höhe von 24 Monatsbeträgen;
2. noch kein Anspruch auf Leistungen aus einer Leistungszusage gemäß § 2 Z 2 BPG in Verbindung mit Art. V Abs. 3 des Bundesgesetzes BGBl. Nr. 282/1990, so gebührt für den Unverfallbarkeitsbetrag gemäß § § 7 Abs. 1 bis 2b BPG als Insolvenz-Entgelt eine Zahlung in der Höhe von 24 Monatsbeträgen, wobei sich die Höhe des Monatsbetrages aus dem Unverfallbarkeitsbetrag entsprechend den Berechnungsvorschriften des § 7 Abs. 3 Z 1 bis 3 BPG ergibt; unbeachtlich ist, ob eine Verfügung gemäß § 7 Abs. 3 Z 1 bis 3 BPG erfolgt oder die unverfallbare Anwartschaft gemäß § 7 Abs. 6 BPG abgefunden wird;
3. ein Anspruch auf Leistung eines Abfindungsbetrages nach § 5 Abs. 2 des Arbeitsvertragsrechtsanpassungsgesetzes, BGBl. Nr. 459/1993, so gebührt für den Abfindungsbetrag eine Zahlung von 24 Monatsbeträgen, wobei sich die Höhe des Monatsbetrages aus dem Abfindungsbetrag unter sinngemäßer Anwendung der Berechnungsvorschriften des § 7 Abs. 3 Z 4 BPG ergibt; dasselbe gilt, wenn in einem Insolvenzverfahren der Anspruch auf Abfindung wegen eines Betriebsüberganges entsteht.

(2) Besteht am Stichtag Anspruch auf Zahlung einer Pension aus einer Leistungszusage, die nicht dem Betriebspensionsgesetz unterliegt, gebührt als Insolvenz-Entgelt für nach dem Stichtag gebührende Leistungen ausschließlich eine einmalige Zahlung von zwölf Monatsbeträgen.

(3) Soweit durch die Obergrenzen gemäß Abs. 1 und Abs. 2 die auf Grund der Richtlinie 2008/94/EG über den Schutz der Arbeitnehmer bei Zahlungsunfähigkeit des Arbeitgebers zwingend gebotene Mindestabsicherung nicht gewährleistet ist, gebührt als Insolvenz-Entgelt zumindest
1. die Hälfte des Barwerts des Anspruches auf eine Pension aus einer direkten Leistungszusage nach § 2 Z 2 BPG in Verbindung mit Art. V Abs. 3 des Bundesgesetzes BGBl. Nr. 282/1990 oder des Anspruchs aus einer Leistungszusage, die nicht dem BPG unterliegt, oder
2. die Hälfte des Unverfallbarkeitsbetrages gemäß § 7 Abs. 1 bis 2b BPG oder des Abfindungsbetrages gemäß § 5 Abs. 2 AVRAG.

(§ 3d IESG eingefügt durch BGBl I 1997/107, idF BGBl I 2015/113)

§ 3d IESG

Schrifttum zu § 3d IESG

Binder, Die Gemeinschaftsmaßnahmen zur Wahrung von Arbeitnehmerinteressen bei Betriebsübergang, Massenentlassung und Insolvenz und ihre Bedeutung für das österreichische Arbeitsrecht, in *Koppensteiner* (Hrsg), Österreichisches und europäisches Wirtschaftsprivatrecht, Teil 5: Arbeitsrecht (1997) 83;

Grießer, Anstehende Rechtsfragen über die Behandlung individueller Pensionszusagen bei Insolvenz des Arbeitgebers, ZAS 1994, 113;

Holzer, Die Richtlinie zur Angleichung der Rechtsvorschriften der Mitgliedstaaten über den Schutz der Arbeitnehmer bei Zahlungsunfähigkeit des Arbeitgebers und das österreichische Recht, in *Runggaldier* (Hrsg), Österreichisches Arbeitsrecht und das Recht der EG (1990) 259;

Holzer, Die Insolvenzsicherung der betrieblichen Altersversorgung in Österreich, ZAS 1991, 134;

Löschnigg/Reissner, Das Schicksal von Betriebspensionen bei Konkurs des Arbeitgebers, DRdA 1993, 391;

Marhold-Weinmeier, Beschränkung der Sicherung von Ruhegeldansprüchen im IESG und EU-Insolvenzrichtlinie, ASoK 2006, 429;

Reissner, Die Absonderungsansprüche der Betriebspensionisten gemäß § 11 BPG, ZIK 2009, 185;

Reissner/Sundl, Insolvenz-Entgeltsicherung, in *Nunner-Krautgasser/Reissner* (Hrsg), Praxishandbuch Insolvenz und Arbeitsrecht (2012) 101;

Spielbüchler, Insolvenz und Arbeitsrecht, DRdA 1982, 273;

Weinmeier, Freizügigkeit und Sozialpolitik im EWR und ihre Umsetzung im österreichischen Recht (1994);

Wolligger, Insolvenz-Ausfallgeld für Betriebspension, DRdA 2007/36, 325 (EAnm).

Übersicht zu § 3d IESG

1. **Sicherung von Pensionsansprüchen**.. Rz 1–4
   1.1 Pensionsansprüche nach § 2 Z 2 BPG .... Rz 5–6
   1.2 Pensionsanwartschaften nach § 2 Z 2 BPG .... Rz 7–10
   1.3 Abfindungsbetrag nach § 5 Abs 2 AVRAG .... Rz 11–14
   1.4 Dem BPG nicht unterliegende Pensionsansprüche .... Rz 15–17
2. **Insolvenzrechtliche Stellung und Sicherung von Pensionsansprüchen gegen Pensionskassen und Ansprüchen aus Lebensversicherungen**... Rz 18–19
3. **Unionsrechtskonforme Anpassung des IESG durch § 3d Abs 3 IESG** .... Rz 20–27

1. Sicherung von Pensionsansprüchen

1 § 3d IESG enthält **Sonderbestimmungen** für die Sicherung von Betriebspensionen, die vom AG unmittelbar zu erbringen sind (**direkte Leistungszusagen;** s auch § 1 Rz 257). Diese wurden nach älterer Rsp als Ansprüche aus der Beendigung des Arbeitsverhältnisses qualifiziert (vgl OGH

4 Ob 90/62, Arb 7655; 4 Ob 96/70, Arb 8827; s auch *Spielbüchler*, DRdA 1982, 276). Nunmehr zählt sie der OGH jedoch im Hinblick darauf, dass es sich um regelmäßig wiederkehrende Leistungen handelt, zum **laufenden Entgelt** (OGH 4 Ob 39/80, ZAS 1981, 138 *[Fischer]* = Arb 9900; 4 Ob 133/80, DRdA 1983, 169 *[Kramer]*; weiterführend s § 46 IO Rz 15 ff). Was die Sicherung anlangt, beurteilt das IESG Pensionen und Pensionsanwartschaften allerdings keineswegs nach den Regeln über das laufende Entgelt, sondern nach der Sonderbestimmung des § 3d IESG.

Diese Regelung wurde mit BGBl I 2015/113 im Hinblick auf unionsrechtliche Vorgaben einer grundlegenden Ergänzung unterworfen, die mit 1. 1. 2016 in Kraft getreten ist (dazu genauer § 32 Rz 1). Der neu geschaffene Abs 3 des § 3d IESG soll dafür Sorge tragen, dass in Umsetzung der RL 2008/94/EG eine Mindestabsicherung von 50 % der Ansprüche auf Betriebspensionen nach dem BPG bzw auf unverfallbare Anwartschaften auf solche Pensionen erreicht wird. Zu erwarten ist, dass diese Regelung in vielen Fällen gegenüber den Sicherungsgrenzen der Abs 1 und 2 leg cit einen erhöhten Schutzumfang bringen und damit die Feststellung des gesicherten Leistungsumfangs in den meisten Fällen zu einer versicherungsmathematischen Frage werden wird (vgl ausführlich Rz 20 ff).

2 Pensionen und Ruhegenussanwartschaften nach dem BPG sind, wenn sie am Stichtag bestehen, neben anderen Ansprüchen auf Insolvenz-Entgelt zu vergüten. Dies bedeutet insb, dass **Abfertigungen** im Zweifel **neben den Ruhegenüssen** zur Auszahlung gelangen. Betriebspensionen gehören auch dann zu den gesicherten Ansprüchen, wenn diese gerade wegen des Bezugs einer Abfertigung ruhen, da in diesem Fall lediglich die Zahlungspflicht des AG sistiert wird, der Anspruch des AN jedoch zum Stichtag besteht (OGH 9 ObS 4/90, ARD 4247/18/91).

3 Gesichert sind von vornherein nur Pensionen und Anwartschaften von Personen, die dem persönlichen Geltungsbereich des IESG unterliegen (s § 1 Rz 2, 6 ff). Keine Sicherung besteht für den nach § 1 Abs 6 IESG ausgeschlossenen Personenkreis (s § 1 Rz 105 ff). Auf den jeweiligen Monatsbetrag aus der Betriebspensionszusage findet die Grenzbetragsregelung des § 1 Abs 3 Z 4 iVm Abs 4 IESG Anwendung (zu dieser allg § 1 Rz 366 ff).

4 Der Umfang der Sicherung der Pensionen nach dem IESG hängt davon ab, ob die Anspruchsgrundlage der Betriebspension dem BPG unterliegt oder nicht (vgl Rz 5–10 und 15–17; dazu krit *Schrammel*, BPG 138). Gem Art V Abs 3 S 1 BPG ist dieses G auf Leistungszusagen, die vor dem 1. 7. 1990 gemacht wurden, nur hinsichtlich der nach diesem Stichtag erworbenen Anwartschaften anwendbar (OGH 9 ObA 220/91, DRdA 1993/11, 114 *[Schrammel]* = RdW 1992, 244; 8 ObS 18/95, ARD 4695/34/95).

1.1 Pensionsansprüche nach § 2 Z 2 BPG

5 Besteht **am Stichtag Anspruch** auf eine Pensionsleistung, die der AG dem AN oder seinen Hinterbliebenen direkt zu erbringen hat (§ 2 Z 2 BPG), so sind **rückständige Pensionsleistungen** aus der Zeit **vor** dem Stichtag nach Maßgabe der allgemeinen zeitlichen Sicherungsgrenze in die Vergangenheit, also gem § 3a Abs 1 IESG grundsätzlich für die letzten sechs Monate, gesichert (vgl § 3a Rz 10). Dies ergibt ein Umkehrschluss aus § 3d Abs 1 Z 1 IESG, der die beschränkte Sicherung nur für **nach** dem Stichtag gebührende Leistungen anordnet, woraus sich eine unbeschränkte Sicherung für die Zeit vor dem Stichtag ableiten lässt.

Pensionszahlungen für die Zeit nach dem Stichtag werden mit einer einmaligen **Abschlagszahlung** in Höhe von **24 Monatsbeträgen** abgegolten. Der Hinweis auf Art V Abs 3 BPG bedeutet, dass Anwartschaften, die aus der Zeit vor dem Inkrafttreten des BPG herrühren, nicht bei der Bemessung der Abschlagszahlung berücksichtigt werden können (*Liebeg*, IESG[3] § 3d Rz 4; aA *Grießer*, ZAS 1994, 118).

6 Besteht **am Stichtag kein Anspruch** auf eine Pensionsleistung, ist es gleichgültig, ob und wann in weiterer Folge ein solcher entsteht. Zur Anwendung kommt in diesen Fällen § 3d Abs 1 Z 2 IESG über die Sicherung von Anwartschaften (vgl Rz 7). § 3d IESG ist nämlich die ausschließliche Spezialregelung für Pensionsansprüche und Pensionsanwartschaften. Eine Sicherung solcher Ansprüche nach anderen Vorschriften kommt nicht in Betracht.

1.2 Pensionsanwartschaften nach § 2 Z 2 BPG

7 Nach § 3d Abs 1 Z 2 IESG ist ein Anspruch auf einen **Unverfallbarkeitsbetrag** für eine Pensionsanwartschaft, der **am Stichtag bereits besteht,** nach Maßgabe der allgemeinen zeitlichen Sicherungsgrenzen in die Vergangenheit (s § 3a Rz 6 ff) gesichert.

8 Gesichert ist aber auch ein Unverfallbarkeitsbetrag, der aus einer **Lösung nach dem Stichtag** resultiert, sofern diese Lösung im für die Sicherung von Ansprüchen aus der Beendigung maßgeblichen Zeitraum (vgl § 3b Rz 10 ff) erfolgt. Der Anspruch auf den Unverfallbarkeitsbetrag ist nämlich ein solcher aus der Beendigung des Arbeitsverhältnisses (s § 1 Rz 275). Der Hinweis auf Art V Abs 3 BPG bedeutet auch hier, dass Anwartschaften, die aus der Zeit vor dem Inkrafttreten des BPG herrühren, nicht bei der Bemessung der Abschlagszahlung zu berücksichtigen sind (vgl OGH 8 ObS 18/94, ARD 4670/42/95; *Löschnigg/Reissner*, DRdA 1993, 401).

9 Gem § 7 Abs 2a BPG errechnet sich der Unverfallbarkeitsbetrag nach dem **Teilwertverfahren** und den bei der Bildung der Rückstellung anzuwendenden **versicherungsmathematischen Grundsätzen** (s auch *Resch* in ZellKomm[3]

§ 7 BPG Rz 8 ff). Für die Berechnung ist einerseits das Alter zum Zeitpunkt der Erteilung der Zusage, andererseits das Anfallsalter heranzuziehen. Der Rechnungszinssatz beträgt 7 %; bei dieser Berechnung sind Veränderungen des Entgelts nur bis zum Zeitpunkt der Beendigung des Arbeitsverhältnisses zu berücksichtigen. Auch wenn in der Leistungszusage eine Berufsunfähigkeitspension (Invaliditätspension) vorgesehen ist, ist bei der Berechnung des Unverfallbarkeitsbetrags nur die Anwartschaft auf Alterspension bzw vorzeitige Alterspension (unabhängig davon, ob der Anspruchsberechtigte das Anfallsalter als Aktiver, Invalider oder Alterspensionist erreicht) und die Anwartschaft auf Hinterbliebenenpension (unabhängig davon, ob der Anspruchsberechtigte als Aktiver, Invalider oder Alterspensionist verstirbt) zu berücksichtigen. Nach § 7 Abs 2b BPG ist bis 1. 7. 2000 für AN, deren Arbeitsverhältnis frühestens fünf Jahre vor Erreichen des in der Leistungszusage festgelegten Pensionsanfallsalters endet, eine Vergleichsrechnung zwischen den Berechnungsvorschriften des § 7 Abs 3 Z 1 BPG idF BGBl 1990/282 und dem Teilwertverfahren nach § 7 Abs 2a BPG anzustellen. Diese AN haben Anspruch auf den sich aus der Vergleichsrechnung ergebenden höheren Betrag.

Schwierigkeiten bereitet die Ermittlung des für die Abschlagszahlung maßgeblichen Monatsbetrags, denn die Abschlagszahlung umfasst auch in diesem Fall **24 Monatsbeträge.** Der Gesetzestext empfiehlt eine Berechnung nach § 7 Abs 3 Z 1–3 BPG, doch dort sind nur die Verfügungsmöglichkeiten über den Unverfallbarkeitsbetrag seitens des AN geregelt und keinesfalls ein Berechnungsverfahren. Vielmehr wird wohl § 7 Abs 3 Z 4 BPG gemeint und nach dieser Bestimmung eine fiktive Pensionsleistung am Stichtag zu ermitteln sein, deren Multiplikation mit 24 sodann die Abschlagszahlung ergibt. **10**

1.3 Abfindungsbetrag nach § 5 Abs 2 AVRAG

Nach § 3d Abs 1 Z 3 IESG ist ein Anspruch auf einen **Abfindungsbetrag** nach § 5 Abs 2 AVRAG, der **am Stichtag bereits besteht,** nach Maßgabe der allgemeinen Sicherungsgrenzen (s § 1 Rz 332 ff) mit **24 Monatsbeträgen** gesichert, wobei sich die Höhe des Monatsbetrags über die aus dem Abfindungsbetrag unter sinngemäßer Anwendung der Berechnungsvorschriften des § 7 Abs 3 Z 4 BPG errechnete fiktive Pensionsleistung ergibt. Monatsbeträge sind nach der Rsp als die im Monat bezahlten Beträge zu verstehen, nicht als Monatsentgelte unter Einbeziehung von Sonderzahlungen (OGH 8 ObS 14/05z, DRdA 2006, 150 = RdW 2006/485, 524). **11**

Ebendies gilt gem § 3d Abs 1 Z 3 letzter HS IESG, wenn **im Insolvenzverfahren** der Anspruch auf Abfindung wegen eines Betriebsübergangs **entsteht.** Durch BGBl 1996/754 wurde die genannte Regelung neu in das IESG aufgenommen. Durch diese Bestimmung sollte – neben den übrigen nach dem IESG gesicherten Ansprüchen – der Anspruch auf Leistung eines Abfin- **12** dungsbetrags iSd § 5 Abs 2 AVRAG bei nachfolgender Insolvenzverfahrenseröffnung oder Verwirklichung eines gleichgestellten Tatbestands gegen den Veräußerer eines Unternehmens, Betriebs oder Betriebsteils gesichert werden (*Liebeg*, IESG[3] § 3d Rz 12 ff).

13 Gem § 5 Abs 1 AVRAG wird eine **auf Einzelvereinbarung beruhende betriebliche Pensionszusage** im Falle eines Betriebsübergangs Inhalt des Arbeitsvertrags zwischen AN und Erwerber, wenn Letzterer Gesamtrechtsnachfolger ist. Liegt allerdings **keine Gesamtrechtsnachfolge** vor, kann der **Erwerber** durch rechtzeitigen Vorbehalt die **Übernahme einer solchen betrieblichen Pensionszusage ablehnen.** Macht der Erwerber von diesem Ablehnungsrecht Gebrauch, so steht dem AN das Recht zu, **dem Übergang** seines Arbeitsverhältnisses **zu widersprechen** und damit weiterhin den Veräußerer als Vertragspartner zu behalten (weiterführend s *Holzer/Reissner*, AVRAG[2] § 5 Rz 17).

Widerspricht der AN nicht, steht ihm nach § 5 Abs 2 S 2–7 AVRAG gegenüber dem Veräußerer ein Anspruch auf Abfindung der bis zum Zeitpunkt des Betriebsübergangs erworbenen Pensionsanwartschaften zu. Dieser **Abfindungsbetrag** ist **als Unverfallbarkeitsbetrag** iSd BPG **zu berechnen,** wobei alle erworbenen Anwartschaften bzw bezahlten Beiträge seit Erteilung der Zusage, also auch solche, die vor dem Inkrafttreten des BPG am 1. 7. 1990 erworben bzw eingezahlt wurden, zu berücksichtigen sind (ErläutRV 1077 BlgNR 18. GP 13). Zu beachten ist, dass die Abfindungspflicht offensichtlich auch dann besteht, wenn die erworbenen Anwartschaften betriebspensionsrechtlich noch nicht unverfallbar sind (so *Löschnigg*, Arbeitsrecht[12] 286), was insb bei direkten Leistungszusagen, daneben auch bei Pensionskassenregelungen gültig statuiert werden kann (vgl § 5 Abs 1, 7 Abs 1 und 2 BPG; allg *Löschnigg*, Arbeitsrecht[12] 380).

14 Der Gesetzgeber unterscheidet im Weiteren zwischen beitragsorientierten und leistungsorientierten Pensionszusagen. Bei **beitragsorientierten Zusagen** ist in jedem Zeitpunkt der Pensionsanspruch zur Gänze ausfinanziert. Bei **leistungsorientierten Zusagen** hängt es hingegen stark vom zu Grunde gelegten versicherungsmathematischen Berechnungsmodell und von der Finanzierungsart (direkte Leistungszusage, Pensionskassenzusage, Versicherungsvertrag) ab, wie hoch der tatsächliche Finanzierungsgrad zu einem bestimmten Zeitpunkt ist. Da jedoch die Höhe der zugesagten Pension und nicht das verwendete Berechnungsmodell über den Anspruch des AN entscheiden soll, definiert § 5 Abs 2 AVRAG die Höhe des Anspruchs des AN bei leistungsorientierten Zusagen unabhängig von der Art der Finanzierung der Pensionszusage. Die Höhe des gesamten Anspruchs resultiert damit bei diesen Zusagen nur aus dem zu Grunde liegenden Pensionsstatut. Der unmittelbare Anspruch des AN gegenüber dem Veräußerer hängt jedoch insofern von der Finanzierungsart der leistungsorientierten Zusage ab, als bei einer Pensionskassenzusage oder einer Lebensversicherung ein allfälliger Unverfallbarkeitsbetrag aus der Pensionskassenversorgung oder der Lebensversicherung von der Zahlungsverpflichtung des Veräußerers in Abzug zu bringen ist.

Ausgehend vom verwendeten Berechnungsmodell und von der Ausgestaltung ist im Einzelfall zu überprüfen, ob es sich um eine beitragsorientierte oder eine leistungsorientierte Pensionszusage handelt. Sollte die Pensionszusage zB auf einem Mischsystem (beitragsorientiert/leistungsorientiert) basieren, so ist die Zusage zu teilen und der jeweilige Anspruch getrennt zu berechnen.

Damit die Höhe des Anspruchs auf Abfindung der bis zum Zeitpunkt des Betriebsübergangs erworbenen Anwartschaften möglichst einfach berechenbar und damit auch nachvollziehbar ist, muss das **Teilwertverfahren** bei der Berechnung verwendet werden. Die bei der Bildung der Rückstellung anzuwendenden **versicherungsmathematischen Grundsätze** umfassen vor allem:

– die Auswahl von aktuellen die Sterblichkeitsentwicklung berücksichtigenden und für das Kollektiv der AN adäquaten Rechnungsgrundlagen, die nach dem Alter und dem Geschlecht getrennt sind; bei der Berechnung des Anspruchs dürfen jedoch keine Fluktuationswahrscheinlichkeiten verwendet werden;
– das Alter im Zeitpunkt der Erteilung der Zusage; dabei ist für den Fall, dass eine Wartezeit vereinbart wurde, nicht das Alter, ab dem ein Rechtsanspruch auf eine Pensionsleistung besteht, sondern das um die Wartezeit verminderte Alter für die Berechnung heranzuziehen;
– das Anfallsalter, ab dem eine Alterspension bzw vorzeitige Alterspension – sofern in der Pensionszusage vorgesehen – bezogen werden kann; grundsätzlich ist vom entsprechenden Alter nach dem ASVG auszugehen, bei Pensionszusagen, die vom ASVG abweichende Altersgrenzen vorsehen, müssen diese bei der Berechnung verwendet werden, sofern deren Inanspruchnahme betriebsüblich ist;
– der berechnete Pensionsanspruch (gem der Pensionszusage) zum Anfallsalter; bei gehaltsabhängigen Zusagen ist das Gehalt im Zeitpunkt des Betriebsübergangs den Berechnungen zu Grunde zu legen.

Bei der Berechnung der Höhe des Anspruchs auf Abfindung der bis zum Betriebsübergang erworbenen Anwartschaften ist in Analogie zur Berechnung des Unverfallbarkeitsbetrags gem BPG nur das Risiko des Alters und des Todes zu berücksichtigen. Sollte die Pensionszusage auch das Risiko der Invalidität erfasst haben, so ist dieses bei der Berechnung außer Ansatz zu lassen. Das bedeutet, dass in diesen Fällen einerseits die Anwartschaft auf Hinterbliebenenpension (unabhängig davon, ob der Anspruchsberechtigte als Aktiver, Invalider oder Alterspensionist verstirbt) und andererseits die Anwartschaft auf Alterspension bzw vorzeitige Alterspension (unabhängig davon, ob der

Anspruchsberechtigte das Anfallsalter als Aktiver oder Invalider erreicht) zu berücksichtigen ist.

Ist eine Pensionszusage nicht zeitgesichert oder erfolgen Valorisierungen nur auf freiwilliger, jederzeit widerruflicher Basis, so ist die Berechnung des Barwerts der künftigen Pensionsleistung mit einem Rechnungszinssatz von 7 % vorzunehmen (ErläutRV 1077 BlgNR 18. GP 13 f; vgl auch ErläutRV 387 BlgNR 20. GP 16).

Bei Pensionszusagen, die eine rechtsverbindliche Valorisierung vorsehen, ist der Barwert der künftigen Pensionsleistungen unter Zugrundelegung eines Rechnungszinssatzes von 3 % zu berechnen.

1.4 Dem BPG nicht unterliegende Pensionsansprüche

15 Gem § 3d Abs 2 IESG werden laufende, dh bereits **vor dem Stichtag entstandene Ruhegenüsse für die Zeit nach dem Stichtag** mit der Summe von **zwölf Monatsbeträgen** (Ruhegenussabschlagszahlung) gesichert. Vor dem Stichtag entstanden ist auch eine Betriebspension, die zu diesem Zeitpunkt noch wegen des Bezugs einer Abfertigung **ruht** (OGH 9 ObS 4/90, ARD 4247/18/91). Ruhegenussansprüche **für die Zeit bis zum Stichtag** begründen einen Anspruch auf Insolvenz-Entgelt nach Maßgabe der zeitlichen Sicherungsgrenzen in die Vergangenheit (vgl § 3a Rz 10), der zur genannten Ruhegenussabschlagszahlung hinzutritt (VwGH 83/11/0105, ÖJZ 1985, 571 = Arb 10.469). Dies ergibt ein Umkehrschluss aus § 3d Abs 2 IESG, der die beschränkte Sicherung nur für Pensionsansprüche anordnet, die für die Zeit nach dem Stichtag gebühren.

16 **Pensionsansprüche,** deren **Entstehen** erst **nach dem Stichtag** liegt, lösen **keinen Anspruch auf Insolvenz-Entgelt** aus. Eine Ruhegenussabschlagszahlung gebührt nicht.

17 **Ruhegenussanwartschaften** sind selbst dann **nicht** nach IESG **gesichert,** wenn sie sich im gesicherten Zeitraum zu einer aufschiebend bedingten Forderung verdichtet haben (vgl auch *Liebeg*, IESG³ § 3d Rz 17). Dies deshalb, weil das IESG – anders als § 16 IO – keine Vorschrift darüber enthält, dass bedingte Forderungen zu berücksichtigen wären. Dieser Umstand ist umso bedeutsamer, als betagte Forderungen in Entsprechung zu § 16 IO ausdrücklich auch im Bereich des IESG nach Abzinsung zu sichern sind (§ 3 Abs 1 letzter S IESG). Daraus wird ganz allgemein geschlossen, dass aufschiebend bedingte Forderungen keiner Sicherung nach dem IESG teilhaftig werden können (VwGH 80/11/2551; *Holzer*, ZAS 1991, 140; vgl § 3 Rz 20).

2. Insolvenzrechtliche Stellung und Sicherung von Pensionsansprüchen gegen Pensionskassen und Ansprüchen aus Lebensversicherungen

Die Ausführungen in den Rz 5–10 und 15–17 waren ausschließlich der **18** direkten Leistungszusage iSd § 2 Z 2 BPG gewidmet. Bei dieser verpflichtet sich der AG, unmittelbar Leistungen der betrieblichen Altersversorgung zu erbringen. Das BPG kennt jedoch noch weitere Arten von Leistungszusagen, nämlich die Beitragsleistung an eine Pensionskasse oder an eine Einrichtung iSd § 5 Z 4 PKG, die Prämienleistung für eine betriebliche Kollektivversicherung an ein zum Betrieb der Lebensversicherung im Inland berechtigtes Versicherungsunternehmen (§ 2 Z 1 BPG) und Prämienleistungen für eine zu Gunsten der AN abgeschlossene Lebensversicherung seitens des AG (§ 2 Z 3 BPG; vgl allg *Löschnigg*, Arbeitsrecht[12] 349). Im Hinblick auf die Insolvenzsicherung dieser letzteren Arten von Ruhegenüssen ist festzuhalten, dass diese in ihrem Bestand naturgemäß von einer Insolvenz des AG unberührt bleiben.

Einer **Insolvenz der diesfalls leistungsverpflichteten Institution selbst** **19** wird durch strenge Veranlagungsvorschriften und Staatsaufsicht entgegengewirkt. § 37 PKG bestimmt, dass über das Vermögen einer Pensionskasse ein Sanierungsverfahren nicht eröffnet werden kann. Der Antrag auf Eröffnung des Konkurses kann nur von der FMA gestellt werden. Dabei haben die Anwartschafts- und Leistungsberechtigten die Stellung von Absonderungsgläubigern hinsichtlich der der Veranlagungs- und Risikogemeinschaft zugeordneten Vermögenswerte, die eine Sondermasse iSd § 48 Abs 1 IO bilden. In ganz ähnlicher Weise sind die Berechtigten bei der betrieblichen Altersversorgung im Wege einer Lebensversicherung geschützt. Die Versicherungsanstalt muss für Lebensversicherungen und betriebliche Kollektivversicherungen nach § 300 VAG einen nach bestimmten Veranlagungsregeln zu bildenden Deckungsfonds einrichten. Im Falle eines Konkurses, der wiederum nur von der FMA beantragt werden kann, räumt § 312 VAG den Berechtigten eine bevorzugte Befriedigung als Absonderungsgläubiger aus dem Deckungsstock ein.

Eine **Sicherung dieser Ansprüche** durch das IESG ist naturgemäß **nicht vorgesehen,** da hier der AG nicht Adressat der Forderung ist. Dies wird für Ansprüche nach dem BPG gegenüber einer Pensionskasse durch § 1 Abs 3 Z 6 IESG zudem ausdrücklich unterstrichen (s § 1 Rz 259, 396 ff). **Beiträge in Pensionskassen bzw im Rahmen von Lebensversicherungen sind gesichert** und vom IEF nach Maßgabe des § 7 Abs 8 IESG an die jeweilige Institution zu leisten (vgl § 7 Rz 26 f). Dabei sind Beiträge im Rahmen der Kündigungsentschädigung auch für Urlaubsersatzleistung und Sonderzahlungen zur Kündigungsentschädigung einzuzahlen (OGH 8 ObS 1/05p, DRdA 2006/7, 46 [*Wolligger*]).

3. Unionsrechtskonforme Anpassung des IESG durch § 3d Abs 3 IESG

20 Mit BGBl I 2015/113 wurde § 3d IESG mit Wirksamkeit ab dem 1. 1. 2016 (s § 32 Rz 1) ein Abs 3 hinzugefügt. Nunmehr gilt, dass, sollte durch die Obergrenzen gem § 3d Abs 1 und Abs 2 IESG die auf Grund der RL 2008/94/EG zwingend gebotene Mindestabsicherung nicht gewährleistet sein, als Insolvenz-Entgelt zumindest entweder die Hälfte des Barwerts des Anspruchs auf eine Pension aus einer direkten Leistungszusage nach § 2 Z 2 iVm Art V Abs 3 BPG bzw des Anspruchs aus einer Leistungszusage, die nicht dem BPG unterliegt, oder aber die Hälfte des Unverfallbarkeitsbetrags gem § 7 Abs 1–2b BPG bzw des Abfindungsbetrags gem § 5 Abs 2 AVRAG gebührt (zur Berechnung s Rz 14).

21 Diese Novellierung gründete in der ansonsten drohenden Staatshaftung Österreichs wegen unionsrechtswidriger Umsetzung der RL 2008/94/EG. Der AB zur Novelle (770 BlgNR 25. GP 5) führt als Begründung ausdrücklich die erfolgreiche Geltendmachung von Staatshaftungsansprüchen durch den ISA Steiermark aus Anlass eines Insolvenzverfahrens an und begründet den Antrag ua damit, dass durch die Ausweitung des Schutzes Mehrkosten deshalb nicht entstehen, weil die nun durch Insolvenz-Entgelt abgedeckten Forderungen ansonsten im Wege der Staatshaftung beglichen werden müssten.

22 Damit hat die Debatte über die Unionsrechtskonformität der Sicherungsregelungen endlich im G Niederschlag gefunden. Bereits in der Vorauflage des vorliegenden Kommentars (*Holzer/Reissner/W. Schwarz*, Insolvenz[4] 272 f) war die Unionsrechtswidrigkeit der vormaligen Rechtslage thematisiert worden. Schon die Beschränkung der Sicherung der einschlägigen Ansprüche durch bloße Abschlagszahlungen von 24 bzw zwölf Monatsbeträgen könne wohl kaum als der RL 2008/94/EG entsprechend angesehen werden, zumal auch § 11 BPG keinesfalls eine ausreichende Sicherung gewährleistet (vgl dazu *Weinmeier*, Freizügigkeit 106). Somit wurde in der Lehre allgemein von einer unzureichenden Umsetzung des Art 8 RL 2008/94/EG ausgegangen (*Holzer*, Richtlinie 273; *Binder*, Gemeinschaftsmaßnahmen 206; *Marhold-Weinmeier*, ASoK 2006, 429; ebenso – auch schon in den Vorauflagen – *Gahleitner* in ZellKomm[3] § 3d IESG Rz 3).

23 Diese Einschätzung der Lehre war zutreffend. Zunächst brachte der EuGH in der Rs *Robins* (EuGH C-278/05, Slg 2007, I-1053) zum Ausdruck, dass Art 8 der InsolvenzRL, der die Mitgliedstaaten verpflichtet, sich zu vergewissern, dass die notwendigen Maßnahmen zum Schutz der Interessen der AN hinsichtlich ihrer Rechte auf Leistungen bei Alter aus Zusatzversorgungseinrichtungen getroffen werden, einem Schutzsystem entgegensteht, das in bestimmten Situationen auf eine Leistungsgarantie hinausläuft, die **auf weniger**

als die Hälfte der Ansprüche begrenzt ist, die einem AN zugestanden hätten. Zur Beurteilung der Frage, ob die Voraussetzungen für die Annahme einer Staatshaftung erfüllt seien, müsse das mit einer Schadenersatzklage befasste nationale Gericht alle Gesichtspunkte des Einzelfalls berücksichtigen, wozu neben dem Maß an Klarheit und Genauigkeit der verletzten Vorschrift und dem Umfang des Ermessensspielraums, den die verletzte Vorschrift der nationalen Behörden belasse, insb die Frage gehöre, ob der Verstoß vorsätzlich oder nicht vorsätzlich begangen oder der Schaden vorsätzlich oder nicht vorsätzlich zugefügt worden sei. Weiters müssen die Entschuldbarkeit oder Unentschuldbarkeit eines etwaigen Rechtsirrtums und auch der Umstand, dass die Verhaltensweisen eines Gemeinschaftsorgans möglicherweise dazu beigetragen hätten, dass nationale Maßnahmen oder Praktiken in gemeinschaftsrechtswidriger Weise unterlassen, eingeführt oder aufrechterhalten worden seien, beachtet werden.

In der Rs *Hogan* (EuGH C-398/11, infas 2014 E 5) kam der EuGH zum Ergebnis, dass die von Irland im Anschluss an das Urteil *Robins* erlassenen Maßnahmen nicht den von der InsolvenzRL auferlegten Verpflichtungen genügen würden, und dass die Wirtschaftslage des betroffenen Mitgliedsstaats keine Ausnahme darstelle, die ein geringeres Niveau des Schutzes der Interessen der AN rechtfertigen könne, was ihre Ansprüche auf Leistungen bei Alter aus einer betrieblichen Zusatzversorgungseinrichtung betreffe.

Zwischen diesen beiden E des EuGH hatte der OGH (OGH 8 ObS 29/05f, DRdA 2007/36, 325 *[Wolligger]* = ZIK 2006/177, 140) die direkte Anwendbarkeit von Art 8 InsolvenzRL zu prüfen, wobei die E *Robins* in seine Begründung miteinbezogen wurde. Der OGH verneinte eine direkte Anwendbarkeit zwar mangels hinreichender Genauigkeit des Art 8 leg cit, verwies jedoch ausdrücklich darauf, dass der in der Revision angesprochene Staatshaftungsanspruch nicht Gegenstand des Revisionsverfahrens gewesen sei. Nach *Wolligger* (DRdA 2007/36, 330) sei die vom OGH dabei angenommene Unionsrechtskonformität des § 3d (aF) IESG in Wahrheit nicht gegeben, weil im Fall der Insolvenz des AG die ehemaligen AN beträchtliche, nicht dem Schutzniveau der InsolvenzRL entsprechende Kürzungen ihrer Ruhegenussansprüche hinnehmen müssten. Es bestand daher dringender Handlungsbedarf durch den Gesetzgeber, so die Republik ein Staatshaftungsverfahren wegen mangelnder Umsetzung der InsolvenzRL vermeiden wollte.

Diese Sanierung der Sicherungsgrenzen ist mit der Novelle BGBl I 2015/113 wohl gelungen. Offen bleibt, inwieweit für die Vergangenheit noch Schadenersatzansprüche aus dem Titel der Staatshaftung geltend gemacht werden.

Die österr Rechtslage besteht nunmehr aus einer verbesserten Kombination der in Rz 1–4 geschilderten Sicherung durch § 3d Abs 1 und 2 IESG mit einer Kapitaldeckungsvorschrift und – als unionsrechtlicher Notwendigkeit – einer Mindestabsicherung nach Abs 3 leg cit. Als insolvenzrechtliche Besserstellung räumte § 11 Abs 1 BPG schon bisher Berechtigten aus direkten Leistungszusagen des AG im Insolvenzverfahren teilweise die Stellung von Absonderungsgläubigern ein (*Reissner*, ZIK 2009, 185 ff). Jene Wertpapiere, die zur Deckung der Pensionsrückstellung nach § 14 Abs 7 EStG unter Berücksichtigung des § 116 Abs 4 Z 4 EStG vorgesehen sind, bilden im Insolvenzverfahren des AG eine Sondermasse, die nur zur Deckung der Anwartschafts- und Leistungsansprüche der aus der betrieblichen Altersversorgung Berechtigten herangezogen werden darf (vgl § 11 IO Rz 9). Als diesen Wertpapieren gleichgestellt wird von der Judikatur auch eine Rückdeckungsversicherung qualifiziert (OGH 9 ObA 67/04z, DRdA 2004, 562 = ZIK 2005/18, 30), sofern diese den Wert der vorgeschriebenen Mindestsicherung nicht übersteigt.

Allerdings verlangt die Judikatur (OGH 8 ObA 14/10g, SZ 2011/52) eine eindeutige Bestimmbarkeit der Sondermasse und ihre Trennung vom Vermögen des Schuldners. Die Sicherung der AN-Ansprüche als Sondermasseforderung könne nur Wertpapiere erfassen, die eindeutig für diesen Zweck bestimmt und tatsächlich vorhanden seien. Eine fiktive Sondermasse sei nicht zu bilden, weshalb ein rechtswidriges Unterbleiben oder eine verbotswidrige Verringerung der Wertpapierdeckung im Insolvenzfall zu Lasten der AN gehe (krit *Reissner/Sundl*, Insolvenz-Entgeltsicherung 126).

Im Hinblick auf § 3d Abs 3 IESG wird nunmehr aber in jedem Fall ein Vergleich zwischen dem gem Abs 1 und 2 leg cit gesicherten Betrag und jenem nach Abs 3 leg cit vorzunehmen sein. Bevor sohin die rechtliche Qualifikation des Sicherungsbetrags als einer nach den „alten" Bestimmungen der Abs 1 und 2 leg cit vorgenommen werden kann, wird immer zunächst durch ein Gutachten festzustellen sein, in welchem Ausmaß auf Grund unionsrechtlicher Vorgaben (und nunmehr auf Grund von § 3d Abs 3 IESG) die Sicherung beschaffen sein muss. Erfahrungsgemäß werden die in Abs 3 leg cit beschriebenen Sicherungsumfänge jene der gesicherten Monatsbeträge übersteigen.

26 Für noch im aufrechten Arbeitsverhältnis stehende Anwartschaftsberechtigte sowie für Leistungsberechtigte (also jene Personen, denen eine Betriebspension bereits zur Auszahlung gebracht wird) ist der **Barwert** zu errechnen. Für aus dem Betrieb ausgeschiedene Personen, die zwar ein Anwartschaftsrecht auf eine Betriebspension haben, diese jedoch noch nicht zur Auszahlung gelangt, wird der **Unverfallbarkeitsbetrag** berechnet.

Dabei ist zu beachten, dass der zu errechnende Unverfallbarkeitsbetrag im Regelfall wesentlich geringer ist als der Barwert. Es ist fraglich, ob der Gesetzgeber sich des möglichen Problems einer Ungleichbehandlung bei der Definition dessen, was nach der neuen Rechtslage zu 50 % abzufinden ist, bewusst war: Bei der Errechnung des Barwerts wird nämlich der Pensionsanspruch zum Zeitpunkt des vereinbarten Pensionsantritts berechnet und in der Folge ermittelt, welches Kapital erforderlich ist, um dem Berechtigten (und allfälligen Nachkommen im Falle einer Hinterbliebenenpension) bis zum Lebensende die vereinbarte Pension auszahlen zu können. Bei Anwartschaftsberechtigten ist dabei eine Aliquotierung vorzunehmen, je nachdem, wieviel an Anwartschaftszeit der Berechtigte bereits erworben hat. Errechnet wird der wahre wirtschaftliche Wert, wobei derzeit mit einem Rechnungszins in Höhe von 2,5 % operiert wird. Dieser Rechnungszins wird im Falle einer vereinbarten Valorisierung einer Betriebspension weiter verringert. Anders erfolgt die Errechnung des Unverfallbarkeitsbetrags. Hier wird von G wegen mit einem Rechnungszins von 7,0 % gerechnet und ein gesetzlich fiktiv vorgegebener Wert bestimmt.

Gerade die Anwendung derart unterschiedlicher Rechnungszinsen bedingt jedoch wesentlich unterschiedliche Ergebnisse bei Berechnung des Barwerts bzw des Unverfallbarkeitsbetrags. Dabei gilt zu beachten, dass bereits ein Unterschied im Rechnungszins von 1 % bei einem Kapital von EUR 100.000,– eine Differenz von EUR 10.000,– ergibt. Wird somit der Rechnungszins für den Barwert mit 2,5 % sowie jener für den Unverfallbarkeitsbetrag mit 7,0 % angenommen, resultiert daraus ein Barwert von etwa EUR 150.000,– sowie ein Unverfallbarkeitsbetrag in Höhe von EUR 100.000,–.

Ausgehend davon wird die gegenständliche Gesetzesänderung aller Voraussicht nach zu einer starken Belastung des IEF führen. Zwar erscheinen die Ansprüche der großen Masse der Pensionsbezieher bzw Anwartschaftsberechtigten bereits von direkten Leistungszusagen in beitragsorientierte Pensionskassenpensionen umgewandelt worden zu sein. Allerdings bestehen noch immer zahlreiche direkte Leistungszusagen für Betriebspensionisten, die in kleinen und mittleren Unternehmen in gehobenen Positionen gearbeitet haben. Gerade in diesen Fällen ist die Insolvenzgefahr oft hoch, ebenso verhält es sich mit den zugesagten Pensionen. Dabei ist insb auch zu bedenken, dass § 11 BPG iVm § 11 IESG lediglich die alte Rechtslage im Blick hat. Die nunmehrigen – weitaus höheren – Ansprüche nach § 3d Abs 3 IESG werden durch die alte Regressmöglichkeit des IEF nur mangelhaft rückversichert, woraus ein hoher Ausfall beim IEF resultieren könnte. Darüber hinaus finden sich – anders als bei hohen Entgeltansprüchen und zB auch bei der Abfertigung – keinerlei betragsmäßige Sicherungsgrenzen, die auf die Höhe der monatlichen Pension Rücksicht nehmen würden.

Die in den Rz 18 und 19 dargestellte Sicherung von Ruhegenussansprüchen gegen Pensionskassen und betriebliche Kollektivversicherungen und von Ansprüchen aus Lebensversicherungen waren bereits vor der genannten Novelle als unionsrechtskonform zu qualifizieren.

§ 4 IESG

Gewährung von Insolvenz-Entgelt bei Vorliegen berücksichtigungswürdiger Gründe

§ 4. Bei Vorliegen berücksichtigungswürdiger Gründe hat die Geschäftsstelle über den Antrag auf Insolvenz-Entgelt des Anspruchsberechtigten besonders rasch zu entscheiden. Berücksichtigungswürdige Gründe liegen insbesondere vor, wenn der Anspruchsberechtigte glaubhaft macht, dass er sich in einer die Existenz gefährdenden Situation befindet und die Deckung des Lebensunterhaltes in anderer zumutbarer Weise nicht gewährleistet ist.

(§ 4 IESG neugefasst durch BGBl I 2010/29)

Übersicht zu § 4 IESG

1. Grund der Neuregelung 1–2
2. Berücksichtigungswürdige Gründe 3–6
3. Glaubhaftmachung 7–8
4. Antrag und Erledigung 9–10

1. Grund der Neuregelung

1 § 4 IESG regelt die Voraussetzungen für eine **raschere Zuerkennung von Insolvenz-Entgelt** an den Anspruchsberechtigten, wenn er sich in einer äußerst schwierigen Lage befindet. Die rasche Zuerkennung von Insolvenz-Entgelt hat die bisherige Möglichkeit, auf Antrag einen Vorschuss auf das Insolvenz-Entgelt in berücksichtigungswürdigen Fällen zu gewähren, abgelöst (zum zeitlichen Geltungsbereich der Neuregelung vgl § 25 Rz 5). Die Initiative für die Änderung geht auf die Fondsverwaltung der IEF-Service GmbH zurück, die im Vollzug der Vorgängerbestimmung ein Hindernis darin sah, einen ordnungsgemäßen Jahreslohnzettel gem § 69 Abs 6 iVm § 84 Abs 1 EStG auszustellen. Die IEF-Service GmbH hat ua Jahreslohnzettel für AN, denen sie Insolvenz-Entgelt gewährt, auszustellen. Ein solcher Jahreslohnzettel hat eine entsprechende arbeits- und steuerrechtliche Qualifikation für die Ansprüche, für die Insolvenz-Entgelt gewährt wurde, vorzunehmen. Da die bisherige Vorschussbestimmung des § 4 IESG lediglich einen bestimmten Betrag ohne weitere Qualifikation oder Anspruchszuordnung vorsah, konnte ein in diesem Sinn korrekter Jahreslohnzettel nicht erstellt werden (vgl ErläutRV 612 BlgNR 24. GP 41).

2 Das Argument ist zwar vorgeschoben, es wäre ein Leichtes gewesen, auch in einem Vorschussbescheid die entsprechenden Qualifikationen vorzunehmen. Tatsächlich führte der Umstand aber dazu, dass die Vorschussbestimmung des § 4 IESG (aF) zum toten Recht mutierte. Sofern Handlungsbedarf bestand, wurde in einem rascheren Verfahren mit einem Zuerkennungs-

bescheid entschieden. Mit anderen Worten: Die nunmehr in Kraft gesetzte Variante des § 4 IESG gab es bereits in der Verwaltungspraxis, diese kam aber letztlich einer Umgehung der Vorgängerbestimmung gleich.

2. Berücksichtigungswürdige Gründe

Die Formulierung des § 4 IESG („bei Vorliegen berücksichtigungswürdi- **3** ger Gründe hat die Geschäftsstelle rasch zu entscheiden") legt dar, dass eine rasche Behandlung des Antrages auf Insolvenz-Entgelt nicht im Ermessen der Behörde liegt, sondern ein **Rechtsanspruch** auf rasche Entscheidung besteht. Der Anspruch auf rasche Entscheidung ist an das Vorliegen berücksichtigungswürdiger Gründe geknüpft, wobei § 4 S 2 IESG eine demonstrative Aufzählung der berücksichtigungswürdigen Gründe enthält. Es handelt sich dabei ausnahmslos um unbestimmte Rechtsbegriffe (zB eine existenzgefährdende Situation, die die Deckung des Lebensunterhaltes in anderer zumutbarer Weise nicht gewährleistet), die natürlich konkretisierungsbedürftig sind und der Auslegung Raum lassen. Mit der Mehrdeutigkeit von unbestimmten Rechtsbegriffen ändert sich jedoch nichts an der Entscheidungsgebundenheit der Behörde. Sofern ihr Entscheidungsmöglichkeiten zur Wahl stehen, ist dies nicht auf ein freies Ermessen, sondern auf die unscharfen Grenzen des vom Gesetzgeber gewählten Ausdrucks zurückzuführen. Nichtsdestoweniger handelt es sich um die Anwendung gesetzlicher Bestimmungen, deren fehlerhafte Auslegung zu Rechtswidrigkeit führen kann, wenngleich durch den Auslegungsspielraum bzw die Konkretisierungsbedürftigkeit undeutlicher Begriffe der Behörde ein **gebundenes Ermessen** zugestanden werden muss (VwGH 1067/49, VwSlg A 2075; 1098/48, VwSlg A 2305; *Adamovich/Funk*, Verwaltungsrecht[3] 118 ff mwN).

Die Bedingung für die Gewährung einer raschen Behandlung des Antra- **4** ges ist, wie erwähnt, das Vorliegen berücksichtigungswürdiger Gründe. Diese sind insb dann gegeben, wenn der Anspruchsberechtigte glaubhaft macht, dass er sich **in einer die Existenz gefährdenden Situation** befindet und die **Deckung des Lebensunterhaltes** in anderer zumutbarer Weise **nicht gewährleistet** ist. Wenn diese Voraussetzungen im Text auch nur beispielhaft genannt sind, wird die Schwelle für sog berücksichtigungswürdige Gründe sehr hoch gelegt. Andere, nicht im G angeführte Gründe müssen jedenfalls gleichwertig sein, sodass der Anwendungsbereich der Norm sehr eingeschränkt ist. Die Formulierung legt nahe, dass das **Abwarten des Verwaltungsverfahrens** im konkreten Insolvenzfall dem Anspruchswerber auf Grund seiner persönlichen Situation **in einem hohen Grad unzumutbar** sein muss. Verlangt wird nicht nur eine existenzbedrohende Notlage, sondern auch die Unmöglichkeit, diese in anderer zumutbarer Weise zu beseitigen. Nicht unbedingt erforderlich und aus der Norm nicht zu entnehmen ist der Nachweis, dass die existenzbedrohende Notlage durch die Insolvenz ausgelöst wurde. Da Insolvenz-Entgelt allerdings im Zusammenhang mit der Insolvenz des AG steht, wird wohl eine unabhängig von der Insolvenz vom Antragsteller herbeigeführte existenzbedrohende Situation in aller Regel den Anspruchsvoraussetzungen nicht gerecht werden. Bei der Berücksichtigungswürdigkeit, aber auch bei der raschen Erledigung ist darüber hinaus zu beachten, dass die IEF-Service GmbH gem § 67 Abs 1 Z 2 ASGG innerhalb von sechs Monaten einen Bescheid zu erlassen hat (vgl *Neumayr* in ZellKomm[3] § 67 ASGG Rz 12 f). Beide Merkmale sind daher in Relation zur Sechsmonatsfrist zu setzen.

5   Berücksichtigungswürdige Gründe sind daher **Ausnahmefälle.** Diese können gegeben sein, wenn
 – durch das Abwarten des Verwaltungsverfahrens im konkreten Insolvenzfall dem Anspruchswerber die Delogierung oder Räumung aus einem Mietverhältnis droht,
 – dem Anspruchswerber durch Nichterfüllung von Unterhaltspflichten eine Klage der Unterhaltsberechtigten oder sogar ein Strafverfahren ins Haus steht oder
 – überhaupt durch eine verspätete Entscheidung Gerichtsverfahren, Exekutionen etc wahrscheinlich sind.

6   Vorausgesetzt ist außerdem, dass die eingetretene **existenzgefährdende Situation nicht durch andere Maßnahmen in zumutbarer Weise abgewehrt werden kann.** Dem Antragsteller wird idR zuzumuten sein, Ansprüche auf die Mindestsicherung, Arbeitslosengeld, Notstandshilfe sowie sonstige Maßnahmen aus der AlV in Anspruch zu nehmen. Allfällige Unterhaltspflichten von nahen Angehörigen werden dabei auch in die Prüfung einzubeziehen sein, sodass insgesamt die Praktikabilität der Bestimmung mehr als fraglich ist. UU ist der Prüfungsaufwand für eine rasche Entscheidung höher als für eine „gewöhnliche" Entscheidung.

3. Glaubhaftmachung

7   Die inhaltliche Rigidität der Bestimmung wird insofern etwas entschärft, als der Gesetzgeber für den Antragsteller die Glaubhaftmachung der berücksichtigungswürdigen Gründe ermöglicht. Das Erfordernis der „Glaubhaftmachung" **reduziert** das **Beweismaß** für den Antragsteller: Er hat nicht vollen Beweis zu führen, es genügt vielmehr, eine **überwiegende Wahrscheinlichkeit darzutun.** Die Behörde ist von der zu beweisenden Tatsache nicht zu überzeugen, es genügt, wenn die Behörde von einer größeren Wahrscheinlichkeit der zu beweisenden Tatsache ausgehen kann (vgl *Holzhammer*, Zivilprozessrecht[2] 237; *Rechberger/Simotta*, Zivilprozessrecht[8] Rz 755–757). Der AN hat der zuständigen Geschäftsstelle der IEF-Service GmbH den Sachver-

halt soweit nahezulegen, dass das Vorliegen der berücksichtigungswürdigen Gründe überwiegend wahrscheinlicher ist als deren Nichtvorliegen. Nach Ansicht des VwGH ist diese Wahrscheinlichkeit dann zu bejahen, wenn die für den ursächlichen Zusammenhang sprechenden Erscheinungen – wenn auch geringfügig – gegenüber den im gegengesetzten Sinn verwertbaren Erscheinungen überwiegen (zu § 49 Abs 4 AVG vgl VwGH 690/66; allg *Mannlicher/ Quell*, Verwaltungsverfahren[8] 834).

Wenn der AN die Tatbestandsmerkmale der berücksichtigungswürdigen Gründe als überwiegend wahrscheinlich dartun kann, ist von der Behörde eine rasche Entscheidung zu treffen. Für den Anspruch auf Insolvenz-Entgelt gilt hingegen, dass der AN vollen Beweis für die anspruchsbegründenden Tatsachen zu erbringen hat. Er hat die Behörde davon zu überzeugen, dass die Anspruchsvoraussetzungen für das Insolvenz-Entgelt erfüllt sind. **8**

4. Antrag und Erledigung

Nach dem Sinnzusammenhang des Gesetzestextes setzt die rasche Erledigung eines Antrags **keinen zusätzlichen formellen Antrag** voraus. Das Verlangen nach rascher Entscheidung ist ein **Teil des Antrags auf Insolvenz-Entgelt.** In den Materialien (vgl ErläutRV 612 BlgNR 24. GP 41) heißt es dazu, dass rasch zuerkanntes Insolvenz-Entgelt sowohl in zeitlicher als auch in arbeitsrechtlicher Hinsicht im Zuerkennungsbescheid **zu spezifizieren** ist. Sind die gesetzlichen Voraussetzungen bei den berücksichtigungswürdigen Gründen glaubhaft gemacht (vgl Rz 4 ff, 7 f), so hat die Behörde rasch mit Bescheid zu entscheiden. Die Erledigung kann auch in einem Teilbescheid erfolgen, wenn ein Endbescheid auf Grund des Fortganges des Ermittlungsverfahrens noch nicht möglich erscheint. Ob dem Antragsteller trotz Anregung oder Antrags ein Klagerecht gegen den Nichterlass einer raschen Entscheidung zusteht, ist mehr als zweifelhaft. Gegen ein Klagerecht spricht deutlich der Umstand, dass trotz Änderung des § 4 IESG die Verfahrensvoraussetzungen für die sukzessive Gerichtszuständigkeit gem § 6 Abs 1 Z 7 iVm § 67 Abs 1 Z 2 ASGG nicht geändert wurden. Da die fehlende rasche Entscheidung substantiell eher einen Säumnisvorwurf darstellt, wäre an eine **Säumnisklage** zu denken, die jedoch expressis verbis gem § 67 Abs 1 Z 2 ASGG erst nach Ablauf von sechs Monaten möglich ist (s *Neumayr* in ZellKomm[3] § 67 ASGG Rz 12 ff). Gegen eine vorherige Klagszuständigkeit spricht darüber hinaus, dass es sich bei der raschen Entscheidung nicht um eine Leistungssache handelt, sondern lediglich Anspruch auf ein beschleunigtes Verfahren besteht. Eine Überprüfbarkeit in diese Richtung ist augenscheinlich nicht Inhalt der sukzessiven Kompetenz der Gerichte iSd § 65 Abs 1 ASGG (vgl *Neumayr* in ZellKomm[3] § 65 ASGG Rz 1 ff). Unnötigerweise ist weiterhin für die bereits aufgehobene Vorschussbestimmung des § 4 IESG ein Klagerecht in **9**

§ 4 IESG

§ 65 Abs 1 Z 7 ASGG vorgesehen, sodass insgesamt ein Klagerecht im Rahmen der sukzessiven Gerichtszuständigkeit für die Neuregelung, an die § 65 Abs 1 Z 7 ASGG nicht angepasst wurde, zu verneinen ist.

10 Da dem Gesetzgeber nicht zu unterstellen ist, dass er eine objektive Rechtspflicht für eine Behörde ohne Rechtsschutzmöglichkeiten vorsieht, ist der Antragsteller auf die Rechtsmittelmöglichkeiten im Verwaltungsweg zu verweisen. Praktisch kommt wegen Verletzung der Entscheidungspflicht, die § 4 IESG unmissverständlich auferlegt, nur ein **Devolutionsantrag** gem § 73 AVG in Frage. Voraussetzungen für diesen Rechtsbehelf sind einerseits die Entscheidungspflicht und andererseits der Ablauf der gesetzlich vorgesehenen Entscheidungsfrist (vgl *Hengstschläger/Leeb*, AVG § 73 Rz 94 f). Problematisch in diesem Zusammenhang ist die fehlende Regelung einer gesetzlichen Frist für eine rasche Entscheidung iSd § 4 IESG, an der ein Devolutionsantrag anknüpfen könnte. Die Judikatur hat zu § 73 Abs 1 AVG ausgesprochen, dass die objektive Verpflichtung jeder Behörde, ohne unnötigen Aufschub und damit gegebenenfalls bereits vor Ablauf von sechs Monaten zu entscheiden, von der Partei gem § 73 Abs 2 AVG auf prozessualem Wege erst nach Ablauf der vorgesehenen Frist durch Einbringen eines Devolutionsantrages durchsetzbar ist (vgl *Hengstschläger/Leeb*, AVG § 73 Rz 46 mwN). § 4 IESG könnte als besondere Ausformung der Entscheidungspflicht, die jede Behörde nach § 73 Abs 1 AVG trifft, ausgelegt werden, sodass ein Rechtsbehelf vor Ablauf der sechs Monate nicht zur Verfügung stünde, es sei denn, man interpretiert in die besondere Verpflichtung auf rasche Entscheidung iSd § 4 IESG eine im Einzelfall anhand der Kriterien zu bestimmende Frist hinein. Jedenfalls steht die Möglichkeit einer Säumnisklage nach Ablauf von sechs Monaten gem § 67 Abs 1 Z 2 ASGG zu (vgl Rz 9), sodass der Rechtsschutz zwar abgeschwächt, aber nicht ausgeschlossen ist. Dem Ziel der Bestimmung wird letztlich damit aber nicht Rechnung getragen.

Zuständigkeit

§ 5. (1) Für das Verfahren nach diesem Bundesgesetz ist jene Geschäftsstelle zuständig, in deren Sprengel sich das Gericht befindet, das das Insolvenzverfahren eröffnet oder den Beschluss nach § 1 Abs. 1 Z 1 bis 6 gefasst hat.

(2) Die Geschäftsstellen werden durch Verordnung des Bundesministers für Arbeit, Soziales und Konsumentenschutz festgelegt. Dabei ist auf die Gewährleistung einer effizienten Vollziehung und die betriebswirtschaftlichen Erfordernisse der IEF-Service GmbH Bedacht zu nehmen.

(3) Hat ein ausländisches Gericht eine Entscheidung im Sinne des § 1 Abs. 1 getroffen, die im Inland anerkannt wird, oder wurde ein Sekundärinsolvenzverfahren nach Art. 3 Abs. 3 der EU-Insolvenzverordnung eröffnet, so ist die Geschäftsstelle Wien zuständig. Ist jedoch im Inland ein Partikularverfahren nach Art. 3 Abs. 2 und 4 der EU-Insolvenzverordnung anhängig, so bleibt die nach Abs. 1 oder Abs. 2 zuständige Geschäftsstelle auch nach Eröffnung des Hauptinsolvenzverfahrens im Ausland weiterhin zuständig.

(4) Der Antrag auf Insolvenz-Entgelt kann bei jeder Geschäftsstelle eingebracht werden. Sofern es sich nicht um eine Geschäftsstelle nach Abs. 1 bis 3 handelt, ist der Antrag der zur Entscheidung zuständigen Geschäftsstelle unverzüglich zu übersenden. Wird der Antrag beim Insolvenzgericht (§ 104 Abs. 1 IO) eingebracht, so ist der Antrag als an die zuständige Geschäftsstelle gerichtet anzusehen.

(5) Der Insolvenz-Entgelt-Fonds, die IEF-Service GmbH und die gemäß Abs. 1 bis 3 zuständigen Geschäftsstellen sind ermächtigt, im Zuge des Verfahrens nach diesem Bundesgesetz anfallende Daten im Sinne des Datenschutzgesetzes 2000, BGBl. I Nr. 165/1999, zum Zweck des automationsunterstützten Datenverkehrs zu ermitteln und zu verarbeiten. Daten im vorstehenden Sinn sind Name und Anschrift des Anspruchsberechtigten, im Falle einer Rechtsvertretung die des Rechtsvertreters, Name bzw. Firmenbezeichnung des Arbeitgebers samt Anschrift einschließlich der Angabe der Wirtschaftsklasse, die Bezeichnung des Gerichtes und der Insolvenz nach § 1 Abs. 1 samt Aktenzeichen, die Ansprüche (Höhe des Bruttoanspruches, der Dienstnehmerbeitragsanteile zur gesetzlichen Sozialversicherung und der gesetzlichen Abzüge) einschließlich ihrer zeitlichen Lagerung und arbeitsrechtlichen Qualifikation, für die Insolvenz-Entgelt beantragt wird, der als Insolvenz-Entgelt zugesprochene Betrag einschließlich dessen insolvenzrechtlichen Ranges sowie bei Berücksichtigung von Pfändungen nach § 7 Abs. 6 bzw. § 8 Abs. 1 und von Vorschussrückzahlungen nach § 16 Abs. 2 und 4 des Arbeitslosenversicherungsgesetzes (AlVG), BGBl. Nr. 609/1977, die Anschrift bzw. Bezeichnung des

§ 5 IESG

betreibenden Gläubigers bzw. die Bezeichnung der regionalen Geschäftsstelle des Arbeitsmarktservice und die errechneten Beträge sowie bei Pfändungen auch Bezeichnung und Aktenzeichen des Gerichtes.

(§ 5 IESG neugefasst durch BGBl I 2001/88, idF BGBl I 2015/113)

Übersicht zu § 5 IESG

1. Einleitung. Historie.. Rz 1–2
2. Zuständigkeit zur Antragsentgegennahme.................................. Rz 3–5
3. Zuständigkeit zur Ermittlung und Entscheidung........................... Rz 6–12
4. Verarbeitung von Daten .... Rz 13

1. Einleitung. Historie

1   Mit dem Verfahren nach dem IESG waren ursprünglich die Arbeitsämter befasst. IZm der Reform der Arbeitsmarktverwaltung wurde neben dem AMSG BGBl 1994/313 auch das AMS-BegleitG BGBl 1994/314 beschlossen, welches in Art 33 das mittlerweile durch BGBl I 2002/150 wieder aufgehobene „BG über die Bundesämter für Soziales und Behindertenwesen (Bundessozialämtergesetz – BSÄG)" sowie in Art 24 eine Novelle zum IESG enthalten hat. Dadurch wurde dem in Wien für die Bundesländer Wien, Niederösterreich und Burgenland sowie sonst in jedem Bundesland einzurichtenden „Bundesamt für Soziales und Behindertenwesen" (vgl § 2 BSÄG) ua die der Sicherstellung der Ansprüche der AN gem dem IESG, dem ASGG, der (damaligen) AO und der (damaligen) KO dienenden sowie in diesem Zusammenhang gem sonstigen BG wahrzunehmenden Aufgaben und Befugnisse (vgl § 5 Z 2 BSÄG) übertragen. Die Bundessozialämter traten in alle hoheitlichen Rechte und Pflichten jener Behörden, deren Aufgaben ihnen übertragen wurden, zum jeweiligen Wirksamkeitszeitpunkt ein; insb waren noch nicht rechtskräftige Verfahren fortzuführen (§ 8 BSÄG). Der für den Übergang der Vollziehung des IESG maßgebliche Stichtag war der 1. 1. 1995 (vgl V BGBl 1994/960).

Durch das (damalige) IAFG BGBl I 2001/88 (nunmehr: IEFG) wurde mit Wirkung ab 1. 8. 2001 die Insolvenz-Ausfallgeld-Fonds Service Gesellschaft mit beschränkter Haftung (Firmenwortlaut „IAF-Service GmbH") errichtet. Diese Gesellschaft übernahm ab diesem Zeitpunkt die von den Bundessozialämtern wahrgenommenen Aufgaben der Insolvenz-Entgeltsicherung sowie die Betriebsführung und Besorgung aller Geschäfte des (nunmehrigen) IEF (vgl §§ 1, 3 IEFG). Insb gingen die am 31. 7. 2001 bei den Bundessozialämtern anhängigen Fälle mit 1. 8. 2001 auf die jeweils gem § 5 IESG idF BGBl I 2001/88 zuständigen Geschäftsstellen über (§ 17a Abs 26 IESG; vgl § 17a Rz 31). Zeitgleich ging das Eigentum an jenem beweglichen Vermögen, das im Eigentum des Bundes stand und im Zeitpunkt des Inkrafttretens des BG in den Bundessozialämtern ausschließlich oder überwiegend für Aufgaben der Insolvenz-Entgeltsicherung genutzt wurde, einschließlich aller zugehörenden Rechte, Pflichten, Forderungen und Schulden ohne Anrechnung auf die Stammeinlage auf die Gesellschaft über (vgl § 11 Abs 1 IEFG).

Mit 1. 7. 2008 wurde die oben genannte Gesellschaft auf die heute gültige Bezeichnung „Insolvenz-Entgelt-Fonds-Service Gesellschaft mit beschränkter Haftung" umbenannt, der heutige Firmenwortlaut lautet „IEF-Service GmbH" (§ 1 Abs 2 IEFG).

Nach § 5 Abs 1 IESG ist für das Verfahren nach diesem G jene Geschäftsstelle zuständig, in deren Sprengel sich das Gericht befindet, welches das Insolvenzverfahren eröffnet oder den Beschluss nach § 1 Abs 1 Z 1–6 IESG gefasst hat. Derzeit handelt es sich dabei um folgende Geschäftsstellen: **2**

1. Geschäftsstelle Eisenstadt für die Sprengel der LG Eisenstadt und Wiener Neustadt,
2. Geschäftsstelle Graz für die Sprengel des LG für Zivilrechtssachen Graz und des LG Leoben,
3. Geschäftsstelle Innsbruck für die Sprengel der LG Feldkirch und Innsbruck,
4. Geschäftsstelle Klagenfurt für den Sprengel des LG Klagenfurt,
5. Geschäftsstelle Linz für die Sprengel der LG Linz und Steyr sowie den die politischen Bezirke Eferding, Wels und Wels Land umfassenden Teil des Sprengels des LG Wels,
6. Geschäftsstelle Ried für den Sprengel des LG Ried und den die politischen Bezirke Gmunden, Grieskirchen und Vöcklabruck umfassenden Teil des Sprengels des LG Wels,
7. Geschäftsstelle Salzburg für den Sprengel des LG Salzburg,
8. Geschäftsstelle Sankt Pölten für die Sprengel der LG Korneuburg, Krems und Sankt Pölten,
9. Geschäftsstelle Wien für die Sprengel des HG Wien und des LG für Zivilrechtssachen Wien.

Die Anzahl und örtliche Zuständigkeit dieser Geschäftsstellen wurde dabei bis zur Novelle BGBl I 2015/113 in § 5 Abs 1 IESG normativ festgelegt. Auf Grund einer Anregung des RH (Bericht des RH über den IEF und die IEF-Service GmbH, Bund 2015/13, 235 ff), die bestehende Struktur der Geschäftsstellen zu überdenken und in Zukunft Optimierungspotenziale flexibler zu nutzen, sollen die Geschäftsstellen zukünftig nach § 5 Abs 2 IESG durch V des BMASK festgelegt werden (AB 770 BlgNR 25. GP 5). Nach Abs 2 leg cit ist dabei auf die Gewährleistung einer effizienten Vollziehung und die betriebswirtschaftlichen Erfordernisse der IEF-Service GmbH Bedacht zu nehmen. In Zukunft wird sohin zu prüfen sein, ob die bestehenden

Aufgaben der IEF-Service GmbH mit einer geringeren Anzahl an Geschäftsstellen durchgeführt werden können. Für eine Übergangszeit bis zur Herstellung der organisatorischen und personellen Voraussetzungen für eine geänderte Organisationsstruktur wird es jedoch noch erforderlich sein, die bisherigen Geschäftsstellen beizubehalten (AB 770 BlgNR 25. GP 5).

§ 5 IESG idF BGBl I 2015/113 trat gem § 32 IESG mit 1. 1. 2016 in Kraft (vgl § 32 Rz 2). Mit ebendiesem Datum trat die in § 5 Abs 2 IESG vorgesehene V zur Festlegung der Anzahl und örtlichen Zuständigkeit der Geschäftsstellen BGBl II 2015/236 in Kraft, wobei an der bisherigen Anzahl bzw örtlichen Zuständigkeit der Geschäftsstellen (s oben) keine Änderungen eintraten.

2. Zuständigkeit zur Antragsentgegennahme

3   Anträge auf Insolvenz-Entgelt können gem § 5 Abs 4 IESG fristwahrend **bei jeder sachlich zuständigen Geschäftsstelle** der IEF-Service GmbH (vgl allg Rz 6) eingebracht werden. Ist die jeweilige Geschäftsstelle nicht gleichzeitig zur Ermittlung und Entscheidung örtlich zuständig, so muss der Antrag unverzüglich an die dafür zuständige Geschäftsstelle übersendet werden. Die Begünstigung, dass jede Geschäftsstelle als Einbringungsstelle zu fungieren hat, gilt auch für Anträge auf Nachsicht von den Rechtsfolgen der Fristversäumung aus berücksichtigungswürdigen Gründen iSd § 6 Abs 1 IESG (vgl § 6 Rz 8 ff).

4   Nach den Bestimmungen der IO besteht weiters die Möglichkeit, den Antrag auf Insolvenz-Entgelt **beim Insolvenzgericht** der schriftlichen Forderungsanmeldung – nicht aber einer mündlich zu Protokoll gegebenen Anmeldung – beizufügen (§ 104 Abs 1 IO; zur Forderungsanmeldung allg § 1 Rz 405 ff). Wird daher der Antrag innerhalb der Frist des § 6 Abs 1 IESG beim Insolvenzgericht eingebracht, ist dieser als fristgerecht an die zuständige Geschäftsstelle gerichtet anzusehen. Der Antrag wird mit dem gerichtlichen Eingangsvermerk versehen und sodann gemeinsam mit dem zur Vorlage an die Geschäftsstelle bestimmten Stück der Forderungsanmeldung unverzüglich ohne weitere Prüfung der zur Entscheidung zuständigen Geschäftsstelle übermittelt. Die bloße Forderungsanmeldung beim Insolvenzgericht ersetzt den gesondert zu stellenden Antrag auf Insolvenz-Entgelt jedoch nicht (s § 6 Rz 17).

5   Zu beachten ist, dass im Falle eines Beschlusses nach § 1 Abs 1 Z 1–6 IESG (s § 1 Rz 401 sowie allg Rz 140 ff) eine Beantragung von Insolvenz-Entgelt bei jenem Gericht, das den Beschluss gefasst hat, nicht in Frage kommt, weil mangels insolvenzrechtlicher Forderungsanmeldung eine „Beifügung" zu einer solchen nicht möglich ist.

3. Zuständigkeit zur Ermittlung und Entscheidung

Zuständig zur Durchführung des Verfahrens und zur Bescheiderlassung ist **6** grundsätzlich nur **jene Geschäftsstelle der IEF-Service GmbH, in dessen Sprengel** sich das **Gericht** befindet, welches das Insolvenzverfahren eröffnet oder den Beschluss nach § 1 Abs 1 Z 1–6 IESG, dh den Beschluss über einen der Insolvenzverfahrenseröffnung gleichgestellten Tatbestand, gefasst hat (§ 5 Abs 1 IESG).

Entscheidungen über die Eröffnung einer **Unternehmerinsolvenz** sowie **7** nach § 1 Abs 1 Z 1–5 IESG (s § 1 Rz 132, 140 ff) werden ausschließlich von den LG bzw dem HG Wien getroffen. Nur mit der Eröffnung eines Insolvenzverfahrens über das **Vermögen** eines **Nichtunternehmers** und mit den in § 1 Abs 1 Z 6 IESG angeführten außerstreitigen Angelegenheiten ist das für den privaten bzw verstorbenen AG zuständige BG betraut (s § 1 Rz 132, 159 ff). In diesen Fällen ist jene Geschäftsstelle zuständig, die sich im Sprengel des LG befindet, welches dem jeweils zuständigen BG übergeordnet ist (vgl auch *Liebeg*, IESG³ § 5 Rz 6).

Für einschlägige Entscheidungen eines **ausländischen Gerichts,** die im In- **8** land anerkannt werden (s § 1 Rz 164 ff), ist die Geschäftsstelle Wien zuständig. Dasselbe gilt für den Fall, dass ein **Sekundärinsolvenzverfahren** nach Art 3 Abs 3 EuInsVO eröffnet wurde (§ 5 Abs 3 IESG). Ist jedoch im Inland ein **Partikularverfahren** nach Art 3 Abs 2 und 4 EuInsVO anhängig, so bleibt nach § 5 Abs 3 IESG die nach Abs 1 und 2 leg cit zuständige Geschäftsstelle auch nach Eröffnung des Hauptinsolvenzverfahrens im Ausland weiterhin zuständig, dh die ursprüngliche Zuständigkeit nach § 5 Abs 1 und 2 IESG bleibt erhalten (ErläutRV 946 BlgNR 22. GP 7).

Verstirbt ein AN, so ist für dessen **Hinterbliebene** und **Rechtsnachfolger** **9** **von Todes wegen** jene Geschäftsstelle zuständig, die auf Grund der Eröffnung des Insolvenzverfahrens über das Vermögen des (ehemaligen) AG bzw der Verwirklichung eines anderen Tatbestands gem § 1 Abs 1 Z 1–6 IESG durch den (ehemaligen) AG zuständig ist (vgl *Liebeg*, IESG³ § 5 Rz 6).

Die Erteilung der **Nachsicht wegen Versäumung der Antragsfrist** gem **10** § 6 Abs 1 IESG obliegt immer der zur Durchführung des Verfahrens selbst zuständigen Geschäftsstelle (vgl auch Rz 1–3).

Bzgl der **Ansprüche gem § 1a IESG** ist jene Geschäftsstelle zuständig, in **11** dessen Sprengel sich das Gericht befindet, welches das einschlägige Urteil in erster Instanz erlassen hat (§ 1a Abs 3 Z 2 IESG; vgl auch § 1a Rz 17 f).

Werden Ansprüche auf Insolvenz-Entgelt nach dem IESG (gerichtlich) gel- **12** tend gemacht, die aus Mitteln des IEF zu bezahlen sind, treten die Geschäftsstellen der IEF-Service GmbH nur als Dienststellen auf, denen lediglich die Abwicklung der genannten Ansprüche übertragen wurde. Insofern ist eine Berichtigung der Bezeichnung der Geschäftsstelle jedenfalls zulässig (vgl OGH 8 NdS 1/00 noch zu den [damals zuständigen] Bundessozialämtern; *Liebeg,* IESG³ § 5 Rz 3).

4. Verarbeitung von Daten

13 Das **Grundrecht auf Datenschutz** räumt jedermann nach Maßgabe des G das Recht auf Geheimhaltung der ihn betreffenden personenbezogenen Daten ein (§ 1 DSG 2000; Verfassungsbestimmung).

Im Hinblick auf die im DSG 2000 normierten datenschutzrechtlichen Vorgaben existiert § 5 Abs 5 IESG. Diese Bestimmung **ermächtigt** die zur Durchführung des Verfahrens **zuständige Geschäftsstelle,** den **IEF** sowie die **IEF-Service GmbH,** im Zuge des Verfahrens nach dem IESG anfallende Daten iSd DSG 2000 zum Zweck des automationsunterstützten Datenverkehrs zu ermitteln und zu verarbeiten.

Aus datenschutzrechtlichen Gründen werden die maßgeblichen Daten seit dem IRÄG 1994 BGBl 1994/153 vom IESG im Einzelnen taxativ umschrieben (ErläutRV 1384 BlgNR 18. GP 12). **Daten** idS sind demnach Name und Anschrift des Anspruchsberechtigten, im Falle einer Rechtsvertretung die des Rechtsvertreters, Name bzw Firmenbezeichnung des AG samt Anschrift einschließlich der Angabe der Wirtschaftsklasse, die Bezeichnung des Gerichts und der Insolvenz nach § 1 Abs 1 IESG samt Aktenzeichen, die Ansprüche einschließlich ihrer zeitlichen Lagerung und arbeitsrechtlichen Qualifikation, für die Insolvenz-Entgelt beantragt wird, der als Insolvenz-Entgelt zugesprochene Betrag einschließlich dessen insolvenzrechtlichen Rangs und allfällige bereits zuerkannte Vorschüsse hierauf sowie bei Berücksichtigung von Pfändungen nach den § 7 Abs 6, § 8 Abs 1 IESG und von Vorschussrückzahlungen nach § 16 Abs 2 und 4 AlVG (vgl § 1 Rz 254, 289) die Anschrift bzw Bezeichnung des betreibenden Gläubigers bzw die Bezeichnung der regionalen Geschäftsstelle des AMS und die errechneten Beträge sowie bei Pfändungen auch Bezeichnung und Aktenzeichen des Gerichts.

Antrag

§ 6. (1) Der Antrag auf Insolvenz-Entgelt ist bei sonstigem Ausschluss jeweils binnen sechs Monaten ab Eröffnung eines Insolvenzverfahrens nach § 1 Abs. 1 oder eines Sekundärinsolvenzverfahrens nach Art. 3 Abs. 3 der EU-Insolvenzverordnung im Inland oder binnen sechs Monaten ab Kenntnis von einem Beschluss nach § 1 Abs. 1 Z 2 bis 6 zu stellen. Diese Frist beginnt neuerlich zu laufen, wenn
1. das Arbeitsverhältnis nach dem im ersten Satz maßgeblichen Zeitpunkt endet, mit dessen Ende;
2. der Anspruchsberechtigte vor Ablauf der Frist nach dem ersten Satz stirbt;
3. hinsichtlich von Ansprüchen nach § 1 Abs. 2 ein Gerichtsverfahren bis längstens zum Ablauf der Frist nach dem ersten Satz anhängig gemacht wird, mit der rechtskräftigen Beendigung dieses Verfahrens bzw. hinsichtlich von Ansprüchen im Sinne des § 7 Abs. 7 mit der Zustellung der Klage bzw. der Übermittlung der schriftlichen Aufforderung ohne nachfolgende Klage an den Arbeitnehmer;
4. Kosten nach Ablauf der Frist nach dem ersten Satz entstehen bzw. festgestellt werden, hinsichtlich des Antrages auf diese Kosten.

Ist der Antrag auf Insolvenz-Entgelt nach Ablauf der in Frage kommenden vorstehenden Frist gestellt worden, so sind von Amts wegen die Rechtsfolgen der Fristversäumung bei Vorliegen von berücksichtigungswürdigen Gründen nachzusehen. Berücksichtigungswürdige Gründe liegen insbesondere vor, wenn dem Arbeitnehmer billigerweise die Kenntnis von der Eröffnung des Insolvenzverfahrens nach § 1 Abs. 1 nicht zugemutet werden konnte oder ihm die betragsmäßige Angabe seiner Ansprüche nicht rechtzeitig möglich war. Eine solche Nachsicht ist nicht mehr möglich, wenn seit der Eröffnung des Insolvenzverfahrens bzw. seit dem Beschluss nach § 1 Abs. 1 Z 2 bis 6 mehr als drei Jahre verstrichen sind.

(2) Der Antrag ist mit einem bundeseinheitlich aufgelegten Formular zu stellen; nach Maßgabe der technischen Möglichkeiten kann dieses oder ein inhaltlich übereinstimmendes Formular auch telegrafisch, fernschriftlich, mit Telefax, im Wege automationsunterstützter Datenübertragung oder in jeder anderen technisch möglichen Weise übermittelt werden. In ihm sind der Betrag der Forderung (Höhe des Bruttoanspruchs, der Dienstnehmerbeitragsanteile zur gesetzlichen Sozialversicherung und der gesetzlichen Abzüge, die von anderen öffentlich-rechtlichen Körperschaften im Insolvenzverfahren geltend zu machen sind) und die Tatsachen, auf die sie sich gründet, anzugeben, die Beweismittel, die zum Nachweis der behaupteten Forderung beigebracht werden, zu bezeichnen und bei Forderungen, über die ein Rechtsstreit anhängig war oder ist, auch das Pro-

§ 6 IESG

zessgericht und das Aktenzeichen anzugeben und ein allenfalls vorhandener Exekutionstitel anzuschließen. Wenn das Insolvenzverfahren eröffnet wurde und der gesicherte Anspruch Gegenstand der Anmeldung ist, sind ein Stück der Forderungsanmeldung (§ 103 IO) und Abschriften der ihr angeschlossenen Urkunden beizufügen; der zweite Halbsatz des ersten Satzes gilt entsprechend.

(3) Die Geschäftsstelle hat die Forderungen in ein Verzeichnis einzutragen (Forderungsverzeichnis). Die Forderungen sind nur dann gruppenweise entsprechend den Vorschriften der Insolvenzordnung zu verzeichnen, wenn ein Insolvenzverfahren anhängig ist. Das Forderungsverzeichnis ist dem Arbeitgeber, bei Anhängigkeit eines Insolvenzverfahrens dem Sanierungsverwalter bzw. Insolvenzverwalter (im folgenden „zuständiger Verwalter"), in zweifacher Ausfertigung zuzustellen. Dem zuständigen Verwalter sind überdies auf sein Verlangen die Anträge und ihre Beilagen zu übersenden, soweit sie sich auf Forderungen beziehen, die nicht Gegenstand der Anmeldung (§ 103 IO) sind. Die Übermittlung des Forderungsverzeichnisses an den zuständigen Verwalter kann auch telegrafisch, fernschriftlich, mit Telefax, im Wege automationsunterstützter Datenübertragung oder in jeder anderen technisch möglichen Weise erfolgen. Dies gilt in der Folge auch für dessen Stellungnahme an die Geschäftsstelle.

(4) Ist ein Insolvenzverfahren nicht anhängig, so hat der Arbeitgeber binnen 14 Tagen ab eigenhändiger Zustellung einer Aufforderung der Geschäftsstelle oder des Gerichts zu jeder Forderung eine bestimmte Erklärung über ihre Richtigkeit und Höhe nach Maßgabe des § 3 Abs. 1 erster Satz abzugeben; Vorbehalte sind unzulässig. Dem Arbeitgeber ist hiezu auf sein Verlangen Einsicht in die Anträge und ihre Beilagen zu gewähren.

(5) Ist ein Insolvenzverfahren anhängig, so hat der zuständige Verwalter die Erklärung nach Abs. 4 abzugeben. Die Erklärungsfrist kann auf Antrag des zuständigen Verwalters verlängert werden, wenn die zur Überprüfung notwendigen Aufzeichnungen des Schuldners nicht vorhanden oder mangelhaft sind oder sonst die Abgabe der Erklärung binnen 14 Tagen unzumutbar ist. Soweit die Forderung Gegenstand der Anmeldung ist, tritt an die Stelle der Erklärung nach Abs. 4 die unverzügliche Übersendung eines Auszugs (einer Abschrift) aus dem Anmeldeverzeichnis (§ 108 IO) durch den zuständigen Verwalter.

(6) Die Abs. 2 bis 5 sind bei Anordnung der Geschäftsaufsicht sinngemäß anzuwenden; an die Stelle des zuständigen Verwalters tritt die Aufsichtsperson.

(7) Wird Insolvenz-Entgelt auf Grund eines Beschlusses gemäß § 1 Abs. 1 Z 3, 4, 5 oder 6 begehrt, so sind die Abs. 3 und 4 nicht anzuwenden.

(8) Die Berechtigung zur Antragstellung kommt nur dem Anspruchsberechtigten zu. Werden der Anspruch auf Insolvenz-Entgelt oder die nach § 1 Abs. 2 gesicherten Ansprüche gepfändet, verpfändet oder übertragen, ist der Anspruchsberechtigte zur Antragstellung hinsichtlich des pfändbaren Teils der gesicherten Ansprüche verpflichtet. Kommt der Anspruchsberechtigte der Verpflichtung zur Antragstellung nicht innerhalb der Antragsfrist nach Abs. 1 nach, so ist der Gläubiger zur Antragstellung hinsichtlich des pfändbaren Teils der gesicherten Ansprüche berechtigt, wenn er gegen den Anspruchsberechtigten einen rechtskräftigen Exekutionstitel betreffend die Verpflichtung zur Antragstellung erwirkt hat und diesen gemeinsam mit einem den Erfordernissen des Abs. 2 entsprechenden Antrag binnen sechs Monaten nach dem Ende der Antragsfrist nach Abs. 1 vorlegt. Die Verfahrensrechte und -pflichten eines antragsberechtigten Gläubigers entsprechen jener des Anspruchsberechtigten. Der Ablauf der Antragsfrist des Gläubigers ist während des Verfahrens zur Erlangung des Exekutionstitels betreffend die Verpflichtung des Anspruchsberechtigten zur Antragstellung gehemmt. Eine durch Nachsicht ermöglichte verspätete Antragstellung des betroffenen Anspruchsberechtigten ist auf jenen Teil der gesicherten Ansprüche beschränkt, der nicht bereits anderen Personen zuerkannt wurde.

(§ 6 IESG idF BGBl I 2010/29)

Schrifttum zu § 6 IESG

Fink, Zur höchstgerichtlichen Auslegung der Härteklausel (§ 6 Abs 1 IESG), RdW 1990, 290;

Thumfart, Lohnverrechnung Grundlagen, in *Schnetzinger/Hilber* (Hrsg), Personalverrechnung in der Insolvenz[2] (2014) 116.

Übersicht zu § 6 IESG

1. **Frist zur Antragstellung**... Rz 1
   1.1 Beginn und Ende des Fristenlaufs... Rz 2–7
   1.2 Versäumung der Frist – Härteklausel .... Rz 8–13
2. **Antrag** .... Rz 14
   2.1 Form des Antrags .... Rz 15–17
   2.2 Berechtigung zur Stellung des Antrags....................................... Rz 18
   2.3 Inhaltserfordernisse des Antrags... Rz 19–23
3. **Verfahrensablauf**
   3.1 Erstellung eines Forderungsverzeichnisses................................ Rz 24
   3.2 Vorgangsweise bei eröffnetem Insolvenzverfahren
       (Konkursverfahren und Sanierungsverfahren)............................ Rz 25–26

§ 6 IESG

3.3 Vorgangsweise bei Ablehnung des Antrags auf Eröffnung
des Insolvenzverfahrens mangels Vermögens .... Rz 27–28
3.4 Vorgangsweise im Geschäftsaufsichtsverfahren .... Rz 29
3.5 Vorgangsweise bei den Beschlüssen nach § 1 Abs 1 Z 3–6 IESG .. Rz 30

1. Frist zur Antragstellung

1 Gem § 6 Abs 1 S 1 und 2 IESG ist der Antrag auf Insolvenz-Entgelt innerhalb bestimmter Fristen zu stellen (vgl Rz 2 ff). Eine Versäumung dieser Fristen ist gem § 6 Abs 1 S 3–5 IESG bei Vorliegen berücksichtigungswürdiger Gründe nachzusehen (vgl Rz 8 ff).

1.1 Beginn und Ende des Fristenlaufs

2 Gem § 6 Abs 1 IESG ist der Antrag auf Insolvenz-Entgelt bei sonstigem materiellrechtlichem Ausschluss (OGH 9 ObS 11/88, SZ 61/253 = infas 1989 A 35; 9 ObS 23/91, RdW 1992, 281 = infas 1992 A 130) **binnen sechs Monaten** ab dem **Stichtag,** das ist die Eröffnung des Konkurs- oder Sanierungsverfahrens sowie die Anordnung der Geschäftsaufsicht bei Banken (vgl § 3 Rz 3 ff), oder binnen sechs Monaten ab **Kenntnis** von einem Beschluss nach § 1 Abs 1 Z 2–6 IESG zu stellen (VfGH B 315/82, infas 1985 A 108; VwGH 82/11/0211, Arb 10.207). Zu beachten ist, dass für den **Fristbeginn** in den Fällen des § 1 Abs 1 Z 2–6 IESG ausschließlich die tatsächliche Kenntnis des AN vom jeweiligen Gerichtsbeschluss relevant ist, unabhängig davon, zu welchem Zeitpunkt der Beschluss ergangen und in Rechtskraft erwachsen ist (OGH 9 ObS 11/90, EvBl 1990/174 = ARD 4235/27/91; OGH 8 ObS 107/98p, infas 1999 A 13; vgl auch *Liebeg*, IESG³ § 6 Rz 4). In den übrigen Konstellationen hingegen beginnt die Frist bereits ab Eröffnung eines Verfahrens nach der IO oder eines Sekundärinsolvenzverfahrens nach § 3 Abs 3 EuInsVO zu laufen. Im letzteren Fall ist die Eröffnung des Hauptinsolvenzverfahrens nicht entscheidend. Dasselbe hat für ein allfälliges Partikularverfahren nach § 3 Abs 4 EuInsVO zu gelten (vgl *Liebeg*, IESG³ § 6 Rz 5). Bei einer Insolvenzverfahrenseröffnung ist der der öffentlichen Bekanntmachung des Inhalts des Insolvenzedikts folgende Tag als Stichtag anzusehen (vgl § 2 Abs 1 IO).

3 Im Falle eines Antrags gem § 1a IESG gilt die Regelung des § 1a Abs 4 Z 3 IESG, wonach die Sechsmonatsfrist mit der Zustellung des dem Anspruchsberechtigten gegenüber rechtskräftig gewordenen Urteils zu laufen beginnt (vgl allg § 1a Rz 14 ff, insb Rz 20).

4 Der **Zeitraum von sechs Monaten** wurde durch das IRÄG 1994 BGBl 1994/153 an die Stelle der früheren Viermonatsfrist gesetzt; der Grund hierfür lag laut Materialien (ErläutRV 1384 BlgNR 18. GP 12) in den Änderungen des § 25 IO (damals: § 25 KO), die dazu führten, dass der AN in vielen Fällen nicht unmittelbar nach der Insolvenzverfahrenseröffnung einen berechtigten Austritt erklären konnte.

Bzgl des **Endes der Antragsfrist** ist insoweit auf die allgemeinen Regeln 5
über die Fristenberechnung in den §§ 32 f AVG zurückzugreifen, als sich nicht aus dem IESG spezielle Abweichungen entnehmen lassen. Die nach Monaten bestimmte Frist des § 6 Abs 1 IESG endet somit mit Ablauf desjenigen Tages des letzten Monats, der durch seine Zahl dem Tag entspricht, an dem die Frist begonnen hat; fällt dieser Tag auf den Monatsletzten, so endet die Frist mit Ablauf des letzten Tages dieses Monats (vgl § 32 Abs 2 AVG). Fällt das Ende der Frist auf einen Samstag, Sonntag, gesetzlichen Feiertag, Karfreitag oder 24. Dezember, so ist der nächste Werktag letzter Tag der Frist (§ 33 Abs 2 AVG). Zu beachten ist allerdings, dass die Frist des § 6 Abs 1 IESG eine **materiellrechtliche Ausschlussfrist** darstellt, sodass die Bestimmung des § 33 Abs 3 AVG nicht anwendbar ist. Zur Wahrung der Frist kommt es daher nicht darauf an, wann der Antrag auf Zuerkennung von Insolvenz-Entgelt abgesendet wird, maßgeblich ist vielmehr der Zeitpunkt, in dem dieser **Antrag** bei der zur Entgegennahme zuständigen Behörde (vgl § 5 Rz 2 ff) **eingelangt** ist (OGH 9 ObS 23/91, RdW 1992, 281). Der Antragsteller hat also **auf die Zeitdauer des Postlaufs Bedacht zu nehmen.**

In bestimmten taxativ aufgezählten Situationen **beginnt** die **Frist neu zu** 6
laufen. Diese Fälle sind:
– **Ende des Arbeitsverhältnisses**, wenn dieses erst nach Eröffnung eines Insolvenzverfahrens endet. Gemeint ist das **rechtliche** Ende des Arbeitsverhältnisses. Diese Bestimmung wurde durch die IESG-Novelle 2005 BGBl I 2005/102 (vgl auch § 17a Rz 46) abgeändert. Bis dorthin begann der neuerliche Fristenlauf nur dann, wenn das Arbeitsverhältnis nach Ablauf von sechs Monaten nach Insolvenzverfahrenseröffnung endete. Dadurch war es in jenen Fällen, in denen das Arbeitsverhältnis wenige Tage vor Ablauf der Antragsfrist endete, oft nicht möglich, rechtzeitig einen Antrag auf Insolvenz-Entgelt einzubringen. Der Antragsteller musste ein Ansuchen um Nachsicht von der Fristversäumnis stellen, welches idR auch gewährt wurde. Durch die Änderung sollte erreicht werden, dass alle Ansprüche auf Insolvenz-Entgelt mit einem Antrag gestellt werden und somit ein geringerer Verwaltungsaufwand bei den Geschäftsstellen der IEF-Service GmbH entsteht (ErläutRV 946 BlgNR 22. GP 8; *Liebeg*, IESG[3] § 6 Rz 8). Die vorliegende Regelung ist auch anwendbar, wenn das Lehrverhältnis erst nach Ablauf einer durch die Präsenz-, Ausbildungs- oder Zivildienstleistung gehemmten Behaltefrist endet (OGH 9 ObS 28/89, DRdA 1991, 57 = infas 1990 A 132).

§ 6 IESG

- **Tod des Anspruchsberechtigten,** sofern dieser vor Ablauf der ursprünglichen Sechsmonatsfrist gem § 6 Abs 1 S 1 IESG eintritt.
- **Rechtskräftige Erledigung eines Gerichtsverfahrens** hinsichtlich der nach dem IESG gesicherten Ansprüche, **sofern dieses innerhalb der ursprünglichen Antragsfrist** nach § 6 Abs 1 S 1 IESG, also bis längstens sechs Monate nach Eintritt eines Insolvenztatbestands oder Kenntnis vom Beschluss iSd § 1 Abs 1 Z 2–6 IESG, **eingeleitet** wurde. Als rechtskräftige Beendigung ist neben einem Urteil auch ein gerichtlicher Vergleich anzusehen, wobei die Zustellung der schriftlichen Ausfertigung an den AN als maßgeblicher Zeitpunkt für den Beginn der Frist betrachtet werden kann. Eine vor Insolvenzverfahrenseröffnung gegen den Schuldner erhobene Klage erfüllt den gegenständlichen Ausnahmetatbestand nicht, auch der bloßen Forderungsanmeldung in der Insolvenz kommt keine fristverlängernde Wirkung zu (OGH 9 ObS 5/90, RdW 1990, 413 = infas 1991 A 62). Im Falle einer **Anfechtung** nach IO oder AnfO (allg § 1 Rz 334 ff) beginnt die Beantragungsfrist ab der Zustellung der Klage an den AN bzw der Übermittlung der schriftlichen Aufforderung ohne nachfolgende Klage an den AN neu zu laufen (vgl dazu § 7 Rz 22).
- Entstehung oder Feststellung von **Kosten** nach Ablauf der ursprünglichen Sechsmonatsfrist nach § 6 Abs 1 S 1 IESG. Hier beginnt die Frist hinsichtlich des Antrags auf Sicherung dieser Kosten neu zu laufen (vgl VwGH 85/11/0029, ÖJZ 1986, 602).

Auch wenn ein Insolvenzverfahren an eine Geschäftsaufsicht anschließt, ist davon auszugehen, dass die Antragsfrist neu in Gang gesetzt wird (vgl § 3 Rz 5).

7 Ein **neuerlicher Beginn** des Fristenlaufs **kommt in allen anderen, nicht ausdrücklich geregelten Fällen nicht in Betracht** (vgl ua VwGH 84/11/0071, ZfVB 1984/3396; 87/11/0147, ZfVB 1989/897). So beginnt durch die Behandlung eines Antrags des Schuldners auf Abschluss eines Sanierungsplans im Zuge des Insolvenzverfahrens (vgl §§ 140 ff IO) die Sechsmonatsfrist nicht neu zu laufen. Dasselbe gilt auch dann, wenn es zweimal zur Ablehnung eines Insolvenzantrags mangels hinreichenden Vermögens kommt und der AN von der früheren Ablehnung wusste. Hier beginnt die Frist nach § 6 Abs 1 IESG deshalb nicht neu zu laufen, weil durch eine beliebig oft wiederholte Antragstellung auf Eröffnung der Insolvenz die Fristbestimmung umgangen und damit die Absicht des Gesetzgebers, die Geltendmachung der Ansprüche auf Insolvenz-Entgelt zeitlich zu begrenzen, vereitelt werden könnte (VwGH 82/11/0211, Arb 10.207; 83/11/0116, ZfVB 1985/1797; 85/11/0094, ZfVB 1986/2194; OGH 8 ObS 328/98p, RdW 1999, 743 = wbl 1999, 519; vgl *Liebeg*, IESG[3] § 6 Rz 12).

Eine Stundung von Masseforderungen (im vorliegenden Fall: Abfertigungsansprüche), welche im Insolvenzverfahren nicht sichergestellt und vom AG nach Aufhebung des Insolvenzverfahrens nicht bezahlt wurden, führt nicht dazu, dass bei einem nachfolgenden Insolvenzverfahren eine neue Antragsfrist ausgelöst wird (OGH 8 ObS 111/02k, infas 2003 A 33 = ZIK 2003/254, 179).

Wird über das Vermögen des AG das Insolvenzverfahren eröffnet, so ist die Frist nach § 6 Abs 1 IESG von dem Eröffnungszeitpunkt an zu berechnen, bei einer später erfolgten Aufhebung des Insolvenzverfahrens mangels kostendeckenden Vermögens beginnt die Antragsfrist nicht neuerlich zu laufen (VwGH 2373/79, Arb 9808).

Wird ein Antrag mangelhaft eingebracht und deshalb unter Terminsetzung zur Verbesserung an den Anspruchsberechtigten zurückgesendet, so gilt unter der Voraussetzung der rechtzeitigen Behebung des Mangels der Tag der (mangelhaften) Eingabe als Tag der Antragstellung (vgl § 13 Abs 3 AVG).

Begehrt jemand nach Ablauf der Sechsmonatsfrist Insolvenz-Entgelt für weitere Ansprüche, so ist die Antragstellung als verspätet erfolgt anzusehen und es kann für diese Ansprüche die Leistung nicht zuerkannt werden, weil auch die bloße Antragstellung „dem Grunde nach" ganz allgemein nicht ausreichend ist (VwGH 82/11/0158; 83/11/0162, ZfVB 1985/1041).

§ 6 Abs 1 IESG legt nur den spätesten, nicht aber auch den frühesten Zeitpunkt für eine Antragstellung fest. Es schadet daher nicht, wenn die Anspruchsvoraussetzungen des G erst im Laufe des Verfahrens eintreten (VwGH 82/11/0098, Arb 10.295 = ZfVB 1984/1098).

1.2 Versäumung der Frist – Härteklausel

Wie in Rz 5 dargelegt, handelt es sich bei der gegenständlichen Frist um eine materiellrechtliche Ausschlussfrist, die an sich eine Wiedereinsetzung in den vorigen Stand gar nicht zuließe. Die Urfassung des § 6 Abs 1 IESG versuchte, diesem Umstand durch die ausdrückliche Anordnung der Anwendbarkeit der Bestimmung des § 71 AVG über die Wiedereinsetzung zu begegnen. Der seinerzeit zuständige VwGH war jedoch in der Zulassung einer Wiedereinsetzung in den vorigen Stand so zurückhaltend, dass sich der Gesetzgeber in der Novelle BGBl 1986/395 zwecks Vermeidung einer sozial unausgewogenen Praxis (vgl ErläutRV 993 BlgNR 16. GP 8) zur Einführung einer **Härteklausel** anstelle der Wiedereinsetzung entschloss. Ist der Antrag auf Insolvenz-Entgelt nach Ablauf der in Frage kommenden Frist gestellt worden, so sind gem § 6 Abs 1 S 3 IESG die Rechtsfolgen der Fristversäumung bei Vorliegen von berücksichtigungswürdigen Gründen von Amts wegen nachzusehen. Solche Gründe liegen laut § 6 Abs 1 S 4 IESG insb vor, wenn dem AN billigerweise die Kenntnis von der Eröffnung des Insolvenzverfahrens nach § 1 Abs 1

8

IESG nicht zugemutet werden konnte oder ihm die betragsmäßige Angabe seiner Ansprüche nicht rechtzeitig möglich war. Primär ist zu prüfen, ob einer der beiden demonstrativ im G aufgezählten Tatbestände verwirklicht wird. Der AN kann aber auch andere Gründe anführen, die dann anhand der Umstände des Einzelfalles zu bewerten sind. Praktisch bedeutsam wird diesbezüglich etwa die nicht vorwerfbare Unkenntnis der Antragsfrist des § 6 Abs 1 S 1 und 2 IESG selbst sein, und zwar vor allem in jenen Konstellationen, in denen der Fristenlauf nicht am Sicherungstatbestand als solchen, sondern an der Kenntnis von demselben ansetzt, wie dies hinsichtlich der Beschlüsse gem § 1 Abs 1 Z 2–6 IESG der Fall ist (vgl Rz 2).

Zu beachten ist jedoch, dass die Härteklausel **nicht** mehr **anzuwenden** ist, wenn seit der in Frage kommenden Insolvenz bzw dem gleichgestellten Tatbestand **mehr als drei Jahre verstrichen** sind. Der Verwalter hat die AN des Schuldners nach § 78a IO unverzüglich von der Insolvenzverfahrenseröffnung zu verständigen, wenn sie nicht bereits vom Insolvenzgericht verständigt worden sind oder die Eröffnung durch Medienberichte allgemein bekannt ist.

9 Entscheidet die **Geschäftsstelle der IEF-Service GmbH** (diese trat mit der Novelle BGBl I 2001/88 in die [frühere] Entscheidungskompetenz des Bundessozialamts ein; vgl hierzu § 5 Rz 1 sowie § 17a Rz 30) auf **Abweisung** eines Antrags auf Insolvenz-Entgelt wegen Fristversäumung und Fehlens entschuldigender berücksichtigungswürdiger Gründe, so ist dagegen **Klage beim zuständigen ASG** und nicht Berufung im Verwaltungsweg zu erheben (OGH 9 ObS 11/88, SZ 61/253 = infas 1989 A 35).

10 Die Rsp hat sich in zahlreichen E mit der Frage des Bestehens **berücksichtigungswürdiger Gründe** auseinandergesetzt (vgl auch die Analyse von *Fink*, RdW 1990, 290). Es ist davon auszugehen, dass die Möglichkeiten, die Folgen einer Fristversäumung nachzusehen, durch die Neufassung der vorliegenden Bestimmung (s Rz 8) erweitert wurden. Die Härteklausel darf aber nicht so großzügig interpretiert werden, dass damit im Ergebnis die Antragsfrist gegenstandslos gemacht wird (VwGH 88/11/0067, ZfVB 1989/518; vgl *Liebeg*, IESG[3] § 6 Rz 24).

Die Frage nach berücksichtigungswürdigen Gründen kann nur dann aufgeworfen werden, wenn eine (ergänzende) **Antragstellung nach Fristablauf** erfolgt; wird eine solche unterlassen, kann auch keine Nachsicht von der Fristversäumung erteilt werden (OGH 8 ObS 2336/96d, ARD 4909/8/98; *Liebeg*, IESG[3] § 6 Rz 25).

11 Das Vorliegen berücksichtigungswürdiger Gründe ist **zu bejahen**, wenn unverschuldete oder nur auf einem minderen Grad des Versehens beruhende Unkenntnis der Antragsfrist besteht. Dies ist der Fall, wenn ein Antrag eine zweimonatige Verspätung deswegen aufweist, weil der AN nicht über das Erfordernis gesonderter Antragstellung informiert wurde und vorerst versucht, eine insolvenzrechtliche Feststellung seiner Forderungen zu erreichen (OGH 8 ObS 22/94, DRdA 1995, 276 = infas 1995 A 65). Ein rechtsunkundiger, nicht durch eine qualifizierte Person vertretener AN, der sich mit seinen Ansprüchen an das Insolvenzgericht wendet, muss nicht damit rechnen, dass er zwar über die grundsätzliche Notwendigkeit der Antragstellung bei der Geschäftsstelle der IEF-Service GmbH, nicht aber über die einzuhaltende Frist und deren knapp bevorstehenden Ablauf informiert wird. Stellt er deshalb den Antrag bei der Geschäftsstelle nicht unverzüglich, sondern erst rund fünf Wochen später, kann ihm daraus kein ins Gewicht fallender Schuldvorwurf gemacht werden (vgl OGH 9 ObS 2/89, SZ 62/50 = ARD 4085/1/89). Die Rechtsbelehrung im Insolvenzedikt, wonach Ansprüche auf Insolvenz-Entgelt „bei sonstigem Ausschluss binnen sechs Monaten ab Eröffnung des Insolvenzverfahrens bei der zuständigen Geschäftsstelle der IEF-Service GmbH oder beim Insolvenzgericht geltend zu machen" sind, ist missverständlich und kann bei einer rechtsunkundigen Person den Eindruck erwecken, dass mit der Forderungsanmeldung in der Insolvenz auch dem Erfordernis der Antragstellung für die Erlangung von Insolvenz-Entgelt entsprochen wird, weshalb in einem solchen Fall ein berücksichtigungswürdiger Grund, der eine Nachsicht der Fristversäumung rechtfertigt, vorliegen kann (vgl OGH 8 ObS 17/94, wbl 1994, 412 = infas 1995 A 16; anders noch OGH 9 ObS 1001/92, wbl 1993, 24). Eine durch das Zusammentreffen mehrerer widriger Umstände, die einzeln für sich noch nicht das Ausmaß eines minderen Grades des Versehens überschreiten und in der Organisation der den AN vertretenden AK gelegen sind, verursachte geringfügige Fristversäumung ist gerade noch als berücksichtigungswürdiger Grund iSd § 6 Abs 1 IESG anzusehen (OGH 8 ObS 19/94, DRdA 1995, 175 = RdW 1995, 150; s aber Rz 13). Auch das Versehen des Mitarbeiters eines Rechtsanwalts ist diesem nur dann als Verschulden anzulasten, wenn er die gebotene und zumutbare Kontrolle unterlassen hat (s dazu auch Rz 13). Unterläuft einem Angestellten, dessen Verlässlichkeit glaubhaft dargetan wird, erst nach Unterfertigung eines fristgebundenen Schriftsatzes und Kontrolle desselben durch den Anwalt ein Fehler im Zuge der Postaufgabe, so stellt dies ein unvorhergesehenes Ereignis dar, welches dem Rechtsanwalt nicht zur Last gelegt werden kann (VwGH 88/11/0234, ZfVB 1990/1807).

Gibt eine langjährig beschäftigte Angestellte in der Postabgabestelle einer Interessenvertretung den Antrag auf Insolvenz-Entgelt in eine falsche Ablage, anstelle ihn zu versenden, und wird dieses Versehen drei Monate nach Ende der Antragsfrist entdeckt und dann der Antrag sofort weitergeleitet, so liegt ein Nachsichtsgrund vor. Von einem Rechtsanwalt oder einem zuständigen Sachbearbeiter kann nicht verlangt werden, dass er die tatsächliche Postabfertigung durch eine bisher zuverlässige Kanzleikraft überprüft (OGH 8 ObS 82/99p, Arb 11.920 = RdW 2000/405, 435).

12 Zu beachten ist, dass der OGH die Härteklausel des § 6 Abs 1 IESG auch auf das **Erfordernis der Forderungsanmeldung gem § 1 Abs 5 IESG** (allg § 1 Rz 399 ff) bezieht. Kann die Anmeldung einer Forderung nicht mehr nachgeholt werden, liegen aber berücksichtigungswürdige Gründe iSd § 6 Abs 1 IESG vor, so sind nicht nur die Rechtsfolgen der Fristversäumnis zur Antragstellung auf Insolvenz-Entgelt, sondern auch jene der Versäumnis der Forderungsanmeldung im Insolvenzverfahren nachzusehen. Berücksichtigungswürdige Gründe liegen etwa dann vor, wenn der AN seine Forderung gegen den AG verfolgt und dabei wegen rechtswidriger Nichtbeachtung der Postsperre bzw der sonstigen Insolvenzwirkungen durch das Titel- und Exektionsgericht ca ein Jahr lang nichts von der Insolvenzverfahrenseröffnung erfährt (OGH 8 ObS 3/96, DRdA 1997, 50 = wbl 1996, 496). Meldet der AN irrtümlich bei Gericht einen geringeren Betrag als bei der IEF-Service GmbH an und kommt es zu einer Insolvenzaufhebung, bevor der Irrtum entdeckt wurde, so sind die Rechtsfolgen der Versäumung der Anmeldung der Forderung im Insolvenzverfahren nachzusehen (OGH 8 ObS 39/02x, infas 2002 A 88 = ZIK 2002/204, 144).

13 **Kein berücksichtigungswürdiger Grund** wird dann angenommen, wenn die Antragstellung letztlich übermäßig hinausgezögert wurde und dies auf eine auffallende Sorglosigkeit zurückzuführen ist. Ein um mehr als zehn Monate verspäteter Antrag des AN kann daher nicht damit entschuldigt werden, dass der AN, dem die Insolvenz des AG von Anfang an bekannt war, ein amtswegiges Vorgehen des Fonds erwartet habe, zumal im Sozialrecht regelmäßig das Antragsprinzip gilt (OGH 9 ObS 19/92, infas 1993 A 131). Auch ist es einem AN, der über die dem AG drohende Insolvenzverfahrenseröffnung Bescheid weiß, möglich, entsprechende Erkundigungen bei einem Rechtsanwalt, der ihn in einem arbeitsgerichtlichen Verfahren gegen den AG vertritt, einzuholen; mit nichtssagenden, inhaltsleeren Auskünften der Rechtsanwaltskanzlei darf er sich nicht zufriedengeben (OGH 9 ObS 33/93, ARD 4548/17/94). Grobe Vorwerfbarkeit auf Seiten des AN kann weiters bei einer Fristversäumung um mehr als fünf Monate gegeben sein, wobei derselbe Maßstab auch für einen Vertreter des AN gelten muss. Fehler des Rechtsanwalts beim Vergleichsabschluss und bei der Anmeldung der Forderung bei der IEF-Service GmbH sind so gesehen keine berücksichtigungswürdigen Gründe (OGH 9 ObS 20/89, ARD 4175/16/90). Für den Rechtsanwalt als Insolvenzverwalter in der Insolvenz des AN gilt, dass er die durch den Gegenstand seiner Geschäftsführung gebotene Sorgfalt iSd § 1299 ABGB anzuwenden hat, wobei der Sorgfaltsmaßstab am objektiv bestimmten Leistungsstandard seines Berufsstands zu messen ist. Ein Rechtsanwalt kann sich im Hinblick auf seine Fristversäumung nicht darauf berufen, im gerichtlichen Verfahren nach dem IESG nicht qualifiziert vertreten gewesen zu sein (OGH 9 ObS 11/90, EvBl 1990/174 = ARD 4235/27/91). Bevollmächtigte Vertreter des AN müssen sich das Handeln ihrer Gehilfen insoweit zurechnen lassen, als sie ihrer qualifizierten Pflicht zur Überwachung dieses Personenkreises nicht nachgekommen sind (vgl die Nachweise bei *Liebeg*, IESG³ § 6 Rz 48). So sind Rechtsfolgen der Fristversäumung wegen grober Fahrlässigkeit nicht nachzusehen, wenn von der Kanzleiangestellten eines Rechtsanwalts der Termin für den Ablauf der Frist mangels Anleitung durch den Anwalt falsch eingetragen und diese Eintragung trotz offensichtlich für die Kanzleikraft verwirrender Angaben durch einen Gläubigerschutzverband vom Anwalt nicht kontrolliert wird (OGH 9 ObS 17/89, AnwBl 1990, 450 = infas 1990 A 80). Muss ein Rechtsanwalt nach Vorlage eines „sinnlosen Schreibens" seines Konzipienten erkennen, dass dieser sich bzgl der Antragstellung auf Gewährung von Insolvenz-Entgelt nicht auskennt, so schließt eine in der Folge unterbliebene Überwachung der Durchführung des Auftrags zur Verfassung des fristgebundenen Antrags die Annahme eines berücksichtigungswürdigen Grundes aus (OGH 8 ObS 1/94, ARD 4592/27/94). Dasselbe gilt im Falle einer durch das Versehen des Anwaltsmitarbeiters eingetretenen Fristversäumung, wenn nach Mitteilung, dass der Antrag nicht eingelangt ist, die neuerliche Einbringung unverhältnismäßig lange unterbleibt (OGH 8 ObS 1014/95, ZIK 1996, 71 = ARD 4714/7/96). Wurde ein AN von seiner Vertreterin (hier: Steuerberaterin) wissentlich unrichtig informiert, dass eine Anmeldung bereits erfolgt sei, so muss er sich das Verhalten seiner Vertreterin zurechnen lassen (OGH 8 ObS 23/04x, ZIK 2005/274, 219). Ebenso ist eine Nachsicht wegen Vorliegens grober Fahrlässigkeit nicht zu erteilen, wenn auf Grund einer nur oberflächlichen Prüfung der vom AN zur Verfügung gestellten Unterlagen durch den Referenten der AK ein Teil der gesicherten Ansprüche nicht rechtzeitig geltend gemacht wird (OGH 9 ObS 14/93, ARD 4492/14/93; s aber Rz 11). Kein berücksichtigungswürdiger Nachsichtsgrund liegt vor, wenn der AN erst 16 Monate nach Insolvenzverfahrenseröffnung, von der er unmittelbar nach dem Eröffnungsbeschluss Kenntnis erlangt hat, den Antrag auf Insolvenz-Entgelt stellt. Auch wenn der AN als einfacher Mensch glaubte, „alles ginge automatisch", ist in einem solchem Fall eine auffallende Sorglosigkeit zu erblicken, gerade weil durchschnittliche AN idR nicht über die Kenntnis aller für sie im Einzelfall wesentlichen arbeits- und sozialrechtlichen Normen verfügen und darauf angewiesen sind, sich entsprechende Informationen zu verschaffen (OGH 8 ObS 125/02v, ZIK 2002/254, 178). Schließlich spielen in der Person des Antragstellers gelegene Umstände wie Staatsangehörigkeit, Sprachkenntnisse oder finanzielle Lage bei der Prüfung des Bestehens berücksichtigungswürdiger Gründe keine Rolle (*Liebeg*, IESG³ § 6 Rz 24). Dass zB ein ausländischer AN mit den Normen des österr Arbeitsrechts nicht vertraut ist und daher seine Ansprüche nicht zur Gänze fristgerecht geltend macht, führt nicht zu einer Nachsicht gem § 6 Abs 1 S 3 IESG (OGH 9 ObS 14/92, DRdA 1993, 251 = ARD 4435/32/93).

2. Antrag

14 Gem § 6 Abs 2 IESG hat der Antrag auf Insolvenz-Entgelt gewissen Anforderungen hinsichtlich Form bzw Antragsberechtigung (vgl Rz 15 ff, 18) sowie Inhalt (vgl Rz 19 ff) zu entsprechen.

2.1 Form des Antrags

15 Der Antrag ist mit einem bundeseinheitlich aufgelegten Formular zu stellen, welches auch im Internet unter www.insolvenzentgelt.at heruntergeladen werden kann. Er kann in jeder technisch möglichen Weise übermittelt werden. Der ISA, welcher derzeit mehr als 90 % aller AN gegenüber der IEF-Service GmbH vertritt, übermittelt die Anträge mittels einer elektronischen Datenschnittstelle und erhält auf diese Weise auch die Bescheide.

Das **Schriftformerfordernis** ist eine Einschränkung gegenüber § 13 Abs 1 AVG, in dem auch ein mündliches Anbringen vorgesehen ist. Ein Protokollarantrag ist nicht zulässig.

16 Nicht Eigenberechtigte bedürfen der Vertretung durch den **gesetzlichen Vertreter,** wobei die persönliche Rechts- und Handlungsfähigkeit nach den Vorschriften des Bürgerlichen Rechts zu beurteilen ist (§ 9 AVG). Der Anspruchswerber bzw sein gesetzlicher Vertreter können sich durch andere eigenberechtigte Personen vertreten lassen. Derartige **„gewillkürte" Vertreter** haben sich durch eine schriftliche Vollmacht auszuweisen. Vor der Behörde kann eine Vollmacht auch mündlich erteilt werden; zu ihrer Beurkundung genügt ein Aktenvermerk (§ 10 Abs 1 AVG). Die Behörde kann von einer ausdrücklichen Vollmacht absehen, wenn es sich um die Vertretung durch amtsbekannte Familienmitglieder, Haushaltsangehörige, Angestellte oder Funktionäre von beruflichen oder anderen Organisationen handelt und Zweifel über Bestand und Umfang der Vertretungsbefugnis nicht obwalten (§ 10 Abs 4 AVG). Die einschlägigen Bestimmungen des AVG lassen also deutlich erkennen, dass auch die Institutionen der Interessenvertretungen im Rahmen konkreter Bevollmächtigung zur Vertretung des Anspruchswerbers berufen sind; iZm dem IESG wird vor allem eine Vertretung durch den ISA, aber auch eine solche durch Rechtsschutz von Gewerkschaft bzw AK in Frage kommen. Befindet sich der AN selbst in der Insolvenz, hat der Insolvenzverwalter für ihn den Antrag auf Insolvenz-Entgelt zu stellen (vgl OGH 9 ObS 11/90, EvBl 1990/174 = ARD 4235/27/91).

17 Die Anmeldung von Forderungen im Insolvenzverfahren (§ 1 Rz 399 ff) ist kein Antrag auf Insolvenz-Entgelt und vermag einen solchen auch nicht zu ersetzen.

2.2 Berechtigung zur Stellung des Antrags

Der OGH hat in Abänderung seiner bisherigen Judikatur (OGH 9 ObS 16/92, RdW 1993, 249 = infas 1993 A 93; 8 ObS 212/01m, Arb 12.201 = wbl 2002, 416) ausgesprochen, dass einem Überweisungsgläubiger infolge Pfändung des Insolvenz-Entgelts ein eigenes Antragsrecht auf Insolvenz-Entgelt zusteht (OGH 8 ObS 6/08b, DRdA 2009, 263 = wbl 2009, 39). **18**

Der Gesetzgeber hat darauf rasch reagiert und durch den im Zuge des Arbeitsmarktpaketes 2009 BGBl I 2009/90 (vgl auch § 22 Rz 2) eingefügten § 6 Abs 8 IESG nun klargestellt, dass die Berechtigung zur Antragstellung grundsätzlich nur der Anspruchsberechtigte hat (vgl IA 679/A BlgNR 24. GP 13 f; AB 249 BlgNR 24. GP 31; OGH 8 ObS 3/12r, wbl 2012/194, 516 = SSV-NF 26/49; s auch § 1 Rz 6 ff, zur Situation bei Insolvenz des Anspruchsberechtigten § 3 IO Rz 20).

Werden der Anspruch auf Insolvenz-Entgelt oder die nach § 1 Abs 2 IESG gesicherten Ansprüche gepfändet, verpfändet oder übertragen, ist der **Anspruchsberechtigte** nunmehr auch **zur Antragstellung hinsichtlich des pfändbaren Teils der gesicherten Ansprüche verpflichtet.** Tut er dies in der Antragsfrist des § 6 Abs 1 IESG nicht, so kann der Gläubiger innerhalb von weiteren sechs Monaten einen Antrag hinsichtlich der pfändbaren Teile des gesicherten Anspruchs stellen. Er muss hierfür aber einen rechtskräftigen Exekutionstitel erwirken, der den Anspruchsberechtigten zur Antragstellung verpflichtet.

Die übrigen Voraussetzungen sind dieselben wie bei einem Antrag des Anspruchsberechtigten, wobei die Frist zur Antragstellung durch den Gläubiger während des Verfahrens zur Erlangung des Exekutionstitels gehemmt ist.

2.3 Inhaltserfordernisse des Antrags

Der Antrag hat den **(Netto-)Betrag** der Forderung unter Bekanntgabe der Höhe des Bruttoanspruchs, der Höhe der Dienstnehmerbeitragsanteile zur SV und der Höhe der gesetzlichen Abzüge zu enthalten. Auch sind die rechtsbegründenden Tatsachen und Beweismittel anzugeben. Es ist zweckmäßig, wenn die einzelnen Ansprüche monatlich aufgegliedert und bei Insolvenzverfahrenseröffnungen in Masseforderungen und Insolvenzforderungen geteilt werden (vgl *Thumfart*, Lohnverrechnung[2] 116 f). Diese Bedingungen werden durch das vom ISA eingesetzte Lohnberechnungsprogramm erfüllt. Der Antrag darf aber nicht zurückgewiesen werden, wenn die Ansprüche brutto oder in unrichtigen Nettobeträgen angegeben werden (vgl *Liebeg*, IESG[3] § 6 Rz 15). **19**

§ 6 IESG

Die **Angabe des Betrags der Forderung,** für die Insolvenz-Entgelt begehrt wird, stellt im Antrag auf Insolvenz-Entgelt ein **wesentliches Inhaltserfordernis** dar. Ihr Fehlen nimmt dem Antrag hinsichtlich dieses Anspruchs die Eigenschaft, fristwahrend zu sein (VwGH 81/11/0094, Arb 10.138 = VwSlgNF A 10.745; 83/11/0292, ZfVB 1985/1047; 84/11/0321, ZfVB 1986/1319). Dem Erfordernis der Angabe des „Betrags der Forderung" ist jedenfalls dann entsprochen, wenn in einem Antrag die **Höhe** der Forderung angegeben und die Forderung auch so bezeichnet wird, dass daraus ihre **Wurzel im Arbeitsverhältnis erkennbar** ist (VwGH 84/11/0276, ZfVB 1987/1291). Die Anmeldung des begehrten Betrages mit dem Wortlaut „SZ.....S 19.021,46", wobei im Antrag an anderer Stelle die Dauer des Arbeitsverhältnisses ohnedies genannt ist, enthält eine gerade noch ausreichende Bezeichnung des Rechtsgrundes (OGH 8 ObS 249/99x, ARD 5203/27/2001). Die bloße Anführung der Höhe des begehrten Insolvenz-Entgelts ohne jedweden Hinweis auf die Art des gesicherten Anspruchs genügt nach Auffassung des VwGH (85/11/0144, ZfVB 1987/1302) jedoch nicht zur Fristwahrung. Ebenfalls ungenügend ist es daher, einen bloßen Antrag auf Insolvenz-Entgelt ohne „Aufschlüsselung", um welche Forderungen es sich im Einzelnen handelt, zu stellen oder den Anspruch bloß „dem Grunde nach", also ohne Anführung der Höhe, anzumelden (VwGH 81/11/0094, Arb 10.138; 83/11/0075, ZfVB 1985/1040). Weiters entspricht ein Antrag, wonach für jeden Anspruch Insolvenz-Entgelt in Höhe von ATS 1.000.000,- begehrt wird, als völlig irreale Aufgliederung nicht dem G (OGH 8 ObS 135/97d, ARD 4908/37/98). Wählt ein AN in Erwartung eines steuer- und beitragsrechtlichen Vorteils eine Rechtsgrundlage, die außerhalb des Bereichs der gesicherten Ansprüche iSd § 1 Abs 2 IESG liegt (zB „freiwillige Abgangsentschädigung"; vgl § 1 Rz 387), ist es ihm verwehrt, erst außerhalb der Anmeldung im Insolvenzverfahren oder der Antragstellung auf Insolvenz-Entgelt – etwa in einem späteren Gerichtsverfahren gegen die IEF-Service GmbH – die wahre Beschaffenheit der Forderung (Kündigungsentschädigung; allg § 1 Rz 279 ff) offenzulegen (OGH 8 ObS 113/98w, infas 1998 A 147 = ARD 4965/21/98).

20 Wird Insolvenz-Entgelt für Verzugszinsen begehrt (allg § 1 Rz 295), so hat sie der Anspruchsberechtigte in betragsmäßig bestimmter Höhe und unter Angabe von Kapitalbetrag, Zeitraum und Zinssatz geltend zu machen (OGH 9 ObS 31/93, wbl 1994, 202 = ARD 4592/25/94; zum Sicherungszeitraum für Zinsen s § 3 Rz 24 ff).

21 Die **sonstigen** im Folgenden genannten **Angaben** und **Urkunden** stellen **keine wesentlichen Inhaltserfordernisse** dar; ihr Fehlen ist nur als Formgebrechen anzusehen (VwGH 82/11/0012, VwSlgNF A 11.012; 82/11/0284, ZfVB 1984/167; 2677/80, ZfVB 1984/2062; 84/11/0321, ZfVB 1986/1319): die Angabe des Prozessgerichts bei Vorliegen eines anhängigen oder beende-

ten gerichtlichen Verfahrens, die Angabe des betreffenden Aktenzeichens und gegebenenfalls des Exekutionstitels, weiters die gerichtliche Forderungsanmeldung samt allfälliger Urkundenabschriften im Falle eines Konkurs- oder Sanierungsverfahrens, wenn der gesicherte Anspruch Gegenstand der Anmeldung ist, weil es sich um eine Insolvenzforderung handelt. Masseforderungen sind hingegen nicht anzumelden (s § 1 Rz 413).

Weiters hat der AN anzugeben, ob seine Ansprüche gegen den insolventen AG durch Pfändungen, Verpfändungen oder Übertragungen belastet sind, und bei Bejahung den Gläubiger anzuführen. Gem § 7 Abs 6 IESG sind nämlich in diesem Fall die entsprechenden Teilbeträge dem Gläubiger, der ja selbst nur ausnahmsweise nach § 6 Abs 8 IESG antragsberechtigt ist, auszuzahlen (vgl § 7 Rz 17).

Der schriftlich gestellte Antrag auf Auszahlung des Insolvenz-Entgelts, die schriftlich erteilte Vollmacht sowie die weiteren im § 15 Abs 1 IESG genannten Unterlagen unterliegen nicht dem GebG, sind also von Stempel- und Rechtsgebühren befreit (vgl § 15 Rz 1). **22**

Mangelhafte Anträge sind entgegenzunehmen, dem AN ist jedoch die Verbesserung unter Terminsetzung aufzutragen. Zuständig dafür ist die IEF-Service GmbH, bei dem der Antrag gestellt wurde (vgl § 5 Rz 2 f). Wird das Formgebrechen rechtzeitig behoben, so gilt der Antrag als ursprünglich richtig eingebracht (§ 13 Abs 3 AVG; vgl Rz 7). **23**

3. Verfahrensablauf

3.1 Erstellung eines Forderungsverzeichnisses

Die IEF-Service GmbH hat die Forderungen in ein Verzeichnis einzutragen, wobei eine dem Insolvenzverfahren entsprechende Gruppierung vorzunehmen ist, sofern ein solches Verfahren stattfindet. Ist ein Insolvenzverfahren anhängig, so sind die Masseforderungen und die Insolvenzforderungen in ein gesondertes Forderungsverzeichnis aufzunehmen. **24**

Wird der Antrag auf Insolvenz-Entgelt auf einen der Tatbestände des § 1 Abs 1 Z 4–6 IESG gestützt, entfällt die Erstellung eines förmlichen Forderungsverzeichnisses.

3.2 Vorgangsweise bei eröffnetem Insolvenzverfahren (Konkursverfahren und Sanierungsverfahren)

Ist ein Insolvenzverfahren anhängig, so sind dem zuständigen Verwalter (Insolvenzverwalter oder Sanierungsverwalter) je zwei Ausfertigungen der Forderungsverzeichnisse eigenhändig zuzustellen. Zugleich sind ihm jene Anträge und Beilagen zu übersenden, die sich auf Forderungen beziehen, die nicht **25**

§ 6 IESG

Gegenstand der Anmeldung sind. Bzgl der **Masseforderungen** hat der **Verwalter** binnen 14 Tagen ab Zustellung eine bestimmte **Erklärung über die Richtigkeit und die Höhe des Nettoanspruchs** abzugeben (zum Nettoanspruch vgl § 3 Rz 6 ff). Der Verwalter ist also grundsätzlich verhalten, den Nettoanspruch zu errechnen, falls der AN seinen Antrag in Bruttobeträgen eingereicht hat. Die Erklärung hat ohne Vorbehalte zu erfolgen. Verneint der Verwalter das Bestehen einer Masseforderung, so hat er dies zu begründen. Die Erklärungsfrist kann auf Antrag des Verwalters verlängert werden, wenn die zur Überprüfung notwendigen Aufzeichnungen des Schuldners nicht vorhanden oder mangelhaft sind oder sonst die Abgabe der Erklärungen binnen 14 Tagen nicht zumutbar ist.

Je ein Exemplar der übersandten Forderungsverzeichnisse ist an die IEF-Service GmbH zurückzusenden.

26 Bzgl der **Forderungen,** die im Insolvenzverfahren anzumelden sind, tritt an die Stelle der befristeten Erklärung die unverzügliche Übersendung eines **Auszugs** (einer Abschrift) **aus dem Anmeldungsverzeichnis** durch den zuständigen Verwalter. Aus diesem kann das **Ergebnis der Prüfungsverhandlung** entnommen werden (§ 108 Abs 1 IO). In der Prüfungsverhandlung (vgl §§ 105 ff IO) geht es um die Prüfung bzw Feststellung der angemeldeten Forderungen. Der zuständige Verwalter hat ohne Vorbehalte eine Erklärung hinsichtlich der Richtigkeit und Rangordnung der jeweiligen Forderung abzugeben, in der entweder eine Anerkennung oder Bestreitung derselben zum Ausdruck kommt (§ 105 Abs 3 IO). Die Insolvenzgläubiger können Forderungen idS bestreiten, sobald ihre Forderung festgestellt oder ihr Stimmrecht anerkannt ist (§ 105 Abs 5 iVm § 93 Abs 2 IO). Der Schuldner kann nur die Richtigkeit, nicht aber die Rangordnung von Forderungen bestreiten (§ 105 Abs 4 IO), wobei dies für das Insolvenzverfahren unerheblich, also nur für die Zeit nach Aufhebung des Insolvenzverfahrens bedeutsam ist, da die Entstehung eines Exekutionstitels verhindert wird. Eine Forderung gilt im Insolvenzverfahren als festgestellt, wenn sie vom Verwalter anerkannt und von keinem hierzu berechtigten Insolvenzgläubiger bestritten wurde (§ 109 Abs 1 IO). Für bestrittene Forderungen ist ein Prüfungsprozess vorgesehen (vgl §§ 110 ff IO).

3.3 Vorgangsweise bei Ablehnung des Antrags auf Eröffnung des Insolvenzverfahrens mangels Vermögens

27 In diesem Fall ist das Forderungsverzeichnis dem AG in zweifacher Ausfertigung eigenhändig zuzustellen (§ 6 Abs 4 IESG). Eine Unterscheidung in verschiedene Forderungskategorien ist hier ohne Bedeutung.

Der **AG** hat binnen 14 Tagen ab Zustellung eine **Erklärung hinsichtlich** 28
der Richtigkeit und der Höhe des Nettoanspruchs abzugeben (vgl Rz 25)
und ein Exemplar des übermittelten Forderungsverzeichnisses an die IEF-
Service GmbH zurückzusenden. Vorbehalte sind unzulässig. Dem AG ist für
seine Erklärung Einsicht in die Anträge und ihre Beilagen zu gewähren. Die
dem Verwalter gem § 6 Abs 5 IESG auf Antrag eingeräumte Erstreckungs-
möglichkeit der l4-tägigen Erklärungsfrist ist für diesen Fall nicht vorgesehen.
Verneint der AG das Bestehen einer Forderung, so hat er dies zu begründen.

3.4 Vorgangsweise im Geschäftsaufsichtsverfahren

Ist der AG ein Kreditinstitut und wurde die Geschäftsaufsicht angeordnet, 29
so bedarf die Erklärung des AG der **Zustimmung der Aufsichtsperson,** weil
davon auszugehen ist, dass Erklärungen dieser Art nicht zum gewöhnlichen
Geschäftsbetrieb gehören (allg § 1 Rz 140 ff, insb Rz 141).

3.5 Vorgangsweise bei den Beschlüssen nach § 1 Abs 1 Z 3–6 IESG

Wird die Eröffnung des Insolvenzverfahrens nach § 68 IO wegen bereits 30
erfolgter Liquidation des Vermögens des AG abgelehnt (§ 1 Abs 1 Z 3 IESG),
erfolgt die Löschung im Firmenbuch wegen Vermögenslosigkeit (§ 1 Abs 1
Z 4 IESG), wird der Insolvenzantrag gem § 63 IO, etwa wegen Unauffindbar-
keit des AG, zurückgewiesen (§ 1 Abs 1 Z 5 IESG) oder wird über das Vermögen des verstorbenen AG kein Nachlassinsolvenzverfahren eröffnet, sondern
vielmehr die Verlassenschaft nach § 153 Abs 1 (Unterbleiben der Abhandlung) oder § 154 Abs 1 AußStrG (Überlassung an Zahlungs statt) erledigt (§ 1
Abs 1 Z 6 IESG; zu alldem § 1 Rz 146 ff), kann das formalisierte Forderungs-
prüfungsverfahren nach § 6 Abs 3 und 4 IESG naturgemäß nicht stattfinden,
da weder ein AG noch ein Verwalter existiert, der zur Stellungnahme aufgefordert werden könnte.

§ 7 IESG

Entscheidung und Auszahlung

§ 7. (1) Die Geschäftsstelle ist bei der Beurteilung des Vorliegens eines gesicherten Anspruches an die hierüber ergangenen gerichtlichen Entscheidungen gebunden, die gegenüber dem Antragsteller rechtskräftig geworden sind. Diese Bindung tritt nicht ein, wenn der gerichtlichen Entscheidung kein streitiges Verfahren vorangegangen ist oder ein Anerkenntnisurteil gefällt wurde, sofern diese Gerichtsentscheidung vor weniger als sechs Monaten vor Eröffnung des Insolvenzverfahrens oder vor Erlassung eines nach § 1 Abs. 1 gleichzuhaltenden Gerichtsbeschlusses rechtskräftig geworden ist. Soweit der dritte Satz des § 6 Abs. 5 anzuwenden ist, hat die Geschäftsstelle dem Antrag ohne weitere Prüfung insoweit stattzugeben, als nach dem übersendeten Auszug (Abschrift) des Anmeldungsverzeichnisses der gesicherte Anspruch im Insolvenzverfahren festgestellt ist, es sei denn, daß die gerichtliche Feststellung auf einer nicht bindenden gerichtlichen Entscheidung im Sinne des zweiten Satzes beruht. Im übrigen sind die §§ 45 bis 55 AVG anzuwenden. Zur Ermittlung des Nettoanspruches nach § 3 Abs. 1 erster Satz ist die Geschäftsstelle berechtigt, einen Steuerberater heranzuziehen, wenn hiezu der Arbeitgeber nach § 6 Abs. 4 nicht in der Lage ist. Durch den fristgerechten Antrag (§ 6 Abs. 1) werden Verjährungs- und Verfallfristen unterbrochen.

(1a) Durch die Übermittlung einer Scheinunternehmerverdachtsmeldung nach § 8 Abs. 4 des Sozialbetrugsbekämpfungsgesetzes (SBBG), BGBl. I Nr. 113/2015, an die IEF-Service GmbH wird das Verfahren über die Zuerkennung von Insolvenz-Entgelt gegenüber den in dieser Verdachtsmeldung namentlich angeführten Antragstellerinnen und Antragstellern bis zur Klärung des Sachverhaltes ausgesetzt.

(2) Die Geschäftsstelle hat für die IEF-Service GmbH über Anträge auf Insolvenz-Entgelt mit schriftlichem Bescheid abzusprechen. Sie hat über die abzuweisenden und die zuzuerkennenden Ansprüche gesonderte Bescheide zu erlassen. Hiebei sind die zuzuerkennenden Einzelbeträge kaufmännisch auf volle Eurobeträge zu runden.

(3) Ausfertigungen, die im Wege elektronischer Datenverarbeitungsanlagen oder in einem ähnlichen Verfahren hergestellt werden, bedürfen weder einer Unterschrift noch einer Beglaubigung.

(4) Die Geschäftsstelle hat Ausfertigungen der Bescheide, tunlichst gesammelt, dem Arbeitgeber (ehemaligen Arbeitgeber), im Falle der Anhängigkeit eines Insolvenzverfahrens jedoch dem zuständigen Verwalter zuzustellen. Nach Maßgabe der technischen Möglichkeiten können die Bescheide auch telegrafisch, fernschriftlich, mit Telefax, im Weg automationsunterstützter Datenverarbeitung oder in jeder anderen technisch möglichen Weise zugestellt werden.

(5) Zahlungen sind dem Anspruchsberechtigten, sofern er handlungsunfähig ist, seinem gesetzlichen Vertreter, auf postalischem Weg zu leisten. Auf Antrag des Anspruchsberechtigten sind Zahlungen auf ein von ihm oder seinem ausgewiesenen bevollmächtigten Vertreter im Antrag angegebenes Scheckkonto der Österreichischen Postsparkasse oder auf ein Girokonto bei einem anderen inländischen Kreditinstitut oder einer Postsparkasse oder eines Kreditinstitutes eines anderen Staates, in dem der Euro gesetzliches Zahlungsmittel ist, zu überweisen.

(6) Im Falle der Pfändung, Verpfändung oder Übertragung der gesicherten Ansprüche sind die entsprechenden Teilbeträge des Insolvenz-Entgelts dem Berechtigten zu zahlen, sofern die diesbezüglichen Urkunden oder gerichtlichen Entscheidungen der Geschäftsstelle vor der Erlassung des Bescheides vorgelegt werden. § 8 Abs. 1 ist sinngemäß anzuwenden.

(6a) Trotz der Voraussetzungen des Abs. 6 ist die Pfändung, Verpfändung oder Übertragung gegenüber dem Insolvenz-Entgelt-Fonds rechtsunwirksam und daher die Auszahlung an den Anspruchsberechtigten vorzunehmen, wenn gesicherte Ansprüche (§ 1 Abs. 2) für den Gläubiger oder Zessionar erkennbar zur Vorfinanzierung des Entgelts für vor dem Stichtag (§ 3 Abs. 1) liegende Ansprüche gepfändet, verpfändet oder übertragen worden sind, es sei denn, daß diese Vorfinanzierung nach einem Reorganisationsplan oder mit Zustimmung des Reorganisationsprüfers im Sinne des Unternehmensreorganisationsgesetzes, BGBl. I Nr. 106/1997, erfolgt. Stellt das Gericht das Reorganisationsverfahren wegen Zahlungsunfähigkeit oder Überschuldung ein, so sind nach dem Einstellungsbeschluß fällig werdende Ansprüche an den Anspruchsberechtigten auszuzahlen.

(7) Ist unter Bedachtnahme auf § 1 Abs. 3 Z 1 der Anspruchsberechtigte auf Grund eines Urteiles nach der Insolvenzordnung oder der Anfechtungsordnung verpflichtet, erhaltene Zahlungen für Ansprüche aus dem Arbeitsverhältnis (freien Dienstverhältnis, Auftragsverhältnis) zurückzuerstatten, so geht diese Verpflichtung mit der rechtzeitigen Beantragung (§ 6 Abs. 1) auf den Insolvenz-Entgelt-Fonds über. Diese Verpflichtung besteht auch dann, wenn der Anspruchsberechtigte aufgrund einer nachweislich ihm zugegangenen schriftlichen Aufforderung solche Zahlungen für Ansprüche aus dem Arbeitsverhältnis (freies Dienstverhältnis, Auftragsverhältnis) zurückzuerstatten hat.

(8) Insolvenz-Entgelt für Pensionskassenbeiträge oder für Prämien in eine betriebliche Kollektivversicherung, die den Arbeitnehmern als Teil des laufenden Entgelts bis zur Beendigung des Arbeitsverhältnisses oder im Rahmen der Kündigungsentschädigung, Ersatzleistung für Urlaubs-

§ 7 IESG

entgelt (Urlaubsabfindung, Urlaubsentschädigung) oder der Sonderzahlungen gebühren, ist in die Pensionskasse oder das Versicherungsunternehmen einzuzahlen.

(§ 7 IESG idF BGBl I 2015/113)

Schrifttum zu § 7 IESG

A. Burgstaller, Zur Bindungswirkung von Säumnisentscheidungen, JBl 1999, 563;
Eypeltauer, Neue Auslegungsfragen im IESG, wbl 1994, 255;
Frauenberger, Insolvenz und Arbeitsverhältnis – Neuerungen durch das IRÄG 1994, ecolex 1994, 334;
Holzer, Verlassenschaftskurator kein AN!, DRdA 2000/35, 317 (EAnm);
Liebeg, Die Änderung der Rechtsstellung der Arbeitnehmer in Insolvenzverfahren und des IESG durch das IRÄG 1994, wbl 1994, 141;
W. Schwarz, Rechtsdogmatische Fragen des Insolvenz-Entgeltsicherungsgesetzes, DRdA 1980, 280;
W. Schwarz, Konfusion um die „freie" Betriebsvereinbarung, DRdA 1985, 173.

Übersicht zu § 7 IESG

1. **Verfahren** .... Rz 1
   1.1 Prüfung der Anspruchsvoraussetzungen......................... Rz 2–4
   1.2 Prüfung der Richtigkeit.. Rz 5
       1.2.1 Bindung an gerichtliche Entscheidungen .... Rz 6
       1.2.2 Bindung an die insolvenzrechtliche Feststellung.. Rz 7–8
       1.2.3 Grundsätze des Ermittlungsverfahrens .... Rz 9–12
       1.2.4 Amtswegige Verfahrensaussetzung wegen
             Sozialbetrugsverdachts....................................... Rz 13
   1.3 Entscheidung und Auszahlung .... Rz 14
       1.3.1 Zuerkennungs- und Abweisungsbescheide .... Rz 15
       1.3.2 Auszahlung des Insolvenz-Entgelts .... Rz 16
2. **Rechtslage bei Übertragung, Pfändung oder Verpfändung des gesicherten Anspruchs** .... Rz 17–21
3. **Rechtslage bei Anfechtung von Zahlungen an den AN** ...... Rz 22–25
4. **Pensionskassenbeiträge bzw Prämien an eine betriebliche Kollektivversicherung** .... Rz 26–27

1. Verfahren

1 Das Verfahren vor der Geschäftsstelle der IEF-Service GmbH wird von zwei grundsätzlichen Aspekten geprägt: Einerseits geht es um die Feststellung jener Anspruchsbedingungen, die das IESG selbst voraussetzt, andererseits geht es um die Richtigkeit der geltend gemachten Ansprüche. Bzgl beider Gesichtspunkte, besonders aber hinsichtlich der Richtigkeit der in Frage stehenden Ansprüche ist hervorzuheben, dass die an sich gegebene Zuständigkeit der Gerichte in Arbeitsrechtssachen oder im Insolvenzverfahren nicht berührt wird. Eine grundsätzliche Bindung an bereits ergangene rechtskräftige Entscheidungen wird ausdrücklich festgelegt, wobei der Gesetzgeber im Detail differenziert und danach unterscheidet, ob eine streitige oder eine nicht streitige Entscheidung bzw ein Anerkenntnisurteil erging, wobei es für letztere Entscheidungen eine Rolle spielt, zu welchem Zeitpunkt sie rechtskräftig geworden sind (im Einzelnen dazu Rz 6). Die Bindungswirkung nicht streitiger Entscheidungen und Anerkenntnisurteile ist also zur Hintanhaltung von Missbräuchen abgeschwächt.

1.1 Prüfung der Anspruchsvoraussetzungen

Die Prüfung der Anspruchsvoraussetzungen durch die IEF-Service GmbH wird zT auf Grund der Angaben des Anspruchswerbers zu einem Ergebnis führen können. Hat dieser zB Abfertigungsansprüche geltend gemacht, die durch § 1 Abs 4a IESG nicht gedeckt sind, oder reichen die geltend gemachten Ansprüche über die Fristen der §§ 3a ff IESG hinaus, so ist der Anspruch insoweit abzuweisen und die Sache in diesen Punkten spruchreif. **2**

Die Prüfung der Anspruchsvoraussetzungen ist in persönlicher und sachlicher Hinsicht vorzunehmen. In **persönlicher** Hinsicht muss festgestellt werden, ob der Anspruchswerber als AN (ehemaliger AN), freier DN iSd § 4 Abs 4 ASVG (ehemaliger freier DN nach dieser Bestimmung), Heimarbeiter (ehemaliger Heimarbeiter) oder Rechtsnachfolger bzw Hinterbliebener der genannten Personen zu qualifizieren ist (allg § 1 Rz 7 ff). Weiters ist festzustellen, ob der AN nicht zu jenem Personenkreis zählt, der gem § 1 Abs 6 IESG vom Anspruch auf Insolvenz-Entgelt ausgeschlossen ist (s § 1 Rz 105 ff). **3**

In **sachlicher** Hinsicht muss geprüft werden, ob die geltend gemachten Ansprüche als aufrechte, nicht verjährte und nicht ausgeschlossene gesicherte Ansprüche anerkannt werden können (s § 1 Rz 178 ff, 332 ff). Zu beachten ist dabei, dass gem § 7 Abs 1 letzter S IESG **durch den fristgerechten Antrag auf Insolvenz-Entgelt noch offene Verjährungs- und Verfallsfristen unterbrochen** werden (dazu ErläutRV 738 BlgNR 18. GP 6; OGH 9 ObA 10–15/94, EvBl 1994/166; 8 ObA 149/01x, DRdA 2002,409 = infas 2002 A 89; s auch § 1 Rz 186). Diese Unterbrechung wirkt auch gegenüber dem AG bzw der Insolvenzmasse (OGH 9 ObA 53/02p, ZAS 2003/15, 84 *[Graf]* = Arb 12.214; 9 ObA 63/05p, Arb 12.540 = infas 2005 A 76). **4**

Die irrtümliche Anmeldung einer Masseforderung als Insolvenzforderung bewirkt keine Unterbrechung der Verjährung iSd § 9 IO. Dadurch wird aber die Einhaltung der vertraglichen Verfallsfrist gewahrt (OGH 9 ObA 63/05p, Arb 12.540 = infas 2005 A 76).

Lässt der AN einen Prozess gegen den AG während des Insolvenzverfahrens ruhen und beantragt Insolvenz-Entgelt, so bleibt die Unterbrechung der Verjährung aufrecht, wenn der AN, nachdem die Behörde das Verwaltungsverfahren gem § 38 AVG bis zur rechtskräftigen Entscheidung des Gerichts unterbrochen hat, einen Fortsetzungsantrag stellt (OGH 9 ObA 10–15/94, EvBl 1994/166).

Schließlich ist zu prüfen, ob gesicherte Ansprüche, die im Insolvenzverfahren anmeldefähig sind, auch **angemeldet** wurden (allg § 1 Rz 399 ff).

1.2 Prüfung der Richtigkeit

5   Die Prüfung der Richtigkeit der geltend gemachten Ansprüche erstreckt sich auf alle rechtlichen Bedingungen und Tatsachen, die den gesicherten Anspruch dem Grunde und der Höhe nach im Einzelfall begründen. Es liegt auf der Hand, dass in diesem Bereich der Bindung an ergangene Entscheidungen der Gerichte erhöhte Bedeutung zukommt.

1.2.1 Bindung an gerichtliche Entscheidungen

6   Die Bestimmung, dass die Geschäftsstelle der IEF-Service GmbH an ergangene gerichtliche Entscheidungen weitgehend gebunden ist, löst die andernfalls mögliche Kollision iSd Bindung der Verwaltungsbehörde an das Gericht und folgt damit im Wesentlichen der in Bezug auf die Behandlung von sog Vorfragen in der Wissenschaft allgemein als mustergültig anerkannten Regelung des AVG (vgl §§ 38, 69 Abs 1 Z 3 leg cit). Die Bindung ist nur an „hierüber ergangene gerichtliche Entscheidungen" gegeben, „im Übrigen" wird auf die §§ 45–55 AVG verwiesen. Die IEF-Service GmbH hat daher, solange gerichtliche Entscheidungen nicht vorliegen, unbeschadet ihres Rechts auf **Unterbrechung** des Verfahrens nach § 38 AVG die Vorfrage des Bestehens eines Anspruchs selbständig zu beurteilen (vgl VwGH 84/11/0054, ZfVB 1985/1048). Wurde in einem solchen Fall nachträglich vom Gericht in wesentlichen Punkten anders entschieden, so bildet dies einen Grund zur Wiederaufnahme des Verfahrens (§ 69 Abs 1 Z 3 AVG). Es bestehen keine verfassungsrechtlichen Bedenken gegen die Bindungswirkung des § 7 Abs 1 IESG (VfGH G-1344/95, G-108/96, G-109/96; OGH 8 ObS 127/97b, DRdA 1999/15, 124 *[Eypeltauer]*).

Allerdings wird der skizzierte **Grundsatz der Bindung an gerichtliche Entscheidungen** durch § 7 Abs 1 S 2 IESG **eingeschränkt.** Die Bindung tritt für den Fall, dass kein streitiges Verfahren stattfand (zB bei Erlassung eines Zahlungsbefehls oder Versäumungsurteils) oder ein Anerkenntnisurteil gefällt wurde, nur ein, wenn diese Entscheidung vor mehr als sechs Monaten vor

Insolvenzverfahrenseröffnung oder vor Erlassung eines nach § 1 Abs 1 IESG gleichzuhaltenden Gerichtsbeschlusses rechtskräftig geworden ist.

Liegt über die mit der Klage geltend gemachte Kostenforderung eine rechtskräftige Entscheidung vor, wobei in concreto die Kosten in einem Verfahren aufgelaufen sind, dessen Gegenstand die erfolgreiche Durchsetzung gesicherter Ansprüche war, so besteht eine Bindungswirkung an die Kostenentscheidung (OGH 9 ObS 3/92, infas 1992 A 104). Bindungswirkung besteht nach der Erweiterung der gesicherten Kosten gem § 1 Abs 2 Z 4 lit i IESG (dazu allg § 1 Rz 326) auch an Kostenentscheidungen im Passivverfahren, sofern der AG iZm dem Arbeitsverhältnis zum Kostenersatz verurteilt wurde und diesen wegen der Insolvenz nicht mehr zahlen kann. Diese Bindungswirkung besteht auch an die Kostenentscheidung in einem Zahlungsbefehl im letzten Monat vor Insolvenzverfahrenseröffnung, wenn mit der Hauptsachenentscheidung nur gesicherte und anerkannte Ansprüche zugesprochen wurden und keine Anhaltspunkte dafür bestehen, dass Kosten für unnotwendige Verfahrenshandlungen verzeichnet wurden (OGH 8 ObS 6/04x, ZIK 2005/13, 182). Abweisenden gerichtlichen Entscheidungen gegen den AG kommt ohne Sachverhaltsänderung auch gegenüber der IEF-Service GmbH bindende Wirkung zu (OGH 8 ObS 206/01, Arb 12.192 = ZIK 2003/48, 34; 8 ObS 23/07a).

Die IEF-Service GmbH hat aber festzustellen, ob eine Klage im Wege einer Ex-ante-Betrachtung unter dem Gesichtspunkt der Bestimmungen des IESG notwendig war. Die Einbringung einer Mahnklage nach Stellung eines Antrags auf Zuerkennung von Insolvenz-Entgelt auf Grund der Nichteröffnung eines Insolvenzverfahrens mangels kostendeckenden Vermögens ist nicht notwendig und die dabei entstandenen Kosten sind nicht gesichert (OGH 8 ObS 412/97i, infas 1998 A 123 = ZIK 1999, 30).

Ein **Vergleich** als vor Gericht getroffene und gerichtlich protokollierte Vereinbarung der Parteien über streitige oder zweifelhafte Ansprüche oder Rechtsverhältnisse, dessen Inhalt einer nur sehr eingeschränkten Kontrolle durch das Gericht unterliegt, kann auch bei weitherziger Auslegung nicht als „gerichtliche Entscheidung" angesehen werden, sodass eine Bindung der IEF-Service GmbH weder nach den Bestimmungen des IESG noch nach sonstigen Vorschriften in Betracht kommt (OGH 9 ObS 8/90, RdW 1991, 120 = wbl 1990, 308). Ein in einem Insolvenzverfahren gegen einen Schweizer AG ausgestellter Verlustschein ist ebenfalls keine gerichtliche Entscheidung (VwGH 84/11/0064, ZfVB 1986/1313).

Die IEF-Service GmbH bleibt in der **Beurteilung** von **Anspruchsgrenzen** und **Anspruchsausschlüssen** in allen Fragen **frei** (OGH 8 ObS 234/97p, ZIK 1998, 212 = ecolex 1998, 571; 9 ObA 25/01v, RdW 2001/764, 754;

8 ObS 9/03m, infas 2004 A 49; 8 ObS 4/04b, infas 2004 A 67 = ecolex 2004, 556).

Allfällige im Verfahren nicht geltend gemachte Einwände, vor allem des Verfalls oder der Verjährung, können jedenfalls selbständig geprüft werden (s OGH 8 ObS 23/07a, SSV-NF 21/7; 8 ObS 2/17b, DRdA-infas 2017/96, 154 *[Mader]* = wbl 2017/127, 408). Eine Bindungswirkung ist selbst für den Fall der Prüfung im Vorprozess zu verneinen, wenn dem Urteil eine privatrechtliche Gestaltung der Parteien zu Lasten des IEF zu Grunde liegt. So ist grundsätzlich die Frage der Verjährung und des Verfalls eine von Amts wegen zu prüfende Anspruchsvoraussetzung (s § 1 Rz 187). Eine privatrechtliche Gestaltung der Verjährungsfrage durch Stundung, Verzicht, Anerkenntnis und andere rechtsgeschäftliche Erklärungen zu Lasten des IEF binden diesen insb dann nicht, wenn das rechtskräftige und streitige Urteil zu Gunsten des AN in einem arbeitsgerichtlichen Vorprozess als Folge einer solchen Gestaltung ergangen ist (vgl OGH 8 ObS 2/17b, DRdA-infas 2017/96, 154 *[Mader]* = wbl 2017/127, 408).

1.2.2 Bindung an die insolvenzrechtliche Feststellung

7 Hand in Hand mit der Bindung an gerichtliche Entscheidungen geht die Bindung an die insolvenzrechtliche Feststellung der gesicherten Ansprüche. Eine solche kommt nur im Rahmen eines **eröffneten Insolvenzverfahrens** in Betracht, wenn sie auf einem kontradiktorischen Urteil oder auf einem mehr als sechs Monate vor Insolvenzeröffnung rechtskräftig gewordenen, nicht streitigen Gerichtsurteil beruht.

Keine Bindung besteht **an eine gewöhnliche insolvenzrechtliche Feststellung** einer Forderung durch den Insolvenzverwalter (OGH 8 ObS 127/97b, DRdA 1999/15, 124 *[Eypeltauer]* = ZIK 1998, 106; 8 ObS 200/98i, DRdA 2000/35, 317 *[Holzer]* = Arb 11.896).

Für den OGH folgt dies aus § 7 Abs 1 S 3 letzter Satzteil IESG: Wenn nicht einmal eine nicht streitige Gerichtsentscheidung aus den letzten sechs Monaten vor Insolvenzeröffnung eine Bindungswirkung entfaltet, dann kann umso weniger eine gewöhnliche Feststellung der Forderung zu einer Bindungswirkung führen (so schon *Liebeg*, wbl 1994, 147). *Holzer* (DRdA 2000/35, 321) befürwortet hingegen eine Bindung an die gewöhnliche insolvenzrechtliche Feststellung hinsichtlich des Bestehens und der Höhe der angemeldeten Forderung und sieht allenfalls ein Problem im Hinblick auf den Forderungsübergang einer festgestellten Forderung auf den IEF nach § 11 Abs 1 IESG. Dieses Problem ist aber nicht gegeben, da die Legalzession des § 11 IESG unter der auflösenden Bedingung eines negativen Bescheids steht (vgl § 11 Rz 6).

Bei anmeldefähigen Forderungen, also bei Insolvenzforderungen, hat der zuständige Verwalter der Geschäftsstelle der IEF-Service GmbH einen **Auszug aus dem Anmeldungsverzeichnis** zu übermitteln, aus dem das Ergebnis der Prüfungsverhandlungen entnommen werden kann (vgl § 6 Rz 24).

Der Insolvenzverwalter hat im **Insolvenzverfahren** ohne Vorbehalte eine Erklärung hinsichtlich der Richtigkeit und Rangordnung jeder angemeldeten Forderung abzugeben, die entweder eine Anerkennung oder Bestreitung zum Ausdruck bringt (§ 105 Abs 3 IO). Die Insolvenzgläubiger können die Richtigkeit und Rangordnung der einzelnen Forderungen bestreiten, sobald ihre Forderung festgestellt oder ihr Stimmrecht anerkannt ist (§§ 105 Abs 5, 93 Abs 2 IO). Der Schuldner ist zur Bestreitung der Richtigkeit, nicht jedoch der Rangordnung berechtigt (§ 105 Abs 4 IO). Allerdings ist seine Bestreitung für das Insolvenzverfahren irrelevant. Sie äußert nur Rechtswirkungen für die Zeit nach Insolvenzaufhebung, da sie die Entstehung eines Exekutionstitels verhindert. Das Ergebnis der Prüfungsverhandlung wird in das Anmeldungsverzeichnis eingetragen (§ 108 Abs 1 IO). **Forderungen,** deren Richtigkeit und Rangordnung **vom Insolvenzverwalter anerkannt** und die **nicht von Insolvenzgläubigern bestritten** werden, **gelten für das Insolvenzverfahren als festgestellt** (§ 109 Abs 1 IO). 8

1.2.3 Grundsätze des Ermittlungsverfahrens

Die IEF-Service GmbH hat das Ermittlungsverfahren nach den Grundsätzen der **freien Beweiswürdigung** durchzuführen, da das G die Anwendung der §§ 45–55 AVG ausdrücklich anordnet, sofern die in Rz 6 ff erläuterte bindende Wirkung nicht entgegensteht. Andere als die im G genannten Bindungswirkungen gibt es nicht (OGH 8 ObS 22/95, infas 1996 A 47). Hat der Insolvenzverwalter das Bestehen einer Masseforderung gem § 6 Abs 5 IESG anerkannt oder bestritten oder hat der AG die Richtigkeit einer Forderung gem § 6 Abs 4 IESG bejaht oder verneint, so unterliegen diese Erklärungen der freien Beweiswürdigung (vgl VwGH 81/11/0035, Arb 10.098). Erklärungen von Insolvenzverwaltern wird diesbezüglich naturgemäß ein entsprechender Aussagewert zukommen. Einem gegenüber der Verwaltungsbehörde abgegebenen Anerkenntnis kann jedoch nicht der Charakter einer konstitutiven Willenserklärung zuerkannt werden (vgl VwGH 81/11/0035, Arb 10.098; *W. Schwarz*, DRdA 1980, 284). Durch die im IESG der Partei auferlegte **Mitwirkungspflicht am Ermittlungsverfahren** tritt **keine Verschiebung der Beweislast** ein (VwGH 2677/80, ZfVB 1984/2062; 83/11/0182, ZfVB 1985/1043). Auch kennt das IESG keine formelle Behauptungslastregel des Inhalts, dass schon die Unterlassung der Behauptung einer Tatsache den Anspruchsverlust zur Folge hätte (VwGH 86/11/0044, ZfVB 1987/2153; 87/11/0194, ZfVB 1989/899). Wenn es jedoch der Behörde nicht möglich 9 ist, von sich aus und ohne Mitwirkung der Partei weiter tätig zu werden, weil sie Angaben und Beweisanbote der Partei benötigt, aber solche nicht erhält, ist das ein Verhalten der Partei, das der freien Beweiswürdigung unterliegt (VwGH 87/11/0194, ZfVB 1989/899).

10 Auch im Verfahren nach dem IESG muss die Behörde innerhalb der Grenzen ihrer Möglichkeiten und des vom Verfahrenszweck her gebotenen und zumutbaren Aufwands ihrer **amtswegigen Ermittlungspflicht** nachkommen (VwGH 84/11/0061, ZfVB 1985/1049 = infas 1985 A 65; 83/11/0182, ZfVB 1985/1043).

Es muss im Ermittlungsverfahren besonders darauf geachtet werden, dass Ansprüche, die durch eine anfechtbare Handlung erworben wurden, gem § 1 Abs 3 Z 1 IESG ausgeschlossen sind (s § 1 Rz 334 ff). Folgerichtig wird insb bei relativ hohen Forderungen und solchen Ansprüchen, die von Angehörigen (Lebensgefährten) des AG geltend gemacht werden (§ 32 Abs 1 IO), zur Vermeidung von Missbräuchen besonders sorgfältig unter Heranziehung aller möglichen Beweismittel (§§ 45–55 AVG) zu prüfen sein, ob die Ansprüche zu Recht bestehen.

11 Von besonderer Bedeutung bzgl der rechtlichen Beurteilung ist die eingehende Prüfung der arbeitsrechtlichen Rechtsquellen. Es muss festgestellt werden, ob ein Anspruch auf G, KollV oder BV gegründet werden kann oder ob er lediglich auf Einzelvereinbarung beruht. Insoweit Letzteres der Fall ist oder die Individualvereinbarung günstiger als die genannten Rechtsquellen ist, kann der Anspruch unter den Voraussetzungen des § 1 Abs 3 IESG ausgeschlossen sein. Regelungen in BV, die durch G oder KollV nicht gedeckt sind, unterliegen ausschließlich der Beurteilung nach individualrechtlichen Gesichtspunkten; es ist zu prüfen, ob ihr Inhalt konkludent (oder ausdrücklich) in die Individualverträge transformiert wurde. Ist dies der Fall, so ist ihre ausschließliche Quelle der Einzelarbeitsvertrag (vgl auch § 1 Rz 350, 352; allg zB *W. Schwarz*, DRdA 1985, 173; *Reissner* in ZellKomm³ § 29 ArbVG Rz 17 ff mwN).

12 Die IEF-Service GmbH ist berechtigt, zur **Ermittlung des Nettoanspruchs** nach § 3 Abs 1 IESG einen **Steuerberater** heranzuziehen, wenn der AG dazu nach § 6 Abs 4 IESG nicht in der Lage ist. Nach den Materialien (ErläutRV 1384 BlgNR 18. GP 12) ist hier an jene Fälle gedacht, in denen kein Insolvenzverfahren eröffnet wird und eine Stellungnahme des AG zur beantragten Forderung iSd § 6 Abs 4 IESG nicht eingeholt werden kann, sei es, dass der AG hierzu mangels Unterlagen nicht fähig ist, sei es, dass er nicht zur Verfügung steht, weil er zB flüchtig ist. In der Praxis kontrolliert die IEF-Service GmbH selbst mit einem eigenen Berechnungsprogramm den vom Antragsteller beantragten Anspruch hinsichtlich der korrekten Berechnung. Sie muss ja auch nach § 69 Abs 6 Z 1 EStG einen Lohnzettel über das ausbezahlte Insolvenz-Entgelt an das Finanzamt übermitteln.

1.2.4 Amtswegige Verfahrensaussetzung wegen Sozialbetrugsverdachts

Mit dem SBBG BGBl I 2015/113 wird die Zusammenarbeit der primär vom Sozialbetrug betroffenen Kooperationsstellen (Finanzstraf- und Abgabenbehörden, Sozialversicherungsträger, BUAK, IEF-Service GmbH und Sicherheitsbehörden) intensiviert. Eine erfolgreiche Bekämpfung von Scheinunternehmen setzt nach der gesetzgeberischen Absicht ein kohärentes und strategisches Zusammenarbeiten der Kooperationsstellen voraus (vgl ErläutRV 692 BlgNR 24. GP 1), wozu wohl auch eine rasche Verständigung der Kooperationsstellen über einen Sozialbetrugsverdacht gehört. Die Einrichtungen und Behörden sind dementsprechend verpflichtet, einen Verdacht auf Sozialbetrug den zuständigen Kooperationsstellen nicht nur zu melden, sondern einen wechselseitigen Erfahrungs- und Informationsaustausch sicherzustellen. Bei bestehendem Verdacht einer Scheinunternehmereigenschaft ist gem § 8 Abs 4 SBBG die zuständige Abgabenbehörde verpflichtet, die IEF-Service GmbH zum Zwecke der Klärung des Sachverhalts nach § 7 Abs 1a IESG schriftlich zu informieren (zum Inkrafttreten des § 7 Abs 1a IESG vgl § 32 Rz 3). **13**

Durch die **Übermittlung einer Scheinunternehmerverdachtsmeldung** nach § 8 Abs 4 SBBG wird das **Verfahren** auf Zuerkennung von Insolvenz-Entgelt gegenüber den in der Verdachtsmeldung namentlich genannten Antragstellern **ausgesetzt.** Infolge der Ex-lege-Aussetzung des Verfahrens kann die IEF-Service GmbH unter Nutzung der Informationen der sonstigen Kooperationsstellen den Sachverhalt inhaltlich verlässlich aufklären, um eine rechtsmissbräuchliche Durchsetzung von Insolvenz-Entgelt hintanzuhalten. Weder die Verdachtsmeldung noch ein allfälliger – mangels Widerspruchs des betroffenen Scheinunternehmens – rechtskräftig gewordener Bescheid der Abgabenbehörde über die Scheinunternehmereigenschaft ersetzen die inhaltliche Prüfung des Anspruchs auf Insolvenz-Entgelt der in der Meldung genannten Antragsteller. Dieses Procedere soll offensichtlich die IEF-Service GmbH vornehmlich für einen Scheinunternehmerverdacht sensibilisieren und eine richtige Entscheidung erleichtern, zumal bei einem rechtskräftigen Bescheid der Abgabenbehörde über eine Scheinunternehmereigenschaft für die IEF-Service GmbH sehr wichtige Indikatoren in eine bestimmte Richtung vorliegen dürften.

Die verfahrensrechtliche Konsequenz einer schriftlichen Meldung iSd § 8 Abs 4 SBBG liegt vorerst darin, dass zufolge der damit verbundenen Aussetzung vor Klärung des Sachverhalts eine Säumnisklage gem § 67 Abs 1 Z 2 ASGG für den Antragsteller nicht in Betracht kommt, da die Aussetzung unmittelbare Wirkungen auf die Entscheidungspflicht der IEF-Service GmbH hat. Die Suspendierung der Entscheidungspflicht ist jedoch nur bis zur Klärung des Sachverhalts anzunehmen. Ist der Sachverhalt in die eine oder andere Richtung entscheidungsreif bzw geklärt, läuft die sechsmonatige Entscheidungsfrist gem § 67 Abs 1 Z 2 ASGG jedenfalls weiter. In den Materialien (ErläutRV 692 BlgNR 24. GP 14) wird diesbezüglich ausgeführt, dass, sobald der Sachverhalt geklärt ist, also die von der IEF-Service GmbH durchgeführten Ermittlungen abgeschlossen sind, umgehend entsprechende Bescheide zu erlassen sind. Abhängig vom Ermittlungsergebnis ist entweder Insolvenz-Entgelt zuzuerkennen, teilweise zuzuerkennen und teilweise abzulehnen oder gänzlich abzulehnen.

1.3 Entscheidung und Auszahlung

14 Die IEF-Service GmbH hat über Anträge auf Insolvenz-Entgelt ohne Rücksicht auf die Art der Erledigung mit **schriftlichem Bescheid** abzusprechen (§ 7 Abs 2 S 1 IESG). Eine Ausfertigung des Bescheids ist gem § 7 Abs 4 IESG dem AG (ehemaligen AG), im Fall eines anhängigen Insolvenzverfahrens (auch bei Sanierungsverfahren mit Eigenverwaltung) dem Insolvenzverwalter, zuzustellen. Dass der Bescheid dem Anspruchsberechtigten bzw seinem gesetzlichen Vertreter zuzustellen ist, ist selbstverständlich und wird nicht besonders hervorgehoben. Bescheide, die Forderungen gegen den AG betreffen, sind tunlichst gesammelt zu versenden. Ausfertigungen der Bescheide im Wege der EDV bedürfen gem § 7 Abs 3 IESG weder einer Unterschrift noch einer Beglaubigung.

1.3.1 Zuerkennungs- und Abweisungsbescheide

15 Grundsätzlich soll über die gesamten Ansprüche eines AN in **einem** Bescheid abgesprochen werden. Kommt es allerdings zu einer teilweisen Ablehnung der geltend gemachten Ansprüche, so hat die IEF-Service GmbH **zwei Bescheide** zu erlassen, und zwar
- einen Zuerkennungsbescheid mit dem Hinweis, dass darüber hinausgehende Ansprüche gesondert beurteilt werden, und
- einen Abweisungsbescheid hinsichtlich der nicht bestehenden Ansprüche auf Insolvenz-Entgelt (vgl auch § 10 Rz 5).

Im Zweifel ist bei Erlassung eines Bescheids, der weder im Spruch noch in der Begründung auf Abweisungsgründe hinsichtlich nicht bestehender Ansprüche hinweist, davon auszugehen, dass nur ein Zuerkennungsbescheid erlassen wurde (OGH 8 ObS 12/03m, RdW 2004/275, 292 = ZIK 2004/139,

108). Eine Teilzuerkennung impliziert nicht die Ablehnung eines beantragten Restbetrages.

Die zuerkannten Eurobeträge sind auf- bzw abzurunden (vgl § 7 Abs 2 S 3 IESG).

Um Differenzen zwischen gerichtlicher Forderungsanmeldung (Quotenberechnung) und Antrag auf Insolvenz-Entgelt zu vermeiden, ist es daher zu empfehlen, dass auch im gerichtlichen Verfahren gerundete Beträge geltend gemacht werden.

1.3.2 Auszahlung des Insolvenz-Entgelts

Die Auszahlung des Insolvenz-Entgelts wird vom IEF veranlasst. ISd § 7 Abs 5 IESG ist das Insolvenz-Entgelt – wie im Bescheid angeführt – entweder dem Anspruchsberechtigten bzw, sofern dieser handlungsunfähig ist, seinem gesetzlichen Vertreter auszuzahlen. IdR erfolgt die direkte Überweisung auf das Konto des Anspruchsberechtigten. Die Überweisung kann auch auf ein Konto eines Kreditinstituts oder einer Postsparkasse eines anderen Staates, in dem der Euro gesetzliches Zahlungsmittel ist, unter Angabe von BIC und IBAN erfolgen. **16**

Das Insolvenz-Entgelt kann an den Bevollmächtigten des Anspruchsberechtigten (RA, Gewerkschaft, AK, ISA usw) überwiesen werden, sofern dessen Bevollmächtigung auch eine Inkassovollmacht einschließt. Es ist darauf zu achten, dass die Kontonummer und der Kontowortlaut (Name des Kontoberechtigten, zB AK Steiermark oder RA Dr. *Schmied*) übereinstimmen. Soll auf Grund einer vorliegenden Inkassovollmacht das Insolvenz-Entgelt auf ein anderes Konto als das des Anspruchsberechtigten überwiesen werden, so ist im Antrag der Kontowortlaut des Kontos des Bevollmächtigten anzugeben.

Wenn der AN für eine Kündigungsentschädigung oder Urlaubsersatzleistung einen Vorschuss in Höhe des Arbeitslosengelds erhielt, ist der entsprechende Teilbetrag des Insolvenz-Entgelts an die AlV auszubezahlen.

Insolvenz-Entgelt für Übertragungsbeträge nach § 47 Abs 3 BMSVG sind nach § 1b Abs 4 IESG an die BV-Kasse zu bezahlen (vgl § 1b Rz 5).

2. Rechtslage bei Übertragung, Pfändung oder Verpfändung des gesicherten Anspruchs

Nach § 6 Abs 8 IESG ist der Anspruchsberechtigte zur Antragstellung hinsichtlich der pfändbaren Teile des gesicherten Anspruchs verpflichtet. Tut er dies innerhalb der Antragsfrist nicht, so kann der Gläubiger einen Exekutionstitel betreffend die Verpflichtung zur Antragstellung erwirken und einen An- **17** trag hinsichtlich der pfändbaren Teile des gesicherten Anspruchs stellen (vgl § 6 Rz 18).

18 Der Anspruchsberechtigte hat der IEF-Service GmbH die rechtlichen Unterlagen (diesbezügliche Urkunden, gerichtliche Entscheidungen) vorzulegen, um die Auszahlung an den berechtigten Dritten nach Maßgabe der einschlägigen Beschränkungen (vgl dazu § 8 Rz 1) zu ermöglichen. Die pfändbaren Teilbeträge des Insolvenz-Entgelts sind daher bei erfolgter Pfändung, Verpfändung und zulässiger Abtretung grundsätzlich (s Rz 20) an den Berechtigten (Dritten) zur Auszahlung zu bringen.

19 Die Wortfolge „Übertragung der gesicherten Ansprüche" in § 7 Abs 6 IESG umfasst unter Bedachtnahme auf den Zweck des IESG nur die im Interesse des AN erfolgte rechtsgeschäftliche Abtretung der Entgeltansprüche, nicht aber den Übergang der Ansprüche nach den §§ 1358, 1423 ABGB. Befriedigt daher ein AN seine Ansprüche aus dem Arbeitsverhältnis aus einer ihm vom AG oder einem Dritten zur Sicherstellung dieser Ansprüche gegebenen Bankgarantie, dann steht weder ihm noch dem Garanten ein aufrechter Anspruch auf Insolvenz-Entgelt zu (OGH 8 ObS 24/95, DRdA 1996, 65 = RdW 1996, 128; vgl dazu auch § 1 Rz 178), vorausgesetzt, diese Deckung ist im Einzelfall als Lohn- oder Gehaltszahlung zu qualifizieren.

20 Wurden gesicherte Ansprüche für den Gläubiger oder Zessionar erkennbar zur **Vorfinanzierung des Entgelts** gepfändet, verpfändet oder übertragen, so ist dies nach § 7 Abs 6a IESG trotz der Voraussetzungen des § 7 Abs 6 IESG gegenüber dem Fonds rechtsunwirksam und daher die Auszahlung an den Anspruchsberechtigten vorzunehmen, soweit es **vor** dem Stichtag iSd § 3 Abs 1 IESG liegende Ansprüche betrifft (zur Ausnahme im Falle von Reorganisationsmaßnahmen s Rz 21). Mit dieser Regelung sollen jene Praktiken eingedämmt werden, bei denen mit Hilfe der AN (diese nehmen zB einen Kredit auf) eine Vorfinanzierung von Lohnkosten erfolgt, die letztlich auf den Fonds überwälzt werden, ohne dass das Unternehmen zur Einleitung von Sanierungsschritten gezwungen ist (ErläutRV 1384 BlgNR 18. GP 12 f; vgl auch ErläutRV 737 BlgNR 20. GP 11).

Zu beachten ist, dass der Anspruch **„für den Gläubiger oder Zessionar erkennbar"** zur Vorfinanzierung verwendet werden muss, ein Umstand, den wohl der sich auf die Unwirksamkeit berufende IEF beweisen wird müssen (*Frauenberger*, ecolex 1994, 337). Des Weiteren ist die Vorfinanzierung nur bzgl jener Entgeltansprüche unzulässig, die **vor dem Stichtag** (vgl § 3 Rz 3) liegen.

Eine Finanzierung von Ausgleichsforderungen während eines bereits anhängigen Ausgleichsverfahrens (nach alter Rechtslage) durch eine Bank, wobei der AN als Sicherstellung seine Ansprüche nach dem IESG verpfändet, ist laut

OGH (8 ObS 19/06m, ZIK 2007/343, 212) keine sittenwidrige Überwälzung zusätzlicher Risiken auf den IEF. Die zeitlich begrenzte Leistungspflicht des IEF steht bereits fest und es geht im Wesentlichen nur darum, die AN vom Austritt abzuhalten, was regelmäßig sogar zu einer Verringerung der Zahlungslast des IEF führen kann. Diese Judikatur kann eins zu eins auf ein allfälliges Sanierungsverfahren (nach nunmehrigem Recht) angewendet werden.

In jedem Fall wirksam bleibt die Pfändung, Verpfändung oder Übertragung gegenüber dem IEF im Rahmen solcher Vorfinanzierungsaktivitäten dann, wenn sie im Zuge eines Reorganisationsplans oder mit Zustimmung des Reorganisationsprüfers iSd Art XI URG erfolgt. Einschlägige Kreditierungen sind also dann bei der Auszahlung von Insolvenz-Entgelt – nämlich an die kreditierende Bank – zu berücksichtigen, wenn das vom AG beantragte **Reorganisationsverfahren** und die damit verbundenen Reorganisationsmaßnahmen **als geeignet befunden** wurden. Scheitert das Reorganisationsverfahren, so sind nach dem gerichtlichen Einstellungsbeschluss fällig werdende Ansprüche nur an die Anspruchsberechtigten auszuzahlen (ErläutRV 737 BlgNR 20. GP 11). **21**

3. Rechtslage bei Anfechtung von Zahlungen an den AN

§ 7 Abs 7 IESG bestimmt, dass dann, wenn der Anspruchsberechtigte einen Anfechtungsprozess nach IO oder AnfO verliert und deshalb erhaltene Zahlungen für Ansprüche aus dem Arbeitsverhältnis (freien Dienstverhältnis) zurückerstatten müsste, diese Verpflichtung mit der rechtzeitigen Antragstellung (§ 6 Abs 1 Z 3 IESG) auf den IEF im Ausmaß des zuzuerkennenden Insolvenz-Entgelts übergeht (zur Kostensicherung bei Anfechtungsprozessen s § 1 Rz 326, 328). **22**

Vor Einfügung dieser Bestimmung durch BGBl 1992/835 konnte der AN erst nach erfolgter Rückzahlung an die Masse (bzw den Schuldner) für seine nunmehr wieder aushaftenden Forderungen Insolvenz-Entgelt beantragen. Zur Vermeidung von Nachteilen für den AN und zur Vereinfachung des Verfahrens soll daher in einem solchen Fall der Fonds nach Maßgabe des Urteils (bzw des Anerkenntnisses des AN) direkt Zahlung an die Masse leisten (ErläutRV 738 BlgNR 18. GP 6). Der AN hat allerdings rechtzeitig einen diesbezüglichen Antrag auf Insolvenz-Entgelt zu stellen. Die eingeräumte Frist beträgt sechs Monate und beginnt gem § 6 Abs 1 Z 3 IESG mit der Zustellung der Anfechtungsklage oder des Aufforderungsschreibens an den AN zu laufen (vgl § 6 Rz 6). **23**

Bis zur Novelle BGBl I 1997/107 war § 7 Abs 7 IESG auf den Anfechtungstatbestand iSd § 30 Abs 1 Z 1 IO (dieser ist durch das IRÄG 2010 unverändert geblieben) beschränkt (zur Anfechtung allg § 1 Rz 335 ff). § 7 **24**

Abs 7 IESG in der ursprünglichen Fassung hatte einen vernachlässigbaren Anwendungsbereich, weil verspätete Gehalts- oder Lohnzahlungen innerhalb der Verjährungs- und Verfallsfristen kongruent sind, da der AN – trotz fehlender Zug-um-Zug-Leistung – nur das erhält, was arbeitsvertraglich geschuldet ist. Im Falle einer materiellrechtlichen Grundlage ist grundsätzlich die Kongruenz zu bejahen. Eine allfällige Inkongruenz könnte dann vorliegen, wenn in zeitlicher Hinsicht erheblich vor der Fälligkeit des Entgeltanspruchs Zahlung geleistet wird (vgl *Liebeg*, IESG³ § 7 Rz 25). Die erfolgreiche Begünstigungsanfechtung hat keinen Einfluss auf die Sicherung als solche, da es diesbezüglich ausreichend ist, dass der Anspruch selbst in unanfechtbarer Weise erworben wurde. Es kommt somit bloß zur Auszahlung des gesicherten Anspruchs an den Anfechtungsberechtigten.

25 § 7 Abs 7 IESG sieht nunmehr vor, dass die Bestimmung darüber hinaus auch für die anderen Anfechtungstatbestände nach der IO und der AnfO gilt. Voraussetzung für eine Rückzahlung des Fonds an die Insolvenzmasse bzw den Schuldner ist aber, dass der Entgeltanspruch selbst nicht anfechtbar erworben wurde (ErläutRV 737 BlgNR 20. GP 11). Die Zahlungspflicht des IEF besteht auch dann, wenn sich die Anfechtbarkeit aus dem den Anspruchsberechtigten zugegangenen **inhaltlich schlüssigen Aufforderungsschreiben** des Insolvenzverwalters ergibt.

Die Anfechtbarkeit von Entgeltzahlungen führt allerdings nicht zu einer Ausdehnung der zeitlichen Sicherungsgrenzen. § 7 Abs 7 IESG stellt insofern keine eigene, zusätzliche Anspruchsgrundlage dar (OGH 8 ObS 17/16g, DRdA-infas 2017/97, 156 *[Mader]* = wbl 2017/108, 342). Der Übergang der Rückzahlungspflicht auf den IEF für anfechtbare Zahlungen an den AN setzt daher voraus, dass die angefochtene Zahlung einen nach den §§ 3a f IESG gesicherten Anspruch darstellt. Eine Ausweitung der Sicherung ist durch § 7 Abs 7 IESG nicht beabsichtigt.

Auch wenn die Möglichkeit einer bloßen schriftlichen Aufforderung von der unverhältnismäßig mehr Kosten verursachenden Klage entbindet, prüft die IEF-Service GmbH das Vorliegen des Anfechtungstatbestands. Enthält der Schriftsatz an den AN lediglich die Aufforderung zur Rückzahlung, ohne diese entsprechend näher zu begründen, wird der Insolvenzverwalter um entsprechende nähere Aufklärung ersucht. Insb wird – je nach Anfechtungstatbestand – gefragt, wann die Zahlungsunfähigkeit eingetreten ist, wann die Zahlungen für bestimmte Monate an die AN erfolgten bzw wann und weswegen dem AN die Zahlungsunfähigkeit, die Begünstigungsabsicht oder die Benachteiligungsabsicht bekannt geworden ist oder bekannt sein hätte müssen. Mit dem Ersuchen um Aufklärung werden idR allfällige Bescheinigungsmittel angefordert. Das Insolvenz-Entgelt für zu Recht angefochtene Zahlungen wird direkt an die Insolvenzmasse überwiesen.

4. Pensionskassenbeiträge bzw Prämien an eine betriebliche Kollektivversicherung

Gem § 7 Abs 8 IESG ist das Insolvenz-Entgelt für Pensionskassenbeiträge oder für Prämien in eine betriebliche Kollektivversicherung, egal ob diese dem AN als Teil des laufenden Entgelts bis zur Beendigung des Arbeitsverhältnisses oder im Rahmen von Kündigungsentschädigung, Urlaubsersatzleistung (das G verwendet hierfür noch die weitgehend veralteten Fachausdrücke „Urlaubsabfindung" und „Urlaubsentschädigung") oder Sonderzahlungen gebühren, **in die Pensionskasse oder das Versicherungsunternehmen einzuzahlen.** Da neben der Beitragszahlung in Pensionskassen auch Prämien an **Lebensversicherungen** in Frage kommen (vgl § 2 Z 3 BPG), ist die vorliegende Bestimmung entsprechend anzuwenden (zur Sicherung von Leistungsansprüchen aus direkten Leistungszusagen des AG vgl § 3d Rz 1 ff). 26

Gem § 1 Abs 3 Z 6 IESG ist ein Anspruch auf Insolvenz-Entgelt für bereits gegenüber einer Pensionskasse oder einem Versicherungsunternehmen bestehende Leistungsansprüche nach dem BPG ausgeschlossen (s § 1 Rz 396 ff, § 3d Rz 18 f). Für unbeglichene Beiträge in eine noch nicht ausfinanzierte Betriebspension stellt § 7 Abs 8 IESG klar, dass für diese nach Maßgabe allgemeiner bzw systemimmanenter Sicherungsgrenzen (bspw § 3a Abs 1 IESG, zumal laufendes Entgelt vorliegt) Insolvenz-Entgelt zu leisten ist, und zwar direkt an die Pensionskasse oder das Versicherungsunternehmen. Zu beachten ist, dass die Beiträge nicht nur als Teil des laufenden Entgelts (allg § 1 Rz 269 ff), sondern auch im Rahmen von Kündigungsentschädigung (s § 1 Rz 279 ff), Urlaubsersatzleistung (§ 1 Rz 248 ff) und Sonderzahlungen (§ 1 Rz 225 ff) gesichert sein können. Bei den Sonderzahlungen ist anhand der Rechtsgrundlage (Einzelvertrag, BV, KollV) für die Leistungen (Prämien, Beiträge) zu prüfen, ob die Sonderzahlungen überhaupt Grundlage für Pensions- bzw Versicherungsprämien sind. 27

§ 8 IESG

Pfändung, Verpfändung und Übertragung

§ 8. (1) Die Exekutionsordnung, RGBl. Nr. 79/1896, regelt, inwieweit Ansprüche auf Insolvenz-Entgelt übertragen, verpfändet und gepfändet werden können.

(2) Im Falle der Pfändung, Verpfändung bzw. Übertragung gemäß Abs. 1, bei denen der Insolvenz-Entgelt-Fonds Drittschuldner ist, sind die diesbezüglichen Urkunden oder gerichtlichen Entscheidungen der nach § 5 Abs. 1 bis 3 zuständigen Geschäftsstelle als anweisende Stelle im Sinne des § 295 der Exekutionsordnung zuzustellen.

(§ 8 IESG neugefasst durch BGBl 1991/628, idF BGBl I 2008/82)

Übersicht zu § 8 IESG

1. Anwendung des Lohnpfändungsrechts... Rz 1–7
2. Verpfändung und Übertragung des Insolvenz-Entgelts....................... Rz 8
3. Verfahren .... Rz 9

1. Anwendung des Lohnpfändungsrechts

1 § 290a Abs 3 EO bestimmt, dass der Anspruch auf Insolvenz-Entgelt wie die Leistung, für die es gewährt wird – also wie der gesicherte Anspruch selbst –, pfändbar ist. Da somit der **Pfändungsschutz von Arbeitseinkommen** in der **EO auch für die Pfändung des Insolvenz-Entgelts** maßgeblich ist, wird er in der Folge skizziert:

2 Von den gem § 290 EO **unpfändbaren Forderungen** sind im gegebenen Zusammenhang vor allem Ansprüche auf **Aufwandsentschädigung** zu erwähnen. Diese sind gem § 290 Abs 1 Z 1 EO insoweit unpfändbar, als sie den beruflich bedingten und tatsächlich erwachsenden Mehraufwand abgelten, insb für auswärtige Arbeiten (Diäten, Kilometergelder etc), für Arbeitsmaterial, aber auch für Ausgaben (Kauf, Reinigung) für die typische Arbeitskleidung. Eine über den tatsächlichen Aufwand hinausgehende Abgeltung hat insofern Entgeltcharakter, ist den Einkünften aus dem Arbeitsverhältnis gem § 290a Abs 1 Z 1 EO zuzuordnen und daher beschränkt pfändbar (Rz 3).

3 **Einkünfte aus einem (privatrechtlichen) Arbeitsverhältnis, einem Lehr- oder sonstigen Ausbildungsverhältnis** zählen ua gem § 290a Abs 1 Z 1 EO zu den **beschränkt pfändbaren Forderungen.** § 290a Abs 1 Z 2 EO erweitert die beschränkt pfändbaren Forderungen auch um sonstige wiederkehrende Vergütungen für Arbeitsleistungen aller Art, die die Erwerbstätigkeit des Verpflichteten vollständig oder zu einem wesentlichen Teil in Anspruch nehmen. IZm der Insolvenz-Entgeltsicherung ist § 290a Abs 1 Z 2 EO in erster Linie für das freie Dienstverhältnis relevant (vgl auch *Neumayr* in ZellKomm[3]

§ 290a EO Rz 4). Neben dem Entgelt aus einem Arbeits- oder freien Dienstverhältnis sind gem § 290a Abs 1 Z 4 EO auch Ruhegeldleistungen im weitesten Sinne erfasst; dazu gehören Pensionen aus der gesetzlichen SV, aber auch betriebliche Ruhegeldansprüche, die als Gegenleistung für frühere Arbeitsleistungen gewährt werden. Auch Bezüge, die ein AN zum Ausgleich für Wettbewerbsbeschränkungen für die Zeit nach Beendigung seines Arbeitsverhältnisses beanspruchen kann, fallen gem § 290a Abs 1 Z 3 EO unter die beschränkt pfändbaren Forderungen. Angesprochen ist dabei ua die Karenzabgeltung gem § 37 Abs 2 AngG, § 2c Abs 4 AVRAG.

Unter **beschränkt pfändbaren Forderungen** versteht das G solche, die nur zum Teil pfändbar sind, sodass dem AN ein unpfändbarer Betrag, das sog **Existenzminimum,** zu verbleiben hat, welches sich aus einem Grundbetrag und aus einem einkommensabhängigen Steigerungsbetrag zusammensetzt (vgl § 291a Abs 1–3 EO). Der allgemeine Grundbetrag entspricht bei monatlicher Leistung dem Ausgleichszulagenrichtsatz für alleinstehende Personen gem § 293 Abs 1 lit a ASVG, der periodisch idR mit V des BMASK gem § 108 Abs 1 ASVG festgelegt wird (aktuell maßgeblich ist allerdings das PAG 2018 BGBl I 2017/151). Der nach § 291a Abs 1 EO jedenfalls zu verbleibende allgemeine Grundbetrag (Ausgleichszulagenrichtsatz) ist gem § 291a Abs 5 EO auf volle Euro abzurunden; dieser beträgt ab 1. 1. 2018 EUR 909,–. Auf den allgemeinen Grundbetrag gem § 291a Abs 1 EO baut die Berechnung des unpfändbaren Freibetrags (Existenzminimum) auf.

Bei der Forderungsexekution ist vorweg der Pfändungsumfang zu berechnen. Zur Ermittlung dient die **Berechnungsgrundlage** (§ 291 EO), die vom Gesamtbezug auszugehen hat. Sie erfasst alle Geldforderungen und die Sachleistungen, die wie im Steuer- oder Sozialversicherungsrecht zu bewerten sind. Vom Gesamtbezug sind Beträge, die unmittelbar auf Grund steuer- oder sozialversicherungsrechtlicher Vorschriften zur Erfüllung gesetzlicher Verpflichtungen abzuführen sind, die der Pfändung entzogenen Forderungen und Forderungsteile sowie Beiträge, die der Verpflichtete an seine betrieblichen und überbetrieblichen Interessenvertretungen entrichtet, abzuziehen. Mangels gesetzlicher Verpflichtung sind Prämien an private Krankenversicherer wie auch Beiträge in eine gesetzliche Höherversicherung nicht in Abzug zu bringen (*Neumayr* in ZellKomm[3] § 291 EO Rz 1). 4

Ausgehend von dieser Berechnungsgrundlage ist das sog **Existenzminimum** zu ermitteln, wobei sämtliche Grundbeträge gem § 291a Abs 5 EO abzurunden sind. Erhält der AN Sonderzahlungen, sind bei monatlicher Leistung als Grundbetrag zumindest EUR 909,– unpfändbar. Erhält der AN keine Sonderzahlungen (Urlaubszuschuss, Weihnachtszuwendung), erhöht sich der allgemeine Grundbetrag um ein Sechstel (2018: EUR 1.060,–). Wegen der beschränkten Pfändbarkeit von Sonderzahlungen nach § 290b EO ist diesen

Personen zum Ausgleich ein höherer Grundbetrag zu gewähren (*Neumayr* in ZellKomm³ § 291a EO Rz 3). Der dem AN verbleibende Betrag erhöht sich weiters für jede Person, der er gesetzlichen Unterhalt gewährt, um 20 % monatlich (Unterhaltsgrundbetrag; 2018: EUR 181,–). Dies gilt maximal für fünf Unterhaltspflichten, sodass für 2018 ein Höchstbetrag von EUR 905,– anzusetzen ist. Übersteigt die Berechnungsgrundlage diese Grundbeträge, so verbleiben dem AN überdies 30 % des Mehrbetrags und für jede Person, der er gesetzlichen Unterhalt gewährt, 10 % des Mehrbetrags (Unterhaltssteigerungsbetrag), höchstens jedoch 50 %. Dies bedeutet, dass 20 % des Mehrbetrags jedenfalls pfändbar sind. Übersteigt die Berechnungsgrundlage das Vierfache des Ausgleichszulagenrichtsatzes (2018: EUR 3.620,–), ist der darüber hinausgehende Betrag pfändbar. Der Betrag von EUR 3.620,– ergibt sich aus der Rundungsregel des § 291 Abs 2 EO. Der vierfache Ausgleichszulagenrichtsatz (EUR 3.636,– für 2018) ist so abzurunden, dass der monatliche Betrag durch 20 teilbar ist (also für 2018: EUR 3.620,–). Ist aufgrund dieser Berechnung nur ein Betrag von maximal EUR 10,– monatlich pfändbar, ist gem § 292j Abs 5 EO die gesamte Forderung als pfändungsfrei zu behandeln.

5 **Unterhaltsexekutionen** sind **begünstigt.** Bei diesen ist der unpfändbare Betrag deutlich niedriger (vgl § 291b EO), er entspricht 75 % des unpfändbaren Freibetrages nach § 291a EO (s Rz 4). Außerdem kann sich der Verpflichtete gegenüber einem Unterhaltsgläubiger weder auf den Unterhaltsgrundbetrag (§ 291a Abs 1 Z 2 EO) noch auf den Unterhaltssteigerungsbetrag (§ 291a Abs 3 Z 2 EO) berufen.

Die begünstigte Unterhaltsexekution umfasst die Exekution
– wegen eines gesetzlichen Unterhaltsanspruchs,
– eines gesetzlichen Unterhaltsanspruchs, der auf Dritte übergegangen ist,
– eines Anspruchs auf Ersatz von Aufwendungen, die der Verpflichtete auf Grund einer gesetzlichen Unterhaltspflicht selbst hätte machen müssen (§ 1042 ABGB), sowie
– der Prozess- und Exekutionskosten samt allen Zinsen.

Das Verhältnis der Unterhaltsexekution untereinander und zu anderen Exekutionsbeschränkungen regeln § 291b Abs 3 und 4 EO (vgl *Neumayr* in ZellKomm³ § 291b EO Rz 4 f).

6 Gem § 292a EO kann das Gericht den **unpfändbaren Betrag** auf Antrag **erhöhen.** Gründe hierfür sind etwa wesentliche Mehrauslagen des AN, insb wegen Hilflosigkeit, Gebrechlichkeit oder Krankheit, unvermeidbare Wohnungskosten, die im Verhältnis zu dem Betrag, der ihm zur Lebensführung verbleibt, unangemessen hoch sind, besondere Aufwendungen im Zuge der Berufsausübung, Notstand infolge eines Unglücks- oder Todesfalles sowie besonders umfangreiche gesetzliche Unterhaltspflichten.

§ 292b EO kennt auch eine **Herabsetzung des unpfändbaren Betrags**, und zwar etwa dann, wenn laufende gesetzliche Unterhaltsforderungen durch die Exekution nicht zur Gänze hereingebracht werden können oder wenn der AN im Rahmen des Arbeitsverhältnisses Leistungen von Dritten erhält, wie zB Trinkgelder, die nicht in die Bemessungsgrundlage Eingang gefunden haben.

2. Verpfändung und Übertragung des Insolvenz-Entgelts

Die Bestimmungen über die **Beschränkung der Exekution** sind **zwingendes Recht**; sie können durch ein zwischen dem Verpflichteten und dem Gläubiger getroffenes Übereinkommen weder ausgeschlossen noch beschränkt werden (§ 293 Abs 1 EO). Darüber hinaus ist jede diesen Vorschriften widersprechende Verfügung durch Abtretung, Anweisung, Verpfändung oder durch ein anderes Rechtsgeschäft ohne rechtliche Wirkung (§ 293 Abs 2 EO). Das bedeutet, dass über denjenigen Teil des Insolvenz-Entgelts, der nach den Ausführungen in Rz 2–7 der Exekution entzogen ist, auch nicht wirksam durch Rechtsgeschäft verfügt werden kann. Ergänzend ist zum Schutz des Verpflichteten auch die Aufrechnung gegen den der Exekution entzogenen Teil der Forderung gem § 293 Abs 3 EO beschränkt. Die Aufrechnung ist nur zulässig zur Einbringung eines Vorschusses, einer im rechtlichen Zusammenhang stehenden Gegenforderung oder einer Schadenersatzforderung, wenn der Schaden vorsätzlich zugefügt wurde. Der **rechtliche Zusammenhang** ist **sehr eng auszulegen:** Nur solche Gegenforderungen sind aufrechenbar, die einen unmittelbaren und engen Sachbezug zum Entgeltanspruch haben (vgl *Neumayr* in ZellKomm[3] § 293 EO Rz 4). Das ist insb bei Schadenersatzansprüchen des AG aus einer Dienstpflichtverletzung des AN grundsätzlich zu verneinen, mit Ausnahme der im G angeführten vorsätzlichen Schadenszufügung.

3. Verfahren

Durch § 8 Abs 2 IESG wird festgelegt, dass ua Exekutionsbewilligungen, in denen der IEF als Drittschuldner aufscheint, der zur Entscheidung zuständigen Geschäftsstelle der IEF-Service GmbH als anweisende Behörde zuzustellen sind. Dadurch können dem Gläubiger die zuerkannten Beträge rascher übermittelt werden. Einem Überweisungsgläubiger, dem nach Eintritt eines Insolvenztatbestandes gem § 1 Abs 1 IESG der gesicherte Anspruch oder der öffentlich-rechtliche Anspruch auf Insolvenz-Entgelt zur Einziehung überwiesen wurde, kommt nur unter den Voraussetzungen des § 6 Abs 8 IESG eine Antragsberechtigung auf Insolvenz-Entgelt zu, sodass die Berechtigung zur Antragstellung trotz Pfändung grundsätzlich dem Anspruchsberechtigten

§ 8 IESG

nach § 1 Abs 1 S 1 IESG bleibt. Dem Überweisungsgläubiger sind aber bei Zuerkennung des Insolvenz-Entgelts die pfändungsfreien Beträge auszuzahlen (vgl dazu § 7 Rz 17 ff).

§ 9 IESG

Widerruf und Rückforderung

§ 9. (1) Sofern der Bezug von Insolvenz-Entgelt durch unwahre Angaben oder durch Verschweigung maßgebender Tatsachen herbeigeführt wurde oder der Empfänger erkennen mußte, daß die Zahlung nicht oder nicht in dieser Höhe gebührte, ist die zu Unrecht bezogene Leistung mit Bescheid zu widerrufen und rückzufordern. Gleiches gilt, wenn eine Verurteilung gemäß § 1 Abs. 3 Z 1a vorliegt. Die Erlassung eines Rückforderungsbescheides ist nicht mehr zulässig, wenn seit der Kenntnis des maßgeblichen Sachverhaltes durch die Geschäftsstelle mehr als fünf Jahre vergangen sind.

(2) Ausfertigungen der Bescheide nach Abs. 1 sind auch dem Arbeitgeber (ehemaligen Arbeitgeber), im Fall eines Insolvenzverfahrens jedoch dem zuständigen Verwalter zuzustellen.

(§ 9 IESG neugefasst durch BGBl I 1983/613, idF BGBl I 2010/29)

Schrifttum zu § 9 IESG

Schneider, Allgemeine Verfahrensbestimmungen und Begleitregeln, in *Konecny* (Hrsg), IRÄG 2010 (2010) 181;
Trost, Gedanken zum gutgläubigen Empfang und Verbrauch, DRdA 1988, 106.

Übersicht zu § 9 IESG

1. **Allgemeines** .... Rz 1
2. **Voraussetzungen** .... Rz 2
   2.1 Unwahre Angaben und Verschweigen von Tatsachen .... Rz 3–7
   2.2 Unredlichkeit des Zahlungsempfängers .... Rz 8–9
   2.3 Verurteilung gem § 1 Abs 3 Z 1a IESG .... Rz 10
3. **Anwendungsfälle** .... Rz 11–16

1. Allgemeines

Bei Widerruf und Rückforderung handelt es sich um eine **Abänderungs- bzw Behebungsmöglichkeit von Bescheiden,** die **von Amts wegen** wahrzunehmen ist. § 9 IESG ist nicht als Ermessensbestimmung formuliert. Allerdings kann der IEF die Forderungen nach § 9 IESG stunden, Ratenzahlung bewilligen oder auf die Forderungen auch ganz oder teilweise verzichten (§ 13 Abs 5 IESG). Die Bestimmungen des AVG bleiben im Rahmen des IESG subsidiär erhalten (§ 7 Abs 1 IESG). Wie bei der Abänderung von Bescheiden nach den §§ 68 ff AVG wird auch hier vorauszusetzen sein, dass der zu widerrufende **Bescheid formell rechtskräftig,** also ein Rechtsmittel nicht oder nicht mehr zulässig ist. Zuständig ist die Geschäftsstelle der IEF-Service

§ 9 IESG

GmbH, die auch für den zuerkennenden Bescheid zuständig war. Widerruf und Rückforderung sind verfahrensrechtlich in einem Bescheid zu erledigen, in gleicher Zahl auszufertigen und denselben Personen zuzustellen wie die Zuerkennungsbescheide (vgl § 7 Rz 14). Ein Rückforderungsbescheid ist nicht mehr zulässig, wenn seit der Kenntnis durch die Geschäftsstelle mehr als fünf Jahre vergangen sind. Im Fall des Widerrufs nach § 9 Abs 1 IESG tritt der Forderungsübergang gem § 11 Abs 2 IESG außer Kraft. Der Widerrufs- und Rückforderungsbescheid ist wie ein sonstiger, die Sache erledigender Bescheid durch Klage nach dem ASGG (vgl § 10 Rz 1 ff) bekämpfbar.

2. Voraussetzungen

2 Eine nachträglich erweisbare (objektive) Gesetzwidrigkeit reicht an sich nicht zum Widerruf nach § 9 IESG aus. Gefordert wird, dass der Bezug von Insolvenz-Entgelt durch **unwahre Angaben** oder durch **Verschweigung maßgebender Tatsachen** (durch den Empfänger oder einen Dritten) herbeigeführt wurde (Rz 3 ff) oder dass der Empfänger erkennen musste, dass die Zahlung nicht oder nicht in dieser Höhe gebührte (**Unredlichkeit des Zahlungsempfängers;** Rz 8 ff).

2.1 Unwahre Angaben und Verschweigen von Tatsachen

3 Von der Intention her ist § 9 IESG den Bestimmungen des § 69 AVG, § 107 ASVG und § 25 AlVG vergleichbar. Der Wiederaufnahmegrund der Bescheiderschleichung nach **§ 69 Abs 1 Z 1 AVG** erfordert Vorsatz; bloß kausales oder fahrlässiges Verhalten der Partei reicht nicht aus (VwGH 99/09/0063; zuletzt VwGH 2004/06/0123, bbl 2008/161, 185 = ZfVB 2009/230). **§ 107 ASVG** spricht von bewusst unwahren Angaben oder bewusster Verschweigung maßgebender Tatsachen, setzt somit zumindest bedingten Vorsatz (dolus eventualis) voraus (OGH 10 ObS 369/01i, ARD 5338/16/2002; 10 ObS 149/09y, ARD 6110/5/2011). Bei Verletzung der Meldevorschriften hingegen besteht der Rückforderungsanspruch nach § 107 ASVG schon bei leichter Fahrlässigkeit (OGH 10 ObS 53/01v, RdW 2001/770, 759; 10 ObS 156/00i, DRdA 2001, 457).

4 § 9 IESG wurde den sachlich gleichen Regelungen des **§ 25 AlVG** nachgebildet; bei der Auslegung kann die Rsp des VwGH über das Ausmaß der Sorgfaltspflicht des Leistungsempfängers herangezogen werden (VwGH 87/11/0156, ZfVB 1989/898). Zum AlVG leitet der VwGH aus den Begriffen „unwahr" (und nicht bloß „unrichtig") bzw „Verschweigen" eine **subjektive Komponente** ab. Demnach kann die AlVG-Leistung nicht zurückgefordert werden, wenn es sich zwar um objektiv unrichtige Angaben handelt, diese jedoch in unverschuldeter Unkenntnis vom wahren Sachverhalt gemacht wurden (VwGH 2007/08/0228, ASoK 2010, 101).

Für die Rückforderung nach § 9 IESG genügt wohl – im Hinblick auf die von § 107 ASVG abweichende Formulierung – bereits **Fahrlässigkeit** des Anspruchsberechtigten. Die Außerachtlassung der gebotenen Sorgfalt iZm der Bekanntgabe der maßgebenden Angaben oder Tatsachen kann zur Rückforderung führen. Von einem „Verschweigen maßgebender Tatsachen" kann aber nur dann die Rede sein, wenn dem Berechtigten das Wissen um die Relevanz gerade der verschwiegenen Tatsachen zugemutet werden kann („subjektive Komponente"; Rz 4). Da die IEF-Service GmbH, ähnlich wie das AMS, eine große Zahl gleichartiger Anträge möglichst rasch und effizient abwickeln soll, gibt es für den IESG-Antrag bestimmte formale und inhaltliche Voraussetzungen (vgl § 6 IESG; bundeseinheitliches Antragsformular). Das Risiko eines Rechtsirrtums über die Relevanz der Fragen bzw Antworten hat der Antragsteller zu tragen (vgl VwGH 2007/08/0228, ASoK 2010, 101 zu § 25 AlVG). Im Normalfall wird der Antragsteller also davon ausgehen müssen, dass konkrete Fragen, auch in Formularform, Relevanz für das Ermittlungsverfahren haben (insb auch iZm der Ermittlung von anrechenbarem Einkommen für die Kündigungsentschädigung gem § 1 Abs 3 Z 3 IESG); die Beurteilung hat aber anhand des Einzelfalles zu erfolgen (OGH 10 ObS 369/01i, ARD 5338/16/2002 zu §107 ASVG). Die unwahren Angaben bzw verschwiegenen Tatsachen müssen den Bezug des unberechtigt Empfangenen herbeigeführt haben, sie müssen also für die Ermittlung des Anspruchs dem Grunde und der Höhe nach kausal gewesen sein.

Im Verfahren gem IESG gilt (wie in jedem Verwaltungsverfahren) der Grundsatz, dass der Sachverhalt von Amts wegen festzustellen ist. Die Behörde darf sich nicht nur auf die Angaben im Formular beziehen, wenn bestimmte Umstände oder Richtigstellungen in anderer Weise – vor Anweisung der Leistung – zur Kenntnis gebracht wurden. Nach der Judikatur des VwGH zu § 69 AVG hat die Behörde zumutbare weitere Erhebungen zu tätigen und von den ihr ohne Schwierigkeiten offenstehenden Möglichkeiten zur Sachverhaltsermittlung und Prüfung der Angaben Gebrauch zu machen (VwGH 99/09/0063; 2004/06/0123, bbl 2008/161, 185 = ZfVB 2009/230). Allerdings ist nach § 69 AVG Vorsatz erforderlich und somit im Rahmen des § 9 IESG wohl ein modifizierter Beurteilungsmaßstab anzuwenden. Das für die Rückforderung notwendige Verschulden wird letztlich immer anhand der Umstände des Einzelfalles unter Berücksichtigung auch subjektiver Komponenten zu beurteilen sein.

Zu betonen ist schließlich, dass die Verschweigung maßgeblicher Tatsachen oder die unwahren Angaben nicht vom Leistungsempfänger stammen müssen; **jeder Dritte,** der sich im Verfahren als **Zeuge** oder **Auskunftsperson** zu äußern hat und dessen Verhalten für die Entscheidung der Behörde kausal war, kommt in Frage.

2.2 Unredlichkeit des Zahlungsempfängers

8 Die **Unredlichkeit des Zahlungsempfängers** findet man als Rückforderungstatbestand ebenso in § 107 ASVG und in § 25 AlVG. In allen drei Bestimmungen wird auf das **„Erkennen-Müssen"** durch den **Leistungsempfänger** abgestellt. Für die Rückforderung reicht jedenfalls Fahrlässigkeit. „Erkennen-Müssen" setzt beim Leistungsempfänger eine **gewisse Sorgfaltspflicht** voraus, doch darf der Sorgfaltsmaßstab nicht überspannt werden; es ist zu prüfen, ob dem Leistungsempfänger im Einzelfall bei **Aufwendung der zumutbaren Aufmerksamkeit hätte auffallen müssen,** dass die Leistung nicht oder nicht in dieser Höhe gebührt (VwGH 87/11/0156, ZfVB 1989/898). Es dürfen keine überdurchschnittlichen geistigen Fähigkeiten verlangt werden (OGH 10 ObS 68/99v, ZASB 1999, 44 zu § 107 ASVG). Wenn dem Leistungsempfänger die Unrechtmäßigkeit der Zahlung oder der Höhe auffallen hätte müssen, ist nicht mehr zu prüfen, ob er dies auch tatsächlich erkannt hat. Hat sich allerdings eindeutig ergeben, dass der Empfänger um die Unrechtmäßigkeit der Zahlung tatsächlich Bescheid wusste, so ist er schon zufolge seiner **Unredlichkeit** zur Rückzahlung verpflichtet und die Frage nach den Kriterien der Fahrlässigkeit tritt in den Hintergrund.

9 **Leistungsempfänger** ist derjenige, an den das Insolvenz-Entgelt nach § 7 Abs 5–8 IESG auszuzahlen ist. Für den Rückforderungsanspruch wird jedenfalls vorauszusetzen sein, dass den Zahlungsempfänger, das ist entweder der Anspruchsberechtigte oder dessen gesetzlicher Vertreter, das Verschulden iSd § 9 Abs 1 IESG trifft. Hier wird es allerdings Ausnahmen geben; vor allem müssen sich die Erben eines nach Antragstellung verstorbenen AN dessen allfälliges Verschulden iSd § 9 Abs 1 IESG entgegenhalten lassen.

Ein Bevollmächtigter ist zwar nicht Leistungsempfänger, allerdings muss sich der Vertretene das **Wissen seines Vertreters**, das dieser im Zuge der Ausführung des erteilten Auftrags erlangt hat, zurechnen lassen (VwGH 87/11/0156, ZfVB 1989/898).

2.3 Verurteilung gem § 1 Abs 3 Z 1a IESG

10 Wird der anspruchsberechtigte AN iZm dem Insolvenztatbestand wegen der in **§ 11 Abs 3 IESG genannten Delikte verurteilt,** liegt seit der IESG-Novelle 2005 BGBl I 2005/102 ebenfalls ein Rückforderungstatbestand vor. Diese Bestimmung ist die notwendige Ergänzung zu § 1 Abs 3 Z 1a IESG, wonach in diesen Fällen eben kein Insolvenz-Entgelt gebührt. Die Rückforderung wird auf diese Bestimmung gegründet, wenn die Verurteilung erst nach

bescheidmäßiger Zuerkennung erfolgt. Bei Verurteilung vor Bescheiderlassung wird eher ein Verschweigen maßgeblicher Umstände vorliegen.

3. Anwendungsfälle

Die praktische Anwendung der **Rückforderungsmöglichkeit wegen Unredlichkeit** bei Leistungsempfang ist vor allem bei irrtümlichen Zahlungen, zB durch Fehler in der Ausfertigung der Zahlungsanweisung, Doppelanweisungen usw denkbar.

Ein weiteres Anwendungsgebiet kann vorliegen, wenn ein Ausfall an Entgelt nicht (mehr) bestanden hat, weil **Zahlungen des Schuldners oder für den Schuldner eingingen** und diese Umstände erst später bekannt wurden. Dabei kann es sich um verschwiegene Akontozahlungen (§ 9 Abs 1 Fall 1 oder 2 IESG) handeln oder auch darum, dass **Masseforderungen nach Beantragung** (doch) an den AN ausgezahlt werden und diese Information bei Bescheiderlassung (noch) nicht bei der IEF-Service GmbH eingelangt war (§ 9 Abs 1 Fall 3 leg cit; zur schuldbefreienden Zahlung nach Forderungsübergang vgl § 11 Rz 34 ff).

Nach der arbeitsrechtlichen Judikatur können **Zahlungen mit Unterhaltscharakter, die rechtsgrundlos geleistet, aber gutgläubig empfangen und verbraucht** wurden, durch den AG nicht rückgefordert werden. Guter Glaube wird von der Judikatur nicht erst bei auffallender Sorglosigkeit, sondern bereits dann verneint, wenn der Leistungsempfänger bei objektiver Beurteilung an der Rechtmäßigkeit auch nur zweifeln musste (ua OGH 9 ObA 53/05t, DRdA 2006/35, 368 *[Löschnigg]*; 8 ObA 226/92, DRdA 1993/24, 225 *[Trost]*; 4 Ob 108/81, DRdA 1983, 178). Fraglich ist, ob und inwieweit diese seit dem **Judikat 33 neu** (OGH 1025/28, Arb 3893; *Trost*, DRdA 1988, 106; *Löschnigg*, Arbeitsrecht[12] 369 ff) herausgebildeten Grundsätze auch auf die Rückforderung nach § 9 IESG anzuwenden sind.

Der VwGH (2007/08/0134) und der OGH (10 ObS 278/99a, infas 2000 S 49; 10 ObS 234/00k, ARD 5226/24/2001) haben zu § 25 AlVG bzw § 107 ASVG bereits ausgesprochen, dass sich der Empfänger einer Leistung jedenfalls dann nicht auf Gutgläubigkeit berufen kann, wenn er einen im G vorgesehenen Rückforderungstatbestand verwirklicht. Aufgrund der Vergleichbarkeit der Bestimmungen gilt dies wohl auch für § 9 IESG. Der gute Glaube wird daher nur bei Prüfung der zumutbaren Sorgfalt bei Empfang der Leistung eine Rolle spielen.

Ein Fall, in dem der Anspruch auf Insolvenz-Entgelt als nachträglich **nicht gesetzlich begründet** anzusehen ist, liegt vor, wenn **gegen den Beschluss auf Insolvenzverfahrenseröffnung Rekurs eingelegt** (§ 71c Abs 1 IO) und diesem **stattgegeben** wurde. Da dem Rekurs keine aufschiebende Wirkung zukommt (§ 71c Abs 2 IO), muss auch bzgl der Zuerkennung des Insolvenz-Entgelts die Rechtskraft des Eröffnungsbeschlusses nicht abgewartet werden (s § 1 Rz 139). Wenn das Insolvenzverfahren aufgehoben wird, weil die Eröffnungsvoraussetzungen nicht vorgelegen sind (also ein Eröffnungshindernis nach § 72 Abs 1 IO besteht), werden bestimmte, unmittelbar mit der Eröffnung eintretende Wirkungen mit der Rechtskraft des Aufhebungsbeschlusses rückwirkend hinfällig. Daher **fällt** auch der für die Auszahlung maßgebende **IESG-Tatbestand weg.** Erfolgt die Aufhebung allerdings mangels hinreichenden Vermögens nach § 123a IO, bleibt der einmal entstandene Anspruch auf Insolvenz-Entgelt bestehen (OGH 8 ObS 45/95, DRdA 1996, 247 = ZIK 1996, 177).

Für den Fall, dass mit Rechtskraft des Aufhebungsbeschlusses der IESG-Tatbestand wegfällt, verwies der VwGH (1950/79, DRdA 1981/6, 131 *[Dirschmied]* = Arb 9949) auf die Möglichkeit des § 9 Abs 1 IESG. Allerdings erging diese E zur Rechtslage vor der Novelle BGBl 1983/613, mit der das Verschuldensmoment eingeführt wurde, womit die Anwendbarkeit des § 9 IESG fraglich werden kann.

Da Rekurse gegen Eröffnungsbeschlüsse in Lehre und Rsp überwiegend als zweiseitig gesehen werden (OGH 8 Ob 282/01f; *Schneider*, Verfahrensbestimmungen 185), ist auch das Einlangen des Rekurses in der Insolvenzdatei zu veröffentlichen (§ 260 IO). Es wird im Einzelfall zu prüfen sein, ob es dem AN zumutbar war, Kenntnis vom Rekurs zu erlangen; wenn dies der Fall ist, wird der AN zumindest Zweifel haben müssen, ob ihm diese Leistung zustehen kann. Allerdings ist es auch der IEF-Service GmbH zumutbar, sich vom Inhalt der Insolvenzdatei Kenntnis zu verschaffen. Die Probleme sind im konkreten Fall aber eher theoretisch, da davon ausgegangen werden kann, dass die IEF-Service GmbH den Bescheid erst nach Entscheidung über einen Rekurs erlassen wird. Dieser Bescheid wird bei Aufhebung des Eröffnungsbeschlusses den Anspruch ablehnen, da ein Insolvenztatbestand nicht vorliegt.

14 Aus der **Bindungswirkung der gerichtlichen Entscheidungen** gem § 7 Abs 1 IESG könnten sich ebenfalls Anwendungsfälle ergeben. Denkbar, aber praktisch eher unwahrscheinlich, ist der Fall, dass ein positiver Bescheid erlassen wird und danach in einem arbeitsgerichtlichen Verfahren über den arbeitsrechtlichen Anspruch des Antragstellers ein negatives Urteil ergeht. Auch in diesem Fall stellt sich die Frage, ob § 9 IESG wegen der vorausgesetzten Verschuldenstatbestände praktikabel ist. Das Verschweigen des anhängigen Verfahrens (Frage im Antragsformular) oder auf die konkrete Rückfrage, „ob Schritte gegen die Bestreitung unternommen werden", wird wohl ein Verschulden iSd ersten beiden Fälle des § 9 leg cit begründen können. Anzumerken ist auch, dass mit dem positiven Bescheid jedenfalls der Forderungsübergang nach § 11 IESG eintritt.

§ 9 IESG

Soweit im Einzelfall § 9 IESG insb wegen des erforderlichen Verschuldens nicht anwendbar ist, kommt die **Bezugnahme auf § 69 AVG** in Frage. Auch wenn es im IESG keine mit § 357 ASVG (Anwendung des AVG) vergleichbare Bestimmung gibt und die IEF-Service GmbH auch nicht in Art 1 EGVG genannt ist, ist doch davon auszugehen, dass das AVG in diesem Verfahren, das mit Bescheid abzuschließen ist, **subsidiär anwendbar** ist. Die Wiederaufnahme kann nach § 69 Abs 3 leg cit innerhalb von drei Jahren ab Bescheiderlassung auch von Amts wegen verfügt werden, wenn neue Tatsachen oder Beweismittel hervorkommen, die zu einem dem Hauptinhalt nach im Spruch anders lautenden Bescheid geführt hätten.

15

Allenfalls erscheint es auch denkbar, dass sich der IEF zivilrechtlicher Mittel bedient. Wenn eine Leistung zu Unrecht empfangen wurde, liegt immerhin die **Zahlung einer Nichtschuld** vor. Die Rückforderung könnte wohl auch auf **Bereicherungsrecht** (vgl insb §§ 1431, 1435 ABGB) gestützt werden. Die Grenze der Rückforderbarkeit bilden die seit dem Judikat 33 neu (OGH 1025/28, Arb 3893) von der arbeitsrechtlichen Judikatur getragenen Prinzipien (vgl Rz 12). Diese Grundsätze haben im vorliegenden Zusammenhang (also Zivilrechtsweg statt verwaltungsrechtlicher Rückforderung) Anwendung zu finden.

16

§ 10 IESG

Haider

Streit über den Anspruch auf Insolvenz-Entgelt

§ 10. Bei Streit über den Anspruch auf Insolvenz-Entgelt sind die Bestimmungen des Arbeits- und Sozialgerichtsgesetzes sinngemäß anzuwenden. Dabei tritt an die Stelle des Versicherungsträgers die Geschäftsstelle der IEF-Service GmbH, die den Bescheid erlassen hat oder zu erlassen gehabt hätte. Die Gerichte erster Instanz haben den § 7 Abs. 4 sinngemäß anzuwenden.

(§ 10 IESG neugefasst durch BGBl 1985/104, idF BGBl I 2010/29)

Schrifttum zu § 10 IESG

Moritz, Die Verfahrenswiederaufnahme im System sukzessiver Kompetenzen, DRdA 1990, 19;
Holler, Neuerungen im Bereich der Entgeltsicherung bei Insolvenz, ZAS 1987, 147;
Liebeg, Aktuelle Fragen der Insolvenz-Entgeltsicherung, ÖJZ 1990, 680.

Übersicht zu § 10 IESG

1. Anwendung des ASGG .... Rz 1
2. Klagseinbringung und Klagswirkung .... Rz 2
3. Klagsvoraussetzungen .... Rz 3–7
4. Parteistellung und Vertretung .... Rz 8–13
5. Einzelne Verfahrensprobleme .... Rz 14–24

1. Anwendung des ASGG

1 Durch die Einführung des seit 1. 1. 1987 in Geltung stehenden ASGG wurden Ansprüche auf Insolvenz-Entgelt in das drei Instanzen umfassende **sozialrechtliche Leistungsstreitverfahren** eingebunden. Davor wurde darüber in einem Verwaltungsverfahren entschieden. Die Bestimmungen des ASGG sollen nach § 10 IESG sinngemäße Anwendung finden, wobei an die Stelle des Versicherungsträgers die Geschäftsstelle der IEF-Service GmbH tritt, die den Bescheid erlassen hat oder zu erlassen gehabt hätte.

Durch die Aufnahme von Ansprüchen auf Insolvenz-Entgelt oder einen Vorschuss darauf in den Katalog der „Sozialrechtssachen" in § 65 Abs 1 Z 7 ASGG wurde zudem klargestellt, dass neben dem allgemeinen I. Abschnitt auch der III. Abschnitt des ASGG, welcher Sonderbestimmungen für das Verfahren in Sozialrechtssachen enthält, zur Anwendung gelangen soll. Obwohl das IESG seit dem IRÄG 2010 BGBl I 2010/29 keine Regelungen zum Vorschuss auf Insolvenz-Entgelt mehr kennt – in § 4 leg cit wird nunmehr statt dem Vorschuss normiert, dass bei Vorliegen berücksichtigungswürdiger Gründe über den Antrag auf Insolvenz-Entgelt besonders rasch entschieden wird (hierzu § 4 Rz 1 ff) – wurde die entsprechende Formulierung in § 65 Abs 1 Z 7 ASGG offensichtlich auf Grund eines Redaktionsversehens noch nicht berichtigt.

2. Klagseinbringung und Klagswirkung

Das Verfahren in Sozialrechtssachen ist grundsätzlich nach dem Modell der **sukzessiven Kompetenz** ausgestaltet. Damit tritt auch in gegenständlichem Fall mit der Anrufung des ASG der Bescheid der IEF-Service GmbH außer Kraft (§ 71 Abs 1 ASGG) und geht die Zuständigkeit in vollem Ausmaß auf das Gericht über, das neu verhandelt und entscheidet. Eingeleitet wird das Verfahren durch eine **Klage** des AN (bzw sonstigen Anspruchsberechtigten). Der für die **örtliche Zuständigkeit** des angerufenen ASG maßgebliche Anknüpfungspunkt ist der Sprengel, in welchem sich der Sitz des Gerichts erster Instanz befindet, das über die Eröffnung des Insolvenzverfahrens entschieden, einen Beschluss nach § 1 Abs 1 Z 1–6 IESG gefasst oder ein Urteil nach § 1a Abs 1 IESG gefällt hat. Hat ein ausländisches Gericht eine dieser Entscheidungen getroffen, die auf Grund völkerrechtlicher Verträge im Inland anerkannt wird, ist das ASG Wien zuständig (§ 7 Abs 4 S 2 ASGG).

Die Klage kann aber auch bei der IEF-Service GmbH eingebracht werden, die den Bescheid erlassen hat (§ 84 ASGG); diese ist zur Weiterleitung an das zuständige Gericht binnen zwei Wochen verpflichtet (§ 85 Abs 2 Z 1 ASGG).

3. Klagsvoraussetzungen

Wesentliche Prozessvoraussetzung ist, dass die IEF-Service GmbH entweder einen abweisenden Bescheid erlassen hat (Bescheidklage) oder ihrer Entscheidungspflicht innerhalb von sechs Monaten, vom Tag der Antragstellung an gerechnet, nicht nachgekommen ist (Säumnisklage; § 67 Abs 1 Z 1 und 2 ASGG). Entscheidend ist also, dass der jeweilige Anspruch bereits Gegenstand des Verwaltungsverfahrens war (OGH 8 ObS 8/07w, ARD 5839/4/2008; s auch Rz 16 f).

Im Falle einer **Bescheidklage** kommt es gem § 67 Abs 1 Z 1 ASGG darauf an, dass die IEF-Service GmbH „darüber bereits mit Bescheid entschieden hat", also eine Entscheidung in der Leistungssache selbst getroffen hat. **Verfahrensrechtliche Bescheide** – so auch Bescheide, mit welchen der Antrag auf Insolvenz-Entgelt wegen entschiedener Sache zurückgewiesen wurden (*Liebeg*, IESG[3] § 10 Rz 3 f) – fallen nicht unter § 67 Abs 1 Z 1 ASGG und sind daher mit **Beschwerde im Verwaltungsverfahren** nach dem IESG (an das Bundesverwaltungsgericht) zu bekämpfen (§ 7 Abs 4 letzter S IEFG; vgl *Kuderna*, ASGG[2] 442 f; krit *Moritz*, DRdA 1990, 19). Die Entscheidung der IEF-Service GmbH über die Antragsfrist ist allerdings eine die sukzessive Zuständigkeit des ASG auslösende Sachentscheidung (OGH 9 ObS 11/88, JBl 1989, 355 = infas 1989 A 35). Bescheidklagen müssen innerhalb einer unerstreckbaren, prozessualen **Frist von vier Wochen** ab Zustellung des Bescheids erhoben werden, wobei die Tage des Postenlaufs nicht eingerechnet werden (§ 67 Abs 2 ASGG). Eine Versäumung kann nur durch Wiedereinsetzung in den vorigen Stand (§§ 146 ff ZPO) behoben werden (vgl OGH 10 ObS 64/93, SZ 66/51 = SVSlg 41.796; 3 Ob 2360/96, JBl 1997, 179).

Jeder Klage ist eine Ausfertigung des Bescheids der IEF-Service GmbH in Ur- oder Abschrift beizulegen (§ 83 ASGG), wobei es sich bei der Unterlassung der Übermittlung des Bescheids um einen verbesserungsfähigen Mangel handelt.

Wird die Klagsfrist versäumt, liegt eine von Amts wegen wahrzunehmende Unzulässigkeit des Rechtswegs vor (OGH 10 ObS 113, 114/93, EvBl 1994/39).

5   Dass für den Bereich des IESG nur ein **gänzlich abweisender Bescheid** Gegenstand eines gerichtlichen Verfahrens werden kann, ergibt sich aus § 7 Abs 2 S 2 IESG, der besagt, dass ein allfälliger Teilzuspruch an den AN mit einem gesonderten, ausschließlich positiven Bescheid zu ergehen hat. Die Unterscheidung zwischen abweisenden und zuerkennenden Bescheiden hat zur Folge, dass im Falle der Klagseinbringung nur der abweisende Bescheid iSd § 71 Abs 1 ASGG außer Kraft tritt, während der zuerkennende Bescheid wirksam bleibt. Damit war die Einbeziehung von Streitigkeiten über das Insolvenz-Entgelt in § 71 Abs 2 ASGG entbehrlich. Diese Bestimmung ordnet nämlich die vorläufige Weitergewährung jener Leistungen an, die im außer Kraft getretenen Bescheid zugesprochen wurden, und zwar bis zur rechtskräftigen Beendigung des gerichtlichen Verfahrens.

Soll einem Antrag auf Insolvenz-Entgelt nicht (zur Gänze) entsprochen werden, ist die IEF-Service GmbH verpflichtet, über den abweisenden Teil einen Bescheid zu erlassen (vgl § 7 Rz 15). Die Teilanerkennung von Insolvenz-Entgelt beinhaltet nicht die Abweisung des begehrten Restbetrags. Wird in einem Bescheid weder im Spruch noch in der Begründung auf Abweisungsgründe verwiesen, ist im Zweifel davon auszugehen, dass nur ein Zuerkennungsbescheid vorliegt, welcher nicht bekämpft werden kann (OGH 8 ObS 12/03b, RdW 2004/275, 292 = ZIK 2004/139, 108).

6   **Säumnisklagen** sind an keine Frist gebunden, dürfen aber nicht vor Ablauf jenes Tages des sechsten auf den Tag der Antragstellung folgenden Monats, der nach seiner Zahl diesem Einbringungstag entspricht, erhoben werden (vgl § 67 Abs 1 Z 2 lit a ASGG). Wird der Antrag zB am 15. 1. gestellt, so ist eine Säumnisklage ab dem 16. 7. desselben Jahres möglich. Säumnis liegt auch vor, wenn die IEF-Service GmbH nach Ablauf der sechsmonatigen „Wartefrist" einen Bescheid erlässt, mit dem die Aussetzung des über die Zuerkennung

von Insolvenz-Entgelt eingeleiteten Verwaltungsverfahrens verfügt wird. Ein solches Vorgehen hindert die Erhebung der Säumnisklage nicht, weil andernfalls die IEF-Service GmbH das Verfahren durch Erlassung eines Aussetzungsbescheids beliebig hinauszögern oder eine Entscheidung überhaupt hinfällig machen könnte. Maßgeblich ist nur, dass die Sachentscheidung nicht innerhalb der genannten Frist getroffen wurde (vgl OGH 8 ObS 2/95, JBl 1996, 195 *[Fink]* = infas 1996 A 22). Obwohl die Entscheidungsbefugnis auf Grund einer Säumnisklage auf das Gericht übergeht, ist ein dennoch erlassener Bescheid nicht unbeachtlich bzw wirkungslos und wird mangels Klageerhebung rechtskräftig (OGH 10 ObS 3/17i mwN zB auf *Neumayr* in ZellKomm[3] § 67 ASGG Rz 16).

Gem § 226 Abs 1 ZPO hat jede Klage ein bestimmtes Begehren zu enthalten, die Tatsachen, auf welche sich der Anspruch begründet, kurz und vollständig anzugeben sowie die Beweismittel im Einzelnen genau zu bezeichnen. § 82 ASGG lockert dieses Bestimmtheitserfordernis zwar auf und lässt es genügen, wenn das Klagebegehren eindeutig bestimmbar ist; der jeweilige Geldbetrag muss nicht ziffernmäßig angegeben werden. Demgegenüber ist nach § 6 Abs 2 IESG für den vor der IEF-Service GmbH gestellten Antrag auf Insolvenz-Entgelt die Anführung des Betrags der Forderung zwingend vorgeschrieben (vgl § 6 Rz 19). Der OGH sieht in letzterer Vorschrift eine Durchbrechung der Regelungen des § 82 ASGG und verlangt auch für die Klage vor dem ASG die Geltendmachung eines bestimmten Betrags (OGH 8 ObS 1/96, DRdA 1996, 426, 428 = ZIK 1997, 33; 8 ObS 2153/96t, ZIK 1997, 109 = infas 1997 A 76). **7**

Die mangelnde Bestimmtheit eines Klagebegehrens nach IESG stellt einen verbesserungsfähigen Mangel dar (OGH 8 ObS 4/06f, ZIK 2006/178, 141).

4. Parteistellung und Vertretung

Die **Rolle der bekl Partei** im gerichtlichen Verfahren kommt ausschließlich der **IEF-Service GmbH** zu, die den Bescheid erlassen hat oder im Falle der Säumnisklage erlassen hätte müssen. § 66 ASGG legt die Anwendung der Bestimmungen, die sich auf Versicherungsträger beziehen, unter Hinweis auf § 10 IESG auch für die Geschäftsstellen der IEF-Service GmbH fest und erweitert somit in Arbeits- und Sozialrechtssachen den Parteibegriff um die IEF-Service GmbH. **8**

Die **Partei- und Prozessfähigkeit** kommt der IEF-Service GmbH auf Grund ausdrücklicher gesetzlicher Anordnung **nur punktuell für den Bereich des sozialgerichtlichen Verfahrens nach dem IESG** zu (vgl zu Verfahren bzgl eines Anspruchs auf Beiträge nach § 6 BMSVG im Rahmen von § 13d iVm § 13a IESG OGH 8 ObS 8/16h, DRdA-infas 2017/59, 84 **9**

[Mader], ARD 6534/10/2017). Das bedeutet, dass der IEF-Service GmbH in einem gegen die Insolvenzmasse geführten Prozess auf Feststellung der bestrittenen Dienstnehmerforderungen mangels Partei- und Prozessfähigkeit die Stellung eines Nebenintervenienten verwehrt ist (OGH 9 ObA 901/90, ZAS 1990/23, 191 *[Fink]* = ecolex 1990, 568).

Die **Geschäftsstellen** der IEF-Service GmbH treten dabei nur als **Dienststellen** derselben auf, denen lediglich die Abwicklung der Ansprüche übertragen wurde. Insofern ist eine **Berichtigung der Bezeichnung** der Geschäftsstelle im gerichtlichen Verfahren jedenfalls **zulässig** (vgl OGH 8 NdS 1/00 noch zu den [damals zuständigen] Bundessozialämtern; *Liebeg*, IESG³ § 5 Rz 3).

10 Dem **IEF** kommt demgegenüber im Verfahren vor dem ASG **keine Beklagtenrolle** zu, weil er verfahrensrechtlich nicht als Versicherungsträger iSd §§ 66, 77 Abs 1 ASGG anzusehen ist (OGH 9 ObS 12/88, DRdA 1989, 426 = infas 1989 A 128). Wohl aber ist ein rechtliches Interesse des IEF zur **Nebenintervention** auf Seiten des geklagten AG bzw der Insolvenzmasse in Prüfungsprozessen zu bejahen, weil die Entscheidung auf seine privatrechtlichen oder öffentlich-rechtlichen Verhältnisse einwirkt und dem Fonds Parteifähigkeit zukommt (OGH 9 ObA 901/90, ZAS 1990/23, 191 *[Fink]* = ecolex 1990, 568; vgl auch *Liebeg*, ÖJZ 1990, 684; *dens*, IESG³ § 10 Rz 24). Die Frage, ob diese Parteifähigkeit soweit reicht, dass der IEF Klagen gegen zuerkennende Bescheide der IEF-Service GmbH beim ASG einbringen kann, ist allerdings zu verneinen, denn das ASGG teilt die Klägerrolle expressis verbis nur dem „Versicherten" zu (vgl VfGH G 1344/95, ARD 4917/10/98; weiters VwGH 3199/78, DRdA 1980, 328 = VwSlgNF A 9886).

11 Der **Insolvenzverwalter** kann als einfacher **Nebenintervenient** auf Seiten der geklagten IEF-Service GmbH dem Prozess beitreten und hat bei Obsiegen Anspruch auf Prozesskostenersatz, weil er nicht „Versicherungsträger" gem § 77 ASGG ist (OGH 9 ObS 6/90, ZAS 1991/15, 169 *[Klicka]* = DRdA 1990, 470; 8 ObS 52/97y, DRdA 1997, 508 = ZASB 1997, 46; aA *Liebeg*, IESG³ § 10 Rz 22).

12 Hinsichtlich der **Vertretung der IEF-Service GmbH** ist § 40 Abs 1 Z 4 ASGG zu beachten, wonach deren DN, Prokuristen oder Geschäftsführer ausdrücklich als qualifizierte Vertreter ua in Rechtsstreitigkeiten über Ansprüche auf Insolvenz-Entgelt zugelassen sind. Damit kann die IEF-Service GmbH durch ihre DN vertreten werden. Allerdings gilt dies nur vor den Gerichten erster und zweiter Instanz, da für das Verfahren vor dem OGH absoluter Anwaltszwang besteht.

13 Bezüglich der **Vertretung des** gem § 1 Abs 1 bzw § 1a IESG anspruchsberechtigten **AN** ist § 40 Abs 2 Z 2 ASGG zu beachten, wonach sich dieser vor den Gerichten erster Instanz ua auch durch ein Mitglied des zuständigen BR

– das allerdings nicht als qualifizierte Person gilt – vertreten lassen darf, und zwar unabhängig von einer richterlichen Zulassung. Im Übrigen steht es dem AN frei, ob er sich überhaupt vertreten lassen will, da eine derartige Pflicht vor den Gerichten erster Instanz nicht besteht (§ 39 Abs 3 ASGG). Für die zweite Instanz hingegen ist ausschließlich eine qualifizierte Vertretung vorgesehen, wobei für den AN im Besonderen die Funktionäre und AN der AK oder der Gewerkschaft eine Rolle spielen (§ 40 Abs 1 Z 2 ASGG). Vor dem OGH besteht auch für AN absoluter Anwaltszwang.

5. Einzelne Verfahrensprobleme

Nach Einlangen der Klage bei Gericht hat dieses der bekl IEF Service GmbH die **Klagebeantwortung** unter Setzung einer Frist von zwei Wochen aufzutragen, da eine erste Tagsatzung in Sozialrechtssachen nicht vorgesehen ist (§ 85 Abs 1 ASGG). Wurde die Klage bei der IEF-Service GmbH eingebracht, hat diese ohne gerichtlichen Auftrag innerhalb derselben Frist die Klagebeantwortung an das zuständige Gericht weiterzuleiten (§ 85 Abs 2 Z 2 ASGG). Danach ist die mündliche Streitverhandlung anzuberaumen. **14**

Werden gegen einen abweisenden Bescheid nacheinander zwei Klagen eingebracht, mit denen vorerst Insolvenz-Entgelt in einem bestimmten Ausmaß und sodann (im Rahmen des erlassenen Bescheids) weiteres Insolvenz-Entgelt begehrt wird, so ist die zweite Klage als zulässige Klagsausdehnung zu werten (OGH 8 ObS 39/95, ZIK 1996, 141). **15**

Der **Streitgegenstand** im gerichtlichen Sozialrechtsverfahren nach dem IESG und die Verwaltungssache im Verwaltungsverfahren nach dem IESG müssen bei sonstiger Unzulässigkeit des Rechtswegs identisch sein. Auch eine **Änderung der Klage** hinsichtlich des Ausmaßes der Versicherungsleistung ist **unzulässig,** dies selbst dann, wenn der Klagsgrund unverändert bleibt (RIS-Justiz RS0103949; OGH 8 ObS 1/96, DRdA 1996, 426, 428 = ZIK 1997, 33; 8 ObS 2112/96, RdW 1997, 32 = ZIK 1997, 69; 8 ObS 2153/96t, ZIK 1997, 109 = infas 1997 A 76 unter Ablehnung der älteren Rsp, zB OGH 9 ObS 28/93, DRdA 1994, 271 = wbl 1994, 201; vgl auch OGH 8 ObS 119/00h, Arb 12.039; 8 ObS 7/13g, ARD 6389/8/2014 = infas 2014 A 38; vgl *Gahleitner* in ZellKomm[3] § 10 IESG Rz 6). **16**

Ebenso ist eine qualitative Änderung des in der Forderungsanmeldung und im Antrag auf Insolvenz-Entgelt angegebenen Rechtsgrunds iSd anspruchsbegründenden Sachverhalts im sozialrechtlichen Verfahren nicht möglich (OGH 8 ObS 119/00h, Arb 12.039; 8 ObS 13/07f, ZIK 2008/58, 35). In diesem Sinne ist es zB unzulässig, die Berechnungsbasis für den einzelnen Abfertigungsanspruch auszudehnen, auch wenn sich der Abfertigungsanspruch insgesamt auf Grund der Reduzierung der Anzahl an Monatsentgelten nicht erhöht. Diesbezüglich müsste der den Anspruch begründende Sachverhalt erweitert werden, eine Sicherung ist nur nach Maßgabe des im Verwaltungsverfahren zu Grunde gelegten Bruttomonatsentgelts gegeben (OGH 8 ObS 248/00d, ASoK 2001, 229; vgl auch OGH 8 ObS 29/00y, infas 2001 A 10).

Wählt ein AN in Erwartung eines steuer- und beitragsrechtlichen Vorteils eine Rechtsgrundlage, die außerhalb des Bereichs der iSd § 1 Abs 2 IESG gesicherten Ansprüche liegt (zB „freiwillige Abgangsentschädigung"; vgl auch § 1 Rz 387), ist es ihm wegen der Bindung an den Rechtsgrund der Anmeldung im Insolvenzverfahren bzw der Antragstellung bei der IEF-Service GmbH verwehrt, im Verfahren vor dem ASG die „wahre Beschaffenheit" der Forderung (zB als Kündigungsentschädigung; allg § 1 Rz 279 ff) offenzulegen (OGH 8 ObS 113/98w, ZASB 1998, 46 = ARD 4965/21/98).

Eine unzulässige Klagsänderung liegt auch dann vor, wenn ein AN, der Außenstände aus zwei befristeten Arbeitsverhältnissen hat, im Verwaltungsverfahren seine Ansprüche auf das zweite Arbeitsverhältnis (laufendes Entgelt), im gerichtlichen Verfahren hingegen auf das erste Arbeitsverhältnis (Kündigungsentschädigung) stützt (OGH 8 ObS 18/11x). Ebenso ist eine qualitative Änderung darin zu sehen, dass der AN vor dem ASG die Ansprüche für bestimmte Monate als die letzten des „Arbeitsverhältnisses" einklagt, während er sie im Verfahren vor der Verwaltungsbehörde noch als Ansprüche geltend macht, die lange vor Ende des „letzten Arbeitsverhältnisses" liegen (OGH 8 ObS 16/07x, ZIK 2008/60, 35).

Wird die bei Gericht eingebrachte **Klage im Verhältnis zum Verwaltungsverfahren qualitativ oder quantitativ erweitert,** so liegt eine **von Amts wegen wahrzunehmende Unzulässigkeit des Rechtswegs** vor (zB OGH 8 ObS 113/98w, infas 1998 A 147; 8 ObS 12/05f, RdW 2005/718, 635; 8 ObS 18/11x). Derartige Änderungen müssen zuerst vor der IEF-Service GmbH geltend gemacht werden, die hierüber zu entscheiden hat. Eine Heilung der Unzulässigkeit kann nur dann erfolgen, wenn diese bis zum Schluss der Verhandlung erster Instanz bzw der Zurückweisung der Klage beseitigt wurde (OGH 8 ObS 12/03b, RdW 2004/275, 292 = ZIK 2004/139, 108; *Liebeg*, IESG³ § 10 Rz 12 f mwN).

Nach dem OLG Linz (11 Rs 5/16h) liegt eine Unzulässigkeit des Rechtswegs bei einem **eventualiter erhobenen Feststellungsbegehren** hinsichtlich eines Anspruchs auf Insolvenz-Entgelt für **Beiträge gem § 6 BMSVG** nach Maßgabe von § 13d iVm § 13a IESG (dazu § 13d Rz 1 ff, insb Rz 6) – welches nicht Inhalt des durch Klage bekämpften Bescheids war – nicht vor (zurückhaltender OGH 8 ObS 8/16h, DRdA 2017/59, 84 *[Mader]* = ARD 6534/10/2017, der den dienstbezüglichen Einwand der IEF-Service GmbH jedoch nicht mehr prüfen konnte).

17 Ist in einem Verfahren auf Insolvenz-Entgelt ua die **Versicherungspflicht,** die Versicherungsberechtigung, der Beginn bzw das Ende der Versicherung oder die maßgebliche Beitragsgrundlage **als Vorfrage strittig,** so ist das **gerichtliche Verfahren** bis zur rechtskräftigen Entscheidung des über diese Vorfrage als Hauptfrage abgehaltenen Verfahrens in Verwaltungssachen zu **unterbrechen,** dies einschließlich eines allenfalls anhängigen Verfahrens vor dem VwGH. Ist im Zeitpunkt der Unterbrechung des Verfahrens noch kein verwaltungsbehördliches Verfahren anhängig, hat das ASG die Einleitung des Verfahrens beim Versicherungsträger anzuregen. Der Versicherungsträger hat nach rechtskräftig abgehaltenem Verfahren das ASG unverzüglich von der Entscheidung zu verständigen (§ 74 Abs 1 ASGG).

Diese Regelungen können insb bei AN relevant sein, die nicht im Inland wohnhaft sind, aber täglich zB aus Grenzgebieten zur Arbeit nach Österreich pendeln, womit deren Versicherungspflicht nach ASVG strittig sein könnte (allg § 1 Rz 98 ff). In diesen Fällen ist das gerichtliche Verfahren auf Insolvenz-Entgelt bei entsprechendem Einwand der IEF-Service GmbH zu unterbrechen und das verwaltungsbehördliche Verfahren hinsichtlich der Versicherungspflicht abzuführen.

18 Seit der ASGG-Novelle 1994 BGBl 1994/624 **kommen** die in § 75 Abs 1 ASGG niedergelegten „**weiteren Verfahrensbesonderheiten**" in **Sozialrechtssachen** auf das IESG-Verfahren (vgl § 65 Abs 1 Z 7 ASGG) **nicht** mehr **zur Anwendung.** Der Grund hierfür liegt darin, dass die einschlägigen Rechtsstreitigkeiten im gegenständlichen Zusammenhang den Arbeitsrechtssachen gleichzuhalten sind (ErläutRV 1654 BlgNR 18. GP 26). Es sind daher auch die Bestimmungen über das **Ruhen des Verfahrens** infolge Nichterscheinens der Parteien (§ 170 ZPO) sowie über das **Urteil in Versäumnisfällen** (§§ 396–403 ZPO) anzuwenden. Ebenso auf das IESG-Verfahren anzuwenden sind – wie im Übrigen seit der Zivilverfahrens-Novelle 2002 BGBl I 2002/76 in sämtlichen sozialrechtlichen Streitigkeiten – die Bestimmungen über die gekürzte Urteilsausfertigung, den Protokollsvermerk und die Notwendigkeit der Anmeldung einer Berufung (§§ 417a, 459 letzter S, 461 Abs 2, 518 Abs 1 letzter S ZPO; vgl allg *Kuderna,* ASGG² 487 ff).

19 Anzumerken ist, dass in Verfahren auf Insolvenz-Entgelt **gerichtliche Vergleiche** und damit auch Anerkenntnisse zulässig sind (§ 75 Abs 3 ASGG). Im Falle des **Todes des Klägers** wird das Verfahren in jeder Lage unterbrochen. Gem § 76 ASGG greifen auch in IESG-Verfahren die allgemeinen Regelungen der §§ 155 ff ZPO ein, die auf die Erben abstellen.

20 Für das Beweisverfahren gilt prinzipiell der **Untersuchungsgrundsatz,** der das Gericht verpflichtet, über die Beweisanträge der Parteien hinaus die ihm notwendig scheinenden Beweise von Amts wegen anzuordnen (§ 87 Abs 1 ASGG; RIS-Justiz RS0109126; OGH 8 ObS 156/97t, SZ 70/214 = ARD

4924/13/98; gegenüber qualifiziert vertretenen Personen wird diese Pflicht durch das – weit auszulegende – Parteivorbringen begrenzt). Bemerkenswert ist die Bestimmung des § 87 Abs 3 ASGG, wonach ein Zugeständnis des Kl (also idR des AN) bei nicht qualifizierter Vertretung nicht bindend ist.

Die in § 6 IESG vorgesehene Aufforderung der IEF-Service GmbH an den AG (Insolvenzverwalter), eine bestimmte Erklärung über die Richtigkeit und Höhe des Nettoanspruchs des AN abzugeben, erfolgt durch das Gericht.

21   IdR wird ein Verfahren vor dem ASG durch ein Urteil beendet. Aus der Parteirolle der IEF-Service GmbH folgt die Rsp, dass Gerichte nicht nur Insolvenz-Entgelt „zuerkennen" können, sondern auch verpflichtet sind, einen **Exekutionstitel** zu schaffen. Der IEF-Service GmbH kommt nämlich im sozialgerichtlichen Verfahren die gesetzliche Prozessstandschaft zu, weil sie als gesetzlicher Vertreter des mit eigener Rechtspersönlichkeit ausgestatteten IEF tätig wird. Ein gegen die IEF-Service GmbH gerichteter verurteilender Leistungsbefehl ist daher unbedenklich (OGH 9 ObS 7/88, JBl 1989, 671 *[Fink]*; 9 ObS 36/88; 9 ObS 6/89, ZAS 1989/28, 205 *[Schima]* = DRdA 1990, 74; 9 ObS 5/89, wbl 1989, 377 = GesRZ 1989, 221; 8 ObS 295/00s, ZIK 2002/104, 72).

Als Besonderheit ist hervorzuheben, dass die IEF-Service GmbH auch zu Leistungen verurteilt werden kann, die erst nach Erlassung des Urteils fällig werden (§ 89 Abs 1 ASGG). Die Bestimmung über die Zuerkennung einer Leistung dem Grunde nach, die das Gebot zur vollständigen Sacherledigung lockert, erstreckt sich jedoch **nicht** auf Ansprüche nach dem IESG (§ 89 Abs 2 ASGG).

Urteile erster Instanz können sowohl von der IEF-Service GmbH als auch vom AN (bzw sonstigen Anspruchsberechtigten) innerhalb einer Frist von vier Wochen beim OLG mittels Berufung **angefochten** werden, wobei im Rechtsmittelverfahren – im Gegensatz zum Verfahren in Arbeitsrechtssachen (vgl § 63 ASGG) – strenges **Neuerungsverbot** herrscht (§ 482 ZPO). Gegen die Entscheidung des Berufungsgerichts steht bei Vorliegen entsprechender Voraussetzungen die **Revision** an den OGH zur Verfügung. Anzumerken ist, dass die Bestimmungen über den Ausschluss der aufschiebenden Wirkung von Revisionen der bekl Partei und damit zusammenhängend deren Verpflichtung zur vorläufigen Gewährung der vom OLG zugesprochenen Leistung beim Streit um das Insolvenz-Entgelt nicht zur Anwendung gelangen (§§ 90, 91 Abs 1 ASGG).

22   Im Hinblick auf den Grundsatz der sukzessiven Kompetenz sind die Gerichte erster Instanz verpflichtet, **Urteile** dem AG bzw dem Insolvenzverwalter **zuzustellen,** da sie gem § 10 IESG den § 7 Abs 4 IESG sinngemäß anzuwenden haben. Nach Maßgabe der technischen Möglichkeiten können die Bescheide bzw das Urteil auch telegrafisch, fernschriftlich, mit Telefax, im

Weg automationsunterstützter Datenübertragung oder in jeder anderen technisch möglichen Weise zugestellt werden. Während Bescheide der IEF-Service GmbH schon vor Eintritt der Rechtskraft zu übermitteln sind, ist bei Urteilen deren Rechtskraft abzuwarten. Dies ergibt sich aus dem dritten S des § 11 Abs 1 IESG, der von der Zustellung des rechtskräftigen Urteils spricht, das bei bestrittenen Ansprüchen den Eintritt der Legalzession bewirkt. Da der Forderungsübergang nur bei zusprechenden rechtskräftigen Urteilen überhaupt aktuell wird, lässt sich der Schluss ziehen, dass nur derartige Urteile von den Gerichten erster Instanz iSd § 7 Abs 4 IESG zuzustellen sind.

Was letztendlich die **Verfahrenskosten** anlangt, so hat die IEF-Service GmbH die ihr durch das Verfahren entstandenen Kosten nach § 77 Abs 1 Z 1 ASGG grundsätzlich ohne Rücksicht auf den Verfahrensausgang selbst zu tragen (vgl OLG Graz 6 Rs 72/15b). Dies gilt insb auch für den Ersatz von Zeugen-, Dolmetsch- und Sachverständigengebühren (vgl auch *Gahleitner* in ZellKomm[3] § 10 IESG Rz 3). Lediglich dann, wenn der AN (bzw sonstige Anspruchsberechtigte) der IEF-Service GmbH durch Mutwillen, Verschleppung oder Irreführung Verfahrenskosten verursacht, hat er diese Kosten gem § 77 Abs 3 ASGG nach Billigkeit zu ersetzen. **23**

Dem **AN** gebührt gegenüber der IEF-Service GmbH ein Anspruch auf Ersatz seiner zweckentsprechenden und notwendigen **Verfahrenskosten nach dem Wert des Ersiegten.** Der Ersatzanspruch des Versicherten ist zwar erfolgsabhängig, weicht jedoch insofern vom Kostenrecht der ZPO ab, als eine Kostenteilung (Quotenkompensation) iSd § 43 ZPO ausgeschlossen ist (§ 77 Abs 1 Z 2 lit a ASGG; *Obermaier*, Kostenhandbuch[2] Rz 408).

Unterliegt der **AN** (bzw sonstige Anspruchsberechtigte) **zur Gänze,** so gebührt ihm ein **Kostenersatz nur nach Billigkeit.** Dabei ist besonders auf die tatsächlichen oder rechtlichen Schwierigkeiten des Verfahrens sowie auf die Einkommens- und Vermögensverhältnisse des AN Bedacht zu nehmen (§ 77 Abs 1 Z 2 lit b ASGG). Billigkeitsgründe für einen Kostenzuspruch sind zu bescheinigen oder haben aus der Aktenlage erkennbar zu sein (OGH 8 ObS 2049/96y, ASoK 1997, 29). Ein Kostenersatz wurde zB bei einer **Notstandshilfe** beziehenden AN bei Vorliegen lediglich einer widersprüchlichen, teilweise den Standpunkt der AN stützenden Rsp des VwGH zugesprochen (OGH 9 ObS 4/91, SZ 64/54). Ebenso entspricht es der Billigkeit, dem unterlegenen AN die Hälfte der Kosten seines Vertreters zuzusprechen, wenn die Entscheidung von der Lösung einer **Rechtsfrage von erheblicher Bedeutung iSd § 502 Abs 1 ZPO** abhängig ist (OGH 8 ObS 153/00h, DRdA 2000, 536; vgl aber auch OGH 8 ObS 39/02x, ARD 5391/4/2003; 8 ObS 69/00f, ZIK 2000/230, 178). Dem AN sind zudem die Kosten für die **Säumnisklage** dann zuzusprechen, wenn die IEF-Service GmbH mit der Bescheiderlassung säumig ist (OLG Wien 9 Rs 77/97b; *Liebeg*, IESG[3] § 10 Rz 34).

Problematisch ist, dass § 93 ASGG nach der Rsp des VwGH (VwGH 97/17/0439, ÖStZB 1999, 122; 2003/17/0239, ÖStZB 2004, 652) im Verfahren gegen die IEF-Service GmbH nicht gelten soll. Nach § 93 Abs 1 ASGG sind die bei den ordentlichen Gerichten im Rahmen ihrer Tätigkeit im Verfahren in Sozialrechtssachen erwachsenden Kosten, in denen ein „Träger der SV" Partei ist, von diesen zu tragen. Diese Kosten umfassen die den Zeugen, Sachverständigen und Parteien sowie den fachkundigen Laienrichtern zu ersetzenden Gebühren bzw Entschädigungen. Schon die damaligen Gesetzesmaterialien (ErläutRV 7 BlgNR 16. GP 64 f) verweisen darauf, dass der in § 93 ASGG verwendete Begriff der „Träger der SV" – im Gegensatz zum in § 77 ASGG verwendeten Begriff der „Versicherungsträger" – eng auszulegen sei und zB Arbeitsämter nicht umfassen sollte. Ausdrücklich wird festgehalten, dass dies dazu führt, dass die in Rechtsstreitigkeiten nach dem nunmehrigen § 65 Abs 1 Z 6 und 7 ASGG, also auch im Verfahren auf Insolvenz-Entgelt, entstandenen Kosten nicht unter § 93 ASGG fallen.

Diese Differenzierung zwischen Verfahren gegen die IEF-Service GmbH und jenen gegen die restlichen Sozialversicherungsträger (GKK, PVA) erscheint weder nachvollziehbar noch sachlich begründbar.

Nach § 80 ASGG sind im gerichtlichen Sozialrechtsverfahren **keine Gerichts-, Justizverwaltungs- und Stempelgebühren** zu entrichten (zum verwaltungsbehördlichen Verfahren vgl § 15 IESG Rz 1).

24 Umfasst eine **Rechtsschutzversicherung** den **Arbeits- und Sozialrechtsschutz,** so ist Rechtsschutz auch für eine Klage gegen einen Bescheid der IEF-Service GmbH zu gewähren (vgl OGH 7 Ob 243/98f, ZIK 1999, 180).

§ 11 IESG

Übergang der Ansprüche

§ 11. (1) Die diesem Bundesgesetz unterliegenden gesicherten Ansprüche gegen den Arbeitgeber (gegen die Insolvenzmasse) gehen, soweit sie nicht bestritten sind, auf den Insolvenz-Entgelt-Fonds mit der Antragstellung (§ 6 Abs. 1), sind die gesicherten Ansprüche nach § 1 Abs. 5 anzumelden, mit dieser Anmeldung über. Bestrittene Ansprüche gehen mit der Zahlung zuerkannten Insolvenz-Entgeltes auf den Insolvenz-Entgelt-Fonds über. Mit dem Forderungsübergang gehen auch sämtliche vertragliche Rechte des Anspruchsberechtigten gegenüber Dritten hinsichtlich der gesicherten Ansprüche unter Bedachtnahme auf Abs. 3 über, soweit für sie Insolvenz-Entgelt gewährt wurde. Mit dem Übergang ist unbeschadet § 47 Abs. 2 IO keine Änderung des Rechtsgrundes, des Ranges oder der Bevorrechtung der Forderung verbunden. Die gleichen Rechtsfolgen treten mit der Zustellung des rechtskräftigen Urteils (§ 10) ein.

(2) Im Falle eines Widerrufes (§ 9 Abs. 1) tritt der Forderungsübergang in der Höhe des Widerrufungsbetrages außer Kraft. Zahlungen, die der Arbeitgeber (der zuständige Verwalter) bis zur Zustellung dieses Bescheides (§ 9 Abs. 2) an den Insolvenz-Entgelt-Fonds geleistet hat, wirken schuldbefreiend; diese Zahlungen sind einem Rückzahlungspflichtigen anzurechnen.

(3) Ist jedoch der Anspruch nach Abs. 1 auf den Insolvenz-Entgelt-Fonds übergegangen, so ist ein Zugriff auf künftiges Vermögen, das der Arbeitgeber nach der Aufhebung des Insolvenzverfahrens erworben hat, insoweit ausgeschlossen. Das gleiche gilt sinngemäß in den im § 1 Abs. 1 Z 1 bis 6 angeführten Fällen, jedoch nicht, wenn die nach dem Sanierungsplan, Zahlungsplan oder Abschöpfungsverfahren dem Insolvenz-Entgelt-Fonds zustehenden Zahlungen (Quotenzahlungen, Abschöpfungserträge), einschließlich solcher allenfalls noch aushaftender Masseforderungen, noch nicht erfolgt sind. Wird der Arbeitgeber bzw. dessen Organ im Zusammenhang mit der Insolvenz nach § 1 allerdings wegen schweren Betruges (§ 147 StGB), wegen gewerbsmäßigen Betruges (§ 148 StGB), wegen Vorenthaltens von Dienstnehmerbeiträgen zur Sozialversicherung (§ 153c StGB), wegen betrügerischen Vorenthaltens von Sozialversicherungsbeiträgen und Zuschlägen nach dem Bauarbeiter-Urlaubs- und Abfertigungsgesetz (§ 153d StGB), wegen organisierter Schwarzarbeit (§ 153e StGB), wegen Sachwuchers (§ 155 StGB), wegen betrügerischer Krida (§ 156 StGB), wegen Schädigung fremder Gläubiger (§ 157 StGB) oder wegen Begünstigung eines Gläubigers (§ 158 StGB) verurteilt, so ist der Insolvenz-Entgelt-Fonds berechtigt, zur Hereinbringung der auf ihn übergegangenen und nicht hereingebrachten Forderungen auf das Vermögen des Verurteilten zu greifen.

(§ 11 IESG neugefasst durch BGBl 1983/613, idF BGBl I 2011/24)

§ 11 IESG

Schrifttum zu § 11 IESG

W. Anzenberger, Arbeitnehmeransprüche bei Insolvenz. Legalzession und Stimmrecht, ASoK 1999, 288;

Binder, Zur Subsidiarität des Insolvenz-Ausfallgeldfonds bei Erwerberinsolvenz, DRdA 2005/1, 37 (EAnm);

Holler, Neuerungen im Bereich der Entgeltsicherung bei Insolvenz, ZAS 1987, 147;

Konecny, Forderungsveränderungen nach Forderungsfeststellung im Konkurs, FS Koziol (2010) 1201;

Liebeg, Die Änderung der Rechtsstellung der Arbeitnehmer in Insolvenzverfahren und des IESG durch das IRÄG 1994, wbl 1994, 141;

Mohr, Der Sanierungsplan, in *Konecny* (Hrsg), IRÄG 2010 (2010) 117;

Mohr, Sanierungsplan und Sanierungsverfahren (2010);

Nunner-Krautgasser, Zession und Stimmrecht im Zwangsausgleichsverfahren, ZIK 2003, 146;

Nunner-Krautgasser, Das Ausmaß des Stimmrechts der Zessionare im Zwangsausgleich ZIK 2003, 192;

Pirklbauer, Insolvenz-Entgelt – Verfahrensablauf, in *Schnetzinger/Hilber* (Hrsg), Personalverrechnung in der Insolvenz[2] (2014) 63;

Rechberger/Frauenberger, Zur Kopfmehrheit des Insolvenz-Ausfallgeld-Fonds, ZIK 1995, 11;

Resch, Der Zeitpunkt des Forderungsübergangs bei einer Legalzession gemäß § 332 ASVG, JBl 2002, 341;

Thumfart, Lohnverrechnung Grundlagen, in *Schnetzinger/Hilber* (Hrsg), Personalverrechnung in der Insolvenz[2] (2014) 116;

Weber-Wilfert, Legalzession und bedingte Arbeitnehmerforderung, ZIK 2016/283, 212.

Übersicht zu § 11 IESG

1. **Forderungsübergang durch Legalzession** .... Rz 1
   1.1 Nicht bestrittene Forderungen............ Rz 2
      1.1.1 Forderungen, die im Insolvenzverfahren nicht anzumelden sind .... Rz 3–5
      1.1.2 Forderungen, die im Insolvenzverfahren anzumelden sind .... Rz 6–11
   1.2 Bestrittene Forderungen .... Rz 12–14
   1.3 Gesicherte Ansprüche............ Rz 15–17
2. **Legalzession gem § 11 IESG und Insolvenzverfahren**
   2.1 Eintragung im Anmeldungsverzeichnis............ Rz 18–22
   2.2 Stimmrecht .... Rz 23–27
   2.3 Bedingte Forderung im Insolvenzverfahren............ Rz 28–34
3. **Legalzession und schuldbefreiende Zahlung**............ Rz 35–37
4. **Umfang des Forderungsübergangs**............ Rz 38–44
5. **Rückgriff auf Neuvermögen**
   5.1 Einschränkungen des Rückgriffs............ Rz 45–47
   5.2 Wegfall der Rückgriffseinschränkungen............ Rz 48

1. Forderungsübergang durch Legalzession

Gem § 11 IESG gehen gesicherte Arbeitnehmerforderungen, soweit sie nicht bestritten sind (Rz 2 ff), mit der Antragstellung oder, wenn sie im gerichtlichen Insolvenzverfahren anzumelden sind, mit dieser Anmeldung auf den IEF über. Bei bestrittenen Forderungen hingegen kommt es erst mit der Zahlung des zuerkannten Insolvenz-Entgelts zum Forderungsübergang (Rz 12 ff).

Nach § 11 Abs 1 IESG gehen die erfassten Arbeitnehmerforderungen **kraft G auf den IEF über.** Für diese **Legalzession** bedarf es keiner besonderen Abtretung oder Erklärung des IEF. Durch den Forderungsübergang rückt der IEF in die Rechtsstellung des AN. § 11 IESG begründet den Anspruch des IEF auf übergegangene **Masseforderungen** und die im Insolvenzverfahren ausgeschüttete **Quote** (zur Mittelaufbringung vgl § 12 Abs 1 Z 1 IESG; dazu § 12 Rz 1 ff). Der IEF kann auch die entsprechenden Maßnahmen zur **Durchsetzung** übergegangener Forderungen treffen. Mit dem Forderungsübergang geht auch die Ausübung des **Stimmrechts** (Rz 23 ff) im Insolvenzverfahren auf den IEF über. Wird ein **Bescheid nach § 9 IESG widerrufen,** tritt die Legalzession im Umfang des Widerrufs außer Kraft. Nach der Stammfassung des IESG BGBl 1977/324 gingen gesicherte Ansprüche mit Zustellung des Bescheids oder der Mitteilung über die Vorschussgewährung in Höhe des zuerkannten IAG (nunmehr: Insolvenz-Entgelt) über. Mit der Novelle BGBl 1983/613 (zum Inkrafttreten § 18 Rz 6) wurde der Forderungsübergang auf den Zeitpunkt des Antrags bzw der gerichtlichen Anmeldung vorverlegt, allerdings vorbehaltlich einer späteren Zuerkennung. Intention dieser Novelle war, den Forderungsübergang zu einem möglichst frühen Zeitpunkt eintreten zu lassen, damit der IEF für jene Forderungen, die er letztlich wirtschaftlich zu tragen hat, das Stimmrecht ausüben und somit im Insolvenzverfahren mitwirken kann. Die aufschiebende Bedingung der Zuerkennung erzeugte einen Schwebezustand und in weiterer Folge zahlreiche Unklarheiten. Mit der Novelle BGBl 1986/395 (zum Inkrafttreten § 18 Rz 8) wurde der Vorbehalt der späteren Zuerkennung für nicht bestrittene Forderungen beseitigt und die heute gültige Regelung geschaffen. Dadurch wurde § 11 IESG allerdings nur teilweise transparenter (vgl *Holler*, ZAS 1987, 153; *W. Anzenberger*, ASoK 1999, 288; *Liebeg*, IESG[3] § 11 Rz 1 ff).

Es wurden auch neue Fragen aufgeworfen (zB Rz 11, 20 f), die zeigen, dass die Konstruktion dieser Legalzession mit der IO nicht immer einfach in Einklang zu bringen ist. Die insolvenzrechtliche Sonderstellung der AN (Vorrechte bei der Befriedigung) wurde parallel zur Entwicklung der IESG-Sicherung eingeschränkt. Der Ex-lege-Forderungsübergang bedeutet grundsätzlich einen Vorteil für die anderen Quotengläubiger und die Verfahrensökonomie. Es erscheint bei Zweifelsfragen, die aus diesem Forderungsübergang resultieren, durchaus sachlich gerechtfertigt, formale (insolvenzverfahrensrechtliche) Anforderungen nicht zu überspannen und praktikable, ökonomische Lösungen zu ermöglichen.

Die Konstruktion der Legalzession ist mit **ausländischen Insolvenzverfahrensregeln** oft nur schwer in Einklang zu bringen, da andere Systeme der Sicherung und Anmeldung von Arbeitnehmerforderungen oft einer anderen Logik folgen.

1.1 Nicht bestrittene Forderungen

2   Nur Forderungen, die nicht bestritten sind, gehen durch die Legalzession auf den IEF über, ohne dass der Bescheid abzuwarten ist. Hinsichtlich des Zeitpunkts des Forderungsübergangs differenziert das IESG zwischen Forderungen, die im Insolvenzverfahren anzumelden sind (Rz 6 ff), und solchen, bei denen eine Anmeldung nicht vorgesehen ist (Rz 3 ff).

1.1.1 Forderungen, die im Insolvenzverfahren nicht anzumelden sind

3   Forderungen, deren Anmeldung auf Grund insolvenzrechtlicher Normen nicht vorgesehen ist, gehen, wenn sie nicht bestritten sind, **mit der Antragstellung** auf den IEF über. Dies betrifft Masseforderungen sowie sämtliche Forderungen bei Vorliegen der übrigen in § 1 Abs 1 IESG aufgezählten Tatbestände, bei denen kein Insolvenzverfahren eröffnet wird.

4   Im IESG-Verfahren ist vorgesehen, dass bei den sonstigen Insolvenztatbeständen (dh ohne Insolvenzverfahren) der **AG** eine **Erklärung über Richtigkeit und Höhe des Nettoanspruchs** (§ 6 Abs 4 IESG) abzugeben hat. Erst wenn der IEF-Service GmbH diese Erklärung vorliegt, steht fest, ob die Forderung bestritten wurde oder nicht, sodass der Forderungsübergang nicht automatisch mit dem Antrag eintreten kann. Die Legalzession ist durch diese Erklärung **aufschiebend bedingt** (OGH 8 ObS 412/97i, wbl 1998/272 = infas 1998 A 123). Die Zuerkennung ist nach dem klaren Wortlaut des G nicht maßgebliches Kriterium für den Bedingungseintritt. Der Forderungsübergang tritt **rückwirkend mit dem Zeitpunkt der Antragstellung** ein, wenn die Forderung nicht bestritten wurde.

5   Wenn die Frist zur Äußerung gem § 6 Abs 4 IESG ungenutzt verstrichen ist, ist die Forderung als unbestritten zu qualifizieren (OGH 8 ObS 412/97i, wbl 1998/272 = infas 1998 A 123). Die positive Stellungnahme im Rahmen der Erklärung gem § 6 Abs 4 IESG (schon gar nicht ein bloßes Nicht-Bestreiten) entfaltet keine Bindungswirkung für die Entscheidung gem IESG (zur Bindungswirkung vgl § 7 Rz 6 ff). Wird letztlich – trotz fehlender Bestreitung – doch ein ablehnender Bescheid erlassen, fällt auch die Legalzession weg.

Bei nicht anzumeldenden Forderungen geht es für den IEF um die Absicherung des Rückgriffs (insb für Masseforderungen; zu Rückgriffsbeschränkungen Rz 45 ff) und um die Frage, an wen schuldbefreiend geleistet werden kann (Rz 35 ff).

1.1.2 Forderungen, die im Insolvenzverfahren anzumelden sind

Forderungen, die im Insolvenzverfahren anzumelden sind und nicht bestritten werden, gehen **mit der Anmeldung bei Gericht** auf den IEF über. Im Zeitpunkt der gerichtlichen Anmeldung steht natürlich noch nicht fest, ob die Forderungen unbestritten sind. Nach den Bestimmungen der IO erfolgt die **insolvenzrechtliche Feststellung** der Forderungen frühestens in der Prüfungstagsatzung. Im Insolvenzverfahren gelten die angemeldeten Insolvenzforderungen als festgestellt, wenn ihre Richtigkeit und Rangordnung vom Verwalter in der **Prüfungstagsatzung** anerkannt wird (§ 105 Abs 2 IO), keine Bestreitung von Insolvenzgläubigern vorliegt (§ 109 Abs 1 IO) und das Prüfungsergebnis im Anmeldungsverzeichnis eingetragen ist (*Konecny* in *Konecny/Schubert* § 109 KO Rz 2). Eine Bestreitung durch den Schuldner hat im Insolvenzverfahren keine rechtliche Wirkung. 6

Eine sinnvolle Auslegung des § 11 IESG im Hinblick auf die IO gebietet, die Legalzession erst bei **Fehlen einer Bestreitung rückwirkend** zum Anmeldungszeitpunkt eintreten zu lassen. Die Legalzession ist im Hinblick auf die insolvenzrechtliche Feststellung **aufschiebend bedingt.** Bis zum (wenn auch rückwirkenden) Eintritt der Bedingung bleibt der AN Forderungsinhaber; er kann über die Forderung auch durch Einschränkung oder Rückziehung verfügen. 7

Insolvenzrechtlich festgestellte (anerkannte) Forderungen sind bei der **Quotenausschüttung** zu berücksichtigen. Solange und in dem Ausmaß, in dem die Legalzession besteht, sind die Quoten an den IEF zu zahlen (zur schuldbefreienden Zahlung Rz 35 ff). Seit dem IRÄG 1994 BGBl 1994/153 besteht keine Bindung an die „gewöhnliche" insolvenzrechtliche Feststellung (vgl § 7 Rz 7). Dies kann zum Ergebnis führen, dass eine Forderung des AN, weil unbestritten, auf den IEF übergeht, aber dennoch Insolvenz-Entgelt nicht zuerkannt wird, wodurch der Forderungsübergang wieder beseitigt wird. 8

Gläubiger, deren Forderungen festgestellt sind, haben jedenfalls ein **Stimmrecht** (§§ 93, 143 IO). Im Umfang des Forderungsübergangs ist auch der Teilnahmeanspruch am Insolvenzverfahren hinsichtlich der Arbeitnehmerforderung auf den IEF übergegangen (Rz 22). 9

Der Wortlaut des § 11 IESG („nicht bestritten") nimmt nicht Bezug auf die insolvenzrechtliche Feststellung. Eine Forderung ist auch dann „nicht bestritten", wenn der Verwalter die Forderung im Rahmen der Erklärung nach 10

§ 6 Abs 5 IESG anerkennt. Diese Erklärung kann auch schon vor der Prüfungstagsatzung abgegeben werden. Diese Erklärung kann allerdings nur Bedeutung für das IESG-Verwaltungsverfahren haben. Soweit der Forderungsübergang im Insolvenzverfahren Wirkungen entfalten soll, kann dies mE erst durch die Erklärung in der Prüfungstagsatzung ausgelöst werden.

11 Der IESG-Antrag muss zwar innerhalb der Antragsfrist gem IESG, aber nicht unbedingt in zeitlicher Nähe zur gerichtlichen Anmeldung eingebracht werden. Im Zeitpunkt der gerichtlichen Anmeldung liegt nicht zwingend ein Antrag vor, der die Anwendung des § 11 IESG auslösen könnte. Die Frage, ob ein Antrag auf Insolvenz-Entgelt eingebracht wurde, bleibt auch im weiteren Zeitablauf noch unklar. Wenn im Zeitpunkt der Nicht-Bestreitung die Forderung zwar bei Gericht angemeldet, aber der **IESG-Antrag (noch) nicht gestellt** ist, stellt sich die Frage, ob es auch ohne Antrag zum Forderungsübergang kommt (so *W. Anzenberger*, ASoK 1999, 288, der aber betont, dass dieses Ergebnis rechtspolitisch keinesfalls zu rechtfertigen ist) oder ob dieser Wertungswiderspruch dadurch zu lösen ist, dass man die Antragstellung als weitere Voraussetzung für den Forderungsübergang annimmt (*Liebeg*, IESG³ § 11 Rz 8).

Die Anmeldung im Insolvenzverfahren ist eine formale Voraussetzung für den Antrag (§ 6 Abs 2 IESG) und für die positive Erledigung (§ 1 Abs 5 IESG). Das IESG setzt somit ein Zusammenspiel von Antrag und gerichtlicher Anmeldung voraus. Das IESG räumt dem AN eine Antragsfrist von sechs Monaten ein; nach § 107 IO können Forderungsanmeldungen auch nach der Anmeldefrist, nach der allgemeinen Prüfungstagsatzung, eingebracht werden. In diesem Rahmen ist im IESG keine Prüfung der Gründe für die späte Verfolgung der arbeitsrechtlichen Ansprüche vorgesehen. Erst wenn die Antragsfrist versäumt wird oder die gerichtliche Anmeldung (auch bei offener Antragsfrist) nicht mehr möglich ist, hat die IEF-Service GmbH das Vorliegen von Nachsichtsgründen zu prüfen (vgl § 6 Rz 8 ff). Der Gesetzgeber hat also offenbar in Kauf genommen, dass der IEF in manchen Fällen erst verspätet am Insolvenzverfahren teilnehmen (und das Stimmrecht ausüben) kann. Der AN ist auch nicht gezwungen, gegen eine Bestreitung im Rahmen von § 110 IO zu klagen, sondern kann den Bescheid abwarten. Daraus kann sich, weit nach Aufhebung des Insolvenzverfahrens, eine Zahlungspflicht des IEF ergeben, obwohl er niemals am Insolvenzverfahren teilnehmen konnte und die bestrittene Forderung auch bei der Quotenausschüttung nicht berücksichtigt wird. Primärer Zweck des IESG ist die Sicherung von Arbeitnehmeransprüchen. Die vom G geforderten Beiträge des AN zur Mittelaufbringung beschränken sich auf die Einhaltung bestimmter Formvorschriften (Antragsfrist, gerichtliche Anmeldung), deren Verletzung den Verlust der Sicherung zur Folge haben kann. All das spricht mE dafür, dass ein Forderungsübergang nur dann eintritt, wenn die **gerichtliche Anmeldung** (soweit insolvenzrechtlich vorgesehen) erfolgt ist, die Forderungen **nicht bestritten** wurden und ein **Antrag gem IESG gestellt** wurde (vgl auch Rz 20 f).

1.2 Bestrittene Forderungen

Bestrittene Forderungen gehen mit der Zahlung des zuerkannten Insolvenz-Entgelts auf den IEF über. Bis zu diesem Zeitpunkt, also dem Eintritt der aufschiebenden Bedingung, bleibt der AN hinsichtlich seiner Forderung klagslegitimiert (vgl OLG Wien 10 Ra 48/97w, ARD 4856/37/97). 12

Wurde eine **Forderung, die angemeldet werden kann,** im Insolvenzverfahren bestritten, so kann die IEF-Service GmbH entweder das Verfahren aussetzen und das Ergebnis des Prüfungsprozesses (sofern der AN eine Klage gem § 110 IO eingebracht hat) abwarten oder die Rechtslage nach eigener Anschauung beurteilen (zur Bindungswirkung vgl § 7 Rz 6 ff). Bei **Forderungen, die nicht im Insolvenzverfahren anzumelden** sind und nicht anerkannt wurden, bleibt der AN ebenfalls klagslegitimiert. Allerdings sind die Prozesskosten, die der AN aufwenden musste, nur dann gesichert, wenn sie ex ante unter Anlegung eines objektiven Maßstabs im Einzelfall als zweckmäßig erkannt werden (vgl ua OGH 8 ObS 412/97i, wbl 1998/272 = infas 1998 A 123; 8 ObS 36/01d, ZIK 2002/88, 65). 13

In keinem Fall verpflichtet das IESG den AN, Prozesse gegen den Verwalter (§ 110 IO) bzw – bei den sonstigen Tatbeständen – gegen den AG zu führen. AN können auch die Entscheidung im Verwaltungsverfahren abwarten und die IEF-Service GmbH hat das Bestehen des arbeitsrechtlichen Anspruchs als Vorfrage zu prüfen. Gegen diesen Bescheid gibt es dann die Möglichkeit der Klage (§ 10 IESG iVm § 65 Abs 1 Z 7 ASGG).

Entscheidet die IEF-Service GmbH **mit positivem Bescheid,** so geht der Anspruch mit Zahlung des Insolvenz-Entgelts auf den Fonds über. 14

Erlässt die IEF-Service GmbH einen **negativen Bescheid,** der in weiterer Folge auf Grund einer Klage vor dem ASG **durch ein stattgebendes Urteil ersetzt** wird, so tritt die Legalzession mit Zustellung des rechtskräftigen Urteils ein.

1.3 Gesicherte Ansprüche

Der Forderungsübergang betrifft die „diesem BG unterliegenden **gesicherten Ansprüche gegen den AG** (gegen die Insolvenzmasse)". Nur wenn dem AN Leistungen gewährt werden, die ihm arbeitsrechtlich gegen den AG nicht zustehen, kommt es zu keiner Legalzession (OGH 8 ObA 59/05t, RdW 2006/483, 520 = ZIK 2006/68, 59). So kann hinsichtlich der gem § 1a IESG gesicherten Ansprüche (Insolvenz-Entgelt für Abfertigung wegen Verschlechterung der Wirtschaftslage und bei überschuldetem Nachlass) eine Legalzession nicht eintreten (vgl § 1a Abs 4 Z 4 IESG). 15

§ 11 IESG

16 § 1 Abs 2 IESG nennt die **gesicherten Ansprüche**. Doch auch wenn die positiven Voraussetzungen erfüllt sind, stehen diese grundsätzlich gesicherten Ansprüche nur dann zu, wenn kein Ausschlussgrund (§ 1 Abs 3 IESG) vorliegt, der gesicherte Grenzbetrag (§ 1 Abs 4 IESG) nicht überschritten wird, der AN nicht zum ausgeschlossenen Personenkreis (§ 1 Abs 6 IESG) gehört und auch kein sonstiger Ausschlusstatbestand (zB Rechtsmissbrauch, Sittenwidrigkeit, Eigenkapitalersatz) vorliegt. Nach § 105 Abs 3 IO hat der Verwalter eine Erklärung über Richtigkeit und Rangordnung der angemeldeten Forderung abzugeben. Ohne auf die in der insolvenzrechtlichen Lehre diskutierte Rechtsnatur der **Prüfungserklärung** (vgl *Konecny* in *Konecny/Schubert* § 105 KO Rz 17, § 109 KO Rz 3) näher einzugehen, ist der Verwalter an diese Erklärung gebunden. Das Anerkenntnis legt Bestand und Höhe arbeitsrechtlich (bei Bestreitung durch den Schuldner jedenfalls im Rahmen des Insolvenzverfahrens) fest, trifft aber keine Aussage über die IESG-Sicherung. So können Forderungen arbeitsrechtlich zustehen, aber „im Lichte des IESG" rechtsmissbräuchlich sein. IZm der Bindungswirkung vertritt der OGH (8 ObS 127/97b, DRdA 1999/15, 124 *[Eypeltauer]* = ZIK 1998, 106) die Meinung, dass die Verantwortlichkeit des Verwalters nicht überfordert werden darf, indem man ihm eine Verantwortung hinsichtlich der von ihm nicht geprüften Umstände aufbürdet. Die IEF-Service GmbH ist in der Prüfung der Ausschlussgründe iSd IESG selbst dann frei, wenn ein streitiges Urteil vorliegt (zur Bindungswirkung vgl § 7 Rz 6 ff).

17 Ob bzw in welcher Höhe eine Forderung als Insolvenz-Entgelt gesichert ist, kann nur im IESG-Verfahren (allenfalls im Verfahren nach § 65 Abs 1 Z 7 ASGG) entschieden werden. Durch die Vorverlegung des Übergangszeitpunkts durch BGBl 1983/613 iVm dem Umstand, dass die Zuerkennung von Insolvenz-Entgelt seit der Novelle BGBl 1986/395 nicht mehr Bedingung für den Forderungsübergang von nicht bestrittenen Forderungen ist (dazu auch Rz 1), wurde als neue Frage aufgeworfen, welche „gesicherten" Forderungen übergehen bzw wie mit diesem Problem insolvenzverfahrensrechtlich umzugehen ist (Rz 21).

Außerhalb des Insolvenzverfahrens, also bei den sonstigen Insolvenztatbeständen, hat diese theoretische Frage Bedeutung für die schuldbefreiende Wirkung allfälliger Zahlungen auf nicht bestrittene Ansprüche.

2. Legalzession gem § 11 IESG und Insolvenzverfahren

2.1 Eintragung im Anmeldungsverzeichnis

18 Die Anmeldung von Forderungen erfolgt durch Einbringung bei Gericht. Eine Ausfertigung wird an den Verwalter übermittelt, der die Forderungen in ein Verzeichnis einträgt (§ 104 Abs 6 IO). Das **Anmeldungsverzeichnis**

dient der Beurkundung von Parteihandlungen und wird mit der Prüfungstagsatzung Bestandteil des Protokolls (§ 108 Abs 2 IO). Gegen unrichtige Eintragungen kann stets der Beweis der Unrichtigkeit erbracht und die Richtigstellung beantragt werden. Auch ein Widerspruch nach § 212 ZPO ist denkbar, allerdings im Detail für die iZm § 11 IESG aufgeworfenen Fragen wohl nicht praktikabel. Ab der Prüfungstagsatzung zählt nur mehr das gerichtliche Anmeldungsverzeichnis; nur dieses ist rechtlich relevant für das Stimmrecht und die Verteilung. Grundsätzlich kommen nur solche Forderungen ins gerichtliche Anmeldungsverzeichnis, die nach insolvenzrechtlichen Regeln eingebracht (§ 104 IO) und geprüft wurden (*Konecny*, FS Koziol 1203).

Im Anmeldungsverzeichnis ist nicht nur das Ergebnis der Prüfungstagsatzung einzutragen, es sind auch sonstige nachträgliche Änderungen zu berücksichtigen (vgl *Konecny* in *Konecny/Schubert* § 108 KO Rz 3). Ein **nachträglicher Gläubigerwechsel** ist daher ins Anmeldungsverzeichnis einzutragen. Ein Forderungsübergang berührt im Mehrparteienverfahren Insolvenz die Rechtsposition verschiedener Beteiligter. Der OGH (8 Ob 153/03p, RdW 2004/415, 467 = ZIK 2004/165, 131) folgt daher grundsätzlich einer strengen Sichtweise. Allerdings beurteilt er die Legalzession nach § 11 IESG als unproblematischen Fall der Rechtsnachfolge, in dem die bloße **Anmerkung des Forderungsüberganges im Anmeldungsverzeichnis** (ohne Neuanmeldung oder zusätzliches Prüfverfahren) ausreicht. Der Forderungsübergang nach § 11 IESG soll ex lege eintreten, wenn die Voraussetzungen vorliegen. Die wesentliche Voraussetzung, dass nicht bestritten wird, wird in der Prüfungstagsatzung festgestellt. Die Legalzession gem § 11 leg cit knüpft logisch an die Prüfungstagsatzung an, sodass der **Forderungsübergang** gem § 11 IESG **in der Prüfungstagsatzung im Anmeldungsverzeichnis anzumerken** ist (und zwar mE ohne zusätzliche Erklärung des IEF) und somit der Forderungsübergang zum Inhalt des gerichtlichen Anmeldungsverzeichnisses wird. Die häufige Praxis, den Forderungsübergang (auch bei anerkannten Forderungen) erst mit Zustellung des Bescheides im Anmeldungsverzeichnis einzutragen, erscheint nicht vom IESG gedeckt.

19

Davon ausgehend, dass die Antragstellung eine Voraussetzung für den Forderungsübergang ist (vgl Rz 11) und der Forderungsübergang ohne zusätzliche Erklärung im Anmeldungsverzeichnis einzutragen ist, stellt sich die Frage, ob bzw wodurch der Verwalter **von der Antragstellung nach IESG Kenntnis** erlangt. Es gibt keine Bestimmung, die den AN verpflichtet, einen Antrag auf Insolvenz-Entgelt einzubringen oder über die Einbringung zu informieren. Der AN hat auch die Möglichkeit, mit der Antragstellung (sechs Monate ab Eröffnung) zuzuwarten. Für den Verwalter ist die Antragstellung erst eindeutig, wenn die Aufforderung zur Stellungnahme gem § 6 Abs 5 IESG einlangt. Der Forderungsübergang nach § 11 leg cit knüpft aber weder an diese Erklärung noch an eine „konkrete Kenntnis" des Verwalters an.

20

Aus § 104 IO ist abzuleiten, dass Anmeldungen und sonstige Eingaben, die die Forderung betreffen, vom Gläubiger an das Insolvenzgericht zu richten sind. Andererseits ist es eine erkennbare Intention des § 11 IESG, mit der Legalzession unmittelbare verfahrensrechtliche Auswirkungen zu verknüpfen. Das Zusammenspiel von IO und IESG erscheint hier nicht schlüssig, sodass nach einer praktikablen Lösung zu suchen ist: Im Normalfall bringt der AN in „zeitlicher Nähe" zur Forderungsanmeldung einen IESG-Antrag ein. In der Praxis werden rund 97 % der AN vom ISA vertreten (§ 13c Rz 6): Aus den weitgehend standardisierten Forderungsanmeldungen kann der Verwalter leicht erkennen, dass die Forderungen auch gem IESG beantragt wurden; dies umso mehr, wenn der Verwalter vom Vertreter über die Antragstellung (mittels „Standardbrief") informiert wird. Wenn also der Verwalter durch die IEF-Service GmbH (Aufforderung nach § 6 Abs 4 IESG als qualifizierter Nachweis) oder durch einen Hinweis des AN oder des Vertreters im Rahmen der Anmeldung (iS einer Zustimmung des Rechtsvorgängers) Kenntnis vom IESG-Antrag erlangt, erscheint es praktikabel und nicht unrichtig, den Forderungsübergang im Anmeldungsverzeichnis einzutragen. Dies gilt mE auch für die Rückübertragung auf den AN nach einem negativen Bescheid, da § 7 Abs 4 IESG die Zustellung an den Verwalter vorsieht (vgl Rz 32; aA *Weber-Wilfert*, ZIK 2016/283, 212, die darauf hinweist, dass Beteiligungsrechte im Insolvenzverfahren immer vom Berechtigten in Anspruch genommen werden müssen).

21 In dem Umfang, in dem die **Legalzession im Anmeldungsverzeichnis beurkundet** ist, **verliert der AN die Forderung und auch sein Stimmrecht.** Das gilt konsequenterweise auch für anerkannte und beantragte Forderungen, die nach Abschluss des IESG-Verfahrens mit Bescheid abgelehnt werden. Es stellt sich die Frage, ob der Eingriff in das Eigentumsrecht des AN verhältnismäßig ist (vgl *Resch*, JBl 2002, 341).

Stellt ein AN einen Antrag auf Insolvenz-Entgelt, dann ist davon auszugehen, dass er vorrangig eine Leistung des IEF anstrebt. Es erscheint sachgerecht, wenn der Teilnahmeanspruch (bis zum negativen Bescheid) auf den IEF übergeht. Umgekehrt hat auch der IEF keinen Teilnahmeanspruch, ua kein Stimmrecht, wenn der Verwalter gesicherte Ansprüche bestreitet, diese aber dennoch mit positivem Bescheid zugesprochen und ausbezahlt werden. Nicht die Legalzession gem § 11 IESG greift in die Rechtsposition des AN ein und nimmt ihm das Stimmrecht, sondern es ist eine Folge seines Antrags und des dadurch in Gang gesetzten IESG-Verfahrens. Auch wenn der AN **nicht gesicherte Forderungen beantragt und anmeldet,** kann es nicht Sache des Verwalters sein, die Legalzession für nur einen Teil der Forderung einzutragen (dies auch im Hinblick auf die unter Rz 20 dargestellte Problematik). Selbst wenn ein AN im Antrag darauf hinweist, dass eine Forderung (voraussichtlich) nicht gesichert ist, ist es alleine die IEF-Service GmbH, die entsprechend den Bestimmungen des IESG zu prüfen und zu entscheiden hat (zur Bindungswirkung § 7 Rz 6 ff). Soll der Übergang einer Arbeitnehmerforderung auf den IEF nicht ins Anmeldungsverzeichnis eingetragen werden, wird der AN wohl auf den Antrag verzichten und im Rahmen seiner Anmeldung darauf hinweisen oder eine Berichtigung (Rz 22) verlangen müssen. Eine andere Sichtweise würde nicht nur die Verantwortlichkeit des Verwalters überspannen (vgl Rz 16), sondern wäre auch kontraproduktiv für ein ökonomisches, lösungsorientiertes Verfahren und würde wohl auch häufiger eine bereicherungsrechtliche Rückabwicklung von Quotenzahlungen erforderlich machen. Auch hier ist die Rechtslage nicht ganz klar, sodass eine praktikable Lösung vorgeschlagen wird.

Durch den **Auszug aus dem gerichtlichen Anmeldungsverzeichnis** ist für den IEF genauso wie für den AN erkennbar, ob bzw in welchem Umfang die Legalzession vermerkt wurde. Sollte der IEF bzw der AN der Meinung sein, dass die Legalzession unrichtig eingetragen wurde, steht ihm die Möglichkeit offen, einen **Beweis für die Unrichtigkeit des Anmeldungsverzeichnisses** zu erbringen und Berichtigung zu fordern. Offen bleibt allerdings, wann und in welcher Form der IEF vom Inhalt des Anmeldungsverzeichnisses Kenntnis erlangen könnte. Eine „automatische" Benachrichtigung ist jedenfalls nicht vorgesehen. **22**

Die Legalzession tritt zweifellos ein, auch wenn sie nicht im Anmeldungsverzeichnis eingetragen ist. Wenn aber die unrichtige Beurkundung nicht geltend gemacht wird oder das Stimmrecht nicht beansprucht wird (§ 93 Abs 4 IO), richtet sich die Teilnahme am Insolvenzverfahren nach der Beurkundung im gerichtlichen Anmeldungsverzeichnis.

Für den AN in der Praxis bedeutender als das Stimmrecht ist die Quotenzahlung. Auch die **Verteilung** richtet sich nach dem Inhalt des Anmeldungsverzeichnisses. Die schuldbefreiende Wirkung richtet sich aber danach, ob und inwieweit der Forderungsübergang eingetreten ist (Rz 35 ff).

2.2 Stimmrecht

Durch Ausübung des **Stimmrechts** können sich Insolvenzgläubiger am Insolvenzverfahren beteiligen. Das Stimmrecht in der Gläubigerversammlung ist in den §§ 92 ff IO geregelt. Für die Abstimmung über den Sanierungsplan gelten die Sonderregelungen der §§ 143 ff IO. Nur für festgestellte Forderungen besteht ein Stimmrecht (§ 93 IO). **23**

Durch § 11 IESG gehen die Einzelforderungen der Arbeitnehmergläubiger auf den IEF über, der so zum Großgläubiger wird. Nach hA ist § 11 IESG ein Fall des § 144 Abs 3 S 2 IO. Demnach **hat der IEF eine Kopfstimme je AN** **24** (vgl *Rechberger/Frauenberger,* ZIK 1995, 11; *W. Anzenberger,* ASoK 1999, 288; OLG Wien 6 R 99/95, ZIK 1996, 140 zur [ehem] AO; gegenteilig *Nunner-Krautgasser,* ZIK 2003, 192; vgl zum Meinungsstand *Riel* in *Konecny/Schubert* § 144 KO Rz 12 f). Die Änderungen durch das IRÄG 2010 BGBl I 2010/29 führen zu keinen Änderungen der Auslegung, sodass dieser hL auch nach dem IRÄG 2010 zu folgen ist (*Mohr,* Sanierungsplan und Sanierungsverfahren Rz 124).

25 In **§ 94 IO (Forderungserwerb durch Abtretung nach Insolvenzeröffnung)** wird klargestellt, dass Beschränkungen des Stimmrechts für nach Insolvenzeröffnung erworbene Forderungen nur die rechtsgeschäftliche Abtretung erfassen. § 94 IO ist somit auf die Legalzession gem § 11 IESG nicht anzuwenden.

26 Nach hA kommt **§ 234 ZPO** (wonach die **Veräußerung einer streitverfangenen Sache** die Sachlegitimation nicht ändert) im Insolvenzverfahren nicht zur Anwendung (OGH 8 Ob 153/03p, RdW 2004/415, 467 = ZIK 2004/165, 131; *Liebeg,* IESG[3] § 11 Rz 21).

27 Erfasst die Legalzession nur einen Teil der angemeldeten und anerkannten Arbeitnehmerforderung, wird die Frage aufgeworfen, ob es sich um einen **Fall des § 144 Abs 1 IO** handelt und sich IEF und AN entsprechend § 144 Abs 2 IO über die Ausübung des Stimmrechts einigen müssen (*W. Anzenberger,* ASoK 1999, 288) **oder ob dem IEF und dem AN jeweils für seinen Teil eine eigene Kopfstimme gebührt** (*Liebeg,* IESG[3] § 11 Rz 22; *Riel* in *Konecny/Schubert* § 144 KO Rz 14; *Nunner-Krautgasse*r, ZIK 2003, 192, die die Unanwendbarkeit des § 144 Abs 1 IO allerdings damit verknüpft, dass dem IEF für alle übergegangenen Arbeitnehmerforderungen nur eine Kopfstimme zusteht).

Für die erstgenannte Meinung, also die Einigung nach § 144 Abs 2 IO, spricht, dass die IO die klare Intention hat, Stimmenvermehrungen zu vermeiden, durch die das Abstimmungsverhältnis bewusst (missbräuchlich) beeinflusst werden kann. Es erscheint auch hinterfragenswert, warum die „bloße" IESG-Sicherungsbegrenzung aus derselben Arbeitnehmerforderung zwei Stimmen machen sollte. Andererseits handelt es sich bei § 11 IESG nicht um eine gewillkürte Zession, sondern um ein „gesetzliches Stimmensplitting". Es ist auch nicht vorstellbar, dass es der Intention des § 11 leg cit entspricht, dass der IEF bei der Ausübung des Stimmrechts an eine Einigung mit dem AN gebunden sein soll; ebenso wenig erscheint es sachgerecht, wenn der AN, der mit seiner ungesicherten Forderung Kleingläubiger ist, von der Einigung mit dem IEF abhängig sein soll. ME erscheint es schlüssiger, von einer **Vermehrung der Kopfstimmen** auszugehen.

Auch hier zeigt sich, dass das Verhältnis zwischen § 11 IESG und IO durch den Gesetzgeber nicht vollständig aufgearbeitet ist und die Ergebnisse davon abhängen, ob man die Überlegungen an der IO oder am IESG ausrichtet. Die rechtlichen Überlegungen könnten durch einen Blick auf die Praxis belebt werden: Durch die zeitlichen Abläufe im Insolvenzverfahren wird die Abstimmung über den Sanierungsplan erfolgen, bevor über die Arbeitnehmerforderungen durch Bescheid (zur Gänze) entschieden wurde. Im Anmeldungsverzeichnis wird für die gesamte Arbeitnehmerforderung der Übergang auf den IEF eingetragen sein (Rz 20, 21), sodass sich die Frage nach dem Umgang mit einer geteilten Forderung im Normalfall nicht stellen wird. Es verbleiben Ausnahmefälle, in denen entweder bereits teilweise negative Bescheide ergangen sind oder in denen ein AN eine Forderung bewusst nicht gem IESG beantragt hat. Das dogmatische Problem beschränkt sich in der Praxis auf Sonderkonstellationen. ME könnte die Lösung in einer Stimmrechtsprüfung iSd § 93 IO liegen, allerdings ist eine analoge Anwendung dieser Bestimmung wohl nicht möglich.

2.3 Bedingte Forderung im Insolvenzverfahren

Arbeitsverhältnisse werden in der Insolvenz häufig nach § 25 IO aufgelöst. **28** Diese Auflösungsart begründet einen Anspruch auf Kündigungsentschädigung nach § 29 Abs 1 AngG (bzw § 1162b ABGB) bzw Schadenersatz nach § 25 Abs 2 IO. Dieser Anspruch (Schadenersatz nach § 25 IO und Kündigungsentschädigung sind gleich zu behandeln; s § 1 Rz 286 sowie § 25 IO Rz 78, 88 ff) steht für die ersten drei Monate nach arbeitsrechtlicher Beendigung unbedingt (dh ungekürzt) zu (OGH 8 ObS 16/04t, DRdA 2007/7, 52 *[Grießer]* = infas 2006 A 16). Ab dem vierten Monat steht die **Kündigungsentschädigung** (bzw der Schadenersatz) **unter der auflösenden Bedingung**, dass anzurechnen ist, was der AN „infolge des Unterbleibens der Dienstleistung erspart oder durch anderweitige Verwendung erworben oder zu erwerben absichtlich versäumt hat". Da im Zeitpunkt der Forderungsanmeldung idR nicht bekannt ist, ob eine Anrechnung vorzunehmen ist, wird dieser Anspruch **als bedingte Forderung im Insolvenzverfahren** geltend gemacht. Mit der insolvenzrechtlichen Feststellung geht die Forderung mitsamt ihrer Bedingung auf den IEF über (Rz 6 ff).

Liegt ein **anrechenbares Einkommen** vor (die auflösende Bedingung tritt **29** ein), so ist im Ausmaß der Anrechnung der Anspruch auf Insolvenz-Entgelt ausgeschlossen (§ 1 Abs 3 Z 3 IESG). Wurde die Forderung im gerichtlichen Insolvenzverfahren festgestellt, ist diese Forderung grundsätzlich bei der Verteilung (als bedingte Forderung durch Sicherstellung) zu berücksichtigen. Mit dem **negativen Bescheid wird die Legalzession beseitigt.** Dadurch fällt die Forderung wieder an den AN. Ob sich dies direkt aus § 11 Abs 1 IESG ableiten lässt oder aus einer Analogie zu § 11 Abs 2 leg cit, ist dogmatisch unklar. Jedenfalls scheitert eine etwaige Forderungseinschränkung durch den IEF an dessen fehlender Legitimation. Allerdings fällt durch den Eintritt der auflösenden Bedingung **die Forderung materiellrechtlich weg;** der Bescheid stellt nur die fehlende IESG-Sicherung bzw die tatsächliche Höhe der übergegangenen Forderung fest. Die Rückübertragung einer materiell erloschenen Forderung auf den AN ist § 11 IESG nicht zu entnehmen. Selbst wenn man annimmt, dass die Forderung – die nicht mehr besteht – an den AN zurückfallen kann, sieht die IO keine Möglichkeit vor, einen Gläubiger zur Einschränkung zu zwingen. Auch an dieser Schnittstelle von IESG und IO bleibt der arbeitsrechtliche Ursprung der Forderung bestehen; dieser stützt die verfahrensrechtliche Untätigkeit des AN: Die Anrechnung muss vom AG einredeweise geltend gemacht werden und die Beweislast trifft ebenfalls den AG (vgl *Pfeil* in ZellKomm³ § 29 AngG Rz 40). In der Insolvenz übernimmt der Verwalter die Funktion des AG (§ 25 Abs 1 S 1 IO) und somit die Rolle dessen, der eine Handlung setzen muss.

30 Eine mögliche Lösung bietet **§ 137 Abs 2 IO,** wonach die **Sicherstellung für bedingte Forderungen unterbleiben kann,** wenn „der Eintritt der Bedingung so unwahrscheinlich ist, dass die bedingte Forderung gegenwärtig keinen Vermögenswert hat" (OLG Linz 11 Ra 9/01z; 2 R 321–322/91). Eine materiellrechtlich erloschene Forderung hat keinen Vermögenswert. Nach hL kann das nachträgliche Erlöschen festgestellter Forderungen auch im Verteilungsverfahren berücksichtigt werden (*Konecny* in *Konecny/Schubert* § 109 KO Rz 12). *Konecny* (FS Koziol 1215 ff, unter ausführlicher Darstellung verschiedener Lösungsansätze) meint zwar, dass ein negatives Feststellungsverfahren gegen den Gläubiger der erloschenen (festgestellten) Forderung der richtige Weg wäre, er hält aber auch fest, dass die Verteilung nicht durch eingeschobene Prozesse verzögert werden sollte, und schlägt eine Lösung über § 130 Abs 3 IO, also eine Entscheidung des Insolvenzgerichts, vor.

31 Als praktikabler Weg, auch bevor das Verfahren ins Stadium der Verteilung getreten ist, erscheint es, das **Erlöschen der Forderung im Anmeldungsverzeichnis anzumerken** (zu Überlegungen zur Berichtigung des Anmeldungsverzeichnisses durch Anmerkung vgl Rz 19 ff). Durch den Bescheid (oder auch einen anderen Nachweis) kann der Eintritt der auflösenden Bedingung bescheinigt und das Anmeldungsverzeichnis idS berichtigt werden.

32 Gibt es **kein anrechenbares Einkommen,** wird nach Ablauf des Zeitraumes ein **stattgebender Bescheid** ergehen und das Insolvenz-Entgelt an den AN ausbezahlt werden. Spätestens mit der Zahlung (falls eine Bestreitung aufrecht ist) tritt die Legalzession ein. Über die übergegangene Forderung kann ausschließlich der IEF verfügen; allfällige Quotenzahlungen sind an den IEF zu leisten. Allerdings sind auf bedingte Forderungen entfallende Quoten nicht auszuzahlen, sondern sicherzustellen. Will der Gläubiger (nunmehr der IEF) also eine Auszahlung, muss es zu einer Umwandlung der bedingten in eine unbedingte Forderung kommen. Der Verteilungsentwurf basiert grundsätzlich

auf dem Anmeldungsverzeichnis – und in diesem ist (entsprechend der Anmeldung) eine bedingte Forderung eingetragen. Das Anmeldungsverzeichnis, als Teil des bei Gericht geführten Protokolls, ist für die Forderungsfeststellung relevant. Ähnlich wie beim Gläubigerwechsel (Rz 19) stellt sich die Frage, ob und wie nachträgliche Änderungen der Forderung im Anmeldungsverzeichnis eingetragen werden können bzw müssen. Es scheint formal bedenklich, wenn die bedingte Forderung auf eine unbedingte umgestellt wird, da die unbedingte Forderung gegenüber der angemeldeten bedingten ein Plus darstellt (*Konecny*, FS Koziol 1213). Allerdings darf man nicht außer Acht lassen, dass durch einen Bescheid, also durch eine Entscheidung in einem verwaltungsbehördlichen Verfahren, festgestellt wird, dass ein anrechenbares Einkommen nicht vorliegt (also die auflösende Bedingung nicht eingetreten ist). Macht ein AN zum anrechenbaren Einkommen falsche Angaben, muss er nicht nur mit dem Widerruf (§ 9 IESG), sondern wohl auch mit einer strafrechtlichen Anzeige rechnen. Wie auch schon an anderer Stelle erwähnt (vgl zB Rz 20 f), ist das Verhältnis des § 11 IESG zur IO nicht immer klar. Es erscheint aber unwahrscheinlich, dass der Gesetzgeber dem IEF den Weg zur Quote durch formale Hürden erschweren wollte. Das IESG ordnet an, dass Ausfertigungen der Bescheide dem Verwalter zuzustellen sind (§ 7 Abs 4 IESG). Nach den Materialien zum IESG (ErläutRV 464 BlgNR 14. GP 6) hängt diese Verständigungspflicht nicht nur engstens mit § 11 Abs 1 IESG zusammen, sondern es wurde bewusst vorgesehen, dass die Bescheide nicht dem Gericht, sondern dem Verwalter zuzustellen sind. Dies erscheint nur dann sinnvoll, wenn der Verwalter den Inhalt der Bescheide im Rahmen des Insolvenzverfahrens zu berücksichtigen hat. In der Praxis mancher Gerichtssprengel übermittelt der Verwalter einen entsprechenden Schriftsatz an das Gericht, in dem die Höhe der anerkannten bedingten und übergegangenen Forderung beziffert wird. Mit Bescheinigung durch den rechtskräftigen Bescheid sollte eine Umstellung der bedingten auf eine unbedingte Forderung durch Berichtigung des Anmeldungsverzeichnisses möglich sein. Mit dieser praktischen Vorgehensweise wird mE ein geeigneter Weg beschritten, der die Anforderungen der IO (Mehrparteienverfahren, Wahrung der Rechte der anderen Insolvenzgläubiger) und die Intention des § 11 IESG ausgewogen berücksichtigt.

Bestreitet der Verwalter die mit der Bedingung des anrechenbaren Einkommens angemeldete Forderung, wird der AN in einem Prüfungsprozess nach § 110 IO wohl recht bekommen. Selbst wenn sich im Laufe des Verfahrens herausstellt, dass eine Anrechnung erfolgen muss und der AN die Klage entsprechend einschränkt, trägt die Masse das **Kostenrisiko**. Auch eine Verpflichtung zum Rückersatz der Kosten durch den Verwalter an die Masse (§ 112 Abs 2 IO) ist nicht auszuschließen, wenn die bedingte Forderung bestritten wird. Anzumerken ist allerdings, dass auch die Bestreitung in der

33

Praxis (bisher) zu keinen Problemen (bzw Verfahren) führt, da die Verwalter diese bedingten Forderungen dennoch berücksichtigen (die Forderung wird entsprechend dem IESG-Bescheid nachträglich anerkannt bzw bei Verteilung vor Bescheid dennoch sichergestellt).

34 Der Umgang mit der bedingt angemeldeten Arbeitnehmerforderung an dieser Schnittstelle des IESG mit der IO ist nach formellen Kriterien unklar. Meist werden praktische Lösungen gefunden, durch die der IEF die Quoten für jene Forderungen erhält, die arbeitsrechtlich zustehen und die er als Insolvenz-Entgelt ausbezahlt hat. Ob sich aus IO und IESG dafür eine ausreichende formale Grundlage ableiten lässt, ist fraglich (vgl Rz 20 ff). Es wäre wohl am Gesetzgeber, für die praktischen Lösungen rechtliche Grundlagen unter Berücksichtigung der beteiligten Interessen und verfahrensökonomischer Überlegungen zu schaffen.

3. Legalzession und schuldbefreiende Zahlung

35 Ab dem Eintritt der Legalzession können Zahlungen vom AG oder Verwalter **nur mehr an den IEF mit schuldbefreiender Wirkung** geleistet werden. Der Forderungsübergang ist materiell auch dann wirksam, wenn er nicht im Anmeldungsverzeichnis eingetragen ist. Allerdings ist nach den allgemeinen Regeln der Zession Kenntnis von der Antragstellung vorauszusetzen (Rz 20).

Der OGH (8 ObS 3/04f, ARD 5527/4/2004) scheint in diesem (teilweise unklaren) Grenzbereich zwischen IESG und IO auch praktische statt dogmatisch-formale Lösungen zuzulassen: Die Zahlung einer Quote an den AN vermindert die Höhe des gesicherten Anspruchs, und dies unabhängig von der Legalzession und davon, ob der Zahlung schuldbefreiende Wirkung zukam. Kommt es zu einem **Doppelbezug durch den AN,** so muss er, wenn die Voraussetzungen vorliegen, mit dem Widerruf und der Rückforderung nach § 9 Abs 1 IESG rechnen. Sofern die Rückforderungskriterien nicht vorliegen, kommen Bereicherungsansprüche in Betracht (§§ 1431, 1435 ABGB). Dabei hat der IEF wohl auch die Möglichkeit, die Zahlung vom Verwalter bzw AG einzufordern, der dann seinerseits die Zahlung vom AN zurückfordern kann.

36 Wurde ein **Insolvenzverfahren eröffnet,** reduziert sich die Problemstellung auf Sonderfälle. Bei **Masseforderungen** entstehen in der Praxis dann keine Probleme, wenn die IEF-Service GmbH vor Bescheiderlassung von der Zahlung informiert wird. In diesem Fall wird entweder ein negativer Bescheid ergehen oder der AN zur Stellungnahme und gegebenenfalls zur Einschränkung oder Rückziehung des Antrags aufgefordert werden. Aus lohnverrechnungstechnischer Sicht macht es allerdings einen Unterschied, wer Masseforderungen zahlt: Insolvenz-Entgelt ist mit dem pauschalen vorläufigen Steuersatz gem § 68 Abs 8 EStG zu versteuern. Zahlungen durch den AG bzw

Verwalter sind laufend zu versteuern. Das L16-Formular ist von der jeweils auszahlenden Stelle auszustellen (*Thumfart*, Lohnverrechnung 116).

Bei rascher Annahme und Bestätigung des Sanierungsplans kann es zu einer **Quotenverteilung kommen, bevor ein Bescheid** ergeht. Die Quoten für die festgestellten und damit übergegangenen Forderungen sind an den IEF auszuschütten. Kommt es dann dennoch zu einem negativen Bescheid, wird der Forderungsübergang wieder beseitigt. Die analoge Anwendung von § 11 Abs 2 IESG auch auf den Fall des negativen Bescheids erscheint sinnvoll (vgl *Weber-Wilfert*, ZIK 2016/283, 212). Sind bereits Quoten (wegen der wirksamen Zession schuldbefreiend) an den IEF geleistet worden, wird eine bereicherungsrechtliche Rückabwicklung zwischen AN und IEF nach § 1435 ABGB stattfinden mussen.

Ergeht über eine festgestellte Forderung **vor insolvenzrechtlicher Verteilung ein negativer Bescheid,** wird der Forderungsübergang beseitigt und die Quote steht dem AN zu. Dies gilt auch dann, wenn der AN den Bescheid durch Klage beim ASG bekämpft – die Quotenzahlung verringert nur die eingeklagte Forderung.

Im Falle eines **Widerrufs nach § 9 IESG** wirken Zahlungen, die der AG (der zuständige Verwalter) bis zur Zustellung des Widerrufsbescheids an den IEF geleistet hat, schuldbefreiend (§ 11 Abs 2 IESG). Diese Zahlungen sind dem rückzahlungsverpflichteten AN anzurechnen. Nach diesem Zeitpunkt besteht die Zahlungspflicht wieder gegenüber dem AN. Die Rückabwicklung falscher Zahlungsflüsse wird nach den Grundsätzen des Bereicherungsrechts zu beurteilen sein.

4. Umfang des Forderungsübergangs

Mit dem gesetzlichen Forderungsübergang ist **keine Änderung des Rechtsgrunds, des Rangs oder der Bevorrechtung** der Forderung verbunden. Diese Bestimmung entspricht den allgemeinen Regeln der Zession (§§ 1392 ff ABGB). Die Forderung bleibt trotz Gläubigerwechsel inhaltlich unberührt. Der **IEF tritt in die Rechtsstellung des AN** ein, sofern es nicht Sonderregelungen gibt. Der Verwalter bzw der AG kann dem IEF sämtliche Einwendungen (zB Verjährung, Verfall, Gegenforderungen), die er gegen AN hätte, entgegenhalten. § 234 ZPO ist nicht anzuwenden (Rz 26), ein Eintritt in laufende Prozesse des AN kommt daher nicht in Frage. Der IEF tritt nur im **Rahmen der Nettoforderung** in die Rechtsstellung des AN ein (vgl OGH 8 ObA 63/03b, DRdA 2003, 580 = ZIK 2003, 215; 8 ObA 100/03v, ZIK 2004/43, 41 *[Roehlich]*).

§ 11 IESG

39 Für den **Rückgriffsanspruch des IEF** gelten die allgemeinen bürgerlichrechtlichen Grundsätze (zu den Rückgriffsbeschränkungen Rz 45). Der IEF kann nicht mehr vom AG bzw aus der Masse fordern, als diese dem AN schuldet oder der IEF an den AN gezahlt hat. Zahlt der IEF irrtümlich mehr, kann dies dem Schuldner nicht schaden. Zahlt der IEF eine nicht anerkannte Forderung, kann er dafür keine Quote fordern, solange die Bestreitung aufrecht ist. Zahlt der IEF eine Arbeitnehmerforderung nur im Rahmen des IESG-Grenzbetrages, steht ihm auch die Quote (nur) im Ausmaß der Zahlung zu (OGH 8 ObS 20/03d, DRdA 2004, 562).

40 Hat der AN eine **Masseforderung als Insolvenzforderung angemeldet,** die vom Verwalter nicht bestritten wird, treten die Legalzession und auch die insolvenzrechtlichen Folgen (Stimmrecht) ein. Die Feststellung entfaltet in Hinblick auf Grund und Höhe, nicht aber bzgl der Rechtsqualität Bindungswirkung (OGH 9 ObA 50/12m, ZIK 2013, 62). Die Forderung bleibt eine Masseforderung. Ist nun die Forderung auf den IEF übergegangen, kann der IEF die Forderungsanmeldung nachträglich zurückziehen und Befriedigung nach § 124 IO verlangen (vgl *Konecny* in *Konecny/Schubert* § 102 KO Rz 24 f).

41 Zahlt der IEF Insolvenz-Entgelt für **Schlechtwetterentschädigung** an den AN aus, so erfasst die Legalzession auch den Erstattungsbetrag nach § 8 BSchEG. Der IEF ist legitimiert, den Erstattungsbetrag geltend zu machen (VwGH 98/11/0037, 0038, ZIK 1999, 31 [krit *Grießer*]; krit auch *Liebeg,* IESG[3] § 11 Rz 20).

42 Mit dem IRÄG 2010 BGBl I 2010/29 wurde klargestellt (§ 11 Abs 1 S 3 IESG), dass mit dem Forderungsübergang auch sämtliche **vertraglichen Rechte** übergehen, die der AN nicht gegenüber dem AG, sondern **gegenüber Dritten** hat (zum Inkrafttreten s § 25 Rz 6). Voraussetzung ist, dass diese Rechte in unmittelbarem Zusammenhang mit Ansprüchen aus dem Arbeitsverhältnis stehen und dafür Insolvenz-Entgelt gewährt wurde. Mit dieser Regelung soll der Deckungsfonds des IEF bspw um den Haftungsfonds aus der Wertpapierdeckung von Betriebspensionen, die der AG an Dritte ausgelagert hat, erweitert werden (direkte Leistungszusagen unterliegen § 11 Abs 3 BPG). Auch wenn der AG die Abfertigung (alt) über eine Versicherung abgesichert hat, kann der IEF im Ausmaß der an den AN geleisteten Auszahlung auf die Versicherungsleistung zugreifen. Der IEF hat auch schon vor dem IRÄG 2010 Ansprüche gegen Dritte (insb Bürgen, persönlich haftende Gesellschafter, Verpfändungen des AG zu Gunsten des AN) geltend gemacht.

43 **Sondergesetzliche Haftungen** sind von dieser Regelung nicht umfasst. Nach Ansicht des OGH (6 Ob 607/95, ZIK 1996, 219) ist aus § 11 IESG nur ein Rückgriffsanspruch gegen den insolventen AG abzuleiten. Dritte, die auf Grund sondergesetzlicher Bestimmungen haften, sind davon nicht erfasst.

Dies betrifft bspw die Sonderregelung in **§ 14 Abs 3 AÜG,** die die Bürgenhaftung des Beschäftigers bei Insolvenz des Überlassers hinsichtlich der Entgeltansprüche überlassener Arbeitskräfte insoweit entfallen lässt, als dem AN Ansprüche auf Insolvenz-Entgelt zustehen. *Liebeg* (IESG³ § 11 Rz 17) ist wohl darin zuzustimmen, dass diese Aussage nicht verallgemeinert werden darf, auch wenn die vorgeschlagene Prüfung im Einzelfall („nach dem Zweck der jeweiligen Bestimmung") die Rechtssicherheit nicht fördert.

Der OGH (8 ObS 17/06t, DRdA 2007, 240 = ZIK 2007/189; weiters OGH 8 ObS 3/08m, ZIK 2009/335, 214; 8 ObS 119/02m, DRdA 2003, 179 = RdW 2003/183, 220) vertritt in stRsp die Auffassung, dass das IESG nicht den Zweck habe, den Erwerber von der gesetzlichen Haftung nach **§ 6 Abs 1 iVm § 3 Abs 1 AVRAG** zu entbinden. Ein Ruckgriff des IEF gem § 6 AVRAG ist nach der Judikatur nicht möglich, da in der **Insolvenz des Veräußerers** wegen der solidarischen Haftung des Erwerbers kein Anspruch auf Insolvenz-Entgelt besteht. Der OGH verneint also bei gesetzlicher Haftung eines Dritten grundsätzlich die IESG-Sicherung, da ein anderer als der AG zur Zahlung verpflichtet ist (§ 1 Abs 3 Z 5 IESG). Nach ursprünglich aA meint der OGH (8 ObS 9/10x, ZAS 2012/40, 223 *[Reissner/Sundl]* = wbl 2011/124, 325) nun (auch im Hinblick auf die InsolvenzRL), dass im Falle der **Insolvenz des Erwerbers** Anspruch auf Insolvenz-Entgelt auch für Lohnrückstände aus der Zeit vor dem Betriebsübergang besteht, ohne dass der AN vorher die Befriedigung beim Veräußerer versuchen muss. Allerdings stellt sich auch bei **Insolvenz des Veräußerers** die Frage, ob es der InsolvenzRL entsprechen kann, dass Insolvenz-Entgelt nur dann gebührt, wenn der AN auf sein Risiko und seine Kosten klären muss, ob ein haftender Dritter vorhanden ist. Ob ein Arbeitgeberwechsel im Vorfeld der Insolvenz ein Betriebsübergang ist, kann meist nur durch ein Gerichtsverfahren geklärt werden. Auch in diesem Fall wäre, wie *Binder* (DRdA 2005/1, 40 ff) anregt, dem IEF (nach Befriedigung der Arbeitnehmerforderungen) die Möglichkeit zu eröffnen, den Haftenden anstelle des AN in Anspruch zu nehmen.

5. Rückgriff auf Neuvermögen

5.1 Einschränkungen des Rückgriffs

Die in § 11 Abs 3 IESG enthaltenen Beschränkungen der Rückgriffsmöglichkeiten des IEF resultieren aus Überlegungen auf der Ebene der **verfassungsrechtlichen Kompetenzverteilung.** Die Gesetzesverfasser vertraten von Haus aus die Ansicht, dass der Inhalt des IESG sozialversicherungsrechtlicher Natur sei. ISd Art 10 Abs 1 Z 11 B-VG (**Sozialversicherungswesen**) war somit nach ihrer Ansicht die Bundeskompetenz für die Gesetzgebung und Vollziehung gegeben. Der BKA-VD hatte allerdings in der Begutachtung Bedenken in die Richtung geäußert, ob nicht der Gesetzesentwurf die vom VfGH als zulässig angesehenen Grenzen der Fortentwicklung des Sozialversicherungsrechts überschreite, weil die Auffassung vertreten werden könne, dass durch die Form der Beitragsleistung (es leisten nur die AG) keine **Risikogemeinschaft** – die nach einem grundlegenden verfassungsgerichtlichen Erkenntnis (VfGH G 10/59, VfSlg 3721) ein Wesenselement der SV bildet – eingerichtet werde. Um diesen Bedenken Rechnung zu tragen, wurden spezielle Rückgriffsausschlüsse in das G aufgenommen. Damit erhält der AG auch aus der Sicht der skizzierten verfassungsrechtlichen Argumentation ein Äquivalent für seine Beitragsleistung, sodass der Kompetenztatbestand „Sozialversicherungswesen" nunmehr unzweifelhaft gegeben ist (vgl ErläutRV 464 BlgNR 14. GP 7).

46 Nach den §§ 60, 61 IO können Gläubiger – gleichgültig, ob sie die Forderungen angemeldet haben oder nicht – **nach Aufhebung** des Verfahrens ihre Forderungen, soweit sie unbefriedigt geblieben sind, gegen das Vermögen des Schuldners, das ihm zur freien Verfügung geblieben ist oder das er nach der Aufhebung erworben hat, geltend machen. Der **Schuldner haftet** für den gesamten noch ausstehenden Betrag der Forderungen. Ist eine Forderung im Insolvenzverfahren festgestellt und vom Schuldner nicht ausdrücklich bestritten worden, so kann wegen dieser Forderung auf Grund der Eintragung in das Anmeldungsverzeichnis auf das zur freien Verfügung bleibende oder nach der Insolvenzaufhebung erworbene Vermögen des Schuldners gleich wie auf Grund eines Urteils Exekution geführt werden (Exekutionstitel gem § 1 Z 7 EO).

Durch einen rechtskräftig bestätigten **Sanierungsplan** (§ 156 IO) wird der Schuldner von der Verbindlichkeit befreit, seinen Gläubigern den Ausfall, den sie erleiden, nachträglich zu ersetzen. Die Restschuldbefreiung gilt auch gegenüber Bürgen und anderen Rückgriffsberechtigten (§ 156 Abs 2 IO). Im Falle des Verzugs kommt es zum quotenmäßigen (relativen) Wiederaufleben der Forderungen (§ 156a IO).

47 Soweit ein Anspruch des AN gegen den AG auf den IEF übergegangen ist, ist der in der IO sonst vorgesehene **Rückgriff auf künftiges Vermögen des AG,** das er nach der Aufhebung des Insolvenzverfahrens erwirbt, gem § 11 Abs 3 S 1 IESG **für den IEF ausgeschlossen.** Dieser Ausschluss des Zugriffs auf Neuvermögen **gilt** nach § 11 Abs 3 S 2 IESG sinngemäß **auch für die sonstigen in § 1 IESG genannten Insolvenztatbestände.**

Auch bei der **Nichteröffnung des Insolvenzverfahrens mangels kostendeckenden Vermögens** wird die Rückgriffsmöglichkeit des IEF durch die sinngemäße Anwendung des § 11 Abs 3 S 1 IESG eingeschränkt. Hier kommt es praktisch zum völligen Entfall des Rückgriffsrechts des IEF, weil altes Vermögen in nennenswerter Höhe offensichtlich nicht vorhanden ist und auf Neues nicht zugegriffen werden darf (OGH 8 ObS 219/99k, DRdA 2001/10,

154 *[Wachter]* = ZIK 2000/129, 107). Dies erscheint rechtspolitisch verfehlt, da es nicht vertretbar ist, einem Kridatar, der sich einem Insolvenzverfahren entziehen konnte und der in der Folge Vermögen erworben hat, die Rückzahlung von Arbeitnehmerforderungen an den IEF zu ersparen.

Führt der IEF in Verletzung der Rückgriffsbeschränkungen auf ein „Neuvermögen" Exekution, so kann der AG dem mittels **Impugnationsklage** gem § 36 EO entgegentreten (*Liebeg,* IESG³ § 11 Rz 65).

5.2 Wegfall der Rückgriffseinschränkungen

Nach § 11 Abs 3 S 2 HS 2 IESG kann der IEF auch auf „Neuvermögen" zugreifen, wenn die **nach dem Sanierungsplan, Zahlungsplan oder Abschöpfungsverfahren dem IEF zustehenden Zahlungen einschließlich** solcher allenfalls noch aushaftender **Masseforderungen noch nicht erfolgt** sind. Diese Bestimmung wurde mit der IESG-Novelle 1997 BGBl I 1997/107 eingefügt, um den Regress des IEF im Rahmen der Erfüllung eines bestätigten (Zwangs-)Ausgleichs (bzw nunmehr des Sanierungsplans nach der IO) sicherzustellen. Der IEF hat demnach auch Anspruch auf Quotenzahlungen oder Rückerstattung von Masseforderungen, die im Rahmen der Fortführung (also aus Neuvermögen) finanziert werden.

Mit dem IRÄG 1994 BGBl 1994/153 wurde mit § 11 Abs 3 S 3 IESG eine Rückgriffsmöglichkeit des IEF eingeführt, wenn der **AG bzw dessen Organ wegen bestimmter im IESG aufgezählter Delikte verurteilt** wird (adaptiert zuletzt durch BGBl I 2011/24; dazu auch § 27 Rz 1). In diesen Fällen ist der IEF berechtigt, zur Hereinbringung der auf ihn übergegangenen und nicht hereingebrachten Forderungen auf das Vermögen des Verurteilten zu greifen. Die ErläutRV (1384 BlgNR 18. GP 13) betonen, dass die strafbare Handlung **iZm der Insolvenz** stehen muss, wobei der Rückgriffsanspruch nicht voraussetzt, dass der IEF selbst durch die Straftat unmittelbar geschädigt wurde (OGH 4 Ob 151/15g, EvBl 2016/45, 311 *[Schneider]* = wbl 2015/238, 707). Die Einbeziehung des **„Organs des AG"** ist interpretationsbedürftig, zumal der übergegangene Entgeltanspruch ja nur gegenüber der juristischen Person und nicht gegenüber den Organen besteht. § 11 Abs 3 IESG schafft inhaltlich die Basis für Schadenersatzansprüche und nicht für Erfüllungsansprüche auf Grund der Legalzession (*Liebeg,* IESG³ § 11 Rz 67). Mit dieser Bestimmung wird eine besondere Organhaftung normiert, die sonst nur aus allgemeinen schadenersatzrechtlichen Grundsätzen abzuleiten ist (OGH 13 Os 59/98). § 11 Abs 3 IESG ordnet eine Tatbestandswirkung des Strafurteils an; der Rückgriffsanspruch ist unabhängig von den Voraussetzungen für einen (daneben möglichen) allgemeinen Schadenersatzanspruch zu prüfen (OGH 4 Ob 151/15g, EvBl 2016/45, 311 *[Schneider]* = wbl 2015/238, 707).

§ 12 IESG

Aufbringung der Mittel und Deckung des Aufwandes

§ 12. (1) Die Ausgaben des Insolvenz-Entgelt-Fonds (§ 13) werden bestritten aus:
1. Mitteln, die dem Insolvenz-Entgelt-Fonds auf Grund übergegangener Ansprüche (§ 11) zufließen,
2. Eingängen der gemäß § 16 Abs. 1 verhängten Geldstrafen,
3. Zinsen aus dem Geldverkehr,
4. einem vom Arbeitgeber zu tragenden Zuschlag zu dem vom Dienstgeber zu leistenden Anteil des Arbeitslosenversicherungsbeitrages gemäß § 2 des Arbeitsmarktpolitik-Finanzierungsgesetzes (AMPFG), BGBl. Nr. 315/1994,
5. Mitteln aus der Gebarung Arbeitsmarktpolitik nach Maßgabe des § 14 AMPFG und
6. sonstigen dem Insolvenz-Entgelt-Fonds zufließenden Mitteln.

(2) Die Arbeitgeber von Personen im Sinne des § 1 Abs. 6 haben für diese Personen keinen Zuschlag gemäß Abs. 1 Z 4 zu entrichten. Für Lehrlinge ist für die gesamte Lehrzeit kein Zuschlag zu entrichten. Für Personen, die das 63. Lebensjahr vollendet haben, ist ab Beginn des folgenden Kalendermonates kein Zuschlag zu entrichten.

(3) Der Zuschlag gemäß Abs. 1 Z 4 beträgt ab dem Beitragsjahr 2015 0,45 vH. Der Bundesminister für Arbeit, Soziales und Konsumentenschutz hat darauf zu achten, dass eine ausgeglichene Gebarung des Insolvenz-Entgelt-Fonds gewährleistet ist und den Zuschlag
1. zu erhöhen, wenn der voraussichtliche Leistungsaufwand des laufenden Jahres oder des Folgejahres unter Berücksichtigung allfälliger Reserven und der Kreditmöglichkeiten gemäß § 13 Abs. 3 nicht gedeckt ist,
2. zu senken, wenn sich unter Berücksichtigung des Ergebnisses der Bilanz des Vorjahres sowie des voraussichtlichen Gebarungsabschlusses des laufenden Jahres und des Folgejahres laut Voranschlag ein Überschuss ergibt, der 20 vH des durchschnittlichen Leistungsaufwandes dieser Jahre übersteigt.

(4) Die Erhöhung des Zuschlages gemäß Abs. 3 Z 1 ist so zu bemessen, dass nach Abdeckung allfälliger Kredite (§ 13 Abs. 3) die voraussichtliche Gebarung des laufenden Jahres und des Folgejahres laut Voranschlag ausgeglichen ist. Allfällige Kredite sind dabei jeweils nur insoweit anteilig zu berücksichtigen, als sie in den betreffenden Jahren abzudecken sind.

(5) Für die Einhebung und Abfuhr des Zuschlages gemäß Abs. 1 Z 4 findet § 5 AMPFG Anwendung. Der Zuschlag ist auf ein Konto des Insolvenz-Entgelt-Fonds (§ 13 Abs. 6) abzuführen.

(6) Die Geschäftsführung der IEF-Service GmbH hat den Bundesminister für Arbeit, Soziales und Konsumentenschutz regelmäßig über die Entwicklung der Einnahmen und Ausgaben des Insolvenz-Entgelt-Fonds zu informieren. Der Bundesminister für Arbeit, Soziales und Konsumentenschutz hat unter Berücksichtigung der Erfahrungen über die Einnahmen- und Ausgabenentwicklung des Fonds und der Prognosen über die zu erwartende wirtschaftliche Entwicklung zu prüfen, ob die Voraussetzungen für eine Veränderung der Höhe des Zuschlages gemäß Abs. 3 vorliegen.

(7) Die Mittel des Insolvenz-Entgelt-Fonds sind für die gesetzlich übertragenen Aufgaben zweckgebunden.

(§ 12 IESG neugefasst durch BGBl I 2011/39, idF BGBl I 2014/30)

Schrifttum zu § 12 IESG

Derntl, VfGH-Erkenntnisse zu Abschöpfung des IAF und Anlasswirkung. § 12 Abs. 6 und 7 IESG sind verfassungswidrig, ASoK 2005, 378;
Neumann, Der Ausgleichsfonds der Krankenversicherungen ist verfassungswidrig. Die Krankenkassensanierung 2002 wurde mit sofortiger Wirkung aufgehoben, ASoK 2004, 183;
Wolligger, Kein Insolvenz-Entgelt für Vorstandsmitglieder einer Aktiengesellschaft, DRdA 2015/7, 44 (EAnm).

Übersicht zu § 12 IESG

1. Zuschlag zum Arbeitslosenversicherungsbeitrag .... Rz 1–6
   1.1 Höhe des Zuschlags .... Rz 7–14
   1.2 Einhebung und Abfuhr des Zuschlags .... Rz 15
2. Weitere Mittel .... Rz 16
   2.1 Mittel aus der Gebarung Arbeitsmarktpolitik .... Rz 17
   2.2 Rückflüsse, Geldstrafen, Zinsen und sonstige Mittel .... Rz 18–21

1. Zuschlag zum Arbeitslosenversicherungsbeitrag

§ 12 IESG regelt die Aufbringung der Mittel des IEF. Der vom AG zu tragende Zuschlag zum Arbeitslosenversicherungsbeitrag (§ 12 Abs 1 Z 4 IESG) ist dabei die wesentliche Finanzierungsquelle des IEF. **1**

Den Zuschlag haben alle DG für **arbeitslosenversicherungspflichtige DN** abzuführen (vgl § 1 AlVG iVm § 2 AMPFG). Für geringfügig beschäftigte DN besteht nach § 1 Abs 2 lit d AlVG keine Pflichtversicherung in der AlV. Für geringfügig Beschäftigte ist demnach auch kein IESG-Zuschlag zu entrichten, sie sind aber anspruchsberechtigt. Seit der IESG-Novelle BGBl I 2007/104 sind auch freie DN nach dem IESG anspruchsberechtigt (dazu § 2a **2**

§ 12 IESG

Rz 1 sowie § 1 Rz 83 ff). Allerdings schränkt das G – wegen des besonderen Schutzzwecks des IESG – den Personenkreis auf „arbeitnehmerähnliche" freie DN iSd § 4 Abs 4 ASVG ein (zum Begriff § 1 Rz 84 ff sowie zB *Mosler* in SV-Komm § 4 ASVG Rz 189 mwN).

3   Nach § 12 Abs 2 IESG müssen AG für Personen, die gem § 1 Abs 6 IESG keinen Anspruch auf Insolvenz-Entgelt haben, **keinen Zuschlag** entrichten. Das betrifft Gebietskörperschaften (Bund, Länder, Gemeinden) und Gemeindeverbände, exterritoriale AG, Gesellschaften hinsichtlich der einen beherrschenden Einfluss ausübenden Gesellschafter sowie Beschäftiger von Personen, die nach § 66a AlVG der Arbeitslosenversicherungspflicht unterliegen (Strafgefangene; zu den ausgeschlossenen Personen allg § 1 Rz 105 ff). Ferner nimmt § 12 Abs 2 IESG weitere Arbeitnehmergruppen von der Zuschlagspflicht aus: So ist für Lehrlinge während der gesamten Lehrzeit und für Personen, die das 63. Lebensjahr vollendet haben, ab dem Beginn des folgenden Kalendermonats kein Zuschlag zu entrichten. Diese beiden letztgenannten Personengruppen sind aber anspruchsberechtigt.

4   Nach der Judikatur ist die **Entrichtung des Zuschlags keine Voraussetzung für den Anspruch auf Insolvenz-Entgelt** (vgl OGH 8 ObS 273/01g, JBl 2003, 258 = Arb 12.248; 8 ObS 204/00h, ARD 5231/3/2001; 9 ObA 161/16s, ARD 6539/7/2017; VwGH 89/11/0109, ZfVB 1990/1246). Anspruchsberechtigt sind die in § 1 Abs 1 IESG genannten Personen, also AN, freie DN nach § 4 Abs 4 ASVG, Heimarbeiter und ihre Hinterbliebenen sowie ihre Rechtsnachfolger von Todes wegen (dazu allg § 1 Rz 6 ff).

5   Bis zur Novelle BGBl I 2005/102 waren ua **Mitglieder des Organs einer juristischen Person, das zur gesetzlichen Vertretung derselben berufen ist,** generell vom Anwendungsbereich des IESG ausgeschlossen (§ 1 Abs 6 Z 2 aF IESG), unabhängig von der arbeitsvertragsrechtlichen Qualifikation. Aus unionsrechtlichen Gründen wurde dieser Ausschlusstatbestand aufgehoben (dazu § 1 Rz 108, zum Inkrafttreten der Neuregelung § 17a Rz 48). Seither haben jene Organmitglieder Anspruch auf Insolvenz-Entgelt, die auf Grund des schuldrechtlichen Vertragsverhältnisses als AN iSd Arbeitsvertragsrechts zu qualifizieren sind. Es ist damit **in jedem Einzelfall** zu prüfen, ob **Arbeitnehmereigenschaft** oder die Eigenschaft als **freier DN iSd § 4 Abs 4 ASVG** besteht (*Liebeg*, IESG³ § 1 Rz 562).

6   **Vorstandsmitglieder von AG** sind wegen ihrer Weisungsfreiheit (vgl § 70 AktG) gegenüber anderen Organen der AG (zB dem Aufsichtsrat) **nicht von § 1 IESG** erfasst (vgl *Gahleitner* in ZellKomm³ § 1 IESG Rz 13). Der OGH (8 ObS 16/08y, Arb 12.777 = SSV-NF 22/76) führt dazu aus, dass Vorstände einer AG selbst bei Vorliegen eines freien Dienstvertrages, der im Hinblick auf die wirtschaftliche Unselbständigkeit eine Arbeitnehmerähnlichkeit indiziere, **keinen Anspruch auf Insolvenz-Entgelt** haben. Im Umkehrschluss sei für

diese Vorstände auch **kein Zuschlag nach § 12 Abs 1 Z 4 IESG** zu entrichten. Diese Judikaturlinie wurde von OGH 8 ObS 3/14w (DRdA 2015/7, 44 *[Wolligger]* = RdW 2014/735, 664; 8 ObS 6/14m, DRdA-infas 2015/110, 137 = ARD 6444/12/2015) bestätigt. Vorstandsmitglieder übten unternehmerische Tätigkeiten und typische Arbeitgeberfunktionen weisungsungebunden aus, sie könnten daher allenfalls freie DN sein, seien aber nicht vom sozialen Schutzzweck des IESG erfasst. Auf Grund des letzteren Erkenntnisses werden seit Jänner 2015 von den SV keine IESG-Zuschläge mehr von Vorständen einer AG eingehoben. Gem § 69 ASVG können innerhalb der letzten fünf Jahre ungebührlich entrichtete Beiträge mittels Antrag beim zuständigen Krankenversicherungsträger zurückgefordert werden (vgl *Wolligger*, DRdA 2015/7, 48).

Unklarheit herrscht in der Praxis immer wieder über die Weite des Begriffs **„Gemeindeverband"** im Hinblick auf die in § 12 Abs 2 iVm § 1 Abs 6 Z 1 IESG vorgesehene Befreiung vom IESG-Zuschlag. Der VwGH (88/10/0202, ZfVB 1990/178 = VwSlg A 12.906) hat festgehalten, dass für die Qualifikation als Gemeindeverband iSd Art 116 Abs 4 B-VG das für eine Gebietskörperschaft bestimmende Merkmal der Befehls- und Zwangsgewalt die entscheidende Voraussetzung ist (vgl *Antoniolli/Koja*, Verwaltungsrecht² 435). Für ausgegliederte Betriebe stellt der VwGH in stRsp (so zB VwGH 2005/12/0056, ZfVB 2009/760) fest, dass die Ausgliederung – auch wenn sie sondergesetzlich erfolgte – an sich nicht dazu führe, dass der Betrieb als Gebietskörperschaft anzusehen sei. Bloße Verwaltungszusammenschlüsse (zB Sozialhilfeverbände oder Wassergenossenschaften, gemeindeübergreifende Abfallwirtschaftseinrichtungen) sind daher nicht iSd § 12 Abs 2 iVm § 1 Abs 6 Z 1 IESG als zuschlagsbefreiter Gemeindeverband anzusehen (vgl auch VwGH 86/11/0018, VwSlgNF 12.181 = ZfVB 1987/652, wonach Wasserverbände, denen neben Gemeinden auch andere Mitglieder angehören, keine Gemeindeverbände seien).

1.1 Höhe des Zuschlags

Die Höhe des Zuschlags wird vom BMASK **durch V festgesetzt.** Die 7
Prozentzahl bezieht sich auf die nach dem ASVG für den Versicherten geltende allgemeine Beitragsgrundlage bis zur Höhe der gem § 45 ASVG in der PV festgelegten Höchstbeitragsgrundlage (vgl § 2 AMPFG). Nach § 12 Abs 6 IESG hat die Geschäftsführung der IEF-Service GmbH, welche nach § 3 Abs 4 IEFG in allen Angelegenheiten für den IEF handelt, den BM regelmäßig über die Entwicklung der Einnahmen und Ausgaben des IEF zu informieren, was durch monatliche Gebarungsabschlüsse und quartalsweise Überarbeitungen der Vorschaurechnungen geschieht. Ob die Voraussetzungen für eine Veränderung der Zuschlagshöhe gegeben sind, wird anhand des vom IEF

jeweils bis Mitte Oktober eines Jahres vorzulegenden Voranschlages sowie der Vorschau (vgl § 13 Abs 2 IESG) geprüft, die basierend auf dem bis dahin ebenso fertigzustellenden Jahresabschluss des Vorjahres die voraussichtliche Entwicklung des laufenden und des Folgejahres darlegt. Vor 2014 waren diese Unterlagen bis 30. Juni zu erstellen. Die Verschiebung auf Oktober dient der Verbesserung der Prognosegenauigkeit und es können aktuelle Entwicklungen besser berücksichtigt werden. Ergibt sich bei der Überprüfung kein Änderungsbedarf, so entfällt seit der IESG-Novelle BGBl I 2008/82 die V, der geltende Beitragssatz gilt für die nächste Periode weiter. Für 2016 wurde der Zuschlag durch V BGBl II 2015/375 auf 0,35 % gesenkt, diese Zuschlagshöhe wurde für 2017 und 2018 beibehalten.

8   In § 13 Abs 8 Z 1 und 2 IESG wird festgelegt, dass die gesetzlichen Interessenvertretungen der AG und AN zu Voranschlag und Vorschau bzw zu Rechnungsabschluss und Geschäftsbericht sowie vor Erlassung einer V über Höhe und Änderung des Zuschlags gem § 12 Abs 3 IESG zu hören sind.

9   Der **Zuschlag ist zu erhöhen,** wenn der voraussichtliche Leistungsaufwand des laufenden Jahres oder des Folgejahres unter Berücksichtigung allfälliger Reserven und der Kreditmöglichkeiten gem § 13 Abs 3 IESG nicht gedeckt ist (§ 12 Abs 3 Z 1 IESG). Vor einer Beitragserhöhung hat der IEF also zuerst vorhandene Geldmittel aufzubrauchen, dann können zur Überbrückung finanzieller Bedeckungsschwierigkeiten (vgl § 13 Abs 3 IESG) Kredite aufgenommen werden. Nach § 12 Abs 4 IESG haben laufende Kredite bei der Bemessung des Zuschlagssatzes nur in der Höhe Berücksichtigung zu finden, in der sie im laufenden oder im Folgejahr tatsächlich einen Geldabfluss in Form einer Rück- oder Zinszahlung bewirken. Voranschlag und Vorschau sind rein liquiditätsmäßige Betrachtungen. § 12 Abs 4 S 2 IESG klammert somit aus dieser liquiditätsmäßigen Betrachtung jene Verbindlichkeiten aus, deren Fälligkeit nicht in diesen vom G in § 12 Abs 3 Z 1 IESG angeordneten Überprüfungszeitraum (laufendes Jahr und Folgejahr) hineinfällt.

10   Eine **Senkung der Beitragshöhe** muss dann vorgenommen werden, wenn sich auf Grund der Bilanz des Vorjahres sowie des voraussichtlichen Gebarungsabschlusses des laufenden und des Folgejahres ein Überschuss ergibt, der 20 % des durchschnittlichen Leistungsaufwands dieser Jahre übersteigt (§ 12 Abs 3 Z 2 IESG). Hier umfasst der Überprüfungszeitraum also drei Jahre (Vorjahr, laufendes Jahr und Folgejahr), womit den Schwankungen im Insolvenzgeschehen Rechnung getragen wird.

11   Allerdings ist im G nicht ausdrücklich definiert, was unter **Leistungsaufwand** zu verstehen ist, insb ob alle vom IEF zu leistenden Zahlungen unter diesen Begriff fallen und damit für die Beurteilung der Höhe des Beitragssatzes maßgeblich sind. § 12 Abs 3 IESG schreibt lediglich vor, dass eine ausgeglichene Gebarung des IEF erreicht werden muss. Das bedeutet, dass der

Beitragssatz so anzusetzen ist, dass über die Beitragsfinanzierung „nur" jene Gelder aufgebracht werden, die nach Ansatz der übrigen Einnahmen (vgl Rz 16) noch nötig sind, um eine ausgeglichene Gebarung iSd § 12 Abs 3 IESG sicherzustellen. *Liebeg* (IESG[3] § 12 Rz 6) vertritt die Ansicht, dass die bloße Abschöpfung eines vorhandenen Guthabens – wie etwa in § 13e Abs 1 letzter S IESG angeordnet („für diesen Zweck weitere Mittel aus vorhandenem Finanzvermögen zur Verfügung zu stellen") – nicht zum Leistungsaufwand gehört. Die liquiditätsbasierte Ausrichtung des Voranschlags und der Vorschau indiziert, dass alle Abflüsse eines Geschäftsjahres als Leistungsaufwand zu betrachten sind.

Neben dem Insolvenz-Entgelt zählen zu den **Ausgaben des IEF** auch die in den §§ 13a–13e IESG angeführten Zahlungen: Die §§ 13a, 13b und 13d IESG betreffen sog Transferzahlungen (Ersatz bestimmter auf Grund von Insolvenzen nicht einbringlich gemachter Beiträge an die Sozialversicherungsträger, die BUAK und die BV-Kassen). § 13c IESG regelt die Abgeltung der Ansprüche eines berechtigten Gläubigerschutzverbandes, wenn dieser nach seinen Statuten ausnahmslos unentgeltlich einen Anspruchsberechtigten im IESG-Verfahren vertritt. In der Praxis treffen diese Voraussetzungen derzeit lediglich auf den ISA zu (vgl § 13c Rz 5). § 13e IESG betrifft die Beiträge zur Förderung der Ausbildung und Beschäftigung Jugendlicher. Den GKK und Versicherungsanstalten hat der IEF nach § 5 Abs 5 AMPFG bzw § 6 EinhebungsV BGBl II 1998/17 idF BGBl II 1998/66 die Kosten für die Einhebung des IESG-Beitrags abzugelten. Ferner sind auch die Kosten des Kapitalverkehrs bzw einer allfälligen Finanzierung vom IEF zu tragen. Zur Besorgung der Geschäfte des IEF und zur Wahrnehmung der Aufgaben auf dem Gebiet der Insolvenz-Entgeltsicherung wurde 2001 die IEF-Service GmbH (bis 30. 6. 2008: IAF-Service GmbH; vgl § 5 Rz 1) gegründet. Diese Gesellschaft hat nach § 3 IEFG sowohl die hoheitlichen als auch die privatrechtlichen Angelegenheiten des IEF wahrzunehmen. Nach § 4 Abs 1 IEFG ist der IEF verpflichtet, den der GmbH aus dieser Betriebspflicht entstehenden Aufwand im Voraus zu tragen. 12

Bei jeder Veränderung des Zuschlags hat der BM auf eine ausgeglichene Gebarung zu achten. Unklar ist, ob bei der Bemessung des eine Zuschlagssatzsenkung indizierenden Überschusses nach § 12 Abs 3 Z 2 IESG („… 20 vH des durchschnittlichen Leistungsaufwandes …") **vorhandene Finanzmittel zu berücksichtigen** sind **oder** nur ein **Einnahmen-Ausgaben-Vergleich,** bezogen auf die vom G genannte Zeitspanne, stattzufinden hat. Im erstgenannten Fall könnte der Zuschlagssatz so weit und so lange abgesenkt werden, bis vorhandene finanzielle Mittel zur Gänze erschöpft sind. Im zweiteren Fall müsste der Zuschlagssatz so angesetzt werden, dass die laufenden Ausgaben durch die Einnahmen (Zuschläge und die anderen Einnahmen) gedeckt sind, 13 was die Bildung von Reserven zum Ausgleich des doch schwankenden Insolvenzgeschehens ermöglichen würde. Laut OGH (1 Ob 61/13x) ist bei der Beurteilung nach § 12 Abs 3 IESG neben dem Leistungsaufwand auch der aktuelle Vermögensstatus mit einzubeziehen.

14 Der seinerzeitige § 12 Abs 6 IESG idF BBG 2000 BGBl I 1999/26 sah für das Jahr 2000 einen einmaligen Beitrag an den Ausgleichsfonds der Pensionsversicherungsträger zur Abdeckung von Mehraufwendungen in der PV vor. Nach § 12 Abs 7 IESG idF BBG 2001 BGBl I 2000/142 war ein Beitrag an die SVA der gewerblichen Wirtschaft (zur Dotierung des Versöhnungsfonds für Zwangsarbeiter) zu zahlen. Der VfGH (G 39, 40, 82/05, V 25–31, 32–37, 56–63/05, RdW 2005/848, 770 = ARD 5637/7/2005) hat die genannten Fassungen der Abs 6 und 7 des § 12 IESG **als verfassungswidrig aufgehoben** (dazu *Derntl*, ASoK 2005, 378). In diesem Erkenntnis hob der VfGH auch die **ZuschlagsV** rückwirkend seit 1999 als **gesetzwidrig** auf, da auf Grund der erzielten Überschüsse eine Herabsetzung des Zuschlags notwendig gewesen wäre (wobei die in den aufgehobenen Bestimmungen angeordneten Zahlungen herausgerechnet wurden).

Nach Ansicht des VfGH ist die **Insolvenzsicherung nicht der alleinige Zweck des IEF.** Im genannten Erkenntnis vertrat er die Auffassung, dass es sich beim IESG-Zuschlag um einen Zuschlag zum Arbeitslosenversicherungsbeitrag handle und es daher unbedenklich sei, wenn die Mittel auch für Zwecke der AlV bzw Zwecke der Arbeitsmarktpolitik verwendet werden, die in einem sachlichen Zusammenhang mit dem Verhalten beitragspflichtiger AG stünden. Grundsätzlich könne die Finanzierung der Insolvenz-Entgeltsicherung ebenso wie die Arbeitsmarktförderung den AG auferlegt werden. Damit billigt der VfGH die Verwendung von Mitteln des IEF für die Beschäftigung von Lehrlingen und Jugendlichen (aM *Liebeg*, IESG³ § 12 Rz 9). Zur doch sehr klar definierten und auch unionsrechtlich vorgegebenen „Kernaufgabe" des IEF – der Insolvenzsicherung – können diese Aufgaben nicht gezählt werden.

Damit bleibt die Frage, inwieweit der IEF für Transferzahlungen an andere SV herangezogen werden kann. Zweifelsohne ist der IEF eine Einrichtung im Rahmen der SV. Im Erkenntnis G 279/02 (ZAS-Judikatur 2004/70; dazu *Neumann*, ASoK 2004, 183 ff) hat der VfGH es für unzulässig erachtet, Beitragseinnahmen einer Versichertengemeinschaft an eine andere Versichertengemeinschaft zu übertragen, sofern zwischen diesen Versichertengemeinschaften kein persönlicher und sachlicher Zusammenhang existiert. Im Erkenntnis B 844/05 (ZfVB 2006/1035 = VfSlg 17.687) genügt es dem VfGH für die Annahme einer Unzulässigkeit, dass der Personenkreis in den Versichertengemeinschaften „zu verschieden" ist (in concreto hinsichtlich der Überweisung an die SVA).

1.2 Einhebung und Abfuhr des Zuschlags

Für die Einhebung und Abfuhr des Zuschlags gilt § 5 AMPFG. Die Beiträge zur AlV sind von den Trägern der gesetzlichen KV gemeinsam mit dem Beitrag zur KV einzuheben, der auf den IEF entfallende Zuschlag ist auf ein Konto des IEF abzuführen (§ 12 Abs 5 IESG).

2. Weitere Mittel

§ 12 Abs 1 IESG zählt neben den Einnahmen aus dem Zuschlag in den Z 1, 2, 3 sowie – eingefügt durch BGBl I 2011/39 – in den Z 5 und 6 leg cit weitere Einnahmequellen für den IEF auf (Rz 17 ff).

2.1 Mittel aus der Gebarung Arbeitsmarktpolitik

§ 12 Abs 1 Z 5 IESG sichert dem IEF Mittel aus der Gebarung Arbeitsmarktpolitik. § 14 AMPFG sieht hierzu vor, dass dem IEF 41 % der in den Jahren 2011–2015 durch die Neuregelung des § 2 Abs 8 AMPFG im Zuge des 1. Stabilitätsgesetzes 2011 BGBl I 2011/39 erzielten Mehreinnahmen zur Verfügung gestellt werden. Die Mehreinnahmen resultieren aus der Aussetzung der Befreiung von der Verpflichtung zur Leistung des Arbeitslosenversicherungsbeitrags nach Vollendung des 58. Lebensjahres. Diese Befreiung wurde mit BGBl I 2011/39 zunächst bis 2015 für alle Personen, die nach dem Stichtag 1. 7. 2011 das 58. Lebensjahr vollenden, ausgesetzt. Mit dem 2. Stabilitätsgesetz 2012 BGBl I 2012/35 wurde diese befristete Aussetzung durch Wegfall des § 2 Abs 8 AMPFG in ein Dauerrecht umgewandelt (zum Inkrafttreten der Regelungen § 28 Rz 3, § 29 Rz 1). Damit soll der Einnahmenausfall durch die Senkung des IESG-Zuschlagssatzes auf 0,45 % per 1. 1. 2015 bzw auf 0,35 % seit 1. 1. 2016 kompensiert werden.

2.2 Rückflüsse, Geldstrafen, Zinsen und sonstige Mittel

Etwa EUR 30.000.000,– im Jahr erzielt der IEF aus Rückflüssen (§ 12 Abs 1 Z 1 IESG). **„Rückflüsse"** sind jene Gelder, die dem IEF auf Grund des gesetzlichen Forderungsübergangs gem § 11 Abs 1 IESG zufließen. Diese Forderungen sind zunächst in den Insolvenzverfahren anzumelden, es ist die richtige Klassifikation und Anerkennung sicherzustellen sowie der Zahlungseingang zu prüfen, allenfalls sind die Forderungen durch exekutive Betreibung hereinzubringen. Die Betreibung erstreckt sich meist über mehrere Jahre (zB bei Sanierungsplänen über zwei Jahre ab gerichtlicher Aufhebung, bei Zahlungsplänen über fünf Jahre) und bedarf einer konsequenten Überwachung. Hinsichtlich der übergegangenen Forderungen besteht eine **Betreibungspflicht** des IEF (vgl § 13 Rz 8).

19 Ferner kann der IEF Mittel aus Eingängen der gem § 16 Abs 1 IESG verhängten **Geldstrafen** und aus Eingängen der **Zinsen** aus dem Geldverkehr (§ 12 Abs 1 Z 2 bzw 3 IESG) vereinnahmen. Nach § 13 Abs 6 IESG sind die Mittel des IEF so anzulegen, dass sie jederzeit zur Deckung des Aufwandes herangezogen werden können. Mit Zinsen iSd § 12 Abs 1 Z 3 IESG sind also offenbar auch Zinsen aus veranlagten Geldern gemeint. Der IEF kann allerdings nur risikolose und zeitlich kurzfristige Veranlagungen tätigen. Zinserträge, aber auch Zinsaufwendungen (Kreditzinsen) sind bei der Zuschlagsbemessung zu berücksichtigen.

20 Ebenfalls durch BGBl I 2011/39 neu eingefügt wurde § 12 Abs 1 Z 6 IESG (vgl auch Rz 17). Die Materialien (IA 1502/A 24. GP 1 ff) geben keine Auskunft darüber, was mit **„sonstige dem IEF zufließende Mittel"** konkret gemeint ist.

21 Die dem IEF zufließenden Mittel sind für die gesetzlich übertragenen Aufgaben **zweckgebunden** (§ 12 Abs 7 IESG).

§ 13 IESG

Insolvenz-Entgelt-Fonds

§ 13. (1) Die Mittel gemäß § 12 Abs. 1 sind dem Insolvenz-Entgelt-Fonds (im folgenden „Fonds") zuzuführen. Dieser Fonds besitzt Rechtspersönlichkeit. Sein Sitz ist in Wien. Der Fonds wird durch den Bundesminister für Arbeit, Soziales und Konsumentenschutz vertreten.

(2) Der Fonds hat für jedes Geschäftsjahr (Kalenderjahr) einen Voranschlag und eine Bilanz zu erstellen sowie einen Geschäftsbericht zu verfassen. Dem Voranschlag ist jeweils eine Vorschau über das folgende Jahr anzuschließen. Der Voranschlag ist bis Mitte Oktober des dem Geschäftsjahr vorangehenden Kalenderjahres, die Bilanz und der Geschäftsbericht bis Mitte Oktober des dem Geschäftsjahr folgenden Kalenderjahres vorzulegen. Die Bilanz ist zu veröffentlichen.

(3) Der Fonds ist ermächtigt, zur Überbrückung finanzieller Bedeckungsschwierigkeiten Kredite aufzunehmen.

(4) Unbeschadet der Vertretung durch die Finanzprokuratur sind der Fonds und im hoheitlichen Bereich die IEF-Service GmbH ermächtigt, insbesondere für die Geltendmachung und weitere Verfolgung ihrer Ansprüche im Sinne des § 11 Abs. 1 geeignete physische oder juristische Personen zu beauftragen. Die diesbezüglichen Kosten trägt der Fonds. Die Vereinbarung zur Pauschalabgeltung der Vertretungskosten mit dem jeweiligen Rechtsvertreter ist zulässig.

(4a) Die Bundesrechenzentrum GmbH hat IT-Aufgaben im Sinne des § 2 Abs. 2 des Bundesgesetzes über die Bundesrechenzentrum GmbH (BRZ GmbH), BGBl. Nr. 757/1996, für die IEF-Service GmbH, soweit dies für die Vollziehung der ihr nach diesem Bundesgesetz und nach dem IEF-Service-GmbH-Gesetz (IEFG), BGBl. I Nr. 88/2001, übertragenen Aufgaben eine wesentliche Voraussetzung bildet, auf deren Verlangen gegen Entgelt zu erbringen.

(5) Der Fonds kann seine Forderungen (§§ 9 und 11) stunden, deren Abstattung in Raten bewilligen und auf seine Forderungen ganz oder teilweise verzichten, wobei die einschlägigen haushaltsrechtlichen Vorschriften des Bundes unter Bedachtnahme auf die §§ 222 Abs. 3, 235 und 236 der Bundesabgabenordnung, BGBl. Nr. 194/1961, sinngemäß anzuwenden sind; der Fonds ist berechtigt, Stundungszinsen zu verrechnen, es sei denn, es handelt sich um nach § 58 Z 1 IO ausgeschlossene Ansprüche.

(6) Die Mittel des Fonds sind derart anzulegen, daß sie zur Deckung des Aufwandes jederzeit herangezogen werden können.

(7) Der Fonds ist von den Stempel- und Rechtsgebühren sowie den Gerichts- und Justizverwaltungsgebühren befreit.

§ 13 IESG

(8) Hinsichtlich der nachstehenden Angelegenheiten von grundsätzlicher Bedeutung sind die gesetzlichen Interessenvertretungen der Arbeitgeber und Arbeitnehmer zu hören:
1. zum Voranschlag und zur Vorschau sowie zur Bilanz und zum Geschäftsbericht gemäß Abs. 2;
2. vor jeder Veränderung der Zuschlagshöhe durch Verordnung gemäß § 12 Abs. 3;
3. vor Erlassung einer Verordnung über die örtliche Zuständigkeit der Geschäftsstellen gemäß § 5 Abs. 2;
4. vor Erlassung von Durchführungsrichtlinien grundsätzlicher Art, insbesondere hinsichtlich der gesicherten Ansprüche im Sinne des § 1 Abs. 2 Z 4;
5. vor Erlassung von Richtlinien des Insolvenz-Entgelt-Fonds über die Verrechnung von Stundungszinsen für auf diesen nach § 11 übergegangene Forderungen.

(§ 13 IESG idF BGBl I 2014/30)

Übersicht zu § 13 IESG

1. Begriff eines Fonds	Rz 1–2
2. IEF	Rz 3–4
2.1 Finanzierung	Rz 5–6
2.2 Vertreter des Fonds	Rz 7
2.3 Geltendmachung der Forderungen	Rz 8–10
3. Anhörungsrechte	Rz 11

1. Begriff eines Fonds

1 Als Fonds werden speziell verwaltete Vermögenschaften der Gebietskörperschaften ohne Rechtspersönlichkeit oder durch hoheitlichen Willensakt begründete Zweckvermögen mit Rechtspersönlichkeit verstanden. Ferner gibt es Fonds, die staatliche Aufgaben besorgen und die daher mit Hoheitsgewalt zur Erlassung genereller und individueller Verwaltungsakte ausgestattet sind.

2 Funktionell wird zwischen Lenkungs-, Förderungs- und Verwaltungsfonds unterschieden. Förderungsfonds gewähren finanzielle Hilfeleistungen, auf die idR kein rechtlich durchsetzbarer Anspruch besteht. Lenkungsfonds können in ihrem Wirkungsbereich selbständige hoheitliche Zwangsmaßnahmen setzen. Verwaltungsfonds als zumeist bloße Verrechnungskassen besitzen idR weder Hoheitsgewalt noch Rechtspersönlichkeit.

2. IEF

Der IEF hat die Aufgabe, die vom IESG vorgesehenen Zahlungen zu leisten und die auf ihn übergegangenen Forderungen geltend zu machen. Er hat keine unmittelbar hoheitlichen Befugnisse auszuüben, denn das Bescheidverfahren für die Zuerkennung von Insolvenz-Entgelt ist durch § 3 Abs 2 IEFG der IEF-Service GmbH als Beliehener zum hoheitlichen Vollzug zugewiesen. Trotzdem ist der Fonds eine **juristische Person öffentlichen Rechts** und keine bloße Verrechnungskasse, wie die meisten Verwaltungsfonds (vgl Rz 2). Er verwaltet nicht nur Vermögen, sondern soll seine Ausgaben im Rechtsweg nach Maßgabe der rechtlichen Möglichkeiten durch die Wahrnehmung der Gläubigerposition gegenüber den insolventen DG zumindest teilweise wieder decken (vgl § 11 IESG; dazu allg § 11 Rz 1 ff). Deswegen und weil der Fonds geeignete Personen zur Verfolgung seiner Ansprüche heranziehen bzw beauftragen kann (§ 13 Abs 4 IESG; vgl Rz 7), ausdrücklich Rechtspersönlichkeit hat (§ 13 Abs 1 IESG) sowie Stundungen und Ratenzahlungen bewilligen kann (§ 13 Abs 5 IESG), kommt ihm im Rahmen seines gesetzlichen Aufgabenbereichs die volle Rechtsfähigkeit und damit auch zB Parteifähigkeit zu (vgl dazu ua OGH 9 Ob 901/90). Nach § 89c Abs 5 GOG ist ausdrücklich der Fonds für die Agenden der Forderungsbetreibung zur Teilnahme am elektronischen Rechtsverkehr verpflichtet (neben der IEF-Service GmbH für die Zwecke des hoheitlichen Bescheidverfahrens). 3

Auch durch die mit dem IEFG erfolgte Organisationsprivatisierung wurde das Bestehen des IEF als Rechtsperson nicht berührt (vgl §§ 1, 3 und 4 IEFG sowie §§ 11–13 IESG). Denn der IEF-Service GmbH obliegt neben dem hoheitlichen Bescheidverfahren auch nach § 3 Abs 3 IEFG die Besorgung aller Geschäfte des IEF in den Formen des Privatrechts. Von diesem Begriff sind nach den Materialien (ErläutRV 666 BlgNR 21. GP 18) „auch die rechtsgeschäftlichen Vertretungskompetenzen und insb auch das Eintreiben allfälliger auf den Fonds übergegangener Forderungen" umfasst; es werde durch die Begriffe „Betriebsführung und Besorgung aller Geschäfte" des IEF klargestellt, „dass der Fonds in allen Angelegenheiten durch die Gesellschaft vertreten wird. Alle Handlungen des Fonds werden von der Gesellschaft im Namen des Fonds vorgenommen." Im arbeits- und sozialgerichtlichen Verfahren wie auch in den Insolvenzverfahren erfolgt daher eine indirekte Vertretung des IEF durch die IEF-Service GmbH (vgl VwGH 2002/17/0332, ZfVB 2004/987).

Der IEF ist **beim BMASK errichtet.** 4

2.1 Finanzierung

Den Hauptteil der Einnahmen des IEF bildet der Zuschlag zum Dienstgeberanteil zur AlV (vgl § 12 Rz 1). Weitere Einnahmen erhält der IEF durch 5 die Rückflüsse aus den übergegangenen Forderungen sowie durch die Zinserträge aus der Veranlagung der Einnahmen. Seit 1. 7. 2011 erhält der IEF gem § 14 Abs 1 AMPFG auch Mittel aus der Gebarung Arbeitsmarktpolitik (vgl § 12 Rz 17).

Gem § 13 Abs 6 IESG müssen die Fondsmittel zur Deckung des Aufwands jederzeit herangezogen werden können. Der IEF kann vorhandene, nicht unmittelbar zur Bedeckung der gesetzlich vorgesehenen Ausgaben benötigte Finanzmittel daher nur kurzfristig in „sicheren" Anlageformen veranlagen, bei denen als primäre Voraussetzung kein Kapitalverlust durch zB vorzeitige Auflösung drohen kann. Dem § 446 ASVG vergleichbare Regelungen zur Vermögensveranlagung wie für die SV finden sich im IESG nicht.

6   § 13 Abs 2 IESG sieht vor, dass das Geschäftsjahr des IEF identisch mit dem Kalenderjahr ist und der IEF über jedes Geschäftsjahr einen **Voranschlag** und eine **Bilanz** sowie einen **Geschäftsbericht** zu erstellen hat. Die Bilanz und der Geschäftsbericht sind seit BGBl I 2014/30 (zum Inkrafttreten § 30 Rz 3) bis Mitte Oktober des dem Geschäftsjahr folgenden Kalenderjahres vorzulegen, der Voranschlag muss bis Mitte Oktober des dem Geschäftsjahr vorangehenden Kalenderjahres vorliegen (vgl § 12 Rz 4). Somit sind Bilanz und Geschäftsbericht eines Jahres immer zusammen mit dem Voranschlag für das laufende und das nächste Jahr vorzulegen. Der Voranschlag ist nach § 12 Abs 3 IESG die Grundlage für Überprüfung der Höhe des Zuschlagssatzes durch den BMASK. Die Bilanz ist zu veröffentlichen.

Treten **Bedeckungsschwierigkeiten** auf, so ist der Fonds ermächtigt, zu deren Überbrückung Kredite aufzunehmen (§ 13 Abs 3 IESG). Unklar ist, ob der Begriff der „finanziellen Bedeckungsschwierigkeiten" nur kurzfristige Zeiträume umfasst, weiters ist fraglich, wie er mit dem Gebot der ausgeglichenen Gebarung des IEF in § 12 Abs 4 IESG zu vereinbaren ist. Die Bestimmungen zur Erhöhung des Zuschlagssatzes sehen vor, dass Kredite nur soweit zu berücksichtigen sind, als sie in den beiden Beobachtungsjahren des Voranschlages (laufendes Jahr und Folgejahr) tatsächlich in Form von Kapitalrückzahlungen abzudecken sind (vgl § 12 Abs 4 letzter S IESG). Das indiziert, dass auch längere Verschuldungszeiträume gesetzlich gedeckt sind.

2.2 Vertreter des Fonds

7   Gesetzlicher Vertreter des Fonds ist der **BMASK** (§ 13 Abs 1 S 3 IESG). Verwaltet wird der Fonds durch die seit 2001 bestehende IEF-Service GmbH, die zu 100 % im Eigentum des Bundes steht; die Gesellschafterrechte übt der BMASK aus. Der Fonds handelt in allen Angelegenheiten – also sowohl im privatwirtschaftlichen Bereich als auch im hoheitlichen Vollzug – durch die IEF-Service GmbH (§ 3 Abs 4 IEFG). Nach § 25 Abs 1 IEFG ist diese Gesell-

schaft berechtigt, sich gegen Entgelt in allen Rechtsangelegenheiten von der Finanzprokuratur beraten und vertreten zu lassen. Unbeschadet dessen kann der Fonds, insb für die Geltendmachung und weitere Verfolgung seiner Ansprüche iSd § 11 Abs 1 IESG, hierfür geeignete physische und juristische Personen heranziehen bzw beauftragen. Ein Beispiel dafür ist die Ausübung des Stimmrechtes des Fonds in Insolvenzverfahren durch die Gläubigerschutzverbände.

2.3 Geltendmachung der Forderungen

Der Fonds hat die Aufgabe, seine Forderungen geltend zu machen und rechtlich entsprechend zu verfolgen. Das betrifft in erster Linie die gem § 11 Abs 1 IESG **übergegangenen Ansprüche** im Insolvenzverfahren (vgl allg § 11 Rz 1 ff). Bei dieser Aufgabe handelt es sich um eine Rechtspflicht. Dies ergibt sich aus § 12 Abs 1 Z 1 IESG, wonach die auf diese Weise eingegangenen Mittel einen wesentlichen Beitrag der Finanzierung darstellen, für den der Fonds selbst Vorsorge zu treffen hat. Ein weiteres klares Indiz für diese Rechtsmeinung bildet § 13 Abs 5 IESG, der den Fonds zu **Stundungen** und **Ratenzahlungen** sowie zur gänzlichen oder teilweisen **Abschreibung von Forderungen** berechtigt. Dabei hat er die haushaltsrechtlichen Vorschriften des Bundes sowie die §§ 222 Abs 3 (Sicherheitsleistung), 235 (amtswegige Löschung) und 236 BAO (Löschung auf Antrag) sinngemäß zu beachten. Die einschlägigen haushaltsrechtlichen Bestimmungen finden sich in den §§ 73 und 74 BHG. Stundungen, Ratenvereinbarungen und Forderungsverzichte können Verstöße gegen das **Beihilfenverbot des Art 112 AEUV** darstellen, das jegliche Verhaltensweisen verbietet, die nicht jenen eines Gläubigers unter normalen Marktbedingungen entsprechen (zB zu lange Stundungslaufzeiten oder der [Vorab-]Verzicht auf Teile der Quotenzahlungen; vgl *Liebeg*, IESG[3] § 12 Rz 10 mwN). Arbeitsmarktpolitische oder gesamtwirtschaftliche Erwägungen können nicht als zulässige Gründe für Forderungsverzichte oder Vereinbarungen zur Zahlungserleichterung durch den IEF unter diese Bestimmung subsumiert werden.

Zum **Verzicht** ist auszuführen, dass der IEF nur insolvenzverfangene Forderungen betreibt, die per Legalzession nach Insolvenzverfahrenseröffnung auf ihn übergehen.

Auf Antrag des Schuldners kann nach den genannten Bestimmungen der BAO ganz oder teilweise verzichtet werden, wenn „die Einhebung nach Lage des Falles unbillig wäre". Eine sachliche Unbilligkeit liegt nach der V BGBl II 2005/405 insb vor, „soweit die Rechtsansicht von höchstrichterlichen Rechtsauslegungen abweicht, wenn im Vertrauen auf die betreffende Rsp für die Verwirklichung des die Abgabepflicht auslösenden Sachverhalts bedeutsame Maßnahmen gesetzt wurden". Die sachliche Unbilligkeit idS würde bedeuten, dass der Haftungsgrund des Schuldners auf einem von ihm gesetzten Verhalten beruht, das im Vertrauen auf eine noch vertretbare, jedoch von der geltenden Judikatur abweichende Rechtsansicht gesetzt wurde.

Nach § 74 Abs 1 Z 1 BHG kann auf Forderungen des Bundes ganz oder teilweise verzichtet werden, wenn unter Berücksichtigung der wirtschaftlichen Verhältnisse und des Ausmaßes des Verschuldens des Schuldners am Entstehen der Forderung eine Betreibung unbillig wäre oder der Verzicht im wirtschaftlichen Interesse des Bundes liegt. Im erstgenannten Fall wäre in Bezug auf die Frage des Verschuldens am Entstehen der Forderung erneut die Definition einer solchen sachlichen Unbilligkeit heranzuziehen.

Eine **sachliche Unbilligkeit** iSd vorgenannten Bestimmungen ist **für den IEF denkunmöglich:** Zum einen gehen die Forderungen der AN mit der Anmeldung bzw bei Bestreitung mit der Zahlung von Insolvenz-Entgelt auf den IEF über. Welches Verhalten iSd oben angesprochenen Bestimmungen zum Entstehen dieser Forderungen geführt hat, liegt daher außerhalb des vom IEF für die Frage eines Forderungsverzichts zu beachtenden Spektrums, solange es sich nicht um die Beurteilung der rechtlichen Aussichten einer Klage auf Grund bestrittener Ansprüche handelt. Die Berücksichtigung von derartigen Unbilligkeitsgründen verstieße wohl auch gegen das Beihilfenverbot. Hingegen kann die Berücksichtigung wirtschaftlicher Gründe, insb ob die Forderung überhaupt mit realistischen Chancen und einem vertretbaren Kostenaufwand eintreibbar ist, unter die sinngemäße Anwendung dieser Bestimmungen subsumiert werden.

§ 74 Abs 1 Z 2 BHG sieht vor, dass bei Verzichten in BG definierte Höchstbeträge nicht überschritten werden dürfen. Steht dies zur Debatte, wäre für den Verzicht wiederum ein BG notwendig. Die allgemeine Höchstgrenze ist im BFG festgelegt (zB für 2017 in Art XII mit EUR 2.500.000,– pro Verfügung). § 74 Abs 1 Z 2 BHG ist mE nicht auf den IEF anwendbar, da es sich nicht um Forderungen des Bundes handelt und der IEF auch nicht im Bundesfinanzrahmen oder im Haushalt des Bundes aufscheint (wohl aber die IEF-Service GmbH).

Nach § 73 Abs 4 BHG kann der Bund die Einziehung (iS von Eintreibung) von Forderungen dauerhaft einstellen, wenn der Verwaltungs- und Kostenaufwand unverhältnismäßig ist, alle Möglichkeiten zur Einziehung bereits erfolglos versucht wurden oder Einziehungsmaßnahmen von vornherein offenkundig aussichtslos sind und auf Grund der Rechts- und Sachlage nicht anzunehmen ist, dass die Eintreibung zu einem späteren Zeitpunkt Erfolg haben wird.

Insgesamt ergibt sich daher, dass der IEF auf seine Forderungen nur verzichten darf, wenn **alle Möglichkeiten der Einbringung erfolglos** waren oder **Einbringungsmaßnahmen** aus rechtlichen oder wirtschaftlichen Gründen **offenkundig und auch für die Zukunft aussichtslos** sind. Dabei ist das Gebot der Wirtschaftlichkeit, insb im Verhältnis zu den oft geringen Quoten, zu beachten. Ferner ist die Regresssperre nach § 11 Abs 3 IESG relevant (zu dieser § 11 Rz 45 ff).

Mit BGBl I 1997/107 wurde dem IEF in § 13 Abs 5 IESG die Möglichkeit eingeräumt, **Stundungszinsen** zu verrechnen, es sei denn, es handelt sich um Ansprüche, die nach § 58 Z 1 IO ausgeschlossen sind. Das sind seit Verfahrenseröffnung laufende Zinsen von Insolvenzforderungen sowie Kosten, die den einzelnen Gläubigern aus ihrer Teilnahme am Verfahren erwachsen. Auch hier sind die geltenden haushaltsrechtlichen Vorschriften des Bundes in der Gestalt des § 73 BHG sinngemäß anzuwenden. Nach Abs 2 leg cit sind bei Stundung und Ratenzahlung Zinsen in Höhe von 3 % pa über dem jeweiligen Basiszinssatz zu berechnen, außer wenn die Verrechnung der Zinsen nach Lage des Falles unbillig wäre (wobei hier auf die wirtschaftlichen Verhältnisse des Schuldners abgestellt wird) oder einen Verwaltungsaufwand verursacht, der in keinem angemessenen Verhältnis zur Höhe der Stundungszinsen steht. Setzt man die potentielle Einbringlichkeit dieser Stundungszinsen in den Fällen des IEF und die Anzahl der Stundungsansuchen (im Schnitt etwa 100 pro Jahr, im Jahr 2015 zB 77) sowie die meist relativ geringen Beträge (gestundet wird ja stets ein Quotenbetrag) als Maßstab an, treffen beide Parameter für die Nichtverrechnung von Stundungszinsen zu. 9

Nach § 13 Abs 7 IESG ist der Fonds von den Stempel- und Rechtsgebühren sowie von der Zahlung der Gerichts- und Justizverwaltungsgebühren befreit. Die Befreiung von den Gerichts- und Justizverwaltungsgebühren ist durch § 13 Abs 1 GGG idF BGBl I 2001/131 hinfällig. Dort wird bestimmt, dass die in gesetzlichen Vorschriften ohne Beziehung auf bestimmte Personen aus sachlichen Gründen gewährten Befreiungen von den Gerichts- und Justizverwaltungsgebühren unwirksam sind. 10

3. Anhörungsrechte

§ 13 Abs 8 IESG normiert Anhörungsrechte der gesetzlichen Interessenvertretungen der AN und der AG. Diese sind vor Erlassung einer V über die Höhe des Zuschlags gem § 12 Abs 3 IESG zu hören. Den gesetzlichen Interessenvertretungen ist auch die Bilanz, der Geschäftsbericht und der Voranschlag nach § 13 Abs 2 IESG zu übermitteln (vgl Rz 6). Ferner bestehen Anhörungsrechte vor Erlassung einer V über die örtliche Zuständigkeit von Geschäftsstellen gem § 5 Abs 2 IESG, vor Erlassung von Durchführungsrichtlinien grundsätzlicher Art (insb hinsichtlich der gesicherten Ansprüche iSd § 1 Abs 2 Z 4 IESG) sowie vor Erlassung von RL des IEF über die Verrechnung von Stundungszinsen für nach § 11 IESG übergegangene Forderungen. 11

§ 13a IESG

Dienstnehmer-Beitragsanteile zur gesetzlichen Sozialversicherung

§ 13a. (1) Der Anspruch des Anspruchsberechtigten umfasst auch die auf den Dienstnehmer entfallenden Beitragsanteile zur gesetzlichen Sozialversicherung (im folgenden „Dienstnehmerbeitragsanteile").

(2) Dienstnehmerbeitragsanteile zur gesetzlichen Sozialversicherung, die für gesicherte Ansprüche fällig werden und Dienstnehmerbeitragsanteile, soweit diese bis längstens zwei Jahre vor der Eröffnung des Insolvenzverfahrens bzw. vor jenen Zeitpunkten, welche dieser gemäß § 1 Abs. 1 gleichgestellt sind, rückständig sind, schuldet der Insolvenz-Entgelt-Fonds dem zur Beitragseinhebung zuständigen Sozialversicherungsträger. Die Verrechnung hat zwischen diesem Sozialversicherungsträger und dem Fonds nach Maßgabe der folgenden Bestimmungen im direkten Wege zu erfolgen.

(3) Die von den Sozialversicherungsträgern im beantragten oder durchgeführten Insolvenzverfahren oder durch die Verwertung von Absonderungs- und diesen gleichgestellten Rechten sowie von Aussonderungsrechten nicht hereinbringbaren Dienstnehmerbeitragsanteile für die in Abs. 2 genannten Zeiträume sind vom zuständigen Sozialversicherungsträger für alle im laufenden Kalenderjahr im nachstehenden Sinne beendeten Insolvenzfälle dem Fonds bis Ende April des Folgejahres bekanntzugeben. Auch hinsichtlich der Dienstnehmerbeitragsanteile, die nach § 67a Abs. 2 und Abs. 13 ASVG nicht einbringlich gemacht werden konnten, hat der zur Beitragseinhebung zuständige Sozialversicherungsträger zuerst nach dem ersten Satz vorzugehen. Als Beendigung der Insolvenz gelten:

1. die Aufhebung des Insolvenzverfahrens, im Fall eines Sanierungsplans dessen Erfüllung;
2. das Erlöschen bzw. die Aufhebung der Geschäftsaufsicht;
3. die Nichteröffnung des Insolvenzverfahrens mangels kostendeckenden Vermögens,
4. die Ablehnung der Eröffnung des Insolvenzverfahrens gemäß § 68 IO wegen Vermögenslosigkeit,
5. die Löschung gemäß § 40 oder § 42 des Firmenbuchgesetzes (FBG), BGBl. Nr. 10/1991, wegen Vermögenslosigkeit,
6. die Zurückweisung des Antrags auf Eröffnung des Insolvenzverfahrens gemäß § 63 IO,
7. der Beschluss gemäß § 153 Abs. 1 oder § 154 Abs. 1 des Außerstreitgesetzes (AußStrG), BGBl. I Nr. 111/2003.

(4) Wird ein Sanierungsplan nicht erfüllt, so hat die Verrechnung nach den Abs. 2 und 3 erst mit der Beendigung des Insolvenzverfahrens nach Abs. 3 Z 1 und bei der Ablehnung des Antrages auf Eröffnung

Sundl **§ 13a IESG**

des Insolvenzverfahrens mangels hinreichenden Vermögens nach Abs. 3 Z 3 zu erfolgen. Erlischt die Geschäftsaufsicht durch Eröffnung des Insolvenzverfahrens, so hat die Verrechnung erst mit der Beendigung des Insolvenzverfahrens nach Abs. 3 Z 1 zu erfolgen. Wird ein Sekundärinsolvenzverfahren (§ 6 Abs. 1) eröffnet, beziehen sich die im Abs. 3 Z 1 bis 7 genannten Zeitpunkte auf dieses Sekundärinsolvenzverfahren.

(5) Auf die Jahresabrechnung nach Abs. 3 hat der Fonds dem Sozialversicherungsträger monatlich Abschlagszahlungen im Ausmaß von je einem Zwölftel der Summe der Vorjahresabrechnungen zu gewähren.

(§ 13a IESG eingefügt durch BGBl 1982/647, idF BGBl I 2010/29)

Schrifttum zu § 13a IESG

Binder, Die Gemeinschaftsmaßnahmen zur Wahrung von Arbeitnehmerinteressen bei Betriebsübergang, Massenentlassung und Insolvenz und ihre Bedeutung für das österreichische Arbeitsrecht, in *Koppensteiner* (Hrsg), Österreichisches und europäisches Wirtschaftsprivatrecht, Teil 5: Arbeitsrecht (1997) 83;

Egger, Das Arbeits- und Sozialrecht der EU und die österreichische Rechtsordnung² (2005);

Fruhwürth, Sozialversicherungsbeiträge, Insolvenz-Ausfallgeld und Regress, ecolex 1992, 791;

Holzer, Die Richtlinie zu Angleichung der Rechtsvorschriften der Mitgliedstaaten über den Schutz der Arbeitnehmer bei Zahlungsunfähigkeit des Arbeitgebers und das österreichische Recht, in *Runggaldier* (Hrsg), Österreichisches Arbeitsrecht und das Recht der EG (1990) 259;

Souhrada, Novelle zum IESG, SozSi 1983, 17;

Ch. Weber, Sicherung des Arbeitsentgelts bei Zahlungsunfähigkeit des Arbeitgebers, in *Oetker/Preis* (Hrsg), Europäisches Arbeits- und Sozialrecht (Loseblatt-Slg) B 3300 (2008);

Weinmeier, Freizügigkeit und Sozialpolitik im EWR und ihre Umsetzung im österreichischen Recht (1994);

Wolligger, Arbeitnehmeransprüche bei Arbeitgeberinsolvenz nach EG- und österreichischem Recht (2001).

1. Sicherung der Dienstnehmerbeitragsanteile

§ 13a IESG hat seinen Anlass in den weitreichenden Umstellungen im **1** österreichischen Insolvenzrecht durch das IRÄG 1982 BGBl 1982/370 (zum Inkrafttreten § 18 Rz 5), welches die Rangprivilegien der SV im (damaligen) Konkurs und Ausgleich wesentlich eingeschränkt hat. Durch den Verlust dieser Vorrangstellung drohten den Sozialversicherungsträgern deutliche Einbußen bei den Beitragseinnahmen. Angesichts ihrer finanziellen Lage waren die Versicherungsträger bemüht, begleitende Maßnahmen zur Insolvenzreform zu erreichen, die die Auswirkungen dieser Reform auf die Beitragseinnahmen der SV möglichst gering halten sollten (ErläutRV 1310 BlgNR 15. GP 19). Wichtigster Punkt im Rahmen dieser begleitenden Maßnahmen ist die von § 13a Abs 1 IESG getroffene Klarstellung, dass die Dienstnehmerbeitragsanteile zum Entgelt im sozialversicherungsrechtlichen Sinn gehören (anders noch LGZ Wien 44 Cg 145/59, Arb 7113). Damit sind sie genauso wie die übrigen Entgelte nach Maßgabe von Anspruchsgrenzen durch das IESG garantiert (vgl *Souhrada*, SozSi 1983, 17).

2 Erfasst werden die **Dienstnehmerbeitragsanteile zur KV und zur PV** (vgl §§ 51 Abs 3 Z 1 und 3, 51a, 51b ASVG). Die UV kennt keine Dienstnehmerbeiträge (vgl § 51 Abs 3 Z 2 ASVG). In der **AlV** sind solche sehr wohl vorgesehen, auch ist die AlV zweifelsfrei eine „gesetzliche SV". Dennoch dürften die Arbeitslosenversicherungsbeiträge der AN – ebenso wie die Beiträge nach § 12 Abs 2 BSchEG – von der gegenständlichen Sicherung nicht erfasst sein (aA *Fruhwürth*, ecolex 1992, 791; *Liebeg*, IESG[3] § 13a Rz 4). In den Beratungen zu § 13a IESG bestand nämlich Einvernehmen darüber, dass nur die Dienstnehmerbeitragsanteile der „SV ieS", also jene zur KV und zur PV, auf Grund der Neuregelung gesichert sein sollen (vgl *Souhrada*, SozSi 1983, 18). Diese Absicht findet im G gerade noch zureichenden Ausdruck, und zwar dadurch, dass nach § 13a Abs 2–5 IESG die Verrechnung zwischen dem Fonds und „den Sozialversicherungsträgern" stattzufinden hat. Die AlV etwa wird aber nicht von einem Sozialversicherungsträger, sondern vom AMS durchgeführt. *Wolligger* (Arbeitnehmeransprüche 53 ff) steht diesem engen Begriffsverständnis kritisch gegenüber, zumal der Sozialversicherungsbegriff des Art 10 Abs 1 Z 11 B-VG weit gefasst ist und systematische wie auch teleologische Überlegungen das Ergebnis stützen, dass sowohl Arbeitnehmerbeiträge zur AlV gem § 2 Abs 3 AMPFG als auch solche zur Schlechtwetterentschädigung gem § 12 Abs 1 BSchEG unter den Begriff der SV subsumierbar sind. Diese Ansicht wird durch *Fruhwürth (*ecolex 1992, 791 ff*)* geteilt, der weder in den Materialien noch im Gesetzestext entsprechende Anhaltspunkte für eine enge Auslegung sieht. Allfällige informelle Beratungen im Vorfeld der Gesetzwerdung seien aus seiner Sicht bei der Auslegung des Begriffs irrelevant.

3 Eine vergleichbare Sichtweise könnte **unionsrechtlich geboten** sein: Im Falle der Nichtleistung von Sozialversicherungsbeiträgen, die Einbußen bei der Gewährung von Sozialleistungen bedingen können, sieht die InsolvenzRL Schutzmechanismen vor: Einerseits geht die RL davon aus, dass der Arbeitnehmeranteil zur SV grundsätzlich als Teil des Arbeitsentgelts automatisch von der Garantie miterfasst ist, aber ausnahmsweise von ihrem Schutz ausgenommen werden darf (Art 6 InsolvenzRL; vgl dazu EuGH Rs 22/87, *Kommission/Italien*, Slg 1989, 143). Diese Ausnahme gestatte es den Mitgliedstaaten, die Kosten der Dienstnehmerbeitragsanteile nicht einer Einrichtung gem Art 3 und 5 InsolvenzRL zu übertragen. Damit soll den Mitgliedstaaten aber nur die Möglichkeit gegeben werden, ein anderes Garantiesystem für die Ansprüche auf Leistungen der sozialen Sicherheit zu wählen (ausdrücklich EuGH Rs 22/87, *Kommission/Italien*, Slg 1989, 143). Ergänzend ist nach Art 7 InsolvenzRL für den Arbeitgeberanteil sicherzustellen, dass durch die Nichtzahlung der Pflichtbeiträge an den Versicherungsträger keine Nachteile für den AN entstehen. Da der Terminus „Versicherungsträger" in Art 7 leg cit sehr weit verstanden werden muss und zudem zur „gesetzlichen SV" nach hA unzweifelhaft auch die AlV zählt (statt vieler *Tomandl*, Sozialrecht^6 28; vgl auch KOM(96) 696endg, 14), müssten iS einer richtlinienkonformen Auslegung auch die Beiträge zur AlV vom Anwendungsbereich des § 13a IESG erfasst sein (*Binder*, Gemeinschaftsmaßnahmen 207 f, aA *Holzer*, Richtlinie 279).

Die **Dienstgeberbeitragsanteile** zur SV fallen **nicht** unter § 13a IESG 4 (OGH 8 Ob 30/95, ZIK 1996, 61; vgl auch § 3 Rz 7). Dies ist aber **im Hinblick auf die InsolvenzRL problematisch.** Art 7 InsolvenzRL bezieht nämlich auch Sozialversicherungsbeiträge der AG in den Geltungsbereich ein, indem die Mitgliedstaaten verpflichtet werden, notwendige Maßnahmen zu treffen, um sicherzustellen, dass die Nichtzahlung von Pflichtbeiträgen an ihre Versicherungsträger zu den einzelstaatlichen Systemen der sozialen Sicherheit, die vom AG vor Eintritt der Zahlungsunfähigkeit geschuldet waren, keine Nachteile für die Leistungsansprüche der AN mit sich bringt (vgl *Binder*, Gemeinschaftsmaßnahmen 208 ff; *Ch. Weber,* Sicherung des Arbeitsentgelts Rz 45). Zwar steht die österr SV auf dem Standpunkt der Ipso-iure-Versicherung, nach der Leistungen unabhängig davon gewährt werden, ob Beiträge geleistet worden sind oder nicht, doch kann es bspw in der PV durch die Nichtleistung von Versicherungsbeiträgen zu Nachteilen für den AN kommen, wenn das Recht auf Feststellung der Zahlung der Beiträge für Zeiten nach Ablauf von drei bzw fünf Jahren (im letzteren Fall bei vorsätzlicher oder fahrlässiger Nichtmeldung durch den DG) nach Beschäftigungsbeginn verjährt ist (vgl § 225 Abs 1 Z 1 lit a ASVG). Entgegen der Ansichten von *Holzer* (Richtlinie 279), *Weinmeier* (Sozialpolitik im EWR 104 f) und *Egger* (EU^2 399) könnte daher im IESG ein Anpassungsbedarf an die Vorgaben der RL gegeben sein (*Wolligger*, Arbeitnehmeransprüche 197; *Binder,* Gemeinschaftsmaßnahmen 208 ff). Die Sicherung von sog Pensionsschäden entschärft allerdings das gegenständliche Problem der Richtlinienkonformität weitestgehend. Die Judikatur gewährt nämlich dem AN außerhalb der drei- bzw fünfjährigen Verjährungsfrist einen Schadenersatzanspruch bei Meldepflichtverletzung durch den AG (OGH 9 ObA 238/93, SZ 66/187), für welchen Insolvenz-Entgelt gem § 1 Abs 1 Z 2 IESG unlimitiert gebührt (vgl OGH 8 ObS 10/95,

§ 13a IESG

DRdA 1996/18, 227 *[Reissner]* = wbl 1995, 464). Die Frage eines Schadenersatzes stellt sich nur außerhalb der Verjährungsfristen, da ein Feststellungsverfahren innerhalb der Fristen trotz nicht entrichteter Beiträge zu einer Anerkennung von Beitragszeiten führt (vgl § 225 Abs 1 Z 1 lit a ASVG).

5   Von § 13a IESG erfasst sind gem Abs 2 S 1 leg cit einerseits **für gesicherte Ansprüche fällig werdende Beitragsanteile,** andererseits werden **bis längstens zwei Jahre vor dem Stichtag** (vgl § 3 Rz 3) **rückständige Beiträge** einbezogen. Letzteres ist nur dann uneingeschränkt möglich, wenn man in § 13a Abs 2 S 1 IESG eine Vorschrift erblickt, die § 60 Abs 1 ASVG als lex specialis vorgeht. Nach § 60 Abs 1 ASVG geht nämlich das Abzugsrecht bzgl der Dienstnehmerbeitragsanteile verloren, wenn der DG schuldhaft den Abzug nicht spätestens bei der auf die Fälligkeit des Beitrags nächstfolgenden Entgeltzahlung vornimmt.

2. Verfahren

6   Der Sicherungsvorgang ist offenbar so konzipiert, dass bzgl der Dienstnehmeranteile zur SV in den vom IESG erfassten Insolvenzfällen (s § 1 Rz 127 ff) ein **gesetzliches Schuldverhältnis zwischen dem IEF und dem zuständigen Sozialversicherungsträger** entsteht, und zwar unabhängig von irgendeiner formellen Antragstellung. Es war allen an der Gesetzwerdung Beteiligten klar, dass bei der neuen Regelung ein gesondertes, neues Verwaltungsverfahren wegen des damit verbundenen zusätzlichen Verwaltungsaufwands vermieden werden sollte (*Souhrada,* SozSi 1983, 18). Dieser Gedanke einer vereinfachten Administration wird bspw durch die Novelle BGBl 1986/395 (vgl § 17a Rz 42) noch stärker betont.

7   Damit die Zahlungspflicht des IEF aus diesem Schuldverhältnis entsteht, muss allerdings der zuständige Sozialversicherungsträger an der Ermittlung der Höhe der Schuld dadurch mitwirken, dass er die iSd § 13a Abs 3 IESG nicht hereinbringbaren Beitragsschulden betreffend die im abgelaufenen Kalenderjahr beendeten Insolvenzen bis Ende April des Folgejahres (Jahresabrechnung) bekanntzugeben hat (zum Inkrafttreten des § 13a Abs 3 S 2 IESG vgl § 25 Rz 7). Auf diese Jahresabrechnung zahlt der Fonds monatlich Abschlagszahlungen von je einem Zwölftel der Vorjahresabrechnungen (§ 13a Abs 5 IESG).

8   Schwierig zu beantworten ist die Frage, welcher **Rechtsweg** dem Sozialversicherungsträger offensteht, wenn der IEF seiner Zahlungspflicht aus diesem gesetzlichen Schuldverhältnis nicht nachkommt. Ein eigenes Verwaltungsverfahren wurde offenbar absichtlich nicht eingerichtet. Um einen zivilrechtlichen Anspruch kann es sich wohl auch nicht handeln, da die Hereinbringung von Sozialversicherungsbeiträgen grundsätzlich im öffentlichen Recht

angesiedelt ist und das IESG ganz allgemein die Rechtsnatur der gesicherten Ansprüche unangetastet lässt. Zur Vermeidung des Fehlens jedweder Rechtsdurchsetzungsmöglichkeit wird am ehesten davon auszugehen sein, dass die Angelegenheit vom Sozialversicherungsträger selbst als **Verwaltungssache gem § 355 Z 3 ASVG** zu behandeln und somit der gleichen Rechtsdurchsetzung wie Beitragsangelegenheiten im Allgemeinen zugänglich ist.

§ 13b IESG

Sundl

Zuschläge nach dem Bauarbeiter-Urlaubs- und Abfertigungsgesetz

§ 13b. (1) Vom Arbeitgeber zu leistende Zuschläge nach dem BUAG schuldet der Insolvenz-Entgelt-Fonds der Bauarbeiter-Urlaubs- und Abfertigungskasse, soweit diese längstens zwei Jahre vor der Eröffnung des Insolvenzverfahrens oder einem gemäß § 1 Abs. 1 gleichgestellten Beschluss rückständig sind und nicht Beschäftigungszeiten betreffen, für die der Arbeitnehmer keinen Anspruch gegenüber der Bauarbeiter-Urlaubs- und Abfertigungskasse (§§ 4a und 8 sowie §§ 13c Abs. 1 und 13j Abs. 1 Z 5 BUAG) erwirbt. Die Verrechnung hat zwischen der Bauarbeiter-Urlaubs- und Abfertigungskasse und dem Fonds nach Maßgabe der folgenden Bestimmungen im direkten Wege zu erfolgen.

(2) § 13a Abs. 3 und 4 gelten mit der Maßgabe, dass an die Stelle der Sozialversicherungsträger und der Dienstnehmerbeitragsanteile die Bauarbeiter-Urlaubs- und Abfertigungskasse und die Zuschläge treten. Auf die Jahresabrechnungen nach § 13a Abs. 3 hat der Fonds der Bauarbeiter-Urlaubs- und Abfertigungskasse vierteljährliche Abschlagszahlungen im Ausmaß von je einem Viertel der Summe der Vorjahresabrechnungen zu gewähren.

(§ 13b IESG eingefügt durch BGBl 1996/754, neugefasst durch BGBl I 2000/44, idF BGBl I 2010/29)

Übersicht zu § 13b IESG

1. Anspruchsausschluss bei gesetzlicher Zahlungspflicht eines Dritten ... Rz 1
2. Sicherung der Zuschläge nach dem BUAG .... Rz 2–4
3. Verfahren .... Rz 5

1. Anspruchsausschluss bei gesetzlicher Zahlungspflicht eines Dritten

1 Gem § 1 Abs 3 Z 5 IESG gebührt für Ansprüche iSd § 1 Abs 2 IESG kein IEG, wenn auf Grund gesetzlicher Anordnung ein anderer als der AG (ehemalige AG) zur Zahlung verpflichtet ist (allg dazu § 1 Rz 391 ff). Infolge der starken Fluktuation sowie Saisonabhängigkeit im Baugewerbe sieht das BUAG für Bauarbeiter eine Sonderstellung im Urlaubs- und Abfertigungsrecht vor: Die Ansprüche auf Urlaubsentgelt iSd § 8 BUAG bzw bei Beendigung die sog (Urlaubs-)Abfindung iSd § 10 BUAG bzw Urlaubsersatzleistung iSd § 9 BUAG sowie die Abfertigung iSd §§ 13a ff BUAG richten sich gegen die BUAK, die durch Zuschlagsleistungen der AG gespeist wird.

Zu beachten ist aber, dass auch für Bauarbeiter, die nach dem 31. 12. 2002 ein neues Arbeitsverhältnis aufgenommen haben, die Regelungen über die sog

Sundl **§ 13b IESG**

„Abfertigung neu" iSd BMSVG (s § 1 Rz 244) zur Anwendung kommen. Zu diesem Zweck hat die BUAK eine BV-Kasse zu errichten, die in ihrem Alleineigentum steht (vgl § 33b Abs 1 BUAG; s auch § 13d Rz 5). Im Falle einer Insolvenz des AG iSd § 1 Abs 1 IESG sind demnach die genannten Ansprüche nicht gegenüber dem IEF, sondern – wie auch sonst – gegenüber der BUAK geltend zu machen.

2. Sicherung der Zuschläge nach dem BUAG

§ 13b IESG wurde nach dem Muster des geltenden § 13a IESG durch das ARÄG 2000 BGBl I 2000/44 neu gefasst. Bis zum Inkrafttreten der Neuregelung am 1. 1. 2001 (vgl § 17a Rz 27) hatte der Fonds im Falle der Insolvenz des letzten AG die von der BUAK an AN ausbezahlten Abfertigungen iSd §§ 13a ff BUAG zu ersetzen. Nicht erstattet wurden die Urlaubsentgelte iSd § 8 BUAG und die Urlaubsabfindung iSd § 10 BUAG (vgl ErläutRV 91 BlgNR 21. GP 20). **2**

Mit der Neuregelung entfällt die Refundierung der tatsächlichen Abfertigungsleistungen durch den IEF. Anstatt dessen hat der **Fonds** bei Insolvenzverfahrenseröffnungen ab dem 1. 1. 2001 alle **vom AG nach dem BUAG zu entrichtenden Zuschläge** (Sachbereiche Urlaub, Abfertigung und Winterfeiertagsregelung) der BUAK insoweit **zu ersetzen,** als sie im Insolvenzverfahren nicht einbringlich zu machen und längstens zwei Jahre vor der Insolvenzverfahrenseröffnung rückständig sind (vgl OGH 9 ObA 55/06p, ARD 5703/3/2006). Damit sollte auch eine Gleichstellung der Bauunternehmen mit anderen Unternehmen – bei denen die Urlaubsentgelte im Falle der Insolvenz vom IEF übernommen werden – erreicht werden (ErläutRV 91 BlgNR 21. GP 20). **3**

Erleidet der Bauarbeiter durch die Nichtleistung der Zuschläge einen Schaden (das ist insb dann der Fall, wenn mehr als die vom Fonds zu übernehmenden Zuschläge ausständig sind), ist ein solcher Schadenersatzanspruch nach § 1 Abs 2 Z 2 IESG – und zwar ohne höhenmäßige Beschränkung – gesichert (zum Pensionsschaden vgl OGH 8 ObS 10/95, DRdA 1996/18, 227 *[Reissner]* = wbl 1995, 464). **4**

3. Verfahren

Was das Verfahren anlangt, nimmt § 13b Abs 2 IESG die Bestimmung des § 13a Abs 3 und 4 IESG in Bezug. Auf die diesbezüglichen Ausführungen sei verwiesen (s § 13a Rz 6 ff). Allerdings hat der Fonds auf die Jahresabrechnungen nach § 13a Abs 2 IESG der BUAK nicht monatliche, sondern vierteljährliche Abschlagszahlungen von je einem Viertel der Vorjahresrechnungen zu zahlen. **5**

§ 13c IESG

Ristic

Ansprüche eines bevorrechteten Gläubigerschutzverbandes bei Vertretung von Anspruchsberechtigten

§ 13c. (1) Wird der Anspruchsberechtigte (§ 1 Abs. 1) im Verfahren nach diesem Bundesgesetz vor einer Geschäftsstelle durch einen bevorrechteten Gläubigerschutzverband vertreten, der statutengemäß in einem solchen Verfahren Anspruchsberechtigten ausnahmslos unentgeltlichen Rechtsschutz gewährt, schuldet der Fonds einem solchen Rechtsvertreter insbesondere für die im Zusammenhang mit der Ermittlung des Anspruches auf Insolvenz-Entgelt nach § 3 Abs. 1 erster Satz aufgelaufenen Unkosten je vertretenem Anspruchsberechtigten eine pauschalierte Abgeltung von 59 Euro zuzüglich Umsatzsteuer; daran ändert nichts, dass ein solcher Gläubigerschutzverband sich diesbezüglich auf eigene Kosten eines Rechtsvertreters bzw. eines Steuerberaters bedient.

(2) Der im Abs. 1 genannte Pauschalbetrag ist mit Wirkung ab 1. Jänner des Jahres 2003 und jedes darauffolgenden Jahres mit der Aufwertungszahl (§ 108a ASVG) des jeweiligen Kalenderjahres zu vervielfachen und kaufmännisch auf einen vollen Eurobetrag zu runden. Der neue Pauschalbetrag gilt hinsichtlich der in diesem Kalenderjahr vertretenen Anspruchsberechtigten.

(§ 13c IESG eingefügt durch BGBl I 1999/73, idF BGBl I 2008/82)

Schrifttum zu § 13c IESG

Konecny/Riel, Entlohnung im Insolvenzverfahren (1999);
Riel, Das Insolvenzverfahren über das Vermögen der ALPINE Bau GmbH – ein Zwischenbericht, ZIK 2014, 174;
Schneider, Die Belohnung der Gläubigerschutzverbände im Schuldenregulierungsverfahren, ZIK 2010, 97;
Schnetzinger, Unternehmenssanierung aus Sicht der Arbeitnehmer, in *Feldbauer-Durstmüller/St. Mayr* (Hrsg), Unternehmenssanierung in der Praxis (2009) 249;
Thumfart, Lohnverrechnung Grundlagen, in *Schnetzinger/Hilber* (Hrsg), Personalverrechnung in der Insolvenz^2 (2014) 116.

Übersicht zu § 13c IESG

1. Allgemeines	Rz 1
2. Fallpauschale für die Vertretung im IESG-Verfahren	Rz 2–7
3. Bevorrechteter Gläubigerschutzverband	Rz 8–14

1. Allgemeines

Mit dem IVEG BGBl I 1999/73 wurde die Entlohnung des Insolvenzverwalters (§§ 82 ff IO) und die Belohnung der Gläubigerschutzverbände (§ 87a IO) geregelt. Die insolvenzrechtlichen Belohnungsregelungen wurden so formuliert, dass ein bevorrechteter Gläubigerschutzverband, der überwiegend Gläubiger vertritt, deren Forderungen kraft G großteils auf eine Garantieeinrichtung übergehen, nur eine Belohnung nach § 87a Abs 2 Z 1 IO (30 % der Gesamtbelohnung sind zu gleichen Teilen auf die beteiligten Gläubigerschutzverbände aufzuteilen) beanspruchen kann. Parallel dazu wurde mit § 13c IESG eine Regelung geschaffen, wonach einem bevorrechteten Gläubigerschutzverband, der den nach IESG Anspruchsberechtigten statutengemäß ausnahmslos unentgeltlichen Rechtsschutz gewährt, eine Pauschalabgeltung zusteht.

2. Fallpauschale für die Vertretung im IESG-Verfahren

Der IEF schuldet dem Vertreter (Gläubigerschutzverband, der bestimmte Voraussetzungen erfüllen muss) insb für die iZm der **Ermittlung des Nettoanspruchs** iSd § 3 Abs 1 S 1 IESG aufgelaufenen Unkosten je vertretenem Anspruchsberechtigten eine pauschale Abgeltung (AB 1680 BlgNR 20. GP 2). Nach § 3 Abs 1 S 1 IESG gebührt Insolvenz-Entgelt in „Nettohöhe". Der Bruttoanspruch des AN wird also abzüglich der Dienstnehmerbeiträge zur SV und der LSt zugesprochen und ausbezahlt (vgl § 3 Rz 7). Nach § 6 Abs 2 S 2 IESG zählt es zu den Antragsvoraussetzungen, die Forderung aufgeschlüsselt in Bruttoanspruch, Dienstnehmerbeiträge zur SV und LSt anzugeben. Grundsätzlich gehört es zu den Pflichten des AG, eine **ordnungsgemäße Lohnabrechnung** durchzuführen (§ 80 BAO) sowie die lohnabhängigen Abgaben und somit den Nettoanspruch des AN zu berechnen. Einige KollV (zB Arbeiter im Güterbeförderungsgewerbe, Friseure, Handelsangestellte) sehen ausdrücklich vor, dass den AN eine Lohnabrechnung auszufolgen ist. Auch der OGH (8 ObA 34/07v, DRdA 2008, 61; 9 ObA 60/90, DRdA 1991, 156) hat sich (iZm der Anwendbarkeit von Verfallsbestimmungen) mit der Notwendigkeit der „ordnungsgemäßen Lohnabrechnung" beschäftigt. Diese Verpflichtung geht nach § 25 Abs 1 S 1 IO auf den Insolvenzverwalter über – auch wenn sich die Erfüllung dieser Pflicht wegen der bei Insolvenz oft fehlenden Unterlagen teilweise schwierig gestaltet. Daher fehlen häufig jene Abrechnungen, die es dem AN ermöglichen würden, einen den Anforderungen des IESG entsprechenden Antrag einzubringen. Selbst wenn es Lohnabrechnungen aus der Zeit vor der Insolvenz gibt, sind diese unzureichend, da die Abrechnung nicht gem § 67 Abs 8 lit g EStG („Insolvenzsteuer") durchgeführt wurde. Die Vertretung von AN setzt die notwendigen Kenntnisse in Arbeitsrecht und

Lohnverrechnung voraus. Der Pauschalbetrag soll die Unkosten (teilweise) abdecken. Daran ändert sich auch dann nichts, wenn sich der Gläubigerschutzverband eines Rechtsvertreters bzw eines Steuerberaters bedient. Im Pauschalbetrag sind auch sonstige mit dem Antrag verbundene Auslagen enthalten. Die Fallpauschale ist kein Anspruch des Antragstellers (des AN), sondern gebührt für die Vertretung im Verfahren gem IESG.

Wird ein Anspruchsberechtigter im Verwaltungsverfahren gem IESG von einem berufsmäßigen Parteienvertreter vertreten, so gilt § 74 Abs 1 AVG, wonach die Partei die ihr im Verwaltungsverfahren erwachsenden Kosten selbst zu bestreiten hat (OGH 8 ObS 11/05h, ARD 5666/6/2006 [krit *Adamovic*] = ZIK 2005/271). Nach der Judikatur können allerdings die Kosten eines Steuerberaters zur Ermittlung des Nettoanspruchs, wenn (auf Grund eines KollV oder Einzelvertrages) der AG zur Ausfolgung einer Nettoabrechnung verpflichtet ist, als sonstiger Schadenersatz iSd §1 Abs 2 Z 2 IESG gesichert sein (OGH 9 ObS 19/91, DRdA 1992, 227 = infas 1992 A 81; s auch § 1 Rz 299).

3   Die Ermittlung des Nettoanspruchs dient dem zweckmäßigen, sparsamen und raschen Verfahren vor der IEF-Service GmbH, wie auch die Materialien ausführlich darstellen (vgl ErläutRV 1589 BlgNR 20. GP 21 f). Zusätzlich ist es von Vorteil für die IEF-Service GmbH, wenn die Vielzahl der Antragsteller möglichst flächendeckend und nach einem einheitlichen Standard bearbeitet werden kann. Ein weiterer Nutzen liegt im automatisationsunterstützten Datenaustausch und auch darin, dass strittige Ansprüche einer Vorprüfung unterzogen werden, wodurch ASGG-Prozesse vermieden werden können. Der Mehraufwand, der für einen bevorrechteten Gläubigerschutzverband dabei dadurch entsteht, dass er sich nicht auf das zur Rechtsvertretung der AN rechtlich und organisatorisch Notwendige beschränken kann, sondern darüber hinaus die **Verfahrensabwicklung** mit der IEF-Service GmbH **koordinieren** muss, soll ebenfalls durch den Pauschalbetrag iSd § 13c Abs 1 IESG abgegolten werden.

Die Mitwirkung der Verbände im Insolvenzverfahren wird durch diese Fallpauschale nicht abgedeckt. Der Anspruch auf die Pauschale nach § 13c IESG ist unabhängig vom Belohnungsanspruch nach § 87a IO (vgl *Konecny/Riel*, Entlohnung 193).

4   Die **Fallpauschale** steht einem bevorrechteten Gläubigerschutzverband, der Anspruchsberechtigte (§ 1 IESG) im IESG-Verfahren vertritt, **als Teilabgeltung des tatsächlichen Aufwands** nur dann zu, wenn er nachweisen kann, dass die **Vertretung nach den Verbandsstatuten kostenlos** erfolgt. Dadurch soll ausgeschlossen werden, dass jene Kosten, die durch die Pauschale nicht abgedeckt sind, vom Gläubigerschutzverband auf die Anspruchsberechtigten überwälzt werden können (ErläutRV 1589 BlgNR 20. GP 22 f).

Die Fallpauschale gebührt nur bevorrechteten Gläubigerschutzverbänden, die sämtliche Voraussetzungen des § 13c IESG erfüllen. Eine analoge Anwendung auf Rechtsanwälte kommt nicht in Frage. Der OGH (8 ObS 310/01y, Arb 12.220 = ZIK 2002/252) hat keine verfassungsrechtlichen Bedenken gegen die Regelung des § 13c IESG, da der bevorrechtete Gläubigerschutzverband unentgeltlich für die AN einschreitet und die Anträge fachgerecht aufbereitet werden, wodurch der IEF-Service GmbH ein sonst von ihr zu tragender Aufwand abgenommen wird.

Die Voraussetzungen gem § 13c IESG erfüllt derzeit ausschließlich der **Insolvenzschutzverband für ArbeitnehmerInnen** (ISA). Der ISA wurde 1997 als Verein gegründet. 1999 wurde dem ISA die Stellung eines bevorrechteten Gläubigerschutzverbandes eingeräumt (vgl V des BMJ über die Bevorrechtung eines Gläubigerschutzverbandes, BGBl II 1998/323). Mitglieder des ISA sind die Kammern für Arbeiter und Angestellte der neun Bundesländer und der ÖGB. Die Vertretung erfolgt nach den Statuten des ISA unentgeltlich. Nach seinen Statuten kann der ISA nur AN vertreten, die Mitglieder von AK oder Gewerkschaft sind; daher erfolgt auch die Vertretung selbst nur im Rahmen des AKG bzw der Rechtsschutzregulative der Mitglieder. Der ISA vertritt ausschließlich im gerichtlichen Insolvenzverfahren und im Verwaltungsverfahren gem IESG. Zur Erfüllung seiner Aufgaben kann der ISA auf die Fachkenntnisse und die Strukturen von AK und Gewerkschaft zurückgreifen. 5

Der ISA bietet der IEF-Service GmbH den Vorteil eines einheitlichen Ansprechpartners, der gemeinsam mit der IEF-Service GmbH Standards für eine rasche und effiziente Insolvenzabwicklung definiert. Unter Berücksichtigung der Rechtslage und der Judikatur entspricht die Struktur der vom ISA eingebrachten Anträge den systematischen Anforderungen der IEF-Service GmbH. ISA und IEF-Service GmbH arbeiten mit übereinstimmenden Berechnungsparametern (vgl *Thumfart,* Lohnverrechnung 117), wodurch die Grundlage für eine elektronische Datenübermittlung und -verarbeitung geschaffen wurde. Durch die Abstimmung der Datenstruktur und den Aufbau einer elektronischen Datenleitung unterstützt der ISA die IEF-Service GmbH durch eine über die bloße Nettoberechnung im Rahmen der Vertretung und Beratung im Einzelfall hinausgehende Mehrleistung, bei einer rationellen und ökonomischen Arbeitsweise. Dies kommt auch den betroffenen AN zugute: Durch die abgestimmten Standards und das Ausnützen technischer Möglichkeiten konnten die Zeitabläufe von Antrag bis Erstzahlung merklich verkürzt werden. Die durchschnittliche Dauer bis zur Erstzahlung in ISA-Akten betrug 2015 weniger als zwei Monate. Bei Großinsolvenzen, in denen es im Normalfall eine technisch und personell gut strukturierte und korrekte Lohnverrechnung gibt und so auch die Zusammenarbeit von ISA, IEF-Service GmbH und Insolvenzverwalter reibungslos funktioniert, können Erstzahlungen oft inner- 6

§ 13c IESG

halb von weniger als vier Wochen ab Antragstellung erfolgen. Fehlen sämtliche Strukturen, gibt es keine falsche Abrechnungen und Aufzeichnungen oder besteht der Verdacht eines Sozialbetrugs (§§ 153c ff StGB), dauert die Abwicklung wesentlich länger.

Erstanträge gem IESG durch den ISA / Anzahl der vertretenen AN (davon wurden rund 90 % auch in gerichtlichen Insolvenzverfahren vertreten):	2013: 37.337 2014: 25.456 2015: 24.378
An vom ISA vertretene Anspruchsberechtigte ausbezahltes Insolvenz-Entgelt:	2013: EUR 307.000.000,– 2014: EUR 222.000.000,– 2015: EUR 163.000,000,–

(Quelle: ISA)

Durchschnittlicher Anteil der ISA-Vertretungen an sämtlichen Erstanträgen:	97,82 % (bei Großinsolvenzen: 99,8 %)

(Quelle: IEF-Service GmbH)

7   Die Fallpauschale gebührt einmal für jeden Anspruchsberechtigten in einem Insolvenztatbestand mit der ersten Vertretungshandlung („Erstantrag"). Die näheren Modalitäten bzgl Meldung der Erstantragsfälle, Prüfung und Überweisung werden in einer schriftlichen Vereinbarung zwischen dem anspruchsberechtigten Gläubigerschutzverband und dem IEF festgelegt (ErläutRV 1589 BlgNR 20. GP 23). Der Pauschalbetrag wird jährlich mit der **Aufwertungszahl** gem § 108a ASVG vervielfacht und kaufmännisch auf einen vollen Eurobetrag gerundet. Ausgangswert ist der Pauschalbetrag 1999 (ATS 750,– bzw EUR 59,– laut BGBl I 2001/88).

3. Bevorrechteter Gläubigerschutzverband

8   Nach § 266 IO (diese Bestimmung entspricht inhaltlich § 11 IEG idF IRÄG 1997 BGBl I 1997/114) hat der BMJ **bei Bedarf Vereinen** auf deren Antrag die Stellung eines bevorrechteten Gläubigerschutzverbandes **durch V zuzuerkennen**. Die Zuerkennung der Bevorrechtung setzt eine Bedarfsprüfung voraus. Diese Prüfung orientiert sich an den Erfordernissen eines umfassenden und wirksamen Schutzes der Gläubigerinteressen, deren zweckmäßiger Wahrnehmung in den Verfahren nach den InsolvenzG und der damit verbundenen Unterstützung der Gerichte. Ein Gläubigerschutzverband muss verlässlich, in seinem Wirken auf ganz Österreich ausgerichtet und nicht auf Gewinn

gerichtet sein. Ein Gläubigerschutzverband muss zahlreiche Mitglieder haben oder es müssen ihm Mitglieder angehören, die, ohne selbst auf Gewinn gerichtet zu sein, die Interessen einer großen Anzahl von Gläubigern vertreten.

Bei einem **Verband** iSd Bestimmung muss es sich um eine Organisation handeln, die auf Grund ihrer Mitgliederzahl oder Mitgliederstruktur (und nicht Kundenzahl oder Kundenstruktur) zur Vertretung von Gläubigerinteressen in einer Vielzahl von Insolvenzverfahren berufen ist (VwGH 96/19/1596, VwSlg A 14.969). Der Verband muss mitgliedschaftlich strukturiert sein, mit einer Beteiligung der Verbandsmitglieder an der Willensbildung und der Bestellung der Organe (VwGH 95/19/0679, VwSlg A 14.740). 9

Die Bevorrechtung wurde bisher vier Gläubigerschutzverbänden zuerkannt: **Kreditschutzverband von 1870** (KSV), **Alpenländischer Kreditorenverband** (AKV), **Insolvenzschutzverband für ArbeitnehmerInnen** (ISA; V BGBl II 1998/323), **Österreichischer Verband der Vereine Creditreform** (ÖVC; V BGBl II 2006/422). Die Gläubigerschutzverbände sehen ihre Aufgabe in einem umfassenden Gläubigerschutz. Je nach Statuten und Ausrichtung bieten die Gläubigerschutzverbände ihren Mitgliedern auch Dienstleistungen (zB Mahnwesen, Einziehung von Forderungen) sowie Wirtschafts- und Bonitätsauskünfte. Im Rahmen des vorbeugenden Gläubigerschutzes werden die wirtschaftliche Lage der Unternehmen und die Insolvenzentwicklung beobachtet und für statistische Zwecke erfasst und analysiert. 10

Ein bevorrechteter Gläubigerschutzverband hat im Insolvenzverfahren **Begünstigungen bzw Sonderrechte:** Bevorrechtete Gläubigerschutzverbände dürfen Gläubiger in Insolvenzverfahren vertreten; dabei können sie sich auf die erteilte Bevollmächtigung berufen, ohne dass der urkundliche Nachweis erforderlich ist. Bevorrechtete Gläubigerschutzverbände haben das Recht auf Akteneinsicht, auch ohne eine ausgewiesene Vollmacht und ohne rechtliches Interesse glaubhaft machen zu müssen (§ 253 Abs 3 IO). Einem bevorrechteten Gläubigerschutzverband sind diverse Beschlüsse im Insolvenz- bzw Eröffnungsverfahren zuzustellen (§§ 70, 71a IO) und er kann Rechtsmittel gegen Beschlüsse im Eröffnungsverfahren erheben (§ 71c IO). 11

Das Gericht bestellt die Gläubigerschutzverbände meist als Mitglieder der Gläubigerausschüsse (§§ 88 f IO). Der **Gläubigerausschuss** unterstützt und überwacht den Verwalter. Der Gläubigerausschuss wird als Instrument der Gläubigermitwirkung im Insolvenzverfahren gesehen. Im Gläubigerausschuss sollte sich annähernd die Struktur der Gläubigerschaft widerspiegeln, wodurch auch die Voraussetzungen für einen angemessenen Interessenausgleich geschaffen werden sollen. Von den Gläubigerausschussmitgliedern wird aber auch Objektivität gefordert, da sie die gemeinsamen Interessen aller Gläubiger und Verfahrensbetroffenen zu wahren haben (vgl dazu ausführlich *Hierzenberger/Riel* in *Konecny/Schubert* §§ 88, 89 KO Rz 1 ff). Die Vertretung der AN 12 im Gläubigerausschuss war ein wesentliches Anliegen des IRÄG 1982 BGBl 1982/370 (vgl ErläutRV 3 BlgNR 15. GP 38; AB 1147 BlgNR 15. GP 11). Von den drei bis sieben Mitgliedern des Gläubigerausschusses ist eines für Belange der AN zu bestellen (§ 88 Abs 1 IO). Wenn von der Insolvenz AN betroffen sind, ist der ISA im Allgemeinen Mitglied im Gläubigerausschuss.

13 Bevorrechtete Gläubigerschutzverbände haben Anspruch auf eine **Belohnung** (§ 87a IO). Diese Belohnung gebührt für ihre Tätigkeit zur Unterstützung des Gerichts sowie die Vorbereitung des Sanierungsplanes bzw für die Ermittlung und Sicherung des Vermögens zum Vorteil aller Gläubiger. Diese Belohnung steht zu, wenn es zu einer Verteilung an die Insolvenzgläubiger kommt, und gebührt in Höhe eines Prozentsatzes (15 % bei Annahme eines Sanierungsplanes, sonst 10 %) der Nettoentlohnung des Insolvenzverwalters. 30 % des Gesamtanspruches sind auf alle beteiligten Gläubigerschutzverbände aufzuteilen; 70 % sind entsprechend der Anzahl der vertretenen Gläubiger unter den bevorrechteten Gläubigerschutzverbänden aufzuteilen, die nicht überwiegend Gläubiger vertreten, deren Forderungen großteils auf eine Garantieeinrichtung übergehen.

14 Die in Rz 13 genannte (negative) Voraussetzung erfüllt derzeit bloß der **ISA,** der demnach nur eine Belohnung „aus dem ersten Topf" in Anspruch nehmen kann. Der ISA vertritt im Insolvenzverfahren die Mehrzahl der AN und somit eine zahlenmäßig große Gläubigergruppe. Durch die Bündelung der Arbeitnehmerinteressen und die Rechtsbelehrung insb über die Auswirkungen der Insolvenz auf die Arbeitsverhältnisse, aber auch durch die Koordination allfälliger Beendigungserklärungen und die einheitliche Abrechnungsstruktur unterstützt der ISA das Gericht und die Verwalter bei einer ökonomischen Insolvenzabwicklung (vgl *Schnetzinger*, Unternehmenssanierung 268). Gerade bei Insolvenzen mit hoher Arbeitnehmerzahl zeigt sich die Bedeutung einer einheitlichen Abwicklung, wenn zB Datensätze elektronisch für das Anmeldeverzeichnis zur Verfügung gestellt werden können (*Riel*, ZIK 2014, 174). Diese Hintergrundarbeit ist von entscheidender Bedeutung für den Belohnungsanspruch. Daher kann der Belohnungsanspruch nicht von der Teilnahme an Tagsatzungen oder der Bestellung in den Gläubigerausschuss abhängig gemacht werden (OLG Wien 28 R 157/04w, ZIK 2005, 101).

§ 13d IESG

Beiträge nach dem Betrieblichen Mitarbeiter- und Selbstständigenvorsorgegesetz

§ 13d. (1) Für die vom Arbeitgeber zu leistenden Beiträge gemäß § 6 Abs. 1 BMSVG oder nach gleichartigen österreichischen Rechtsvorschriften gilt § 13a mit der Maßgabe, dass an die Stelle der Dienstnehmerbeitragsanteile zur gesetzlichen Sozialversicherung die BV-Kassenbeiträge treten.

(2) Abs. 1 gilt für die dem Sachbereich der Abfertigungsregelung nach dem Bauarbeiter-Urlaubs- und Abfertigungsgesetz unterliegenden Arbeitnehmer (Lehrlinge) und die diese beschäftigenden Betriebe (Unternehmungen) mit der Maßgabe, dass an die Stelle des Sozialversicherungsträgers die Bauarbeiter-Urlaubs- und Abfertigungskasse tritt.

(§ 13d IESG eingefügt durch BGBl I 2002/100, idF BGBl I 2007/104)

Schrifttum zu § 13d IESG

Sundl, Abfertigung und Arbeitgeberinsolvenz. Ein Vergleich der Insolvenzentgeltsicherung vor und nach In-Kraft-Treten des Betrieblichen Mitarbeitervorsorgegesetzes, ASoK 2003, 186.

1. Sicherung der Beiträge in die Betriebliche Vorsorgekasse

1 Mit dem BMVG BGBl I 2002/100 (nunmehr: „BMSVG") wurde die „Abfertigung neu" geregelt. Der AG zahlt für den AN einen laufenden Beitrag, zurzeit in der Höhe von 1,53 % des monatlichen Entgelts einschließlich allfälliger Sonderzahlungen, an den für den AN zuständigen Träger der KV zur Weiterleitung an die BV-Kasse (vgl § 6 Abs 1 BMSVG). Mit der Novelle BGBl I 2007/102 wurden ua neben der Einbeziehung der der Pflichtversicherung in der KV gem § 2 GSVG unterliegenden natürlichen Personen auch die freien DN, die iZm der IESG-Sicherung von Bedeutung sind, vom BMSVG miterfasst (vgl *K. Mayr* in *K. Mayr/Resch*, Abfertigung neu[2] § 1 Rz 12). Bereits die Übertragung der Abfertigungsverpflichtung eines AG an die autonomen BV-Kassen vermindert das Risiko einer Arbeitgeberinsolvenz für den DN enorm. Die IESG-Sicherung in diesem Bereich wird daher nicht mehr diese Rolle spielen. Die vom AG in die BV-Kassen abgeführten BMSVG-Beiträge werden nach dem Vorbild des PKG veranlagt (ErläutRV 1131 BlgNr 21. GP 45, vgl *Sundl*, ASoK 2003, 189).

2 Obwohl § 27 Abs 8 BMSVG eine Vorfinanzierung des zuständigen Trägers der KV für die Beiträge nach den §§ 6 und 7 BMSVG normiert, verbleibt ein Restrisiko für den AN in jenen Fällen, in denen der AG sozialversicherungsrechtliche Meldepflichten verletzt. § 27 Abs 8 BMSVG verpflichtet die Träger der KV dazu, die Beiträge (§§ 6, 7 BMSVG) jeweils am 10. des zweitfolgenden Kalendermonats nach deren Fälligkeit unabhängig davon, ob der AG die Beiträge ordnungsgemäß geleistet hat, zur Gänze entsprechend den vorhandenen Beitragsgrundlagen abzuführen. Die Vorfinanzierungspflicht führt dann nicht zum Erfolg, wenn keine oder falsche Beitragsgrundlagennachweise vorhanden sind (vgl *K. Mayr* in *K. Mayr/Resch*, Abfertigung neu² § 27 Rz 9). Die KV-Träger werden daher die Lasten aus der Vorfinanzierungspflicht durch einen verstärkten Einsatz der ihnen zustehenden Zwangsmittel auszugleichen versuchen. Dazu gehört ua die Möglichkeit zur Ausstellung des Rückstandsausweises gegen säumige Beitragsschuldner, aber auch die rechtzeitige Beantragung eines Insolvenzverfahrens (vgl *Sundl*, ASoK 2003, 189).

3   Eine weitere Absicherung für die Krankenversicherungsträger schafft § 13d Abs 1 IESG, der die BMSVG-Beiträge analog § 13a IESG, also wie Dienstnehmerbeitragsanteile zur gesetzlichen SV, behandelt. Demnach **schuldet** der **IEF** dem zuständigen **Krankenversicherungsträger** die **Beiträge** gem § 6 Abs 1 BMSVG, die für gesicherte Ansprüche fällig werden, und Beiträge, soweit diese bis längstens zwei Jahre vor der Eröffnung des Insolvenzverfahrens bzw einem gleichgestellten Tatbestand gem § 1 Abs 1 IESG rückständig sind. Beiträge werden dem Krankenversicherungsträger jedoch nur für dem Grunde und der Höhe nach gesicherte Ansprüche ersetzt (zur Sicherung s § 1 Rz 247, zu ausgeschlossenen Ansprüchen bzw zu Sicherungsgrenzen allg § 1 Rz 332 ff bzw 366 ff).

Da die geschuldeten Beiträge Teil des laufenden Entgelts des AN sind, wird für die Begrenzung der Höhe die zweifache Höchstbeitragsgrundlage gem § 1 Abs 4 IESG maßgeblich sein, sodass bis zur zweifachen Höchstbeitragsgrundlage nicht eingebrachte Beträge gem § 6 Abs 1 BMSVG gesichert sind. Maßgeblich ist in diesem Zusammenhang daher nicht die Limitbeschränkung gem § 1 Abs 4a IESG, wie sie für die gesetzliche Abfertigung nach altem Recht zur Anwendung kam (vgl auch *Sundl*, ASoK 2003, 191).

4   Sollten trotz Vorfinanzierungsverpflichtung der Krankenversicherungsträger und der Ersatzvorschrift des § 13d Abs 1 IESG Beiträge nach § 6 Abs 1 BMSVG unbeglichen bleiben, so wird der AN meist einen Schadenersatzanspruch gegen den AG haben, weil die aushaftenden Beiträge idR auf ein rechtswidriges Verhalten des AG, wie keine oder unrichtige Meldung an den Krankenversicherungsträger, zurückzuführen sein werden. Dieser Schadenersatzanspruch ist gem § 1 Abs 2 Z 2 IESG unlimitiert gesichert (zur Judikatur zu Pensionsschäden vgl OGH 8 ObS 10/95, DRdA 1996/18, 227 *[Reissner]* = wbl 1995, 464; *Sundl*, ASoK 2003, 190).

Sundl **§ 13d IESG**

§ 13d Abs 2 IESG erstreckt den Anwendungsbereich des § 13d Abs 1 IESG auf die dem Sachbereich der Abfertigungsregelung nach dem BUAG unterliegenden AN (Lehrlinge) und die diese beschäftigenden Betriebe (Unternehmungen) mit der Maßgabe, dass an die Stelle des zuständigen Sozialversicherungsträgers (Krankenversicherungsträgers) die **BUAK** tritt. Diese Erweiterung ist durch die Behördenorganisation bedingt, da die Beiträge für Bauarbeiter, die dem neuen Abfertigungsrecht unterliegen, ebenfalls von der BUAK eingehoben werden. Aus diesen Gründen wurde bei gleicher Anordnung der Rechtsfolgen des § 13d Abs 1 IESG der zuständige Träger ausgetauscht. An Stelle des Sozialversicherungsträgers ist die BUAK anspruchsberechtigt gegenüber dem IEF.

2. Verfahren

Da § 13d Abs 1 IESG in Bezug auf das Verfahren zur Gänze auf § 13a IESG verweist, ist auf die dortigen Ausführungen (vgl § 13a Rz 6 ff) zu verweisen. Ungeachtet des Umstands, dass die Beiträge nach § 6 Abs 1 BMSVG Teil des Arbeitsentgelts sind, erfolgt eine **Direktverrechnung** zwischen dem IEF und dem zuständigen Sozialversicherungsträger bzw der BUAK. Im Gegensatz zu § 1b IESG hat der AN grundsätzlich keinen direkten Anspruch auf Insolvenz-Entgelt.

Eine Ausnahme enthält insofern § 6 Abs 3 BMSVG, der **unter bestimmten Voraussetzungen** einen **Direktanspruch des AN** normiert. Sind nach dieser Bestimmung noch Beiträge nach dem BMSVG für bereits vergangene Beitragszeiträume aus einem bereits beendeten Arbeitsverhältnis auf Grund eines rechtskräftigen Gerichtsurteils oder eines gerichtlichen Vergleichs zu leisten, sind diese Beiträge samt Verzugszinsen als Abfertigung direkt an den AN auszuzahlen. Diese Regelung, die mitunter Zweifelsfälle offenlässt (dazu ausführlich *Resch* in *K. Mayr/Resch*, Abfertigung neu[2] § 6 Rz 103 ff), verschafft dem AN einen direkten Anspruch gegenüber dem AG, der nicht über die Sozialversicherungsträger bzw die BUAK abgewickelt wird, vorausgesetzt, die Beiträge sind nicht bereits schon auf Grund der Vorfinanzierungspflicht des Sozialversicherungsträgers gem § 27 Abs 8 BMSVG geleistet worden (*Resch* in *K. Mayr/Resch*, Abfertigung neu[2] § 6 Rz 106). Da § 6 Abs 3 BMSVG nicht unbedingt geglückt ist, kann es im Einzelfall schwer zu beurteilen sein, ob ein Direktanspruch des AN oder eine Verrechnung zwischen Sozialversicherungsträger und IEF stattzufinden hat. Die oberstgerichtliche Judikatur (vgl OGH 8 ObS 5/09g, ZIK 2010/105, 74 = RdW 2010/177, 162; 8 ObS 8/16h, DRdA-infas 2017/59, 84 *[Mader]* = ARD 6534/10/2017) lässt jedenfalls für diese Fälle eine Feststellungsklage zu. Im Verfahren 8 ObS 5/09g hat der OGH einem in der Leistungsklage des AN auf Insolvenz-Entgelt enthaltenen Feststellungsbegehren für Beiträge gem § 6 Abs 3 S 2 BMSVG mangels

§ 13d IESG

Vorliegens der Voraussetzungen für ein Leistungsbegehren Folge gegeben und dazu ausgeführt, dass eine Feststellungsentscheidung aus dem Zusammenhalt der §§ 1, 3 Abs 1, 6, 13a und 13d IESG zu bejahen ist, weil die IEF-Service GmbH als bekl Partei auch über jene Ansprüche des AN auf Insolvenz-Entgelt zu entscheiden hat, die vom AN anzumelden sind, aber nicht ausbezahlt werden. Das Feststellungsinteresse ist gegeben, weil nach dem IESG dem AN unter gewissen Umständen ein Anspruch auf Insolvenz-Entgelt eingeräumt ist, der jedoch nicht immer mit einem Recht auf Auszahlung verbunden ist. Das Leistungsbegehren des AN wurde vice versa abgewiesen.

Beiträge zur Förderung der Ausbildung und Beschäftigung Jugendlicher

§ 13e. (1) Der Insolvenz-Entgelt-Fonds hat dem Bund jährlich zum Zweck der besonderen Förderung der Ausbildung und Beschäftigung Jugendlicher Mittel im Ausmaß der bei einem Zuschlag in der Höhe von 0,2 vH erzielten jährlichen Einnahmen aus den Zuschlägen zur Verfügung zu stellen. Diese Mittel können zur Gewährung von Beihilfen gemäß § 19c des Berufsausbildungsgesetzes (BAG), BGBl. Nr. 142/1969, durch die Lehrlingsstellen (§ 19 BAG) und nach Maßgabe des Abs. 4 auch zur Finanzierung von Maßnahmen in einer Einrichtung gemäß § 18 Abs. 7 Z 3 AlVG verwendet werden. Werden diese Mittel in einem Kalenderjahr nicht zur Gänze ausgeschöpft, so sind die nicht benötigten Mittel dem Insolvenz-Entgelt-Fonds zur Bestreitung der Ausgaben für Insolvenz-Entgelt zur Verfügung zu stellen; in diesem Fall sind die im Folgejahr dem Bund zum Zweck der besonderen Förderung der Ausbildung und Beschäftigung Jugendlicher zur Verfügung zu stellenden Mittel um den entsprechenden Betrag zu erhöhen. Darüber hinaus kann der Bundesminister für Arbeit, Soziales und Konsumentenschutz den Insolvenz-Entgelt-Fonds anweisen, für diesen Zweck weitere Mittel aus vorhandenem Finanzvermögen zur Verfügung zu stellen.

(2) Der Insolvenz-Entgelt-Fonds hat dem Bund zur anteiligen Bedeckung der zum Zwecke der besonderen Förderung der Beschäftigung von Lehrlingen gewährten Lehrlingsausbildungsprämie gemäß § 108f EStG 1988 in den Jahren 2008 bis 2010 Mittel in folgender Höhe zur Verfügung zu stellen:
1. im Jahr 2008 .... 113,75 Mio. €;
2. im Jahr 2009 .... 62,75 Mio. €;
3. im Jahr 2010 .... 29,75 Mio. €.

Diese Mittel sind auf die gemäß Abs. 1 erster Satz zur Verfügung zu stellenden Mittel betragsmindernd anzurechnen.

(3) Akontierungen der gemäß Abs. 1 und 2 zu gewährenden Mittel auf der Grundlage des Voranschlages gemäß § 13 Abs. 2 sind zulässig.

(4) In den Jahren 2009 und 2010 sind Mittel in Höhe von insgesamt 3 Mio. € zur Finanzierung von Maßnahmen in einer Einrichtung gemäß § 18 Abs. 7 Z 3 AlVG zur Verfügung zu stellen.

(5) Der Insolvenz-Entgelt-Fonds hat dem Bund die zur Bedeckung der Aufwendungen der Lehrberechtigten für die Tragung von Internatskosten für Lehrlinge während des Besuches der Berufsschule gemäß § 9 Abs. 5 BAG durch die Lehrlingsstellen erforderlichen Mittel zur Verfügung zu

§ 13e IESG

stellen. Dies gilt nicht für Lehrberechtigte beim Bund, bei einem Land, einer Gemeinde oder einem Gemeindeverband.

(6) § 2b des Arbeitsmarktpolitik-Finanzierungsgesetzes (AMPFG), BGBl. Nr. 315/1994, zuletzt geändert durch das Bundesgesetz BGBl. I Nr. 128/2017, tritt mit Ablauf des 31. Dezember 2019 außer Kraft.

(§ 13e IESG eingefügt durch BGBl I 2008/82, idF BGBl I 2017/154)

Schrifttum zu § 13e IESG

Derntl, VfGH-Erkenntnisse zu Abschöpfung des IAF und Anlassfallwirkung. § 12 Abs 6 und 7 IESG sind verfassungswidrig, ASoK 2005, 378; *Drs*, Neues aus dem Arbeits- und Sozialrecht: Das Arbeitsmarktpaket 2009, RdW 2009, 533.

Übersicht zu § 13e IESG

1. Förderung der Ausbildung und Beschäftigung Jugendlicher............... Rz 1–2
   1.1 Lehrlingsausbildungsprämie, Beihilfen und Maßnahmen................. Rz 3–5
2. Akontierungen... Rz 6

1. Förderung der Ausbildung und Beschäftigung Jugendlicher

1 Seit dem Beitragsjahr 2003 werden aus Mitteln des IEF auch Maßnahmen zur Förderung der Beschäftigung von Lehrlingen (**„Lehrlingsausbildungsprämie"**; ursprünglich im ehem § 12 Abs 8 IESG idF BGBl I 2002/158, in Kraft gem § 17a Abs 32 IESG seit 1. 1. 2003) und **Maßnahmen zur Förderung der Jugendbeschäftigung** („JOBS FOR YOU(TH)") teilfinanziert (§ 12 Abs 8 bzw Abs 6 und 7 aF IESG, ursprünglich geregelt durch BGBl I 2003/128 bzw I 2005/102). Seit der Novelle BGBl I 2008/82 sind die Beiträge des IEF zur Förderung der Jugendbeschäftigung sowie die Auslaufregelungen für die aufgehobenen § 12 Abs 6 und 7 IESG in § 13e IESG geregelt (zum Inkrafttreten § 21 Rz 2). Die besondere Förderung der Ausbildung und Beschäftigung Jugendlicher stellt nach Ansicht des VfGH (G 39/05, ARD 5637/7/2005) eine zulässige Aufgabe des IEF dar (vgl auch *Derntl*, ASoK 2005, 378), da dieser Zweck der Arbeitsmarktpolitik in einem sachlichen Zusammenhang mit dem Verhalten beitragspflichtiger AG stehe.

2 Für die besondere Förderung der Ausbildung und Beschäftigung Jugendlicher ist ein fester Teil der Beitragseinnahmen reserviert – nach § 13e Abs 1 IESG ist pro Jahr ein Betrag bereitzustellen, der den Einnahmen bei einem IESG-Zuschlag in der Höhe von 0,2 vH entspricht. Das macht zB beim Beitragssatz im Jahr 2015 von 0,45 % etwa 40 % der dem IEF zufließenden Zuschlagseinnahmen aus (mit 1. 1. 2016 wurde der IESG-Zuschlag auf 0,35 % gesenkt, 2017 und 2018 wurde diese Zuschlagshöhe beibehalten). 2005 wurde diese Bestimmung erstmals eingeführt (ehem § 12 Abs 6 IESG idF BGBl I 2005/102), damals explizit für die Lehrlingsausbildungsprämie und zweifach begrenzt: mit der Höhe des Guthabens des IEF zum Jahresende, jedoch maximal im Ausmaß der 0,2 vH. Die Limitierung mit der Höhe des Guthabens am Jahresende war im neuen § 13e IESG (erstmals eingeführt durch BGBl I 2008/82) nicht mehr enthalten, nunmehr sind unabhängig von der Ertragslage des IEF stets die 0,2 vH für diesen Zweck zur Verfügung zu stellen. Darüber hinaus kann für diesen Zweck auf Weiteres, noch vorhandenes Finanzvermögen des IEF gegriffen werden.

1.1 Lehrlingsausbildungsprämie, Beihilfen und Maßnahmen

Der ursprüngliche Zweck der Regelungen über die Lehrlingsförderung 3 im IESG bestand in der Finanzierung der Lehrlingsausbildungsprämie nach § 108f EStG (sog Blum-Bonus; das war eine fixe, im Rahmen der Steuererklärung geltend zu machende Prämie von EUR 1.000,– pro Lehrling und Lehrjahr, geregelt im seinerzeitigen § 12 Abs 8 IESG idF BGBl I 2002/158). Dieser Zweck wurde seit 2003 sukzessive ausgeweitet. Im § 13e Abs 2 IESG wurde eine dem Auslaufen der Lehrlingsausbildungsprämie entsprechende Finanzierungsregelung getroffen: Für die Jahre 2008–2010 wurde jeweils ein fester Betrag definiert, der dem Bund hierfür zur Verfügung zu stellen war, wobei diese Mittel den für die Zwecke des nach § 13e Abs 1 IESG bereitzustellenden Betrag minderten (ErläutRV 505 BlgNR 23. GP 12).

Im Jahr 2008 wurde mit BGBl I 2008/82 durch Änderungen im BAG 4 (§§ 19b–19g, 31 leg cit) auch die Lehrlingsförderung neu gestaltet: Es wurde eine differenzierte Förderung eingeführt, die auch qualitative Kriterien bei der Lehrlingsausbildung berücksichtigen sollte (ErläutRV 1521 BlgNR 24. GP 3). Diese Förderungen werden als Beihilfe bei Erreichung bestimmter Förderziele direkt an die Unternehmen ausbezahlt und sind über die Lehrlingsstellen der WK zu beantragen. Die näheren Bestimmungen über Art, Höhe, Dauer, Gewährung und Rückforderbarkeit werden in einer RL des durch § 31b BAG eingerichteten Förderausschusses geregelt (ErläutRV 1521 BlgNR 234. GP 3).

Die Anträge werden von einer für diesen Zweck gegründeten Gesellschaft bearbeitet und abgewickelt, deren Personal- und Sachaufwand nach § 19c Abs 7 und 8 BAG ebenfalls aus den vom IEF bereitgestellten Mitteln zu decken ist. Die Gebarung dieser Gesellschaft unterliegt nach dem Wortlaut der Bestimmungen der nachfolgenden Kontrolle des (ehem) BMWFJ (nunmehr zuständig: BMWFW). Hinsichtlich der Förderung von Beratungs-, Betreuungs- und Unterstützungsleistungen zur Erhöhung der Chancen auf

§ 13e IESG

eine erfolgreiche Berufsausbildung und zur Anhebung der Ausbildungsbeteiligung insb in Bereichen mit wenigen Ausbildungsbetrieben oder Lehrlingen, ist diese Kontrolle im Einvernehmen mit dem BMASK wahrzunehmen (§ 19c Abs 8 iVm §§ 19d Abs 4 und 19e Abs 2 BAG).

Der ursprüngliche § 13e Abs 1 IESG idF BGBl I 2008/82 sah eine Zweckbindung vor: Die Mittel waren für die Gewährung von Beihilfen gem § 19c BAG durch die Lehrlingsstellen zu verwenden.

Durch BGBl I 2009/90 wurde die aktuelle Formulierung des § 13e Abs 1 IESG eingeführt (zum Inkrafttreten § 22 Rz 1). Nunmehr „können" die Mittel für Zwecke nach § 19c BAG sowie für die Finanzierung von Maßnahmen in einer Einrichtung nach § 18 Abs 7 Z 3 AlVG verwendet werden. Damit wurde im Rahmen des Arbeitsmarktpakets 2009 die Einrichtung einer Arbeitsstiftung mit besonderem Schwerpunkt auf junge Arbeitslose gesetzlich verankert. Hintergrund war die massive Wirtschaftskrise im Jahr 2009, in der gerade viele junge, vor allem bei Überlassungsunternehmen beschäftigte Menschen ihre Beschäftigung verloren (*Drs*, RdW 2009, 536). Für diesen Zweck waren laut § 13e Abs 4 IESG in den Jahren 2009 und 2010 insgesamt drei Mio Euro bereitzustellen.

Auf Grund der Fassung als **„Kann-Bestimmung"** ist der Bund in der Lage, jährlich Mittel in Höhe eines Betrages, der einer Zuschlagshöhe von 0,2 vH entspricht, für die besondere Förderung der Ausbildung und Beschäftigung Jugendlicher (in welcher Form auch immer diese im BAG oder allenfalls auch in anderen G konkret ausgestaltet wird) aus den Einnahmen des IEF zu beanspruchen. So wurden durch BGBl I 2011/148 auch Beratungs- und Unterstützungsleistungen förderbar gemacht, welche die Chancen auf eine erfolgreiche Berufsausbildung erhöhen sollen (vgl § 19c Abs 1 Z 8 BAG). Ob der IEF **Überschüsse** erzielt, ist **nicht mehr maßgeblich,** auch bei einem negativen Ergebnis steht dem Bund dieser Betrag zu. Falls über diesen Betrag hinausgehend weitere Finanzmittel im Vermögen des IEF vorhanden sein sollten, können diese ebenfalls für den vorgenannten Zweck verwendet werden. Nach § 12 Abs 4 IESG idF BGBl I 2010/111 sind Kredite bei der Festlegung der Höhe des Zuschlagssatzes nur dann zu berücksichtigen, wenn sie im Voranschlagszeitraum tatsächlich zurückgezahlt werden müssen. Der Voranschlagszeitraum umfasst das laufende (Jahr 1) und das Folgejahr (Jahr 2; dazu § 12 Rz 9). Erwirtschaftet der IEF im Jahr 1 einen Liquiditätsüberschuss, der auf Grund eines erst im Jahr 3 zurückzuzahlenden Krediets im Folgejahr (Jahr 2) voraussichtlich nicht unmittelbar verbraucht wird, stellt sich die Frage, ob dieser Überschuss im Jahr 2 für Zwecke des § 13e IESG abgeschöpft werden darf. Der Terminus „vorhandenes Finanzvermögen" wird iSd volkswirtschaftlichen Gesamtrechnung als Geldvermögen (vgl http://wirtschaftslexikon.gabler.de/Archiv/6205/finanzvermoegen-v11.html; Abfragedatum: 22. 9. 2016) definiert, was eher für die Abschöpfungsmöglichkeit eines kurzfristig vorhandenen bloßen Liquiditätsüberschusses spräche.

Die Wirtschaftskrise im Jahr 2009 führte dazu, dass die Ausgaben des IEF für Insolvenz-Entgelt-Zahlungen stark anstiegen. § 13e Abs 1 IESG idF BGBl I 2008/82 sah noch die Verpflichtung des IEF vor, die in einem Jahr nicht ausgeschöpften Mittel für die Lehrlingsförderung einer zweckgebundenen Rücklage zuzuführen. Damit konnten diese Mittel auch nicht vorübergehend für andere gesetzlich vorgesehene Aufgaben des IEF eingesetzt werden. Mit BGBl I 2009/148 wurde deshalb S 3 des § 13e Abs 1 IESG neugefasst (zum Inkrafttreten § 24 Rz 1): Die zweckgebundene Rücklage entfiel und dem IEF wurde die Möglichkeit eingeräumt, **nicht ausgeschöpfte Mittel der Lehrlingsförderung für** die Auszahlung von **Insolvenz-Entgelt zu verwenden.** Allerdings müssen diese Mittel dann im Folgejahr auf den aus den 0,2 vH resultierenden Betrag aufgeschlagen werden. Es handelt sich sozusagen um eine Innenkreditierung aus Fondsmitteln. Ziel war es, „Kreditaufnahmen (und damit verbundene Aufwendungen für Kreditzinsen) vermeiden zu können, so lange noch Mittel vorhanden sind. Anstelle die nicht ausgeschöpften Mittel unangetastet lassen zu müssen und diese einer zweckgebundenen Rücklage zuzuführen, sollen diese bei Bedarf in einem Kalenderjahr entnommen werden können und dafür im nächsten Kalenderjahr zusätzlich wieder zur Förderung der Ausbildung und Beschäftigung Jugendlicher zur Verfügung gestellt werden. Durch die Möglichkeit der vorübergehenden Entnahme vorerst nicht benötigter Mittel kann ein optimaler Mitteleinsatz ohne Beeinträchtigung der Förderung der Ausbildung und Beschäftigung Jugendlicher erfolgen" (AB 543 BlgNR 24. GP 16). Werden die nicht ausgeschöpften und daher im Folgejahr zusätzlich bereitzustellenden Mittel nicht für Zwecke des § 13e IESG in diesem Folgejahr abgerufen, werden sie kein weiteres Jahr vorgetragen.

Mit 1.1.2018 wurde § 13e um zwei neue Abs ergänzt. Nach § 9 Abs 5 letzter S BAG müssen die Lehrberechtigten ab 1.1.2018 nunmehr verpflichtend die **Internatskosten für** alle **Lehrlinge** tragen. Die Lehrberechtigten können bei der zuständigen Lehrlingsstelle einen Antrag auf Ersatz dieser Kosten stellen. Es handelt sich hierbei um eine Beihilfe für die betriebliche Ausbildung von Lehrlingen iSd §§ 19b ff BAG. Da diese Beihilfen aus dem IEF finanziert werden, verpflichtet der neue Abs 5 den IEF zur Erstattung dieser Kosten an den Bund. Die Abwicklung dieser Beihilfe erfolgt über die Lehrlingsstellen und daher nach dem Regime des § 19c BAG. Eine direkte Inanspruchnahme des IEF durch die Lehrberechtigten ist nicht vorgesehen. Nach den Materialien (Erl zum IA 2304/A 25. GP) soll durch diese finanzielle Entlastung der Lehrlinge ein individueller Anreiz zur Aufnahme eines Lehrverhältnisses gesetzt und die bisher je nach Lehrberuf und KollV unterschiedlichen Regelungen vereinheitlicht werden. Die zusätzlichen Kosten für den IEF sollen demnach nicht mehr als EUR 50 Mio pro Jahr betragen.

Der IA bezog noch sämtliche Lehrberechtigten ein, die Endfassung **schließt Gebietskörperschaften** (Bund, Länder, Gemeinden) und **Gemeindeverbände aus.** Diese können sich die Internatskosten nicht refundieren lassen, was insoweit systemkonform ist, als sie auch keine IESG-Zuschläge bezahlen. Allerdings kann dies nur für Lehrlinge gelten, die direkt bei den Gebietskörperschaften beschäftigt sind. Betrifft das Lehrverhältnis zB einen einer Gemeinde gehörenden Wirtschaftsbetrieb, liegt generell IESG-Zuschlagspflicht für diesen Betrieb und damit die Refundierungsmöglichkeit vor (vgl § 12 Rz 6).

Abs 6 hält fest, dass § 2b AMPFG mit 31.12.2019 außer Kraft tritt, was für die praktische Umsetzung des § 13e keine ersichtliche Bedeutung hat. Es handelt sich um die Bestimmungen zur Auflösungsabgabe, die übrigens bei Beendigungen von Dienstverhältnissen nach § 25 IO nicht anfällt.

2. Akontierungen

7   Nach § 13e Abs 3 IESG sind Akontierungen der nach Abs 1 und 2 leg cit zu leistenden Beträge möglich. Auf Grundlage des Voranschlags (§ 13 Abs 2 IESG; dazu § 13 Rz 6) werden die für ein Kalenderjahr abzuführenden 0,2 vH festgelegt, anhand dieses Betrags werden die Akontierungen fixiert. Diese Bestimmung bezweckt, eine allzu hohe Einmalzahlung zu vermeiden, und soll es dem IEF ermöglichen, diese Mittel in liquiditätsschonenden Teilzahlungen entsprechend dem jeweiligen Bedarf bereitzustellen.

Fraglich ist, ob ein zeitliches Vorziehen von Zahlungen für Lehrlingszwecke gesetzlich gedeckt ist, ob also nach Ausschöpfen der 0,2 % ein **Vorgriff** auf die Mittel des nächsten Jahres möglich ist. Nach § 13e Abs 3 IESG sind Akontierungen „auf der Grundlage des Voranschlages gem § 13 Abs 2" IESG zulässig. Grundsätzlich kann der 0,2 vH entsprechende Betrag, da es sich um Lohnnebenkosten handelt, frühestens im März des Folgejahres endgültig festgestellt werden. Da der Voranschlag stets das laufende und das Folgejahr umfasst, kann die Akontierung nur die Mittel des jeweiligen Folgejahres betreffen. Nach § 13e Abs 1 IESG hat der IEF dem Bund **jährlich** diese Mittel zur Verfügung zu stellen, was ebenso nicht für die Zulässigkeit eines Vorgriffs auf Folgejahre spricht.

Der Voranschlag ist bis Mitte Oktober des jeweils laufenden Jahres vorzulegen (vgl § 13 Abs 2 IESG). Gem der in BGBl I 2014/30 vorgenommenen Neutextierung des § 12 Abs 6 IESG (vgl § 12 Rz 7) hat der BMASK auf Grund der regelmäßigen Informationen der Geschäftsführung der IEF-Service GmbH und der Prognosen über die Wirtschaftsentwicklung die Veränderung des Zuschlagssatzes vorzunehmen, um eine ausgeglichene Gebarung des IEF sicherzustellen. Ein zeitlicher Ablauf für diese Überprüfung ist nicht vorgesehen, es könnte also auch unterjährig die V zur Anpassung des Zuschlagssatzes erlassen werden. Dadurch kann sich der für Zwecke des § 13e IESG bereitzustellende Betrag auch während des laufenden Jahres ändern. Die V fixiert somit auch den für Zwecke des § 13e IESG bereitzustellenden Betrag.

Sind die nach dem neuen § 13e Abs 5 bereitzustellenden Mittel für die Internatskosten der Lehrlinge innerhalb der in Abs 1 vorgesehenen Limitierung im Ausmaß der bei einem Zuschlag in Höhe von 0,2 % erzielten jährlichen Einnahmen zu sehen? Laut Materialien (Erl zum IA 2304/A 25. GP) erfolgt die Abwicklung „dieser Förderung durch die Lehrlingsstellen … im Rahmen von § 19c BAG". § 13c Abs 1 gilt für nach § 19c BAG gewährte Beihilfen. Somit kann der Ersatz der Internatskosten bei Überschreiten dieser Grenze nur im Rahmen des letzten Satzes des § 13e Abs 1 („aus vorhandenem Finanzvermögen") legitimiert sein (s Rz 4). Nimmt man also keine Deckelung mit 0,2 % an, müsste der Ersatz der Internatskosten eingestellt werden, wenn kein solches freies Finanzvermögen mehr vorhanden ist. Die Zahlungen nach § 13e Abs 5 wurden nicht in die Akontierungsmöglichkeit nach Abs 3 leg cit aufgenommen.

§ 14 IESG

Rechtshilfe und Auskunftspflicht

§ 14. (1) Die Verwaltungsbehörden, die Träger der Sozialversicherung, die Bauarbeiter-Urlaubs- und Abfertigungskasse sowie die gesetzlichen Interessenvertretungen der Arbeitgeber und der Arbeitnehmer sind verpflichtet, die IEF-Service GmbH und deren Geschäftsstellen sowie die Gerichte bei der Erfüllung ihrer Aufgaben nach diesem Bundesgesetz zu unterstützen. Ebenso haben die IEF-Service GmbH samt deren Geschäftsstellen und die Gerichte einander zu unterstützen.

(2) Der Arbeitgeber, der Arbeitnehmer und die Personen, die Einblick in die Arbeitsentgeltunterlagen haben oder hatten, sowie alle Behörden, Ämter, Träger der Sozialversicherung und die Bauarbeiter-Urlaubs- und Abfertigungskasse sind verpflichtet, dem zuständigen Verwalter unverzüglich alle Auskünfte zu erteilen, die er für Erklärungen nach § 6 Abs. 5 benötigt.

(3) Der Arbeitgeber, der zuständige Verwalter, die Arbeitnehmer sowie die Personen, die Einblick in die Arbeitsentgeltunterlagen haben oder hatten, sind verpflichtet, der IEF-Service GmbH, deren Geschäftsstellen und Beauftragten sowie den Gerichten alle Auskünfte zu erteilen, die zur Durchführung dieses Bundesgesetzes erforderlich sind.

(4) Der Hauptverband der österreichischen Sozialversicherungsträger ist verpflichtet, auf automationsunterstütztem Wege gespeicherte Daten (§ 31 Abs. 4 Z 3 ASVG) über die Versicherungszeiten, Beitragsgrundlagen, Qualifikationen und Dienstgeber folgender Personen an die IEF-Service GmbH und deren Geschäftsstellen, an die Gerichte und an das Bundesministerium für Arbeit, Soziales und Konsumentenschutz zu übermitteln, welche für diese Stellen eine wesentliche Voraussetzung zur Wahrnehmung der ihnen nach diesem Bundesgesetz übertragenen Aufgaben bilden:
1. Personen gemäß § 1 Abs. 1 hinsichtlich der Beschäftigung beim insolventen Arbeitgeber und
2. Personen, die als insolvente Arbeitgeber, als verantwortliche Organe oder als Dritte gemäß § 11 für die übergegangenen Ansprüche haften, zum Zwecke der Verfolgung solcher Ansprüche.

(5) Der Bundesminister für Inneres hat der IEF-Service GmbH und deren Geschäftsstellen die Meldedaten, die für diese zur Wahrnehmung der ihnen gesetzlich, insbesondere nach diesem Bundesgesetz und nach dem IEFG übertragenen Aufgaben eine wesentliche Voraussetzung bilden, im Wege automationsunterstützter Datenübermittlung aus dem Zentralen Melderegister (ZMR) gemäß § 16a Abs. 4 des Meldegesetzes 1991, BGBl. Nr. 9/1992, in der Weise zur Verfügung zu stellen, dass diese den

Gesamtdatensatz bestimmter Personen im Datenfernverkehr ermitteln können.

(6) Die zentrale Koordinationsstelle für die Kontrolle der illegalen Beschäftigung des Bundesministeriums für Finanzen ist verpflichtet, der IEF-Service GmbH und deren Geschäftsstellen alle zur Wahrnehmung der gesetzlich übertragenen Aufgaben notwendigen Daten, die sie im Rahmen von Kontrollen oder bei der Führung der zentralen Verwaltungsstrafevidenz erhoben hat, in einer für die IEF-Service GmbH technisch geeigneten Form zur Verfügung zu stellen.

(7) Hat das Insolvenzgericht der Staatsanwaltschaft eine Anzeige gemäß § 261 IO erstattet, so hat dieses Gericht auch die IEF-Service GmbH in Wien darüber in Kenntnis zu setzen.

(§ 14 IESG idF BGBl I 2017/123)

Schrifttum zu § 14 IESG

Gallent, Die wechselseitige Hilfeleistung nach Art 22 B-VG, JBl 1970, 291; *Pfeiffer*, Datenschutz und Auskunftserteilung, SozSi 1990, 596.

Übersicht zu § 14 IESG

1. Allgemeines	Rz 1
2. Erweiterung der Rechtshilfe zu Gunsten der IEF-Service GmbH und der Gerichte	Rz 2–3
2.1 Inhalt und Umfang der Amtshilfe	Rz 4
2.2 Grenzen der Hilfeleistung	Rz 5–6
2.3 Sanktionen	Rz 7
3. Auskunftspflichten zu Gunsten des Insolvenzverwalters	Rz 8
4. Auskunftspflichten zu Gunsten der IEF-Service GmbH und der Gerichte	Rz 9
5. Unterstützung durch den HVSVT	Rz 10
6. Abfrage aus dem ZMR	Rz 11
7. Daten der Koordinationsstelle für die Kontrolle der illegalen Beschäftigung im BMF	Rz 12
8. Anzeigen der Insolvenzgerichte	Rz 13

1. Allgemeines

Durch die vorliegenden Bestimmungen werden die Verwaltungsbehörden und bestimmte Privatpersonen (s Rz 8) zur Rechtshilfe und Auskunft in Bezug auf Informationen und Daten, die zur Vollziehung des IESG notwendig sind, gegenüber der IEF-Service GmbH, deren Geschäftsstellen, den Beauftragten der IEF-Service GmbH und des IEF sowie auch gegenüber den Ge- **1** richten und Insolvenzverwaltern verpflichtet. Die in Art 22 B-VG festgelegte Verpflichtung zu wechselseitiger behördlicher Hilfeleistung wird dadurch konkretisiert und auch erweitert.

2. Erweiterung der Rechtshilfe zu Gunsten der IEF-Service GmbH und der Gerichte

2 Gem Art 22 B-VG sind alle **Organe des Bundes, der Länder und der Gemeinden** im Rahmen ihres gesetzmäßigen Wirkungsbereichs zur wechselseitigen Hilfeleistung verpflichtet. Diese Bestimmung wird durch § 14 Abs 1 IESG einfachgesetzlich zu Gunsten der IEF-Service GmbH und der Gerichte erweitert. § 14 Abs 1 IESG verpflichtet alle Behörden und Ämter zur Rechtshilfe.

3 Ferner sind die **Träger der SV, die BUAK** sowie die **gesetzlichen Interessenvertretungen der AN und AG** in § 14 IESG genannt. Diese sind als Selbstverwaltungskörper von der staatlichen Verwaltung ausgenommen, Art 22 B-VG ist daher nicht auf sie anwendbar. Nach den Erlässen des BMASK 26.498/13-5/97, 26.498/15-5/88, 124.689/1-5/89, 26.498/2-5/90 ua besteht eine Mitwirkungspflicht der Sozialversicherungsträger nur dann, wenn eine ausdrückliche gesetzliche Bestimmung dies vorsieht.

Zu den gesetzlichen Interessenvertretungen der AN und AG zählen neben AK und WK (einschließlich aller zugehörigen Innungen, Fachgruppen, Fachvertretungen und Gremien) auch die Rechtsanwaltskammern, die Notariatskammern, die Tierärztekammern, die Ärztekammern, die Apothekerkammer, die Architekten- und Ingenieurkonsulentenkammer, die Wirtschaftstreuhänderkammer und sonstige Standeskammern, so weit sie die Funktion einer Arbeitnehmer- oder Arbeitgeberinteressenvertretung auszuüben haben.

2.1 Inhalt und Umfang der Amtshilfe

4 Inhalt und Umfang der Amtshilfe ergeben sich aus dem Wortlaut des § 14 Abs 1 IESG: Die **genannten Stellen** sind **verpflichtet,** die **IEF-Service GmbH** und die **Gerichte** bei der Erfüllung **aller Aufgaben** „zu unterstützen", die diese **nach dem IESG** zu erfüllen haben. Darunter fallen Aufgaben im Rahmen des hoheitlichen Verfahrens ebenso wie Mitteilungs- und Auskunftspflichten bzgl jener Angelegenheiten, die auf privatrechtlichem Wege zu erledigen sind, also insb der Forderungsbetreibung (ErläutRV 464 BlgNR 22. GP 38).

2.2 Grenzen der Hilfeleistung

5 Der Grundsatz der Gesetzmäßigkeit der Verwaltung (Art 22 B-VG) und das Gebot der Amtsverschwiegenheit (Art 20 B-VG) stellen die Grenzen dar.

Deshalb darf das ersuchte Organ nur Akte setzen, die (verfassungs-)gesetzlich gedeckt sind und in seinen gesetzmäßigen Wirkungsbereich fallen. Verschwiegenheit ist zu wahren, wenn dies im Interesse der Parteien oder der Gebietskörperschaften geboten ist (vgl *Gallent,* JBl 1970, 291). Amtliche Mitteilungen im Rahmen der Rechtshilfe fallen nicht unter das Verschwiegenheitsgebot.

Für die **Selbstverwaltungskörper** ergibt sich die Grenze in ihrem gesetzlich übertragenen Aufgabenbereich sowie aus der ausdrücklichen einzelgesetzlichen Ermächtigung. So können nach den unter Rz 3 angeführten Erlässen die Sozialversicherungsträger im Rahmen der Amtshilfe nicht angehalten werden, Daten neu zu erheben oder vorhandene Daten in einer Weise neu zu verknüpfen, die nur den Zwecken der anfragenden Stelle dient, für den Vollzugsbereich der Sozialversicherungsträger aber nicht erforderlich ist (vgl auch *Pfeiffer*, SozSi 1990, 596). 6

2.3 Sanktionen

Wird die Amtshilfe verweigert, so kommt eine **disziplinäre Ahndung** für berufsmäßig ernannte Organe in Betracht, wie zB eine Dienstaufsichtsbeschwerde. Die Parteien des Verfahrens, die im Rechtshilfeweg zu erledigende Beweisanträge gestellt haben, können die Entscheidung in der Hauptsache anfechten. Verursacht die rechtswidrige Verweigerung der Rechtshilfe einen Schaden, so kann eine Amtshaftungsklage eingebracht oder sonst je nach Sachlage Schadenersatz begehrt werden (dazu *Gallent*, JBl 1970, 299). 7

3. Auskunftspflichten zu Gunsten des Insolvenzverwalters

Eine besondere Auskunftspflicht zu Gunsten des Insolvenzverwalters legt § 14 Abs 2 IESG fest. Zweck der Bestimmung ist es, die **Erklärung gem § 6 Abs 5 IESG** (vgl § 6 Rz 25) **zu fundieren und zu erleichtern.** Der Insolvenzverwalter kann diese Auskünfte auch verlangen. Verpflichtet werden der AG, der AN, die Personen, die Einblick in die Arbeitsentgeltunterlagen haben oder hatten (gemeint sind wohl Gehaltsverrechner, aber auch externe Dienstleister, welche die Personalverrechnung ausgeführt haben), ferner alle Behörden, Ämter, die Träger der SV und die BUAK. Im Gegensatz zu § 14 Abs 1 IESG sind die gesetzlichen Interessenvertretungen der AG und der AN nicht genannt. Ein sachlicher Grund besteht dafür nicht. In Zusammenschau mit § 14 Abs 1 IESG und angesichts des Zwecks der Bestimmungen wird man annehmen können, dass § 14 Abs 2 leg cit auch die gesetzlichen Interessenvertretungen mitumfasst. 8

Amtliche Mitteilungen im Rahmen der Auskunftspflicht gem § 14 Abs 2 IESG fallen nicht unter die verfassungsrechtliche Verschwiegenheitspflicht. Nach Art 20 Abs 3 B-VG sind Verwaltungsorgane zur Verschwiegenheit verpflichtet, wenn gesetzlich nichts anderes bestimmt ist. § 14 Abs 2 IESG ist als solche gesetzliche Bestimmung zu sehen, welche die Amtsverschwiegenheit für den Bereich der einschlägigen Auskunftspflicht aufhebt (vgl Rz 6). Insolvenzverwalter sind iSd vorherrschenden Organtheorie als Organ oder gesetzlicher Vertreter der Insolvenzmasse zu betrachten, nicht aber als Amtsorgane (vgl *Feil*, IO[7] § 81 Rz 1). Die Grenzen ihrer Auskunftspflicht liegen daher in der Verpflichtung, die Interessen aller Gläubiger gleich zu behandeln, ferner dürfen sie die ihnen bekanntgegebenen Tatsachen nicht zweckwidrig verwenden.

Wird die Auskunftserteilung iSd § 14 Abs 2 IESG verweigert, so kommen die in Rz 7 genannten Sanktionen in Frage.

4. Auskunftspflichten zu Gunsten der IEF-Service GmbH und der Gerichte

9 Nach § 14 Abs 3 IESG sind der AG, der Insolvenzverwalter, der AN sowie jene Personen, die Einblick in die Arbeitsentgeltunterlagen haben oder hatten, zur Auskunftserteilung an die IEF-Service GmbH bzw deren Geschäftsstellen und Beauftragte sowie an die Gerichte verpflichtet.

Mit **„Beauftragten"** ist die rechtliche Vertretung des IEF bzw der IEF-Service GmbH gemeint, welche nach § 13 Abs 4 IESG bzw § 25 Abs 1 IEFG durch die Finanzprokuratur bzw durch andere geeignete physische oder juristische Personen wahrgenommen werden kann. Auch hier ist das Ausmaß der Auskunftserteilung mit dem Zweck des IESG definiert. Demnach fallen neben dem hoheitlichen Bescheidverfahren auch die Forderungsbetreibung darunter.

Weigern sich verpflichtete Personen, der IEF-Service GmbH die erforderlichen Auskünfte zu geben, so können sie nach § 19 AVG vorgeladen und allenfalls durch Zwangsstrafen zur Befolgung der Ladung verhalten werden. Denkbar sind auch Schadenersatzansprüche des IEF gegen einen Insolvenzverwalter aus der Verletzung insolvenzspezifischer Pflichten, wenn sich aus der Nichterteilung von Auskünften ein Vermögensnachteil für den Fonds ergeben sollte, der als Beteiligter iSd § 81 Abs 3 IO anzusehen ist (vgl OGH 7 Ob 73/10a, ZIK 2010/357, 227 oder OGH 8 Ob 37/03d, ZIK 2004/161, 128). Verweigert ein AG die Auskunft, stellt dies eine Verwaltungsübertretung dar, die von den Bezirksverwaltungsbehörden mit einer Geldstrafe von EUR 365,– bis EUR 1.455,– zu bestrafen ist (§ 16 Abs 1 IESG). Dies gilt nur, wenn die Auskunft vorsätzlich verweigert wird. Diese Geldstrafen fließen dem IEF zu.

5. Unterstützung durch den HVSVT

§ 14 Abs 4 IESG ist die Rechtsgrundlage für die Abfrage von Daten des HVSVT über Versicherungszeiten, Beitragsgrundlagen, Qualifikationen und DG für folgende Personengruppen:

– Einerseits jener **DN,** die einen **Antrag auf Insolvenz-Entgelt** stellen, wobei die Abfrage auf die Beschäftigungszeiten beim insolventen DG eingeschränkt ist. Die Abfrage dient zur Ermittlung und Überprüfung der anspruchsbedingenden Grundlagen.
– Andererseits jener Personen, die **Schuldner des IEF** sind und gegen die von der IEF-Service GmbH die auf den IEF übergegangenen Ansprüche zu betreiben sind (s § 13 Rz 8 ff). Dies umfasst neben den (ehemaligen) DG auch Organe der DG, die iZm der Insolvenz wegen eines in § 11 Abs 3 IESG genannten Straftatbestands rechtskräftig verurteilt wurden. Ferner können auch Daten dritter Personen abgefragt werden; darunter sind laut IA (2234/A 25. GP 5) „Bürgen, Pfandbesteller, Komplementäre von insolventen Personengesellschaften, andere (mit-) haftende Gesellschafter und im Rahmen von Schadenersatzansprüchen ferner auch faktische Geschäftsführer ohne formale Organstellung und Insolvenzverwalter" zu verstehen. Diese Personengruppen haften auf Grund unternehmens-, schadenersatz- und insolvenzrechtlicher Bestimmungen sowie deswegen, weil nach § 11 Abs 1 IESG auch die vertraglichen Ansprüche der Antragsteller gegen Dritte bei Gewährung von Insolvenz-Entgelt auf den IEF übergehen. Diese Abfrage ist an den Erfordernissen des IEF als betreibender Gläubiger orientiert und zeitlich nicht beschränkt.

Der HVSVT ist verpflichtet, diese Daten der IEF-Service GmbH und deren Geschäftsstellen, den Gerichten und dem BMASK zur Verfügung zu stellen.

6. Abfrage aus dem ZMR

Mit BGBl I 2004/77 wurde § 14 Abs 5 IESG auf Grund von Anregungen aus der Praxis der IEF-Service GmbH eingeführt (zum Inkrafttreten § 17a Rz 43). Die Materialien begründen die Einführung des Abs 5 leg cit mit der Erleichterung für die IEF-Service GmbH, „ihren hoheitlichen und privatwirtschaftlichen Aufgaben besser nachzukommen" (ErläutRV 464 BlgNR 22. GP 3).

Mit § 14 Abs 5 IESG erhielt die IEF-Service GmbH den sog **Behördenzugang** auf Daten des ZMR. Mit diesem kann zB bei Adressänderungen des AG (für Anfragen hinsichtlich behaupteter offener Ansprüche aus einem Arbeitsverhältnis oder bei Korrespondenz über die Abstattung der dem Fonds

§ 14 IESG

zurückzuerstattenden Beträge) auf den Gesamtdatensatz zugegriffen werden, der neben dem Hauptwohnsitz auch Nebenwohnsitze und frühere Wohnsitze umfasst.

7. Daten der Koordinationsstelle für die Kontrolle der illegalen Beschäftigung im BMF

12 Mit dem 2008 hinzugefügten § 14 Abs 6 IESG (zum Inkrafttreten § 21 Rz 5) wurde im Kampf gegen den sog Sozialmissbrauch die Verpflichtung der zentralen Koordinationsstelle für die Kontrolle der illegalen Beschäftigung im BMF normiert, der IEF-Service GmbH und deren Geschäftsstellen vorhandene Daten bereitzustellen, die für die Beurteilung des Anspruchs auf Insolvenz-Entgelt bedeutsam sind. Bei der IEF-Service GmbH können so missbräuchlich gestellte Anträge auf Insolvenz-Entgelt leichter identifiziert und abschlägige Bescheide besser begründet werden.

Die Daten dürfen im Rahmen von Kontrollen vor Ort (zB auf Baustellen) oder bei der Führung der zentralen Strafevidenz erhoben worden sein. Die Daten dürfen nur insoweit der IEF-Service GmbH zugänglich sein, als sie zur Wahrnehmung der gesetzlichen Aufgaben nach dem IESG benötigt werden.

8. Anzeigen der Insolvenzgerichte

13 Mit dem IRÄG 2010 BGBl I 2010/29 wurde § 14 Abs 7 IESG neu eingefügt (zum Inkrafttreten § 25 Rz 8). Er sieht vor, dass die **Insolvenzgerichte** die **IEF-Service GmbH** zu **informieren** haben, wenn sie eine **Strafanzeige nach § 261 IO** an die Staatsanwaltschaft erstatten. Voraussetzung für eine solche Strafanzeige ist, dass der Schuldner oder dessen Organe die Vorlage oder Unterfertigung des Vermögensverzeichnisses vor dem Gericht verweigern (§ 261 Z 1 IO), der Schuldner flüchtig ist (§ 261 Z 2 IO) oder sonst der Verdacht einer von diesem begangenen strafbaren Handlung vorliegt (§ 261 Z 3 IO).

Für die Forderungsbetreibung des Fonds ist nur § 261 Z 3 IO interessant: Denn nach § 11 Abs 3 IESG kann der IEF bei Vorliegen bestimmter strafrechtlicher Verurteilungen iZm der Insolvenz auf das Vermögen des Schuldners oder eines Organs greifen – und zwar im Gegensatz zur sonst geltenden Regresssperre auch auf Neuvermögen (dazu § 11 Rz 48). Der Katalog dieser Tatbestände umfasst schweren und gewerbsmäßigen Betrug (§§ 147 und 148 StGB), das (betrügerische) Vorenthalten von Dienstnehmerbeiträgen zur SV bzw Zuschlägen zur BUAK (§§ 153c und 153d StGB), organisierte Schwarzarbeit (§ 153e StGB), Sachwucher (§ 155 StGB), betrügerische Krida (§ 156 StGB) sowie Schädigung fremder Gläubiger (§ 157 StGB) und Gläubigerbegünstigung (§ 158 StGB).

§ 14 IESG

Die gegenständliche Bestimmung knüpft an § 78 StPO an, der Anzeigen vor allem beim Verdacht strafbarer Handlungen verlangt. Da der Katalog des § 11 Abs 3 IESG aber enger ist als die Anzeigepflicht nach § 78 StPO, kann eine derartige Anzeige des Insolvenzgerichts nach § 261 IO für die IEF-Service GmbH nur ein erster Hinweis auf ein Strafverfahren sein. Bei solchen Anzeigen ist daher beim IEF zunächst zu überprüfen, ob überhaupt ein Strafverfahren eingeleitet wurde und ob dieses die Tatbestände des § 11 Abs 3 IESG betrifft. Erst wenn ein für den Regress des IEF relevantes Strafverfahren eingeleitet wurde, ist der Ausgang dieses Strafverfahrens zu überwachen, um bei einer **Verurteilung** die entsprechenden **Regressmaßnahmen** ergreifen zu können. Arbeitserleichternd für die IEF-Service GmbH wäre es (auch im Hinblick auf die oft lange Dauer dieser Strafverfahren), wenn Verurteilungen nach dem Katalog des § 11 Abs 3 IESG zeitnah an die IEF-Service GmbH gemeldet würden.

§ 14a IESG

Zusammenarbeit mit ausländischen Einrichtungen

§ 14a. (1) Ist der insolvente Arbeitgeber auch in einem anderen EWR-Staat tätig, so hat die IEF-Service GmbH der zuständigen ausländischen öffentlichen Verwaltung oder Garantieeinrichtung (im Folgenden ausländische Einrichtung) den allenfalls vorhandenen inländischen Gerichtsbeschluss im Sinne des § 1 Abs. 1 und die im Zusammenhang mit Anträgen auf Insolvenz-Entgelt ergangenen Entscheidungen mitzuteilen, soweit diese zur Aufgabenerfüllung der ausländischen Einrichtung unbedingt erforderlich sind. Nach Maßgabe der technischen Möglichkeiten können entsprechende Daten gemäß § 5 Abs. 5 auch telegrafisch, fernschriftlich, mit Telefax, im Wege automationsunterstützter Datenübertragung oder in jeder anderen technisch möglichen Weise übermittelt werden. Näheres kann durch eine Vereinbarung zwischen der IEF-Service GmbH und der jeweiligen ausländischen Einrichtung bestimmt werden. In der Vereinbarung kann auch geregelt werden, dass die jeweilige ausländische Einrichtung die IEF-Service GmbH und den Insolvenz-Entgelt-Fonds insbesondere zur Wahrnehmung der sich nach § 11 ergebenden Rechte vertritt oder auch die IEF-Service GmbH eine solche ausländische Einrichtung im Inland vertritt. Eine derartige Vereinbarung bedarf der Zustimmung des Bundesministers für Arbeit, Soziales und Konsumentenschutz.

(2) Abs. 1 gilt auch dann, wenn die IEF-Service GmbH bei Anträgen auf Insolvenz-Entgelt die sich auf § 1 Abs. 1 letzter Satz stützen, die erforderlichen Informationen von der ausländischen Einrichtung benötigt.

(3) Abs. 1 und 2 gelten auch für Vereinbarungen zwischen der IEF-Service GmbH und ausländischen Einrichtungen in Staaten außerhalb des EWR, wenn diese Staaten das Übereinkommen betreffend den Schutz der Forderungen der Arbeitnehmer bei Zahlungsunfähigkeit ihres Arbeitgebers, BGBl. III Nr. 49/1997, ratifiziert haben. In einer solchen Vereinbarung ist auch festzulegen, dass die Übermittlung und Überlassung von Daten gemäß § 5 Abs. 5 nur erfolgen kann, wenn die im § 13 Abs. 2 des Datenschutzgesetzes 2000 genannten Voraussetzungen vorliegen.

(§ 14a IESG eingefügt durch BGBl I 2005/102, idF BGBl I 2011/39)

Übersicht zu § 14a IESG

1. Hintergrund der Regelung .... Rz 1
2. Kommunikation mit ausländischen Einrichtungen .... Rz 2
    2.1 Vereinbarungen mit ausländischen Einrichtungen .... Rz 3–6

1. Hintergrund der Regelung

§ 14a IESG wurde 2005 in Umsetzung der (damaligen) InsolvenzRL 80/987/EWG und in notwendiger Anpassung an die VO (EG) 1346/2000 über Insolvenzverfahren (EUInsVO) neu ins G eingefügt. Damit sollte die IEF-Service GmbH in die Lage versetzt werden, mit vergleichbaren ausländischen (Garantie-)Einrichtungen Vereinbarungen abzuschließen (ErläutRV 946 BlgNR 22. GP 8). 1

2. Kommunikation mit ausländischen Einrichtungen

Grundsätzlich gebührt österr Insolvenz-Entgelt, wenn der AN im Inland sozialversicherungspflichtig beschäftigt war. Nach dem Versicherungsprinzip ist aus unionsrechtlicher Sicht die Garantieeinrichtung jenes Mitgliedstaates zuständig, in dem auch Beiträge entrichtet wurden (dazu § 1 Rz 98). Insolvenzrechtliche Entscheidungen eines EU- oder EWR-Gerichts, die der Insolvenzverfahrenseröffnung udgl iSd § 1 Abs 1 IESG gleichgestellt sind, müssen in Österreich anerkannt werden (vgl OGH 8 ObS 19/11v, SVSlg 61.930). Bei einem ausländischen AG bzw bei einer Insolvenzeröffnung durch ein ausländisches Gericht ist daher für die IEF-Service GmbH zu klären, ob ein sicherungsfähiger Insolvenztatbestand nach § 1 Abs 1 IESG bzw gesicherte Ansprüche nach § 1 Abs 2 IESG vorliegen. Umgekehrt benötigen ausländische Garantieeinrichtungen ebenfalls bestimmte, an den nationalen SicherungsG orientierte Informationen bzw Dokumente (zB Edikte, Gerichtsbeschlüsse). 2

2.1 Vereinbarungen mit ausländischen Einrichtungen

Vereinbarungen nach § 14a IESG sollen der Identifikation der zahlungspflichtigen Garantieeinrichtung und der Vermeidung doppelter Antragsstellungen dienen. 3

Neben der (hoheitlichen) Zuerkennung soll auch beim privatrechtlichen Aspekt der Arbeit der IEF-Service GmbH, also iZm dem Regress, die Möglichkeit zur engeren Kooperation mit ausländischen Garantieeinrichtungen gegeben werden. Die Materialien (ErläutRV 946 BlgNR 22. GP 8) führen aus, dass solche Vereinbarungen ua „die allfällige Vertretung der ausländischen Einrichtung im Inland, vor allem zur Wahrnehmung von Gläubigerrechten in Insolvenzverfahren, die Unterrichtung über die diesbezüglichen österr insolvenzrechtlichen Vorschriften und die analoge Vertretung und Unterrichtung der österr IEF-Service GmbH durch die ausländische Einrichtung behandeln" können. 4

§ 14a Abs 3 IESG ermöglicht den Abschluss solcher Vereinbarungen auch mit Einrichtungen außerhalb des EWR-Raumes. Nach den Materialien 5

(ErläutRV 946 BlgNR 22. GP 8) soll dies allerdings nur für Staaten ins Auge gefasst werden, die das ILO-Übereinkommen Nr 173 betreffend den Schutz der Forderungen der AN bei Zahlungsunfähigkeit ihres AG, BGBl III 1997/49, ratifiziert haben, wobei zusätzlich besondere datenschutzrechtliche Vorkehrungen zu treffen sind.

6 Bislang (Stand: Dezember 2017) gibt es keine Vereinbarungen oder Abkommen, die entsprechend § 14a IESG abgeschlossen wurden.

§ 15 IESG

Stempel- und Gebührenfreiheit

§ 15. (1) Die im Verfahren nach diesem Bundesgesetz erforderlichen Eingaben und deren Beilagen, Ausfertigungen, Niederschriften, Entscheidungen, Vollmachten und Zeugnisse sind von den Stempel- und Rechtsgebühren befreit.

(2) Die §§ 76 bis 78 AVG 1950 und die auf Grund dieser Bestimmungen erlassenen Verordnungen sind im Verfahren nach diesem Bundesgesetz nicht anzuwenden.

(§ 15 IESG idF BGBl 1977/324)

1. Befreiung von Stempel- und Rechtsgebühren

Diese Bestimmung stellt eine Spezialnorm im Verhältnis zum GebG dar. Die im (verwaltungsrechtlichen) Verfahren nach diesem G erforderlichen Eingaben und deren Beilagen, Ausfertigungen, Niederschriften, Entscheidungen, Vollmachten und Zeugnisse sind von den Stempel- und Rechtsgebühren befreit. Es kommt nicht darauf an, ob der Anspruchsberechtigte durch G, V oder behördlichen Auftrag formell zur Vorlage von Schriftstücken verhalten wird, sondern auf den Verwendungszweck im Allgemeinen. Der Befreiung von Stempel- und Rechtsgebühren unterliegen demnach auch solche Schriftstücke und Beweismittel, die der Anspruchsberechtigte von sich aus zur Begründung seiner Rechtsansprüche vorlegt, wie zB Vertragsausfertigungen, Dienstzettel oder Buchauszüge (zur Frage der Befreiung des IEF von Stempel- und Rechtsgebühren sowie Gerichts- und Justizverwaltungsgebühren vgl § 13 Rz 10). **1**

2. Befreiung von Kosten für die Behördentätigkeit

Die Bestimmungen der §§ 76–78 AVG und die einschlägigen Durchführungsvorschriften sind nicht anzuwenden. Diese Normen regeln Barauslagen der Behörde (§ 76 AVG), Kommissionsgebühren (§ 77 AVG) und besondere Verwaltungsabgaben (§ 78 AVG). **2**

§ 16 IESG

Strafbestimmungen

§ 16. (1) Arbeitgeber, die wissentlich unwahre Angaben machen oder vorsätzlich die Erklärung nach § 6 Abs. 4 grundlos verweigern oder ihrer Auskunftspflicht nach § 14 Abs. 3 vorsätzlich nicht nachkommen, begehen, sofern die Tat nicht mit strengerer Strafe bedroht ist, eine Verwaltungsübertretung und sind von der Bezirksverwaltungsbehörde mit Geldstrafe von 365 Euro bis 1 455 Euro zu bestrafen.

(2) Für mehrere danach strafbare Handlungen ist nur auf eine einzige Strafe zu erkennen.

(3) Die Eingänge aus den gemäß Abs. 1 verhängten Geldstrafen fließen dem Insolvenz-Entgelt-Fonds zu.

(§ 16 IESG idF BGBl I 2008/82)

Schrifttum zu § 16 IESG

Grabenwarter/Fister, Verwaltungsverfahrensrecht und Verwaltungsgerichtsbarkeit[4] (2014).

Übersicht zu § 16 IESG

1. Straftatbestände .... Rz 1–4
2. Falsche Angaben und falsche Zeugenaussagen .... Rz 5
3. Delikthäufungen .... Rz 6
4. Eingänge aus den Geldstrafen .... Rz 7

1. Straftatbestände

1 Das IESG normiert hier **drei Straftatbestände,** nämlich wissentliche Falschangaben, die vorsätzliche und grundlose Verweigerung der Erklärung gem § 6 Abs 4 IESG sowie die vorsätzliche Verletzung der Auskunftspflicht nach § 14 Abs 3 IESG.

Der Tatbestand des zweiten Falls des § 16 Abs 1 IESG enthält sowohl das Tatbestandsmerkmal **„vorsätzlich"** als auch das Tatbestandsmerkmal **„grundlos".** Das Tatbestandsmerkmal „grundlos" bezeichnet hierbei, zum Unterschied vom Tatbestandsmerkmal „vorsätzlich", kein subjektives, sondern ein objektives Element. Grundlos wird die Erklärung nach § 6 Abs 4 IESG dann verweigert, wenn für dieses Verhalten keine sachlich gerechtfertigten Gründe vorliegen (VwGH 82/11/0123, ZfVB 1984/1100).

2 Die Straftatbestände des IESG sind **Verwaltungsübertretungen.** Das Verfahren richtet sich nach den Bestimmungen des VStG. Zur strafrechtlichen Qualifikation der Übertretungen genügt nicht, wie § 5 Abs 1 VStG dies be-

stimmt, fahrlässiges Verhalten. Zuständige Strafbehörden in erster Instanz sind die Bezirksverwaltungsbehörden (Magistrate). Seit der Verwaltungsgerichtsbarkeits-Novelle 2012 ist der Rechtsschutz weitgehend im VwGVG geregelt. Das VStG gilt subsidiär; aber auch im VwGG (zB ordentliche Revision gem § 25a VwGG) oder auch in den Art 129 ff B-VG sind relevante Regelungen enthalten. Der Instanzenzug für Beschwerden geht an die LVwG (allg dazu *Grabenwarter/Fister*, Verwaltungsverfahrensrecht[4]).

Subjekt der Strafdrohung ist der **AG.** Eine sinnvolle Auslegung (insb im Hinblick auf die Formulierung des § 1 IESG) gebietet es, dieser Strafbestimmung auch den „ehemaligen AG", aber auch den Auftraggeber von Heimarbeitern oder freien DN zu unterwerfen. Ist ein Insolvenzverfahren eröffnet, so treffen diese Pflichten nach der ausdrücklichen Bestimmung in den §§ 6 Abs 5 bzw 14 Abs 3 IESG den **zuständigen Verwalter,** sodass diesbezüglich nicht auf die allgemeine Regelung des § 25 Abs 1 IO zurückgegriffen werden muss. 3

Bei juristischen Personen oder Personengemeinschaften ohne Rechtspersönlichkeit sind die Strafbestimmungen, soweit nicht **verantwortliche Beauftragte** gültig bestellt sind, auf die nach G oder Satzung zur Vertretung nach außen Berufenen anzuwenden. Ein Prokurist ist nicht zur Vertretung nach außen berufen und ist, wenn er nicht zum verantwortlichen Beauftragten nach § 9 VStG bestellt wurde, nicht für die Einhaltung der Verwaltungsvorschriften verantwortlich (VwGH 2009/02/0014, ARD 6122/9/2011). Die juristische Person bzw die Personengemeinschaft und die verwaltungsstrafrechtlich Verantwortlichen haften für verhängte Geldstrafen zur ungeteilten Hand (vgl § 9 VStG). 4

2. Falsche Angaben und falsche Zeugenaussagen

Wissentlich falsche Angaben der strafrechtlich Verantwortlichen können auch **falsche Zeugenaussagen nach § 289 StGB** sein. Nach § 289 StGB ist derjenige, der vor einer Verwaltungsbehörde als Zeuge bei seiner förmlichen Vernehmung zur Sache falsch aussagt oder als Sachverständiger einen falschen Befund oder ein falsches Gutachten erstattet, mit einer Freiheitsstrafe bis zu einem Jahr zu bestrafen. 5

Dass der AG – oder die sonst strafrechtlich verantwortliche Person – als Zeuge vernommen werden kann, ist wohl nicht zu bezweifeln, zumal der AG im Verfahren nicht Partei ist. Unter der Aussage eines Zeugen ist nicht schon jede über Befragen erteilte Auskunft zu verstehen, vielmehr ist gefordert, dass die Vernehmung unter Beachtung der nötigen Formalität (die §§ 48 ff AVG sind im IESG anzuwenden) erfolgt. Ob Erklärungen und Auskunftserteilungen nach den §§ 6 Abs 4 und 14 Abs 3 IESG Zeugenaussagen sind, ist zweifelhaft.

3. Delikthäufungen

6 Für die Fälle von Delikthäufungen nach diesem G, sei es in Form der sog Realkonkurrenz oder der sog Idealkonkurrenz, rückt § 16 Abs 2 IESG vom Kumulationsprinzip (§ 22 Abs 2 VStG) ab und bestimmt, dass nur auf eine einzige Strafe zu erkennen ist. Die Delikthäufung wird allerdings bei der Bemessung der Geldstrafe ihren Niederschlag finden müssen.

Nach § 22 Abs 1 VStG ist die verwaltungsbehördliche Strafbarkeit grundsätzlich subsidiär zu gerichtlichen.

4. Eingänge aus den Geldstrafen

7 Die Eingänge aus den gem § 16 Abs 1 IESG verhängten Geldstrafen fließen dem IEF zu (vgl §§ 12 Abs 1 Z 2, 16 Abs 3 IESG).

§ 17 IESG

Übergangsbestimmungen

§ 17. (1) Dieses Bundesgesetz ist erstmals anzuwenden, wenn das Insolvenzverfahren über das Vermögen des Arbeitgebers (ehemaligen Arbeitgebers) nach dem 31. Dezember 1975 eröffnet und am 31. Dezember 1977 noch nicht abgeschlossen worden ist. § 1 Abs. 1 Z 1 bis 3 gelten entsprechend.

(2) Ansprüche im Sinne des § 1 Abs. 2 aus der Zeit vor dem Inkrafttreten dieses Bundesgesetzes sind so weit gesichert, als die Fälligkeit nach dem 31. Dezember 1974 eingetreten ist.

(3) Die Frist nach § 6 Abs. 1 endet frühestens 90 Tage nach dem Inkrafttreten dieses Bundesgesetzes. Anträge nach diesem Bundesgesetz können jedoch bereits ab dem 1. Oktober 1977 gestellt werden.

(4) Ist ein Insolvenzverfahren vor dem Inkrafttreten dieses Bundesgesetzes eröffnet worden, so hat das Bundesamt für Soziales und Behindertenwesen die zur Beurteilung des Anspruches notwendigen Unterlagen von Amts wegen zu beschaffen, sofern deren Beibringung dem Antragsteller unzumutbar ist.

(5) Der vom Arbeitgeber zu tragende Zuschlag gemäß § 12 Abs. 1 Z 4 wird bis zum Inkrafttreten der gemäß § 12 Abs. 1 Z 4 erlassenen Verordnung mit 0,1 v. H. festgesetzt.

(6) Der Reservefonds der Arbeitslosenversicherung (§ 64 AlVG 1958) hat bis zu 200 Millionen Schilling je nach Bedarf auf das Konto des Insolvenz-Ausfallgeld-Fonds im Jahre 1978 zu überweisen. Bei dieser Überweisung handelt es sich um ein verzinsliches Darlehen, das bis spätestens 31. Dezember 1981 zurückzuzahlen ist. Die Zinsen sind in der Höhe des jeweiligen Eckzinssatzes bei zweijähriger Bindung zu leisten. Bei der Festsetzung des Beitragszuschlages ist auf die Rückzahlung des Darlehens entsprechend Bedacht zu nehmen.

(§ 17 IESG idF BGBl I 2010/29)

1. Rückwirkende Anwendung

Nach den durchwegs überholten Übergangsbestimmungen zur Stammfassung des IESG soll nicht bloß in Fällen gezahlt werden, in denen der anspruchsbegründende Tatbestand nach dem Inkrafttreten des G (1. 1. 1978; vgl § 18 Rz 2) eingetreten ist, sondern schon dann, wenn die Insolvenzverfahrenseröffnung oder ein adäquater Tatbestand nach dem 31. 12. 1975 erfolgte und das Verfahren am 31. 12. 1977 noch nicht abgeschlossen war. Diese Maßnahme wird in den Materialien wie folgt begründet: „Diese Regelung ist notwendig, weil andernfalls zu befürchten ist, dass die Eröffnung von Insolvenz-

1

verfahren bloß deshalb hinausgezögert wird, damit die Anspruchsvoraussetzungen für die Zahlung von Insolvenz-Ausfallgeld begründet werden. Eine solche Verzögerung der Eröffnung von Insolvenzverfahren steht jedoch den berechtigten Bestrebungen entgegen, die eheste Eröffnung solcher Verfahren sicherzustellen" (ErläutRV 464 BlgNR 14. GP 11).

Eine derartige Maßnahme erforderte zunächst eine **zeitliche Begrenzung der gesicherten Ansprüche**. Diese erfolgte dadurch, dass auf die **Fälligkeit** abgestellt wurde: Diese muss **nach dem 31. 12. 1974** eingetreten sein (§ 17 Abs 2 IESG), wobei die nach G oder KollV vorgesehene Fälligkeit maßgebend ist und anderslautende Parteienvereinbarungen nicht berücksichtigt werden können (OGH 9 ObS 2/91, wbl 1991, 360). Dass Anwartschaften etwa für eine Abfertigung vor diesem Termin erworben wurden, hindert die Sicherung somit nicht.

Da das G vor Inkrafttreten nicht vollzogen werden konnte, musste die Antragsfrist gem § 6 Abs 1 IESG entsprechend modifiziert werden: Sie endete frühestens 90 Tage nach dem Inkrafttreten des G (1. 1. 1978), doch konnten Anträge iSd IESG bereits ab 1. 10. 1977 gestellt werden (§ 17 Abs 3 IESG).

Die zeitliche Differenzierung durch die Stichtagsregelung des § 17 Abs 1 und 2 IESG ist verfassungsrechtlich unbedenklich (OGH 9 ObS 2/91, wbl 1991, 360).

2. Finanzielle Vorsorge

2 Die in Rz 1 dargestellte Maßnahme erforderte ferner finanzielle Vorsorge. Zunächst wurde festgesetzt, dass der vom AG zu tragende Zuschlag zum Arbeitslosenversicherungsbeitrag gem § 12 Abs 1 Z 4 IESG 0,1 % beträgt (mit Wirkung 1. 1. 1978), und zwar bis zur erstmaligen Regelung im Verordnungsweg. Der Zuschlag wurde seitdem idR jährlich festgesetzt (§ 12 Abs 1 Z 4 IESG; allg § 12 Rz 7 ff), für das Jahr 2018 zB mit 0,35 % (V des BMASK BGBl II 2015/375). Weiters wurde als Starthilfe aus dem Reservefonds der Arbeitslosenversicherung der im § 17 Abs 6 IESG genannte Betrag dem Fonds in Form eines Darlehens zugewiesen, das bis 31. 12. 1981 zurückzuzahlen war.

Novellen; Inkrafttreten und Übergangsbestimmungen

§ 17a. (1) § 1 Abs. 1 Z 3, § 1a, § 3 Abs. 2 Z 1 und Abs. 3a, § 6 Abs. 1 Z 3 und Z 4, der an § 7 Abs. 1 angefügte Satz, § 7 Abs. 6 letzter Satz, § 7 Abs. 7 und die im § 13 Abs. 4 anstelle des letzten Satzes tretenden Sätze in der Fassung des Bundesgesetzes BGBl. Nr. 835/1992 treten mit 1. Jänner 1993 in Kraft.

(2) Der mit Bundesgesetz BGBl. Nr. 799/1993 eingefügte § 1 Abs. 6 Z 4 tritt mit 1. Jänner 1994 in Kraft.

(3) § 1 Abs. 3 Z 4 und § 1 Abs. 4a in der Fassung des Bundesgesetzes BGBl. Nr. 817/1993 treten mit 1. Jänner 1994 in Kraft. Sie sind auf Beschlüsse über die Eröffnung eines Insolvenzverfahrens nach § 1 Abs. 1 bzw. über einen anderen Insolvenztatbestand nach § 1 Abs. 1 Z 3 bis 7, die vor dem 1. Jänner 1994 gefaßt wurden, nicht anzuwenden.

(4) § 1 Abs. 2 Z 4 lit. g, § 1 Abs. 3 Z 2, § 1 Abs. 3 Z 3a, § 1 Abs. 4, § 5 Abs. 4, § 6 Abs. 1, § 7 Abs. 1, § 7 Abs. 6a, § 11 Abs. 3 und § 13 Abs. 5 in der Fassung des Bundesgesetzes BGBl. Nr. 153/1994 treten mit 1. März 1994 in Kraft. Sie sind, mit Ausnahme des § 5 Abs. 4, nicht anzuwenden, wenn der Beschluß über die Eröffnung oder der sonst nach § 1 Abs. 1 Z 1 bis 7 maßgebliche Beschluß vor dem genannten Zeitpunkt gefaßt worden ist. § 7 Abs. 6a in der Fassung des Bundesgesetzes BGBl. Nr. 153/1994 ist überdies nur für Vorfinanzierungen, die für Zeiträume nach dem 28. Februar 1994 gewährt wurden, anzuwenden.

(5) Die §§ 1a Abs. 3, 4, 5, 6 Abs. 1, 3 und 4, 7 Abs. 1, 2, 4 und 6, 8 Abs. 2, 10, 13 Abs. 5, 14 Abs. 1, 3 und 4 und 17 Abs. 4 in der Fassung des Bundesgesetzes BGBl. Nr. 314/1994 treten mit 1. Juli 1994 in Kraft. Bis zum Inkrafttreten des § 5 Z 2 lit. a des Bundessozialämtergesetzes (Art. 33 des Arbeitsmarktservice-Begleitgesetzes, BGBl. Nr. 314/1994) obliegen die Aufgaben und Befugnisse der Bundesämter für Soziales und Behindertenwesen den jeweiligen regionalen Geschäftsstellen und Landesgeschäftsstellen des Arbeitsmarktservice.

(6) § 1 Abs. 6 Z 3, 4 und 5, § 12 Abs. 1 Z 5 und Abs. 4 sowie § 13 Abs. 2 in der Fassung des Bundesgesetzes BGBl. Nr. 297/1995 treten mit 1. Mai 1995 in Kraft. Sie sind, mit Ausnahme des § 12 Abs. 1 Z 5 und Abs. 4 sowie § 13 Abs. 2 nicht anzuwenden, wenn der Beschluß über die Eröffnung eines Insolvenzverfahrens nach § 1 Abs. 1 bzw. über einen anderen Insolvenztatbestand nach § 1 Abs. 1 Z 3 bis 7 vor dem 1. Mai 1995 gefaßt wurde.

(7) § 3 Abs. 5 und 6 und § 7 Abs. 8 in der Fassung des Bundesgesetzes BGBl. Nr. 754/1996 treten mit 1. Jänner 1997 in Kraft. Sie sind auf Beschlüsse über die Eröffnung eines Insolvenzverfahrens nach § 1 Abs. 1

oder über einen anderen Insolvenztatbestand nach § 1 Abs. 1 Z 3 bis 7 nicht anzuwenden, die vor dem 1. Jänner 1997 gefaßt wurden.

(8) § 12 Abs. 1, § 12 Abs. 2, § 12 Abs. 4, § 12 Abs. 5, § 13 Abs. 5, § 13 Abs. 8 Z 1, § 13b und § 14 Abs. 4 in der Fassung des Bundesgesetzes BGBl. Nr. 754/1996 treten mit Beginn der Beitragsperiode 1997 in Kraft. Gewährte Darlehen nach § 12 Abs. 1 Z 4 in Verbindung mit § 13 Abs. 5 in der Fassung vor dem Bundesgesetz BGBl. Nr. 754/1996 sind nach den bisherigen Bestimmungen abzuwickeln.

(9) Der vom Arbeitgeber zu tragende Zuschlag gemäß § 12 Abs. 1 Z 4 in der Fassung des Bundesgesetzes BGBl. Nr. 754/1996 wird für das Beitragsjahr 1997 mit 0,7 vH festgesetzt.

(10) § 1 Abs. 1, 3 und 5, § 2, § 3, § 3a Abs. 2 bis 4, § 3b, § 3c, § 3d, § 5 Abs. 1, § 6 Abs. 1, 4 und 7, § 7 Abs. 1, 6a und 7, § 11 Abs. 3 und § 13a Abs. 3 in der Fassung des Bundesgesetzes BGBl. I Nr. 107/1997 treten mit 1. Oktober 1997 in Kraft und sind anzuwenden, wenn der Beschluß über die Eröffnung eines Insolvenzverfahrens nach § 1 Abs. 1 bzw. der sonst nach § 1 Abs. 1 maßgebende Beschluß nach dem 30. September 1997 gefaßt wurde. § 1 Abs. 1, 3 und 5, § 2, § 3, § 5 Abs. 1, § 6 Abs. 1, 4 und 7, § 7 Abs. 1, 6a und 7, § 11 Abs. 3 und § 13a Abs. 3 in der Fassung vor dem Bundesgesetz BGBl. I Nr. 107/1997 sind weiterhin anzuwenden, wenn der Beschluß über die Eröffnung eines Insolvenzverfahrens nach § 1 Abs. 1 bzw. der sonst nach § 1 Abs. 1 maßgebende Beschluß vor dem 1. Oktober 1997 gefaßt wurde. § 1 Abs. 1 Z 5, § 1 Abs. 3 Z 2 lit. a und § 13a Abs. 3 Z 6 in der Fassung vor dem Bundesgesetz BGBl. I Nr. 107/1997 sind weiterhin anzuwenden, sofern die Eröffnung des Vorverfahrens vor dem 1. Oktober 1997 erfolgt ist.

(11) § 3a Abs. 1 in der Fassung des Bundesgesetzes BGBl. I Nr. 107/1997 tritt mit 1. April 1998 in Kraft und ist nicht anzuwenden, wenn der Beschluß über die Eröffnung eines Insolvenzverfahrens nach § 1 Abs. 1 bzw. der sonst nach § 1 Abs. 1 maßgebende Beschluß vor dem 1. April 1998 gefaßt wurde.

(12) § 1 Abs. 6 Z 5, § 1a Abs. 1, § 2, § 3 Abs. 2, § 5 Abs. 4, § 12 Abs. 1 Z 4 und § 13b in der Fassung des Bundesgesetzes BGBl. I Nr. 107/1997 treten mit 1. Oktober 1997 in Kraft. Bis zur Erlassung der Verordnung gemäß Abs. 13 ist § 3 Abs. 2 mit der Maßgabe anzuwenden, daß Insolvenz-Ausfallgeld für Zinsen für Zeiträume ab dem nach § 6 Abs. 1 in Frage kommenden Zeitpunkt im Ausmaß von sechs Monaten gebührt.

(13) § 13 Abs. 5 und Abs. 8 Z 5 in der Fassung des Bundesgesetzes BGBl. I Nr. 107/1997 treten mit 1. Jänner 2004 in Kraft.

(14) § 13 Abs. 1 fünfter bis achter Satz, § 13 Abs. 2 und § 13 Abs. 8 Z 3 in der Fassung des Bundesgesetzes BGBl. I Nr. 107/1997 treten mit 1. September 1997 mit der Maßgabe in Kraft, daß abweichend von § 13 Abs. 1 letzter Satz in den Geschäftsjahren des Insolvenz-Ausfallgeld-Fonds 1998 bis einschließlich 2002 der gesamte Gegenwert der gemäß § 13 Abs. 1 fünfter Satz zulässigen finanziellen Mittel den 175fachen Jahresbezug nach dem fünften Satz nicht überschreiten darf. Der Plan gemäß § 13 Abs. 1 fünfter Satz in der Fassung des Bundesgesetzes BGBl. I Nr. 107/1997 für das Geschäftsjahr 1998 ist bis spätestens 1. Jänner 1998 zu erstellen.

(15) § 3c Z 3 in der Fassung des Bundesgesetzes BGBl. I Nr. 30/1998 tritt mit 1. Jänner 1998 in Kraft.

(16) § 3a Abs. 1 erster Satz, § 6 Abs. 1 Z 5, § 6 Abs. 2 erster Satz, § 7 Abs. 4 zweiter Satz und § 7 Abs. 7 in der Fassung des Bundesgesetzes BGBl. I Nr. 73/1999 treten mit 1. Mai 1999 in Kraft. Sie sind, mit Ausnahme des § 6 Abs. 2 erster Satz und § 7 Abs. 4 zweiter Satz, nicht anzuwenden, wenn der Beschluss über die Eröffnung eines Insolvenzverfahrens nach § 1 Abs. 1 bzw. über einen anderen Insolvenztatbestand nach § 1 Abs. 1 Z 3 bis 6 vor dem 1. Mai 1999 gefaßt wurde.

(17) § 13c samt Überschrift in der Fassung des Bundesgesetzes BGBl. I Nr. 73/1999 tritt mit 1. Mai 1999 in Kraft und ist auch auf zu diesem Zeitpunkt anhängige Rechtsvertretungen im Sinne des § 13c Abs. 1 anzuwenden. Die erstmalige Anpassung nach § 13c Abs. 2 hat für das Kalenderjahr 2000 zu erfolgen.

(18) § 12 Abs. 6 in der Fassung des Bundesgesetzes BGBl. I Nr. 26/2000 tritt mit 1. Juni 2000 in Kraft.

(19) § 7 Abs. 8 in der Fassung des Bundesgesetzes BGBl. I Nr. 44/2000 tritt mit 1. Jänner 2001 in Kraft.

(20) § 13b in der Fassung des Bundesgesetzes BGBl. I Nr. 44/2000 tritt mit 1. Jänner 2001 in Kraft und ist anzuwenden, wenn der Beschluss über die Eröffnung eines Insolvenzverfahrens nach § 1 Abs. 1 bzw. über einen anderen Insolvenztatbestand nach § 1 Abs. 1 Z 3 bis 6 nach dem 31. Dezember 2000 gefasst wurde.

(21) Der Insolvenz-Ausfallgeld-Fonds hat der Bauarbeiter-Urlaubs- und Abfertigungskasse die Abfertigungszahlungen gemäß § 13b in der Fassung vor dem Bundesgesetz BGBl. I Nr. 44/2000 auch nach dem 31. Dezember 2000 zu ersetzen, wenn der Beschluss über die Eröffnung eines Insolvenzverfahrens nach § 1 Abs. 1 bzw. über einen anderen Insolvenztatbestand nach § 1 Abs. 1 Z 3 bis 6 vor dem 1. Jänner 2001 gefasst wurde.

(22) Im Zeitraum bis 31. Dezember 2002 sind die vierteljährlichen Abschlagszahlungen gemäß § 13b Abs. 2 zweiter Satz in der Fassung des Bundesgesetzes BGBl. I Nr. 44/2000 in der Höhe von 80 vH der von der Bauarbeiter-Urlaubs- und Abfertigungskasse im vorhergehenden Quartal in Insolvenzverfahren nach § 1 Abs. 1 angemeldeten Zuschläge zu gewähren.

(23) § 3 Abs. 2, die Überschrift zu § 3a und § 3a Abs. 1 in der Fassung des Bundesgesetzes BGBl. I Nr. 142/2000 treten mit 1. Jänner 2001 in Kraft und sind auf Insolvenzverfahren anzuwenden, wenn der Beschluss über die Eröffnung eines Insolvenzverfahrens nach § 1 Abs. 1 oder der sonst nach § 1 maßgebende Beschluss nach dem 31. Dezember 2000 gefasst wird.

(24) § 6 Abs. 2, § 12 Abs. 7 und § 13 Abs. 1 in der Fassung des Bundesgesetzes BGBl. I Nr. 142/2000 treten mit 1. Jänner 2001 in Kraft.

(25) § 1a Abs. 3 Z 2, § 4, § 6 Abs. 3 und 4, § 7 Abs. 1, 4 und 6, § 8 Abs. 2, § 13 Abs. 8 Z 3 und § 14 Abs. 1, 3 und 4 in der Fassung des Bundesgesetzes BGBl. I Nr. 88/2001 treten mit 1. August 2001 in Kraft.

(26) § 5 und § 7 Abs. 2 erster und zweiter Satz treten mit 1. August 2001 in Kraft und gelten mit der Maßgabe, dass die am 31. Juli 2001 bei den Bundesämtern für Soziales und Behindertenwesen anhängigen Geschäftsfälle mit 1. August 2001 auf die jeweils gemäß § 5 Abs. 1 bis 3 in der Fassung des Bundesgesetzes BGBl. I Nr. 88/2001 zuständigen Geschäftsstellen übergehen.

(27) § 7 Abs. 2 dritter Satz und Abs. 5, § 13c und § 16 Abs. 1 in der Fassung des Bundesgesetzes BGBl. I Nr. 88/2001, treten mit 1. Jänner 2002 in Kraft und sind auf Sachverhalte anzuwenden, die sich nach Ablauf des 31. Dezember 2001 ereignen.

(28) § 9 Abs. 2 in der Fassung des Bundesgesetzes BGBl. I Nr. 88/2001 tritt mit 1. Jänner 2003 in Kraft.

(29) § 10 in der Fassung des Bundesgesetzes BGBl. I Nr. 88/2001 tritt mit 1. August 2001 mit der Maßgabe in Kraft, dass Klagen im Sinne des § 67 des Arbeits- und Sozialgerichtsgesetzes, die vor dem 1. August 2001 gegen ein Bundesamt für Soziales und Behindertenwesen erhoben wurden, ab dem 1. August 2001 als gegen jene Geschäftsstelle der Insolvenz-Ausfallgeld-Fonds GmbH gerichtet gelten, in deren Sprengel das bisher zuständige Bundesamt für Soziales und Behindertenwesen seinen Sitz hat. Die örtliche Zuständigkeit der Landesgerichte, des Arbeits- und Sozialgerichtes Wien und der Oberlandesgerichte richtet sich in solchen Fällen nach der des ursprünglich beklagten Bundesamtes für Soziales und Behindertenwesen. Klagen gegen Bescheide, die vor dem 1. August 2001 er-

lassen werden oder zu erlassen gewesen wären, sind gegen jene Geschäftsstelle zu richten, in deren Sprengel das bisher zuständige Bundesamt für Soziales und Behindertenwesen seinen Sitz hat.

(30) § 12 Abs. 1 und 5 sowie § 13 Abs. 4 gelten ab dem Finanzjahr 2001, das mit 1. August 2001 beginnt und mit 31. Dezember 2001 endet. § 13 Abs. 4 letzter Satz in der Fassung vor dem Bundesgesetz BGBl. I Nr. 88/2001 ist bis zum Ablauf des 31. Juli 2001 mit der Maßgabe anzuwenden, dass sieben Zwölftel der festgesetzten Jahresvergütung zu entrichten sind; sie ist spätestens am 1. September 2001 an die Finanzprokuratur zu überweisen.

(31) § 13 Abs. 1 und 2 in der Fassung des Bundesgesetzes BGBl. I Nr. 88/2001 tritt mit 1. August 2001 in Kraft. In die gemäß § 13 Abs. 1 sechster Satz in der Fassung vor dem Bundesgesetz BGBl. I Nr. 88/2001 vom Insolvenz-Ausfallgeld-Fonds abgeschlossenen Rechtsgeschäfte tritt die Insolvenz-Ausfallgeld-Fonds-Service GmbH ein. § 13 Abs. 1 siebenter Satz in der Fassung vor dem Bundesgesetz BGBl. I Nr. 88/2001 ist bis Ablauf des 31. Juli 2001 mit der Maßgabe anzuwenden, dass sieben Zwölftel der festgesetzten Jahresvergütung zu entrichten sind; sie ist spätestens am 1. September 2001 an den Bund zu überweisen.

(32) § 12 Abs. 1 Z 4 und Abs. 8 in der Fassung des Bundesgesetzes BGBl. I Nr. 158/2002 und § 13d in der Fassung der Bundesgesetze BGBl. I Nr. 100/2002 und BGBl. I Nr. 158/2002 treten mit 1. Jänner 2003 in Kraft.

(33) § 12 Abs. 1 Z 4 in der Fassung des Bundesgesetzes BGBl. I Nr. 71/2003 tritt mit Beginn des Beitragszeitraumes 2004 in Kraft.

(34) § 13d in der Fassung des Bundesgesetzes BGBl. I Nr. 128/2003 tritt rückwirkend mit 1. Jänner 2003 in Kraft.

(35) § 12 Abs. 8 in der Fassung des Bundesgesetzes BGBl. I Nr. 128/2003 tritt mit 1. Jänner 2004 in Kraft.

(36) § 13 Abs. 4a und § 14 Abs. 5 in der Fassung des Bundesgesetzes BGBl. I Nr. 77/2004 treten mit 1. August 2004 in Kraft.

(37) § 1 Abs. 1 Z 6 und § 13a Abs. 3 Z 7 in der Fassung des Bundesgesetzes BGBl. I Nr. 77/2004 treten mit 1. Jänner 2005 in Kraft und sind auf Verlassenschaftsverfahren anzuwenden, die nach dem 31. Dezember 2004 erstmals bei Gericht oder beim Gerichtskommissär anhängig gemacht wurden, sofern sie nicht schon früher eingeleitet hätten werden können. Sonst sind § 1 Abs. 1 Z 6 und § 13a Abs. 3 Z 7 in der Fassung vor dem Bundesgesetz BGBl. I Nr. 77/2004 weiter anzuwenden.

(38) Die §§ 1 Abs. 3 Z 6 und 7 Abs. 8 in der Fassung des Bundesgesetzes BGBl. I Nr. 8/2005 treten mit 23. September 2005 in Kraft.

(39) § 1b und § 13d in der Fassung des Bundesgesetzes BGBl. I Nr. 36/2005 treten mit 1. Juli 2005 in Kraft und sind auf Beschlüsse über die Eröffnung eines Insolvenzverfahrens nach § 1 Abs. 1 oder über einen anderen Insolvenztatbestand nach § 1 Abs. 1 Z 3 bis 6 anzuwenden, die nach dem 30. Juni 2005 gefasst wurden. Die Geltendmachung der ausstehenden Übertragungsbeträge gemäß § 13d Abs. 2 in der Fassung vor dem Bundesgesetz BGBl. I Nr. 36/2005 gegenüber dem Insolvenz-Ausfallgeld-Fonds endet in den im § 13a Abs. 2 und 3 angeführten Insolvenzfällen frühestens mit Ablauf des 30. April 2006.

(40) Der Entfall des § 1 Abs. 6 Z 3 in der Fassung vor dem Bundesgesetz BGBl. I Nr. 102/2005 tritt rückwirkend mit 1. Mai 1995 in Kraft und ist auf Anträge auf Insolvenz-Ausfallgeld anzuwenden, die mit Ablauf des 30. September 2005 noch nicht rechtskräftig entschieden sind.

(41) § 1 Abs. 1 Z 4 und § 12 in der Fassung des Bundesgesetzes BGBl. I Nr. 102/2005 treten mit 1. August 2005 in Kraft.

(42) § 1 Abs. 1, 5 und 6, § 5 Abs. 3, § 6 Abs. 1, § 9 Abs. 1 dritter Satz und § 13a Abs. 3 und 4 in der Fassung des Bundesgesetzes BGBl. I Nr. 102/2005 treten mit 1. Oktober 2005 in Kraft und sind auf inländische Beschlüsse über die Eröffnung eines Insolvenzverfahrens nach § 1 Abs. 1 oder über einen anderen Insolvenztatbestand nach § 1 Abs. 1 Z 3 bis 6 und auf ausländische Entscheidungen nach § 1 Abs. 1 letzter Satz anzuwenden, die nach dem 30. September 2005 gefasst wurden.

(43) Für Personen, die gemäß § 1 Abs. 6 in der Fassung des Bundesgesetzes BGBl. I Nr. 102/2005 nicht mehr vom Anspruch auf Insolvenz-Ausfallgeld ausgeschlossen sind, haben deren Arbeitgeber den Zuschlag nach Maßgabe des § 12 Abs. 1 Z 4 ab dem Beginn der Beitragsperiode 2006 zu entrichten.

(44) § 14a in der Fassung des Bundesgesetzes BGBl. I Nr. 102/2005 tritt mit 1. Oktober 2005 in Kraft.

(45) § 1 Abs. 3 Z 1a, § 9 Abs. 1 zweiter Satz und § 11 Abs. 3 in der Fassung des Bundesgesetzes BGBl. I Nr. 102/2005 treten mit 1. Oktober 2005 in Kraft und sind auf Tatbestände anzuwenden, die nach dem 30. September 2005 verwirklicht wurden.

(§ 17a IESG eingefügt durch BGBl 1992/835, idF BGBl I 2005/102)

Schrifttum zu § 17a IESG

Chiwitt-Oberhammer, Inkrafttreten des IRÄG 1997 und des IESG-Änderungsgesetzes, ZIK 1997, 113.

Übersicht zu § 17a IESG

1. Zeitpunkte des Wirksamwerdens von IESG-Fassungen zwischen 1992 und 2005 .... Rz 1
2. Fassung durch BGBl 1992/835 (§ 17a Abs 1 IESG) .... Rz 2
3. Fassung durch BGBl 1993/799 (§ 17a Abs 2 IESG) .... Rz 3
4. Fassung durch BGBl 1993/817 (§ 17a Abs 3 IESG) .... Rz 4
5. Fassung durch BGBl 1994/153 (§ 17a Abs 4 IESG) .... Rz 5
6. Fassung durch BGBl 1994/314 (§ 17a Abs 5 IESG) .... Rz 6–7
7. Fassung durch BGBl 1995/297 (§ 17a Abs 6 IESG) .... Rz 8
8. Fassung durch BGBl 1996/754 (§ 17a Abs 7–9 IESG) .... Rz 9–10
9. Fassung durch BGBl I 1997/107 sowie BGBl I 2003/71 (§ 17a Abs 10–14 IESG) .... Rz 11–21
10. Fassung durch BGBl I 1998/30 (§ 17a Abs 15 IESG) .... Rz 22
11. Fassung durch BGBl I 1999/73 (§ 17a Abs 16 und 17 IESG) .... Rz 23–24
12. Fassung durch BGBl I 2000/26 (§ 17a Abs 18 IESG) .... Rz 25
13. Fassung durch BGBl I 2000/44 (§ 17a Abs 19–22 IESG) .... Rz 26–27
14. Fassung durch BGBl I 2000/142 (§ 17a Abs 23 und 24 IESG) ..... Rz 28–29
15. Fassung durch BGBl I 2001/88 (§ 17a Abs 25–31 IESG) .... Rz 30–36
16. Fassung durch BGBl I 2002/158 (§ 17a Abs 32 IESG) .... Rz 37
17. Fassung durch BGBl I 2003/71 (§ 17a Abs 33 IESG) .... Rz 38–39
18. Fassung durch BGBl I 2003/128 (§ 17a Abs 34 und 35 IESG) ..... Rz 40–41
19. Fassung durch BGBl I 2004/77 (§ 17a Abs 36 und 37 IESG) .... Rz 42–43
20. Fassung durch BGBl I 2005/8 (§ 17a Abs 38 IESG) .... Rz 44
21. Fassung durch BGBl I 2005/36 und I 2005/114 (§ 17a Abs 39 IESG) .... Rz 45
22. Fassung durch BGBl I 2005/102 (§ 17a Abs 40–45 IESG) .... Rz 46–50

1. Zeitpunkte des Wirksamwerdens von IESG-Fassungen zwischen 1992 und 2005

Das durch BGBl 1977/324 eingeführte IESG wurde seither viele Male zT weitreichend novelliert. Da Insolvenzverfahren sehr lange dauern können, muss dem zeitlichen Anwendungsbereich der jeweiligen Fassungen besonderes Augenmerk geschenkt werden. Das IESG enthält Regelungen zu diesem Thema in den §§ 17, 17a, 18 und 20 ff leg cit. Auf das Inkrafttreten und die Übergangsbestimmungen betreffend die Stammfassung des G beziehen sich die §§ 17 und 18 IESG (vgl § 17 Rz 1, § 18 Rz 2). Die einschlägigen Regelungen für die jüngeren Novellierungen ab BGBl 1992/835 finden sich in Entsprechung von legistischen Richtlinien des BKA-VD unmittelbar im StammG, nämlich in § 17a (vgl ErläutRV 738 BlgNR 18. GP 7) und in den §§ 20 ff IESG. Der Wirksamkeitsbeginn der ältesten Novellen hingegen ergibt sich nur aus den im jeweiligen BGBl enthaltenen Schluss- und Übergangsbestimmungen (vgl § 18 Rz 3 ff).

1

§ 17a IESG

Die vorliegende Kommentierung bezieht sich im Allgemeinen ausschließlich auf die jüngste Fassung des G. Hinsichtlich älterer Rechtslagen (und deren zeitlichen Geltungsbereichen) kann auch auf die Vorauflagen dieses Buches (*W. Schwarz/Holzer/Holler*, Konkurs und Ausgleich; *W. Schwarz/Holzer/Holler*, Insolvenz[2]; *W. Schwarz/Holzer/Holler/Reissner*, Insolvenz[3]; *Holzer/Reissner/ W. Schwarz*, Insolvenz[4]) samt Nachträgen verwiesen werden. Wesentliche Entwicklungsschritte der einzelnen Paragrafen sind weiters aus der im Anschluss an den Gesetzestext kursiv abgedruckten Fassungszeile erkennbar. Eine Gesetzesgeschichte des IESG (einschließlich der Eingriffe durch den VfGH und rein terminologischer Anpassungsklauseln) findet sich auch ganz am Anfang von Teil I.

2. Fassung durch BGBl 1992/835 (§ 17a Abs 1 IESG)

2 Durch das BG vom 29. 12. 1992 BGBl 1992/835 wurde insb das IESG (Art I) und das BUAG (Art II) geändert. Gem § 17a Abs 1 IESG traten der § 1 Abs 1 Z 3 IESG (**„Ablehnung"** statt „Abweisung" **des Konkursantrags mangels hinreichenden Vermögens;** mittlerweile anders formuliert; s § 1 Rz 146 ff sowie § 25 Rz 1), die Regelungen des § 1a IESG über die **Sicherung von infolge der wirtschaftlichen Reduktionsklausel arbeitsrechtlich nicht gebührenden Abfertigungen** (vgl § 1a Rz 1, 3 ff), die Bestimmungen des (damaligen) § 3 Abs 2 Z 1 und Abs 3a IESG über die **Erweiterung des Sicherungszeitraumes im Bereich besonders kündigungs- und entlassungsgeschützter AN** (vgl nunmehr §§ 3b, 3c IESG), weiters Regelungen im Bereich des § 6 Abs 1 IESG zum **neuerlichen Beginn des Fristenlaufs** (vgl § 6 Rz 6), des § 7 Abs 1 letzter S (**Unterbrechung von Verjährungs- und Verfallfristen;** vgl § 7 Rz 4), Abs 6 (nunmehr: Abs 6a) letzter S (vgl § 7 Rz 21) und Abs 7 IESG (vgl § 7 Rz 22 ff) sowie des § 13 Abs 4 vorletzter und letzter S IESG (seinerzeitige Vergütung zu Gunsten der Finanzprokuratur; vgl nunmehr § 13 Rz 7) idF BGBl 1992/835 mit **1. 1. 1993** in Kraft.

Zu beachten ist, dass Art III BGBl 1992/835 Übergangsbestimmungen betreffend die rechtlichen Beziehungen zwischen Fonds und BUAK enthält (vgl dazu § 1 Rz 392, § 13b Rz 1 ff).

3. Fassung durch BGBl 1993/799 (§ 17a Abs 2 IESG)

3 Der durch Art VIII Strafvollzugsnovelle 1993 BGBl 1993/799 eingefügte § 1 Abs 6 Z 4 IESG über den **Ausschluss von Strafgefangenen aus dem begünstigten Personenkreis** (s § 1 Rz 124 ff) trat mit **1. 1. 1994** in Kraft (§ 17a Abs 2 IESG).

4. Fassung durch BGBl 1993/817 (§ 17a Abs 3 IESG)

Gem § 17a Abs 3 IESG traten die durch Art II BGBl 1993/817 statuierten Bestimmungen des § 1 Abs 3 Z 4 und Abs 4a IESG über die **höhenmäßige Begrenzung von Entgelt- bzw Abfertigungsansprüchen** (s § 1 Rz 366 ff, 380 ff) mit **1. 1. 1994** in Kraft. Sie sind „auf Beschlüsse über die Eröffnung eines Insolvenzverfahrens nach § 1 Abs 1 bzw über einen anderen Insolvenztatbestand nach § 1 Abs 1 Z 3–7, die vor dem 1. 1. 1994 gefasst wurden, nicht anzuwenden". Diese unglücklich formulierte Übergangsbestimmung ist so zu verstehen, dass die Neuregelungen nicht auf die „Beschlüsse" selbst, sondern auf jene Insolvenzfälle bzw Tatbestände iSd § 1 Abs 1 IESG nicht anzuwenden sind, bei denen der für die Sicherung maßgebliche Beschluss vor dem 1. 1. 1994 gefasst wurde (idS etwa § 17a Abs 4 IESG als einschlägige Ubergangsbestimmung des IRÄG 1994; vgl Rz 5).

5. Fassung durch BGBl 1994/153 (§ 17a Abs 4 IESG)

Die durch Art III IRÄG 1994 BGBl 1994/153 geschaffenen oder veränderten Bestimmungen des § 1 Abs 2 Z 4 lit g IESG (**Kosten nachträglicher Prüfungstagsatzungen;** s § 1 Rz 324), des § 1 Abs 3 Z 2 IESG (**Ausschluss einzelvertraglicher Ansprüche;** § 1 Rz 348 ff), des § 1 Abs 3 Z 3a IESG (**Vermeidung von Doppelbezügen;** § 1 Rz 363 ff), des § 1 Abs 4 IESG (**Ermittlung des Höchstbetrags;** § 1 Rz 366 ff), des § 5 Abs 4 (nunmehr: Abs 5) IESG (**Verarbeitung von Daten;** § 5 Rz 13), des § 6 Abs 1 IESG (**Beginn des Fristenlaufs;** § 6 Rz 6), des § 7 Abs 1 IESG (**Bindungsproblematik, Steuerberater;** § 7 Rz 6 ff, 12), des § 7 Abs 6a IESG (**Vorfinanzierung von Arbeitnehmeransprüchen;** § 7 Rz 20 sowie unten Rz 17), des § 11 Abs 3 IESG (**Rückgriffsrechte des Fonds;** s § 11 Rz 45 ff sowie unten Rz 47) und des § 13 Abs 5 IESG (**Stundungs- und Verzichtsmöglichkeiten des Fonds;** § 13 IESG Rz 8 f) traten in der statuierten Fassung mit **1. 3. 1994** in Kraft. Sie sind – mit Ausnahme des § 5 Abs 4 IESG – nicht anzuwenden, wenn der Beschluss über die Eröffnung oder der sonst nach § 1 Abs 1 IESG maßgebliche Beschluss vor dem genannten Zeitpunkt gefasst worden ist. § 7 Abs 6a IESG ist überdies nur für Vorfinanzierungen, die für Zeiträume nach dem 28. 2. 1994 gewährt wurden, anzuwenden (§ 17a Abs 4 IESG).

Das Abstellen auf die jeweiligen Beschlüsse soll sicherstellen, dass in Bezug auf dieselbe Insolvenz vollinhaltlich entweder die bisherigen oder die neuen Bestimmungen Anwendung finden (ErläutRV 1384 BlgNR 18. GP 13).

Zu beachten ist, dass § 5 Abs 4 IESG durch das AMS-BegleitG zwar völlig neu gesetzt wurde, dass dies allerdings nur aus organisationsrechtlichen Gründen gemacht wurde und keine inhaltlichen Änderungen nach sich gezogen hat (vgl Rz 6).

6. Fassung durch BGBl 1994/314 (§ 17a Abs 5 IESG)

6 Die durch Art 24 AMS-BegleitG BGBl 1994/314 geänderten Bestimmungen, insb die neugefassten Zuständigkeitsregeln des § 5 IESG (vgl, insb zur heutigen Situation, § 5 Rz 1 ff), traten gem § 17a Abs 5 IESG mit **1. 7. 1994** in Kraft. Entscheidend war jedoch, dass bis zum Inkrafttreten des § 5 Z 2 lit a des ehem BSÄG (diese lit a spricht das IESG an) die Aufgaben und Befugnisse der Bundessozialämter den jeweiligen regionalen Geschäftsstellen und Landesgeschäftsstellen des AMS oblagen. Hinsichtlich des Wirksamwerdens des § 5 BSÄG bestimmt § 13 Abs 1 BSÄG, dass diese Norm zu jenem Zeitpunkt in Kraft tritt, zu dem durch V gem § 74 Abs 1 AMSG festgestellt wird, dass die rechtlichen, technischen und personellen Voraussetzungen für die Organisationsänderung erfüllt sind.

7 Gem § 1 der V vom 7. 12. 1994 BGBl 1994/960 gingen die angesprochenen Aufgaben mit **1. 1. 1995** auf die **Bundessozialämter** über. Diese hatten nach § 3 der genannten V im Rahmen ihres sachlichen und örtlichen Zuständigkeitsbereichs sämtliche zum Ablauf des 31. 12. 1994 anhängigen Geschäftsfälle zu übernehmen, noch nicht rechtskräftige Verfahren fortzuführen und die Parteistellung in Verfahren vor dem ASG und vor den Gerichtshöfen öffentlichen Rechts wahrzunehmen.

7. Fassung durch BGBl 1995/297 (§ 17a Abs 6 IESG)

8 In Art XXVII des am 4. 5. 1995 ausgegebenen StrukturanpassungsG BGBl 1995/297 („Sparpaket" 1995) finden sich Änderungen für den Bereich des IESG, von denen insb die **Erweiterung des** sog **ausgeschlossenen Personenkreises um die „leitenden Angestellten mit maßgeblichem Einfluss auf die Unternehmensführung"** (s § 1 Rz 108) durch Einfügung einer neuen Z 3 in § 1 Abs 6 IESG von einiger Bedeutung war (die früheren Z 3 bzw Z 4 erhielten die Bezeichnungen „Z 4" bzw „Z 5"). Neben einer Umstellung der in § 12 IESG enthaltenen Verweisung auf das AMPFG wurde noch § 13 Abs 2 letzter S IESG neugefasst, wonach die **Bilanz des Fonds im „Amtsblatt zur Wiener Zeitung"** zu veröffentlichen ist. Gem § 17a Abs 6 IESG traten die genannten Bestimmungen idF BGBl 1995/297 mit **1. 5. 1995** in Kraft. Die Neuerungen in § 1 Abs 6 IESG sollen hierbei nicht anzuwenden sein, wenn der nach § 1 Abs 1 IESG einen Sicherungstatbestand darstellende Beschluss vor dem 1. 5. 1995 gefasst wurde (zur rückwirkenden Aufhebung dieses § 1 Abs 6 Z 3 IESG durch BGBl I 2005/102 vgl Rz 48).

8. Fassung durch BGBl 1996/754 (§ 17a Abs 7–9 IESG)

Durch BGBl 1996/754 wurde in erster Linie das BPG novelliert (vgl Art 1 leg cit). In Art 3 BGBl 1996/754 finden sich auch Änderungen des IESG, und zwar zunächst eine Neufassung der Regelungen über die **Sicherung von Betriebspensionen** im (damaligen) § 3 Abs 5 und 6 IESG (vgl nunmehr § 3d IESG) sowie die Anfügung des § 7 Abs 8 IESG betreffend **Insolvenz-Entgelt für Pensionskassenbeiträge** (vgl § 7 Rz 26 f). Die genannten §§ 3 Abs 5 und 6, 7 Abs 8 IESG idF BGBl 1996/754 traten gem § 17a Abs 7 IESG mit **1. 1. 1997** in Kraft; sie sind nicht anzuwenden, wenn der nach § 1 Abs 1 IESG einen Sicherungstatbestand darstellende Beschluss vor dem 1. 1. 1997 gefasst wurde.

Weiters findet sich in Art 3 BGBl 1996/754 ein neu eingefügter § 13b IESG über den **Ersatz von Abfertigungszahlungen an die BUAK** samt den diesbezüglich notwendigen Anpassungen etwa in den §§ 12 und 13 IESG (s § 1 Rz 392, § 13b Rz 2 f; zur Neukonzeption der Bestimmung Rz 45). § 13b IESG und die im Wesentlichen damit in Zusammenhang stehenden sonstigen Änderungen idF BGBl 1996/754 traten **mit Beginn der Beitragsperiode 1997** in Kraft; gewährte Darlehen nach § 12 Abs 1 Z 4 iVm § 13 Abs 5 aF IESG waren nach den bisherigen Bestimmungen abzuwickeln (§ 17a Abs 8 IESG; im Abs 9 leg cit wurde damit zusammenhängend die Zuschlagsfestsetzung für das Beitragsjahr 1997 vorgenommen).

9. Fassung durch BGBl I 1997/107 sowie BGBl I 2003/71 (§ 17a Abs 10–14 IESG)

Durch Art 1 BGBl I 1997/107 wurde das IESG umfassend novelliert. Die einschlägigen Inkrafttretens- und Übergangsbestimmungen sind in § 17a Abs 10–14 IESG enthalten (vgl auch *Chiwitt-Oberhammer*, ZIK 1997, 114).

Die Neuregelungen in § 1 Abs 1 (**Kreis der anspruchsberechtigten Personen, Eliminierung der Einstellung des Vorverfahrens ohne Anschlusskonkurs aus den Sicherungstatbeständen;** vgl heute § 1 Rz 127 ff), 3 (**Eliminierung des Vorverfahrens iZm dem Ausschluss von Einzelvereinbarungen**) und 5 IESG (**Dispens von der Sicherungsvoraussetzung der Forderungsanmeldung;** s § 1 Rz 402) traten mit **1. 10. 1997** in Kraft und sind anzuwenden, wenn der nach § 1 Abs 1 IESG maßgebende Beschluss nach dem 30. 9. 1997 gefasst wurde. Die Fassungen des § 1 Abs 1, 3 und 5 IESG vor BGBl I 1997/107 sind weiterhin anzuwenden, wenn der genannte Beschluss vor dem 1. 10. 1997 gefasst wurde. Darüber hinaus ist § 1 Abs 1 Z 5 (Einstellung des Vorverfahrens) und Abs 3 Z 2 lit a IESG (Ausschluss von Einzelvereinbarungen, die nach Eröffnung des Vorverfahrens udgl geschlossen wurden) idF vor

BGBl I 1997/107 weiterhin anzuwenden, sofern die Eröffnung des Vorverfahrens vor dem 1. 10. 1997 erfolgt ist (vgl § 17a Abs 10 IESG).

12 Die Änderungen in den §§ 1 Abs 6 Z 5, 1a Abs 1 IESG durch BGBl I 1997/107 (**Herausnahme der jeweiligen Verweisungsklausel in Anbetracht des neuen § 2 Abs 2 IESG;** dazu Rz 13) traten mit **1. 10. 1997** in Kraft (vgl § 17a Abs 12 IESG).

13 § 2 nF IESG (**sprachliche Gleichbehandlung, Verweisungen**) trat mit **1. 10. 1997** in Kraft und ist anzuwenden, wenn der nach § 1 Abs 1 IESG maßgebende Beschluss nach dem 30. 9. 1997 gefasst wurde (vgl § 17a Abs 10 und 12 IESG). § 2 IESG idF vor BGBl I 1997/107, der ua die arbeitnehmerähnlichen Personen und die (mittlerweile aus dem HeimAG entfernten) Zwischenmeister mit Entgeltschutz zu den anspruchsberechtigten Personen zählte, ist weiterhin anzuwenden, wenn der genannte Beschluss vor dem 1. 10. 1997 gefasst wurde (vgl § 17a Abs 10 S 2 IESG).

14 Der durch BGBl I 1997/107 neu gefasste § 3 IESG, der die allgemeinen Regelungen zum **Ausmaß des Insolvenz-Entgelts** enthält, trat mit **1. 10. 1997** in Kraft und ist anzuwenden, wenn der nach § 1 Abs 1 IESG maßgebende Beschluss nach dem 30. 9. 1997 gefasst wurde (vgl § 17a Abs 10 S 1 IESG). § 3 Abs 2 IESG idF BGBl I 1997/107 betreffend **Insolvenz-Entgelt für Zinsen** war allerdings bis zur Erlassung einer V des (damaligen) BMAGS gem § 17a Abs 13 IESG – welche bis spätestens 31. 12. 2002 festzustellen gehabt hätte, dass die für eine genaue Zinsenberechnung notwendigen technischen und personellen Voraussetzungen vorliegen (vgl ErläutRV 737 BlgNR 20. GP 11) – mit der Maßgabe anzuwenden, dass (das damals sog) IAG für Zinsen ab dem nach § 6 Abs 1 IESG in Frage kommenden Zeitpunkt im Ausmaß von sechs Monaten gebührt (vgl § 17a Abs 12 IESG); diese V wurde niemals erlassen (dazu § 3 Rz 24). Mittlerweile wurde § 3 Abs 2 IESG neu gefasst (zur aktuellen Regelung Rz 28; zum Thema allg auch § 1 Rz 295). § 3 IESG idF vor BGBl I 1997/107, der sämtliche vormaligen Regelungen zum „Ausmaß des IAG" enthält, ist weiterhin anzuwenden, wenn der nach § 1 Abs 1 IESG relevante Beschluss vor dem 1. 10. 1997 gefasst wurde (vgl § 17a Abs 10 IESG).

Hinsichtlich des durch BGBl I 1997/107 ins G eingefügten § 3a IESG (**„Ausmaß des IAG für laufendes Entgelt"**) sind die Inkrafttretens- bzw Übergangsbestimmungen differenziert zu betrachten: § 3a Abs 1 IESG (**einschlägige Ansprüche „vor der Insolvenz";** vgl allg § 3a Rz 6 ff) trat mit **1. 4. 1998** in Kraft und ist nicht anzuwenden, wenn der nach § 1 Abs 1 IESG maßgebende Beschluss vor diesem Datum gefasst wurde (§ 17a Abs 11 IESG). § 3a Abs 2–4 IESG (einschlägige **Ansprüche „bei Konkurseröffnung", „bei Ausgleichseröffnung und Anordnung der Geschäftsaufsicht"** sowie **„als Ausfallhaftung bei Konkurs- und Ausgleichseröffnung";** vgl § 3a Rz 21 ff) trat mit **1. 10. 1997** in Kraft und ist anzuwenden, wenn der nach § 1 Abs 1 IESG maßgebende Beschluss nach dem 30. 9. 1997 gefasst wurde (vgl § 17a Abs 10 IESG). Dasselbe muss auch bzgl des nicht erwähnten § 3a Abs 5 IESG (**einschlägige Ansprüche „in den übrigen Fällen"**) gelten.

Die durch BGBl I 1997/107 eingefügten §§ 3b–3d IESG (**Ausmaß des IAG für „weitere Ansprüche", „bei besonderem Kündigungs- und Entlassungsschutz"** sowie **„für Betriebspensionen"**) traten mit **1. 10. 1997** in Kraft und sind anzuwenden, wenn der nach § 1 Abs 1 IESG maßgebende **Beschluss nach dem 30. 9. 1997** gefasst wurde (vgl § 17a Abs 10 IESG).

§ 5 Abs 1 IESG (Anpassung der Verweisung auf die Sicherungstatbestände des § 1 Abs 1 IESG) trat am **1. 10. 1997** in Kraft und ist anzuwenden, wenn der nach § 1 Abs 1 IESG maßgebende Beschluss nach dem 30. 9. 1997 gefasst wurde; die alte Fassung des § 5 Abs 1 IESG ist anzuwenden, wenn der genannte Beschluss vor dem 1. 10. 1997 gefasst wurde (vgl § 17a Abs 10 IESG). § 5 Abs 4 nF IESG (Herausnahme der Verweisungsklausel) trat mit 1. 10. 1997 in Kraft (vgl § 17a Abs 12 IESG). Mittlerweile wurde § 5 IESG völlig neu gefasst und mehrmals novelliert (s dazu zB Rz 31, 46 sowie zuletzt § 32 Rz 2).

§ 6 Abs 1 (Anpassung der Verweisung auf § 1 Abs 1 IESG sowie der Fälle eines neuerlichen Fristenlaufs), 4 (Anpassung der Verweisung auf § 3 IESG) und 7 IESG (Anpassung der Verweisung auf § 1 Abs 1 IESG) trat mit **1. 10. 1997** in Kraft und ist anzuwenden, wenn der nach § 1 Abs 1 IESG maßgebende Beschluss nach dem 30. 9. 1997 gefasst wurde; ist es vor dem 1. 10. 1997 zu einem derartigen Beschluss gekommen, so gilt § 6 Abs 1, 4 und 7 aF IESG (vgl § 17a Abs 10 IESG). Mittlerweile wurde § 6 IESG mehrfach verändert (vgl zB Rz 23, 46).

Die in Rz 16 skizzierten Inkrafttretens- und Übergangsbestimmungen bestehen gem § 17a Abs 10 IESG in gleicher Weise für § 7 Abs 1 (Anpassung der Verweisung auf § 3 IESG), 6a (**Verbot gewisser Vorfinanzierungen;** vgl allg § 7 Rz 17 ff) und 7 IESG (Rechtslage bei **Anfechtung von Zahlungen an den AN;** vgl § 7 Rz 22 ff) sowie für § 11 Abs 3 IESG (**Regress des Fonds;** allg § 11 Rz 45 ff). Auch die soeben angesprochenen Bestimmungen wurden vom Gesetzgeber in der Zwischenzeit mehrfach adaptiert (vgl zB Rz 38, 47).

§ 12 Abs 1 Z 4 IESG idF BGBl I 1997/107 (Herausnahme der Verweisungsklausel) trat mit **1. 10. 1997** in Kraft (vgl § 17a Abs 12 IESG; zu späteren Änderungen der gegenständlichen Bestimmung zB Rz 39 sowie § 28 Rz 3).

§ 13 Abs 1 S 5–8 (Einfügung der Regelung über „Zuwendungen aus Fondsmittel"), Abs 2 (Bezugnahme auf den Finanzierungsplan hinsichtlich der genannten Zuwendungen) und Abs 8 Z 3 IESG idF BGBl I 1997/107 (Anhörungsrecht vor Erlassung des Finanzierungsplans) trat mit **1. 9. 1997** mit der Maßgabe in Kraft, dass abweichend von § 13 Abs 1 S 8 IESG (Höchstgrenze der jährlichen Zuwendungen aus Fondsmittel) in den Geschäftsjahren des Fonds 1998 bis 2002 der gesamte Gegenwert der Zuwendungen aus Fondsmittel gem § 13 Abs 1 S 5 IESG den 175-fachen Jahresbezug eines Beamten der Allgemeinen Verwaltung der Dienstklasse V, Gehaltsstufe 2, einschließlich der Verwaltungsdienstzulage, nicht überschreiten durfte. Diese Regelung sollte offenbar ein Überziehen der Höchstgrenze in einzelnen Jahren eines erhöhten Bedarfs ermöglichen, welches im Fünfjahresdurchschnitt auf den an sich nach § 13 Abs 1 S 8 IESG vorgesehenen Betrag ausgeglichen werden sollte (vgl auch ErläutRV 737 BlgNR 20. GP 12). Weiters war der Finanzierungsplan iSd § 13 Abs 1 S 5 IESG für das Geschäftsjahr 1998 bis spätestens 1. 1. 1998 zu erstellen (vgl § 17a Abs 14 IESG). Die genannten Bestimmungen sind mittlerweile längst außer Kraft getreten (vgl Rz 36; allg zum Thema § 13 Rz 5 f).

§ 13 Abs 5 und 8 Z 5 IESG (**Stundungszinsenverrechnung, Anhörungsrechte vor Erlassung entsprechender Richtlinien;** vgl § 13 Rz 9, 11) sollte in Kraft treten, wenn die notwendigen technischen und personellen Voraussetzungen vorliegen, was der (damalige) BMAGS bis spätestens 31. 12. 2002 mit V festzustellen gehabt hätte. Zu dieser V ist es offensichtlich nicht gekommen. Der Gesetzgeber hat daher in BGBl I 2003/71 (zu diesem allg Rz 38 f) die gegenständlichen Bestimmungen mit **1. 1. 2004** in Kraft gesetzt (vgl § 17a Abs 13 nF IESG).

Der in § 17a Abs 10–14 IESG nicht erwähnte § 13 Abs 8 Z 4 IESG (**Anhörungsrechte vor Erlassung von Durchführungsrichtlinien**) entspricht dem früheren § 13 Abs 8 Z 3 IESG und kann als mit **1. 9. 1997** in Kraft getreten angesehen werden.

20 Die Neuerung in § 13a Abs 3 IESG (Eliminierung der Z 6 aF betreffend den Sicherungstatbestand „Einstellung des Vorverfahrens ohne Eröffnung des Anschlusskonkurses") trat mit **1. 10. 1997** in Kraft und ist anzuwenden, wenn der nach § 1 Abs 1 IESG maßgebende Beschluss nach dem 30. 9. 1997 gefasst wurde; § 13a Abs 3 aF IESG ist weiterhin anzuwenden, wenn es vor dem 1. 10. 1997 zu einem derartigen Beschluss gekommen ist. Darüber hinaus ist § 13a Abs 3 Z 6 IESG idF vor BGBl I 1997/107 weiterhin maßgeblich, sofern die Eröffnung des Vorverfahrens vor dem 1. 10. 1997 erfolgt ist (vgl § 17a Abs 10 IESG).

21 § 13b IESG idF BGBl I 1997/107 (Herausnahme der Verweisungsklausel in Anbetracht des § 2 Abs 2 nF IESG) trat mit **1. 10. 1997** in Kraft (vgl § 17a Abs 12 IESG).

10. Fassung durch BGBl I 1998/30 (§ 17a Abs 15 IESG)

In Art 22 GAFB BGBl I 1998/30 findet sich eine Anordnung betreffend eine notwendige sprachliche Anpassung in § 3c Z 3 IESG, und zwar war der dortige Ausdruck *„Präsenz- oder Zivildienst"* um den Begriff **„Ausbildungsdienst"** zu ergänzen. Gem § 17a Abs 15 IESG trat diese neue Fassung des § 3c Z 3 IESG mit **1. 1. 1998** in Kraft.

11. Fassung durch BGBl I 1999/73 (§ 17a Abs 16 und 17 IESG)

In Art III IVEG BGBl I 1999/73 sind einige Änderungen des IESG enthalten. Die Neufassung des § 3a Abs 1 S 1 IESG (**Sicherungsgrenze vor dem Stichtag**; vgl § 3a Rz 6 ff) trat mit **1. 5. 1999** in Kraft und ist nicht anzuwenden, wenn der Beschluss über die Eröffnung des Insolvenzverfahrens oder der iSd § 1 Abs 1 IESG gleichgestellte Beschluss vor dem 1. 5. 1999 gefasst wurde (vgl § 17a Abs 16 IESG). § 6 Abs 1 Z 5 und Abs 2 S 1 nF IESG (**Antragsfrist in Anfechtungsfällen, Form des Antrags**; vgl § 6 Rz 6, § 7 Rz 22 sowie § 6 Rz 15 ff) trat mit **1. 5. 1999** in Kraft; Abs 2 S 1 nF leg cit ist nicht anzuwenden, wenn der Beschluss iSd § 1 Abs 1 IESG vor diesem Datum gefasst wurde (vgl § 17a Abs 16 IESG). § 7 Abs 4 S 2 und Abs 7 nF IESG (**Zustellung der Bescheide, anfechtbare Zahlungen an den AN**; vgl § 7 Rz 22) trat mit **1. 5. 1999** in Kraft; § 7 Abs 7 nF IESG ist nicht anzuwenden, wenn der Beschluss iSd § 1 Abs 1 IESG vor dem genannten Datum gefasst wurde (vgl § 17a Abs 16 IESG).

Die Einfügung des § 13c IESG über die **„Ansprüche eines bevorrechteten Gläubigerschutzverbandes bei Vertretung von Anspruchsberechtigten"** trat mit **1. 5. 1999** in Kraft. Die Bestimmung war auch auf zu diesem Zeitpunkt bereits anhängige einschlägige Rechtsstreitigkeiten anzuwenden. Die erstmalige Anpassung des Pauschalbetrags iSd § 13c Abs 2 IESG hatte für das Kalenderjahr 2000 zu erfolgen (vgl § 17a Abs 17 IESG).

12. Fassung durch BGBl I 2000/26 (§ 17a Abs 18 IESG)

Art 23 BBG 2000 BGBl I 2000/26 sah eine **Zahlung des Fonds zur Abdeckung der Mehraufwendungen in der PV** an einen beim HVSVT eingerichteten Ausgleichsfonds vor (dazu *Liebeg*, IESG[3] § 12 Rz 11). Die Bestimmung, welche am **1. 6. 2000** in Kraft trat, wurde als verfassungswidrig aufgehoben (s § 12 Rz 14) und durch BGBl I 2005/102 (dazu allg Rz 49) aus dem G entfernt.

13. Fassung durch BGBl I 2000/44
(§ 17a Abs 19–22 IESG)

26 In Art 16 ARÄG 2000 BGBl I 44 finden sich Änderungen des IESG. Zunächst wurde § 7 Abs 8 IESG über das **Insolvenz-Entgelt für Pensionskassenbeiträge** (dazu allg § 7 Rz 26 f) sprachlich an die neue Rechtslage im Urlaubsrecht („Urlaubsersatzleistung" gem § 10 UrlG anstelle von „Urlaubsentschädigung" bzw „Urlaubsabfindung") angepasst. § 7 Abs 8 nF IESG trat gem § 17a Abs 19 leg cit mit **1. 1. 2001** in Kraft (zur Erweiterung auf Beiträge in betriebliche Kollektivversicherungen vgl Rz 44).

27 Weiters findet sich in Art 16 BGBl I 2000/44 eine Neufassung des durch BGBl 1996/754 eingefügten (dazu Rz 10) § 13b IESG. Vorgesehen ist nunmehr der **Ersatz der** vom insolventen AG **nach dem BUAG zu entrichtenden Zuschläge** (dazu § 13b Rz 2 f). Die neue Fassung des § 13b IESG trat mit **1. 1. 2001** in Kraft und ist anzuwenden, wenn der Beschluss über die Eröffnung eines Insolvenzverfahrens bzw über einen anderen Insolvenztatbestand nach § 1 Abs 1 IESG nach dem 31. 12. 2000 gefasst wurde (§ 17a Abs 20 IESG; zu weiteren Änderungen im § 13b IESG vgl § 23 Rz 1, § 25 Rz 1). Zusätzliche Übergangsbestimmungen iZm dieser Systemumstellung finden sich in § 17a Abs 21 und 22 IESG: So hatte der Fonds der BUAK die Abfertigungszahlungen gem § 13b aF IESG auch nach dem 31. 12. 2000 zu ersetzen, wenn der Beschluss iSd § 1 Abs 1 vor dem 1. 1. 2001 gefasst worden war. Schließlich waren im Zeitraum bis 31. 12. 2002 die vierteljährlichen Abschlagszahlungen gem § 13b Abs 2 S 2 IESG in der Höhe von 80 % der von der BUAK im vorhergehenden Quartal in Insolvenzverfahren nach § 1 Abs 1 IESG angemeldeten Zuschläge zu gewähren.

14. Fassung durch BGBl I 2000/142
(§ 17a Abs 23 und 24 IESG)

28 Durch Art 45 BBG 2001 BGBl I 2001/142 werden mehrere Bestimmungen des IESG geändert. In § 3 Abs 2 sowie in § 3a Abs 1 IESG wurden der **Sicherungszeitraum für Zinsen** (dazu § 3 Rz 24 ff; zu einer späteren Änderung einer Bezeichnung s § 21 Rz 6) sowie **jener für laufendes Entgelt und Ansprüche aus nicht ausgeglichenen Zeitguthaben für die Zeit vor dem Stichtag** (samt Überschrift; allg dazu, insb auch zu einer neuerlichen Änderung, § 3a Rz 6 ff, insb Rz 9 ff, sowie § 34 Rz 2) neu geregelt. Die genannten Gesetzespassagen traten mit **1. 1. 2001** in Kraft und sind auf Insolvenzverfahren anzuwenden, wenn der Beschluss iSd § 1 Abs 1 IESG nach dem 31. 12. 2000 gefasst wird (§ 17a Abs 23 IESG).

29 Ebenso durch BGBl I 2001/142 neu gefasst wurde § 6 Abs 2 IESG über **Form bzw Inhalt des Antrags auf Insolvenz-Entgelt** (dazu allg § 6 Rz 14 ff;

zu späteren Änderungen vgl § 21 Rz 1, § 25 Rz 1). Weiters wurde dem § 12 IESG ein in der Folge wegen Verfassungswidrigkeit aufgehobener (dazu § 12 Rz 14) Abs 7 über eine Zahlung an die SVA der gewerblichen Wirtschaft angefügt (zur nunmehrigen Fassung s § 28 Rz 3). Ebenso bereits wieder aus dem Rechtsbestand entfernt, und zwar durch BGBl I 2001/88, wurde eine Ergänzung im (damaligen) § 13 Abs 1 IESG. Die angeführten Regelungen traten gem § 17a Abs 24 IESG mit **1. 1. 2001** in Kraft.

15. Fassung durch BGBl I 2001/88 (§ 17a Abs 25–31 IESG)

Durch BGBl I 2001/88 wurde ein IAFG (nunmehr: **IEFG**) geschaffen (Art 1 leg cit), mit dem die Besorgung der bis dahin von den Bundessozialämtern wahrgenommenen Aufgaben auf dem Gebiet der Insolvenz-Entgeltsicherung sowie die Betriebsführung und Besorgung aller Geschäfte des IAF (nunmehr: IEF) auf die durch dieses G errichtete IAF-Service GmbH (nunmehr: IEF-Service GmbH) übertragen wurden (vgl § 1 IEFG). In Art 3 BGBl I 2001/88 finden sich sodann damit in Zusammenhang stehende und einige sonstige Adaptierungen des IESG. Zunächst gab es eine Reihe rein **terminologischer Anpassungen** (anstatt „Bundesamt für Soziales und Behindertenwesen" steht in Hinkunft „Geschäftsstelle [der IAF-Service GmbH]", mittlerweile „Geschäftsstelle [der IEF-Service GmbH]"; zu letzterer Begriffsänderung § 21 Rz 6). Die diesbezüglichen Änderungen in § 1a Abs 3 Z 2, § 4, § 6 Abs 3 und 4, § 7 Abs 1, 4 und 6, § 8 Abs 2, § 13 Abs 8 Z 3 und § 14 Abs 1, 3 und 4 (in letzterem Abs wurde auch die Ministeriumsbezeichnung angepasst; dazu aktuell § 28 Rz 2) traten mit **1. 8. 2001** in Kraft (§ 17a Abs 25 IESG). 30

Infolge der Schaffung der IAF-Service GmbH neu zu fassen war die Bestimmung über die **Zuständigkeit** für das Verfahren nach IESG in § 5 leg cit (dazu allg § 5 Rz 1 ff; zu weiteren Änderungen dieser Bestimmung s § 25 Rz 1, § 28 Rz 2 sowie insb § 32 Rz 2). § 5 IESG idF BGBl I 2001/88 trat mit **1. 8. 2001** in Kraft und gilt mit der Maßgabe, dass die am 31. 7. 2001 bei den Bundesämtern für Soziales und Behindertenwesen anhängigen Geschäftsfälle mit 1. 8. 2001 auf die jeweils zuständigen Geschäftsstellen übergehen (vgl § 17a Abs 26 IESG). 31

IZm der **Bescheiderlassung** stehen die durch Art 3 BGBl I 2001/88 vorgenommenen Änderungen in § 7 Abs 2 S 1 und 2 und § 9 Abs 2 IESG. § 7 Abs 2 S 1 und 2 IESG trat mit **1. 8. 2001** in Kraft und gilt mit der Maßgabe, dass die am 31. 7. 2001 bei den Bundesämtern für Soziales und Behindertenwesen anhängigen Geschäftsfälle mit 1. 8. 2001 auf die jeweils zuständigen Geschäftsstellen übergehen (vgl § 17a Abs 26 IESG). § 9 Abs 2 nF IESG trat mit 1. 1. 2003 in Kraft (§ 17a Abs 28 IESG). 32

§ 17a IESG

33 IZm der **Umstellung auf den EUR** stehen die durch Art 3 BGBl I 2001/88 vorgenommenen Änderungen in § 7 Abs 2 S 3 und Abs 5, § 13c (hier findet sich auch eine terminologische Anpassung in Bezug auf die IAF-Service GmbH; dazu Rz 30) sowie § 16 Abs 1 IESG. Diese Neuerungen traten mit **1. 1. 2002** in Kraft und sind auf Sachverhalte anzuwenden, die sich nach Ablauf des 31. 12. 2001 ereignen (§ 17a Abs 27 IESG).

34 Eine weitere Abstimmung in Bezug auf die in Hinkunft für das Verfahren nach dem IESG zuständige IAF-Service GmbH (nunmehr: IEF-Service GmbH) war in S 2 von § 10 IESG betreffend den **(Gerichts-)Streit über den Anspruch nach IESG** vorzunehmen. Diese Fassung des § 10 IESG trat mit **1. 8. 2001** mit der Maßgabe in Kraft, dass Klagen iSd § 67 ASGG, die vor dem 1. 8. 2001 gegen ein Bundessozialamt erhoben wurden, ab dem 1. 8. 2001 als gegen jene Geschäftsstelle der „IAF GmbH" (richtig: „IAF-Service GmbH"; nunmehr: IEF-Service GmbH) gerichtet gelten, in deren Sprengel das bisher zuständige Bundessozialamt seinen Sitz hatte. Die örtliche Zuständigkeit der LG, des ASG Wien und der OLG richtet sich in solchen Fällen nach der des ursprünglich bekl Bundessozialamtes. Klagen gegen Bescheide, die vor dem 1. 8. 2001 erlassen wurden oder zu erlassen gewesen wären, sind gegen jene Geschäftsstelle zu richten, in deren Sprengel das bisher zuständige Bundessozialamt seinen Sitz hatte (§ 17a Abs 29 IESG).

35 Änderungen durch BGBl I 2001/88 betreffen auch § 12 IESG über die **Aufbringung der Mittel** des Fonds. Hier wurden der Einleitungssatz von § 12 Abs 1 sowie der damalige § 12 Abs 5 IESG (vgl mittlerweile § 12 Abs 7 IESG) mit dem IAFG (nunmehr: IEFG) abgestimmt. Diese Bestimmungen gelten ab dem Finanzjahr 2001, das mit 1. 8. 2001 beginnt und mit 31. 12. 2001 endet (vgl § 17a Abs 30 IESG).

36 Schließlich wurde durch BGBl I 2001/88 auch § 13 IESG über den **Fonds** geändert. In § 13 Abs 1 und 2 IESG finden sich in erster Linie Abstimmungen mit dem IAFG (nunmehr: IEFG), Abs 4 leg cit betrifft die **Vertretung** von Fonds bzw IAF-Service GmbH (nunmehr: IEF-Service GmbH) sowie die diesbezüglichen Kosten (allg dazu § 13 Rz 7). § 13 Abs 1 und 2 nF IESG traten mit **1. 8. 2001** in Kraft. In die gem § 13 Abs 1 S 6 aF IESG vom Fonds abgeschlossenen Rechtsgeschäfte tritt die IAF-Service GmbH (nunmehr: IEF-Service GmbH) ein. § 13 Abs 1 S 7 aF IESG ist bis Ablauf des 31. 7. 2001 mit der Maßgabe anzuwenden, dass 7/12 der festgesetzten Jahresvergütung zu entrichten sind; sie ist spätestens am 1. 9. 2001 an den Bund zu überweisen (§ 17a Abs 31 IESG). § 13 Abs 4 nF IESG gilt ab dem Finanzjahr 2001, das mit 1. 8. 2001 beginnt und mit 31. 12. 2001 endet. § 13 Abs 4 letzter S aF IESG ist bis zum Ablauf des 31. 7. 2001 mit der Maßgabe anzuwenden, dass 7/12 der festgesetzten Jahresvergütung zu entrichten sind; sie ist spätestens am 1. 9. 2001 an die Finanzprokuratur zu überweisen (§ 17a Abs 30 IESG).

16. Fassung durch BGBl I 2002/158 (§ 17a Abs 32 IESG)

In Art 4 BGBl I 2002/158 finden sich zwei Lehrlinge betreffende Neuerungen in § 12 IESG: Zum einen sollte gem § 12 Abs 1 Z 4 (aF) IESG **für Lehrlinge** in Hinkunft **kein Zuschlag** zum Arbeitgeberanteil zur AlV geleistet werden (vgl nunmehr § 12 Abs 2 S 2 IESG; dazu § 12 Rz 3). Weiters wurde mit BGBl I 2002/158 erstmals vorgesehen, dass aus Mitteln des IEF auch Maßnahmen zur Förderung der Beschäftigung von Lehrlingen teilfinanziert werden. Dem § 12 wurde demgemäß ein Abs 8 über eine **Lehrlingsausbildungsprämie** angefügt (vgl nunmehr § 13e IESG; zur Historie s § 13e Rz 1). Schließlich enthält die gegenständliche Novelle eine Adaptierung des (durch BGBl I 2002/100 eingefügten) § 13d Abs 2 IESG zum Thema Sicherung der Übertragungsbeträge nach BMSVG; dieses Thema wurde zwischenzeitlich völlig neu konzipiert (s Rz 45 sowie allg § 1b Rz 1 f). Die genannten Bestimmungen traten gem § 17a Abs 32 IESG mit **1. 1. 2003** in Kraft. 37

17. Fassung durch BGBl I 2003/71 (§ 17a Abs 33 IESG)

Art 86 BBG 2003 BGBl I 2003/71 enthält Änderungen des IESG (zu einer Inkrafttretensbestimmung s bereits Rz 19). In § 11 Abs 3 S 2 IESG wurden iZm mit dem **Rückgriff** des Fonds **auf Neuvermögen** ua die **Termini „Zahlungsplan"** und **„Abschöpfungsverfahren"** bzw darauf bezogen **„Quotenzahlungen"** und **„Abschöpfungserträge"** eingefügt (zu weiteren Änderungen dieser Bestimmung vgl § 25 Rz 1, § 27 Rz 1). 38

Darüber hinaus wurde der damalige § 12 Abs 1 Z 4 IESG zum Thema Aufbringung der Mittel des Fonds neu gefasst (zur danach vorgenommenen grundlegenden Überarbeitung dieser Bestimmung s § 28 Rz 3 mwN zu späteren kleineren Änderungen). § 12 Abs 1 Z 4 IESG idF BGBl I 2003/71 trat mit **Beginn des Beitragszeitraumes 2004** in Kraft (§ 17a Abs 33 IESG). 39

18. Fassung durch BGBl I 2003/128 (§ 17a Abs 34 und 35 IESG)

Durch Art 4 BGBl I 2003/128 wurde dem damaligen § 12 Abs 8 IESG über die Lehrlingsausbildungsprämie (s Rz 37) ein S 2 über **Maßnahmen zur Förderung der Jugendbeschäftigung** im Rahmen der Initiative „JOBS FOR YOU(TH) '04" angefügt (vgl nunmehr § 13e IESG; zur Historie s § 13e Rz 1). Die genannte Bestimmung trat mit **1. 1. 2004** in Kraft. 40

Weiters sieht die gegenständliche Novelle Adaptierungen des § 13d IESG (dazu schon Rz 37) zum Thema **Sicherung von BMSVG-Ansprüchen** (insb Streichung von Abs 3 S 2 und Abs 4 aF leg cit) vor (s im Folgenden auch Rz 45). Diese traten **rückwirkend mit 1. 1. 2003** in Kraft. 41

19. Fassung durch BGBl I 2004/77
(§ 17a Abs 36 und 37 IESG)

42 Im Arbeitsmarktreformgesetz BGBl I 2004/77 findet sich ein Abs 5 mit Änderungen des IESG. Zunächst werden die **Verweise auf das AußStrG** in § 1 Abs 1 Z 6 (gleichgestellte Tatbestände) sowie in § 13a Abs 3 Z 7 IESG (iZm der Sicherung der Dienstnehmeranteile zur gesetzlichen SV) an die Neufassung dieses G durch BGBl I 2003/111 angepasst. Die Neuerungen traten mit **1. 1. 2005** in Kraft und sind auf Verlassenschaftsverfahren anzuwenden, die nach dem 31. 12. 2004 erstmals bei Gericht oder beim Gerichtskommissär anhängig gemacht wurden, sofern sie nicht schon früher eingeleitet hätten werden können. Sonst sind § 1 Abs 1 Z 6 und § 13a Abs 3 Z 7 IESG aF weiter anzuwenden (§ 17a Abs 37 IESG).

43 Eine weitere Änderung durch BGBl I 2004/77 betraf die Einfügung eines Abs 4a über **Aufträge** der (damaligen) IAF-Service GmbH **an die BRZ GmbH** in den § 13 IESG. Schließlich wurde ein § 14 Abs 5 IESG über die **Zurverfügungstellung von Daten aus dem ZMR** an die (nunmehrige) IEF-Service GmbH statuiert (allg dazu § 14 Rz 11). Die genannten Bestimmungen traten mit **1. 8. 2004** in Kraft (§ 17a Abs 36 IESG).

20. Fassung durch BGBl I 2005/8 (§ 17a Abs 38 IESG)

44 In Art 12 BGBl I 2005/8 wurde das IESG an die neuen Regelungen über die betriebliche Kollektivversicherung angepasst. Einerseits wurden die **ausgeschlossenen Ansprüche** iSd § 1 Abs 3 Z 6 IESG auch um **Ansprüche gegenüber Versicherungsunternehmen** erweitert (zu späteren terminologischen Anpassungen vgl § 31 Rz 1), andererseits wurde § 7 Abs 8 IESG über das **Insolvenz-Entgelt für** Pensionskassenbeiträge um **Beiträge in betriebliche Kollektivversicherungen** erweitert (allg § 7 Rz 26 f). Die angesprochenen Regelungen traten mit **23. 9. 2005** in Kraft.

21. Fassung durch BGBl I 2005/36 und I 2005/114
(§ 17a Abs 39 IESG)

45 Durch Art 4 BGBl I 2005/36 wurde § 1b IESG über die **Sicherung von Übertragungsbeträgen iSd § 47 Abs 3 BMSVG** bei Übertritt vom System der „Abfertigung alt" in das Recht der „Abfertigung neu" ins G eingefügt (allg § 1b Rz 1 ff; zur terminologischen Anpassung der Bestimmung an das diesbezüglich geänderte BMSVG s § 20 Rz 1). Damit in Zusammenhang wurde § 13d Abs 2 aF IESG über die Direktverrechnung zwischen Fonds und Kasse (dazu auch Rz 37, 41) abgeschafft, weil sich dieses Konzept nicht bewährt hatte (s § 1b Rz 1). Gem § 17a Abs 39 IESG traten die angesprochenen

Änderungen mit **1. 7. 2005** in Kraft und sind auf Beschlüsse iSd § 1 Abs 1 IESG anzuwenden, die nach dem 30. 6. 2005 gefasst wurden. Die Geltendmachung der ausstehenden Übertragungsbeträge gem § 13d Abs 2 aF IESG gegenüber dem Fonds endete in den im § 13a Abs 2 und 3 angeführten Insolvenzfällen frühestens mit Ablauf des 30. 4. 2006 (diese Frist wurde durch Art 5 BGBl I 2005/114 verlängert).

22. Fassung durch BGBl I 2005/102 (§ 17a Abs 40–45 IESG)

46 Durch Art 1 BGBl I 2005/102 wurden einige grundlegendere Änderungen im IESG vorgenommen. § 1 Abs 1 und 5 IESG wurde – neben Anpassungen der Verweisungen auf andere G – unter Berücksichtigung der **Konstellationen mit Auslandsbezug,** insb der nach der EuInsVO anzuerkennenden einschlägigen Entscheidungen ausländischer Gerichte, neu gefasst. Diese Thematik lag ebenso der Neufassung des Abs 3 des § 5 IESG über die Zuständigkeit zu Grunde. Auch § 6 Abs 1 IESG über die Antragstellung wurde diesbezüglich angepasst. Schließlich wurde in § 13a IESG – nach Anpassungen der Verweisungen im Katalog der „Beendigung von Insolvenzen" in Abs 3 leg cit – das Sekundärinsolvenzverfahren berücksichtigt. Die zitierten Bestimmungen traten mit **1. 10. 2005** in Kraft und sind auf inländische Beschlüsse über die Eröffnung eines Insolvenzverfahrens oder über einen anderen Insolvenztatbestand und auf ausländische Entscheidungen nach § 1 Abs 1 IESG anzuwenden, die nach dem 30. 9. 2005 gefasst wurden (vgl § 17a Abs 42 IESG).

47 Weiters wurde der Katalog der **ausgeschlossenen Ansprüche** in § 1 Abs 3 IESG um eine Z 1a ergänzt, in der es um eine Verurteilung des Anspruchsberechtigten wegen einer **in § 11 Abs 3 IESG erwähnten Straftat** geht (dazu allg § 1 Rz 345 ff). In Bezug genommen wird diese Bestimmung im gleichzeitig novellierten § 9 Abs 1 IESG, wo es um die Erlassung eines entsprechenden **Rückforderungsbescheides** geht (wobei hier auch eine Fünfjahresfrist für die spätestmögliche Rückforderung mitgeregelt wurde; dazu § 9 Rz 10 sowie Rz 1). Ebenso erweitert wurde der Katalog der **Straftatbestände,** welche gem § 11 Abs 3 IESG zum Wegfall der Rückgriffsbeschränkungen des IEF führen (allg § 11 Rz 48). Die genannten Bestimmungen traten mit **1. 10. 2005** in Kraft und sind auf Tatbestände anzuwenden, die nach dem 30. 9. 2005 verwirklicht wurden (§ 17a Abs 45 IESG).

48 Im § 1 Abs 6 IESG über den ausgeschlossenen Personenkreis wurden die Z 2 über die **Organmitglieder** sowie die Z 3 über die **„leitenden Angestellten mit maßgeblichem Einfluss auf die Unternehmensführung"** entfernt und die bisherigen Z 4 und 5 entsprechend vornummeriert. Diese Adaptierungen haben europarechtliche Gründe (dazu § 1 Rz 108). § 1 Abs 6 nF

IESG trat mit **1. 10. 2005** in Kraft und ist auf inländische Beschlüsse über die Eröffnung eines Insolvenzverfahrens oder über einen anderen Insolvenztatbestand und auf ausländische Entscheidungen nach § 1 Abs 1 IESG anzuwenden, die nach dem 30. 9. 2005 gefasst wurden (vgl § 17a Abs 42 IESG). Der Entfall des § 1 Abs 6 Z 3 IESG trat **rückwirkend mit 1. 5. 1995** – also mit dem Tag des seinerzeitigen Geltungsbeginns (vgl Rz 8) – in Kraft und ist auf Anträge auf Insolvenz-Ausfallgeld (nunmehr: Insolvenz-Entgelt) anzuwenden, die mit Ablauf des 30. 9. 2005 noch nicht rechtskräftig entschieden sind (§ 17a Abs 40 IESG). Für Personen, die gem § 1 Abs 6 nF IESG nicht mehr vom Anspruch nach IESG ausgeschlossen sind, haben deren AG den Zuschlag nach Maßgabe des § 12 Abs 1 Z 4 IESG (vgl auch § 12 Rz 5 f) ab dem Beginn der Beitragsperiode 2006 zu entrichten (§ 17a Abs 43 IESG).

49 Weitere Änderungen betrafen den (damaligen) § 12 IESG, und zwar zum Thema **Erhöhung des Zuschlags** (vgl allg § 12 Rz 7 ff, insb Rz 9) zur **Finanzierung der Lehrlingsausbildungsprämie** sowie der **Förderung der Jugendbeschäftigung** „JOBS FOR YOU(TH) '04" (vgl nunmehr § 13e IESG; zur Historie s § 13e Rz 1). Die genannten Inhalte des § 12 IESG traten mit **1. 8. 2005** in Kraft (§ 17a Abs 41 IESG; die Nennung von § 1 Abs 1 Z 4 IESG in diesem Abs ist offensichtlich ein Redaktionsfehler).

50 Durch BGBl I 2005/102 eingefügt wurde auch ein § 14a IESG über die **Zusammenarbeit** der IEF-Service GmbH **mit ausländischen Einrichtungen** (allg dazu § 14a Rz 1 ff). Gem § 17a Abs 44 IESG trat die Bestimmung mit **1. 10. 2005** in Kraft (zu einer späteren Änderung s zB § 28 Rz 2).

Wirksamkeitsbeginn und Vollziehung

§ 18. (1) Dieses Bundesgesetz tritt mit 1. Jänner 1978 in Kraft.

(2) Die Verordnungen auf Grund dieses Bundesgesetzes können vor dem Inkrafttreten der entsprechenden Bestimmungen erlassen werden, jedoch frühestens mit diesen in Kraft treten.

(3) Mit der Vollziehung dieses Bundesgesetzes sind betraut:

1. Hinsichtlich der Bestimmungen des § 6 Abs. 4 bis 6, des § 11 Abs. 1 bis 3 und des § 14 Abs. 1 und 3 der Bundesminister für Arbeit, Soziales und Konsumentenschutz im Einvernehmen mit dem Bundesminister für Justiz;
2. hinsichtlich der Bestimmungen des § 17 Abs. 6 der Bundesminister für Arbeit, Soziales und Konsumentenschutz im Einvernehmen mit dem Bundesminister für Finanzen;
3. hinsichtlich der Bestimmungen des § 8 und des § 10 der Bundesminister für Justiz;
4. hinsichtlich der Bestimmungen des § 13 Abs. 7 und des § 15 Abs. 1 der Bundesminister für Justiz im Einvernehmen mit dem Bundesminister für Finanzen;
5. hinsichtlich der Bestimmungen des § 15 Abs. 2 der Bundeskanzler;
6. hinsichtlich der übrigen Bestimmungen der Bundesminister für Arbeit, Soziales und Konsumentenschutz.

(§ 18 IESG idF BGBl I 2011/39)

Übersicht zu § 18 IESG

1.	Zeitpunkte des Wirksamwerdens älterer IESG-Fassungen	Rz 1
	1.1 Stammfassung	Rz 2
	1.2 Fassung durch BGBl 1979/107	Rz 3
	1.3 Fassung durch BGBl 1980/580	Rz 4
	1.4 Fassung durch BGBl 1982/647	Rz 5
	1.5 Fassung durch BGBl 1983/613	Rz 6
	1.6 Fassung durch BGBl 1985/104	Rz 7
	1.7 Fassung durch BGBl 1986/395	Rz 8
	1.8 Fassung durch BGBl 1987/618	Rz 9
	1.9 Fassung durch BGBl 1990/282	Rz 10
	1.10 Fassung durch BGBl 1991/628	Rz 11
2.	Vollzugsklausel	Rz 12

§ 18 IESG

1. Zeitpunkte des Wirksamwerdens älterer IESG-Fassungen

1 Während die hinsichtlich der jüngeren Änderungen notwendigen Informationen bzgl Inkrafttreten und Übergangsbestimmungen in § 17a sowie in den §§ 20 ff IESG zusammengefasst sind, ergibt sich der Wirksamkeitsbeginn der älteren Novellen nur aus den im betreffenden BGBl enthaltenen Schluss- und Übergangsbestimmungen (vgl Rz 3 ff). In Bezug auf die Stammfassung ist § 18 Abs 1 und 2 iVm § 17 IESG zu beachten (vgl Rz 2).

1.1 Stammfassung

2 Das IESG trat mit **1. 1. 1978** in Kraft (§ 18 Abs 1 leg cit). DurchführungsV konnten vor dem Inkrafttreten des G erlassen, aber nicht vor diesem Zeitpunkt in Wirksamkeit gesetzt werden (§ 18 Abs 2 IESG; zu den Übergangsbestimmungen vgl § 17 Rz 1).

1.2 Fassung durch BGBl 1979/107

3 Art VI ArbAbfG BGBl 1979/107 änderte im Wesentlichen § 12 IESG, daneben war insb § 13 IESG betroffen. Die einschlägigen Regelungen, die am 1. 7. 1979 in Kraft traten, wurden durch BGBl 1996/754 wieder aus dem G entfernt (vgl § 17a Rz 10).

1.3 Fassung durch BGBl 1980/580

4 Durch BGBl 1980/580 wurde das IESG zum ersten Mal grundlegend novelliert und in fast allen Bestimmungen verändert. Ua wurde die Bestimmung über den ausgeschlossenen Personenkreis eingefügt (dazu § 1 Rz 105 ff). Gem der Übergangsbestimmung des Art II BGBl 1980/580 waren die Neuerungen auf Insolvenzfälle iSd (damaligen) § 1 Abs 1 IESG, die vor dem Inkrafttreten dieses BG eingetreten waren, nicht anzuwenden. Gem Art III Abs 1 BGBl 1980/580 traten die Novellierungen mit dem auf die Kundmachung folgenden Monatsersten, das war der **1. 1. 1981,** in Kraft.

1.4 Fassung durch BGBl 1982/647

5 Durch Art VII der 38. ASVG-Novelle BGBl 1982/647 wurde im Wesentlichen § 13a IESG eingefügt, der bestimmt, dass auch für die Dienstnehmerbeitragsanteile zur SV Insolvenz-Entgelt gebührt (vgl § 13a Rz 1 ff). Diese Bestimmung ist samt den mit ihr in Zusammenhang stehenden, vor allem sprachlichen Änderungen am **1. 1. 1984** in Kraft getreten.

Daneben wurden die §§ 13 Abs 7, 18 Abs 3 Z 4 IESG über die Gebührenbefreiung des IEF (vgl § 13 Rz 10) am **1. 1. 1983** wirksam (Art X Abs 1 und 2 lit d BGBl 1982/647).

1.5 Fassung durch BGBl 1983/613

Die IESG-Novelle BGBl 1983/613 betraf die §§ 5, 7, 9–13 IESG und war auf Grund der Änderungen durch das IRÄG 1982 BGBl 1982/370, eines Einschauberichts des RH sowie von Erfahrungen in der Praxis erforderlich geworden. Gem Art II Abs 1 BGBl 1983/613 sind die Neuerungen ab **1. 1. 1984** im Zusammenhang mit jedem einschlägigen Insolvenzverfahren anzuwenden.

6

1.6 Fassung durch BGBl 1985/104

§ 97 ASGG BGBl 1985/104 enthält Änderungen des IESG. Neben der Neufassung des § 10 IESG, mit der die das Insolvenz-Entgelt betreffenden Streitigkeiten in die Sozialgerichtsbarkeit einbezogen werden (vgl § 10 Rz 1 ff), betrifft die Bestimmung auch Regelungen der §§ 6, 7, 11, 14 und 18 IESG. Gem § 98 ASGG trat dieses BG mit **1. 1. 1987** in Kraft. Zu beachten ist Art II Abs 7 BGBl 1986/395, wonach der die gegenständliche IESG-Novelle darstellende § 97 ASGG auf Insolvenzfälle nicht anzuwenden ist, in denen auch nur einer der in § 1 Abs 1 IESG idF BGBl 1986/395 genannten Beschlüsse vor dem 1. 1. 1987 gefasst worden ist.

7

1.7 Fassung durch BGBl 1986/395

Durch die IESG-Novelle BGBl 1986/395 kam es zu teilweise grundlegenden Änderungen in den (damaligen) §§ 1–3, 5–8, 11–14 IESG. Gem Art II Abs 1 BGBl 1986/395 trat die gegenständliche Novelle, soweit nichts anderes bestimmt wird, mit dem auf die Kundmachung folgenden Monatsersten, das war der **1. 8. 1986,** in Kraft. Mit Inkrafttreten dieses BG traten an die Stelle der Zahlungen nach § 13a Abs 2 IESG idF BGBl 1982/647 die Abschlagszahlungen nach § 13a Abs 5 IESG idF BGBl 1986/395 (Art II Abs 2 BGBl 1986/395). Die neuen Sicherungstatbestände des § 1 Abs 1 Z 4–7 IESG idF BGBl 1986/395 sowie § 5 Abs 1 IESG idF des genannten G sind bei Anträgen auf Insolvenz-Entgelt maßgeblich, in denen der Insolvenztatbestand nach dem 1. 8. 1986 eingetreten ist (Art II Abs 3 BGBl 1986/395).

8

Die Grenzbetragsregelung des neugefassten § 1 Abs 3 Z 4 iVm § 1 Abs 4 IESG (s allg § 1 Rz 366 ff) trat mit **1. 10. 1986** in Kraft (Art II Abs 4 BGBl 1986/395).

Schließlich fand § 13 Abs 1 IESG idF der vorliegenden Novelle auf den nach dieser Gesetzesstelle zu vergütenden Verwaltungsaufwand erstmalig für das Geschäftsjahr 1986 Anwendung (Art II Abs 6 BGBl 1986/395).

1.8 Fassung durch BGBl 1987/618

9   Im Zuge der Schaffung des BUAG war auch das IESG an die neue Situation anzupassen; die entsprechende Novelle findet sich in Art IV BGBl 1987/618. Eingefügt wurde neben einigen sprachlichen Anpassungen insb § 1 Abs 3 Z 5 IESG (s § 1 Rz 391 ff) sowie eine seit BGBl 1996/754 nicht mehr im G befindliche Fassung des § 12 Abs 1 Z 5 IESG. Gem Art V Abs 1 S 1 BGBl 1987/618 traten die neuen Bestimmungen grundsätzlich mit **1. 10. 1987** in Kraft. Zu beachten waren zahlreiche ebenfalls in Art V leg cit statuierte Übergangsbestimmungen.

1.9 Fassung durch BGBl 1990/282

10   Die Einführung des BPG durch BGBl 1990/282 hatte auch Auswirkungen auf das IESG. In Art IV BGBl 1990/282 ist der Ausschlusstatbestand des § 1 Abs 3 Z 6 IESG (vgl § 1 Rz 396 ff) enthalten, weiters wurden Regelungen über die Sicherung von Betriebspensionen durch Abschlagszahlungen im damaligen § 3 Abs 5 und 6 IESG niedergelegt. Die Neuerungen sind auf Insolvenzen iSd § 1 Abs 1 IESG, die vor Inkrafttreten des BPG am **1. 7. 1990** eingetreten sind, nicht anzuwenden. Die Frist gem § 6 Abs 1 IESG für Ansprüche nach § 3 Abs 5 IESG (laut den damaligen Fassungen) endete frühestens vier Monate nach Kundmachung des gegenständlichen BG (8. 6. 1990), dh frühestens am 8. 10. 1990 (Art V Abs 7 iVm Art VI Abs 1 BGBl 1990/282).

1.10 Fassung durch BGBl 1991/628

11   Im Zuge der EO-Novelle 1991 BGBl 628 wurde in Art XV leg cit der § 8 Abs 1 IESG neu gefasst. Gem Art XXXIV Abs 1 BGBl 1991/628 trat das gegenständliche BG mit **1. 3. 1992** in Kraft. Es ist auf Exekutionsverfahren anzuwenden, in denen der Exekutionsantrag nach dem 29. 2. 1992 bei Gericht eingelangt ist. Laut Art XXXIV Abs 2 leg cit gelten für Leistungen, die am Tag des Inkrafttretens dieses BG oder später fällig werden, die neuen Vorschriften, auch wenn die Exekution bereits vor diesem Zeitpunkt beantragt wurde. Auf Antrag des betreibenden Gläubigers, des Verpflichteten oder des Drittschuldners hat das Exekutionsgericht die Exekutionsbewilligung entsprechend zu ändern.

2. Vollzugsklausel

In § 18 Abs 3 IESG findet sich eine sog Vollzugsklausel. Derartigen Bestimmungen in speziellen BG kommt eine wichtige klarstellende Bedeutung zu, weil die Verteilung der Kompetenzen der Zentralstellen des Bundes im BMG nur generell erfolgt und allenfalls demonstrativ erläutert wird.

Die gegenständliche Vollzugsklausel sieht vor, dass für die Vollziehung des IESG **grundsätzlich** der **BMASK** zuständig ist (§ 18 Abs 3 Z 6 IESG). Hinsichtlich der §§ 6 Abs 4–6 (Erklärung zu den Forderungen), 11 (Übergang der Ansprüche) und 14 Abs 1 und 3 IESG (Rechtshilfe und Auskunftspflicht) hat der **BMASK im Einvernehmen mit dem BMJ,** hinsichtlich des § 17 Abs 6 IESG (Reservefonds) **im Einvernehmen mit dem BMF** vorzugehen (§ 18 Abs 3 Z 1 und 2 IESG). Für die Vollziehung der §§ 8 (Pfändung, Verpfändung und Übertragung) und 10 IESG (Rechtsschutz) ist der **BMJ** eingesetzt (§ 18 Abs 3 Z 3 IESG). Die §§ 13 Abs 7, 15 Abs 1 IESG (Gebührenbefreiungen) sind vom **BMF** sowie vom **BMJ im Einvernehmen mit dem BMF** zu vollziehen (§ 18 Abs 3 Z 4 IESG). Hinsichtlich des § 15 Abs 2 IESG (Befreiung von Kosten für die Behördentätigkeit) ist der **BK** mit der Vollziehung betraut (§ 18 Abs 3 Z 5 IESG). Weitere Konkretisierungen der Vollzugszuständigkeiten finden sich in älteren IESG-Novellen (vgl die Nachweise in Rz 3 ff).

Sonderbestimmungen

§ 19. (1) Die Höhe der Zuschläge gemäß § 12 Abs. 1 Z 4 für jene Anlassfälle, auf die gemäß Art. 139 Abs. 6 B-VG die auf Grund des Erkenntnisses des Verfassungsgerichtshofes vom 13. Oktober 2005, G 39/05, V 25-31/05-12, G 40/05, V 32-37/05-10, G 82/05, V 56-63/05-9, BGBl. II Nr. 380/2005, aufgehobenen Verordnungen nicht mehr anzuwenden sind, wird wie folgt festgesetzt:
1. für das Jahr 2000 ab Beginn der Beitragsperiode 2000 mit 0,4 vH,
2. für das Jahr 2001 ab Beginn der Beitragsperiode 2001 mit 0,4 vH,
3. für das Jahr 2002 ab Beginn der Beitragsperiode 2002 mit 0,4 vH,
4. für das Jahr 2003 ab Beginn der Beitragsperiode 2003 mit 0,6 vH,
5. für das Jahr 2004 ab Beginn der Beitragsperiode 2004 mit 0,7 vH,
6. für das Jahr 2005 ab Beginn der Beitragsperiode 2005 mit 0,7 vH.

(2) Die Differenz zwischen den auf Grund der Verordnungen BGBl. II Nr. 511/1999, BGBl. II Nr. 410/2000, BGBl. II Nr. 452/2001, BGBl. II Nr. 454/2002, BGBl. II Nr. 560/2003 und BGBl. II Nr. 503/2004 eingehobenen Zuschlägen von jeweils 0,7 vH und den für die jeweilige Beitragsperiode gemäß Abs. 1 für die Anlassfälle festgesetzten Zuschlägen zuzüglich gesetzlicher Zinsen in der Höhe von 4 vH ist den betroffenen Dienstgebern für die jeweils betroffenen Teile dieser Beitragsperioden rückzuerstatten.

(3) Die Träger der Krankenversicherung haben die Rückerstattungen nach Abs. 2 innerhalb von drei Monaten, nachdem ihnen der neu erlassene Bescheid zugestellt wurde, zu leisten.

(4) Die Träger der Krankenversicherung sind berechtigt, die rückerstatteten Zuschläge einschließlich der gesetzlichen Zinsen von der Summe der an den Insolvenz-Entgelt-Fonds abzuführenden Zuschläge abzuziehen.

(5) Abweichend von § 12 Abs. 3 und 4 ist die Höhe des mit 0,55 vH festgesetzten Zuschlages in den Jahren 2011 und 2012 nicht zu verändern. Eine Überprüfung gemäß § 12 Abs. 6 hat dennoch stattzufinden; eine Veränderung der Höhe des Zuschlages ist frühestens mit Wirksamkeit ab 2013 festzulegen.

(§ 19 IESG eingefügt durch BGBl I 2006/86, idF BGBl I 2011/39)

Schrifttum zu § 19 IESG

Derntl, VfGH-Erkenntnisse zu Abschöpfung des IAF und Anlassfallwirkung.
§ 12 Abs. 6 und 7 IESG sind verfassungswidrig, ASoK 2005, 378;
Wilhelm, Aus Anlass keines Anlassfalles – rechtliches Gehör Adieu, ecolex 2005, 885.

§ 19 IESG

1. Sanierung verfassungswidriger Mittelverwendungen bzw Zuschlagsfestlegungen

Im Jahre 2005 hat der VfGH (G 39, 40, 82/05, V 25–31, 32–37, 56–63/05, RdW 2005/848, 770 = ARD 5637/7/2005) Bestimmungen im (damaligen) § 12 IESG über die Verwendung von Mitteln des IEF für Zwecke der PV bzw zur Dotierung des Versöhnungsfonds für Zwangsarbeiter als verfassungswidrig sowie – im Zusammenhang damit – die ZuschlagsV 1999–2004 als gesetzeswidrig qualifiziert und aufgehoben (s dazu § 12 Rz 14 sowie ErläutRV 1349 BlgNR 22. GP 2). § 19 IESG beschäftigt sich mit der Sanierung der verfassungs- bzw gesetzeswidrigen Rechtslage. Laut Materialien (ErläutRV 1349 BlgNR 22. GP 3) war in Umsetzung des genannten Erkenntnisses des VfGH zu normieren, 1

– wie und in welchem Ausmaß die entsprechenden Zahlungen an jene AG, an die die IESG-Zuschläge teilweise zu refundieren sind, zu erfolgen haben,
– innerhalb welcher Zeiträume die Refundierungen durch die betroffenen Träger der Krankenversicherung (die GKK) zu erfolgen haben und
– dass sie diese Refundierungen mit laufenden Einnahmen aus IESG-Zuschlägen, die DG zu entrichten haben, gegenverrechnen können.

Was die Rechtswirkungen des in Rz 1 dargestellten Erkenntnisses anlangt, so waren zunächst die vorgenommenen Überweisungen des (damals sog) IAF an den Ausgleichsfonds der Pensionsversicherungsträger und die SVA der gewerblichen Wirtschaft **nicht rückabzuwickeln,** da der VfGH zwar § 12 Abs 6 und 7 (aF) IESG aufgehoben, aber nicht ausgesprochen hat, dass die Normen nicht mehr anzuwenden sind. Auch die durch **V** festgelegten Zuschläge für die betroffenen Jahre **blieben** demnach **aufrecht,** allerdings **mit Ausnahme der Anlassfälle.** „Anlassfälle" sind nur diejenigen Fälle, welche bereits vor dem Prüfungsbeschluss des VfGH ein Verwaltungsverfahren zur Rückerstattung in Gang gesetzt und dann eine Beschwerde beim VfGH eingebracht haben (vgl VfGH B 844/05, ZfVB 2006/1035 = VfSlg 17.687; ErläutRV 1349 BlgNR 22. GP 2 ff; *Liebeg,* IESG[3] § 19 Rz 4 mwN; krit zu dieser Umschreibung *Derntl,* ASoK 2005, 378; *Wilhelm,* ecolex 2005, 885). 2

§ 19 Abs 1 IESG legt demgemäß fest, wie hoch die **Zuschläge** gem § 12 Abs 1 Z 4 IESG **in den Jahren 1999–2005 für die Anlassfälle** sind (zur Begründung der jeweiligen Zuschlagshöhen im Detail ErläutRV 1349 BlgNR 22. GP 3, 4 f). 3

§ 19 Abs 2 IESG sieht vor, dass in den **Anlassfällen** nur die **Differenz** zwischen den tatsächlich eingehobenen 0,7 % und den in Abs 1 leg cit festgelegten „besonderen Zuschlagshöhen" **zurückzuerstatten** ist. Zu den für die entsprechenden Beitragsmonate zurückzuzahlenden Differenzbeträgen gebühren 4 auch Zinsen in Höhe von 4 %. Gem § 19 Abs 3 IESG haben die GKK die Rückerstattungen **innerhalb von drei Monaten,** nachdem ihnen der neu erlassene **Bescheid** („Ersatzbescheid"; vgl ErläutRV 1349 BlgNR 22. GP 4) **zugestellt** wurde, zu leisten.

5 Gem § 19 Abs 4 IESG sind die GKK zur **Gegenverrechnung** berechtigt, dh sie dürfen die rückerstatteten Zuschläge einschließlich der gesetzlichen Zinsen von der Summe der an den Fonds abzuführenden Zuschläge abziehen.

2. Gesetzliche Festschreibung der Zuschlagshöhen für die Jahre 2011 und 2012

6 Mit der völligen Neufassung des § 12 IESG über „Aufbringung der Mittel und Deckung des Aufwandes" des IEF (zum Thema allg § 12 Rz 1 ff) wurde eine „Sonderbestimmung" in § 19 Abs 5 IESG, durch welche der Zuschlag zum Arbeitslosenversicherungsbeitrag iSd § 12 Abs 1 Z 4 IESG für 2011 und 2012 mit 0,55 % festgeschrieben wurde, verbunden (zum Inkrafttreten § 28 Rz 3).

§ 20 IESG

Inkrafttreten

§ 20. (1) § 1b, die Überschrift vor § 13d und § 13d Abs. 1 in der Fassung des Bundesgesetzes BGBl. I Nr. 104/2007 treten mit 1. Jänner 2008 in Kraft.

(2) § 2a in der Fassung des Bundesgesetzes BGBl. I Nr. 104/2007 tritt mit 1. Jänner 2008 in Kraft und ist auf Beschlüsse über die Eröffnung eines Insolvenzverfahrens nach § 1 Abs. 1 oder einen anderen Insolvenztatbestand nach § 1 Abs. 1 Z 3 bis 6 anzuwenden, die nach dem 31. Dezember 2007 gefasst werden.

(3) Der Zuschlag gemäß § 12 Abs. 1 Z 4 ist für freie Dienstnehmer ab dem Beitragsjahr 2008 zu entrichten.

(§ 20 IESG eingefügt durch BGBl I 2007/104)

1. Anpassungen der §§ 1b, 13d IESG an die neue Terminologie des BMSVG durch BGBl I 2007/104

Durch die grundlegende Novelle BGBl I 2007/102 wurde das ursprünglich (in BGBl I 2002/100) „BMVG" genannte G über die „Abfertigung neu" in „BMSVG" umbenannt. Durch BGBl I 2007/104 wurden die damit verbundenen terminologischen Änderungen (neben „BMSVG" statt „BMVG" werden die Kassen nun „BV-Kassen" statt „MV-Kassen" genannt) ins IESG eingearbeitet. Die Adaptierungen in § 1b sowie in § 13d IESG und dessen Überschrift traten mit **1. 1. 2008** in Kraft.

2. Einbeziehung von freien DN iSd § 4 Abs 4 ASVG ins IESG gem § 2a leg cit durch BGBl I 2007/104

Durch BGBl I 2007/104 wurden freie DN iSd § 4 Abs 4 ASVG (dazu § 1 Rz 83 ff) auf Grund eines ins G eingefügten § 2a leg cit in den Schutzbereich des IESG einbezogen (dazu § 2a Rz 1). § 2a IESG trat mit **1. 1. 2008** in Kraft und ist **auf Beschlüsse** über die Eröffnung eines Insolvenzverfahrens nach § 1 Abs 1 aF IESG oder einen anderen Insolvenztatbestand nach § 1 Abs 1 Z 3 – 6 aF IESG anzuwenden, die **nach dem 31. 12. 2007** gefasst werden. Gem § 20 Abs 3 IESG war der **Zuschlag** gem § 12 Abs 1 Z 4 IESG (dazu § 12 Rz 2) **ab dem Beitragsjahr 2008** zu entrichten.

Im Zuge der Neufassung des persönlichen Geltungsbereichs des IESG durch BGBl I 2010/29 wurde die Regelung **in den § 1 IESG verlagert** und § 2a IESG aufgehoben (zum zeitlichen Geltungsbereich dieser Neuregelung § 25 Rz 2).

§ 21 IESG

Inkrafttreten und Übergangsbestimmungen zur Novelle BGBl. I Nr. 82/2008

§ 21. (1) § 6 Abs. 2 und § 13e in der Fassung des Bundesgesetzes BGBl. I Nr. 82/2008 treten mit 28. Juni 2008 in Kraft.

(2) § 12, § 13 Abs. 2 und Abs. 8 Z 2 in der Fassung des Bundesgesetzes BGBl. I Nr. 82/2008 treten mit 28. Juni 2008 in Kraft und sind erstmalig im Zusammenhang mit der Festsetzung des Zuschlages gemäß § 12 Abs. 1 Z 4 ab 2009 anzuwenden.

(3) Die Ersetzung der Bezeichnungen in § 1 Abs. 1, 3, 4a, 5 und 6, § 1a Abs. 1, Abs. 2 und Abs. 3 Z 2, in der Überschrift vor § 1b, im § 1b Abs. 1 bis 4, in der Überschrift vor § 3, § 3 Abs. 1 bis 3, § 3a Abs. 1 bis 5, § 3b, § 3c, § 3d Abs. 1 Z 1 und 2 und Abs. 2, § 4, § 5 Abs. 4 und 5, § 6 Abs. 1 und 7, § 7 Abs. 2, 6, 6a, 7 und 8, § 8 Abs. 1 und 2, § 9 Abs. 1, § 10, § 11, § 12 Abs. 1 Einleitungssatz, Z 1 und Z 4, Abs. 2 und Abs. 4, in der Überschrift vor § 13, im § 13 Abs. 1, Abs. 4, Abs. 4a und Abs. 8 Z 5, § 13a Abs. 2, § 13b Abs. 1, § 13c Abs. 1, § 14 Abs. 1, 3, 4 und 5, § 14a, § 16 Abs. 3 und § 19 Abs. 4 sowie die Anfügung des § 14 Abs. 6 durch das Bundesgesetz BGBl. I Nr. 82/2008 treten mit 1. Juli 2008 in Kraft.

(§ 21 IESG eingefügt durch BGBl I 2008/82, idF BGBl I 2009/90)

Übersicht zu § 21 IESG

1. Entfall des in § 6 Abs 2 IESG vorgesehenen Erfordernisses des gerichtlichen Eingangsvermerks auf der Forderungsanmeldung durch BGBl I 2008/82 .... Rz 1
2. Einführung des § 13e IESG über Beiträge des IEF zur Förderung der Ausbildung und Beschäftigung Jugendlicher durch BGBl I 2008/82 .... Rz 2
3. Änderungen in § 12 IESG über die Aufbringung der Mittel und Deckung des Aufwandes des IEF durch BGBl I 2008/82 .... Rz 3
4. Änderung von in § 13 IESG enthaltenen Bestimmungen über den Voranschlag des IEF und einschlägige Anhörungsrechte durch BGBl I 2008/82 .... Rz 4
5. Einfügung des § 14 Abs 6 IESG über die Datenübermittlung von Seiten der Koordinationsstelle für die Kontrolle der illegalen Beschäftigung durch BGBl I 2008/82 .... Rz 5
6. Änderung von Bezeichnungen durch BGBl I 2008/82 .... Rz 6

§ 21 IESG

1. Entfall des in § 6 Abs 2 IESG vorgesehenen Erfordernisses des gerichtlichen Eingangsvermerks auf der Forderungsanmeldung durch BGBl I 2008/82

Gem § 6 Abs 2 IESG sind dem Antrag auf Insolvenz-Entgelt gewisse Angaben und Urkunden anzuschließen (s § 6 Rz 23). So ist ua ein Stück der Forderungsanmeldung beizufügen, seit Art 4 BGBl I 2008/82 muss auf diesem der gerichtliche Eingangsvermerk nicht mehr vorhanden sein. Diese Neuregelung trat mit **28. 6. 2008** in Kraft.

2. Einführung des § 13e IESG über Beiträge des IEF zur Förderung der Ausbildung und Beschäftigung Jugendlicher durch BGBl I 2008/82

Seit Art 4 BGBl I 2008/82 sind die Beiträge des IEF zur Förderung der Jugendbeschäftigung sowie die Auslaufregelungen für die aufgehobenen § 12 Abs 6 und 7 aF IESG in § 13e IESG geregelt (allg dazu § 13e Rz 1 ff). Diese Neuregelung trat mit **28. 6. 2008** in Kraft (zu späteren Änderungen im § 13e IESG s § 22 Rz 1, § 24 Rz 1).

3. Änderungen in § 12 IESG über die Aufbringung der Mittel und Deckung des Aufwandes des IEF durch BGBl I 2008/82

Durch Art 4 BGBl I 2008/82 wurden auch einige Punkte in § 12 IESG über die Aufbringung der Mittel und Deckung des Aufwandes des IEF geändert. So wurden im damaligen § 12 Abs 2 Z 1 IESG (heute: Abs 3 Z 1 leg cit) die vorhandenen Reserven als Aspekt für die Festsetzung des Zuschlags gem § 12 Abs 1 Z 4 IESG eingefügt (allg dazu § 12 Rz 9), in diesem § 12 Abs 1 Z 4 IESG wurde das Erfordernis einer jährlichen V gestrichen, in § 12 Abs 6 IESG wurde die Prüfpflicht des (nunmehrigen) BMASK in Bezug auf eine Veränderung der Zuschlagshöhe festgelegt (dazu § 12 Rz 7) und § 12 Abs 7 IESG wurde im Zuge der Verlegung der Jugendbeschäftigungsförderung in den § 13e leg cit (vgl Rz 2) gestrichen. Diese Neufassungen in § 12 IESG traten mit **28. 6. 2008** in Kraft und waren erstmalig iZm der Festsetzung des Zuschlags gem § 12 Abs 1 Z 4 IESG ab 2009 anzuwenden.

§ 21 IESG

4. Änderung von in § 13 IESG enthaltenen Bestimmungen über den Voranschlag des IEF und einschlägige Anhörungsrechte durch BGBl I 2008/82

4   Durch Art 4 BGBl I 2008/82 wurde in § 13 Abs 2 IESG ein S 2 über die dem Voranschlag anschließende Vorschau für das Folgejahr eingefügt, in § 13 Abs 8 Z 2 aF IESG wurde die Bestimmung über das Anhörungsrecht entsprechend angepasst (allg zu diesen Themen § 13 Rz 6, 11; zu den nunmehrigen Fassungen dieser Bestimmungen § 30 Rz 3 f). Die gegenständlichen Änderungen in § 13 IESG traten mit 28. 6. 2008 in Kraft und waren erstmalig im Zusammenhang mit der Festsetzung des Zuschlags gem § 12 Abs 1 Z 4 IESG ab 2009 anzuwenden.

5. Einfügung des § 14 Abs 6 IESG über die Datenübermittlung von Seiten der Koordinationsstelle für die Kontrolle der illegalen Beschäftigung durch BGBl I 2008/82

5   Gem § 14 Abs 6 IESG, eingefügt durch Art 4 BGBl I 2008/82, hat die zentrale Koordinationsstelle für die Kontrolle der illegalen Beschäftigung im BMF der IEF-Service GmbH Daten bereitzustellen, die für die Beurteilung des Anspruchs auf Insolvenz-Entgelt bedeutsam sind (dazu § 14 Rz 12). Die Bestimmung trat gem § 21 Abs 3 IESG mit **1. 7. 2008** in Kraft.

6. Änderung von Bezeichnungen durch BGBl I 2008/82

6   Durch Art 4 BGBl I 2008/82 wurden mit dem Ziel, die Verständlichkeit zu erhöhen, grundlegende Bezeichnungen im IESG geändert. So wurde im gesamten G – wie auch in allen möglichen anderen G – der Begriff „IAG" durch „Insolvenz-Entgelt" ersetzt, an die Stelle des Begriffs „IAG-Fonds" trat „IEF", die „IAF-Service GmbH" hieß fortan „IEF-Service GmbH" und deren gesetzliche Grundlage, das IAFG, wurde in „IEFG" umbenannt. Die Bezeichnungsänderungen traten gem § 21 Abs 3 IESG mit **1. 7. 2008** in Kraft (zur neuerlichen Erlassung dieser Bestimmung durch BGBl I 2009/90 vgl § 22 Rz 3).

§ 22 IESG

Inkrafttreten der Novelle BGBl. I Nr. 90/2009

§ 22. (1) § 13e Abs. 1 und 4 in der Fassung des Bundesgesetzes BGBl. I Nr. 90/2009 tritt rückwirkend mit 1. Juni 2009 in Kraft.

(2) § 6 Abs. 8 in der Fassung des Bundesgesetzes BGBl. I Nr. 90/2009 tritt mit 1. August 2009 in Kraft.

(3) Die Bezeichnungsänderungen im § 12 Abs. 5, § 13a Abs. 1 und § 19 Abs. 4 in der Fassung des Bundesgesetzes BGBl. I Nr. 90/2009 treten mit 1. Juli 2008 in Kraft.

(§ 22 IESG eingefügt durch BGBl I 2009/90)

Übersicht zu § 22 IESG

1. Neuerungen in § 13e IESG über die Förderung der Ausbildung und Beschäftigung Jugendlicher durch BGBl I 2009/90 .... Rz 1
2. Einfügung eines § 6 Abs 8 IESG über Fragen der Antragsberechtigung durch BGBl I 2009/90 .... Rz 2
3. Änderungen von Bezeichnungen durch BGBl I 2009/90 .... Rz 3

1. Neuerungen in § 13e IESG über die Förderung der Ausbildung und Beschäftigung Jugendlicher durch BGBl I 2009/90

Durch Art 7 BGBl I 2009/90 wurden einerseits die Regelungen in § 13e Abs 1 IESG insofern flexibilisiert, als neben der Gewährung von Beihilfen gem § 19c BAG auch andere Möglichkeiten der Heranziehung von Mitteln des IEF für die Jugendbeschäftigungs- und Lehrlingsförderung eröffnet wurden. Andererseits wurde ein § 13e Abs 4 IESG geschaffen, durch welchen angesichts der massiven Wirtschaftskrise des Jahres 2009 Mittel zur Finanzierung von Maßnahmen einer Einrichtung nach § 18 Abs 7 Z 3 AlVG bereitgestellt wurden (zu beiden Themen allg § 13e Rz 4). Die genannten Neuerungen traten rückwirkend mit **1. 6. 2009** in Kraft. **1**

2. Einfügung eines § 6 Abs 8 IESG über Fragen der Antragsberechtigung durch BGBl I 2009/90

Als Reaktion auf eine in eine andere Richtung gehende Rsp hat der Gesetzgeber in § 6 Abs 8 IESG klargestellt, dass die Berechtigung zur Antragstellung grundsätzlich nur der Anspruchsberechtigte hat (dazu § 6 Rz 18). Die genannte Bestimmung trat mit **1. 8. 2009** in Kraft. **2**

3. Änderungen von Bezeichnungen durch BGBl I 2009/90

3 In Art 7 BGBl I 2009/90 wurden die Bezeichnungen des Fonds in den – mittlerweile durch BGBl I 2010/29 und I 2011/39 neu gefassten (s § 25 Rz 1, § 28 Rz 3) – §§ 12 Abs 5 und 13a Abs 1 IESG sowie in § 19 Abs 4 IESG auf den aktuellen Begriff „IEF" abgeändert. Die Änderungen traten mit **1. 7. 2008** in Kraft.

Zu beachten ist, dass mit BGBl I 2009/90 auch die das Inkrafttreten einschlägiger Bezeichnungsänderungen betreffende Bestimmung in § 21 Abs 3 IESG (dazu § 21 Rz 6) nach einem Redaktionsversehen – man hatte auf die Erwähnung des § 13b Abs 1 IESG vergessen – neu erlassen wurde.

Inkrafttreten und Übergangsbestimmungen zur Novelle BGBl. I Nr. 70/2009

§ 23. § 13b Abs. 1 in der Fassung des Bundesgesetzes BGBl. I Nr. 70/2009 tritt mit 1. Oktober 2010 in Kraft.

(§ 23 IESG eingefügt durch BGBl I 2009/70)

1. Klarstellung in § 13b Abs 1 IESG zur Zuschlagsentrichtung für Beschäftigungszeiten ohne Anspruch gegenüber der BUAK durch BGBl I 2009/70

Der durch das ARÄG 2000 BGBl I 44 konzipierte § 13b Abs 1 S 1 IESG (dazu allg § 13b Rz 2 f) wurde im Rahmen der Novelle BGBl I 2009/70, mit welcher Missbräuche in der Bauwirtschaft bekämpft werden sollen (dazu IA 674/A 24. GP 7 ff; AB 248 BlgNR 24. GP 1 ff), um einen HS ergänzt, mit dem die Pflicht des IEF zur Leistung des Zuschlags an die BUAK für Beschäftigungszeiten ausgeschlossen wird, für die der AN gem BUAG keinen Anspruch gegenüber der Kasse erwirbt (im Detail s § 13b Rz 3 f). Diese Regelung trat mit **1. 10. 2010** in Kraft. **1**

§ 13b IESG, und zwar wiederum Abs 1 leg cit, wurde im Zuge der Schaffung des IRÄG 2010 BGBl I 2010/29 noch einmal geringfügig terminologisch angepasst (dazu § 25 Rz 1). **2**

§ 24 IESG

Inkrafttreten und Übergangsbestimmungen zur Novelle BGBl. I Nr. 148/2009

§ 24. § 13e Abs. 1 dritter Satz in der Fassung des Bundesgesetzes BGBl. I Nr. 148/2009 tritt rückwirkend mit 15. Dezember 2009 in Kraft.

(§ 24 IESG eingefügt durch BGBl I 2009/148)

1. Ermöglichung der vorübergehenden Entnahme der für die Jugendlichen- und Lehrlingsförderung zweckgebundenen Mittel des IEF gem § 13e Abs 1 S 3 IESG

1 Durch BGBl I 2009/148 wurde S 3 des § 13e Abs 1 IESG neu gefasst. Dem IEF sollte es möglich gemacht werden, an sich zweckgebunde, aber in einem bestimmten Kalenderjahr nicht ausgeschöpfte Mittel der Förderung der Beschäftigung Jugendlicher und Lehrlinge für die Auszahlung von Insolvenz-Entgelt zu verwenden (dazu § 13e Rz 5). Die gegenständliche Fassung des § 13e Abs 1 S 3 IESG trat (rückwirkend) mit **15. 12. 2009** in Kraft.

§ 25 IESG

Inkrafttreten und Übergangsbestimmungen zur Novelle BGBl. I Nr. 29/2010

§ 25. (1) § 1, § 3 Abs. 1, § 3a samt Überschriften, § 3c, § 4 samt Überschrift, § 5, § 6 Abs. 1, Abs. 2, Abs. 3 erster und zweiter Satz und Abs. 4 bis Abs. 7, § 7, § 9, § 10, § 11, § 13 Abs. 5, § 13a Abs. 2 und Abs. 4, § 13b, § 14 Abs. 2 und § 17 Abs. 1 in der Fassung des Bundesgesetzes BGBl. I Nr. 29/2010 treten mit 1. Juli 2010 in Kraft und sind auf Insolvenzverfahren und auf gleichzuhaltende andere Beschlüsse nach § 1 Abs. 1 Z 1 bis 6 anzuwenden, die nach dem 30. Juni 2010 gefasst werden.

(2) § 1a Abs. 3 und Abs. 4 in der Fassung des Bundesgesetzes BGBl. I Nr. 29/2010 tritt mit 1. Juli 2010 mit der Maßgabe in Kraft, dass diese Bestimmungen auf Klagen von Anspruchsberechtigten gegen Erben anzuwenden sind, die nach dem 30. Juni 2010 bei Gericht eingebracht werden.

(3) § 13a Abs. 3 zweiter Satz in der Fassung des Bundesgesetzes BGBl. I Nr. 29/2010 tritt nach Maßgabe des § 635 Abs. 1 ASVG (BGBl. I Nr. 91/2008) in Kraft.

(4) Die Überschriften vor § 1a und § 10, § 6 Abs. 2, Abs. 3 dritter und vierter Satz sowie § 13 Abs. 8 und § 14 Abs. 7 in der Fassung des Bundesgesetzes BGBl. I Nr. 29/2010 treten mit 1. Juli 2010 in Kraft.

(5) § 2a samt Überschrift in der Fassung vor dem Bundesgesetz BGBl. I Nr. 29/2010 tritt mit Ablauf des 30. Juni 2010 mit der Maßgabe außer Kraft, dass diese Bestimmung weiterhin auf Insolvenzverfahren und auf gleichzuhaltende andere Beschlüsse nach § 1 Abs. 1 Z 1 bis 6 anzuwenden ist, die vor dem 1. Juli 2010 gefasst werden.

(§ 25 IESG eingefügt durch BGBl I 2010/29)

Übersicht zu § 25 IESG

1. Änderung von Bezeichnungen durch BGBl I 2010/29 .... Rz 1
2. Neuerungen beim anspruchsberechtigten Personenkreis und den gesicherten Ansprüchen in § 1 IESG durch BGBl I 2010/29 .... Rz 2–3
3. Einfügung eines Sicherungstatbestands für Forderungsausfälle iZm einem überschuldeten Nachlass in § 1a IESG durch BGBl I 2010/29 .... Rz 4
4. Einfügung eines § 4 IESG über eine besonders rasche Entscheidung bei Vorliegen berücksichtigungswürdiger Gründe durch BGBl I 2010/29 .... Rz 5
5. Klarstellung des Übergangs sämtlicher vertraglicher Rechte gegen Dritte mit dem Forderungsübergang in § 11 Abs 1 S 3 IESG durch BGBl I 2010/29 .... Rz 6

§ 25 IESG

6. Pflicht zur Bekanntgabe nicht hereinbringbarer Beitragsschulden durch den Sozialversicherungsträger gem § 13a Abs 3 S 2 IESG idF BGBl I 2010/29 .... Rz 7
7. Pflicht der Insolvenzgerichte zur Information der IEF-Service GmbH von bestimmten Strafanzeigen gem § 14 Abs 7 IESG idF BGBl I 2010/29 .... Rz 8

1. Änderung von Bezeichnungen durch BGBl I 2010/29

1 Durch das IRÄG 2010 BGBl I 2010/29 wurde das Insolvenzverfahren nach der (nunmehrigen) IO grundlegend umgestaltet. Damit im Zusammenhang wurden auch zahlreiche terminologische Neuerungen etabliert (allg dazu Vorbem IO Rz 1, 4, 6 ff). Es war daher zunächst notwendig, das IESG an die neuen verfahrensrechtlichen Gegebenheiten, insb an die Abschaffung des Ausgleichsverfahrens, und an die neue Terminologie anzupassen. Entsprechende Anordnungen in Art 5 BGBl I 2010/29 beziehen sich auf zahlreiche Stellen im IESG, so etwa auf die §§ 1, 3, 3a, 3b, 5, 6, 7, 9, 11, 13, 13a, 13b, 14 und 17 IESG. Diese Neufassungen traten mit **1. 7. 2010** in Kraft und sind auf Insolvenzverfahren und gleichzuhaltende andere Beschlüsse nach § 1 Abs 1 Z 1–6 IESG anzuwenden, die nach dem 30. 6. 2010 gefasst wurden.

Nur bspw die Überschrift vor § 10 IESG – welche mit den gegenständlichen Anpassungen nichts zu tun hat – sowie die Neuerungen in den §§ 6 Abs 2, Abs 3 S 3 und 4 sowie 13 Abs 8 IESG traten mit 1. 7. 2010 in Kraft.

2. Neuerungen beim anspruchsberechtigten Personenkreis und den gesicherten Ansprüchen in § 1 IESG durch BGBl I 2010/29

2 Durch das IRÄG 2010 BGBl I 2010/29 wurde der Kreis der Anspruchsberechtigten in § 1 Abs 1 IESG neu gefasst und insb die **freien DN iSd § 4 Abs 4 ASVG** von § 2a aF IESG in den § 1 Abs 1 leg cit nach vorne gezogen; § 2a IESG wurde demgemäß aufgehoben. Der nunmehrige § 1 Abs 1 IESG trat gem § 25 Abs 1 IESG mit **1. 7. 2010** in Kraft und ist auf Insolvenzverfahren und auf gleichzuhaltende andere Beschlüsse nach § 1 Abs 1 Z 1–6 IESG anzuwenden, die nach dem 30. 6. 2010 gefasst wurden. Dementsprechend trat der bisher geltende § 2a IESG (dazu auch § 20 Rz 2) samt Überschrift mit Ablauf des 30. 6. 2010 mit der Maßgabe außer Kraft, dass diese Bestimmung weiterhin auf Insolvenzverfahren und auf gleichzuhaltende andere Beschlüsse nach § 1 Abs 1 Z 1–6 IESG anzuwenden ist, die vor dem 1. 7. 2010 gefasst wurden.

Bei der **Kostensicherung** iSd § 1 Abs 2 Z 4 IESG wurden im Zuge der gegenständlichen Novelle BGBl I 2010/29 neben terminologischen Anpassungen die lit h und i leg cit zu speziellen Fällen (dazu § 1 Rz 325 f) hinzugefügt. Auch diese Bestimmungen traten gem § 25 Abs 1 IESG mit **1. 7. 2010** in Kraft und sind auf Insolvenzverfahren und auf gleichzuhaltende andere Beschlüsse nach § 1 Abs 1 Z 1–6 IESG anzuwenden, die nach dem 30. 6. 2010 gefasst wurden.

3. Einfügung eines Sicherungstatbestands für Forderungsausfälle iZm einem überschuldeten Nachlass in § 1a IESG durch BGBl I 2010/29

Die Sicherung jenes Teils der Ansprüche gem § 1 Abs 2 IESG, für den der Anspruchsberechtigte vom bedingt erbserklärten Erben wegen der auf Grund eines Urteils feststehenden nicht ausreichenden Nachlassaktiva keine Zahlung erhalten kann, wurde in § 1a Abs 3 IESG festgelegt. Bei dieser Gelegenheit erhielt die (gesamte) Bestimmung des § 1a IESG auch eine Überschrift. Die Neuerungen im Text des § 1a IESG traten gem § 25 Abs 2 IESG mit **1. 7. 2010** mit der Maßgabe in Kraft, dass diese Bestimmungen auf Klagen von Anspruchsberechtigten gegen Erben anzuwenden sind, die nach dem 30. 6. 2010 bei Gericht eingebracht wurden. Die Überschrift vor § 1a IESG trat gem § 25 Abs 4 IESG mit 1. 7. 2010 in Kraft.

4. Einfügung eines § 4 IESG über eine besonders rasche Entscheidung bei Vorliegen berücksichtigungswürdiger Gründe durch BGBl I 2010/29

Durch BGBl I 2010/29 wurde ein neuer § 4 IESG über die Voraussetzungen für eine raschere Zuerkennung von Insolvenz-Entgelt an den Anspruchsberechtigten geschaffen. Die besonders rasche Zuerkennung von Insolvenz-Entgelt in berücksichtigungswürdigen Fällen hat die bisherige Möglichkeit, auf Antrag einen Vorschuss auf das Insolvenz-Entgelt zu gewähren, abgelöst (vgl § 4 Rz 1). Überschrift und Text des § 4 IESG sind – wie auch begleitende Adaptierungen in den §§ 7 Abs 6, 10 IESG – gem § 25 Abs 1 IESG ab **1. 7. 2010** in Kraft und auf Insolvenzverfahren bzw gleichzuhaltende Beschlüsse nach § 1 Abs 1 Z 1–6 IESG anzuwenden, die nach dem 30. 6. 2010 gefasst wurden.

5. Klarstellung des Übergangs sämtlicher vertraglicher Rechte gegen Dritte mit dem Forderungsübergang in § 11 Abs 1 S 3 IESG durch BGBl I 2010/29

6 Mit dem IRÄG 2010 BGBl I 2010/29 wurde der Abs 1 des § 11 IESG zur Gänze und die beiden weiteren Abs teilweise neu gefasst. Im Wesentlichen ging es dabei um bloß terminologische Anpassungen.

Inhaltlich bedeutsam ist jedoch die Klarstellung in Abs 1 S 3 leg cit, dass mit dem Forderungsübergang auch sämtliche vertragliche Rechte übergehen, die der AN nicht gegenüber dem AG, sondern gegenüber Dritten hat. Voraussetzung dafür ist, dass diese Rechte in unmittelbarem Zusammenhang mit Ansprüchen aus dem Arbeitsverhältnis stehen und dafür Insolvenz-Entgelt gewährt wurde (vgl § 11 Rz 42). Auch diese und die anderen erwähnten Bestimmungen traten gem § 25 Abs 1 IESG mit **1. 7. 2010** in Kraft und sind auf Insolvenzverfahren und auf gleichzuhaltende andere Beschlüsse nach § 1 Abs 1 Z 1–6 IESG anzuwenden, die nach dem 30. 6. 2010 gefasst wurden.

6. Pflicht zur Bekanntgabe nicht hereinbringbarer Beitragsschulden durch den Sozialversicherungsträger gem § 13a Abs 3 S 2 IESG idF BGBl I 2010/29

7 Damit die in § 13a IESG vorgesehene Zahlungspflicht des IEF gegenüber dem Sozialversicherungsträger administriert werden kann, hat dieser an der Ermittlung der Höhe der Schuld gem § 13a Abs 3 S 2 IESG dadurch mitzuwirken, dass er die iSd § 13a Abs 3 IESG nicht hereinbringbaren Beitragsschulden bekanntzugeben hat (vgl § 13a Rz 7). Gem § 25 Abs 3 IESG soll dieser § 13a Abs 3 S 2 IESG nach Maßgabe des § 635 Abs 1 ASVG in Kraft treten.

Laut Materialien (ErläutRV 612 BlgNR 24. GP 43) soll das Inkrafttreten der gegenständlichen Bestimmung an das Wirksamwerden der Regelungen über die Auftraggeberhaftung im Baubereich geknüpft sein. Da § 635 Abs 1 ASVG dieses Wirksamwerden von einer V des BMASK abhängig macht, in der festgestellt wird, dass die vorhandenen technischen Mittel für die Vollziehung der Bestimmungen über die Auftraggeberhaftung für die von den Krankenversicherungsträgern einzuhebenden Beiträge und Umlagen geeignet sind, kommt es auch für den gegenständlichen § 13a Abs 3 S 2 IESG auf das Inkrafttreten der genannten V an. Die einschlägige V des BMASK BGBl II 2009/216 stellt als maßgeblichen Zeitpunkt den 1. 9. 2009 fest. Das bedeutet, dass § 13a Abs 3 S 2 IESG rückwirkend mit **1. 9. 2009** in Kraft getreten ist.

7. Pflicht der Insolvenzgerichte zur Information der IEF-Service GmbH von bestimmten Strafanzeigen gem § 14 Abs 7 IESG idF BGBl I 2010/29

§ 14 Abs 7 IESG, eingefügt durch BGBl I 2010/29, sieht vor, dass die **8** Insolvenzgerichte die IEF-Service GmbH zu informieren haben, wenn sie eine Strafanzeige nach § 261 IO an die Staatsanwaltschaft erstatten (vgl § 14 Rz 13). Die genannte Bestimmung trat mit **1. 7. 2010** in Kraft (§ 25 Abs 4 IESG).

§ 26 IESG

Inkrafttreten der Novelle BGBl. I Nr. 111/2010

§ 26. § 12 Abs. 3 in der Fassung des Budgetbegleitgesetzes 2011, BGBl. I Nr. 111/2010, tritt mit 1. Jänner 2011 in Kraft.

(§ 26 IESG eingefügt durch BGBl I 2011/39)

1. Modalitäten der Festlegung der Höhe des IESG-Zuschlags durch § 12 Abs 3 IESG idF BBG 2011 BGBl I 2010/110

1 Durch Art 112 BBG 2011 BGBl I 2010/111 wurde in § 12 Abs 3 IESG eine Neuregelung zum Thema Festlegung der Höhe des Zuschlags zum Arbeitslosenversicherungsbeitrag gem § 12 Abs 1 Z 4 IESG statuiert. Diese Regelung trat mit **1. 1. 2011** in Kraft.

Mittlerweile wurde **§ 12 Abs 3 IESG ein weiteres Mal neugefasst** (zu dieser Fassung allg § 12 Rz 7 ff, zu ihrem zeitlichen Geltungsbereich § 30 Rz 1).

Anzumerken ist, dass der Gesetzgeber diese ursprünglich durch Art 112 BBG 2011 als § 27 Abs 1 IESG vorgesehene Inkrafttretens- und Übergangsbestimmung durch Art 2 **BGBl I 2011/39** inhaltlich unverändert als § 26 IESG niedergelegt hat. Diese Neunummerierung war notwendig geworden, weil ein ursprünglicher § 26 IESG idF BBG 2011 BGBl 2010/111, dessen Inkraft- und Außerkrafttreten in einem entsprechenden § 27 Abs 2 (aF) IESG vorgesehen war, samt letzterer Bestimmung aus dem Rechtsbestand entfernt wurde, weil die AUVA, die in diesen Regelungen zur Vergabe eines zinsenlosen Darlehens an den IEF ermächtigt wurde, von dieser Ermächtigung nicht Gebrauch machen wollte (vgl AB 1170 BlgNR 24. GP 2 sowie auch § 27 Rz 1, § 28 Rz 1).

Inkrafttreten der Novelle BGBl. I Nr. 24/2011

§ 27. § 11 Abs. 3 in der Fassung des Lohn- und Sozialdumping – Bekämpfungsgesetzes, BGBl. I Nr. 24/2011, tritt mit 1. Mai 2011 in Kraft und ist auf Tatbestände anzuwenden, die nach dem 30. April 2011 verwirklicht werden.

(§ 27 IESG eingefügt durch BGBl I 2011/39)

1. Aufnahme des Sachwuchers in die Liste der den Wegfall der Rückgriffseinschränkungen bewirkenden Straftatbestände durch BGBl I 2011/24

In Art 2 BGBl I 2011/24 findet sich auch eine (kleine) Änderung des § 11 Abs 3 IESG. Die Aufzählung jener Straftatbestände, nach denen der Schuldner verurteilt sein muss, damit der Zugriff des IEF auf Neuvermögen des Schuldners möglich wird (allg dazu § 11 Rz 48), wurde durch das Delikt des Sachwuchers gem § 155 StGB erweitert. Diese Fassung des § 11 Abs 3 IESG trat mit **1. 5. 2011** in Kraft und ist auf Tatbestände anzuwenden, die nach dem 30. 4. 2011 verwirklicht werden.

Anzumerken ist, dass der Gesetzgeber diese ursprünglich durch Art 2 BGBl I 2011/24 als § 28 IESG vorgesehene Inkrafttretens- und Übergangsbestimmung durch Art 2 **BGBl I 2011/39** inhaltlich unverändert als § 27 IESG niedergelegt hat. Diese Neunummerierung war notwendig geworden, weil ein ursprünglicher § 26 IESG idF BBG 2011 BGBl 2010/111, dessen Inkraft- und Außerkrafttreten in einem entsprechenden § 27 Abs 2 (aF) IESG vorgesehen war, samt letzterer Bestimmung aus dem Rechtsbestand entfernt wurde, weil die AUVA, die in diesen Regelungen zur Vergabe eines zinsenlosen Darlehens an den IEF ermächtigt wurde, von dieser Ermächtigung nicht Gebrauch machen wollte (vgl AB 1170 BlgNR 24. GP 2).

§ 28 IESG

Inkrafttreten der Novelle BGBl. I Nr. 39/2011

§ 28. § 5 Abs. 2, § 12, § 13 Abs. 1, § 14 Abs. 4, § 14a Abs. 1, § 18 Abs. 3 Z 1, 2 und 6 sowie § 19 Abs. 5 in der Fassung des Bundesgesetzes BGBl. I Nr. 39/2011 treten mit 1. Juli 2011 in Kraft.

(§ 28 IESG eingefügt durch BGBl I 2011/39)

Übersicht zu § 28 IESG

1. Reihung der Inkrafttretensbestimmungen durch BGBl I 2011/39 ...... Rz 1
2. Anpassung der Ministeriumsbezeichnung durch BGBl I 2011/39 .... Rz 2
3. Neufassung des § 12 IESG über „Aufbringung der Mittel und Deckung des Aufwandes" des IEF und Statuierung einer begleitenden Regelung durch BGBl I 2011/39 .... Rz 3

1. Reihung der Inkrafttretensbestimmungen durch BGBl I 2011/39

1 Die gegenständliche Bestimmung über das Inkrafttreten der durch BGBl I 2011/39 vorgenommenen Änderungen im IESG befindet sich deswegen in § 28 leg cit, weil in den §§ 26 f IESG, ebenfalls statuiert durch BGBl I 2011/39, einschlägige Bestimmungen aus verschiedenen Gründen neu nummeriert werden mussten (dazu § 26 Rz 1, § 27 Rz 1).

2. Anpassung der Ministeriumsbezeichnung durch BGBl I 2011/39

2 Durch Art 2 BGBl I 2011/39 wurden die in den §§ 5 Abs 2, 13 Abs 1, 14 Abs 4, 14a Abs 1 sowie 18 Abs 3 Z 1, 2 und 6 IESG enthaltenen, veralteten Bezeichnungen des zuständigen BM auf die aktuelle Bezeichnung „BMASK" umgestellt. Die entsprechenden Adaptierungen traten mit **1. 7. 2011** in Kraft.

3. Neufassung des § 12 IESG über „Aufbringung der Mittel und Deckung des Aufwandes" des IEF und Statuierung einer begleitenden Regelung durch BGBl I 2011/39

3 Art 2 BGBl I 2011/39 enthält insb eine völlige Neufassung des § 12 IESG über „Aufbringung der Mittel und Deckung des Aufwandes" des IEF (zum Thema allg § 12 Rz 1 ff). Damit verbunden wurde eine „Sonderbestimmung" in § 19 Abs 5 IESG, durch welche der Zuschlag zum Arbeitslosenversicherungsbeitrag iSd § 12 Abs 1 Z 4 IESG für 2011 und 2012 mit 0,55 % festgeschrieben wurde. Die genannten Regelungen traten mit **1. 7. 2011** in Kraft.

Anzumerken ist, dass § 12 IESG mittlerweile weitere Male durch BGBl I 2012/35 (dazu § 29 Rz 1) sowie durch BGBl I 2014/30 (dazu § 30 Rz 1 bzw 2) novelliert wurde.

§ 29 IESG

Inkrafttreten der Novelle BGBl. I Nr. 35/2012

§ 29. § 12 Abs. 2 in der Fassung des 2. Stabilitätsgesetzes 2012, BGBl. I Nr. 35/2012, tritt mit 1. Jänner 2013 in Kraft und gilt für Personen, die nach dem 31. Dezember 1952 geboren sind.

(§ 29 IESG eingefügt durch BGBl I 2012/35)

1. Anhebung der Altersgrenze beim IESG-Zuschlag durch BGBl I 2012/35

1 Durch das 2. Stabilitätsgesetz BGBl I 2012/35 wurde die in § 12 Abs 2 S 3 IESG vorgesehene Altersgrenze für die Befreiung des AG von der Entrichtung des Zuschlags gem § 12 Abs 1 Z 4 IESG vom vollendeten 60. auf das vollendete 63. Lebensjahr der jeweiligen Person angehoben (dazu allg § 12 Rz 3).

Gem § 29 IESG trat die neue Altersgrenze mit **1. 1. 2013** in Kraft und gilt für Personen, die nach dem 31. 12. 1952 geboren sind. Für Personen, die vor Inkrafttreten der Änderung das 60. Lebensjahr bereits vollendet hatten und für die daher keine Verpflichtung zur Zuschussleistung mehr bestand, soll die Befreiung somit auch weiterhin gelten (vgl ARD 6216/1/2012).

§ 30 IESG

Inkrafttreten der Novelle BGBl. I Nr. 30/2014

§ 30. § 12 Abs. 3 und Abs. 6 sowie § 13 Abs. 2 und Abs. 8 Z 1 und 2 in der Fassung des Bundesgesetzes BGBl. I Nr. 30/2014 treten mit 1. Mai 2014 in Kraft.

(§ 30 IESG eingefügt durch BGBl I 2014/30)

Übersicht zu § 30 IESG

1. Modalitäten der Festlegung der Höhe des IESG-Zuschlags gem § 12 Abs 3 IESG idF BGBl I 2014/30.. Rz 1
2. Information des BMASK durch die IEF-Service GmbH gem § 12 Abs 6 IESG idF BGBl I 2014/30.. Rz 2
3. Pflicht des IEF zur Erstellung einer Bilanz udgl gem § 13 Abs 2 IESG idF BGBl I 2014/30.. Rz 3
4. Anpassung der Bestimmung über die Anhörungsrechte der gesetzlichen Interessenvertretungen in § 13 Abs 8 IESG durch BGBl I 2014/30.. Rz 4

1. Modalitäten der Festlegung der Höhe des IESG-Zuschlags durch § 12 Abs 3 IESG idF BGBl I 2014/30

Durch Art 2 BGBl I 2014/30 wurde in § 12 Abs 3 IESG eine Neuregelung zum Thema Festlegung der Höhe des Zuschlags zum Arbeitslosenversicherungsbeitrag gem § 12 Abs 1 Z 4 IESG niedergelegt (dazu allg § 12 Rz 7 ff). Diese Regelung trat gem § 30 IESG mit **1. 5. 2014** in Kraft. **1**

2. Information des BMASK durch die IEF-Service GmbH gem § 12 Abs 6 IESG idF BGBl I 2014/30

IZm mit der Festlegung des Zuschlags zum Arbeitslosenversicherungsbeitrag statuiert § 12 Abs 6 IESG idF BGBl I 2014/30 eine Informationspflicht der Geschäftsführung der IEF-Service GmbH gegenüber dem BMASK (dazu § 12 Rz 7). Die Regelung trat mit **1. 5. 2014** in Kraft. **2**

3. Pflicht des IEF zur Erstellung einer Bilanz udgl gem § 13 Abs 2 IESG idF BGBl I 2014/30

Gem § 13 Abs 2 IESG hat der Fonds für jedes Geschäftsjahr (Kalenderjahr) einen Voranschlag (samt Vorschau über das folgende Jahr) und eine Bilanz zu erstellen sowie einen Geschäftsbericht zu verfassen (dazu § 13 Rz 6). § 13 Abs 2 IESG idF BGBl I 2014/30 trat mit **1. 5. 2014** in Kraft. **3**

4. Anpassung der Bestimmung über die Anhörungsrechte der gesetzlichen Interessenvertretungen in § 13 Abs 8 IESG durch BGBl I 2014/30

4 § 13 Abs 8 IESG über die Anhörungsrechte der gesetzlichen Interessenvertretungen (allg dazu § 13 Rz 11) wurde durch BGBl I 2014/30 an die Neufassungen des § 13 Abs 2 (vgl 3.) sowie des § 12 Abs 3 IESG (vgl 1.) angepasst. Die Regelung trat mit **1. 5. 2014** in Kraft.

Inkrafttreten der Novelle BGBl. I Nr. 34/2015

§ 31. § 1 Abs. 3 Z 6 in der Fassung des Bundesgesetzes BGBl. I Nr. 34/2015 tritt mit 1. Jänner 2016 in Kraft.

(§ 31 IESG eingefügt durch BGBl I 2015/34)

1. Anpassung des § 1 Abs 3 Z 6 IESG über ausgeschlossene Ansprüche an das VAG 2016 durch BGBl I 2015/34

Durch Art 20 BGBl I 2015/34 wird eine Wortfolge in § 1 Abs 3 Z 6 IESG (dazu allg § 1 Rz 396 ff) an das neue VAG 2016 BGBl I 2015/34 angepasst. Gem § 31 IESG trat diese neue Fassung des § 1 Abs 3 Z 6 IESG mit **1. 1. 2016** in Kraft. 1

§ 32 IESG

Inkrafttreten der Novelle BGBl. I Nr. 113/2015

§ 32. § 3d Abs. 3, § 5 Abs. 1 und 2 sowie § 7 Abs. 1a in der Fassung des Bundesgesetzes BGBl. I Nr. 113/2015 treten mit 1. Jänner 2016 in Kraft. Eine Verordnung gemäß § 5 Abs. 2 kann bereits ab dem Tag nach der Kundmachung dieses Bundesgesetzes erlassen werden, aber frühestens mit 1. Jänner 2016 in Kraft treten. Bis zum Inkrafttreten dieser Verordnung gelten § 5 Abs. 1 und 2 in der Fassung vor diesem Bundesgesetz weiter.

(§ 32 IESG eingefügt durch BGBl I 2015/113)

Übersicht zu § 32 IESG

1. Einfügung des § 3d Abs 3 IESG über die Mindestabsicherung von Betriebspensionen durch BGBl I 2015/113 .... Rz 1
2. Neufassung des § 5 Abs 1 und 2 IESG über die Geschäftsstellen der IEF-Service GmbH durch BGBl I 2015/113................................. Rz 2
3. Einfügung des § 7 Abs 1a IESG über die Verfahrensaussetzung iZm Sozialbetrugsverdacht durch BGBl I 2015/113............................ Rz 3

1. Einfügung des § 3d Abs 3 IESG über die Mindestabsicherung von Betriebspensionen durch BGBl I 2015/113

1 Mit dem durch Art 10 BGBl I 2015/113 hinzugefügten Abs 3 des § 3d IESG wird unionsrechtlichen Bedenken Rechnung getragen und die Insolvenz-Entgeltsicherung für Betriebspensionsansprüche angehoben (dazu § 3d Rz 20 ff). Die Bestimmung trat mit **1. 1. 2016** in Kraft. Es ist keine Übergangsbestimmung für „Altfälle" odgl vorgesehen.

2. Neufassung des § 5 Abs 1 und 2 IESG über die Geschäftsstellen der IEF-Service GmbH durch BGBl I 2015/113

2 Durch die Neufassung des § 5 Abs 1 und 2 IESG auf Grund BGBl I 2015/113 sollen die Geschäftsstellen der IEF-Service GmbH nicht mehr direkt im G aufgezählt, sondern – um hier flexibler agieren zu können – per V des BMASK festgelegt werden (s § 5 Rz 2 mwN). Die Neufassung trat mit **1. 1. 2016** in Kraft. Die entsprechende V hätte schon am Tag nach der Kundmachung des G, also ab 14. 8. 2015, erlassen werden, allerdings frühestens am 1. 1. 2016 in Kraft treten können (§ 32 S 2 IESG). Eine entsprechende V BGBl II 2015/23 ist demgemäß am 1. 1. 2016 in Kraft getreten (s auch § 5 Rz 2).

3. Einfügung des § 7 Abs 1a IESG über die Verfahrensaussetzung iZm Sozialbetrugsverdacht durch BGBl I 2015/113

Der mit BGBl I 2015/113 eingefügte § 7 Abs 1a IESG über die amtswegige Aussetzung des Verfahrens über die Zuerkennung von Insolvenz-Entgelt wegen Sozialbetrugsverdachts (vgl § 7 Rz 13) trat mit **1. 1. 2016** in Kraft und gilt nach dem Zweck der Regelung für alle Verfahren auf Gewährung von Insolvenz-Entgelt, die zu diesem Zeitpunkt noch nicht rechtskräftig beendet sind.

§ 33 IESG

Inkrafttreten der Novelle BGBl. I Nr. 122/2017

§ 33. § 1 Abs. 1 letzter Satz in der Fassung des Bundesgesetzes BGBl. I Nr. 122/2017 tritt mit 26. Juni 2017 in Kraft und ist auf Insolvenzverfahren (Konkursverfahren, Sanierungsverfahren) anzuwenden, die nach dem 25. Juni 2017 eröffnet oder wieder aufgenommen (§ 158 Abs. 2 IO) werden. Auf Insolvenzverfahren (Konkursverfahren, Sanierungsverfahren), die vor dem 26. Juni 2017 eröffnet oder wieder aufgenommen (§ 158 Abs. 2 IO) wurden, sind die vor diesem Zeitpunkt geltenden Bestimmungen weiterhin anzuwenden.

(§ 33 IESG eingefügt durch BGBl I 2017/122)

1. Neufassung des § 1 Abs 1 letzter S IESG über Auslandsinsolvenzen durch BGBl I 2017/122

1 Mit dem durch Art 3 IRÄG 2017 BGBl I 122 novellierten § 1 Abs 1 S 3 IESG erfolgt zum einen eine Anpassung an die neu gefasste EuInsVO (EU) 848/2015, zum anderen wird eine Abstimmung mit der InsolvenzRL 2008/94/EG in Bezug auf die Sicherungstatbestände vorgenommen (dazu § 1 Rz 164 ff). Die Bestimmung trat mit **26. 7. 2017** in Kraft und ist auf Insolvenzverfahren anzuwenden, die nach dem 25. 6. 2017 eröffnet oder wieder aufgenommen (§ 158 Abs 2 IO) werden. Auf vor dem 26. 7. 2017 eröffnete oder wieder aufgenommene Insolvenzverfahren sind die vor diesem Zeitpunkt geltenden Bestimmungen weiterhin anzuwenden.

§ 34 IESG

Inkrafttreten der Novelle BGBl. I Nr. 123/2017

§ 34. § 1 Abs. 4 Z 3, die Überschrift vor § 3a, § 3a Abs. 1, 2, 3 und 5 sowie § 3b in der Fassung des Bundesgesetzes BGBl. I Nr. 123/2017 treten mit 1. August 2017 in Kraft und sind auf Beschlüsse über die Eröffnung eines Insolvenzverfahrens nach § 1 Abs. 1 oder einen anderen Insolvenztatbestand nach § 1 Abs. 1 Z 1 bis 6, die nach dem 31. Juli 2017 gefasst werden, anzuwenden. § 14 Abs. 1 und 4 in der Fassung des Bundesgesetzes BGBl. I Nr. 123/2017 tritt mit 1. August 2017 in Kraft.

(§ 34 IESG eingefügt durch BGBl I 2017/123)

Übersicht zu § 34 IESG

1. Schaffung eines gesonderten Grenzbetrags für Zeitausgleichsabgeltungen in § 1 Abs 4 Z 3 IESG durch BGBl I 2017/123................ Rz 1
2. Klarstellung zu den von § 3a (bzw § 3b) IESG über den Sicherungszeitraum erfassten Ansprüche durch BGBl I 2017/123 ...... Rz 2
3. Präzisierung der Regelungen über Rechtshilfe bzw Abfrage von Daten des HVSVT in § 14 Abs 1 und 4 IESG durch BGBl I 2017/123.. Rz 3

1. Schaffung eines gesonderten Grenzbetrags für Zeitausgleichsabgeltungen in § 1 Abs 4 Z 3 IESG durch BGBl I 2017/123

In § 1 Abs 4 Z 3 IESG wird eine eigene Grenzbetragsregelung für Ansprüche auf Auszahlung von fällig gewordenem Entgelt aus Überstunden- oder Mehrarbeit, für die Zeitausgleich vereinbart war, aus Zeitguthaben oder Zeitzuschlägen statuiert (dazu § 1 Rz 377). Die Bestimmung trat mit **1. 8. 2017** in Kraft und ist auf Beschlüsse über die Eröffnung eines Insolvenzverfahrens nach § 1 Abs 1 oder einen anderen Insolvenztatbestand nach § 1 Abs 1 Z 1 – 6 IESG, die nach dem 31. 7. 2017 gefasst werden, anzuwenden. **1**

2. Klarstellung zu den von § 3a (bzw § 3b) IESG über den Sicherungszeitraum erfassten Ansprüche durch BGBl I 2017/123

Durch BGBl I 2017/123 wird in § 3a IESG die Beschränkung der erfassten Entgelte auf „laufende" Entgelte eliminiert (so in der Überschrift zu § 3a Abs 1 IESG, in der Bestimmung selbst sowie an weiteren Stellen in anderen Abs von § 3a IESG), diesbezüglich erfolgt auch eine entsprechende Abstimmung in § 3b IESG. Weiters wird in § 3a Abs 1 IESG in Bezug auf die Sicherungsgrenze in der Vergangenheit nicht mehr auf das Entstehen, sondern auf **2** die Fälligkeit der Ansprüche abgestellt und zum Ausdruck gebracht, dass die unterkollektivvertragliche Entlohnung eine eigene Ausnahme von der Sicherungsgrenze darstellt. Schließlich wird die Regelung über Ansprüche aus nicht ausgeglichenen Zeitguthaben entfernt (zu alldem § 3a Rz 1 ff, insb Rz 2, 9 und 17). Die gegenständlichen Neufassungen traten mit **1. 8. 2017** in Kraft und sind auf Beschlüsse über die Eröffnung eines Insolvenzverfahrens nach § 1 Abs 1 oder einen anderen Insolvenztatbestand nach § 1 Abs 1 Z 1 – 6 IESG, die nach dem 31. 7. 2017 gefasst werden, anzuwenden.

3. Präzisierung der Regelungen über Rechtshilfe bzw Abfrage von Daten des HVSVT in § 14 Abs 1 und 4 IESG durch BGBl I 2017/123

3 Durch BGBl I 2017/123 wird einerseits die Verpflichtung zu wechselseitiger behördlicher Hilfeleistung in § 14 Abs 1 IESG präzisiert (dazu § 14 Rz 1 ff). Andererseits werden die Regelungen über die Datenabfrage beim HVSVT erweitert (s § 14 Rz 10). Beide Änderungen des § 14 IESG traten mit **1. 8. 2017** in Kraft.

§ 35 IESG

Inkrafttreten der Novelle BGBl. I Nr. 154/2017

§ 35. § 13e Abs. 5 und 6 in der Fassung des Bundesgesetzes BGBl. I Nr. 154/2017 tritt mit 1. Jänner 2018 in Kraft.

(§ 35 IESG eingefügt durch BGBl I 2017/154)

1. Regelung der Finanzierung der Beihilfen zur Tragung der Internatskosten von Lehrlingen durch BGBl I 2017/154

Durch BGBl I 2017/154 wurde § 13e IESG um die Abs 5 und 6 erweitert. In diesen Regelungen geht es um die Verpflichtung des IEF, dem Bund die zur Bedeckung der Aufwendungen der Lehrberechtigten iZm der Tragung der Internatskosten von Lehrlingen erforderlichen Mittel zur Verfügung zu stellen (dazu § 13e Rz 6 f). Die genannten Bestimmungen traten am **1.1.2018** in Kraft. **1**

Teil II:
Kommentierung von arbeitsrechtsbezogenen Bestimmungen der Insolvenzordnung

BG über das Insolvenzverfahren (Insolvenzordnung – IO),
RGBl 1914/337, idF des StGBl 1920/116, der BGBl 1921/292,
1921/743, 1922/532, 1924/19, 1924/254, 1925/87, 1925/183, 1932/6,
1933/346 und II 1934/178, der dRGBl I 1938/1999 und I 1939/1658,
des StGBl 1945/188 sowie der BGBl 1948/26, 1951/118, 1955/282,
1959/253, 1963/176, 1974/284, 1976/91, 1982/370, 1986/325,
1989/343, 1991/10, 1991/628, 1993/532, 1993/656, 1993/974,
1994/153, 1994/314, 1994/624, 1996/753, I 1997/114, I 1999/73,
I 1999/123, I 2001/88, I 2001/98, I 2002/75, I 2002/156, I 2003/36,
I 2003/92, I 2004/152, I 2005/120, I 2006/8, I 2007/18, I 2007/73,
I 2008/82, I 2009/30, I 2009/75, I 2010/29, I 2010/111, I 2013/109,
I 2014/69, I 2014/98, I 2015/34, I 2016/43 und I 2017/122.

Vorbemerkungen zur IO

Schrifttum zu den Vorbemerkungen zur IO

Ph. Anzenberger, Die Insolvenzfestigkeit von Bestandverträgen (2014);
Häsemeyer, Insolvenzrecht[4] (2007);
Jelinek, Insolvenzrechtsreform 2010, wbl 2010, 377;
Kapp/Clavora, Zur Verwertungssperre im Sanierungsverfahren unter Berücksichtigung von bloßen Vorbereitungshandlungen zur Verwertung, ZIK 2013, 130;
Kodek, Ausgewählte Fragen des Zwangsausgleichs, in *Konecny* (Hrsg), Insolvenz-Forum 2004 (2005) 95;
Konecny, Das Insolvenzrechtsänderungsgesetz 2010, ZIK 2010, 82;
Konecny, Das Verfahrensgebäude der Insolvenzordnung, in *Konecny* (Hrsg), IRÄG 2010 (2010) 1;
Nunner-Krautgasser, Rechtsfragen der Beendigung von Arbeitsverhältnissen im Konkurs, ÖJZ 1997, 241;
Nunner-Krautgasser, Schuld, Vermögenshaftung und Insolvenz (2007);
Nunner-Krautgasser, Das neue österreichische Insolvenzverfahren nach dem Insolvenzrechtsänderungsgesetz 2010 – Ein Überblick, ZInsO 2011, 117;
Nunner-Krautgasser, Allgemeines zum Insolvenzrecht: Grundlagen, Verfahrensarten, Schicksal des Schuldnerunternehmens und Rechtsdurchsetzung, in *Nunner-Krautgasser/Reissner* (Hrsg), Praxishandbuch Insolvenz und Arbeitsrecht (2012) 21;
Nunner-Krautgasser/Pateter, Arbeitsverhältnisse in der Insolvenz – Die aktuelle Rechtslage in Österreich, ZInsO 2013, 1820;

Vorbem IO

Nunner-Krautgasser/Ph. Anzenberger

Reissner, Arbeitsrechtsbezogene Bestimmungen der IO – Arbeitgeberposition, Beendigung von Arbeitsverhältnissen und Forderungsqualifikation, in *Nunner-Krautgasser/Reissner* (Hrsg), Praxishandbuch Insolvenz und Arbeitsrecht (2012) 63;
Riel, Zur Haftung des Masseverwalters bei Unternehmensfortführung im Konkurs, ecolex 1997, 484;
Riel, Die Eigenverwaltung gem §§ 169 ff IO, in *Konecny* (Hrsg), IRÄG 2010 (2010) 131;
K. Schmidt, Organverantwortlichkeit und Sanierung im Insolvenzrecht der Unternehmen, ZIP 1980, 328;
Shamiyeh, Haftung des Masseverwalters gegenüber Neumassegläubigern – Zugleich eine Besprechung von OGH 8. 3. 1995, ZIK 1995, 75;
Weber, Wer ist im Konkurs Vertragspartner des Arbeitnehmers?, ZIK 1997, 40;
Weber, Arbeitsverhältnisse in Insolvenzverfahren (1998);
Weber-Wilfert, Arbeitsrechtliche Änderungen des IRÄG 2010, in *Konecny* (Hrsg), IRÄG 2010 (2010) 59.

Übersicht zu den Vorbemerkungen zur IO

1. **Gesetzliche Grundlagen** .... Rz 1–2
2. **Überblick über Funktionen, Zielsetzungen und Mittel des Insolvenzverfahrens** .... Rz 3
3. **Überblick über den Verfahrensgang**
   3.1 Allgemeines .... Rz 4
   3.2 Insolvenzeröffnungsverfahren .... Rz 5
   3.3 Konkursverfahren .... Rz 6–9
   3.4 Sanierungsverfahren
      3.4.1 Allgemeines .... Rz 10
      3.4.2 Sanierungsverfahren ohne Eigenverwaltung .... Rz 11–12
      3.4.3 Sanierungsverfahren mit Eigenverwaltung .... Rz 13–15
4. **Das Arbeitsverhältnis in der Insolvenz**
   4.1 Grundsätzliche Unberührtheit der Vertragsverhältnisse .... Rz 16–17
   4.2 Rolle und Befugnisse des Insolvenzverwalters und Rechtsstellung des Insolvenzschuldners .... Rz 18–20

1. Gesetzliche Grundlagen

1 Ab 1914 waren die Konkursordnung (KO) und die Ausgleichsordnung (AO) die zentralen insolvenzrechtlichen Regelwerke in Österreich; mit dem IRÄG 2010 BGBl I 2010/29 wurde allerdings das dualistische System von Konkurs und Ausgleich (nicht zuletzt wegen der überaus geringen praktischen Bedeutung des Ausgleichs) aufgegeben: Die KO wurde in „Bundesgesetz über das Insolvenzverfahren (**Insolvenzordnung** – IO)" umbenannt; die AO wurde aufgehoben und in Teilen in die neue IO integriert (ausführlich zur Reform *Konecny,* Verfahrensgebäude 1 ff; *Nunner-Krautgasser,* ZInsO 2011, 117 ff; *Nunner-Krautgasser/Pateter,* ZInsO 2013, 1820 f). Die IO ent-

hält neben Regelungen des sog „materiellen Insolvenzrechts" (also der privatrechtlichen Folgen der Insolvenz) auch die formellen Bestimmungen zur Durchführung des Insolvenzverfahrens.

Ergänzt wird die IO durch zahlreiche **insolvenzrechtliche Nebengesetze**, insb das (im Teil I kommentierte) IESG, das IEG (Insolvenzrechtseinführungsgesetz), das GenIG (Genossenschaftsinsolvenzgesetz) oder das URG (Unternehmensreorganisationsgesetz). Auf Grund zunehmender internationaler Verflechtungen des Wirtschaftslebens sind namentlich die Bestimmungen der **EuInsVO (EU-Insolvenzverordnung)** von wachsender Bedeutung. Und schließlich finden sich auch in etlichen anderen Gesetzeswerken (etwa im ABGB, GmbHG oder AktG) verstreut insolvenzrelevante Einzelbestimmungen. 2

2. Überblick über Funktionen, Zielsetzungen und Mittel des Insolvenzverfahrens

Das Insolvenzrecht ist inhaltlich und funktionell als **Haftungsrecht** angelegt. Es handelt sich dabei um ein **Instrument der (gesamtheitlichen) Haftungsverwirklichung unter Knappheitsbedingungen,** dessen Urfunktion in der Erhaltung des sozialen Friedens **(„Friedensfunktion")** liegt (ausführlich dazu *Nunner-Krautgasser*, Schuld 205 ff; *Dellinger/Oberhammer/Koller*, Insolvenzrecht[3] Rz 6 ff; für Deutschland s *Häsemeyer*, Insolvenzrecht[4] Rz 1.11 ff). Im Fall des wirtschaftlichen Zusammenbruchs eines Schuldners (sog „materielle Insolvenz") wird die grundsätzlich individualistisch angelegte Haftungsverwirklichung mittels Einzelzwangsvollstreckung („Singularexekution") durch das zwingende Regime einer kollektiven Haftungsordnung ersetzt, die sowohl den gesamten Haftungsfonds als auch sämtliche sich darauf beziehende Verbindlichkeiten des Schuldners umfasst. Als Verfahren zur kollektiven Haftungsverwirklichung weist auch das moderne Insolvenzverfahren in seinem Kern nach wie vor Vollstreckungscharakter auf **(„Gesamtvollstreckung" bzw „Generalexekution");** dieser exekutorische Kern ist allerdings durch zahlreiche weitere Verfahrenselemente überlagert. Insb enthält das Insolvenzverfahren in Form des Feststellungsverfahrens (§§ 102 ff IO) auch ein funktionelles Pendant zu einem Erkenntnisverfahren. Wesentliche Verfahrenselemente tragen der **ausgeprägten Sanierungsausrichtung des modernen Insolvenzverfahrens** Rechnung. Insolvenzrechtliche **Haftungsverwirklichung** ist daher **keineswegs mit Zerschlagung und Verwertung** schlechtweg **gleichzusetzen;** vielmehr ist damit lediglich gemeint, dass der Haftungsfonds als Zweckvermögen seinem insolventen Träger „entrückt" und in einem geordneten, staatlichen Verfahren in Beschlag genommen sowie in einer Weise verwendet wird, die den Verfahrenszielen bzw den im jeweiligen Verfahren zu berücksichtigenden Interessen entspricht. Zentrales Verfahrensziel ist dabei 3 die **Optimierung der Gläubigerbefriedigung,** dazu kommen verschiedenartig ausgeprägte **Sanierungsziele** (Sanierung des Schuldners und/oder des Schuldnerunternehmens; Näheres dazu *Nunner-Krautgasser,* Schuld 219 und 232; *dies,* ZInsO 2011, 119). Das moderne Insolvenzrecht ist vom Grundgedanken durchzogen, dass Sanierungsvarianten oft mit besseren Befriedigungsaussichten für die **Gläubiger** einhergehen. Gleichzeitig wird dem **Schuldner** die Möglichkeit eröffnet, sich vom restlichen Teil seiner Verbindlichkeiten (die nach erfolgreicher Schuldnersanierung zur Naturalobligation herabsinken; vgl etwa *Kodek,* Zwangsausgleich 99; *Nunner-Krautgasser,* Schuld 44 f) zu befreien. Dafür hält die IO als Instrumente den **Sanierungsplan** (§§ 140 ff IO) sowie für natürliche Personen außerdem den **Zahlungsplan** (§§ 193 ff IO) und die **Restschuldbefreiung im Abschöpfungsverfahren** (§§ 199 ff IO) bereit. Das Insolvenzverfahren bietet darüber hinaus auch zahlreiche Möglichkeiten, das **Unternehmen** des Schuldners zu **sanieren;** dies kann in Verbindung mit einer Sanierung des Schuldners erfolgen (etwa durch Umstrukturierung und Fortführung des Unternehmens beim insolventen Unternehmensträger) oder aber durch Veräußerung und Übertragung des Unternehmens auf einen anderen Rechtsträger, also im Rahmen einer „übertragenden Sanierung" (vgl *K. Schmidt,* ZIP 1980, 336 f) geschehen. Je nach Verfahrensart (dazu Rz 6 ff) und nach den konkreten Umständen des Einzelfalls vermag das Insolvenzverfahren mithin unterschiedliche Stoßrichtungen zu verfolgen, wobei die genannten Zielsetzungen durchaus in unterschiedlichem Ausmaß verwirklicht werden können oder müssen (*Dellinger/Oberhammer/Koller,* Insolvenzrecht[3] Rz 219). Gerade diese Flexibilität ist eine der zentralen Stärken des modernen Insolvenzverfahrens.

3. Überblick über den Verfahrensgang

3.1 Allgemeines

4   Mit der Schaffung der IO durch das IRÄG 2010 hat der Gesetzgeber die lange vorherrschende Zweispurigkeit von Konkurs und Ausgleich beseitigt und durch ein **einheitliches, flexibles Insolvenzverfahren** ersetzt (*Konecny,* ZIK 2010, 82; *Nunner-Krautgasser,* ZInsO 2011, 117; *dies,* Grundlagen 42). Dieses kann sowohl als **Konkursverfahren** als auch als **Sanierungsverfahren mit oder ohne Eigenverwaltung** ablaufen; diese Verfahrensvarianten basieren allerdings auf einem im Wesentlichen identischen Verfahrensgerüst (*Konecny,* ZIK 2010, 82). Das zeigt sich ua daran, dass ein Wechsel zwischen den einzelnen Verfahrensarten (nämlich vom Sanierungsverfahren mit Eigenverwaltung zu jenem ohne Eigenverwaltung [vgl § 170 IO] bzw zum Konkursverfahren [vgl § 167 Abs 3 IO]) unter gewissen Bedingungen möglich ist. Auch stehen die gesetzlichen Sanierungsinstrumente nach den allgemeinen Voraussetzungen auch im Konkursverfahren offen; eine Schuldnersanierung ist damit prinzipiell in allen Verfahrensarten möglich (*Nunner-Krautgasser*, Grundlagen 42).

3.2 Insolvenzeröffnungsverfahren

Liegt ein Antrag auf Eröffnung eines Insolvenzverfahrens vor, so prüft das zuständige Insolvenzgericht im **Insolvenzeröffnungsverfahren** das Vorliegen der Insolvenzvoraussetzungen (vgl *Dellinger/Oberhammer/Koller*, Insolvenzrecht[3] Rz 224 ff). Diese sind in formeller Hinsicht die **Insolvenzfähigkeit** des Schuldners sowie das Vorliegen eines **Eröffnungsantrags,** der vom Schuldner (vgl die Antragspflicht nach § 69 Abs 2 IO) oder von einem Insolvenzgläubiger (§ 70 IO) ausgehen kann. Ein Sanierungsverfahren (mit oder ohne Eigenverwaltung) kann allerdings nur vom Schuldner selbst beantragt werden, und zwar entweder in seinem eigenen Eröffnungsantrag (§ 167 Abs 1 IO) oder in Beantwortung eines Gläubigerantrags (arg § 70 Abs 2 IO; vgl *Dellinger/Oberhammer/Koller*, Insolvenzrecht[3] Rz 431). In materieller Hinsicht ist zum einen das Vorliegen eines **Insolvenzgrunds erforderlich:** Darunter fallen die **Zahlungsunfähigkeit** (§ 66 IO), bei bestimmten Schuldnern alternativ auch die **Überschuldung** (§ 67 IO); ein Sanierungsverfahren kann außerdem bereits bei **drohender Zahlungsunfähigkeit** (§ 167 Abs 2 IO) eröffnet werden. Zum anderen muss **kostendeckendes Vermögen** (§§ 71 ff IO) vorhanden sein. Liegen sämtliche Eröffnungsvoraussetzungen vor, so erlässt das Insolvenzgericht einen **Insolvenzeröffnungsbeschluss,** der durch Edikt öffentlich bekannt zu machen ist (§ 74 Abs 1 IO). Bei einem **Eigenantrag des Schuldners** ist das Insolvenzverfahren gem § 69 Abs 1 IO **sofort** zu eröffnen. Das Insolvenzgericht hat das Vorliegen eines Insolvenzgrunds dann nur bei Anzeichen einer missbräuchlichen Antragstellung zu überprüfen (*Dellinger* in *Konecny/Schubert* § 69 KO Rz 58 ff), sodass das Eröffnungsverfahren oft innerhalb sehr kurzer Zeit (ein bis zwei Tage) abgewickelt werden kann.

3.3 Konkursverfahren

Das **Konkursverfahren** stellt den Grundtyp des einheitlichen Insolvenzverfahrens dar. Zentrales Insolvenzorgan ist der **Insolvenzverwalter** (der im Konkursverfahren sowie im Sanierungsverfahren ohne Eigenverwaltung weiterhin „Masseverwalter", im Sanierungsverfahren mit Eigenverwaltung hingegen „Sanierungsverwalter" heißt; vgl *Jelinek*, wbl 2010, 379). Zu seinen Aufgaben zählen neben der **Verwaltung der Vermögenswerte** (insb – sofern vorhanden – eines Unternehmens) und der Einbringung von Aktivforderungen der Masse vor allem die allfällige **Verwertung** der Masseaktiven sowie die Verteilung des Erlöses; hierüber hat er auch **Rechnung zu legen** (§ 81 Abs 1 IO). Dazu kommt seine Verpflichtung, allfällige Anfechtungslagen zu überprüfen, um gegebenenfalls im Weg der **Insolvenzanfechtung** (§§ 27 ff IO) eine Massemehrung zu bewirken.

7 Der **Verfahrensablauf** lässt sich in der Unternehmerinsolvenz folgendermaßen skizzieren: Nach dem **Eröffnungsbeschluss** beginnt hinsichtlich des Unternehmens die **Prüfphase:** In dieser soll sich der Insolvenzverwalter ein Bild der Lage machen und überprüfen, ob eine Fortführung des Unternehmens möglich ist und ob ein Sanierungsplan erfüllbar ist und im gemeinsamen Interesse der Gläubiger liegt (vgl § 81a Abs 3 IO). Innerhalb der ersten 14 Tage nach Verfahrenseröffnung findet idR die **erste Gläubigerversammlung** statt (§ 74 Abs 3 IO). Die Prüfphase endet mit der **Berichtstagsatzung** (§ 91a IO), die spätestens 90 Tage nach Eröffnung des Insolvenzverfahrens stattzufinden hat. Bis zur Berichtstagsatzung hat der Insolvenzverwalter das **Unternehmen fortzuführen,** es sei denn, es ist offenkundig, dass die Unternehmensfortführung zu einer Erhöhung des Ausfalls für die Insolvenzgläubiger führen wird. Solange das Unternehmen fortgeführt wird, kann es nur als Ganzes und nur dann veräußert werden, wenn der Verkauf offenkundig dem gemeinsamen Interesse der Gläubiger entspricht (§ 114a Abs 1 IO). Während der Unternehmensfortführung in der Prüfphase kommt dem AN kein Austrittsrecht nach § 25 IO zu (*Nunner-Krautgasser*, Grundlagen 50). In der **Berichtstagsatzung** ist vom Insolvenzverwalter über die Möglichkeit einer Unternehmensfortführung und die Aussichten hinsichtlich eines Sanierungsplans zu berichten (§ 114b Abs 1 IO), sodass das Gericht eine Entscheidung über die weitere Vorgangsweise (Fortführung oder Schließung des Unternehmens, gegebenenfalls Sanierungsplan) treffen kann (§ 91a IO). Beschließt das Gericht die Unternehmensfortführung, so bewirkt dieser Beschluss ein **Verwertungsverbot,** falls ein Sanierungsplan voraussichtlich erfüllt werden kann und den gemeinsamen Gläubigerinteressen entspricht (§ 114b Abs 2 und § 114c Abs 1 IO). Das Gericht hat dem Schuldner auf dessen Antrag in der Berichtstagsatzung insoweit eine höchstens 14-tägige Frist zur Stellung eines Sanierungsplanantrags einzuräumen (§ 114b Abs 2 IO). Nach Ablauf von 90 Tagen (vgl § 114c Abs 1 IO) ist das Unternehmen grundsätzlich zu verwerten, sofern nicht das Gericht die Sanierungsplantagsatzung erstreckt (§ 148a IO) oder mit der Verwertung innehält (§ 114c Abs 2 IO). Spätestens ein Jahr nach der Eröffnung des Insolvenzverfahrens hat grundsätzlich eine **Zwangsschließung des Unternehmens** zu erfolgen, falls bis dahin kein Sanierungsplan angenommen wurde. Diese Frist kann aber um bis zu zwei Jahre verlängert werden (§ 115 Abs 4 IO).

8 Parallel dazu findet hinsichtlich der Passiva der **Verfahrensstrang „Feststellungsverfahren"** statt: Ab der Eröffnung des Insolvenzverfahrens können die Insolvenzgläubiger ihre Forderungen anmelden. Der Masseverwalter hat diese zu überprüfen und sich in der **Prüfungstagsatzung** zu ihrer Richtigkeit und Rangordnung zu erklären (§ 105 Abs 3 IO). Wird eine angemeldete Forderung vom Insolvenzverwalter anerkannt und von keinem bestreitungsberechtigten Insolvenzgläubiger bestritten, so gilt sie im Insolvenzverfahren als **festgestellt** (§ 109 Abs 1 IO), womit (neben dem Stimmrecht bei Gläubigerversammlungen; vgl § 93 Abs 1 IO) insb das Recht auf quotenmäßige Berücksichtigung des Gläubigers bei der Verteilung des Masserealisats verbunden ist (*Dellinger/Oberhammer/Koller*, Insolvenzrecht[3] Rz 346). Eine entsprechende Rechtsstellung erhält der Insolvenzgläubiger im Bestreitungsfall durch ein Obsiegen im Prüfungsprozess (§§ 110 ff IO). Bestreitet nur der Insolvenzschuldner, so unterbindet dies zwar nicht die (insolvenzinterne) Forderungsfeststellung, jedoch entfaltet diese dann keine (insolvenzexterne) Bindungswirkung (§ 60 Abs 2 IO), auch erlangt der Insolvenzgläubiger in diesem Fall keinen insolvenzspezifischen Exekutionstitel (§ 61 IO). Sobald die Masse vollständig verwertet und über sämtliche bestrittenen Forderungen endgültig entschieden wurde, ist nach Feststellung der Ansprüche des Insolvenzverwalters und Genehmigung der Schlussrechnung die **Schlussverteilung** vorzunehmen (§ 136 Abs 1 IO). Nach der Schlussverteilung ist das Konkursverfahren **aufzuheben** (§ 139 IO).

Besonderes gilt für angestrebte **Schuldnersanierungen:** Sofern der Schuldner einen Sanierungsplan vorgelegt hat, ist hierüber in der **Sanierungsplantagsatzung** abzustimmen (§ 145 IO). Wird der Sanierungsplan von den Gläubigern angenommen und vom Insolvenzgericht bestätigt, so ist das Insolvenzverfahren mit der rechtskräftigen **Bestätigung des Sanierungsplans aufgehoben** (§ 152b Abs 2 IO). Für **natürliche Personen** (auch für Unternehmer) gibt es darüber hinaus die Möglichkeit, sich über einen **Zahlungsplan** zu sanieren; die Vorteile bestehen insb in einer flexiblen Mindestquote und einer längeren (nämlich bis zu siebenjährigen) Zahlungsfrist (vgl § 194 Abs 1 IO). Voraussetzung für einen zulässigen Zahlungsplan ist allerdings die vorherige Verwertung des Schuldnervermögens (wovon aber für Kleinunternehmer die in § 250 Abs 1 Z 2 EO genannten Gegenstände ausgenommen sind; vgl § 193 Abs 2 IO). Scheitert ein Zahlungsplan, so haben natürliche Personen außerdem die Möglichkeit, im (idR fünf Jahre dauernden) **Abschöpfungsverfahren** gem §§ 199 ff IO eine **Restschuldbefreiung** zu erlangen. 9

3.4 Sanierungsverfahren

3.4.1 Allgemeines

Ist der Insolvenzschuldner eine natürliche Person, die ein Unternehmen betreibt, eine juristische Person, eine Personengesellschaft oder eine Verlassenschaft, so kann er alternativ zum Konkursverfahren auch die Eröffnung eines **Sanierungsverfahrens** mit oder ohne Eigenverwaltung beantragen 10

(§ 166 IO). Beide Varianten des Sanierungsverfahrens laufen – mit einigen Besonderheiten – **grundsätzlich nach dem Verfahrensschema des Konkursverfahrens** ab (*Nunner-Krautgasser*, Grundlagen 44). Im Unterschied zum Konkursverfahren kann das Sanierungsverfahren bereits bei **drohender Zahlungsunfähigkeit** eröffnet werden (§ 167 Abs 2 IO). Auch ist die **Sanierungsplantagsatzung zugleich mit der Eröffnung des Insolvenzverfahrens** (idR auf 60 bis 90 Tage) **anzuordnen;** sie kann mit der Prüfungstagsatzung verbunden werden (§ 168 Abs 1 IO). Außerdem gilt in den ersten 90 Tagen ab Verfahrenseröffnung eine (nach hA absolut wirkende, also nicht an den Gläubigerinteressen zu messende; vgl *Dellinger/Oberhammer/Koller*, Insolvenzrecht[3] Rz 363 und 433; *Konecny*, Verfahrensgebäude 9; aA *Kapp/Clavora*, ZIK 2013, 133) **Verwertungssperre** hinsichtlich des Unternehmens des Schuldners (§ 168 Abs 2 IO).

3.4.2 Sanierungsverfahren ohne Eigenverwaltung

11   **Voraussetzung** für die Eröffnung eines **Sanierungsverfahrens ohne Eigenverwaltung** ist, dass der Schuldner in seinem Insolvenzantrag (oder in Beantwortung eines Gläubigerantrags; vgl § 70 Abs 2 IO) unter Anschluss eines zulässigen Sanierungsplans dessen Annahme beantragt und dieser Antrag vom Gericht nicht zugleich mit der Eröffnung des Insolvenzverfahrens zurückgewiesen wird (§ 167 Abs 1 Z 2 IO). Im Sanierungsverfahren ohne Eigenverwaltung ist – wie im Konkursverfahren – ein Masseverwalter zu bestellen; der Insolvenzschuldner verliert seine Dispositionsfähigkeit über die Insolvenzmasse wie im Konkursverfahren (s dazu ausführlich § 3 Rz 5 ff).

12   Das Sanierungsverfahren ist mit Rechtskraft der Bestätigung des Sanierungsplans **aufgehoben** (§ 152b Abs 2 IO). **Scheitert der Sanierungsversuch** (was dann der Fall ist, wenn Masseinsuffizienz eintritt, der Sanierungsplanantrag zurückgezogen oder zurückgewiesen wird oder wenn dem Sanierungsplan die Zustimmung oder die Bestätigung versagt wird; vgl § 167 Abs 3 IO), ist das Sanierungsverfahren in Konkursverfahren umzubenennen (*Konecny*, Verfahrensgebäude 10); die Änderung der Bezeichnung ist öffentlich bekannt zu machen (§ 167 Abs 4 IO).

3.4.3 Sanierungsverfahren mit Eigenverwaltung

13   Auch für das **Sanierungsverfahren mit Eigenverwaltung** gelten die zuvor erwähnten Besonderheiten (Rz 11 f; vgl zu den Eröffnungsvoraussetzungen § 167 Abs 1 IO). Darüber hinaus muss der Schuldner für die Gewährung der Eigenverwaltung allerdings eine Reihe an weiteren **Voraussetzungen** erfüllen (vgl § 169 Abs 1 IO): Zunächst ist im Sanierungsplan eine Mindestquote von zumindest 30 % der Forderungen, zahlbar innerhalb von zwei Jahren ab

Annahme des Sanierungsplans, anzubieten. Daneben hat der Schuldner bereits vor Verfahrenseröffnung ein Vermögensverzeichnis, einen Status, einen Finanzplan, ein Verzeichnis der nach den §§ 75 und 145 Abs 2 IO zu Verständigenden (§ 169 Abs 1 IO) sowie gegebenenfalls die Jahresabschlüsse der letzten drei Jahre (§ 169 Abs 2 IO) vorzulegen.

Der bedeutendste Unterschied zum Konkursverfahren bzw zum Sanierungsverfahren ohne Eigenverwaltung besteht darin, dass der Schuldner bei Eigenverwaltung weitgehend die **Verfügungsmacht über die Insolvenzmasse behält** und weiterhin wirksam Rechtshandlungen zu ihren Gunsten und Lasten vornehmen kann (vgl § 171 IO). Ihm obliegt vor allem die Unternehmensfortführung; insb kann er Rechtshandlungen des gewöhnlichen Unternehmensbetriebs (§ 171 Abs 1 IO) selbst vornehmen und in diesen Angelegenheiten Rechtsstreite und sonstige Verfahren führen (§ 173 IO). Der Schuldner steht allerdings unter der **Aufsicht eines Sanierungsverwalters** (§ 169 Abs 1 IO): Dieser hat primär die Geschäftsführung des Schuldners zu überwachen, dessen wirtschaftliche Lage zu überprüfen (vgl § 178 Abs 1 IO) und über die Erfüllbarkeit des Finanzplans und des Sanierungsplans zu berichten (§ 178 Abs 2 IO). Daneben kommen dem Sanierungsverwalter zahlreiche Kompetenzen in Bezug auf massebezogene Rechtshandlungen zu:

– **Gänzlich dem Sanierungsverwalter vorbehalten** (§ 172 Abs 1 IO) sind die Anfechtung nach §§ 27–43 IO, die Forderungsprüfung nach §§ 102 ff IO, die Mitteilung der Geschäfte nach § 116 IO, der Abschluss der Geschäfte nach § 117 IO, die gerichtliche Veräußerung nach § 119 IO, die Veräußerung nach § 120 IO sowie die Aufschiebung von Exekutionsverfahren nach § 120a IO.

– Der **Genehmigung des Sanierungsverwalters** bedürfen jene Rechtshandlungen, die nicht zum gewöhnlichen Unternehmensbetrieb gehören, sowie die Vertragsauflösung nach §§ 21, 23 und 25 IO (§ 171 Abs 1 S 2 IO).

– Auch Handlungen des gewöhnlichen Unternehmensbetriebs muss der Schuldner **unterlassen,** wenn der **Sanierungsverwalter** dagegen **Einspruch erhebt** (§ 171 Abs 1 S 3 IO).

– Darüber hinaus kann das **Insolvenzgericht dem Schuldner** gewisse **Handlungen** überhaupt oder ohne Zustimmung des Sanierungsverwalters **verbieten,** wenn das notwendig ist, um Nachteile für die Gläubiger zu vermeiden (§ 172 Abs 2 IO).

Die Eigenverwaltung ist dem Schuldner unter den Bedingungen des § 170 Abs 1 IO, jedenfalls aber 90 Tage nach Verfahrenseröffnung wieder zu entziehen (§ 170 Abs 1 Z 3 IO), wenn nicht innerhalb dieser Zeitspanne ein Sanierungsplan angenommen wurde (*Riel*, Eigenverwaltung 141). Das Gericht hat den Entzug der Eigenverwaltung öffentlich bekannt zu machen (§ 170 Abs 2

IO) und einen Masseverwalter zu bestellen (§ 170 Abs 1 IO); das Sanierungsverfahren selbst wird aber fortgesetzt (*Nunner-Krautgasser*, ZInsO 2011, 124), sofern nicht die Voraussetzungen des § 167 Abs 3 IO vorliegen.

4. Das Arbeitsverhältnis in der Insolvenz

4.1 Grundsätzliche Unberührtheit der Vertragsverhältnisse

16 Vertragsverhältnisse, die vor der Eröffnung eines Insolvenzverfahrens zwischen dem späteren Insolvenzschuldner und einem Dritten begründet wurden, bleiben – sofern das G nichts anderes vorsieht – ungeachtet der Eröffnung des Insolvenzverfahrens grundsätzlich aufrecht (vgl statt vieler *Gamerith* in *Bartsch/Pollak/Buchegger* I[4] § 21 KO Rz 1; *Widhalm-Budak* in *Konecny/Schubert* § 21 KO Rz 1). Jedoch ermöglichen **Sonderbestimmungen** dem Insolvenzverwalter bzw dem eigenverwaltenden Schuldner eine erleichterte Vertragsauflösung (§§ 21, 23 und 25 IO) bzw sehen ein automatisches Erlöschen von Vollmachten (§ 1024 ABGB), von Fixgeschäften (§ 22 IO) sowie von vom Insolvenzschuldner erteilten Aufträgen (§ 26 Abs 1 IO) und Anträgen (§ 26 Abs 3 IO) vor. Dazu kommen Normen, die eine Vertragsauflösung durch den Vertragspartner erschweren (§§ 25a, 25b Abs 2 IO). Aufrechte **Arbeitsverträge bestehen** somit bei der Eröffnung eines Insolvenzverfahrens zunächst **unberührt weiter** (*Dellinger/Oberhammer/Koller*, Insolvenzrecht[3] Rz 316; vgl auch *Löschnigg*, Arbeitsrecht[12] 821; OGH 9 ObS 11/90, EvBl 1990/174 = ARD 4235/7/91); jedoch stellt § 25 IO eine **insolvenzspezifische Regelung** über die **Auflösung von Arbeitsverhältnissen in der Arbeitgeberinsolvenz** (nicht aber in der Arbeitnehmerinsolvenz) bereit.

17 Die **Forderungen der AN** (bzw von arbeitnehmerähnlichen Personen) auf laufendes Entgelt (einschließlich Sonderzahlungen) für die Zeit nach der Eröffnung des Insolvenzverfahrens stellen gem § 46 Z 3 IO **Masseforderungen** dar (Näheres s § 46 Rz 7 ff). Offene Forderungen auf rückständiges Entgelt für die Zeit vor Verfahrenseröffnung sind hingegen gem § 51 Abs 1 IO (allenfalls iVm § 21 Abs 4 IO) als **Insolvenzforderungen** zu klassifizieren, die nur quotenmäßig zu befriedigen sind (Näheres s § 51 Rz 2 f). Der Forderungsausfall wird den AN aber (weitgehend) aus dem **IEF** ersetzt (dazu insb Vorbem IESG Rz 1 ff, § 1 IESG insb Rz 171 ff, 332 ff, 432 ff).

4.2 Rolle und Befugnisse des Insolvenzverwalters und Rechtsstellung des Insolvenzschuldners

18 Mit der Eröffnung des Insolvenzverfahrens wird das gesamte der Exekution unterworfene Vermögen des Schuldners dessen freier Verfügung entzogen (vgl § 2 Abs 2 IO) und in einem den Insolvenzgläubigern haftungsrechtlich zugeordneten Haftungsfonds – der **Insolvenzmasse** – zusammengefasst. Die Insolvenzmasse stellt (nach der in Österreich herrschenden Organtheorie; vgl *Nunner-Krautgasser*, Schuld 253) ein eigenständiges Zurechnungssubjekt dar, das vom Insolvenzverwalter nach Maßgabe der jeweiligen Zielsetzungen des Verfahrens (vgl Rz 6 ff) verwaltet und vertreten wird (§§ 81 ff IO). Dem entspricht auch § 25 Abs 1 S 1 IO, wonach (sofern der Insolvenzschuldner AG ist) ab Verfahrenseröffnung der **Insolvenzverwalter** (gemeint: Masseverwalter) die **Rechte und Pflichten des AG** ausübt; er ist also **funktioneller AG** (s Rz 20). Sämtliche Rechte aus dem Arbeitsvertrag (etwa das Recht, Weisungen zu erteilen bzw die Weisungsbefugnis an AN in leitender Position zu delegieren, oder das Recht, während der Kündigungsfrist auf Dienstleistungen zu verzichten) werden daher bei Fremdverwaltung (also im **Konkursverfahren** und im **Sanierungsverfahren ohne Eigenverwaltung**) vom Masseverwalter ausgeübt; gleichzeitig hat der Masseverwalter alle arbeitsvertraglichen Pflichten (etwa zur Bezahlung des Entgelts, zur Bereitstellung einer Dienstwohnung etc) zu erfüllen. Auch ein **Arbeitszeugnis** ist nach zutreffender Ansicht während des Insolvenzverfahrens **vom Insolvenzverwalter auszustellen** (*Reissner*, Arbeitsrechtsbezogene Bestimmungen 64 ff; *Weber-Wilfert*, IRÄG 2010, 60; differenzierend bei Beendigung des Arbeitsverhältnisses vor Verfahrenseröffnung hingegen OGH 9 ObA 118/04z, DRdA 2006/25, 290 [krit *Reissner*] = ARD 5622/7/2005): Die Ausstellung eines Arbeitszeugnisses hängt nämlich nicht mit der Person des Insolvenzschuldners selbst, sondern vielmehr mit der Personalwirtschaft des Unternehmens zusammen und ist daher als unternehmens- und somit massebezogen zu qualifizieren. Den Insolvenzschuldner trifft aber nach § 99 IO eine **Mitwirkungspflicht** bei der Ausstellung (*Weber-Wilfert*, IRÄG 2010, 60; zum Thema auch § 3 Rz 21 sowie insb § 25 Rz 4). Auch die **Begründung und Beendigung von Arbeitsverhältnissen** fällt während des Insolvenzverfahrens in den Aufgabenbereich des Masseverwalters (*Reissner*, Arbeitsrechtsbezogene Bestimmungen 63).

19 Besonderes gilt im **Sanierungsverfahren mit Eigenverwaltung** (vgl Rz 13): Da der Insolvenzschuldner hier grundsätzlich massebezogene Rechtshandlungen weiterhin selbst vornehmen kann (§ 171 Abs 1 S 1 IO), übt er auch seine Rechte und Pflichten als AG weiter aus (vgl auch § 25 Abs 1c IO). Jedoch bedarf er zur Vornahme von Rechtshandlungen, die nicht zum gewöhnlichen Unternehmensbetrieb gehören, der **Genehmigung des Sanierungsverwalters** (§ 171 IO). Dazu zählen insb Vertragsauflösungen nach den §§ 21, 23 und 25 IO, also auch die (insolvenzspezifische) Beendigung von Arbeitsverhältnissen. Außerdem muss der eigenverwaltende Schuldner sogar eine zum gewöhnlichen Unternehmensbetrieb gehörende Handlung unterlassen, wenn der Sanierungsverwalter dagegen Einspruch erhebt (§ 171 Abs 1 S 3 IO). Was zum **gewöhnlichen Unternehmensbetrieb** zählt, ist nach den **konkreten Umständen des Einzelfalls** zu beurteilen: So können etwa die Kündigung sowie die Entgegennahme von Kündigungen nach arbeitsrechtlichen Bestimmungen ebenso noch zum gewöhnlichen Geschäftsbetrieb gehören wie die Begründung neuer Arbeitsverhältnisse in kleinem Rahmen (*Weber*, Arbeitsverhältnisse 140); die Vereinbarung zur Anerkennung von Vordienstzeiten zählt hingegen nicht mehr dazu (OGH 9 ObS 8/91; *Weber-Wilfert*, IRÄG 2010, 61 f; *Reissner*, Arbeitsrechtsbezogene Bestimmungen 66). Ohne Genehmigung oder gegen den Einspruch des Sanierungsverwalters vorgenommene Rechtshandlungen sind den Gläubigern gegenüber unwirksam, wenn der Dritte von den Beschränkungen wusste oder wissen musste (§ 171 Abs 3 IO). Das Insolvenzgericht kann den eigenverwaltenden Schuldner auch noch weiter beschränken, indem es ihm bestimmte (Gruppen von) Rechtshandlungen generell untersagt oder diese an die vorherige Zustimmung des Sanierungsverwalters knüpft (§ 172 Abs 2 IO); das ist mit Edikt bekanntzumachen. Eine solche weitere Beschränkung kann auch den Abschluss neuer Arbeitsverträge betreffen (*Riel*, Eigenverwaltung 148).

20   Zu betonen ist, dass im Insolvenzverfahren ganz allgemein zwischen der **vertragsrechtlichen und** der **funktionellen Arbeitgeberstellung zu unterscheiden** ist: Bei Fremdverwaltung (also im Konkurs und im Sanierungsverfahren ohne Eigenverwaltung) kommt dem Masseverwalter zwar in **funktioneller** Hinsicht die Arbeitgeberstellung zu, er tritt aber nicht etwa als neuer Vertragspartner in die Arbeitsverhältnisse ein und wird daher auch nicht selbst Vertragspartner der AN. Entsprechend der Organtheorie hat vielmehr nunmehr die Insolvenzmasse die **vertragsrechtliche** Arbeitgeberposition inne. Gerade im Zusammenhang mit zahlreichen arbeitsrechtlichen Regelungen ist dabei aber herauszustreichen, dass es sich bei der Insolvenzmasse (die lediglich der zum Zweck der Haftungsverwirklichung „verselbständigte" Haftungsfonds des Insolvenzschuldners ist) **nicht um einen (einem Dritten gleichzusetzenden) „neuen" AG im technischen Sinn** handelt (vgl *Weber*, ZIK 1997, 41 ff; *Nunner-Krautgasser*, ÖJZ 1997, 249 und 253; *Reissner*, Arbeitsrechtsbezogene Bestimmungen 64; gegenteilig OGH 9 ObA 2095/96w, DRdA 1997, 138 = RdW 1997, 468). Für die Errechnung von Vordienstzeiten, Kündigungsfristen, Abfertigungen uÄ bleibt der rein insolvenzsystematisch bedingte Wechsel der Verfügungsbefugnis daher ohne Bedeutung. Auch erwerben die AN **Entgeltansprüche gegen die Insolvenzmasse und nicht gegen den Insolvenzverwalter persönlich** (und zwar auch dann nicht, wenn die Insolvenzmasse zur Befriedigung ihrer Forderungen nicht ausreicht). Für Letzteres bedürfte es einer besonderen Vereinbarung, mit der der Insolvenzverwalter weiterbeschäftigte Personen im eigenen Namen anstellt oder sich persönlich zur Zahlung ihres Entgelts verpflichtet (OGH 9 ObA 106/92).

Rechtshandlungen des Schuldners

§ 3. (1) Rechtshandlungen des Schuldners nach der Eröffnung des Insolvenzverfahrens, welche die Insolvenzmasse betreffen, sind den Insolvenzgläubigern gegenüber unwirksam. Dem anderen Teil ist die Gegenleistung zurückzustellen, soweit sich die Masse durch sie bereichern würde.

(2) Durch Zahlung einer Schuld an den Schuldner nach der Eröffnung des Insolvenzverfahrens wird der Verpflichtete nicht befreit, es sei denn, daß das Geleistete der Insolvenzmasse zugewendet worden ist oder daß dem Verpflichteten zur Zeit der Leistung die Eröffnung des Insolvenzverfahrens nicht bekannt war und daß die Unkenntnis nicht auf einer Außerachtlassung der gehörigen Sorgfalt beruht (bekannt sein mußte).

(§ 3 IO idF BGBl I 2010/29)

Schrifttum zu § 3 IO

Celar, Das Arbeitszeugnis als Ausdruck der arbeitsrechtlichen Fürsorgepflicht, ASoK 2006, 7;
Konecny, Zur Prozeßführung durch den Ausgleichsschuldner, JBl 1986, 353;
Konecny, Massebezogene Rechtshandlungen von Gemeinschuldnern, JBl 2004, 341;
Nunner, Die Freigabe von Konkursvermögen (1998);
Nunner-Krautgasser, Schuld, Vermögenshaftung und Insolvenz (2007);
Nunner-Krautgasser, Unwirksamkeit von Rechtshandlungen insolventer Arbeitgeber iSd § 3 Abs 1 IO, DRdA 2017, 3;
Riel, Zur Haftung des Masseverwalters bei Unternehmensfortführung im Konkurs, ecolex 1997, 484;
Shamiyeh, Haftung des Masseverwalters gegenüber Neumassegläubigern – Zugleich eine Besprechung von OGH 8. 3. 1995, ZIK 1995, 75;
Sundl, Ist der Masseverwalter neuer Arbeitgeber? Keine Abfertigung trotz ununterbrochener Arbeitsleistung?, ASoK 1997, 105;
Weber, Arbeitsverhältnisse in Insolvenzverfahren (1998);
Weber, Wer ist im Konkurs Vertragspartner des Arbeitnehmers?, ZIK 1997, 40;
Weber-Wilfert, Arbeitsrechtliche Änderungen des IRÄG 2010, in *Konecny* (Hrsg), IRÄG 2010 (2010) 59.

Übersicht zu § 3 IO

1. Wirkungen der Eröffnung des Insolvenzverfahrens auf das exekutionsunterworfene Schuldnervermögen .... Rz 1–4
2. Rechtshandlungen des Schuldners
   2.1 Rechtshandlungen .... Rz 5–6
   2.2 Wirkungsweise der Unwirksamkeit .... Rz 7–9
   2.3 Zahlung an den Insolvenzschuldner .... Rz 10–11

3. Arbeitsrechtliche Besonderheiten
3.1 Insolvenz des AG .... Rz 12–16
3.2 Insolvenz des AN .... Rz 17–21

1. Wirkungen der Eröffnung des Insolvenzverfahrens auf das exekutionsunterworfene Schuldnervermögen

1 Mit der Eröffnung des Insolvenzverfahrens wird das gesamte der Exekution unterworfene Vermögen, das dem Schuldner zu dieser Zeit gehört oder das er während des Insolvenzverfahrens erlangt, dessen freier Verfügung entzogen (§ 2 Abs 2 IO). Dieses Vermögen wird in einem den Insolvenzgläubigern haftungsrechtlich zugeordneten und mit eigener Rechtspersönlichkeit ausgestatteten Haftungsfonds (der **Insolvenzmasse**) zusammengefasst, die vom Insolvenzverwalter als deren Organ verwaltet und vertreten wird (vgl Vorbem Rz 18).

2 Bereits aus der Anordnung in § 2 Abs 2 IO ergibt sich, dass der Schuldner während des Insolvenzverfahrens nicht mehr über die Insolvenzmasse verfügen kann; er ist also während des Insolvenzverfahrens hinsichtlich dieses Teils seines Vermögens dispositionsunfähig (zur abweichenden Rechtslage im Sanierungsverfahren mit Eigenverwaltung s Vorbem Rz 19). § 3 Abs 1 IO unterstreicht diesen Grundsatz, verdeutlicht insoweit allerdings, dass die Dispositionsunfähigkeit nicht als mangelnde Geschäfts- und Deliktsfähigkeit des Insolvenzschuldners schlechthin zu deuten ist (*Nunner-Krautgasser* in *Fasching/Konecny* II/1[3] § 1 ZPO Rz 25 ff), sondern dass die Handlungen des Schuldners **bloß den Insolvenzgläubigern gegenüber unwirksam** sind, sodass aus diesen Handlungen während des anhängigen Insolvenzverfahrens **keine Forderungen gegen die Insolvenzmasse** durchgesetzt werden können (*Schubert* in *Konecny/Schubert* § 3 KO Rz 1; zur Wirkungsweise der Unwirksamkeit s Rz 7 ff). Dadurch wird die Insolvenzmasse ausreichend vor **Zugriffen des Schuldners** geschützt, damit sie zur Verwirklichung der Zielsetzungen des Insolvenzverfahrens (s dazu Vorbem Rz 3) zur Verfügung stehen kann. Hinsichtlich des **insolvenzfreien Vermögens** bleibt der Insolvenzschuldner hingegen voll dispositionsfähig.

3 Zusätzlich enthält die IO zahlreiche – die Parität untermauernde – Anordnungen, die die Insolvenzmasse vor individualistischen **Zugriffen einzelner Insolvenzgläubiger** abschirmen. So können insb Insolvenzforderungen nicht mehr mit Leistungsklage geltend gemacht werden; sie sind vielmehr im Insolvenzverfahren anzumelden (sog **Prozesssperre**; vgl § 6 Abs 1 und § 7 Abs 3 IO). Auch können Insolvenzgläubiger nach Verfahrenseröffnung keine richterlichen Pfand- und Befriedigungsrechte mehr an Massegegenständen erwerben (sog **Exekutionssperre;** § 10 IO). Mit der Eröffnung des Insolvenzverfahrens erlöschen außerdem Absonderungsrechte, die in den letzten 60 Tagen vor Verfahrenseröffnung exekutiv erworben wurden, soweit diese nicht Abgabenforderungen betreffen (sog **Rückschlagsperre;** § 12 Abs 1 IO). Sonderregeln gelten für Aus- und Absonderungsrechte am Arbeitseinkommen des Schuldners (dazu ausführlich § 12a Rz 1 ff). Außerdem sind **Aufrechnungen** unzulässig, wenn ein Insolvenzgläubiger erst nach Eröffnung des Insolvenzverfahrens Schuldner der Insolvenzmasse geworden ist (§ 20 Abs 1 Fall 1 IO), wenn die Forderung gegen den Schuldner erst nach Eröffnung des Insolvenzverfahrens erworben worden ist (§ 20 Abs 1 Fall 2 IO) oder wenn der Aufrechnende die Gegenforderung zwar vor der Eröffnung des Insolvenzverfahrens erworben hat, jedoch zur Zeit des Erwerbs von der Zahlungsunfähigkeit des Schuldners Kenntnis hatte oder haben musste. Die Aufrechnung ist jedoch zulässig, wenn der Aufrechnende die Gegenforderung früher als sechs Monate vor Verfahrenseröffnung erworben hat oder wenn er zur Forderungsübernahme verpflichtet war und bei Eingehung dieser Verpflichtung von der Zahlungsunfähigkeit des Schuldners weder Kenntnis hatte noch haben musste (§ 20 Abs 2 IO). Nicht dem Aufrechnungsverbot unterliegen auch Ansprüche, die nach der Eröffnung des Insolvenzverfahrens nach den §§ 21–25 IO entstehen oder nach § 41 Abs 2 IO wieder aufleben (§ 20 Abs 3 IO) sowie gewisse in § 20 Abs 4 IO genannte Finanzgeschäfte.

Soweit dem Schuldner **Eigenverwaltung** zusteht (§§ 169 ff bzw 186 f IO), bleibt seine Verfügungsbefugnis über die Insolvenzmasse in weiten Bereichen unberührt (s Vorbem Rz 14 und 19). In wichtigen Angelegenheiten ist die Eigenverwaltung allerdings beschränkt (§§ 171 f, 187 IO; vgl Vorbem Rz 14). 4

2. Rechtshandlungen des Schuldners

2.1 Rechtshandlungen

Unter dem Begriff „**Rechtshandlungen**" sind Handlungen des Insolvenzschuldners zu verstehen, die **rechtliche Wirkungen auslösen** (*Schubert* in *Konecny/Schubert* § 3 KO Rz 3; OGH 8 Ob 143/01i, ZIK 2002/229, 165). Das betrifft **Verpflichtungsgeschäfte** (etwa den Abschluss eines Arbeitsvertrags, die Vereinbarung der Auszahlung eines Vorschusses etc), **Verfügungsgeschäfte** (zB die Auszahlung einer offenen Gehaltsforderung, die Entgegennahme einer Darlehensrückzahlung etc) ebenso wie die **Ausübung von Gestaltungsrechten** (etwa den Ausspruch einer Kündigung; dazu ausführlich *Nunner-Krautgasser*, DRdA 2017, 5). Einseitige empfangsbedürftige Willenserklärungen wie Kündigungen entfalten ihre Rechtswirkungen erst mit Zugang an den Empfänger (etwa OGH 9 ObA 292/97z; RIS-Justiz RS0021514; *Koziol/Welser/Kletečka*, Bürgerliches Recht I[14] 123). Wenn die Erklärung daher vor der Eröffnung des Insolvenzverfahrens abgegeben wurde, dem Emp- 5 fänger aber erst nach der Verfahrenseröffnung zugeht, ist sie gem § 3 Abs 1 IO unwirksam (vgl OGH 9 ObA 292/97z, ZIK 1998, 61). Die Entgegennahme einer empfangsbedürftigen Willenserklärung durch den Insolvenzschuldner löst wegen § 3 Abs 1 IO keine Wirkungen für die Insolvenzmasse (wohl aber uU für das insolvenzfreie Vermögen) aus (*Schubert* in *Konecny/Schubert* § 3 KO Rz 3).

6   § 3 Abs 1 IO beschränkt nur **massebezogene Rechtshandlungen** (zur umstrittenen Wirksamkeit sog „masseerhaltender" Handlungen des Insolvenzschuldners vgl *Konecny*, JBl 2004, 341; *Schubert* in *Konecny/Schubert* § 3 KO Rz 9). Betrifft die Rechtshandlung hingegen das **insolvenzfreie Vermögen** des Schuldners, so ist § 3 Abs 1 IO nicht anzuwenden (*Buchegger* in *Bartsch/Pollak/Buchegger* I^4 § 3 KO Rz 9; *Nunner-Krautgasser*, DRdA 2017, 5; OGH 3 Ob 97/73, SZ 46/52; RIS-Justiz RS0063946). Von der Unwirksamkeit erfasst sind außerdem nur Rechtshandlungen ab dem Eintritt der Wirkungen der **Eröffnung des Insolvenzverfahrens,** also ab dem Beginn des Tags, der der öffentlichen Bekanntmachung des Inhalts des Insolvenzedikts folgt (vgl § 2 Abs 1 IO). Davor vorgenommene Rechtshandlungen bleiben grundsätzlich wirksam, können jedoch allenfalls durch Anfechtung nach den §§ 27 ff IO haftungsrechtlich unwirksam gemacht werden (*Nunner-Krautgasser*, DRdA 2017, 4 FN 8).

2.2 Wirkungsweise der Unwirksamkeit

7   § 3 Abs 1 IO erklärt Rechtshandlungen des Schuldners **den Insolvenzgläubigern gegenüber** für **unwirksam.** Der Insolvenzschuldner verliert durch die Eröffnung des Insolvenzverfahrens zwar weder Geschäfts- noch Deliktsfähigkeit, er kann allerdings durch Rechtshandlungen nunmehr **weder eine Haftung der Masse begründen** (*Nunner-Krautgasser*, DRdA 2017, 6; *Schubert* in *Konecny/Schubert* § 3 KO Rz 17; etwa OGH 2 Ob 160/10h; RIS-Justiz RS0063784) **noch eine Masseschmälerung herbeiführen.** Dabei ist nach der Natur der vom Schuldner vorgenommenen Rechtshandlung zu unterscheiden: **Verpflichtungsgeschäfte** sind „**relativ**" (also bloß den Insolvenzgläubigern gegenüber) **unwirksam;** sie binden insofern zwar den Schuldner (gegen den bei Nichtleistung Ansprüche wegen Leistungsstörung entstehen, die während des Insolvenzverfahrens allerdings nur aus dem insolvenzfreien Vermögen hereingebracht werden können), aber nicht die Insolvenzmasse (instruktiv *Konecny*, JBl 1986, 363; *Nunner-Krautgasser*, DRdA 2017, 6 f). **Verfügungsgeschäfte** sind hingegen **absolut unwirksam** (*Konecny*, JBl 1986, 363; vgl auch *Schubert* in *Konecny/Schubert* § 3 KO Rz 17); auch bzgl der **Ausübung von Gestaltungsrechten** ist die Annahme einer **absoluten Unwirksamkeit** adäquat (*Nunner-Krautgasser*, DRdA 2017, 7 und 9; vgl zur deutschen Rechtslage *Ott/Vuia* in MünchKomm zur InsO^3 § 81 Rz 4 und

13). Der andere Teil hat also insolvenzverfangene Sachen herauszugeben, die er durch eine Rechtshandlung des Insolvenzschuldners erhalten hat; er hat in die Masse zu leisten, auch wenn der Insolvenzschuldner die Schuld erlassen oder an einen anderen abgetreten hat, und er muss zurückzahlen, wenn der Insolvenzschuldner aus Massemitteln an ihn gezahlt hat (*Buchegger* in *Bartsch/ Pollak/Buchegger* I[4] § 3 KO Rz 25). Umgekehrt ist aber auch dem anderen Teil die **Gegenleistung zurückzustellen,** sofern die Masse durch sie bereichert würde (§ 3 Abs 1 S 2 IO).

Allerdings kann nach der Rsp durch **nachträgliche Genehmigung des Insolvenzverwalters** grundsätzlich eine **rückwirkende Heilung** der Unwirksamkeit erfolgen (OGH 9 ObA 292/97z; 1 Ob 220/08x; vgl auch *Nunner-Krautgasser*, DRdA 2017, 4; *Schubert* in *Konecny/Schubert* § 3 KO Rz 12). Dabei ist nach der Art der Rechtshandlung des Schuldners zu unterscheiden: Gegenüber der Masse unwirksame **Verpflichtungs- und Verfügungsgeschäfte** können durch nachträgliche Genehmigung des Insolvenzverwalters jedenfalls geheilt werden (*Nunner-Krautgasser*, DRdA 2017, 4 und 7 f). Die Genehmigungsfähigkeit der **Ausübung von Gestaltungsrechten** ist allerdings im Einzelfall zu prüfen (vgl *Nunner-Krautgasser*, DRdA 2017, 9; *Schubert* in *Konecny/ Schubert* § 3 KO Rz 12). Einer Heilung sind dabei solche Rechtshandlungen nicht zugänglich, die auf eine unbedingte Wirksamkeit abstellen und daher keinen Schwebezustand vertragen. Das betrifft insb **Kündigungen:** Nachdem diese grundsätzlich bedingungsfeindlich sind (vgl etwa *Reissner* in ZellKomm[3] § 20 AngG Rz 35), kann auch eine vom Insolvenzschuldner ausgesprochene (unwirksame) Kündigung nicht durch nachträgliche Genehmigung des Insolvenzverwalters wirksam werden (*Schubert* in *Konecny/Schubert* § 3 KO Rz 12). Nichts Anderes kann für vom Insolvenzschuldner ausgesprochene **Entlassungen** gelten. Die Rückwirkung der Genehmigung kann außerdem nicht zur Folge haben, dass das (rechtmäßige) Nichtbefolgen der eigenmächtigen Anweisungen des Insolvenzschuldners im Fall einer nachträglichen Genehmigung durch den Insolvenzverwalter als Pflichtverletzung des AN zu werten ist (s Rz 15).

8

Eine (ex nunc wirkende) **Heilung** von **Verpflichtungs- und Verfügungsgeschäften** tritt außerdem mit der **Aufhebung des Insolvenzverfahrens** (etwa OGH 2 Ob 160/10h; RIS-Justiz RS0063803; ausführlich *Nunner-Krautgasser*, DRdA 2017, 6 f) oder mit einer **Freigabe des betreffenden Massegegenstands** (*Nunner*, Freigabe 122 ff) ein. Die in der Judikatur bisweilen gebräuchliche Formulierung, die Rechtshandlungen würden sich dann „mit Wirkung ex tunc" auf das zuvor insolvenzunterworfene Vermögen erstrecken (etwa OGH 8 Ob 143/01i), ist hier missverständlich: Da sowohl Aufhebung als auch Freigabe nur für die Zukunft wirken, kann damit lediglich gemeint sein, dass die betreffende Rechtshandlung nach der Verfahrensaufhebung (auch)

9

im Hinblick auf das bisher insolvenzverfangene Vermögen Wirkung entfaltet, nicht aber, dass eine Rückwirkung eintritt (*Nunner*, Freigabe 125 f).

2.3 Zahlung an den Insolvenzschuldner

10 § 3 Abs 2 IO präzisiert den schon aus Abs 1 abzuleitenden Grundsatz, dass die Zahlung einer Schuld an den Insolvenzschuldner ab Eröffnung des Insolvenzverfahrens keine schuldbefreiende Wirkung äußert. Unter einer **Zahlung** ist dabei nicht nur eine Geld-, sondern auch eine Sach- oder Dienstleistung zu verstehen (*Buchegger* in *Bartsch/Pollak/Buchegger* I^4 § 3 KO Rz 44). Insoweit sieht § 3 Abs 2 IO **zwei Ausnahmen** vor:

11 Erstens wird der Leistende dennoch von seiner Schuld befreit, soweit das Geleistete tatsächlich der **Insolvenzmasse zugewendet** worden ist (§ 3 Abs 2 Fall 1 IO). Ist das nicht der Fall, ist er grundsätzlich zur nochmaligen Leistung an die Insolvenzmasse verpflichtet. Er erwirbt in diesem Fall zwar einen bereicherungsrechtlichen Rückforderungsanspruch gegen den Insolvenzschuldner (vgl OGH 8 Ob 200/02y), dieser kann aber nur in dessen insolvenzfreies Vermögen vollstreckt werden (*Schubert* in *Konecny/Schubert* § 3 KO Rz 64). Außerdem wird der Leistende von seiner Schuld auch dann befreit, wenn ihm zum Zeitpunkt der Leistung die **Eröffnung des Insolvenzverfahrens weder bekannt war noch bekannt sein musste** (§ 3 Abs 2 Fall 2 IO); dies ist vom Schuldner der Leistung zu beweisen (OGH 2 Ob 4/11v, ZIK 2011/95, 64; RIS-Justiz RS0063845).

3. Arbeitsrechtliche Besonderheiten

3.1 Insolvenz des AG

12 Bei der **Begründung** von Arbeitsverhältnissen ist zu beachten, dass vom Insolvenzschuldner abgeschlossene massebezogene Verträge ab Verfahrenseröffnung den Insolvenzgläubigern gegenüber unwirksam sind. Daher steht die Insolvenzmasse zur Befriedigung der Arbeitnehmerforderungen aus solchen Verträgen nicht zur Verfügung, sondern lediglich das insolvenzfreie Vermögen des Schuldners. Wer daher mit einem formell insolventen AG ein Arbeitsverhältnis eingehen möchte, sollte mit dem Insolvenzverwalter persönlich kontrahieren, in dessen Kompetenz Arbeitsvertragsabschlüsse während der Dauer des Insolvenzverfahrens fallen (OGH 8 ObS 5/06b; *Nunner-Krautgasser*, DRdA 2017, 8; vgl auch Vorbem Rz 18).

13 Allerdings kann der Insolvenzverwalter einen mit dem Insolvenzschuldner abgeschlossenen und daher unwirksamen Arbeitsvertrag **nachträglich (rückwirkend) genehmigen.** Dies hat die Wirkung, dass eine Massehaftung begründet und der Vertragspartner Massegläubiger wird. Aus Verwaltersicht ist insoweit zu beachten, dass nach der Rsp als (konkludente) Genehmigung idS nicht nur die **Zahlung des Entgelts,** sondern bereits die **bloße Entgegennahme der Arbeitsleistung** durch den Masseverwalter in Betracht kommt (OGH 9 ObA 175/02d; RIS-Justiz RS0014495; vgl auch *Löschnigg*, Arbeitsrecht[12] 812; *Nunner-Krautgasser*, DRdA 2017, 8). Während die konkludente Genehmigung durch Entgeltzahlung in der Praxis weniger problematisch ist, kann die mögliche Genehmigung durch Entgegennahme der Arbeitsleistungen heikle Abgrenzungsfragen aufwerfen (*Nunner-Krautgasser*, DRdA 2017, 8). Eine stillschweigende Genehmigung kann dabei nicht schlechtweg durch Entgegennahme jedweder Arbeitsleistung des betreffenden AN bejaht werden. Vielmehr ist je nach Maßgabe der Branche, der Betriebsgröße, der lokalen oder regionalen Organisation und der Bindung der Mitarbeiter an den Standort zu differenzieren: Je kleiner der Betrieb, je lokaler die Organisation, je enger die Bindung der Mitarbeiter an den Standort, desto eher wird man eine konkludente Genehmigung durch Entgegennahme der Arbeitsleistung annehmen können. Anders mag es hingegen bei Großbetrieben aussehen, die bewegliche Trupps an viele Arbeitsorte (etwa Baustellen) schicken; hier wird man eine Genehmigung in aller Regel nur durch Entgeltzahlung bejahen können. Generell ist zu erwägen, für solche Fälle eine Übergangsphase von wenigen Wochen einzuräumen, innerhalb derer eine konkludente Genehmigung des Masseverwalters durch Entgegennahme der Arbeitsleistung nur in besonders krassen Fällen anzunehmen ist (*Nunner-Krautgasser*, DRdA 2017, 8).

Ob bei **Eigenverwaltung** der **Abschluss von Arbeitsverträgen** zum **gewöhnlichen Unternehmensbetrieb** gehört (vgl § 171 Abs 1 IO), ist für den jeweiligen Einzelfall zu klären (*Nunner-Krautgasser*, DRdA 2017, 5; *Reissner* in ZellKomm³ § 3 IO Rz 7). Bei größeren Betrieben wird das tendenziell zu bejahen, bei kleineren Betrieben hingegen eher zu verneinen sein (vgl auch *Weber-Wilfert*, IRÄG 2010, 61, die die Begründung neuer Arbeitsverhältnisse in kleinem Rahmen noch dem normalen Geschäftsbetrieb zuordnet). 14

Die **Beendigung von Arbeitsverhältnissen** während des **Konkursverfahrens** und des **Sanierungsverfahrens ohne Eigenverwaltung** fällt auf Arbeitgeberseite jedenfalls allein in die Kompetenz des Masseverwalters (*Nunner-Krautgasser*, DRdA 2017, 9). Wurde die Auflösungserklärung des AG vor Verfahrenseröffnung abgegeben, geht sie dem AN aber erst nach Verfahrenseröffnung zu, so ist sie den Insolvenzgläubigern gegenüber unwirksam (OGH 9 ObA 292/97z, DRdA 1998, 213 = infas 1998 A 66). Der AN bleibt dann der Insolvenzmasse gegenüber zur Arbeitsleistung verpflichtet und behält ihr gegenüber auch seinen Entgeltanspruch (*Löschnigg*, Arbeitsrecht[12] 812). Im Sanierungsverfahren mit Eigenverwaltung benötigt der eigenverwaltende Schuldner zu einer wirksamen Vertragsauflösung nach § 25 IO gem § 171 Abs 1 IO jedenfalls die Zustimmung des Sanierungsverwalters. Glei- 15 ches gilt für den – unter § 21 IO fallenden (OGH 8 ObS 141/01w) – insolvenzspezifischen Rücktritt von noch nicht angetretenen Arbeitsverhältnissen (§ 171 Abs 1 S 2 IO). Die Vertragsauflösung nach allgemeinem Arbeitsrecht kann hingegen – je nach den Umständen des Einzelfalls – durchaus noch zum gewöhnlichen Unternehmensbetrieb gehören und damit in die Schuldnerkompetenz fallen (*Weber-Wilfert*, IRÄG 2010, 61). Soweit die Vertragsbeendigung in die Verwalterkompetenz fällt, bleibt ein AN, dessen Arbeitsverhältnis vom insolventen AG selbst aufgelöst wurde, wiederum gegenüber der Insolvenzmasse zur Erbringung der Arbeitsleistung verpflichtet und behält gleichzeitig seinen Entgeltanspruch (OGH 9 ObA 292/97z, DRdA 1998, 213 = infas 1998 A 66; *Löschnigg*, Arbeitsrecht[12] 812). Eine (rückwirkende) Heilung einer vom Insolvenzschuldner vorgenommenen unwirksamen Kündigung durch Genehmigung des Insolvenzverwalters ist nicht möglich (vgl Rz 8). Bleibt der AN aufgrund der (unwirksamen) Auflösungserklärung des Schuldners rechtsirrtümlich der Arbeit fern, setzt er dadurch **keinen Entlassungsgrund,** sofern er die tatsächliche Rechtslage nicht kannte oder kennen musste (*Nunner-Krautgasser*, DRdA 2017, 9). Damit eine Entlassung gerechtfertigt ist, muss dem AN nämlich die Pflichtwidrigkeit seines Verhaltens bewusst sein; ein nicht vorwerfbarer Irrtum über die Pflichtwidrigkeit seines Verhaltens (das kann auch ein Rechtsirrtum sein) schließt dabei allerdings die Schuld aus (OGH 9 ObA 53/02p; RIS-Justiz RS0060748 [T 3]).

16 Auch **Auflösungserklärungen des AN iSd § 25 IO** haben im Konkursverfahren und im Sanierungsverfahren ohne Eigenverwaltung dem Masseverwalter gegenüber zu erfolgen. Im Sanierungsverfahren mit Eigenverwaltung ist die Empfangnahme von Lösungserklärungen der AN dem gewöhnlichen Unternehmensbetrieb zuzurechnen (*Reissner* in ZellKomm[3] § 3 IO Rz 8). Auch die Entgegennahme von **Auflösungserklärungen nach allgemeinem Arbeitsrecht** gehört idR (wobei eine Beurteilung nach Maßgabe der Umstände des Einzelfalls zu erfolgen hat) noch zum gewöhnlichen Unternehmensbetrieb und fällt damit in die Schuldnerkompetenz (*Weber-Wilfert*, IRÄG 2010, 61).

3.2 Insolvenz des AN

17 Für die Insolvenz natürlicher Personen enthält die IO in den §§ 181 ff zahlreiche Sonderbestimmungen. Soweit die natürliche Person kein Unternehmen betreibt, wird das (von den BG durchzuführende) Insolvenzverfahren als **Schuldenregulierungsverfahren** bezeichnet (vgl § 182 IO). Dem Schuldner steht in diesem Verfahren **grundsätzlich Eigenverwaltung** zu (§ 186 Abs 1 IO); ein Insolvenzverwalter ist hier im Regelfall (zu den Ausnahmen s § 186 Abs 2 IO) nicht zu bestellen (*Dellinger/Oberhammer/Koller*, Insolvenzrecht[3] Rz 498).

Die bloße Eröffnung des Insolvenzverfahrens über das Vermögen des AN lässt das Arbeitsverhältnis – wie erwähnt (Vorbem Rz 16) – unberührt (*Löschnigg*, Arbeitsrecht[12] 821; *Widhalm-Budak* in *Konecny/Schubert* § 21 KO Rz 1; OGH 9 ObS 11/90, EvBl 1990/174 = ARD 4235/27/91). Auch das besondere **Lösungsrecht nach § 21 IO** spielt für das Arbeitsverhältnis des Schuldners keine praktische Rolle: Der AN hat im Rahmen seiner Eigenverwaltung (vgl § 187 Abs 1 Z 2 IO) zwar theoretisch die Möglichkeit, gem § 21 IO vom Vertrag zurückzutreten (*Mohr* in *Konecny/Schubert* § 187 KO Rz 5 ff), er wird aber in aller Regel wenig Interesse daran haben, sich (und damit die Masse) um die oft einzige Einnahmequelle zu bringen (vgl *Löschnigg*, Arbeitsrecht[12] 821). 18

Gem § 187 Abs 1 Z 5 IO ist der Schuldner auch bei **Eigenverwaltung** nicht zur Empfangnahme des pfändbaren Teils der **Einkünfte aus einem Arbeitsverhältnis** oder sonstiger wiederkehrender Leistungen mit Einkommensersatzfunktion berechtigt und darf darüber auch nicht verfügen (*Löschnigg*, Arbeitsrecht[12] 822). Gleich wie bei Entziehung der Eigenverwaltung erhält der Schuldner daher jedenfalls **nur den unpfändbaren Teil seiner Einkünfte.** Der pfändbare Teil der Bezüge ist an das Insolvenzgericht oder im Fall der Bestellung eines Insolvenzverwalters an diesen zu überweisen (*Mohr* in *Konecny/ Schubert* § 187 KO Rz 20). Eine irrtümliche Überweisung der pfändbaren Bezüge an den Schuldner ist nach § 3 Abs 2 IO zu beurteilen, sodass der AG (vorbehaltlich der beiden Ausnahmen) grundsätzlich zur nochmaligen Leistung verpflichtet ist (*Mohr* in *Konecny/Schubert* § 187 KO Rz 22). Wird ein **Abschöpfungsverfahren** eingeleitet, so hat der Schuldner gem § 199 Abs 2 IO den pfändbaren Teil seines Arbeitseinkommens an einen gerichtlich bestellten Treuhänder abzutreten. Der Treuhänder hat die Abtretung dem AG mitzuteilen (§ 203 Abs 1 IO); ab diesem Zeitpunkt kann der AG nur mehr an den Treuhänder schuldbefreiend leisten (*Mohr* in *Konecny/Schubert* § 203 KO Rz 1). 19

Bei Eigenverwaltung ist der Schuldner grundsätzlich selbst zur **Führung von Prozessen** befugt. Sein Prozessführungsrecht ist nur insoweit beschränkt, als die Führung von die Insolvenzmasse betreffenden Prozessen durch den Schuldner iSd § 187 Abs 1 Z 3 IO der Zustimmung des Insolvenzgerichts bedarf (OGH 6 Ob 309/00k; RIS-Justiz RS0111634). Bzgl der Geltendmachung von **Lohnansprüchen** wurde von Teilen der Lehre (insb *Konecny*, JBl 2004, 351 f; aA *Mohr* in *Konecny/Schubert* § 187 KO Rz 22) aus § 187 Abs 1 Z 5 IO systematisch kohärent abgeleitet, dass der Schuldner auch bei Eigenverwaltung nur den unpfändbaren Teil seines Lohnanspruchs selbst durchsetzen könne; für den pfändbaren Teil sei hingegen gegebenenfalls ein Insolvenzverwalter zu bestellen. Dem ist schon deshalb zu folgen, weil die Prozessführungsbefugnis grundsätzlich an die materiellrechtliche Verfügungs- 20 befugnis geknüpft ist (*Nunner-Krautgasser* in *Fasching/Konecny* II/1[3] § 1 ZPO Rz 25 ff). Die Rsp (OGH 9 ObA 39/97v, SZ 70/105; 6 Ob 308/00k, SZ 74/91; RIS-Justiz RS0107925) ist dieser Auffassung jedoch nicht gefolgt, weil dieses Ergebnis nicht der Intention des Gesetzgebers entspreche, wonach das Instrument der Eigenverwaltung auf eine einfache und kostensparende Abwicklung des Schuldenregulierungsverfahrens abziele (mit Verweis auf ErläutRV 1218 BlgNR 18. GP 21 f). Stattdessen sei die Bestimmung des § 187 Abs 1 Z 5 IO dahingehend teleologisch zu reduzieren, dass damit die Verfügungsfähigkeit über diese Einkünfte nicht völlig ausgeschlossen, sondern nur insoweit beschränkt werde, als dies der Zweck dieser Bestimmung – nämlich die Sicherung der Verwendung dieser Bezüge zur Schuldentilgung – erfordere. Dieser Zweck verlange es aber nicht, dem AN die Prozessführungsbefugnis für diese Bezüge völlig zu entziehen, denn damit sei häufig ein erhöhter Kostenaufwand verbunden, der dem Ziel des Schuldenregulierungsverfahrens geradezu zuwiderlaufe. Es genüge daher, das Prozessführungsrecht hinsichtlich der pfändbaren Einkommensteile dahin zu beschränken, dass dem AN die gerichtliche Geltendmachung seiner Ansprüche zwar möglich bleibe, er jedoch im Prozess nicht die Zahlung seiner pfändbaren Ansprüche an sich selbst, sondern stattdessen nur **Zahlung an das Insolvenzgericht begehren** könne (OGH 9 ObA 39/97v, SZ 70/105; 6 Ob 308/00k, SZ 74/91; RIS-Justiz RS0107925). Die Geltendmachung eines Anspruchs auf **Insolvenz-Entgelt** ist jener des Lohnanspruchs gleichzusetzen; sofern ein Insolvenzverwalter bestellt wurde, ist dieser zur Geltendmachung von Insolvenz-Entgelt legitimiert (vgl OGH 9 ObS 11/90, EvBl 1990/174 = ARD 4235/27/91; RIS-Justiz RS0076458).

21   **Nicht massebezogene Ansprüche** hingegen hat der Schuldner jedenfalls persönlich durchzusetzen. Anders als in der Arbeitgeberinsolvenz (vgl Vorbem Rz 18) ist der Anspruch des insolventen **AN** auf **Ausstellung eines Arbeitszeugnisses** nicht als massebezogen zu werten (LGZ Wien 44 R 250/81, Arb 10.050). Da die Arbeitskraft des AN nicht Bestandteil der Insolvenzmasse ist (OGH 8 Ob 7/06x), muss auch die Ausstellung eines Arbeitszeugnisses durch den AG zum insolvenzfreien Bereich gehören.

.....

Wirkung der Eröffnung des Insolvenzverfahrens auf Absonderungs- und Aussonderungsrechte

§ 11. (1) Absonderungsrechte sowie Rechte auf Aussonderung nicht zur Insolvenzmasse gehöriger Sachen werden durch die Eröffnung des Insolvenzverfahrens nicht berührt.

(2) Die Erfüllung eines Aussonderungsanspruchs, die die Fortführung des Unternehmens gefährden könnte, kann vor Ablauf von sechs Monaten ab der Eröffnung des Insolvenzverfahrens nicht gefordert werden; das gilt nicht, wenn die Erfüllung zur Abwendung schwerer persönlicher oder wirtschaftlicher Nachteile des Berechtigten unerläßlich ist und eine Zwangsvollstreckung in anderes Vermögen des Schuldners zu einer vollständigen Befriedigung des Gläubigers nicht geführt hat oder voraussichtlich nicht führen wird. Diese Bestimmungen sind auch auf Ansprüche auf abgesonderte Befriedigung aus bestimmten Sachen anzuwenden.

(3) Das Exekutionsgericht hat auf Antrag des Insolvenzverwalters oder auf Ersuchen des Insolvenzgerichts ein Exekutionsverfahren wegen eines Aussonderungs- oder eines Absonderungsanspruchs, ausgenommen die Begründung eines richterlichen Pfand- oder Befriedigungsrechts, so weit und so lange aufzuschieben, als der Berechtigte Erfüllung nicht verlangen kann. Die Frist des § 256 Abs. 2 EO verlängert sich um die Zeit der Aufschiebung. Das aufgeschobene Exekutionsverfahren ist nach Ablauf der Aufschiebungsfrist nur auf Antrag des Berechtigten wieder aufzunehmen.

(§ 11 IO idF BGBl I 2010/29)

Schrifttum zu § 11 IO

Ph. Anzenberger, Die Insolvenzfestigkeit von Bestandverträgen (2014);
Hämmerle, Absonderungsrechte und Drittsicherheiten, ÖBA 2011, 641;
Kodek, Von der KO zur IO – Das IRÄG 2010 im Überblick, ÖBA 2010, 498;
Konecny, Wirkungen erstinstanzlicher Urteile in arbeitsrechtlichen Streitigkeiten
  gemäß § 61 ASGG, ZAS 1986, 155;
Konecny, Das Insolvenzrechtsänderungsgesetz 2010, ZIK 2010, 82;
Mohr, Neuerungen im Unternehmensinsolvenzrecht – IRÄG 2010, ÖJZ 2010, 887;
Nunner-Krautgasser, Haftungsrechtliche Unwirksamkeit infolge Insolvenzanfechtung
  und ihre Tragweite in der Insolvenz des Anfechtungsgegners, in *Konecny* (Hrsg),
  Insolvenzrecht und Kreditschutz (2015) 129;
Reckenzaun, Neues bei Aus- und Absonderungsrechten, in *Konecny* (Hrsg),
  IRÄG 2010 (2010) 95;
Reckenzaun, Sachhaftung nach Sanierungsplan (§ 149 IO), Zak 2016, 107;
Reissner, Die Absonderungsansprüche der Betriebspensionisten gem § 11 BPG,
  ZIK 2009, 185;

Riedler, Der Eigentumsvorbehalt in der Insolvenz des Käufers nach dem IRÄG 2010, ÖJZ 2011, 904;
Schauer, Wertpapierdeckung der Pensionsrückstellung und Anspruchssicherung der Arbeitnehmer – Bemerkungen zu §§ 9, 11 BPG, GesRZ 1997, 152;
Weissel, Zur Zwangsstundung aus der Sicht eines Kreditinstituts, ZIK 2010, 11;
Widhalm-Budak, Die Änderungen durch das IRÄG 2010 bei Absonderungsrechten und bei der Anfechtung, in *Konecny* (Hrsg), Insolvenz-Forum 2009 (2010) 105;
Widhalm-Budak/Riel, Aus der Sache volle Haftung? ZIK 2016, 46;
Wühl, Zu den Voraussetzungen und Rechtswirkungen der sog „Zwangsstundung" gem § 11 Abs 2 IO, ÖJZ 2015, 5.

Übersicht zu § 11 IO

1. Allgemeines.. Rz 1–6
2. Aussonderungsansprüche des AN in der Insolvenz des AG .... Rz 7
3. Absonderungsansprüche des AN in der Insolvenz des AG................. Rz 8–11

1. Allgemeines

1 **Aussonderungsrechte** sind dingliche oder persönliche Rechte auf Herausgabe einer Sache, die dem Schuldner ganz oder teilweise nicht gehört, aus der Insolvenzmasse (vgl § 44 Abs 1 IO). Zur Aussonderung berechtigen nicht nur Herrschaftsrechte (wie insb das Eigentumsrecht), sondern auch obligatorische Rückforderungsansprüche (sog Reddere-Ansprüche) etwa des Vermieters, des Verleihers, des Verpächters oder des Hinterlegers (*Apathy* in *Bartsch/Pollak/Buchegger* I[4] § 11 KO Rz 5). Maßgeblich ist nämlich, dass mit dem Anspruch die fehlende (haftungsrechtliche) Zuordnung einer Sache zur Sollmasse geltend gemacht wird (*Nunner-Krautgasser*, Haftungsrechtliche Unwirksamkeit 142; vgl auch *Schulyok* in *Konecny/Schubert* § 44 KO Rz 1).

2 **Absonderungsrechte** sind Rechte eines Gläubigers auf „abgesonderte" (= vorrangige) Befriedigung aus bestimmten (sollmassezugehörigen) Sachen des Schuldners. Soweit ihre Forderungen reichen, schließen Absonderungsgläubiger die Insolvenzgläubiger von der Zahlung aus diesen Sachen aus (§ 48 Abs 1 IO). Das in praxi wichtigste Absonderungsrecht ist das (vertragliche, exekutive oder gesetzliche; vgl *Deixler-Hübner* in *Konecny* § 11 IO Rz 4) **Pfandrecht.** Daneben berechtigen etwa auch das Sicherungseigentum, die Rechte aus einer Sicherungsabtretung (§ 10 Abs 3 IO) oder das Zurückbehaltungsrecht (§ 10 Abs 2 IO) zur Absonderung (*Apathy* in *Bartsch/Pollak/Buchegger* I[4] § 11 KO Rz 2).

3 Aus- und Absonderungsrechte werden durch die Eröffnung des Insolvenzverfahrens **grundsätzlich nicht berührt** (§ 11 Abs 1 IO). Voraussetzung dafür ist, dass sie im Zeitpunkt der Verfahrenseröffnung zu Recht bestehen (etwa OGH 3 Ob 85/08h, ZIK 2009/209, 134; RIS-Justiz RS0032577). **Ausson-**

derungsrechte sind dem Insolvenzverwalter gegenüber geltend zu machen und können grundsätzlich (zu § 11 Abs 2 und 3 IO vgl Rz 5; für Aussonderungsrechte am Arbeitseinkommen s § 12a Rz 1 ff) ungehindert bei Gericht eingeklagt und im Exekutionsweg durchgesetzt werden. Auch **Absonderungsgläubiger** können ihre Rechte nach allgemeinen Grundsätzen durchsetzen (zu § 11 Abs 2 und 3 IO vgl Rz 5; für Absonderungsrechte am Arbeitseinkommen s § 12a Rz 1 ff) und müssen diese grundsätzlich nicht anmelden (OGH 5 Ob 273/63, EvBl 1964/35; RIS-Justiz RS0064210; *Dellinger/Oberhammer/Koller*, Insolvenzrecht[3] Rz 206 ff sowie 215 ff). Bereits anhängige Prozesse über Aus- und Absonderungsrechte werden durch die Eröffnung des Insolvenzverfahrens unterbrochen (§ 7 Abs 1 IO), können aber gegen den Insolvenzverwalter fortgesetzt werden (§ 6 Abs 2 IO). Bei Aussonderungsklagen kann der Insolvenzverwalter den Eintritt in den Prozess ablehnen; in diesem Fall scheiden die vom Aussonderungsgläubiger beanspruchten Sachen aus der Insolvenzmasse aus (§ 8 Abs 1 IO).

4 Eine wichtige Ausnahme vom Grundsatz der Unberührtheit von Absonderungsrechten wurde mit dem IRÄG 2010 geschaffen: Wird ein Sanierungsplan bestätigt, so sind nunmehr gem § 149 Abs 1 S 2 IO die gesicherten Forderungen mit dem **Wert der Sache begrenzt,** an der Absonderungsrechte bestehen (zur Ermittlung des Werts vgl § 156b IO). Die **Sachhaftung** bleibt also nur **in dem Umfang** erhalten, in dem die **Forderung im Absonderungsgut Deckung findet** (*Reckenzaun*, Zak 2016, 107; *Widhalm-Budak*, Änderungen 112). Daraus ergibt sich auch, dass der Absonderungsgläubiger das **Absonderungsgut freigeben muss,** wenn die gesicherte Forderung bis zu jenem Betrag befriedigt wurde, mit dem sie im Wert des Absonderungsguts noch Deckung findet (ErläutRV 612 BlgNR 24. GP 23; *Kodek*, ÖBA 2010, 501; *Konecny*, ZIK 2010, 88). Hat der Schuldner die Forderung eines Hypothekargläubigers (dessen Forderung im Wert des Absonderungsguts Deckung findet) befriedigt, kann er diesen daher auf **Löschung** klagen; für jene Forderungen, welche auf Grund ihres schlechten Rangs nicht einmal teilweise im Wert des Pfandobjekts Deckung finden, kann der Schuldner sofort Löschung begehren (*Mohr*, ÖJZ 2010, 896). Die **gegenteilige Ansicht** des OGH **in der E 9 Ob 17/15p**, wonach (gestützt auf den Wortlaut des § 149 Abs 1 S 2 IO: „die gesicherten Forderungen") der Schuldner auch von einzelnen Gläubigern erst dann eine Löschung begehren könne, wenn er alle bis zum Wert des Absonderungsguts gesicherten Forderungen beglichen hat, wird in der Literatur zutreffend abgelehnt (*Reckenzaun*, Zak 2016, 108 ff; *Widhalm-Budak/Riel*, ZIK 2016, 48).

5 Könnte die **Erfüllung eines Aus- oder Absonderungsanspruchs** die **Fortführung des Unternehmens gefährden,** so kann diese **vor Ablauf von sechs Monaten ab der Eröffnung des Insolvenzverfahrens nicht gefordert werden** (§ 11 Abs 2 IO). Das gilt allerdings nicht, wenn die Erfüllung zur Ab-

wendung schwerer persönlicher oder wirtschaftlicher Nachteile des Berechtigten unerlässlich ist und eine Zwangsvollstreckung in anderes Vermögen des Schuldners nicht zu einer vollständigen Befriedigung des Gläubigers geführt hat oder voraussichtlich führen wird (§ 11 Abs 2 IO). Von einer **Gefährdung der Unternehmensfortführung** ist dann auszugehen, wenn das Aus- oder Absonderungsgut ein **notwendiges Betriebsmittel** darstellt, wenn es also unmittelbar mit dem Geschäftskonzept des Unternehmens zusammenhängt und eine rasche Ersatzbeschaffung unmöglich oder untunlich ist (*Ph. Anzenberger*, Insolvenzfestigkeit 177 f). Bei der Überprüfung der **Unerlässlichkeit zur Abwendung eines schweren persönlichen oder wirtschaftlichen Nachteils** ist eine **Interessenabwägung** durchzuführen, wobei es im Ergebnis darauf ankommt, ob dem Aus- oder Absonderungsberechtigten die Zwangsstundung zumutbar ist (*Ph. Anzenberger*, Insolvenzfestigkeit 178). Für den Zeitraum der Zwangsstundung nach § 11 Abs 2 IO sind über Antrag des Insolvenzverwalters oder auf Ansuchen des Insolvenzgerichts auch entsprechende **Exekutionsverfahren** aufzuschieben (§ 11 Abs 3 IO).

6 **Exekutive Pfandrechte,** die in den letzten 60 Tagen vor der Verfahrenseröffnung begründet wurden, erlöschen (mit Ausnahme der für öffentliche Abgaben erworbenen) durch die Eröffnung des Insolvenzverfahrens (§ 12 Abs 1 IO; sog **Rückschlagsperre**). Das hat zur Folge, dass jene Forderungen, für welche das erloschene Pfandrecht erworben wurde, nur als Insolvenzforderungen berücksichtigt werden. Die erloschenen exekutiven Pfandrechte leben aber wieder auf, wenn das Insolvenzverfahren mangels Masse aufgehoben wird (§ 123a IO).

2. Aussonderungsrechte des AN in der Insolvenz des AG

7 **Aussonderungsrechte des AN** unterliegen **in der Insolvenz des AG** keinen Sonderbestimmungen; insoweit kommen die unter Rz 1 ff dargestellten (allgemeinen) Regeln zur Anwendung. Typisch sind iZm dem Arbeitsverhältnis etwa Aussonderungsansprüche an vom AN eingebrachten Sachen und Werkzeugen, an Arbeitspapieren (etwa an Zeugnissen aus früheren Dienstverhältnissen oder Befähigungsnachweisen; vgl *Konecny*, ZAS 1986, 160) oder an einer von ihm nach den Bestimmungen des KautSchG bestellten Kaution. Andere Aussonderungsrechte (etwa eine vom AN unter Eigentumsvorbehalt an den AG verkaufte Sache) sind aber gleichermaßen möglich.

3. Absonderungsrechte des AN in der Insolvenz des AG

8 IZm dem Arbeitsverhältnis ist es zunächst denkbar, dass der AN seine Forderungen durch ein **Vertragspfandrecht** abgesichert oder dass er für rückständige Entgeltforderungen bereits ein **exekutives Pfandrecht** erworben

hat. Von praktischer Bedeutung sind außerdem **Zurückbehaltungsrechte,** etwa das Zurückbehaltungsrecht des Werkunternehmers zur Sicherung seines Werklohns an den zur Bearbeitung überlassenen Sachen des Auftraggebers (vgl § 471 ABGB) oder das kaufmännische Zurückbehaltungsrecht des Handelsvertreters gem § 19 HVertrG iVm §§ 369 f UGB. Auf diese Absonderungsrechte kommen die zuvor beschriebenen (Rz 3 ff) allgemeinen Bestimmungen zur Anwendung.

Daneben finden sich in einigen SonderG **arbeitnehmerspezifische Absonderungsrechte** in der Insolvenz des AG: So sind für direkte Leistungszusagen bzgl eines betrieblichen Ruhegenusses gem § 11 Abs 1 S 1 BPG iVm § 211 Abs 2 UGB und § 14 Abs 7 EStG **Pensionsrückstellungen** zu bilden, die zumindest teilweise (zur Regelung im Detail s § 14 Abs 7 EStG) mit Wertpapieren zu decken sind. An solchen **Wertpapieren** haben die Anwartschafts- und Leistungsberechtigten aus direkten Leistungszusagen gem § 11 Abs 1 S 2 BPG ein **Absonderungsrecht** in der Insolvenz des AG. Soweit die Ansprüche gegen den AG gem § 11 IESG auf den IEF übergehen, gebührt diesem auch der Erlös aus dem Verkauf der Wertpapiere (§ 11 Abs 3 S 1 BPG). Der übrige Verkaufserlös steht den Anwartschafts- und Leistungsberechtigten entsprechend der Höhe ihrer Unverfallbarkeitsbeiträge oder Leistungsansprüche zu (§ 11 Abs 3 S 2 BPG). Das Absonderungsrecht nach § 11 Abs 1 S 2 BPG ist ein **gesetzliches Pfandrecht;** zu seiner Begründung bedarf es daher keiner rechtsgeschäftlichen Widmung des AG (OGH 8 ObA 14/10g; RIS-Justiz RS0126746; vgl schon *Reissner*, ZIK 2009, 187). Wegen des Spezialitätsprinzips ist es allerdings notwendig, dass die Zuordnung der vorhandenen Wertpapiere als Deckung der Pensionsrückstellung eindeutig und in Willkür ausschließender Weise nachvollziehbar ist (OGH 8 ObA 14/10g; vgl auch *Schauer*, GesRZ 1997, 168). Ein rechtswidriges Unterbleiben oder eine verbotswidrige Verringerung der Wertpapierdeckung nach § 11 BPG wirkt sich daher im Insolvenzfall zu Lasten der Absonderungsansprüche der Betriebspensionsberechtigten aus (OGH 8 ObA 14/10g; RIS-Justiz RS0126747). Hat der AG entgegen § 11 Abs 1 S 1 BPG Pensionsrückstellungen nicht durch Wertpapiere gebildet, sondern – erkennbar Rückstellungszwecken gewidmete – **Rückdeckungsversicherungen** „zu Gunsten" der AN abgeschlossen, ist § 11 Abs 1 S 2 BPG darauf analog anwendbar (OGH 9 ObA 67/04z; 9 ObA 108/07h; RIS-Justiz RS0119189).

Im **Baugewerbe** (vgl §§ 2 f BUAG) richten sich Ansprüche des AN auf Urlaubsentgelt auf Grund der hohen Fluktuation und Saisonabhängigkeit in dieser Branche gegen eine öffentlich-rechtliche Institution, nämlich die BUAK (*Löschnigg*, Arbeitsrecht[12] 512); diese wird durch Zuschlagsleistungen der AG gespeist. Die Auszahlung der Urlaubsentgelte erfolgt gleichwohl grundsätzlich durch den AG. Die von der BUAK dem AG zu treuen Handen überwiesenen

Urlaubsentgelte bilden in dessen Insolvenz eine Sondermasse (§ 12 Abs 2 S 1 BUAG). Aus dieser Sondermasse ist der **Rückzahlungsanspruch der Kasse auf die Urlaubsentgelte** zu berichtigen (§ 12 Abs 2 S 2 BUAG). Wurde die Sondermasse allerdings mit dem Vermögen des Schuldners derart vermengt, dass eine Mengenvindikation nicht mehr möglich ist, steht der BUAK nur mehr ein schuldrechtlicher Anspruch zu, der nach der Rsp eine Insolvenzforderung (und keine Masseforderung) darstellt (OGH 8 Ob 29/95; RIS-Justiz RS0081568).

11   Das Vorzugsrecht für Entgeltansprüche von AN eines land- oder forstwirtschaftlichen Betriebs gem § 216 Abs 1 Z 3 EO aF, das vom Gesichtspunkt des Gleichheitsgebotes ohnedies bedenklich war (vgl *Angst* in *Angst/Oberhammer*, EO³ § 216 Rz 9), wurde in der in diesem Punkt am 1. 9. 1999 in Kraft getretenen WRN 1999 BGBl I 1999/147 beseitigt und durch ein gesetzliches Vorzugspfandrecht für die Wohnungseigentümergemeinschaft und die Wohnungseigentümer ersetzt (vgl § 27 WEG 2002).

.....

Einkünfte aus einem Arbeitsverhältnis

§ 12a. (1) Aus- oder Absonderungsrechte, die vor Eröffnung des Insolvenzverfahrens durch Abtretung bzw. Verpfändung einer Forderung auf Einkünfte aus einem Arbeitsverhältnis oder auf sonstige wiederkehrende Leistungen mit Einkommensersatzfunktion erworben worden sind, erlöschen zwei Jahre nach Ablauf des Kalendermonats, in den die Eröffnung des Insolvenzverfahrens fällt.

(2) Nur für den in Abs. 1 bezeichneten Zeitraum kann der Drittschuldner gegen die Forderung auf Einkünfte aus einem Arbeitsverhältnis oder auf sonstige wiederkehrende Leistungen mit Einkommensersatzfunktion eine Forderung aufrechnen, die ihm gegen den Schuldner zusteht. §§ 19 und 20 bleiben unberührt.

(3) Absonderungsrechte, die vor Eröffnung des Insolvenzverfahrens durch Exekution zur Befriedigung oder Sicherstellung einer Forderung auf Einkünfte aus einem Arbeitsverhältnis oder auf sonstige wiederkehrende Leistungen mit Einkommensersatzfunktion erworben worden sind, erlöschen mit Ablauf des zur Zeit der Eröffnung des Insolvenzverfahrens laufenden Kalendermonats. Wird das Insolvenzverfahren nach dem 15. Tag des Monats eröffnet, so erlischt das Absonderungsrecht erst mit Ablauf des folgenden Kalendermonats.

(4) Aus- und Absonderungsrechte nach Abs. 1 und 3 leben wieder auf, wenn
1. das Insolvenzverfahren nach §§ 123a, 123b oder 139 aufgehoben wird oder
2. die gesicherte Forderung wieder auflebt oder
3. das Abschöpfungsverfahren vorzeitig eingestellt wird oder
4. die Restschuldbefreiung nicht erteilt oder widerrufen wird.

(5) Aus- und Absonderungsrechte nach Abs. 1 und 3, die zugunsten einer von der Restschuldbefreiung ausgenommenen Forderung erworben worden sind, leben auch bei Erteilung der Restschuldbefreiung wieder auf.

(6) Das Gericht hat dem Drittschuldner den Zeitpunkt des Erlöschens und auf Antrag des Gläubigers das Wiederaufleben der Rechte nach Abs. 1 und 3 mitzuteilen.

(§ 12a IO eingefügt durch BGBl 1993/974, idF BGBl I 2010/29)

Schrifttum zu § 12a IO

Ph. Anzenberger, Vorschüsse und Arbeitgeberdarlehen in der Gehaltsexekution, ÖJZ 2011, 996;
Birek, Unterhaltsrückstände und Konkurs, ZIK 2008, 146;
Borns, Das Schicksal der Ab- und Aussonderungsrechte an Lohneinkünften im Konkurs, ÖBA 1995, 441;
Hämmerle, Erlischt die Verpfändung von Ansprüchen aus einer Rentenversicherung zwei Jahre nach Insolvenz des Versicherungsnehmers?, ZIK 2014, 86;
Konecny, Eigenverwaltung im Konkurs privater Schuldner, in *Buchegger* (Hrsg), Beiträge zum Zivilprozeßrecht V (1995) 45;
Konecny, Keine Entscheidung über Aus- und Absonderungsrechte im Konkursverfahren, ZIK 2004, 74;
Konecny/Weber, Aufrechnung durch Sozialversicherungsträger im Privatkonkurs, ZIK 1999, 191;
Nunner-Krautgasser, Aufrechnung in der Insolvenz: Grundlagen und aktuelle Rechtsfragen, in *Nunner-Krautgasser/Kapp/Clavora* (Hrsg), Jahrbuch Insolvenz- und Sanierungsrecht 2014 (2014) 163;
Nunner-Krautgasser, Verstärkter Senat: Beschränkung der Aufrechnungsbefugnis durch Sanierungsplan, Zak 2016, 144;
Reisenhofer, Konkursanfechtung eines exekutiven Gehaltspfandrechts, ZIK 2009, 7;
Schneider, Sicherungsrechte am Einkommen im grenzüberschreitenden Insolvenzverfahren, ZIK 2011, 45.

Übersicht zu § 12a IO

1. **Ziele der Regelung** .... Rz 1
2. **Erfasste Aus- und Absonderungsrechte** .... Rz 2–3
3. **Das Erlöschen der Rechte Dritter am Arbeitseinkommen des Schuldners**
   3.1 Vertragliche Aus- und Absonderungsrechte (Abs 1) .... Rz 4–6
   3.2 Aufrechnungsbefugnisse (Abs 2) .... Rz 7–10
   3.3 Exekutive Absonderungsrechte (Abs 3) .... Rz 11–12
4. **Wiederaufleben der erloschenen Aus- und Absonderungsrechte** ..... Rz 13–16
5. **Information des Drittschuldners** .... Rz 17

1. Ziele der Regelung

1 Die Bezüge aus unselbständiger Erwerbstätigkeit stellen in der Insolvenz eines AN idR seine wichtigste Einkommensquelle dar. Ohne eine Beschränkung der Verpfändungen, Pfändungen bzw Vorausabtretungen dieser Bezüge wäre eine **Schuldnersanierung** daher oft deutlich schwieriger zu erzielen (ausführlich OGH 3 Ob 127/08k). Aus diesem Grund wurde im Rahmen der KO-Novelle 1993 BGBl 974 – begleitend zur Einführung besonderer, auf natürliche Personen zugeschnittener Sanierungsinstrumente (nämlich des

Zahlungsplans und des Abschöpfungsverfahrens; vgl §§ 193 ff IO) – die Bestimmung des § 12a IO (damals noch KO) geschaffen, die **die Wirkungsdauer von Vorausabtretungen, Verpfändungen und Pfändungen** sowie von Aufrechnungsbefugnissen an Bezügen aus unselbständiger Erwerbstätigkeit des Schuldners **beschränkt**. Dadurch sollte dem Schuldner eine realistische Chance zur (eigenständigen) Aufbringung der für die Sanierung notwendigen Finanzmittel ermöglicht werden (ErläutRV 1218 BlgNR 18. GP 16). Mit dem Entfall der Mindestquote im Abschöpfungsverfahren (vgl § 213 IO) durch das IRÄG 2017 BGBl I 122 hat dieser Gedanke allerdings insofern an Gewicht verloren, als eine Schuldnersanierung nunmehr auch gegen den Willen der Gläubiger ohne gesetzliche Mindestquote möglich ist.

2. Erfasste Aus- und Absonderungsrechte

§ 12a IO erfasst Forderungen aus **Einkünften aus einem Arbeitsverhältnis** und aus **sonstigen wiederkehrenden Leistungen mit Einkommensersatzfunktion**. Der Begriff „wiederkehrende Leistungen mit Einkommensersatzfunktion" wird gesetzlich nicht definiert; der Normzweck (vgl Rz 1) gebietet hier nach hA eine tendenziell weite Auslegung (*Deixler-Hübner* in *Konecny* § 12a IO Rz 3; *Konecny*, Eigenverwaltung 76), die an § 290a EO zu orientieren sei. Zu beachten ist allerdings, dass der Anwendungsbereich dieser Bestimmungen durchaus unterschiedlich ist (OGH 8 Ob 55/04b, ZIK 2004/262, 204). Die Rsp (OGH 8 Ob 55/04b, ZIK 2004/262, 204) hat insoweit **drei zentrale Kriterien** für die Beurteilung der von § 12a IO erfassten Einkünfte entwickelt. Diese sind 2

- der wiederkehrende Charakter der Vergütungen,
- der Umstand, dass diese für Arbeitsleistungen erfolgen, und
- das Faktum, dass diese Erwerbstätigkeit den Verpflichteten zu einem wesentlichen Teil in Anspruch nimmt.

Die hL zieht den Kreis der von § 12a IO erfassten Leistungen zT weiter (vgl *Apathy* in *Bartsch/Pollak/Buchegger* I[4] § 12a KO Rz 4): § 12a IO erfasste demnach etwa Einkünfte aus einem privat- oder öffentlich-rechtlichen Arbeitsverhältnis, einem Lehr- oder sonstigen Ausbildungsverhältnis, die gesetzlichen Leistungen an Präsenz-, Ausbildungs- oder Zivildienstleistende (§ 290a Abs 1 Z 1 EO), Ansprüche auf Pension und Rente (§ 290a Abs 1 Z 4 und 5 EO), Wochengeld (§ 290a Abs 1 Z 6 EO), Arbeitslosengeld (vgl § 290a Abs 1 Z 7 EO), Leistungen wegen Verdienstentgangs (§ 1325 ABGB; vgl § 290a Abs 1 Z 12 EO), wiederkehrende Leistungen auf Grund eines freien Dienstvertrags oder auf Werkvertragsbasis, Tantiemenansprüche eines Komponisten (OGH 8 Ob 55/04b, ZIK 2004/262, 204), Lehrauftragsremunerationen, gesetzliche Unterhaltsleistungen (§ 290a Abs 1 Z 10 EO) sowie wiederkehrende Leistungen aus einem Ausgedinge- oder Leibrente- 3 vertrag (§ 290a Abs 1 Z 11 EO). Des Weiteren erfasst sind Ausgleichszahlungen für Wettbewerbsbeschränkungen, Leistungen aus Anlass einer Beeinträchtigung der Arbeits- oder Erwerbsfähigkeit – etwa Versehrtenrente, Versehrtengeld, Übergangsrente, Übergangsgeld, Familien- und Taggeld sowie Krankengeld –, Leistungen aus Anlass des Mutterschutzes, Arbeitslosenunterstützung und Notstandshilfe, Leistungen aus Versicherungsverträgen mit Versorgungscharakter sowie gesetzliche Unterhaltsleistungen (*Deixler-Hübner* in *Konecny* § 12a IO Rz 4; gegen die Anwendung auf die Erträge aus einem Rentenversicherungsvertrag *Hämmerle*, ZIK 2014, 87). Bei Pfändung eines Arbeitseinkommens ist auch jenes Einkommen betroffen, das der Schuldner bei Bezugserhöhung, Übertragung eines neuen Amts, Versetzung in ein neues Amt oder Versetzung in den Ruhestand erhält (§ 299 Abs 2 S 1 EO; OGH 3 Ob 2376/96z, ZIK 1998, 96). Auch Aufwandsentschädigungen, die nicht nachweislich für einen tatsächlichen berufsbedingten Mehraufwand verwendet werden, wie Lenkerpauschalen, überhöhte Taggelder, Reisekostenvergütungen oder Diäten, Erschwerniszulagen oder freiwillige Zuwendungen des AG, erlöschen grundsätzlich nach § 12a IO. Demgegenüber sind Entschädigungen, die wegen eines beruflichen oder krankheitsbedingten Mehraufwands geleistet werden, oder Zuwendungen, die zweckgebunden gewidmet sind (wie etwa Familien- und Mietzinsbeihilfen oder Pflegegeld), gem § 290 EO unpfändbar und fallen daher gem § 2 Abs 2 IO gar nicht in die Insolvenzmasse (*Deixler-Hübner* in *Konecny* § 12a IO Rz 4).

3. Das Erlöschen der Rechte Dritter am Arbeitseinkommen des Schuldners

3.1 Vertragliche Aus- und Absonderungsrechte (Abs 1)

4 Wurden die von § 12a IO erfassten Aus- und Absonderungsrechte vor Eröffnung des Insolvenzverfahrens **durch Abtretung oder Verpfändung** (also durch Rechtsgeschäft) erworben, so **erlöschen diese zwei Jahre** nach Ablauf des Kalendermonats, in den die Eröffnung des Insolvenzverfahrens fällt (§ 12a Abs 1 IO). Diese Regelung stellt einen angemessenen **Mittelweg** zwischen der Ermöglichung einer Schuldnersanierung im Insolvenzverfahren einerseits und einer Entwertung vertraglicher Sicherheiten an laufenden Bezügen andererseits dar, wobei freilich zu berücksichtigen ist, dass die Werthaltigkeit solcher Sicherheiten auch dem AN selbst nutzt, weil sie ihm Kreditwürdigkeit verschafft (vgl ErläutRV 1218 BlgNR 18. GP 15 ff). Auch bringt diese Regelung zwar eine nicht unerhebliche Einschränkung der Rechtsstellung von gesicherten Gläubigern mit sich, jedoch ist insoweit zu bedenken, dass Sicherungsrechte an Bezügen nur zukünftiges Vermögen erfassen, sodass die Befriedigung der gesicherten Gläubiger ganz allgemein keineswegs von vornherein feststeht.

Das Erlöschen nach § 12a Abs 1 IO wirkt **ipso iure** (OGH 3 Ob 127/08k; **5** RIS-Justiz RS0124081), **ex nunc** (LG Wels 22 R 128/08t, ZIK 2008/285, 166) und ist **auflösend bedingt** (dazu Rz 13 ff), wobei es allerdings nur zu einem Wiederaufleben des „Grundanspruchs" und nicht der einzelnen daraus resultierenden Forderungen kommen kann (OGH 3 Ob 127/08k; *Apathy* in *Bartsch/Pollak/Buchegger* I[4] § 12a KO Rz 8). Insofern ist – anders als nach § 12 IO – die Bildung einer Sondermasse zur Absicherung für den Fall des Wiederauflebens des Aus- oder Absonderungsrechts nicht notwendig. Das bedingte Erlöschen eines vor Verfahrenseröffnung durch Exekution zur Befriedigung oder Sicherstellung erworbenen Pfandrechts auf Forderungen aus Einkünften aus einem Arbeitsverhältnis steht nach der Rsp einer **Anfechtung** nach den §§ 27 ff IO nicht entgegen (OGH 3 Ob 127/08k, EvBl 2009/32, 220 *[Widhalm-Budak]*; RIS-Justiz RS0124083; vgl auch *Reisenhofer*, ZIK 2009, 7 f). Das Erlöschen nach § 12a Abs 1 IO ist nach Ansicht der Rsp kalendermäßig leicht zu erfassen und bedarf daher **keines Beweisverfahrens**; es kann daher mit einer formfreien Mitteilung das Auslangen gefunden werden (OGH 8 Ob 4/04b, ZIK 2004/123, 95; RIS-Justiz RS0118750).

Innerhalb des Zeitraums von **zwei Jahren** ab der Eröffnung des Insolvenz- **6** verfahrens bleiben die **Aus- und Absonderungsrechte unberührt** (OGH 6 Ob 309/00k; RIS-Justiz RS0115405); insoweit ist auch eine Singularexekution weiterhin zulässig (*Apathy* in *Bartsch/Pollak/Buchegger* I[4] § 12a KO Rz 6). Danach stehen die laufenden Bezüge allen Insolvenzgläubigern (im Rahmen der insolvenzrechtlichen Vorschriften) zur Befriedigung zur Verfügung. Daher bleibt dem nichtunternehmerischen Schuldner bei Abschluss eines Sanierungsplans mit einer Zahlungsfrist von bis zu fünf Jahren (vgl § 141 Abs 1 IO) bzw eines Zahlungsplans mit Zahlungsfrist von bis zu sieben Jahren (vgl § 194 Abs 1 IO) noch ein Zeitraum von maximal drei bzw fünf Jahren, in dem seine gesamten Einkünfte zu seiner insolvenzspezifischen Schuldbefreiung verwendet werden können.

3.2 Aufrechnungsbefugnisse (Abs 2)

Parallel zur Beschränkung der Abtretung und Verpfändung in § 12a Abs 1 **7** IO normiert Abs 2 leg cit eine **Beschränkung der Aufrechnungsbefugnis** des AG: Dieser kann gegen Forderungen aus Einkünften aus einem Arbeitsverhältnis und auf sonstige wiederkehrende Leistungen mit Einkommensersatzfunktion ebenfalls nur bis zum **Ablauf von zwei Jahren** nach der Eröffnung des Insolvenzverfahrens aufrechnen. Die rechtskräftige Bestätigung eines Sanierungsplans bewirkt uE allerdings auch im Anwendungsbereich des § 12a Abs 2 IO eine Kürzung der Aufrechnungsbefugnis auf die Quote (dazu jüngst OGH 6 Ob 179/14p im verstärkten Senat; *Nunner-Krautgasser*, Zak 2016, 144). Im Übrigen ist festzuhalten, dass eine Aufrechnung **grundsätzlich nur**

bis zum unpfändbaren Freibetrag zulässig ist (§ 293 Abs 3 EO; ausführlich *Ph. Anzenberger*, ÖJZ 2011, 997 ff).

8 Gem § 293 Abs 3 EO ist allerdings die **Aufrechnung gegen den der Exekution entzogenen Teil der Forderung** ausnahmsweise zulässig zur Einbringung eines Vorschusses, einer im rechtlichen Zusammenhang stehenden Gegenforderung oder einer Schadenersatzforderung, wenn der Schaden vorsätzlich zugefügt wurde; allgemein zulässig ist sie aber in den Fällen, wo nach bereits bestehenden Vorschriften Abzüge ohne Beschränkung auf den der Exekution unterliegenden Teil gestattet sind. Solche Fälle sind insb in § 103 ASVG, § 71 GSVG und § 31 Abs 4 KBGG normiert. Die materiellrechtlich wirkende Norm des § 293 Abs 3 EO schlägt auch im Insolvenzverfahren durch und führt dort dazu, dass in besagten Fällen auch eine Aufrechnung gegen insolvenzfreie Ansprüche möglich ist (OGH 10 ObS 54/11f, DRdA 2013/6, 46 *[Nunner-Krautgasser/Ph. Anzenberger]*). Die Aufrechnungsbestimmungen des Sozialversicherungsrechts (§ 71 Abs 2 GSVG und § 103 Abs 2 ASVG) gehen der Aufrechnungssperre des § 293 Abs 3 EO als speziellere Normen vor und lassen eine Aufrechnung gegen unpfändbare Einkommensteile (hier: Pensionsansprüche) zu; es bleibt im alleinigen Ermessen des Sozialversicherungsträgers, die Höhe der Abzugsrate auf relativ niedrigem Niveau festzulegen. Dies ist im Insolvenzverfahren zwar an sich systemwidrig, muss jedoch angesichts der ausdrücklichen Intentionen des Gesetzgebers hingenommen werden (ErläutRV 1218 BlgNR 18. GP 16). In den in § 293 Abs 3 EO normierten Ausnahmefällen beschränkt § 12a Abs 2 IO nach den gesetzgeberischen Erläuterungen auch die Aufrechnungsbefugnis in den unpfändbaren Teil des Einkommens (ErläutRV 1218 BlgNR 18. GP 16). Der OGH hat sich in den E 10 ObS 54/11f (DRdA 2013/6, 46 *[Nunner-Krautgasser/ Ph. Anzenberger]*), 10 ObS 44/12m und 10 ObS 63/12f mit der Anwendbarkeit des § 12a Abs 2 IO befasst und insoweit allerdings festgehalten, dass für die Aufrechnung der Forderung gegen den unpfändbaren Einkommensteil die zeitliche Beschränkung der Aufrechnung auf zwei Jahre gem § 12a Abs 2 IO nicht gelte: Da diese Bezüge nicht der gleichmäßigen Befriedigung der Gläubiger dienen würden, seien sie von den entsprechenden rechtspolitischen Zielsetzungen des § 12a IO nicht erfasst. Eine Verrechnung gegen die unpfändbaren Bezüge könne daher über den Zeitraum von zwei Jahren hinaus vorgenommen werden. Die zeitliche Beschränkung der Aufrechnung auf zwei Jahre gelte nur für den pfändbaren Teil des Einkommens (dazu *Nunner-Krautgasser*, Aufrechnung 169 f mwN; vgl außerdem OGH 10 ObS 152/01b, ZIK 2002/24, 16; *Deixler-Hübner* in *Konecny* § 12a IO Rz 9; *Kodek*, Privatkonkurs[2] Rz 192 ff; *Konecny/Weber*, ZIK 1999, 194; *Mohr*, Privatkonkurs[2] 53). Die Frage der Zulässigkeit der Aufrechnung kann nicht beschlussmäßig vom Insolvenzgericht geklärt werden; vielmehr ist hierüber ein Zivilprozess zu führen (LGZ Graz 4 R 263/08p, zitiert nach *Mohr*, IO[11] § 12a E 16).

In Prozessen über die Zulässigkeit der Aufrechnung ist der Masseverwalter auch dann prozessführungsbefugt, wenn im Aufrechnungsbescheid die Aufrechnung sowohl gegen massezugehörige Forderungen als auch gegen pfändungsfreie (und damit insolvenzfreie) Forderungen erklärt wird (OGH 10 ObS 48/17g, ecolex 2017/400, 989). Selbst wenn strittig ist, ob der Sozialversicherungsträger überhaupt gegen (möglicherweise) pfändbare Einkommensbestandteile aufrechnet, kann nach der Rsp ausschließlich der Masseverwalter einen Aufrechnungsbescheid (mit Klage nach § 67 Abs 1 Z 1 ASGG) bekämpfen, selbst wenn der Bescheid nur gegen den Schuldner gerichtet ist (OGH 10 ObS 48/17g, ecolex 2017/400, 989).

Die allgemeinen insolvenzrechtlichen Aufrechnungsbestimmungen in den §§ 19 und 20 IO (dazu ausführlich *Nunner-Krautgasser*, Aufrechung 164 ff) bleiben von § 12a Abs 2 IO ausdrücklich unberührt. Dieser Verweis ist nach der Rsp so zu verstehen, dass die zeitliche Limitierung des § 12a Abs 2 IO voraussetzt, dass **überhaupt eine Aufrechnungsbefugnis** nach den §§ 19 und 20 IO **besteht** (OGH 10 ObS 152/01b, ZIK 2002/24, 16). Dies untermauert die bereits aus der Ratio der Norm ableitbare Auffassung, wonach die **Möglichkeit der Aufrechnung mit Masseforderungen** gegen das Schuldnereinkommen von § 12a Abs 2 IO **nicht berührt** wird.

Das rechtliche Schicksal von **Vorschüssen** ist in § 12a Abs 2 IO zwar nicht explizit geregelt, weil diese bei aufrechtem Arbeitsverhältnis nicht durch Aufrechnung, sondern – weil Voraustilgung der Schuld – durch „bloßen" Abzug vom Gehalt eingebracht werden (vgl *Ph. Anzenberger*, ÖJZ 2011, 996). Allerdings tritt die Rechtsfolge des § 12a Abs 2 IO erst zwei Jahre nach Eröffnung des Insolvenzverfahrens ein, wohingegen Vorschüsse bloß kurzfristig und in relativ kleinem Umfang gewährt werden (große Geldbeträge sowie längere Abrechnungszeiträume deuten eher auf eine Klassifikation als Darlehen hin; *Ph. Anzenberger*, ÖJZ 2011, 996). Insofern kann § 12a Abs 2 IO bei der Einbringung von Vorschüssen bei aufrechtem Arbeitsverhältnis in aller Regel gar nicht zur Anwendung gelangen. Soweit dies ausnahmsweise doch der Fall sein sollte, ist eine **analoge Anwendung** auf Vorschüsse angebracht, zumal der Zweck des § 12a Abs 2 IO hier gleichermaßen verfängt.

3.3 Exekutive Absonderungsrechte (Abs 3)

Eine stärkere Einschränkung als vertragliche Vorzugsrechte erfahren **exekutive Absonderungsrechte** an Einkünften aus einem Arbeitsverhältnis oder sonstigen wiederkehrenden Leistungen: Sie bleiben gem § 12a Abs 3 IO nur bis zum Ablauf jenes Kalendermonats aufrecht, in welchen die Verfahrenseröffnung fällt. Sofern das Insolvenzverfahren nach dem 15. Tag des Monats eröffnet wird, bleiben sie noch bis zum Ablauf des darauffolgenden Kalendermonats bestehen. Grund für diese Differenzierung ist, dass exekutive Pfandrechte keine Kreditsicherungsfunktion haben, sondern lediglich den Zugriff eines (schnellen) Gläubigers auf das Schuldnervermögen sicherstellen. § 12a Abs 3 IO dient daher der Verwirklichung des Grundsatzes der par condicio creditorum (ErläutRV 1218 BlgNR 18. GP 15 ff). Insoweit erfasst § 12a Abs 3 IO nach der Rsp auch keine exekutiven Pfändungen des unpfändbaren Freibetrags des Einkommens zu Gunsten von Unterhaltsansprüchen (vgl § 291b Abs 2 EO), weil nur für Unterhaltsansprüche pfändbare Einkommensteile gar nicht in die Insolvenzmasse fallen (OGH 3 Ob 2376/96z; RIS-Justiz RS0108515; vgl auch *Birek*, ZIK 2008, 146 ff). Auch das Erlöschen nach § 12a Abs 3 IO ist nach der Rsp kalendermäßig leicht zu erfassen, weshalb es dafür ebenfalls keines Beweisverfahrens bedarf (OGH 8 Ob 4/04b, ZIK 2004/123, 95; RIS-Justiz RS0118750).

12 § 12a Abs 3 IO ist als **lex specialis zu § 12 IO** auch auf jene Absonderungsrechte anzuwenden, welche in den letzten 60 Tagen vor Eröffnung des Insolvenzverfahrens durch gerichtliche Pfändung einer Forderung auf Einkünfte aus einem Arbeitsverhältnis oder auf sonstige wiederkehrende Leistungen mit Einkommensersatzfunktion erworben wurden (AB 1330 BlgNR 18. GP 2; OGH 3 Ob 127/08k). Pfandrechte am Arbeitseinkommen erlöschen daher nicht bereits mit Eröffnung des Insolvenzverfahrens, sondern nach der in § 12a Abs 3 IO bestimmten Frist.

4. Wiederaufleben der erloschenen Aus- und Absonderungsrechte

13 Für den Fall, dass die **Sanierung des Schuldners scheitert,** sehen die Abs 4 und 5 des § 12a IO ein **Wiederaufleben der** nach § 12a Abs 1 und 3 IO **erloschenen Aus- und Absonderungsrechte** vor. Dadurch soll ua verhindert werden, dass der Schuldner die Eröffnung des Insolvenzverfahrens in der missbräuchlichen Absicht anstrebt, vertragliche und exekutive Sicherungsrechte am Arbeitseinkommen zum Erlöschen zu bringen (OGH 3 Ob 127/08k). Zu einem endgültigen Erlöschen der Sicherungsrechte kommt es daher erst dann, wenn die Insolvenzsituation durch Erfüllung eines Sanierungsplans oder Zahlungsplans bzw im Rahmen eines Abschöpfungsverfahrens durch Erteilung der Restschuldbefreiung ohne nachträglichen Widerruf bereinigt wird. Das Wiederaufleben der Aus- und Absonderungsrechte tritt **ipso iure** ein und wirkt **ex nunc** (OGH 3 Ob 127/08k), sodass in der Zwischenzeit fällig gewordene Einkommensansprüche nicht vom Wiederaufleben berührt werden (*Deixler-Hübner* in *Konecny* § 12a IO Rz 13).

14 § 12a Abs 4 IO zählt die Fälle auf, in denen es zu einem Wiederaufleben der Aus- und Absonderungsrechte kommt: Das geschieht gem § 12a Abs 4 Z 1 IO bei **Aufhebung des Insolvenzverfahrens mangels kostendeckenden**

Vermögens (§ 123a IO), **bei Aufhebung mit Einverständnis der Gläubiger** (§ 123b IO), **bei Aufhebung nach Vollzug der Schlussverteilung** (§ 139 IO) sowie (wenngleich nicht explizit erwähnt) bei **rechtskräftiger Abänderung des Eröffnungsbeschlusses auf Grund eines Rekurses** (*Apathy* in *Bartsch/Pollak/Buchegger* I⁴ § 12a KO Rz 12). Das sind – mit anderen Worten – all jene Fälle der Aufhebung des Insolvenzverfahrens, in denen keine Schuldnersanierung über Sanierungsplan, Zahlungsplan oder Restschuldbefreiung im Abschöpfungsverfahren mehr möglich ist. Gerät der Schuldner mit der Erfüllung des Sanierungsplans oder des Zahlungsplans in Verzug, so kommt es gem § 156a IO bzw § 193 Abs 1 IO iVm § 156a IO zu einem Wegfall der Begünstigungen des Sanierungs- oder Zahlungsplans und vor allem zu einem **Wiederaufleben gesicherter Forderungen**, was gem § 12a Abs 4 Z 2 IO ebenfalls das Wiederaufleben der erloschenen Aus- und Absonderungsrechte zur Folge hat. Gleiches gilt für den Fall der Nichtigkeit des Zahlungsplans, wenn der Schuldner die Masseforderungen gem § 196 Abs 2 IO nicht rechtzeitig bezahlt (vgl *Deixler-Hübner* in *Konecny* § 12a IO Rz 15). Schließlich tritt Wiederaufleben ein, wenn das **Abschöpfungsverfahren** gem § 211 Abs 1 IO oder § 210a Abs 2 IO **vorzeitig eingestellt** (§ 12a Abs 4 Z 3 IO) oder wenn die **Restschuldbefreiung nicht erteilt oder widerrufen** (§ 12a Abs 4 Z 4 IO) wird.

§ 12a Abs 5 IO bestimmt, dass die Aus- und Absonderungsrechte zu Gunsten einer von der **Restschuldbefreiung ausgenommenen Forderung** trotz Erteilung der Restschuldbefreiung wieder aufleben. Von der Restschuldbefreiung ausgeschlossen sind einerseits Verbindlichkeiten des Schuldners aus einer vorsätzlich begangenen unerlaubten Handlung oder einer vorsätzlichen strafgesetzwidrigen Unterlassung (§ 215 Z 1 IO), andererseits Verbindlichkeiten, die nur aus Verschulden des Schuldners unberücksichtigt geblieben sind (§ 215 Z 2 IO). Obwohl die Gläubiger gem § 215 Z 1 IO am Abschöpfungsverfahren teilnehmen und quotenmäßig befriedigt werden, bleibt eine allfällige Restverbindlichkeit auch nach der Restschuldbefreiung bestehen. Für sie und für die schuldhaft unberücksichtigt gebliebenen Gläubiger sollen die nach § 12a Abs 1 und 3 IO erloschenen Aus- und Absonderungsrechte daher wieder aufleben.

Dem **Insolvenzgericht** kommt **keine Entscheidungsbefugnis** über das Wiederaufleben von Auf- oder Absonderungsrechten zu. Vielmehr ist über das Bestehen oder Nichtbestehen von Aus- oder Absonderungsrechten ausschließlich im Zivilprozess zu entscheiden (OGH 8 Ob 13/09h, EvBl 2009/112, 769 *[Reisenhofer]*; *Konecny*, ZIK 2004, 74 ff).

5. Information des Drittschuldners

17 Gem § 12a Abs 6 IO hat das Gericht den **Drittschuldner** über den Zeitpunkt des Erlöschens und (auf Antrag des betreffenden Gläubigers) eines allfälligen Wiederauflebens der Aus- und Absonderungsrechte an den Bezügen **zu informieren.** Dadurch soll dem Drittschuldner die Berücksichtigung des Erlöschens bzw des Wiederauflebens der Aus- und Absonderungsrechte ermöglicht werden (ErläutRV 1218 BlgNR 18. GP 17). Die Verständigung hat nur über die in § 12a Abs 1 und 3 IO genannten Aus- oder Absonderungsrechte zu erfolgen, nicht aber über die damit verbundene Forderung selbst (OGH 8 Ob 13/09h, EvBl 2009/112, 769 *[Reisenhofer]*). Sie erfolgt **formlos** (und nicht in Beschlussform, weshalb auch kein Rekurs erhoben werden kann; vgl OGH 8 Ob 104/15z), weil das Insolvenzgericht über das Wiederaufleben von Aus- und Absonderungsrechten sowie über das Bestehen der diesen Rechten zugrunde liegenden Forderung nicht entscheiden darf (OGH 8 Ob 13/09h, EvBl 2009/112, 769 *[Reisenhofer]*; RIS-Justiz RS0118750; *Borns*, ÖBA 1995, 444). Die Mitteilung wirkt bloß **deklarativ** und darf dem Drittschuldner auch keine Verhaltensanweisungen erteilen (OGH 8 Ob 13/09h, EvBl 2009/112, 769 *[Reisenhofer]*).

.....

Erfüllung von zweiseitigen Rechtsgeschäften.
a) im allgemeinen.

§ 21. (1) Ist ein zweiseitiger Vertrag von dem Schuldner und dem anderen Teil zur Zeit der Eröffnung des Insolvenzverfahrens noch nicht oder nicht vollständig erfüllt worden, so kann der Insolvenzverwalter entweder an Stelle des Schuldners den Vertrag erfüllen und vom anderen Teil Erfüllung verlangen oder vom Vertrag zurücktreten.

(2) Der Insolvenzverwalter muß sich darüber spätestens binnen einer vom Insolvenzgericht auf Antrag des anderen Teiles zu bestimmenden Frist erklären, widrigens angenommen wird, daß der Insolvenzverwalter vom Geschäfte zurücktritt. Die vom Insolvenzgericht zu bestimmende Frist darf frühestens drei Tage nach der Berichtstagsatzung enden. Im Falle des Rücktrittes kann der andere Teil den Ersatz des ihm verursachten Schadens als Insolvenzgläubiger verlangen. Ist der Schuldner zu einer nicht in Geld bestehenden Leistung verpflichtet, mit deren Erfüllung er in Verzug ist, so muss sich der Insolvenzverwalter unverzüglich nach Einlangen des Ersuchens des Vertragspartners, längstens aber innerhalb von fünf Arbeitstagen erklären. Erklärt er sich nicht binnen dieser Frist, so wird angenommen, dass er vom Geschäft zurücktritt.

(3) Ist der andere Teil zur Vorausleistung verpflichtet, so kann er seine Leistung bis zur Bewirkung oder Sicherstellung der Gegenleistung verweigern, wenn ihm zur Zeit des Vertragsabschlusses die schlechten Vermögensverhältnisse des Schuldners nicht bekannt sein mußten.

(4) Sind die geschuldeten Leistungen teilbar und hat der Gläubiger die ihm obliegende Leistung zur Zeit der Eröffnung des Insolvenzverfahrens bereits teilweise erbracht, so ist er mit dem der Teilleistung entsprechenden Betrag seiner Forderung auf die Gegenleistung Insolvenzgläubiger.

(§ 21 IO idF BGBl I 2010/29)

Schrifttum zu § 21 IO

Fenyves, Erbenhaftung und Dauerschuldverhältnis: Die Auflösbarkeit von Dauerschuldverhältnissen anlässlich des Todes einer Vertragspartei (1982);
Fenyves, Schadenersatzfragen bei Konkurs des Arbeitgebers, FS Strasser (1983) 349;
Grießer, Beendigung des Arbeitsverhältnis bei Insolvenz sowie Entgeltanspruch und dessen Sicherung nach dem IRÄG 1994 im Lichte der neueren Judikatur, ZAS 1994, 188;
Grünberg, Die Stellung der Dienstnehmer nach den neuen Konkursgesetzen, JBl 1915, 172;
Holzer, Insolvenz und Arbeitsverhältnis, DRdA 1998, 325, 393;

Holzer/Reissner, Neuerungen im Insolvenzrecht aus arbeitsrechtlicher Sicht, DRdA 1994, 461;

Jabornegg, Arbeitsrechtliche Aspekte bei Krise, Insolvenz und Sanierung von Unternehmen, in *Feldbacher-Durstmüller/Schlager* (Hrsg), Krisenmanagement – Sanierung – Insolvenz (2002) 1071;

Kocevar, Die Stellung des Dienstnehmers im Konkurs seines Dienstgebers, DRdA 1960, 72;

Konecny, Das Insolvenzrechtsänderungsgesetz 2010, ZIK 2010/119, 82;

Kryda, Konkurs und Arbeitsverhältnis, SozSi 1977, 135;

Reissner, Insolvenzausfallgeld und Kündigungsentschädigung, DRdA 1995/13, 158 (EAnm);

W. Schwarz, Dauerschuldverhältnis und Dogmatik arbeitsvertraglicher Treuepflicht, FS Wilburg (1975) 355;

W. Schwarz/Holzer, Die Treuepflicht des Arbeitnehmers und ihre künftige Gestaltung (1975);

Spielbüchler, Insolvenz und Arbeitsrecht, DRdA 1982, 273;

Sundl, Probleme des Schadenersatzanspruchs gemäß § 25 Abs. 2 KO. Besonderheiten der Schadensberechnung im Arbeitsrecht, ASoK 2001, 74;

Sundl, Insolvenz- und Arbeitsrecht, in *Nunner-Krautgasser/Kapp/Clavora* (Hrsg), Jahrbuch Insolvenz- und Sanierungsrecht (2013) 193;

Wachter, Der Einfluß des Konkurses auf den Bestand des Arbeitsvertrages, ZAS 1972, 83;

Wachter, Der sogenannte freie Dienstvertrag, DRdA 1984, 405;

Weber, Arbeitsverhältnisse in Insolvenzverfahren (1998).

Übersicht zu § 21 IO

1. **Rücktrittsrecht des Insolvenzverwalters (Schuldners)**
   1.1 Allgemeines .... Rz 1–5
   1.2 Anwendung des § 21 IO auf den Arbeitsvertrag .... Rz 6–7
       1.2.1 Ausübung .... Rz 8–10
       1.2.2 Rechtsfolgen .... Rz 11–13
2. **Rücktrittsrechte der AN**
   2.1 Rücktrittsrecht gem § 30 Abs 4 AngG .... Rz 14–15
   2.2 Rücktrittsrechte anderer AN .... Rz 16
3. **Rücktrittsrechte arbeitnehmerähnlicher Personen, freier DN udgl** .... Rz 17–22
4. **Leistungsverweigerungsrecht gem § 21 Abs 3 IO** .... Rz 23
5. **Unabdingbarkeit** .... Rz 24

1. Rücktrittsrecht des Insolvenzverwalters (Schuldners)

1.1 Allgemeines

Für **Verträge** des Schuldners, die **bei Eröffnung des Konkursverfahrens sowie des Sanierungsverfahrens mit Eigenverwaltung noch von keinem Vertragspartner voll erfüllt** worden sind, räumt § 21 IO dem Insolvenzverwalter das **Wahlrecht zwischen Eintritt** in den Vertrag **und Rücktritt** vom Vertrag ein, sofern es sich nicht um Bestandverträge (vgl § 23 IO), angetretene Arbeitsverträge (vgl § 25 IO) oder Auftragsverhältnisse (vgl § 26 IO) handelt (zum zwingenden Charakter der Bestimmung s §§ 25a, 25b Rz 2 f). 1

Im **Sanierungsverfahren mit Eigenverwaltung** steht das Wahlrecht dem **Schuldner** selbst zu. Er bedarf zur Ausübung des **Rücktrittsrechts** der **Zustimmung des Sanierungsverwalters** (§ 171 Abs 1 S 2 IO). Somit gelten, wenn in der Folge von den Rechten des Insolvenzverwalters die Rede ist, die Ausführungen im Sanierungsverfahren mit Eigenverwaltung sinngemäß für den Schuldner.

Der Insolvenzverwalter kann sein Wahlrecht durch ausdrückliche Erklärung oder durch konkludente Handlungen ausüben, ohne dabei an eine bestimmte Frist gebunden zu sein, sodass er während der ganzen Dauer des Verfahrens zwischen den Alternativen Rücktritt oder Erfüllung entscheiden kann. Abweichendes gilt nur für den Fall, dass der Schuldner mit der Erfüllung einer nicht in Entgelt bestehenden Leistung in Verzug ist. Hier muss der Rücktritt binnen fünf Tagen nach Einlangen des Ersuchens des Vertragspartners erklärt werden (§ 21 Abs 2 S 4 IO). Bei Verträgen, deren Gegenstand einen Wert von EUR 100.000,– übersteigt, hat der Insolvenzverwalter seine Absicht zusammen mit der Äußerung des Gläubigerausschusses mindestens acht Tage im Vorhinein dem Insolvenzgericht mitzuteilen (§ 116 Abs 1 Z 4 iVm Abs 2 IO). Bis zur Abgabe einer Erklärung knüpft sich an die Verfahrenseröffnung ein **Schwebezustand.** Erfolgt von Seiten des Insolvenzverwalters keine Erklärung, so endet die Schwebelage erst mit Rechtskraft der Aufhebung des Verfahrens. Der Vertrag kann dann von beiden Teilen mit seinem ursprünglichen Inhalt geltend gemacht werden (OGH 5 Ob 236/58, EvBl 1959/42). 2

Um die Schwebelage abzukürzen, räumt die IO dem anderen Vertragspartner allerdings die Möglichkeit ein, beim Insolvenzgericht die Bestimmung einer **angemessenen Erklärungsfrist** zu **beantragen,** deren ungenutztes Verstreichenlassen durch den Insolvenzverwalter dessen Rücktritt vom Vertrag bewirkt. Um sicherzustellen, dass diese Frist erst zu einem Zeitpunkt abläuft, zu dem das weitere Schicksal des insolventen Unternehmens bereits feststeht, also die Frage Fortführung oder Schließung des Unternehmens geklärt ist, hat das Gericht die Erklärungsfrist für den Insolvenzverwalter mindestens bis zum 3

Ablauf von drei Tagen nach der diesbezüglich maßgeblichen Berichtstagsatzung (§ 91a IO) festzusetzen.

4 **Tritt der Insolvenzverwalter** in einen bei Verfahrenseröffnung noch von keiner Seite voll erfüllten Vertrag **ein,** so kann er vom Vertragspartner die volle Erfüllung verlangen; aber auch diesem steht der Anspruch auf Erbringung der vertraglichen Leistung, den er als Masseforderung geltend machen kann, zu (§ 46 Z 4 IO). Bei geschuldeten teilbaren Leistungen kann der Vertragspartner nur für die von ihm noch zu erbringenden Leistungen volle Gegenleistung verlangen, während ihm für die bereits erbrachten Leistungen nur eine Insolvenzforderung zusteht (§ 21 Abs 4 IO).

5 Macht der Insolvenzverwalter von seinem **Rücktrittsrecht** Gebrauch, so hat der Vertragspartner einen Anspruch auf Schadenersatz wegen Nichterfüllung (§ 21 Abs 2 S 3 IO), den er als Insolvenzforderung geltend machen kann (OGH 1 Ob 100/66, SZ 39/147 = EvBl 1967/227; 7 Ob 538/91, ecolex 1992, 160).

1.2 Anwendung des § 21 IO auf den Arbeitsvertrag

6 § 25 IO, der bzgl der Erfüllung zweiseitiger Rechtsgeschäfte die auf den Arbeitsvertrag bezogene Spezialvorschrift darstellt (s Rz 1), gilt ausdrücklich nur für bereits angetretene Arbeitsverhältnisse (s § 25 Rz 1). Da der Fall des **nicht angetretenen Arbeitsverhältnisses** in der IO keine Sonderregelung erfahren hat, wird allgemein von der Anwendbarkeit des § 21 IO auf solche Arbeitsverhältnisse ausgegangen, wenngleich nicht zu übersehen ist, dass § 21 IO wohl eher auf Zielschuldverhältnisse zugeschnitten ist, wenn von teilweiser oder gänzlicher Erfüllung gesprochen wird. Gleichwohl haben Rsp und Lehre die Anwendbarkeit des § 21 IO auf Dauerschuldverhältnisse anerkannt (OGH 5 Ob 146/65, SZ 38/117 = EvBl 1966/129; *Bartsch/Heil*, Insolvenzrecht[4] 163; *Wegan/Reiterer*, Insolvenzrecht 34; *Fenyves*, Erbenhaftung 352; *ders*, FS Strasser 349; *Holzer*, DRdA 1998, 325; *Gamerith* in *Bartsch/Pollak/Buchegger* I[4] § 25 KO Rz 11; *Haider* in *Reissner*, AngG[2] § 30 Rz 20 ff). § 21 IO gilt auch bei **Wiedereinstellungszusagen** (dazu *Sundl*, Insolvenz- und Arbeitsrecht 197 f; *Haider* in *Reissner*, AngG[2] § 30 Rz 21).

§ 21 IO räumt bei Verträgen des Schuldners, die bei Verfahrenseröffnung noch von keiner Seite voll erfüllt sind, dem Insolvenzverwalter das Recht ein, zwischen dem Rücktritt vom Vertrag und dem Eintritt in den Vertrag zu wählen. § 21 IO gilt demgemäß nur für nicht angetretene Arbeitsverhältnisse, die im Zeitpunkt der Verfahrenseröffnung weder vom AN noch vom AG vollständig erfüllt sind. Wie problematisch es ist, beim Arbeitsverhältnis zwischen voll und nicht voll erfülltem Vertrag zu unterscheiden, wurde bereits unterstrichen. *Wachter* (ZAS 1972, 84) glaubt allerdings, einen Fall eines vom AG voll erfüllten Arbeitsverhältnisses aufzeigen zu können. Er meint, dass dann, wenn der AG bereits vor Verfahrenseröffnung und Arbeitsantritt bei einem befristeten Arbeitsverhältnis das gesamte Entgelt im Voraus geleistet hat, § 21 IO nicht anwendbar sei. Hierbei übersieht *Wachter* allerdings, dass sich die Erfüllungspflichten des AG keinesfalls in der Entgeltleistungspflicht erschöpfen. Das Wesen der Dauerschuld liegt ja in einem kontinuierlichen Erfüllungsvorgang, der gerade beim Arbeitsverhältnis auf Grund seines personalen Einschlags auch keine einseitige Vorwegerfüllung zulässt (vgl *W. Schwarz/Holzer*, Treuepflicht 33 f; *W. Schwarz*, FS Wilburg 355 ff).

Eine eindeutige Regelung des Rücktrittsrechts des Insolvenzverwalters im Fall der Verfahrenseröffnung vor Antritt des Arbeitsverhältnisses durch den Angestellten enthält § 30 Abs 4 AngG (sowie § 30 Abs 4 GAngG). Indirekt spricht auch § 36 Abs 2 TAG ein derartiges Rücktrittsrecht an. Im Hinblick auf diese Regelungen wird man die Anwendbarkeit des § 21 IO auf Arbeitsverhältnisse im Allgemeinen bejahen müssen. **7**

1.2.1 Ausübung

Der Insolvenzverwalter übt sein Wahlrecht durch die unter Rz 1 ff dargestellten Erklärungen aus. Diese sind an sich an keinerlei Frist gebunden, es sei denn, der AN macht von seinem aus § 21 Abs 2 S 1 und 2 IO niedergelegtem Recht Gebrauch, beim Verfahrensgericht die Setzung einer Frist zu beantragen (die Fristsetzungsmöglichkeit nach § 21 Abs 2 S 4 und 5 IO hingegen ist für das Arbeitsverhältnis wohl bedeutungslos; denkbar wäre die Anwendung nur auf ein nicht angetretenes Arbeitsverhältnis, bei dem der AG ausschließlich Naturalentgelt schuldet und mit diesem vorleistungspflichtig ist). Da die Erklärung des Insolvenzverwalters dem AN innerhalb der anberaumten Frist zugehen muss, empfiehlt es sich, dass ein AN, der diesbezüglich schnell Klarheit über das Schicksal seines Arbeitsvertrags erlangen will, einen einschlägigen Antrag beim Verfahrensgericht stellt. Lässt der Insolvenzverwalter die Frist ungenützt verstreichen, so gilt dies als Rücktritt. Ist dem Insolvenzverwalter keine Frist gesetzt worden, so hat er während der ganzen Dauer des Insolvenzverfahrens die Wahl zwischen Erfüllung und Rücktritt (OGH 6 Ob 56/58, EvBl 1958/337). Der Insolvenzverwalter kann seinen Rücktritt vom Vertrag auch konkludent erklären (OGH 6 Ob 140/63, SZ 36/112). So ist die Nichtzulassung eines AN zur Arbeit durch den Insolvenzverwalter, sofern nicht eine gegenteilige Einschränkung erfolgt, als Rücktritt vom Vertrag anzusehen (*Wachter*, ZAS 1972, 86 FN 28). Demgegenüber ist die Entgegennahme der Arbeitsleistung durch den Insolvenzverwalter als Eintritt in den Arbeitsvertrag zu werten (*Grünberg*, JBl 1915, 172). **8**

9 Erklärt der Insolvenzverwalter erst nach dem Zeitpunkt des vereinbarten Arbeitsantritts seinen Eintritt in das Arbeitsverhältnis, so gebührt dem AN für die Zeit vom vereinbarten bis zum tatsächlichen Arbeitsantritt das Entgelt gem § 1155 ABGB (*Wachter*, ZAS 1972, 86; *Holzer*, DRdA 1998, 327). Diesbezüglich sind nach neuer, durch das IRÄG 2010 geschaffener Rechtslage durchaus erhebliche Entgeltfortzahlungsansprüche denkbar, weil eine allfällige gerichtlich festgesetzte Erklärungsfrist für den Insolvenzverwalter frühestens drei Tage nach der Berichtstagsatzung enden darf, die ihrerseits spätestens 90 Tage nach Verfahrenseröffnung stattfinden muss (§ 91a IO).

10 Forderungen aus Arbeitsverhältnissen, in die der Insolvenzverwalter eingetreten ist, sind – ohne dass man nach Forderungsarten differenzieren müsste – jedenfalls gem § 46 Z 4 IO Masseforderungen (vgl allg § 46 Rz 6 ff).

1.2.2 Rechtsfolgen

11 An den Rücktritt des Insolvenzverwalters knüpft § 21 Abs 2 S 3 IO die Verpflichtung, dem Vertragspartner den verursachten Schaden zu ersetzen. Es handelt sich bei dieser Haftung um eine verschuldensunabhängige **Eingriffshaftung.** Das G erklärt Eingriffe in die Rechtsposition des Vertragspartners zwar für rechtmäßig, billigt diesem jedoch einen Schadenersatzanspruch zu (vgl *F. Bydlinski* in Klang[2] IV/2, 542; *Fenyves*, FS Strasser 357; *Holzer*, DRdA 1998, 325; OGH 5 Ob 311/81, EvBl 1983/166). Bezogen auf das Arbeitsverhältnis handelt es sich um Ansprüche des AN auf **Kündigungsentschädigung,** also auf Schadenersatz in Höhe jenes Entgelts, das ihm, unbeschadet weitergehenden Schadenersatzes, für den Zeitraum gebührt, der vom Tag des Dienstantritts an bis zur Beendigung des Arbeitsverhältnisses durch ordnungsgemäße Kündigung des Insolvenzverwalters oder – bei befristeten Arbeitsverträgen – bis zum Ablauf der Vertragszeit hätte verstreichen müssen. Soweit dieser Zeitraum das Ausmaß von drei Monaten nicht übersteigt, kann der AN für diesen Zeitabschnitt den vollen Betrag des Entgelts sofort begehren. Übersteigt der Zeitraum jedoch drei Monate, kann der Rest nur zum jeweiligen Fälligkeitstag abzüglich dessen, was der AN sich infolge Unterbleibens der Arbeitsleistung erspart, durch anderweitige Verwendung erworben oder zu erwerben absichtlich versäumt hat, verlangt werden (vgl § 29 AngG, § 1162b ABGB).

Die Rsp weigerte sich bisweilen, die Regeln über die Kündigungsentschädigung auf Schadenersatzansprüche, die sich an begünstigte Lösungsmöglichkeiten des Insolvenzverwalters knüpfen, anzuwenden; insb galt dies für die Anrechnungsfreiheit bzgl der ersten drei Monate des Entschädigungszeitraums (vgl OGH 8 ObS 2080/96g, DRdA 1997, 50 = infas 1997 A 15; gegenteiliger Meinung schon damals *Holzer/Reissner*, DRdA 1994, 471; *Reissner*, DRdA 1995/13, 158; *Sundl*, ASoK 2001, 74 und wohl auch *Jabornegg*, Krise, Insolvenz und Sanierung von Unternehmen 1099). Mittlerweile ist der OGH bei der analogen Problematik im Bereich des § 25 IO erfreulicherweise auf den Standpunkt seiner Kritiker eingeschwenkt und erkennt den Schadenersatzanspruch als Kündigungsentschädigung und damit die Anrechnungsfreiheit der ersten drei Monate an (vgl OGH 8 ObS 16/04t, DRdA 2007/7, 52 *[Grießer]*; 8 ObS 8/06v, ZIK 2006/234, 179; 8 ObA 36/06m, Arb 12.609).

Gerade die Sonderbestimmungen über den Schadenersatz bei Rücktritt des Insolvenzverwalters zeigen deutlich, dass der Gesetzgeber in diesem Zusammenhang an die Regeln über die Kündigungsentschädigung gedacht hat (vgl § 25 Rz 78). Solche besonderen Bestimmungen bzgl der Bemessung des gegenständlichen Schadenersatzanspruchs enthalten § 31 Abs 1 und 2 AngG, § 31 Abs 1 und 2 GAngG und § 36 Abs 1 und 2 TAG. Während die Bestimmung des § 36 Abs 1 TAG den oben angesprochenen § 29 AngG und § 1162b ABGB völlig nachgebildet ist, treffen § 31 Abs 1 AngG und § 31 Abs 1 GAngG eine teilweise abweichende Regelung dahingehend, dass sie zwischen befristeten und unbefristeten Arbeitsverhältnissen differenzieren. Die Ersatzansprüche des AN mit unbefristet eingegangenem Arbeitsverhältnis werden einerseits im Zeitpunkt des Rücktritts auch dann zur Gänze fällig, wenn der Zeitraum bis zum Ablauf der ordnungsmäßigen Kündigungsfrist drei Monate übersteigt, andererseits sind sie keinerlei Einrechnungsbestimmungen hinsichtlich jener Beträge, die infolge Unterbleibens der Arbeitsleistung erspart bzw durch anderweitige Verwendung erworben oder zu erwerben absichtlich versäumt wurden, unterworfen. Die Ersatzansprüche des Angestellten mit befristet eingegangenem Arbeitsverhältnis orientieren sich an der vereinbarten Vertragsdauer, sind aber mit dem Entgelt für maximal drei Monate limitiert, wenn die vereinbarte Vertragsdauer diesen Zeitraum überschreitet. Einrechnungsbestimmungen kommen auch hier nicht zur Anwendung (*Martinek/M. Schwarz/W. Schwarz*, AngG[7] 676; *Haider* in *Reissner*, AngG[2] § 31 Rz 19); für weitergehenden zusätzlichen Schadenersatz muss ein diesbezüglicher Schaden behauptet und bewiesen werden (*Grillberger* in *Löschnigg*, AngG[10] § 31 Rz 15).

Bei der Bemessung des Schadenersatzanspruchs des AN gem § 21 Abs 2 S 3 IO wurde überdies von der Rsp ursprünglich auf das **außerordentliche Kündigungsrecht des Insolvenzverwalters** Bedacht genommen. Das hatte zur Folge, dass im Falle eines Rücktritts vom Vertrag zu einem Zeitpunkt, zu welchem dem Insolvenzverwalter die Lösung nach § 25 IO offensteht, ein Schadenersatzanspruch nur bis zu jenem Tag gebührte, zu dem das Arbeitsverhältnis durch außerordentliche Kündigung des Insolvenzverwalters hätte gelöst werden können (vgl OGH 4 Ob 106/76, DRdA 1978, 39 *[Holzer]* = ZAS 1978/10, 61 *[Miklau]*). Diese Auffassung, die zu einem Zeitpunkt entwickelt wurde, als sich an das außerordentliche Kündigungsrecht des Insolvenzverwalters kein Schadenersatzanspruch knüpfte, wurde trotz diesbezüglicher Änderung der Rechtslage und Kritik in der Lehre (*Holzer/Reissner*, DRdA 1994, 471 f) von der Rsp weiterhin vertreten (OGH 8 ObS 8/95, RdW 1996, 217 = infas 1996 A 45; 8 ObS 4/96, wbl 1996, 325). Zu § 25 IO ist die Rsp umgeschwenkt (s § 25 Rz 78). Auch im Falle des § 21 IO kann erwartet werden, dass gelegentlich eine entsprechende Klarstellung erfolgen wird.

13 Der Schadenersatzanspruch des AN gem § 21 Abs 2 S 3 IO ist eine bloße **Insolvenzforderung**. Dies gilt auch für den Schadenersatzanspruch des AN bei Rücktritt des Insolvenzverwalters gem § 31 Abs 2 AngG, § 31 Abs 2 GAngG und § 36 Abs 2 TAG. Diese Bestimmungen enthalten selbst keinerlei Aussage über die verfahrensrechtliche Einstufung der durch sie ins Leben gerufenen Schadenersatzforderungen, sodass für ihren Geltungsbereich auf allgemeine Grundsätze zurückgegriffen werden muss. Der Rücktritt des Insolvenzverwalters findet weder bei der Qualifikation von Beendigungsansprüchen als Masseforderungen in § 46 Z 3a IO noch bei der diesbezüglichen Regelung der Insolvenzforderungen in § 51 Abs 2 Z 2 IO ausdrückliche Erwähnung. Vom Wortlaut her würde am ehesten § 46 Z 3a IO passen, weil ein vor Verfahrenseröffnung eingegangenes Arbeitsverhältnis durch den Insolvenzverwalter gelöst wird, und zwar nicht nach § 25 IO. Die Nichterwähnung von § 21 IO in diesem Zusammenhang ist jedoch zur Vermeidung von Wertungswidersprüchen zu § 21 Abs 2 IO teleologisch zu korrigieren, sodass sich auch an diese Lösungserklärungen nach AngG, GAngG und TAG nur Beendigungsansprüche im Range von Insolvenzforderungen knüpfen. Dies nicht zuletzt auch deshalb, weil neben dem Schadenersatzanspruch andere Ansprüche aus der Beendigung praktisch ohnehin nicht in Betracht kommen.

2. Rücktrittsrechte der AN

2.1 Rücktrittsrecht gem § 30 Abs 4 AngG

14 Die IO selbst gewährt in § 21 nur dem Insolvenzverwalter ein Rücktrittsrecht. Dem AN bleiben aber sonstige gesetzliche Rücktrittsrechte gewahrt. Ein einschlägiges gesetzliches Rücktrittsrecht findet sich nur für Angestellte in § 30 Abs 4 AngG (bzw für Gutsangestellte in § 30 Abs 4 GAngG). Nach dieser Bestimmung kann im Fall der Insolvenzverfahrenseröffnung über das Vermögen des AG auch der Angestellte vom Vertrag zurücktreten. Dies wird dem AN selbst dann zugestanden, wenn der Insolvenzverwalter seinen Eintritt in den Vertrag erklärt. Die Rücktrittserklärung des Angestellten ist an keine Frist gebunden. Auch kann der Insolvenzverwalter vom Verfahrensgericht keinerlei Fristsetzung erwirken. Tritt der Angestellte die Arbeit zum vereinbarten Zeitpunkt nicht an, so könnte dies im Einzelfall als konkludenter Rücktritt zu werten sein (vgl OGH 4 Ob 88/59, Arb 7098; 4 Ob 1/67, Arb 8341).

Da § 31 Abs 2 AngG bzw § 31 Abs 2 GAngG – wie auch § 36 Abs 2 TAG **15**
– nur für den Fall des Rücktritts des Insolvenzverwalters eine **Schadenersatzpflicht** expressis verbis vorsehen, war für den Fall des Rücktritts des AN lange umstritten, ob ein derartiger Schadenersatzanspruch prinzipiell zusteht oder ob im Einklang mit § 31 Abs 1 AngG, § 31 Abs 1 GAngG bzw § 36 Abs 1 TAG zu prüfen ist, ob den AG an seiner Insolvenz ein Verschulden trifft (so noch *Wachter*, ZAS 1972, 86). Da aber seit Langem die Verfahrenseröffnung gem § 25 Abs 1 IO generell ein wichtiger Grund ist, der den AN zur vorzeitigen Lösung des Arbeitsverhältnisses berechtigt, können die AN aus diesem Grund auch vom Vertrag begründet zurücktreten. Im Hinblick auf den nunmehr für den Austritt des AN nach § 25 IO ausdrücklich vorgesehenen verschuldensunabhängigen Schadenersatzanspruch (Abs 2 leg cit) kann ein solcher im Falle des Rücktritts wohl nicht in Frage gestellt werden, soweit im Insolvenzverfahren für den AN im Falle des Arbeitsantritts ein Austrittsrecht bestünde (vgl *Krejci* in *Rummel*[3] § 1161 Rz 5; *Kuras* in *Marhold/G. Burgstaller/Preyer* § 31 Rz 7; *Haider* in *Reissner*, AngG[2] § 31 Rz 20 mwN; zweifelnd *Grillberger* in *Löschnigg*, AngG[10] § 31 Rz 25).

Die gegenständlichen Ansprüche sind wohl nach § 51 Abs 2 lit c IO Insolvenzforderungen (vgl § 51 Rz 4).

2.2 Rücktrittsrechte anderer AN

Es erhebt sich die Frage, ob außerhalb des Geltungsbereichs von AngG und **16**
GAngG auch anderen AN ein einschlägiges Rücktrittsrecht zusteht. Die ältere Lehre hat dies unter Hinweis auf den Mangel einer Bestimmung im positiven Recht verneint (*Hämmerle*, Arbeitsvertrag 299; *Lederer*, Sozialrecht 191), eine mittlere Meinung will auf den Einzelfall abstellen (*Adler/Höller* in *Klang* V[2] 330; *Wachter*, ZAS 1972, 87), wogegen jüngere Lehrmeinungen ein derartiges Rücktrittsrecht befürworten (*Kocevar*, DRdA 1960, 74; *Kryda*, SozSi 1977, 140; *Spielbüchler*, DRdA 1982, 275; *Grillberger*, Arbeitsrecht I[4] 361; *Pfeil* in ZellKomm[3] §§ 30, 31 AngG Rz 12; *Haider* in *Reissner*, AngG[2] § 30 Rz 27). Letztere Ansicht verdient volle Unterstützung. Im Hinblick darauf, dass § 25 Abs 1 IO die Insolvenz des AG im Prinzip als wichtigen Grund für den vorzeitigen Austritt anerkannt hat, steht dieser Grund insoweit selbstverständlich auch für einen begründeten Rücktritt vor Arbeitsantritt zu Gebote, davon abgesehen wäre es wohl gleichheitswidrig, ein dem AN gewährtes gesetzliches Austrittsrecht dem Arbeiter zu verwehren. Bzgl der aus diesem Rücktritt resultierenden Schadenersatzforderung des AN gilt das unter Rz 11 ff Ausgeführte.

Im Hinblick auf dieses generell gegebene Rücktrittsrecht des AN verliert für diesen Personenkreis das Leistungsverweigerungsrecht nach § 21 Abs 3 IO (vgl Rz 26 ff) an Bedeutung.

Seinerzeit wurde die Auffassung vertreten, dass § 21 IO vertraglichen Vereinbarungen nicht entgegensteht, die dem AN ein Rücktrittsrecht für den Fall der Insolvenzverfahrenseröffnung einräumen (vgl OGH 6 Ob 9/66, HS 5322/32; 8 Ob 539/91, ecolex 1992, 846; krit dazu schon *Gamerith* in *Bartsch/Pollak/Buchegger* I[4] § 25a KO Rz 7). Dies kann vor dem Hintergrund von § 25b Abs 2 IO (dazu §§ 25a, 25b Rz 3) nicht mehr aufrechterhalten werden (*Konecny*, ZIK 2010/119, 86).

3. Rücktrittsrechte arbeitnehmerähnlicher Personen, freier DN udgl

17 Von **arbeitnehmerähnlichen Personen** spricht man, wenn jemand, ohne in einem Arbeitsverhältnis zu stehen, im Auftrag und für Rechnung anderer Personen Arbeit leistet und wegen seiner wirtschaftlichen Unselbständigkeit eine Stellung einnimmt, die der eines AN nahekommt (vgl § 51 Abs 3 Z 2 ASGG; hierzu auch § 1 IESG Rz 55 ff).

Zum Kreis der arbeitnehmerähnlichen Personen zählen zweifellos auch **Heimarbeiter.** Zu Recht hat daher der Gesetzgeber im Insolvenzrecht eine besondere Hervorhebung dieses Personenkreises, wie sie das IESG in § 1 Abs 1 kennt, nicht vorgenommen und spricht nur von arbeitnehmerähnlichen Personen (vgl AB 1147 BlgNR 15. GP 7). Bei den Heimarbeitern handelt es sich um Personen, die, ohne Gewerbetreibende nach den Bestimmungen der GewO 1994 zu sein, in eigener Wohnung oder selbstgewählter Arbeitsstätte im Auftrag und für Rechnung von Personen, die Heimarbeit vergeben, mit der Herstellung, Bearbeitung, Verarbeitung oder Verpackung von Waren beschäftigt sind (§ 2 lit a HeimAG; Näheres dazu § 1 IESG Rz 91 ff).

18 Die **Rechtsverhältnisse,** in denen die genannten Personenkreise ihre Arbeitsleistung erbringen, sind äußerst vielfältig. Sie reichen vom Werkvertrag über den freien Dienstvertrag zu Auftrags- oder Bevollmächtigungsverhältnissen (allg dazu auch § 1 IESG Rz 16 ff). Handelt es sich beim Rechtsverhältnis der jeweiligen Person zu ihrem Auftraggeber um einen **Werkvertrag,** so endet das Vertragsverhältnis mit der Erbringung des Werkes. Ist ein solcher Werkvertrag zum Zeitpunkt der Eröffnung des Insolvenzverfahrens noch von keinem Vertragsteil voll erfüllt, so kann der Insolvenzverwalter vom Vertrag zurücktreten. Da allgemein die Anwendbarkeit des Rücktrittsrechts nach § 21 Abs 1 IO auf Dauerschuldverhältnisse anerkannt wird (vgl Rz 6), soweit für diese nicht eine Sonderregelung – wie für angetretene Arbeitsverhältnisse, bei denen der Schuldner AG ist (§ 25 IO), für Bestandverträge (§ 23 IO) oder Aufträge (§ 26 IO) – getroffen ist, kommt auch bei den anderen Rechtsverhältnissen, insb beim **freien Dienstvertrag,** dieses Rücktrittsrecht zum Tragen. Bei bereits angetretenen freien Dienstverträgen plädiert *Wachter* (DRdA

1984, 405) für die analoge Anwendung von § 25 IO. Die Rsp ist dem gefolgt und billigt einem nach § 25 IO austretenden freien DN auch die Kündigungsentschädigung analog § 1162b ABGB zu (OGH 9 Ob 902/91, DRdA 1992/9, 124 *[Wachter]* = Arb 10.944; 8 ObS 15/16p, DRdA 2017/32, 303 *[Glowacka]* = ARD 6534/9/2017; *Weber,* Arbeitsverhältnisse 43; zum Vorstandsmitglied der AG § 25 Rz 122).

Auch arbeitnehmerähnliche Personen haben bei **Ablehnung der Erfüllung** oder weiteren Erfüllung einen **Schadenersatzanspruch,** der als Insolvenzforderung zu qualifizieren ist (§ 21 Abs 2 IO). **19**

Den arbeitnehmerähnlichen Personen – einschließlich der Heimarbeiter – kommt als solchen ein **Rücktrittsrecht auf gesetzlicher Basis** im Fall der Eröffnung des Insolvenzverfahrens über das Vermögen ihres Auftraggebers **nicht** zu. Treten allerdings Leistungsstörungen in der Vertragsabwicklung auf, die der Schuldner zu vertreten hat, so stehen den arbeitnehmerähnlichen Personen selbstverständlich jene zivilrechtlichen Reaktionen zu Gebote, die das jeweilige Rechtsverhältnis für diesen Fall vorsieht. **20**

Im Hinblick auf die analoge Anwendung von § 25 IO auf freie Dienstverträge könnte man allerdings auch ein Rücktrittsrecht **freier DN** analog zu dem der AN vertreten (vgl Rz 18).

Beachtlich ist im gegebenen Zusammenhang, dass vom Schuldner erteilte Aufträge mit der Verfahrenseröffnung erlöschen (§ 26 Abs 1 IO). Eine der Bestimmung des § 26 Abs 1 IO nachempfundene Sonderregelung besteht bzgl des Vertragsverhältnisses der **selbständigen Handelsvertreter** (Näheres zu dieser Personengruppe s § 1 IESG Rz 58 ff). Dieses wird durch die Insolvenzverfahrenseröffnung über das Vermögen des Unternehmers gelöst, unbeschadet der Verpflichtung des Handelsvertreters, bei Gefahr in Verzug seine Tätigkeit so lange fortzusetzen, bis anderweitige Vorsorge getroffen werden kann (§ 26 Abs 1 HVertrG; zur Qualifikation daraus resultierender Ansprüche § 46 Rz 34). Wird das Vertragsverhältnis durch die Verfahrenseröffnung vor Ablauf der bestimmten Zeit gelöst, für die es eingegangen war, oder war im Vertrag eine Kündigungsfrist vereinbart, so kann der Handelsvertreter den Ersatz des ihm verursachten Schadens verlangen (§ 26 Abs 2 HVertrG). Diese Schadenersatzforderung ist eine Insolvenzforderung (*Petschek/Reimer/Schiemer*, Insolvenzrecht 277; vgl § 46 Rz 34). **21**

Eine vertragliche Vereinbarung eines besonderen Rücktrittsrechts für den Fall der Insolvenz des Vertragspartners ist angesichts des § 25b Abs 2 IO unwirksam (*Konecny*, ZIK 2010/119, 86; s schon Rz 16 sowie allg §§ 25a, 25b Rz 4). **22**

4. Leistungsverweigerungsrecht gem § 21 Abs 3 IO

23 Der Vertragspartner, der auf Grund des Vertrags zur Vorleistung verpflichtet ist, kann gem § 21 Abs 3 IO seine Leistung bis zur Bewirkung oder Sicherstellung der Gegenleistung verweigern, sofern ihm die schlechten Vermögensverhältnisse des Schuldners zum Zeitpunkt des Vertragsabschlusses nicht bekannt sein mussten. Nach dieser Bestimmung könnte daher ein AN bei einem noch nicht angetretenen Arbeitsverhältnis den Arbeitsantritt bis zur Bezahlung oder Sicherstellung seiner Lohnforderung verweigern. Besonderes Gewicht erlangt dieses Recht bei den Heimarbeitern und den sonstigen arbeitnehmerähnlichen Personen, bei denen ein eigenes Rücktrittsrecht (oder eine automatische Auflösung wie beim Handelsvertreter; Rz 21) nicht vorgesehen ist (dazu Rz 20).

5. Unabdingbarkeit

24 Gem § 25b Abs 1 IO sind Vereinbarungen der Vertragsparteien, durch die die Anwendung des § 21 IO ausgeschlossen oder beschränkt wird, unwirksam. Dasselbe gilt gem § 40 AngG (bzw § 41 GAngG) für das Rücktrittsrecht nach § 30 Abs 4 AngG (bzw § 30 Abs 4 GAngG) und gem § 27 HVertrG für den Schadenersatzanspruch des Handelsvertreters nach § 26 Abs 2 HVertrG (allg §§ 25a, 25b Rz 2 ff).

.....

d) Arbeitsverträge

§ 25. (1) Ist der Schuldner Arbeitgeber, so übt der Insolvenzverwalter die Rechte und Pflichten des Arbeitgebers aus. Ist das Arbeitsverhältnis bereits angetreten worden, so kann es

1. im Schuldenregulierungsverfahren innerhalb eines Monats nach Eröffnung des Schuldenregulierungsverfahrens,
2. sonst innerhalb eines Monats nach
   a) öffentlicher Bekanntmachung des Beschlusses, mit dem die Schließung des Unternehmens oder eines Unternehmensbereichs angeordnet, bewilligt oder festgestellt wird, oder
   b) der Berichtstagsatzung, es sei denn, das Gericht hat dort die Fortführung des Unternehmens beschlossen, oder
3. im vierten Monat nach Eröffnung des Insolvenzverfahrens, wenn bis dahin keine Berichtstagsatzung stattgefunden hat und die Fortführung des Unternehmens nicht in der Insolvenzdatei bekannt gemacht wurde,

vom Arbeitnehmer durch vorzeitigen Austritt, wobei die Eröffnung des Insolvenzverfahrens als wichtiger Grund gilt, und vom Insolvenzverwalter unter Einhaltung der gesetzlichen, kollektivvertraglichen oder der zulässigerweise vereinbarten kürzeren Kündigungsfrist unter Bedachtnahme auf die gesetzlichen Kündigungsbeschränkungen gelöst werden.

(1a) Bei Arbeitnehmern mit besonderem gesetzlichem Kündigungsschutz ist die Frist des Abs. 1 gewahrt, wenn die Klage bzw. der Antrag auf Zustimmung zur Kündigung durch den Insolvenzverwalter fristgerecht eingebracht worden ist. Gleiches gilt auch für die Anzeigeverpflichtung nach § 45a AMFG.

(1b) Wurde nicht die Schließung des gesamten Unternehmens, sondern nur eines Unternehmensbereichs angeordnet, bewilligt oder festgestellt, so stehen das Austrittsrecht und das Kündigungsrecht nach Abs. 1 nur den Arbeitnehmern bzw. nur in Bezug auf die Arbeitnehmer zu, die in dem betroffenen Unternehmensbereich beschäftigt sind. Hat das Gericht in der Berichtstagsatzung die Fortführung des Unternehmens beschlossen, so kann der Insolvenzverwalter nur Arbeitnehmer, die in einzuschränkenden Bereichen beschäftigt sind, innerhalb eines Monats nach der Berichtstagsatzung nach Abs. 1 kündigen. Dem gekündigten Arbeitnehmer steht ein Austrittsrecht nach Abs. 1 zu.

(1c) Im Sanierungsverfahren mit Eigenverwaltung kann der Schuldner Arbeitnehmer, die in einzuschränkenden Bereichen beschäftigt sind, überdies innerhalb eines Monats nach der öffentlichen Bekanntmachung des Eröffnungsbeschlusses mit Zustimmung des Sanierungsverwalters nach Abs. 1 kündigen, wenn die Aufrechterhaltung des Arbeitsverhältnisses das Zustandekommen oder die Erfüllbarkeit des Sanierungsplans oder die Fortführung des Unternehmens gefährden könnte. Dem gekündigten Arbeitnehmer steht ein Austrittsrecht nach Abs. 1 zu. Abs. 1a zweiter Satz ist nicht anzuwenden.

(2) Wird das Arbeitsverhältnis nach Abs. 1 gelöst, so kann der Arbeitnehmer den Ersatz des verursachten Schadens als Insolvenzforderung verlangen.

(3) Nach Eröffnung des Insolvenzverfahrens ist ein Austritt unwirksam, wenn er nur darauf gestützt wird, dass dem Arbeitnehmer das vor Eröffnung des Insolvenzverfahrens zustehende Entgelt ungebührlich geschmälert oder vorenthalten wurde.

(4) Bestimmungen besonderer Gesetze über den Einfluß der Eröffnung des Insolvenzverfahrens auf das Arbeitsverhältnis bleiben unberührt.

(§ 25 IO neugefasst durch BGBl 1994/153, idF BGBl I 2010/29)

Schrifttum zu § 25 IO

Dirschmied, Insolvenzrechtsänderung und Anpassung des IESG, DRdA 1997, 425;
Engelhart, Nochmals: Fortbetriebsrecht und Lehrverhältnis bei Insolvenzeröffnung, ZIK 2013/125, 86;
Geppert, Der „Anstellungs"vertrag des Vorstandsmitgliedes einer AG, DRdA 1980, 1;
Geppert, Sozialversicherungspflicht von Vorstandsmitgliedern, DRdA 1982/18, 407 (EAnm);
Graf, Austritt wegen Entgeltvorenthalts aus der Zeit vor Konkurseröffnung, ZAS 2003, 87;
Graf-Schimek, Insolvenzrechtsänderungsgesetz 2010 (IRÄG 2010): Allgemeines und Arbeitsrecht, taxlex 2010, 211;
Grießer, Beendigung des Arbeitsverhältnisses bei Insolvenz sowie Entgeltanspruch und dessen Sicherung nach dem IRÄG 1994 im Lichte der neueren Judikatur, ZAS 1994, 188;
Grießer, Ist die Zustimmung des Ausgleichsverwalters zur Kündigung von Arbeitnehmern überprüfbar?, ZIK 1995, 169;
Grießer, OGH – Partiell unwirksamer Austritt im Konkurs?, ecolex 1997, 515;
Grießer, Die wesentlichen arbeitsrechtlichen Änderungen des IRÄG 1997, ZAS 1998, 1;
Haider, Beendigungsansprüche von Arbeitnehmern in der Insolvenz des Arbeitgebers, JAP 2010/11, 33;
Haider, Praxisbeispiele zur Berechnung von Beendigungsansprüchen in der Insolvenz des Arbeitgebers, in *Nunner-Krautgasser/Reissner* (Hrsg), Praxishandbuch Insolvenz und Arbeitsrecht (2012) 195;
Harrer-Hörzinger, Die Stellung des Vorstandes im Insolvenzverfahren der Aktiengesellschaft, wbl 1990, 229;
Holzer, Die Insolvenz des Arbeitgebers, DRdA 1983, 298;
Holzer, Abfertigung und Unternehmensauflösung, in *Runggaldier* (Hrsg), Abfertigungsrecht (1991) 179;

Holzer, Die Insolvenzsicherung der betrieblichen Altersversorgung in Österreich, ZAS 1991, 134;
Holzer, Zum Austritt des Arbeitnehmers wegen vorenthaltenen Entgelts in zeitlicher Nähe zur Konkurseröffnung, ASoK 1996, 7;
Holzer, Nochmals zum Austritt wegen vorenthaltenen Entgelts nach Konkurseröffnung. Rechtliche Rahmenbedingungen und Konsequenzen eines dem Masseverwalter gegenüber erklärten begründeten Austritts, ASoK 1997, 300;
Holzer, Insolvenz und Arbeitsverhältnis, DRdA 1998, 325, 393;
Jabornegg, Arbeitsrechtliche Aspekte bei Krise, Insolvenz und Sanierung von Unternehmen, in *Feldbacher-Durstmüller/Schlager* (Hrsg), Krisenmanagement – Sanierung – Insolvenz² (2002) 1071;
Konecny, Zur Zustimmungserklärung des Ausgleichsverwalters nach den §§ 20b und c AO, ZIK 1995, 69;
Konecny, Vorzeitiger Austritt im Konkurs wegen eines Entgeltrückstandes, ZIK 1996, 146;
Konecny, Beendigungsansprüche der Arbeitnehmer im Konkurs, ZIK 1997, 160;
Konecny, Zur Abgrenzung Unternehmensschließung – befristete Fortführung, ZIK 1998, 73;
Konecny, Berichtstagsatzung und Lauf der Monatsfrist gem § 25 KO, ZIK 2004/236, 186;
Konecny, Das Insolvenzrechtsänderungsgesetz 2010, ZIK 2010, 82;
Kropf, Zur Notwendigkeit der Sicherung von Arbeitnehmeransprüchen bei Insolvenz seines Arbeitgebers, DRdA 1975, 252;
Kryda, Konkurs und Arbeitsverhältnis, SozSi 1977, 135;
Liebeg, Die Änderung der Rechtsstellung der Arbeitnehmer in Insolvenzverfahren und des IESG durch das IRÄG 1994, wbl 1994, 141;
Liebeg, Die Rechtsstellung der Arbeitnehmer in Insolvenzverfahren nach dem IRÄG 1997, RdW 1997, 540;
Nunner, Die Beendigung von Arbeitsverhältnissen im Konkurs nach dem IRÄG 1997, wbl 1997, 313;
Oberhammer, Der (Zwangs-)Ausgleich nach dem IRÄG 1994, ecolex 1994, 308;
Pfeil, Beendigung des Lehrverhältnisses bei Konkurs des Lehrberechtigten, DRdA 1983, 10;
Reischauer, Probleme der Dienstnehmerhaftung, DRdA 1978, 193;
Reissner, Kündigungsentschädigung bei besonderem Kündigungsschutz, DRdA 1998/6, 52 (EAnm);
Reissner, Dienstzeugnis und Konkurs, DRdA 2006/25, 290 (EAnm);
Reissner, Neuerungen im IRÄG 2010 aus arbeitsrechtlicher Sicht, in *Wachter/Burger* (Hrsg), Aktuelle Entwicklungen im Arbeits- und Sozialrecht 2011 (2011) 105;
Reissner, Arbeitsrechtsbezogene Bestimmungen der IO – Arbeitgeberposition, Beendigung von Arbeitsverhältnissen und Forderungsqualifikation, in *Nunner-Krautgasser/Reissner* (Hrsg), Praxishandbuch Insolvenz und Arbeitsrecht (2012) 63;
Reissner, Betriebsübergang und Insolvenz, in *Reissner/Burger* (Hrsg), Aktuelle Entwicklungen im Betriebsübergangsrecht (2016) 55;
Reissner/Sundl, Bemessung der Kündigungsentschädigung bei Austritt besonders geschützter Arbeitnehmer nach § 25 IO. ZIK 2012, 202;

Ristic, Insolvenznovelle – IRÄG 2010, DRdA 2010, 268;
Ristic, Überlegungen zur ArbeitnehmerInnenvertretung bei grenzüberschreitenden Insolvenzen in der EU, FS 20 Jahre ISA (2017) 75;
Rothner, Unternehmensfortführung erleichtert? Das Verfahrenskonzept des IRÄG 1997 aus der Sicht des Masseverwalters, ZIK 1997, 193;
Rothner, Die Arbeitnehmer im Recht der Unternehmensfortführung nach dem IRÄG 1997, ZIK 1998, 10;
Schumacher, Der Liquidationsausgleich in der Praxis, JBl 1990, 5;
Spielbüchler, Insolvenz und Arbeitsrecht, DRdA 1982, 273;
Sundl, Ist der Masseverwalter neuer Arbeitgeber?, ASoK 1997, 105;
Sundl, Arbeitsrechtlicher Austritt wegen Entgeltvorenthaltung im Konkurs. Arbeitnehmer darf in der Prüfphase vorzeitig austreten, ASoK 1999, 253;
Sundl, Insolvenz- und Arbeitsrecht, in *Nunner-Krautgasser/Kapp/Clavora* (Hrsg), Jahrbuch Insolvenz- und Sanierungsrecht 2013 (2013) 193;
Tomandl, Die Kündigungsentschädigung besonders kündigungsgeschützter Arbeitnehmer, ZAS 1986, 109;
Wachter, Der Einfluß des Konkurses auf den Bestand des Arbeitsvertrages, ZAS 1972, 83;
Wachter, Der sogenannte freie Dienstvertrag, DRdA 1984, 405;
Wachter, Zur Verfassungsmäßigkeit des § 25 KO, DRdA 1993, 469 (EAnm);
Weber, Wer ist im Konkurs Vertragspartner des Arbeitnehmers?, ZIK 1997, 40;
Weber, Beendigung der Arbeitsverhältnisse im Konkurs nach dem IRÄG 1997, ZIK 1997, 120;
Weber, Arbeitsverhältnisse in Insolvenzverfahren (1998);
Weber-Wilfert, Arbeitsrechtliche Änderungen des IRÄG 2010, in *Konecny* (Hrsg), IRÄG 2010: Insolvenzrechtsänderungsgesetz 2010 (2010) 59;
Weber-Wilfert, BAG-Novelle 2015: Auswirkungen auf Lehrverhältnisse in der Insolvenz, ZIK 2016/109, 87;
Winkler, Das Lehrverhältnis im Konkurs des Lehrberechtigten, ZAS 1979, 123.

Übersicht zu § 25 IO

1. **Allgemeines** .... Rz 1–3
2. **Arbeitgeberpflichten** .... Rz 4–5
3. **Begünstigtes Kündigungsrecht des Insolvenzverwalters** .... Rz 6
   3.1 Zeitfenster zur begünstigten Beendigung .... Rz 7–8
       3.1.1 Beendigungsfrist im Schuldenregulierungsverfahren .... Rz 9
       3.1.2 Beendigungsfrist in der Unternehmerinsolvenz .... Rz 10
           3.1.2.1 Nicht fortführungswürdige Unternehmen(sbereiche) .... Rz 11–13
           3.1.2.2 Fortführungswürdige Unternehmen(sbereiche) ..... Rz 14–19
               3.1.2.2.1 Exkurs: Arbeitsverhältnisse mit Auslandseinschlag .... Rz 20–22
               3.1.2.2.2 Schließung nach Fortführung .... Rz 23
               3.1.2.2.3 Lösungsmöglichkeit bei einzuschränkenden Bereichen .... Rz 24–28

3.2 Lösungsvorgang	Rz 29–31
3.3 Begünstigungen	Rz 32–37
3.4 Bedachtnahme auf gesetzliche Kündigungsbeschränkungen	Rz 38
3.4.1 Allgemeiner Kündigungsschutz	Rz 39–50
3.4.2 Besonderer Kündigungsschutz	Rz 51
3.4.2.1 Belegschaftsvertreter	Rz 52–54
3.4.2.2 Mütter bzw Karenz oder Teilzeit in Anspruch nehmende Väter	Rz 55–57
3.4.2.3 Präsenz-, Ausbildungs- bzw Zivildiener	Rz 58–59
3.4.2.4 Begünstigte Behinderte	Rz 60–61
3.4.2.5 Lehrlinge	Rz 62–65
3.4.2.6 Familienhospizkarenz, Begleitung schwerstkranker Kinder	Rz 66
3.4.3 Individueller Kündigungsschutz	Rz 67–68
3.4.4 Gesetzliche Kündigungsgründe	Rz 69
3.4.5 Kündigungsfrühwarnsystem	Rz 70–72
3.4.6 Kollv Kündigungsbeschränkungen	Rz 73
3.5 Rechtsfolgen	
3.5.1 Allgemeine Rechtsfolgen	Rz 74–76
3.5.2 Schadenersatz	Rz 77–78
4. Austrittsrecht des AN	Rz 79–80
4.1 Lösungsvorgang	Rz 81–82
4.1.1 „Nachschießendes" Austrittsrecht	Rz 83
4.2 Zeitfenster zum Austritt nach § 25 IO	Rz 84–85
4.3 Rechtsfolgen	
4.3.1 Allgemeine Rechtsfolgen	Rz 86–87
4.3.2 Schadenersatz	Rz 88–96
5. Austritt nach Arbeitsvertragsrecht	Rz 97–105
6. Besonderheiten im Sanierungsverfahren mit Eigenverwaltung	
6.1 Lösungsrecht des Schuldners	Rz 106
6.1.1 Lösungsvorgang	Rz 107–112
6.1.2 Begünstigungen	Rz 113
6.1.3 Bedachtnahme auf gesetzliche Kündigungsbeschränkungen	Rz 114–115
6.1.4 Rechtsfolgen	
6.1.4.1 Allgemeine Rechtsfolgen	Rz 116
6.1.4.2 Schadenersatz	Rz 117
6.2 Lösungsrecht des AN	Rz 118–120
7. Sonderbestimmungen	Rz 121
7.1 Die Sonderbestimmung des § 78 Abs 2 AktG	Rz 122
7.2 Die Sonderbestimmung des § 28 TAG	Rz 123
8. Einfluss der Aufhebung des Insolvenzeröffnungsbeschlusses oder anderer für das Lösungsrecht nach § 25 IO relevanter Beschlüsse auf bereits vollzogene begünstigte Lösungsvorgänge	Rz 124
9. Neue Arbeitsverhältnisse	Rz 125

§ 25 IO

1. Allgemeines

1 § 25 IO behandelt die besonderen Lösungsrechte der Arbeitsvertragsparteien bei Insolvenz des AG (zum zwingenden Charakter der Regelungen s §§ 25a, 25b Rz 5). § 25 IO bezieht sich nur auf **bereits angetretene Arbeitsverhältnisse** (vgl § 21 Rz 6), maßgeblich ist der Arbeitnehmerbegriff des Arbeitsvertragsrechts (*Haider* in *Reissner,* AngG^2 § 33 Rz 8; zu diesem Begriff ausführlich § 1 IESG Rz 7 ff). Arbeitsverhältnisse, die erst nach Eröffnung des Insolvenzverfahrens vom Insolvenzverwalter bzw Schuldner eingegangen werden, sind weder von Arbeitgeberseite noch vom AN gem § 25 IO begünstigt auflösbar (Rz 125). Auf (bereits angetretene) **freie Dienstverträge** wird § 25 IO nach hA analog angewendet (dazu Rz 122 sowie § 21 Rz 19).

Keiner Lösung nach § 25 IO zugänglich ist das **Ruhestandsverhältnis**. Anerkannterweise kommen insolvenzspezifische begünstigte Lösungsrechte nur bei Verträgen in Betracht, die noch von keiner Seite voll erfüllt worden sind. Zu Recht wertet die Judikatur das Ruhestandsverhältnis als Nachwirkung des Arbeitsvertrags und kommt so insgesamt zu einem Vertragsverhältnis, das der ehemalige AN durch Erbringung seiner Arbeitsleistung bereits voll erfüllt hat (OGH 4 Ob 39/80, ZAS 1981/20, 138 *[Fischer]* = DRdA 1981, 147; 4 Ob 133/80, DRdA 1983/9, 169 *[Kramer]*). Daran vermögen auch allenfalls nachwirkende Treuepflichten nichts zu ändern. Wenn nämlich im Insolvenzrecht von Vertragserfüllung die Rede ist, so geht es ausschließlich um die für die Masse vermögenswirksamen Dienstleistungspflichten aus einem Vertrag. Allenfalls noch nachvertraglich bestehende Schutz- und Sorgfaltspflichten können am Umstand nichts ändern, dass insolvenzrechtlich gesehen ein bereits voll erfüllter Vertrag vorliegt (*Holzer*, ZAS 1991, 137).

2 Im Folgenden werden die einschlägigen Lösungsrechte bei **Insolvenzverfahren ohne Eigenverwaltung** in den Mittelpunkt der Ausführungen gestellt (Rz 6 ff), wobei zwischen dem Lösungsrecht des Insolvenzverwalters (Rz 6 ff) und dem Austrittsrecht des AN (Rz 79 ff) zu differenzieren ist. Auf die Besonderheiten bei Sanierungsverfahren mit Eigenverwaltung wird im Anschluss daran eingegangen (Rz 106 ff). Weiters wird auf Sonderbestimmungen zum Thema verwiesen (Rz 121 ff) und der Einfluss der Aufhebung des Insolvenzeröffnungsbeschlusses oder anderer für das Lösungsrecht nach § 25 IO relevanter Beschlüsse auf bereits vollzogene begünstigte Lösungsvorgänge untersucht (Rz 124). Vor der Darstellung dieser zentralen Inhalte der Bestimmung wird die in § 25 IO aufgenommene Regelung betreffend die Arbeitgeberpflichten in der Insolvenz ausgedeutet (Rz 4 f).

3 § 25 IO wurde durch das IRÄG 2010 BGBl I 2010/29 zT neu gefasst und in gewissen Punkten erweitert bzw präzisiert. Die hier interessierenden Änderungen traten am 1. 7. 2010 in Kraft und sind auf Insolvenzverfahren anzuwenden, die nach dem 30. 6. 2010 eröffnet oder wieder aufgenommen wurden (im Detail vgl § 273 IO).

2. Arbeitgeberpflichten

Arbeitsverhältnisse werden in ihrem Bestand durch die Eröffnung eines 4
Insolvenzverfahrens über das Vermögen des AG **nicht berührt** (ArbG Wien 8 Cr 237/66, SozM I A/d 756). Was die Wahrnehmung der Arbeitgeberpflichten anlangt, finden sich seit dem IRÄG 2010 BGBl I 2010/29 in § 25 IO Klarstellungen zum Thema: Im Allgemeinen übt während des Verfahrens der **Insolvenzverwalter** die **Rechte und Pflichten des AG** aus (so ausdrücklich S 1 des § 25 Abs 1 nF IO; zum Sanierungsverfahren mit Eigenverwaltung s Rz 106 ff). Nur er hat daher bspw das Recht, Weisungen zu erteilen oder die Weisungsbefugnis zu delegieren; er kann auch während der Kündigungsfrist auf die Dienstleistungen verzichten. Nur der Insolvenzverwalter ist befugt, Arbeitsverhältnisse zu begründen bzw zu beenden und im Zuge dessen abzuwickeln (dazu allg § 3 Rz 1 ff); dies gilt zB auch im Falle eines GmbH-Geschäftsführers (vgl zB OGH 9 ObA 89/15a, ecolex 2015/458, 1057). Der AG muss Derartiges auch nach Aufhebung der Insolvenz gegen sich gelten lassen (ArbG Wien 8 Cr 290/70, SozM I A/d 1041), doch haftet ihm der Insolvenzverwalter für die ordnungsgemäße Wahrnehmung der Arbeitgeberfunktion (allg dazu Vorbem Rz 18 ff).

Fehlentscheidungen in Bezug auf die Position des Insolvenzverwalters gegenüber dem AN dürften angesichts der gesetzlichen Klarstellung in § 25 Abs 1 S 1 IO Geschichte sein. Der OGH (9 ObA 2095/96, DRdA 1997, 138 = RdW 1997, 468) hatte etwa im Jahre 1996 entschieden, dass, da zwischen Schuldner und Verwalter keine Arbeitgeberidentität bestehe, die bis zum Austritt nach Insolvenzrecht und die zufolge neuerlicher Einstellung beim Insolvenzverwalter zurückgelegten Dienstzeiten für die Bemessung der „Abfertigung alt" nicht zusammenzurechnen seien. Diese Sichtweise ist unzutreffend: Der Insolvenzverwalter selbst wird keinesfalls zum AG; dieser nimmt nur die Arbeitgeberfunktionen wahr, **AG bleibt durchgehend der Schuldner** (so zu Recht in Ablehnung der zitierten E *Weber*, ZIK 1997, 40; *dies*, Arbeitsverhältnisse in Insolvenzverfahren 37, 95; *Sundl*, ASoK 1997, 105). Stellt daher der Insolvenzverwalter einen nach § 25 IO ausgetretenen AN unmittelbar danach wieder ein, sind die Dienstzeiten für die Ermittlung der Abfertigung gem § 23 Abs 1 S 3 AngG als beim selben AG verbracht zusammenzurechnen.

Auch die Beantwortung der Frage, wer in der Insolvenz ein **Arbeitszeugnis** 5
iSd § 39 AngG, § 1163 ABGB etc auszustellen hat, dürfte durch die gesetzliche Klarstellung in die richtige Richtung gelenkt werden. Der OGH (9 ObA 118/04z, DRdA 2006/25, 290 [krit *Reissner*] = ARD 5622/7/2005) ging noch

2005 davon aus, dass ein Verfahren über die Ausstellung eines Dienstzeugnisses einen Anspruch behandle, der das zur Masse gehörige Vermögen nicht betreffe. Daher könne es grundsätzlich iSd § 6 Abs 3 IO auch während der Insolvenz gegen den Schuldner fortgesetzt werden. Anders sei dies nur dann, wenn der Anspruch von einem AN geltend gemacht wird, der nach Eröffnung des Insolvenzverfahrens vom Insolvenzverwalter weiter beschäftigt werde. Sonderfälle, in denen zwischen dem Begehren auf Ausstellung eines Dienstzeugnisses und dem Begehren auf Feststellung einer Insolvenzforderung ein besonders enger Sachzusammenhang bestehe, erforderten ausnahmsweise eine andere Beurteilung: Ist strittig, ob das in Frage stehende Arbeitsverhältnis im Wege eines Betriebsübergangs von einem Einzelunternehmen auf die bekl Gesellschaft übergegangen ist, so sei die Klärung dieser Frage sowohl für den Anspruch auf Ausstellung eines Dienstzeugnisses als auch für die Höhe der festzustellenden Insolvenzforderung von Bedeutung, da vom Feststellungsbegehren des AN Forderungen umfasst seien, die aus der Zeit des Arbeitsverhältnisses mit dem Einzelunternehmen stammten.

UE ist das **Arbeitszeugnis während des Insolvenzverfahrens** (ohne Eigenverwaltung) **in allen Fällen vom Insolvenzverwalter auszustellen** (ausführlich dazu *Reissner*, Arbeitsrechtsbezogene Bestimmungen 63; in diese Richtung auch *Weber-Wilfert*, IRÄG 2010, 60 f; vgl auch Vorbem Rz 18, § 51 Rz 7). Dieser hat ja – wie in Rz 4 angesprochen – in dieser Zeit die Arbeitgeberfunktion und damit die Befugnis, Arbeitsverhältnisse zu beenden, inne. Zur Beendigung von Arbeitsverhältnissen gehört nicht nur der Lösungsakt, sondern auch die Abwicklung, ein vielschichtiger, aus rechtlichen und faktischen Abläufen bestehender Vorgang. Ein Anspruch aus dem abzuwickelnden Arbeitsverhältnis ist jener auf das Dienstzeugnis. Dieser hat keine besondere, höchstpersönlich auf den Schuldner zugeschnittene Ausprägung. Mit dem Arbeitszeugnis werden äußere Daten des Arbeitsverhältnisses (Dauer des Arbeitsverhältnisses, Funktionen und erworbene Qualifikationen des AN etc) **bestätigt**, Umstände also, die **nicht an der Person des Schuldners**, sondern an der Personalwirtschaft des Unternehmens **hängen**. Wer auch immer das Zeugnis ausstellt, er wird in aller Regel Daten aus dem Personalbereich erheben müssen. Diese stehen dem Insolvenzverwalter während des Verfahrens genauso zur Verfügung wie dem Schuldner (zur aus der Zuständigkeit des Insolvenzverwalters resultierenden Aspekten im Recht des Dienstzeugnisses *Reissner*, DRdA 2006/25, 294). Allenfalls hat der Insolvenzverwalter die Mitwirkung des Schuldners gem § 99a IO in Anspruch zu nehmen (so treffend *Weber-Wilfert*, IRÄG 2010, 60).

3. Begünstigtes Kündigungsrecht des Insolvenzverwalters

Die IO gibt dem Insolvenzverwalter im Insolvenzverfahren, in dem ihm die Arbeitgeberfunktion zukommt (vgl Rz 4), aber auch dem Schuldner im Sanierungsverfahren mit Eigenverwaltung (dazu Rz 106 ff) die Möglichkeit, die Insolvenzmasse von bestimmten Dauerschuldverhältnissen, die sie belasten, ohne Rücksicht auf deren vertragliche Dauer unter gewissen Voraussetzungen zu befreien. Bezogen auf bereits angetretene Arbeitsverhältnisse (Rz 1) heißt dies, dass dem Insolvenzverwalter in § 25 IO ein **an sich im Arbeitsvertragsrecht nicht vorgesehenes Lösungsrecht** zugebilligt wird (zur zwingenden Wirkung dieses Lösungsrechts s §§ 25a, 25b Rz 1, 5). Der Art nach handelt es sich bei diesem Lösungsrecht um eine Kündigung eigener Art, die **begünstigte** oder **außerordentliche Kündigung** genannt wird (*Wachter*, ZAS 1972, 90) und an der Nichtfortführung des Unternehmens oder eines Unternehmensbereichs anknüpft (*Sundl*, Insolvenz- und Arbeitsrecht 201). Auf nach Insolvenzverfahrenseröffnung vom Insolvenzverwalter bzw Schuldner neu begründete Arbeitsverhältnisse ist § 25 IO nicht anzuwenden (vgl Rz 125). 6

Hat der AG ein Arbeitsverhältnis **bereits vor Insolvenzverfahrenseröffnung gekündigt**, steht dem Insolvenzverwalter dennoch das Recht zu, von der Kündigungsmöglichkeit nach § 25 IO Gebrauch zu machen, wenn diese Lösung ein Ende des Arbeitsverhältnisses vor dem eingehaltenen Kündigungstermin zulässt (OGH 4 Ob 50/80, Arb 9904).

Im Verhältnis zu einer Kündigung nach allgemeinem Arbeitsvertragsrecht sind für den Insolvenzverwalter Begünstigungen vorgesehen (zu diesen im Detail Rz 32 ff), die Kündigung muss allerdings in einem bestimmten Zeitfenster getätigt werden (s Rz 7 ff).

3.1 Zeitfenster zur begünstigten Beendigung

Die sog begünstigte Kündigung ist innerhalb einer **Bedenkfrist von einem Monat** vorzunehmen. Diese Frist ist unterschiedlich situiert, je nachdem, ob es sich um ein Schuldenregulierungsverfahren oder eine Unternehmerinsolvenz handelt, wobei im letzteren Fall noch entscheidend ist, ob ein Unternehmen(sbereich) fortgeführt wird oder nicht (s Rz 9 ff; zu den Besonderheiten im Sanierungsverfahren mit Eigenverwaltung s Rz 107 ff). 7

Wird vom außerordentlichen Kündigungsrecht nicht fristgerecht Gebrauch gemacht, so kann das Arbeitsverhältnis nur noch nach allgemeinen Grundsätzen gelöst werden, dh die Arbeitgeberseite hat – wie im gegengleichen Fall auch der AN (vgl Rz 84) – alle zulässigen einschlägigen Vereinbarungen im Arbeitsvertrag zu beachten (VwGH 11/3090/80, Arb 10.088). 8

Hält der Insolvenzverwalter bei einer außerhalb der Frist nach § 25 Abs 1 IO erfolgten Kündigung allgemeine Kündigungszeiten nicht ein, liegt eine zeitwidrige Kündigung vor, die Schadenersatz im Range einer Masseforderung nach sich zieht (dazu und zu den Auswirkungen ähnlicher Fehler auf die Forderungsqualifikation § 46 Rz 31, § 51 Rz 5 mwN).

3.1.1 Beendigungsfrist im Schuldenregulierungsverfahren

9 Ist der Schuldner eine natürliche Person ohne Unternehmen und findet daher ein Schuldenregulierungsverfahren iSd §§ 181 ff IO statt, so wird der Lauf der einmonatigen Frist zur begünstigten Lösung von Arbeitsverhältnissen durch die **Eröffnung des Insolvenzverfahrens** ausgelöst (§ 25 Abs 1 Z 1 IO). Festzuhalten ist, dass im Schuldenregulierungsverfahren idR Eigenverwaltung besteht und daher hier ausnahmsweise der Schuldner selbst zur Lösung nach § 25 IO berechtigt ist (zum Problem *Sundl,* Insolvenz- und Arbeitsrecht 208).

Eine entsprechende Beendigungsfrist gilt für den Fall der Verlassenschaftsinsolvenz eines Nichtunternehmers. Auch auf die Insolvenz juristischer Personen ohne Unternehmen wird man diese Frist wohl analog anzuwenden haben.

3.1.2 Beendigungsfrist in der Unternehmerinsolvenz

10 In der Unternehmerinsolvenz gibt es keinen starren Beginn der Monatsfrist mit Insolvenzverfahrenseröffnung, es besteht vielmehr ein enger Zusammenhang zwischen dem Fristenlauf und dem **Schicksal des Unternehmens** (genauer dazu Rz 11 ff). Wesentlich ist hierbei in erster Linie die Frage, ob das Unternehmen fortgeführt oder geschlossen wird. Es ist auch die Schließung oder Fortführung von einzelnen „Unternehmensbereichen" möglich, womit nicht nur die Alternative Totalschließung oder Gesamtfortführung des Unternehmens besteht (genauer dazu Rz 14 ff).

3.1.2.1 Nicht fortführungswürdige Unternehmen(sbereiche)

11 Ist die Tätigkeit eines Unternehmens zur Zeit der Insolvenzverfahrenseröffnung bereits faktisch zum Erliegen gekommen und kann diese sinnvollerweise nicht fortgesetzt werden, so hat das Gericht – was hier vor allem dann interessiert, wenn noch aufrechte Arbeitsverhältnisse bestehen – mit **Beschluss** festzustellen, **dass** das **Unternehmen geschlossen bleibt,** und diesen Beschluss öffentlich bekanntzumachen (§ 114a Abs 2 S 3 und Abs 3 IO). Mit dieser **öffentlichen Bekanntmachung** – das entsprechende Edikt ist auch der gesetzlichen Interessenvertretung der AN und jedem im Unternehmen errichteten Organ der Belegschaft zuzustellen (vgl §§ 75, 76 Rz 7, 13) – beginnt die Einmonatsfrist für die begünstigte Lösungsmöglichkeit (§ 25 Abs 1 Z 2 lit a IO).

Wird das Unternehmen oder ein Bereich desselben (sofort oder nach kurzer Zeit; vgl auch Rz 14) **auf Anordnung** bzw **mit Bewilligung des Insolvenzgerichts geschlossen,** weil es „offenkundig" ist, dass jede Fortführung zu einer Erhöhung des Ausfalls der Insolvenzgläubiger führen wird (vgl § 114a Abs 1 S 1 IO), beginnt die Einmonatsfrist ebenfalls mit der **öffentlichen Bekanntmachung des Schließungsbeschlusses** (§ 25 Abs 1 Z 2 lit a IO). **12**

Wurde nicht die Schließung des gesamten Unternehmens, sondern nur eines **Unternehmensbereichs** angeordnet, bewilligt oder festgestellt, so steht das begünstigte Kündigungsrecht nur in Bezug auf jene AN zu, die in dem betroffenen Unternehmensbereich beschäftigt sind (§ 25 Abs 1b S 1 IO; zur Situation im Sanierungsverfahren mit Eigenverwaltung vgl Rz 106 ff).

Das faktische Aufhören der unternehmerischen Tätigkeit löst die Frist sohin nicht aus, entscheidend ist der Beschluss und dessen öffentliche Bekanntmachung. **13**

3.1.2.2 Fortführungswürdige Unternehmen(sbereiche)

In dieser Konstellation kommt es nach Eröffnung des Insolvenzverfahrens zu einer sog **„Prüfphase",** welche bis zu einer erweiterten Gläubigerversammlung, der **„Berichtstagsatzung",** dauert (§§ 91a, 114b IO); Letztere hat spätestens 90 Tage nach der Verfahrenseröffnung stattzufinden. Während dieser Prüfphase ist das Unternehmen (grundsätzlich) fortzuführen (s aber Rz 12), sodass keine besonderen Lösungsrechte entstehen. Von zentraler Bedeutung ist dann das **Geschehen in der Berichtstagsatzung:** **14**

In der Berichtstagsatzung kann zum Ersten die **Anordnung** bzw **Bewilligung der Schließung** des Unternehmens (bzw eines Unternehmensbereichs) erteilt werden (vgl § 114a Abs 2 und 3, § 114b Abs 1 IO). Die begünstigten Lösungsrechte bestehen dann innerhalb eines Monats **ab Berichtstagsatzung;** auf die Veröffentlichung eines Beschlusses kommt es nicht an (vgl § 25 Abs 1 Z 2 lit b IO). **15**

Ergeht in der Berichtstagsatzung ein **Beschluss auf Fortführung** des Unternehmens, so ergibt sich aus § 25 Abs 1 Z 2 lit b IO, dass in diesem Fall grundsätzlich **keine begünstigten Lösungsrechte** bestehen (zur Teilschließung bei Fortführung s aber Rz 15 sowie schon Rz 12, zu den „einzuschränkenden Bereichen" s Rz 24 ff). **16**

Wird also in der Berichtstagsatzung ein Fortführungsbeschluss gefasst, so bestehen im Allgemeinen keine Lösungsrechte, kommt es zu **keinem derartigen Beschluss,** steht das **Zeitfenster** (Rz 15) offen (OGH 8 ObA 36/06m, Arb 12.608 = ZIK 2006/15, 25; *Holzer,* DRdA 1998, 329; *Konecny,* ZIK 1998, 77; *Sundl,* Insolvenz- und Arbeitsrecht 201, 204). In einem speziellen Fall vertrat der OGH (8 ObS 5/04z, DRdA 2005/11, 172 [zust *W. Anzenberger*] = **17**

ARD 5527/1/2004; krit *Konecny,* ZIK 2004/236, 186; *Liebeg,* IESG³ § 1 Rz 87) entgegen dem Wortlaut von § 25 Abs 1 Z 2 lit b IO die Auffassung, dass das Zeitfenster mit Ablauf der 90-tägigen Frist ab Insolvenzverfahrenseröffnung (vgl § 91a IO; dazu Rz 14) beginne. Es gab hier „widersprüchliche Verhaltensweisen" der Insolvenzorgane (so das Höchstgericht in der grundlegenden E OGH 8 ObA 36/06m, Arb 12.608 = ZIK 2006/15, 25) insofern, als in der Berichtstagsatzung kein Beschluss über die weitere Zukunft des Unternehmens (Fortführung, Schließung) gefasst, sondern dem Schuldner die (damals mögliche; s unten) befristete Fortführung des Unternehmens im Falle des Erlages einer Kaution binnen 14 Tagen in Aussicht gestellt wurde. Aus dieser E können uE keine allgemeinen Schlüsse gezogen werden (so auch OGH 8 ObA 36/06m, Arb 12.608 = ZIK 2006/15, 25). Festzuhalten ist, dass jedenfalls durch einen späteren, nach der Berichtstagsatzung ergehenden Beschluss, dass das Unternehmen zu schließen ist, ein (neuerliches) Zeitfenster ausgelöst wird (dazu Rz 23).

Von einer Fortführung ohne Beschluss in der Berichtstagsatzung kann allerdings dann nicht gesprochen werden, wenn diese **erstreckt** wird, was zumindest solange zulässig sein wird, als der Rahmen der 90-Tage-Frist nicht gesprengt wird (*Weber,* ZIK 1997, 123; *Grießer,* ZAS 1998, 2). Im Falle einer Erstreckung der Berichtstagsatzung beginnt die gegenständliche Frist erst mit der erstreckten Tagsatzung (hA; zB *Weber,* ZIK 1997, 123; *Holzer,* DRdA 1998, 329; *Rothner,* ZIK 1998, 14; OGH 8 ObS 5/04z, DRdA 2005/11, 172 *[W. Anzenberger]* = ARD 5527/1/2004).

Die früher mögliche befristete Fortführung ist seit dem IRÄG 2010 BGBl I 2010/29 nicht mehr vorgesehen.

18 Zu beachten ist, dass § 25 Abs 1b S 2 IO dem **Insolvenzverwalter** trotz Fortführung des Unternehmens ausnahmsweise die Möglichkeit gibt, AN, die in **„einzuschränkenden Bereichen"** beschäftigt sind, innerhalb eines Monats **nach** der **Berichtstagsatzung begünstigt** zu **kündigen** (dazu genauer Rz 24 ff; zum in diesem Fall bestehenden „nachschießenden" Austrittsrecht des AN s Rz 83).

19 Die Lösung ist **im vierten Monat nach Eröffnung** des Insolvenzverfahrens möglich, wenn **bis dahin keine Berichtstagsatzung** stattgefunden hat und die Fortführung des Unternehmens nicht in der Insolvenzdatei bekannt gemacht wurde (§ 25 Abs 1 Z 3 IO).

Diese Bestimmung bezieht sich primär auf **im Ausland eröffnete Insolvenzverfahren,** bei denen häufig keine Berichtstagsatzung vorgesehen ist. Der ausländische Insolvenzverwalter kann allerdings gem § 242 IO die Fortführung des Unternehmens in der (österr) Insolvenzdatei bekanntgeben, was das Kündigungsrecht – und insb das Austrittsrecht des AN (vgl Rz 79 ff) – hintanhält (*Weber-Wilfert,* IRÄG 2010, 73). Die Lösungsmöglichkeit bei einzuschränkenden Bereichen nach § 25 Abs 1b IO (allg dazu Rz 24 ff) steht ihm ja uU dennoch zur Verfügung (*Sundl,* Insolvenz- und Arbeitsrecht 202).

3.1.2.2.1 Exkurs: Arbeitsverhältnisse mit Auslandseinschlag

Die Frage, ob bei Auslandseinschlag § 25 IO anzuwenden ist oder nicht, ist – dies wird auch von der EuInsVO so vorgesehen (*Graf-Schimek,* taxlex 2010, 213) – nach den Regeln des Internationalen Privatrechts (Rom I-VO, für ältere Arbeitsverhältnisse EVÜ und IPRG; zum zeitlichen Geltungsbereich genauer *Reissner,* Arbeitsrechtbezogene Bestimmungen 72 mwN) über das auf das Arbeitsverhältnis anzuwendende Recht zu beantworten. Maßgeblich ist das **Arbeitsvertragsstatut** (zum Thema *Ristic,* FS 20 Jahre ISA 78 ff). **20**

ISd Privatautonomie wird jeweils dem subjektiven Arbeitsvertragsstatut, der sog **Rechtswahl**, Priorität eingeräumt. Die Rechtswahl kann sich auf den ganzen Vertrag oder Teile davon beziehen. Sie muss ausdrücklich getroffen (§ 44 Abs 3 S 1 IPRG für Arbeitsverhältnisse) oder mit hinreichender Bestimmtheit aus dem Vertrag, dem Verhalten der Parteien oder den Umständen des Falles ableitbar sein (vgl Art 3 Abs 1 Rom I-VO, Art 3 Abs 1 EVÜ). Im Arbeitsrecht darf eine Rechtswahl nicht dazu führen, dass dem AN der Schutz entzogen wird, der ihm nach den zwingenden Bestimmungen jenes Rechts gewährt wird, welches mangels Rechtswahl anzuwenden wäre (Art 8 Abs 1 Rom I-VO, Art 6 Abs 1 EVÜ, § 44 Abs 3 S 2 IPRG; zum mangels Rechtswahl anwendbaren Recht s Rz 22). Das Arbeitsverhältnis unterliegt gegebenenfalls im Ergebnis einem „Mischrecht" aus beiden anwendbaren Rechtsordnungen. **21**

Wird keine (taugliche) Rechtswahl getroffen, dann ist das **objektive Arbeitsvertragsstatut** maßgeblich. Arbeitsverhältnisse sind demnach primär nach dem Recht jenes Staates zu beurteilen, in dem der **AN** in Erfüllung des Vertrags **gewöhnlich** seine **Arbeit verrichtet** (Art 8 Abs 2 Rom I-VO, Art 6 Abs 2 lit a EVÜ, § 44 Abs 1 IPRG). Das Recht des gewöhnlichen Arbeitsortes wechselt nicht, wenn der AN seine Arbeit **vorübergehend in einem anderen Staat verrichtet** (Art 8 Abs 2 Rom I-VO), also in diesen **entsandt** ist (Art 6 Abs 2 lit a EVÜ, § 44 Abs 1 IPRG). Gibt es keine gewöhnliche Arbeitsverrichtung in ein und demselben Staat, so ist das Recht des Staates maßgeblich, in dem sich die **Niederlassung** befindet, **die den AN eingestellt hat** (Art 8 Abs 3 Rom I-VO, Art 6 Abs 2 lit b EVÜ, § 44 Abs 2 IPRG). In Extremfällen einer starken Nahebeziehung zu einer anderen Rechtsordnung wird ausnahmsweise auf diese ausgewichen (sog **Ausweichklausel** in Art 8 Abs 4 Rom I-VO und Art 6 Abs 2 EVÜ). **22**

3.1.2.2.2 Schließung nach Fortführung

23 Wurde vorerst auf Fortführung von Unternehmen(sbereichen) entschieden, ist in der Folge dennoch ein Schließungsbeschluss möglich bzw dann zwingend, wenn es nicht innerhalb einer bestimmten Zeit gem § 115 Abs 4 IO zur Annahme eines Sanierungsvorschlags kommt. Kommt es zu einer **Schließung des Unternehmens nach** (einstweiliger) **Fortführung,** so wird mit der **öffentlichen Bekanntmachung** des entsprechenden **Beschlusses** wiederum der Beginn der Monatsfrist für begünstigte Kündigungen ausgelöst (vgl OGH 8 ObA 126/02s, ARD 5420/16/2003; *Nunner,* wbl 1997, 317; *Weber,* ZIK 1997, 120; *Dirschmied,* DRdA 1997, 425; *Konecny,* ZIK 1997, 162; *Rothner,* ZIK 1997, 200; *Sundl,* Insolvenz- und Arbeitsrecht 202 f; *Liebeg,* IESG³ § 1 Rz 86; früher aA *ders,* RdW 1997, 540). Es können somit in Bezug auf ein Arbeitsverhältnis mehrere einschlägige Zeiträume hintereinander eintreten.

Wird demnach ein Unternehmen nach Insolvenzverfahrenseröffnung fortgeführt und innerhalb eines Jahres keine Sanierung erreicht, muss der Insolvenzverwalter die Bekanntmachung des Beschlusses, mit dem vom Insolvenzgericht die Schließung des Unternehmens angeordnet wird, abwarten, bevor er eine nach § 25 IO begünstigte Kündigung aussprechen kann. Ansprüche aus einer vor dem Schließungsbeschluss ausgesprochenen Kündigung sind daher keine Insolvenzforderungen, sondern Masseforderungen (OGH 8 ObA 126/02s, ARD 5420/16/2003; allg zu den Auswirkungen von Fehlern des Insolvenzverwalters iZm Kündigungen auf die Forderungsqualifikation § 46 Rz 31).

3.1.2.2.3 Lösungsmöglichkeit bei einzuschränkenden Bereichen

24 Hat das Gericht in der Berichtstagsatzung die Fortführung des Unternehmens beschlossen, so kann der Insolvenzverwalter nur AN, die in einzuschränkenden Bereichen beschäftigt sind, innerhalb eines Monats nach der Berichtstagsatzung nach § 25 Abs 1 IO kündigen (§ 25 Abs 1b S 2 IO).

25 Die Interpretation dieser Bestimmung wirft einige Probleme auf. Zum einen ist fraglich, ob § 25 Abs 1b S 2 IO wirklich nur – wie es der Wortlaut nahelegt – Fälle der **Fortführung des gesamten Unternehmens** meint oder ob auch die Fortführung von Restgrößen eines oder mehrerer Unternehmensbereiche erfasst ist. Gegen letztere These könnte sprechen, dass es mitunter schwierig sein wird, aus einem Unternehmensbereich noch einmal einen Bereich herauszufiltern. Häufig wird man aber einen entsprechenden „Bereich" abgrenzen können (dazu gleich), sodass die Bestimmung uE auch im Fall der bloßen **Fortführung eines oder mehrerer Unternehmensbereiche** anwendbar ist.

Als **Bezugsobjekt** einer notwendigen Einschränkung verwendet der Gesetzgeber den Terminus **„Bereich"**. Man wird darunter mehr als einen bloßen Arbeitsplatz zu verstehen haben, es wird – ähnlich der Situation im Betriebsübergangsrecht – eine „wirtschaftliche Einheit" iS einer organisatorischen (zB Reinigungsabteilung) oder funktionellen Ausrichtung (zB Aufgabe Reinigung) mit einem oder mehreren Arbeitsplätzen vorliegen müssen (vgl ErläutRV 734 BlgNR 20. GP 47; *Weber*, ZIK 1997, 120; *dies*, Arbeitsverhältnisse 59; *Nunner*, wbl 1997, 315; *Gamerith* in *Bartsch/Pollak/Buchegger* I[4] § 25 KO Rz 18). Die (auf die Substanz bezogene) Einschränkung (Rz 27) muss sich dann eben auf diesen Bereich und nicht bloß auf einen vereinzelten Arbeitsplatz innerhalb des Bereichs beziehen (*Reissner*, IRÄG 2010, 118).

26

Eine nicht unbeträchtliche Schwierigkeit wird es im Einzelfall auch bedeuten, festzustellen, **welche AN in diesem (einzuschränkenden) Bereich** beschäftigt sind und daher begünstigt gekündigt werden können. Man wird hier eine zumindest überwiegende Beschäftigung als maßgeblich verlangen müssen (vgl *Weber*, Arbeitsverhältnisse 61; *Sundl,* Insolvenz- und Arbeitsrecht 203).

27

Eine zentrale Auslegungsfrage betrifft den Passus **„einzuschränkender Bereich"**: Sollen begünstigte Insolvenzverwalterkündigungen auch dann möglich sein, wenn ausschließlich Lohnkosten gesenkt werden sollen, dh wenn eine Überkapazität einzig und allein in einer zu hohen Arbeitnehmerzahl erblickt wird, oder muss ein „einzuschränkender Bereich" ein solcher sein, in dem auch „substanzielle" Änderungen, also Restriktionen in materieller (zB Verminderung von Betriebsanlagen) oder immaterieller Hinsicht (zB Aufgabe von Marken, Vertriebsbereichen, Kundenkreisen oder sonstiger Aktivitäten bzw Umstände), eintreten?

28

Weber (ZIK 1997, 124 f; ihr folgend *Liebeg*, IESG[3] § 1 Rz 77) meint, dass bloße Überkapazität im Personalbereich ausreichend für das Bestehen des besonderen Lösungsrechts sei und begründet dies mit der „Sanierungsfreundlichkeit" des IRÄG 1997 BGBl I 1997/114. Dem Terminus „Bereich" will sie dadurch entsprechen, dass sie bloß vorübergehende Einschränkungen für nicht ausreichend hält (man könnte sonst teure durch billigere AN ersetzen) und dass sie es nicht zulassen will, quer durch alle Bereiche des Unternehmens zu kündigen (damit wird ein organisatorischer Aspekt für maßgeblich erklärt).

Dieser Ansatz ist dennoch zu kritisieren. Zum einen besteht die Ratio legis des § 25 IO nicht eindimensional darin, Sanierungen um jeden Preis zu ermöglichen, dem Gesetzgeber geht es vielmehr darum, den Konflikt zwischen Arbeitnehmerinteressen und Sanierungsinteressen gerecht auszugleichen. Die zentrale Schwäche der skizzierten Ansicht liegt jedoch darin, dass *Weber* auf Wortlaut und Systematik des § 25 IO nicht Bedacht nimmt und im Ergebnis einen logischen Zirkel produziert: „AN dürfen begünstigt gekündigt werden, wenn solche gekündigt werden müssen." Wäre dem so, so hätte der Gesetzgeber die begünstigte Kündigung bei Fortführung gleich freigeben können und es zB nur verbieten müssen, alle AN einer Einheit zu kündigen, zumal ein solches Vorgehen in aller Regel in Richtung Schließung ginge. Aus der Sicht der Wortauslegung bzw der systematischen Interpretation kann logisch gesehen die Vornahme begünstigter Lösungserklärungen nicht gleichzeitig die Voraussetzung für ihre Zulässigkeit abgeben. Die richtige Ansicht ist daher, dass das **begünstigte Kündigungsrecht des § 25 Abs 1b S 2 IO** eine „**substanzielle" Einschränkung** in materieller und/oder immaterieller Hinsicht **voraussetzt** (*Holzer*, DRdA 1998, 329; *Jabornegg*, Krise 1102; *Reissner*, IRÄG 2010, 117 ff; *ders*, Arbeitsrechtsbezogene Bestimmungen 73 ff; *Sundl*, Insolvenz- und Arbeitsrecht 203 f; *Haider* in *Reissner*, AngG[2] § 33 Rz 16).

Die Anforderungen an eine das Lösungsrecht eröffnende Reduktion der Betriebsmittel in materieller und/oder immaterieller Hinsicht wird man nicht zu streng ansetzen dürfen. Dass der Bereich ein „**einzuschränkender**" ist, wird mit betriebswirtschaftlichen Argumenten zu belegen sein, was in der Praxis keine gröberen Schwierigkeiten auslösen dürfte.

- Was die **Reduktion materieller Betriebsmittel** anlangt, so wird man etwa an die Stilllegung von Maschinen oder Produktionslinien, an die Schließung einzelner Filialen oder Standorte – auch wenn diese unselbständig oder sehr klein sind, zB nur aus einem Büro bestehen – denken müssen. Werden etwa aus einem Fuhrpark Lastwägen stillgelegt, so werden die auf diesen tätigen AN nach der gegenständlichen Bestimmung vom Insolvenzverwalter gekündigt werden können, und zwar insb und ganz deutlich dann, wenn auch die Route, auf welcher der jeweilige Wagen eingesetzt wurde, im Zuge dieses Vorgangs aufgegeben wird.
- Damit wäre bereits der oben angesprochene Aspekt „**Reduktion immaterieller Betriebsmittel**" im Spiel. In Frage kommt hier etwa die Aufgabe gewisser Vertriebsgebiete (zB keine Aktivitäten mehr in Kärnten) oder der Verzicht auf die Betreuung bestimmter Kundengruppen (zB keine Herrenmode mehr, nur mehr Damenmode). Auch Strategieänderungen könnten einen „einzuschränkenden Bereich" nach sich ziehen. Soll etwa ein Hotel dadurch saniert werden, dass man von einem luxuriösen Vier- oder Fünf-Sterne-Betrieb auf „Diskont" umstellt, so wird dies dann eine maßgebliche Substanzänderung darstellen, wenn damit verbunden diverse Services (zB durchgehend geöffnete Bar, durchgehendes Zimmerservice, Wellness-Angebote) zurückgefahren werden. Soll das gleiche Angebot bloß mit weniger Personal weitergeführt werden, so reicht das nicht zur Rechtfertigung einschlägiger Kündigungen.

Liegt in diesem Sinne ein einzuschränkender Bereich vor, so stellt sich die Frage, ob dies die Kündigung irgendwelcher AN oder nur bestimmter AN, zB jener, deren Arbeitsleistung überhaupt nicht mehr gebraucht wird, rechtfertigt. Grundsätzlich wird der **Insolvenzverwalter wählen** können, **welche AN** er nach der hier interessierenden Vorschrift kündigt (vgl *Reissner,* IRÄG 2010, 118 mit Beispiel). Wie immer hat er dabei auf die gesetzlichen Kündigungsbeschränkungen Bedacht zu nehmen (dazu allg Rz 38 ff).

3.2 Lösungsvorgang

Die begünstigte Kündigung ist innerhalb der **Bedenkfrist von einem Monat** vorzunehmen. Die Kündigung ist eine einseitige empfangsbedürftige Willenserklärung und tritt daher mit Zugang an den AN in Kraft. Damit also eine korrekte Kündigung iSd § 25 IO vorliegt, muss diese dem AN **innerhalb der** angesprochenen **Frist zugegangen** sein. 29

Das G spricht davon, dass die Lösung durch den Insolvenzverwalter „innerhalb eines Monats" vorzunehmen ist. Nimmt man dies streng wörtlich, so könnte postuliert werden, dass die Kündigung innerhalb der Frist ausgesprochen werden müsste, dh die Lösungserklärung die Sphäre des Insolvenzverwalters erst nach Fristbeginn verlassen dürfte (vgl *Holzer,* DRdA 1998, 330 unter Hinweis auf OGH 9 ObA 79/91, infas 1991 A 100 = ARD 4270/24/91, wo der Passus „Ausspruch der Kündigung" vor dem Hintergrund des § 105 Abs 2 ArbVG analysiert wird). Betrachtet man dieses am Wortlaut orientierte Argument als nicht entscheidend, so wird es auf den Zugang innerhalb der Frist ankommen (s oben; zum Thema auch *Reissner,* IRÄG 2010, 115).

Verfehlt der Insolvenzverwalter die Bedenkfrist, kündigt er also vor Beginn oder nach Ende der Monatsfrist, liegt keine begünstigte Kündigung nach § 25 IO vor. Beendigungsansprüche aus einer solchen Kündigung sind Masseforderungen. Kündigt der Insolvenzverwalter bspw vor Kundmachung des maßgeblichen Schließungsbeschlusses, also vor Fristbeginn (dazu Rz 12), so ist dies keine Kündigung iSd § 25 IO. Ansprüche aus einer derartigen Kündigung sind daher keine Insolvenzforderungen, sondern Masseforderungen (OGH 8 ObA 126/02s, ARD 5420/16/2003; allg zu den Auswirkungen von Fehlern des Insolvenzverwalters iZm Kündigungen auf die Forderungsqualifikation § 46 Rz 31).

Bei AN mit **besonderem Kündigungsschutz** (s auch Rz 51 ff) ist die Einmonatsfrist auch dann gewahrt, wenn die Klage bzw der Antrag auf Zustimmung zur Kündigung durch den Insolvenzverwalter innerhalb dieser eingebracht worden ist (§ 25 Abs 1a IO). Wird also zB im Falle eines Betriebsratsmitglieds die Klage gem § 121 Z 1 ArbVG innerhalb der Monatsfrist beim ASG eingebracht, kann die Kündigung auch außerhalb derselben begünstigt erfolgen. Auf Grund der Klage ist ja eine allfällige gerichtliche Zustimmung in Form eines Urteils zu erteilen, welchem ein langwieriges Arbeitsgerichtsverfahren über drei Instanzen vorausgehen kann. Ohne Sonderregelung wäre es 30 daher praktisch unmöglich, eine begünstigte Kündigung – eine gültige Kündigung wird durch das rechtskräftige Urteil überhaupt erst möglich – zu bewerkstelligen. Entsprechendes gilt für die Initiierung einer Kündigung von nach MSchG bzw VKG oder nach APSG geschützten AN. Auch bei begünstigten Behinderten iSd BEinstG ist es ausreichend, dass der Antrag auf Erteilung der Zustimmung zur Kündigung durch den Behindertenausschuss beim Bundessozialamt (vgl § 8 Abs 2 BEinstG) während der Frist gestellt wird.

Weiters ermöglicht es § 25 Abs 1a IO, durch die Anzeige einer sog Massenkündigung bei der regionalen Geschäftsstelle des AMS innerhalb der Einmonatsfrist die Möglichkeit begünstigter Lösung zu wahren, auch wenn der Ausspruch der Kündigung wegen dieses sog **Kündigungsfrühwarnsystems** des § 45a AMFG – welches im Allgemeinen eine 30-tägige Wartezeit auslöst (dazu auch Rz 70 ff) – außerhalb der Einmonatsfrist erfolgen muss (*Holzer*, DRdA 1998, 330).

Das **betriebsverfassungsrechtliche Kündigungsvorverfahren** (§ 105 Abs 1 ArbVG; s auch Rz 40 f) muss seitens des Insolvenzverwalters rechtzeitig innerhalb der Monatsfrist abgeschlossen werden, um eine begünstigte Kündigung zu ermöglichen, doch ist seine Einleitung vor Beginn des Fristlaufes zulässig (vgl OGH 4 Ob 83/84, DRdA 1986/10, 140 *[Pfeil]*).

Werden die skizzierten Modalitäten nicht eingehalten, ist die vorgenommene Lösung keine solche nach § 25 IO (*Holzer*, DRdA 1998, 331). Diese ist nach allgemeinem Arbeitsrecht zu beurteilen und daher typischerweise zeitwidrig. Überdies wirkt sich der angesprochene Umstand auf die insolvenzrechtliche Qualifikation der Forderungen des AN aus der Beendigung des Arbeitsverhältnisses aus (dazu auch Rz 8; zur Forderungsqualifikation § 46 Rz 31).

31 Der Insolvenzverwalter wird die ihm vom G gebotenen **Begünstigungen** bei der Lösung (dazu Rz 32 ff) **voll ausschöpfen** müssen. Arbeitsvertragsrechtlich ist zwar anerkannt, dass die Einhaltung längerer Lösungsfristen als der gesetzlichen als für den Vertragspartner idR günstiger ohne Weiteres zulässig ist, im Insolvenzrecht allerdings trifft dies nicht zu. An das begünstigte Lösungsrecht des Insolvenzverwalters nach § 25 IO knüpft sich nämlich der Umstand, dass Ansprüche aus der Beendigung des Arbeitsverhältnisses immer Insolvenzforderungen sind, während sie bei einer späteren Lösung seitens des Insolvenzverwalters Masseforderungen sind (Näheres § 46 Rz 31, § 51 Rz 5). Daher kann eine manipulative Verlängerung des Arbeitsverhältnisses bei einer Beendigung nach § 25 IO nicht zugelassen werden. Kommt es zu einer Lösungserklärung, die die Begünstigungen des § 25 IO nicht ausnützt, ist sie nicht mehr als Lösung nach dieser Bestimmung anzuerkennen, sondern hinsichtlich ihrer Rechtswirkungen nach den allgemeinen arbeitsvertrags- und insolvenzrechtlichen Regeln zu beurteilen (*Holzer*, DRdA 1998, 330; *Gamerith* in *Bartsch/Pollak/Buchegger* I⁴ § 25 KO Rz 19; aA bzgl einer begünstigten Lösung im Ausgleichsverfahren OGH 9 ObS 9, 10/92, DRdA 1993/21, 217 [krit *Holzer*]).

Dass die Judikatur in Fällen, in denen der Insolvenzverwalter die Modalitäten des § 25 IO nicht zur Gänze einhält, vor allem in Bezug auf die Forderungsqualifikation (dazu insb § 46 Rz 31, § 51 Rz 5) und die Sicherung nach IESG (dazu zB OGH 8 ObA 291/00b, ARD 5277/28/2002) recht großzügig ist, tut im vorliegenden Zusammenhang nichts zur Sache. Festzuhalten bleibt vielmehr, dass dies für eine manipulative Verlängerung des Arbeitsverhältnisses nicht gelten kann. Im Übrigen handelt es sich bei Insolvenzverwaltern um Sachverständige iS von § 1299 ABGB, die für derartige „Irrtümer" der Insolvenzmasse gegenüber haftpflichtig wären.

3.3 Begünstigungen

Diese ergeben sich aus § 25 Abs 1 letzter Satzteil IO. Eine Begünstigung durch § 25 IO liegt einmal darin, dass die außerordentliche **Kündigung** auch **bei befristeten Arbeitsverhältnissen,** bei denen eine Kündigung nach Arbeitsvertragsrecht grundsätzlich rechtswidrig wäre („Kündigung und Befristung schließen einander aus"; allg zB *Reissner* in ZellKomm³ § 19 AngG Rz 38 ff), **zulässig** ist. Dies war bis zur Insolvenznovelle 1959 BGBl 1959/253 eindeutig und ergab sich aus der Textierung des damaligen § 25 Abs 2 IO. Seither fehlt in § 25 IO jeder Hinweis auf das befristete Arbeitsverhältnis. Da aber den diesbezüglichen Motiven keinerlei Absicht zu entnehmen ist, den Insolvenzverwalter an befristete Arbeitsverträge zu binden, ist von einer nach wie vor unveränderten Rechtslage auszugehen (OGH 4 Ob 50/80, DRdA 1981, 147 = Arb 9904; 4 Ob 1/84, ZAS 1985/26, 221 *[Wachter]* = Arb 10.328; *Wachter*, ZAS 1972, 89; *Kryda*, SozSi 1977, 141; *Holzer*, DRdA 1998, 330; *Gamerith* in *Bartsch/Pollak/Buchegger* I⁴ § 25 KO Rz 20), zumal weder der Wortlaut des nunmehrigen § 25 IO noch der Zweck der Vorschrift diesem Ergebnis entgegenstehen.

32

Eine weitere Begünstigung ist in dem Umstand zu erblicken, dass der Insolvenzverwalter auch Arbeitsverträge, bei denen dem AN **vertraglich Unkündbarkeit** zugesichert wurde, mittels außerordentlicher Kündigung lösen kann (*Holzer*, DRdA 1998, 331).

33

Der Insolvenzverwalter ist nach § 25 IO auch an vertragliche Kündigungsfristen, die länger als die gesetzlichen oder kollv sind, **nicht** gebunden. Vielmehr kann die außerordentliche Kündigung unter Einhaltung der **gesetzlichen, kollv** (s unten) oder einer **vertraglichen Frist, die kürzer als die gesetzliche** ist, erfolgen. Dabei ist jedoch zu bedenken, dass zufolge der Unabdingbarkeit vieler gesetzlicher Kündigungsfristen (vgl etwa § 20 Abs 3 AngG)

34

kürzere vertragliche Kündigungsfristen selten rechtswirksam vereinbart werden können, sodass dem Insolvenzverwalter meist nur die gesetzliche Kündigungsfrist zur Verfügung steht. Denkbar wäre die Vereinbarung einer kürzeren vertraglichen Kündigungsfrist im Bereich des (abdingbaren) § 77 GewO 1859; bei den von dieser gesetzlichen Regelung erfassten (gewerblichen) Arbeitern sind aber häufig kollv Bestimmungen relevant (dazu gleich).

Der Gesetzgeber vermerkt ausdrücklich, dass der Insolvenzverwalter auch an **kollv Kündigungsfristen** gebunden ist. Dies war schon seit jeher in Lehre und Rsp unstrittig (vgl zB OGH 4 Ob 106/76, Arb 9539; *Kropf*, DRdA 1975, 257).

Während also in der Praxis für Angestellte im Regelfall die Kündigungsfristen des AngG zum Tragen kommen (s schon oben), gilt für Arbeiter meist nicht die dispositive 14-tägige Kündigungsfrist des § 77 GewO 1859, sondern die des jeweiligen KollV.

35 Ein Sonderproblem bilden die sog **Angestellten ex contractu**. Bei ihnen handelt es sich um AN, die zwar auf Grund der vereinbarten oder geleisteten Tätigkeit nicht als Angestellte, sondern als Arbeiter zu gelten hätten, mit denen aber die Anwendung des AngG auf ihr Arbeitsverhältnis vertraglich festgelegt ist. Für diesen Personenkreis gelten die im Allgemeinen längeren Kündigungsfristen des AngG bloß kraft Vertrags, sodass der Insolvenzverwalter nur an die idR kürzeren Kündigungsfristen des Arbeiterrechts (KollV, § 77 GewO 1859) gebunden ist (*Holzer*, DRdA 1998, 331; *Haider* in *Reissner*, AngG[2] § 33 Rz 20).

36 Ebenso ist eine längere Kündigungsfrist unbeachtlich, die sich zwar (vordergründig) auf eine gesetzliche Bestimmung stützt, deren Länge allerdings durch eine **vertragliche Vordienstzeitenanrechnung** mitbestimmt wird (*Holzer*, DRdA 1998, 331).

Anders ist die Rechtslage im Falle eines **Betriebsübergangs**. Gem § 3 Abs 1 AVRAG tritt hier der neue Inhaber kraft G in das bestehende Arbeitsverhältnis ein. Der unveränderte Weiterbestand des Arbeitsverhältnisses entspricht in diesem Fall dem Willen des Gesetzgebers, die vor dem Betriebsübergang vollbrachte Dienstzeit ist bei der Bemessung der gesetzlichen Kündigungsfrist nach § 25 Abs 1 IO zu berücksichtigen. Es handelt sich sozusagen um eine „**gesetzliche Vordienstzeitenanrechnung**". Eine Ausnahme besteht allerdings dann, wenn der Betriebsübergang im Rahmen eines Konkursverfahrens oder eines Sanierungsverfahrens ohne Eigenverwaltung erfolgt ist. In diesen Konstellationen kommt es gem § 3 Abs 2 AVRAG zu keinem Ex-lege-Übergang des Arbeitsverhältnisses gem § 3 Abs 1 leg cit (vgl dazu *Reissner*, Betriebsübergang und Insolvenz 60 ff). Bei einer bestehenden Anwartschaft auf eine „Abfertigung alt" kommt jedoch § 23 Abs 3 AngG (§ 2 ArbAbfG) zum Tragen, der die Sanktion des Verlusts der Abfertigung vorsieht, wenn der Erwerber die Fortsetzung des Arbeitsverhältnisses unter den bisherigen Bedingungen angeboten hat und der AN diese Fortsetzung ablehnt. In diesem Fall entspricht auch beim Betriebsübergang im Insolvenzverfahren der Weiterbestand der Arbeitsverhältnisse dem Willen des Gesetzgebers, daher ist die im Unternehmen vollbrachte Dienstzeit unbeschadet des Inhaberwechsels bei der Bemessung der gesetzlichen Kündigungsfrist nach § 25 Abs 1 IO zu berücksichtigen.

Schließlich ist auch eine **kollv Vordienstzeitenanrechnung** für die Bestimmung der im Rahmen des § 25 Abs 1 IO zu beachtenden Kündigungsfrist relevant. Dies folgt aus einer systematischen Interpretation des § 25 Abs 1 IO, der ja die Maßgeblichkeit einer unmittelbar vom KollV vorgeschriebenen Kündigungsfrist festlegt.

Nach völlig hA (OGH 4 Ob 39/79, ZAS 1981/6, 49 *[Rechberger]*; 4 Ob 1/84, ZAS 1985/26, 221 *[Wachter]*; 8 ObS 3/98v, ASoK 1998, 388 = ZIK 1998, 126; 8 ObS 222/98z, RdW 1999, 739; *Wachter*, ZAS 1972, 89; *Kryda*, SozSi 1977, 141; *Gamerith* in *Bartsch/Pollak/Buchegger* I[4] § 25 KO Rz 21 mwN; *Adler/Höller* in *Klang* V[2] 329; *Reissner* in ZellKomm[3] § 25 IO Rz 17) ist der Insolvenzverwalter an **Kündigungstermine** nicht gebunden. 37

3.4 Bedachtnahme auf gesetzliche Kündigungsbeschränkungen

Die Ausübung der begünstigten Kündigung seitens des Insolvenzverwalters muss gem § 25 Abs 1 letzter Satzteil IO „unter Bedachtnahme auf die gesetzlichen Kündigungsbeschränkungen" erfolgen. Nur gesetzliche (dazu gleich), **nicht** aber **kollv** (Rz 73) oder **einzelvertragliche** Kündigungsbeschränkungen sind maßgeblich. 38

Als „**gesetzliche Kündigungsbeschränkungen**" kommen die Bestimmungen über den allgemeinen (Rz 39 ff), den besonderen (Rz 51 ff) und den individuellen Kündigungsschutz (Rz 67 f) in Betracht. Weiters relevant sind gesetzliche Regelungen, welche die Bindung der Kündigung an Gründe vorsehen (Rz 69), sowie das sog Kündigungsfrühwarnsystem (Rz 70 ff).

3.4.1 Allgemeiner Kündigungsschutz

Die existenzielle Bedeutung des Arbeitsplatzes für den AN macht es notwendig, den Grundsatz der Kündigungsfreiheit im Arbeitsvertrag zum Schutz des AN einzuschränken. Eine wesentliche Einschränkung erfolgt im Rahmen und für den Geltungsbereich des Betriebsverfassungsrechts durch die §§ 105, 107 ArbVG. Dieser sog allgemeine Kündigungsschutz (Näheres dazu zB bei *Löschnigg*, Arbeitsrecht[12] 632 ff; *Reissner*, Arbeitsrecht[5] 79 ff, jeweils mwN) ist eine gesetzliche Kündigungsbeschränkung iSd § 25 Abs 1 IO (völlig hA; zB 39

OGH 4 Ob 61/73, Arb 9128; 4 Ob 1/84, ZAS 1985/26, 221 *[Wachter]* = Arb 10.328; *Holzer,* DRdA 1983, 296).

40 Nach § 105 Abs 1 und 2 ArbVG ist dem eigentlichen Kündigungsvorgang bereits ein betriebsverfassungsrechtliches **Vorverfahren** vorangestellt. Zunächst hat der BI vor jeder Kündigung den BR zu verständigen. Dieser kann innerhalb einer Frist von einer Woche nach erfolgter Verständigung hierzu Stellung nehmen. Diese **Verständigungspflicht** trifft in Insolvenzbetrieben den Insolvenzverwalter. Der Ausspruch der Kündigung vor Ablauf der einwöchigen Frist ist rechtsunwirksam, es sei denn, der BR hat bereits Stellung genommen.

In betriebsratspflichtigen Betrieben ohne BR – dh in Betrieben mit fünf oder mehr AN, in denen kein BR gewählt wurde – ist die Abführung eines Vorverfahrens von vornherein nicht möglich. Davon abgesehen besteht aber der allgemeine Kündigungsschutz gem § 107 ArbVG (s auch Rz 49).

Der BR hat folgende **Möglichkeiten der Stellungnahme:**
– ausdrücklicher Widerspruch,
– Zustimmung,
– keine, verspätete oder neutrale Äußerung („schlichter Widerspruch").

41 Die Kündigung ist, sofern das Vorverfahren eingehalten wurde (s Rz 40), unabhängig von der Stellungnahme des BR **rechtswirksam,** dh das Arbeitsverhältnis endet zum vorgesehenen Zeitpunkt. Die Reaktion des BR hat aber **Einfluss auf** die **Anfechtungsmöglichkeiten,** und zwar einerseits in materieller (Anfechtungsgründe; vgl allg Rz 42 ff) und andererseits in formeller Hinsicht (Anfechtungsberechtigung, Anfechtungsfristen):

– Hat der BR der Kündigung **ausdrücklich widersprochen,** kommt primär ihm das Anfechtungsrecht zu, welches durch **Klage beim ASG** auszuüben ist. Der **BR** hat über Verlangen des AN die Kündigung **binnen einer Woche** ab vom BI (Insolvenzverwalter) vorzunehmender (§ 105 Abs 4 S 1 ArbVG) **Verständigung vom Ausspruch** beim ASG anzufechten. Nur wenn der BR die Anfechtungsklage nicht selbst einbringt, ist der **AN selbst** zur Anfechtung **innerhalb zweier weiterer Wochen** nach Ablauf der für den BR geltenden Frist legitimiert. Materiell stehen alle Anfechtungsmöglichkeiten offen (dazu Rz 42 ff).

– Hat der BR der Kündigung **zugestimmt,** kann der **AN innerhalb von zwei Wochen nach Zugang der Kündigung** die Anfechtungsklage selbst einbringen. Was die Anfechtungsgründe anlangt, so kann eine Sozialwidrigkeit nicht geltend gemacht werden (sog **Sperrrecht** des BR; § 105 Abs 3 Z 2 iVm Abs 6 ArbVG). Es ist daher nur die Anfechtung wegen eines verpönten Motivs nach § 105 Abs 3 Z 1 ArbVG möglich (zu den Gründen s Rz 42 ff).

– Hat der BR einen **schlichten Widerspruch** getätigt, kann der **AN innerhalb zweier Wochen nach Zugang der Kündigung** die Anfechtungsklage einbringen. Materiell gesehen stehen beide Arten der Anfechtung zur Verfügung; anders als bei ausdrücklichem Widerspruch kann jedoch ein Sozialvergleich nicht beantragt werden (§ 105 Abs 3c ArbVG; s Rz 48).

Die Anfechtung muss sich auf einen **Anfechtungsgrund** stützen. Es gibt zwei Gruppen von Anfechtungsgründen: **42**
– Verpönte Motive iSd § 105 Abs 3 Z 1 ArbVG (Rz 43),
– Sozialwidrigkeit iSd § 105 Abs 3 Z 2 ArbVG (Rz 44 ff).

Die **verpönten Motive** sind in § 105 Abs 3 Z 1 ArbVG taxativ aufgezählt. **43** Es geht zB um den Beitritt zu bzw die Mitgliedschaft oder Tätigkeit in Gewerkschaften, die Einberufung der Betriebsversammlung oder die offenbar nicht unberechtigte Geltendmachung von Forderungen aus dem Arbeitsverhältnis (sog Vergeltungskündigung; lit i leg cit). Die Anfechtungsgründe des § 105 Abs 3 Z 1 ArbVG haben keine besondere Nähe zu Kündigungen nach § 25 IO; am Ehesten könnten in der Praxis Vergeltungskündigungen eines Insolvenzverwalters (AG) vorkommen.

Die Anfechtung der Kündigung wegen **Sozialwidrigkeit** gem § 105 Abs 3 **44** Z 2 ArbVG setzt eine zum Zeitpunkt des Ausspruchs der Kündigung bestehende **Unternehmenszugehörigkeit von** zumindest **sechs Monaten** voraus. Kernpunkt ist, dass durch die Kündigung **wesentliche Interessen des AN beeinträchtigt** werden müssen. Sodann dürfen weder **Gründe in der Person des AN** (lit a leg cit) noch **betriebliche Gründe** (lit b leg cit) vorliegen, die die Kündigung rechtfertigen.

Sind auf beiden Seiten derartige Aspekte gegeben, ist eine **Interessenabwägung** zwischen den Arbeitnehmerinteressen und den Kündigungsgründen vorzunehmen. Für ältere, langjährig beschäftigte AN ist dabei ein erhöhter Schutz gegeben (vgl § 105 Abs 3b ArbVG), ebenso für langjährige Nachtschwerarbeiter (vgl § 105 Abs 3a ArbVG).

Eine **Beeinträchtigung wesentlicher Interessen des AN** liegt nach hA vor **45** allem in zwei Situationen vor:
– Dem AN **droht** infolge der Kündigung **lang dauernde Arbeitslosigkeit.** Umso länger eine derartige Arbeitslosigkeit prognostiziert wird, umso stärker ist die Beeinträchtigung des AN in der Interessenabwägung zu veranschlagen.
– Dem AN **droht** infolge der Kündigung eine **erhebliche Einkommenseinbuße.** Je stärker diese Einbuße aller Voraussicht nach ausfallen wird, desto gewichtiger ist die Beeinträchtigung des AN in der Interessenabwägung anzusetzen.

46 Hat der AN die wesentliche Beeinträchtigung seiner Interessen dargestellt, so muss der AG **Rechtfertigungsgründe** ins Treffen führen. Das G sieht für den AG in § 105 Abs 3 ArbVG zwei Arten von Rechtfertigungsgründen vor: „**Persönliche Gründe,** die die betrieblichen Interessen nachteilig berühren" (Abs 3 Z 2 lit a leg cit) werden im gegebenen Zusammenhang keine besondere Rolle spielen. Von zentraler Bedeutung sind allerdings die „**betrieblichen Gründe, die einer Weiterbeschäftigung des AN entgegenstehen**" (Abs 3 Z 2 lit b; s Rz 47).

47 Als „**betriebliche Erfordernisse**" iSd § 105 Abs 3 Z 2 lit b ArbVG kommen Einschränkungen der wirtschaftlichen Tätigkeit (Schließung von Betriebsteilen, zB Filialen, Aufgabe von Produktionsbereichen oder Vertriebsgebieten), Umstrukturierungen oder Rationalisierungen (zB angesichts technischer oder ökonomischer Entwicklungen), welche zum Wegfall von Arbeitsplätzen führen, in Betracht. Derartige wirtschaftliche Notwendigkeiten zur Betriebseinschränkung oder -stilllegung werden im Zuge von Insolvenzverfahren vielfach gegeben sein. Den AG trifft aber in seinen Vorgangsweisen im Personalbereich eine sog **soziale Gestaltungspflicht:** Demnach ist zu schauen, ob es dem AG nicht zumutbar ist, für einen schutzwürdigen AN, dessen Arbeitsplatz wegfällt, einen nach allfälliger Umschulung passenden Ersatzarbeitsplatz im Betrieb oder – bei enger Verflechtung bzw früherer Tätigkeit des AN in anderen Betrieben – sogar im Unternehmensbereich (so zB OGH 8 ObA 236/94, ZAS 1996, 119) bereitzustellen.

48 Hat der **BR** gegen eine Kündigung, die vom AG mit **betrieblichen Gründen** gerechtfertigt wird, **ausdrücklich Widerspruch** erhoben, so kann von der Arbeitnehmerseite ein sog **Sozialvergleich** beantragt werden (§ 105 Abs 3c ArbVG): Die Anfechtung ist diesfalls erfolgreich, wenn ein anderer AN des gleichen Betriebs und derselben Tätigkeitssparte genannt wird, dessen Arbeit der Gekündigte zu leisten fähig und willens ist und für den die Kündigung eine weniger große soziale Härte darstellen würde.

Anders als bei der „gewöhnlichen" betriebsbedingten Kündigung (vgl Rz 47) wird der AG bei einem erfolgreichen Sozialvergleich veranlasst, einen Arbeitsplatz für den sozial schutzwürdigen AN „freizumachen".

Sogar ein „**vertikaler**" **Sozialvergleich** mit minder qualifizierten und daher idR schlechter bezahlten AN ist möglich, sofern sich diese in derselben Tätigkeitssparte bewegen. Die Entlohnung des gekündigten, sich erfolgreich auf den Sozialvergleich berufenden AN hat sich dabei nicht an den aktuellen ziffernmäßigen Bezügen des zum Vergleich herangezogenen AN zu orientieren. Vielmehr sind die für den Vergleichsarbeitnehmer wirksamen Entgeltrichtlinien, zuzüglich der beim Gekündigten vorliegenden Kriterien (Alter, Betriebszugehörigkeit, Verwendungsgruppendauer) zu berücksichtigen (OGH 9 ObA 39/89, infas 1989 A 87).

In **betriebsratspflichtigen Betrieben ohne BR** (Rz 40) ist zwar die Abführung eines Vorverfahrens von vornherein nicht möglich, der von einer Kündigung betroffene **AN** kann aber dennoch diese **binnen zweier Wochen ab** ihrem **Zugang** selbst beim ASG anfechten (§ 107 ArbVG). **49**

Von den sonstigen Voraussetzungen her, insb im Hinblick auf die Anfechtungsgründe, ist nach § 105 Abs 3 ArbVG vorzugehen. Ein Sozialvergleich iSd § 105 Abs 3c ArbVG (Rz 48) kommt nicht in Betracht, zumal es mangels BR einen ausdrücklichen Widerspruch desselben nicht geben kann.

In Insolvenzszenarien, in denen Kündigungen gem § 25 IO zur Debatte stehen, können die Regelungen der §§ 105, 107 ArbVG mehr oder weniger stark ins Blickfeld rücken. Werden etwa im Rahmen einer Schließung des Unternehmens sämtliche Arbeitsverhältnisse aufgelöst, so werden Kündigungsanfechtungen gegenüber Lösungserklärungen des Insolvenzverwalters nach § 25 IO keine Rolle spielen. Im Falle einer bloßen Teilschließung hingegen könnten sozial besonders schutzwürdige AN mit Hilfe der §§ 105, 107 ArbVG den Erhalt ihrer Arbeitsplätze anstreben, wenngleich der Insolvenzverwalter im Allgemeinen weitreichende Möglichkeiten haben wird, Kündigungen mit betrieblichen Erfordernissen zu rechtfertigen. Umso mehr Arbeitsplätze im Zuge der Insolvenz erhalten bleiben, umso leichter könnte die Auswahl der zu Kündigenden erfolgreich einer gerichtlichen Nachprüfung im Rahmen der Sozialwidrigkeitsprüfung, insb auch des Sozialvergleichs bei ausdrücklichem Widerspruch des BR, unterzogen werden. Nicht zuletzt die Möglichkeit, im Anfechtungsprozess einen Sozialvergleich zu beantragen, wird den AG bzw – hier in erster Linie – den Insolvenzverwalter häufig dazu veranlassen, sich bei der Wahrnehmung ihrer sozialen Gestaltungspflicht im Vorfeld mit der Belegschaftsvertretung zu verständigen, um im Hinblick auf die Kündigungen gemeinsam die sozial weniger schutzbedürftigen AN auszuwählen. Zur „Absicherung" der getroffenen Entscheidung könnten es BR dann etwa bei einem schlichten Widerspruch gegen die Kündigung belassen oder dieser gar zustimmen. **50**

3.4.2 Besonderer Kündigungsschutz

Bei bestimmte Gruppen von AN, die in besonderer Weise der Gefahr des Verlusts ihres Arbeitsplatzes ausgesetzt sind, erachtet der Gesetzgeber den unter Rz 39 ff dargestellten allgemeinen Kündigungsschutz als unzureichend. Für diese AN hat daher das G besondere Kündigungsschutzbestimmungen statuiert, welche die Zulässigkeit der Arbeitgeberkündigung bis an die Grenze eines Kündigungsverbots erschweren (zum besonderen Kündigungsschutz allg zB *Löschnigg*, Arbeitsrecht[12] 651 ff, *Reissner*, Arbeitsrecht[5] 90 ff, jeweils mwN). Auch an die Modalitäten des besonderen Kündigungsschutzes ist der Insolvenzverwalter gem § 25 Abs 1 letzter Satzteil IO gebunden (so zB **51**

OGH 4 Ob 61/73, Arb 9128; 4 Ob 1/84, ZAS 1985/26, 221 *[Wachter]* = Arb 10.328; *Holzer*, DRdA 1983, 296).

Ein besonderer Kündigungsschutz ist typischerweise so konzipiert, dass für eine Kündigung des geschützten AN die **Zustimmung des ASG** oder **einer Behörde** einzuholen ist, die nur bei Vorliegen der im jeweiligen G genannten **Kündigungszustimmungsgründe** zu gewähren ist (vgl zB §§ 120 f ArbVG, § 10 MSchG, § 8 BEinstG; Genaueres dazu Rz 52 ff). Werden diese Modalitäten nicht beachtet, ist die Kündigung **rechtsunwirksam.**

IZm der Einhaltung des besonderen Kündigungsschutzes durch den Insolvenzverwalter ist § 25 Abs 1a IO von Relevanz. Nach dieser durch das IRÄG 1997 BGBl I 1997/114 eingefügten Bestimmung genügt es zur Fristwahrung, dass die Klage (bzw Antragstellung) auf Zustimmung zur Kündigung innerhalb der einschlägigen Fristen bei Gericht (bzw Behörde) eingebracht wird. Der Ausspruch der begünstigten Kündigung selbst kann dann, wenn er unverzüglich nach Rechtskraft der Zustimmung erfolgt, auch außerhalb der Frist vorgenommen werden. Diese Regelung brachte aus der Sicht des Insolvenzverwalters (AG) eine wesentliche Erleichterung, weil erst durch sie die fristgerechte Inanspruchnahme des begünstigten Lösungsrechts bei besonders kündigungsgeschützten Arbeitsverhältnissen sichergestellt wurde. Vor dieser Bestimmung war eine Wahrung der Fristen nach § 25 IO bei besonders kündigungsgeschützten Arbeitsverhältnissen praktisch nicht möglich.

3.4.2.1 Belegschaftsvertreter

52 Zum geschützten Personenkreis gehören in erster Linie **Mitglieder des BR,** und zwar vom Zeitpunkt der **Annahme der Wahl** bis zum Ablauf von **drei Monaten nach Erlöschen der Mitgliedschaft,** im Falle der dauernden Betriebseinstellung schon mit Ablauf der Tätigkeitsdauer des BR (vgl § 120 Abs 3 iVm §§ 62, 64 ArbVG). Den Betriebsratsmitgliedern **gleichgestellte Personen** ergeben sich aus § 120 Abs 4 ArbVG (zB aktiv werdende Ersatzmitglieder, Wahlwerber), aus § 130 Abs 1 ArbVG (zB Mitglieder des Jugendvertrauensrats) und aus § 22a Abs 10 BEinstG (zB Behindertenvertrauenspersonen).

53 Der besondere Kündigungsschutz der Betriebsratsmitglieder ist in den §§ 120 f ArbVG geregelt. Zur rechtswirksamen Kündigung eines Mitglieds des BR ist die **vorherige Zustimmung des ASG** notwendig, welche nur bei Vorliegen eines der in § 121 ArbVG taxativ aufgezählten **Gründe** erteilt werden darf. Der betreffende AN ist vom AG (bzw Insolvenzverwalter) zu klagen, im Prozess ist dann das Vorliegen von Zustimmungsgründen zu prüfen. Liegen solche vor, ist per Urteil die Kündigung zu erlauben. Sodann kann die Kündigung vorgenommen werden (dazu genauer *Mosler* in ZellKomm[3] § 120 ArbVG Rz 69 ff mwN).

Im gegebenen Zusammenhang besonders bedeutsam ist § 121 Z 1 ArbVG, **54** wonach das Gericht einer Kündigung nur zustimmen darf, wenn „der BI im Falle einer **dauernden Einstellung oder Einschränkung des Betriebs** oder der **Stilllegung einzelner Betriebsabteilungen** den Nachweis erbringt, dass er das betroffene Betriebsratsmitglied trotz dessen Verlangen an einem anderen Arbeitsplatz im Betrieb oder in einem anderen Betrieb des Unternehmens ohne erheblichen Schaden nicht weiterbeschäftigen kann". Mit **tatsächlich erfolgter dauernder Betriebsstilllegung** erlischt die Tätigkeitsdauer des BR (§ 62 Z 1 ArbVG), der besondere Kündigungsschutz fällt gem § 120 Abs 3 ArbVG weg (*Holzer*, DRdA 1983, 296; OGH 4 Ob 93–95/81, DRdA 1983, 30 = Arb 10.056; 4 Ob 13/85, Arb 10.407).

Eine **dauernde Betriebsstilllegung** ist nur dann anzunehmen, wenn sich die Absicht, den Betrieb dauernd stillzulegen, anhand konkreter Maßnahmen objektivieren lässt. Maßnahmen, die die Betriebsstilllegung indizieren, sind idR die Auflösung der Arbeitsverhältnisse, die Zurücklegung der Gewerbeberechtigung, die Veräußerung der sachlichen Betriebsmittel, der Abverkauf der Produkte bzw der Verkauf der Rohstoffe sowie der Abbruch der Geschäftsverbindungen zu Kunden und Lieferanten, also die Liquidierung der Betriebsmittel. Im Allgemeinen werden mehrere dieser Maßnahmen mit der Einstellungsabsicht zusammentreffen müssen, um den Tatbestand der dauernden Betriebsstilllegung zu erfüllen. Es ist allein auf die faktische Betriebseinstellung abzustellen, die meistens nach Beginn des Liquidierungsprozesses, jedoch uU vor seinem Ende liegen wird (OGH 9 ObA 2309/96s, ASoK 1998, 37; 9 ObA 408/97h, infas 1998 A 89). Bei bloßem Betriebsinhaberwechsel, welcher zu nur achttägiger Unterbrechung der betrieblichen Tätigkeit führt und die Betriebsidentität unberührt lässt, liegt eine „dauernde Einstellung des Betriebs", die zur vorzeitigen Beendigung der Tätigkeitsperiode des BR gem § 62 Z 1 ArbVG führt, nicht vor (OGH 4 Ob 89/95, Arb 10.473 = JBl 1986, 267). Auch allein mit der Dienstfreistellung der AN nach Insolvenzverfahrenseröffnung und ihrer „Aussperrung" aus dem Betrieb ist keine solche dauernde Betriebseinstellung verwirklicht (OGH 5 Ob 308/86, RdW 1987, 61 = wbl 1987, 18). Dasselbe gilt, wenn der Betrieb der Schuldnerin durch diese nur kurzfristig unterbrochen wird, der Insolvenzverwalter ihn dann aber fortsetzt und erst rund drei Monate später den Betrieb einstellt (OGH 5 Ob 327/86, DRdA 1988, 464). Ein Betriebsübergang ist keinesfalls eine Betriebsstilllegung (OGH 8 Ob 2100/96, DRdA 1997, 51 = JBl 1997, 58; 8 ObS 53/97w, RdW 1997, 619).

Klärungsbedürftig ist, warum die dauernde Betriebseinstellung in § 121 Z 1 ArbVG als **Kündigungszustimmungstatbestand** ausgewiesen wird, obwohl es ohnehin gem § 62 Z 1 ArbVG zur **vorzeitigen Beendigung der Tätigkeitsdauer des BR** und damit zum Erlöschen der individuellen Mitgliedschaft zum Gremium gem § 64 Abs 1 Z 1 ArbVG kommt, wodurch der **besonderer Bestandschutz** sein **Ende** findet. Die vordergründig in einem Spannungsverhältnis zueinander stehenden Bestimmungen sind zu harmonisieren, indem man die Abführung des Verfahrens nach § 121 Z 1 ArbVG im Falle einer mit Sicherheit bevorstehenden Betriebsstilllegung entsprechend früher zulässt, sodass unter Beachtung der Kündigungszeiten des Betriebsratsmitglieds dessen Kündigung so rechtzeitig ausgesprochen werden kann, dass das Arbeitsverhältnis mit Betriebsstilllegung endet. Der Insolvenzverwalter kann also durch Betreiben eines Verfahrens nach den §§ 120 f ArbVG die gesetzliche Kündigungsbeschränkung iSd § 25 Abs 1 IO bereits knapp vor tatsächlicher Betriebsstilllegung außer Kraft setzen.

3.4.2.2 Mütter bzw Karenz oder Teilzeit in Anspruch nehmende Väter

55   Der besondere Kündigungsschutz von Müttern bzw Karenz oder Teilzeitbeschäftigung konsumierenden Vätern ergibt sich aus MSchG bzw VKG. Der **kündigungsgeschützte Zeitraum** der (leiblichen) **Mutter beginnt** mit Eintritt der Schwangerschaft, es sei denn, dass dem AG diese nicht bekannt ist (vgl § 10 Abs 1 MSchG). Aber auch im letzteren Fall ist eine Kündigung des AG rechtsunwirksam, wenn eine Schwangerschaft nachträglich rechtzeitig bekanntgegeben wird (vgl § 10 Abs 2 MSchG). Der kündigungsgeschützte Zeitraum des **Vaters** beginnt mit der rechtzeitigen Bekanntgabe einer Karenz oder Elternteilzeit, frühestens vier Monate vor Antritt, nicht jedoch vor der Geburt des Kindes (vgl §§ 7 Abs 1, § 8f Abs 1 VKG).

Für **Adoptiv- bzw Pflegeeltern** ist das Verlangen auf Gewährung einer Karenz oder Elternteilzeit iVm der Mitteilung von der Annahme an Kindes statt bzw der Übernahme in Pflege maßgeblich (vgl § 15c Abs 4 MSchG, §§ 7 Abs 1 und 3, 8f, 8g VKG).

Der Kündigungsschutz **endet** für die leibliche Mutter gem § 10 Abs 1 MSchG frühestens vier Monate nach der Entbindung. Bei Karenzen und Teilzeitbeschäftigungen hängt das Ende des Schutzes von der jeweiligen Gestaltung ab. Als Grundregel kann ein „Nachschutz" von vier Wochen ab Ende der Karenz bzw Teilzeitbeschäftigung angesehen werden (vgl zB §§ 15 Abs 4, 15a Abs 5, 15n Abs 2 MSchG, §§ 7 Abs 1, 8f Abs 1 VKG). Im Falle einer Elternteilzeitbeschäftigung bei einem über vier Jahre alten Kind gibt es keinen besonderen Kündigungsschutz, sondern nur einen Motivanfechtungstatbestand (vgl § 15n Abs 2 MSchG, § 8f Abs 2 VKG).

56   Während des kündigungsgeschützten Zeitraumes kann eine Kündigung nur nach **vorheriger Zustimmung des ASG** insb dann ausgesprochen werden, wenn der AG das Arbeitsverhältnis wegen **Einschränkung oder Still-**

legung des Betriebs oder **Stilllegung einzelner Betriebsabteilungen** nicht ohne Schaden für den Betrieb aufrechterhalten kann. **Nach erfolgter Betriebsstilllegung** ist eine Zustimmung des ASG zur Kündigung nicht mehr erforderlich (vgl § 10 Abs 3 MSchG), die Kündigung kann frei vorgenommen werden (vgl *Holzer*, DRdA 1983, 298; zum Begriff der Betriebsstilllegung s Rz 54). Über den Wortlaut des G hinaus wird die Zumutbarkeitsbewertung wie beim Bestandschutz der Betriebsratsmitglieder (vgl Rz 54) nicht auf die Betriebs-, sondern auf die Unternehmensebene bezogen (OGH 9 ObA 145/98h, JBl 1998, 736).

Bei Inanspruchnahme einer **Karenz im zweiten** bzw **Teilzeitbeschäftigung im zweiten, dritten oder vierten Lebensjahr** des Kindes besteht der besondere **Kündigungsschutz in abgeschwächter Form** (§ 10 Abs 4 MSchG; zum Wegfall des besonderen Kündigungsschutzes bei Elternteilzeit über den 4. Geburtstag des Kindes hinaus s Rz 55). Eine Kündigung ist zwar ebenfalls nur nach vorheriger Zustimmung des Gerichts zulässig, es gibt jedoch weitere Gründe, bei deren Vorliegen die Zustimmung zur Kündigung erteilt werden kann. In Anlehnung an den allgemeinen Kündigungsschutz (Rz 39 ff, insb Rz 46 ff) hat der AG nachzuweisen, dass die Kündigung durch Umstände, die in der Person der (des) AN gelegen sind und die betrieblichen Interessen nachteilig berühren, oder durch betriebliche Erfordernisse, die einer Weiterbeschäftigung entgegenstehen, begründet ist. Die Interessen des AG müssen aber derart betroffen sein, dass ihm die Aufrechterhaltung des Arbeitsverhältnisses unzumutbar ist. 57

3.4.2.3 Präsenz-, Ausbildungs- bzw Zivildiener

AN, die zum Präsenzdienst einberufen bzw zum Ausbildungs- oder Zivildienst zugewiesen sind, werden auf Grund der §§ 12 ff APSG vor Kündigungen geschützt. Der besondere Kündigungsschutz **beginnt** mit der Mitteilung über die Erlassung des Einberufungsbefehls, der allgemeinen Bekanntmachung der Einberufung oder der Zustellung des Zuweisungsbescheids (§ 12 Abs 1 APSG). Die Einberufung zum Präsenzdienst bzw die Zuweisung zum Ausbildungs- oder Zivildienst ist dem AG unverzüglich nach der Zustellung eines diesbezüglichen Schriftstückes bzw der allgemeinen Bekanntmachung mitzuteilen (vgl § 5 APSG). Eine Nachmeldemöglichkeit (vgl auch Rz 55) ergibt sich aus § 12 Abs 2 APSG: Ist die einschlägige Beendigungserklärung bereits zugegangen, besteht der besondere Bestandschutz dann, wenn die Kündigung innerhalb von 14 Tagen ab Erlassung (Bekanntmachung) des Einberufungsbefehls bzw Zustellung des Zuweisungsbescheids erfolgt und der AN binnen drei Arbeitstagen nach Zugang der Beendigungserklärung seiner Mitteilungspflicht nachkommt. 58

Der besondere Bestandschutz **endet** im Allgemeinen einen Monat nach Beendigung des Präsenz-, Ausbildungs- oder Zivildienstes (§ 13 Abs 1 Z 3 APSG). Bei einem Präsenz-, Zivil- oder Ausbildungsdienst, der kürzer als zwei Monate dauert, besteht nach Beendigung desselben Nachschutz im Ausmaß von dessen halber Dauer (§ 13 Abs 1 Z 1 und Abs 2 APSG). Im Falle eines Präsenzdienstes als Zeitsoldat gem § 32 WG endet der besondere Bestandschutz jedenfalls nach einer ununterbrochenen Dienstzeit von vier Jahren (§ 13 Abs 1 Z 2 APSG).

59 Präsenz-, Ausbildungs- bzw Zivildiener können ua nur dann gekündigt werden, wenn das **ASG** eine **Zustimmung** wegen bevorstehender **Stilllegung des Betriebs** bzw wegen bevorstehender oder schon durchgeführter **Einschränkung des Betriebs** oder **Stilllegung einer Betriebsabteilung** erteilt, weil der AN trotz Verlangens an einem anderen Arbeitsplatz im Betrieb oder Unternehmen nicht ohne erheblichen Schaden weiterbeschäftigt werden kann (§ 14 Abs 1 Z 1 APSG). **Nach erfolgter Betriebsstilllegung** ist eine Zustimmung nicht mehr erforderlich, wenn eine Weiterbeschäftigung des AN in einem anderen Betrieb des Unternehmens nicht möglich ist (§ 12 Abs 3 APSG).

3.4.2.4 Begünstigte Behinderte

60 Begünstigte Behinderte iSd BEinstG sind nach Maßgabe der im G genannten Ausnahmen österr Staatsbürger und diesen gleichgestellte Personen mit einem **Grad der Behinderung von mindestens 50 %** (vgl § 2 BEinstG). Der besondere Kündigungsschutz setzt die **Feststellung der Zugehörigkeit zum Kreis der begünstigten Behinderten** voraus, die auf Antrag unter Mitwirkung von ärztlichen Sachverständigen durch **Bescheid** des Bundessozialamts (auch „Sozialministeriumservice" genannt) zu erfolgen hat (vgl § 14 Abs 2 BEinstG).

Der besondere Bestandschutz **beginnt,** sofern ein Antrag beim Bundessozialamt gestellt und positiv behandelt wurde, mit dem Zutreffen der Voraussetzungen für die Begünstigteneigenschaft, frühestens jedoch mit dem Tag des Einlangens des Antrags beim Bundessozialamt. Die Begünstigungen des BEinstG werden jedoch mit dem Ersten des Monats wirksam, in dem der Antrag eingelangt ist, wenn dieser unverzüglich nach dem Eintritt der Behinderung gestellt wird (§ 14 Abs 2 S 3 und 4 BEinstG). Während der **ersten vier Jahre des Arbeitsverhältnisses** besteht der Kündigungsschutz trotz entsprechenden Bescheids jedoch **grundsätzlich nicht.** Die wichtigste Ausnahme hiervon ist, dass die Feststellung der Eigenschaft als begünstigter Behinderter innerhalb dieses Zeitraums erfolgt, wobei in den ersten sechs Monaten des Arbeitsverhältnisses nur die Feststellung der Behinderteneigenschaft infolge eines Arbeitsunfalls den Bestandschutz nach sich zieht (vgl § 8 Abs 6 lit b BEinstG).

Die Begünstigungen **erlöschen** mit Ablauf des Monats, der auf die Zustellung des Bescheides folgt, mit dem der Wegfall der Voraussetzungen für die Zugehörigkeit zum Kreis der begünstigten Behinderten rechtskräftig ausgesprochen wird (§ 14 Abs 2 S 4 BEinstG). Der AN kann dabei auch auf seinen Status verzichten (VwGH 2009/11/0009, ARD 6202/3/2012).

Eine Kündigung von dem besonderen Kündigungsschutz nach BEinstG **61** unterliegenden begünstigten Behinderten darf erst ausgesprochen werden, wenn der **Behindertenausschuss** beim Bundessozialamt nach § 8 Abs 2 BEinstG **zugestimmt** hat. Als Zustimmungsgrund kommt vor allem der **Entfall des Tätigkeitsbereichs** des begünstigten Behinderten in Frage, wobei die Arbeitgeberseite zu beweisen hat, dass eine Weiterbeschäftigung trotz Zustimmung des Betroffenen an einem anderen geeigneten Arbeitsplatz ohne erheblichen Schaden nicht möglich ist (§ 8 Abs 4 lit a BEinstG). Eine Kündigung ohne vorherige Zustimmung ist rechtsunwirksam, es sei denn, dass in besonderen Fällen (§ 8 Abs 2 S 2 BEinstG), zu denen auch eine **Betriebsstilllegung** zählt (VwGH 92/09/0097, ARD 4436/11/93; zur Betriebsstilllegung als Kündigungszustimmungsgrund vgl auch OGH 4 Ob 32/85, ARD 3710/10/85), **nachträglich** die **Zustimmung** erteilt wird. Werden allerdings begünstigte Behinderte durch den Insolvenzverwalter vor den übrigen nicht geschützten AN gekündigt, liegt auch dann kein besonderer Ausnahmefall iSd § 8 Abs 2 S 2 BEinstG, für den die nachträgliche Zustimmung zur Kündigung zu erteilen wäre, vor, wenn die begünstigten Behinderten im Falle ihres vorzeitigen Austritts die Masse durch ihre größeren finanziellen Ansprüche mehr belasten (VwGH 94/08/0193, 0194, 94/08/0195–0201, ARD 4712/29/96).

3.4.2.5 Lehrlinge

Lehrlinge sind laut § 1 BAG Personen, die auf Grund eines Lehrvertrags **62** (§ 12 BAG) zur Erlernung eines in der Lehrberufsliste (§ 7 BAG) angeführten Lehrberufs von einem Lehrberechtigten (§ 2 BAG) fachlich ausgebildet und im Rahmen dieser Ausbildung verwendet (§ 9 BAG) werden. Der besondere Status des Lehrlings **beginnt** mit der Begründung des durch den Lehrvertrag geregelten Lehrverhältnisses, welche durch den Eintritt in die fachliche Ausbildung und Verwendung erfolgt (vgl § 12 Abs 1 BAG).

Der Bestandschutz **dauert bis** zum **Ende des Lehrverhältnisses.** Dieses bestimmt sich im Allgemeinen durch den Ablauf der im Lehrvertrag vereinbarten Dauer der Lehrzeit (§ 14 Abs 1 BAG). Ein wichtiger Fall, in dem es zu einer früheren Beendigung des Lehrverhältnisses kommt, ist gegeben, wenn die Lehrabschlussprüfung schon vor Ablauf der Lehrzeit erfolgreich abgelegt wird. Hier endet das Lehrverhältnis mit Ablauf der Woche, in der die Prüfung absolviert wurde (vgl § 14 Abs 2 lit e BAG).

63 Der Gesetzgeber schützt den Bestand des Lehrverhältnisses in ganz besonderer Weise: Beim Lehrvertrag ist eine **Kündigung** als solche **nicht vorgesehen**, was für den Insolvenzverwalter eine gesetzliche Kündigungsbeschränkung bedeutet (*Spielbüchler*, DRdA 1982, 276; *Pfeil*, DRdA 1983, 13; OGH 4 Ob 93–95/81, DRdA 1983, 30 = Arb 10.056 unter ausdrücklicher Ablehnung der gegenteiligen Ansicht von *Winkler*, ZAS 1979, 126).

Durch die Eröffnung des Insolvenzverfahrens über das Vermögen des Lehrberechtigten wird das Lehrverhältnis nicht beendet. Der Insolvenzverwalter wird im Falle des Konkurses und des Sanierungsverfahrens ohne Eigenverwaltung als Fortbetriebsberechtigter nach § 41 Abs 1 Z 4 GewO auch Lehrberechtigter nach § 2 BAG. Während des Insolvenzverfahrens berührt die Zurücklegung der Gewerbeberechtigung des Schuldners das Lehrverhältnis nicht (anders noch OGH 9 ObA 2113/96x, RdW 1997, 151 = ZIK 1997, 150; 9 ObA 297/92, Arb 11.053; *Winkler*, ZAS 1979, 124; *Pfeil*, DRdA 1983, 13). Auch die faktische Einstellung des Betriebs samt nachfolgendem Beschluss des Insolvenzgerichts oder eine von diesem angeordnete Sperre des Betriebs und Versiegelung der Geschäftsräume bewirken keine rechtliche Unfähigkeit zur Lehrlingsausbildung, mag auch die tatsächliche Grundlage für eine Fortsetzung der Ausbildungstätigkeit entzogen worden sein (OGH 9 ObA 2113/96x, RdW 1997, 151 = ZIK 1997, 150; 9 ObA 297/92, Arb 11.053). Erst der **Verlust des Fortbetriebsrechts** der Masse, das mit Eröffnung des Insolvenzverfahrens zusätzlich zur Gewerbeberechtigung des Schuldners entsteht, stellt den **Ex-lege-Endigungsgrund** des § 14 Abs 2 lit d BAG her (OGH 8 ObS 14/12k, DRdA 2013, 432 = infas 2013 A 35; 8 ObS 15/12g, RdW 2013/232, 225 = infas 2013 A 36; *Engelhart*, ZIK 2013/125, 87). Das Lehrverhältnis endet also ex lege, wenn der Insolvenzverwalter entweder auf das Fortbetriebsrecht innerhalb eines Monats nach Eröffnung des Insolvenzverfahrens ex tunc verzichtet oder dieses während des Insolvenzverfahrens ex nunc zurücklegt (*Sundl*, Insolvenz- und Arbeitsrecht 211; *Weber-Wilfert*, ZIK 2016/109, 87). Verzichtet nämlich der Insolvenzverwalter innerhalb eines Monats ab Insolvenzverfahrenseröffnung auf das Fortbetriebsrecht, so gilt dieses gewerberechtlich als nicht entstanden, es kommt zur Ex-tunc-Wirkung; dabei muss der Insolvenzverwalter den Willen, die Rückwirkungsfiktion herbeizuführen, hinreichend zum Ausdruck bringen (OGH 8 ObS 14/12k, DRdA 2013, 432 = infas 2013 A 35; 8 ObS 9/13a, DRdA 2014, 144 = infas 2014 A 20). So gesehen „neutrale" oder spätere diesbezügliche Schritte des Insolvenzverwalters lassen hingegen das Lehrverhältnis ex nunc im Zeitpunkt des Verzichts enden (vgl OGH 8 ObS 15/12g, RdW 2013/232, 225 = infas 2013 A 36; 8 ObS 9/13a, DRdA 2014, 144 = infas 2014 A 20).

Zu beachten ist, dass der Lehrling sowie bei Minderjährigkeit auch dessen Eltern bzw sonstige Erziehungsberechtigte gem § 9 Abs 4 BAG vom Eintritt einer Ex-lege-Beendigung des Lehrverhältnisses ua gem § 14 Abs 2 lit d BAG schriftlich zu informieren sind. Wird ein Lehrling vom Lehrberechtigten (Fortbetriebsberechtigten) diesbezüglich nicht unverzüglich informiert, hat dieser gem § 14 Abs 4 BAG gegenüber der Arbeitgeberseite für die Dauer der fortgesetzten Beschäftigung die gleichen arbeits- und sozialrechtlichen Ansprüche wie auf Grund eines aufrechten Lehrverhältnisses (Arbeitsverhältnis); bei Kenntnis des Lehrlings von der eingetretenen Endigung des Lehrverhältnisses endet dieses Arbeitsverhältnis ex lege, dem Lehrling steht ein Entschädigungsanspruch entsprechend den auf das Arbeitsverhältnis anzuwendenden Bestimmungen für berechtigten vorzeitigen Austritt zu. Die **schriftliche Information** ist unverzüglich, also **ohne unnötigen Verzug** zu gewähren. Bei **Verletzung der Informationspflicht** über die Zurücklegung des Fortbetriebsrechts durch den Insolvenzverwalter (oder über eine Zurücklegung der Gewerbeberechtigung durch den Schuldner vor Eröffnung des Insolvenzverfahrens) endet das Lehrverhältnis zwar dennoch ex lege, es entsteht aber auf Grund des § 14 Abs 4 BAG zum Schutz des Lehrlings (ErläutRV 627 BlgNR 25. GP 6) ein „**fortgesetztes Arbeitsverhältnis**". Aus diesem gebühren die **gleichen Ansprüche** wie aus dem erloschenen Lehrverhältnis, der Entgeltanspruch des AN bspw besteht in Höhe der (fiktiven) Lehrlingsentschädigung (*Weber-Wilfert*, ZIK 2016/109, 87). Das fortgesetzte Arbeitsverhältnis **endet** seinerseits ex lege, wenn der Lehrling vom Endigungsgrund iSd § 14 Abs 2 lit d BAG **Kenntnis** erlangt. In diesem Fall steht dem Lehrling ein Anspruch auf **Kündigungsentschädigung** wie bei einem berechtigten Austritt zu, unbeschadet **anderer beendigungsabhängiger Ansprüche** (zur Qualifikation dieser Forderungen § 46 Rz 31); der früher eingetretene Ex-lege-Endigungsgrund ist also hier nicht relevant (*Weber-Wilfert*, ZIK 2016/109, 87 f). Auszugehen ist laut Materialien (ErläutRV 627 BlgNR 25. GP 7) von einem **unbefristeten** Arbeitsverhältnis, welches offenbar unter Anrechnung der Dienstzeiten (*Weber-Wilfert*, ZIK 2016/109, 87) nach entsprechendem Angestellten- oder Arbeiterrecht kündbar sein soll. Teilt man diese Sichtweise der ErläutRV, so wirkt sich das einerseits auf die Berechnung der oben erwähnten beendigungsabhängigen Ansprüche aus, andererseits wird aber dem Insolvenzverwalter, der dem Lehrling die Kenntnis iSd § 14 Abs 4 BAG nicht verschafft, die Lösung gem § 25 Abs 1 IO ermöglicht (wie auch der AN nach dieser Bestimmung austreten kann; *Weber-Wilfert*, ZIK 2016/109, 87).

64 Im Sonderfall des § 15a BAG wird der in Rz 63 skizzierte besondere Bestandschutz des Lehrlings durchlöchert. Gem § 15a BAG kann eine einseitige „**außerordentliche Auflösung**" nach einem bzw uU auch zwei Lehrjahren stattfinden. Eine derartige Lösung ist, sofern sie der Lehrberechtigte vornimmt, nur dann gültig, wenn dieser innerhalb gewisser Fristen die beabsichtigte Auflösung und die geplante Aufnahme eines Mediationsverfahrens dem Lehrling (sowie der Lehrlingsstelle und weiteren Institutionen) anzeigt und vor der Erklärung der außerordentlichen Auflösung das Mediationsverfahren durchgeführt und ohne Bereitschaft des Lehrberechtigten zur Fortsetzung des Lehrverhältnisses beendet wurde. Da der Insolvenzverwalter während des Insolvenzverfahrens die Funktion des AG innehat (vgl Rz 4) und als Fortbetriebsberechtigter nach § 41 Abs 1 Z 4 GewO für Rechnung der Insolvenzmasse Lehrberechtigter ist (vgl Rz 63), kann er uE unter den allgemeinen Voraussetzungen auch die außerordentliche Auflösung eines Lehrverhältnisses gem § 15a BAG betreiben. Diesbezüglich besteht naturgemäß keine Bindung an die Monatsfrist nach § 25 Abs 1 IO, da eine Auflösungsmöglichkeit eigener Art vorliegt. Zu beachten ist, dass Ansprüche des AN aus einer derartigen Beendigung Masseforderungen sein werden (allg § 46 Rz 31).

65 Kommt es gem § 14 Abs 2 lit d BAG zum **Erlöschen des Lehrverhältnisses**, so stehen dem Lehrling **keine Schadenersatzansprüche** (allg Rz 77 ff) zu (stRsp; OGH 4 Ob 60/79, Arb 9844 = JBl 1980, 555; 9 ObA 297/92, Arb 11.053; krit dazu *Spielbüchler*, DRdA 1982, 276). Diese kommen nur in Betracht, wenn der Lehrling ein Recht zum vorzeitigen Austritt geltend machen kann (OGH 4 Ob 29/80, Arb 9919; vgl dazu Rz 79 ff).

3.4.2.6 Familienhospizkarenz, Begleitung schwersterkrankter Kinder

66 Gem § 15a AVRAG kann der AN im Falle einer sog Familienhospizkarenz nach § 14a AVRAG sowie bei Begleitung schwersterkrankter Kinder iSd § 14b AVRAG nur nach vorheriger **Zustimmung des ASG** gekündigt werden. Das Gericht hat über eine Kündigung unter Berücksichtigung der betrieblichen Erfordernisse und der Interessen des AN zu entscheiden. Auch diese Regelung stellt einen besonderen Kündigungsschutz bzw eine gesetzliche Kündigungsbeschränkung iSd § 25 Abs 1 letzter Satzteil IO dar.

3.4.3 Individueller Kündigungsschutz

67 Der Insolvenzverwalter (AG) hat die diversen Bestimmungen des sog individuellen Kündigungsschutzes (zB aus dem „Antidiskriminierungsrecht" die §§ 12 Abs 7, 26 Abs 7 GlBG; vgl weiters §§ 8 Abs 2, 9 Abs 2, 15 Abs 1 AVRAG) zu beachten.

68 Im **Antidiskriminierungsrecht** ist bspw Folgendes vorgesehen: Wird das Arbeitsverhältnis vom AG wegen des **Geschlechts** des (der) AN, insb unter Bezugnahme auf den Familienstand oder den Umstand, ob jemand Kinder hat, oder wegen der nicht offenbar unberechtigten Geltendmachung von Ansprüchen nach dem GlBG gekündigt, so kann der (die) AN ua die Lösung gem § 12 Abs 7 GlBG beim ASG anfechten. Dasselbe gilt gem § 26 Abs 7 GlBG dann, wenn das Arbeitsverhältnis vom AG wegen der **ethni-**

schen **Zugehörigkeit,** der **Religion** oder **Weltanschauung,** des **Alters** oder der **sexuellen Orientierung** des AN bzw wegen der nicht offenbar unberechtigten Geltendmachung von Ansprüchen nach dem G beendet wird. Wird ein Arbeitsverhältnis, welches nicht dem besonderen Kündigungsschutz nach § 8 BEinstG unterliegt (zu diesem Rz 60 f), vom AG wegen einer **Behinderung** des AN oder wegen der nicht offenbar unberechtigten Geltendmachung von Ansprüchen nach dem BEinstG gekündigt, so ist dies gem § 7f Abs 1 und 3 BEinstG anfechtbar.

Die Anfechtungsfrist beträgt **14 Tage ab Zugang** der Lösungserklärung (§§ 15 Abs 1 S 4, 29 Abs 1 S 4 GlBG, § 7k Abs 2 Z 2 BEinstG). Das verpönte Motiv ist nur glaubhaft zu machen (vgl §§ 12 Abs 12, 26 Abs 12 GlBG, § 7p BEinstG).

Lässt jemand die Beendigung gegen sich gelten, so hat er Anspruch auf Ersatz des Vermögensschadens und auf eine Entschädigung für die erlittene persönliche Beeinträchtigung (§ 12 Abs 7 S 3 GlBG etc).

3.4.4 Gesetzliche Kündigungsgründe

In den Fällen, in denen das Recht der Kündigung von G wegen an Kündigungsgründe gebunden ist, müssen diese auch bei der begünstigten Kündigung iSd § 25 Abs 1 IO vorliegen, denn insoweit handelt es sich bei der Bindung an Gründe um eine gesetzliche Kündigungsbeschränkung. **69**

Gesetzliche Kündigungsgründe kennen im Arbeitsrecht allerdings nur wenige G, so die **VBG**, welche im gegebenen Zusammenhang trotz der grundsätzlich gegebenen Insolvenzfähigkeit juristischer Personen des öffentlichen Rechts praktisch bedeutungslos sind, und, soweit es noch anwendbar ist, das **HbG** bzgl des Hausbesorgers mit Anspruch auf Dienstwohnung (§ 18 Abs 6 HbG; zum Auslaufen des G vgl § 31 Abs 5 HbG).

3.4.5 Kündigungsfrühwarnsystem

Das Kündigungsfrühwarnsystem iSd § 45a AMFG ist eine gesetzliche Kündigungsbeschränkung gem § 25 Abs 1 letzter Satzteil IO. Gem § 45a Abs 1 AMFG besteht für AG die Pflicht, Reduzierungen des Beschäftigtenstands, die über ein gewisses Maß hinausgehen, der regionalen Geschäftsstelle des zuständigen **AMS** durch schriftliche **Anzeige** mitzuteilen. Eine Reduzierung des Beschäftigtenstandes ist anzeigepflichtig, wenn innerhalb von 30 Tagen der Beschäftigtenstand in Betrieben mit idR mehr als 20 und weniger als 100 AN um mindestens fünf AN oder in Betrieben mit 100 bis 600 AN um mindestens fünf Prozent oder um mindestens fünf AN, die das 50. Lebensjahr vollendet haben, verringert werden soll. **70**

Anzuzeigen ist die Verringerung des Beschäftigtenstands zumindest 30 Tage vor Ausspruch der ersten erfolgenden Kündigung. In der Anzeige sollen vor allem Angaben über die Struktur der zu kündigenden AN, wie Alter, Geschlecht und berufliche Verwendung, enthalten sein.

Das Kündigungsfrühwarnsystem findet ohne Rücksicht darauf, ob Versicherungspflicht in der AlV besteht, und daher auch bei Beendigung geringfügiger Beschäftigungsverhältnisse Anwendung (OGH 9 ObA 2287/96f, infas 1997 A 61 = ASoK 1997, 252). Weiters gilt es auch für den Fall von durch den AG veranlassten einvernehmlichen Lösungen (OGH 8 ObA 258/95, wbl 1996, 79).

71 Wesentliche Konsequenz einer Nichteinhaltung des Frühwarnsystems bildet die **Rechtsunwirksamkeit der Kündigungen** (bzw sonstigen relevanten Auflösungen). Rechtsunwirksam sind gem § 45a Abs 5 AMFG Kündigungen, die zu einem wesentlichen Personalabbau im obigen Sinn führen, wenn sie entweder vor Einlangen der Anzeige bei der regionalen Geschäftsstelle des AMS oder aber nach Einlangen der Anzeige ohne vorherige Zustimmung der Landesgeschäftsstelle des AMS gem § 45a Abs 8 AMFG innerhalb der 30-Tage-Frist ausgesprochen werden.

72 Gem § 45a Abs 2 S 3 AMFG besteht die Anzeigepflicht auch bei Insolvenz und „ist im Falle des Konkurses vom Masseverwalter zu erfüllen, wenn die Anzeige nicht bereits vor Konkurseröffnung erstattet wurde". Diese Gesetzesstelle wurde nicht an das neue Insolvenzrecht auf Grund des IRÄG 2010 BGBl I 2010/29 angepasst und ist daher korrigierend zu interpretieren: Die gegenständliche **Anzeigeverpflichtung** trifft demnach einerseits im Falle des **Konkurses** und andererseits im Falle des **Sanierungsverfahrens ohne Eigenverwaltung** den Insolvenzverwalter (zur Situation beim Sanierungsverfahren mit Eigenverwaltung s Rz 115).

§ 25 Abs 1a IO lässt es zur Wahrung der Monatsfrist für das begünstigte Lösungsrecht genügen, wenn die Anzeige nach § 45a AMFG innerhalb dieser Frist erstattet wird, der Ausspruch der begünstigten Lösung selbst kann dann unmittelbar nach Ablauf des Kündigungsverbots nach § 45a AMFG auch außerhalb der an sich gegebenen Frist nach § 25 Abs 1 IO erfolgen (dazu auch Rz 30).

3.4.6 Kollv Kündigungsbeschränkungen

73 Vielfach binden KollV die Kündigung an bestimmte Gründe oder lassen sie nur im Fall eines einschlägigen Erkenntnisses einer Disziplinarkommission zu. Auf diese Weise werden in einigen Branchen AN kollv „definitiv gestellt".

Der Umstand, dass der Gesetzgeber im Rahmen der Kündigungsfristen die kollv neben den gesetzlichen Fristen ausdrücklich für beachtlich erklärt (dazu

Rz 34), bzgl der Kündigungsbeschränkungen aber ausdrücklich nur von „gesetzlichen" spricht, weist darauf hin, dass kollv Kündigungsbeschränkungen **unbeachtlich** sind (vgl hierzu OGH 8 ObS 10/05m, ARD 5619/6/2005).

3.5 Rechtsfolgen
3.5.1 Allgemeine Rechtsfolgen

Die begünstigte Kündigung durch den Insolvenzverwalter zieht alle jene **Rechtsfolgen** nach sich, die **mit einer Arbeitgeberkündigung üblicherweise verbunden** sind. So gebühren unter den jeweiligen speziellen Voraussetzungen als **Insolvenzforderungen** (§ 51 Abs 2 Z 2 lit a IO; allg § 51 Rz 4 f) **Beendigungsschadenersatz** (genauer dazu Rz 77 f), eine allfällige „**Abfertigung alt**" (§ 23 AngG, § 2 ArbAbfG sowie zB § 22 GAngG, § 17 HGHAngG, § 31 LAG; vgl auch § 1 IESG Rz 233 ff), die **Urlaubsersatzleistung** (§ 10 UrlG; vgl auch § 1 IESG Rz 248 ff) und **aliquote Remunerationen** (zur Berechnung im Detail *Haider*, JAP 2010/11, 33 ff; *ders*, Praxisbeispiele 195 ff). Der AN hat Anspruch auf **Freizeit während der Kündigungsfrist** (§ 22 AngG etc) und auf ein **Dienstzeugnis** (§ 39 AngG etc; dazu auch Rz 5). 74

Was den Abfertigungsanspruch anlangt, entfällt nach einigen gesetzlichen Bestimmungen (§ 23 Abs 2 AngG, § 22 Abs 2 GAngG, nicht jedoch § 17 HGHAngG und § 31 LAG) die Verpflichtung zur Leistung einer Abfertigung zT oder zur Gänze bei Auflösung des Unternehmens, wenn sich die persönliche Wirtschaftslage des AG derart verschlechtert hat, dass ihm die Erfüllung der Abfertigungsverpflichtung billigerweise nicht zugemutet werden kann (zur Sicherung der entfallenden Abfertigung s § 1a IESG Rz 3 ff). 75

Nach stRsp galt die **Abfertigungsreduktion** nach § 23 Abs 2 AngG im Falle des (seinerzeitigen) **Konkurses** mangels Schutzwürdigkeit des Schuldners **nicht** (vgl den Überblick unter § 1a IESG Rz 9 sowie bei *K. Mayr* in ZellKomm³ § 23 AngG Rz 33). Die Anwendung des § 23 Abs 2 AngG wurde aber zB im Fall des (früheren) Liquidationszwangsausgleichs in Erwägung gezogen, wenn der Entfall der Abfertigungen einen solchen zum Zeitpunkt der Beendigung der Arbeitsverhältnisse konkret ermöglicht (OGH 4 Ob 87/83, Arb 10.293 = infas 1985 A 10; 5 Ob 307/84, RdW 1985, 221; 9 ObA 346/98t, DRdA 2000/25, 247 [krit *K. Mayr*]; krit dazu *Schumacher*, JBl 1990, 16; allg *Holzer*, Unternehmensauflösung 189). Diese Auffassung könnte nach neuer Rechtslage auf den **Liquidationssanierungsplan** im **Sanierungsverfahren mit Eigenverwaltung** übertragen werden (vgl auch Rz 120 sowie § 1a IESG Rz 11; *Holzer* in *Marhold/G. Burgstaller/Preyer* § 23 Rz 58). Dem AG ist jedoch billigerweise zuzumuten, dass er jenen Prozentsatz an Abfertigung leistet, den er den Insolvenzgläubigern allgemein anbietet (vgl OGH 4 Ob 24/67, ZAS 1969/7, 55 [*Korp*] = Arb 8388).

Nach der Rechtslage auf Grund des IRÄG 2010 BGBl I 2010/29 hat die Durchführung eines **Liquidationssanierungsplanes** im Rahmen eines **Sanierungsverfahrens ohne Eigenverwaltung** dieselben Rechtsfolgen wie im Verfahren mit Eigenverwaltung. Einer entsprechenden Heranziehung der wirtschaftlichen Reduktionsklausel steht daher uE nichts im Weg (vgl dazu auch § 1a IESG Rz 12).

Ganz allgemein ist zu bedenken, dass das Insolvenzverfahren moderner Prägung keinesfalls von vornherein die Liquidierung des Vermögens des Schuldners zum Ziel hat, sondern dass auch im Insolvenzverfahren Sanierungszwecke verfolgt werden (so schon *Bartsch/Heil*, Insolvenzrecht[4] 25). Die Frage der Anwendung der wirtschaftlichen Reduktionsklausel sollte daher generell nicht zu restriktiv behandelt werden, zumal der AN nicht zuletzt durch § 1a IESG geschützt ist (dazu schon *Holzer*, Unternehmensauflösung 189; vgl auch *Gamerith* in *Bartsch/Pollak/Buchegger* I[4] § 25 KO Rz 31).

76   Entsteht in der Zeit zwischen dem tatsächlichen Ende des Arbeitsverhältnisses auf Grund der privilegierten Kündigung durch den Insolvenzverwalter und dem Zeitpunkt, der bis zur ordentlichen Kündigung hätte verstreichen müssen, ein **höherer Abfertigungsanspruch,** so ist die Abfertigung unter Zugrundelegung dieses längeren Zeitraumes zu bemessen (OGH 8 ObS 250/98t, RdW 2000/86).

3.5.2 Schadenersatz

77   Ob dem AN ein Schadenersatzanspruch zusteht, wenn durch die begünstigte Kündigung eine Kündigungsfrist verkürzt wird oder die Lösung vor Ablauf einer vereinbarten Vertragsdauer erfolgt, war lange Zeit strittig. Bis zur Insolvenznovelle 1959 BGBl 1959/253 enthielt das G folgende Bestimmung: „Wird das Dienstverhältnis durch die Kündigung des Masseverwalters vor Ablauf der bestimmten Zeit gelöst, für die es eingegangen war, oder war im Vertrag eine längere Kündigungsfrist vereinbart, so kann der DN den Ersatz des ihm verursachten Schadens als Konkursgläubiger verlangen". Mit dieser Vorschrift war eine klare Grundlage für den Anspruch des AN auf Ersatz des ihm durch die Beendigung des Arbeitsverhältnisses durch den Insolvenzverwalter entstandenen Schadens auf der Basis einer **Eingriffshaftung** gegeben. Die Novelle 1959 entfernte diese Bestimmung aus dem G. Damit hatte aber der Gesetzgeber einem Schadenersatzanspruch des AN die rechtliche Grundlage entzogen, denn der Insolvenzverwalter handelt in Ausübung des begünstigten Kündigungsrechts immer rechtmäßig. Die durch das Erkenntnis des VfGH G 15, 16/93 (DRdA 1993, 501 = infas 1993 A 161) ausgelöste Neuregelung durch das IRÄG 1994 BGBl 1994/153 kehrt praktisch zur Fassung vor der Insolvenznovelle 1959 zurück und verankert wieder eindeutig einen einschlägigen Schadenersatzanspruch des AN (vgl nunmehr § 25 Abs 2 IO; s Rz 78).

Nach § 25 Abs 2 IO kann der AN bei einer Lösung gem Abs 1 leg cit **Er-** **78** **satz des verursachten Schadens** – dieser ist eine Insolvenzforderung (dazu allg § 46 Rz 31) - verlangen. Mit „verursachtem Schaden" kann nur die sog **Kündigungsentschädigung** (§ 29 AngG, § 1162b ABGB, § 29 GAngG, § 35 LAG etc) gemeint sein (so zutreffend OGH 8 ObS 16/04t, DRdA 2007/7, 52 *[Grießer]* = infas 2006 A 16; 8 ObS 8/06 v, DRdA 2006, 493 = infas 2006 A 84; 8 ObA 36/06m, Arb 12.609; *Reissner,* Arbeitsrechtsbezogene Bestimmungen 82). Es ist nicht einsichtig, hier einer eigenen Schadensberechnungsmethode das Wort zu reden und dem AN insb die bei der Kündigungsentschädigung vorgesehene Anrechnungsfreiheit für die ersten drei Monate des Bezugszeitraums zu nehmen (vgl aber *Liebeg,* wbl 1994, 142 FN 4; *ders,* RdW 1997, 541; *Grießer,* ZAS 1994, 192; *ders,* ZAS 1998, 3; *Weber,* Arbeitsverhältnisse 100; *Gamerith* in *Bartsch/Pollak/Buchegger* I[4] § 25 KO Rz 22; ebenso die ältere Rsp; zB OGH 8 ObS 4/94, DRdA 1995/13, 158 [krit *Reissner*] = ZASB 1994, 23; 8 ObS 2080/96, ZASB 1997, 6 = infas 1997 A 15; 8 ObS 14/97k, ARD 4882/38/97). Wenn die Rechtsordnung an zahlreichen Stellen für die Berechnung des Schadens wegen vorzeitiger Beendigung des Arbeitsverhältnisses eine bestimmte Lösung vorsieht, so muss diese allgemeine Regelung auch auf den Fall der Verkürzung der Vertragsdauer durch den Insolvenzverwalter mittels § 25 IO analog angewendet werden. Dass es sich doch bei dieser vorzeitigen Lösung um einen im Rahmen der Eingriffshaftung gesetzlich erlaubten Vertragsbruch handelt, tut dabei nichts zur Sache. Das G entkleidet diesen Vorgang nur seiner Rechtswidrigkeit, ordnet aber dennoch eine Schadenersatzpflicht an, die in diesem Fall wohl nur die sein kann, die für solche Vertragsbrüche allgemein vorgesehen ist. Die Eingriffshaftung substituiert nur das Rechtswidrigkeitserfordernis, verändert aber keinesfalls die Grundsätze der Schadensermittlung.

Der AN behält somit unbeschadet weitergehenden Schadenersatzes seine vertragsmäßigen Ansprüche auf das Entgelt für den Zeitraum, der bis zur Beendigung des Arbeitsverhältnisses durch Ablauf der Vertragszeit oder durch Kündigung durch den AG bei Einhaltung der ordnungsgemäßen Kündigungsmodalitäten hätte verstreichen müssen. Er muss sich allerdings anrechnen lassen, was er sich im Entschädigungszeitraum erspart, anderweitig verdient oder zu verdienen absichtlich versäumt. Soweit der Zeitraum, für den der Schadenersatz zu leisten ist, drei Monate nicht übersteigt, kann der AN aber das ganze für diese Zeit gebührende Entgelt sofort und ohne Anrechnung fordern (so § 29 AngG, § 1162b ABGB etc; vgl dazu auch § 1 IESG Rz 279 ff). Es ist entgegen der oben angeführten Rsp nicht einzusehen, warum der AN im Rahmen der Eingriffshaftung nicht in den Genuss dieser Schadenspauschalierung für die ersten drei Monate des Entschädigungszeitraumes kommen sollte, trägt doch diese Pauschalierung nur dem Umstand Rechnung, dass der exakte durch einen Arbeitsplatzverlust verursachte Vermögensschaden des AN schwer zu beziffern ist (*Holzer*, DRdA 1998, 325; *Jabornegg*, Krise 1106). Dass die Anwendung der Regeln über die Kündigungsentschädigung vom Gesetzgeber intendiert ist, zeigen jene jüngeren Spezialvorschriften, die ein besonderes Lösungsrecht wegen Insolvenzverfahrenseröffnung über das Vermögen des AG vorsehen und eindeutig einen Schadenersatz in Form der Kündigungsentschädigung anordnen (vgl § 31 Abs 1 und 2 AngG etc; Näheres bei § 21 Rz 11).

4. Austrittsrecht des AN

79 Dem AN steht gem § 25 Abs 1 IO grundsätzlich spiegelgleich zum begünstigten Kündigungsrecht des Insolvenzverwalters (Rz 6 ff) der begründete Austritt zu (zur zwingenden Wirkung der Bestimmung s §§ 25a, 25b Rz 1, 5 f), wobei die Eröffnung des Insolvenzverfahrens als wichtiger Grund gilt (zur Situation bei Fortführung des Unternehmens s Rz 82 f; zur Rechtslage im Sanierungsverfahren mit Eigenverwaltung Rz 118 ff).

80 § 25 Abs 1 IO fügt den auch während des Insolvenzverfahrens zu Gebote stehenden **Austrittsgründen** des Arbeitsvertragsrechts mit der **Insolvenz des AG** einen weiteren hinzu (OGH 4 Ob 107/81, ZAS 1982/25, 185 *[Robert Müller]* = Arb 10.041; 14 Ob 143/86, DRdA 1987, 457). Das Insolvenzrecht kennt allerdings auch eine Modifikation im Bereich eines allgemeinen arbeitsvertragsrechtlichen Austrittsgrundes (Rz 97 ff).

4.1 Lösungsvorgang

81 Der Austritt ist – wie die (begünstigte) Kündigung (s Rz 29) – eine einseitige empfangsbedürftige Willenserklärung. Dieser muss daher zeitgerecht dem Insolvenzverwalter (im Sanierungsverfahren mit Eigenverwaltung dem Schuldner; dazu Rz 118 ff) **zugehen** (zum Zeitfenster nach § 25 Abs 1 IO s Rz 7 ff).

82 Das Austrittsrecht steht dem AN nicht in jeder Insolvenzsituation zu: Bei **Fortführung des Unternehmens** oder von Unternehmensbereichen haben im Allgemeinen weder Insolvenzverwalter noch AN ein insolvenzspezifisches Lösungsrecht (vgl § 25 Abs 1 Z 2 lit b IO; zu den diesbezüglichen Ausnahmen s aber Rz 24 ff). Dass das Austrittsrecht bei Fortführung des Unternehmens grundsätzlich **nicht** zusteht, soll verhindern, dass Sanierungsbemühungen dadurch konterkariert werden, dass dafür nötige AN nicht zur Verfügung stehen, weil sie von der Möglichkeit, ihr Arbeitsverhältnis wegen der Insolvenz vorzeitig zu lösen, Gebrauch machen. Das G knüpft daher das Austrittsrecht des AN idR an die Stilllegung des Unternehmens oder eines Unternehmensbereichs.

4.1.1 „Nachschießendes" Austrittsrecht

Die wichtigste Ausnahme vom Prinzip, dass bei Fortführung von Unternehmen oder Unternehmensbereichen keine insolvenzspezifischen Lösungsrechte bestehen (Rz 82), ist die begünstigte Kündigung des Insolvenzverwalters in einem einzuschränkenden Bereich gem § 25 Abs 1b S 2 IO (s Rz 24 ff). In diesem Fall steht dem betroffenen AN nach § 25 Abs 1b S 3 IO ein sog „nachschießendes" („replizierendes") begründetes Austrittsrecht zu. Diese Möglichkeit wurde durch das IRÄG 2010 BGBl I 2010/29 eingeführt und bestand früher nicht. Laut ErläutRV (612 BlgNR 24. GP 12) geht es darum, eine raschere Beendigung der Arbeitsverhältnisse von nicht mehr benötigten AN zu ermöglichen und damit die Masse – letztlich auf Kosten des IEF – zu entlasten. 83

Nach Wortlaut und Systematik des § 25 Abs 1b S 3 IO ist eine **vorangehende Kündigung durch den Insolvenzverwalter** nach § 25 IO bzw – genauer – **nach § 25 Abs 1b S 2 IO** Voraussetzung für das gegenständliche Austrittsrecht (zur zeitlichen Lage desselben Rz 24 ff). Zu fragen ist, ob das Austrittsrecht auch dann besteht, wenn der Insolvenzverwalter sich davor nicht an die Vorgaben des § 25 IO gehalten hat oder überhaupt nach allgemeinem Arbeitsrecht kündigt. Betrachtet man die Zwecksetzung dieser Möglichkeit des AN, nämlich einerseits das Entstehen von Masseforderungen für offensichtlich nicht mehr benötigte Arbeitsleistungen einzudämmen und andererseits dem AN einen früheren Ausstieg aus dem insolventen Unternehmen zu eröffnen, so spricht uE Vieles dafür, die Regelung offen zu interpretieren und – per Analogie – auch auf all diese Konstellationen zu beziehen (genauer *Reissner*, Arbeitsrechtsbezogene Bestimmungen 83 f; zweifelnd *Sundl*, Insolvenz- und Arbeitsrecht 205 f).

4.2 Zeitfenster zum Austritt nach § 25 IO

Auch der Austritt des AN ist im Allgemeinen innerhalb einer **Bedenkfrist von einem Monat** vorzunehmen. Die **Lage** der Lösungsfrist entspricht in der Unternehmerinsolvenz der Lage jener Frist, die auch dem Insolvenzverwalter offensteht (vgl Rz 10 ff). Im Schuldenregulierungsverfahren uÄ läuft die Frist ab Insolvenzverfahrenseröffnung (vgl Rz 9). 84

Außerhalb des Zeitfensters muss der AN nach allgemeinem Arbeitsrecht losen, also – sofern er nicht über einen Austrittsgrund iSd § 26 AngG, § 82a GewO 1859 etc verfügt – eine Kündigung unter Einhaltung dafür vorgesehener Kündigungszeiten vornehmen.

Der **„nachschießende" Austritt** nach § 25 Abs 1b S 3 IO ist uE so lange möglich, als das vom Insolvenzverwalter gekündigte **Arbeitsverhältnis** noch **aufrecht** besteht. Der AN kann also seinen Austritt sofort nach Erhalt der 85

Lösungserklärung des Insolvenzverwalters tätigen, er kann aber auch bis zum Ablauf der Kündigungsfrist für den Insolvenzverwalter mit seinem Austritt zuwarten. Eine Bindung des AN an eine Monatsfrist, wie dies für den Insolvenzverwalter vorgesehen ist, könnte bedeuten, dass für den Fall, dass der Insolvenzverwalter die Frist nahezu ausschöpft, dem AN keine Zeit bliebe, über die Auflösung seines Arbeitsverhältnisses sinnvoll zu disponieren Eine Bedenkfristregelung ist also für diesen Fall nicht zu ermitteln. Zweck der Regelung ist es darüber hinaus ja ua, die Masse von Arbeitsentgelt- und damit Masseforderungen zu entlasten (so auch *Ristic,* DRdA 2010, 269; *Weber-Wilfert,* IRÄG 2010, 66 f; *Konecny,* ZIK 2010, 85).

4.3 Rechtsfolgen

4.3.1 Allgemeine Rechtsfolgen

86 Der Austritt nach § 25 Abs 1 IO führt zu als **Insolvenzforderungen** zu qualifizierenden (§ 51 Abs 2 Z 2 lit a IO; allg § 51 Rz 4 f) Ansprüchen auf **Schadenersatz** (s Rz 88 ff), auf **„Abfertigung alt"** (§ 23 AngG, § 2 ArbAbfG sowie zB § 22 GAngG, § 17 HGHAngG und § 31 LAG), sofern der AN diesem Recht unterliegt (zu abfertigungsrechtlichen Sonderbestimmungen wie jener des § 23 Abs 2 AngG s gleich unten), auf **Urlaubsersatzleistung** (§ 10 UrlG) und auf **aliquote Remunerationen** (zur Berechnung der Ansprüche *Haider,* JAP 2010/11, 37 mit Beispiel; *ders,* Praxisbeispiele 195 ff). Auch ein **Dienstzeugnis** steht zu (dazu auch Rz 5).

Was den Abfertigungsanspruch anbelangt, entfällt nach einigen gesetzlichen Bestimmungen (§ 23 Abs 2 AngG, § 2 ArbAbfG, § 22 Abs 2 GAngG) die Verpflichtung zur Leistung einer Abfertigung zT oder zur Gänze bei Auflösung des Unternehmens, wenn sich die persönliche Wirtschaftslage des AG derart verschlechtert hat, dass ihm die Erfüllung der Abfertigungsverpflichtung billigerweise nicht zugemutet werden kann. Diese Bestimmung ist nach hA mangels Schutzwürdigkeit des Schuldners im Konkurs nicht anwendbar (genauer dazu Rz 75).

87 Abgesehen vom Dienstzeugnis und allfälliger Urlaubsersatzleitung für nicht verbrauchten „alten Urlaub" stehen dem AN keine Ansprüche zu, wenn er die einmonatige **Lösungsfrist verfehlt,** zumal der Austritt diesfalls als **unbegründet** zu werten ist.

4.3.2 Schadenersatz

88 Mit der Zuordnung der Eröffnung der Insolvenz über das Vermögen des AG zu den wichtigen Gründen, die zur vorzeitigen Auflösung des Arbeitsverhältnisses durch den AN berechtigen, tauchte die Frage auf, ob sich an

einen derart begründeten Austritt auch Schadenersatzfolgen knüpfen. Diese lang und vor allem in ihren Details heftig umstrittene Frage wurde durch das IRÄG 1997 BGBl I 1997/114 eindeutig beantwortet, denn seither kann der AN gem § 25 Abs 2 IO den durch die Lösung des Arbeitsverhältnisses verursachten Schaden verlangen. Mit dieser Bestimmung wird überdies ein altes in der Arbeitsrechtstheorie gewälztes Problem bereinigt, nämlich die Frage, ob der Schadenersatzanspruch des AN verschuldensunabhängig zusteht oder den AG ein Verschulden am Niedergang seines Unternehmens treffen muss (ausführlich dazu *W. Schwarz/Holzer/Holler/Reissner,* Insolvenz^3 451 ff mwN). Mit § 25 Abs 2 IO wird nun deutlich festgeschrieben, was schon davor stRsp (vgl zB OGH 4 Ob 29/80, Arb 9919; 4 Ob 107/81, ZAS 1982/25, 185 *[Robert Müller]* = Arb 10.041) war, nämlich ein verschuldensunabhängiger Schadenersatzanspruch des AN.

Der von § 25 Abs 2 IO festgelegte Schadenersatzanspruch wurde seit jeher als **Kündigungsentschädigung** ausgedeutet (s schon OGH 4 Ob 106/76, DRdA 1978, 39 *[Holzer]* = ZAS 1978/10, 61 *[Miklau];* aus jüngerer Zeit OGH 8 ObS 16/04t, DRdA 2007/7, 52 *[Grießer]* = infas 2006 A 16; in der Lehre zB *Jabornegg,* Krise 1107). Es ist sohin nicht zulässig, auch für diesen Fall die Anrechnungssperre für die ersten drei Monate der Zahlung beiseite zu schieben (so aber *Weber,* Arbeitsverhältnisse 108; etwas abweichend *Grießer,* ZAS 1998, 3; zum Schadenersatzanspruch bei Kündigung durch den Insolvenzverwalter entsprechend sowie auch zur Bemessung allg Rz 78).

Ein nach dem Vertrag ausschließlich für den Fall der Lösung des Dienstverhältnisses durch den AG, sofern der AN die Gründe dafür nicht zu vertreten hat, zugesicherter **Pensionsanspruch** fällt, wenn der AN das Dienstverhältnis gem § 25 IO auflöst, **nicht** unter die **Kündigungsentschädigung.** Er könnte nur aus dem Titel des Schadenersatzes zustehen. Ein solcher Schadenersatzanspruch würde voraussetzen, dass der AG den vorzeitigen Austritt des AN in der Absicht provoziert hat, den Eintritt eines der vertraglich geregelten Pensionsfälle zu verhindern, um sich die Zahlung der Pension zu ersparen (VwGH 84/11/0226, ÖJZ 1988, 24 = RdW 1987, 380).

Kein Schadenersatzanspruch steht dem AN zu, wenn er die einmonatige Lösungsfrist verfehlt. Sein Austritt ist diesfalls vielmehr als unbegründet zu werten. Außerhalb der Einmonatsfrist des § 25 IO ist der AN an allgemeine Kündigungszeiten gebunden.

Was die **zeitliche Begrenzung des Kündigungsentschädigungsbezugs** anlangt, so war im Fall des Austritts nach § 25 IO idF vor dem IRÄG 1994 BGBl 1994/153 zu beachten, dass die Kündigungsentschädigung nur bis zu jenem Termin gebührte, der bei einer nach dieser Bestimmung begünstigten Lösung durch den Insolvenzverwalter als Beendigungszeitpunkt in Frage gekommen wäre (vgl OGH 4 Ob 106/76, DRdA 1978, 39 *[Holzer]* = ZAS 1978/10,

89

61 *[Miklau];* 4 Ob 1/84, ZAS 1985/26, 221 *[Wachter]* = Arb 10.328). Diese Rechtslage hat sich wohl schon mit dem IRÄG 1994 und erst recht mit dem IRÄG 1997 BGBl I 1997/114 geändert, weil schon damals an das begünstigte Lösungsrecht des Insolvenzverwalters selbst Schadenersatzfolgen geknüpft werden (§ 25 Abs 2 nF IO). Die Begrenzung der Schadenersatzpflicht mit jenem Zeitpunkt, zu dem der AG hätte ordnungsgemäß lösen können, entspricht dem schadenersatzrechtlichen Grundsatz der Haftungsbegrenzung durch rechtmäßiges Alternativverhalten. Knüpft sich allerdings an eine Lösungsmöglichkeit der Arbeitgeberseite eine aus einer Eingriffshaftung resultierende Schadenersatzpflicht, kann diese Lösungsmöglichkeit den Schadenersatzanspruch des austretenden AN keinesfalls begrenzen. Vielmehr wird die Bemessungsdauer für die Kündigungsentschädigung nunmehr nach den allgemeinen Regeln für das Arbeitsverhältnis ohne Bedachtnahme auf das begünstigte Lösungsrecht des Insolvenzverwalters bestimmt (OGH 8 ObS 16/04t, DRdA 2007/7, 52 *[Grießer]* = infas 2006 A 16; *Holzer,* DRdA 1998, 395; *Sundl,* Insolvenz- und Arbeitsrecht 211; *Gamerith* in *Bartsch/Pollak/Buchegger* I⁴ § 25 KO Rz 36; aA noch OGH 8 ObS 3/98v, ASoK 1998, 388 = ZIK 1998, 126).

Bei der Begrenzung der Kündigungsentschädigung (und sonstiger Ansprüche) durch den (fiktiven) Ablauf der Vertragszeit ist aber nicht nur – nach allgemeinen Grundsätzen – auf den Zeitablauf iSd § 19 Abs 1 AngG, § 1158 Abs 1 ABGB, sondern auch auf vorher tatsächlich eintretende Endigungsgründe, mit denen ein Verlust künftiger Ansprüche aus dem Arbeitsverhältnis verbunden ist, Bedacht zu nehmen (OGH 8 ObS 299/00d, ASoK 2001, 227; 8 ObS 2/05k, ASoK 2005, 274), so auch auf die gesetzliche Beendigung des Arbeitsverhältnisses durch Tod des AN (OGH 8 ObS 8/06v, DRdA 2006, 493 = infas 2006 A 84; genauer *Haider* in *Reissner,* AngG² § 33 Rz 32 mwN; zum diesbezüglichen Einfluss der Ex-lege-Beendigung des Lehrverhältnisses Rz 96 sowie *Weber-Wilfert,* ZIK 2016/109, 87; zum Einfluss nachfolgender Betriebsstilllegungen am Beispiel des MSchG Rz 93).

90 Schwierig ist die Bemessung des Schadenersatzes bei Austrittserklärungen **besonders kündigungsgeschützter Personen.** Der **Dreimonatszeitraum,** in dem eine Kündigungsentschädigung anrechnungsfrei zu bezahlen ist, **beginnt** jedenfalls mit dem Zeitpunkt des Austritts, auch wenn dieser in die entgeltfreie Periode der Elternkarenz oder des Präsenz-, Ausbildungs- bzw Zivildienstes fällt (OGH 8 ObS 20/95, infas 1995 A 140; 8 ObS 2215/96k, DRdA 1997/27, 269 *[Rudolf Müller];* 8 ObS 2261/96z, ZIK 1997, 182).

91 Hinsichtlich der **Festlegung des Bezugszeitraums** selbst gibt es interpretativ zwei Möglichkeiten: Erstens kann man den Schadenersatz unter Berücksichtigung des gesamten kündigungsgeschützten Zeitraums bestimmen (sog **lange Kündigungsentschädigung**), nach der zweiten Variante würde die je-

weilige Kündigungsbeschränkung vernachlässigt und der AN so gestellt, als ob er den besonderen Bestandschutz nicht hätte (sog **kurze Kündigungsentschädigung;** allg *Reissner,* Arbeitsrecht[5] 104 ff).

In der Rsp des OGH zeigte sich einige Zeit die Tendenz, jedenfalls die lange Kündigungsentschädigung zuzusprechen, während die überwiegende Lehre (*Tomandl,* ZAS 1986, 117; *Spielbüchler,* ZAS 1986, 132) und der VwGH (84/11/0238, DRdA 1987/13, 218 *[Ziniel]* = ÖJZ 1987, 565) dem nur nahetreten wollte, wenn der AG den Austritt provoziert (zB ein Betriebsratsmitglied „hinausekelt"; vgl *Reissner,* Arbeitsrecht[5] 104 f), was iZm dem Austritt nach § 25 IO wohl nie der Fall sein wird (so zu Recht *Weber,* Arbeitsverhältnisse 114; zur Entwicklung der Diskussion *Holzer/Reissner/W. Schwarz,* Insolvenz[4] 459 ff mwN).

Nach aktueller Judikatur wird die **„lange Kündigungsentschädigung"** dann gewährt, wenn das **geschützte Rechtsgut trotz** der **Lösung des Arbeitsverhältnisses weiterbesteht** (dazu im Detail Rz 92 ff).

92 Gem § 25 IO austretenden **Betriebsratsmitgliedern** gebührt iSd in Rz 90 wiedergegebenen Prinzips **keine „lange" Kündigungsentschädigung** (OGH 9 ObS 8/91, DRdA 1992/15, 145 *[Grießer]* = JBl 1991, 809 *[Liebeg];* 9 Ob 907/91; 9 ObA 59/94, DRdA 1994, 522 = Arb 11.180); diese geben ja durch ihren Austritt ihr Mandat – dieses ist der Grund für ihren besonderen Schutz – auf.

93 Bei **nach MSchG bzw VKG geschützten Personen** hingegen bestehen Schutzzweck und geschütztes Gut ungeachtet des Austritts weiter, sodass laut OGH (9 ObS 13/92, DRdA 1993, 389 = RdW 1993, 154; 8 ObS 1021/95, ZIK 1996, 210 = infas 1996 A 143; 9 ObA 2070/96v, DRdA 1998/6, 50 *[Reissner]* = ZAS 1997/9, 85 *[Frauenberger];* aus jüngerer Zeit zB OGH 8 ObS 15/07z, DRdA 2008/48, 513 *[Wolfsgruber]* = infas 2007 A 65) eine privilegierte Berechnung nicht nur gerechtfertigt, sondern zur Erreichung des gesetzlichen Schutzzwecks erforderlich ist (nicht zu Unrecht zweifelnd *Gamerith* in *Bartsch/Pollak/Buchegger* I[4] § 25 KO Rz 37; zur Berechnung anhand von Beispielen *Haider,* JAP 2010/11, 37).

Bei Austritt gem § 25 IO während der Schwangerschaft, der Schutzfrist oder der Karenz gebührt daher die Kündigungsentschädigung für den **Zeitraum von vier Monaten nach der Entbindung** bzw **vier Wochen nach Beendigung der Karenz zuzüglich der individuellen Kündigungsfrist unter Beachtung des Kündigungstermins** (OGH 9 ObA 2070/96v, DRdA 1998/6, 50 *[Reissner]* = ZAS 1997/9, 85 *[Frauenberger]*; 8 ObS 4/12i, Arb 13.064).

Kündigungsentschädigung **für die Zeit nach** ihrer **Karenz** erhält die AN aber nur dann, wenn sie diese bereits vor ihrem Austritt nach § 25 IO festgelegt hatte, denn nur in diesem Fall kann der Insolvenzverwalter das Dienstverhältnis gem § 15 Abs 4 MSchG erst nach Ablauf von vier Wochen nach Beendigung der Karenz unter Berücksichtigung der gesetzlichen Kündigungsfrist beenden (OGH 8 ObS 297/01m, ARD 5365/43/2002). Bezieht eine nach MSchG geschützte AN, die nach § 25 IO ausgetreten ist, in der Folge Karenzgeld (nach damaligem Recht; an dessen Stelle ist das Kinderbetreuungsgeld nach dem KBGG getreten), so gebührt ihr im Rahmen der Kündigungsentschädigung nur insoweit eine Urlaubsersatzleistung, als sie nach der Aliquotierungsregel des § 15 Abs 3 MSchG einen Anspruch auf Urlaub gehabt hätte (OGH 8 ObS 2215/96k, DRdA 1997/27, 269 *[Rudolf Müller]*).

Der Zeitraum für die Kündigungsentschädigung ist grundsätzlich nach den im Zeitpunkt der Auflösungserklärung vorliegenden Umständen zu bestimmen. Eine Ausnahme besteht laut OGH (8 ObS 4/12i, Arb 13.064) zur sachgerechten Begrenzung der fiktiv berechneten Ansprüche für nachträgliche Ereignisse, aus denen sich eine schon frühere Beendigung des Arbeitsverhältnisses vor dem Ende der fiktiven Kündigungszeit ergibt. So wird berücksichtigt, dass eine nach Austritt erfolgte **Betriebsstilllegung** den Kündigungsschutz mit diesem Zeitpunkt beseitigt hätte, der **fiktive Kündigungstermin** wird **von diesem Zeitpunkt an ermittelt** (OGH 9 ObA 207/93, ARD 4524/13/94; 8 ObS 2260/96b, ZIK 1997, 182 = infas 1997 A 75; grundlegend krit *Reissner*, DRdA 1998, 52 ff). Daher besteht kein Ersatzanspruch, wenn der Fortfall des Kündigungsschutzes infolge tatsächlicher Betriebsstilllegung und die vom Insolvenzverwalter zu beachtende gesetzliche Kündigungsfrist in einen Zeitraum fallen, in dem gem § 15 MSchG ein Anspruch weder auf Arbeitsentgelt noch auf Urlaubsersatzleistung besteht (OGH 8 Ob 2092/96x, ZIK 1997, 61 = ARD 4813/22/97).

Dass eine in Unkenntnis der Schwangerschaft ausgetretene AN im aufrechten Arbeitsverhältnis ihren Mitteilungspflichten gem § 10 Abs 2 MSchG nachgekommen wäre und damit ihren besonderen Kündigungsschutz gewahrt hätte, ist iZm der Berechnung der Kündigungsentschädigung zu vermuten (vgl OGH 8 ObS 9/08v, ARD 5955/3/2009).

Durch eine **weitere Schwangerschaft** einer nach § 25 IO begünstigt ausgetretenen AN, die zum Zeitpunkt der Auflösungserklärung noch nicht bestanden hat, wird hingegen laut OGH (8 ObS 4/12i, Arb 13.064) der **Zeitraum für die Kündigungsentschädigung nicht verlängert**. Auch wenn man es als sachgerecht ansieht, dass das Höchstgericht angesichts der Probleme bei der Bemessung der langen Kündigungsentschädigung einer konkreten Schadensberechnung das Wort redet, also auf später eintretende Umstände wie zB eine Betriebsstilllegung, mit der der besondere Bestandschutz wegfällt, Bedacht nimmt, ist es uE inkonsequent, nur jene Ereignisse einzubeziehen, die den Anspruch verkürzen, währenddessen eine nachträglich eintretende (fiktive) Verlängerung des Kündigungsschutzes – hier durch die neuerliche Schwangerschaft – nicht berücksichtigt wird. Für diese Differenzierung gibt es keine Begründung (*Reissner/Sundl,* ZIK 2012, 202 ff).

94 Auch bei **Präsenz-, Zivil- oder Ausbildungsdienern** gebührt nach der in Rz 91 wiedergegebenen Formel die **lange Kündigungsentschädigung.** Auf später eintretende Umstände wie zB eine Betriebseinstellung ist – ebenso wie im Bereich von MSchG und VKG (Rz 93) – Bedacht zu nehmen (vgl OGH 8 ObS 7/03t, infas 2004 A 11). Tritt ein zukünftiger Präsenzdiener vor Zustellung des Einberufungsbefehls nach § 25 IO aus, gilt für ihn der besondere Kündigungs- und Entlassungsschutz noch nicht, sodass dieser auch nicht bei der Bemessung der Kündigungsentschädigung zu berücksichtigen ist (OGH 8 ObS 5/95, wbl 1996, 282).

95 Bei gem § 25 IO austretenden, dem besonderen Kündigungsschutz unterliegenden **begünstigten Behinderten** kommt der OGH (9 Ob 902–904/92, DRdA 1993/51, 466 *[Wachter]* = RdW 1993, 153; 9 ObA 146/97d, ZAS 1998/17, 178 *[Resch]* = ARD 4910/8/98) – dogmatisch unhaltbar – durch analoge Anwendung der (dort für den AN maßgeblichen) Kündigungsfrist in § 21 AngG etc zu einer Kündigungsentschädigung von mindestens sechs Monaten. Man kann diese an sich ausgewogene Lösung für das Dilemma der langen Kündigungsentschädigung bei begünstigten Behinderten – das Ende des Schutzes, welches für die Berechnung bestimmt werden müsste, ist zumeist nicht absehbar – dadurch retten, dass man von einer höhenmäßigen Festlegung eines dem Grunde nach zustehenden Schadenersatzes nach billigem Ermessen des Richters iSd § 273 ZPO spricht (in diese Richtung *Wachter,* DRdA 1993, 473 ff).

96 Bei Austritt eines **Lehrlings** nach § 25 IO bemisst sich die Kündigungsentschädigung grundsätzlich – sofern nicht noch eine Lösungsmöglichkeit nach § 15a BAG besteht (dazu auch Rz 64) – nach der restlichen Dauer des Lehrverhältnisses einschließlich der Behaltezeit. Dies gilt auch dann, wenn für die Behaltezeit kein befristetes Arbeitsverhältnis vereinbart ist, sodass den Lehrberechtigten für diesen Zeitraum nur eine Kontrahierungspflicht trifft. Ein Lehrling, mit dem der Lehrberechtigte keinen Arbeitsvertrag für die Behaltezeit abschließt, hat nämlich grundsätzlich Anspruch auf Ersatz jenes Schadens, der ihm durch die Nichterfüllung der Kontrahierungspflicht verursacht wurde. Dieser Schaden wird durch § 1162b ABGB etc konkretisiert. Gleiches muss bei Vereitelung des Eintritts der Kontrahierungspflicht gelten. Der Berechnung der Kündigungsentschädigung ist somit auch in diesem Fall nicht nur die restliche Dauer des Lehrverhältnisses, sondern auch die (fiktive) anschließende Behaltezeit unter Berücksichtigung der Anrechnungsvorschriften zugrunde zu legen (OGH 9 ObS 13/91, DRdA 1992/37, 312 *[W. Gruber]*). Der Schadenersatzanspruch besteht jedenfalls nur bis zum letzten Tag der

Behaltepflicht, eine fiktive Kündigungszeit des AG ist nicht dazuzurechnen (OGH 8 ObS 4/10m, DRdA 2010, 425 = infas 2010 A 51).

Der Lehrling ist allerdings nicht verpflichtet, von seinem Austrittsrecht nach § 25 Abs 1 IO Gebrauch zu machen. Selbst im Falle monatelangen Ruhens des Betriebs dauert das Lehrverhältnis so lange, bis es entweder gem § 14 Abs 1 BAG durch Fristablauf oder gem § 14 Abs 2 BAG kraft G endet (zur Ex-lege-Beendigung vgl auch Rz 63). Für die Zeit nach einer Ex-lege-Beendigung des Lehrverhältnisses hat der Lehrling keine weiteren Ansprüche auf Kündigungsentschädigung, weil § 1162b ABGB etc (insoweit) bei einer Auflösung des Lehrverhältnisses kraft G auch nicht analog anzuwenden sind. Eine **nachträgliche Ex-lege-Beendigung des Lehrverhältnisses** wirkt sich auch auf die **Höhe der Ansprüche des** vorher wirksam **nach § 25 Abs 1 IO ausgetretenen Lehrlings** aus (OGH 8 ObS 299/00d, ASoK 2001, 227). Bereits entstandene Ansprüche können zwar grundsätzlich durch nachträglich entstandene Umstände nicht mehr wegfallen oder verringert werden, die Kündigungsentschädigung wird aber vom G selbst in ihrer Höhe und ihrer Dauer von dem Zeitraum abhängig gemacht, der bis zur Beendigung des Arbeitsverhältnisses durch Ablauf der Vertragszeit oder durch ordnungsgemäße Kündigung hätte vergehen müssen (§ 1162b ABGB etc). Da der AN das bekommen soll, was ihm ohne ungerechtfertigte Auflösungserklärung des AG oder seine eigene, durch Umstände auf Seiten des AG veranlasste berechtigte Austrittserklärung zugekommen wäre, ist bei Begrenzung der Ansprüche auf den (fiktiven) Ablauf der Vertragszeit nicht nur auf den Zeitablauf iSd § 1158 Abs 1 ABGB, sondern auch auf vorher tatsächlich eingetretene gesetzliche Endigungsgründe, mit denen ein Verlust aller künftigen Ansprüche aus dem Vertragsverhältnis verbunden ist, Bedacht zu nehmen. Lehrlinge sind daher unabhängig davon, ob sie das Lehrverhältnis (in den meisten Fällen ohne tatsächliche Arbeits- und Ausbildungsmöglichkeit) bis zur Ex-lege-Beendigung fortsetzen und daher Ansprüche nach § 1155 ABGB geltend machen können oder vorher nach § 25 Abs 1 IO ausgetreten sind, für denselben Zeitraum forderungsberechtigt (OGH 9 ObA 297/92, Arb 11.053 = RdW 1993, 285; 8 ObS 2/05k, ASoK 2005, 274).

5. Austritt nach Arbeitsvertragsrecht

97 Grundsätzlich ist ein Austritt nach § 26 AngG, § 82a GewO 1859 etc auch während des Insolvenzverfahrens möglich. Setzt also der Schuldner oder der Insolvenzverwalter einen **Austrittsgrund** nach § 26 AngG, § 82a GewO 1859 etc, so kann der AN dies **grundsätzlich nach allgemeinen Regeln aufgreifen** (OGH 4 Ob 21/80, Arb 9917; 14 Ob 143/86, DRDA 1987, 457= RdW 1987, 133; vgl aber Rz 98 ff). Bei Lehrlingen wird insb der Austritt gem § 15 Abs 4 lit d BAG in Betracht kommen, wenn die weitere Ausbildung während des Insolvenzverfahrens nicht gesichert werden kann (vgl *Winkler,* ZAS 1979, 124; OGH 4 Ob 29/80, Arb 9919).

Was den Verzug mit Entgeltzahlungen anbelangt, so besteht dem Insolvenzverwalter gegenüber ein Austrittsrecht jedenfalls dann, wenn dieser während des Verfahrens fällig werdende Entgelte nicht bezahlt (dazu Rz 103). Wurde dem AN allerdings **vor Verfahrenseröffnung** fälliges **Entgelt ungebührlich geschmälert oder vorenthalten,** so ist ein diesbezüglicher, nur darauf gestützter **Austritt während des Insolvenzverfahrens unwirksam** (§ 25 Abs 3 IO). Diese Regelung wurde durch das IRÄG 2010 BGBl I 2010/29 in den § 25 IO aufgenommen und schreibt die einschlägige höchstgerichtliche, in der Lehre umstrittene Rsp zum Thema fest. Der OGH (9 ObA 134/95, ARD 4745/29/96; 8 ObS 4/96, wbl 1996, 325 – ZIK 1996, 131; 8 ObS 2030/96, ZIK 1997, 63 = ARD 4862/44/97; 8 ObS 208/98s, ZAS 1999/14, 139 *[Weber];* 9 ObA 189/99f, DRdA 2000/47, 404 *[Gahleitner];* 9 ObA 227/01z usw) judizierte nämlich bereits vor dem IRÄG 2010 seit längerer Zeit, dass ein Austrittsrecht des AN nicht auf Entgeltrückstände aus der Zeit vor Insolvenzverfahrenseröffnung gestützt werden könne (abl zB *Konecny,* ZIK 1996, 146; *Grießer,* ecolex 1997, 515; *Sundl,* ASoK 1999, 253 ff; zust *Holzer,* ASoK 1996, 7; *Rothner,* ZIK 1998, 13), es sei denn, dem AN ist die Verfahrenseröffnung unverschuldet nicht bekannt geworden (OGH 9 ObA 132/01d, RdW 2002/668, 774).

98

Der **Austritt vor Eröffnung des Insolvenzverfahrens** ist hingegen **nach allgemeinen Regeln** möglich. Von Haus aus kein Austrittsgrund liegt hier bspw vor, wenn der AG bloß ankündigt, einen Insolvenzantrag zu stellen und die Zahlungen einzustellen, solange noch kein fälliges Entgelt offengeblieben ist (OGH 9 ObA 227/01z, ARD 5342/10/2002).

Die Austrittssperre wird auch für AN gelten, die **Entgelte über der Sicherungsgrenze** nach § 1 Abs 3 Z 4 iVm Abs 4 IESG (dazu allg § 1 IESG Rz 366 ff) verdienen. Ab Insolvenzverfahrenseröffnung bestehen ja diesbezüglich ohnehin Masseforderungen (dazu allg § 46 Rz 6 ff).

Klargestellt ist nunmehr jedenfalls die Rechtsfolge eines entgegen § 25 Abs 3 IO dennoch getätigten Austritts: Ein solcher ist **rechtsunwirksam,** das Arbeitsverhältnis bleibt aufrecht (zu den Diskussionen im Zuge der Gesetzwerdung *Ristic,* DRdA 2010, 269 f).

99

Fraglich ist, ob die in Rz 98 angesprochene Differenzierung nach der **Vorwerfbarkeit eines fehlenden Wissens des AN** von der Verfahrenseröffnung nach wie vor relevant ist. Es wird wohl so sein, dass auf diese subjektive Komponente **nicht mehr abzustellen** ist. Auch die Verfahrenseröffnung während des Postlaufs wird wohl nichts mehr an dieser Rechtsfolge ändern (sondern eher für die Verschuldenskomponente relevant sein; dazu Rz 101).

100

Steht allerdings dem AN bereits das Austrittsrecht nach § 25 IO zu – wie dies etwa im Schuldenregulierungsverfahren mit der Insolvenzverfahrenseröffnung der Fall ist –, kann er sein Fernbleiben dadurch rechtfertigen, dass er die Insolvenz des AG als wichtigen Grund für seinen Austritt nachschiebt. Es ist nämlich ein im Recht der Lösung des Arbeitsverhältnisses aus wichtigem Grund allgemein anerkannter Grundsatz, dass der die Lösung Erklärende jederzeit neue wichtige Gründe nachschieben kann, sie müssen nur zum Zeitpunkt der Wirksamkeit der Lösungserklärung tatsächlich vorgelegen haben (allg dazu *Löschnigg*, Arbeitsrecht[12] 686; *Martinek/M. Schwarz/W. Schwarz*, AngG[7] 548; OGH 4 Ob 59/76, Arb 9492; 14 Ob 67/86, DRdA 1989/7, 114 *[Dirschmied]*). Der Austritt des AN kann bei dieser Fallgestaltung somit zu Recht auf § 25 IO gestützt werden (*Holzer*, ASoK 1996, 7; *Gamerith* in *Bartsch/Pollak/Buchegger* I[4] § 25 KO Rz 33).

101 Tritt der AN im Unwissen über die nach § 25 Abs 3 IO statuierte Rechtslage rechtswidrig aus – womit dieser Austritt unwirksam ist – und erscheint er in der Folge (an sich verständlicherweise) nicht mehr zur Arbeit, so setzt er uE so lange keinen **Entlassungsgrund** wegen Arbeitspflichtverletzung, so lange er von der Arbeitgeberseite oder ihren Beratern nicht angemessen über seine Situation aufgeklärt wurde (so auch *Sundl*, Insolvenz- und Arbeitsrecht 214). Die Entlassung aus diesen Gründen ist ja verschuldensabhängig, auch ein Rechtsirrtum führt hier – zumindest fürs Erste – zum Nichtvorliegen eines Verschuldens (vgl auch *Weber-Wilfert*, IRÄG 2010, 69). IdS hat der OGH (9 ObA 53/02p, ASoK 2003, 103; dazu *Graf*, ZAS 2003, 87) bereits ausgesprochen, dass die Entlassung einer AN, welche auf Grund eines (verfehlten) Rates der AK in der Insolvenz ihren Austritt wegen Nichtzahlung des gebührenden Entgelts erklärt, durch den Insolvenzverwalter nicht berechtigt sei, wenn der Verwalter den Hintergrund des Fernbleibens der AN kennt, ihr aber keine Möglichkeit zur Klarstellung gibt.

Ein **Entgeltfortzahlungsanspruch** könnte allenfalls auf § 8 Abs 3 AngG, § 1154b Abs 5 ABGB (sonstiger wichtiger Grund in der Person des AN) gestützt werden. Verschulden des AN schließt dabei die Entgeltfortzahlungspflicht aus. Ein nicht vorwerfbarer Rechtsirrtum könnte im gegebenen Zusammenhang eine Entgeltfortzahlung – diese besteht für verhältnismäßig kurze Zeit – nach sich ziehen (aA *Weber-Wilfert*, IRÄG 2010, 71; uE ist bzgl der Verschuldenskomponente bei den sonstigen wichtigen Gründen nicht starr an der allgemeinen Sichtweise zum Rechtsirrtum festzuhalten).

Allenfalls wird vom Insolvenzverwalter auf Grund der ihn treffenden **Fürsorgepflicht** zu verlangen sein, den AN zum **Arbeitsantritt aufzufordern** (aA *Weber-Wilfert*, IRÄG 2010, 70). Verletzt der Insolvenzverwalter eine diesbezügliche Pflicht, so unterbleibt die Arbeitsleistung bis zur Aufforderung zum Arbeitsantritt wohl durch Umstände auf Seiten des AG, denn sowohl die Eröffnung des Insolvenzverfahrens als auch die fehlende Verständigung von dieser müssen der Arbeitgebersphäre zugerechnet werden, was eine **Entgeltfortzahlungspflicht** nach § 1155 ABGB auslöst.

Zum **Austritt wegen Entgeltvorenthaltung knapp vor Verfahrenseröffnung** enthält § 25 Abs 3 IO keine Regelung. Es könnte daher die vor dem IRÄG 2010 ergangene, zuweilen etwas schwankende Judikatur zum Thema relevant bleiben. Der OGH (8 ObA 215/01b, DRdA 2002/46, 495 [*W. Anzenberger*]; vgl aber auch OGH 9 ObA 87/08x, ASoK 2010, 160 = infas 2010 A 10) hat bspw ausgesprochen, dass die Ankündigung des AG, keine Entgeltzahlungen mehr zu leisten und wegen Zahlungsunfähigkeit den Insolvenzantrag zu stellen, allein noch nicht zum Austritt berechtige. Insb bestehe dann kein Recht zur vorzeitigen Auflösung wegen Vorenthaltens des Entgelts, wenn die Ansprüche des AN durch das IESG gesichert sind und sich der AG vor Insolvenzverfahrenseröffnung gesetzeskonform verhält. Gerade durch die klare Ankündigung werde es dem AN ermöglicht, zu beurteilen, ob die Insolvenzanmeldung ohne schuldhafte Verzögerung iSd § 69 Abs 2 IO erfolge, sodass er dann über die Geltendmachung seiner Ansprüche nach dem IESG disponieren könne. Vor Eintritt der Fälligkeit der Zahlung könne damit für den AN keinesfalls die Aufrechterhaltung des Arbeitsverhältnisses unzumutbar sein, stelle sich doch erst später heraus, ob die bis zur Verfahrenseröffnung angelaufenen Gehaltsansprüche nicht ohnehin durch den IEF abgedeckt seien bzw die danach fällig werdenden Ansprüche als Masseforderungen vom Insolvenzverwalter bezahlt würden (dazu auch *Reissner*, Arbeitsrechtsbezogene Bestimmungen 88 f).

102

Der Insolvenzverwalter selbst kann allerdings auch mit der Entgeltzahlung in Rückstand geraten, wenn er (Masse-)Forderungen des AN zu ihrem Fälligkeitszeitpunkt nicht berichtigt. Seit dem IRÄG 1994 sind Forderungen des AN auf laufendes Entgelt für die Zeit nach der Insolvenzverfahrenseröffnung ohne jede Rücksicht auf die Art der Beendigung des Arbeitsverhältnisses Masseforderungen (§ 46 Z 3 IO). Tritt **nach Verfahrenseröffnung Masseunzulänglichkeit** ein und kommt es in diesem Zusammenhang zur **Vorenthaltung von Arbeitsentgelten,** so besteht für den betroffenen AN das **Austrittsrecht nach allgemeinem Arbeitsrecht** (§ 26 Z 2 AngG, § 82a lit d GewO 1859 etc). Dies wird nunmehr auch durch § 46 Z 3a lit a IO unterstrichen, wo Beendigungsansprüche bei Austritten wegen Nichtzahlung des Entgelts den Masseforderungen zugeordnet werden (s auch § 46 Rz 32).

103

Dies gilt auch dann, wenn der begründete Austritt zu einem Zeitpunkt erfolgt, zu welchem dem Insolvenzverwalter das begünstigte Lösungsrecht nach § 25 IO zustünde (*Holzer*, ASoK 1997, 300; *Sundl*, Insolvenz- und Arbeitsrecht 215 f; *Gamerith* in Bartsch/Pollak/Buchegger I⁴ § 25 KO Rz 34; aA *Weber*, Arbeitsverhältnisse 128). Auch wenn dem Zahlungsverzug des Insolvenzverwalters seinerseits eine Lösungserklärung nach § 25 IO vorausgegangen ist, die noch keine Beendigungswirkung entfaltet hat, besteht das Austrittsrecht (vgl *Grießer,* ZAS 1998, 5; diesfalls allerdings sind die Beendigungsansprüche Insolvenzforderungen; s § 51 Rz 6). Der OGH (8 ObS 3/98v, ASoK 1998, 388 = ZIK 1998, 126) verneinte jedoch zu Unrecht das Austrittsrecht nach § 26 Z 2 AngG wegen Vorenthalten des Entgelts, wenn wegen unzureichender Masse Masseforderungen nicht voll befriedigt werden können, die Entgeltansprüche aber nach IESG gesichert sind und Insolvenz-Entgelt innerhalb zumutbarer Frist geleistet wird.

104 Dem begründet wegen vorenthaltenen Entgelts austretenden AN steht in diesem Fall **Schadenersatz in Form der Kündigungsentschädigung** nach § 29 AngG etc zu (OGH 8 ObS 8/95, RdW 1996, 217 = infas 1996 A 45; 8 ObS 4/96, wbl 1996, 325 = ZIK 1996, 131; *Holzer,* ASoK 1997, 300; dazu allg Rz 88 ff). Die Kündigungsentschädigung bleibt auch nicht auf die bei Lösung nach § 25 IO durch den Insolvenzverwalter einzuhaltenden Modalitäten zeitlich begrenzt (aA noch OGH 8 ObS 3/98v, ASoK 1998, 388 = ZIK 1998, 126).

105 Die an das arbeitsvertragsrechtliche Austrittsrecht geknüpften Forderungen aus der Beendigung des Arbeitsverhältnisses sind, da sie auf einer Verletzung einer vertraglichen Pflicht durch den Insolvenzverwalter fußen, **Masseforderungen** (§ 46 Z 3a lit a IO; s § 46 Rz 32). Dies **gilt allerdings dann nicht**, wenn der begründete **Austritt zu einem Zeitpunkt** erfolgt, zu dem den **Insolvenzverwalter das begünstigte Lösungsrecht nach § 25 IO zustünde**; in diesem Fall sind die Beendigungsansprüche des AN Insolvenzforderungen (§ 51 Abs 2 Z 2 lit a IO; s § 51 Rz 6). Mit dieser Regelung soll verhindert werden, dass ein Wettlauf um die schnellere Lösungserklärung zwischen Insolvenzverwalter und AN Einfluss auf die Forderungsqualifikation hat.

6. Besonderheiten im Sanierungsverfahren mit Eigenverwaltung

6.1 Lösungsrecht des Schuldners

106 Im Sanierungsverfahren mit Eigenverwaltung kann gem § 25 Abs 1c S 1 IO der Schuldner AN, die in einzuschränkenden Bereichen beschäftigt sind, innerhalb eines Monats nach der öffentlichen Bekanntmachung des Eröffnungsbeschlusses mit Zustimmung des Sanierungsverwalters nach § 25 Abs 1 kündigen, wenn die Aufrechterhaltung des Arbeitsverhältnisses das Zustandekommen oder die Erfüllbarkeit des Sanierungsplans oder die Fortführung des Unternehmens gefährden könnte **(begünstigtes Kündigungsrecht)**.

Dieses Kündigungsrecht **tritt** zu jenen des § 25 Abs 1 IO **hinzu** (arg „überdies"; so *Weber-Wilfert,* IRÄG 2010, 65; *Konecny,* ZIK 2010, 85). Es bezieht sich ja bloß auf „einzuschränkende Bereiche", für stillzulegende Bereiche steht die allgemeine Bestimmung des § 25 Abs 1 IO zur Verfügung (*Sundl,* Insolvenz- und Arbeitsrecht 206 f).

6.1.1 Lösungsvorgang

Die begünstigte Kündigung von Arbeitsverhältnissen im Sanierungsverfahren mit Eigenverwaltung ist nur möglich, wenn diese **innerhalb eines Monats nach** der **öffentlichen Bekanntgabe des Eröffnungsbeschlusses** getätigt wird. Lösungsbefugt ist der **Schuldner** (zum Erfordernis der Zustimmung des Sanierungsverwalters s Rz 109). Die Beendigungserklärung muss dem AN innerhalb des genannten Zeitfensters **zugehen** (allg zum Thema Rz 29). Die Erleichterungen im Hinblick auf den besonderen Kündigungsschutz sowie das Kündigungsfrühwarnsystem nach § 25 Abs 1a IO (Rz 30, 51, 70 ff) bestehen allerdings nicht (§ 25 Abs 1c S 3 IO; dazu auch Rz 115). 107

Wird das Zeitfenster verfehlt, so liegt keine begünstigte Kündigung nach § 25 IO vor. Die Kündigung ist, da der Schuldner zu Unrecht die Begünstigungen (Rz 113) in Anspruch nehmen wird, typischerweise zeitwidrig. Die Kündigung ist damit nach allgemeinen arbeitsrechtlichen Grundsätzen zwar rechtswidrig, dennoch aber gültig (im konkreten Fall zur vergleichbaren alten Rechtslage aA *Kocevar,* DRdA 1960, 228) und führt zu Kündigungsentschädigungsansprüchen für die Zeit der Verkürzung (vgl allg Rz 78). Die aus der Kündigung resultierenden Beendigungsansprüche sind Masseforderungen (vgl schon Rz 29).

Das begünstigte Kündigungsrecht nach § 25c Abs 1 IO besteht nur in Bezug auf AN, die in **einzuschränkenden Bereichen** beschäftigt sind (vgl dazu allg Rz 26 ff). 108

Die begünstigte Kündigung nach § 25 Abs 1c IO hat **mit Zustimmung des Sanierungsverwalters** zu erfolgen. Liegt diese Zustimmung nicht vor, so ist die Kündigung (absolut) **unwirksam** (*Sundl,* Insolvenz- und Arbeitsrecht 206; dazu auch § 3 Rz 7); eine rückwirkende Heilung ist wegen der Bedingungsfeindlichkeit von Kündigungen nicht möglich (s § 3 Rz 8 mwN). Das Arbeitsverhältnis bleibt aufrecht, der AN ist zur Arbeitsleistung verpflichtet usw. 109

Eine Kündigung nach § 25 Abs 1c IO bzw eine diesbezügliche Zustimmung des Sanierungsverwalters dürfen nur erfolgen, wenn die **Aufrechterhaltung des Arbeitsverhältnisses** das **Zustandekommen oder die Erfüllbarkeit des Sanierungsplans oder** die **Fortführung des Unternehmens gefährden könnte.** 110

111 Stimmt der **Sanierungsverwalter zu Unrecht** – also obwohl eine potenzielle Gefährdung des Sanierungsplans oder der Unternehmensfortführung (Rz 110) nicht zur Debatte steht – einer **Kündigung zu, haftet er** gegenüber der Masse (zur alten Rechtslage vgl *Oberhammer,* ecolex 1994, 310; *Konecny,* ZIK 1995, 69; aA *Grießer,* ZAS 1994, 191; *ders,* ZIK 1995, 169).

Kündigungen, bei denen die Zustimmung des Sanierungsverwalters zu Unrecht erfolgt ist, sind gleichwohl **wirksam** (*Holzer,* DRdA 1998, 399; *Jabornegg,* Krise 1111; *Sundl,* Insolvenz- und Arbeitsrecht 206). Die fehlenden Voraussetzungen für eine Rationalisierungskündigung können von den Gekündigten im Rahmen des allgemeinen Kündigungsschutzes (vgl Rz 39 ff) gegen eine behauptete Betriebsbedingtheit der Kündigung ins Treffen geführt werden (*Konecny,* ZIK 1995, 69). Überdies ist eine solche Kündigung nicht mehr als begünstigte anzuerkennen, sondern nach allgemeinen Regeln zu beurteilen, und zwar sowohl hinsichtlich der Lösungsmodalitäten (typischerweise liegt dann eine zeitwidrige Kündigung vor; vgl auch Rz 8, 29) als auch bzgl der Qualifikation der Beendigungsansprüche (zur Haftung des Sanierungsverwalters für diesbezügliche vermögensrechtliche Nachteile der Masse s oben).

112 Der Schuldner wird die ihm vom G gebotenen **Begünstigungen** (Rz 113) **voll ausschöpfen müssen** (zum Thema schon Rz 31). Die Einhaltung längerer Lösungsfristen als der gesetzlichen ist im gegebenen Zusammenhang rechtswidrig, zumal sich an das begünstigte Lösungsrecht des Schuldners der Umstand knüpft, dass die Forderungen des AN aus der Beendigung des Arbeitsverhältnisses bei der Qualifikation iSd §§ 46, 51 IO keinerlei Vorrecht genießen.

Kommt es zu einer Lösungserklärung der geschilderten Art, ist sie nicht mehr als begünstigte Lösung nach § 25 IO anzuerkennen, sondern hinsichtlich ihrer Rechtswirkungen nach den allgemeinen arbeitsvertrags- und insolvenzrechtlichen Regeln zu beurteilen; daher sind bspw die entstehenden Beendigungsansprüche Masseforderungen (vgl auch *Liebeg,* IESG[3] § 1 Rz 34).

6.1.2 Begünstigungen

113 Der Schuldner kann gem § 25 Abs 1c S 1 IO „nach Abs 1" kündigen. Es stehen ihm also **all jene Begünstigungen** offen, die **allgemein** bei außerordentlichen Kündigungen nach § 25 Abs 1 IO bestehen. Diese begünstigte Kündigung ist also auch bei befristeten Arbeitsverhältnissen und bei Arbeitsverhältnissen mit vertraglichem Kündigungsausschluss zulässig, an Kündigungstermine ist der Schuldner nicht gebunden. Weiters ist er AG an vertragliche Kündigungsfristen, die länger als die gesetzlichen oder kollv sind, nicht gebunden (Näheres dazu Rz 32 ff).

6.1.3 Bedachtnahme auf gesetzliche Kündigungsbeschränkungen

Die begünstigte Kündigung hat überdies, zumal sie „nach Abs 1" zu erfolgen hat, auf die gesetzlichen Kündigungsbeschränkungen Bedacht zu nehmen. Das bedeutet, dass der allgemeine, der besondere und der individuelle Kündigungsschutz voll zum Tragen kommen, darüber hinaus muss in jenen Fällen, in denen die Kündigung von G wegen begründungsbedürftig ist, auch der entsprechende Kündigungsgrund gegeben sein. Auch das Kündigungsfrühwarnsystem ist zu beachten (zu alldem ausführlich Rz 38 ff). 114

Die in § 25 Abs 1a IO (Rz 30, 51, 72) vorgesehenen **Erleichterungen** bestehen im Sanierungsverfahren mit Eigenverwaltung zwar **im Hinblick auf** den **besonderen Kündigungsschutz, nicht aber für** das **Kündigungsfrühwarnsystem** (§ 25 Abs 1c S 3 IO; *Haider* in *Reissner,* AngG² § 33 Rz 47). 115

Begründet wird diese Rechtslage mit dem Umstand, dass bei einem Sanierungsverfahren mit Eigenverwaltung ohnehin die ersten Sanierungsschritte bereits vor Verfahrenseröffnung gesetzt werden müssen, um eine erfolgreiche Sanierung zu gewährleisten (ErläutRV 612 BlgNR 24. GP 12). Betrachtet man das Kündigungsfrühwarnsystem, so sind einschlägige Reduzierungen des Beschäftigungsstandes mindestens 30 Tage vor der ersten Auflösungsphase anzeigepflichtig. Da begünstigte Lösungen iSd § 25 Abs 1c IO aber innerhalb des ersten Monats nach öffentlicher Bekanntmachung des Eröffnungsbeschlusses zugehen müssen, können im gegebenen Zusammenhang Kündigungen, die dem Frühwarnsystem unterliegen, wohl nur dann begünstigt ausgesprochen werden, wenn die **Anzeige des AG beim AMS** eben **schon vor Verfahrenseröffnung** erfolgt ist.

6.1.4 Rechtsfolgen

6.1.4.1 Allgemeine Rechtsfolgen

Die begünstigte Kündigung durch den Schuldner zieht all jene **Rechtsfolgen** nach sich, die **mit einer Arbeitgeberkündigung üblicherweise verbunden** sind (ausführlich dazu Rz 74 ff). 116

6.1.4.2 Schadenersatz

Dem AN steht ein Schadenersatzanspruch als Insolvenzforderung zu, wenn durch die begünstigte Kündigung des Schuldners das Arbeitsverhältnis gegenüber einem ordentlichen Lösungsvorgang verkürzt wurde. Dieser ist nach den Regeln über die **Kündigungsentschädigung** zu bemessen (ausführlich dazu Rz 77 f). 117

6.2 Lösungsrechte des AN

118 Wird der AN vom Schuldner gem § 25 Abs 1c IO gekündigt, so steht ihm ein sog **nachschießendes Austrittsrecht** isd § 25 Abs 1 IO zu (dazu allg Rz 83).

119 Das **allgemeine insolvenzrechtliche Austrittsrecht** nach § 25 Abs 1 IO kann dem AN jenseits der speziellen Konstellation des § 25c Abs 1 IO auch zur Verfügung stehen (ausführlich dazu *Haider* in *Reissner*, AngG[2] § 33 Rz 48; treffend weiters *Sundl*, Insolvenz- und Arbeitsrecht 207; missverständlich, weil nur auf die spezielle Konstellation des § 25 Abs 1c IO bezogen *Reissner*, Arbeitsrechtsbezogene Bestimmungen 90).

Nach allgemeinem Arbeitsrecht kann der AN ebenfalls **austreten;** zu beachten ist allerdings wiederum die spezielle Beschränkung des § 25 Abs 3 IO (zu dieser sog **Austrittssperre** allg Rz 98 ff).

120 Die **Rechtsfolgen** (Kündigungsentschädigung, Urlaubsersatzleistung, „Abfertigung alt" etc) sind auch hier **nach allgemeinen Grundsätzen** zu bestimmen (vgl Rz 86 ff).

Eine **Abfertigungsreduktion** gem § 23 Abs 2 AngG etc **kommt** uE im Falle eines Liquidationssanierungsplanes **in Betracht,** zumal der OGH (4 Ob 9/76, ZAS 1977, 180 = Arb 9461; 4 Ob 87/83, Arb 10.293) eine solche seinerzeit ua beim Liquidationsausgleich anerkannte (vgl auch Rz 75).

7. Sonderbestimmungen

121 § 25 Abs 3 IO ordnet an, dass die Bestimmungen besonderer G über den Einfluss der Insolvenzverfahrenseröffnung auf das Arbeitsverhältnis unberührt bleiben. Die wichtigste einschlägige Sonderregelung ist das **Rücktrittsrecht nach § 30 Abs 4 AngG** (dazu § 21 Rz 14 f). Weitere Bestimmungen finden sich für Vorstandsmitglieder einer AG in § 78 Abs 2 AktG (Rz 122) sowie für Bühnenarbeitsverträge in § 28 TAG (Rz 123).

7.1 Die Sonderbestimmung des § 78 Abs 2 AktG

122 Eine einschlägige Sonderbestimmung betrifft **Vorstandsmitglieder einer AG.** Gem § 78 Abs 2 AktG kann ein Vorstandsmitglied, wenn es vom Insolvenzverwalter gekündigt wird, den Ersatz für den ihm durch die Aufhebung des Dienstverhältnisses entstehenden Schaden nur für zwei Jahre seit dem Ablauf des Dienstverhältnisses verlangen.

Vorstandsmitglieder sind allerdings nach hA keine AN (stRsp; grundlegend OGH 2 Ob 356/74, Arb 9371; 4 Ob 5/85, Arb 10.406; *Geppert*, DRdA 1980, 1; *ders*, DRdA 1982/18, 411). Im Einzelfall wird ihre Arbeitnehmerähnlichkeit in Betracht gezogen (vgl *Reischauer*, DRdA 1978, 193; zum Thema auch

§ 1 IESG Rz 66). Gleichwohl ist § **25 IO** auf sie nach richtiger Auffassung **unter Bedachtnahme auf § 78 Abs 2 AktG** zumindest **analog anwendbar** (vgl *Wachter*, DRdA 1984, 417; *Harrer/Hörzinger*, wbl 1990, 229; *Weber*, Arbeitsverhältnisse 50; *Gamerith* in *Bartsch/Pollak/Buchegger* I⁴ § 21 KO Rz 49).

UE ebenfalls analog heranzuziehen ist § 25 IO bei der Beendigung des Vertrags eines **GmbH-Geschäftsführers,** der keine Arbeitnehmereigenschaft aufweist (dazu allg § 1 IESG Rz 65 f, insb Rz 67). Bei Geschäftsführern mit Arbeitnehmerstatus steht die Anwendbarkeit des § 25 IO von vornherein nicht in Frage (vgl zB auch OGH 9 ObA 89/15a, ecolex 2015/458, 1057).

7.2 Die Sonderbestimmung des § 28 TAG

Die Bestimmungen der IO finden auf bereits angetretene Bühnenarbeitsverträge mit der Maßgabe Anwendung, dass der Insolvenzverwalter bzw im Sanierungsverfahren mit Eigenverwaltung der Theaterunternehmer solche **Verträge, die für nicht länger als ein Jahr** geschlossen sind, unter Einhaltung einer **vierwöchigen Frist, andere Bühnenarbeitsverträge** unter Einhaltung einer **achtwöchigen Frist** kündigen kann.

Diese von § 25 IO abweichende Sonderregelung ist notwendig, weil § 25 IO, der dem Insolvenzverwalter die Einhaltung der gesetzlichen oder der vereinbarten kürzeren Kündigungsfrist vorschreibt, bei Bühnendienstverträgen, die nicht für länger als ein Jahr abgeschlossen sind, unanwendbar wäre, da für solche Bühnendienstverträge eine gesetzliche Kündigungsfrist nicht zu Gebote steht und die Vereinbarung einer solchen unwirksam ist (vgl § 25 Abs 1 TAG).

8. Einfluss der Aufhebung des Insolvenzeröffnungsbeschlusses oder anderer für das Lösungsrecht nach § 25 IO relevanter Beschlüsse auf bereits vollzogene begünstigte Lösungsvorgänge

Die Insolvenzwirkungen treten unabhängig von der Rechtskraft des Insolvenzeröffnungsbeschlusses mit Beginn des Tages, der auf die öffentliche Bekanntmachung des Inhalts des Insolvenzedikts folgt, in Kraft (§ 2 Abs 1 IO). Ein Rekurs gegen den Eröffnungsbeschluss hat keine aufschiebende Wirkung (§ 71c Abs 2 IO). Mit der Aufhebung der Insolvenz auf Grund eines solchen Rekurses werden jedoch die Rechtsfolgen der Insolvenzverfahrenseröffnung, und zwar teilweise ex tunc, dh rückwirkend, beseitigt (§ 79 IO; *Schumacher* in *Bartsch/Pollak/Buchegger* II/2⁴ § 79 KO Rz 15 ff). Dieser Umstand wirft die Frage auf, welches rechtliche Schicksal Rechtshandlungen des Insolvenzverwalters erleiden, die dieser in der Zwischenzeit gesetzt hat. Im gegebenen Zusammenhang ist vor allem interessant, inwieweit seine in der Funktion als AG gesetzten Rechtshandlungen aufrecht bleiben. Umgekehrt ist von Interesse, was rechtens ist, wenn ein AN die Insolvenzverfahrenseröffnung insb im Falle eines Schuldenregulierungsverfahrens zum Anlass eines vorzeitigen Austritts genommen hat, der Eröffnungsbeschluss aber später aufgehoben wird.

Da die Lösung des Arbeitsverhältnisses gem § 25 Abs 1 Z 1 IO im Schuldenregulierungsverfahren innerhalb einer Monatsfrist ab Insolvenzverfahrenseröffnung erklärt werden muss, ohne Rücksicht darauf, ob der Eröffnungsbeschluss in Rechtskraft erwachsen ist oder nicht, muss davon ausgegangen werden, dass derartige Lösungsakte durch eine nachträgliche Aufhebung des Eröffnungsbeschlusses nicht beseitigt werden (*Schumacher* in *Bartsch/Pollak/Buchegger* II/2[4] § 79 KO Rz 21; *Petschek/Reimer/Schiemer*, Insolvenzrecht 707; *Wegan/Reiterer*, Insolvenzrecht 181; aA OLG Innsbruck 1 R 52/87, EvBl 1987/195).

Dies gilt in gleicher Weise iZm allen anderen Beschlüssen des Insolvenzgerichts, die das Beendigungsrecht nach § 25 IO auslösen. Auch diesbezüglich kommt ja allfälligen Rekursen keine aufschiebende Wirkung zu (§ 252 IO iVm § 524 Abs 1 ZPO). Im Falle der Aufhebung des Insolvenzeröffnungsbeschlusses muss dann der Schadenersatzanspruch nach § 25 Abs 2 IO außerhalb des Insolvenzverfahrens voll befriedigt werden.

Kropf (DRdA 1975, 256) will allerdings zumindest de lege ferenda dem AN im Fall der begünstigten Kündigung durch den Insolvenzverwalter das Recht einräumen, ein Wiedereinstellungsbegehren an den AG zu richten, wenn der das Beendigungsrecht nach § 25 IO auslösende Beschluss aufgehoben wird.

9. Neue Arbeitsverhältnisse

125 Neue Arbeitsverhältnisse, die erst nach Insolvenzverfahrenseröffnung vom Insolvenzverwalter bzw Schuldner eingegangen werden, sind weder von Arbeitgeberseite noch vom AN gem § 25 Abs 1 IO begünstigt auflösbar (so zB auch *Sundl*, Insolvenz- und Arbeitsrecht 200). Dies ergibt sich aus dem Wortlaut, der sich – wie die Bestimmungen über die Erfüllung von zweiseitigen Rechtsgeschäften überhaupt (§§ 21–26 IO) – nur auf vom Schuldner vor Verfahrenseröffnung abgeschlossene Arbeitsverhältnisse bezieht, weiters aus dem Zweck der einschlägigen Bestimmungen (*Holzer*, DRdA 1998, 395).

Auflösung von Verträgen durch Vertragspartner des Schuldners

§ 25a. (1) Wenn die Vertragsauflösung die Fortführung des Unternehmens gefährden könnte, können Vertragspartner des Schuldners mit dem Schuldner geschlossene Verträge bis zum Ablauf von sechs Monaten nach Eröffnung des Insolvenzverfahrens nur aus wichtigem Grund auflösen. Nicht als wichtiger Grund gilt
1. eine Verschlechterung der wirtschaftlichen Situation des Schuldners und
2. Verzug des Schuldners mit der Erfüllung von vor Eröffnung des Insolvenzverfahrens fällig gewordenen Forderungen.

(2) Die Beschränkungen des Abs. 1 gelten nicht,
1. wenn die Auflösung des Vertrags zur Abwendung schwerer persönlicher oder wirtschaftlicher Nachteile des Vertragspartners unerlässlich ist,
2. bei Ansprüchen auf Auszahlung von Krediten und
3. bei Arbeitsverträgen.

(§ 25a IO neugefasst durch BGBl I 2010/29)

Unwirksame Vereinbarungen

§ 25b. (1) Auf Vereinbarungen, wodurch die Anwendung der §§ 21 bis 25a im Verhältnis zwischen Gläubiger und Schuldner im voraus ausgeschlossen oder beschränkt wird, können sich die Vertragsteile nicht berufen.

(2) Die Vereinbarung eines Rücktrittsrechts oder der Vertragsauflösung für den Fall der Eröffnung eines Insolvenzverfahrens ist unzulässig, außer bei Verträgen nach § 20 Abs. 4.

(§ 25b IO eingefügt durch BGBl I 2010/29)

Übersicht zu den §§ 25a, 25b IO

1. Allgemeines .... Rz 1
2. Unabdingbarkeit des § 21 IO .... Rz 2–4
3. Unabdingbarkeit des § 25 IO .... Rz 5–6

1. Allgemeines

§ 25b IO statuiert die zwingende Wirkung ua des § 21 (Rz 2 ff) und des § 25 IO (Rz 5 f). Die Formulierung des Abs 1 leg cit weicht dabei von der im Arbeitsrecht üblichen Festlegung von einseitig zwingenden Gesetzeswirkungen (vgl zB § 40 AngG) ab. Ua daraus wird zu schließen sein, dass die ein- **1** schlägigen Vorgaben für den Insolvenzfall **zweiseitig zwingende Wirkung** entfalten, dh von den Parteien im Vorhinein nicht antastbar sind. Diese Sichtweise wird auch durch § 25b Abs 2 IO bestätigt, in dem vertragliche Besserstellungen der von einer Insolvenz betroffenen Parteien weitgehend für unzulässig erklärt werden.

Die besonderen Bestimmungen für Arbeitsverträge und deren zwingende Wirkung gem § 25b IO gehen den in § 25a leg cit festgelegten Möglichkeiten und Grenzen der Auflösung von Verträgen durch Vertragspartner des Schuldners (Prinzip des „automatic stay"; ErläutRV 612 BlgNR 24. GP 13 f) vor (§ 25a Abs 2 Z 3 IO).

2. Unabdingbarkeit des § 21 IO

2 Gem § 25b Abs 1 IO sind Vereinbarungen der Vertragsparteien, durch welche die **Anwendung des § 21 IO ausgeschlossen** oder **beschränkt** wird, **unwirksam.**

3 Gem § 25b Abs 2 IO ist eine **Erweiterung der Ausstiegsmöglichkeiten iSd § 21 IO** durch Vereinbarung eines Rücktrittsrechts oder der (automatischen) Vertragsauflösung **unzulässig.** Frühere Auffassungen, die einschlägige vertragliche Vereinbarungen akzeptiert haben, sind damit obsolet (vgl § 21 Rz 16). Dass Gestaltungen bei Verträgen iSd § 20 Abs 4 IO ausnahmsweise zulässig sind, ist für das Arbeitsrecht ohne Belang.

4 Dieselbe Rechtslage gilt gem § 40 AngG (§ 41 GAngG) für Dispositionen im Bereich des Rücktrittsrechts nach § 30 Abs 4 AngG (bzw § 30 Abs 4 GAngG; dazu § 21 Rz 14 f) und gem § 27 HVertrG für den Schadenersatz des Handelsvertreters nach § 26 Abs 2 HVertrG (vgl § 21 Rz 21).

3. Unabdingbarkeit des § 25 IO

5 Das Recht des Insolvenzverwalters zur **außerordentlichen Kündigung** kann gem § 25b Abs 1 IO im Vorhinein **weder ausgeschlossen noch beschränkt** werden. Dasselbe gilt für das **Austrittsrecht des AN** nach dieser Bestimmung.

6 Eine **Erweiterung der Ausstiegsmöglichkeiten** auch zu Gunsten des AN, etwa durch Vereinbarung eines Rücktrittsrechts im Falle der Insolvenz des AG, **scheitert an § 25b Abs 2 IO** (vgl schon Rz 3). Dies gilt mE auch in Bezug auf die Austrittssperre gem § 25 Abs 3 IO (dazu allg § 25 Rz 98 ff).

.....

Masseforderungen

§ 46. Masseforderungen sind:
1. die Kosten des Insolvenzverfahrens;
2. alle Auslagen, die mit der Erhaltung, Verwaltung und Bewirtschaftung der Masse verbunden sind, einschließlich der Forderungen von Fonds und anderen gemeinsamen Einrichtungen der Arbeitnehmer und der Arbeitgeber, sofern deren Leistungen Arbeitnehmern als Entgelt oder gleich diesem zugute kommen, sowie der die Masse treffenden Steuern, Gebühren, Zölle, Beiträge zur Sozialversicherung und anderen öffentlichen Abgaben, wenn und soweit der die Abgabepflicht auslösende Sachverhalt während des Insolvenzverfahrens verwirklicht wird. Hiezu gehören auch die nach persönlichen Verhältnissen des Schuldners bemessenen öffentlichen Abgaben; soweit jedoch diese Abgaben nach den verwaltungsbehördlichen Feststellungen auf ein anderes als das für die Insolvenzmasse nach der Eröffnung des Insolvenzverfahrens erzielte Einkommen entfallen, ist dieser Teil auszuscheiden. Inwieweit im Insolvenzverfahren eines Unternehmers die im ersten Satz bezeichneten Forderungen von Fonds und von anderen gemeinsamen Einrichtungen sowie die auf Forderungen der Arbeitnehmer (arbeitnehmerähnlichen Personen) entfallenden öffentlichen Abgaben Masseforderungen sind, richtet sich nach der Einordnung der Arbeitnehmerforderung;
3. Forderungen der Arbeitnehmer (arbeitnehmerähnlichen Personen) auf laufendes Entgelt (einschließlich Sonderzahlungen) für die Zeit nach der Eröffnung des Insolvenzverfahrens;
3a. Beendigungsansprüche, wenn
    a) das Beschäftigungsverhältnis vor Eröffnung des Insolvenzverfahrens eingegangen worden ist und danach, jedoch nicht nach § 25, durch den Insolvenzverwalter oder – wenn die Beendigung auf eine Rechtshandlung oder ein sonstiges Verhalten des Insolvenzverwalters, insbesondere die Nichtzahlung des Entgelts, zurückzuführen ist – durch den Arbeitnehmer (die arbeitnehmerähnliche Person) gelöst wird; das gilt auch, wenn nach Eintritt der Masseunzulänglichkeit Entgelt nicht bezahlt wird;
    b) das Beschäftigungsverhältnis während des Insolvenzverfahrens vom Insolvenzverwalter neu eingegangen wird;
4. unbeschadet der Z 3 und des § 21 Abs. 4 Ansprüche auf Erfüllung zweiseitiger Verträge, in die der Insolvenzverwalter eingetreten ist;
5. unbeschadet der Z 3 alle Ansprüche aus Rechtshandlungen des Insolvenzverwalters;
6. die Ansprüche aus einer grundlosen Bereicherung der Masse;

7. die Kosten einer einfachen Bestattung des Schuldners;
8. die Belohnung der bevorrechteten Gläubigerschutzverbände.

(§ 46 IO idF BGBl I 2010/29)

Schrifttum zu § 46 IO

W. Anzenberger, Altersteilzeit und Insolvenz, ZIK 2002, 5;

Geppert, Der „Anstellungs"vertrag des Vorstandsmitgliedes einer AG, DRdA 1980, 1;

Grießer, Anstehende Rechtsfragen über die Behandlung individueller Pensionszusagen bei Insolvenz des Arbeitgebers, ZAS 1994, 113;

Grießer, Die wesentlichen arbeitsrechtlichen Änderungen des IRÄG 1997, ZAS 1998, 1;

Holzer, Zivilrechtliche Konsequenzen der Angehörigenmitarbeit, in *Ruppe* (Hrsg), Handbuch der Familienverträge (1985) 159;

Holzer, Das Betriebspensionsgesetz, ein Wendepunkt in der bisherigen Altersversorgung in Österreich?, FS W. Schwarz (1991) 369;

Holzer, Die Insolvenzsicherung der betrieblichen Altersversorgung in Österreich, ZAS 1991, 134;

Kocevar, Die Stellung des Dienstnehmers im Konkurs seines Dienstgebers, DRdA 1960, 72;

Konecny, Beendigungsansprüche der Arbeitnehmer im Konkurs, ZIK 1997, 160;

Liebeg, Die Rechtsstellung der Arbeitnehmer im Insolvenzverfahren nach dem IRÄG 1997, RdW 1997, 540;

Limbeck/Platzer, Forderungsqualifikation bei Insolvenz, PVInfo 2016 H 7, 24;

Nunner, Die Beendigung von Arbeitsverhältnissen im Konkurs nach dem IRÄG 1997, wbl 1997, 313;

Nunner, Beendigungsansprüche nach allgemeinem Arbeitsrecht während des Konkursverfahrens austretender Arbeitnehmer. Die Einordnung der Beendigungsansprüche bei nicht auf § 25 KO beruhender Auflösung des Arbeitsverhältnisses durch den Arbeitnehmer, ASoK 1998, 293;

Reischauer, Probleme der Dienstnehmerhaftung, DRdA 1978, 193;

Reissner, Betriebspensionsrecht und Insolvenz, in *Drs* (Hrsg), Betriebspensionsrecht (2008) 155;

Reissner, Der Schutz von Betriebspensionsansprüchen im Konkurs des Arbeitgebers, in *Wachter/Burger* (Hrsg), Aktuelle Entwicklungen im Arbeits- und Sozialrecht 2009 (2009) 129;

Reissner, Die Absonderungsansprüche der Betriebspensionisten gem § 11 BPG, ZIK 2009, 185;

Reissner, Neuerungen im IRÄG 2010 aus arbeitsrechtlicher Sicht, in *Wachter/Burger* (Hrsg), Aktuelle Entwicklungen im Arbeits- und Sozialrecht 2011 (2011) 105;

Rothner, Der Arbeitnehmer im Recht der Unternehmensfortführung nach dem IRÄG 1997, ZIK 1998, 10;

Schnetzinger, Die Auflösung der Arbeitsverhältnisse im Konkurs nach dem IRÄG 1997, ZIK 1998, 7;

W. Schwarz/Holzer, Die Treuepflicht des Arbeitnehmers und ihre künftige Gestaltung (1975);
Sundl, Insolvenzrechtliche Qualifikation von Sonderzahlungen. Kritische Anmerkungen zu OGH 28. 2. 2008, 8 ObA 11/08p, ASoK 2008, 429;
Weber, Arbeitsverhältnisse in Insolvenzverfahren (1998);
Weber-Wilfert, BAG-Novelle 2015: Auswirkungen auf Lehrverhältnisse in der Insolvenz, ZIK 2016/109, 87.

Übersicht zu § 46 IO

1. Allgemeines..	Rz 1
2. Persönlicher Geltungsbereich des § 46 Z 3 und 3a IO	
2.1 AN..	Rz 2
2.2 Arbeitnehmerähnliche Personen	Rz 3
3. **Qualität der Forderungen**	Rz 4–5
4. **Masseforderungen von AN (arbeitnehmerähnlichen Personen) im Einzelnen**..	Rz 6
4.1 Laufendes Entgelt...	Rz 7–11
4.1.1 Sonderzahlungen.................................	Rz 12–14
4.1.2 Betriebspensionen	Rz 15–17
4.1.2.1 Betriebspensionen außerhalb des Geltungsbereichs des BPG..........	Rz 18–21
4.1.2.2 Betriebspensionen im Geltungsbereich des BPG......	Rz 22–24
4.2 Forderungen aus der Beendigung	Rz 25–28
4.2.1 Zeitpunkt des Vertragsabschlusses	Rz 29
4.2.1.1 Alte Beschäftigungsverhältnisse	Rz 30–34
4.2.1.2 Neue Beschäftigungsverhältnisse.........	Rz 35

1. Allgemeines

In der Insolvenz ist zwischen **Masseforderungen,** die unabhängig vom Insolvenzverfahren zu jeder Zeit voll zu befriedigen sind (vgl § 47 IO), und Insolvenzforderungen, die am Verfahren teilnehmen und im Rahmen desselben idR nur quotenmäßig beglichen werden (vgl auch § 51 IO), zu unterscheiden. § 46 IO zählt die Masseforderungen auf. In arbeitsrechtlichen Zusammenhängen sind vor allem die Z 3 und 3a des § 46 IO von Bedeutung. **1**

2. Persönlicher Geltungsbereich des § 46 Z 3 und 3a IO

2.1 AN

Das Arbeitsrecht und das Sozialrecht verfügen bzgl des AN über verschiedene Begriffsbildungen, die nicht gänzlich übereinstimmen (Näheres § 1 IESG Rz 7 ff). Unbestrittenerweise verwendet das Insolvenzrecht – hier in § 46 Z 3 und 3a IO sowie an anderer Stelle (vgl zB § 25 Rz 1) – den **Arbeit- 2** nehmerbegriff des Arbeitsvertragsrechts (*Gamerith* in *Bartsch/Pollak/Buchegger* I⁴ § 25 KO Rz 10; *Engelhart* in *Konecny/Schubert* § 46 IO Rz 224). AN idS ist, wer in persönlicher Abhängigkeit für einen anderen, den AG, auf Grund vertraglicher Verpflichtung Arbeitsleistungen erbringt. Die persönliche Abhängigkeit, die den Arbeitsvertrag von anderen Rechtsverhältnissen unterscheidet, in denen ebenfalls Arbeit geleistet wird, ist ihrerseits charakterisiert durch die Weisungsgebundenheit des AN, seine Einordnung in ein betriebliches Ordnungsgefüge und seine idR gegebene persönliche Arbeitspflicht. Keinesfalls müssen alle diese Merkmale immer vorhanden sein, die Qualifikation der Arbeitsabhängigkeit ist vielmehr das Produkt eines beweglichen Zusammenspiels dieser Elemente.

Naturgemäß wirft die relative Unschärfe des Arbeitnehmerbegriffs in Grenzbereichen eine Reihe von Zweifelsfragen auf. Schwierigkeiten der Abgrenzung ergeben sich bspw zum **freien Dienstvertrag** (genauer dazu § 1 IESG Rz 17 ff), zum **Gesellschaftsvertrag** bzgl eines Arbeitsgesellschafters (s § 1 IESG Rz 23 ff), zum **Bestandvertrag** dann, wenn als Zins Arbeitsleistungen vereinbart sind (§ 1 IESG Rz 28 f), zur **Bevollmächtigung** (§ 1 IESG Rz 30 f), aber auch zu **Formen der Arbeitsleistungen von Familienangehörigen** (§ 1 IESG Rz 35 ff).

Daneben lassen sich einschlägige Abgrenzungsfragen auch an einer Reihe von Berufsgruppen erläutern, die im Grenzbereich des Arbeitnehmerbegriffs angesiedelt sind. Es handelt sich dabei ua um selbständige Handelsvertreter, Geschäftsführer von Gesellschaften und diverse mittelbare Arbeitsverhältnisse (genauer dazu wiederum § 1 IESG Rz 54 ff).

Auch auf die Gliederung der AN durch die arbeitsvertragsrechtlichen SonderG wird unter § 1 IESG Rz 41 ff ausführlicher eingegangen.

2.2 Arbeitnehmerähnliche Personen

3   Im Bereich der Forderungsqualifikation gleich behandelt wie AN werden arbeitnehmerähnliche Personen. Gem § 51 Abs 3 Z 2 ASGG sind arbeitnehmerähnliche Personen solche, die, **ohne in einem Arbeitsvertragsverhältnis zu stehen,** im Auftrag und auf Rechnung anderer Personen arbeiten und wegen ihrer **wirtschaftlichen Unselbständigkeit** als arbeitnehmerähnlich anzusehen sind. Arbeitnehmerähnliche Personen genießen eine rechtliche Gleichstellung mit AN nicht nur im Prozessrecht, sondern ua auch im DHG und eben im Insolvenzrecht. Im IESG besteht eine Privilegierung neuerdings jedoch nur insoweit, als es sich um Heimarbeiter oder um freie DN iSd § 4 Abs 4 ASVG handelt (vgl § 1 IESG Rz 91 ff, 83 ff).

Die arbeitnehmerähnlichen Personen nehmen eine Mittelstellung zwischen den rechtlich und wirtschaftlich unselbständigen AN und den rechtlich und wirtschaftlich selbständigen Unternehmern ein. Sie sind trotz rechtlicher Selbständigkeit wirtschaftlich unselbständig und stehen insofern den AN näher als selbständigen Unternehmern. Die Vertragsverhältnisse der arbeitnehmerähnlichen Personen zu ihren Auftraggebern können vielerlei Gestalt haben. Es wird sich um Werkverträge, freie Dienstverträge, aber auch um Bevollmächtigungsverträge handeln, wobei vielfach Elemente dieser Vertragstypen in Kombination vorkommen (vgl auch § 21 IO Rz 17 f). Neben den Heimarbeitern zählen zu den arbeitnehmerähnlichen Personen vielfach selbständige Handelsvertreter, freie Medienmitarbeiter, Tankstellenpächter, Artisten oder Stundenbuchhalter.

Keinesfalls anzuwenden sind die gegenständlichen Bestimmungen der IO auf einen geschäftsführenden Gesellschafter einer GmbH mit 97 % Beteiligung. Dieser ist weder ein AN noch eine arbeitnehmerähnliche Person (OGH 8 Ob 28/93, wbl 1994, 205 = ARD 4592/26/94).

3. Qualität der Forderungen

§ 46 Z 3 und 3a IO differenziert nur zwischen zwei Arten von Forderungen der AN (arbeitnehmerähnlichen Personen), nämlich zwischen **laufendem Entgelt** und **Forderungen aus der Beendigung** des Arbeits- bzw sonstigen Rechtsverhältnisses (im Detail Rz 6 ff). Dies wirft die Frage auf, ob auch andere Ansprüche, die dieser Personenkreis gegen den insolventen Vertragspartner erheben kann, als Masseforderungen nach § 46 Z 3 und 3a IO angesehen werden können. Dies ist im Hinblick auf die grundsätzlich gegebene taxative Aufzählung der Masseforderungen zu verneinen.

4

Mitunter wird es aber möglich sein, **sonstige Forderungen** unter einen **anderen Tatbestand** der Masseforderungen zu subsumieren. So müsste der AN für Aufwände, die er zu Gunsten der Insolvenzmasse nach Verfahrenseröffnung tätigt, jedenfalls einen **Aufwandsentschädigungsanspruch** als Masseforderung erheben können, andernfalls ja die Masse ungerechtfertigt bereichert wäre (§ 46 Z 6 IO). Ansprüche des AN auf **Schadenersatz** aus einem schädigenden Ereignis nach Eröffnung des Insolvenzverfahrens können, soweit sie im Hinblick auf § 333 ASVG überhaupt in Betracht kommen, auf schuldhafte Handlungen oder Unterlassungen des Insolvenzverwalters zurückzuführen sein, sodass ihre Qualifikation als Masseforderungen gem § 46 Z 5 IO zu prüfen ist. Auch Ansprüche auf **sonstiges Entgelt** nach Verfahrenseröffnung werden häufig auf Rechtshandlungen des Insolvenzverwalters zurückzuführen sein (zu derartigen Ansprüchen für die Zeit vor Verfahrenseröffnung vgl § 51 Rz 3).

5 Forderungen, die bloß zufällig ohne jeden Zusammenhang mit dem Arbeits- oder Vertragsverhältnis gerade zwischen AG (Auftraggeber) und AN (arbeitnehmerähnlicher Person) bestehen, werden von den gegenständlichen Sonderbestimmungen über Masseforderungen nicht erfasst.

4. Masseforderungen von AN (arbeitnehmerähnlichen Personen) im Einzelnen

6 Als Masseforderungen des hier interessierenden Personenkreises kommen im Insolvenzverfahren überhaupt nur Ansprüche **„für die Zeit nach Eröffnung des Insolvenzverfahrens"** in Betracht. Das G geht dabei keinesfalls von der Fälligkeit der Forderung aus, vielmehr folgt es der typisch insolvenzrechtlichen Aufspaltung zwischen alten und neuen Forderungen und stellt auf deren **Entstehen** ab (AB 1147 BlgNR 15. GP 8). Bzgl der Forderungen der AN und arbeitnehmerähnlichen Personen bedeutet dies Folgendes:

4.1 Laufendes Entgelt

7 Für die Qualifikation des laufenden Entgelts – dazu gehören nicht nur **Zeit-** (Stunden-, Wochen- und Monatslöhne), sondern zB auch **Leistungslöhne** – als Masseforderung ist im Allgemeinen (s unten) der **Zeitpunkt der Erbringung der Dienstleistung** maßgeblich (vgl OGH 4 Ob 55/75, Arb 9285 = EvBl 1975/175; *Kocevar*, DRdA 1960, 229). Der daraus resultierende Grundsatz der Zeitraumbezogenheit bringt es beim laufenden Entgelt mit sich, dass vielfach Lohnzahlungszeiträume zerschnitten werden. Dies ist etwa dann der Fall, wenn ein Teil des Monatsgehalts für Arbeitsleistungen vor Insolvenzverfahrenseröffnung gebührt und somit als Insolvenzforderung zu qualifizieren ist, während das restliche Monatsgehalt für Arbeitsleistungen nach Verfahrenseröffnung zusteht, was zu seiner Qualifikation als Masseforderung führt.

Der Anspruch auf laufendes Entgelt für die Zeit nach Verfahrenseröffnung ist immer eine Masseforderung. Dabei spielt es keine Rolle, ob das Arbeitsverhältnis vor oder nach Aufhebung des Insolvenzverfahrens bzw begünstigt oder nicht begünstigt aufgelöst wurde. Auch der Umstand, dass das Unternehmen nach Eröffnung des Insolvenzverfahrens geschlossen wird und der AN deshalb keine Arbeitsleistung erbringen kann, ändert nichts an diesem Ergebnis, weil auch der **Entgeltfortzahlungsanspruch** des arbeitsbereiten AN nach § 1155 ABGB als laufendes Entgelt zu werten ist (OGH 8 Ob 16/98f, ZIK 1999, 60).

8 **Mehr- und Überstundenabgeltungen** entstehen – wie laufendes Entgelt allgemein – mit der Erbringung der (zusätzlichen) Arbeitsleistung. Liegt diese vor Insolvenzverfahrenseröffnung, sind die Abgeltungsansprüche Insolvenz-

forderungen, ansonsten handelt es sich um Masseforderungen. Wird als Abgeltung **Zeitausgleich** festgelegt bzw vereinbart (vgl § 10 Abs 2 AZG), so kommt es – zumindest vorerst – zu keinem Entgeltanspruch, sodass auch keine insolvenzrechtliche Forderungsqualifikation vorgenommen werden kann (vgl OGH 9 ObA 50/12m, ZIK 2013/93, 62 = SZ 2012/107). Erst wenn sich der Naturalanspruch während des Insolvenzverfahrens – zB durch Beendigung des Arbeitsverhältnisses – **in einen Geldanspruch wandelt,** stellt sich die Frage der Forderungsqualifikation, die sich danach orientiert, wie die Arbeitsleistungen, auf welche die nunmehr in Geld fällige Zeitguthabensabgeltung zurückgeht, zeitlich gelagert waren (diesbezüglich unklar *Limbeck/Platzer*, PVInfo 2016 H 7, 25; vgl auch § 3a IESG Rz 11). Die Bestimmung des § 14 Abs 2 IO über die Fälligstellung betagter Ansprüche mit Insolvenzverfahrenseröffnung ist nicht anzuwenden, weil zunächst keine betagte Geldforderung, sondern nur ein Zeitausgleichsguthaben vorliegt (vgl OGH 8 ObS 7/07y, DRdA 2008, 172 = infas 2008 A 23).

Was das laufende Entgelt bei **geblockter Altersteilzeit** anlangt, so ist diesbezüglich das in Rz 7 dargestellte Prinzip, dass das Entgelt im Zeitpunkt der Erbringung der Arbeitsleistung entsteht, relativiert: Die Parteien vereinbaren hier eine Gestaltung, bei der zwei wesentliche Komponenten des Arbeitsverhältnisses entflochten werden, und zwar einerseits die Verteilung der Arbeitszeit und andererseits das dem AN zu zahlende Entgelt. Es wird ein Durchrechnungszeitraum statuiert, in dem das zu zahlende Entgelt (einschließlich Lohnausgleich) – unbeschadet schwankender tatsächlicher Inanspruchnahme der Arbeitsleistung – in gleicher Höhe gewährt wird (so OGH 8 ObA 86/05p, DRdA 2006, 495 = ZIK 2007/33, 22; vgl auch OGH 8 ObA 24/05w, DRdA 2006, 151 = ZIK 2006/69, 61; aA *W. Anzenberger*, ZIK 2002, 5). In Bezug auf die hier interessierende Frage, wann das Arbeitsentgelt entsteht, ist uE davon auszugehen, dass die Parteien mit ihrer Vereinbarung auch dieses Thema geregelt und diesbezüglich fingiert haben, dass die Arbeitsleistung in einem immer gleichen Ausmaß synchron zur Entgeltleistung erfolgt (diesbezüglich unklar *Limbeck/Platzer*, PVInfo 2016 H 7, 25). Diese Sichtweise ist auch bei **anderen Arbeitszeitmodellen,** bei denen die Arbeitszeit über einen längeren Durchrechnungszeitraum unterschiedlich verteilt und ein Entgelt davon losgelöst in immer gleicher Höhe gewährt wird, maßgeblich (vgl OGH 8 ObA 86/05p, DRdA 2006, 495 = ZIK 2007/33, 22), so etwa auch bei **Gleitzeit.** 9

Erfolgsabhängige Entgeltarten wie insb Provisionen sind im gegebenen Zusammenhang ebenfalls als laufende Entgelte zu qualifizieren. **Provisionen** entstehen mangels abweichender Vereinbarung mit **Geschäftsabschluss,** bei **Verkaufsgeschäften** mit den eingehenden **Zahlungen** (§ 10 Abs 3 und 4 AngG). Provisionsansprüche für Aufträge, die noch vor Insolvenzverfahrenseröffnung für den Schuldner akquiriert wurden, sind daher als Insolvenzforderungen iSd 10

§ 51 Abs 1 iVm § 16 IO – aufschiebend bedingt durch die Zahlung des Kunden – zu qualifizieren (OGH 9 ObA 126/13i, ecolex 2014/130, 333; allg zum Thema *Mair* in *Reissner*, AngG² § 10 Rz 23 ff mwN).

11 Inwieweit ein Anspruch auf laufendes Entgelt für die Zeit nach Insolvenzverfahrenseröffnung bei **arbeitnehmerähnlichen Personen** überhaupt in Betracht kommt, ist je nach Vertragssituation unterschiedlich zu beurteilen. Zweifellos ist ein solcher Anspruch beim freien Dienstvertrag denkbar. Auftragsverhältnisse enden hingegen gem § 26 Abs 1 IO mit Eröffnung des Insolvenzverfahrens. Das insolvenzrechtliche Schicksal von Werkverträgen hängt vielfach vom Verhalten des Insolvenzverwalters ab (vgl § 21 Rz 1 ff); im Übrigen kann man beim Werklohn ohnehin schwerlich von laufendem Entgelt sprechen.

4.1.1 Sonderzahlungen

12 Sonderzahlungen (Remunerationen) bereiten unter dem Gesichtspunkt der Zeitraumbezogenheit der Forderungsqualifikation gewisse Schwierigkeiten. Unter **Sonderzahlungen** versteht man einerseits Leistungen, die aus besonderem Anlass (etwa bei längerer Betriebszugehörigkeit) geschuldet oder freiwillig ausgeschüttet werden (s Rz 14), andererseits sind damit Zahlungen gemeint, die in regelmäßigen, meist jährlichen Abständen gewährt werden. Typische Beispiele für letztere Variante sind das 13. und das 14. Monatsgehalt (Rz 13).

13 Das 13. Monatsgehalt (häufig auch Weihnachtsremuneration oder -zuschuss genannt) und das 14. Monatsgehalt (Urlaubsremuneration oder -zuschuss) sind in Österreich allgemein üblich und als typische **regelmäßige Sonderzahlungen** seit Langem ein fixer Bestandteil der Lohnpolitik. Zuweilen gibt es auch weitere derartige Monatsbezüge wie zB das 15. Monatsgehalt, welches bspw in gewissen Branchen „Bilanzzuschuss" genannt wird. Der ursprüngliche Anlass dieser Zahlungen (insb Weihnachten oder Urlaub) hat dabei im Laufe der Zeit an Bedeutung verloren.

Derartige „Sonderzahlungen" sind im privaten Sektor in aller Regel in KollV, vereinzelt auch in Arbeitsverträgen vorgesehen, während sie sich im öffentlichen Sektor aus den DienstrechtsG ergeben. Charakteristisch für die oben angesprochene Entwicklung ist die vom Anlassfall gelöste Fälligkeit der Sonderzahlungen im öffentlichen Dienst. Auch im privaten Sektor wird der Anspruch auf jährliche Remunerationen in Bezug auf die im laufenden Jahr ein- und austretenden AN auf Grund des KollV häufig aliquotiert. Diese Aliquotierung ist für Angestellte gem § 16 AngG im Fall der Lösung des Arbeitsverhältnisses zwingend vorgeschrieben.

Jedenfalls bzgl jener Remunerationen, die jährlich wiederkehren, wie die Weihnachts- und Urlaubsremuneration, ordnet § 46 Z 3 IO in aller Deutlichkeit eine **Gleichstellung mit dem laufenden Entgelt** an. Da aber das Insolvenzrecht in der Frage der rangmäßigen Qualifikation des laufenden Entgelts ausschließlich auf den Zeitpunkt der Arbeitsleistung und somit auf den Erwerb und nicht auf die Fälligkeit des Anspruchs abstellt, muss dieser Grundsatz auch bei den als regelmäßig anerkannten Sonderzahlungen zum Tragen kommen. Dies läuft auf eine **Anwartschaftskonstruktion** dergestalt hinaus, dass der Anspruch sukzessive anwächst und aliquot erworben wird (vgl auch OGH 4 Ob 104/78, Arb 9781). Daher sind regelmäßige Sonderzahlungen als laufendes Entgelt im Einzelfall mit jenem Teil, der **für die Zeit vor Insolvenzverfahrenseröffnung** gebührt, **Insolvenzforderungen,** jener Teil, der **für die Zeit danach** zusteht, gehört zu den **Masseforderungen** (vgl OGH 8 Ob 30/95, ZIK 1996, 61).

Endet das **Arbeitsverhältnis im Beobachtungszeitraum** (in aller Regel Kalenderjahr), so kann sich das auf den Anspruch auf Sonderzahlungen insofern auswirken, als dieser nach Maßgabe des KollV aliquotiert werden (im Angestelltenrecht gem § 16 Abs 1 AngG zwingender Mindeststandard) oder im Falle einer verschuldeten Entlassung bzw eines unberechtigten Austritts von Arbeitern auch völlig entfallen kann (allg dazu *Reissner*, Arbeitsrecht[5] 198 f mwN). Genauso kann die die Sonderzahlungen regelnde Rechtsquelle auch vorsehen, dass der Anspruch auf eine Sonderzahlung durch die Beendigung des Arbeitsverhältnisses unberührt bleibt, diese also dennoch in voller Höhe gebührt. Von diesen arbeitsrechtlichen Prinzipien ist auch für die Forderungsqualifikation im Falle einer **Beendigung während eines Insolvenzverfahrens** auszugehen: Ist arbeitsrechtlich ein Entfall (allenfalls samt Rückverrechnung) vorgesehen, so gibt es keinen Anspruch, der zu qualifizieren wäre. Ist arbeitsrechtlich eine Aliquotierung (allenfalls samt Rückverrechnung) vorgesehen, so gebührt der Anspruch nur aliquot bis zur (rechtlichen) Beendigung des Arbeitsverhältnisses. Dieser ist dann wie immer zu qualifizieren, also auf Zeiträume vor Insolvenzverfahrenseröffnung (Insolvenzforderungen) und solchen nach diesem Zeitpunkt (Masseforderungen) umzulegen (s oben). Kommt es infolge der Beendigung des Arbeitsverhältnisses zu einem Kündigungsentschädigungsbezug – was praktisch insb bei Lösung gem § 25 IO der Fall ist –, so gebührt für den entsprechenden Zeitraum ein aliquoter Sonderzahlungsteil als weitergehender Schadenersatz. Dieser ist bei der Forderungsqualifikation wie die Kündigungsentschädigung zu behandeln und daher zB bei Beendigungen iSd § 25 IO Insolvenzforderung (zum weitergehenden Schadenersatz s Rz 28 sowie – analog zu hier – auch Rz 14). Ist in der arbeitsrechtlichen Rechtsquelle vorgesehen, dass die Sonderzahlung trotz Beendigung des Arbeitsverhältnisses in voller Höhe gebührt – was auch indirekt durch Ausschluss einer Rückverrechnung erfolgen kann –, so liegt ein laufendes Entgelt vor, das auf den gesamten Beobachtungszeitraum – unbeschadet der in diesem eingetretenen Beendigung des Arbeitsverhältnisses – zu beziehen ist (so auch *Sundl*, ASoK 2008, 430 f). Was die Zuordnung zu den Insolvenz- bzw Masseforderungen nach Maßgabe des § 46 Z 3 IO anbelangt, ist hier – ähnlich wie bei jenen Dispositionen, die Entgeltzahlung und Zeiträume der Arbeitserbringung entflechten (s Rz 9) – von der in der Rechtsgrundlage vorgesehenen Entgeltgestaltung auszugehen: Die Sonderzahlung ist für ein Kalenderjahr gedacht und es ist zu fingieren, dass der AN die dafür notwendige Arbeitsleistung genau in diesem Zeitraum gleichmäßig erbracht hat. Tritt also die Verfahrenseröffnung nach einem Viertel dieses Beobachtungszeitraums ein, so ist ein Viertel der Sonderzahlung Insolvenzforderung, drei Viertel sind Masseforderung. Es ist hier entgegen dem OGH (8 ObA 11/08p, wbl 2008, 388 = ZIK 2008/286, 167) nicht angezeigt, die Sonderzahlung ab Beendigung des Arbeitsverhältnisses nach den Regeln über die Beendigungsansprüche (als Insolvenzforderung) zu qualifizieren (krit auch *Sundl*, ASoK 2008, 430 ff). Dies auch dann nicht, wenn die Sonderzahlungen bei einem über das Ende des Arbeitsverhältnisses hinausgehenden Krankenstand nach § 9 AngG oder § 5 EFZG gebühren; auch hier handelt es sich ja dogmatisch um einen Entgeltfortzahlungsanspruch, nämlich einen gesetzlich angeordneten Erfüllungsanspruch nach Beendigung des Arbeitsverhältnisses, welcher einen allenfalls zeitgleich bestehenden Kündigungsentschädigungsanspruch insoweit verdrängt (so zutreffend *Burger* in *Reissner*, AngG² § 9 Rz 22 mwN).

14 Fraglich war die Qualifikation des Anspruchs auf eine **einmalige Sonderzahlung** als Masseforderung, wie etwa auf ein Jubiläumsgeld, das erst nach Verfahrenseröffnung entsteht. Hier bringt die Zuordnung zum laufenden Entgelt das Ergebnis, dass dieses nur zu einem verschwindenden Bruchteil Masseforderung ist, da die zB 25-jährige Betriebszugehörigkeit, für die ein Jubiläumsgeld zusteht, naturgemäß so gut wie zur Gänze vor Verfahrenseröffnung liegen wird. Immerhin bringt es diese Zuordnung mit sich, dass man wenigstens eine halbwegs eindeutige Einordnung des restlichen quantitativ weit bedeutenderen Forderungsteils unter die Insolvenzforderungen vertreten kann; aus § 51 Abs 1 IO wäre nämlich eine solche Zuordnung schwer herleitbar. Dieser Auffassung folgt auch die Rsp, wenn sie ausführt, dass ein Anspruch auf Jubiläumsgeld, der nach Eröffnung des Insolvenzverfahrens entstanden ist und fällig wurde, aus insolvenzrechtlicher Sicht zur Abgrenzung zwischen Masse- und Insolvenzforderungen nach dem Anwartschaftsprinzip zu aliquotieren ist. Der Zahlungsanspruch, der auf die Zeitspanne vor Insolvenzverfahrenseröffnung entfällt, ist daher als Insolvenzforderung zu qualifizieren und durch das IESG gesichert (vgl § 3a IESG Rz 10, 15). Für die Aliquotierung ist allerdings vorausgesetzt, dass das Dienstverhältnis zum Stichtag für das Entstehen des Anspruchs noch aufrecht war (vgl OGH 8 ObS 1/10w, DRdA 2010, 425 = wbl 2010/304, 118). Es wird hier also nur ein kleiner Teil des Jubilä-

umsgelds, nämlich jener, welcher der Zeit nach Verfahrenseröffnung zuzuordnen ist, Masseforderung sein. Liegt der Stichtag in der Zeit eines Kündigungsentschädigungsbezugs, also zB zwischen (insolvenzrechtlicher) Beendigung des Arbeitsverhältnisses und fiktivem arbeitsrechtlichem Kündigungstermin, so gebührt das Jubiläumsgeld als weitergehender Schadenersatz und ist insoweit ebenfalls eine bloße Insolvenzforderung (so zutreffend *Limbeck/Platzer*, PVInfo 2016 H 7, 25; dazu auch Rz 28).

4.1.2 Betriebspensionen

Betriebspensionisten sind wohl nur bei weitestem Verständnis des Begriffes AN. Auch dem Terminus der arbeitnehmerähnlichen Person können sie nur mühsam zugeordnet werden. Besonders akzentuiert sich dieses Problem im Falle einer Hinterbliebenenpension. Hinterbliebene wie Witwen, Witwer oder Waisen lassen sich zweifellos nicht dem Kreis der AN oder jenem der arbeitnehmerähnlichen Personen zuzählen. Diese Erwägungen haben die Judikatur jedoch nicht gehindert, die **gegenständlichen Sonderbestimmungen auf Pensionisten einschließlich der Hinterbliebenen anzuwenden** (vgl OGH 4 Ob 90/62, Arb 7655 = SZ 35/105; 4 Ob 96/70, Arb 8827 = SZ 43/203; 4 Ob 39/80, ZAS 1981/20, 138 *[Fischer]* = DRdA 198l, 141; 4 Ob 133/80, DRdA 1983/9, 169 *[Kramer]*); dies, obwohl an sich der analogen Ausdehnung der Bestimmungen des Insolvenzrechts über die rangmäßige Qualifikation von Forderungen ablehnend gegenübergetreten wird (vgl OGH 4 Ob 83/77, Arb 9593; 8 Ob 25/98d, ZIK 1998, 195; 8 Ob 235/99p, ZIK 2000/111, 92). 15

Ein Sonderproblem ergibt sich bei Personen, die regelmäßig in den Genuss von Ruhegeldzusagen gelangen, aber nach nunmehr hA (dazu *Löschnigg*, Arbeitsrecht[12] 217 f; *Reissner*, Arbeitsrecht[5] 18, jeweils mwN) nicht AN sein können, nämlich bei den **Vorstandsmitgliedern von AG.** Der OGH (2 Ob 356/74, Arb 9371 = EvBl 1976/66) lehnt ihre Arbeitnehmereigenschaft kategorisch ab, weil die Unabhängigkeit des Vorstands einer AG in Ausübung seiner Geschäftsführungstätigkeit von den anderen Organen der Gesellschaft (Aufsichtsrat und Hauptversammlung), die sich in einer völligen Weisungsfreiheit äußert (vgl § 70 AktG), ein Wesenszug des österreichischen Aktienrechts sei und daher die Eigenschaft der Vorstandsmitglieder als AN ausschließe. In gleicher Weise hat der OGH (9 Ob A 117/88, infas 1990 A 9) bzgl der Vorstandsmitglieder einer Sparkasse entschieden. Auch in der Literatur findet diese einer sehr extensiv juristischen Aspektation der Weisungsgebundenheit entspringende Auffassung Zustimmung (vgl *Geppert*, DRdA 1980, 1; *Holzer*, Angehörigenmitarbeit 196). Immerhin besteht im Einzelfall die Möglichkeit, Vorstandsmitglieder den arbeitnehmerähnlichen Personen zuzuordnen (vgl *Reischauer*, DRdA 1978, 193). 16

17 Die insolvenzrechtliche Stellung des Gläubigers einer Betriebspensionsforderung differiert erheblich, und zwar je nachdem, ob die Forderung in den Geltungsbereich des BPG fällt oder nicht:

4.1.2.1 Betriebspensionen außerhalb des Geltungsbereichs des BPG

18 Wendet man die Grundsätze über die Qualifikation von Arbeitnehmerforderungen auf eine **bereits laufende Betriebspensionsleistung** an, so gewinnt vorweg die Zuordnung zu den Ansprüchen aus der Beendigung oder zu denen auf laufendes Entgelt Gewicht. Geht man von der prinzipiell unbestreitbaren Definition der Ruhegenüsse als Entgelt für erbrachte Dienste aus (*W. Schwarz/ Holzer*, Treuepflicht 115), dessen Zahlung nur regelmäßig, aber nicht zwingend ab Beendigung des Arbeitsverhältnisses erfolgt, so kommt man mit dem OGH (4 Ob 39/80, ZAS 1981/20, 138 *[Fischer]* = DRdA 1981, 147; 4 Ob 133/80, DRdA 1983/9, 169 *[Kramer]*) zur Qualifikation der Forderung auf Betriebspension als **laufendes Entgelt** und als Insolvenzforderung (krit *Engelhart* in *Konecny/Schubert* § 46 IO Rz 261). Bei dieser Zuordnung ist die Betriebspension immer und ausschließlich Insolvenzforderung, weil sie als Entgelt für Dienste vor Verfahrenseröffnung gebührt. Die ab Verfahrenseröffnung in Zukunft fällig werdenden Pensionsansprüche sind zu kapitalisieren und abzuzinsen (§ 15 IO) und mit diesem Betrag im Insolvenzverfahren anzumelden (vgl auch *Reissner*, Betriebspension und Insolvenz 162 f mwN).

19 Stützt sich der Insolvenzverwalter beim **Widerruf** einer Betriebspensionsleistung auf eine nach den Übergangsbestimmungen des BPG nach wie vor wirksame Klausel einer Pensionszuschussordnung, wonach der Widerruf der Leistungszusage nicht nur durch die nachhaltige Verschlechterung der wirtschaftlichen Lage des Unternehmens begründet, sondern darüber hinaus dem Zweck gerecht werden muss, eine Gefährdung des Weiterbestands des Unternehmens zu verhindern, so kann diese Widerrufsklausel laut OGH (8 ObA 147/97v, ASoK 1998, 150) dann keine Wirkung mehr entfalten, wenn der Weiterbestand des Unternehmens ohnehin nicht gewährleistet ist; ein Umstand, der im Insolvenzfall regelmäßig gegeben ist. Es würde dann nämlich der Widerruf der Pensionszusagen in Wahrheit nicht eine Gefährdung für den Weiterbestand des Unternehmens abwenden, sondern alle übrigen Gläubiger einseitig begünstigen. Letzterer Gedanke ist zu verallgemeinern: Das Faktum der **Eröffnung eines Insolvenzverfahrens** nach der IO **steht** daher einem **Widerruf** wesensmäßig **entgegen.** Gleiches gilt auch für ein Aussetzen oder Einschränken (*Reissner*, Betriebspension und Insolvenz 159 f; ihm folgend zB *Resch* in ZellKomm³ §§ 8, 9 BPG Rz 5/1).

Schwierig zu beurteilen ist die insolvenzrechtliche Qualifikation von **Be-** 20
**triebspensionsforderungen, die durch eine Lösungserklärung während
des Insolvenzverfahrens entstehen.** Der Qualifikation des Ruhegenusses als
laufendes Entgelt für in der Vergangenheit erbrachte Dienste kann wohl nur
dadurch Rechnung getragen werden, dass man ihn, soweit er für die vor Insolvenzverfahrenseröffnung geleisteten Dienste gebührt, als Insolvenzforderung
qualifiziert und nur eine allfällige Erhöhung, die auf der Dienstleistung nach
Verfahrenseröffnung fußt, als Masseforderung einstuft (ähnlich *Grießer*, ZAS
1994, 115).

Ein **Anwartschaftsrecht auf eine Betriebspension** kann außerhalb des 21
Geltungsbereichs des BPG insolvenzrechtliche Relevanz nur insoweit erreichen, als man im Zeitpunkt der Insolvenzverfahrenseröffnung von einer bereits entstandenen Forderung sprechen kann, die aufschiebend bedingt ist.
Wann eine Forderung idS „entstanden" ist, ist keinesfalls leicht und nur
im Einzelfall zu beurteilen (dazu *Fischer*, ZAS 1981, 140; *Petschek/Reimer/
Schiemer*, Insolvenzrecht 94). Ein Beispiel für ein derart zur aufschiebend bedingten Forderung verdichtetes Anwartschaftsrecht wäre etwa in dem Fall gegeben, in dem ein AN bei seinem Ausscheiden alle sonstigen Voraussetzungen
für den Pensionsfall erfüllt und nur das Pensionsalter noch nicht erreicht hat.
In einem solchen Falle ist der Pensionsanspruch zu kapitalisieren und abzuzinsen (§ 15 IO). Die so ermittelte Forderung wird vom Insolvenzverfahren getroffen. Der Forderungsberechtigte kann im Falle einer aufschiebend bedingten Forderung allerdings vorerst nur Sicherstellung der Bezahlung seiner vom
Insolvenzverfahren betroffenen Forderung für den Fall des Bedingungseintrittes begehren (§ 16 IO).

4.1.2.2 Betriebspensionen im Geltungsbereich des BPG

Im Geltungsbereich des BPG räumt § 11 leg cit **Anwartschafts- und** 22
Leistungsberechtigten aus direkten Leistungszusagen des AG in der Insolvenz desselben teilweise die Stellung von **Absonderungsgläubigern** ein. Jene
Wertpapiere, die zur Deckung der Pensionsrückstellung nach § 14 Abs 7
EStG unter Berücksichtigung des § 116 Abs 4 EStG vorgesehen sind, bilden nämlich im Verfahren des AG eine Sondermasse (vgl § 48 IO), die nur
zur Deckung der Anwartschafts- und Leistungsansprüche der aus der betrieblichen Altersversorgung Berechtigten herangezogen werden darf. Zweck der
Regelung ist es, den auf Grund ihrer „Vorleistung" gegenüber dem (ehemaligen) AG in einer prekären Situation befindlichen Anwartschafts- und Leistungsberechtigten zwingenden arbeitsrechtlichen Schutz zu gewähren.

Die Sicherung der Pensionsansprüche im Rahmen der durch Wertpapiere
zur Deckung der Pensionsrückstellung bildenden Sondermasse erfasst nur
Wertpapiere, die für diesen Zweck tatsächlich vorhanden sind (OGH 8 ObA

148/01z, ZIK 2002/147, 102). § 11 Abs 1 BPG ist dann, wenn der AG zwar zu Zwecken der Pensionsrückstellung gewidmetes Vermögen iSd § 11 Abs 1 S 1 BPG gebildet hat, dies jedoch nicht durch Wertpapiere, sondern durch Rückdeckungsversicherungen „zu Gunsten" der AN, analog anzuwenden. Es steht den AN diesfalls ein Absonderungsanspruch gegen den Versicherer insoweit zur Verfügung, als er den Wert der gesetzlich vorgeschriebenen Mindestwertpapierdeckung nicht übersteigt (vgl OGH 9 ObA 67/04z, ZIK 2005/18, 30 = DRdA 2004, 562; vgl nunmehr § 11 Abs 1a BPG). Vorhandene, aber den AN vom AG nicht rechtsgeschäftlich gewidmete Wertpapiere bilden nach uE viel zu restriktiver Ansicht des OGH (8 ObA 14/10g) keine derartige Sondermasse. Durch die Novelle BGBl I 2012/54 wurde daher in § 11 Abs 4 S 2 BPG statuiert, dass die Wertpapiere von zu anderen Zwecken gehaltenen Wertpapieren gesondert zu verwahren sind. Dadurch soll nach den Materialien (ErläutRV 1749 BlgNR 24. GP 20) eine eindeutige Zuordnung der im Depot bei Insolvenzverfahrenseröffnung vorhandenen Wertpapiere zur Deckung der Pensionsrückstellung sichergestellt werden (allg zum Thema *Reissner*, ZIK 2009, 187; *ders*, Schutz von Betriebspensionsansprüchen 143 ff; *Resch* in ZellKomm[3] §§ 11 BPG Rz 7 ff, jeweils mwN).

23 Nach BPG werden auf direkten Leistungszusagen des AG beruhende **Betriebspensionsanwartschaften** unter gewissen Voraussetzungen **unverfallbar**.

Das BPG lässt bei der direkten Leistungszusage die Vereinbarung einer Wartezeit für den Leistungsanfall von bis zu zehn Jahren zu. Nur bei Invalidität infolge eines Arbeitsunfalls oder einer Berufskrankheit darf sie maximal fünf Jahre betragen. Die Unverfallbarkeit der Leistungszusage erfordert das Verstreichen der Wartefrist und die Beendigung des Arbeitsverhältnisses, wobei allerdings die Art der Beendigung bedeutsam ist. Die Anwartschaft aus der Leistungszusage wird nämlich nicht unverfallbar, wenn der AN das Dienstverhältnis selbst kündigt, wenn ihn ein Verschulden an seiner Entlassung trifft oder er unbegründet vorzeitig austritt (§ 7 Abs 1 und 2 BPG; dazu krit unter Gleichheitsgesichtspunkten *Holzer,* FS W. Schwarz 376).

Kommt es im Zuge des Insolvenzverfahrens oder davor zur Lösung des Arbeitsverhältnisses in einer Form, die die Unverfallbarkeit einer Pensionsanwartschaft bewirkt, kann der AN nach den Bestimmungen des BPG zwischen mehreren Möglichkeiten wählen. Er kann die Übertragung der Anwartschaft auf eine Einrichtung der betrieblichen Altersversorgung eines neuen AG verlangen. Es steht ihm aber auch frei, die Erfüllung der Leistungszusage im Leistungsfall auf der Basis der bisherigen Anwartschaft zu begehren. Erreicht der Unverfallbarkeitsbetrag nicht mehr als einen aus § 1 Abs 2 und 2a PKG zu entnehmenden Betrag, kann sich der AN abfinden lassen. Als Forderung im Insolvenzverfahren kann der Unverfallbarkeitsbetrag ohne Rücksicht auf diese Grenzen ausbezahlt werden (§ 7 Abs 6a BPG).

Diese dann so ausgestaltete Forderung des AN ist in den Fällen der Übertragung oder **Abfindung** fällig und unbedingt, sodass sie nach den allgemeinen Grundsätzen im Insolvenzverfahren zu behandeln ist. Im Falle des **Beharrens auf der Erfüllung der Pensionszusage** auf der Basis der bisherigen Anwartschaft gelten die Grundsätze über die insolvenzrechtliche Behandlung bedingter Forderungen.

Was die Qualifikation dieser Forderungen anlangt, ist zu beachten, dass die Art der Lösung des Arbeitsverhältnisses wesentlich das Entstehen des unverfallbaren Betriebspensionsanspruchs mitbewirkt und keinesfalls als bloße Fälligkeitsregel gedeutet werden kann. Insoweit erscheint hier die Verknüpfung der Anspruchsentstehung mit der Beendigung des Arbeitsverhältnisses so eng, dass man von **Forderungen aus der Beendigung** des Arbeitsverhältnisses sprechen muss, zumal die Ähnlichkeiten mit den Regelungen des Abfertigungsrechts ins Auge springen (*Holzer*, ZAS 1991, 137).

Forderungen aus einer Beendigung vor Verfahrenseröffnung bzw nach derselben gem § 25 IO – dies werden sicher die häufigsten Fälle sein – sind Insolvenzforderungen, alle anderen Beendigungsarten führen zu Masseforderungen (s Rz 27 ff). Ist der Unverfallbarkeitsbetrag wie dargelegt eine Insolvenzforderung, so ist er als (schon nach BPG kapitalisierte) Arbeitnehmerforderung im Insolvenzverfahren zu berücksichtigen (*Reissner*, Betriebspension und Insolvenz 165 f).

Offene Beitragsforderungen sind uE wie laufendes Entgelt zu behandeln, dh sie sind für die Zeit vor Verfahrenseröffnung Insolvenz- und für die Zeit danach Masseforderungen. Ist das Arbeitsverhältnis beendet und sind Beiträge aus dem Titel des Schadenersatzes (als Teil der Kündigungsentschädigung) zu bezahlen, so wird man sie wie Beendigungsansprüche qualifizieren müssen (*Reissner*, Betriebspension und Insolvenz 166). 24

4.2 Forderungen aus der Beendigung

Bzgl der Ansprüche aus der Beendigung des Vertragsverhältnisses ist ebenfalls nicht auf deren Fälligkeit, sondern auf den **Beendigungszeitpunkt** abzustellen (vgl OGH 14 ObA 35/87, ARD 3912/10/87). 25

Für die gegenständliche Kategorie von Forderungen kommen nur Ansprüche in Betracht, bei denen die **Auflösung des Arbeitsverhältnisses** eine **maßgebliche Bedingung für das Entstehen** des Anspruchs ist. Entgeltansprüche, die auch sonst entstehen, durch die Beendigung des Arbeitsverhältnisses jedoch früher als normal fällig werden (§ 1154 Abs 3 ABGB, § 16 AngG), gehören grundsätzlich zum laufenden Entgelt (Näheres § 1 IESG Rz 269 ff). 26

§ 46 IO

27 Ansprüche aus der Beendigung des Arbeitsverhältnisses sind die **Abfertigung** (alt) nach den §§ 23 f AngG, § 2 ArbAbfG etc, die **Urlaubsersatzleistung** (§ 10 UrlG) sowie der **Schadenersatz wegen vorzeitiger Beendigung des Arbeitsverhältnisses** (§ 25 Abs 2 IO bzw § 29 AngG, § 1162b ABGB etc).

28 Der genannte Schadenersatz ist die sog **Kündigungsentschädigung**. Was die Höhe der Kündigungsentschädigung betrifft, behält der AN unbeschadet weitergehenden Schadenersatzes seine vertragsmäßigen Ansprüche auf das Entgelt für jenen Zeitraum, der bis zur Beendigung des Arbeitsverhältnisses durch Ablauf der Vertragszeit oder durch Kündigung durch den AG bei Einhaltung der ordnungsgemäßen Kündigungsfristen und -termine hätte verstreichen müssen. Der AN muss sich allerdings anrechnen lassen, was er sich im Entschädigungszeitraum erspart, anderweitig verdient oder zu verdienen absichtlich versäumt. Soweit der Zeitraum, für den der Schadenersatz zu leisten ist, drei Monate nicht übersteigt, kann der AN die ganze für diese Zeit gebührende Zahlung sofort und ohne Anrechnung fordern. Eine darüber hinausgehende Ersatzforderung unterliegt der Anrechnung und wird nach Maßgabe der vertraglichen oder gesetzlichen Entgeltzahlungstermine fällig. Letztere Regel erfährt bei Insolvenzforderungen insofern eine Modifikation, als **betagte** Forderungen im Insolvenzverfahren als fällig gelten (§ 14 Abs 2 IO). Da es sich um betagte **unverzinsliche** Forderungen handelt, können sie jedoch nur mit jenem Betrag geltend gemacht werden, der mit Hinzurechnung der gesetzlichen Zinsen für die Zeit von der Eröffnung des Verfahrens bis zur Fälligkeit dem vollen Betrag der Forderung gleichkommt (§ 14 Abs 3 IO); es ist also abzuzinsen. Die über drei Monate hinausgehende Forderung auf Schadenersatz ist jedoch auch **bedingt** durch das Unterbleiben einer Anrechnung. Bzgl bedingter Forderungen bestimmt § 16 IO, dass nur derjenige im Rahmen des Insolvenzverfahren einen Anspruch auf Zahlung stellen kann, der bei einer auflösenden Bedingung für den Fall, dass sie eintritt, Sicherstellung leistet. Das bedeutet, dass ein AN, der eine Schadenersatzforderung in einem drei Monate übersteigenden Ausmaß wegen vorzeitiger Beendigung des Arbeitsverhältnisses, etwa nach Austritt gem § 25 IO, stellt, für den Anrechnungsfall Sicherstellung zu leisten hat (vgl *Holzer*, ZAS 1991, 137).

Der „**weitergehende Schadenersatz**" iSd § 29 AngG, § 1162b ABGB etc, zu dem es bspw dadurch kommt, dass in der Zeit des Kündigungsentschädigungsbezugs wegen Erreichens des Stichtags ein Abfertigungssprung eingetreten bzw ein Jubiläumsgeld unbedingt entstanden wäre oder weitere aliquote Anteile an Sonderzahlungen oder einer Urlaubsersatzleistung erworben worden wären (allg dazu § 1 IESG Rz 283), ist in der Forderungsqualifikation wie die darunter liegende Kündigungsentschädigung zu behandeln. Das bedeutet etwa nach einer Lösung iSd § 25 IO, dass die auf die Zeit nach

Insolvenzverfahrenseröffnung zu beziehenden Anteile der laufenden Entgelte Sonderzahlung und Jubiläumsgeld, welche auf den Zeitraum des Kündigungsentschädigungsbezugs zu legen sind, anders als die während aufrechten Arbeitsverhältnisses erworbenen Anteile Insolvenz- und nicht Masseforderungen sind (vgl auch Rz 11).

4.2.1 Zeitpunkt des Vertragsabschlusses

§ 46 Z 3a IO unterscheidet zwischen Beschäftigungsverhältnissen, die vor der Verfahrenseröffnung eingegangen wurden, und solchen, die während des Insolvenzverfahrens durch den Insolvenzverwalter neu begründet werden. Beschäftigungsverhältnis ist hier offenbar als Sammelbegriff für die Rechtsverhältnisse der AN und der arbeitnehmerähnlichen Personen zu ihren Vertragspartnern und keinesfalls iSd sozialversicherungsrechtlichen Beschäftigungsverhältnisses gem § 4 Abs 2 ASVG gemeint. Wenn das G von **„eingegangenen" Beschäftigungsverhältnissen** spricht, so stellt es deutlich auf den Zeitpunkt des **Vertragsabschlusses** und keinesfalls auf den des Arbeitsantritts ab.

29

In der Folge werden Beschäftigungsverhältnisse, deren Vertragsabschluss vor Verfahrenseröffnung liegt, als alte Beschäftigungsverhältnisse bezeichnet (Rz 30 ff), solche, die erst nach der Verfahrenseröffnung eingegangen werden, als neue (Rz 35).

4.2.1.1 Alte Beschäftigungsverhältnisse

Forderungen aus der Beendigung eines alten Beschäftigungsverhältnisses nach Verfahrenseröffnung sind nur dann Masseforderungen, wenn das Beschäftigungsverhältnis durch den Insolvenzverwalter, jedoch nicht nach § 25 IO, gelöst wird, oder wenn die Beendigung auf eine Rechtshandlung oder ein sonstiges Verhalten des Insolvenzverwalters, insb die Nichtzahlung des Entgelts, zurückzuführen ist und durch den AN (die arbeitnehmerähnliche Person) erfolgt.

30

Lösungserklärungen des Insolvenzverwalters, die zur Qualifikation der sich daran knüpfenden Beendigungsansprüche als Masseforderung führen, sind somit eine normale, also nicht nach § 25 IO begünstigte Kündigung, eine zeitwidrige Kündigung (dazu unten sowie § 25 Rz 107), eine außerordentliche Auflösung gem § 15a BAG (dazu auch § 25 Rz 64), eine unbegründete und auch eine begründete Entlassung, bei der allerdings als Beendigungsanspruch nur eine Urlaubsersatzleistung in Betracht kommt (*Schnetzinger*, ZIK 1998, 9; krit dazu *Nunner*, wbl 1997, 322; aA *Grießer*, ZAS 1998, 6). Bei all diesen Beendigungsformen ist es belanglos, zu welchem Zeitpunkt der Insolvenzverwalter den Lösungsschritt setzt. Für die Auffassung, dass eine Lösung zu

31

§ 46 IO

einem Zeitpunkt, zu dem auch das begünstigte Lösungsrecht nach § 25 IO zu Gebote stünde, bloße Insolvenzforderungen nach sich ziehe (so aber *Konecny*, ZIK 1997, 164; *Weber*, Arbeitsverhältnisse 127; differenzierend *Rothner*, ZIK 1998, 15), fehlt im G jeder Anhaltspunkt. Der Wortlaut spricht sogar eindeutig dagegen (OGH 8 ObA 59/05t, ARD 5666/7/2006). Auch die Zustimmung des Insolvenzverwalters zu einer einvernehmlichen Auflösung des Arbeitsverhältnisses führt zu Masseforderungen (OGH 8 ObA 59/05t, Arb 12.576; vgl auch *Liebeg*, RdW 1997, 542; *Konecny*, ZIK 1997, 163; *Grießer*, ZAS 1998, 7; *Nunner*, wbl 1997, 322). Hierzu zählen auch Rechtshandlungen des Insolvenzverwalters, die zum Erlöschen von Arbeitsverhältnissen führen, wie etwa der Verzicht auf das Fortbetriebsrecht nach GewO, welcher Lehrverhältnisse ex lege zum Erlöschen bringt (so OGH 8 ObS 15/12g, RdW 2013, 225 = infas 2013 A 36 etc), oder das Verschaffen von Kenntnis iSd § 14 Abs 4 BAG im sog fortgesetzten Arbeitsverhältnis (aA *Weber-Wilfert*, ZIK 2016/109, 88; genauer zu diesen Ex-lege-Beendigungen § 25 Rz 63). Das Tatbestandsmerkmal „Verhalten des Insolvenzverwalters" ist in jedem Fall weit auszulegen (*Nunner*, ASoK 1998, 294).

Zur Frage, wie sich Fehler des Insolvenzverwalters iZm Kündigungen auf die Forderungsqualifikation auswirken, wird in der Rsp differenziert: Hält der Insolvenzverwalter bei einer außerhalb der Frist nach § 25 Abs 1 IO erfolgten Kündigung allgemeine Kündigungszeiten nicht ein, liegt eine zeitwidrige Kündigung vor, die Kündigungsentschädigung im Range einer Masseforderung nach sich zieht (OGH 9 ObA 2014/96h, DRdA 1997/25, 220 *[Reissner]* = infas 1996 A 111; vgl auch OGH 8 ObA 126/02s, ARD 5420/16/2003 zur Kündigung vor öffentlicher Bekanntmachung eines der Zeitfenster auslösenden Schließungsbeschlusses; s dazu § 25 Rz 107). Bei einer innerhalb der Frist nach § 25 Abs 1 IO getätigten zeitwidrigen Kündigung des Insolvenzverwalters sollen jedoch laut OGH (8 ObA 70/01d, infas 2002 A 71 = ASoK 2002, 416) zum Großteil bloß Insolvenzforderungen entstehen. Letztere E ist uE nicht unproblematisch, zumal die Regelungen über die Forderungsqualifikation in den §§ 46 Z 3a, 51 Abs 2 lit a und c IO jeweils eine Lösung „nach § 25" verlangen und von einer solchen an sich nur die Rede sein kann, wenn alle Modalitäten derselben beachtet werden (*Reissner*, IRÄG 2010, 116; vgl dazu auch § 51 Rz 5).

32   **Lösungserklärungen der AN,** die Ansprüche aus der Beendigung zu Masseforderungen machen, sind neben der Mitwirkung an einer einvernehmlichen Auflösung nur der begründete Austritt, und dieser nur dann, wenn er nicht nach § 25 IO erfolgt und auf ein Verhalten des Insolvenzverwalters als wichtigen Grund gestützt werden kann. Dazu gehört gem § 46 Z 3a letzter Halbsatz IO ausdrücklich auch der Austritt wegen Entgeltvorenthaltung bei

Masseunzulänglichkeit (unzutreffend seinerzeit OGH 9 ObA 2276/96p, infas 1997 A 95 = ASoK 1997, 293), es sei denn, der Insolvenzverwalter hat davor bereits nach § 25 IO gekündigt (s § 51 Rz 5).

Keine Masseforderungen sind Beendigungsansprüche aus alten Arbeitsverhältnissen, insb bei Kündigung des AN, Zeitablauf, unbegründetem Austritt und Tod des AN, aber wohl auch bei einem nicht vom Insolvenzverwalter zu verantwortenden begründeten Austritt, etwa aus Gesundheitsgründen (wie hier *Konecny*, ZIK 1997, 166; *Nunner*, wbl 1997, 323; aA *Grießer*, ZAS 1998, 5). **33**

Was die Kündigung seitens des AN anlangt, will *Nunner* (wbl 1997, 320; in ähnlicher Weise *Grießer*, ZAS 1998, 6) dann eine Qualifikation daraus erfließender Beendigungsansprüche als Masseforderungen (gem § 46 Z 4 IO) akzeptieren, wenn der Insolvenzverwalter eine ihm rechtlich mögliche Lösung nach § 25 IO nicht wahrnimmt und der AN danach das Arbeitsverhältnis aufkündigt. Diese Auffassung kann wohl nur in jenen Fällen praktische Bedeutung entfalten, bei denen Stichtag für die Monatsfrist nach § 25 IO entweder die Insolvenzverfahrenseröffnung oder die Berichtstagsatzung ist. In diesen Konstellationen ist das Übersehen der Lösungsmöglichkeit seitens des Insolvenzverwalters kaum zu erwarten, zumal es ihn wohl schadenersatzpflichtig machen würde. Im Fall des fortgeführten Unternehmens, in dem der AN mangels begünstigter Lösungsart von vornherein auf das normale Kündigungsrecht verwiesen bleibt, ist diese Konstellation jedoch nicht vorstellbar, weil für den Insolvenzverwalter die Lösungsmöglichkeit nach § 25 IO latent, nämlich für den Schließungsfall, immer bestehen bleibt (vgl *Konecny*, ZIK 1997, 166; *Weber*, Arbeitsverhältnisse 131; *Rothner*, ZIK 1998, 16).

Den **arbeitnehmerähnlichen Personen** steht ein Lösungsrecht wegen der Verfahrenseröffnung auf gesetzlicher Basis nicht zu, sofern nicht ein freier Dienstvertrag vorliegt, bei dem das Lösungsrecht nach § 25 IO jedenfalls analog in Betracht kommt (vgl § 21 Rz 18). Dessen Inanspruchnahme, sei es durch die arbeitnehmerähnliche Person, sei es durch den Insolvenzverwalter, führt zur Qualifikation der Beendigungsansprüche, insb des Schadenersatzanspruchs nach § 25 Abs 2 IO, als Insolvenzforderungen. Bei anderen Vertragsverhältnissen wird als einschlägiger Beendigungsanspruch idR nur der Schadenersatzanspruch nach § 21 Abs 2 IO in Betracht kommen (vgl § 21 Rz 19). Fraglich könnte die Einordnung von Forderungen iZm dem automatischen Erlöschen von Aufträgen gem § 26 Abs 1 IO und dem Erlöschen des Vertragsverhältnisses von Handelsvertretern durch die Eröffnung des Verfahrens über das Vermögen des Unternehmers gem § 26 Abs 2 HVertrG sein. In diesen Fällen entstehen jedoch keine Forderungen für die Zeit nach der Verfahrenseröffnung (zum Problem des Zeitraumbezugs vgl Rz 7 ff). Überdies spräche auch die Teleologie der vorliegenden Bestimmung, die darin zu sehen ist, dass an **34** insolvenzspezifische Beendigungsarten bloß Insolvenzforderungen geknüpft sein sollen, für die Konsequenz, dass bloße Insolvenzforderungen vorliegen. Bleibt der Handelsvertreter allerdings in Befolgung der Bestimmung des § 26 Abs 1 HVertrG trotz erfolgter Lösung wegen Gefahr in Verzug weiter für den Unternehmer tätig, bis andere Vorsorge getroffen werden kann, so sind seine diesbezüglichen Bemühungen als Massebereicherungsansprüche iSd § 46 Z 6 IO zu vergüten (vgl § 21 Rz 21).

4.2.1.2 Neue Beschäftigungsverhältnisse

35 Neue Beschäftigungsverhältnisse werfen insolvenzrechtlich keinerlei Schwierigkeiten auf. Alle Forderungen, die ihnen entspringen, sind **Masseforderungen** (§ 46 Z 3, Z 3a lit b und Z 5 IO).

§ 47. (1) Aus der Insolvenzmasse sind vor allem die Masseforderungen, und zwar aus der Masse, auf die sie sich beziehen, zu berichtigen.

(2) Können die Masseforderungen nicht vollständig befriedigt werden, so sind sie nacheinander wie folgt zu zahlen:
1. die unter § 46 Z 1 fallenden, vom Insolvenzverwalter vorschußweise bestrittenen Barauslagen,
2. die übrigen Kosten des Verfahrens nach § 46 Z 1,
3. der von Dritten erlegte Kostenvorschuß, soweit er zur Deckung der Kosten des Insolvenzverfahrens benötigt wurde,
4. die Forderungen der Arbeitnehmer (arbeitnehmerähnlichen Personen) auf laufendes Entgelt, soweit sie nicht nach dem Insolvenz-Entgeltsicherungsgesetz gesichert sind,
5. Beendigungsansprüche der Arbeitnehmer (arbeitnehmerähnlichen Personen), soweit sie nicht nach dem Insolvenz-Entgeltsicherungsgesetz gesichert sind, und
6. die übrigen Masseforderungen.

Innerhalb gleicher Gruppen sind die Masseforderungen verhältnismäßig zu befriedigen. Geleistete Zahlungen können nicht zurückgefordert werden.

(3) Im Zweifel, ob sich Masseforderungen auf die gemeinschaftliche oder auf eine besondere Masse beziehen, gilt das erste. Darüber entscheidet das Insolvenzgericht nach Vornahme der erforderlichen Erhebungen (§ 254 Abs. 5) unter Ausschluß des Rechtsweges.

(§ 47 IO idF BGBl I 2017/122)

Übersicht zu § 47 IO

1. Unabhängigkeit der Masseforderungen vom Insolvenzverfahren .... Rz 1
   1.1 Befriedigung bei zureichender Masse .... Rz 2
   1.2 Befriedigung bei unzureichender Masse .... Rz 3–6
2. Rechtsdurchsetzung bei Masseforderungen .... Rz 7
   2.1 Prozessuale Durchsetzung.. Rz 8–10
   2.2 Abhilfe durch das Insolvenzgericht .... Rz 11

1. Unabhängigkeit der Masseforderungen vom Insolvenzverfahren

1 Das Insolvenzverfahren sieht für Masseforderungen kein besonderes Prüfungs- und Verteilungsverfahren vor. Die Ansprüche der Massegläubiger werden vielmehr von der Insolvenz nicht berührt und sind ohne Rücksicht auf den Stand des Verfahrens aus der Masse, auf die sie sich beziehen, zu berichtigen. Besteht ein Zweifel, ob sich eine Masseforderung auf die gemeinschaftliche Masse oder eine Sondermasse bezieht, gilt Ersteres. Beispiele für **Sondermassen** wären etwa die dem AG gem § 12 Abs 2 BUAG für die AN überwiesenen Urlaubsentgelte oder der Wertpapierdeckungsfonds für Pensionsrückstellungen iSd § 11 Abs 1 BPG (vgl dazu § 46 Rz 22). Der Insolvenzverwalter hat dafür Sorge zu tragen, dass die notwendigen Beträge rechtzeitig verfügbar sind (§ 124 Abs 1 und 2 IO). Dies ist jedoch nur bei einer zureichenden Masse möglich, nicht aber dann, wenn und solange eine Masse zur vollen Befriedigung der Masseforderungen nicht ausreicht.

1.1 Befriedigung bei zureichender Masse

2   Jeder einzelne Massegläubiger hat Anspruch darauf, dass seine Forderung ohne Rücksicht auf den Stand des Verfahrens und ohne Bedachtnahme auf später entstehende oder strittige Masseforderungen befriedigt wird, sobald sie fällig ist (§§ 47 Abs 1, 124 Abs 1 IO).

1.2 Befriedigung bei unzureichender Masse

3   In diesem Fall hat der Insolvenzverwalter nach der Reihenfolge des § 47 Abs 2 IO vorzugehen (vgl auch § 124a IO). Nach dieser Bestimmung sind Masseforderungen nacheinander wie folgt zu zahlen:
1. die unter § 46 Z 1 IO fallenden, vom Insolvenzverwalter vorschussweise bestrittenen Barauslagen (§ 47 Abs 2 Z 1 IO),
2. die übrigen Kosten des Verfahrens nach § 46 Z 1 IO (§ 47 Abs 2 Z 2 IO),
3. der von Dritten erlegte Kostenvorschuss, soweit er zur Deckung der Kosten des Insolvenzverfahrens benötigt wurde (Z 3 leg cit),
4. die Forderungen der AN (arbeitnehmerähnlichen Personen) auf laufendes Entgelt, soweit sie nicht nach dem IESG gesichert sind (Z 4),
5. Beendigungsansprüche der AN (arbeitnehmerähnlichen Personen), soweit sie nicht nach dem IESG gesichert sind (Z 5), und
6. die übrigen Masseforderungen (Z 6).

4   Damit schafft das G eine **Klassenordnung.** Innerhalb der Klasse erfolgt die Befriedigung der Masseforderungen verhältnismäßig, wobei aber bereits geleistete Zahlungen nicht zurückgefordert werden können.

5   **Masseforderungen der AN (arbeitnehmerähnlichen Personen)** kommen zum Teil in die vierte Klasse, zum Teil allerdings in die fünfte und sechste Klasse:

In der **vierten Klasse** sind Masseforderungen der AN (arbeitnehmerähnlichen Personen) nur zu befriedigen, wenn es sich um Ansprüche auf laufendes Entgelt handelt und diese überdies nicht nach dem IESG gesichert sind.

Masseforderungen, die sich aus der Beendigung des Beschäftigungsverhältnisses ergeben, fallen, soweit sie nicht nach dem IESG gesichert sind, in die **fünfte Klasse**.

Alle übrigen Masseforderungen der AN (arbeitnehmerähnlichen Personen) gehören in die **sechste Befriedigungsklasse**.

Das **Fehlen einer Sicherung der Forderungen** nach IESG kann teilweise oder zur Gänze gegeben sein. Einmal decken sich der persönliche Geltungsbereich des IESG (dazu § 1 IESG Rz 6 ff) und jener des Rechts der Forderungsqualifikation in der Insolvenz (dazu § 46 Rz 2 f) nicht. Dies gilt bspw bzgl der gem § 1 Abs 6 IESG nicht anspruchsberechtigten Personen, wie AN von Gebietskörperschaften und von Exterritorialen (Näheres § 1 IESG Rz 110 ff) oder im Hinblick auf die im IESG nur teilweise erfassten arbeitnehmerähnlichen Personen (dazu § 1 IESG Rz 55 ff). Betragsmäßige Begrenzungen der Sicherung ergeben sich aus den §§ 1 Abs 3 Z 2 und 4, sowie 3 ff IESG (vgl § 1 IESG Rz 348 ff sowie bspw § 3 IESG Rz 28 ff oder § 3d IESG Rz 5 ff), wobei insb der generelle Höchstbetrag nach § 1 Abs 3 Z 4 iVm Abs 4 IESG größere praktische Bedeutung hat (Näheres § 1 IESG Rz 366 ff). Schließlich ist hervorzuheben, dass es auf die Sicherung in abstracto ankommt. Hat etwa ein AN die Antragsfrist von sechs Monaten gem § 6 Abs 1 IESG versäumt (vgl § 6 IESG Rz 8), kann er kein Insolvenz-Entgelt erhalten, dennoch verbleiben seine Ansprüche – soweit sie im Prinzip nach dem IESG gesichert sind – in der sechsten Klasse, in die auch sonstige Forderungen der AN einzureihen sind, soweit sie überhaupt als Masseforderungen in Betracht kommen (vgl § 46 Rz 4). Aufklärungspflichten gegenüber einzelnen AN im Hinblick auf das IESG treffen den Insolvenzverwalter im gegebenen Zusammenhang nicht (vgl OGH 8 ObA 37/05g, ZIK 2006/160, 128 = ARD 5666/2/2006). 6

2. Rechtsdurchsetzung bei Masseforderungen

Kommt der Insolvenzverwalter seiner Verpflichtung zur Befriedigung fälliger Masseforderungen nicht nach, so stehen dem Massegläubiger zwei Wege zur Durchsetzung seines Anspruchs offen: Er kann sich an das Insolvenzgericht um Abhilfe wenden (Rz 11) oder er kann seine Forderung einklagen und auf Grund des erlangten Exekutionstitels Exekution in die Insolvenzmasse führen (Rz 8 ff). Es liegt im Ermessen des Massegläubigers, für welche dieser beiden Vorgangsweisen er sich entscheidet. Beide Wege gleichzeitig kann er allerdings nicht beschreiten (OGH 1 Ob 553/28, SZ 10/154; 3 Ob 811/33, SZ 15/188 = JBl 1933, 458; 1 Ob 179/36, JBl 1936, 366). 7

2.1 Prozessuale Durchsetzung

8 Bevor der Massegläubiger zur Klage schreitet, wird er jedenfalls den **Insolvenzverwalter zur Berichtigung** seiner Forderung **auffordern,** da er ansonsten im Prozess Kostenfolgen riskiert (§§ 40 ff ZPO). Trotz anhängigem Insolvenzverfahren ist für Masseforderungen die Einbringung von Leistungsklagen und auch die Exekution gegen die Insolvenzmasse zulässig (stRsp; zB OGH 3 Ob 125–126/55, EvBl 1956/60; 2 Ob 380/57, SZ 30/49 = JBl 1957, 596). Nach hA ist der Insolvenzverwalter **zur Zahlung** unter Setzung einer Zahlungsfrist bei Androhung der Exekution **zu verurteilen,** während er mit seinem **Einwand der Unzulänglichkeit der Masse** ins **Exekutionsverfahren** verwiesen wird (OGH 5 Ob 306/69, SZ 43/34 = EvBl 1970/154; *Wegan/Reiterer,* Insolvenzrecht 54; *Petschek/Reimer/Schiemer,* Insolvenzrecht 537). Der Durchsetzung des so erworbenen Exekutionstitels steht nichts im Wege, doch ist, wie gesagt, im Exekutionsverfahren der Einwand des Insolvenzverwalters, dass die Masse zur Befriedigung nicht ausreicht, beachtlich, was zum kostenpflichtigen Verlust eines Impugnationsprozesses führen kann (OGH 4 Ob 83/82, Arb 10.302 = SZ 56/148; 3 Ob 69/87, SZ 60/201 = wbl 1988, 30).

9 Hat der Massegläubiger bereits einen Exekutionstitel in Händen, so kann er mit **Exekution** gegen die Masse vorgehen, muss aber dem Exekutionsgericht dartun, dass es sich bei seiner Forderung um eine Masseforderung handelt (OGH 1 Ob 375/26, ZBl 1936/370, 684). Hat sich allerdings der Massegläubiger, obwohl er einen Exekutionstitel besitzt, an das Insolvenzgericht um Abhilfe gewandt (Rz 11), so kann er nicht in die Insolvenzmasse Zwangsvollstreckung führen, solange das Verfahren beim Insolvenzgericht dauert (vgl OGH 3 Ob 811/33, SZ 15/188 = JBl 1933, 458).

10 Bereits erworbene richterliche Absonderungsrechte erlöschen entgegen § 12 IO, wenn sie Masseforderungen betreffen, auch dann nicht, wenn sie aus den letzten 60 Tagen vor Insolvenzverfahrenseröffnung stammen (vgl LGZ Wien 42 R 545, EvBl 1950/433).

2.2 Abhilfe durch das Insolvenzgericht

11 Wählt der Massegläubiger den Weg, beim Insolvenzgericht die Berichtigung seiner Forderung zu beantragen, so hat das Gericht dem Insolvenzverwalter dann die Berichtigung aufzutragen, wenn die **Forderung als solche** und auch ihre **Qualifikation als Masseforderung unbedenklich** sind und die Insolvenzmasse über die **nötigen Mittel** verfügt. **Andernfalls** hat es den Massegläubiger auf den streitigen **Rechtsweg** zu verweisen (OGH 5 Ob 69/62, SZ 35/39 = JBl 1963, 44). Auch in diesem Fall ist der Massegläubiger gezwungen, seine Forderung durch Klage gegen den Insolvenzverwalter und anschließende Exekution durchzusetzen.

.....

Insolvenzforderungen

§ 51. (1) Insolvenzforderungen sind Forderungen von Gläubigern, denen vermögensrechtliche Ansprüche an den Schuldner zur Zeit der Eröffnung des Insolvenzverfahrens zustehen (Insolvenzgläubiger).

(2) Insolvenzforderungen sind auch
1. aus dem Gesetz gebührende Unterhaltsansprüche für die Zeit nach der Eröffnung des Insolvenzverfahrens, soweit der Schuldner als Erbe des Unterhaltspflichtigen haftet;
2. Ansprüche aus der Beendigung des Beschäftigungsverhältnisses
   a) nach § 25, auch wenn während der Kündigungsfrist das Arbeitsverhältnis wegen Nichtzahlung des Entgelts beendet wurde, oder
   b) wenn die Auflösungserklärung vor Eröffnung des Insolvenzverfahrens rechtswirksam abgegeben wurde oder
   c) wenn das Beschäftigungsverhältnis nach Eröffnung des Insolvenzverfahrens nicht nach § 25 vom Arbeitnehmer (arbeitnehmerähnliche Person) gelöst wird und dies nicht auf eine Rechtshandlung oder ein sonstiges Verhalten des Insolvenzverwalters zurückzuführen ist.

(§ 51 IO eingefügt durch BGBl I 1997/114, idF BGBl I 2010/29)

Schrifttum zu § 51 IO

Konecny, Beendigungsansprüche der Arbeitnehmer im Konkurs, ZIK 1997, 160;
Nunner, Die Beendigung von Arbeitsverhältnissen im Konkurs nach dem IRÄG 1997, wbl 1997, 323;
Reissner, Neuerungen im IRÄG 2010 aus arbeitsrechtlicher Sicht, in *Wachter/Burger* (Hrsg), Aktuelle Entwicklungen im Arbeits- und Sozialrecht 2011 (2011) 105.

Übersicht zu § 51 IO

1. Bedeutung des § 51 IO .... Rz 1
2. Insolvenzforderungen der AN (arbeitnehmerähnlichen Personen) .... Rz 2–6
3. Rechtsdurchsetzung .... Rz 7–12

1. Bedeutung des § 51 IO

§ 51 IO über die Insolvenzforderungen hat primär klarstellende Bedeutung, **1** insb auch im Verhältnis zu § 46 IO.

2. Insolvenzforderungen der AN (arbeitnehmerähnlichen Personen)

2 Inwieweit Forderungen des genannten Personenkreises Insolvenzforderungen sind, ergibt sich bereits aus § 46 IO. Soweit nach dieser Bestimmung keine Masseforderung gegeben ist, handelt es sich um eine Insolvenzforderung, die aus der nach Befriedigung der Masseforderungen und der Absonderungsberechtigten verbleibenden gemeinschaftlichen Insolvenzmasse anteilsmäßig zu den übrigen Insolvenzforderungen zu befriedigen ist, sofern die unter Rz 6 ff zu erörternden verfahrensrechtlichen Voraussetzungen erfüllt sind und keine gem § 58 IO vom Insolvenzverfahren ausgeschlossene Ansprüche (zB Zinsen ab Eröffnung des Insolvenzverfahrens, Kosten der Beteiligung am Insolvenzverfahren) vorliegen.

3 Im Einzelnen sind daher insb Ansprüche auf **laufendes Entgelt,** das für Arbeitsleistungen **vor Insolvenzverfahrenseröffnung** gebührt, Insolvenzforderungen.

Auch Ansprüche auf **sonstiges Entgelt,** die **vor Verfahrenseröffnung entstanden** sind, sind als Insolvenzforderungen zu qualifizieren (zu den **Entgelten aus der Beendigung** des Arbeitsverhältnisses vgl Rz 4 ff sowie § 46 Rz 25 ff). Entsprechendes gilt auch in speziellen Fällen arbeitsrechtlicher Ansprüche wie zB jenen auf Bezahlung von Übertragungsbeträgen an eine BV-Kasse auf Grund einer Übertrittsvereinbarung gem § 47 BMSVG (vgl dazu § 1b IESG Rz 5).

4 **Ansprüche aus einer Beendigung** des Arbeits- bzw sonstigen Rechtsverhältnisses, die **vor Eröffnung des Insolvenzverfahrens** erfolgt ist, sind ebenfalls Insolvenzforderungen. § 51 Abs 2 Z 2 IO stellt aber auch sicher, dass Ansprüche aus einer Beendigung nach Verfahrenseröffnung, soweit sie nicht nach § 46 IO Masseforderungen sind, jedenfalls als Insolvenzforderungen am Verfahren teilnehmen können. IdS entstehen nur Insolvenzforderungen, wenn das Beschäftigungsverhältnis zwar nach Eröffnung des Insolvenzverfahrens endet, aber seine Lösung bereits vor Verfahrenseröffnung derart erklärt wurde, dass diese Erklärung dem AN (der arbeitnehmerähnlichen Person) auch vor Verfahrenseröffnung zugegangen ist (vgl OGH 14 Ob 15/86, DRdA 1987, 69 = SZ 59/45; *Konecny*, ZIK 1997, 165; *Engelhart* in *Konecny/Schubert* § 46 IO Rz 266). Dabei ist es offenbar belanglos, ob die Lösungserklärung rechtmäßig erfolgt, sofern von ihr nur tatsächlich eine Lösungswirkung ausgeht (zB eine Kündigung mit falscher Frist).

5 Was die Konstellation anlangt, dass nicht nur das **Ende des Arbeitsverhältnisses,** sondern auch die allenfalls **dazu nötige Willenserklärung nach Insolvenzverfahrenseröffnung** liegt, so führen mehrere Beendigungsvarianten nur zu Beendigungsansprüchen im Range von Insolvenzforderungen.

In erster Linie ist hier die Auflösung des Arbeitsverhältnisses nach § 25 IO zu erwähnen, wobei es gleichgültig ist, ob diese seitens des Insolvenzverwalters oder des AN erklärt wurde. Der OGH billigt einer zeitwidrigen Kündigung des Insolvenzverwalters allerdings zumindest teilweise die Wirkungen einer solchen nach § 25 IO zu, wenn sich der Insolvenzverwalter bei einer Kündigung innerhalb der Frist des § 25 IO erkennbarer Weise auf diese Bestimmung stützt (zu anderen Konstellationen § 46 Rz 31). Er stellt dann den gekündigten AN so, wie er behandelt würde, wäre die Kündigung nicht zeitwidrig. Dies führt im Ergebnis dazu, dass nur die Kündigungsentschädigung, die für jenen Teil des Entschädigungszeitraums gebührt, der bei ordnungsgemäßer Kündigung eines nach § 25 IO noch aufrechten Dienstverhältnisses gewesen wäre, um den also die in Betracht kommende gesetzliche Kündigungsfrist verkürzt wurde, als Masseforderung Anerkennung findet (OGH 8 ObA 70/01d, infas 2002 A 71 = ASoK 2002, 416).

Weiters hierher gehören die Kündigung durch den AN sowie der Austritt **6** desselben, sofern er nicht auf ein Verhalten des Insolvenzverwalters als wichtigen Grund gestützt werden kann. Allerdings sind Forderungen aus der Beendigung des Arbeitsverhältnisses bei einem Austritt des AN wegen vorenthaltenen Entgelts dann nur Insolvenzforderungen, wenn der Austritt in einer bereits durch Kündigung des Insolvenzverwalters nach § 25 IO ausgelösten Kündigungsfrist erfolgt (§ 51 Abs 2 Z 2 lit a IO; ErläutRV 612 BlgNR 24. GP 15 f; allg zum Austritt wegen Entgeltvorenthaltung § 46 Rz 27).

Nicht vom Wortlaut des § 51 Abs 2 Z 2 IO erfasst ist die Endigung des Arbeitsverhältnisses durch Zeitablauf oder Tod des AN nach Insolvenzverfahrenseröffnung. Um zu vermeiden, dass diesbezüglich Beendigungsansprüche vom Insolvenzverfahren überhaupt ausgeschlossen werden, wird man § 51 Abs 2 Z 2 IO weit iS einer allgemeinen Auffangbestimmung für Beendigungsansprüche interpretieren müssen, sodass auch in diesen Fällen Insolvenzforderungen vorliegen (teilweise aA *Nunner*, wbl 1997, 323).

3. Rechtsdurchsetzung

Jedem Gläubiger steht es frei, sich am Insolvenzverfahren zu beteiligen **7** oder nicht. Strebt ein Gläubiger jedoch für eine Insolvenzforderung Befriedigung aus der Insolvenzmasse an, muss er sie **anmelden.** Meldet er sie nicht an, so nimmt er am Insolvenzverfahren nicht teil, dh seine Forderung wird bei der Verteilung der Insolvenzmasse nicht berücksichtigt, sein Anspruch dem Schuldner gegenüber erlischt aber nicht. Kommt es allerdings zu einem erfolgreichen Sanierungsverfahren, so wirkt die Befreiung des Schuldners von den Forderungen, soweit sie die Quote übersteigen, grundsätzlich auch gegen am Verfahren nicht beteiligte Gläubiger.

Beabsichtigt der Gläubiger für eine Forderung Insolvenz-Entgelt zu beantragen, muss er diese Forderung jedenfalls anmelden (Näheres § 1 IESG Rz 399 ff). AN können sich diesbezüglich von Bevollmächtigten ihrer gesetzlichen oder freiwilligen Interessenvertretung vertreten lassen (§ 172 Abs 4 IO); in der Praxis übernimmt dies insb der ISA.

Die Anmeldung hat innerhalb der im Edikt festgesetzten Anmeldefrist zu erfolgen. Das Versäumen der Anmeldefrist hat zwar Kostenfolgen, da eine verspätet angemeldete Forderung einer besonderen Prüfungstagsatzung unterzogen wird, deren Kosten idR vom verspätet Anmeldenden zu tragen sind, führt aber nur dann zur Nichtberücksichtigung der Forderung bei der Verteilung, wenn die Anmeldung später als 14 Tage vor der Tagsatzung zur Prüfung der Schlussrechnung erfolgt (§ 107 IO).

8 Eine **klagsweise Durchsetzung von Insolvenzforderungen ist nicht möglich,** denn während des Insolvenzverfahrens können Rechtsstreitigkeiten, die die Insolvenzmasse betreffen, gegen den Schuldner weder anhängig gemacht noch gegen ihn fortgesetzt werden (§ 6 Abs 1 IO). Rechtsstreitigkeiten, die bei Verfahrenseröffnung bereits anhängig sind, werden durch die Verfahrenseröffnung unterbrochen (§ 7 Abs 1 IO). Nur Prozesse, die das Insolvenzvermögen überhaupt nicht betreffen, werden nicht unterbrochen (§ 6 Abs 3 IO). Dies gilt nach der Judikatur (OGH 9 ObA 118/04z, DRdA 2006/25, 290 *[Reissner]* = ARD 5622/7/2005; aus der älteren Rsp vgl auch LGZ Wien 44 R 250/81, Arb 8941 = SozM I A/d 993; ArbG Linz 1 Cr 256/65, Arb 8176) zB für ein Verfahren auf Ausstellung eines Dienstzeugnisses (LGZ Wien 44 R 833/55, Arb 6307; 44 Cg 68/71, Arb 8941). Der Anspruch auf Ausstellung eines Dienstzeugnisses richte sich auch während der Insolvenz gegen den Schuldner und nicht gegen den Insolvenzverwalter (LGZ Wien 44 R 153/77, ARD 2975/77), doch wird auch diesbezüglich der Insolvenzverwalter zuständig sein, wenn es sich um AN handelt, die während der Insolvenz beschäftigt werden (grundsätzlich krit zu dieser Rsp *Reissner*, IRÄG 2010, 107 ff mwN).

Die Unterbrechung tritt von G wegen ein, ohne dass darüber ein gesonderter Gerichtsbeschluss ergeht. Verfahren, die Insolvenzforderungen betreffen, können allenfalls nach Abschluss der Prüfungstagsatzung als Prüfungsprozess wieder aufgenommen werden (§ 7 Abs 3 S 1 IO).

9 Jede angemeldete Forderung wird einem **Prüfungsverfahren** unterzogen. Geprüft werden die Richtigkeit der Forderung, ihr Rang und ihre Eignung als Insolvenzforderung. Der Schuldner kann die Richtigkeit der angemeldeten Forderung, die Insolvenzgläubiger und der Insolvenzverwalter können sowohl die Richtigkeit als auch den in Anspruch genommenen Rang bestreiten. Bleibt die Forderung unbestritten, so ist sie für das Insolvenzverfahren wirksam festgestellt (diese Feststellung bezieht sich nicht auf ihre Qualifikation etwa als Insolvenzforderung; so OGH 9 ObA 50/12m, ZIK 2013/93, 62 = SZ 2012/107 mwN). Die durch die Anmeldung eingetretene Unterbrechung der Verjährung bleibt aufrecht, die Verjährungsfrist beginnt erst mit der rechtskräftigen Aufhebung der Insolvenz zu laufen (§ 9 Abs 1 IO). Wird die Forderung vom Schuldner nicht bestritten, so kann auf Grund der Eintragung in das Anmeldungsverzeichnis nach Insolvenzaufhebung Exekution gegen ihn geführt werden (§ 61 IO). Im Insolvenzverfahren selbst hat seine Bestreitung keine besondere Bedeutung.

Wird eine **angemeldete Insolvenzforderung** bei der Prüfungstagsatzung hinsichtlich der Richtigkeit oder des Ranges **bestritten** (§ 110 Abs 1 IO), muss der Gläubiger die Feststellung des Ranges oder der Richtigkeit der Forderung mittels **Klage** innerhalb einer vom Insolvenzgericht festgesetzten Frist gegen alle Bestreitenden geltend machen. Bis dahin ist die Verjährung gehemmt (§ 9 Abs 2 IO). Besteht für die angemeldete Insolvenzforderung allerdings schon ein Exekutionstitel, so muss der Bestreitende mittels Klage vorgehen (§ 110 Abs 2 IO). Für derartige Feststellungsklagen ist – sofern nicht ausnahmsweise die Kompetenz einer Verwaltungsbehörde besteht – ausschließlich das Insolvenzgericht zuständig. Für Arbeitsrechtssachen nach § 50 ASGG bleibt es allerdings bei der Zuständigkeit des ASG (§ 111 Abs 1 IO). **10**

War bei Insolvenzverfahrenseröffnung ein Verfahren über die bestrittene Forderung bereits anhängig, so ist dieses als Prüfungsprozess fortzusetzen (§ 113 IO). Wird die Forderung im Prozess als zu Recht bestehend festgestellt, hat dies zur Folge, dass die Bestreitung wirkungslos ist. **11**

Die Bestimmungen des § 9 IO über die Hemmung (bzw Unterbrechung) der Verjährung sind analog auf arbeitsrechtliche Präklusivfristen (zB § 34 AngG, Verfallsklauseln in KollV) anzuwenden (OGH 9 ObA 63/05p, DRdA 2005, 548). **12**

.....

§ 75. (1) Ausfertigungen des Ediktes sind zuzustellen:
1. jedem Insolvenzgläubiger, dessen Anschrift bekannt ist;
2. jedem im Unternehmen errichteten Organ der Belegschaft.
3. auf die nach den zur Verfügung stehenden technischen Mitteln schnellste Art der Oesterreichischen Nationalbank, wenn das Insolvenzverfahren vom Gerichtshof erster Instanz eröffnet wurde.

(2) Ausfertigungen des Ediktes sind, wenn der Schuldner Unternehmer ist, der für ihn und der für seine Arbeitnehmer zuständigen gesetzlichen Interessenvertretung zuzustellen. Hat der Schuldner das Vermögensverzeichnis und die Bilanz (§ 100) bereits vorgelegt, so sind sie anzuschließen.

(§ 75 IO neugefasst durch BGBl 1982/370, idF BGBl I 2010/29)

Anhörung der gesetzlichen Interessenvertretungen und des Landesarbeitsamts[1]

§ 76. Die gesetzlichen Interessenvertretungen (§ 75 Abs. 2) und das Bundesamt für Soziales und Behindertenwesen sowie die Landesgeschäftsstelle des Arbeitsmarktservice können sich innerhalb dreier Wochen über die im § 81a Abs. 1 bezeichneten Umstände äußern. Die Äußerungen sind dem Insolvenzverwalter und dem Gläubigerausschuß zur Kenntnis zu bringen. Wenn die hiefür notwendigen Abschriften beigebracht werden, sind die Äußerungen auf Verlangen der Äußerungsberechtigten auch den Gläubigern zuzustellen.

(§ 76 IO neugefasst durch BGBl 1982/370, idF BGBl I 2010/29)

Schrifttum zu den §§ 75, 76 IO

Krejci, Der Sozialplan (1983).

Übersicht zu den §§ 75, 76 IO

1. Vorbemerkung .... Rz 1
2. Mitwirkung der betrieblichen Interessenvertretung .... Rz 2–6
   2.1 Informationsrechte .... Rz 7
       2.1.1 Zustellung des Edikts .... Rz 7
       2.1.2 Aufhebung des Insolvenzverfahrens sowie Beendigung und Einstellung der Treuhand .... Rz 8
   2.2 Anhörungsrechte .... Rz 9

---

[1] In der Überschrift unterblieb die Ersetzung des Begriffs „des Landesarbeitsamts" durch „des Bundesamts für Soziales und Behindertenwesen sowie durch die Landesgeschäftsstelle des Arbeitsmarktservice" irrtümlich.

2.2.1 Insolvenzantrag .... Rz 9
2.2.2 Fortführung, Schließung oder Wiedereröffnung
        des Unternehmens... Rz 10
2.2.3 Bestellung des Mitglieds des Gläubigerausschusses
        für die Belange der AN... Rz 11
3. **Mitwirkung der überbetrieblichen Interessenvertretungen** .... Rz 12
3.1 Informationsrechte .... Rz 13
    3.1.1 Zustellung des Edikts .... Rz 13
    3.1.2 Zustellung des Vermögensverzeichnisses und der Bilanz .... Rz 14
    3.1.3 Schließung oder Wiedereröffnung des Unternehmens .... Rz 15
    3.1.4 Aufhebung des Insolvenzverfahrens, Abweisung
          des Insolvenzantrags sowie Beendigung und
          Einstellung der Treuhand .... Rz 16
3.2 Anhörungsrechte .... Rz 17
    3.2.1 Wirtschaftliche Lage des Unternehmens................. Rz 17
    3.2.2 Bestellung des Mitglieds des Gläubigerausschusses
          für die Belange der AN... Rz 18

1. Vorbemerkung

Das IRÄG 1982 hat im Einklang mit seiner Zielsetzung, die Unternehmenssanierung zu fördern und damit Arbeitsplätze zu sichern, sowohl der betrieblichen als auch der überbetrieblichen Interessenvertretung der AN Mitwirkungsrechte am Insolvenzverfahren eingeräumt. **1**

Im Folgenden wird über den Bereich der §§ 75 f IO hinaus versucht, die wesentlichsten dieser Mitwirkungsmöglichkeiten systematisch darzustellen.

2. Mitwirkung der betrieblichen Interessenvertretung

Hervorzuheben ist zunächst, dass die betrieblichen Mitwirkungsrechte der Belegschaft nach dem ArbVG durch die Eröffnung des Insolvenzverfahrens nicht geschmälert werden. Ihr Adressat ist allerdings während des Insolvenzverfahrens grundsätzlich der Insolvenzverwalter. Die IO fügt diesen Mitwirkungsrechten weitere auf das Insolvenzverfahren bezogene hinzu. **2**

Von den **Mitwirkungsrechten nach dem ArbVG** verdienen im Rahmen des Insolvenzverfahrens im Bereich der **personellen Mitbestimmung** vor allem der allgemeine Kündigungsschutz (§ 105 ArbVG) und der Versetzungsschutz (§ 101 ArbVG) besondere Beachtung. Insb muss auch bei Kündigungen nach § 25 IO das betriebsverfassungsrechtliche Vorverfahren nach § 105 ArbVG eingehalten werden (*Haider* in *Reissner*, AngG[2] § 33 Rz 23). Im Bereich der **sozialen Mitbestimmung** kann zB die Mitbestimmung bei der Auflösung von betrieblichen Wohlfahrtseinrichtungen eine Rolle spielen (§ 95 Abs 3 ArbVG; vgl hierzu *Haider* in ZellHB BV Rz 30, 47 ff). **3**

Große Bedeutung kommt in der Praxis der **Mitwirkung in wirtschaftlichen Angelegenheiten** zu, da im Insolvenzverfahren tiefgreifende Veränderungen der ökonomischen Struktur des Unternehmens den Regelfall bilden. Zu denken ist dabei zuerst an die wirtschaftlichen **Informations-, Interventions- und Beratungsrechte gem § 108 ArbVG**. Durch § 108 ArbVG werden die dazu korrelierenden allgemein normierten Befugnisse des BR (§§ 90 ff ArbVG) hinsichtlich der Mitwirkung des BR in wirtschaftlichen Angelegenheiten konkretisiert (*Winkler* in *Tomandl*, ArbVG § 108 Normzweck). Ist der BR durch diese speziellen Informationsrechte nicht in der Lage, seine Interessenvertretungsaufgaben (§ 38 ArbVG) vollständig wahrzunehmen, kann er auf die **allgemeine Rechtsgrundlage des § 91 Abs 1 ArbVG** zurückgreifen (*Reissner* in ZellKomm[3] § 91 ArbVG Rz 2). Danach ist der BI auf Verlangen des BR verpflichtet, diesem über alle Angelegenheiten, welche die wirtschaftlichen, sozialen, gesundheitlichen oder kulturellen Interessen der AN des Betriebs berühren, Auskunft zu erteilen. Im Umfeld eines Insolvenzverfahrens muss hier wohl vor allem an die wirtschaftlichen und sozialen Interessen der AN gedacht werden, sollten diese Informationen nicht schon durch das spezielle Informationsrecht nach § 108 ArbVG erlangt worden sein. § 108 ArbVG erwähnt zudem iZm dem **Interventionsrecht** die Erstellung von Wirtschaftsplänen. Dadurch wird das Vorschlagsrecht jedoch nicht nur auf diesen Bereich beschränkt (der Gesetzeswortlaut spricht von „insb"), es werden vielmehr alle wirtschaftlich relevanten Gesichtspunkte des betrieblichen Geschehens mitumfasst (ausführlich hierzu *Schindler* in *Gahleitner/Mosler*, ArbVR III[5] § 108 Rz 43 f).

4 Größte Bedeutung wird aber regelmäßig der **Mitbestimmung bei Betriebsänderungen** zukommen (§ 109 ArbVG), die in Betrieben mit mehr als 20 AN in der Möglichkeit des BR gipfelt, einen **Sozialplan** zu erzwingen, sofern mit einer Betriebsänderung wesentliche Nachteile für die Belegschaft verbunden sind (hierzu *Binder* in *Tomandl*, ArbVG § 97 Rz 61 ff). Diese Möglichkeit des **Abschlusses** (der Erzwingung) eines **Sozialplans** besteht prinzipiell **auch während des Laufs eines Insolvenzverfahrens.** Das Ausmaß allfälliger Sozialplanleistungen wird jedoch unter Berücksichtigung der jeweiligen Zwecke des anhängigen Insolvenzverfahrens festzusetzen sein und darf insb nicht die Durchführung des Insolvenzverfahrens gefährden (vgl *Krejci*, Sozialplan 133). Der OGH betrachtet in diesem Sinne Sozialpläne als nichtig, die angesichts der sich abzeichnenden Zahlungsunfähigkeit des AG Zusatzleistungen für ausscheidende AN vorsehen, wenn diese nur zu Lasten des IEF zu befriedigen sein werden (RIS-Justiz RS0050964; OGH 9 Ob 902/88, infas 1989 A 74; 9 ObA 906/91, ARD 4338/10/92; 8 ObS 12/12s, DRdA 2013/36, 346 *[Wolligger]* = RdW 2013/233, 226). Kommen die Betriebspartner angesichts einer sich bereits abzeichnenden Insolvenz des BI noch vor Eröffnung des Insolvenzverfahrens überein, zu Gunsten der AN einen großzügigen Sozialplan zu vereinbaren, um ihnen so im erwarteten Insolvenzverfahren eine möglichst gute Position zu verschaffen, kann der Insolvenzverwalter in diesem Vorgehen eine gezielte Benachteiligung der Interessen aller Gläubiger sehen und den Sozialplan nach den einschlägigen Vorschriften der IO anfechten (OGH 9 ObS 6, 7/90, ZAS 1991/15, 169 *[Klicka]* = DRdA 1990, 470; s auch OGH 8 ObS 183/98i, ZIK 1999, 142, wonach das Vorliegen einer derartigen Sittenwidrigkeit nicht nur im Rahmen der Anfechtungstatbestände der IO wahrgenommen werden kann; vgl weiterführend § 1 IESG Rz 343, 436).

In Betrieben mit mehr als 200 AN kann der BR einen **Einspruch gegen** **die Wirtschaftsführung** erheben, der einer freiwilligen Schlichtung zugeführt werden kann (§ 111 ArbVG). Richtet sich der Einspruch gegen eine geplante Betriebsstilllegung, so hat er für einen Zeitraum von längstens vier Wochen aufschiebende Wirkung. In Betrieben mit mehr als 400 AN kann der BR uU sogar die staatliche Wirtschaftskommission anrufen, die in letzter Instanz ein für den BI allerdings unverbindliches Gutachten über den Einspruch des BR erstellt, wenn bis dahin sämtliche Schlichtungsversuche scheitern (§ 112 ArbVG; Näheres zur Mitbestimmung nach dem ArbVG bei *Löschnigg*, Arbeitsrecht[12] 990 ff). 5

Die IO spricht an mehreren Stellen von der **Beteiligung „jedes" im Unternehmen errichteten Organs der Belegschaft** (§§ 75 Abs 1 Z 2, 254 Abs 5 IO; vgl auch § 88 Abs 1 IO). Gem § 40 ArbVG sind ua folgende Organe der Belegschaft vorgesehen: die Betriebsversammlung (Gruppenversammlung), der BR (für Arbeiter bzw Angestellte), der Wahlvorstand, die Rechnungsprüfer und im Fall getrennter BR der Betriebsausschuss. Umfasst ein Unternehmen mehrere Betriebe, so kommen der ZBR, der zugehörige Wahlvorstand, die Rechnungsprüfer und die Betriebsräteversammlung dazu. In Konzernen tritt noch die Konzernvertretung hinzu. 6

Die Aufzählung zeigt deutlich, dass eine Beteiligung all dieser Organe der Belegschaft am Insolvenzverfahren keinesfalls gemeint sein kann. Wahlvorstände – aber auch Rechnungsprüfer – sind keine Organe der Belegschaft, die man sinnvollerweise an einem Insolvenzverfahren beteiligt; dies gilt auch für alle Arten von Versammlungen. Dem Gesetzgeber schwebt somit lediglich die Mitwirkung aller BR – also sowohl des **Arbeiter-** als auch des **Angestelltenbetriebsrats**, des **ZBR** und gegebenenfalls der **Konzernvertretung** – in gleicher Weise am Insolvenzverfahren vor, damit diese die von ihnen vertretene Belegschaft über deren Rechte und Pflichten informieren sowie die entsprechenden Befugnisse der Arbeitnehmerschaft gegenüber dem Insolvenzverwalter ausüben können (vgl auch *Reissner* in ZellKomm[3] §§ 75–78a IO Rz 6; *Katzmayr* in *Konecny/Schubert* § 75 IO Rz 12). In Theaterbetrieben sowie Schifffahrts- und Flugunternehmen sind natürlich die dort allenfalls zusätzlich bestehenden Sonderbetriebsräte (darstellendes und nichtdarstellendes Personal gem § 133 Abs 2 ArbVG, fliegendes bzw fahrendes Personal, nichtfliegendes bzw nicht fahrendes Personal gem § 134 Abs 5 ArbVG) zur Mitwirkung berufen. Ist eine Belegschaft der Pflicht sich zu organisieren nicht nachgekommen, so kann sie im Insolvenzverfahren des BI nicht mitwirken.

2.1 Informationsrechte

2.1.1 Zustellung des Edikts

7 Gem § 75 Abs 1 Z 2 IO ist eine Ausfertigung des Insolvenzedikts, welches insb die Bezeichnung des Gerichts, die Personalien des Schuldners, jene des Insolvenzverwalters, Ort, Zeit und Zweck der ersten Gläubigerversammlung, die Aufforderung an die Insolvenzgläubiger zur Forderungsanmeldung sowie die Anmeldefrist und den Ort sowie Termin der Prüfungstagsatzung enthält (§ 74 Abs 2 IO), den unter Rz 6 genannten Organen der Belegschaft des in der Insolvenz befindlichen Unternehmens zuzustellen.

Hierbei handelt es sich um einen Fall einer **besonderen bzw individuellen Zustellung** des Insolvenzedikts (vgl § 75 IO). Der Beschluss auf Eröffnung des Insolvenzverfahrens ist durch Edikt öffentlich bekanntzumachen (§ 74 Abs 1 IO), und zwar durch Aufnahme in die Insolvenzdatei (§§ 255 f IO, §§ 89j f GOG), womit auch die Folgen der Zustellung eintreten. Ist neben einer öffentlichen Bekanntmachung des Insolvenzedikts, wie im Fall der Zustellung an die Organe der Belegschaft (Rz 6), eine besondere Zustellung vorgeschrieben, so treten die Folgen der Zustellung schon durch die öffentliche Bekanntmachung ein, auch wenn eine individuelle Zustellung unterblieben ist (§ 257 Abs 2 IO). Ist erstere ordnungsgemäß erfolgt, kann sich niemand auf einen Zustellmangel berufen, die individuelle Zustellung ist insofern ohne Bedeutung (*Konecny* in *Konecny/Schubert* § 105 KO Rz 3). Auch die Rechtsmittelfrist beginnt für alle Beteiligten – unabhängig ob bzw wann die individuelle Zustellung nach § 75 IO erfolgt – mit der öffentlichen Bekanntmachung des Edikts (RIS-Justiz RS0065237). Ausgehend davon reicht es aus, das Edikt ohne Zustellausweis zuzustellen (§ 126 Abs 2 lit d Geo).

Der (Schutz-)Zweck des § 75 IO besteht somit (lediglich) darin, die im G genannten Personengruppen von der Insolvenzeröffnung sowie über die im Edikt angeführten Daten (zB die Anmeldefrist) zu informieren (*Katzmayr* in *Konecny/Schubert* § 75 IO Rz 1, 3).

Hat sich die **Belegschaft nicht organisiert** und kann diese somit im Insolvenzverfahren nicht mitwirken, ist das Edikt nicht jedem einzelnen AN zuzustellen. Vielmehr hat eine Zustellung nach § 75 Abs 1 Z 1 IO (lediglich) an jene AN zu erfolgen, die dem Insolvenzgericht als Insolvenzgläubiger bekannt sind (so zutreffend *Katzmayr* in *Konecny/Schubert* § 75 IO Rz 4, 13). Diese individuelle Benachrichtigung, die wohl den größten Teil der Arbeitnehmerschaft umfasst, hat im Übrigen auch bei Existenz eines Belegschaftsorgans zu erfolgen. Dies erscheint insb auf Grund des Umstands, dass § 78a IO dieser Informationsverpflichtung gegenüber subsidiär ist, als erforderlich.

2.1.2 Aufhebung des Insolvenzverfahrens sowie Beendigung und Einstellung der Treuhand

Mit dem IRÄG 2010 wurde eine bislang fehlende, allgemeine Bestimmung über die Aufhebung des Insolvenzverfahrens geschaffen (ErläutRV 612 BlgNR 24. GP 19). § 123 Abs 1 IO regelt, dass der **Beschluss über die Aufhebung des Insolvenzverfahrens** öffentlich bekanntzumachen sowie der Eintritt der Rechtskraft des Aufhebungsbeschlusses in der Insolvenzdatei anzumerken ist. Abs 2 leg cit verweist auf § 79 Abs 2 und 3 IO, wonach die Beendigung der Wirkungen der Eröffnung des Insolvenzverfahrens den Behörden und Stellen mitzuteilen ist, die nach den §§ 75 und 78 IO von der Eröffnung des Insolvenzverfahrens benachrichtigt worden sind (Abs 2 leg cit), also auch den unter Rz 6 angeführten Organen der Belegschaft (§ 75 Abs 1 Z 2 IO). Dies gilt bei einem erfolgreichen Rekurs gegen den Eröffnungsbeschluss (§ 79 Abs 1 IO), bei der Aufhebung nach Vollzug der Schlussverteilung (§ 139 IO), der Aufhebung des Insolvenzverfahrens mangels Vermögens (§ 123a IO) sowie der Aufhebung mit Einverständnis der Gläubiger (§ 123b IO). Eine solche Mitteilungspflicht besteht ferner zumindest auch bei der Aufhebung des Insolvenzverfahrens im Zuge der Bestätigung des **Sanierungsplans** (§ 152b Abs 4 iVm § 79 Abs 2 IO). Zudem müssen die Organe der Belegschaft gem § 157d Abs 2 iVm § 79 Abs 2 IO informiert werden, wenn die Überwachung des Schuldners durch einen Treuhänder der Gläubiger vom Insolvenzgericht für beendet erklärt wird, weil der Sanierungsplan erfüllt oder die festgesetzte Bedingung eingetreten ist (§ 157d Abs 1 IO). Dies gilt auch dann, wenn die eben erwähnte Überwachung aus den in § 157e IO taxativ aufgezählten Gründen mit Beschluss eingestellt wird (§ 157f Abs 1 iVm § 79 Abs 2 IO).

8

2.2 Anhörungsrechte
2.2.1 Insolvenzantrag

§ 70 Abs 2 IO verpflichtet das Insolvenzgericht, nach Möglichkeit Auskunftspersonen zum Insolvenzantrag zu vernehmen. Zu diesen Auskunftspersonen zählen gem § 254 Abs 5 IO auch die Organe der vom Insolvenzantrag betroffenen Belegschaft. Sinn und Zweck dieser Vernehmung ist es auch, von vornherein Klarheit über allfällige Fortführungschancen des Unternehmens zu gewinnen (vgl ErläutRV 3 BlgNR 15. GP 51).

9

2.2.2 Fortführung, Schließung oder Wiedereröffnung des Unternehmens

10 Gem § 78 Abs 1 IO hat das Insolvenzgericht alle Maßnahmen zu treffen, die zur Sicherung der Masse und zur Fortführung eines Unternehmens dienlich sind. Erweist sich eine Unternehmensfortführung als nicht möglich (vgl § 114a und § 115 IO), hat das Insolvenzgericht die Unternehmensschließung zu veranlassen. Zuvor muss es jedoch den Insolvenzverwalter, den Gläubigerausschuss und – wenn dies rechtzeitig möglich ist – auch den Schuldner und sonstige Auskunftspersonen, zu denen gem § 254 Abs 5 IO auch die Organe der betroffenen Belegschaft gehören, vernehmen. Will der Insolvenzverwalter ein Unternehmen oder einzelne Unternehmensbereiche schließen oder wieder eröffnen, bedarf es hierzu der Bewilligung des Insolvenzgerichts. Das Gericht muss in diesem Fall ebenfalls den Gläubigerausschuss sowie – wenn es rechtzeitig möglich ist – den Schuldner und Auskunftspersonen vernehmen (§ 114a Abs 2 IO).

2.2.3 Bestellung des Mitglieds des Gläubigerausschusses für die Belange der AN

11 Das Insolvenzgericht hat dem Insolvenzverwalter bei Vorliegen der Voraussetzungen des § 88 Abs 1 IO einen Gläubigerausschuss beizuordnen, der aus drei bis sieben Mitgliedern besteht, von denen eines die Belange der AN wahrzunehmen hat. Der Gläubigerausschuss hat die Pflicht, den Insolvenzverwalter zu überwachen und zu unterstützen. Bzgl des Mitglieds des Gläubigerausschusses für die Belange der AN hat das Gericht – wenn tunlich – auf Vorschläge der zuständigen Organe der Belegschaft und der gesetzlichen und freiwilligen Interessenvertretungen Bedacht zu nehmen. Die gesetzliche Interessenvertretung der AN und die Organe der Belegschaft sind – wenn dies rechtzeitig möglich ist – jedenfalls zu vernehmen (§ 88 Abs 1 IO). Mitglieder des Gläubigerausschusses können nicht nur Gläubiger selbst, sondern auch andere physische und juristische Personen – etwa gesetzliche oder freiwillige Interessenvertretungen – werden (vgl § 88 Abs 2 IO).

3. Mitwirkung der überbetrieblichen Interessenvertretungen

12 Auf überbetrieblicher Ebene sind die Mitwirkungsrechte am Insolvenzverfahren überwiegend der gesetzlichen Interessenvertretung, also der Kammer für Arbeiter und Angestellte (Kammer für Arbeiter und Angestellte in der Land- und Forstwirtschaft), eingeräumt. Eine einschlägige Möglichkeit für freiwillige Interessenvertretungen, dh Gewerkschaften, besteht nur im Rahmen der Bestimmung des § 88 Abs 1 IO, also bei Bestellung als Gläubigerausschussmitglied für die Belange der AN.

3.1 Informationsrechte
3.1.1 Zustellung des Edikts

Ist der Schuldner Unternehmer, sind gem § 75 Abs 2 IO Ausfertigungen des Insolvenzedikts der für ihn und der für seine AN zuständigen gesetzlichen Interessenvertretung, ebenso wie den Organen der Belegschaft, zuzustellen (vgl ausführlich Rz 7). **13**

3.1.2 Zustellung des Vermögensverzeichnisses und der Bilanz

Der Schuldner ist verpflichtet, dem Gericht ein Vermögensverzeichnis vorzulegen. Darin sind ua die einzelnen Vermögensstücke und Verbindlichkeiten unter Angabe des Betrags bzw Werts aufzunehmen. Bei Forderungen ist ua die Person des Schuldners, der Schuldgrund, der Fälligkeitszeitpunkt, allfällig bestehende Sicherheiten sowie die Angaben zur Einbringlichkeit anzuführen. Bei Schulden des Insolvenzschuldners muss, falls diese dem Gläubiger ein Recht auf abgesonderte Befriedigung gewähren, die Höhe des mutmaßlichen Ausfalls ausgewiesen werden. Ist ein Gläubiger oder Schuldner naher Angehöriger (§ 32 IO) des Insolvenzschuldners, muss auf diese Eigenschaft hingewiesen werden, ebenso wenn ein Gläubiger oder Schuldner ein Angestellter des Insolvenzschuldners ist oder mit ihm in einem Gesellschafts- oder anderem Gemeinschaftsverhältnis steht. Bei allen Gläubigern und Schuldnern ist die Anschrift anzugeben (§ 100a Abs 1 IO, zu weiteren Angabeverpflichtungen im Vermögensverzeichnis vgl § 100a Abs 2 IO). Gem § 100 Abs 1 iVm § 75 Abs 2 IO ist eine Abschrift dieses Vermögensverzeichnisses der gesetzlichen Interessenvertretung der AN zu übermitteln. Dasselbe gilt für eine vom Schuldner dem Gericht vorgelegte Bilanz. **14**

3.1.3 Schließung oder Wiedereröffnung des Unternehmens

Beschlüsse des Gerichts über die Schließung, Wiedereröffnung und Feststellung, dass das bereits geschlossene Unternehmen geschlossen bleibt, sind, wenn sie gleichzeitig mit der Eröffnung des Insolvenzverfahrens gefasst werden, im Edikt, sonst gesondert öffentlich bekanntzumachen. Bis zur Novelle BGBl I 1999/73 mussten diese Beschlüsse ua auch den gesetzlichen Interessenvertretungen zugestellt werden (§ 114a Abs 3 aF IO). Durch die seit 1. 1. 2000 vorgenommene Veröffentlichung von Schriftstücken und Beschlüssen durch Aufnahme in die Insolvenzdatei ist eine solche Zustellung nicht mehr erforderlich und daher nicht mehr vorgesehen (ErläutRV 1589 BlgNR 20. GP 11 f). **15**

3.1.4 Aufhebung des Insolvenzverfahrens, Abweisung des Insolvenzantrags sowie Beendigung und Einstellung der Treuhand

16 Die Bestimmung über die öffentliche Bekanntmachung der Aufhebung des Insolvenzverfahrens sowie die Anmerkung des Eintritts der Rechtskraft des Aufhebungsbeschlusses in der Insolvenzdatei (§ 123 IO) verweist in ihrem Abs 2 auf § 79 Abs 2 und 3 IO, sohin ua auf die Benachrichtigungspflicht gegenüber den Organen der Belegschaft (§ 79 Abs 2 iVm § 75 Abs 1 Z 2 IO; vgl Rz 8). Die in § 79 Abs 2 IO enthaltenen Verweise umfassen auch die gesetzlichen Interessenvertretungen. Nach § 79 Abs 2 IO ist die Beendigung der Wirkungen der Eröffnung des Insolvenzverfahrens nämlich den Behörden und Stellen mitzuteilen, die nach den §§ 75 und 78 IO von der Verfahrenseröffnung benachrichtigt worden sind. Von diesem Verweis erfasst sind auch die gesetzlichen Interessenvertretungen (§ 79 Abs 2 iVm § 75 Abs 2 IO). Dies gilt daher auch bei einem erfolgreichen Rekurs gegen den Eröffnungsbeschluss (§ 79 Abs 1 IO), bei der Aufhebung nach Vollzug der Schlussverteilung (§ 139 IO), der Aufhebung des Insolvenzverfahrens mangels Vermögens (§ 123a IO) sowie der Aufhebung mit Einverständnis der Gläubiger (§ 123b IO).

Bis zur Novelle BGBl I 2002/75 war der Beschluss über die **Abweisung** des Insolvenzantrags **mangels kostendeckenden Vermögens** ua auch den gesetzlichen Interessenvertretungen zuzustellen (§ 71b der ehem KO idF BGBl I 1997/114). Da der Beschluss und der Eintritt der Rechtskraft dieses Beschlusses nun jedoch in die Insolvenzdatei aufgenommen werden, konnten die vorgesehenen individuellen Verständigungen zwecks Kostensenkung entfallen (ErläutRV 988 BlgNR 21. GP 18 f).

3.2 Anhörungsrechte

3.2.1 Wirtschaftliche Lage des Unternehmens

17 Gem § 76 IO steht ua den gesetzlichen Interessenvertretungen das Recht zu, sich **binnen drei Wochen** nach Erhalt der Ausfertigung des Insolvenzedikts **zur wirtschaftlichen Lage** des Unternehmens, insb über die bisherige Geschäftsführung, die wirtschaftliche Lage, sowie das Ausmaß der Gefährdung von Arbeitsplätzen (vgl § 81a Abs 1 IO), schriftlich zu äußern. Damit soll im Wesentlichen der Insolvenzverwalter in der Erfüllung seiner Verpflichtungen durch Zurverfügungstellung von Informationen unterstützt werden (*Katzmayr* in *Konecny/Schubert* § 76 IO Rz 7).

Die Frist beginnt bereits mit öffentlicher Bekanntmachung des Insolvenzedikts und nicht erst mit individueller Zustellung desselben nach § 75 Abs 2 IO (*Katzmayr* in *Konecny/Schubert* § 76 IO Rz 5; *Schumacher* in *Bartsch/*

Pollak/Buchegger II/2[4] §§ 74–76 KO Rz 36; vgl auch OGH 8 ObA 168/00i, ZIK 2001/113, 63). Die Äußerung ist beim Insolvenzgericht einzubringen und dem Insolvenzverwalter, dem Gläubigerausschuss sowie – auf Verlangen ua der Interessenvertretung – allen Gläubigern zuzustellen, sofern die entsprechende Zahl von Abschriften vorgelegt wird.

3.2.2 Bestellung des Mitglieds des Gläubigerausschusses für die Belange der AN

In den **Gläubigerausschuss** ist, wie bereits unter Rz 11 ausgeführt wurde, ein Mitglied für die Belange der AN zu berufen. Hierbei ist auf Vorschläge der Organe der Belegschaft sowie der gesetzlichen Interessenvertretung der AN, aber auch auf solche der freiwilligen Interessenvertretung Bedacht zu nehmen. Die gesetzliche Interessenvertretung der AN und die Organe der Belegschaft sind – wenn dies rechtzeitig möglich ist – jedenfalls zu vernehmen (§ 88 Abs 1 IO).

.....

§ 78a IO

Verständigung der Arbeitnehmer

§ 78a. Der Insolvenzverwalter hat die Arbeitnehmer des Schuldners unverzüglich von der Eröffnung des Insolvenzverfahrens zu verständigen, wenn sie nicht bereits vom Insolvenzgericht verständigt worden sind oder die Eröffnung des Insolvenzverfahrens nicht allgemein bekannt ist.

(§ 78a IO eingefügt durch BGBl I 2002/75, idF BGBl I 2010/29)

Schrifttum zu § 78a IO

Mohr, Insolvenzrecht 2002: Insolvenzrechts-Novelle 2002, Europäische Insolvenzverordnung (2002);
Muhri/Stortecky, Das neue Insolvenzrecht[6] (2010);
Weber-Wilfert, IRÄG 2010: Austritt wegen Entgeltvorenthalts in der Insolvenz, RdW 2010, 350.

Übersicht zu § 78a IO

1. Verständigungspflicht des Insolvenzverwalters .... Rz 1
   1.1 Hintergrund und Zweck der Norm .... Rz 1–3
   1.2 Zeitpunkt und Form der Verständigung .... Rz 4–7
2. Entfall der Verständigungspflicht .... Rz 8
   2.1 Verständigung durch das Insolvenzgericht .... Rz 9–11
   2.2 Allgemein bekannte Eröffnung des Insolvenzverfahrens .... Rz 12–13

1. Verständigungspflicht des Insolvenzverwalters

1.1 Hintergrund und Zweck der Norm

1 Eingeführt mit BGBl I 2002/75 normiert § 78a IO die Verpflichtung des **Insolvenzverwalters,** die **AN** des Schuldners **unverzüglich** von der **Insolvenzeröffnung** zu **verständigen, außer** sie sind schon durch das **Insolvenzgericht verständigt** worden **oder** die **Eröffnung** des **Insolvenzverfahrens** ist **allgemein bekannt** (womit sich der Anwendungsbereich dieser Norm wiederum wesentlich reduziert; vgl Rz 9, 11). Diese Verständigungspflicht entspricht der 180. Empfehlung der Allgemeinen Konferenz der ILO betreffend den Schutz der Forderungen der AN bei Zahlungsunfähigkeit ihres AG (AB 1048 BlgNR 21. GP 2), wonach gem Punkt 11 die AN oder ihre Vertreter „in Bezug auf Insolvenzverfahren, die eröffnet worden sind und die die Forderungen der AN berühren, rechtzeitig informiert und dazu angehört werden" sollen.

Diesen Schutzzweck verfolgte auch der österr Gesetzgeber bei Einführung der gegenständlichen Norm. Nach den Materialien (AB 1048 BlgNR 21. GP 2) wurde die Verständigungspflicht des Insolvenzverwalters eingeführt, um sicherzustellen, dass alle AN zu einem möglichst frühen Zeitpunkt von der Eröffnung des Insolvenzverfahrens über das Vermögen ihres AG verständigt werden. Hierbei wird wohl davon ausgegangen, dass die AN die Insolvenzdatei nicht regelmäßig verwenden (*Mohr*, Insolvenzrecht 2002, 25).

Bei § 78a IO handelt es sich um ein **Informationsrecht des einzelnen AN**, welches ergänzend zu den kollektiven insolvenzspezifischen Mitwirkungsrechten (vgl §§ 75, 76 IO) eingeführt wurde (*Reissner* in ZellKomm³ §§ 75–78a IO Rz 19). Dadurch hat der Gesetzgeber entsprechende Individualrechte der AN geregelt, die vor deren Einführung grundsätzlich nicht vorgesehen waren (vgl Rz 3). Diese Rechte beschränken sich jedoch nur auf die Verständigung über die Eröffnung des Insolvenzverfahrens. Andere Informationspflichten des Insolvenzverwalters gegenüber einzelnen AN, wie zB bei Masseunzulänglichkeit, hat die Rsp bisher nicht angenommen (vgl hierzu OGH 8 ObA 37/05g, ZIK 2006/160, 128 = ARD 5666/2/2006, jedoch zu einem Sachverhalt vor Einführung des § 78a IO). **2**

Wesentlich ist insb, dass das gegenständliche Informationsrecht des AN an seine Stellung als AN und nicht an seine Stellung als Insolvenzgläubiger anknüpft. Sämtliche im Zeitpunkt der Insolvenzverfahrenseröffnung bestehenden Arbeitsverhältnisse sind daher grundsätzlich vom Anwendungsbereich des § 78a IO erfasst.

Offensichtlich wollte der Gesetzgeber mit § 78a IO der nun überholten Rsp des OGH entgegenwirken. Das Höchstgericht (OGH 3 Ob 522/88, RdW 1988, 394 = infas 1989 A 36; RIS-Justiz RS0065247; vgl ebenfalls noch zur alten Rechtslage OGH 8 ObA 37/05g, ZIK 2006/160, 128 = ARD 5666/2/2006) hatte im Jahr 1988 festgehalten, dass eine Verpflichtung des Insolvenzverwalters, die AN des Schuldners von der Verfahrenseröffnung zu verständigen, nicht bestehe. Es führte in diesem Zusammenhang aus, dass Ausfertigungen des Ediktes ua an jedes eingerichtete Belegschaftsorgan bzw, sofern der Gemeinschuldner Unternehmer ist, an die für die AN zuständigen Interessenvertretungen zuzustellen seien. Diese Zustellung habe das Insolvenzgericht und nicht der Insolvenzverwalter zu veranlassen. Weder aus § 75 aF noch aus § 81 aF IO könne, so der OGH, eine Verständigungspflicht der einzelnen AN des Schuldners durch den Insolvenzverwalter abgeleitet werden. Zwar habe der Insolvenzverwalter die Funktion des AG auszuüben und als solcher auch die Fürsorgepflicht iSd § 1157 ABGB zu wahren, jedoch sei diese durch sein Verhalten gar nicht verletzt. Das Fehlen einer gesetzlichen Bestimmung sei vielmehr darin zu sehen, dass in einem kleinen Betrieb, in dem nicht einmal ein BR besteht, die Tatsache der Insolvenzverfahrenseröffnung im Allgemeinen keinem AN verborgen bleiben könne. Dass diese Annahme beim Kl des Verfahrens auf Grund spezieller Umstände nicht zugetroffen habe – der Kl sei als Kraftfahrer nicht rechtzeitig informiert worden und habe so das Austrittsrecht nicht nutzen sowie die viermonatige Frist zur Antragstellung **3** auf Insolvenz-Entgelt nicht wahrnehmen können – und sohin eine besondere Verständigungspflicht angebracht gewesen wäre, habe der AN im Verfahren vor dem Erstgericht nicht behauptet.

Insofern ließ der OGH (3 Ob 522/88, RdW 1988, 394 = infas 1989 A 36) daher offen, ob in solch speziellen Fällen des Außendienstes nicht doch eine Verständigungspflicht durch den Insolvenzverwalter bestehen würde (vgl zur heutigen Rechtslage Rz 1 f, 4 ff).

1.2 Zeitpunkt und Form der Verständigung

4 Gem § 78a Abs 1 IO hat der Insolvenzverwalter die AN **unverzüglich** von der **Verfahrenseröffnung zu verständigen.** Als „unverzüglich" wird eine Verständigung anzusehen sein, die **ohne unnötigen Aufschub** vorgenommen werden muss (*Schumacher* in *Bartsch/Pollak/Buchegger* II/2^4 § 78a KO Rz 2; vgl auch *Katzmayr* in *Konecny/Schubert* § 78a IO Rz 6). So sei es nach *Schumacher* (in *Bartsch/Pollak/Buchegger* II/2^4 § 78a KO Rz 2) denkbar, dass es dem Insolvenzverwalter nicht in jeder Situation möglich sein wird, alle AN unmittelbar nach der Verfahrenseröffnung zu verständigen. Die Verständigung habe so rasch wie möglich, eben ohne unnötigen Aufschub, stattzufinden. Die hier vorgenommene Auslegung entspricht auch dem den Materialien (AB 1048 BlgNR 21. GP 2) entnommenen Zweck, wonach alle AN zu einem möglichst frühen Zeitpunkt von der Eröffnung des Insolvenzverfahrens informiert werden sollen. Dennoch muss darauf geachtet werden, dass die Zeit zwischen der Eröffnung des Insolvenzverfahrens und der Verständigung möglichst kurz gehalten wird. Die AN sollen möglichst lange Zeit haben, sich über die sie betreffenden Folgen einer Insolvenz des AG zu informieren und entsprechende Vorkehrungen zu treffen.

5 Gänzlich offen gelassen wird die **Form der Verständigung.** Die Materialien (AB 1048 BlgNR 21. GP 2) führen hierzu aus, dass die Auswahl einer zweckmäßigen Verständigungsform dem Insolvenzverwalter überlassen werden soll, wobei grundsätzlich auch ein Aushang im Unternehmen in Betracht kommen kann. Ein Schriftformgebot besteht jedenfalls nicht. Als eine „kollektive", dh die AN des Betriebs betreffende Verständigungsform könnte somit auch eine Betriebsversammlung dienen, wobei hier vor allem darauf zu achten ist, nicht anwesende AN separat zu verständigen (*Schumacher* in *Bartsch/Pollak/Buchegger* II/2^4 § 78a KO Rz 3). Zwar könnten ein Aushang im Betrieb oder eine Betriebsversammlung ausreichen, um „sämtliche" (AB 1048 BlgNR 21. GP 2) AN zu erreichen bzw zu verständigen, nach *Schumacher* (in *Bartsch/Pollak/Buchegger* II/2^4 § 78a KO Rz 3) ist diesen Möglichkeiten aber – mE zu Recht – eine individuelle schriftliche Verständigung, uU unter der – nicht verpflichtenden – Angabe der Rechte und Möglichkeiten der AN im Insolvenzfall, vorzuziehen (vgl auch *Weber-Wilfert*, RdW 2010, 351).

Jene AN, die von der allgemeinen Mitteilung im Unternehmen keine Kenntnis erlangen können, so zB diejenigen, die sich in Karenz oder beim Präsenzdienst befinden oder dauernd im Außendienst tätig sind (vgl dazu die Ausführungen zur E OGH 3 Ob 522/88, RdW 1988, 394 = infas 1989 A 36 aus dem Jahr 1988 unter Rz 3), sind hingegen jedenfalls **individuell zu verständigen,** zB durch Übersendung des Insolvenzedikts (AB 1048 BlgNR 21. GP 2; vgl auch *Muhri/Stortecky*, Insolvenzrecht[6] § 78a IO Anm 1). 6

Erfolgt in einem Unternehmen die allgemeine Verständigung von der Verfahrenseröffnung (Rz 4 f) durch einen Aushang bzw eine Betriebsversammlung, wird der Insolvenzverwalter aber wohl den Kreis der Personen, „die von der allgemeinen Mitteilung im Unternehmen keine Kenntnis erlangen können" und denen daher eine Verständigung nach § 78a IO individuell zuzustellen ist, zur Wahrung des Zwecks der Norm sehr weit fassen müssen. Nur so ist sicherzustellen, dass sämtliche AN des Unternehmens verständigt werden. 7

2. Entfall der Verständigungspflicht

Die individuelle Verständigung des AN durch den Insolvenzverwalter ist gewissermaßen „subsidiär" im Verhältnis zu anderen Verständigungsarten (*Reissner* in ZellKomm[3] §§ 75–78a IO Rz 20). Im Folgenden sollen daher die in § 78a IO selbst genannten Fallkonstellationen aufgezeigt werden, in denen der Insolvenzverwalter die AN nicht von der Eröffnung des Insolvenzverfahrens informieren muss. 8

2.1 Verständigung durch das Insolvenzgericht

Die Verständigungspflicht des Insolvenzverwalters nach § 78a IO kann entfallen, wenn die AN bereits vom **Insolvenzgericht** verständigt worden sind. Dadurch soll eine nochmalige Verständigung insofern vermieden werden, als AN insb wegen offener Entgeltansprüche häufig gleichzeitig Insolvenzgläubiger sind und daher nach § 75 Abs 1 Z 1 IO, sofern deren Anschrift bekannt ist, von der Insolvenzverfahrenseröffnung von Seiten des Insolvenzgerichts durch Zustellung des Edikts verständigt werden müssen (AB 1048 BlgNR 21. GP 2). 9

Dadurch reduziert sich der Anwendungsbereich von § 78a IO wesentlich, da im Insolvenzfall des AG idR sämtliche AN offene (Entgelt-)Ansprüche aus der Zeit vor Insolvenzverfahrenseröffnung haben werden und somit durch das Insolvenzgericht zu verständigen sind. Gerade bei ruhenden Arbeitsverhältnissen (zB Karenzierungen) kann es jedoch vorkommen, dass im Zeitpunkt der Verfahrenseröffnung keine Insolvenzforderungen vorliegen und somit diese AN nicht Insolvenzgläubiger sind. Wird deren Arbeitsverhältnis nach § 25 IO beendet, hat zwar hinsichtlich allfälliger offener Entgelt- bzw Beendigungsansprüche in der Folge eine Benachrichtigung nach § 75 Abs 1 Z 1 IO stattzufinden, in zeitlicher Hinsicht wird die Verständigungspflicht nach § 78a IO jedoch zu diesem Zeitpunkt schon eingetreten sein.

Da der Insolvenzverwalter nur dann von seiner Verständigungspflicht befreit ist, wenn das Insolvenzgericht tatsächlich die Zustellung des Edikts an die AN durchgeführt hat, kann eine Verständigung nach § 78a IO nur unterbleiben, wenn keine Zweifel an der individuellen Zustellung bestehen, so zB bei entsprechender Einsicht in die richterlichen Verfügungen und Abfertigungsvermerke der Abteilung oder – sofern vorhanden – Zustellnachweise (vgl aber §§ 75, 76 Rz 7; hierzu *Katzmayr* in *Konecny/Schubert* § 78a IO Rz 8; *Schumacher* in *Bartsch/Pollak/Buchegger* II/2⁴ § 78a KO Rz 5).

10 *Schumacher* (in *Bartsch/Pollak/Buchegger* II/2⁴ § 78a KO Rz 6) weist darauf hin, dass der Gesetzgeber die Verständigungspflicht des AN durch den Insolvenzverwalter nach § 78a IO auch bei Verständigung des „Organs der Belegschaft" gem § 75 Abs 1 Z 2 IO (vgl §§ 75, 76 Rz 1 ff) vorsieht. Dabei wäre es bei einer derartigen Benachrichtigung naheliegend, hinsichtlich der Mitglieder des jeweiligen Organs schon von einer erfolgten Verständigung durch das Insolvenzgericht zu sprechen. Genau genommen wird hier jedoch nur das Organ als solches, nicht aber deren Mitglieder verständigt. Eine individuelle Verständigung der Mitglieder nach § 78a IO kann somit nicht unterbleiben. Durch die Verständigung des Belegschaftsorgans ist keineswegs sichergestellt, dass alle Mitglieder des Organs davon Kenntnis erlangen. Insb in Fällen nicht iSd § 117 ArbVG freigestellter Betriebsratsmitglieder im Außendienst bzw Bildungsfreistellung in Anspruch nehmender Belegschaftsvertreter (§§ 118 f ArbVG) kann es durchaus vorkommen, dass diese von der Eröffnung des Verfahrens nicht benachrichtigt werden. Eine (zusätzliche) Verständigung aller Mitglieder des Belegschaftsorgans ist daher als sachgerecht anzusehen.

11 In Insolvenzverfahren von Unternehmen mit einer **ungewöhnlich großen Anzahl von Gläubigern** kann nach Ermessen des Gerichts gem § 257 Abs 3 IO eine besondere Zustellung an die Gläubiger unterbleiben, wenn der wesentliche Inhalt des zuzustellenden Schriftstücks öffentlich bekanntgemacht wird. Die Verständigung nach § 78a IO kann jedoch nicht entfallen, da die AN im Falle des § 78a IO eine Benachrichtigung auf Grund ihrer Arbeitnehmereigenschaft und nicht auf Grund einer allfälligen Gläubigereigenschaft erhalten müssen (*Mohr*, Insolvenzrecht 2002, 26). Gerade in einem derartigen Insolvenzfall kann jedoch idR davon ausgegangen werden, dass eine allgemein bekannte Eröffnung eines Insolvenzverfahrens (Rz 12 f) vorliegt, weswegen die Informationspflicht nach § 78a IO aus diesem Grund unterbleiben kann.

2.2 Allgemein bekannte Insolvenzverfahrenseröffnung

Eine individuelle Verständigung durch den Insolvenzverwalter nach § 78a IO kann auch dann unterbleiben, wenn die **Eröffnung** des Insolvenzverfahrens **allgemein bekannt** ist. Die Veröffentlichung in der Ediktsdatei kann damit nicht gemeint sein, ist doch jede Eröffnung eines Insolvenzverfahrens durch Edikt bekanntzumachen (§ 74 IO), gegebenenfalls würde somit § 78a IO gänzlich der Anwendungsbereich fehlen. Es bedarf daher zusätzlicher Umstände, die auf eine allgemeine Bekanntheit der Insolvenz schließen lassen.

Nach den Materialien (AB 1048 BlgNR 21. GP 2) ist dabei zB an Medienberichte über die Insolvenz zu denken. *Mohr* (Insolvenzrecht 2002, 26) sieht demgemäß diesen Umstand bei einer Großinsolvenz verwirklicht, über die Medien wiederholt berichtet haben. *Schumacher* (in *Bartsch/Pollak/Buchegger* II/2[4] § 78a KO Rz 7) versteht darunter eine „überregional bekannte Insolvenz". *Katzmayr* (in *Konecny/Schubert* § 78a IO Rz 9) geht hingegen von einer öffentlich bekannten Insolvenzverfahrenseröffnung aus, wenn die von der Insolvenz betroffene Bevölkerungsschicht davon mit hoher Wahrscheinlichkeit Kenntnis hat bzw haben wird. Mit *Katzmayr* wird sohin von einer Einzelfallbetrachtung auszugehen und das Kriterium der „allgemeinen Bekanntheit" in § 78a IO schon nach objektiv teleologischen Überlegungen „personen- und unternehmensbezogen" auszulegen sein. Dabei erscheint gerade das Abstellen auf ein räumliches Kriterium als nicht sinnvoll: Wird ein lediglich regionales Unternehmen mit einer geringen Anzahl von AN insolvent, kann schon eine regionale Berichterstattung genügen, um von einer „allgemeinen Bekanntheit" sprechen zu können; war das Unternehmen jedoch überregional bzw international tätig, könnte – gerade im Hinblick auf im Ausland tätige AN – selbst eine nationale Berichterstattung uU nicht ausreichen, um eine allgemeine Bekanntheit zu erreichen. Im Zweifel wird der Insolvenzverwalter jedoch verpflichtet sein, zumindest Teile der Belegschaft nach § 78a IO zu informieren.

.....

§ 111 IO

Zuständigkeit für Klagen wegen bestrittener Forderungen.

§ 111. (1) Zur Verhandlung und Entscheidung von Rechtsstreitigkeiten über die Richtigkeit und die Rangordnung von Insolvenzforderungen ist ausschließlich das Insolvenzgericht zuständig. Dies gilt nicht für Arbeitsrechtssachen nach § 50 ASGG.

(2) Die allgemeinen Vorschriften über die Zuständigkeit der Gerichte für Klagen wegen Ansprüche auf Aussonderung, Absonderung oder auf Grund von Masseforderungen werden nicht berührt.

(§ 111 IO idF BGBl I 2010/29)

Schrifttum zu § 111 IO

Fink, Arbeits- und sozialgerichtliche Miszellen, ÖJZ 1988, 97;
Fink, Das Verfahren in Arbeitsrechtssachen vor dem Konkurs- und Ausgleichsgericht, DRdA 1988, 205;
Holzer, Karenzentschädigung für Konkurrenzklausel – OGH gegen OGH, RdW 1988, 16.

1. Allgemeine Zuständigkeit für Prüfungsprozesse

1   Rechtsstreitigkeiten über **Richtigkeit und Rangordnung von Insolvenzforderungen** sind gem § 111 Abs 1 S 1 IO **vor dem Insolvenzgericht** zu verhandeln. Dadurch werden die außerhalb des Insolvenzverfahrens geltenden Zuständigkeitsvorschriften überlagert (*Kodek* in *Bartsch/Pollak/Buchegger* IV[4] § 111 KO Rz 1), was dem Insolvenzverwalter das Führen von Prüfungsprozessen erleichtern soll (DS 98). Die Zuständigkeit für Klagen wegen Aus- und Absonderungsansprüchen sowie wegen Masseforderungen bleibt gem § 111 Abs 2 IO zwar unberührt, für diese begründet § 262 IO in Z 1 und 2 allerdings eine Wahlzuständigkeit des Insolvenzgerichts.

2   Aus § 113 IO ergibt sich, dass bereits vorher anhängige und mit Verfahrenseröffnung unterbrochene Rechtsstreitigkeiten beim ursprünglich zuständigen Gericht aufzunehmen (und dort als Prüfungsprozess fortzusetzen) sind. Die Zuständigkeitsvorschrift des § 111 Abs 1 IO gilt also nur für Verfahren, die **nach Eröffnung des Insolvenzverfahrens anhängig** gemacht werden (*Konecny* in *Konecny/Schubert* § 111 KO Rz 1). Die Zuständigkeit des Insolvenzgerichts ist trotz des Wortlauts des § 111 Abs 1 IO (arg „ausschließlich") eine prorogable; **Gerichtsstandsvereinbarungen** sind daher zulässig (*Konecny* in *Konecny/Schubert* § 111 KO Rz 2).

3   Mit rechtskräftiger Beendigung des Insolvenzverfahrens entfällt der Zuständigkeitsgrund des § 111 Abs 1 IO (vgl OGH Ob I 241/27, SZ 9/133; OLG Graz 6 R 131/07t, zitiert nach *Mohr*, IO[11] § 111 E 6).

2. Zuständigkeit für Prüfungsprozesse betreffend Arbeitsrechtssachen

Die Zuständigkeitsvorschrift des § 111 Abs 1 IO (damals noch KO) galt bis zur ASGG-Novelle 1994 BGBl 1994/624 auch für Arbeitsrechtssachen nach § 50 ASGG. Seither sind jedoch, soweit Arbeitsrechtssachen nach § 50 ASGG betroffen sind, **auch für insolvenzrechtliche Prüfungsprozesse die ASG zuständig** (§ 111 Abs 1 S 2 IO). Dadurch sollten Uneinheitlichkeiten hinsichtlich der anzuwendenden Verfahrensvorschriften bereinigt werden (ErläutRV 1654 BlgNR 18. GP 32). 4

Der Umfang der Arbeitsrechtssachen richtet sich nach § 50 ASGG. Entscheidend ist dabei nicht die Arbeitgeber- bzw Arbeitnehmereigenschaft der Parteien, sondern die **Rechtsnatur der bestrittenen Insolvenzforderung** (*Kodek* in *Bartsch/Pollak/Buchegger* IV[4] § 111 KO Rz 11). Daher ist das ASG auch für solche insolvenzrechtlichen Ansprüche zuständig, die auf den IEF gem § 11 IESG übergegangenen oder an einen betreibenden Gläubiger im Rahmen der Forderungsexekution überwiesen worden sind. Die Zuständigkeit des ASG besteht auch für Rechtsstreitigkeiten über die **Einordnung der arbeitsrechtlichen Forderung als Insolvenz- oder Masseforderung** (*Konecny* in *Konecny/Schubert* § 111 KO Rz 7). Die Rechtsfolgen einer Verletzung des § 111 Abs 2 IO bestimmen sich nach den §§ 37 und 38 ASGG (*Konecny* in *Konecny/Schubert* § 111 KO Rz 7). 5

.....

§ 113a IO

Geltendmachung von Aus- oder Absonderungsrechten an Einkünften aus einem Arbeitsverhältnis

§ 113a. (1) Aussonderungsberechtigte und Absonderungsgläubiger an einer Forderung auf Einkünfte aus einem Arbeitsverhältnis oder auf sonstige wiederkehrende Leistungen mit Einkommensersatzfunktion haben ihre Aussonderungs- oder Absonderungsrechte schriftlich oder mündlich zu Protokoll beim Insolvenzgericht geltend zu machen. Dabei ist der Betrag der dem Ab- oder Aussonderungsrecht zugrunde liegenden Forderung und die Tatsachen, auf die sich diese Forderung sowie das Ab- oder Aussonderungsrecht gründen, anzugeben sowie die Beweismittel zu bezeichnen, die zum Nachweis der behaupteten Forderung sowie des Ab- oder Aussonderungsrechts beigebracht werden können. § 103 Abs. 2 und § 104 Abs. 3 bis 5 gelten sinngemäß.

(2) Aussonderungs- und Absonderungsrechte an einer Forderung auf Einkünfte aus einem Arbeitsverhältnis oder auf sonstige wiederkehrende Leistungen mit Einkommensersatzfunktion erlöschen, wenn sie nicht bis zur Abstimmung über einen Zahlungsplan geltend gemacht worden sind. Muss die Zahlungsplantagsatzung wegen der Geltendmachung eines solchen Rechts erstreckt werden, so gilt hinsichtlich der Kosten § 107 Abs. 2 sinngemäß.

(§ 113a IO eingefügt durch BGBl I 2002/75, idF BGBl I 2010/29)

Schrifttum zu § 113a IO

Borns, Das Schicksal der Ab- und Aussonderungsrechte an Lohneinkünften im Konkurs, ÖBA 1995, 441;

Fink, Der Privatkonkurs nach der Insolvenzrechts-Novelle 2002, ÖJZ 2003, 201, 217;

Konecny, Voraussetzungen und Geltendmachung der Befreiung von der Kostenersatzpflicht für besondere Prüfungstagsatzungen, ZIK 2001, 48;

Konecny, Keine Entscheidung über Aus- und Absonderungsrechte im Konkursverfahren, ZIK 2004, 74;

Konecny/Weber, Aufrechnung durch Sozialversicherungsträger im Konkurs, ZIK 1999, 191;

Langer, Zur Kostenersatzpflicht für nachträgliche Prüfungstagsatzungen, ZIK 1998, 37;

Mohr, Insolvenzrecht 2002 (2002);

Mohr, Neues zum Zahlungsplan, ecolex 2007, 88;

Nunner-Krautgasser, Aufrechnung in der Insolvenz: Grundlagen und aktuelle Rechtsfragen, in *Nunner-Krautgasser/Kapp/Clavora* (Hrsg), Jahrbuch Insolvenz- und Sanierungsrecht 2014 (2014) 163;

Nunner-Krautgasser/Ph. Anzenberger, Aufrechnung gegen den unpfändbaren Einkommensteil, DRdA 2013/6, 46 (EAnm);

Schneider, Sicherungsrechte am Einkommen im grenzüberschreitenden Insolvenzverfahren, ZIK 2011, 45.

Übersicht zu § 113a IO

1. Zweck der Bestimmung .... Rz 1–2
2. Anwendungsbereich .... Rz 3–8
3. Geltendmachung
   3.1 Rechtsnatur .... Rz 9
   3.2 Form und Inhalt der Geltendmachung .... Rz 10–12
4. **Rechtsfolgen nicht ordnungsgemäßer Geltendmachung**
   4.1 Allgemeines .... Rz 13
   4.2 Verspätete und nicht ordnungsgemäße Geltendmachung
      4.2.1 Geltendmachung nach Ablauf der Anmeldungsfrist............ Rz 14
      4.2.2 Keine ordnungsgemäße Geltendmachung bis zur
            Abstimmung über den Zahlungsplan .... Rz 15–17
   4.3 Nachrangige Ansprüche .... Rz 18
   4.4 Wiederaufleben .... Rz 19

1. Zweck der Bestimmung

Gem § 113a Abs 1 IO haben Aus- und Absonderungsberechtigte am Arbeitseinkommen des Schuldners oder an sonstigen wiederkehrenden Leistungen mit Einkommensersatzfunktion ihre **Aus- und Absonderungsrechte beim Insolvenzgericht geltend zu machen.** Unterbleibt die Geltendmachung bis zur Abstimmung über einen Zahlungsplan, so erlöschen diese Aus- und Absonderungsrechte gem § 113a Abs 2 IO. 1

Hinter dieser Obliegenheit steht das Bestreben des Gesetzgebers, noch vor Abstimmung über einen Zahlungsplan **Klarheit über den Bestand von Aus- und Absonderungsrechten** am Arbeitseinkommen (bzw an wiederkehrenden Leistungen mit Einkommensersatzfunktion) zu **schaffen** (ErläutRV 988 BlgNR 21. GP 27). Den Gläubigern ist im Zahlungsplan gem § 194 Abs 1 IO nämlich eine Quote anzubieten, die der Einkommenslage des Schuldners in den kommenden fünf Jahren entspricht. Da Aus- und Absonderungsrechte im Insolvenzverfahren grundsätzlich nicht angemeldet werden müssen (vgl § 11 Rz 3) und vertragliche Aus- und Absonderungsrechte am Arbeitseinkommen gem § 12a Abs 1 IO erst zwei Jahre nach Verfahrenseröffnung erlöschen (vgl § 12a Rz 4), kam es vor Inkrafttreten der Insolvenz-Novelle 2002 BGBl I 2002/75 in der Praxis immer wieder zu Problemen: Einerseits erhielten die Gläubiger bei irrtümlicher Annahme des Bestehens von Aus- und Absonderungsrechten weniger, als der Einkommenslage des Schuldners entsprach, andererseits führte die irrtümliche Annahme des Nichtbestehens von Aus- und Absonderungsrechten bei deren nachträglichem Auftauchen oft zum 2

Scheitern des Zahlungsplans (ErläutRV 988 BlgNR 21. GP 27). Beiden Problemfällen schiebt § 113a IO mit der **Obliegenheit zur Geltendmachung von Aus- und Absonderungsrechten am Arbeitseinkommen** einen Riegel vor. Auch diese Norm ist im Übrigen Ausfluss der (bereits in § 12a IO verwirklichten) Tendenz, das **Schuldnereinkommen** zur besseren Realisierung der Insolvenzziele (s Vorbem Rz 3) **tunlichst von Vorrechten zu befreien** (*Konecny* in *Konecny/Schubert* § 113a KO Rz 2; zu den Zielen des § 12a IO s § 12a Rz 1).

2. Anwendungsbereich

3   Die Obliegenheit zur Geltendmachung von Aus- und Absonderungsrechten am Schuldnereinkommen besteht in allen Insolvenzverfahren **natürlicher Personen** (*Konecny* in *Konecny/Schubert* § 113a KO Rz 7); eine Beschränkung auf das Schuldenregulierungsverfahren (also die Verbraucherinsolvenz) gibt es nicht (zur Frage, inwieweit § 113a IO auch beim Sanierungsplan – und nicht nur beim Zahlungsplan – zur Anwendung kommt, s Rz 17).

4   § 113a Abs 1 IO spricht von Forderungen auf **Einkünfte aus einem Arbeitsverhältnis** oder auf sonstige **wiederkehrende Leistungen mit Einkommensersatzfunktion.** Bewusst wurde hier eine Parallele zum Wortlaut des § 12a IO gezogen (vgl ErläutRV 988 BlgNR 21. GP 27 f); für die Auslegung der Begriffe kann daher auf die dortigen Ausführungen verwiesen werden (§ 12a IO Rz 2 f). Eine **analoge Anwendung** der Norm auf Aus- und Absonderungsrechte an anderen Forderungen ist **abzulehnen,** weil nur dem Arbeitseinkommen die besondere Bedeutung für die Zahlungsplanquote nach § 194 Abs 1 IO zukommt (*Konecny* in *Konecny/Schubert* § 113a KO Rz 8).

5   § 113a Abs 1 IO betrifft **Aus- und Absonderungsrechte** (vgl zu diesen Begriffen § 11 Rz 1 f) am Schuldnereinkommen. Zu den erfassten Gläubigergruppen zählen etwa **Voll- und Sicherungszessionare** oder Gläubiger, die ein **Vertragspfandrecht** am Einkommen des Schuldners haben (*Kodek* in *Bartsch/Pollak/Buchegger* IV[4] § 113a KO Rz 9). **Exekutive Pfandrechte** sind zwar an sich ebenfalls erfasst, erlöschen aber idR bereits nach § 12a Abs 3 IO, sodass § 113a IO hier kaum Bedeutung zukommt (*Konecny* in *Konecny/Schubert* § 113a KO Rz 11). Aus dem weitgehenden (aber nicht völligen; s Rz 7) Gleichklang mit § 12a IO ergibt sich, dass das Aus- oder Absonderungsrecht grundsätzlich **bereits bei Eröffnung des Insolvenzverfahrens bestanden** haben (jedoch nicht auch notwendigerweise bereits ausgeübt worden sein) muss (ErläutRV 988 BlgNR 21. GP 27; *Konecny* in *Konecny/Schubert* § 113a KO Rz 12). Soweit allerdings Absonderungsrechte ausnahmsweise nach Verfahrenseröffnung entstehen (s OGH 3 Ob 168/11v, ZIK 2012/148, 102) ist angesichts der Ratio des § 113a IO ebenfalls von einer Anzeigeobliegenheit auszugehen (s auch Rz 7).

Nicht ausdrücklich gesetzlich geregelt ist die Frage, ob § 113a IO auf **Auf-** 6
rechnungsberechtigte anzuwenden ist. Allerdings kann auch die Aufrechnung (etwa des AG oder des Sozialversicherungsträgers) gegen Entgeltforderungen des Schuldners dessen Einkommen dermaßen schmälern, dass ein Zahlungsplan nachträglich nicht mehr erfüllt werden kann. Aus systematischen und teleologischen Gründen geht die hM daher zutreffend davon aus, dass die Anzeigeobliegenheit infolge analoger Anwendung des § 113a IO **auch für aufrechenbare Ansprüche** gilt, sodass Aufrechnungsberechtigte die Aufrechnungslage bei sonstigem Verlust anzeigen müssen (*Kodek* in *Bartsch/Pollak/Buchegger* IV[4] § 113a KO Rz 14; *Konecny* in *Konecny/Schubert* § 113a KO Rz 10; vgl auch *Nunner-Krautgasser*, Aufrechnung 165 ff).

Keine Anzeigeobliegenheit gem § 113a Abs 1 IO soll hingegen nach der 7
Rsp insoweit bestehen, als bloß (etwa gem § 103 Abs 2 ASVG, gem § 71 GVSG oder gem § 31 Abs 4 KBGG) **gegen unpfändbare Forderungsteile aufgerechnet** werden soll (OGH 10 ObS 54/11f, DRdA 2013/6, 46 *[Nunner-Krautgasser/Ph. Anzenberger]*; 10 ObS 63/12f, ZIK 2013/152, 103; RIS-Justiz RS0127355). Die Aufrechnung in das insolvenzfreie Schuldnervermögen verschaffe dem Aufrechnungsberechtigten nämlich eine zusätzliche Befriedigungsmöglichkeit und beeinträchtige „die Gläubiger" nicht; daher bedürfe es auch keiner entsprechenden Informationspflicht des aufrechnungsbefugten Gläubigers (OGH 10 ObS 54/11f, DRdA 2013/6, 46 [krit *Nunner-Krautgasser/Ph. Anzenberger*]; 10 ObS 63/12f, ZIK 2013/152, 103). Auch verweist die Rsp insoweit auf die absonderungsähnliche Deckung, die den aufrechnungsberechtigten Sozialversicherungsträger nicht nur insolvenzintern, sondern auch in Bezug auf das insolvenzfreie Vermögen privilegiere. Abgesehen davon, dass diese Privilegierung gerade insolvenzrechtlich und insb haftungssystematisch zu hinterfragen ist (weil die Insolvenzgläubiger eigentlich gerade keinen Zugriff auf das insolvenzfreie Vermögen haben), kann keineswegs pauschal gesagt werden, dass die Ratio der Anzeigepflicht iSd § 113a IO hier nicht verfange: Denn die vom Schuldner im Zahlungsplan angebotene Quote wird in manchen Fällen eben nicht rein aus dem pfändbaren Teil des Einkommens bewältigt; vielmehr verpflichten sich einige Schuldner zusätzlich – „freiwillig" – zu Zahlungen (auch) aus ihrem Existenzminimum (*Kodek*, Privatkonkurs[2] Rz 192/2). In solchen Fällen kann eine nach dem Abschluss des Zahlungsplans erfolgte Aufrechnung gegen den unpfändbaren Teil des Einkommens ebenfalls zum Scheitern eines knapp bemessenen Zahlungsplans führen. Zudem ist zu bedenken, dass § 113a Abs 2 IO und § 12a Abs 2 IO (der für Aufrechnungen gegen den der Exekution entzogenen Teil der Forderung nicht gilt; s § 12a Rz 8) wegen der letztlich doch unterschiedlichen Zielsetzungen nicht völlig gleich laufen: § 12a Abs 2 IO will erreichen, dass das Einkommen des Schuldners diesem auch zur gleichmäßigen Befrie-

digung der Gläubiger zur Verfügung steht (vgl ErläutRV 1218 BlgNR 18. GP 16). Eine Ausdehnung auf das unpfändbare Einkommen würde hier zu einer ungerechtfertigten Begünstigung des Insolvenzschuldners führen, weil diese Bezugsteile nicht zur gleichmäßigen Gläubigerbefriedung vorgesehen sind (vgl *Konecny/Weber*, ZIK 1999, 194; vgl auch *Kodek*, Privatkonkurs[2] Rz 192/2). Demgegenüber soll § 113a Abs 2 IO vor allem „dem Gericht, dem Masseverwalter und den übrigen Gläubigern eine ausreichende Informationsgrundlage verschaffen" (ErläutRV 988 BlgNR 21. GP 27) und so den Abschluss eines sachgerechten und vor allem durchführbaren Zahlungsplans sicherstellen (vgl *Konecny* in *Konecny/Schubert* § 113a KO Rz 1 f). Dieser Zweck kann in diesem dargestellten Sonderfall wohl nur dann erreicht werden, wenn Aufrechnungsberechtigte zur Anzeige aller ihrer Aufrechnungsbefugnisse gehalten sind, die die Erfüllung eines Zahlungsplans tangieren können (aA *Kodek*, Privatkonkurs[2] Rz 239). Das Anzeigen der Aufrechnungsbefugnis (auch) in den unpfändbaren Einkommensteil bedeutet auch keinen unzumutbaren Mehraufwand für den aufrechnungsberechtigten Sozialversicherungsträger, weil die Aufrechnungsmöglichkeit in den pfändbaren Teil des Einkommens dem Insolvenzgericht ohnehin angezeigt werden muss *(Nunner-Krautgasser/ Ph. Anzenberger*, DRdA 2013/6, 51; *Nunner-Krautgasser*, Aufrechnung 167). Bei einer **Aufrechnung (auch) gegen den pfändbaren Bezugsteil** ist eine **Anzeige iSd § 113a Abs 2 IO jedenfalls geboten** (vgl OGH 10 ObS 44/12m; *Nunner-Krautgasser*, Aufrechnung 167).

8   Strittig ist, ob auch die **Aufrechnungslage** bereits zum **Zeitpunkt der Eröffnung des Insolvenzverfahrens** bestanden haben muss (vgl für Aus- und Absonderungsrechte Rz 5). Während *Konecny* (in *Konecny/Schubert* § 113a KO Rz 12) dies unter Hinweis auf die Notwendigkeit eines angemessenen Zeitraums zur Geltendmachung des Rechts bejaht (und daher bei Entstehen der Aufrechnungslage erst nach Verfahrenseröffnung generell keine Anzeigeobliegenheit annimmt), will *Kodek* (in *Bartsch/Pollak/Buchegger* IV[4] § 113a KO Rz 15) differenzieren: Demnach sei auch bei einer erst nach Verfahrenseröffnung entstandenen Aufrechnungslage eine Anzeigeobliegenheit anzunehmen, sofern der dem Aufrechnungsberechtigten zur Geltendmachung zur Verfügung stehende Zeitraum dem in einem typischen Verfahren (in etwa 90 Tage; vgl § 74 Abs 3 iVm § 180a IO) entspreche; dafür spreche auch der Umstand, dass ein nachträgliches Entstehen von Aus- und Absonderungsrechten wegen § 3 IO schwer vorstellbar und hier daher keine Parallele zu ziehen sei. Dem ist – mit der Maßgabe, dass ein Entstehen insb von Absonderungsansprüchen während des Insolvenzverfahrens durchaus in Betracht kommt (vgl nur OGH 3 Ob 168/11v, ZIK 2012/148, 102) – zuzustimmen, zumal die Ratio des § 113a IO, vor der Abstimmung **Klarheit über die Angemessenheit** des Zahlungsplans zu erlangen (vgl Rz 2), auch hier verfängt: Im Zeitpunkt der Abstimmung über den Zahlungsplan sollen alle hierfür relevanten

3. Geltendmachung

3.1 Rechtsnatur

§ 113a Abs 1 IO verlangt die „**Geltendmachung**" von Aus- und Absonderungsansprüchen. Diese Geltendmachung ist eine **eigenständige Art der Rechtsanzeige,** die von der Anmeldung von Insolvenzforderungen streng zu unterscheiden ist (*Konecny* in *Konecny/Schubert* § 113a KO Rz 22). Daher sind die §§ 102–113 IO über die Forderungsanmeldung grundsätzlich nicht anzuwenden, soweit nicht auf sie verwiesen wird (vgl dazu im Detail *Konecny* in *Konecny/Schubert* § 113a KO Rz 22 f). Die Geltendmachung gem § 113a IO erfüllt einen anderen Zweck (Informationsfunktion) als die Forderungsanmeldung und wird daher nicht durch letztere ersetzt (*Kodek* in *Bartsch/Pollak/Buchegger* IV⁴ § 113a KO Rz 19). Die Geltendmachung stellt auch **keinen Antrag** des Aus- bzw Absonderungsberechtigten dar, sondern erschöpft sich in der Anzeige des Vorrechts am Einkommen des Schuldners. Es hat darüber auch **kein Beschluss** des Insolvenzgerichts zu ergehen, der das Bestehen oder Nichtbestehen des geltend gemachten Rechts feststellen würde (*Konecny* in *Konecny/Schubert* § 113a KO Rz 31 und 39). Die zunächst gegenteilige Auffassung des OGH (8 Ob 4/04b, ZIK 2004/123, 95) stieß in der Literatur zu Recht auf Kritik (*Konecny*, ZIK 2004, 74 ff; *ders* in *Konecny/Schubert* § 113a KO Rz 43; *Kodek* in *Bartsch/Pollak/Buchegger* IV⁴ § 113a KO Rz 47 ff). In der E 8 Ob 107/06b (EvBl 2007/80, 455; sowie in weiterer Folge in OGH 8 Ob 31/07b; 8 Ob 13/09h, EvBl 2009/112, 769 *[Reisenhofer]*; RIS-Justiz RS0118749) änderte der OGH unter Berücksichtigung der ablehnenden Lehrmeinungen seine Auffassung und führte aus, dass es keine gesetzliche Grundlage für eine – wenn auch nur deklarative – Beschlussfassung über geltend gemachte Aus- und Absonderungsrechte gebe. Davon zu unterscheiden ist freilich die Befugnis des Gerichts, bei der Prüfung der Angemessenheit des Zahlungsplans das Bestehen von Aus- und Absonderungsrechten als Vorfrage zu beurteilen, was allerdings nicht mit einer rechtskräftigen Feststellung des Bestehens oder Nichtbestehens des behaupteten Vorrechts einhergeht (*Kodek* in *Bartsch/Pollak/Buchegger* IV⁴ § 113a KO Rz 54).

3.2 Form und Inhalt der Geltendmachung

10 Aus- und Absonderungsgläubiger (bzw Aufrechnungsberechtigte; Rz 6) sind bereits im Eröffnungsedikt aufzufordern, ihre Rechte **innerhalb der Anmeldungsfrist geltend zu machen** (§ 74 Abs 2 Z 5a IO). Diese endet idR 14 Tage vor der allgemeinen Prüfungstagsatzung (§ 74 Abs 3 IO); das Versäumen der Anmeldungsfrist kann **Kostenfolgen** nach sich ziehen (§ 113a Abs 2 S 2 IO; vgl Rz 14). Allerdings handelt es sich bei der Anmeldungsfrist um **keine Präklusivfrist;** vielmehr erlöschen nicht ordnungsgemäß geltend gemachte Aus- und Absonderungsrechte trotzdem erst bei Abstimmung über den Zahlungsplan (*Kodek* in *Bartsch/Pollak/Buchegger* IV[4] § 113a KO Rz 24 und 74 ff; s Rz 15).

11 Die Geltendmachung kann **schriftlich oder mündlich** zu Protokoll beim Insolvenzgericht erfolgen (§ 113a Abs 1 IO); eine schriftliche Geltendmachung hat dabei nach den allgemeinen Schriftsatzerfordernissen des § 75 ZPO zu erfolgen (*Konecny* in *Konecny/Schubert* § 113a KO Rz 27). Schriftliche Anzeigen sind in doppelter Ausführung zu überreichen, sofern sie nicht elektronisch eingebracht werden; von den in Urschrift vorgelegten Beilagen ist eine Abschrift anzuschließen (§ 113a Abs 1 S 3 iVm § 104 Abs 3 IO). Die zweite Ausfertigung bzw die Beilagenabschrift ist an den Insolvenzverwalter bzw an den eigenverwaltenden Schuldner im Schuldenregulierungsverfahren zu übermitteln (§ 113a Abs 1 S 3 iVm § 104 Abs 4 IO).

12 Die Geltendmachung erfolgt **beim Insolvenzgericht** und hat im Detail zu enthalten (§ 113a Abs 1 IO):
- Den ziffernmäßig genau bestimmten **Betrag** der zu Grunde liegenden Forderung (Fremdwährungsforderungen sind gem § 14 Abs 1 IO in die Inlandswährung umzurechnen; vgl *Konecny* in *Konecny/Schubert* § 113a KO Rz 32).
- Die Tatsachenbehauptungen, auf die sich die Forderung sowie das Aus- oder Absonderungsrecht gründen (**anspruchsbegründende Tatsachen**). Im Fall der Aufrechnung ist anzugeben, woraus sich die Aufrechnungsbefugnis ergibt.
- Die **Bezeichnung der Beweismittel,** die zum Nachweis der Forderung sowie des Aus- oder Absonderungsrechts (bzw der Aufrechenbarkeit der Forderung) beigebracht werden können. Die Vorlage der Beweismittel ist nicht erforderlich (*Konecny* in *Konecny/Schubert* § 113a KO Rz 34).
- Soweit über das Aus- oder Absonderungsrecht ein **Rechtsstreit anhängig** ist, sind **Prozessgericht und Aktenzeichen** anzugeben (§ 113a Abs 1 S 3 iVm § 103 Abs 2 IO; *Konecny* in *Konecny/Schubert* § 113a KO Rz 36).

4. Rechtsfolgen nicht ordnungsgemäßer Geltendmachung

4.1 Allgemeines

Wird der **Anzeigeobliegenheit** iSd § 113a Abs 1 IO **rechtzeitig** (also grundsätzlich innerhalb der Anmeldungsfrist [vgl § 74 Abs 2 Z 5a IO], spätestens aber bis zur Abstimmung über den Zahlungsplan; vgl Rz 15) **entsprochen,** so bleiben die betroffenen Vorrechte (jedenfalls vorerst; vgl § 12a Rz 4) bestehen. Für den Fall der **Verletzung der Anzeigeobliegenheit** sieht § 113a Abs 2 IO je nach Art bzw Ausmaß der Verletzung unterschiedliche Rechtsfolgen vor. **13**

4.2 Verspätete und nicht ordnungsgemäße Geltendmachung

4.2.1 Geltendmachung nach Ablauf der Anmeldungsfrist

Wird ein Aus- oder Absonderungsrecht bzw eine Aufrechnungsbefugnis **nach Ablauf der Anmeldungsfrist,** aber noch **vor Abstimmung über den Zahlungsplan** geltend gemacht, so kann dies (lediglich) **Kostenfolgen** auslösen (§ 113a Abs 2 S 2 iVm § 107 Abs 2 IO). Muss auf Grund der verspäteten Geltendmachung die Zahlungsplantagsatzung erstreckt werden, hat der bevorrechtete Gläubiger bzw Aufrechnungsberechtigte (nur) dem Insolvenzverwalter EUR 50,– zuzüglich USt zu ersetzen (*Mohr,* ecolex 2007, 91; *Konecny* in *Konecny/Schubert* § 113a KO Rz 51). Dies gilt aber nach § 107 Abs 2 S 2 IO dann nicht, wenn dem Gläubiger die frühere Geltendmachung seiner Aus- oder Absonderungsrechte nicht möglich war (so auch ausdrücklich ErläutRV 988 BlgNR 21. GP 28). In der Person des Gläubigers liegende Gründe sind nach hL allerdings unbeachtlich, etwa wenn er (auch unverschuldet) von der Eröffnung des Insolvenzverfahrens keine Kenntnis hatte (weiterführend jeweils *Kodek* in *Bartsch/Pollak/Buchegger* IV[4] § 113a KO Rz 63; *Konecny* in *Konecny/Schubert* § 113a KO Rz 54; *ders,* ZIK 2001, 48; *Langer,* ZIK 1998, 37 ff). **14**

4.2.2 Keine ordnungsgemäße Geltendmachung bis zur Abstimmung über den Zahlungsplan

Macht der Aus- oder Absonderungsgläubiger bzw Aufrechnungsberechtigte seine Rechte am Arbeitseinkommen **nicht bis zur Abstimmung über den Zahlungsplan** ordnungsgemäß geltend, so **erlöschen** diese gem § 113a Abs 2 S 1 IO ex lege mit Wirkung ex nunc (*Konecny* in *Konecny/Schubert* § 113a KO Rz 49). Maßgeblicher Zeitpunkt für die Geltendmachung ist der **Beginn der Abstimmung** über den Zahlungsplan (*Kodek* in *Bartsch/Pollak/ Buchegger* IV[4] § 113a KO Rz 75), sodass das Recht auch noch während der **15**

Zahlungsplantagsatzung geltend gemacht werden kann (vgl zu möglichen Kostenfolgen aber Rz 14). Sofern die Zahlungsplantagsatzung **vor der Abstimmung erstreckt** wird, kann das Recht weiterhin geltend gemacht werden; bei **Erstreckung erst nach der Abstimmung** (etwa wenn nur eine der beiden Mehrheiten erreicht wird; vgl § 147 Abs 2 und § 148a Abs 1 Z 1 IO, jeweils iVm § 193 Abs 1 IO) bleibt es hingegen beim Erlöschen (*Kodek* in *Bartsch/ Pollak/Buchegger* IV[4] § 113a KO Rz 76). Der tatsächliche **Rechtsverlust** tritt nach hA aber **erst mit Ablauf des Tags** ein, an dem die Zahlungsplantagsatzung stattgefunden hat (*Fink*, ÖJZ 2003, 219; *Kodek* in *Bartsch/Pollak/ Buchegger* IV[4] § 113a KO Rz 66; *Konecny* in *Konecny/Schubert* § 113a KO Rz 48; *Mohr*, Insolvenzrecht 2002, 104). Das lässt sich insb mit § 903 ABGB sowie mit der Vermeidung von Berechnungs- und Zuordnungsproblemen beim Erlöschen des Aus- oder Absonderungsrechts begründen.

16 Strittig ist, ob Aus- und Absonderungsrechte (bzw Aufrechnungsbefugnisse) auch dann erlöschen, wenn der **Zahlungsplan abgelehnt** wird **oder eine Abstimmung** mangels Gläubigerbeteiligung überhaupt **nicht stattfindet** (dafür *Fink*, ÖJZ 2003, 219; *Konecny* in *Konecny/Schubert* § 113a KO Rz 18; *Mohr*, Insolvenzrecht 2002, 104; dagegen *Kodek* in *Bartsch/Pollak/Buchegger* IV[4] § 113a KO Rz 78). Neben dem Wortlaut legt insb der Normzweck des § 113a IO ein **Erlöschen auch im Fall der Ablehnung oder Nichtabstimmung** nahe. Denn im Anschluss daran kann idR ein **Abschöpfungsverfahren eingeleitet** werden, in dem der Schuldner (etwa im Hinblick auf die Sperrfrist für zukünftige Abschöpfungsverfahren; vgl § 201 Abs 1 Z 6 IO) ebenfalls ein Interesse an Klarheit über das Bestehen von Aus- und Absonderungsrechten hat (vgl *Konecny* in *Konecny/Schubert* § 113a KO Rz 20; *Mohr*, Insolvenzrecht 2002, 104). Demgegenüber erscheinen Aus- und Absonderungsgläubiger (bzw Aufrechnungsberechtigte), die ihre Ansprüche verspätet geltend machen, weniger schützenswert (aA *Kodek* in *Bartsch/Pollak/Buchegger* IV[4] § 113a KO Rz 81). Im Fall des Scheiterns der Schuldnersanierung kommt es außerdem ohnehin zu einem Wiederaufleben des erloschenen Rechts (vgl Rz 19).

17 Strittig ist darüber hinaus, ob § 113a Abs 2 IO analog auch auf den **Sanierungsplan** anzuwenden ist (vgl die Diskussion zum alten Zwangsausgleich: dafür *Fink*, ÖJZ 2003, 218; *Konecny* in *Konecny/Schubert* § 113a KO Rz 21; dagegen *Kodek* in *Bartsch/Pollak/Buchegger* IV[4] § 113a KO Rz 82). Dafür wird vorgebracht, dass die Sanierung mittels Sanierungsplans ebenfalls faktisch **vom verfügbaren Schuldnereinkommen abhänge**. Auch beim Sanierungsplan bestehe insofern die Gefahr, dass das nachträgliche Hervorkommen von Vorrechten am Arbeitseinkommen zum Scheitern der Sanierung führe. Auch bringe die analoge Anwendung auf den **Sanierungsplan keinerlei Erschwerung für Aus- oder Absonderungsgläubiger** (bzw Aufrechnungsberechtigte) mit sich, weil diese ohnehin im Hinblick auf einen idR zu erwartenden Zahlungsplanantrag aktiv werden müssten. Die Nichterwähnung des Sanierungsplans in § 113a Abs 2 IO sei in der im Vergleich zum Zahlungsplan geringen praktischen Bedeutung begründet (*Konecny* in *Konecny/Schubert* § 113a KO Rz 21). Dem wird entgegengehalten, dass der bedeutsame Vorteil des Sanierungsplans gegenüber dem Zahlungsplan im mangelnden Erfordernis der vorherigen Vermögensverwertung (vgl § 193 Abs 2 IO) bestehe. Allerdings gebe es keinen Anlass, einem Schuldner, der über weiteres Vermögen verfüge, die Rechtswohltat des § 113a Abs 2 IO zukommen zu lassen, weshalb eine analoge Anwendung auf den Sanierungsplan abzulehnen sei, zumal es sich um einen einschneidenden Eingriff in die Rechte der Aus- und Absonderungsberechtigten handle (*Kodek* in *Bartsch/Pollak/Buchegger* IV[4] § 113a KO Rz 82). Im Ergebnis ist die **analoge Anwendung** des § 113a Abs 2 IO **auf den Sanierungsplan** zu befürworten: Der Zweck des § 113a Abs 2 IO (also die Absicherung der Schuldnersanierung durch Schaffung von Klarheit über Vorrechte am Arbeitseinkommen des Schuldners; vgl Rz 2) verfängt jedenfalls auch beim Sanierungsplan, denn auch hier kann das nachträgliche Hervorkommen von Aus- und Absonderungsrechten am Arbeitseinkommen natürlicher Personen zu einem Scheitern der Sanierung führen. Außerdem soll § 113a Abs 2 IO (anders als etwa § 12a IO) nicht grundsätzlich in die Rechte der Aus- und Absonderungsgläubiger eingreifen, sondern über die Sanktionsdrohung lediglich die Einhaltung der Anzeigeobliegenheit nach Abs 1 leg cit absichern. Gleichzeitig ist die Mehrbelastung für die entsprechenden Gläubiger überschaubar, weshalb einer analogen Anwendbarkeit des § 113a Abs 2 IO auch auf den Sanierungsplan der Vorzug zu geben ist.

4.3 Nachrangige Ansprüche

18 Ist das Arbeitseinkommen des Schuldners **mehrfach verpfändet** worden, so stellt sich die Frage, ob **nachrangige Gläubiger, die ihre Ansprüche rechtzeitig geltend gemacht haben,** bei Erlöschen eines Aus- oder Absonderungsrechts **aufrücken.** Dies wird von der hA zutreffend bejaht (*Kodek* in *Bartsch/Pollak/Buchegger* IV[4] § 113a KO Rz 87; *Konecny* in *Konecny/Schubert* § 113a KO Rz 60). § 113a Abs 2 IO bezweckt nämlich nicht die Vergrößerung der Insolvenzmasse, sondern will die Beteiligten des Verfahrens vor unrichtigen und daher im Nachhinein zum Scheitern verurteilten Zahlungsplänen schützen. Soweit daher nachrangige Aus- oder Absonderungsgläubiger ihre Rechte rechtzeitig ordnungsgemäß geltend machen, geht der pfändbare Einkommensteil innerhalb der Zweijahresfrist des § 12a Abs 1 IO an sie.

4.4 Wiederaufleben

19 Nach § 113a Abs 2 IO erloschene Aus- und Absonderungsrechte **leben** unter den Voraussetzungen des § 12a Abs 4 IO (also im Wesentlichen bei Scheitern der Sanierung; s dazu im Detail § 12a Rz 13 ff) **wieder auf** (*Kodek* in *Bartsch/Pollak/Buchegger* IV[4] § 113a KO Rz 84). Das ist zwar nicht ausdrücklich im Gesetzeswortlaut vorgesehen, ergibt sich aber im Rahmen einer historischen Interpretation aus dem Ministerialentwurf zur Insolvenz-Novelle 2002, der das Erlöschen der Aus- und Absonderungsrechte noch in § 12a KO vorsah (ME 243/ME 21. GP 2 und 19; *Mohr*, Insolvenzrecht 2002, 105). Durch die Verschiebung der entsprechenden Bestimmung in den heutigen § 113a Abs 2 S 1 IO ist insoweit eine planwidrige Unvollständigkeit entstanden, die durch analoge Anwendung des § 12a Abs 4 IO zu schließen ist (*Kodek* in *Bartsch/Pollak/Buchegger* IV[4] § 113a KO Rz 84; vgl auch *Kodek*, Privatkonkurs[2] Rz 239/1).

.....

Anhang

Anhang:
InsolvenzRL 2008/94/EG

Richtlinie 2008/94/EG des Europäischen Parlaments
und des Rates vom 22. Oktober 2008
über den Schutz der Arbeitnehmer bei Zahlungsunfähigkeit
des Arbeitgebers, ABl L 283 vom 28.10.2008, 36.

DAS EUROPÄISCHE PARLAMENT UND DER
RAT DER EUROPÄISCHEN UNION –

gestützt auf den Vertrag zur Gründung der Europäischen Gemeinschaft, insbesondere auf Artikel 137 Absatz 2,

auf Vorschlag der Kommission,

nach Stellungnahme des Europäischen Wirtschafts- und Sozialausschusses[1],

nach Anhörung des Ausschusses der Regionen
gemäß dem Verfahren des Artikels 251 des Vertrags[2],

in Erwägung nachstehender Gründe:

(1) Die Richtlinie 80/987/EWG des Rates vom 20. Oktober 1980 über den Schutz der Arbeitnehmer bei Zahlungsunfähigkeit des Arbeitgebers[3] wurde mehrfach und erheblich geändert[4]. Aus Gründen der Klarheit und der Übersichtlichkeit empfiehlt es sich, sie zu kodifizieren.

(2) Unter Nummer 7 der am 9. Dezember 1989 angenommenen Gemeinschaftscharta der sozialen Grundrechte der Arbeitnehmer heißt es, dass die Verwirklichung des Binnenmarkts zu einer Verbesserung der Lebens- und Arbeitsbedingungen der Arbeitnehmer in der Gemeinschaft führen muss und dass diese Verbesserung, soweit nötig, dazu führen muss, dass bestimmte Bereiche des Arbeitsrechts wie die Verfahren bei Massenentlassungen oder bei Konkursen ausgestaltet werden.

(3) Es sind Bestimmungen notwendig, die die Arbeitnehmer bei Zahlungsunfähigkeit des Arbeitgebers schützen und um ihnen ein Minimum an Schutz zu sichern, insbesondere die Zahlung ihrer nicht erfüllten Ansprüche zu gewährleisten; dabei muss die Notwendigkeit einer ausge-

---

[1] ABl. C 161 vom 13.7.2001, S. 75.
[2] Stellungnahme des Europäischen Parlaments vom 19. Juni 2007 (ABl. C 146 E vom 12.6.2008, S. 71) und Beschluss des Rates vom 25. September 2008.
[3] ABl. L 283 vom 28.10.1980, S. 23.
[4] Siehe Anhang I Teile A und B.

Anhang

wogenen wirtschaftlichen und sozialen Entwicklung in der Gemeinschaft berücksichtigt werden. Deshalb sollten die Mitgliedstaaten eine Einrichtung schaffen, die die Befriedigung der nicht erfüllten Arbeitnehmeransprüche garantiert.

(4) Zur Gewährleistung eines angemessenen Schutzes der betroffenen Arbeitnehmer ist es angebracht, den Begriff der Zahlungsunfähigkeit im Lichte der Rechtsentwicklung in den Mitgliedstaaten auf diesem Sachgebiet zu bestimmen und mit diesem Begriff auch andere Insolvenzverfahren als Liquidationsverfahren zu erfassen. In diesem Zusammenhang sollten die Mitgliedstaaten, um zu bestimmen, ob die Garantieeinrichtung zu einer Zahlung verpflichtet ist, vorsehen können, dass für den Fall, dass das Vorliegen einer Insolvenz zu mehreren Insolvenzverfahren führt, die Situation so behandelt wird, als handelte es sich um ein einziges Insolvenzverfahren.

(5) Es sollte vorgesehen werden, dass Arbeitnehmer, die unter die Richtlinie 97/81/EG des Rates vom 15. Dezember 1997 zu der von UNICE, CEEP und EGB geschlossenen Rahmenvereinbarung über Teilzeitarbeit[5], die Richtlinie 1999/70/EG des Rates vom 28. Juni 1999 zu der EGB-UNICE-CEEP-Rahmenvereinbarung über befristete Arbeitsverträge[6] und die Richtlinie 91/383/EWG des Rates vom 25. Juni 1991 zur Ergänzung der Maßnahmen zur Verbesserung der Sicherheit und des Gesundheitsschutzes von Arbeitnehmern mit befristetem Arbeitsverhältnis oder Leiharbeitsverhältnis[7] fallen, nicht vom Geltungsbereich der vorliegenden Richtlinie ausgeschlossen werden.

(6) Zur Gewährleistung der Rechtssicherheit für die Arbeitnehmer von zahlungsunfähigen Unternehmen, die in mehreren Mitgliedstaaten tätig sind, und zur Festigung der Rechte dieser Arbeitnehmer im Sinne der Rechtsprechung des Gerichtshofes der Europäischen Gemeinschaften ist es angebracht, Bestimmungen vorzusehen, die ausdrücklich festlegen, welche Einrichtung in solchen Fällen für die Befriedigung der nicht erfüllten Arbeitnehmeransprüche zuständig ist, und deren Ziel die Zusammenarbeit der zuständigen Verwaltungen der Mitgliedstaaten zur schnellstmöglichen Befriedigung der nicht erfüllten Arbeitnehmeransprüche ist. Ferner ist es angebracht, eine ordnungsgemäße Anwendung der einschlägigen Bestimmungen dadurch zu gewährleisten, dass eine Zusammenarbeit der zuständigen Verwaltungen der Mitgliedstaaten vorgesehen wird.

---

[5] ABl. L 14 vom 20.1.1998, S. 9.
[6] ABl. L 175 vom 10.7.1999, S. 43.
[7] ABl. L 206 vom 29.7.1991, S. 19.

Anhang

(7) Die Mitgliedstaaten können Grenzen für die Verpflichtungen der Garantieeinrichtungen festlegen, die mit der sozialen Zielsetzung der Richtlinie vereinbar sein müssen und die unterschiedliche Höhe von Ansprüchen berücksichtigen können.

(8) Zur Erleichterung der Feststellung von Insolvenzverfahren, insbesondere in grenzübergreifenden Fällen, sollte vorgesehen werden, dass die Mitgliedstaaten der Kommission und den anderen Mitgliedstaaten mitteilen, welche Arten von Insolvenzverfahren eine Eintrittspflicht der Garantieeinrichtung auslösen.

(9) Da das Ziel der durch die vorliegende Richtlinie beabsichtigten Maßnahme auf Ebene der Mitgliedstaaten nicht ausreichend verwirklicht werden kann und daher besser auf Gemeinschaftsebene zu verwirklichen ist, kann die Gemeinschaft im Einklang mit dem in Artikel 5 des Vertrags niedergelegten Subsidiaritätsprinzip tätig werden. Entsprechend dem in demselben Artikel genannten Verhältnismäßigkeitsprinzip geht diese Richtlinie nicht über das zur Erreichung dieses Ziels erforderliche Maß hinaus.

(10) Die Kommission sollte dem Europäischen Parlament und dem Rat einen Bericht über die Umsetzung und Durchführung dieser Richtlinie, insbesondere bezüglich neuer, sich in den Mitgliedstaaten entwickelnder Beschäftigungsformen, unterbreiten.

(11) Die vorliegende Richtlinie sollte die Verpflichtung der Mitgliedstaaten hinsichtlich der in Anhang I Teil C genannten Fristen für die Umsetzung der dort genannten Richtlinien in innerstaatliches Recht und für die Anwendung dieser Richtlinien unberührt lassen –

HABEN FOLGENDE RICHTLINIE ERLASSEN:

Kapitel I
Geltungsbereich und Begriffsbestimmungen

Artikel 1

(1) Diese Richtlinie gilt für Ansprüche von Arbeitnehmern aus Arbeitsverträgen oder Arbeitsverhältnissen gegen Arbeitgeber, die zahlungsunfähig im Sinne des Artikels 2 Absatz 1 sind.

(2) Die Mitgliedstaaten können die Ansprüche bestimmter Gruppen von Arbeitnehmern wegen des Bestehens anderer Garantieformen ausnahmsweise vom Anwendungsbereich dieser Richtlinie ausschließen,

Anhang

wenn diese den Betroffenen nachweislich einen Schutz gewährleisten, der dem sich aus dieser Richtlinie ergebenden Schutz gleichwertig ist.

(3) Die Mitgliedstaaten können, sofern eine solche Vorschrift nach in ihrem innerstaatlichen Recht bereits angewandt wird, auch weiterhin folgende Personen vom Anwendungsbereich dieser Richtlinie ausschließen:
a) Hausangestellte, die von einer natürlichen Person beschäftigt werden;
b) Fischer, die in Form eines Erlösanteils entlohnt werden.

Artikel 2

(1) Im Sinne dieser Richtlinie gilt ein Arbeitgeber als zahlungsunfähig, wenn die Eröffnung eines nach den Rechts- und Verwaltungsvorschriften eines Mitgliedstaats vorgeschriebenen Gesamtverfahrens beantragt worden ist, das die Insolvenz des Arbeitgebers voraussetzt und den teilweisen oder vollständigen Vermögensbeschlag gegen diesen Arbeitgeber sowie die Bestellung eines Verwalters oder einer Person, die eine ähnliche Funktion ausübt, zur Folge hat, und wenn die aufgrund der genannten Rechts- und Verwaltungsvorschriften zuständige Behörde
a) die Eröffnung des Verfahrens beschlossen hat; oder
b) festgestellt hat, dass das Unternehmen oder der Betrieb des Arbeitgebers endgültig stillgelegt worden ist und die Vermögensmasse nicht ausreicht, um die Eröffnung des Verfahrens zu rechtfertigen.

(2) Diese Richtlinie lässt das einzelstaatliche Recht bezüglich der Begriffsbestimmung der Worte „Arbeitnehmer", „Arbeitgeber", „Arbeitsentgelt", „erworbenes Recht" und „Anwartschaftsrecht" unberührt.

Die Mitgliedstaaten dürfen jedoch folgende Personen vom Anwendungsbereich dieser Richtlinie nicht ausschließen:
a) Teilzeitarbeitnehmer im Sinne der Richtlinie 97/81/EG;
b) Arbeitnehmer mit befristetem Arbeitsvertrag im Sinne der Richtlinie 1999/70/EG;
c) Arbeitnehmer mit Leiharbeitsverhältnis im Sinne von Artikel 1 Nummer 2 der Richtlinie 91/383/EWG.

(3) Die Mitgliedstaaten dürfen den Anspruch der Arbeitnehmer auf Schutz nach dieser Richtlinie nicht von einer Mindestdauer des Arbeitsvertrags oder Arbeitsverhältnisses abhängig machen.

(4) Diese Richtlinie hindert die Mitgliedstaaten nicht daran, den Schutz der Arbeitnehmer auf andere Situationen der Zahlungsunfähigkeit – beispielsweise tatsächlich auf Dauer eingestellte Zahlungen – die nach anderen im einzelstaatlichen Recht vorgesehenen Verfahren als den in Absatz 1 genannten Verfahren festgestellt worden ist, auszuweiten.

Anhang

Durch derartige Verfahren entstehen den Garantieeinrichtungen der übrigen Mitgliedstaaten in Fällen nach Kapitel IV jedoch keine Verpflichtungen.

Kapitel II
Vorschriften über die Garantieeinrichtungen

Artikel 3

Die Mitgliedstaaten treffen die erforderlichen Maßnahmen, damit vorbehaltlich des Artikels 4 Garantieeinrichtungen die Befriedigung der nicht erfüllten Ansprüche der Arbeitnehmer aus Arbeitsverträgen und Arbeitsverhältnissen sicherstellen, einschließlich, sofern dies nach ihrem innerstaatlichen Recht vorgesehen ist, einer Abfindung bei Beendigung des Arbeitsverhältnisses.

Die Ansprüche, deren Befriedigung die Garantieeinrichtung übernimmt, sind die nicht erfüllten Ansprüche auf Arbeitsentgelt für einen Zeitraum, der vor und/oder gegebenenfalls nach einem von den Mitgliedstaaten festgelegten Zeitpunkt liegt.

Artikel 4

(1) Die Mitgliedstaaten können die in Artikel 3 vorgesehene Zahlungspflicht der Garantieeinrichtungen begrenzen.

(2) Machen die Mitgliedstaaten von der in Absatz 1 genannten Möglichkeit Gebrauch, so legen sie die Dauer des Zeitraums fest, für den die Garantieeinrichtung die nicht erfüllten Ansprüche zu befriedigen hat. Diese Dauer darf jedoch einen Zeitraum, der die letzten drei Monate des Arbeitsverhältnisses und die damit verbundenen Ansprüche auf Arbeitsentgelt umfasst und der vor und/oder nach dem Zeitpunkt gemäß Artikel 3 Absatz 2 liegt, nicht unterschreiten.

Die Mitgliedstaaten können festlegen, dass dieser Mindestzeitraum von drei Monaten innerhalb eines Bezugszeitraums von mindestens sechs Monaten liegen muss.

Die Mitgliedstaaten, die einen Bezugszeitraum von mindestens 18 Monaten vorsehen, können den Zeitraum, für den die Garantieeinrichtung die nicht erfüllten Ansprüche zu befriedigen hat, auf acht Wochen beschränken. In diesem Fall werden für die Berechnung des Mindestzeitraums die für die Arbeitnehmer vorteilhaftesten Zeiträume zugrunde gelegt.

Anhang

(3) Die Mitgliedstaaten können Höchstgrenzen für die von der Garantieeinrichtung zu leistenden Zahlungen festsetzen. Diese Höchstgrenzen dürfen eine mit der sozialen Zielsetzung dieser Richtlinie zu vereinbarende soziale Schwelle nicht unterschreiten.

Machen die Mitgliedstaaten von dieser Befugnis Gebrauch, so teilen sie der Kommission mit, nach welcher Methode sie die Höchstgrenze festsetzen.

Artikel 5

Die Mitgliedstaaten legen die Einzelheiten des Aufbaus, der Mittelaufbringung und der Arbeitsweise der Garantieeinrichtungen fest, wobei sie insbesondere folgende Grundsätze beachten:
a) das Vermögen der Einrichtungen muss vom Betriebsvermögen der Arbeitgeber unabhängig und so angelegt sein, dass es einem Verfahren bei Zahlungsunfähigkeit nicht zugänglich ist;
b) die Arbeitgeber müssen zur Mittelaufbringung beitragen, es sei denn, dass diese in vollem Umfang durch die öffentliche Hand gewährleistet ist;
c) die Zahlungspflicht der Einrichtungen besteht unabhängig von der Erfüllung der Verpflichtungen, zur Mittelaufbringung beizutragen

Kapitel III
Vorschriften über die soziale Sicherheit

Artikel 6

Die Mitgliedstaaten können vorsehen, dass die Artikel 3, 4 und 5 nicht für die Beiträge der Arbeitnehmer zu den einzelstaatlichen gesetzlichen Systemen der sozialen Sicherheit oder den betrieblichen oder überbetrieblichen Zusatzversorgungseinrichtungen außerhalb der einzelstaatlichen gesetzlichen Systeme der sozialen Sicherheit gelten.

Artikel 7

Die Mitgliedstaaten treffen die notwendigen Maßnahmen, um sicherzustellen, dass die Nichtzahlung an ihre Versicherungsträger von Pflichtbeiträgen zu den einzelstaatlichen gesetzlichen Systemen der sozialen Sicherheit, die vom Arbeitgeber vor Eintritt seiner Zahlungsunfähigkeit geschuldet waren, keine Nachteile für die Leistungsansprüche der Arbeitnehmer gegenüber diesen Versicherungsträgern mit sich bringt, soweit die

Anhang

Arbeitnehmerbeitragsanteile von den gezahlten Löhnen einbehalten worden sind.

Artikel 8

Die Mitgliedstaaten vergewissern sich, dass die notwendigen Maßnahmen zum Schutz der Interessen der Arbeitnehmer sowie der Personen, die zum Zeitpunkt des Eintritts der Zahlungsunfähigkeit des Arbeitgebers aus dessen Unternehmen oder Betrieb bereits ausgeschieden sind, hinsichtlich ihrer erworbenen Rechte oder Anwartschaftsrechte auf Leistungen bei Alter, einschließlich Leistungen für Hinterbliebene, aus betrieblichen oder überbetrieblichen Zusatzversorgungseinrichtungen außerhalb der einzelstaatlichen gesetzlichen Systeme der sozialen Sicherheit getroffen werden.

Kapitel IV
Vorschriften für grenzüberschreitende Fälle

Artikel 9

(1) Ist ein Unternehmen, das im Hoheitsgebiet mindestens zweier Mitgliedstaaten tätig ist, zahlungsunfähig im Sinne von Artikel 2 Absatz 1, so ist für die Befriedigung der nicht erfüllten Arbeitnehmeransprüche die Einrichtung desjenigen Mitgliedstaats zuständig, in dessen Hoheitsgebiet die betreffenden Arbeitnehmer ihre Arbeit gewöhnlich verrichten oder verrichtet haben.

(2) Der Umfang der Rechte der Arbeitnehmer richtet sich nach dem für die zuständige Garantieeinrichtung geltenden Recht.

(3) Die Mitgliedstaaten treffen die erforderlichen Maßnahmen, um sicherzustellen, dass Entscheidungen, die in den in Absatz 1 des vorliegenden Artikels genannten Fällen im Rahmen eines Insolvenzverfahrens gemäß Artikel 2 Absatz 1 ergehen, dessen Eröffnung in einem anderen Mitgliedstaat beantragt wurde, bei der Feststellung der Zahlungsunfähigkeit des Arbeitgebers im Sinne dieser Richtlinie berücksichtigt werden.

Artikel 10

(1) Zur Durchführung von Artikel 9 sehen die Mitgliedstaaten den Austausch einschlägiger Informationen zwischen den zuständigen öffentlichen Verwaltungen und/oder den in Artikel 3 Absatz 1 genannten Garantieeinrichtungen vor, mit dem insbesondere ermöglicht wird, dass die

Anhang

zuständige Garantieeinrichtung von den nicht erfüllten Arbeitnehmeransprüchen unterrichtet wird.

(2) Die Mitgliedstaaten teilen der Kommission und den anderen Mitgliedstaaten die genauen Angaben zu den jeweiligen zuständigen öffentlichen Verwaltungen und/oder Garantieeinrichtungen mit. Die Kommission macht diese Informationen der Öffentlichkeit zugänglich.

Kapitel V
Allgemeine Bestimmungen und Schlussbestimmungen

Artikel 11

Diese Richtlinie schränkt nicht die Möglichkeit der Mitgliedstaaten ein, für die Arbeitnehmer günstigere Rechts- oder Verwaltungsvorschriften anzuwenden oder zu erlassen.

Die Durchführung dieser Richtlinie darf unter keinen Umständen als Begründung für einen Rückschritt gegenüber der bestehenden Situation in jedem einzelnen Mitgliedstaat und gegenüber dem allgemeinen Niveau des Arbeitnehmerschutzes in dem von ihr abgedeckten Bereich herangezogen werden.

Artikel 12

Diese Richtlinie steht nicht der Möglichkeit der Mitgliedstaaten entgegen,
a) die zur Vermeidung von Missbräuchen notwendigen Maßnahmen zu treffen;
b) die in Artikel 3 vorgesehene Zahlungspflicht oder die in Artikel 7 vorgesehene Garantiepflicht abzulehnen oder einzuschränken, wenn sich herausstellt, dass die Erfüllung der Verpflichtung wegen des Bestehens besonderer Bindungen zwischen dem Arbeitnehmer und dem Arbeitgeber und gemeinsamer Interessen, die sich in einer Kollusion zwischen dem Arbeitnehmer und dem Arbeitgeber ausdrücken, nicht gerechtfertigt ist;
c) die in Artikel 3 vorgesehene Zahlungspflicht oder die in Artikel 7 vorgesehene Garantiepflicht in den Fällen abzulehnen oder einzuschränken, in denen ein Arbeitnehmer allein oder zusammen mit engen Verwandten Inhaber eines wesentlichen Teils des Unternehmens oder Betriebs des Arbeitgebers war und beträchtlichen Einfluss auf dessen Tätigkeiten hatte.

Anhang

Artikel 13

Die Mitgliedstaaten teilen der Kommission und den anderen Mitgliedstaaten die Arten von nationalen Insolvenzverfahren, die in den Geltungsbereich dieser Richtlinie fallen, sowie sämtliche diese Verfahren betreffenden Änderungen mit.

Die Kommission veröffentlicht diese Mitteilungen im *Amtsblatt der Europäischen Union*.

Artikel 14

Die Mitgliedstaaten teilen der Kommission den Wortlaut der Rechts- und Verwaltungsvorschriften mit, die sie auf dem unter diese Richtlinie fallenden Gebiet erlassen.

Artikel 15

Bis spätestens zum 8. Oktober 2010 unterbreitet die Kommission dem Europäischen Parlament und dem Rat einen Bericht über die Umsetzung und Durchführung der Artikel 1 bis 4, 9 und 10, des Artikels 11 Absatz 2, des Artikels 12 Buchstabe c sowie der Artikel 13 und 14 in den Mitgliedstaaten.

Artikel 16

Die Richtlinie 80/987/EWG, in der Fassung der in Anhang I aufgeführten Rechtsakte, wird unbeschadet der Verpflichtung der Mitgliedstaaten hinsichtlich der in Anhang I Teil C genannten Fristen für die Umsetzung der dort genannten Richtlinien in innerstaatliches Recht und für die Anwendung dieser Richtlinien aufgehoben.

Verweisungen auf die aufgehobene Richtlinie gelten als Verweisungen auf die vorliegende Richtlinie und sind nach Maßgabe der Entsprechungstabelle in Anhang II zu lesen.

Artikel 17

Diese Richtlinie tritt am zwanzigsten Tag nach ihrer Veröffentlichung im *Amtsblatt der Europäischen Union* in Kraft.

Anhang

Artikel 18

Diese Richtlinie ist an die Mitgliedstaaten gerichtet.

Geschehen zu Straßburg am 22. Oktober 2008.

Im Namen des Europäischen Parlaments
Der Präsident
H.-G. PÖTTERING
Im Namen des Rates
Der Präsident
J.-P. JOUYET

Anhang I

Anhang I

Teil A
Aufgehobene Richtlinie mit ihren nachfolgenden Änderungen
(gemäß Artikel 16)

Richtlinie 80/987/EWG des Rates	(ABl. L 283 vom 28.10.1980, S. 23)
Richtlinie 87/164/EWG des Rates	(ABl. L 66 vom 11.3.1987, S. 11)
Richtlinie 2002/74/EG des Europäischen Parlaments und des Rates	(ABl. L 270 vom 8.10.2002, S. 10)

Teil B
Nicht aufgehobener Änderungsakt
(gemäß Artikel 16)

Beitrittsakte von 1994

Teil C
Fristen für die Umsetzung in innerstaatliches Recht und für die Anwendung
(gemäß Artikel 16)

Richtlinie	Umsetzungsfrist	Datum der Anwendung
80/987/EWG	23. Oktober 1983	
87/164/EWG		1. Januar 1986
2002/74/EWG	7. Oktober 2005	

Anhang II

Anhang II

Entsprechungstabelle

Richtlinie 80/987/EWG	Vorliegende Richtlinie
Artikel 1	Artikel 1
Artikel 2	Artikel 2
Artikel 3	Artikel 3
Artikel 4	Artikel 4
Artikel 5	Artikel 5
Artikel 6	Artikel 6
Artikel 7	Artikel 7
Artikel 8	Artikel 8
Artikel 8a	Artikel 9
Artikel 8b	Artikel 10
Artikel 9	Artikel 11
Artikel 10	Artikel 12
Artikel 10a	Artikel 13
Artikel 11 Absatz 1	---
Artikel 11 Absatz 2	Artikel 14
Artikel 12	---
---	Artikel 15
---	Artikel 16
---	Artikel 17
Artikel 13	Artikel 18
---	Anhang I
---	Anhang II

Stichwortverzeichnis

Abfertigung
- allgemein **1 IESG** 231 f, **3b IESG** 5
- Ansprüche von Hinterbliebenen und Rechtsnachfolgern von Todes wegen **1 IESG** 97
- bei Austritt durch den Arbeitnehmer **25 IO** 86 f
- bei begünstigter Kündigung durch den Insolvenzverwalter **25 IO** 74 ff
- bei einem Ruhegenuss **3d IESG** 2
- „freiwillige" **1 IESG** 387
- Sicherung **1 IESG** 109, 127, **1a IESG** 13 ff
- Verlust **1a IESG** 1 ff

Abfertigung alt
- allgemein **1 IESG** 233, 273
- bei Auflösung des Unternehmens **1 IESG** 242
- bei schwankenden Bezügen **1 IESG** 238
- bei Tod des Arbeitnehmers **1 IESG** 240
- Bemessung **1 IESG** 235, 238
- Dienstzeiten **1 IESG** 235 ff
- Dienstzeiten, Zusammenrechnung **1 IESG** 236
- Erwerbszeitpunkt **1 IESG** 234
- Fälligkeit **1 IESG** 267
- Grenzbetrag, s Grenzbetrag für Abfertigungen
- Verlust **1 IESG** 239
- Voraussetzungen **1 IESG** 235

Abfertigung neu
- allgemein **1 IESG** 243 ff, 393
- Übergangsrecht **1 IESG** 245
- Übertrittsvereinbarung **1 IESG** 246

Abfindungsbetrag nach § 5 Abs 2 AVRAG 3d IESG 11 ff
Abfrage aus dem ZMR 14 IESG 11
Abgangsentschädigung, freiwillige 1 IESG 387
Abhängigkeit
- persönliche **1 IESG** 11, 17, 119
- wirtschaftliche **1 IESG** 11, 14

Ablauf bei besonderem Kündigungs- und Entlassungsschutz 3c IESG 10
Abschlagszahlung 3d IESG 5, 10
Abschöpfungsverfahren 3 IO 19, **12a IO** 14
Absichtsanfechtung 1 IESG 340
Absonderungsgläubiger 1 IESG 409
Absonderungsrechte
- allgemein **1 IESG** 412, **11 IO** 2
- Baugewerbe **11 IO** 9
- Betriebspensionen **46 IO** 22
- des Arbeitnehmers in der Insolvenz des Arbeitgebers **11 IO** 7 ff
- Einkünfte aus einem Arbeitsverhältnis **12a IO** 2 f
- Erlöschen **12a IO** 4 ff, 11 f
- Gefährdung der Unternehmensfortführung **11 IO** 4
- Geltendmachung **113a IO** 1 ff
- Land- und Forstwirtschaft **11 IO** 10
- Wiederaufleben **12a IO** 13 ff, **113a IO** 19
- wiederkehrende Leistungen mit Einkommensersatzfunktion **12a IO** 2 f

Abweisungsbescheid 7 IESG 15
Akkordlöhne 1 IESG 209, **3a IESG** 4

723

Stichwortverzeichnis

Alleingesellschafter 1 IESG 115
Altersteilzeit 1 IESG 281,
  3a **IESG** 17 ff, **46 IO** 9
Amtshilfe
– Grenzen **14 IESG** 5
– Inhalt **14 IESG** 4
– Sanktionen **14 IESG** 7
– Umfang **14 IESG** 4
Änderung der Klage 10 IESG 16
Anerkenntnis 1 IESG 175, 181, 185, 320, 322
Anfechtbarkeit
– des Arbeitsvertrags **1 IESG** 343
– eines Sozialplans **1 IESG** 343
– Erfüllungshandlungen **1 IESG** 338
– Prüfung durch die IEF-Service GmbH **1 IESG** 344
– von Zahlungen an den Arbeitnehmer **7 IESG** 22 ff
Anfechtung
– Absichtsanfechtung **1 IESG** 340
– Anfechtungstatbestände **1 IESG** 336, 339
– außerhalb des Insolvenzverfahrens **1 IESG** 344
– Ausübung der **1 IESG** 337
– Begünstigungsanfechtung **1 IESG** 342
– Verstreichen der Anfechtungsfrist **1 IESG** 337
– wegen Kenntnis der Zahlungsunfähigkeit **1 IESG** 343
– wegen Unentgeltlichkeit **1 IESG** 341
Angaben, falsche 16 IESG 5
Angestellter
– Begriff **1 IESG** 42
– ex contractu **3 IESG** 28, 350, **25 IO** 35
– leitender **1 IESG** 108

Anhörungsrechte 13 IESG 11, 75, **76 IO** 9 ff, 17 ff
Anlernlinge 1 IESG 52
Anmeldefrist 51 IO 7
Anmeldung
– allgemein **1 IESG** 399 ff
– Anmeldungsberechtigte **1 IESG** 407
– auf Grund einer ausländischen Entscheidung **1 IESG** 399
– bei Ablehnung eines Insolvenzantrags **1 IESG** 401
– bei Anordnung der Geschäftsaufsicht **1 IESG** 401
– bei Auslandsinsolvenz **1 IESG** 414 f
– Bestimmtheit **1 IESG** 409
– Frist **1 IESG** 408
– im Insolvenzverfahren **1 IESG** 405 ff, **51 IO** 7
– Inhalt **1 IESG** 409
– Nachsicht **1 IESG** 402, **5 IESG** 10
– nicht mögliche **1 IESG** 399, 402
– persönlicher Geltungsbereich **1 IESG** 412
– Wiederanmeldung **1 IESG** 411
– Zurücknahme **1 IESG** 411
Anmeldungsverzeichnis
– Anmerkung des Forderungsübergangs **11 IESG** 19
– Auszug **11 IESG** 22
– Beweis für dessen Unrichtigkeit **11 IESG** 22
– der Geschäftsstelle des Insolvenz-Entgelt-Fonds **6 IESG** 26, **7 IESG** 7
– Erlöschen der Forderung **11 IESG** 31
– nachträglicher Gläubigerwechsel **11 IESG** 19
– Prüfung **51 IO** 9

Stichwortverzeichnis

anrechenbares Einkommen
  11 IESG 32
Ansprüche
– auf Basis eines Mietvertrages
  1 IESG 29
– aus der Beendigung des Arbeitsverhältnisses **51 IO** 4
– aus Lebensversicherungen
  3d IESG 18 f
– bei Arbeitsleistungen auf Basis
  eines Gesellschaftsvertrags
  1 IESG 25
Ansprüche, ausgeschlossene
– allgemein **1 IESG** 332 ff
– Anrechnung bei Kündigungsentschädigung **1 IESG** 357 ff
– Betriebspensionsansprüche
  gegenüber Pensionskassen oder
  Versicherungsunternehmen
  1 IESG 396 ff
– Doppelbezüge **1 IESG** 363 ff
– durch anfechtbare Rechtshandlungen erworbene **1 IESG** 332 ff
– einzelvertragliche **1 IESG** 332,
  348 ff, 367
– gesetzliche Zahlungsverpflichtung eines Dritten **1 IESG** 391 ff
– Grenzbetragsregelung für
  Abfertigungen, s Grenzbetrag für
  Abfertigungen
– Grenzbetragsregelung für Entgelte, s Grenzbetrag für Entgelt
– Sicherungsausschluss aus allgemeinen zivilrechtlichen Gründen
  1 IESG 432 ff
  wegen strafrechtlicher Verurteilung des Anspruchsberechtigten
  1 IESG 332, 345 ff
Ansprüche, gesicherte
– Abfertigung, s Abfertigung
– allgemein **1 IESG** 171 ff
– amtswegige Prüfung **1 IESG** 172

– Anmeldung, s auch Anmeldung
  1 IESG 399 ff
– Anrechnung gem § 1155 ABGB
  1 IESG 180
– aufrechtes Bestehen **1 IESG**
  178 ff
– aus dem Arbeitsverhältnis
  1 IESG 173 ff
– Entgeltansprüche, s auch Entgelt
  1 IESG 205 ff
– Erfüllung **1 IESG** 179
– im Einzelnen **1 IESG** 203 ff
– Pfändung **7 IESG** 17 ff
– Schadensersatzansprüche,
  s Schadenersatz
– sonstige Ansprüche gegen den
  Arbeitgeber **1 IESG** 306 ff
– Teilzahlung **1 IESG** 181
– Übertragung **7 IESG** 17 ff
– Verfall, s Verfall
– Verjährung, s Verjährung
– Verpfändung **7 IESG** 17 ff
– Verzicht **1 IESG** 192 ff
– vor Arbeitsantritt **1 IESG** 176
– zur zwecktsprechenden
  Rechtsverfolgung notwendige
  Kosten, s Kosten, zur zweck-
  sprechenden Rechtsverfolgung
  notwendige
Anspruchsberechtigte
– Ausnahmen **1 IESG** 105 ff
– erfasster Personenkreis **1 IESG**
  6 ff
– Zeiträume mit und solche ohne
  Anspruchsberechtigung **1 IESG**
  109
Anspruchshöhe
– Anrechnung von Vordienstzeiten
  3 IESG 31
– befristete Arbeitsverhältnisse
  3 IESG 32
– gesetzliche Abzüge **3 IESG** 7 ff

725

Stichwortverzeichnis

- Kündigungsbeschränkungen **3 IESG** 28 ff
Anspruchsvoraussetzungen
- persönliche **7 IESG** 3
- sachliche **7 IESG** 4
Antidiskriminierungsrecht 25 IO 67 f
Antrag
- Antragsberechtigte **6 IESG** 18
- Form **1 IESG** 406, **6 IESG** 15 ff, **17a IESG** 29
- Inhaltserfordernisse **6 IESG** 19 ff, **17a IESG** 29
Antragsfrist
- Beginn **6 IESG** 2 ff
- Ende **6 IESG** 5
- Versäumung **6 IESG** 8 ff
Antragstellung
- Frist **6 IESG** 2 ff
- Fristbeginn **6 IESG** 2
- Fristbeginn, neuerlicher **6 IESG** 6 f
- nach Fristablauf **6 IESG** 10 ff
- Nachsicht der Fristversäumnis **5 IESG** 10, **6 IESG** 8 ff
Anwartschaft
- Sicherung **1 IESG** 109
Anwartschaftskonstruktion 46 IO 13
Anwendungsbereich, zeitlicher 33 IESG 1, **34 IESG** 1 ff
Anzeigen der Insolvenzgerichte 14 IESG 13
Anzeigeobliegenheit 113a IO 5 ff
Apotheker und Aspiranten 1 IESG 46, 394
Arbeiter
- gewerbliche **1 IESG** 43
- nicht gewerbliche **1 IESG** 43
Arbeitgeber
- mehrere in verschiedenen Staaten **1 IESG** 103

Arbeitgeberbegriff des Arbeitsvertragsrechts 1 IESG 10
Arbeitgeberpflichten im Insolvenzverfahren 25 IO 4
Arbeitnehmer
- Begriff **1 IESG** 7 ff
- ehemalige **1 IESG** 6, 94, 175
- Insolvenzforderungen **51 IO** 2 ff
Arbeitnehmer, Gliederung
- allgemein **1 IESG** 41 ff
- Angestellte **1 IESG** 42
- Anlernlinge **1 IESG** 52
- Apotheker und Aspiranten **1 IESG** 46
- gewerbliche Arbeiter **1 IESG** 43
- Gutsangestellte **1 IESG** 42
- Hausangestellte **1 IESG** 48
- Hausbesorger **1 IESG** 49
- Hausgehilfen **1 IESG** 48
- Land- und Forstarbeiter **1 IESG** 44
- Lehrlinge **1 IESG** 51
- Medienmitarbeiter **1 IESG** 45
- nicht gewerbliche Arbeiter **1 IESG** 43
- Praktikanten **1 IESG** 53
- Theaterarbeitnehmer **1 IESG** 47
- Vertragsbedienstete **1 IESG** 50
- Volontäre **1 IESG** 53
arbeitnehmerähnliche Personen
- allgemein **1 IESG** 55 f, **46 IO** 3
- Herausnahme aus dem Kreis der Anspruchsberechtigten **1 IESG** 57, **2 IESG** 1 ff
- Insolvenzforderungen **46 IO** 34, **51 IO** 2 ff
- Masseforderungen **46 IO** 11
- Rechtsverhältnisse **21 IO** 18
- Rücktrittsrecht **21 IO** 17 ff
Arbeitnehmerbegriff des Arbeitsvertragsrechts 1 IESG 9, 18, 93, 244, **46 IO** 2

Stichwortverzeichnis

Arbeitsgesellschafter 1 IESG 23
Arbeitskräfteüberlassung 1 IESG 72 f
Arbeitsleistungen, zweckverfehlende 1 IESG 40
Arbeitslosengeld
– Ruhen des Anspruchs **1 IESG** 254, 289
Arbeitspapiere 11 IO 6
Arbeitsunfall 1 IESG 292
Arbeitsverhältnis
– altes **46 IO** 30 ff
– anfechtbares **1 IESG** 82
– atypisches **1 IESG** 15, 433, 443, 466
– befristetes **1 IESG** 21, **3 IESG** 32, **25 IO** 32
– des Gesellschafters mit der Gesellschaft **1 IESG** 26
– ehemaliges **1 IESG** 175
– mehrere Arbeitsverhältnisse zum selben Arbeitgeber **1 IESG** 448
– Merkmale des **1 IESG** 11 ff
– mit Auslandseinschlag **1 IESG** 98 ff, **25 IO** 20 ff
– neues **1 IESG** 364, **46 IO** 35, **25 IO** 125
– nichtiges **1 IESG** 76 ff
– sittenwidriges **1 IESG** 78
– unentgeltliches **1 IESG** 14
– vertraglich unkündbar gestelltes **25 IO** 33
Arbeitsvertrag
– Abgrenzung allgemein **1 IESG** 16
– Abgrenzung zu sonstigen Arbeitsleistungen **1 IESG** 39 f
– Abgrenzung zum freien Dienstvertrag **1 IESG** 17 ff
– Abgrenzung zum Gesellschaftsvertrag **1 IESG** 23 ff
– Abgrenzung zum Mietvertrag **1 IESG** 28 f

– Abgrenzung zum Werkvertrag **1 IESG** 20 ff
– Abgrenzung zur Bevollmächtigung **1 IESG** 30 f
– Abgrenzung zur Familienmitarbeit **1 IESG** 35 ff
– Abgrenzung zur Vereinsmitarbeit **1 IESG** 32 ff
– anfechtbarer **1 IESG** 82
– nichtiger **1 IESG** 76 ff
– sittenwidriger **1 IESG** 78
Assistenzgebühren 1 IESG 210
Aufforderungsschreiben 7 IESG 25
Aufhören des Gewerbebetriebs 3c IESG 14
Auflösung
– Arbeitsverhältnis **1a IESG** 7
– Betrieb **1 IESG** 150, **1a IESG** 4
– land- und forstwirtschaftlicher Betrieb **1a IESG** 4
– Unternehmen **1 IESG** 149, **1a IESG** 4, 7
Aufrechnung
– arbeitsrechtlicher Ansprüche **1 IESG** 196 ff
– Aufrechnungserklärung **1 IESG** 197, 201
– Beschränkung im Insolvenzverfahren **12a IO** 7 ff
– Beschränkungen im Arbeitsrecht **1 IESG** 198
– Besonderheiten im Insolvenzverfahren **1 IESG** 199 ff
– Geltendmachung von Aus- und Absonderungsansprüchen **113a IO** 6 ff
– nach Eröffnung des Insolvenzverfahrens **3 IO** 3
– Voraussetzungen **1 IESG** 197
– Vorschüsse **12a IO** 10
Aufsichtsratsmitglieder 1 IESG 69

727

Stichwortverzeichnis

Aufwandsentschädigung
1 IESG 211, 307 f, **3a IESG** 15,
3b IESG 9
Ausbildungsdiener
- besonderer Kündigungs- und
 Entlassungsschutz **3c IESG** 4,
 25 IO 58 f
Ausbildungskosten 1 IESG 308
Ausfallshaftung 3a IESG 21, 26, 28
Ausgaben des Insolvenz-Entgelt-
 Fonds 12 IESG 12
Auskunftspflichten
- zu Gunsten der Gerichte
 14 IESG 9
- zu Gunsten der IEF-Service
 GmbH **14 IESG** 9
- zu Gunsten des Insolvenzverwalters **14 IESG** 8
Ausland, Beschäftigung im
 1 IESG 98 ff
Ausländerbeschäftigung 1 IESG 79
Auslandsinsolvenz 1 IESG 5, 158,
 414 f, **33 IESG** 1
Aussonderungsrechte
- allgemein **1 IESG** 412, **11 IO** 1
- des Arbeitnehmers in der Insol-
 venz des Arbeitgebers **11 IO** 6
- Einkünfte aus einem Arbeitsverhältnis **12a IO** 2 f
- Gefährdung der Unternehmensfortführung **11 IO** 4
- Geltendmachung **113a IO** 1 ff
- wiederkehrende Leistungen mit
 Einkommensersatzfunktion
 12a IO 2 f
Ausstrahlungsprinzip 1 IESG 101
Austritt nach Arbeitsvertragsrecht
 25 IO 97 ff
Austrittsobliegenheit 3a IESG 27
Austrittsrecht des Arbeitnehmers
- allgemein **25 IO** 79 f
- Lösungsvorgang **25 IO** 81 f

- nachschießendes Austrittsrecht
 25 IO 83
- Rechtsfolgen **25 IO** 86 ff
- Zeitfenster **25 IO** 84 f
Autorität, „stille" 1 IESG 63

Bank, s Kreditinstitut
Barauslagen 1 IESG 322 ff, 328
Bauarbeiter-Urlaubs- und
 Abfertigungskasse 1 IESG 392
Beamte 1 IESG 112
Beendigungsansprüche
- Abfertigung **3b IESG** 5
- allgemein **3b IESG** 4
- Ansprüche, sonstige **3b IESG** 9
- Kündigungsentschädigung
 3b IESG 7
- Schadenersatzansprüche, sonstige
 3b IESG 8
- Urlaubsersatzleistung **3b IESG** 6
Beendigungszeitpunkt 3b IESG
 13, **46 IO** 25
Befreiung von
- Kosten für die Behördentätigkeit
 15 IESG 2
- Rechtsgebühren **15 IESG** 1
- Stempelgebühren **15 IESG** 1
Begünstigungsanfechtung
 1 IESG 342
Behinderte, begünstigte
- besonderer Kündigungsschutz
 25 IO 66 f
Beistandspflicht 1 IESG 37
Beiträge in den Insolvenz-Entgelt-
 Fonds 1 IESG 107
Beiträge in die Betriebliche
 Vorsorgekasse
- allgemein **1 IESG** 247
- Sicherung der **1 IESG** 270 f,
 13d IESG 1 ff
Beiträge in eine Pensionskasse,
 Sicherung der 1 IESG 270

Stichwortverzeichnis

Bekanntmachung, öffentliche
1 IESG 138
Beklagtenrolle 10 IESG 8
Belegschaftsvertreter
– besonderer Kündigungsschutz
25 IO 52 ff
Bereicherungsansprüche 1 IESG 311
Berichtstagsatzung 3a IESG 23 ff
Berufsvereinigung, freiwillige
1 IESG 407
Beschäftigte, geringfügig 1 IESG
Beschäftigung im Inland 1 IESG
98 ff
Beschäftigung im Ausland 1 IESG
98 ff
Beschäftigungsbewilligung 1 IESG
79
Beschäftigungsort 1 IESG 100
Beschäftigungsstaat, Prinzip des
1 IESG 103
Beschäftigungsverhältnis,
s Arbeitsverhältnis
Bescheidklage 10 IESG 4
Besonderheiten
– bei Insolvenz des Arbeitgebers
3 IO 12 ff
– bei Insolvenz des Arbeitnehmers
3 IO 17 ff
Besserstellung, sonstige 1 IESG
351, 355
Bestandsschutz, besonderer
1 IESG 288
Bestreitung
– von Forderungen 7 IESG 8,
11 IESG 6 ff, 51 IO 10 f
Betrag, unpfändbarer
– Erhöhung 8 IESG 6
– Herabsetzung 8 IESG 7
Betriebsauflösung 1 IESG 150,
1a IESG 4
Betriebsmittel, wesentliche eigene
1 IESG 88, 93

Betriebspensionen,
s auch Ruhegenuss
– allgemein 1 IESG 255 ff, 270,
46 IO 15 ff
– Anspruchsgrundlagen 1 IESG 256
– Anwartschaft **46 IO** 21
– außerhalb des Geltungsbereichs
des BPG **46 IO** 18 ff
– direkte Leistungszusage 1 IESG
257, **3d IESG** 1
– im Geltungsbereich des BPG
46 IO 22 ff
– Lebensversicherung 1 IESG 257
– nicht gesicherte 1 IESG 396 ff
– Pensionskasse 1 IESG 257, 396 f
– Schutzmechanismen 1 IESG 258 f
– Sicherung 1 IESG 109, 259
– Stellung der Anwartschaftsberechtigten **46 IO** 22
– Widerruf der Betriebspensions-
leistung **46 IO** 19
Betriebspensionsanwartschaft
46 IO 21
Betriebsratsumlage 1 IESG 175
Betriebsstilllegung 3c IESG 11 ff
Betriebsübergang
– allgemein 1 IESG 416 ff
– Betreibung eines Geschäfts durch
zwei Gesellschaften 1 IESG 428
– Eintrittsautomatik 1 IESG 417
– freiwillige Übernahme von
Arbeitnehmern 1 IESG 428
– Haftung des Erwerbers 1 IESG
418, 427 f
– Haftung des Veräußerers 1 IESG
418, 429 ff
– Insolvenz des Erwerbers 1 IESG
417, 429 ff
– Insolvenz des Veräußerers
1 IESG 427 f
– Konkursausnahme 1 IESG
419 ff

729

Stichwortverzeichnis

- Missbrauch des Konkursverfahrens **1 IESG** 428
- vor Insolvenzverfahrenseröffnung **1 IESG** 425
- Wahlrecht **1 IESG** 417

Betriebsvereinbarung, freie 1 IESG 350
Bevollmächtigung 1 IESG 30 f
Beweiswürdigung, freie 7 IESG 9
Bilanz 17a IESG 8, 75, **76 IO** 14
Bindung
- an gerichtliche Entscheidungen **7 IESG** 6
- an insolvenzrechtliche Feststellung **7 IESG** 7 f

Bruttobetrag 1 IESG 376, 382
Bürgenhaftung des Beschäftigers 1 IESG 73

Darlehen 1 IESG 177, 313, 437
Daten der Koordinationsstelle für die Kontrolle der illegalen Beschäftigung im BMF 14 IESG 12
Datenabfrage beim Hauptverband der Sozialversicherungsträger 14 IESG 10, **34 IESG** 3
Datenschutz 5 IESG 13
Datenverkehr, automationsunterstützter 5 IESG 13
Dauerschuldverhältnis 1 IESG 11, 17
Delikthäufungen 16 IESG 6
Devolutionsantrag 4 IESG 10
Diensterfindung 1 IESG 222, 277, 309, **3a IESG** 15
Dienstgeberbeitragsanteile 1 IESG 300, **13a IESG** 4
Dienstgeberhaftungsprivileg 1 IESG 292
Dienstnehmer, freier
- Abfertigung neu **1 IESG** 244
- allgemein **1 IESG** 17 ff
- Anspruchsberechtigung **1 IESG** 6
- besondere Lösungsrechte **25 IO** 1
- Betriebsmittel, wesentliche eigene **1 IESG** 88
- ehemaliger **1 IESG** 94
- Einbeziehung **1 IESG** 70, 83 ff, **2a IESG** 1, **3 IESG** 15, **20 IESG** 2
- Entgeltlichkeit **1 IESG** 86
- im privaten Bereich **1 IESG** 89
- persönliche Leistungserbringung **1 IESG** 87
- Rücktrittsrecht **21 IO** 18
- Sozialversicherung **1 IESG** 90
- Tatbestandsvoraussetzungen des § 4 Abs 4 ASVG **1 IESG** 84 ff

Dienstnehmerbeitragsanteile 1 IESG 271, 300, **13a IESG** 1 ff
Dienstverschaffungsvertrag 1 IESG 71, 75
Dienstvertrag, freier, s freier Dienstnehmer
Dienstzeugnis 1 IESG 325, **25 IO** 5, 74, 86
Dispositionsfähigkeit des Schuldners 3 IO 2
Drittschuldner 1 IESG 302, **8 IESG** 9, **12a IO** 17
Drucktheorie 1 IESG 194
Durchrechnungszeiträume 3a IESG 17 ff

Ehegatten 1 IESG 37
Eigenkapitalersatz
- Abweichungen zwischen IESG und EKEG **1 IESG** 455
- allgemein **1 IESG** 452 ff
- erfasste Gesellschafter **1 IESG** 454 f

Einbringung eigener Sachen 1 IESG 308

Stichwortverzeichnis

Eingriffshaftung 21 IO 11
Einkommen, anrechenbares
  11 IESG 32
Einkommensersatzfunktion
  12a IO 2 f, 113a IO 1 ff
Einspruch gegen die Wirtschaftsführung 75, 76 IO 5
Einstrahlungsprinzip 1 IESG 102
Entfall der Verständigungspflicht des Insolvenzverwalters
– allgemein 78a IO 8
– allgemein bekannte Insolvenzverfahrenseröffnung 78a IO 12 f
– Verständigung des Insolvenzgerichts 78a IO 9 ff
Entgelt
– Akkordlöhne 1 IESG 209, 221, 3a IESG 4
– allgemein 1 IESG 14, 3a IESG 15
– Anspruchserwerb 1 IESG 262, 3a IESG 3, 9
– Arten 1 IESG 214 ff
– aus der Beendigung des Arbeitsverhältnisses 1 IESG 272 ff
– Ausweitung 3a IESG 10 ff
– Begriff 1 IESG 209 ff
– Betriebspensionen, s Betriebspensionen
– einmaliger Art 1 IESG 277
– erfolgsabhängiges 1 IESG 221 ff
– Fälligkeit 1 IESG 216, 260 ff, 3a IESG 3, 9 f
– gesichertes 1 IESG 205 ff
– Grenzbetrag 1 IESG 206, 366 ff
– Grenzbetrag, s Grenzbetrag für Entgelt
– Höhe 1 IESG 208
– Insolvenzforderungen 51 IO 3
– Kategorien des IESG 1 IESG 268 ff
– laufendes 1 IESG 269 ff, 3a IESG 15, 34 IESG 2

– Leistungen Dritter 1 IESG 210
– Masseforderungen von Arbeitnehmern 46 IO 7 ff
– Naturalentgelt, s Naturalentgelt
– Provisionen, s Provisionen
– Sicherungszeitraum 34 IESG 2
– Sonderzahlungen, s Sonderzahlungen
– sonstiges 1 IESG 277
– sporadischer Art 1 IESG 277
– Urlaubsersatzleistung, s Urlaubsersatzleistung
– von der Insolvenzrichtlinie umfasstes 1 IESG 465
– vorenthaltenes 1 IESG 365
– Zeitentgelt 1 IESG 219 f
Entgeltfortzahlung
– allgemein 1 IESG 213
– im Todesfall 1 IESG 97
Entgeltrückstände 1 IESG 442, 444, 457, 462
Entgeltvorschuss aus Privatmitteln 1 IESG 456
Entlassung, rechtsunwirksame 1 IESG 287
Entlassungsschutz, besonderer, s Kündigungs- und Entlassungsschutz, besonderer
Entlohnung, betriebsübliche 1 IESG 351, 353 f
Entlohnung, unterkollektivvertragliche
– allgemein 3a IESG 16
– Erkundungspflicht 3a IESG 16
– Verpfändung 3a IESG 16
Entsendung 1 IESG 98, 101, 103
Erben, s Rechtsnachfolger
Erbserklärung 1 IESG 127, 1a IESG 2, 23 ff
Erfolgsverbindlichkeit 1 IESG 20

731

Stichwortverzeichnis

Erledigung, raschere
- Abwarten Verwaltungsverfahren **4 IESG** 4
- Antrag **4 IESG** 9 f
- Beispiele **4 IESG** 5
- Erledigung **4 IESG** 9 f
- Existenzgefährdung **4 IESG** 4
- Voraussetzungen **4 IESG** 3 ff

Erlöschen von Aus- und Absonderungsansprüchen
- exekutive Absonderungsrechte **12a IO** 11 f
- vertragliche **12a IO** 4 ff
- Wiederaufleben **12a IO** 13 ff, **113a IO** 19

Ermessen bei Gewährung von Insolvenz-Entgelt 4 IESG 3
Ermittlungspflicht, amtswegige 7 IESG 9
Ermittlungsverfahren
- amtswegige Ermittlungspflicht **7 IESG** 9
- freie Beweiswürdigung **7 IESG** 9
- Mitwirkungspflicht **7 IESG** 9

Eröffnung des Insolvenzverfahrens, s Insolvenzverfahrenseröffnung
Ersparnisanrechnung 1 IESG 282, 359 f
Erweiterung der Klage 10 IESG 16
Erwerbs- und Wirtschaftsgenossenschaft, Löschung der 1 IESG 155
Exekutionskosten 1 IESG 302, 319
Exekutionssperre 3 IO 3
Exekutionstitel 10 IESG 21, **51 IO** 10
Existenzminimum 8 IESG 3 ff
Fallpauschale 13c IESG 2 ff
Familienbeihilfe 1 IESG 177

Familienhospizkarenz, Begleitung schwersterkrankter Kinder
- besonderer Kündigungsschutz **25 IO** 66

Familienmitarbeit 1 IESG 35 ff
Festschreibung der Zuschlagshöhen 19 IESG 6
Feststellung, insolvenzrechtliche 11 IESG 6
Feststellungsverfahren Vorbem IO 8
Finanzierung des Insolvenz-Entgelt-Fonds
- Geldstrafen **12 IESG** 19
- Mittel aus der Gebarung Arbeitsmarktpolitik **12 IESG** 17
- Rückflüsse **12 IESG** 18
- Zinsen **12 IESG** 19
- Zuschlag zum Arbeitslosenversicherungsbeitrag **12 IESG** 1 ff

Finanzierungsrisiko, Übertragung des
- allgemein **1 IESG** 441 ff
- Insolvenzrichtlinie **1 IESG** 460
- Vorsatz **1 IESG** 442 ff

Fonds, s Insolvenz-Entgelt-Fonds
Forderungen
- Anmeldung **51 IO** 7
- auflösend bedingte **3 IESG** 21
- aufschiebend bedingte **3 IESG** 20, **3d IESG** 17
- aus der Beendigung **46 IO** 25 ff
- bedingte **11 IESG** 28 ff
- beschränkt pfändbare **8 IESG** 3
- bestrittene **11 IESG** 12 ff
- betagte **3 IESG** 18 f
- der Arbeitnehmer im Insolvenzverfahren **Vorbem IO** 17
- des Insolvenz-Entgelt-Fonds **13 IESG** 8 f
- nicht bestrittene **11 IESG** 2 ff
- Qualität **46 IO** 4 f

732

- sachbezogene **3 IESG** 23
- unbestimmte **3 IESG** 22
- unpfändbare **8 IESG** 2

Forderungen des Insolvenz-Entgelt-Fonds
- Abschreibung **13 IESG** 8
- Geltendmachung **13 IESG** 8
- Ratenzahlung **13 IESG** 8
- Stundung **13 IESG** 8 f
- Verzicht **13 IESG** 8

Forderungsexekution 8 IESG 1 ff

Forderungsübergang
- bestrittene Forderungen **11 IESG** 15 ff
- nicht bestrittene Forderungen **11 IESG** 2 ff
- schuldbefreiende Zahlung **11 IESG** 35 ff
- Umfang **11 IESG** 38 ff
- Zeitpunkt **11 IESG** 1

Forderungsverzeichnis 6 IESG 24

Fortführungsbeschluss 3a IESG 25

freie Beweiswürdigung, s Beweiswürdigung, freie

freier Dienstnehmer, s Dienstnehmer, freier

Fremdvergleich 1 IESG 36, 440 ff

Frist
- Austritt durch den Arbeitnehmer **25 IO** 84 f
- begünstigte Kündigung durch den Insolvenzverwalter **25 IO** 7 ff

Fristbeginn, neuerlicher
- Ende des Arbeitsverhältnisses **6 IESG** 6
- Erledigung eines Gerichtsverfahrens **6 IESG** 6
- Kosten **6 IESG** 6
- Tod des Anspruchsberechtigten **6 IESG** 6

Fürsorgepflicht 1 IESG 11

Gebietskörperschaften, AN von 1 IESG 110, 112

Gebührenfreistellung 15 IESG 1 f

Gehalt, s Entgelt

Geldstrafen 16 IESG 7

Geltendmachung von Aus- und Absonderungsansprüchen
- bei Aufrechnung **113a IO** 6 ff
- erfasste Ansprüche **113a IO** 4 f
- Form **113a IO** 10 f
- Inhalt **113a IO** 12
- nachrangige Ansprüche **113a IO** 18
- nicht ordnungsgemäße **113a IO** 15 ff
- Rechtsnatur **113a IO** 9
- verspätete **113a IO** 14
- Wiederaufleben **113a IO** 19

Geltendmachung, gerichtliche
- allgemein **3a IESG** 8 ff
- ASGG-Feststellungsverfahren **3a IESG** 12

Geltungsbereich des IESG
- allgemein **1 IESG** 1
- objektiver **1 IESG** 4
- räumlicher **1 IESG** 5
- subjektiver **1 IESG** 2 f

Gemeindeverbände, AN von 1 IESG 110 f

Gerichtsstandsvereinbarungen 111 IO 3

Gesamthandforderung 1 IESG 378

Geschäftsaufsicht 1 IESG 140 ff, **3a IESG** 29

Geschäftsführer
- De-facto-Geschäftsführer **1 IESG** 447
- einer GmbH **1 IESG** 67
- gewerberechtlicher **1 IESG** 70, 78, 447
- Übertragung des Finanzierungsrisikos **1 IESG** 447

733

Stichwortverzeichnis

Geschäftsstellen 5 IESG 2
Gesellschafter
- bei gesellschaftsrechtlichen Konstruktionen **1 IESG** 121
- Eigenkapitalersatz **1 IESG** 452 ff
- mit beherrschendem Einfluss auf die Gesellschaft **1 IESG** 26, 114 ff, 454 f
- ohne beherrschenden Einfluss auf die Gesellschaft **1 IESG** 115, 457 ff
- Übertragung des Finanzierungsrisikos **1 IESG** 447

Gesellschafter-Geschäftsführer 1 IESG 67, 117
Gesellschaftsinsolvenz 1 IESG 406
Gesellschaftsvertrag 1 IESG 23 ff
gesetzliches Pfandrecht 11 IO 8
Gewerkschaftsbeiträge 1 IESG 175
Gewinnbeteiligung 1 IESG 23, 209, 224
Glaubhaftmachung 4 IESG 7 f
Gläubigerschutzverband, bevorrechteter 1 IESG 407, **13c IESG** 1 ff
Gläubigerschutzverbände
- Abgeltung von Unkosten **13c IESG** 1 ff
- bevorrechtete **13c IESG** 10

Gläubigerwechsel, nachträglicher 11 IESG 19
Grenzbetrag für Abfertigungen
- allgemein **1 IESG** 380 ff
- Basisgröße **1 IESG** 385
- Ermittlung **1 IESG** 383
- maßgeblicher Zeitpunkt für den Vergleich **1 IESG** 384
- sachlicher Anwendungsbereich des § 1 Abs 4a IESG **1 IESG** 386
- Teilübertritt ins System Abfertigung neu **1 IESG** 389
- Teilzahlungen **1 IESG** 390

Grenzbetrag für Entgelte
- Basisgröße **1 IESG** 376
- bei Kündigungsentschädigung **1 IESG** 369
- bei nach Zeiträumen bemessenen Entgeltansprüchen **1 IESG** 371 f
- bei nicht nach Zeiträumen bemessenen Entgeltansprüchen **1 IESG** 371 f
- bei Sonderzahlungen **1 IESG** 369
- bei Teilzahlungen **1 IESG** 373
- bei Überstunden oder Mehrarbeitsstunden **1 IESG** 377, **34 IESG** 1
- bei Zeitguthaben **1 IESG** 377, **34 IESG** 1
- bei Zeitzuschlägen **1 IESG** 377, **34 IESG** 1
- Ermittlung **1 IESG** 370 ff
- für Entgelte **1 IESG** 206, 366 ff
- maßgeblicher Zeitpunkt für den Vergleich **1 IESG** 374

Gründe
- berücksichtigungswürdige **6 IESG** 10 ff
- nicht berücksichtigungswürdige **6 IESG** 13

Grundrecht auf Datenschutz 5 IESG 13
Gruppenarbeitsverhältnis 1 IESG 74 f, 378
Gruppenleiter 1 IESG 75
Gutsangestellte 1 IESG 42

Haftungsbeschränkung 1a IESG 2, 23 ff
Handelsvertreter
- allgemein **1 IESG** 58 ff
- „freie" **1 IESG** 59 f
- Schadenersatzanspruch **21 IO** 21

Stichwortverzeichnis

- selbständige **1 IESG** 59 f
- unselbständige **1 IESG** 59 f

Härteklausel
- allgemein **1 IESG** 403, **6 IESG** 8 ff
- berücksichtigungswürdige Gründe **6 IESG** 10 ff
- Forderungsanmeldung **6 IESG** 12
- nicht berücksichtigungswürdige Gründe **6 IESG** 13

Hausangestellte 1 IESG 48
Hausbesorger 1 IESG 49
Hausgehilfen 1 IESG 48
Heilung der Unwirksamkeit 3 IO 8 f
Heimangestellte 1 IESG 93

Heimarbeiter
- Abfertigung neu **1 IESG** 244
- Anspruchsberechtigung **1 IESG** 6, 91 ff
- Begriff **1 IESG** 92
- ehemaliger **1 IESG** 94
- Rücktrittsrecht **21 IO** 17

Hemmung der Verjährung 51 IO 12
Hinterbliebene 1 IESG 6, 95, 97, 106, **5 IESG** 9
Hinterbliebenenpension 1 IESG 97
Hochqualifizierte 1 IESG 63
Höchstbeitragsgrundlage, sozialversicherungsrechtliche 1 IESG 370
Home-Office 1 IESG 93

Immunität 1 IESG 113
Impugnationsklage 11 IESG 47
Informationsrecht des Arbeitnehmers 78a IO 2
Inhaltserfordernisse des Antrags
- Angaben und Urkunden **6 IESG** 21
- Forderungsbetrag **6 IESG** 19
- Verzugszinsen **6 IESG** 20

Inkrafttreten 33 IESG 1, **34 IESG** 1 ff

Insolvenz des Arbeitgebers
- Beendigung von Arbeitsverhältnissen **3 IO** 15 f
- Begründung von Arbeitsverhältnissen **3 IO** 12 ff
- nachträgliche Genehmigung von Arbeitsverträgen **3 IO** 13

Insolvenz, vorausgegangene 1 IESG 449

Insolvenzantrag
- Abweisung **75, 76 IO** 16

Insolvenzaufhebung 75, 76 IO 16

Insolvenz-Entgelt
- Antrag, s Antrag, Antragsfrist und Antragstellung
- Auszahlung **7 IESG** 16
- berücksichtigungswürdige Gründe **4 IESG** 3 ff
- Übertragung **8 IESG** 8
- Verpfändung **8 IESG** 8
- Zuerkennung und Abweisung **7 IESG** 15

Insolvenz-Entgelt-Fonds
- allgemein **13 IESG** 3
- Bedeckungsschwierigkeiten **13 IESG** 6
- Begriff **13 IESG** 1 f
- Finanzierung **13 IESG** 5 f
- Geltendmachung der Forderungen **13 IESG** 8 ff
- Nebenintervenient **10 IESG** 10
- Vertreter **13 IESG** 7, **17a IESG** 36

Insolvenz-Entgelt-Fonds Service GmbH 1 IESG 344, 415, **10 IESG** 12, **14 IESG** 9
Insolvenzfähigkeit 1 IESG 131

Stichwortverzeichnis

Insolvenzforderungen
- alte Arbeitsverhältnisse **46 IO** 33
- Ansprüche aus der Beendigung **51 IO** 3
- Arbeitnehmer **51 IO** 2 ff
- arbeitnehmerähnliche Personen **46 IO** 34, **51 IO** 2 ff
- Auflösung nach § 25 IO **51 IO** 5
- Betriebspensionen **46 IO** 18 ff
- Kündigung des Arbeitnehmers **46 IO** 33
- laufendes Entgelt **51 IO** 3
- Lösung vor Insolvenzeröffnung **51 IO** 4
- Rechtsdurchsetzung **51 IO** 7 ff
- Tod des Arbeitnehmers **46 IO** 33, **51 IO** 6
- unbegründeter Austritt **46 IO** 33, **51 IO** 6
- Zeitablauf **46 IO** 33, **51 IO** 6

Insolvenzgericht
- internationale Zuständigkeit **1 IESG** 158
- örtliche Zuständigkeit **1 IESG** 132
- sachliche Zuständigkeit **1 IESG** 132

Insolvenzgründe 1 IESG 135 f

Insolvenzmasse
- allgemein **Vorbem IO** 18, **3 IO** 1
- unzureichende **47 IO** 2
- Verteilung **51 IO** 7
- zureichende **47 IO** 3 ff

Insolvenzrichtlinie Vorbem IESG 3, **1 IESG** 15, 112, 114, 168 ff, 457 ff, **3d IESG** 20 ff

Insolvenzschutzverband für ArbeitnehmerInnen 13c IESG 5, 10, 14

Insolvenzverfahren
- allgemein **3a IESG** 22 ff
- Anerkennung **1 IESG** 165 ff
- Arbeitgeberpflichten **25 IO** 4 f
- Aufhebung des **1 IESG** 139
- ausländischer Insolvenztitel, **1 IESG** 5, **3a IESG** 23
- bedingte Forderungen **11 IESG** 28 ff
- Eröffnung des, s Insolvenzverfahrenseröffnung
- Fortführungsbeschluss **3a IESG** 25

Insolvenzverfahrenseröffnung
- Ablehnung **1 IESG** 127, 149 ff, 75, **76 IO** 16
- Absonderungsrechte **11 IO** 3 ff
- allgemein **1 IESG** 127, 130 ff
- Antragspflicht **1 IESG** 134
- Aussonderungsrechte **11 IO** 3 ff
- Beschluss gem § 153 Abs 1 oder § 154 Abs 1 AußStrG **1 IESG** 127, 159 ff
- Löschung gem § 49 oder § 42 FBG wegen Vermögenslosigkeit **1 IESG** 127, 153 ff
- Nichteröffnung mangels kostendeckenden Vermögens **1 IESG** 127, 146 ff
- Rechtswirkungen **3 IO** 1 ff
- Rekurs **1 IESG** 139
- Verfahren allgemein **1 IESG** 133 ff, **Vorbem IO** 5
- Verständigungspflicht **78a IO** 1 ff
- Vertragsverhältnisse **Vorbem IO** 16
- Wirkungen, s Wirkungen der Eröffnung des Insolvenzverfahrens
- Zurückweisung des Antrags auf Insolvenzverfahrenseröffnung **1 IESG** 127, 157 f

Insolvenzverwalter
- Aufgaben **1 IESG** 410, **Vorbem IO** 6, **25 IO** 4 f
- Befugnisse **Vorbem IO** 18 ff

Stichwortverzeichnis

- funktionelle Arbeitgeberstellung **Vorbem IO 20, 25 IO** 4
- Nebenintervenient **10 IESG** 11
- Rolle **Vorbem IO 18** ff
- Rücktrittsrecht **21 IO 1** ff
- Verständigungspflicht **78a IO 1** ff
- vertragsrechtliche Arbeitgeberstellung **Vorbem IO** 20

Interessenvertretung, gesetzliche 1 IESG 407
Interventionsrecht 75, 76 IO 3

„Jahresgrenzbetrag" 1 IESG 371
Journalist, Entschädigung des 1 IESG 242
Jubiläumsgeld 1 IESG 209, 277, **3a IESG 5, 46 IO** 14
Jugendförderung, s Lehrlingsförderung

Kapitalgesellschaft, Löschung der 1 IESG 154
Karenzabgeltungsanspruch 1 IESG 303, 312
Kausalitätsgegenbeweis 1 IESG 450
Kaution 11 IO 6
Kettenarbeitsverträge 1 IESG 448
Klage
- Änderung **10 IESG** 16
- bestimmtes Begehren **10 IESG** 7
- Einbringung **10 IESG** 4
- Erweiterung **10 IESG** 16
- Voraussetzungen **10 IESG 3** ff
- Wirkung **10 IESG** 5

Klassenordnung der Befriedigung 47 IO 3 ff
Kollektivversicherung, betriebliche 1 IESG 398
Kollusion 1 IESG 15, 439, 461
Kompetenz, sukzessive 10 IESG 2
Kompetenzverteilung 1 IESG 3
Konkurrenzklausel 1 IESG 175

Konkursverfahren
- allgemein **1 IESG** 130
- Feststellungsverfahren **Vorbem IO** 8
- Insolvenzverwalter **Vorbem IO** 6
- Verfahrensablauf **Vorbem IO** 7

Konventionalstrafe 1 IESG 177, 294
Konzeption der Insolvenz-Entgeltsicherung Vorbem IESG 1
kooperatives Prinzip 1 IESG 24, 32
Koordinationsstelle für die Kontrolle der illegalen Beschäftigung im BMF 14 IESG 12
Kosten, zur zweckentsprechenden Rechtsverfolgung notwendige
- allgemein **1 IESG 315** ff
- allgemeine Grundsätze zur Kostensicherung **1 IESG** 327
- Anmeldung im Insolvenzverfahren **1 IESG** 331
- Barauslagen **1 IESG 322** ff, 328
- Berechnung **1 IESG** 330
- Exekutionskosten **1 IESG** 319
- nicht gesicherte **1 IESG 329** ff
- Prozesskosten, s Prozesskosten, gesicherte
- Sicherungszeitraum **3b IESG** 23

Kostenvorschuss 1 IESG 323
Kreditinstitut 1 IESG 140, 167
Kündigung
- rechtsunwirksame **1 IESG** 287
- zeitwidrige **1 IESG** 279

Kündigungs- und Entlassungsschutz, besonderer
- Ablauf **3c IESG** 10
- allgemein **25 IO** 51
- Ausbildungsdiener **3c IESG** 4, **25 IO 58** f
- begünstigte Behinderte **25 IO 60** f
- Belegschaftsvertreter **25 IO 52** ff

737

Stichwortverzeichnis

- Familienhospizkarenz, Begleitung schwersterkrankter Kinder **25 IO** 66
- Lehrlinge **25 IO** 62 ff
- Mütter (Väter) **3c IESG** 3 f, **25 IO** 55 ff
- Präsenzdiener **3c IESG** 4, **25 IO** 58 f
- Zivildiener **3c IESG** 4, **25 IO** 58 f

Kündigungsentschädigung
- allgemein **1 IESG** 276, 279 ff
- Anrechnung **1 IESG** 282, 357 ff
- Anspruchserwerb **3b IESG** 7
- bei besonders bestandsgeschützten Arbeitsverhältnissen **1 IESG** 288
- bei insolvenzspezifischen Lösungsarten **1 IESG** 286
- bei Rücktritt des Insolvenzverwalters **21 IO** 11
- Berechnungsbasis **1 IESG** 281
- Fälligkeit **1 IESG** 284
- Geltendmachung **1 IESG** 285
- Höhe **1 IESG** 281 f, 359
- lange **1 IESG** 288

Kündigungsfristen, -termine 3 IESG 28 ff, **25 IO** 34, 37

Kündigungsfrühwarnsystem 25 IO 70

Kündigungsgründe, gesetzliche 25 IO 69

Kündigungsrecht des Insolvenzverwalters, begünstigtes
- Abfertigung alt **1 IESG** 236
- allgemein **25 IO** 6
- gesetzliche Kündigungsbeschränkungen **25 IO** 38 ff
- kollektivvertragliche Kündigungsbeschränkungen **25 IO** 73
- Lösungsmöglichkeit bei einzuschränkenden Bereichen **25 IO** 24 ff
- Lösungsvorgang **25 IO** 29 ff
- Privilegierungen **25 IO** 32 ff
- Rechtsfolgen **25 IO** 74 ff

Kündigungsschutz, allgemeiner 25 IO 39 ff

Kündigungsschutz, individueller 25 IO 67 f

Künstler 1 IESG 62

Land- und Forstarbeiter 1 IESG 44

Lebensunterhalt 4 IESG 4

Lebensversicherung 1 IESG 257, 398, **3d IESG** 18 f, **7 IESG** 26

Legalzession Vorbem IESG 2, **1 IESG** 431, **11 IESG** 1, 15, 18 ff, 29, 35

Lehrlinge
- allgemein **1 IESG** 51
- besonderer Kündigungsschutz **25 IO** 62 ff
- Verweigerung der Eintragung des Lehrvertrags **1 IESG** 81

Lehrlingsförderung 13e IESG 1 ff, **17a IESG** 40, 49

Leistungsstreitverfahren 10 IESG 1

Leistungszusage, direkte 1 IESG 257, **3d IESG** 1

Liquidation, „stille" 1 IESG 150

Liquidator 1 IESG 27

Lohn, s Entgelt

Lohnbefriedigungserklärung 1 IESG 195

Lohnpfändung 1 IESG 302

Lohnpfändungsrecht 8 IESG 1 ff

Lohnsteuerguthaben 1 IESG 177

Lohnsteuerschaden 1 IESG 301

Löschung gem § 49 oder § 42 FBG wegen Vermögenslosigkeit 1 IESG 127, 153 ff

Lösungsrechte, besondere
- allgemein **25 IO** 1 ff

Stichwortverzeichnis

- Arbeitgeberpflichten **25 IO** 4 f
- Aufhebung des Insolvenzeröffnungsbeschlusses **25 IO** 124
- Austrittsrecht des Arbeitnehmers **25 IO** 79 ff
- begünstigtes Kündigungsrecht des Insolvenzverwalters **25 IO** 6 ff
- freier Dienstnehmer **25 IO** 1
- Kündigungsentschädigung **1 IESG** 286
- neue Arbeitsverhältnisse **25 IO** 125
- Ruhestandsverhältnis **25 IO** 1
- Sanierungsverfahren mit Eigenverwaltung **25 IO** 106 ff
- Schicksal von Sonderbestimmungen **25 IO** 121 ff

Masse
- unzureichende **47 IO** 3 ff
- zureichende **47 IO** 2

Masseforderungen
- Abfertigung **46 IO** 27
- Abhilfe durch das Insolvenzgericht **47 IO** 11
- allgemein **1 IESG** 412
- Arbeitnehmer **46 IO** 6 ff
- arbeitnehmerähnliche Personen **46 IO** 11
- Befriedigung **47 IO** 2 ff
- Betriebspensionen **46 IO** 15
- Forderungen aus der Beendigung **46 IO** 25 ff
- geblockte Altersteilzeit **46 IO** 9
- Kündigungsentschädigung **46 IO** 28 f
- laufendes Entgelt **46 IO** 7 ff
- Mehr- und Überstundenabgeltungen **46 IO** 8
- Neue Beschäftigungsverhältnisse **46 IO** 35
- Provisionen **46 IO** 10
- prozessuale Durchsetzung **47 IO** 8
- Rechtsdurchsetzung **47 IO** 7
- Sonderzahlungen **46 IO** 12 ff
- Urlaubsersatzleistung **46 IO** 27

Medienmitarbeiter 1 IESG 45
Mehrheitsgesellschafter 1 IESG 120, 122
Mehrpersonenverhältnisse 1 IESG 71 ff
Mietvertrag 1 IESG 28 f
Mindestsicherung aufgrund der Insolvenzrichtlinie 1 IESG 458 ff
Missbrauch der Insolvenz-Entgeltsicherung 1 IESG 15, 432 ff, 457 ff
Mitarbeiter, freier 1 IESG 61
Mittelsperson 1 IESG 71
Mitwirkung der betrieblichen Interessenvertretung
- Anhörung zum Insolvenzantrag **75, 76 IO** 9
- Anhörung zur Bestellung des Mitglieds des Gläubigerausschusses für die Belange der Arbeitnehmer **75, 76 IO** 11
- Anhörung zur Fortführung, Schließung oder Wiedereröffnung des Unternehmens **75, 76 IO** 10
- Aufhebung des Insolvenzverfahrens **75, 76 IO** 8
- Betriebsänderungen **75, 76 IO** 4
- Zustellung des Edikts **75, 76 IO** 7

Mitwirkung der überbetrieblichen Interessenvertretung
- Abweisung des Insolvenzantrags **75, 76 IO** 16

Stichwortverzeichnis

- Anhörung zur Bestellung des Mitglieds des Gläubigerausschusses für wirtschaftliche Belange des Betriebs **75, 76 IO** 17
- Anhörung zur wirtschaftlichen Lage des Unternehmens **75, 76 IO** 17
- Aufhebung des Insolvenzverfahrens **75, 76 IO** 16
- Zustellung der Bilanz **75, 76 IO** 14
- Zustellung des Edikts **75, 76 IO** 13
- Zustellung des Vermögensverzeichnisses **75, 76 IO** 14

Mütter
- besonderer Kündigungs- und Entlassungsschutz **3c IESG** 3, **25 IO** 55 ff

Mutterschaftsaustritt 3c IESG 7 ff

Nachsicht
- Versäumung der Anmeldefrist **1 IESG** 402
- Versäumung der Antragsfrist **5 IESG** 10

Nahebeziehung des Arbeitnehmers zum Arbeitgeber 1 IESG 446

Naturalentgelt
- allgemein **1 IESG** 215 ff
- Fälligkeit **1 IESG** 265
- Geldwert **3 IESG** 23
- Sicherungsschranke **3a IESG** 15
- Wohnung **1 IESG** 28

Nebenintervenient
- Insolvenz-Entgelt-Fonds **10 IESG** 10
- Insolvenzverwalter **10 IESG** 11

Nettolohnvereinbarung 1 IESG 208, 238

Neuerungsverbot 10 IESG 21

Neuvermögen, s Rückgriff auf Neuvermögen

Novation 1 IESG 175, 181

Organmitglieder 1 IESG 108

Parteistellung 10 IESG 8 ff

Pension, s Ruhegenuss

Pensionsanwartschaften, s Ruhegenussanwartschaften

Pensionskasse 1 IESG 257, 310, **3d IESG** 18 f

Pensionskassenbeiträge 7 IESG 26

Pensionsrückstellungen 11 IO 8

Pensionsschäden 1 IESG 300

Pensionszusagen
- beitragsorientierte **3d IESG** 14
- betriebliche **3d IESG** 13
- leistungsorientierte **3d IESG** 14

Personengesellschaften 1 IESG 131

Personenschäden 1 IESG 292

Pfandrecht
- exekutives **11 IO** 5, 7 f
- gesetzliches **11 IO** 8
- vertragliches **11 IO** 7

Pharmazeutische Gehaltskasse 1 IESG 394

Praktikanten 1 IESG 53

Prämien 1 IESG 209, 222, 277

Präsenzdiener
- besonderer Kündigungs- und Entlassungsschutz **3c IESG** 4, **25 IO** 58 f

Prinzip des Beschäftigungsstaates 1 IESG 103

Prinzip, kooperatives 1 IESG 24, 32

Privatstiftung 1 IESG 123, 155

Privilegierungen beim begünstigten Kündigungsrecht des Insolvenzverwalters

Stichwortverzeichnis

- Angestellter ex contractu **25 IO** 35
- befristete Arbeitsverhältnisse **25 IO** 32
- Betriebsübergang **25 IO** 36
- Fristen **25 IO** 34
- Termine **25 IO** 37
- vertraglich unkündbar gestellte Arbeitsverhältnisse **25 IO** 33
- Vordienstzeitenanrechnung **25 IO** 36

Provisionen
- allgemein **1 IESG** 209, 223
- Angemessene Entschädigung **1 IESG** 297
- Anspruchserwerb **3a IESG** 4
- Fälligkeit **1 IESG** 266, **3a IESG** 4

Prozesskosten, gesicherte
- bei Klage des Arbeitgebers **1 IESG** 326, 329
- bei unterbrochenem Gerichtsverfahren **1 IESG** 321
- für Beantragung und Teilnahme an einem Verfahren nach § 1 Abs 1 IESG **1 IESG** 323
- für eine nachträgliche Prüfungstagsatzung **1 IESG** 324
- im Anfechtungsprozess entstehende **1 IESG** 328
- im Drittschuldnerprozess zugesprochene **1 IESG** 328
- im Prüfungsprozess zugesprochene **1 IESG** 318
- wegen Ausstellung eines Dienstzeugnisses **1 IESG** 325

Prozesssperre 3 IO 3

Prüfungsprozess
- allgemein **51 IO** 10 f, **111 IO** 1 ff
- betreffend Arbeitsrechtssachen **111 IO** 4 f
- Zuständigkeit **111 IO** 4 ff

Prüfungstagsatzung, besondere 1 IESG 408, **51 IO** 7

Prüfungsverfahren 51 IO 9

Qualität der Forderungen 46 IO 4 f

Quotenausschüttung 11 IESG 8

Quotenverteilung 11 IESG 36

Ratenzahlung 13 IESG 8

Recht, anwendbares 3a IESG 31 ff

Rechtsfolgen bei Austritt durch den Arbeitnehmer
- Abfertigung **25 IO** 86 f
- allgemein **25 IO** 86 f
- Dienstzeugnis **25 IO** 86
- Schadenersatz **25 IO** 88 ff

Rechtsfolgen einer begünstigten Kündigung durch den Insolvenzverwalter
- Abfertigung **25 IO** 74 ff
- allgemein **25 IO** 74 ff
- Dienstzeugnis **25 IO** 74
- Schadenersatz **25 IO** 77 f

Rechtshandlungen des Schuldners 3 IO 5 ff

Rechtshilfe 14 IESG 1 ff, **34 IESG** 3

Rechtsnachfolger
- von Todes wegen **1 IESG** 6, 95 ff, 106

Reduktionsklausel, wirtschaftliche
- allgemein **1 IESG** 241, **1a IESG** 1, 3 ff
- Grenzbetragsregelung **1 IESG** 388
- Liquidationsausgleich **1a IESG** 11
- Zwangsverpachtung **1a IESG** 8

Rekurs
- gegen Anordnung der Geschäftsaufsicht **1 IESG** 144
- im Insolvenzeröffnungsverfahren **1 IESG** 139

741

Stichwortverzeichnis

Remuneration, s Sonderzahlungen
Reorganisationsverfahren 7 IESG 21
Restschuldbefreiung 12a IO 13 ff
Revision 10 IESG 21
Rückdeckungsversicherungen 11 IO 8
Rückforderung des Insolvenz-Entgelts
- allgemein **9 IESG** 1
- Voraussetzungen **9 IESG** 2 ff

Rückgriff auf Neuvermögen
- Einschränkungen **11 IESG** 45 ff
- Impugnationsklage **11 IESG** 47
- künftiges Vermögen des Arbeitgebers **11 IESG** 47
- Nichteröffnung des Insolvenzverfahrens mangels kostendeckenden Vermögens **11 IESG** 47
- Sanierungsplan **11 IESG** 46
- Wegfall der Einschränkungen **11 IESG** 48

Rückschlagsperre 3 IO 3, 5 IO 5
Rücktritt, unberechtigter 1 IESG 290
Rücktrittsrecht
- arbeitnehmerähnlicher Personen **21 IO** 17 ff
- des Arbeitnehmers **21 IO** 15
- des Heimarbeiters **21 IO** 17
- freier Dienstnehmer **21 IO** 18

Rücktrittsrecht des Insolvenzverwalters
- Ausübung **21 IO** 8 ff
- Erklärungsfrist **21 IO** 3
- nicht angetretene Arbeitsverhältnisse **21 IO** 6 f
- Rechtsfolgen **21 IO** 11 ff
- Schadenersatz **21 IO** 5
- Wiedereinstellungszusagen **21 IO** 6

Ruhegenuss, s auch Betriebspensionen
- Abschlagszahlung **3d IESG** 5, 15 f
- dem BPG nicht unterliegender **3d IESG** 15 ff
- dem BPG unterliegender **3d IESG** 5 f
- gegen Pensionskassen **3d IESG** 18 f
- Sicherung **3d IESG** 1 ff

Ruhegenussanwartschaften, s auch Betriebspensionsanwartschaft
- dem BPG nicht unterliegende **3d IESG** 15 ff
- dem BPG unterliegende **3d IESG** 6 ff

Sachschäden 1 IESG 293
Sanierungsverfahren
- allgemein **1 IESG** 130, **Vorbem IO** 10
- mit Eigenverwaltung **1 IESG** 130, **Vorbem IO** 13 ff, 19, **25 IO** 106 ff
- ohne Eigenverwaltung **1 IESG** 130, **Vorbem IO** 11 f

Säumnisklage 4 IESG 9 f, 10 IESG 6
Schadenersatz
- allgemein **1 IESG** 278 ff
- angemessene Entschädigung des Provisionsangestellten **1 IESG** 297
- Aufwand für Lohnabrechnung **1 IESG** 299
- aus der Beendigung des Arbeitsverhältnisses **1 IESG** 279 ff
- begünstigte Kündigung durch den Insolvenzverwalter **25 IO** 77 f
- bei Austritt durch den Arbeitnehmer **25 IO** 88 ff

Stichwortverzeichnis

- bei Lohnpfändung **1 IESG** 302
- bei Rücktritt des Insolvenzverwalters **21 IO** 11 ff
- Eigenverschulden des Arbeitnehmers **1 IESG** 293
- infolge nicht ordnungsgemäßer Entrichtung von Pflichtbeiträgen durch den Arbeitgeber **1 IESG** 300
- Lohnsteuerschaden **1 IESG** 301
- Mäßigung **1 IESG** 293
- sonstige Schadenersatzansprüche **1 IESG** 291 ff
- Vertrauensschaden **1 IESG** 304
- Verzugsschaden **1 IESG** 305
- weitergehender **1 IESG** 283

Schauspieler, Entschädigungsansprüche des 1 IESG 298
Scheindienstverhältnis 1 IESG 78
Scheinwerkverträge 1 IESG 451
Schlechtwetterentschädigung 1 IESG 213, **11 IESG** 41
Schließung nach einstweiliger Fortführung 25 IO 23
Schriftformerfordernis 6 IESG 15
Schuldnersanierungen Vorbem IO 9
Schutzgesetze 1 IESG 80
Sekundärinsolvenzverfahren 1 IESG 165
Sicherung der Dienstnehmerbeiträge 13a IESG 1 ff
Sicherungsausschluss aus allgemeinen zivilrechtlichen Gründen
- allgemein **1 IESG** 432 ff
- Ausmaß des Sicherungsverlustes **1 IESG** 462 ff
- Eigenkapitalersatz **1 IESG** 452
- rechtsunwirksame Vertragsgestaltungen **1 IESG** 435 ff
- Stehenlassen von Entgelt **1 IESG** 438 ff

- Übertragung des Finanzierungsrisikos **1 IESG** 441 ff, 460

Sicherungsgrenzen
- Anordnung der Geschäftsaufsicht **3a IESG** 29
- Kettendienstvertrag **3a IESG** 14
- Stichtag **3a IESG** 6
- unionsrechtliche Vorgaben **3a IESG** 20

Sicherungstatbestände 1 IESG 127 ff
„Sittenwidrigkeitsjudikatur" 1 IESG 438
Sitzstaat des Arbeitgebers 1 IESG 103
Sondergebühren von Ärzten 1 IESG 210
Sondermassen 47 IO 1
Sonderzahlungen
- Aliquotierung **1 IESG** 227
- allgemein **1 IESG** 225 ff, **46 IO** 12 ff
- Anspruchserwerb **1 IESG** 226, **3a IESG** 4
- Anwartschaftsprinzip **1 IESG** 226, **46 IO** 13
- bei Altersteilzeit **1 IESG** 227
- bei Änderung des Arbeitszeitausmaßes **1 IESG** 228
- bei Unterbleiben der Arbeitsleistung **1 IESG** 228
- einmalige **46 IO** 14
- Ende des Arbeitsverhältnisses im Beobachtungszeitraum **46 IO** 13
- Fälligkeit **1 IESG** 226, 264, **3a IESG** 4
- Rückzahlungsverpflichtung **1 IESG** 227
- Sicherungsschranke **3a IESG** 15
- Stichtagsprinzip **1 IESG** 226

Sozialbetrug 7 IESG 13

Stichwortverzeichnis

Sozialplan 1 IESG 343, 436, 75, **76 IO** 4
Sozialrechtssachen 10 IESG 1
Sozialversicherung
- Anmeldung **1 IESG** 6, 104
- Beitragsentrichtung **1 IESG** 6, 104
- im Inland **1 IESG** 5 f, 98 ff, 158
- subsidiäre Pflichtversicherung **1 IESG** 90

Sperrminorität 1 IESG 120
Staatshaftung 3d IESG 21, 23 f
„Steuerschäden" 1 IESG 177, 301
Stichtag
- allgemein **1 IESG** 127, **3 IESG** 3
- Anordnung der Geschäftsaufsicht **3 IESG** 4 f

„stille Autorität" 1 IESG 63
„stille Liquidation" 1 IESG 150
Stimmrecht der Gesellschafter, Verzicht auf das 1 IESG 122
Stimmrecht der Insolvenzgläubiger 11 IESG 23 ff
Strafgefangene 1 IESG 124 ff, **17a IESG** 3
Straftatbestände 16 IESG 1 ff
Stundung 13 IESG 8
Stundungszinsen 13 IESG 9
Subordinationsprinzip 1 IESG 24
System, bewegliches 1 IESG 12

Teilnichtigkeit des Arbeitsverhältnisses 1 IESG 76 f
Teilwertverfahren 3d IESG 9, 14
Teilzahlung 1 IESG 181, 373
Telearbeiter 1 IESG 93
Territorialitätsprinzip 1 IESG 99
Theaterarbeitnehmer 1 IESG 47
Totalnichtigkeit des Arbeitsverhältnisses 1 IESG 77
Trennung von Ansprüchen 1 IESG 463 f

Treuepflicht 1 IESG 11
Treuhänder 1 IESG 118 f
Trinkgeld 1 IESG 210
Truckverbot 1 IESG 217

Übergang, s Forderungsübergang
Überschuldung 1 IESG 136
Überstunden 1 IESG 238, **3a IESG** 15, 17 ff
Überstundenpauschale 1 IESG 352
Übertragungsbeträge 1 IESG 246, **1b IESG** 1 ff
Übertragungsvereinbarung 1 IESG 246, **1b IESG** 1, 5, 8
Überweisungsgläubiger 8 IESG 9
Umsatzbeteiligung 1 IESG 224
Umsatzsteuer 1 IESG 314
Unabdingbarkeit 25a, 25b IO 2 ff
Unionsrechtskonformität 3d IESG 20 ff
unpfändbarer Betrag, s Betrag, unpfändbarer
Unredlichkeit des Zahlungsempfängers 9 IESG 8 f
Unterbrechung
- der Verjährung **51 IO** 9, 12
- von Rechtsstreitigkeiten **51 IO** 8

Unterhaltsexekution 8 IESG 5
Unternehmen
- Auflösung **1 IESG** 149, **1a IESG** 4, 7
- Fortbestand **1a IESG** 4

Unternehmensliquidierung 1a IESG 8 ff
Unterstützung durch den HVSVT 14 IESG 10
Untersuchungsgrundsatz 10 IESG 20
Unverfallbarkeit 46 IO 23
Unverfallbarkeitsbetrag 1 IESG 275, **3d IESG** 7 ff, 13, **46 IO** 23

Stichwortverzeichnis

Unwirksamkeit
- absolute **3 IO** 7
- relative **3 IO** 7

Urlaub
- unverbrauchter **1 IESG** 252
- verjährter **1 IESG** 252

Urlaubsentschädigung 1 IESG 283

Urlaubsersatzleistung
- Aliquotierung **1 IESG** 249
- allgemein **1 IESG** 248 ff, 274, **3b IESG** 6
- als weitergehender Schadenersatz **1 IESG** 253
- Berechnungsbasis **1 IESG** 250
- im Todesfall **1 IESG** 97
- Rückerstattungspflicht **1 IESG** 249
- Sicherung **1 IESG** 109
- Verlust **1 IESG** 251

Urteilszustellung 10 IESG 22

Väter
- besonderer Kündigungs- und Entlassungsschutz **3c IESG** 3, **25 IO** 55 ff

Vaterschaftsaustritt 3c IESG 7 ff

Veranlagung zur Einkommensteuer 1 IESG 13

Vereinsmitarbeit
- allgemein **1 IESG** 32 ff
- sportliche Betätigung **1 IESG** 33 f

Verfahren
- allgemein **7 IESG** 1
- Insolvenzeröffnung **Vorbem IO** 5
- Konkurs **Vorbem IO** 6 ff
- Sanierung **Vorbem IO** 10 ff
- Sicherung der Beiträge in die Betriebliche Vorsorgekasse **13d IESG** 6
- Sicherung der Dienstnehmerbeiträge **13a IESG** 6 ff

Verfahrensablauf
- bei Ablehnung eines Insolvenzantrags mangels Vermögens **6 IESG** 27 f
- bei Beschlüssen nach § 1 Abs 1 Z 3–6 IESG **6 IESG** 30
- bei eröffnetem Insolvenzverfahren **6 IESG** 25 f
- Forderungsverzeichnis **6 IESG** 24
- Geschäftsaufsichtsverfahren **6 IESG** 29

Verfahrenskosten
- bei Rechtsschutzversicherung **10 IESG** 24
- des Arbeitnehmers **10 IESG** 23
- Gerichtsgebühren **10 IESG** 23

Verfall
- allgemein **1 IESG** 183 ff
- Fristen **1 IESG** 189 ff
- Fristhemmung **1 IESG** 184 ff
- Fristunterbrechung **1 IESG** 184 ff

Verfassungswidrigkeit
- Mittelverwendungen **19 IESG** 1 ff
- Zuschlagsfestlegungen **19 IESG** 1 ff

Vergleich 1 IESG 181, 320, 322, **7 IESG** 6

Verjährung
- allgemein **1 IESG** 178, 183 ff
- Frist, allgemeine **1 IESG** 188
- Fristen, spezielle **1 IESG** 189 ff
- Fristhemmung **1 IESG** 184 ff
- Fristunterbrechung **1 IESG** 184 ff

Verlassenschaft
- allgemein **1 IESG** 96
- Insolvenz der **1 IESG** 159 ff
- überschuldete **1 IESG** 161 ff
- Überlassung an Zahlungs statt **1 IESG** 161 f
- Unterbleiben der Abhandlung **1 IESG** 160, 162

Stichwortverzeichnis

Verlassenschaftsverfahren 1a IESG 2, 24
Verletzung der Auskunftspflicht 16 IESG 1 ff
Verlustbeteiligung 1 IESG 24
Vermietung 1 IESG 177
Vermögen, kostendeckendes 1 IESG 137
Vermögenslosigkeit 1 IESG 146, 149
Vermögensverzeichnis 75, 76 IO 14
Verrechnung zwischen Insolvenz-Entgelt-Fonds und der BUAK 13b IESG 1 ff
Versäumung
– Antragsfrist **6 IESG** 8 ff
Verschweigen maßgebender Tatsachen 9 IESG 3 ff
Versicherungsunternehmen 1 IESG 167, 396, 398
Verständigung durch das Insolvenzgericht 78a IO 9 ff
Verständigungspflicht des Insolvenzverwalters
– allgemein **78a IO** 1 ff
– Entfall **78a IO** 8 ff
– Form **78a IO** 5
– Zeitpunkt **78a IO** 4
Verteilung der Insolvenzmasse 51 IO 7
vertragliches Pfandrecht 11 IO 7
Vertragsbedienstete 1 IESG 112
Vertragsgestaltung, rechtsunwirksame
– allgemein **1 IESG** 435 ff
– amtswegige Wahrnehmung **1 IESG** 435
– bei Sozialplänen **1 IESG** 436
Vertragsgestaltung, ungewöhnliche 1 IESG 451
Vertragsstrafe, s Konventionalstrafe

Vertrauensschaden 1 IESG 177, 304
Vertretung
– bei der Antragstellung **6 IESG** 16
– der IEF-Service GmbH **10 IESG** 12
– des Arbeitnehmers **10 IESG** 13
– von Anspruchsberechtigten **13c IESG** 2 ff
Verwaltungssache 13a IESG 8
Verwaltungsstrafen, Erstattung von 1 IESG 307
Verwaltungsübertretungen 16 IESG 2
Verweigerung der Erklärung gem § 6 Abs 4 IESG 16 IESG 1 ff
Verzicht
– des Arbeitnehmers **1 IESG** 192 ff
– des Insolvenz-Entgelt-Fonds **13 IESG** 8
Verzugsschaden 1 IESG 305
Verzugszinsen 1 IESG 295
Vollziehung des IESG 18 IESG 12
Vollzugsklausel 18 IESG 12
Volontäre 1 IESG 53
Vordienstzeitanrechnung 1 IESG 350, 387, **3 IESG** 31, **25 IO** 36
Vorstandsmitglieder
– einer Aktiengesellschaft **1 IESG** 66, 447, **46 IO** 16
– einer Genossenschaft **1 IESG** 67
– einer Privatstiftung **1 IESG** 68
– einer Sparkasse **1 IESG** 66
– eines Vereins **1 IESG** 68
Vorteilsausgleichung 1 IESG 282, 361

Walcher, **Rechtssache 1 IESG** 457 ff, 463
Weisungsrecht 1 IESG 11 f, 17, 119

Stichwortverzeichnis

Werkvertrag
- allgemein **1 IESG** 20 ff
- Rücktrittsrecht **21 IO** 18

Werkzeuge 11 IO 6
Wertpapiere 11 IO 8
Widerruf des Insolvenz-Entgelts
- allgemein **9 IESG** 1
- schuldbefreiende Wirkung **11 IESG** 37
- Voraussetzungen **9 IESG** 2 ff

Wiederantritt zur Arbeitsleistung 3c IESG 12
Wiederaufleben von Aus- und Absonderungsansprüchen 12a IO 13 ff, **113a IO** 19
Wiedereinstellungszusagen 21 IO 6
Willensmängel 1 IESG 82
Wirkungen der Eröffnung des Insolvenzverfahrens
- Aufrechnungen **3 IO** 3
- Dispositionsfähigkeit des Schuldners **3 IO** 2
- Exekutionssperre **3 IO** 3
- Prozesssperre **3 IO** 3
- Rückschlagsperre **3 IO** 3

Wirtschaftslage, persönliche 1a IESG 5 f

Zahlung
- an den Insolvenzschuldner **3 IO** 10 f
- einer Nichtschuld **9 IESG** 16
- mit Unterhaltscharakter **9 IESG** 12
- schuldbefreiende **11 IESG** 35 ff

Zahlungsstockung 1 IESG 135
Zahlungsunfähigkeit 1 IESG 128, 135, 168
Zahlungsunwilligkeit 1 IESG 128
Zeitausgleich 1 IESG 238
Zeitausgleichsguthaben 3a IESG 17 ff

Zeitpunkt des Vertragsabschlusses 46 IO 29
Zeitraum, verpönter 1 IESG 349, 367
Zeugenaussage, falsche 16 IESG 5
Zinsen
- Berechnungsgrundlage **3 IESG** 27
- Sicherungsumfang **1 IESG** 295, **3 IESG** 25
- Sicherungszeitraum **3 IESG** 24, **17a IESG** 28

Zivildiener
- Besonderer Kündigungs- und Entlassungsschutz **3c IESG** 4, **25 IO** 58 f

Zuerkennungsbescheid 7 IESG 15
Zulagen 1 IESG 212
Zusammenarbeit mit ausländischen Einrichtungen 14a IESG 1 ff, **17a IESG** 50
Zusatzabfertigung, kollektivvertragliche 1 IESG 387
Zuschlag zum Arbeitslosenversicherungsbeitrag
- Abfuhr **12 IESG** 15
- allgemein **17 IESG** 2
- Ausnehmung **12 IESG** 3
- Einhebung **12 IESG** 15
- Erhöhung des Zuschlags **12 IESG** 9
- Höhe **12 IESG** 7 ff
- Organmitglieder **12 IESG** 5
- Senkung der Beitragshöhe **12 IESG** 10
- Vorstandsmitglieder einer AG **12 IESG** 6

Zuschläge, s auch Zulagen
- nach dem BUAG **1 IESG** 271, 300

Stichwortverzeichnis

Zuständigkeit
- Antragsentgegennahme **5 IESG** 3 f
- Entscheidung **5 IESG** 6 ff
- Hinterbliebene **5 IESG** 9
- Insolvenzgericht **1 IESG** 132, 158

Zweck des IESG **1 IESG** 432 ff
zweckverfehlende Arbeitsleistungen **1 IESG** 40
Zwischenabfertigung **1 IESG** 387